陝西省社科基金古籍整理與研究項目成果彙編
（2015年度）

·上編·

陝西省古籍整理辦公室　編

吳敏霞　主編

西北大學出版社
·西安·

圖書在版編目(CIP)數據

陝西省社科基金古籍整理與研究項目成果彙編：2015年度：上下册／吳敏霞主編.--西安：西北大學出版社,2020.12

ISBN 978-7-5604-4614-1

Ⅰ.①陝… Ⅱ.①吳… Ⅲ.①古籍整理—科技成果—彙編—陝西 Ⅳ.①G256.1

中國版本圖書館 CIP 數據核字(2020)第 209517 號

陝西省社科基金古籍整理與研究項目成果彙編(2015年度)

主　　編	吳敏霞
責任編輯	馬　平
出版發行	西北大學出版社
地　　址	西安市太白北路229號　　郵　　編　710069
網　　址	http://nwupress.nwu.edu.cn　　E - mail　xdpress@nwu.edu.cn
電　　話	029-88303593　88302590
經　　銷	全國新華書店
印　　裝	陝西博文印務有限責任公司
開　　本	787毫米×1092毫米　1/16
印　　張	87
字　　數	1380千字
版　　次	2020年12月第1版　2020年12月第1次印刷
書　　號	ISBN 978-7-5604-4614-1
定　　價	480.00圓

如有印裝質量問題，請與本社聯繫調換，電話029-88302966。

2015年度陝西省社科基金
古籍整理與研究項目

1. 趙海霞:《秦疆治略》點校 （項目編號:2015S004）
2. 朱成華:《古今事物考》點校 （項目編號:2015S001）
3. 柯卓英:《蘇頲詩集》校注 （項目編號:2015S003）
4. 王美鳳:《灃西草堂文集》點校 （項目編號:2015S002）
5. 崔金明:《羽衣新譜》校注 （項目編號:2015S005）

陝西省古籍保護整理出版工作
領導小組編纂委員會

主　　任：方光華　陝西省人民政府副省長
副主任：高　陽　陝西省人民政府副秘書長
　　　　程寧博　中共陝西省委宣傳部副部長
　　　　任宗哲　陝西省文化和旅游廳廳長
　　　　司曉宏　陝西省社會科學院院長
委　　員：徐　曄　陝西省政府辦公廳副主任
　　　　張曉光　陝西省發展改革委員會副主任
　　　　丁雲祥　陝西省財政廳廳長
　　　　王建利　陝西省教育廳廳長
　　　　趙　嚴　陝西省科學技術廳廳長
　　　　王愛民　陝西省民族宗教事務委員會主任
　　　　羅文利　陝西省文物局局長
　　　　雷　湛　陝西省地方志辦公室主任
　　　　明平英　陝西省檔案局局長
　　　　周天游　陝西省古籍整理專家委員會主任
　　　　白寬犁　陝西省社科院副院長、陝西省古籍整理專家委員會副主任
　　　　賈二强　陝西省古籍整理專家委員會副主任
顧　　問：司曉宏　任宗哲　余華青
主　　編：吳敏霞　党　斌
編　　輯：吳敏霞　党　斌　范志鵬　劉思怡
　　　　高葉青　王志勇　黃澤凡　鄭敏瑜

目　録

《秦疆治略》點校 …………………………………（1）

《古今事物考》點校 ………………………………（63）

《蘇頌詩集》校注 …………………………………（213）

《澧西草堂文集》點校 ……………………………（393）

《羽衣新譜》校注 …………………………………（597）

陝西省社科基金古籍整理與研究項目成果彙編(2015年度)

秦疆治略

【清】盧坤　輯
趙海霞　點校

點校説明

《秦疆治略》是清道光年間時任陝西巡撫盧坤爲秦省官吏施政方便而編輯的一部簡要的陝西地方志書。

盧坤字静之，號厚山，直隸順天府涿州（今河北省涿州市）人。嘉慶四年（1799）第三甲第一百四十名進士，選翰林院庶吉士。歷任兵部主事，郎中，糧儲道，廣東惠潮嘉道，山東兖沂曹濟道，湖北按察使，甘肅布政使，廣西巡撫，陝西巡撫，湖廣總督，兩廣總督兼廣東巡撫等職。《清史稿》有傳。盧坤先後任陝西巡撫兩次：首次署任是道光元年九月初二日（1821年9月27日），任職不久，即又回任甘肅布政使；第二次是道光二年九月二十九日（1822年11月12日）由廣西巡撫調任。道光五年四月十四日（1825年5月31日）以丁憂去任。書中各廳、州、縣人口均爲道光三年統計數字，據此推測，書當成於道光四年至次年盧坤去任期間。道光七年（1827）王志沂編纂《陝西志輯要》時，已將《秦疆治略》作爲該書附録，可知此書在道光七年之前已經刊行。

《秦疆治略》一書北京師範大學圖書館、陝西省圖書館、陝西師範大學圖書館、西安市文物保護考古所及咸陽市圖書館、涇陽縣博物館等省内外多個單位均有收藏。所見皆道光間刻本，白口，單黑魚尾。左右雙邊，半頁十行，行二十字。字跡清晰，訛誤極少，保存完好。尚未見到其他版本。本書即據常見本點校。

《秦疆治略》對當時陝西全省除西安、同州、鳳翔、漢中、興安、延安、榆林七府外的五個直隸州、八個廳、五個散州、七十二個縣的境至、人口、士習、民情、物産、水利、賦税及政務繁簡、社會治安狀況等均有記述。作者在書前自《序》開頭即説："朝廷之設官爲民，而地方官之於民尤切也。保障斯土，父母斯民，舉凡風俗之淳漓，山川之險易，以及天時地利，士習民情，何一不關於治理？"而要治理好所管區域，則必需對這些地方的"實在情形"有"詳晰"的瞭解。他分析了當時陝西全省的形勢，認爲"方今南山開墾日廣，遊民聚積日多，治理情形較當時尤爲緊要。而數十年來，生齒繁衆，即平原各屬，風氣亦與往昔不同。任地方者,當如何兢兢惕厲,以冀克稱厥職",需要切實加以考慮。他舉例説:"其或民生未遂,何以裕之?士習不端,何以挽之?風俗頽敝,禮讓無聞,將何道以化之?竊盜頻仍,閭閻受害,將何術以戢之?猾吏蠹役,何以察其奸?賭棍啯匪,何以絶其跡?他如地利之未盡,水道之不通,倉社積貯之盈虛,保甲稽查之利弊,以及按讞聽訟,贍老濟貧,悉皆地方之要務,均爲治道所宜先,亟應講求。"作者編輯本書的目的,於此不難盡知。

作者在書中,除針對部分地方因天時地利不佳,可能出現諸如饑荒、水災之類隱患,提出一些如何防範的建議外,特别關注到個别地方存在的尖鋭社會矛盾。例如,記盩厔縣時説:"道光三年查明,山内客民十五萬有奇,兼有大木厰三處,板厰十餘處,鐵廠數處,供厰之人甚夥",为此提出:"須廣爲儲積,一遇荒年,即賑濟平糶。不然十餘萬之衆,難保不滋生事端!"當時盩厔全縣在籍人口爲三十多萬,就有十五萬無籍客民在山中木厰、板厰和鐵廠做工。一旦遇到荒年,厰、廠停業,這十幾萬無家無業的客民將何以爲生?作者無疑聯想到了數年前發生在盩厔山中的那場起義厰工爲求生存與官軍拼死戰鬥的慘烈場景。又如,記大荔縣時,特别提到當地"漢回雜處,素習刁悍,每因羊畜踐食麥禾,糾眾械鬥,釀成巨案"之事。作者認爲最好的辦法是:"惟在地方官威惠並行,因地制宜,嚴糾善諭,則風移俗化,民歸淳樸矣!"只可惜地方官對此提醒毫不在意,致使回漢矛盾加劇,終於在三十多年後的同治元年(1862)爆發了以大荔縣王閣村和羌白鎮爲主要基地的陝西回民大起義。這次起義儘管最終被清廷所鎮壓,但對陝西,特别是關中地區的經濟社會造成了極大的破壞。作者雖然是從維護統治階級的利益出發看待這些問題的,但其對社會矛盾的洞察無疑是深刻的。

本書另一個值得注意之處是保存了不少珍貴的經濟資料。例如,於咸陽縣,記述了作爲"水陸馬頭"的縣城"商賈雲集""頗形富庶",以及由各縣馱載而來的糧食、木材如何"由水路運往晉豫"之事;於涇陽縣,記述了"藉涇河以熟皮張"的皮貨業以及不少商號檢做"官茶"的制茶業繁榮狀況;於白水縣,記述了該縣"西、南兩鄉有煤井四十眼,挖煤攬炭人工約計三五百人"的事實。諸如此類,書中還有不少,都具有一定的史料價值。此外,風土民情亦是作者特别關注的問題。書中不僅記述了不少地方的種種良俗,也指出了個别地方存在的若干陋習,諸如,陝南某些縣"山中有病,不事醫藥,惟以跳神禱之""喪葬用浮屠,重堪輿",以及一些人遊手好閑,終日"以酗酒賭博爲事"之類;陝北個別縣有"人口不寧,即疑爲新葬之親屬墳塋作祟,因而刨墳開棺,或用犁鏵,或焚化屍棺。更有孕婦身亡,割腹挖胎,以防作祟"的"種種惡俗"。針對這些問題,作者每每強調"重風俗,崇學校",希望地方官"善於教諭,有犯必懲",務必盡到"整飭化導"之責,以使風俗歸於淳美。

本書作爲地方志書,有一個不同於一般志書之處,就是在每個廳、州、縣名下均標注有該政區的分等。據《清世祖實錄》,清初選官之法,係"以衝、繁、疲、難四者定員缺緊要與否。四項兼者爲最要,三項次之,二項、一項又次之"。由此可知,"缺"(即職位)的緊要與否是以項數(即衝、繁、疲、難四字的字數)多少來確定的。項數越多,缺越緊要。但其僅分爲最要、次之、又次之三等。到了雍正六年(1728),因廣西布政使上奏,明確了政區分等的標準,並把這一標準作了具體定性,即"地當孔道者爲衝,政務紛紜者爲繁,賦多逋欠者爲疲,民刁俗悍、命盜案多者爲難"(臺北故宮博物院編《宮中檔案雍正朝奏疏》第十輯)。本書各廳、州、縣名下的分等即是由此來表示的:衝、繁、疲、難四字俱全的缺爲"最要"缺;三字(有衝繁難、衝疲難、繁疲難三種)爲"要"缺;二字(有衝繁、繁難、繁疲、疲難、衝難、衝疲六種)爲"中"缺;一字或無字的爲"簡"缺。本書不僅在各廳、州、縣名下標注其政區的分等,而且標注了任官的規程。據《清史稿·選舉志五》所述:"道、府缺有請旨揀授、題授、調授、留授,餘則選。廳、州、縣缺同道、府,無請旨者。"本書於個別政區名下標注"題"或"調",則表示該缺爲題授(奏任)或調授(調任)。無論在政區名下標注分等,還是在政區名下標注任官規程,這種標注方法在一般地方志中都是難以見到的。這不能不說是本書的一大特點。

自本書刊行後的一百多年間,書中所述的八十九個政區(不含無實領疆域、專管鄂爾多斯六旗蒙民與鄰縣交涉的榆林府神木理事廳)的名稱中有不少發生了改變,如定遠廳改爲鎮巴縣,磚坪廳改爲嵐皋縣,孝義廳改爲柞水縣,中部縣改爲黃陵縣,保安縣改爲志丹縣,安定縣改爲子長縣,懷遠縣改爲橫山縣等等,有的縣被撤併了,如朝邑縣併入了大荔縣;有的縣又分設了,如平利縣分出了鎮坪縣。至於1964年經國務院批准,一次改變的盩厔、鄠縣、醴泉等十三個縣的縣名用字,以及改革開放後撤縣建區,改安康縣爲漢濱區,渭南縣爲臨渭區,寶雞縣爲陳倉區,戶縣爲鄠邑區等等;均爲眾所周知。不僅政區名稱多有改變,不少政區的疆域亦經多次調整,雖名稱相同,出於各種原因,或劃出或劃入,其轄境亦與本書刊行時有不同程度的變動。爲便於讀者瞭解這些變化，在點校的同時，參考三秦出版社1992年出版陝西省地方志編纂委員會編《陝西省志·行政建置志》，於各政區之後，均以"按"的形式，對各政區內與建置相關的主要山脈河流（卽"山川形便"）、鄉里編制，以及其轄境大約當今何處，一一作了簡介。由於點校時一直未見到本書的不同版本，故採用本校，並參以《陝西志輯要》。鑒於本校中發現的差錯並不太多，故各政區名下或有校記或無校記，謹順次說明。

　　本書稿錄入依照底本字形，爲盡量保持原貌，因此，異體字、俗字、通假字不改。

目　録

《秦疆治略》序 …………………………………………………… （11）
西安府孝義廳 ……………………………………………………… （13）
西安府寧陝廳 ……………………………………………………… （13）
長安縣 ……………………………………………………………… （14）
咸寧縣 ……………………………………………………………… （14）
咸陽縣 ……………………………………………………………… （15）
興平縣 ……………………………………………………………… （16）
臨潼縣 ……………………………………………………………… （16）
藍田縣 ……………………………………………………………… （17）
富平縣 ……………………………………………………………… （17）
三原縣 ……………………………………………………………… （18）
盩厔縣 ……………………………………………………………… （18）
渭南縣 ……………………………………………………………… （19）
涇陽縣 ……………………………………………………………… （20）
高陵縣 ……………………………………………………………… （20）
鄠縣 ………………………………………………………………… （21）
醴泉縣 ……………………………………………………………… （21）
同官縣 ……………………………………………………………… （22）
耀州 ………………………………………………………………… （22）
商州直隸州 ………………………………………………………… （23）
鎮安縣 ……………………………………………………………… （23）
雒南縣 ……………………………………………………………… （24）
山陽縣 ……………………………………………………………… （24）
商南縣 ……………………………………………………………… （25）

同州府大荔縣	(25)
同州府潼關廳	(26)
朝邑縣	(26)
郃陽縣	(27)
澄城縣	(27)
韓城縣	(28)
白水縣	(28)
華州	(29)
華陰縣	(30)
蒲城縣	(30)
乾州直隸州	(31)
武功縣	(31)
永壽縣	(31)
邠州直隸州	(32)
三水縣	(32)
淳化縣	(33)
長武縣	(33)
鳳翔府鳳翔縣	(34)
岐山縣	(34)
寶雞縣	(35)
扶風縣	(35)
郿縣	(36)
麟遊縣	(36)
汧陽縣	(37)
隴州	(37)
漢中府定遠廳	(38)
漢中府留壩廳	(38)
南鄭縣	(39)
褒城縣	(40)
城固縣	(40)
洋縣	(41)

西鄉縣	（41）
鳳縣	（42）
寧羌州	（42）
沔縣	（43）
略陽縣	（43）
興安府安康縣	（44）
興安府漢陰廳	（45）
興安府磚坪廳	（45）
平利縣	（45）
洵陽縣	（46）
白河縣	（47）
紫陽縣	（47）
石泉縣	（48）
延安府膚施縣	（48）
安塞縣	（49）
甘泉縣	（49）
保安縣	（49）
安定縣	（50）
宜川縣	（50）
延長縣	（51）
延川縣	（51）
定邊縣	（52）
靖邊縣	（52）
鄜州直隸州	（53）
洛川縣	（53）
中部縣	（54）
宜君縣	（54）
綏德直隸州	（55）
米脂縣	（55）
清澗縣	（56）
吳堡縣	（56）

榆林府神木理事廳 …………………………………………（57）
榆林府榆林縣 ………………………………………………（57）
神木縣 ………………………………………………………（58）
府谷縣 ………………………………………………………（58）
葭州 …………………………………………………………（59）
懷遠縣 ………………………………………………………（59）

參考文獻 ……………………………………………………（61）

《秦疆治略》序

朝廷之設官爲民,而地方官之於民尤切也。保障斯①土,父母斯民,舉凡風俗之淳漓,山川之險易,以及天時地利,士習民情,何一不關於治理?豈惟簿書期會,卽爲畢乃事乎?顧簿書則有定程可稽,而治理則無額課可考。苟非出以誠意,鮮不託諸空談!

夫地方總以得人爲要,必使民安物阜,俗美風淳,襄大化之流行,召太和之翔洽,是豈專在上司督責,而實貴於地方官之能盡其職。夫地方官之盡職亦難言②矣!必公正其心,必廉潔其守,洞明事理,權衡重輕,庶幾措施咸宜,興除悉當。旣非鹵莽所能爲,更非粉飾所可冒。

方今南山開墾日廣,游民聚積日多,治理情形較當時尤爲緊要。而數十年來,生齒繁衆,卽平原各屬,風氣亦與往昔不同。任地方者,當如何兢兢惕厲,以冀克稱厥職耶?其或民生未遂,何以裕之?士習不端,何以挽之?風俗頹敝,禮讓無聞,將何道以化之?竊盜頻仍,閭閻受害,將何術以戢之?猾吏蠹役,何以察其奸?賭棍嚼匪,何以絕其跡?他如地利之未盡,水道之不通,倉社積貯之盈虛,保甲稽查之利弊,以及按讞聽訟,贍老濟貧,悉皆地方之要務,均爲治道所宜先,亟應講求。因通行各屬,令就地方實在情形,詳晰稟復。茲擇其有關利弊者,輯爲此編,名曰《秦疆治略》。司牧者誠能耐一己之煩勞,悉心籌畫,禁一切之擾累,實力奉行,勉爲循良,恪盡職守,庶幾利興弊革,不難臻於上理,余有厚望焉!

撫秦使者涿鹿盧坤

---

① "斯",底本原誤作"期"。

② "言",疑爲衍文。

秦疆治略

西安府孝義廳　繁疲難　調

在府東南三百二十里，四面皆山，東西五百餘里，南北一百餘里。民皆穴居嚴處，户口零星，不成村落。兼有柴廂紙廠，雜聚庸流。道光三年查明，共男女大小四萬四千六百餘名口。

幽谷窮簹之民，耳不聞教化，故招夫養夫，恬不爲非也。目不睹典型，故謀殺、故殺，憨不畏死也！不有以震動之，廉恥之志不興；不有以防維之，忌憚之心不作。雖誥誡頻煩，章程屢立，而保約奉爲虛文。山愚目不識丁，既難户曉，曷克周知？惟有嚴行保甲查對門牌，各發循環印簿，按月交換，仍令各紙木箱廠將工匠人等照式填註，隨時抽查，庶游民無所容留，奸匪藉以斂跡；竝設立義學，延請名師，資以膏火，加以獎勵，庶民皆知義，漸可洗心革面矣！

【按】西安府 治所設在長安、咸寧，領十五縣、一州、二廳。

孝義廳 清乾隆四十七年(1782)分咸寧、鎮安、藍田等縣地設立，因廳治孝義川得名，嘉慶七年(1802)遷治舊縣關。境内有秦嶺、大頂山、大峪河(又名乾祐河、柞水)、金井河(又名甲水)、社川水和洵河，設有本城、永安、久寧、長慶四里。轄區約爲今柞水縣北部(茨溝口、蔡鎮、紅岩寺以北地區)及鎮安縣原東川區和紅洞鄉。

西安府寧陝廳　繁疲難　題

在府南一百八十里，係乾隆四十八年分撥石泉、長安、洋縣、盩厔、鎮安五縣餘壤，建爲廳治。南北綿亘六百餘里，叢林密箐，跬步皆山。居民五方雜處，土著者僅有十分之二。道光三年查明，民數共男女大小十二萬九千餘名口。

内中木廂、鐵廠工匠甚多，亦宜嚴行保甲，隨時抽查。有游手無業之人，不許入牌，即行驅逐；其强横者，稟官究辦。惟該廳殷實之民甚少，力作工苦者居多,年歲豐稔尚可支持,若遇荒年倍形竭蹙。宜勸捐儲積,存貯公所,仿照古社倉法,春借秋還,竝飭保正、總約分司收借之事,互相稽查,隨時禀報,卽將出借姓名給示,發貼各處,則户口不致冒濫,事歸實濟。總期日積日多,俾無力農民得資口食,庶幾有備無患。

【按】寧陝廳 明爲五郎壩巡檢司,清順治年間裁,乾隆四十八年(1783)西安府水利通判移駐五郎關。嘉慶五年(1800)分長安、洋县、石泉、盩厔、鎮安五縣地設立寧陝廳,取名"陝西永寧"之義。境內有秦嶺、萬華山、腰竹嶺、火地嶺、光頭山、灃水、洵河、蒲河、汶水、月河、長安河和子午谷,分設東南西北中五路,主簿駐江口。轄區約爲今寧陝縣地(不含原太白廟區)。

長安縣　衝繁疲難　調

附西安府郭。在省城西北隅,東至咸寧分界,西界咸陽二十五里,南界鎮安一百六十里,北界涇陽三十里。分管城內關廂共五十三坊。西、南、北三鄉編户四十九里。道光三年查明,男女大小共二十五萬九千餘名口。

人多淳樸,士尚氣節,市交不欺,衣履布素,屋宇質陋,器惟瓦甃,冠婚喪祭,悉遵《會典》。城內輻轍交午,闤闠崇比,五方雜居,不可區域。北鄉地居龍首,土燥水深,時虞旱坼,民尚勤儉,鮮爭訟。西鄉地衍瀕灃,常病潦溢,而土田沃饒,民重稼穡,士習詩書,有豐鎬之遺風焉!南鄉則山川環帶,風俗淳古,渠水甚多,地宜秔稻,緣山柿栗,歲供租課。惟子午峪、石龜峪,道通興、漢,商賈絡繹,市多榷酤,最易藏奸。山內川、楚客民,開墾山地,良莠不一。宜嚴行保甲①,時常抽查,使奸民無所容留,則人安生業,行旅無虞矣!

【按】長安縣 明故縣,境內有終南山、圭峰、渭水、潏水、鎬水和灃水。縣轄省城西部五十四坊及三橋、王寺、田許(許村)、斗門、馬王、馮籍(馮村)、魚化、河池、郭杜、姜仁、乾河、五樓、姜村、黃良、子午、紅廟、楊善、萊馬(萊家寨)十八廠,設有杜角、秦杜、三橋三鎮,主簿駐斗門。轄區約爲今西安市蓮湖區全部,未央、碑林、雁塔三區西部及長安區西部。

咸寧縣　衝繁疲難　調

附西安府郭。在省城東南隅,東至臨潼界四十五里,西至長安分界,南至

---

① "甲",底本原誤作"中"。

鎮安界二百五十里,北至高陵界三十里,分管城內關廂共三十九坊,東、南、北三鄉共六十六里。道光三年查明,男女大小共①三十一萬餘名口。

地在平原,土宜二麥。平川之地,鑿井灌田。高埠之處,悉賴雨雪。惟南鄉地近終南,所轄有峪口五處,峪內山水流行,共開渠十九道,引水灌田三萬六千餘畝。土宜稻禾,但山水不時暴發,泥沙附入渠道,易於淤塞,宜隨時挑濬。

城內五方雜處,商賈雲集,風俗昔尚勤儉。士習本業,力學攻苦,故科甲聯翩。農皆力田,百工不尚技巧,近來漸染浮囂習氣,兼之北鄉與高陵接壤,回民雜處,頗好鬭狠。宜嚴行保甲,慎選鄉保,平時勸諭化導,一有不法,即爲舉報,加以懲治,庶可返樸還淳。

【按】咸寧縣 明故縣,境内有樂遊、少陵、白鹿、銅人等原,灞水、滻水和渭水。縣轄省城東部三十九坊及東關、韓森、斡爾垜②(孟家街)、沙谷堆(梆子井)、路家灣、惠家莊、曹家堡、狄寨、元興(高橋鎮)、南關、金滹沱、黃渠、三兆、大兆、杜曲、戎店、尹家衛(引駕廻)候官、鳴犢、午門、白花、五龍、北辰、務莊(安定堡)、新築、沙河(沙西堡)、中原(油房唐村)、三里、皂渠(米家堡)、東陵(馬家寨)三十倉,設有灞橋、渭橋、鳴犢三鎮。縣丞初駐尹家衛,後駐草灘。轄區約爲今西安市新城、灞橋二區全部,未央、碑林、雁塔三區東部及長安區東部。

咸陽縣　衝繁難　調

在府西北五十里,東界長安二十五里,西界興平二十五里,南界鄠縣二十里,北界涇陽三十里。編户十里,道光三年查明,男女大小共一十一萬四千六百餘名口。

幅員本狹,則耳目易周。煙户無多,則案牘亦簡。民守法令,甘辛苦,安儉素。東南、正南地沃饒,農民於麥收後,復種秋穀,可望兩收,並有專務場圃者。合縣所食之菜,皆販之南鄉,獲利較厚。正西地勢平衍,宜種麥禾。但使雨澤無愆,收穫可望。西北盡在高原,須汲水灌溉。設遇旱乾,歲收輒歉。東北地勢尤高,土性磽确,汲水尤難。農民往往間歲播種。

---

① "大小"兩字之後原脱"共"字。依例補。
② 清董祐誠纂《咸寧縣志》卷一作:"墫珥垜"。

城内係水陸馬頭,商賈雲集,氣象頗形富庶,其實各鋪皆係浮居客商,貨物皆從各縣馱載至此,由水路運往晉豫。至糧食、木板,亦由西路車運而來,用舟載至下路,到此納税給票,方准放行。奸商之壟斷,牙儈之把持,皆所不免。至於士知學問,罕事商賈,衣冠文物,儼有古風。惟婚姻重財,喪葬做①佛事,設戲樂,並停柩多年不葬者,則頹風之未革,敝俗之相仍,是在地方官整飭化導耳!

【按】咸陽縣 明故縣,同治初年,回民起義軍曾在窰店西築城設立渭城府,在新豐村設立新豐縣,後廢。境内有鮮原、畢原、高陽原、短陰原、渭水和涇水,設有高橋、窰店、北賀、馬莊四鎮,編户十里。轄區約爲今咸陽市渭城、秦都二區地。

興平縣　　衝繁

在府西一百里,東界咸陽五十里,西界武功九十里,南界盩厔七十里,北界醴泉五十里。編户十五里,道光三年查明,共男女大小一十三萬三千餘名口。

民多質直,風尚淳樸,素稱易治。地處平原,無山林,無水利,祇以耕耨營生。縣城以南,地卑水淺,多有鑿井灌田者,夏秋所獲,自較旱田頗勝。然必糞多而有灌溉之勤,乃能有獲。縣北皆在高原,水深不能汲灌,惟賴雨水。雖地廣人稀,而土厚耐旱,所以鄉間俗語有"高原低窪,十年均收"之説。惟人皆負氣率直不阿,激之則粗莽不馴,勵之則節義可鼓。須化其剛勁之風,被以禮樂之教,庶臻三代遺風。

【按】興平縣 明故縣,境内有黄山、馬嵬坡、渭水和清黑水。縣丞駐店張,編户十五里,設有桑家、馬村二鎮。轄區約爲今興平市地。

臨潼縣　衝繁難　調

在府東五十里,東至渭南界四十七里,西至咸寧界十五里,南至藍田界三十五里,北至富平界七十里。編户四十里,道光三年查明,男女大小共二十三萬四千餘名口。

土厚水深,性剛尚氣,好稼穡,務本業。惟嗜利輕義,尺布斗粟輒興雀角。

---

① "做",底本原誤爲"作"。

然一聞公家之令,即爭趨恐後,雖重困未敢少違。紳士醇謹,文風樸茂,地當衝繁,民多獄訟,兼以嗜酒好鬭,一二生事之徒乘機教唆,致罹刑網,轉相株累。即使聽斷無枉,而財耗農曠,受害已不可勝言。是在慎選公正鄉約,隨時化導。若控告在官,面加勸諭,此風或可少息。境内地土寬廣,且多膏腴,有水渠十六道,灌田一萬餘畝。又有驪山湯泉,冬月浮氣如煙,夏日亦不加熱,灌溉蔬畦,則倍加滋茂。

【按】臨潼縣 明故縣,境内有驪山、温泉、普陀原、鴻門阪、渭水、潼水、戲水、零水和石川河,編設會德、潤渭、陂陽、永豐四鄉和新豐、零口、交口、廣陽、櫟陽五鎮,縣丞駐關山鎮,鄉轄四十里。轄區約爲今西安市臨潼區及閻良區。

藍田縣　簡

在府東南九十里,東界渭南一百二十里,西界咸寧五十里,南界鎮安一百四十里,北界臨潼五十里。編户二十四里[①],道光三年查明,男女大小共十八萬三千餘名口。

東、西、北三鄉,地本平原,民皆易治。惟南鄉一帶均係崇山峻嶺,溝岔紛岐,與孝義、商州、鎮安、雒南在在毗連,犬牙相錯,且有遠至二百里以外者。江楚客民,殆居大半,雖無開設木廠鐵廠處所,佃地傭工之輩來去靡常,每易潛藏匪類。惟有設立保甲,發給門牌,慎選良民充當甲長,地方官隨時稽查,不許容留匪徒,則民安耕鑿矣。至南山一帶,老林開空,每當大雨之時,山水陡漲,夾沙帶石而來,沿河地畝屢被衝壓。是在地方官查其尚可修復者,即令修築堤堰,俾水勢偪入中流,兩岸淳潦,乘時涸澈。其不能修復者,即爲豁免錢糧,以紓民累。至於士風樸茂,雖甚貧窮,皆負薪好學,入官則清忠見表,即掾吏亦矯矯有聲,百姓亦知崇尚孝弟力田外,以完公輸賦爲急,但不習商賈貿易,閭里多困乏耳!

【按】藍田縣 明故縣,境内有秦嶺、七盤山、嶢山、蕢山、藍田山、灞水、滻水和輞水,清初編設寧民、玉山、白鹿、故城四鄉和藍橋、焦戴、新街三鎮。嘉慶七年(1802)將四鄉改名東、南、西、北,鄉轄二十里。轄區約爲今藍田縣地。

富平縣　繁疲難　調

在府東北一百二十里,東界蒲城四十里,西界三原三十里,南界臨潼二十

[①] 《陝西志輯要》記載:"編户二十里"。

里,北界同官六十里。編户四十里,道光三年查明,男女大小共二十二萬八千餘名口①。

縣近省垣,本鎬豐北地,有先王遺風。勳業節義,接踵前修,敦厚力本,遍於境内。地處平原,田多膏腴。兼有温泉河繞城而東,石川河繞境而南,有渠四十五道,灌田一萬七千餘畝,即旱地亦皆沃壤。而又人勤稼穡,野無惰農,故多殷實之家,殊少貧窮之户。士皆崇尚文學,多通經績學之士。其讀書不成者,或去而學幕,或改業爲吏,皆能餬口自立,亦無遊民。且人多讀律,通達事理,守分安常,廉隅自飭。間有一二多事之徒舞文犯法,加以開導,深以儆戒,即爲斂跡。信屬禮義之鄉,尤稱易治之地。

【按】富平縣 明故縣,境内有壇山、天乳山、土門山、荆山、頻山和石川河,設有永潤、招福、平皋、頻陽四鄉及美原、道賢二鎮,鄉轄四十里。轄區約爲今富平縣地。

三原縣　繁難　調

在府北九十里,東界臨潼四十里,西界涇陽八里,南界涇陽八里,北界富平五十五里。編户三十里,道光三年查明,男女大小共一十六萬三千餘名口。

地處平原,素稱膏腴,在在俱堪耕種。西南一帶,又有自涇陽流來之水,名"龍洞渠",分渠引水,藉資灌溉,並無荒蕪之區。物產阜蕃,習俗淳雅,士勤學問,科第聯翩,甲於諸邑。惟民俗澆漓,究緣人多商販,憚於農業,有力之家,無不出外經營謀利,以致傳染南方風氣,競尚浮華。繼因夥賬不清,彼吞此欠,從此訟獄煩興。此内即有文武生監,噬利滋事。婦女亦多習於安逸,不事女紅。是在地方官勸諭化導,庶可返樸還淳。

【按】三原縣 明故縣,境内有嵯峨山、堯山、濁谷水、清谷水、冶谷水和趙氏河,設有陂西、王店、樓底、西陽、大程、長坳、陵前、横水、馬額九鎮,編户三十里。轄區約爲今三原縣地(不含魯橋鎮)。

盩厔縣　中　繁難

在府西南一百六十里,東界鄠縣六十五里,西界郿縣四十里,南界洋縣四

---

① "名"後原脱"口"字。依例補。

百里,北界武功五里。編户四十里,道光三年查明,男女大小①共三十萬六千餘名口。

自東南隅撥入寧陝廳後,現在周圍尚有一千餘里,計峪口十八處,大路五條,小路十三條,與洋縣交界,計程四百二十里。向來皆是老林,樹木叢雜,人跡罕到。自招川、楚客民開山種地,近年各省之人俱有。雖深山密箐,有土之處,皆開墾無餘。道光三年查明,山内客民十五萬有奇。兼有大木廠三處,板廠十餘處,鐵廠數處,供廠之人甚夥,其中良莠不齊,稽查匪易。惟有嚴行保甲,慎選鄉正,時常抽查,方保無虞。又須廣爲儲積,一遇荒年,即賑濟平糶。不然,十餘萬之衆,難保不滋生事端。至於山外,地悉平原,處處皆有水田,素稱膏腴,兼有竹林、水族之饒,民多土著,風俗淳樸,力本務農,士尚氣節,剛直不屈,尚有古風。

【按】盩厔縣 明故縣,境内有秦嶺、安樂山、石樓山、竹谷水、渭水、黑水和甘水,設有終南、尚村、啞柏、清化、臨川五鎮,縣丞駐祖庵,編户四十里。轄區約爲今周至縣老君嶺、四方臺以北地區及西安市鄠邑區界河、鳳凰山以西地區(包括原甘河、祖庵、白廟、蔣村四鄉)。

渭南縣　衝繁難　調

在府東一百四十里,東界華州二十三里,西界臨潼三十三里,南界商州一百四十里,北界蒲城六十里。編户五十六里②,道光三年查明,男女大小共二十八萬九千餘名口。

其東北、西北二鄉俱在渭河之北,一望平原,地多膏腴,惟東北鄉與大荔之沙苑接壤者,俱係沙地,不宜種麥,向植棗梨瓜豆,其收在秋不在夏。南鄉有高原二座,中間隔酒河一道,東曰"長收",西曰"豐收",每原約寬三四十里,長二十餘里。其上平衍,土性滋潤,宜五穀,且耐旱,從無不收之歲,是以有"長豐"之名。通縣共計村堡集鎮一千三百四十五處,又河渠九道,俱在東南、西南二鄉地界,開渠引水灌田二千八百餘畝。兩面俱有高原夾束,河流通暢,向無水患。惟酒河在縣城之西,已入平原,大雨之後,漫溢街道,時須修理。風俗則東、西、南三鄉農多商少,俗尚淳樸。惟東北鄉孝義一帶,多貿易川省,

---

① 底本原脱"大小"二字。依例補。
② 《陝西志輯要》記載:"編户五十六里。"

性喜浮華,又有回民三千餘户,雖性多刁悍,然地處肥饒,尚屬安業。

【按】渭南縣 明故縣,境内有渭水、湭水、赤水和古白渠,編設下渭、石泉、神川、仕原四鄉及赤水、田市二鎮,鄉轄五十二里,縣丞駐下邽鎮。轄區約爲今渭南市臨渭區地。

涇陽縣　繁難　調

在府西北七十里,東界高陵二十五里,西界醴泉三十二里,南界長安四十里,北界三原十五里,編户四十四里。道光三年查明,共男女大小二十三萬七千餘名口。

地係平原,無木箱窯廠,亦乏深山老林,且附近省垣,人非山野愚頑可比,惟係商賈雲集之區。四鄉民情各別:其東鄉一帶,皮毛工匠甚多;東南鄉漢回雜處,常有争端;西鄉民多耕讀,惟尚奢華;北鄉緊依仲山,寄籍人多,向稱刁悍。

縣城内百貨雲集,商賈絡繹。藉涇水以熟皮張,故皮行甲於他邑。每於二三月起至八九月止,皮工齊聚其間者不下萬人,而官茶進關運至茶店,另行檢做轉運西行,檢茶之人,亦萬有餘人。各行店背廂負貨閑人,亦多至數千。其中良莠不齊,時生事端。

至縣西有龍洞渠一道,其水發源於縣境仲山,引灌三原、高陵、醴泉及本縣地六百餘頃,時有争水之案。修補之需,尤須經理得宜。且竊盗窩家、賭匪地棍,隨處皆有,最稱難治,非精明强幹之員,不足以勝此任也。

【按】涇陽縣 明故縣,境内有嵯峨山、甘泉山、仲山、涇水和冶谷水,康熙年間仍設有宜善、廣吉、温豐、甘延、金圭、瑞安、臨涇、清流八鄉和永樂、臨涇、石橋、雲陽、孟店、王橋六鎮。縣丞駐冶峪,鄉轄四十四里,光緒十六年(1890)增設臨涇、瑞安二分鄉。轄區約爲今涇陽縣地及三原縣魯橋鎮。

高陵縣　簡

在府東北七十里,東界臨潼十五里,西界涇陽二十里,南界咸寧二十里,北界三原十里。編户十五里①,道光三年查明,男女大小共六萬一千餘名口。

地係平原,邑甚褊小。既無山川險阻之區,亦無五方雜處之民。人情樸

---

① 《陝西志輯要》記載:"編户十三里"。

淳,尚勤儉,好禮度,事耕織,徵稅易完,詞訟尤簡。有涇陽龍洞渠引入縣境灌漑田畝,西北鄉一帶可免旱荒之虞。東南鄉全藉雨水調勻,方能收穫。惟婚姻多重資財,致有男女愆期者,宜化導之。南鄉回民雜處,頗爲强悍,宜儆戒之。

【按】高陵縣 明故縣,境內有奉政原、鹿苑原、渭水和涇水,設有泰順、慶安二鄉及毗沙鎮,鄉轄十五里。轄區約爲今西安市高陵區地。

鄠縣　中　繁難

在府西南七十里,東界長安三十里,西界盩厔十五里,南界長安二十里,北界咸陽三十里。編户十五里,道光三年查明,共男女大小一十三萬四千九百餘名口。

俗尚簡樸,閭閻多忠厚長者,人盡力於田畝,無遊蕩之習。地土雖不寬廣,然多沃壤。除五穀外,其地最宜薑芋、紅薯。又有丈八溝、渼陂、禹泉、太平泉之水,灌溉稻田數百頃。南山之産有松、柏、梓、漆。山外竹林最盛,有水竹、紫竹、墨竹、斑竹。水族則有魚、蝦、螺、蠏。渼陂之鱔,澇之飛魚,所出最爲蕃息。至於縉紳愛鼎,竿牘不入,青衿多守卧碑,絕跡公庭。民則急公尚義,賦不勘治而早輸,役則招呼而卽赴,猶有子來之遺意焉。

【按】鄠縣 明故縣,境內有終南山、圭峰、渭水、澧水和澇水,清順治八年(1651)設有黄陽、太平、宜善三鄉及秦渡、澇店、趙王、大王四鎮,鄉轄二十一里,乾隆四十二年(1777)增至四十里。轄區約爲今西安市鄠邑區界河、鳳凰山以東地區。

醴泉縣　衝　簡

在府西北一百二十里,東界涇陽五十八里,西界乾州五里,南界興平二十里,北界淳化八十里。編户十八里,道光三年查明,男女大小共一十一萬四千餘名口。

風俗素稱簡樸,人無佻達之習,里有誠和之樂。地多平原,北鄉有龍洞渠、安谷水、巴谷水灌田八千餘畝,其餘三鄉皆係旱田,亦有開渠引灌者。士習亦屬淳厚,知恪守卧碑。間有一二多事之徒,加以化導,尚能斂跡。盜案稀少,詞訟無多。惟九峻山北,地方鄙野,民情慓悍,囂訟成風,然皆愚魯冥頑,有犯必懲,俾知畏懼,尚屬易格。

【按】醴泉縣 明故縣,境内有九嵕山、芳山、涇水和甘水,設有十孝、六仲、四義三鄉及叱干、甘北二鎮,鄉轄十八里。轄區約爲今礼泉縣地。

同官縣　簡

在府北一百八十里,東界蒲城五十里,西界耀州四十里,南界耀州五十里,北界宜君六十里。編户六里,道光三年查明,男女大小共四萬三千餘名口。

地僻山陬,民皆質樸。務農者多,讀書者少,竊案甚稀,詞訟亦簡。有炭窰四座,務傭工者眾,尚知畏法。山頭地角,有不成片段者,本地人不知開墾,多爲客民所佃,近來已無餘地矣。大抵同民專務稼穡,不事織紡,不習商賈,民少生業,故貧者居多,然能蓄積節用,不事華靡。惟俗信巫覡,重淫祀。宜嚴禁而化導之,則人不惑於異端矣。

【按】同官縣 明故縣,屬耀州,清初改屬西安府,雍正三年(1725)復屬耀州,十三年還屬西安府。境内有女回山、白馬山、鐵籠山、漆水、沮水、銅官川水和烏泥川水,編户六里。轄區約爲今銅川市王益、印臺二區及耀州區原石柱、演池二鄉和董家河鎮,以及宜君原縣口、雲夢二鄉。

耀州　簡

在府北一百八十里,東界富平十里,西界淳化五十里,南界富平三里,北界同官二十里。編户六里,道光三年查明,男女大小共六萬四千餘名口。

地土向陽,其在平原者,宜於種麥;山地土性陰寒,止宜種禾。城東西漆、沮二水,可灌田一千七百餘畝。山後一帶,多半客民,每遇穫麥耕田,均顧覓閑人,名曰"塘匠"。其中賢愚不等,易生事端。州民風俗淳樸,讀書之外,或貿易謀生,或務農力食。其人口眾多者,畜驢赴北山宜君、同官各處煤廠馱炭,赴三原一帶發賣,並有購買騾馬於省垣,馱送官商貨物遠赴他省者,均獲厚利。人有恒業,故無游民。又近城村堡地氣和暖,宜於養蠶,民間婦女煉絲爲線,以資縫紉。惟桑樹無多,是在守土者示以種桑之法,出示愷切曉諭,若得農桑並行,則於民生大裕矣。

【按】耀州 明故州,屬西安府,清雍正三年(1725)升爲直隸州,十三年降爲散州,仍隸西安府。境内有五臺山、牛耳山、木門山、沮水、漆水、澗谷水、清谷水和濁谷水,設有小丘、柳林、照金、廟灣四鎮。轄區約爲今銅川市耀州區地(不含原石柱、演池二鄉及瑤曲、董家河二鎮)。

商州直隸州　　繁疲難　調

州在省東南三百里,東界商南一百九十里,西界藍田一百三十里,南界山陽九十里,北界雒南七十里。編户十六里,道光三年查明,男女大小共二十三萬九千餘名口。

人性質實,士風簡樸。男務耕獵,女習蠶績。不務商賈,不喜奔競。工無奇技,器無淫巧,愚民畏官,紳無請托。境内萬山深邃,三省環連,武關東塞,嶢簣西據。南有劉嶺綿亘千里,北有黄沙高踞千尋,古稱四塞之地。水利則有大荆川、丹河、南秦河等處,共渠三百一十一道,灌田一萬餘畝。山地爲川、楚客民開墾殆盡,年歲豐收,可以足食。州東龍駒寨爲水陸要衝,商賈輻輳,舟騎絡繹,詞訟繁多,酗酒賭博,嘓匪竊盗等事,在在皆須防範。至愚民寡識,習俗相沿,異姓爲後,拜結乾親,寡婦招夫養子,改嫁圖財,則在守土者徐徐化導之。

【按】商州直隸州　明商州,清初仍屬西安府,雍正三年(1725)升爲直隸州。直轄區境内有商山、熊耳山、雞冠山、金鳳山、西岩山、塚嶺山、丹水、黑龍峪水和老君峪水,設有商洛、老君店、黄川、大荆、泉村、西市、豐陽七鎮,州同駐龍駒寨,編户十六里。轄區約爲今商洛市商州區地及丹鳳縣大部分(包括原商鎮、鳳冠、寺坪三區及鐵峪鋪區的桃花鋪、花瓶子、蘇溝、武關、白陽關、東毛坪、油房坪七鄉)。州領鎮安縣、洛南縣、山陽縣、商南縣四縣。

鎮安縣　　繁疲難　調

在州西南三百四十里,東界山陽一百二十里,西界石泉三百五十里,南界洵陽一百二十里,北界咸寧九十里。編户二里,道光三年查明,男女大小共一十五萬九千八百餘名口。

幅員遼闊,千有餘里,跬步皆山。土著者不過十之一二,客民十居八九。依山結廬,星散而處。民情樸野,尚少刁詐。但愚魯尚氣,以健訟爲能。爲治之道,惟在清訟源,嚴保甲,禁賭博,興學校,庶可漸摩而化。

【按】鎮安縣　明故縣,清初往屬西安府,雍正三年(1725)還屬商州。境内有長陵山、都家嶺、天書山、金井河、社川河、乾祐河、縣河、冷水河、洵河、小任河、大任河,設有東安、南安二里。轄區約爲今鎮安縣地(不含原東川區和紅洞鄉)、柞水縣南部(包括茨溝口、下窰街、曹坪、黄土碥以南地區)及寧陝縣原太山廟區北部。

雒南縣　簡

在州東少北九十里，東界河南盧氏一百二十里，西界商州三十里，南界商州三十里，北界華陰一百里。編户十二里，道光三年查明，男女大小共一十七萬二千七百餘名口。

士尚醇謹，農安願樸，力稼穡，慕節義。務本抑末，安土重遷。故庠無劣衿，里乏豪右。服用簡樸，不事華靡。至於子孝婦節，時相接踵，尤徵淳化。地則東障太華，西環洛水，北控秦嶺，南據武關。地形既接，利害相關。水利則有大渠小渠引洗馬河水，築堰灌田數十頃。四境皆山，平原甚少。山内皆係川、楚客民，開墾地畝，尚不滋事。其文風爲商洛五屬之冠。士多穎秀，科第聯翩。詞訟亦少，最稱易治。

【按】雒南縣　明故縣，清初往屬西安府，雍正三年（1725）還屬商州。境内有雪堂山、陽華山、王喬山、塚嶺山、元扈山、洛水、靈水、要水、文川水和故縣川，巡檢司駐三要司。順治四年（1647）設有靈泉、洛源二鄉，鄉轄十二里。轄區約爲今洛南縣地、丹鳳縣東北部（包括原庾嶺、巒莊二區和北趙川、梨園岔二鄉）及商南縣原沙坪、兩岔河二鄉。

山陽縣　簡

在州南少東一百二十里，東界商南一百二十里，西界鎮安一百里，南界鄖西一百二十里，北界商州三十里。編户二里，道光三年查明，男女大小共一十萬七千七百餘名口。

地方幅員遼闊，處處皆山，與湖北鄖西交界。向來樹木叢雜，人煙稀少，不過一萬餘口。近則各省客民漸來開山，加至十倍之多。五方雜處，良莠不一。嚴行保甲，時爲稽查，奸民自不致潛匿。而地瘠民貧，士多寒素，僅博一衿，遂云已足。卽訓蒙者，亦屬無幾。宜多設義學，資以脩脯，庶可漸培文風。其民情好訟，由來已久。然皆不過田土錢債細故，須體察輿情，反復開導，則訟源可清。但山中多習淫蕩，有招夫養夫者，有賣休買休者，有和誘拐逃者，在本夫恬不爲怪，而婦女亦甘心允從，其傷風敗俗，寡廉鮮恥，莫此爲甚。是在地方官有犯必懲，並加以勸諭化導，或可風移俗易耳！

【按】山陽縣　明故縣，清初往屬西安府，雍正三年（1725）還屬商州。境内有天柱山、蓮花山、孤山、三鳳山、金井河、花水河、關栍水、縣河、桐峪河、漫川河、丹江和銀花河，編戶二里。轄區約爲今山陽縣地。

商南縣　簡

在州東少南二百五十里，東界河南淅川四十里，西界商州五十里，南界鄖縣二百七十里，北界河南盧氏八十里。編戶一里，道光三年查明，男女大小共九萬一千七百餘名口。

跬步皆山，久經開墾，並無老林。間有三四家草紙廠，每家匠作不過三四人及五六人不等，非别縣紙廠聚集多人可比。惟客民過多，五方雜處，民情刁訟，相習成風。且士習孤陋，生童讀書，不圖上進，好爲刀筆。亦在嚴保甲，興學校，清訟源，無他術也。

【按】商南縣　明故縣，清初往屬西安府，雍正三年（1725）還屬商州。境内有商雒山、青山、角山、丹水、銀花水、武關河、縣河和湘河。轄區約爲今商南縣地（不含原沙坪、兩岔河二鄉）。

同州府大荔縣　中　繁難

在省東北二百四十里，附同州府郭。東界朝邑十里，西界蒲城三十里，南界華州三十五里，北界澄城二十五里。編戶三十四里，道光三年查明，男女大小共二十二萬三千五百餘名口。

雖處平原，地土磽瘠，民皆勤苦儉嗇，士亦兼農。家計饒裕者，固不乏人；其較貧者，或事工作，或營貿易，民生均無不遂。惟漢回雜處，素習刁悍，每因羊畜踐食麥禾，糾衆械鬬，釀成巨案。卽雀角細故，輕則毆傷，重則斃命，且民情亦或以健訟爲能。惟在地方官威惠並行，因地制宜，嚴糾善諭，則風移俗化，民歸淳樸矣。

【按】同州府　明同州，屬西安府，清雍正三年（1725）升爲直隸州，十三年升爲府。治所設在大荔，領八縣、一州、一廳。

大荔縣　清雍正十三年（1735）在同州府城設縣，因西晉時舊名。境内有商顏山、沙苑、洛水和渭水。編設華志、大德、美陽三鄉，鄉轄三十四里。乾隆十三年（1748）將潼關衛在本縣境内的二十三屯軍户劃歸本縣，編爲六里。道光年間增設羌白、潘驛、船舍、坊頭、沙苑五鎮。轄區約爲今大荔縣袁官營、高城、太白池以西地區。

同州府潼關廳①

廳在府東南一百里,東界河南閺鄉五里,西界華陰五里,南門外卽華、閺二縣交界,北界永濟一里。所管皆軍屯衛地,散處華陰、朝邑、河南靈寶、閺鄉。有恒產者多,難以户計。道光三年查明,男女大小共四萬六千餘名口。

幅員褊小,風淳俗厚。士矜修飾,服食整潔,喪葬竭力,婚不論財,皆近於古。惟界連晉、豫,路通商、雒,外來遊匪混入滋事者甚多。宜曉諭居民,並稽查客店及菴觀寺院,凡有形跡可疑、來歷不明者,不准容留,並嚴禁賭博,重懲竊賊。凡遇地方報竊之案,先提路役責懲,使匪類無藏身之所,捕役不敢豢賊,庶閭閻得以安堵。其詞訟案多係田土錢債,雀角微嫌,人情質樸,亦尚易於判斷。

【按】潼關廳 明潼關衛,清初沿其舊制,轄潼關城及一百零八屯,錯落於陝西省華陰、同州、朝邑、郃陽、華州、渭南、臨潼和河南省閺鄉、靈寶等州縣。雍正二年(1724)因輸納不便,裁除衛制,屯堡改隸各州縣,四年又以閺鄉、華陰二縣的四十二屯設立潼關縣,屬華州,十三年改隸同州府,乾隆十二年(1747)改爲廳。境內東有麒麟山、西有鳳凰山,黄河逕廳城之北,潼水貫城,北流入河,轄有關城及四十三屯,巡檢司兼司獄,駐風陵渡。轄區約爲今潼關縣地以及華陰市、河南省靈寶市、山西省芮城縣部分地。

朝邑縣　中　繁難

在府東三十里,東界山西永濟二十八里,西界大荔二十里,南界華陰四十里,北界郃陽五十里。編户三十六里,道光三年查明,男女大小共二十一萬二千餘名口。

士勤絃誦,民務耕織,舊稱安阜易治。惟洛渭沙苑之間,水漲沙磧,多患貧瘠。東瀕黄河,少田可耕。每事買販,或至習爲奢華,恤嫠革汰,宜兩盡之。邇來間有刁棍黠衿,誘博唆訟,嚴加核治,便漸寖息。至界連晉省,西南又境接回民,市易藏奸,夜多盜竊,實爲地方之患。宜設法示禁,嚴飭捕捉,並派妥役各渡口詳加盤詰,遇面生可疑之人,卽查拿究訊,使匪徒無從托足,而閭閻自可無事。

【按】朝邑縣 明故縣,清初往屬西安府,雍正三年(1725)還屬同州。境内

---

① "潼關廳"後原缺該廳官缺等級字樣。

有洛水和黃河,初設長春、洛苑、都仁三鄉,兩女、太奇、趙渡三鎮,主簿駐火慶關,鄉轄三十六里;順治十五年(1658)廢三鄉設三運,廢太奇鎮,增設新市、白塚、雙泉、白市、新大慶關、舊大慶關六鎮,同治年間廢三運,設立東、南、西、東北、西北五路,並設立十四巡警局,轄區約爲今大荔縣袁官營、高城、太白池以東地區。

郃陽縣　簡　難

在府東北一百一十里,東界山西臨晉四十里,西界澄城二十里,南界朝邑五十里,北界韓城五十里。編户四十四里,道光三年查明,男女大小共二十六萬六千八百餘名口。

除鎮店外,每一村堡皆聚族而居,不過一二姓,多則三四姓,均係老户,並無寄籍客民,亦無回民,故奸匪無從匿跡。民俗敦龐,士風淳茂,最稱易治。惟東南鄉四十里之外爲夏陽村,逼近黃河,向有渡口,乃通晉之捷徑,須設立循環簿,責成水大頭盤查往來行人,以杜匪徒出入。至縣境雖有金水河、泰紫溝、百良河等名目,而水勢微弱,且兩面俱係高原,不能引資灌溉。再無深山大林可以開墾,且地近北山,氣候寒早熱遲,一切田禾每年僅能一熟。民間全賴二麥爲食,其餘雜糧,種者甚少,秋禾更少。城中紳士素稱安静,非切己之事,不涉公庭。一切恃符作証,扛幫滋訟者甚稀。皆閉户讀書,崇尚文學,故應試文童,甲於一郡。而鄉曲愚民,聞有溺女之風,是在地方官禁諭化導之。

【按】郃陽縣 明故縣,清初往屬西安府,雍正三年(1725)還屬同州。境内有梁山、方山、黃河、徐水、洽水和大峪水,設有西河、萬安、仙宫、長豐四鄉及甘井、王村、百良、黑池、路井五鎮,鄉轄四十四里。轄區約爲今合陽縣地及黃龍縣原紅石崖鄉。

澄城縣　簡　難

在府北一百里,東界郃陽二十里,西界白水四十里,南界大荔六十里,北界洛川七十里。編户四十里,各村聚族而居,每處不過三四姓及五六姓不等,並無回民。其晉省貿易客民,僅二百六十餘户。道光三年查明,男女大小共一十八萬一千餘名口。

民風尚屬樸實,大概務農資生。縣北山地早經開墾,仰事俯畜之外,蓋藏頗裕,毋虞匱乏。惟在昔士習風俗,頗尚禮義,而近漸澆漓。舉貢生員,尚知讀書自愛,特武弁及諸紳,自幸列於流品,每多武斷鄉曲,罔知畏法敬官,因而習染成性,殊難化導。是在地方官善於教諭,有犯必懲,庶可挽回風氣。

【按】澄城縣 明故縣,清初往屬西安府,雍正三年(1725)還屬同州。境內有界頭山、壺梯山、洛水和大峪河,設有寺頭、業善、交道、韋莊、王莊、窰頭、馮原、塔家、良輔九鎮,編户四十里。轄區約爲今澄城縣地及黄龍縣原范家卓子鄉。

韓城縣　簡　難

在府東北二百二十里,東界山西榮河十五里,西界洛川一百二十里。南界郃陽四十里,北界宜川一百二十里,編户二十八里。道光三年查明,男女大小共一十九萬七千餘名口。

東臨黄河,地本無多。南俱高原,西北環山,去縣窵遠。本地百姓不諳開墾,以前未免拋荒。近來川、楚客民陸續來此開種,可無荒蕪之虞。縣之西北與洛川、宜川交界,是爲"神道嶺"。北通榆、綏,西接延、鄜,實爲扼要處所。舊有遊擊駐防,以資彈壓,嗣於道光元年裁撤,紳士居民未免稍懷疑懼,應行議復,始保無虞。縣之水利,有山河七道,分七十堰,灌溉田畝一百數十頃,已無遺利。民之勤者,或鑿井澆灌,以故地多肥沃,户有蓋藏。有餘之家,皆知贍老濟貧,毋須官爲賑恤。士風醇茂儒雅,科甲聯翩。民俗勤儉,守法安分,無大利可興,亦無大弊可除,允稱樂土。

【按】韓城縣 明故縣,清初往屬西安府,雍正三年(1725)還屬同州。境内有龍門山、梁山、韓原、黄河、澽水和芝川水,設有德津、沃壤、山覬、梁下四鄉,薛峰、昝村二鎮及神道嶺汛,鄉轄二十八里。轄區約爲今韓城市地及黄龍縣東南部。

白水縣　簡

在府西北一百三十里,東界洛川四十里,西界蒲城四十里,南界蒲城五里,北界洛川七十里。編户二十里,道光三年查明,男女大小共一十萬八千九百餘名口。

附近北山,土瘠民貧,或力耕作,或服商賈,或藉煤井以餬口,或資販糶以謀生。雖不大豐,尚無大絀。惟人性剛好鬬,文風不振,習俗澆漓,竊案常多。每遇廟會,老少婦女成羣結隊,燒香拜神。或婦女喊寃,夫男隨後,恬不爲恥。

且有已結復控,一年之內上控至十餘次者。西、南兩鄉有煤井四十眼,挖煤攬炭人工約計三五百人。其中下井之人,有被水淹斃者,有被煤煙燻死者,不一而足,控官之詞,連年不休。

縣境地勢極高,取水最難。城外東北止有井二眼,北井水甘,東井水鹹,不敷民食,皆取給於窖。城內飲畜浣衣,皆取於河。每值雨雪載途,民殊不便。縣北六十里與宜君交界,有秦山險要處,建樓曰"暗門"。實爲北山咽喉之地,多有綹匪潛藏,乘機行竊。奸民營販私茶、私鹽,皆由此處。宜添設營汛稽查,亦緝匪安良之道。

【按】白水縣 明故縣,清初往屬西安府,雍正三年(1725)改屬耀州,十三年來屬同州府。境內有黃龍山、秦山、洛水、白水和孔走河,設有會賓、長寧、慶雲三鄉和馮雷、西故、南河、雷村、新村、新窰、鐵牛、雷衙、武莊、孔走十鎮。轄區約爲今白水縣地。

華州 中 衝繁

在府南九十里,東界華陰四十里,西界渭南二十七里,南界雒南八十里,北界渭南三十里。編戶四十一里,道光三年查明,男女大小共一十五萬三千五百餘名口。

南山崇崗疊嶂,已往居民尚少,近數十年,川、廣遊民沓來紛至,漸成五方雜處之區。該民租山墾地,播種包穀,伐木砍柴,焚燒木炭,均屬有業可安。東、西、北三鄉地皆平衍,民亦耕讀相兼,尚屬安静。惟近山近渭之處,每遇暴雨,非衝開峪口,水勢洊騰,沙石衝壓地畝,淤塞河身,即渭水漲發,漫溢田莊,須隨時挑濬河身,修築堤岸,相地制宜,引水歸渭。統計大小河九道,皆使一律寬深,通利暢流,方免衝壓之患。西北鄉與大荔毗連,秦家灘、楊家灣等處,向有回民居住,每放羊踐食麥苗,與漢民互相鬭毆。宜嚴禁勸諭,庶可相安無事。至於士多感奮激烈,以憸邪欺詐爲恥。人守法令,服田力穡,不染游惰之習,不爲釋老所惑。數年不易一衣,不更一巾,清儉渾樸之俗,猶有古風。

【按】華州 明故州,清初仍屬西安府,雍正三年(1725)升爲直隸州,十三年降爲散州,來屬同州府。境內有少華山和渭水,設有將相、孝悌、仁義、豐原四鄉及羅紋、柳子、台頭、王宿、瓜坡、高唐、江村七鎮,鄉轄四十一里。轄區約爲今渭南市華州區地。

華陰縣　中　衝繁

在府南一百六十里,東界潼關三十五里,西界華州三十里,南界雒南四十里,北界朝邑二十里。編戶二十七里,道光三年查明,男女大小共一十二萬六千餘名口。

南峙華山,路通商洛。北臨渭水,地盡沙灘。地卑民瘠,雖性情直率,崇尚儉樸,勤於農事,拙於服賈,而俗悍風刁,民間每以細微之故,相鬬輕生。公庭之中,訟訐接踵。而其最關緊要者,莫如河道。境內有河十二處,每遇大雨,山水漲發,咸歸渭河。縣城以東七道,民資灌溉,土人謂之利河。城西五道,水漲衝田,時須挑挖,謂之害河。其尤害者,莫如方山河。此河界連華州,州之構峪河橫入方山河歸渭,以一河受二河之水,是以水漲泛溢,衝壓地畝,互相爭訟,連年不息。惟將方山河復其入渭之故道,則渭水無倒灌之患,而爭端自息矣!

【按】華陰縣 明故縣,清初往屬西安府,雍正三年(1725)改屬華州,十三年來屬同州府。境內有太華山、黃河、渭水、敷水和黃酸水。轄區約爲今華陰市地。

蒲城縣　繁疲難　調

在府西八十里,東界同州四十里,西界富平五十里,南界渭南四十里,北界白水四十里。編戶五十四里,道光三年查明,男女大小共三十萬三千餘名口。

民風性剛好鬬,負氣健訟。士知學問,恥於奔競,崇尚本質,故科甲聯翩,人多實學。鄉民苦力稼穡,不習逐末。惟西鄉農商參半,人工書寫,善作刀筆。南鄉與荔、渭雜處,頗尚靡麗。地土寬廣,且多膏腴。地丁錢糧,甲於通省。民皆踴躍急公,示期開徵,皆自封投櫃。不過旬月,即十完八九。惟地大人眾,俗悍風刁。殷實之家,豪強兼并,重利盤剝。蠹役地棍,訛詐欺凌。賭博酗酒,滋事之徒,隨處皆有。獄繁賦重,爲陝省大縣,向稱難治。

【按】蒲城縣 明故縣,清初往屬西安府,雍正三年(1725)改屬華州,十三年來屬同州府。境內有堯山、豐山、洛水、甘泉水和大峪河,初設翔鸞、呂原、賢相、龍樂四鄉及常樂、石表、渭原、孝同、興市、武店、漢底、車渡、荆姚、高陽十鎮,鄉轄五十五里,乾隆元年(1736)改爲五十四里。轄區約爲今蒲城縣地及銅川市印臺區的原廣陽、阿莊、高樓河三鎮。

乾州直隸州[①]　衝繁難　調

州在省西北一百六十里，爲甘肅、新疆通衢。東界醴泉三十五里，西界扶風六十里，南界武功四十里，北界永壽四十五里。編户二十四里，道光三年查明，男女大小共一十五萬六千餘名口。

東、西、南三鄉均係平原，無深山大澤險要之區。境内居民皆係土著，無五方雜處寄居之人，亦無回民。人皆力田，俗尚儉樸。士習詩書，敦尚氣節。女事桑麻，勤於紡織。春以二麥爲重，秋間雜種穀糜。並無富商大賈、豪猾之輩，尚稱易治。惟北鄉地勢岡阜崎嶇，瘠薄尤甚。男無生業，女不紡織。豐歲僅能度日，凶年不免逃亡。是在地方官善爲儲積，加以調濟，則民可安堵矣！

【按】乾州直隸州　明爲散州，隸西安府，清初仍舊，雍正三年（1725）升爲直隸州。直轄區境内有梁山、明月山、漠谷水、泔水、武亭水，設有東、南、西、北四鄉及薛禄、陸陌、臨平、陽峪、馮市、陽洪、關頭七鎮，鄉轄二十四里。轄區約爲今乾縣地。州領武功、永壽二縣。

武功縣　中　衝難

在州西南六十五里，東界興平四十五里，西界扶風二十里，南界盩厔三十五里，北界乾州二十五里。編户十四里，道光三年查明，男女大小共一十三萬四千餘名口。

幅員甚狹，四野平坦，無高山大川，亦無寄籍客民。風俗淳樸，男勤耕作，女勤紡織，士勤誦讀，詞訟亦簡。惟地土乾燥，天氣稍旱，禾即受傷。宜多穿土井，以資灌溉。女工蠶利至厚，勸之種桑養蠶，煉絲織帛，庶衣食可以充足。

【按】武功縣　明故縣，屬西安府，清雍正三年（1725）改屬乾州。境内有渭水、漳水和武水，設有魏公、遊鳳、普集、大莊、楊陵、永安六鎮，編户十五里。雍正七年（1729）增設在城、薛固、長寧三鎮，乾隆十五年（1750）又在韓店設立貞元鎮。轄區約爲今武功縣地及咸陽市楊凌區（不含揉谷鎮及五泉鎮）。

永壽縣　簡　衝

在州北九十里，東界醴泉八十里，西界麟遊三十里，南界乾州四十五里，

[①]　乾州時爲直隸州，此脱"直隸州"三字。據民國《乾縣新志》卷一《建置》補。

北界邠州三十五里。編户五里，道光三年查明，男女大小共五萬七千餘名口。

多係山溝，窰居穴處，地瘠民貧。東鄉俗尚勤儉，雖乏詩书之家，咸知安分守法。西鄉一帶，富户讀書服賈，貧民耕鑿傭工，風氣亦屬敦厚。惟南、北二鄉，地當孔道，俗習浮華，又好健訟，頗爲刁悍。西北鄉樊家坪地方，有煤窰炭井，界連邠州。拜家河距城三十里，其間工作人等，五方雜處，最易藏奸。又西南有好時河，開渠可以灌田，宜時加修濬，方不壅淤。

【按】永壽縣 明故縣，屬西安府，清雍正三年（1725）改屬乾州。境内有武陵山、分水嶺、泔水、漠谷水、武水和拜家河，順治四年（1647）設有底窖、萵店、監軍、儀井四鎮，編户五里，乾隆五十六年（1791）增設店頭、乏牛、常寧、舊永壽四鎮。轄區約爲今永壽縣地。

邠州直隸州　簡

州在省西北三百二十里，東界淳化八十五里，西界長武四十里，南界永壽三十五里，北界甘肅寧州六十里。編户二里，道光三年查明，男女大小共一十一萬四百餘名口。

爲甘肅、新疆往來孔道。幅員二百餘里，地俱平原，民皆土著，人知耕讀，俗尚勤儉。其俗質而厚，其人樸而易。野無惰農，家無餘積，屏絶浮奢，不事工賈。惟土地磽瘠，夏麥秋禾，終歲收成，僅能一熟。故民多貧苦，鮮有蓋藏。士亦兼農，無志上進。風俗淳厚，詞訟無多。雖有水渠六道，僅能灌田數頃，且時有淤塞，須常爲疏濬。拜家河地方向産煤炭，該處有炭井數眼。所雇人夫，多係外來客民。五方雜處，情形較爲刁野，並有誘逼幼童下井挖炭之事，斃者甚多。宜從重懲辦，儆一戒百，庶乎人皆知懼，刁風可息。

【按】邠州直隸州　明邠州，清初仍屬西安府，雍正三年（1725）升爲直隸州。直轄區境内有豳山、涇水、安化河、白水川（漆水）和太峪河。設有高村、太峪、永樂、史店、白吉五鎮。轄區約爲今彬州市地。州領三水、淳化、長武三縣。

三水縣　簡

在州東北六十五里，東界耀州六十里，西界邠州三十里，南界淳化五十里，北界甘肅正寧五十里。編户八里，道光三年查明，男女大小共四萬三千二百餘名口。

地處山陬,疆域僻小。土瘠民貧,居皆土窰,食盡粗糲,而尤艱於衣服。詢其所由,男不種棉,女不紡績,皆出市買。終歲力田,所獲尚不能蔽體,是以襤褸者甚多。士子讀而兼耕,雖皆安分守法,而文風不振,固陋寡聞。宜勸藝蠶桑,崇興學校,庶民知紡織,士解窮經矣。

【按】三水縣 明故縣,境內有石門山、七里川、汃水、大陵水、馬嶺水和過潤,設有土橋、張洪、太羽、職田、底廟五鎮,編戶八里。轄區約爲今旬邑縣地(不含原馬欄鄉和馬欄農場)。

淳化縣　簡

在州東少南一百①四十里,西界邠州四十五里,南界醴泉四十里,北界三水四十五里,編戶六里。道光三年查明,男女大小共四萬八千七百餘名口。

地方褊小,土瘠民貧,城在山坡,四境俱有深溝高阜。無水道之可通,無車轍之可至。是以商賈寥寥,盜賊素鮮。居民大半穴處,士少農多。風氣淳厚,人崇節儉,俗禁奢華,猶有豳風遺意。其間老幼殘廢,十分貧苦者,鄉閭皆能盡婣睦任恤之道,惟文風不振耳!然尚皆恪守臥碑,畏法知禮,可謂淳而易化矣!

【按】淳化縣 明故縣,境內有壽峰山、甘泉山、涇水、清水和冶谷水,設有常寶、大店、石橋、辛店、通潤、姜嫄六鎮,編戶六里。轄區約爲今淳化縣地。

長武縣　簡

在州西北八十里,東界邠州四十里,西界甘肅涇州三十里,南界甘肅靈臺三十五里,北界甘肅寧州三十里。編戶三里,地處平原,無崇山峻嶺,爲陝甘通衢。道光三年查明,男女大小共五萬一千九百餘名口。

多係聚族而居,無外來客户。民性質樸,不尚侈靡,亦無詭詐桀騖之習,頗知畏法敬官,安分守業。惟地土瘠薄,出產不豐,且風高氣寒,不宜蠶桑。民間耕種者,僅止二麥,別無土產。婦女復懶惰成風,不事織紡。民間所用之布,皆係商人販買而來,價值昂貴。八口之家,每歲買布即須數十千文。故戶鮮素封,室多貧窶,更以家貧之故,不務詩書。孩童至八九歲時,即令拾糞拾柴,其送學讀書者十無一二。是以一縣之中,應童試者,不過百餘人。即身到膠庠,亦多半耕半讀,鮮有潛心力學之士。縣境雖北有涇河,南有黑水河,河身均

---

① "百"字中間原缺一橫。

在窪下之處,兩岸地勢過高,難興水利。夏秋偶有泛漲,亦不至於滿溢爲害。

【按】長武縣 明故縣,境内有鶉觚原、宜山、涇水、黑水(芮水)和馬蓮水,設有停口、冉店、窨店三鎮,編户七里。轄區約爲今長武縣地及甘肅省涇川縣窨店鎮。

鳳翔府鳳翔縣　　中　衝繁

縣在省西北三百六十里,附鳳翔府郭。東界岐山四十里,西界汧陽三十五里,南界寶雞四十里,北界麟遊五十里。編户三十九里。平原居多,山林川澤甚少,向無廂廠,亦鮮未墾荒田。道光三年查明,男女大小共二十萬七千餘名口。

男丁内業儒者不及十分之一,貿易者不過十分之二,餘均係農人。民情類多好勝,不肯稍受屈抑。以故無關緊要之詞訟,較鳳屬各縣爲繁。然俗尚忠厚,士習儒雅。歷年以來,亦無盜案及逾貫竊案,雖零星小竊,並不常有。田地寬廣,且多膏腴,又有水泉可以灌溉,一年豐收可足二年之用。即偶遇荒年,皆有蓋藏,尚無遷徙逃亡之患,允稱省西樂土①。

【按】鳳翔府 治所設在鳳翔,領七縣、一州。

鳳翔縣 明故縣,境内有雍山、三畤原、雍水、横水和汧水,設有横水、窨店、虢王、彪角、陳村五鎮,編户三十九里。轄區約爲今鳳翔縣地及寶雞市陳倉區陽平鎮轄區東部。

岐山縣　　中　衝繁

在府東五十里,東界扶風三十五里,西界鳳翔十里,南界郿縣三十里,北界麟遊五十里。地近南山,土著與寄居習氣不同,山壤與平原民風稍異。編户二十九里,道光三年查明,土著、客户共一十八萬三千餘名口。

西、北二鄉,民情淳厚,鄉居子弟或公起朋館,或自延師課讀,均各安業。東鄉風氣,鬭狠好訟。南鄉有紙廠七座,廠主、雇工均係湖廣、四川人,往往藏匿匪徒。且路通南山,稽查尤宜嚴密。馬蹟里地處渭河以南,在石頭河下游,水流甚大,計灌地七十餘頃。又有沈公渠、珍珠泉,計灌田數十畝至百餘畝不等。其西北鄉之潤德泉下游,均屬園地,並無稻田。他如横水、雍水、漳水所經之地,皆地高水瀉,不能停蓄,以故均無水地。此外,並無近水可開之區,亦

---

① "土",底本原誤作"士"。

無沮洳淤塞之處。

【按】岐山縣 明故縣,境內有岐山、武將山、秦嶺、周原、渭水、漳水、時溝水和斜峪水,設有鸑鷟、中水、懷賢、陽遂四鄉和益店、龍尾、蔡家、青化、高店、羅局、棗林七鎮,鄉轄三十里。轄區約爲今岐山縣地及太白縣原龍窩、桃川、高碼頭三鄉。

寶雞縣　衝繁難　調

在府西南九十里,東界岐山九十里,西界秦州九十里,南界鳳縣一百三十里,北界汧陽四十里。東北尚多平原,西南一百里至黃牛鋪即係棧道,重山疊嶂,道路崎嶇。西北間有土嶺陡崖,高下不平,村落稀少。編戶四十九里,道光三年查明,男女大小共三十二萬三千餘名口。

農居十之七八,士與工商不過十之一二。山外居民皆係土著,性多質直,士子頗知自愛,風俗亦尚勤儉。山內多係川、楚貧民,佃種山地餬口。緣山內砂石多而土少,各就有土之處墾種,即於其處結茅棲止,零星散處,遷徙無常,尚屬安分,並無強梁自逞之徒。境內向無木廠,止有柴廠十四處,紙廠三處,其資本俱不甚大,工作人等亦屬無多,皆極安靜。河渠泉水共二十一道,計灌田二百三十頃。每歲冬初水涸,須將淤淺之處修濬,務使一律寬深,則春夏用水之時,按畝均分,方免爭競。

【按】寶雞縣 明故縣,境內有秦嶺、陳倉山、石鼓山、大散嶺、和尚原、渭水、塔河、洛谷水、汧水、磻溪、太白河、虢川河、上谷水和故道水,設有宣明、永寧、永豐、涼泉、富國、令遠、淳化、遵儀、仁和、孝悌十鄉和底店、陽平、馬營、益門四鎮,巡檢司駐虢川鎮,鄉轄五十三里。轄區約爲今寶雞市金臺、渭濱、陳倉三區(不含縣功鎮和龜川以西、以北地區)及太白縣嘴頭鎮一帶。

扶風縣　中　衝　簡

縣在府東一百十里,東界武功四十里,西界岐山二十五里,南界郿縣三十里,北界麟遊七十里。編戶二十九里,道光三年查明,男女大小共十五萬八千八百餘名口。

北鄉多山,山窩所居,窰多房少,且常在山居者十之二三,餘俱在山外平原落業。每逢初春,入山種地,秋季悉行移出。東、西、南三鄉俱在平原,風俗頗爲近古,鄉黨相與,崇尚齒讓。服食儉素,忠厚質直,絕無機巧變詐之習。

小民畏官法,以不入公堂爲高。獨椎魯,不能商販,故少素封之家。近亦小事貿易,然不甚多。

【按】扶風縣 明故縣,境内有岐山、梁山、美山、美水、漳水、漆水和渭水,設有飴原、邰城、泰川、鳳泉四鄉和伏波、杏林、絳帳、午井、召公、天度、崇正七鎮,鄉轄二十九里。轄區約爲今扶風縣地及楊凌區五泉鎮、揉谷鎮。

郿縣　簡

在府東南一百一十里,東界盩屋六十里,西界岐山三十里,南界太白山五十里,北界扶風十里。雖地據平原,而山南一帶,所統屬者猶在二百里以外。西南鄰寶雞,西界岐山斜峪關、三才峽,爲岐、郿交界,其地最爲扼要之區。南至八渡河,當太白老山,地俱苦寒,人煙稀少。編户十八里,道光三年查明,男女大小共一十一萬五千餘名口。而山内僅六千餘口,且住址俱近山口,半多鄰境居民,川、湖客民十只一二,稽查甚易。

斜峪口内有小柴廠二座,營頭口内有小柴廠八座,湯峪口内有小柴廠二座,每處工匠至多不過十餘人,尚不滋事。地方風俗淳厚,詞訟甚少,士①習亦端,皆能讀書明禮,號稱易治。田野優沃,物産富饒,亦省西樂土②也。

【按】郿縣 明故縣,境内有太白山、馬家山、武功山、斜谷、五丈原、渭水和清水河,清初設有諸葛、太白、鳳棲三鄉和槐芽、橫渠、清化、長興、齊家、金渠六鎮,鄉轄十八里。乾隆四十三年(1778)三鄉改名全善、清遠、槐芽。轄區約爲今眉縣地及太白縣鸚鴒鎮。

麟遊縣　簡

在府東北一百二十里,東界乾州七十里,西界鳳翔六十里,南界扶風四十里,北界永壽四十五里。編户六里,道光三年查明,男女大小共四萬五千餘名口。

民皆務本業,勤耕耨,間有負氣爭訟者,官爲判其曲直,旋即悔艾。士重名節,養廉恥。縣在萬山之中,溝澗崎嶇,陟降迴折,有隔崖聲相聞、目相視,登降往還二三十里者。境内有漆、杜二水,皆發源縣境,且泉水甚多,從無取

---

① "士",底本原誤作"土"。
② "土",底本原誤作"士"。

以溉田者，蓋地寒不宜種稻，水寒不宜灌田，且地狹崖高，費工多而用力眾，殆亦地宜使然，非盡人偷不力也。至同姓爲婚，嬰屍暴棄，最爲惡俗，須嚴行禁止，以維風化。

【按】麟遊縣 明故縣，境内有天台山、箭筈山、青蓮山、漆水、岐水、麻夫川、兩亭河和杜水，設有良舍、招賢二鎮，編户七里。轄區約爲今麟遊縣地。

汧陽縣　簡

在府西少北七十里，東界鳳翔三十五里，西界隴州四十五里，南界寶雞二十里，北界甘肅靈臺七十里。編户五里，道光三年查明，男女大小共①六萬七千餘名口。

東、西兩鄉多係平川，南鄉原地居多，北鄉一帶盡係土山，山內居民皆屬土著，並無外來客户墾種地畝，亦無木廠、鐵廠、紙廠、煤窰。居民務農爲多，自安生業，訟獄甚少，極稱安靜樸實。境内汧河發源於縣西南之上益頭，東流至寶雞底店地方入渭。東、西兩鄉有水渠九道，灌田八頃。嘉慶十八年，新修河渠三道，俱引汧水入渠，灌田二十二頃，旱澇均收。惟鄉僻愚氓，偶以睚眦小忿，輒多跳崖種②命、短見輕生者。是在地方官化喻開導，多方誥誡，此風庶可漸息。

【按】汧陽縣 明故縣，境内有天台山、圭山、箭筈嶺、汧水、草碧谷、暉川河和界子河，設有黃理、草碧二鎮，編户三里又兩個半里。轄區約爲今千陽縣地。

隴州　簡

州在府西少北一百五十里，東界汧陽四十五里，西界甘肅清水一百二十里，南界寶雞一百四十里，北界甘肅崇信八十里。其中東西平川計長八十里，南北寬十三四里。環以崇山峻嶺，疊嶂層巒。編户二十八里，道光三年查明，男女大小共二十五萬一千餘名口。

西、南二鄉，大半川、湖客民，開墾山地，零星散處，倚山結廬，並無木廠、紙廠工作遊民。東、北二鄉，多係土著，民勤稼穡，專務本業，畏刑守法。至於附近城鄉平川，地畝偪近汧河，隨處可以開渠灌溉，均爲沃土膏腴，共渠三十

---

① 此處原脫"共"字。
② "種"，疑爲"送"之訛。

四道,灌田四千五百餘畝。東鄉有煤窰炭廠七座,傭工之人無多,尚覺安静。惟此地風俗,間有男婦少年夭折,父母畏其回煞作祟,深夜在野挖坑焚燬屍骸,收其爐餘,然後掩埋者。須出示嚴禁,並令鄉保稽查舉報,依律治罪,此風亦庶可息。

【按】隴州 明故州,境内有吴嶽、隴山、岍山、汧水、八渡水和渭水,設有杜陽、東涼、新街、縣頭、八渡、神泉、馬鹿、赤延、故川、香泉、大松、通關河、温水十三鎮,編户二十八里。轄區約爲今隴縣地与寶雞市陳倉區縣功鎮和龜川以西以北地區及甘肅省張家川回族自治縣馬鹿鎮。

漢中府定遠廳　　繁疲難　調

在府東南四百里,嘉慶八年新設,界連四川太平、通江、巴州等處。① 道光三年查明,男女大小共十三萬四千八百餘名口。

山深林密,路徑險阻,四至難以道里計,境内約週一千餘里,向以鄰境之安危爲安危。近來煙户漸多,川人過半,楚人次之,土著甚少。民情狙詐,易於藏奸。並有紙廠四十五處,鐵廠二處,耳廠十二處,其工作人數衆多。若遇豐年,尚屬安帖。但逢荒歉,則無業遊民搶奪偷竊,皆所不免。且山中有病,不事醫藥,惟以跳神治之,名曰"端公",尚是邪教之遺,姦淫每從此出,深爲民害。其次,家家皆有釀具,包穀成熟,竟糜②於酒,謂酒糟復可飼豬,賣豬又可獲利,於是日在醉鄉,鬥毆不法之事皆由此起。而外來綹竊嘓匪,亦易溷跡。惟有設立義學,澤以詩書,嚴行保甲,察其奸僞,乃可化嚚競而息邪僻。

【按】漢中府 治所設在南鄭,領八縣、一州、三廳(應爲二廳)。

定遠廳 清嘉慶七年(1802)分西鄉縣南部設立。東漢順帝永建七年(132)以班超平定西域有功,封定遠侯於此,所以廳以定遠爲名。境内有星子山、父子山、洋水、楮河、雙柏河、漁水和巴水,設有漁渡壩、簡池壩二巡檢司,編户五里。轄區約爲今鎮巴縣地。

漢中府留壩廳　　衝繁難　調

在府西北一百九十里,東界城固一百一十里,西界鳳縣六十里,南界褒城五

---

① 此處缺編户記載。《陝西志輯要》記爲:"編户五里"。

② 糜,通"靡",浪費。

十里,北界鳳縣一百里。① 道光三年查明,男女大小共九萬四千三百餘名口。

土著民人甚少,大半川、楚、安徽客民,均係當佃山地,開墾爲生。並無木廂、紙鐵各廠,民情尚屬安靜。惟向皆務農,鮮讀書識字之人。近來各村鎮設立義學八處,延師課讀,資以脩金膏火,或可人知向學,文教漸興。

【按】留壩廳 明留壩巡檢司,清乾隆十五年(1750)移漢中捕盜通判駐此,三十年分鳳縣和褒城縣地設立留壩廳。境內有紫柏山、柴關嶺、太白河、紅岩河、武關河和野羊河,巡檢司駐南星,編户五里,後改爲南星、榆林鋪、廟臺子、小川子、西河、江口、江西營、寺走坪、蒿壩河、紅崖河、周家楞、安山驛、武關驛十三地。轄區約爲今留壩縣武關河以北地區,太白縣原王家楞、太白河二鄉及鳳縣原南星鄉。

南鄭縣　簡　衝

在省西南一千七十里,附漢中府郭。東界城固二十里,西界褒城三十里,南界四川南江一百四十里,北界褒城三十里②。編户十八里,道光三年查明,男女大小共二十六萬二千餘名口。

地處南山,爲附郭首邑。南北山高路險,東西地皆平原。在漢江以北者稱爲北壩,人民土著居多。自漢江以南亦係平原,稱爲南壩,多係四川、湖廣、江西等處外來客民,佃地開荒。北壩有山河大堰一道,又有第三堰一道,灌田八萬餘畝。南壩有堰十道,灌田五萬餘畝。此外,北壩旱地種粟、穀、黃豆、芝麻、煙、薑等物,以爲換買鹽布、完糧、傭工之用。南壩山地高阜,低坡皆種包穀,爲釀酒、飼豬之用。北壩人民聚族而居,民俗素稱敦樸,士習亦爲醇厚,歷代名人多係北壩所出。南壩則土田膏腴,有山水之饒,各省客民流寓其間,五方雜處,民氣最爲囂陵,一應命盜、姦拐、賭博案情,出自南壩者十有八九。其士習亦爲浮靡,幾有沃土不才之嘆。守土者惟於南壩留意,有犯必懲,加以化導,庶幾風移俗易。

【按】南鄭縣 明故縣,境內有旱山、黃牛山、大巴山、梁山、龍崗山、漢水、褒水、廉水和池水,初設東、西、南、北四鄉及長柳、上水渡、沙河、彌勒院四鎮,巡檢司駐青石關,鄉轄十八里,後增至二十里。轄區約爲今漢中市漢臺区(不含

---

① 此處缺編户記載。《陝西志輯要》記爲:"編户五里"。
② 《陝西志輯要》記爲:"北界褒城二十里"。

原褒河、天台、張寨、宗營、新溝橋五鄉）及南鄭區梁山、觀音堂、廟壩以東地區（不含原碑壩區）。

褒城縣　簡　衝

在府西少北四十里，東界南鄭二十五里，西界沔縣三十里，南界四川南江二百里，北界鳳縣一百四十里。編户十里①，道光三年查明，男女大小共十五萬六千九百餘名口。

民務耕織，士尚敦樸，各習嗇約，恥競利，故無積儲。畏法不敢健訟，供輸賦役無有後者。惟山多田少，地瘠民貧。其聲音，山南近蜀則如蜀，山北近秦則如秦。有水渠六道，灌田一千餘畝。惟有病則禱神延巫，不用醫藥。喪祭用浮屠，重堪輿，而不用文公家禮。農時集工治田，歡飲竟日，腰鼓相聞，知正旦、端陽節而不知中秋、七夕，皆俗之異者。

【按】褒城縣　明故縣，境内有七盤山、牛郎山、天池山、褒水、漢水、華陽河、讓水、廉水、馬道關、武曲關、松梁關、米倉關、漢陽關和甘亭關，設有宗營、褒城、長林、高臺壩四鎮，巡檢司駐黃官嶺，編户七里。轄區約爲今勉縣歪帽山、歐家坡以東地區，漢中市漢臺區原褒河、天臺、張寨、宗營、新溝橋五鄉，南鄭區梁山、黃官嶺以西、雲河鋼廠以東地區及留壩縣武關河以南地區。

城固縣　簡

在府東少北七十里，東界洋縣十里，西界南鄭五十里，南界西鄉七十里，北界鳳縣一百五十里。編户二十三里②，道光三年查明，男女大小共二十一萬五百餘名口。

地東西狹，南北長，由慶山至縣城爲適中膏腴之地，有堰八處，灌田八萬餘畝。西南二郎壩與四川接壤，有堰十一道，灌田四萬餘畝。此地山明水秀，民多聰穎，士敦禮讓，恪守詩書，以故科第接踵，甲於漢郡。而正道未明，每入岐途，習天主教者居多。近雖毀堂滅教，但人數過多，執迷不悟，難免陽奉陰違。地方官嚴諭勤導，絕其根株，使皆歸正，是所望也。至於農無閒夫，亦無餘粟。工匠極拙，一無長技。器極質樸，不尚奢華。無異産，亦無遠販。婦女

---

① 《陝西志輯要》記爲："編户七里"。
② 《陝西志輯要》記爲："編户二十四里"。

紡績縫紉，不尚衣飾，皆風俗之近古者。

【按】城固縣 明故縣，境内有通關山、白雲山、斗山、漢水、文水和小沙河，設有陰平、袁揚、原公、文川四鎮，編户二十四里，後爲二十二里。轄區約爲今城固縣地。

洋縣　簡

在府東一百二十里，東界石泉一百六十里，西界城固四十里，南界西鄉六十里，北界盩厔一百里。編户二十四里，道光三年查明，男女大小共二十三萬九千八百餘名口。

勤儉力作，惟事農畝，招商集工，亦稱樂土。鄉安布素，士習誦讀。子媳弟婦，非遇禮節，不敢輕見舅伯。冠期二十，視貧富爲厚薄，喪祭遵禮，或有事浮屠者，然奠酹悲哀，戚而不易。縣境皆係水山，有溢水、二郎等十二堰，灌田六千餘畝。夏月山水暴漲，每有衝決之患，是在守土者隨時修理，推沙築石，分門設閘，視水之消長，以時啓閉，方可無患。

【按】洋縣 明故縣，境内有太白山、豐都山、興勢山、子午谷、灙谷、漢水、酉水、金水、東谷水、桃溪水和湑水，設有渭門、真符、謝村、湑水四鎮，編户二十四里，縣丞駐華陽鎮。轄區約爲今洋縣地。

西鄉縣　繁疲難　調

在府東南二百四十里，東界石泉一百七十里，西界城固一百六十里，南界定遠廳一百七十里，北界洋縣五十里。編户十六里①，道光三年查明，共男女大小五萬二千三百餘名口。

近城西、南二路，地稍平衍，稱爲縣屬精華。渠堰共四十三道，灌田六萬餘畝。農忙之際，用水啓閘，各堰口官爲經理，俱有成法，不至紛爭。其餘各處，皆高山邃谷。東路地更磽瘠，全賴天雨。西南巴山老林，高出重霄，流民遷徙其中，誅茅架屋，墾荒播種，開闢大半。惟老林之旁，地氣高寒，只宜燕麥、苦蕎，即包穀亦不能種，民食頗爲艱窘。境内客民居多，土著者不過十之一二。風俗素稱刁悍。更有川省啯匪，不時竄入，勾同本地無賴，搶場拒捕，村集屢受其害。山内又有紙廠三十八座，耳廠十八處，每廠匠工不下數十人，

---

① 《陝西志輯要》記爲："編户十五里"。

亦有川匪潛藏。又西南一百七十里之龍池場，在大巴山爲通川要路，附近尚多未闢老林，應設營汛，以資彈壓。

【按】西鄉縣 明故縣，境內有大巴山、小巴山、皂軍山、饒風嶺、子午山、漢水、椒溪（子午河）、牧馬河、洋水和菩提河，設有茶溪、子午二鎮，縣丞駐五里壩，巡檢司駐大巴關，清初編户十五里，後改爲十七里，嘉慶七年（1802）劃出五里設定遠廳，西鄉縣餘十二里。轄區約爲今西鄉縣地。

鳳縣 要衝 調

在府西北三百八十里，東界寶雞一百十里，西界甘肅兩當六十里，南界褒城二百三十里，北界甘肅清水七十里。編户九里，道光三年查明，男女大小①共一十七萬三千四百餘名口。

新民甚多，土著稀少，多係川、湖無業遊民，佃地開墾，雜聚五方，素稱難治。奸盜淫邪，機械變詐，無一不有。每以微嫌，遂成大案。由於不明禮義，不講詩書，藉圖賴爲，故常視人命如兒戲。

境內跬步皆山，數十年前盡是老林，近已開空，但農民收穫參差不齊，宜雨宜晴，情形各別：高山、老山、陰山，收穫遲而宜晴；半坡、平坡、陽坡，收穫早而宜雨。此豐彼歉，此歉彼豐，難爲人力，全賴天時。又有鐵廠十七處，柴廠十三家，每廠雇工或數十人至數百人不等。其幫工搬運來往無定之人更多，難以數計。酗酒打架、賭博盜竊者，無處無之。至於文風淺陋，應試者無多。由於教育不先，是以士子無上進之志。宜嚴保甲，正風俗，崇學校，育人材，庶乎蒸蒸日上矣！

【按】鳳縣 明故縣，境內有紅崖山、故道水、黃花水、馬鞍山水、紅崖河、野羊河和嘉陵江，設有方石、白石二鎮，縣丞兼巡檢司駐三岔，清初編户九里，乾隆三十年（1765）併爲四里。轄區約爲今鳳縣地（不含原南星鄉）及太白縣原白雲、靖口二鄉。

寧羌州 衝疲難 調

在府西南二百八十里，東界褒、沔二縣一百二十里，西界四川武平二百七十五里，南界四川廣元七十里，北界沔縣一百十里。編户四里，道光三年查

---

① 原脱"男女大小"四字。依例補。

明,男女大小共四萬六千六百餘名口。

與川、甘兩省交界毗連,五方雜處,最易藏奸。百姓淳良者固多,而性情偏僻者亦復不少,動輒輕生。每以酗酒賭博爲事,酒醉則撞街罵巷,任意橫行;賭博則招集外①匪,設局坑騙。以致訟獄繁多,向稱難治。境內四向皆山,巖穴陡峻,亂石急流,處處均屬險要。山水一瀉無餘,難興水利。山內老林雖已開墾,只宜包穀雜糧。向無木廠、鐵廠,只有菌廠、耳廠數處,人數無多,尚易稽查。

【按】寧羌州　明故州,境內有龍頭山、雞鳴山、五丁山和嶓塚山;漢水發源於嶓塚山,東北流入沔縣;玉帶河發源於箭竹嶺,經州城北,流入沔縣;嘉陵江經州西流入四川省廣元縣。設有青鳥鎮,州同駐陽平關。清初編戶四里,後分爲東、西、南、北、中五路四十八牌。轄區約爲今寧強縣地及漢中市南鄭區原元壩區。

沔縣　簡　衝

在府西一百十里,東界褒城六十里,西界略陽四十里,南界寧羌七十里,北界鳳縣一百里。編戶五里,道光三年查明,共男女大小十三萬四千七百餘名口。

地峻泉甘,人崇儉樸,惟家多健訟之流,士有驕悍之氣。崇敬鬼神,以享賽爲樂。地則東接褒斜雲棧,西行數百步,卽崎嶇入蜀,所稱"一夫當關,萬夫莫開"者,在在皆是,信爲漢郡要道。境內東、南兩鄉,皆係平原,有水渠十二道,各築堤堰,灌田二萬餘畝,能時爲疏濬,可以水旱無虞。但耕而食者多,織而衣者少。歲時伏臘,因陋就簡,冠髻尚白,雖禁弗變。鄉曲蝸角相爭,不憚懸梁投水。子皆出贅,至易姓更名,恬不爲怪。路通秦蜀,行人絡繹。啯匪出沒,時有竊案。宜嚴保甲、正風俗、崇學校而已。

【按】沔縣　明故縣,境內有鐵山、定軍山、珈珂山、漾水、沮水(黑水)和漢水,設有黃沙、舊州、元山、青羊四鎮,編戶五里。轄區約爲今勉縣歪帽山、歐家坡以西及漢江以南地區。

略陽縣　簡

在府西少北二百九十里,東界沔縣一百三十里,西界甘肅階州一百十里,

---

① "外"字右面原缺一捺。

南界寧羌八十里,北界甘肅徽縣一百三十里。編户四里,道光三年查明,共男女大小六萬九千四百餘名口。

僻處南山,地連隴蜀。嘉陵江繞於西南,棧霸①、黑河環於東北。西至階州白馬關,爲赴甘大路。鹽茶貨物,騾馱人夫,往來不絶。東南至大安驛,爲唐宋棧道,青泥、郙閣均在其間,山路極其崎嶇。嘉陵較漢江更巨,商賈舟楫,貿遷停泊。西南高山深林,爲政令所難及,居民最頑悍狡黠。西北多麥粟,東南盡包穀。東北棧壩、黑河,多川、湖客民,五方雜處,刁詐異常,訟牘甚繁。黑河兩岸稍平衍之處,雖作堰開田,種植稻穀,而總以包穀爲主。至於文風,在漢南最爲陋劣。由於閭里絶少讀書明理之人,故禮義不興,士習不振。北路有鐵廠五處,匠人不多,尚不滋事。亦宜嚴保甲,興學校也。

【按】略陽縣 明故縣,境内有青泥嶺、殺金嶺、大丙山、白水江、西漢水、石門河、八渡河、沮水、冷水河和嘉陵江,設有峽口、石門二鎮,編户四里,轄區約爲今略陽縣地。

興安府安康縣　繁疲難　題

在省南六百八十里,附興安府郭。東界洵陽七十里,西界漢陰六十里,南界平利三十里,北界鎮安三百里。編户二十三里,道光三年查明,男女大小共三十八萬九千三百餘名口。

此地山内情形與山外不同,近郊地方與遠鄉迥異。東鄉在漢江以南,山多土瘠。南鄉亦在漢江以南,高山多於平原。西鄉山不甚高,土沃水美,宜稻穀麥黍,歲收倍於别鄉,且風氣淳厚,其人習詩書,敦禮讓,入學生員十居八九。北鄉皆崇山峻嶺,土地瘠薄,土著、流寓參半,較東、西、南三鄉遼闊數倍,風俗亦甚澆薄,鮮知禮讓,鬭狠輕生,繁興訟獄。又有紙廠六十三座,工匠眾多。自道光二年,將西南一帶磚坪地方改設撫民通判,劃疆分治,現今户口尚甲他邑。城外爲水陸通衢,舟騎絡繹。城内商賈輻湊,百貨雲屯,不惟稽查不易,而呈控賬債者,幾無虚日,詞訟之多,亦甲他邑,信爲難治之區,非精明强幹之員不足以勝此任也。

【按】興安府 明興安直隸州,清乾隆四十七年(1782)升爲府。治所設在安康,領六縣、二廳。

---

① "棧霸"即後文所謂"棧壩"。

安康縣 清乾隆四十七年（1782）在興安府城設立。境內有白雲山、魏山、漢水、蒿坪河、月河和神灘河，設有秦郊、恒口二鎮，編户二十四里。轄區約爲今安康市漢濱區地。

興安府漢陰廳　繁難　調

在府西少北一百八十里，東界安康七十里，西界石泉三十五里，南界紫陽八十里，北界鎮安三百十里。編户四里，道光三年查明，男女大小①共十二萬三千三百餘名口。

南北皆高山重疊，東西尚屬平坦，其渠堰之在官者十九處，民間私堰不下數百處，灌田數十萬畝。境內平原約長百里，在在均係水田。南北兩山老林皆墾伐殆盡，無木廠、紙廠，僅有炭窯、灰窯數處，每處不過三五人，向不滋事。士民皆知廉恥而重犯法，亦無窩藏賊匪之處。雖在南山之內，尚稱易治。

【按】漢陰廳　明漢陰縣，清乾隆四十七年（1782）撤銷，轄地併入安康縣，五十五年設立漢陰廳。境內有梁門山、朝陽山、鳳凰山、池河、漢水、富水河、木樨河和月河，編户四里。轄區約爲今漢陰縣地及寧陝縣原太白廟區南部。

興安府磚坪廳　繁難

係新設。所管地界均係安康、平利兩縣分撥。土著民少，客户民多，良莠混淆，性情不一。南境與四川接連，尤爲緊要。境內皆山，開墾無遺，即山坳石隙，無不遍②及。一歲所獲，足供兩年之用。有木扒十七處，紙廠二十二處，每處工作人等不過十餘人，均係親丁子姪，尚無外來游民。惟僻處萬山之中，力食者多，讀書者少。尚皆各安生理，不滋事端。但山路崎嶇，艱於馱載，即有肩挑背負而來者，運費不貲，價值昂貴，以致貨不能銷，人皆裹足。今由火石溝造小船至安康之嵐河口，直達漢江。險灘加以疏濬，商賈始無阻滯。

【按】磚坪廳　清道光二年（1822）分安康縣南部設立，因廳城設在磚坪得名。境內有大巴山、漢水、洞河、嵐河和大道河。轄區約爲今嵐皋縣地。

平利縣　繁疲難　調

在府南少東九十里，東界湖北竹谿一百五十里，西界安康五十里，南界四

---

① 原脫"男女大小"四字。依例補。
② "遍"，異體字作"徧"，底本原誤作"偏"。

川奉節五百里，北界安康四十里。編户五里，道光三年查明，男女大小共十七萬八千六百餘名口。

地接壤邊陬，幅員遼闊。民人多係楚、蜀遷居之户，全賴開山種地以資生。素鮮蓋藏，日事營求，彼贏此絀，一遇旱澇非時，則收成歉薄，民食難云優裕。又有於山坡下因其土色黄壤，即開墾種稻，名曰"雷公田"，數日不雨則旱，雨水過多則傷。山陬愚民，多有耳不聞禮義，目不識之無。或因口角争鬭，爲桀點者蠱惑，遂致釀成事端。故人心以漸而肆，風俗以久而偷，徒云發伏摘奸而不加以教育，守土者能無愧乎？惟有廣開渠道，使旱澇無虞，訓廸頻加，使咸知禮義，庶幾人免枵腹，風氣日淳。

【按】平利縣 明故縣，清嘉慶八年（1803）縣治遷到白土關。境内有女媧山、石樑、嵐河、黄洋河、灌河、沖河、秋河和南江河，縣丞駐鎮坪，編户五里。轄區約爲今平利、鎮坪二縣地。

洵陽縣　簡

在府東一百二十里，東界白河一百二十里，西界安康六十里，南界湖北竹山一百五十里，北界鎮安一百六十里。編户四里，道光三年查明，男女大小共二十四萬三千五百餘名口。

地因山爲城，前臨漢江，後環洵①河，惟西門外一線石徑。城内居民稀少，東門外河街有小貿數十家。農民盡在南北山坡。惟山勢高峻，地氣寒涼，但宜包穀，又有不耕而獲之龍鬚草可以作繩。惟距縣一百四十里之蜀河，係水陸貨物交卸之所，客商輻輳，人煙稠密，而匪徒不免溷跡。由蜀河溯流而北，即赴省之大道。其間山麓平衍，水勢迂迴，居民因勢開堰，雖無官渠，而稻田極多，民多富足，而俗尚侈靡，獄訟亦繁。西至羊山，地極寒瘠，禾苗難熟，多種羊芋②餬口。南鄉山勢頗平，五穀皆宜，而稻田十居其二。由縣而北至茅坪，出構穰，可以製造白紙。

【按】洵陽縣　明故縣，境内有羊山、龍山、紫荆山、將軍山、女華山、漢水、洵河、蜀河和仙河，編户四里。轄區約爲今旬陽縣地。

---

① 洵字的"日"字中間原缺一橫。
② 羊芋，當爲"洋芋"之誤。

白河縣　簡

在府東四百里，東界湖北鄖縣十五里，西界洵陽一百里，南界竹山一百六十里，北界鄖西三里。編户一里，道光三年查明，男女大小共九萬四百餘名口。

濱臨漢江，界連楚北，五方襍處，最易藏奸。境内四面皆山，外來佃種者十居六七，率多爭佃踞莊，或因輾轉佃種，以致興詞控告者幾無虛日。境内以江爲界，江之北岸卽湖北鄖西，東與鄖縣亦一江之隔。西南陸路又與湖北竹山、竹谿二縣交界。每遇兩省交涉事件，或關提人証，或會勘情形，文移往還，動輒經年累月，膠轕不清。至士習向稱質實，耕讀相兼，安於義命，廼素鮮講求，多致詩文失體，此則限於偏僻之故也。司牧者宜示以限制，定以章程，庶訟源可清。月課諸生，導以理法，加以講貫，則成材可造矣！至於土著民人，男婦項多癭瘤，婚姻以布足通好，居喪以哀慟爲先。歲節不知往來，亦無燕會，則習俗使然也。

【按】白河縣　明故縣，境内有錫義山、龍崗山、漢水、冷水河和白石河。轄區約爲今白河縣地。

紫陽縣　簡

在府西南二百二十里，東界安康四十五里，西界西鄉一百九十里，南界四川太平八十里，北界漢陰一百里。編户五里，道光三年查明，男女大小共十二萬六千七百餘名口。

境内四面皆山，依山之麓，除溝窄水陡者，餘悉開成稻田，引水灌溉，旱潦咸收。其高山悉種包穀，有遲早二種，勢難一律普收，此歉彼豐，積年皆然。四鄉並無木、鐵等廠，惟六道河有造火紙者數家，每家不過四五人。八道河老林内亦有鋸木之人，係本地附近居民，並無商販。山内産茶，卽在包穀地内、地坎、地邊，到處皆有。山之極高處皆有漆樹，每千樹謂之一刀，其價昂時可值百金。此二種石窨①，貧民賴以存活。人情大概講究耕種，不及其他，故詞訟甚少，士習亦屬樸實，惟文風未興耳！

【按】紫陽縣　明故縣，境内有漢水、任河、紫溪河、汝河和洞河，設有四十鋪，主簿駐毛壩關。轄區約爲今紫陽縣地。

---

① "此二種石窨"，原文如此。據文義，當指茶、漆二種物産；"石窨"或爲衍文。

石泉縣　簡

在府西北二百七十里,東界漢陰五十里,西界洋縣七十里,南界西鄉九十里,北界長安一百二十里。編户八里,道光三年查明,男女大小共八萬七千九百餘名口。

境内萬山崩岏,地勢雄峻。嘉慶初年以前,民間富厚淳樸,訟獄亦簡,且①畏見官,號稱易治。自白蓮教亂,富者去而之他,貧者流而爲匪。川、楚無業之徒紛紛而來,開山種地,肆其刁悍,滋訟抗官,遂致民風一變。讀書之人,皆囿於一鄉,喜獲一衿,即云已足。或飲酒滋事,或持其頂戴,苟且狥人,此士習不端所由來也。西、北、南三鄉,山地俱種包穀。東鄉與漢陰接界,亦有稻田。但能各安其業,原屬樂土,無如積習難返,風氣日頹。是在守土者力爲挽回,庶可頓復舊觀。

【按】石泉縣 明故縣,境内有馬嶺、天池山、饒風嶺、長安河、汶水河、漢水、江河、池河和富水河,編户八里。轄區約爲今石泉縣地。

延安府膚施縣　簡

在省北七百二十里,附延安府郭。東界延長六十里,西界安塞四十里,南界甘泉四十五里,北界安塞二十五里。編户四里,道光三年查明,男女大小共六萬一千二百餘名口。

民務稼穡,俗尚鬼神,習修戰備,高上氣力,故多出名將。至於結婚不論財,交友多重義。思先時盡哀,好善勸施捨,此俗之美者。而有水可以灌田,惰於疏濬;有地可以樹木,惰於栽植。女惰蠶織,男惰貿易,則又俗之頹者。土俗以三畝爲塲,每塲所收,豐年不過五斗。由於播種之後從無去草芸苗之説,惟有坐待收穫而已。婦惟坐食,一切衣食皆取給於夫。每製一衣,必糶糧數石。境内樹木一經伐用,即不再種。民間除飼豬牧羊之外,別無營運。固由智慮短淺,民無餘財,亦緣"惰"之一字所致。是在地方官爲之興水利,勸種植,教紡織,勵惰農,則邊隅瘠區可成樂土矣。

【按】延安府 治所設在膚施,領十縣。

膚施縣 明故縣,境内有鳳凰山、清涼山、嘉嶺山、延水、西川水、南河水、豐

---

① "且"字中間原缺兩橫。

林川和清化水。編户四里。轄區約爲今延安市寶塔區中部、北部。

安塞縣　簡

在府北少西四十里,東界安定九十里,西界保安九十里,南界膚施十五里,北界靖邊一百八十里。編户六里,道光三年查明,男女大小共三萬六千九百餘名口。

質樸少文,習尚禮教,力本務農,急公重義,坦率愚耿,不事諂佞,有豳岐遺風。但崇奉鬼神,好閑嗜酒,鹽販之外,更無他營。地近邊隅,寒多煖少,既鮮膏腴之野,又無水利之饒。以故人多貧窶,有千金者不過數家,百金者即稱富户,亦可憫也。

【按】安塞縣　明故縣,境内有延水、杏子河和洛水。編户八甲。轄區約爲今延安市安塞區地及甘泉縣石門子以西地區。

甘泉縣　簡

在府南九十里,東界延長一百五十里,西界鄜州七十里,南界鄜州四十五里,北界膚施四十五里,編户二里。道光三年查明,男女大小共二萬四千一百餘名口。

俗樸民貧,無紡織水利、服賈經商之益,惟以服疇力穡爲務。凡婚祭服食,不尚侈靡,但好修廟設醮。地僻山多,人民稀少,土瘠沙磽,煖遲寒早。詞訟間有,盜賊亦稀。惟人有疾病,則以爲邪祟所憑,不事醫藥,專事祈禱,病愈則謝神報賽。習俗相沿,竟難化導,而不可不化導也。

【按】甘泉縣　明故縣,境内有伏陸山和洛水,設有勞山、臨真、道佐鋪三鎮。編户二里。轄區約爲今甘泉縣石門子以東地區及延安市寶塔區東南部。

保安縣　簡

在府城西北二百二十里,東界安塞九十里,西界甘肅安化一百七十里,南界安塞一百三十里,北界靖邊四十里。編户六里,道光三年查明,男女大小共五萬一千五百餘名口。

風氣醇樸,厭惡繁華,民愚而直,習儉而壬。專以耕耘爲業,賦税急公恐後。惟天時寒多暖少,地利土瘠沙磧。水陡而一瀉無餘,山險而平川甚少。人稀地廣,播種不寬,故民多貧苦,家鮮蓋藏。至於風俗,紳士方能設主,庶民不許供靈。每有子孫，莫由稽其祖父，他姓時或亂宗，皆由地處邊隅，鮮知禮義。惟在地方官明白曉諭而化導之，積習當可變矣！

【按】保安縣 明故縣，境內有艾蒿嶺、石樓臺山、洛水和杏子河。編户六甲。設有沙家、靜遠二鎮。轄區約為今志丹縣地及吴起縣原樓房坪鄉。

安定縣　簡

在府北少東一百八十里，東界清澗八十五里，西界靖邊八十里，南界膚施九十里，北界米脂一百里。編户二里九甲，道光三年查明，男女大小共八萬五千六百餘名口。

風土剛勁，習尚敦龐。重氣節，崇齒讓。勤詩書，急正供，士民如一轍焉。惟環縣皆山，地鮮平原，土著民多，客居民少。人處窰洞，地皆沙土，風烈霜早，氣候苦寒，所種二麥祇十分之一二，秋禾以菽穀為主，其餘均係雜糧。豐收之歲，僅能餬口。荒歉之年，民不聊生。山陡泉下，地高河低，溉灌不能接引，水利無由而興。舟車不通，商賈裹足。縣民除力農外，牧羊挖炭為生，別無營運。惟有勸其蓋藏以備荒年，廣栽樹木以資日用，更無可興之利。

【按】安定縣　明故縣，境內有祖師山、高柏山、懷寧河（走馬水）、秀延水和清化水。編户九甲。轄區約為今子長市地。

宜川縣　簡

在府東南二百六十里，東界山西吉州一百里，西界鄜州九十里，南界洛川七十里，北界延川二百里。編户十五里，道光三年查明，男女大小共①七萬九千一百餘名口。

境內萬山襟杳，絕少平原。人皆窰居，高低不一。水則有西南兩川十四渠，每渠灌田十餘畝或數十畝不等，僅能灌溉低窪菜蔬而不能種稻。民情愚蠢，尚無奸詐之徒。惟不解貿遷，不知蠶織，是以户多貧窘。士習雖淳，文風淺陋，登賢書者數十年始有一人。男女十二三歲即行婚嫁。最好小賭，每起爭端。此皆不美之俗，宜加嚴禁。至黃河渡口及龍王辿地方，最為緊要。私鹽、私茶及鄰省匪徒每多偷越，在在須加防範。又縣城三面皆河，夏秋河漲，石堤衝刷，極為可慮。須倡捐修理，方保無患。至於詞訟，皆不過錢債地土細

---

① 此處原脱"共"字。

故,尚易了結。

【按】宜川縣 明故縣,境内有鳳翅山、丹陽山、盤古山、黃河、延水、銀川水和雲岩河(汾川水)。清初編設三寶、仁義、永和、承寧四鄉,鄉轄二十四里;康熙年間併爲四里,後又改爲十八里,清末改爲二十里。轄區約爲今宜川縣地與延長縣馬山、白家河、慶家原以東地區以及黃龍縣東北部。

延長縣　簡

在府東一百五十里,東界宜川七十里,西界膚施九十里,南界甘泉六十里,北界延川五十里。編戶十里,道光三年查明,男女大小共八萬六千一百餘名口。

民多淳樸,好義急公,有無常相借貸,貧富不相眩耀。賦役無逋欠之累,吏胥無舞文之弊,其俗猶爲近古。惟地瘠民貧,寸步皆山,坡高嶺陡,耕種艱難。且土性幹燥,雨澤稍有不調,禾苗即行枯槁。加以人事不齊,即丰稔之歲,所獲尚不及平原之半。又俗尚飲賭,視穀甚輕。女不紡織,惟知坐食。無業貧民與人傭工,稍有餘錢,即棄之遠去,非賭即飲,耗費罄盡,始復舊業。有産之家,每逢市集,雖有要事,亦必醉而後歸。是以民多貧窘。一遇荒年,家無積蓄,貧者流離失所,富者亦束手無策。惟有禁飲賭,勸儲積,督力田,教紡織,庶乎有備無患。

【按】延長縣 明故縣,境内有獨戰山、高奴山、延水和交口水。清初設有迎祥、致福、净良、鳳原、合嶺五鄉。康熙五十二年(1714)改爲高青、辛興、永和、廣安、恭順、忠義、李城、人和、安平、蘇子十里,後又增設管玉里。轄區約爲今延長縣馬山、白家河、慶家原以西地區。

延川縣　簡

在府東一百五十里,東界山西永和七十里,西界延長七十五里,南界宜川八十里,北界清澗十五里。編戶十里,道光三年查明,男女大小共[1]四萬九千一百餘名口。

地近邊隅,人勤稼穡,俗尚鬼神,性樸少文,不崇侈靡。男耕女織,質任自然。詞訟甚少,盜賊亦稀。惟山地頗多,土性瘠薄,不知加糞深耕,旱惟望雨,

---

① 此處原脱"共"字。依例補。

卽近水處,不知澆灌,歲或豐收,家有餘糧,苦無售處。緣山徑仄險,舟車不通,故皆飽於腹而澀於囊。城鎮亦有貿易,盡晉人,縣人無有也。客民肩貨至鄉易糧,春放秋收,子或敵母,甘與之無悔色。又有人疾病不事醫藥,輒謂鬼祟所迷,控官驅除,綏德、清澗一帶皆有此風,真愚而可憫矣!

【按】延川縣 明故縣,境內有黃河和秀延水。編户四里。轄區約爲今延川縣地。

定邊縣　中　衝難

在府西北三百五十里,東界靖邊一百六十里,西界靈州四十里,南界甘肅環縣二百六十里,北至邊牆一里①。道光三年查明,男女大小共八萬一千三百餘名口。

地處極邊,山窮水惡。天時則寒多暑少,地利則素鮮膏腴。士俗民風,大都樸實。勤於稼穡,利於畜牧。性多愚魯,素乏蓋藏。紳衿富户略於詩書,吝於捐倡,且好賭博,鄙陋少文。由於邊隅所限,不知禮義。宜正風俗,崇學校,庶有起色。

【按】定邊縣 明定邊營,清雍正九年(1731)以定邊、鹽場、磚井、安邊、柳樹澗五營堡地設立定邊縣,屬榆林府。乾隆元年(1736)改屬延安府。境內有南梁山、白於山、洛水、吴倉坡水和三山水(耿家河)。縣丞駐鹽場堡。轄區約爲今定邊縣地及吴起縣北部。

靖邊縣　中　衝難

在府西北三百里,東界懷遠一百四十里,西界定邊一百里,南界保安一百一十里,北至邊牆十里②。道光三年查明,共男女大小七萬四千八百餘名口。

地居沙漠,民鮮蓋藏。天時則寒早温遲,地勢則山多水少。民食以秋禾爲主,莊稼以多雨爲宜。四面環山,村莊寥落,有一二十家相聚一處者,有三五家零星散居者。多屬土著,殊少外來游民,雖生長邊陲,毫無聞見,而俗尚猶淳,堪以化導。惟除耕作外,再無別業。民情懶惰,不知儉用。地土不肥,多不收成。又樹木稀少,木植缺乏,皆住土窰,且不産炭,信爲苦寒之區,無利

---

① 底本無里數記載,《陝西志輯要》亦無。蓋其時未設里。
② 底本無里數記載,《陝西志輯要》亦無。蓋其時未設里。

可興,小無害可禁。官斯土者,惟與民相安於無事而已。

【按】靖邊縣 明靖邊營,清順治初改爲靖邊所,雍正二年(1724)設同知,九年以安邊、寧塞、鎮羅、鎮靖、龍州五堡地設立靖邊縣,屬榆林府,乾隆元年(1736)改屬延安府。境内設有大蓮花山、蘆關嶺、箭杆山、紅柳河、莜麥河、寺灣河和大理河,巡檢司駐寧條梁。轄區約爲今靖邊縣地及吳起縣原吳旗鎮、薛岔鄉和五穀城鄉。

鄜州直隸州　要　調

在省北五百五十里,東界洛川三十里,西界合水一百七十里,南界中部八十里,北界甘泉四十五里。編户十八里,道光三年查明,男女大小共七萬二千六百餘名口。

民風懷刑守正,寡囂訟。男拙于服賈,女慵於績紡,而婚喪儉樸,猶有古風。地處萬山之中,溝谷澗壑,險阻鄙隘,在在皆然。氣候常寒,收成歉薄。年嗇則粟貴,無以給俯仰;年豐則粟賤,無以應徵求。寓撫字於催科,守土者當爲調濟也。境内有三川,洛河由北川而來,至州城北門,順東山之足而去,離城僅五七十步,每遇夏月,大雨時行,萬壑洶湧,無不匯於三川,及至城之北,皆匯於洛。民居、城池,常爲衝決。或將城池遷徙,築石堤捍衛,庶免漂没爲魚,是又守土者之責也。

【按】鄜州直隸州　明鄜州,屬延安府,清雍正三年(1725)升爲直隸州。直轄區境内有高奴山、洛水、黑水、華池水和三川水,設有交道、屯磨、張村、隆益、牛武五鎮,州判駐王家角鎮。清初轄區約爲今富縣地。州領洛川、中部、宜君三縣。

洛川縣　簡

在州東南六十里,東界韓城一百五十里,西界鄜州三十里,南界白水一百①三十里,北界宜川九十里。編户九里,道光三年查明,男女大小共九萬八千四百餘名口。

邑在西、延之交,其境多古人據險拒戰要地,則山川之險阻可知。農無餘積,則地土之磽瘠可知。雖有洛川而不能灌田,是無水利也;雖有商販而貨鮮

---

① "百"字原缺中間一橫。

奇贏,是無舟車也。所幸士尚詩書,民皆淳樸,男務耕耘,女勤紡織,訟獄甚簡,盜賊亦稀,易治之區也。

【按】洛川縣 明故縣,境内有高廟山、爛柯山、廊時山、洛水、聿津河、南川水和杜家河,乾隆三十一年(1766)徙治鳳棲堡,設有延豐、進賢、樂歲、大安四鄉及仙宫、白城、化石、土基、黄連、吴莊、興平、梁原、樂生、化莊、朱牛、漢寨、廟西、進蒙、永鄉、聿津十六鎮,鄉轄九里。轄區約爲今洛川縣地及黄龍縣西部。

中部縣 簡

在州南少西一百四十里,東界洛川四十五里,西界甘肅正寧一百八十五里,南界宜君二十里,北界鄜州五十里。編户一里,道光三年查明,共男女大小三萬七千五百餘名口。

士尚詩書,女勤織紡,敦本務農,不作佛事,風俗尤爲近美。縣城四山環拱,嵾嵳岭岈。雖地僻邑小,亦扼塞重地。西北界沮源關,竦峙衺延,勢若天塹。縣東連搭溝,深谷幽邃,險阻異常。故地鮮平原,無膏腴之可藉。泉皆微細,無水利之可興。舟車不通,商皆小販。地土磽瘠,農亦薄收。幸士皆恥入公門,卧碑克守。民皆安於耒耜,訟獄亦稀。守土者能爲之籌儲積,薄征徭,則豳岐之化,不難再見於今日也。

【按】中部縣 明故縣,境内有橋山、石堂山、洛水、沮水、華池水、香川水和五郊河,設有塘和里和北谷、保安、孟家、蘆保、龍坊五鎮。轄區約爲今黄陵縣平天村以東、沮水以北地區(不含原倉村鄉和店頭鎮)。

宜君縣 簡

在州南二百十里,東界洛川九十里,西界甘肅正寧一百五十里,南界同官三十里,北界中部五十里。編户九甲①,道光三年查明,男女大小共六萬三千九百餘名口。

城據山巖,地當孔道,民皆山居穴處,氣質樸野。習尚勤儉而重農功,婦女亦有紡織者。人貧地瘠,輸納維艱。雖有山河數道,而流急地狹,難興水利,惟城南里許有四季泉,以水色隨四時而變,其味甚甘,人民俱於此汲飲焉。

---

① 《陝西志輯要》記爲:"編户九里"。

縣南六十里爲金鎖關,向爲西、延咽喉要地,今成坦途矣。

【按】宜君縣 明故縣,境內有秦山、太白山、青龍山、洛水、石盤水、玉華川、纏帶水、馬蘭川和姚渠川,設有雷遠、五里、店頭、石梯、偏橋、哭泉六鎮,巡檢司駐馬蘭鎮,編戶三十八里。轄區約爲今宜君縣地(不含原縣口、雲夢二鄉)、黃陵縣西南部(平天村以西、保安鎮以東的沮水以南地區及原倉村鄉、店頭鎮)、旬邑縣西北部(原馬欄鄉和馬欄農場)、銅川市印臺區西北部及耀州區瑤曲鎮。

綏德直隸州　中　衝繁　調

在省東北一千一百里,東至黃河岸界山西永寧一百三十里,西界米脂二十里,南界清澗二十里,北界米脂二十五里。編戶七里,道光三年查明,男女大小共十一萬三千三百餘名口。

地近邊陲,俗尚强悍。男勤耕稼,女不織紡。士習儒雅,英才輩出。惟環處山中,土瘠產薄,人皆依崖傍澗,煙戶畸零,遷徙無常,增減不一。民多愚魯,禮教無聞。每有違條犯法,大半惧陷無知,加以化導,尚屬易治。地多石田,寒多煖少,故物產不豐,年穀僅能一熟。境內皆高山陡坡,水多急流,無蓄洩之處,難以修築堤堰,不能引灌田畝。西、北、南三鄉,民情率真,崇尚儉樸,詞訟甚少,亦鮮匪徒,並無竊案。惟東鄉西河驛逼近黃河,爲通甘肅口外大路,商賈往來不絕,其中奸良莫辨,最易混襍,宜時加防範,以安行旅。

【按】綏德直隸州 明綏德州,清初仍屬延安府,雍正三年(1725)升爲直隸州。直轄區境內有疏屬山、鳳凰山、黃河、無定河、大理河和淮寧河。設有義合、薛家峁、周家嶮、四十里鋪四鎮,編戶七里。轄區約爲今綏德縣地及子洲縣大理河川的周家嶮、雙湖峪、三皇峁等十多個村莊。州領米脂、清澗、吳堡三縣。

米脂縣　簡

在州北少西八十里,東界葭州六十里,西界安定八十里,南界綏德三十里,北界榆林五里。編戶五里,道光三年查明,男女大小共十萬九百餘名口。

環邑皆山,民貧地瘠,士風淳樸,民氣質實,類能守禮法、安耕鑿,尚無桀傲囂張之習。詞訟甚少,亦無竊盜。惟天氣早寒,收成歉薄。終歲力田,僅能餬口。此外,別無營運。一遇荒年,即遷徙流亡,十去其半,深爲可慮。宜廣爲儲積,庶乎有備無患。

【按】米脂縣 明故縣,清初屬延安府,雍正三年(1725)改屬綏德州。境內有無定河、背川水和大理河,設有萬豐、泰安、雙泉、德政、升平五里;八年將綏德衛西北、西南部幾個屯田百戶劃歸本縣,設立分隸衛。轄區約爲今米脂縣地、子洲縣地(不含原電市、水地灣二鄉及大理河川的周家嶮、雙湖峪、三皇峁等十多個村莊)及榆林市橫山區苦水河以東,殿市、党岔以南地區。

清澗縣　簡

在州東南一百四十里,東至黃河界山西石樓一百五十里,西界安定四十里,南界延川四十五里,北界綏德一百二十里。編户九里,道光三年查明,男女大小共九萬七百餘名口。

尚氣槩,先勇力,厚重質直。崇儉約,勤稼穡,多蓄①牧,少盜賊。惟土②瘠民貧,地多坡墥,以三畝爲一墥,每墥不過收麥五六斗,秋穀七八升,即爲豐年。士習尚屬安静,惟武舉恃紳妄爲,行同啯匪,武斷鄉曲,訛詐良民,實爲地方之害。宜勸諭化導,倘怙惡不改,卽嚴行辦理,以儆刁風。境内山地出硝,澤地出碱,無業貧民,藉以資生。至於水道,雖有懷寧河、無定河、清澗河,俱在山坡之下,難興水利,卽或大雨泛漲,亦無衝塌壅塞之患。

【按】清澗縣　明故縣,清初屬延安府,雍正三年(1725)改屬綏德州。境內有黃河、無定河、秀延水(清澗水)和懷寧河。轄區約爲今清澗縣地和子洲縣南部寧河流域。

吳堡縣　簡

在州東八十里,東至黃河界山西永寧一里,西界綏德三十里,南界綏德二十五里,北界綏德七十里。編户六里,道光三年查明,男女大小共二萬六千四百餘名口。

地僻山陡,風剛土勁。民性樸魯,不事奢華,專務耕耘,多誠少詐。惟土瘠民貧,家鮮蓋藏。既乏貿易之人,亦鮮勤學之士,詞訟甚少,竊案亦稀,故囹圄常空,最稱易治。

【按】吳堡縣　明故縣,清初屬延安府,雍正三年(1725)改屬葭州,乾隆元年(1736)改屬綏德州。境內有黃河、毗洲水,設有永豐里和宋家川、川口、辛

---

① "蓄",疑爲"畜"之誤。
② "土",底本原誤爲"士"。

家溝三鎮。轄區約爲今吴堡縣地。

榆林府神木理事廳　中

廳係乾隆八年（1743）新設，駐紮縣治，專管蒙古鄂爾多斯六旗夥盤租種事務，詞訟有牽涉蒙古者，悉由該廳審理。其近邊各縣有蒙民交涉命盜案件，先由各縣録供詳報，於奉批後，申請該廳會同審擬解勘。他如監放兵糧，協捕賊盜，亦有分責。蒙民賦性較貪，最愛眼前些小便宜，遇有爲難之事，漢民止須送給茶烟布疋以饜其欲，其事即寢。又漢民生長邊區，熟悉口外情形，善於趨避。蒙民不辨利害，輕聽妄爲，往往無知陷法。惟在聽訊之際，悉心推鞫，務得其情。如蒙民因貪成悔，立予鞭撲，交該旗管束。漢民誘令犯法，分别示懲，飭地方官收回，則釁端可息。

【按】榆林府　清雍正八年（1730）撤銷榆林衛，九年設立榆林府，治所設在榆林，領四縣、一州。

神木理事廳　據道光《神木縣志》記載，又稱"神木理事司員署"，係"於雍正元年由寧夏（横城）議撥一員駐紮神木，管理鄂爾多斯六旗蒙古人民事務"。其理事司員"由理藩院司員内揀選，正陪引見，簡放，三年更換"。其署在神木縣署西，即希文書院。所管事務不限神木一縣，凡近邊各縣内有與蒙古人民交涉者，均在其管轄範圍，惟不理與蒙民無關之事。

榆林府榆林縣　中　衝難

在省北一千三百五十里，附榆林府郭。東界葭州九十五里，西界懷遠六十里，南界米脂一百六十五里，北至邊牆十里。① 道光三年查明，男女大小共十萬一千二百餘名口。

地多沙磧，及山溝積水之處，均不能播種五穀，亦無深山老林。民間多住窰房，風俗尚屬質直。西鄉河畔一帶，田地向稱肥壤，每年約出穀麥萬餘石，郡民賴此資生。詞訟尚簡，盜賊亦少，惟婦女好入廟燒香，每間游街市，不習女工。且有已經婚配之夫婦，多因婦嫌其夫，另行改嫁。各廟僧尼不知謹守清規，自行匹配。又有人口不寧，即疑爲新葬之親屬墳塋作祟②，因而刨墳開

---

① 《陝西志輯要》記載："編户四里"，底本缺關於編户記載。
② "祟"，底本原誤作"崇"。

棺,或用犁鏵①鎮壓,或焚化屍棺。更有孕婦身亡,割腹剜胎,以防作祟②。種種惡俗,殊堪痛恨。惟在地方官出示嚴禁,有犯必懲,庶可風移俗易。

【按】榆林縣　本爲榆林衛的雙山、常樂、保寧、歸德、魚河五堡地,清雍正二年(1724)改屬綏德,九年設縣。境內有紅山、駝山、無定河、榆溪河和葭蘆川。乾隆二十七年(1762)正月將原綏德衛方連屯劃歸葭州,而將葭州的建安堡劃歸本縣。全縣分爲常樂堡、雙山堡、建安堡、上柴塘、下柴塘、歸德堡、魚河堡、鎮川堡、保寧堡、邊塘十個地方。設有碎金鎮。轄區約爲今榆林市榆陽區地。

神木縣　中　衝難

縣在府西北二百四十里,東界府谷一百三十里,西界邊牆五十里,南界葭州一百三十里,北至邊牆十里。編戶四里三分③,道光三年查明,男女大小共十萬九千九百餘名口。

水甘土厚,風氣沖和,民尚勤樸,地近邊陲,多喜射獵,不事績紡。士尚氣節,間有佞佛談仙者,尚不爲左道所惑。惟地多沙磧,雖通郵遞,不達舟車。通縣麥地不過十分之二,每年全賴秋禾,皆係襍糧。附近蒙古,多有夥種蒙地,或與蒙古畜養牲畜爲出息者。城中尚有瓦屋,其餘四鄉類皆窰棲穴處。夏則布縷,寒則白革皮,不以布帛覆其面。閭閻不見外事,每歲命盜案件甚少。惟地氣早寒,春多風多旱,夏秋多雹,宜廣爲儲積,方可無虞。

【按】神木縣　明故縣,屬葭州,清初改屬延安府,雍正二年(1724)將榆林衛的永興、柏林、大柏油三堡劃歸本縣,三年復屬葭州,乾隆元年(1736)改隸榆林府,二十七年正月又將葭州的高家堡劃歸本縣。縣境有黃河、窟野河、芹河、大柏油河、柏油河和禿尾河。理事同知駐神木營。編戶四里。轄區約爲今神木市地(不含原萬鎮、喬岔灘、花石崖三鄉)。

府谷縣　簡　衝

縣在府北二百里,東至黃河界山西河曲一里,西界神木一百里,南至黃河

---

① "鏵",底本原誤作"花"。
② "祟",底本原誤作"崇"。
③ "三分",疑爲衍文。《陝西志輯要》記載:"編戶四里"。

界保德州十里，北界鄂爾多斯九十里。編戶四里，道光三年查明，男女大小共十四萬三千餘名口。

地臨邊塞，俗尚儉樸，男尚耕耘，女不紡織。其天時則熱短寒長，風多雨少，黃雲起而雨雹，秋風勁而隕霜。其地土瘠沙深，山高水冷，溝渠難資灌溉，道路絕少蕩平。其人則農居其半，工賈次之，讀書者十無一二。其風俗則不事浮華。衣則大布毳裳，食則酪漿粗糲。民皆循謹畏法，士則敦崇禮讓。詞訟稀少，盜賊斂跡，爲北邊易治之區。

【按】府谷縣　明故縣，屬葭州，清初往屬延安府，雍正二年（1724）將榆林衛的清水營及黃甫、孤山、木瓜園、鎮羌四堡劃歸本縣，三年復屬葭州，乾隆元年（1736）改屬榆林府。境内有黃河、黃甫川、清水川、孤山川和石馬川。清初編戶六里，康熙年間（1662—1722）併爲四里，乾隆年間（1736—1795）改爲尖堡、寬坪、馬鎮、熟芝坪、高崖、新馬、永安、大神堡、桑林、水池十鄉，再改稱尖堡、黃甫川、馬真、大堡、永興、新馬鋪、鎮羌堡、孤山堡、木瓜園、清水營十個地方，巡檢司駐麻地溝。轄區約爲今府谷縣地。

葭州　中　疲難

州在府東南一百七十里，東界山西臨縣二里，西界米脂六十里，南界吳堡一百一十里，北界神木一百六十里。編戶三里，道光三年查明，男女大小共八萬九千四百餘名口。

士多英特，尚節義，工文詞。少長有禮，民情朴魯，不務織紝，常服皆布。種藝五穀，終歲所獲，一畝不過二斗，以粟米、紅豆爲常食，蓋由地半沙磧，厥田下下。天氣寒冷，民多窰居。布毳爲衣，酪漿餬口。詞訟甚少，盜竊亦稀。

【按】葭州　明故州，清初仍屬延安府，雍正二年（1724）將榆林衛的建安堡劃歸本州，三年升爲直隸州，乾隆元年（1736）降爲散州，改屬榆林府，二十七年正月將建安堡劃歸榆林縣，將高家堡劃歸神木縣，而將榆林縣開荒川一帶（原屬綏德衛方連屯）劃歸本州。州境有黃河、禿尾河、葭蘆河和荷葉水。清初編戶三里，後改爲浮圖、背幹、螞蜩峪、神泉鋪、烏龍鋪、古墓、響石寺、開荒、得勝廟、岔道鋪、界牌、車兒會十二個地方。轄區約爲今佳縣地及神木市原萬鎮、喬岔灘、花石崖三鄉。

懷遠縣　中　衝難

縣在府西一百六十里，東界榆林一百里，西界靖邊九十五里，南界米脂一百五十里,北界邊牆二十里。① 道光三年查明,男女大小共八萬七千六百餘名口。

　　僻處邊陲,鄰於蒙古,建縣年淺。百十年來,地有開墾,糧無加增,境内無地可耕者,皆租蒙古田畝。得霜最早,且多冰雹,年歲往往歉收。四面重山,全無樹木。人多窰居穴處,士習尚屬和平,亦多翹秀。貧乏者耕耨居其半,豐裕者貨殖居其半。詞訟簡少,竊案全無,亦無賭棍啯匪。吏役無多,約束較易。境内有白蓮、黑河渠二道,各灌田數十頃,皆民人自行疏瀹,無待官修。

　　【按】懷遠縣 本爲榆林衛的懷遠、波羅、響水、威武、清平五堡,清雍正二年(1724)改屬綏德,九年設縣。境内有龍鳳山、火石山、無定河、圁水(自靖邊縣流入)、大理河和小理河。全縣分爲東門溝、波羅堡、小磁窰、響水堡、李家坬、白家坬、苦水溝、威武堡、賈家大峁、馬家墩、清平堡十一個地方。轄區約爲今榆林市橫山區地(不含苦水河以東,殿市、党岔以南地區)及子洲縣原電市、水地灣二鄉。

---

① 所轄里數原缺,亦缺關於編户記載。《陝西志輯要》記載:"北界邊牆二十里,未編户"。

參考文獻

一、古籍文獻

1.【清】盧坤輯:《秦疆治略》,謝氏賜書堂,清道光七年(1827)。

2.【清】王志沂纂:《陝西志輯要》,謝氏賜書堂,清道光七年(1827)。

3.【民國】吳廷錫等編纂:《續修陝西省通志稿》,民國二十三年(1934)。

二、今人著作

1. 錢實甫編:《清代職官年表》(第二冊),北京:中華書局,1980年。

2.《(二十五史)清史稿·趙慎畛等傳》,上海:上海古籍出版社,1986年。

3. 吳鎮烽:《陝西省志·行政建置志》,西安:三秦出版社,1992年。

陕西省社科基金古籍整理与研究项目成果汇编（2015年度）

古今事物考

【明】王三聘　辑
朱成華　點校

點校説明

　　有關王三聘生平資料，各史書無傳，《陝西省志》《盩厔縣志》等方志及《古今事物考》之《附録本傳》載其傳或其墓志銘，皆簡約。今撮其要者略述如下：

　　王三聘(1501—1577)，字夢莘，別號兩曲，明興仁里(今辛家寨村一帶)人。父親王玉，因被人誣陷而含恨去世，贈南京大理評事。王三聘此時十歲，母親辛氏二十五歲。辛氏含辛茹苦，奉養老人，撫育孩子，竭力供養王三聘讀書，孀居四十年，因王三聘知名而被封爲孺人。王三聘承母訓，爲學惟求大義，不事章句之末。督學敖公異之，挑其卷曰"氣朝霄漢"。明嘉靖十年(1531)中舉，十四年(1535)中進士，初任大理評事。不久，改任河南僉事。王三聘用心整治，制定規則，人們很敬重他。母親去世後，王守喪3年，期滿改任四川僉事，適逢當地少數民族起義蜂起，王招撫義軍中的流民，發展生產，使社會得以安定，但卻被人攻擊爲怯懦，於是他憤然離職，回歸故里。王三聘家住房破舊，僅能遮蔽風雨，但王仍急公好義，周濟鄉親。陽化河長期淤積，水流不暢，氾濫成災，王三聘觀察地形，組織人力，修理河道，使洪水暢達渭河，水患止息。盩厔未修縣志，王三聘請示縣令，自己組織編修。他設立義學，把鄉親子弟中充弟子員者作爲一個等級，講習文藝；八歲至十五歲的作爲另一個等級，誦習小學。王三聘還購置義田，扶助親族中貧困不能自給者。王三聘回鄉三十年間，著有《五經集録》《小學集注》《性理字訓》《三字經訓解》《字學大全》《子史節録》《古今事物考》《盩厔縣志》(參見《附録·修志記》)《禹貢注解》《終南仙境志》《養生日録》等。

　　《古今事物考》，又名《事物考》，專考古今事物源流，共八卷，包含天文、地理、時令、人事、婚禮、喪禮、國制、官典、珍寶、爵禄、官職、禮儀、樂器、學科、服冠、武備、宮室、飲食、名義、法律、道釋等二十八目，上至天文地理，下至魚蟲草木，乃至民生日用皆有考證，頗爲詳贍，是研究古今事物源流的重要參考資料。

此書有明嘉靖四十二年(1563)何起鳴原刻,清乾隆、光緒遞修重印本,四册,每半頁十行,行十九字,白口,四周單邊,《千頃堂書目》著錄。另有明隆慶三年王嘉賓刻本、明隆慶四年金陵書林周氏刻本、明萬曆間錢塘胡文焕校刻本(格致叢書本)、清乾隆二十七年(1762)敦素堂刻本、民國二十五年宋聯奎鉛印本(關中叢書本)、清渤海高承勛刻本(續知不足齋叢書本)、民國二十五年商務印書館排印本(叢書集成初編)、民國二十六商務印書館排印本(國學基本叢書本)等。

這次點校《古今事物考》,整理以明胡文焕校刻本爲底本,參校關中叢書本、國學基本叢書本等本。爲保持底本原貌,不重新編次,原文有斷章截段的,按内容調整爲一段;通假字、簡體字等遵原版本貌不擅改動,而有版本不同,字有異文或有訛、脱、衍、倒者,出校列出或說明。

《古今事物考》目録

重刻《古今事物考》序（關中叢書本）　鄒儒 ……………………（69）
刻《事物考》序（關中叢書本）　趙忻 ………………………………（70）
附録本傳（關中叢書本）　徐九徵 …………………………………（71）
《古今事物考》序　王三聘 …………………………………………（72）

卷之一
    天文 ……………………………………………………………（75）
    地理 ……………………………………………………………（77）
    時令 ……………………………………………………………（82）
    人事 ……………………………………………………………（86）
    婚禮 ……………………………………………………………（89）
    喪禮 ……………………………………………………………（89）

卷之二
    公式 ……………………………………………………………（95）
    文事 ……………………………………………………………（97）
    藝術 ……………………………………………………………（105）

卷之三
    國制 ……………………………………………………………（108）
    官典 ……………………………………………………………（111）
    國用 ……………………………………………………………（113）
    國瑞 ……………………………………………………………（116）
    珍寶 ……………………………………………………………（119）

卷之四
    鑾駕 ……………………………………………………………（123）

爵禄 …………………………………………………（125）
　　官職（在京文武衙門）………………………………（129）
　　官職（在外文武衙門）………………………………（137）
卷之五
　　禮儀 …………………………………………………（141）
　　樂器 …………………………………………………（147）
　　學科 …………………………………………………（152）
卷之六
　　武備 …………………………………………………（157）
　　冠服 …………………………………………………（163）
卷之七
　　宮室 …………………………………………………（175）
　　器用 …………………………………………………（178）
　　飲食 …………………………………………………（186）
　　戲樂 …………………………………………………（189）
卷之八
　　名義 …………………………………………………（192）
　　法律 …………………………………………………（200）
　　道釋 …………………………………………………（202）
跋（關中叢書本）　長安宋聯奎 蒲城王健 渭南武樹善 …………（209）
刻事物考跋（明隆慶三年王嘉賓刻本）　王嘉賓 ………………（210）
刻事物考跋（明隆慶三年王嘉賓刻本）　王嘉賓 ………………（211）

重刻《古今事物考》序（關中叢書本）

文以載道，亦以紀事。凡書籍之設，原期有益於世也。盩厔舊附周京，漢唐號稱名邑，宜乎文獻繁盛，可與海內名邦大都並駕齊驅。乃因明季之變，一切著作盡燬於兵，至今不能無殘缺之憾。予欲廣爲搜羅，以復其盛，故每於延見士夫之下，詳加探訪。既得李處士顒《二曲集》，趙孝廉崡《石墨鐫華》二書，一談性命，一論典故，均有裨於後學，因廣爲流布。又得王兩曲先生《古今事物考》一書，其書上自天文、地理之大，下及昆蟲、草木之細，以至人生、日用、宮室、飲食之繁，無不畢備，較他書甚爲簡括，洵盛集也。今夫道在天地之間，原散見於事物，事有所由始，物有其本原，果於事物之理，知明處當，其于道也庶幾矣。此書一事一物，莫不窮原遡始，考核精詳，謂之談性命也可，即謂之論典故也亦可。雖爲紀事，實即載道，洵學者之所宜有而不可少者也。因詢訪於其族孫王生宣猷，而於嫡孫王生學詩處得其舊板，惜經兵燹之後，亡失過半，即其所存者，亦多朽蛀不堪復識。予乃依所得舊本，捐貲剞劂，俾與《二曲集》《石墨鐫華》二書流布藝林，同爲後學之一助云。兩曲，盩厔人，諱三聘，字夢莘，登嘉靖乙未進士，累官至四川僉事。性剛毅，所至有政聲，著有《五經集錄》《小學集註》《性理字訓》《字學大全》《子史節錄》《禹貢註解》諸書，詢諸後裔，而云雕板盡缺。予欲搜覓舊本，並行補刻行世，未識得如所願否也，因并及之。

乾隆十四年歲次己巳仲秋月中浣
文林郎知陝西西安府盩厔縣事加一級後學鄒儒企嶧氏謹書

刻《事物考》序（關中叢書本）

既就仕，有躭詩書好文字，或者謂非政宜也，然余有説焉，貴人得意有所變遷，則於此或厭之，而日纏文案簿書填綏，則又厭此甚也，亦何其俗煩若是者。内江何君之來涖吾邑也，謙虚仁厚，常自抑損，率廉與信有可以安利於人者，行之堅勇，不俟終日而事已就，故清寧平夷。遇諸文士，談理道講製作，所弗厭倦宜也，既以縣志延兩曲王氏成之，取焉。因探其平日著作，而王氏應之曰：他無有也，自謝交遊，嘗讀古經史中，或見一物一事，考出處始末，輒手記之，亦有事矣。抵此爲玩心目，辭歲月，他不敢苟有論説也。何君又閲之，取焉，命就諸梓，更囑以序，所注因嘆夫作者之志，凡以明道也，道寓於物，物見於事，本諸一身，而達之天下，皆是也，日用飲食之而不知，即淺近者蔽矣。矧天地陰陽禮樂之度數，昆蟲草木之蕃息，諸凡深遠而不可易解者耶，雖今之學仕進者，不由此道，若欲爲古之賢人君子，則未有不通此而能卒其業，成其名也。夫惟其事物之紛紜，畔散不屬而學之，日見荒蕪，轉困勞甚，故孔門師弟子以格致之説爲大學要領，務張而明之，與有門户可從入也。王氏宗孔氏并諸儒書，但開卷必旁引廣搜，尋名取義，凡有關涉，窮宇宙間，無細大咸能辨之，卒成篇釋，誠博物君子也。斯其不尚詞華，不專章句，而要皆明道以有補後學多矣，然非何君性能而好之，則奚暇收以録焉，借琴書以益思興懷，類非今之長人者之志，誠知言樂道者哉。何君名進士，諱起鳴，號來山，余亦並列篇端，以自託諸不腐云。

嘉靖癸亥年孟秋朔日

尋樂山人趙忻著

附錄本傳（關中叢書本）

　　王先生名三聘，字夢莘，別號兩曲，盩厔城中人也。天資剛毅明爽。十齡去父，承辛太孺人訓。爲學，惟求大義，不事章句之末。督學敖公異之，批其卷曰"氣朝霄漢"。嘉靖辛卯登虎榜第二名，乙未題龍榜，乞歸省，書曰："伸之則忠有餘日，屈之則孝不及時，蓋迫于不容已矣。"丁酉，直指戴公上太孺人節孝，奉旨建坊，翰林檢討元正王公爲之傳，載通志。戊戌，授大理評事，讞獄明允。己亥，覃恩封贈父母。癸卯，擢河南僉事兼理屯驛，别影射、省接應，克稱厥職。甲辰，丁母憂，哀毀骨立。服闋，補四川僉事。世廟以先生有文武才，諭曰："西南荒徼，民蠻雜處，卿寬嚴相濟，恩威互施，罔剛愎自用，罔因循姑息，事無論大小，卿斟酌而行，勿替朕命，欽哉欽哉，謹之慎之。此勅。"會蠻猖獗，先生區畫安撫，而同寮者心害其能，讒先生以怯，遂浩然東歸，清風兩袖，囊無一物，然持身孝親愛民忠君之志，究未忘也。林下三紀，不輕謁有司；買田一所，左立宗祠以奉先靈，思親不置；右立義學以啟後進，惟問真才；前爲荷池而荷有並頭。萬曆癸酉，猶子櫃、從孫正己同捷秋闈，並官邑令，人謂瑞蓮不虛。後爲義田以周宗族，鰥寡孤獨皆受其恩。邑有賠賦八千兩，先生痛切于懷，兩詣闕陳書，爲民除害。陽化鋪渠原無故道，潦則散溢妄行，蕩民田舍，先生決排注渭，水患以去。邑侯有疑難必就先生而咨謀焉，先生念民苦，必向邑侯而痛陳，不染習俗，不邇財色，光明磊落，表裏如一，自幼至老，始終不二。邑尊沁水李侯春芳，内江何侯起鳴，馬侯魯卿，皆進士名宦，登堂請教。何侯仕至貴州撫院工部尚書，猶遣人致意先生。疾革遺屬曰："文勿雕組，行勿浮澆，惟明大義，以求有用，是實學也，是本領也。"既沒，博興顧侯連璧統寮屬弔哭盡哀，令闔署人役悉奔喪頂孝，公堂不禁，三日内弔客數千，哭聲盈野。先生平日著述有《盩厔縣志》《字學大全》《事物考》《終南仙境志》《古今類言策髓》《小學注解性理》《字訓主意》《子史筆錄》諸書行世。子旃，孝廉。胞姪旂，新野主簿。

　　此傳係先生八世孫作新求邑人徐九徵所作。九徵，字斯未，號野史。

《古今事物考》序

  王三聘曰:"余生僻壤,困舉業,無他書讀。嘉靖戊戌寓南棘,得《事物紀原》一編,喜該博,遂不置焉。詳繹之,多載宋制,亦間有怪者,雖逸名氏,逆宋人手爾,然世有損益,子不語怪,法可略也。率由聖朝典章,而日有聞見,乃續錄之,貯書籅中,備徵事者,未敢云輯也。邑侯何公,仕優好雅,兼而收之,遂名曰《事物考》,凡八卷。"

序畢

《古今事物考》目録

卷一
　　天文　地理　時令
　　人事　婚禮　喪禮
卷二
　　公式　文事　藝術
卷三
　　國制　官典　國用
　　國瑞　珍寶
卷四
　　鑾駕　爵禄　官職
卷五
　　禮儀　樂器　學科
卷六
　　武備　冠服
卷七
　　宮室　器用　飲食　戲樂①
卷八
　　名義　法律　道釋
　　目録畢

貢生姪　王樞

生員壻　楊谷

監生姪　王㳺　校正

舉人姪　王檟　仝校正

---

① "戲樂"，原脱，今據關中叢書本、國學基本叢書本補。

新刻《古今事物考》卷之一

盩厔　王三聘　輯
錢塘　胡文焕　校

天文

【天】　朱子曰:"邵子《皇極經世書》,以元統會,以會統運,以運統世,三十年爲一世,十二世爲一運,三十運爲一會,十二會爲一元,一萬八百年爲一會。初間一萬八百年,至子而天始開。"

【日月】　唐孔氏曰:"積陽之熱氣生火,火氣之精者爲日。"《説卦》曰:"坎爲水,爲月。"月,水之精也。《淮南子》曰:"日中有踆烏。"謂三足烏也。《論衡》曰:"烏,日氣也。"《酉陽雜俎》曰:"佛氏言,月中所有乃大地山河影①。或言月中蟾桂,地影也;空處,水影也。"月中有兔與蟾蜍何?月,陰也;蟾蜍,陽也,而與兔並明,陰係于陽也。

【星辰】　《説文》曰:"萬物之精,上爲列星。"馬總《通曆》曰②:"地皇氏定星辰。"《後漢志》注曰:"黄帝分星次,凡中外官常明者百二十四,可名者三百二十,微星萬一千五百二十。"《禮記》云:"帝嚳能序星辰。"蓋地皇氏始定爲星辰,黄帝又名之,至帝嚳而序也。

【風雷】　横渠張子曰:"陰氣凝聚,陽在内者不得出,則奮擊而爲雷霆;陽在外者不得入,則周旋不舍而爲風。"《淮南子》曰:"陰陽相薄爲雷,激揚爲電。"

【雲雨】　張子曰:"陽爲陰累,則相持爲雨而降;陰爲陽得,則飄揚爲雲而

---

①　"月",底本爲"日",據關中叢書本改。
②　"總",底本爲"捴",據國學基本叢書本改。"曆",底本爲"曆",據國學基本叢書本改,下同。

升。"《春秋題辭》曰:"山氣也,觸石而起謂之雲。"黄氏曰:"地氣上騰,天氣下降,故蒸溽而成雨。"

【霜露】 《大戴禮》曰:"陰氣勝則凝而爲霜,陽氣勝則散爲雨露。"朱子曰:"霜只是露結成。"

【雪霧】 張子曰:"陰陽和而散,則爲霜雪雨露。"《爾雅》曰:"地氣發,天不應,爲霧。"《論衡》曰:"夏則爲露,冬則爲霜,温則爲雨,寒則爲雪。雨霧凍凝者,皆由地發,不從天降。"

【霰雹】 《洪範五行傳》曰:"陰陽相脅而雹霰。盛陰,雨雪凝滯而水寒,陽氣薄之,不相入,則散而爲霰;盛陽,雨水温暖而湯热,陰氣脅之,不相入,則轉而爲雹。"

【虹蜺】 蔡邕《月令章句》曰:"陰陽交接之氣著于形色者,雄曰虹,雌曰蜺。"

【陰陽】 《春秋内事》曰:"伏羲氏定天地,分陰陽。"

【五行】 《史記·曆書》曰:"黄帝建立五行,起五部。"應劭曰:"金、木、水、火、土也。"

【晝夜】 《通曆》曰:"地皇氏爰定三辰,是分晝夜。"

【刻漏】 黄帝刻漏水制器,以分晝夜。《周禮》有挈壺氏掌之,以百刻分晝夜。

【甲子】 《月令章句》曰:"天皇始制干支之名,以定歲之所在。"又云:"黄帝命大撓,探五行之情,占斗罡所建。作甲乙以名日,謂之干。干,幹也,亦曰十母。作子丑以名月,謂之支。支,枝也①,亦曰十二子。支干相配,以成六旬。"

【歲】 黄帝定星曆,正閏餘,以肇歲事。至堯,始定四時成歲。

【閏】 《史記》曰:"黄帝起消息,正閏餘。"則閏蓋餘分之月也,黄帝造曆,始正之。

【時節】 《書》曰:"堯命羲和定四時。"《春秋内事》曰:"伏羲建分八節,以應四時。"

【氣候】 董巴議曰:"伏羲造八卦,作三畫,以象二十四氣。"《禮記·月令》注曰:"周公作時訓,定二十四氣,分七十二候。蓋一月二氣六候,如正月

---

① "枝",底本爲"幹",據關中叢書本改。

二氣,立春、雨水;六候,束風解凍,蟄蟲始振,魚陟負冰,獺祭魚,候鴈北,草木萌動,是也。餘倣此。"

【十二辰】 《事始》曰:"黃帝立子丑①十二辰以名月,又以十二名獸屬之。"

【星官】 《後漢志》曰:"軒轅始受②《河圖鬭苞授》,規日月星辰之象,故星官之書自黃帝始。至高陽氏,乃使南正重司天。"

【分野】 王子年《拾遺記》曰:"庖犧視五星之文,分野之度。"

【渾儀】 《春秋文耀鉤》曰:"唐堯即位,羲和立渾儀。"《劉氏曆》曰:"高陽造渾儀,黃帝爲蓋天。"則渾儀始于高陽氏也。至舜,則璿璣玉衡,以齊七政。

【曆】 《易·乾鑿度》曰:"曆原名握先。"注云:"握先爲曆始之名,猶言無前也。"《沿革》曰:"黃帝考定星曆,建五行,起消息,正閏餘,謂之調曆,後代因之。"

【納音】 鬼谷子作納音,其法以干支行數合之,以五數除之,零數爲納音。火一、土二、水五,互用;木三、金四,不移。蓋言納者,受也;音者,感動助聲也。五行中火本無聲,借水擊則火沸;金本無聲,借火煉則剛;水本無聲,借土則壅,皆發聲也。惟金木有自然之聲,不擊而響,故曰納音。"

地理

【地】 朱子曰:"天開於子,又一萬八百年,至丑而地始闢。"

【川嶽】 王子年《拾遺記》曰:"庖犧審地勢以定川嶽。"

【山谷】 《遁甲開山記》曰:"麗山氏產生,山谷肇分。"自此其始也。

【石】 《物理論》:"土精爲石。石,氣之核也。氣之生石,猶人筋絡之生爪牙也。"《抱樸子》曰:"燒泥爲瓦,燔木爲炭,蜂窠爲蠟,水沫爲石③,皆柔脆變爲堅剛。"

【池】 黃帝破蚩尤而爲池沼,蓋始于此。

---

① "丑",底本爲"午",據關中叢書本改。
② "受",底本爲"授",據關中叢書本改。
③ "沫",底本爲"沫",據國學基本叢書本改。

【泉】《通鑑》曰:"神農察水泉甘苦,令人知所避就。"

【井】《荆州記》曰:"神農既育,九井自穿。"《世本》曰:"黄帝鑿井,聚民爲邑。亦云伯益作井。"

【四方】《太乙金鏡經》曰:"昔燧人氏仰觀斗極而定方名,東、西、南、北,是也。"

【地里】《淮南子》曰:"禹使大章步東西極,二億二萬三千五百里七十五步;竪亥步南北極,二億三萬三千五百里七十五步。"按,黄帝遊幸天下,而有記里之車,疑道路之紀以里堠,起軒轅氏也。

【地圖】《春秋元命苞》曰:"神農世,怪義生白阜,圖地形,脉水道。"注云:"怪義,白阜母名。"吕東萊曰:"輿地有圖,古也。成周,大司徒,掌天下土地之圖,以周知廣輪之数,而職方氏之圖,復加詳焉。"

【輿地】① 人皇相厥山川,分爲九區。堯五服,甸、侯、綏、要、荒,是也。舜分爲十二州。《虞書》云:"肇十有二州。"是也。夏爲九州,《書》曰:"九州攸同。"是也。《輿地志》曰:"周成王時,周公作輔,改禹職方,以徐、梁合之於青、雍,分冀州之域爲幽、并二州。秦始皇并天下,置三十六郡。漢興,爲十三州部。"唐武德初,改郡爲州。貞觀初,并省州縣,分爲十道,又分爲十五道。宋至道,分天下爲十五路,其後又增三路。

【皇明】 兩京,十三省,府一百六十,羈縻者十一;州二百三十四,羈縻者四十七;縣一千一百一十四,衛四百九十三,所二千四百一十,儀衛司二十九,宣慰司十一,安撫司二十二,招討司一,長官司一百七十四。四夷來朝貢者,一百二十餘國。一統之盛,超越千古矣。

---

① "輿地"條,關中叢書本作:【輿地】 人皇相厥山川,分爲九區。堯五服,甸、侯、綏、要、荒。舜十二州,禹九州,冀、兖、青、徐、楊、荆、豫、梁、雍,及幽、并、營。周畿内六鄉,五家爲比,五比爲閭,四閭爲族,五族爲黨,五黨爲州,五州爲鄉。畿外六遂,五家爲鄰,五鄰爲里,四里爲鄼,五鄼爲鄙,五鄙爲縣,五縣爲遂。秦四十郡。漢十三都,領一百三郡。唐太宗置十道,明皇分爲十五道。宋四京,東京開封,西京河南,南京應天,北京大名,并陝西永興軍,共二十三路。元立三臺十二省。國朝初,沿元制,立行中書省于外,以統府州縣,州縣俱屬府,縣或又屬州,州或直隸省。洪武七年,以京畿、應天等府直隸六部,改行中書省爲浙江等十二布政使司。永樂十八年,革北平爲直隸,添貴州、雲南、交趾。宣德十年,革交趾,定南北二直隸十三布政使司。

【城池】①　神農之教,有石城十仞,湯池百步。黃帝築邑,造五城。然則城池之制,肇於神農,盛於軒轅也。

【城郭】②　《管子》曰:"內爲之城,外爲之郭。"案《淮南子》,鮌作城,《吳越春秋》曰:"鮌築城以爲君,造郭以守民。"此城郭之始也。《五經異義》曰:"天子之城高九仞,公侯七仞,伯五仞,子男三仞。"又《公羊傳》注曰:"天子之城千雉,公侯百雉,子男五雉。"《白虎通》曰:"天子崇城,諸侯干城③。"《釋名》又云④:"城上垣謂之睥睨⑤,亦曰埤,亦曰女牆。"《說文》所謂堞者,亦女牆也。

【京都】⑥　《世紀》曰:"太昊都陳。"此稱都之初也。夏曰夏邑,商周曰京師。

【皇明京城】　南京,《舊志》:"六朝舊城,近覆舟山,去秦淮五里。至楊吳時改築⑦,跨秦淮南北,周廻二十五里。洪武初,益拓而東,盡鍾山之麓,周廻九十六里,立門十三:南曰正陽,南之西曰通濟,又西曰聚寶,西南曰三山,曰石城,北曰太平,北之西曰神策、曰金川,曰鍾阜,東曰朝陽,西曰清凉,西之北曰定淮,曰儀鳳,後塞鍾阜、儀鳳二門。其外城,則因山控江,周廻一百八十里,別爲十六門:曰麒麟,曰仙鶴,曰姚坊,曰高橋,曰滄波,曰雙橋,曰夾岡,曰上方,曰鳳臺,曰大馴象,曰大安德,曰小安德,曰江東,曰佛寧,曰上元,曰觀音。"北京,《元志》:"至元四年,建大都城。洪武初,置北平布政司於此。永樂七年,爲北京。十九年,營建宮殿成,乃拓其城,周廻四十里,立門九:南曰正陽,南之左曰崇文,右曰宣武,北之東曰安定,西曰得勝,東之北曰東直,南曰朝陽,西之北曰西直,南曰阜成。"

【省】　自漢至唐,有尚書省、中書省。元制,天下立十二行中書省,故今稱各布政司爲省。

【寺】　自漢以來,九卿所治之府,謂之九寺。其以官名寺,自北齊始也。

---

① "城池"條,據關中叢書本補。
② "城郭"條,關中叢書本作:【城郭】　史記人皇兄弟九人,分長九州,各立城邑。《世本》云:"堯命鯀治水,築城以衛君,造郭以守民。"一云,鯀不作城,爲郭而已。
③ "干",底本爲"千",據國學基本叢書本改。
④ "云",據國學基本叢書本補。
⑤ "城"上,原衍"万"字,今據國學基本叢書本刪。
⑥ "京都"條,據關中叢書本補。
⑦ "時",底本爲"特",據國學基本叢書本改。

【府】 漢制,三公開府故稱三府。魏晉以後,諸王又稱府。唐高祖武德初,邊鎮襟帶之地置總管府。七年,改曰都督府。開元三年,始改京兆河南曰府。

【州】 項峻《始學篇》曰:"人皇九頭,依山川土地之勢,財度爲九州。"《沿革》曰:"黄帝分州畫野。"

【縣】 《周禮》:"四甸爲縣。"秦孝公并諸小鄉聚爲縣。始皇以郡領縣。隋文帝罷郡,以縣隸州。

【郡】 《左傳》曰:"上大夫受郡。"秦始皇并天下,始分三十六郡。唐高祖乃罷郡置州。

【邑】 《周禮》:"四井爲邑。"《左傳》:"凡邑有宗廟先君之主曰都,無曰邑。"十邑爲都。

【軍】 周制,一萬二千五百人爲軍。宋制,地要不成州而當津會者,則爲軍,以縣兼軍使。

【鎮】 《通典》曰:"鎮將①,後周之通班也。隋亦曰鎮。唐分上、中、下三等。"歷代未聞,疑鎮始于宇文周代也。宋制,民聚不成縣而有税課者則爲鎮,或以官監之。

【鄉】 《周禮》:"五州爲鄉。"畿内六鄉,以爲軍政。秦制,大率十里一亭,十亭一鄉。漢以屬縣。

【關】 《易·繫辭》:"神農氏重門擊柝,以待暴客,蓋取諸豫。"《周官》司徒之屬有司關,又有下士二人,以譏察非常。

【市】 《易·繫辭》:"神農氏日中爲市,致天下之人,聚天下之貨,交易而退,各得其所。蓋取諸噬嗑。"

【坊】 漢洛陽故北宫有九子坊,則坊名自漢有也。

【館驛】 《周禮·地官》:"凡國野之道,十里有廬,廬有飲食;二十里有宿,宿有路室,路室有委;五十里有市,市有候館,候館有積。"漢自鄭莊置驛,以迎送賓客,故後世亭傳有驛名。《通典》曰:"唐三十里置一驛,其非通途大路則曰館。"由是通謂之館驛。元耶律楚材始定《驛令》,請給官符印,給牌劄,定分例。國朝水驛置船,陸驛置馬,俱有廩餼。

【急遞】 《筆談》曰:"驛傳舊有馬、步、急遞三等。急遞最遽,日行四百

---

① "將",底本爲"周",據關中叢書本改。

里,唯軍行用之。熙寧中,又有金字牌急脚如遞,占羽檄也,日行五百里。"國朝置急遞鋪。

【道路】《周禮·夏官》:"合方氏掌達天下之道路。"則道路自古有之,而職掌見于周也。

【封堠】《拾遺録》曰:"禹治水所穿鑿處,皆青泥封記。"今人聚土爲界,乃遺事也。

【階】《韓詩外傳》云:"鳳蔽日而至,黄帝降于東階。"則階陛之制,黄帝爲棟宇則設之也。

【巷】 姜原生后稷,誕寘之隘巷。則帝嚳時已有名矣。

【御溝】 宫中之溝旋繞于禁中,水通于金水河者,曰御溝,唐以前有之。

【金水河】 帝王闕内置金水河,表天河銀漢之義也,自周有之。

【浮橋】《春秋後傳》曰:"周赧王五十八年,秦始作浮橋于河上。"按《詩·大雅》云:"造舟爲梁。"孫炎曰:"造舟,比舟爲梁也,比舟於水,加板于上,今浮橋也。"疑周有事則造舟,而秦乃繫之。

【墙】《淮南子》曰:"舜作屋,築墙茨屋,令人皆知去巖穴,有室家。"則墙起于此。至夏太康,始峻宇雕墻矣。

【藩籬】《易》曰:"羝羊觸藩。"疏云:"藩,籬也。"《左傳》哀公十二年:"吴人藩衛人之舍。"則藩籬之固室家,三代之制也。

【臺榭】《黄帝内傳》:"帝既斬蚩尤,因立臺榭。"唐以來,砌臺以爲臨觀之景。无屋曰臺,有屋曰榭。

【苑囿】 人皇以九州爲九囿,此名囿之始也。國朝,北京皇城内置西苑,中有太液池、瓊華島,上有廣寒殿。京城外置御馬苑,大小二十所,相距各三四里,置南海子,養禽獸,種蔬菜。中有海子,大小凡三,其水汪洋若海。以禁城北有海子,故别名曰南海子。

【園圃】《韓詩外傳》曰:"黄帝時,鳳止帝東園。"莊子曰:"黄帝之圃。"此名園圃之始也。國朝洪武初,置漆園、桐園、棕園于鍾山之陽,内植此木各萬株,以備油、漆、棕纜,用造海運及防倭戰船,而省民供焉。

【地畝】《通典》曰:"黄帝始立步制畝。"是田以畝計,起自軒轅也。唐高祖始定度田之法,五尺爲步,二百四十步爲畝,百畝爲頃。

【民田】《文獻通考》曰:"唐始使民得立券自賣其田,而田遂爲私田。此說亦未深考。如蕭何買民田自污;貢禹被召之日,賣田百畝,以供車馬。自漢以來,民得自買賣田土矣。"

【阡陌】《商君傳》曰:"商鞅相秦孝公,壞井田,開阡陌。"

時令

【正月】 夏正建寅。《易·説卦》云:"帝出乎震。"則正自伏羲始也。秦始皇諱政,故音從征。

【賀正】《通典》曰:"漢高帝十月定秦,遂爲歲首。七年,長樂宮成,制群臣朝賀儀。"武帝改用夏正,亦在建寅之朔,則元日慶賀,始于漢高祖也。

【春牛】 前十二月建丑,丑爲牛,故出土牛以送寒氣,且升陽也。周制,出土牛以示農之早晚。如立春在十二月望,則策牛人近前,示農早也;在月晦及正月旦①,則居中,示農平也;近正月望,則近後,示農晚也。按,牛色以立春日爲法,日干爲頭角耳色,支爲身色,納音爲蹄尾肚色,如甲子日立春,甲木,青色;子水,黑色;甲子屬金,白色。餘倣此。

【戴燕貼字】 立春日,剪綵爲燕,簪釵頭以戴之,貼宜春字于門。觀歐陽公詩云:"共喜釵頭燕已來。"王沂公帖云:"寶字貼宜春。"則知相傳已久矣。

【幡勝】 立春日,後漢立春幡,唐賜百官綵勝。

【春盤】 立春日,春餅生菜相饋食,號春盤,唐以前有之。

【春花】 唐中宗令侍臣迎春,内出綵花,人賜一枝。今迎春簪花本此。

【屠蘇】 洪景盧曰:"元日,飲屠蘇酒,自小者起,相傳已久。後漢李膺、杜密同繫獄中,元日飲酒,曰:'正旦從小起。'董勛曰:'俗以少者得歲,先飲之;老者失歲,故後。'"屠蘇,草庵名。昔有居人於除夕以藥囊浸井中,元日,取水置酒樽飲,不病疫。

【桃符】《山海經》曰:"東海度朔山有大桃树,其卑枝向東北,曰鬼門,萬鬼出入也。有二神,曰神荼、郁壘,主閲領衆鬼害人者。黄帝法而象之,立桃版于門上,畫二神以禦凶鬼。"故今桃符書二神字。

【鍾馗】《唐逸史》曰:"武德中,終南進士鍾馗落第,觸階而死,賜緑袍以葬,感恩,誓除虚耗鬼。後明皇夢之,召吳道子,如夢畫一鍾馗,衣藍衫,鞹一足,眇一目,腰一笏,巾裹而蓬髮垂鬢。左手捉一鬼,右手刴鬼眼睛,擘而啖

---

① "及",底本爲"反",據關中叢書本改。

之。"故今畫鍾馗像貼于門。

【畫雞】 東方朔《占書》："一日爲雞。"故今畫①雞貼于户上。董勛曰："正旦畫雞於門,七日貼人②於帳。"爲此也。

【爆竹】 《神異經》曰："西方深山中,有人長尺餘,犯人則病寒熱,名曰山臊。人以竹着火中,熚有聲,而山臊驚憚。"《歲時記》曰："爆竹燃草,起于庭燎。"

【花勝】 東方朔《占書》："一日雞,二日犬,三日猪,四日羊,五日牛,六日馬,七日人,八日穀。其日晴則主物育,陰則災。"晉賈充夫人剪綵爲花勝,或鏤金薄爲人,象瑞圖之形。是人日起于漢而綵勝起于晉也。

【觀燈】 漢望日祠太乙,自昏至明。今上元夜遊觀燈,是其遺迹。唐勅金吾弛禁,許三夜士女遊行,謂之放夜。宋增十七、十八爲五夜。

【送窮】 高陽氏子好衣敝食糜,晦日,巷死。世以破衣糜粥棄于巷,謂之送窮。

【中和】 唐德宗敕,四序嘉辰,歷代增置,漢宗上巳,晉紀重陽。自今以二月一日爲中和節。李泌請令文武百僚進農,獻種稑,王公戚里上春服,士庶以刀尺相遺,村社作中和酒,祭勾芒,祈年穀。

【寒食】 舊云："寒食禁火。"起于晉介子推。《左傳》《史記》並無子推被焚之事。按《周禮》司烜氏,仲春,以木鐸狥火禁于國中,蓋爲季春將出火也。今準節氣,寒食是仲春之末,清明是季春之初③,則禁火乃周制也。

【拜掃】 古無墓祭之文。孔子許望墓以時祭祀。漢光武詔諸將出征,有經鄉里者,有司給少牢,令拜掃,以爲榮。唐明皇因近代寒食上墓,相承爲俗,詔編入五禮,永爲定式。漢明帝率公卿朝原陵,如元會儀。後漢亦有上陵儀。然上墳之禮,疑自是以來,民間視上所行,因習以爲俗也。

【破散】 後唐莊宗寒食出祭,謂之破散,故今人有破散之語。

【風筝】 漢高祖之征陳豨也,韓信謀從中起,故作紙鳶放之,以量未央宫遠近,欲穿地隧入宫中,今謂之風筝。

【鞦韆】 北方山戎,寒食爲鞦韆,以習輕趫。齊桓公伐之,始傳中國。唐

---

① "畫",底本爲"書",據關中叢書本改。
② "人",底本爲"令",據關中叢書本改。
③ "春",底本爲"孟",據關中叢書本改。

明皇爲樂宮中,呼爲半仙之戲。一云正作千秋字,爲秋千非也,本出自漢宮[①]祝壽詞也,後世語倒爲秋千耳。

【祓禊】 三月初巳日爲上巳。周禮,女巫掌歲時,以祓除疾病。自魏以後,但用三日,不用上巳。王羲之會于山陰蘭亭,修禊事也。唐都人禊飲踏青。

【流杯】 束晳對晉武帝問曲水事,曰:"周公卜成洛邑,因流水以泛酒,故逸詩曰:'羽觴隨流。'"晉以來,三月三日,曲水流杯,即其始也。

【粽子】 《續齊諧記》曰:"屈原五月五日,投汨羅江死,楚人哀之,每貯米竹筒投祭。漢建武中,長沙毆廻,見一人自稱三閭大夫,曰:'常苦蛟龍所竊,更有惠者,以楝葉塞筒,五綵絲縛之,則蛟龍所憚也。'"世以菰葉裹粘米,謂之角黍,今粽子是也。

【百索】 《風俗通》曰:"五月五日,以五綵絲繫臂,辟鬼。"及東漢,以朱索桃印文施門户。今百索即朱索之遺事也,蓋始於漢,本以飾門户,而今人以約臂,相承之誤也。

【競渡】 屈原投江,人以舟楫拯之。今競渡是其遺迹。

【遺扇】 唐太宗,是日賜長孫無忌、楊師道飛帛扇各二枚。則端午以扇相遺,自太宗始也。

【懸艾】 《師曠占》:"歲病,則艾草先生。"故今採艾懸於户上,以禳毒氣。

【伏】 伏者何也?金氣伏藏之日也。四時代謝,皆以相生:立春木代水,水生木;立夏火代木,木生火;立冬水代金,金生水;立秋金代火,金畏火,故至庚日必伏。庚,金也。自夏至第三庚爲初伏,第四庚爲中伏,立秋後初庚爲末伏,故謂之三伏。秦穆公始爲伏祠。

【乞巧】 桂陽成武丁有仙道,謂弟子曰:"七月七日,織女當渡河,暫詣牽牛。"至今云織女嫁牽牛。是夕,婦女陳瓜花於几筵,言二星神會,以綵縷望月穿針,以綵縷過者爲得巧之候。則穿針乞巧始于漢也。

【盂蘭】 《盂蘭經》曰:"目連母亡,生餓鬼中,佛言須十方衆僧之力,七月十五日,具百味五果,以着盆中,供養十方大德。"後世營僧尼供,謂之盂蘭齋。

【翫月】 唐明皇宮中翫月,歐陽詹《序》云:"翫月,古也。冬則繁霜大

---

① "宮",底本爲"中",據關中叢書本改。

寒,夏則蒸雲大熱。雲蔽月,霜侵人,俱害。孰秋之于時,後夏先冬,八月于秋,季始孟終,十五于夜,又月之中,稽之天道①,則寒暑均,取諸月數,則蟾魄圓。"

【登高】 九月九日,九爲陽數,而日月並應,俗嘉其名,以爲宜于長久,故燕享高會。漢費長房謂桓景作絹囊,盛茱萸懸臂,登高山,飲菊花酒,可消家厄。故今人登高,飲菊酒,帶茱萸囊。

【暖爐】 十月一日爲朔朝。宋,都人出城拜墳,如寒食節,有司進暖爐炭,民間置酒作暖爐會。

【賀冬】 地皇氏以十一月爲冬至。漢制,冬至陽生,君子士大夫(道長始)賀之。一云:始于晉武帝。

【臘】 夏曰嘉平,殷曰清祀,周曰大蜡,漢改爲臘②。臘者,獵也,獵取獸以祭先祖。臘,接也,新故交接,大祭以報功也。冬至後三戌爲臘,王者其行之,盛日爲祖,終日爲臘。水始于申,盛于子,終于午,故水行之君以子祖辰臘。火始于寅,盛于午,終于戌,故火行之君以午祖戌臘。木始于亥,盛于卯,終于未,故木行之君以卯祖未臘。金始于巳,盛于酉,終于丑,故金行之君以酉祖丑臘。土始于未,盛于戌,終于辰,故土行之君以戌祖辰臘。臘祭先祖,蜡報百神,同日異祭也。蜡,索也,歲十二月,合聚萬物而索饗之,始於周之蜡云。

【祀竈】 世傳竈二十四日朝天,白一歲終,故夜祀之。宋,都人帖竈馬于竈上,以酒糟塗竈門,謂之醉司命。

【驅儺】 《周官》:"歲終,命方相氏率百隸,索室驅疫以逐之。"則驅儺之始也。

【守歲】 歲終一日爲除日,夜爲除夕。宋,士庶之家,圍爐團坐,達旦不寢,謂之守歲;夜祀其先,長幼聚飲,祝頌而散,謂之分歲。

【月惡】 釋氏《智論》曰:"天帝什以大寶鏡照四大神洲,每月一移,察人善惡。正、五、九月,照南贍部洲,故以此三月省刑修善。"隋唐以來,事佛甚謹,著在法律,遇此三月,則禁刑斷屠。後人以其有禁刑之條,故士大夫以此三月不上官;以其有斷屠之條,宮中請俸,遇此三月,不支羊肉錢。其實沿唐

---

① "天",底本爲"大",據關中叢書本改。
② 《廣雅·釋天》:"夏曰清祀,殷曰嘉平,周曰火蜡,秦曰臘。"此段依《風俗通》。

朝故事,而後人相傳以正、五、九月爲凶月而忌用。

【月忌】 俗忌:"初五十四二十三,年年月月在人間。"世傳指爲五鬼下哭,以爲極凶。殊不知一月之内,此三日微有晦昧,無大凶也。於此三日,只忌中宫檢,蓋宅舍,安喪柩,放頓重物,餘無妨也。

人事

【人】 朱子曰:"天開於子,地闢於丑,又一萬八百年,至寅而人始生。"

【姓】《通曆·記》:"人皇之後,有五姓、四姓、七姓、十二姓紀。"則姓之始,疑起于此。而《帝王世紀》:"至太昊始曰:庖犧氏,風姓也。"《易類是謀》曰:"黄帝吹律定姓。"疑姓自太昊始,而黄帝定姓者,因生賜姓之始也。

【氏】《左傳》曰:"天子因生以賜姓,胙之土而命之氏。"蓋命氏之原尚矣,天皇而降皆稱,雖盤古之初,亦曰氏也。

【名】《帝王世紀》曰:"神農母名女登。"《左傳》曰:"太皞以龍紀官,故爲龍師而龍名。"則名疑始于伏羲氏之前。

【字】《帝王世紀》曰:"少皞帝,名摯,字青陽。"則自金天氏始爲字也。

【君臣】《典略》載云:"孫瓚表曰:'皇羲已來,始有君臣上下之分。'"由是推之,天皇以降,雖有其分,固亦略矣,至太昊始正之也。

【皇】 項峻①《始學篇》曰:"天地立,有天皇。"此稱皇之始也。

【帝】 庖羲氏繼天而王,爲百王先,帝出乎震,未有所因,此稱帝之始也。

【王】 夏商之前皆稱帝,自周始專稱爲王,然夏啓《甘誓》稱:"王曰:'嗟!'"《仲虺誥》:"湯曰:'惟王不邇聲色。'"則夏商雖號帝,亦稱王也。

【皇帝】《世皇帝記》曰:"五帝之初,有天黄皇帝。"《吕刑》曰:"皇帝清問下民。"蓋周穆王氏以言唐堯也。秦初并天下,李斯采上古位號,號曰皇帝。始皇自以德兼三皇五帝,故兼稱之。

【太上皇】 丘氏曰:"太上皇之稱,始見于秦。然秦以追尊其既死之父,高祖乃以尊其父之生也。後世遂祖之,以爲極尊之稱。"

【皇太子】《韓詩外傳》曰:"后虞以上傳賢,夏商雖傳之子,至周,始見《文王世子》之制,武王繼之,稱太子發。"《漢書·高祖紀》:"漢王即皇帝位,

---

① "峻",底本爲"浚",據關中叢書本改。

尊太子曰皇太子。"漢景帝廢太子榮爲臨江王,後世人主廢太子始此。

【皇后】《春秋命曆序》曰①:"人皇九人,別長九州,離艮地精,女出爲后。"此稱后之始云。《初學記》曰:"夏殷以前,大率稱妃。周則天子立后,正嫡曰王后。秦稱皇帝,正嫡始曰皇后,漢因之。"景帝廢太后薄氏,後世人主廢后始此。

【皇太后】《秦本紀》曰:"昭王母芊氏,號宣太后。"是太后之號始于此也。漢因秦,故尊母曰皇太后。

【太皇太后】 漢因秦事,母號皇太后,故尊祖母曰太皇太后。按景帝二年,孝文太后崩。高祖薄后也,景帝祖母,爾時未號太皇。司馬遷於武帝乃始稱:"太皇竇太皇后好老子言。"蓋竇氏,文帝后,武帝祖母也。

【妃】 黄帝始有元妃、次妃之列,此疑妃之初爾。國朝,皇后下,曰皇妃,東宮、親王、世子、郡王正嫡皆曰妃。

【太妃】 晉帝母,其嫡爲皇太后,所生爲太妃。按晉哀帝生母周貴人,詔崇爲皇太妃,其禮自此始也。

【嬪御】 周立天子,后立六宫,三夫人、九嬪、二十七世婦、八十一御妻。漢興,因秦之號,正嫡稱皇后,妾稱夫人,又有美人、良人、八子、七子之號。至武帝,制婕妤、娙娥、容華、充容,各有爵位。而元帝加昭儀之號,凡十四等。唐制,皇后而下,有貴妃、淑妃、德妃、賢妃,是爲夫人;昭容、昭儀、昭媛、修容、修儀、修媛、充容、充儀、充媛,是爲九嬪;婕妤、美人、才人,各九,合二十七,是代世婦;寶林、御女、采女,各二十七,合八十一,是代御妻;其餘六尚,分典乘輿服御,皆有員次。後世改復不常,開元時,以后下復有四妃非是,乃置惠、麗、華三妃,四美人,七才人,而尚宫、尚儀、尚服各三。參合前號,大抵踵周官相損益云。

【宗室】 晉太康九年,益封子邁爲隋郡王,則宗室封王自晉始也。國朝,皇帝次嫡子及庶子封爲親王,親王次嫡子及庶子封爲郡王,各止封一妃;郡王次嫡子及庶子授鎮國將軍,從一品;孫授輔國將軍,從二品,各止封一夫人;曾孫授奉國將軍,從三品,止封一淑人;玄孫授鎮國中尉,從四品,止封一恭人;五世孫授輔國中尉,從五品,止封一宜人;六世孫以下,授奉國中尉,從六品,止封一安人。妾媵不封。

---

① "序",原脱,今據國學基本叢書本補。

【公主】《公羊傳》曰:"天子嫁女于諸侯,至尊不自主婚,必使同姓者主之,謂之公主。"蓋周事也。秦漢以來,使三公主之。漢,帝女爲公主,姊妹爲長公主。國朝,皇姑,太長公主,皇姊妹曰長公主,皇女曰公主。

【宗室女】 後漢,帝女皆封縣公主。隋唐以來,諸王女亦封郡縣主。國朝,親王女曰郡主,郡王女曰縣主,郡王孫女曰郡君,曾孫女曰縣君,玄孫女曰鄉君。

【選宮人】 晉武帝選公卿女備六宮,又取良家女入宮。後世選女入宮始此。

【放宮人】 漢文帝出宮人令嫁。此後世放宮人之始。

【中官員數】 漢明帝置中常侍四人,小黃門十人。中官有員數始此。

【中官讀書】 《傳信錄》曰:"國朝高廟舊制,內侍不許讀書識字,至宣廟,始以翰林官教之于內侍監。"

【中官用事】 丘氏曰:"宦者之設,三代以前已有之,本以給役而已。武帝遊晏後庭,始命以典事,然所用者乃腐刑之司馬遷,彼固知道義、識古今者也,用之似亦無害。然遷不世有,後世遂襲爲故事,以國家樞機之任委任昵近,其不至蔽聰明、竊威柄也幾希。"《菽園雜記》曰:"內官宣德間差出頗多,然事完即回。今則干預外政,如鎮守提督、兵營倉場等事。永樂間,差內官到府部稟事,內官離一丈作揖;路遇公侯駙馬伯,下馬傍立。今則呼喚府部如所屬,公侯等反廻避之,且稱老爹矣。"今謂成化以來。

【雙生先兄】《公羊傳》曰:"古今尚質,雙生以後生者居上,取以爲兄。"《西京雜記》云:"霍將軍妻產二子,霍光曰:'昔殷王祖甲,一產二子,曰囂,曰良,以卯生囂,以巳生良,則以囂爲兄,良爲弟。'霍氏亦以先生爲兄。"

【老公子無影】 《風俗通》曰:"陳留二①富翁,年九十,取年②客女爲婦,一交接生男。與大男爭財,數年,州郡不決。丞相丙吉言:'曾聞至人無影,老公子亦無影,又不耐寒,可共試。'時八月,取同年小兒,俱解裸之,此兒獨啼言寒,兼令日中行,後獨無影,人咸服。"

---

① "二",底本爲"有",據國學基本叢書本改。
② "年",底本爲"田",據國學基本叢書本改。

婚禮

【嫁娶】《通典》曰："遂皇氏始有夫婦之道。"注云："人皇是也。"《通鑑》曰："上古①男女無別，太昊始制嫁娶，以儷皮爲禮。"注云："儷，偶數也，後世納幣本于此。"

【媒】《通鑑》曰："女媧氏與太昊同母，佐太昊正婚姻，以重萬民之判，是爲神媒。"《周禮》："媒氏，掌萬民之判。"注云："判，半也，得合成夫婦。"

【撒豆穀】漢世，京房之女適翼奉子，奉擇日迎之，房以其日不吉，以三煞在門故也。三煞者，謂青羊、烏鷄、青牛之神也，凡是三者在門，新人不得入，犯之，損尊長及無子。奉以謂不然，婦將至門，但以穀豆與草禳之，則三煞自避，新人可入也。自是以來，凡嫁娶者，皆置草于門閫內；下車，則撒穀豆；既至，焚草于側而入。今以爲故事也。

【跨馬鞍】《酉陽雜俎》曰："今士大夫家婚禮，新婦乘馬鞍，悉北朝之餘風也。"今娶婦家新人入門跨馬鞍，此蓋其始也。

【婦人拜】《禮》曰："男拜則尚左手，女拜則尚右手。又居喪之禮，男拜稽顙，女子則俯。是古者男女之拜一也。"《唐書》云："武后欲尊婦人，始易今拜。"是則女屈膝而拜，始于唐武后也。

【主改適】《唐書》："宣宗女萬壽公主下嫁之後，遂詔公主有子而寡，不得復嫁。"宋朝之制，主薨，其夫亦不得復娶也。

喪禮

【喪服】《通典》曰："上古喪期無數。"謂黃帝時心喪終身也。"三載，遏密八音。"唐虞雖行心喪，更三年爲限，三王乃制喪服。則衰絰之起自三代始也。

【五服】五服之制，原于夏，備于商周，一曰斬衰，三年；二曰齊衰，三年，杖期，不杖期；三曰大功，九月；四曰小功，五月；五曰緦麻，三月。

【母服】三代之制，父在爲母，服齊衰朞。唐武后始請同父三年。宋太

---

① "古"，底本爲"下"，據關中叢書本改。

祖始令婦爲舅姑服三年。

【易月】《宋會要》曰："漢文帝酌變禮之宜,創易月之制。"應劭曰："凡三十六日而釋服。"此以日易月也。

【忌日】《祭義》曰："君子有終身之喪,忌日之謂也。"又曰："文王忌日必哀。"則忌日始于周也。

【五姓】《蘇氏演義》曰："五音之配五姓,郭璞以收舌之音爲宮姓,以至齶上之音爲徵姓,以脣音爲羽姓,以舌着齒外之音爲商姓,以胸中之音爲角姓。"又《青囊經》云："城寨屋宅之地,亦以五姓配五行。"然則五姓之起,自郭璞始也。

【諱】《春秋左氏傳》曰："周人以諱事神名,終則諱之。"則是諱名自周人始也。《禮·祭義》云："文王稱諱如見親。"

【諡】《大戴諡法》曰："周公旦、太公望相嗣王,作諡法。"《史記》："秦始皇初并天下,制曰:'太古有號無諡,中古有號,死而以行爲諡。'"

【文臣諡】 国初,文臣無賜諡者,諡自永樂間太子少師姚廣孝、太學士胡廣二人,後遂爲例。

【婦人諡】《穆天子傳》曰："天子爲盛姬諡曰淑人。"此以婦人諡之起也。

【后諡】 漢王即皇帝位,尊先母①曰昭靈夫人,至高后尊曰昭靈后。則后諡自漢高祖始也。

【主諡】 楊侃《職林》曰："唐貞元十五年,故唐安公主賜諡莊穆,諡自唐安始也。"按唐高祖女平陽公主,起兵參佐命,已諡爲昭文,齊高帝女義興憲公主,妻沈攸之子文和。則主亦諡爾,非自唐安始也。

【起復】 伯禽封于魯,有徐戎作難,喪卒哭而征之,急王事也。漢唐以來,遂有起復之禮,蓋自伯禽始也。《菽園雜記》云："先是,大臣遭父母喪,奪情起復者,比比皆是。始著爲令,皆終喪三年。奪情起復,亦間有之,實出于朝廷勉留,非復前時之濫,是則羅生一疏之力也。天順時,修撰羅倫上疏,論閣老李賢奪情事,調廣東市舶提舉。"

【拜陵】《晉史》曰："自漢魏以來,群臣不拜山陵,王導以元帝睠同布衣,匪惟君臣而已,每一崇進,皆就拜,不勝哀戚。"由是詔百官拜陵,自導始也。

---

① "母",國學基本叢書本作"媪"。

【殉葬】 秦葬始皇于驪山,始用厚葬,以宫人殉。

【發塚】 楚項籍入關中,掘始皇塚。則發塚此其始也。

【含襚】 凡始死,以珠玉實口中,曰含;以衣衾贈死者,曰襚。襚,即俗謂搭衣架是也。《禮》曰:"商王綴重。"《三禮圖》云:"以飯含餘粥盛之鬲,名曰重。"然則含,商制也①,周人加以珠玉爾。

【面帛】 今人死,以方帛覆面者,吴王夫差不用子胥之言,越殘其國,無面目以見子胥于地下,乃爲幎冒而死,故後因之制面衣。按,幎,冒面衣也,以帛爲之,方一尺二寸,四角有繫,於後結之。

【明衣】 三代以來,襲有明衣,唐改用生絹單衣,今但新衣而已。《酉陽雜俎》曰:"明衣起于佐伯桃。"

【糧罌】 今喪家棺歛柩中,必置糧罌者。昔魯哀公曰:"夷齊不食周粟而餓死,恐其魂之飢也,故設五穀囊。"今之糧罌,即商制名重遺意,設之于庭,恐神依之以食。

【翣】 人之所持,以蔽喪車前後以爲飾者,今挽即所執是也。《禮·檀弓》曰:"周人墻置翣。"《古史考》曰:"周公作翣,起于周也。"

【明器】 《禮·檀弓》曰:"孔子謂爲明器者知喪道。"又曰:"明器,神明之也。塗車芻靈,自古有之,明器之道也。謂爲芻靈者善,爲俑者不仁。"爲其象人而用之也。《周官·冢人》:"及葬,言鸞車像人。"是象人起于周也。《禮》曰:"夏后用明器。謂竹不成用,瓦不成味,木不成斵,琴瑟張而不平,竽笙備而不和,有鍾磬而無簨簴也。"以俑爲明器,誤矣。

【桐人】 今喪葬家用桐人于壙中,有仰視俯聽,乃蒿里老人之類。《酉陽雜俎》云:"桐人起于虞卿也。"

【方相】 《本記》曰:"黄帝周遊,元妃嫘祖死于道,令次妃姆媒監護,因置方相,亦曰防喪。此其始也。俗號顯②道神。"《周禮》:"有方相氏,黄金③四目,大喪,先匶④,及墓,入壙⑤,以戈擊四隅,毆方良。"故葬家以方相先馳。

---

① "也",國學基本叢書本作"之"。
② "顯",關中叢書本作"險"。
③ "黄金",底本爲"狂夫",據國學基本叢書本改。"目",底本爲"夫",據國學基本叢書本改。
④ "匶","柩"字異體,原脱,今據國學基本叢書本補。
⑤ "壙",底本爲"則",據關中叢書本改。

【魌頭】 宋《喪葬令》:"有方相、魌頭之別,皆是其品所當用,而世以四目爲方相,兩目爲魌頭。"按,漢逐疫用魌頭。《周禮》:"方相氏,蒙熊皮,黄金四目,以索室毆疫。"鄭注云:"如今魌頭是也。"疑自漢始。

【銘旌】 《禮記》曰:"銘,明旌也,以死者不可以別,故以其旌識之。"《喪服小記》曰:"書銘自商始置。"《周官·司常》:"大喪,共銘旌。因商事耳①。士喪,爲銘,各以其物,書名于末,曰'某氏某之柩',置于宇西階之上。商以前,皆書姓,男名②,女字,無書國者,后亦不書氏。至魏,以爲天下之號無所復別,故稱之以自別也。"

【埋葬】 《孟子》曰:"上世嘗有不葬其親者,其親死,則舉而委之于壑。他日過之,狐狸食之,蠅蚋姑嘬之,其顙有泚,蓋歸,反藁而掩之。"則埋葬疑自此始矣③。

【棺槨】 《易》曰:"古之葬者,厚衣之以薪。葬之中野,不封不樹。後世聖人,易之以棺槨。"棺槨之作,自黄帝始。

【墓塚】 《内傳》云:"黄帝斬蚩尤,因置塚墓。"然諸小説家往往記伏義女媧之塚,疑後人增築云。

【火化】 《列子》曰:"秦之西有義渠之國④,其親戚死,聚柴積而焚之,燻則煙上,謂之登遐,然後爲孝子。"今之火化其屍,蓋始自西域之胡俗也。

【合葬】 "舜葬蒼梧之野",蓋二妃未之從也。注謂:"古不合葬。"季武子曰:"周公蓋祔。"注云:"祔爲合葬。"始自周公以來。故桓王詩曰:"死則同穴。"

【挽歌】 《通典》曰:"漢高帝時,田横死,吏不敢哭。但隨柩叙哀。後代相承以爲挽歌。武帝時,李延年分爲二曲:《薤露》,送王公貴人;《蒿里》,送大夫、士、庶。"蓋二歌之起,始自田横也。按,《莊子》曰:"紼謳所生,必于斥苦。"司馬彪注云:"紼,引柩索也;謳,挽歌;斥,疏緩也;苦,用力也。"引紼所以有謳歌者,爲人有用力,不齊,故促急之也。《左傳》曰:"魯哀公會吳伐齊,將戰,公孫夏命其徒歌《虞殯》。"杜預注云:"《虞殯》,送葬歌,示必死也。"孔穎達疏云:"《虞殯》,謂啓殯將虞之歌。"今謂之挽歌。馮鑑謂起于《虞殯》,然則

---

① "耳",關中叢書本作"爾"。
② "名",國學基本叢書本作"命"。
③ "始",關中叢書本作"起"。
④ "義",關中叢書本作"儀"。

其周人之制乎。

【墓誌】 齊太子穆妃將葬,議立石記。王儉曰:"石誌不出禮經,起宋顔延年爲王球作墓誌,遂相祖習。"魏侍中繆襲改葬父母,製文埋墓下,將以陵谷遷變,欲使人有所聞知,但記姓名、歷官、祖父、姻婭而已。若有德業,則爲銘文。王戎墓銘有數百字。則魏晉以來有墓誌也。漢杜子夏臨終,作文命刊石埋墓前,恐墓誌因此始也。

【碑碣】 《廣韻》曰:"碑碣,李斯造。"疑始于嶧山之刻。柳文曰:"唐葬令,五品以上,螭首龜趺;降五品,爲碣,方趺圓首,高四尺。"《尚書故實》云:"古碑皆有圓孔,本墟墓間者,初葬,穿繩于孔以下棺,乃古懸窆之禮。"《管子》曰:"無懷氏封太山,刻石記功。"秦漢以來,始謂刻石曰碑。刻石當以無懷氏爲始,而名碑自秦漢也。

【神道碑】 後漢中山簡王薨,詔修塚塋,開神道。注云:"墓前開道,建石柱以爲標,謂之神道。"是神道之名,在漢已有之也。晉宋之世,始有神道碑,天子及諸侯皆有之,其刻篆①止曰某帝或某官神道之碑,其初立于葬兆東南,地理家東南爲神道,故以名碑爾。

【石羊虎】 《炙轂子》曰:"秦漢以來,帝王陵寢有石麟、辟邪、兕馬之屬,人臣墓有石人、羊、虎、柱之類,皆表于②墳壠,如生前儀衛。"《西征記》曰:"漢桂陽太守趙越墓有石柱,東南因名爲亭。霍去病墓像都達③山立石人馬。"然則墓前立石人、柱、羊、虎之類,皆起于漢也。

【華表】 《古今注》曰:"程雅問:'堯設誹謗之木何也?'曰:'今之華表,以木交柱頭,狀如華,形似楬楔之狀④,或謂之表木。'應劭曰:'今宮外橋梁頭四柱木是也。'韋昭曰:'慮政事有缺失,使言事者書之于木,凡交衢道路悉施焉。'後世以石易之,第取其觀瞻而已。"後人立于墓前,以紀其識也。

【漏澤園】 漏澤園之法,起于宋元豐間。國初,令民間立義塚。天順四年,令京城門外各置漏澤。

【寓錢】 今楮鏹也。《唐書》曰:"玄宗時,王璵爲祠祭使,專以祠解中帝

---

① "篆",關中叢書本作"文"。
② "于",關中叢書本作"飾"。
③ "都",關中叢書本作"祁"。"達",關中叢書本作"連"。
④ 原底本作"褐楔",據關中叢書本改。

意,有所奏禳①,大抵類巫覡。漢以來,葬者昏②有瘞錢,謂昏③晚埋錢于壙中,爲死之用。至嶼,乃於喪祭焚紙④以代之。是喪祭焚紙錢起于漢之瘞錢,其禱神而用寓錢,則自嶼始。今巫家有焚奏禳謝之事,亦自此也。

① "奏禳",關中叢書本作"禳祓"。
② "昏",國學基本叢書本作"皆"。
③ "昏",底本、國學基本叢書本爲"也",今據關中叢書本改。
④ "紙",底本、國學基本叢書本爲"錢",今據關中叢書本改。

新刻《古今事物考》卷之二

盩厔　王三聘　輯
錢塘　胡文焕　校

公式

【敕】　三代而上，王言有典、謨、訓、誥、誓、命，凡六等，總謂之書。漢初，定儀制四品，其四曰戒敕，自此帝王命令始稱敕。唐高祖顯慶中，始云不經鳳閣、鸞殿不得稱敕①，敕之名遂定于此。唐高宗以敕用白紙，多為蠹蛀，自後始用黃紙。

【制】　古者有命無制②。秦李斯議命為制，歷代因之。

【詔】　三代無文，起于秦漢。《史記》："秦始皇二十六年，李斯議令為詔。"歷代因之。

【誥】　誥始于湯，黜夏作誥③。宋命官授職皆為誥。《雜志》云："唐誥初用紙；肅宗朝，有用絹者；德宗後，始用綾。"

【冊命】　《書·顧命》曰："丁卯，命作冊度。"漢儀四品一策書，蓋漢緣周事云。

【奏】　《書》云："敷奏以言。"雖有其名，而未有定式，自伊尹作書以戒《太甲》。而七國時，臣子言事于君，皆曰上書。秦改曰奏。漢以來，或稱奏疏，恐有宣泄，則又有封事矣。

【表】　漢定禮儀，有章、表、奏、駁四等。唐宋文用四六。《雜記》云："四六之作，起自徐庾。"

---

① "鸞殿"，國學基本叢書本作"宮殿"，關中叢書本作"鸞臺"。
② "無"，底本為"為"，據關中叢書本改。
③ "作"，國學基本叢書本作"年"。

【牋】　牋,前無聞,自魏始也。上至尊,曰表。降一等,中宮、東宮皆曰牋,大體與表相類。

【啓】　《漢記》曰:"董卓呼三台尚書以下①,自詣啓事,然後得行。"此啓事得名之始也。晉宋以來,與表俱用,宋止臣下以相往來。國朝東宮諸王府俱用啓,本直述其事,不用儷語。

【檄】　周穆王令祭公謀父爲威令之辭,以責狄人。此檄之始。戰國時稱爲檄。

【露布】　《隋書》曰:"後魏每戰捷,欲天下聞知,乃書帛建于漆竿之上,名爲露布。"此其始也。按,漢桓帝時,地數震,李雲乃露布上書,移副三府。注謂:"不封之"。

【移】　始于劉歆移太常。孔稚圭因有《北山移文》。今公式文移,下達上,曰呈,曰申;上行下,曰牒,曰帖,曰劄。

【關】　《唐會要》曰:"唐制,諸司相質問,三曰關,開通其事也。"宋神宗行官制,用唐事會,同品衙門行移曰關。

【勘合】　國朝洪武十五年,始定勘合之制。

【花押】　古者書名,改真從草,取其便于書記,難于摸倣②。唐開元中,韋陟每書陟字,自謂若五朵雲,時號五雲體。俗浸相緣,率以爲常。復有不取其名,出于機巧心法者。此押字之初,疑自韋始。

【書簡】　《錦帶前書》曰:"書竹曰簡,書板曰牘。"今人直用紙,名曰簡,以通慶吊問候之禮,取簡書之義。舜曰:"書用識哉。"《詩》曰:"畏此簡書。"《春秋》:"子家吊宣孟以書。"是名雖見于虞周,而實始于春秋。

【門狀】　《續說》曰:"唐李德裕貴盛,百官以舊刺禮輕,改具銜候起居之狀,至今貴賤通用,謂之門狀。"稍貴禮隔,有如公狀體,爲大狀。

【名紙】　《續說》曰:"古未有紙,削竹木以書姓氏③,謂之刺;後以紙書,謂之名紙。"蓋始于漢制。

【書函】　吳張溫使蜀,謂先主曰:"謹奉所齎函書。"書之有函,疑自漢始也。

---

① "以",關中叢書本作"已"。
② "摸",關中叢書本作"摹"。
③ "氏",關中叢書本作"名"。

文事

【文字】 黃帝時,蒼頡比類象形謂之文,形聲相益謂之字,著于竹帛謂之書,故有指事、象形、諧聲、會意、轉注、假借六書之別。周宣王時,史籀作大篆。秦李斯等作小篆,程邈作隸書。漢蕭何等著六體以試學童,有古文、奇字、篆書、隸書、謬篆、蟲鳥。武帝時,孔壁古文謂之蝌斗書,孔安國就古文體而隸以定之,猶古制也。自蔡邕得八角垂芒之秘于嵩山石室中,遂爲書家傳受之祖。

【石鼓】 歐陽修《跋》曰:"石鼓文在岐陽,初不見稱于前世,至唐,人始盛稱之。韋應物以爲文王之鼓。至宣王刻詩爾,韓退之直以爲宣王之鼓。在鳳翔孔子廟中,鼓有十。然退之好古不妄者,余姑取以爲信。至于字畫,亦非史籀不能作也。"元國子司業潘迪,以歲久刻淺,字多不可識,乃考訂音訓,刊附于後。今在北京國子監。

【法帖】 晉永和九年暮春,王羲之與親友四十二人修禊于蘭亭,用鼠鬚筆蠒蠒紙製序,遒媚勁健,自謂有神助,亦自珍愛,留付子孫,謂之《蘭亭帖》。此法帖之始也。其後宋太宗摹漢晉唐梁陳帝王諸人蒼頡至羲獻書,名《淳化閣帖》,頒刻于潭州,名《潭帖》;翻刻于泉州,名《泉帖》。又有增入別帖者,名《絳帖》《汝帖》,皆因於此。

【字學】 晁氏曰:"文字之學有三:其一體製,謂點畫有縱橫曲直之殊;其二訓詁,謂稱謂有古今雅俗之異①;其三音韻,謂呼吸有清濁高下之不同。三者雖各名一家,其實皆小學之類。"

【文籍】 伏羲氏始畫八卦,造書契,以代結繩之政,由是文籍生焉。

【石經】 漢靈帝詔諸儒校定五經,鐫石以刊其文,命蔡邕等書爲古、篆、隸三體,立於太學門,謂之石經。

【印板】 石林葉氏曰:"唐以前,凡書籍皆寫本,未有模印之法。五代時,馮道始奏請官鏤印行。"又曰:"道但爲藍本五經板爾。"柳玭訓序言:"在蜀嘗閱書肆,云字書小學率雕板印紙。"則唐固有之矣,但恐不如今之工。

【巾箱】 《南史》:"齊衡陽王鈞嘗親手細書五經,部爲一卷,置巾箱中。

---

① "雅",底本爲"雜",據關中叢書本、國學基本叢書本改。

侍讀賀玠曰：'殿下家有墳素，復何細書，別藏巾箱？'鈞曰：'巾箱中檢閱既易，且更手寫，則永不忘矣。'諸王聞之，争效爲巾箱。"今謂籍之細書小本者爲巾箱，始于此也。

【目録】　古者史官既司典籍，蓋有目録以爲綱紀。漢劉歆總群書而奏《七略》。魏武置四①庫圖書，分甲、乙、丙、丁爲部。宋謝靈運造四部目録。梁增術數之書而爲五部目録。唐分書爲四類，曰經、史、子、集。宋慶曆間，集四庫爲籍，名曰《崇文總目》。

【易】　伏羲始畫八卦，以通神明之德，以類萬物之精②，蓋因而重之爲六十四卦。及于三代，是爲三《易》，夏曰《連山》，商曰《歸藏》，周文王作卦辭，謂之《周易》。周公作《爻辭》，孔子爲《彖辭》《象辭》《繫辭上下》《文言》《序卦》《説卦》《雜卦》，謂之十翼。

【書】　伏羲、神農、黄帝之書，謂之《三墳》，言大道也。少昊、顓頊、高辛、唐、虞之書，謂之《五典》，言常道也。孔子討論墳典，斷自唐虞，下訖於周，典、謨、訓、誥、誓、命之文，凡百篇。秦始皇焚書，孔勝藏書于屋壁。漢開學求儒，伏生口授，裁二十餘篇，以其上古之書，謂之《尚書》，至魯共王③壞壁得書，皆科斗文字，時無知者，以所聞伏書考定爲五十九篇。

【詩】　太昊有《網罟之歌》，則詩之始也。《漢志》曰："孔子純取周詩，上采殷，下取魯，凡三百五十篇。遭秦而全者，以其諷誦，不獨在竹帛故也。"《隋志》曰："漢申公受于浮丘伯，作訓詁，爲《魯詩》；轅固作傳，爲《齊詩》；韓嬰作傳，爲《韓詩》；又毛萇自云子夏所傳，作古訓，爲《毛詩》。"而《序》乃子夏所創，毛公、衛敬仲又加潤色。唯鄭衆、賈逵、馬融，並作毛詩傳，而鄭玄作箋，至今獨立。

【禮】　帝王質文世有損益。至周，"經禮三百"，即周官也；"威儀三千"，即儀禮也。周衰，諸侯已去其籍。至秦，大壞。流傳于漢，《周官》《儀禮》《戴記》三書而已。

【周官】　《周官》，周公所制官政之法。漢有李氏，得《周官》，上于河間獻王，獨闕《冬官》一篇，取《考工記》以補之，合成六篇，奏之。至王莽時，劉歆

---

① "四"，底本作"七"，據關中叢書本改。
② "精"，關中叢書本作"情"。
③ "王"，底本爲"工"，據關中叢書本、國學基本叢書本改。

始置博士,以行于世。

【儀禮】 漢初,有高堂生傳十七篇,又有經出于淹中,而河間獻王收集餘燼,獻之,合五十六篇,並威儀之事。

【禮記】 其書雜出于漢儒,如《月令》出於吕不韋,漢文帝令諸儒博士作《王制》,子思作《中庸》,曾子作《大學》,公孫尼子作《緇衣》,而《樂記》一篇,司馬遷以爲公孫弘所記①。它皆錯雜,出自漢世也。漢河間獻王得仲尼弟子及後學者所記一百三十一篇,上之。至劉向考校經籍,檢得前篇,因第叙之。又得《明堂陰陽記》三十三篇,《孔子三朝記》七篇,《王氏史氏記》二十一篇,《樂記》三篇,凡五種,合二百四十篇。戴德刪爲八十五篇,爲《大戴記》;戴聖又刪爲四十六篇,爲《小戴記》。馬融小戴之學,又足《月令》一篇,《明堂位》一篇,《樂記》一篇,合四十九篇。

【樂】 《西漢志》曰:"自黄帝至三代,樂各有名。周衰,禮樂既壞,樂尤微眇,以音律爲節,又爲鄭衛所亂,故無遺法。漢興,制氏以雅樂聲律世在樂官,頗能記其鏗鏘鼓舞,而不言其義。孝文時,得樂人竇公,獻其書,乃《周官》大宗伯之大司樂章也。武帝時,河間獻王與毛生等共采《周官》及諸子言樂事者,以作《樂記》。獻八佾之舞,王定傳之,以授王禹。成帝時,禹獻二十四卷。劉向校書,得《樂記》二十三篇,與禹不同,其道寖以益微。"

【春秋】 《漢志》曰:"古之王者,左史記言,右史記事,言爲《尚書》,事爲《春秋》。周衰籍缺,仲尼思存前聖之業,以魯周公之國,禮文備物,史官有法,故與左丘明觀其史記,據行事,仍人道,因興以立功,就敗以成罰,假日月以定曆數,籍朝聘以正禮樂。有所褒諱貶損,不可書見,口授弟子。"

【論語】 孔門弟子會集夫子之言以爲書。蓋成于曾參、有若,故其文每至二子記所,多曰曾子、有子,他則皆字也。漢有齊魯《論語》,張禹本授《魯論》,晚講《齊論》,遂從《魯論》合之,定二十篇,號《張侯論》。

【孟子】 戰國時,孟軻以儒術干諸侯,不用,退與弟子公孫丑、萬章之徒相與答問,著書七篇。秦焚書,以其書號諸子,故得不泯絶。

【孝經】 《孝經》者,孔子爲曾子陳孝道也。遭秦焚書,爲河間人顏芝所藏。漢初,芝子真出之,凡十八章。孔安國爲傳,至劉向典校經籍,以顏本定十八章,鄭衆馬融注,至唐玄宗序之。

---

① "弘",國學基本叢書本作"宏"。

【爾雅】　世傳《釋詁》,周公書也。餘篇仲尼、子夏、叔孫通、梁文增補之,晉郭璞注。其《序》曰:"興于中古,隆于漢代,豹鼠既辨,其業亦富。大抵解詁詩人之旨。"漢孝文時,《論語》《孟子》《孝經》《爾雅》皆置博士。後能傳記博士,獨立五經而已。

【家語】　王肅注:"《後序》曰:'《孔子家語》者,皆當時公卿士大夫及七十二弟子所諮訪交相對問言語也。與《論語》《孝經》並。時弟子取其正實切事者,別出爲《論語》;其餘總集録之,名曰《孔子家語》。'肅得此書於孔子二十四世孫猛家。"

【山海經】　其文所記,皆山、川、草、木、鳥、獸之奇,疑禹治水所過、所見而識之,《莊子》所謂齊諧者,志怪也。禹知而名之,益見而記之,當是此也。其書盛行於漢氏,自劉向辨貳負之屍始也。

【儀注】　《隋志》曰:"儀注之興,由來久矣。唐、虞以上,分之爲三,在周因而爲五。《周官》,宗伯所掌吉、凶、軍、賓、嘉,是也。周衰,諸侯去籍。至秦而焚之。漢興,叔孫通定朝儀,武帝時始祀汾陰后土。成帝時,初定南北郊,節文漸具。後漢又使曹褒定漢儀,是後相承,世有制作。"

【家禮】　朱子自《序》:"嘗獨究觀古今之籍,因其大體之不可變者,而稍加損益于其間①,以爲一家之書。大抵謹名分,崇愛敬,以爲之本。至施行之際,則又略浮文、務本實,以竊自附于孔子從先進之遺意。"

【新書】　蔡元定撰《律吕新書》二卷,其法以律生尺,如房庶、范鎮之論,亦祖《兩漢志》蔡邕説及程子、張子,又淮南太史、小司馬之説,以九分爲寸。

【訓釋】　《洪容齋隨筆》曰:"晉、唐至今,諸儒訓釋六經,其書曰傳,曰解,曰章句而已。若戰國迄漢,則其名簡雅,一曰故,二曰微,三曰通。"

【御製】　《家語》:"舜作《南風》之詩。"此御製之始也。

【著書】　《史記·太史公自叙》曰:"昔西伯拘于羑里,演《周易》。"則著書之始也。

【史】　《吕氏春秋》曰:"蒼頡造史。"則史之原起於黄帝。晁氏曰:"後世述之者有三,編年、紀傳、《實録》。"王氏《揮麈録》曰:"凡史官記事,所因者有四:一曰時政記,二曰起居注,三曰日曆,四曰臣僚墓碑行狀。"

【編年】　《春秋》,編年之體也。晁氏曰:"編年者,以事繫日月而總之以

---

①　"稍",關中叢書本作"少"。

年,蓋本于左丘明。"

【紀傳】 《尚書》,記傳之體也。晁氏曰:"紀傳者,分紀君臣行事之始終①,蓋本于司馬遷。"

【實録】 晁氏曰:"《實録》者,其名起于蕭梁,至唐而盛,雜取編年紀傳之法而爲之,以備史官採擇而已。"梁周興嗣,始有皇帝《實録》。唐貞觀中,作《高祖實録》。自是,迄今爲之。

【時政記】 王氏曰:"《時政記》②,則宰執朝夕議政君臣之間奏對之語也。"《宋志》曰:"古者左史記言。"《時政記》,蓋記言也。《唐會要》曰:"永徽以後,左、右史惟得對仗下,後謀議皆不聞。姚璹請仗下所言軍國政要,宰相二人撰録,號《時政記》。"

【起居注】 《宋志》曰:"古者右史記動。厥後有起居注,蓋記動也。"漢武帝有《禁中起居》,後漢明德馬皇后自撰《明帝起居注》,然則漢時起居,似在宫中,爲女史之職。晉唐以來③,《起居注》皆近侍之臣所録,晉時人得《汲冢書》④,有《穆天子傳》,體制與今起居注同⑤。

【日曆】 王氏曰:"日曆則因時政記、起居注潤色而爲之也。"《宋志》曰:"日曆兼言動而成之。"按,日曆與《實録》皆備史官之採擇耳。

【野史】 《文獻通考》曰:"雜史、雜傳,皆野史之流,出于正史之外者。雜史,記志、編年之屬也,雜傳,列傳之屬也。事多異聞,言或過實。然質疑補遺,後之爲史者有以取資。"

【故事】 《宋志》曰:"西漢有掌故之史,以主故事。"則名之所起,不其遠乎?魏相爲丞相,務在奉行故事;孔光領樞機,亦守法度,修故事耳。如《唐政要》《宋會要》《國朝會典》,是也。

【子】 《文心雕龍》曰:"鬻熊作書,題曰鬻子。"按,熊爲文王師,周封爲楚祖,蓋周初人。此名子之始也。

【集】 吳氏曰:"漢時未以集名書,劉歆《七略》有輯略。至梁阮⑥孝緒爲

---

① "紀",關中叢書本作"記"。
② "記",底本爲"紀",據關中叢書本改。
③ "唐",關中叢書本作"代"。
④ "冢",底本爲"家",疑誤,據關中叢書本改。
⑤ "注",原脱,今據國學基本叢書本補。
⑥ "阮",底本爲"院",疑誤,據關中叢書本改。

《七録》,始有《文集録》。《隋·經籍志》遂以荀況等賦皆爲之集①,而又有別集。史官謂別集之名,漢東京所創。按閔馬父論《商頌》之亂曰輯,韋昭注:'輯,成也。'"蓋東京別集之名,本于劉歆之輯略,而輯略又本于《商頌》之輯云。

【總集】 《隋志》曰:"集者,以建安之後,詞賦轉繁,衆家之集,日以滋廣。晉代摯虞,苦覽者之勞倦,于是採擇孔翠,芟翦繁蕪,自賦以下,各爲條貫,合而論之,謂之《流别》。是後文章總抄,作者繼軌。屬辭之士,以爲覃奥,而取則焉。"

【集名】 《宋志》曰:"古人但以名氏名篇,南朝張融始著《玉海》之號。後世争效,制爲集名,一家至十數者,爵里年氏,各立意義,或相重複,而文亦不勝其繁矣。"

【類書】 晁氏曰:"齊梁間,士大夫之俗,喜徵事以爲學淺深之候,梁武帝與沈約徵粟,是也。類書之起,當在此時。"

【讖緯】 致堂胡氏曰:"讖書,原于易之推往以知來。周家卜世三十,卜年八百。緯書原本五經而失者也,而尤紊于鬼神之理,幽明之故。"陳氏曰:"讖緯之説,起于王莽,以此濟其篡逆,公孫述效之,而光武亦以《赤伏》自累。"魏晉以革命受終,莫不附會符命,其源實出于此。

【數學】 《天原發微》曰:"數學自伏羲則河圖以畫卦始。後七百餘年,禹治水而得洛書;又一千一百餘年,得箕子作《洪範》,而洛書《九疇》之數始明。又五百七十餘年,孔子始繫易,以發明河圖之數于五十有五之中。又千五百餘年,而《皇極經世》之書始出,其數所以不流于術者,以其一本於伏羲先天卦圖而推演之也。若夫揚雄《太玄》,衛衍《元包》,司馬公《潛虛》,僅得易之一端而已,未臻其極也。"

【千字文】 梁周興嗣《千字文》。劉後村曰:"法帖中漢章帝已嘗書此文,殆非梁人作也。"

【家訓】 北齊顏之推撰《家訓》七卷,其書頗尚釋氏,然古今家訓以此爲祖。

【音韻】 《筆談》曰:"音韻之學,自沈約爲四聲。及天竺梵學入中國,其學漸密也。"

---

① "皆",底本爲"蓋",據關中叢書本改。

【切韻】 鄭樵曰："切韻之學,起自西域。舊所傳十四字,貫一切音,文省而音博,謂之《婆羅門書》。其後僧守温得三十六字母,而音韻之道始備。中華之韻,只彈四聲,然有聲有音。平、上、去、入者,四聲也,其體縱,故爲經;宫、商、角、徵、羽、半徵、半商者,七音也,其體横,故爲緯。經緯錯綜,然後成文。"

【押韻】 張孟《後序》曰："押韻肇自顔魯公,迄于聖宋。"蓋孟在天聖中,準宋韻重編集也。

【詩】 《樂書》曰："伏羲之樂曰立基,夫樂必有章,樂章之謂詩。"始于太昊之世。

【詩言】 自三百篇後,有三言,起于夏侯湛;有四言,起于韋孟諷諫楚王戌;有五言,起于蘇武李陵;有六言,起于谷永;有七言,起于漢武帝使群臣爲栢梁詩;有九言,起于高貴鄉公。

【律格】 沈約、于信,以音律相婉附,属對精密;及宋之問、沈佺期,又回忌聲病,約句準篇。則律格原于約、信,而成于沈、宋也。

【聯句】 漢武帝爲《栢梁詩》,使群臣作七言,始有聯句體。梁《何遜集》多有其格。是體始于漢而成于遜也。夏書《五子之歌》,則亦聯句之體。

【倡和】 帝舜與皋陶"乃賡載歌",則倡和之初也。亦在《詩》之《簟兮》"倡予和汝"之義。其事新見于齊梁時,顔延年、謝元暉始之也。

【次韻】 齊梁間,倡和皆不次韻。至唐元稹作《春深》二十首,並用家、花、車、斜四字爲韻,白居易、劉禹錫和之,亦用其韻;及令狐楚和詩,多次其韻。宋真宗時,楊億謂次韻始于此也。

【賦】 《詩序》六義,次二曰賦,蓋謂直陳其事爾。《左傳》言鄭莊公入而賦大隧之中。是後,荀卿、宋玉之徒演爲别體,因謂之賦。故昔人謂賦者,古詩之流,以荀、宋爲始。

【頌】 《詩序》六義,其六曰頌。《詩》有《商》《周》《魯》三頌。《文心》曰："帝嚳時,咸黑爲頌,以歌九韶。"則頌起于帝嚳也。

【歌】 《書》："帝庸作歌。"則詩歌之始也。古詩有長歌短歌,《古今注》論:"言壽命長短有定分也。"李善引古詩"長歌正激烈",魏文帝"短歌微吟不能長"等語,以爲歌聲有長短,非壽命也。

【讚】 《文心》曰："昔禹舜重贊,及益贊于禹,伊陟贊于巫咸,並揚言以明事,嗟嘆以助辭。"故漢置鴻臚,唱拜爲贊。如相如贊荆軻,班固之褒貶以贊,蓋取益贊于禹之義。要自相如贊荆軻始。蕭統《序文選》曰:"圖像則贊興。"

【箴】　《文心》曰:"軒轅輿,凡以弼不逮,即爲箴。"又曰:"斯文之興,盛于三代。"夏、商二箴,餘句尚存。及周辛《甲百官箴》闕《虞人之箴》,體義備焉。

【銘】　蔡邕曰:"黄帝有金凡之銘。"《拾遺記》曰:"黄帝以神金鑄器,皆有銘題,凡所造建,皆記其年時。"此銘之起也。

【謳】　《春秋》:"宋築臺,妨于農收。"築者謳曰:"澤門之晳,實興我役;邑中之黔,實慰我心。"孟子曰:"天下不謳歌益,而謳歌啓。"是謳在禹已有之也。

【謡】　《列子》曰:"堯微服遊康衢,聞童謡曰:'立我蒸民,莫匪爾極;不識不知,順帝之則。'"謡之起自堯時然也。

【行】　律詩拘于聲律,古詩拘于語句,以是辭不能達。夫謂之行者,達其辭而已①,如古文而有韻,自陳子昂一變江左之體,而歌行暴于世。

【廻文】　皮日休《雜體詩序》曰:"晉温嶠始有廻文詩。"

【集句】　蔡攸《詩話》:"集句自宋初有之,至石曼卿以文爲戲,然後大著。"

【連珠】　傅玄曰:"連珠興於漢章帝,班固、賈逵、傅毅皆受詔作之。體則悠喻達旨,賢者微悟,欲使歷歷如貫珠,易覩而可悦,故曰連珠。梁沈約云:"連珠之作,始自揚子雲。《藝文類》中,亦有揚雄連珠。則爲斯文之興,不自漢章明矣。

【琴操】　虞舜升爲天子,喟然念巍巍帝位不易保,撫琴作操。此其始也。

【誄】　周制,大夫已上有謚,士則有誄②。是誄起于周也。《禮·檀弓》:"魯莊公及宋戰,縣賁父死之,公誄之。"士之有誄,自此始也。按,《周禮》:"六辭以通上下親疎遠近,六曰誄。"

【硯】　自有書契,即有此。硯,蓋始于黄帝時也。一云子路作。

【筆】　自有書契,即有此筆。故《禮》曰:"史載筆。"一云大舜造筆,一云蒙恬造筆。蓋古筆木管鹿毛,然羊毛竹管乃恬製也。

---

① "辭",關中叢書本作"詞"。
② "士",底本爲"亡",據關中叢書本改。

【墨】 墨始造于黃帝之時。一云田真造墨。

【紙】 古無紙,以竹簡爲之。漢和帝時,來陽蔡倫始造紙。魏張楫云:"古之素帛,依書長短,隨事截之①,枚數重沓,名幡紙②,故從系③;後漢,蔡倫以故巾搗剉之,故字從巾。"

【牋紙】 桓玄僞事曰:"玄令平准作青赤縹柁花紙④。又石季龍寫詔用五色紙。"蓋牋紙之制也。

藝術

【射御】 《易》稱:"黃帝作弧矢以威天下。"又曰:"服牛乘馬,引重致遠。"則射御皆始于黃帝。《世本》曰:"韓哀作御,謂加精巧。逢蒙作射,謂改制也。"

【算數】 謝察微《算經》曰:"《易》稱大極是生兩儀,蓋數之先也。"《晉志》曰:"黃帝使隸首作算數。"魏劉氏曰:"庖犧氏始畫八卦,作九九之術,以合六爻之變,周公制禮而有九數,九數之流,則九章是矣。一方田,二粟布,三衰分,四少廣,五商功,六均輸,七盈朒,八方程,九勾股。"

【田獵】 《尸子》曰:"宓犧之世,天下多獸,教人以獵。"《易·繫辭》亦言:"庖犧氏以漁⑤。"則獵始于太昊也。

【工巧】 《尸子》曰:"古者倕爲規、矩、準、繩,使天下倣焉。"倕,黃帝時巧人也。舜命垂作共工,垂亦舜臣。《筆談》曰:"審方面勢,覆量高深遠近,算家謂之'曳術'。曳文象形,如繩木所用墨斗也。"

【商賈】 《易》稱:"神農爲市,交易而退。"則商賈自炎帝始也。

【醫書】 宋嘉祐中,高保衡《序》曰:"黃帝坐明堂之上,乃與岐伯更相問難,垂法以福後世。於是雷公之倫,受業傳之,而《内經》作矣。蒼周之興,秦和述六氣之論,具明于左史。厥後越人演而述《難經》。西漢倉公傳其舊學。東漢仲景撰其遺論。晉皇甫謐,次而爲《甲乙》。及隋楊上善纂而爲《太素》。"

---

① "之",關中叢書本作"繙"。
② "幡",關中叢書本作"番"。
③ "系",底本爲"糸",據關中叢書本改。
④ "柁",關中叢書本作"繙"。
⑤ "漁",底本爲"濕",據國學基本叢書本改。

【藥方】《通鑑》曰："炎帝始味草木之滋,察寒溫平熱之性,辨君、臣、佐、使之義,嘗一日而遇七十毒,遂作《方書》以療民疾,而醫道立矣。黃帝命岐伯、雷公究息脉,巫彭、桐君處方餌,而人得以盡年。"後如《脉訣》之出于晉王叔和,《病源》之出於隋巢元方,《湯液經》之出於商伊尹,《傷寒論》之出於漢張機,《千金備急》出於孫思邈,《外臺秘要》出於唐王珪,宋太宗求天下名方,集《太平聖惠》。

【小兒方】 孫思邈《千金方》曰："小兒六歲以下,黃帝無説。中古有巫妨,始撰《顱顋經》,以占壽夭,自此始有小兒方藥。"

【豌豆瘡】 天行豌豆瘡,自西漢以前,經方不載,或曰:"光武建武中,於南陽征虜所得,呼爲虜瘡。次而大小兒相継傳染,爲受虜之疫氣故也,則是起于東漢。"

【本草】《帝王世紀》曰："炎帝嘗味百藥,著《本草》四卷。"至梁陶洪景、唐李世勣等,注叙爲二十卷。宋太祖開寶中,重校定。仁宗嘉祐中,命劉禹錫等類集諸家叙藥之説,爲《補注本草》。

【九鍼】《帝王世紀》曰："黃帝命岐伯、雷公教制九鍼。"蓋鍼灸之始也①。

【明堂】《銅人腧穴圖序》曰："黃帝問岐伯,以人之經絡窮妙于血脉,參變乎陰陽,盡書其言,藏于金蘭之室。洎雷公請問,乃坐明堂以授之。"今醫家記鍼灸之穴②,爲偶人,點誌其處,故名明堂。

【醫獸】《續事始》曰："黃帝時,有馬師皇者,善醫馬,通神明,故《周禮·天官》有獸醫,《夏官》有巫馬之職。"

【卜筮】 龜曰卜,蓍曰筮。《事始》曰："庖犧氏時始有卜③。"《元命苞》曰④:"古者司經主卜。"《古史考》曰："庖犧氏作卦⑤,始有筮。"《世本》曰："巫咸作筮。"

【日者】《史記·日者》注云："古人通卜筮,則謂之'日者'。其事則周大卜之職也。"

---

① "灸",底本爲"炙",據關中叢書本改。
② "灸",底本爲"炙",據關中叢書本改。
③ "庖",關中叢書本作"包"。
④ "苞",底本爲"包",據關中叢書本改。
⑤ "庖",關中叢書本作"包"。

【三式】 《黄帝内傳》曰:"王母使玄女授黄帝法,有九天九地八門六甲之術。"即今遁甲也。遁甲并太一、六壬,是爲三式。

【雜占】 《晉志》曰:"黄帝使羲和占日,尚儀占月,車區占風,鬼臾區占星,后益占歲。"

【靈碁】 《異苑》曰:"十二碁卜出張良,受法于黄石公。"蓋靈碁,法也,以十二子分上中下擲之,據所得,按法驗之,以考吉凶。

【巫】 《周禮》:"司巫掌群巫之政令,若國大旱,則師巫而舞雩,女巫掌歲時祓除釁浴。"

【相命】 東周内史叔服相公孫敖二子①,其説始見于《左傳》。厥(後)若姑布子卿、唐舉、吕公②、許負、管輅、天綱之徒,推行其術。

【畫】 《易通卦驗》曰:"宓犧氏、方牙、倉精作《易》,無書,以畫事。"注云:"作《易》以爲政,而不書,但畫其形,此畫之始也。《世本》曰:"史皇作圖。"圖,謂畫物象也。或曰:"史皇即蒼頡。"

【傳神】 商高宗夢得傅説,乃審厥象,旁求于天下,説築傅巖之野,惟肖。則審象傳神之始也。

【神仙】 真西山曰:"神仙之説,自齊威王、燕昭王始,至秦皇、漢武熾焉,皆方士爲之也。"

---

① "叔",底本爲"舛",據關中叢書本改。
② "吕",底本爲"昌",據關中叢書本改。

新刻《古今事物考》卷之三

蓋厔　王三聘　輯
錢塘　胡文焕　校

國制

【國號】　班固《典引》曰:"肇命人主,五德初始,厥有氏號,莫不開元于太昊。注謂:太昊號庖犧,炎帝號神農,黃帝號軒轅。蓋自燧皇而上,止以自名,未爲天下之號也,至太昊,始以庖犧爲代號云。"

【年號】　始自漢武帝建元元年。按趙彌考紀元云:"以一字紀元者,始于漢文帝後元年,景帝中元年。以二字紀元者,始于武帝建元元年。以三字紀元者,始于梁武帝大中通元年。以四字紀元者,始于漢哀帝太初元將元年。今詳立號以紀元,當始文、景,非武帝也。"

【改元】　《史記》曰:"秦惠文王十四年,更爲元年。"自漢唐至宋元,皆踵其失。蓋歷代人君即位爲元年,中間無改元之制,惟國朝獨能正之。

【五運】　《通曆》曰:"太昊木德王,始有甲歷五運。"《炙轂子》曰:"五運有二說,鄒衍以相勝;劉向以相生。自伏犧至顓頊,木火土金水相承。漢、魏以還,共遵劉說。"伏犧木德,神農火德,黃帝土德,少昊金德,顓頊水德,帝嚳木德,帝堯火德,帝舜土德,夏金德,商水德,周木德,秦水德,漢火德,魏土德,晉金德,隋火德,唐土德,宋火德。

【色尚】　歷代帝王,爲正各異,故所尚不同。刑昺《論語》疏:"自夏正尚黑,推而上之,謂伏犧以上未聞,謂女媧尚白,神農赤,黃帝黑,少昊白,高陽赤,高辛黑,陶唐白,有虞赤。宜自太昊始也。"

【尊號】　項峻《始學篇》曰:"天地立,有天皇,號曰天靈。即帝王尊號之始也。秦有天下,李斯請上尊號,曰泰皇①。至唐高宗始稱天皇。中宗曰應天皇帝。玄宗開元以後,宰相始率百官上尊號,以爲常制。宋神宗以虛名無實,遂罷之也。"

【聖節】《明皇雜錄》曰:"唐玄宗八月五日降誕②,是日宴宰相于花萼樓。源乾曜請以是日爲千秋節,群臣獻萬歲壽酒。"其後天子誕日節號,自兹始也。穆宗誕日,令天下州府置宴。文宗誕日,始禁屠宰。宋循用。國朝,萬壽聖節,百官朝賀致詞。

【視朝】《漢書》曰:"宣帝五日一聽事。"《通典》曰:"唐貞觀十三年,房喬奏三日一臨朝。長孫無忌奏視朝坐日,高祖報曰:'每日常坐。'後詔,五日升太極殿視事,朔望即爲常式。"宋,五日一視朝,謂之起居。國朝,常日早朝,御奉天門;午朝,御左順門;朔望禮節,升殿。

【索扇】 唐明皇時,蕭嵩爲相,奏請天子升殿俯仰③,衆人皆得見之,非肅穆之容也,凡朔望受朝,備羽扇于殿上。將出,所司承旨索扇,扇合上坐④,坐定去扇;禮畢,上將退,又索扇如初。

【聖旨】《格古要論》曰:"秦漢,天子稱制、詔、敕。中宫、東宫、諸侯王稱令,郡守稱教。無名爲旨者。魏晉,天子稱聖旨。若曰奉承聖上之旨意而已。然則稱旨行事,本取指撝之義,以從旨常簡便之稱。"

【傳旨】《天順日錄》云:"自太祖相傳,列聖臨朝,每至日昃,不遑暇食。英宗以幼冲即位,三閣老楊榮等慮聖體易倦,因創權制,每日早朝,止許言事八件。前一日,先以副詣閣下,豫以閣事旨分陳上,遇奏,止依所陳傳旨而已。迄今遂爲定制。"

【票旨】 國朝,英宗九歲登極,有詔,凡白于張太后然後行,太后令付內閣議決,具帖開報。內閣票旨始此。

【朝后】 百官命婦入朝皇后,自唐武后始也。

【警蹕】《周禮·夏官·隸僕》:"掌蹕宫中之事。"注謂:"止行者。"自漢以來,天子出稱警,入稱蹕。注謂奉制出軍者皆警戒,入國者皆蹕止。一曰:"蹕,路也,謂行者皆警于塗路也。"蓋始于周制。

---

① "泰",國學基本叢書本作"始"。
② "玄",國學基本叢書本作"元"。
③ "殿",關中叢書本作"降"。
④ "上",關中叢書本作"止"。

【微行】　帝王微行,自漢武帝始也。劉氏曰:"盧生教始皇爲微行,非自漢武帝矣。"

【經筵】　國朝景泰初,始開經筵。是時,每講畢,命中官布金錢于地,令講官拾之,以爲恩典。天順八年甲申八月二日,憲宗登極,御經筵。歲率以二、八月中旬起,四、十月末旬止,月三會講,日皆逢二。

【大赦】　秦二世即位,大赦。丘氏曰①:"此後世人君初即位肆赦之始也。"

【大宴】　漢高帝十月,長樂宮成,置酒宴群臣,此錫宴之始也。宋朝,南郊畢,大宴廣德殿,曰飲福宴。聖節後大宴曰次宴。國朝,凡大祀天地,次日慶成,大宴,凡正旦、冬至、聖節。洪武永樂間,大宴并如慶成儀。宣德以後,朝官不與宴者,給賜節錢鈔錠。

【常宴】　宋真宗朝,聖節外始備設春秋二宴,以爲定制。國朝,凡立春、元宵、四月八、端午、重陽、臘八等節。永樂間,賜百官宴于奉天門。東宮千秋節,宴于文華殿。宣德以後,與皇太后壽旦,俱出宴于午門外。

【避殿】　《史記》曰:"七國反,吳王既敗走,景帝詔曰:'楚王、卬等重逆無道,燒宗廟,朕素服避正殿。'"則其事始自漢景帝也。孝宣之世,亦行其禮,秦、漢已上未聞。

【損膳】　《周禮》:"膳夫掌王食羞,王日一舉,鼎十有二物,皆有俎。齊日三舉,大喪、大荒、大扎、天地有裁、邦有大故,皆不舉。是王不舉者,損常膳也。"蓋自周公制禮之始。故漢文帝微服損膳。迄今國有災,減日食,避正殿,行之爲始。

【輟朝】　《唐會要》曰:"開元十八年十一月,張説薨,輟朝,罷元會。"是自明皇始也。太和中,崔龜從奏云:"正觀中,任環卒,有司對仗奏聞②,太宗責其乖禮。"推是,則太宗以來尚未行兹禮也。

【廊餐】　《唐會要》曰:"正觀四年,詔所司于外廊置食一頓。"《五代會要》曰:"唐升平日,常參官每日朝退賜食,謂之廊餐。"宋起居幕中賜酒饌,卽此例③。

---

①　"丘",國學基本叢書本作"邱"。
②　"仗",國學基本叢書本作"伏"。
③　"卽此例",原脱,今據國學基本叢書本補。

【賞賜】《書》曰："車服以庸。"自唐、虞即然。商"功懋懋賞"。周有車馬器服之等賜①。《大明會典》曰："皇帝登極,冊立東宮,巡狩,親征,視學,經筵,纂修《實錄》,大臣公差考滿,患疾致仕②,京官省親,節令王府三司慶賀,諸番四夷朝貢,軍功賞賜,用鈔錠、胡椒、蘇木、銅錢,并銀兩、衣服、鞍馬、冠帶、羊酒、扇絛、時鮮、米蔬等物,各有差等。"

【復鄉】 漢高祖破英布,還過沛,復其民。後世創業之君復其故鄉,自漢高祖始也。

【賜爵】 漢惠帝即位,始賜民爵戶一級。自後凡初改元,率以為例。

【優免】《周禮》："卿大夫之職:其舍者,國中貴者、賢者、能者、服公事者、老有疾者,皆舍。"漢之有復除,猶周之有施舍,皆除其賦役之謂也。國朝有優免差役之例。

【蠲貸】《文獻通考》曰："漢以來,始有蠲貸之事。蓋三代之取民,田賦而已。如下上、上錯、下中三錯之類,未嘗立為定法。非如後世立為定額,雖升合不可懸欠也。由唐以來,取民愈重,其法愈煩,故蠲貸之令愈多。"

【登聞鼓】 昔堯置敢諫之鼓,即其始也。用下達上而施于朝登聞。《東京記》曰:"唐置匭。興國九年,改為檢院,曰登聞。"

【養濟院】《唐會要》曰:"開元中,京城乞兒,官置坊,給廩食,為養病院,又分置悲田院于諸寺。"宋因之,以僧院名福田。國朝洪武初,令天下置養濟院,以處孤貧殘疾無依者。天順元年,令收養貧民于順③寺觀,從京倉支米煮飯,日給二餐。

官典

【廕敘】《書》:"皋陶稱舜,曰:'賞延于世。'"則廕敘自有虞氏始也。漢二千石以上,視事滿三歲,得任同產若子一人為郎。國初,因前代任子之制,文武一品至七品,皆廕子一人,以世其祿。成化三年,奏准在京三品以上官,聽令一人送國子監讀書出身。若大臣果有勳勞于國,出自特恩,錄用子孫者,

---

① "賜",原脫,今據國學基本叢書本補。
② "仕",關中叢書本作"任"。
③ "順",國學基本叢書本作"各"。

不在此限。

【鬻官】《沿革》曰："鬻爵賣官,三代無有,起于秦漢之權利。"《通典》曰:"漢文帝納晁錯言,令人入粟六百石,爵上造;萬二千石,爲大庶長。"漢武帝國用空竭,募人入奴婢,終身以爲郎。靈帝懸鴻都榜,開賣官路。

【試職】《書》曰："明試以功。"唐武后凡舉人,無賢不肖,咸加擢拜,大置試官。宋神宗改官制,有行、試、守三等。試,未正命也,階高官卑稱行,階卑官高稱守。國初,凡在京初入仕者,試職一年,御史試職半年,考堪實授。

【會推】 國朝進退大臣①,皆出于宸斷。成化間,始有吏部會官推舉之例,其權遂歸于内閣。

【考滿】《舜典》曰："三載考績,三考黜陟幽明。"宋朝以考定勞,一歲爲考,四考而遷。國朝京官歷奉三年,五品以下,從監察御史考覈,吏部覆考,各以九年通考;四品以上,任滿黜陟,取自上裁,外官三年考滿,給由到部,亦以九年通考。

【休沐】《史記》："李園事春申君,謁歸,故失期。"則假告已見于戰國。漢律,吏得五日一休沐,言休息以洗沐也。唐永徽三年,以天下無虞,百司務簡,每至旬假,許不視事,以寬百僚休沐。然則休沐始于漢,其以旬休,始于唐也。國朝,正旦節放假五日,冬至三日,元宵十日。

【豁宿】 宋朝,館閣每夜輪一人直宿,如有故不宿,則虚其夜,謂之"豁宿"。豁宿不得過五日,即須入宿。若遇豁宿不到直宿②,曆書"腹肚不安",故相傳爲"害肚曆"。

【致仕】《書》曰："伊尹既復政厥辟,告歸于王。"注謂："告老致政事于君。"此臣下致仕之初也。自周乃有大夫七十致仕之禮。

【策免】 漢成帝策免大司馬許嘉,此策免大臣之始。

【德政碑】 陸龜蒙曰："古者懸而窆,用木書之,以表其功德,因留之,不忍去,碑之名由是而得。"自秦漢以降,生有功德政事者,亦碑之,而易之以石,失其稱矣。此德政有碑之起也。

【生祠】 漢于③公爲縣吏曹,決獄平,郡中爲立生祠。自三代以來,無生

---

① "大",關中叢書本作"人"。
② "直",關中叢書本作"于"。
③ "于",關中叢書本作"呼"。

爲立祠者,至此始見其事。

【戒石銘】 《餘冬稿》曰:"今之戒石四句銘:爾俸爾禄,民膏民脂,下民易虐,上蒼難欺。"舊傳乃宋太宗書,以賜諸郡縣者。其辭則摘蜀王孟昶之文也,自是天下始有戒石亭。考歐陽集《古錄》,稱唐明皇擇令一百六十三人,賜以丁寧之戒,其後天下爲縣者,皆以新戒刻石。又知戒石不自宋始,蓋唐已有之,特不見其辭耳。

國用

【黃冊】 《周禮》:"司民掌登萬民之數,自生齒已上,皆書于版。"唐武德七年,令天下戶每歲一造計帳,三年一造戶籍。宋州縣有丁口版簿。《大明會典》曰:"洪武十四年,詔天下府州縣,十年一造黃冊,以一百一十戶爲里,惟丁多者十戶爲長,餘百戶爲十甲。城中曰坊,近城曰廂,鄉都曰里。每里編爲一冊,冊首總爲一圖。鰥寡孤獨不任役者,帶管于百一十戶之外,而列於圖後,名曰畸零。冊成,布政司及府州縣各存一本,一本進戶部。轉送南京後湖收架,委御史二員、戶科給事中一員、戶部主事四員、監生一千二百名,以舊冊比對清查。每五日一次,過湖晾曬。"

【賦役】 《文獻通考》曰:"古者,有田則稅之,有身則役之,無有稅其身者也。漢法,民年十五而算,出口賦,至五十六而除;二十而傅①給徭役,亦五十六而除,是且稅之,且役之也。"漢高祖初爲算賦。《唐會要》曰:"武德六年,令天下戶量其產,定爲三等。"後又爲九等,宋爲五等。《大明會典》曰:"凡各處有司,十年一造黃冊,分豁上、中、下三等人戶,仍開軍、民、竈、匠等籍,除排年里長依次充當外,其大小雜泛差役,各照所分上、中、下三等人戶點差。"

【稅糧】② 《春秋》:"魯宣公稅畝。"《唐志》曰:"自開元後,租庸調法弊,代宗始以畝定稅,至德宗相楊炎,遂作兩稅法,夏③輸無過六月,秋無過十一月。"《大明會典》曰:"洪武初,令官田起科,每畝五升三合五勺,民田每畝三升三合五勺,沒官田每畝一斗二升。"

---

① "傅",國學基本叢書本作"轉"。
② "稅糧",關中叢書本作"畝稅"。
③ "夏",關中叢書本作"春"。

【屯田】《漢·西域傳》曰："武帝初通西域，置校尉屯田于渠犁。又桑弘羊奏'遣屯田卒益種五穀于張掖、酒泉'。"《大明會典》曰："國初，諸將分軍于龍江等處屯田。自後徧于天下。大率衛所軍士，三分守城，七分屯種。又有二八、一九、四六、中半等例，皆隨地而異云。永樂五年，各按察司增僉事一員，盤量屯種。正統二年，設提督屯田①。"

【水利】《沿革》曰："井田廢，溝澮堙，水利所以作也。"《通典》曰："魏文侯使李悝作水利。"《大明會典》曰："各處閘壩陂池，引水可灌田畝，以利農民者，務要時常整理疏浚。"

【漕運】《沿革》曰："秦伐匈奴，令天下飛芻輓粟。"此漕運之始也。國朝自永樂遷都于北。軍國之需，仰給東南。漕運之法，日益詳備。今于淮安用船可載三百石以上者，運入淮河、沙河，至陳州潁岐口跌坡下；用淺船可載二百石以上者，運至跌坡上；別以大船載入黃河，至八柳樹等處。令河南車夫運赴衛河②，轉輸北京。

【農桑】《周禮·載師》："宅不毛者用里布。"注謂："宅不種桑、麻者，罰一里二十五家之布。"國初，令天下農民凡有五畝至十畝者，栽桑、麻、木綿各半畝；十畝以上者，倍之。有司親視，不種桑、麻、木綿者，復出絹、麻、綿布各一匹。每畝起科麻八兩，綿四兩。栽桑者，四年以後徵租。

【草料】《唐志》曰："太宗正觀中，始稅草以給諸閑。"《大明會典》曰："凡各處倉場收積草料，以備軍馬往來支用。草于本處照田糧徵收，料于秋糧內折納。其後令官軍自採野草備用，遂有秋青草事例。宣德以來，通命内外軍衛有司，量派軍夫採打，置場收納。歲有常額，與民納草相兼支用。"

【鹽課】呂東萊曰："三代之時，鹽雖入貢，與民共之。法自管仲相桓公，始興鹽筴，以奪民利。至漢武帝時，孔僅、桑弘羊祖管仲之法，鹽始禁榷。"《大明會典》曰："凡天下辯鹽去處③，每鹽二百斤為一引。每歲鹽課，各有定額。客商發賣，各照行鹽地方，其課專以供給邊方糧餉，賑濟水旱凶荒。"故漢武以來，鹽法條件，因時漸密。

---

① "設"，原脫，今據國學基本叢書本補。"屯"，底本為"曰"，據關中叢書本、國學基本叢書本改。

② "赴"，關中叢書本作"至"。

③ "辯"，關中叢書本作"辨"，據文意應為"辦"。"去"，底本作"夫"，據關中叢書本改。

【鹽鈔】《瑣綴録》曰："國朝址户口食鹽于天下,而歲收其鈔,口户口鈔,蓋以鹽課鈔也。今鹽不班已數世矣,而民歲折銀錢户口鈔如故,天下咸病。"

【茶課】《唐會要》曰："德宗貞元九年,張滂奏请于出茶州縣及茶山要路定三等,每十稅一。"《大明會典》曰："官給茶引、付產茶府州縣,凡商人買茶,具數赴官,納錢給引。每引納錢一千文,照茶一百斤。茶不給引者,謂之畸零。別置由帖付之。每茶由一道,納錢六百文,照茶六十斤。又令陝西、四川產茶地方,每十株,官取一文。若無主者,令軍人嫭種。官取八分,有司收貯于西番易馬。"

【魚課】 五季僭偽之時,江浙、荆湖、淮南、廣南、福建一應江湖及池潭、陂塘聚魚之處,皆納官錢。《大明會典》曰："各處河泊所,辦納魚課、米鈔及魚油,折納黃麻并魚線膠、翎毛。"

【銀課】《周官》："卝人,掌金、玉、錫、石之地,而為厲禁以守之。若以時取之,則物其地圖授之。"唐開元十五年,初稅伊陽五重山銀錫。《大明會典》："永樂以後,令浙江、福建、湖廣、四川、雲南、貴州等處銀礦①坑塲煎辨銀課,差御史內官或本處三司提督,開閉不時。"

【水銀】 宋產水銀,有秦、鳳、商、階四州②置冶,以官掌之。大明景泰三年,蠲除貴州思邛江長官司原額水銀課。其婺川縣板坑水銀塲局水銀如舊。

【礬課】 五代以來,創務置官吏。宋制,白礬出晉、汾、防州、無為軍汾州之靈石縣;綠礬出慈、隰州、池州之銅陵縣,各置官典令,有鑊户煮造入官市。洪武三年,令廬州府黃墩崑山,及安慶府桐城縣,歲納礬課二十二萬七百斤,每三百斤為一引,官給工本錢一百五十文。

【珠池】 五代,劉鋹于海門鎮募兵能探珠者二千人,號"眉川都"。凡採珠者,必以索繫石,被于體而沒焉,深者至五百尺,溺死者甚衆。後廢,未幾,復置容州海渚。大明洪武三十五年,差內官于廣東布政司起取蜑户採珠。弘治七年,差太監一員,看守廣東廉州府楊梅、青鶯、平江三處珠池,兼巡捕廉瓊二府,并帶管永安珠池。

【竹木】 唐德宗時,趙贊請天下所販竹、木、茶、漆皆什一稅之。大明洪

---

① "礦",國學基本叢書本作"鑛"。

② "州",底本為"川",據關中叢書本改。

武初,于龍江大勝港。永樂六年,于通州、白河、盧溝、通積、廣積,俱設局,照例抽分客商興販竹、木等項。

【柴炭】《月令》:"季秋,乃令伐薪爲炭。"《大明會典》曰:"國初,供應柴炭,悉于沿江盧洲,并龍江、瓦屑二塲取用。及永樂遷都于北,則白羊口、黄花、鎮紅、螺山等處採辦。宣德間,始設易州山廠,專官總理,而派辨運納各有定例。"

【商税】《孟子》曰:"文王之治岐,關市譏而不征。"又曰:"古之爲市,以其所有,易其所無,有司者治之爾。有賤丈夫焉,必求壟斷而登之,以左右望而罔市利,故從而征之。征商,自此賤丈夫始矣。"此蓋商賈之初有税也。

【酒課】《通典》曰:"漢文帝時,初榷酤。"《沿革》曰:"漢武帝始榷酒酤,唐武宗置榷麴,後唐明宗收麴税。"《大明令》:"凡踏造酒麴貨賣者,赴務投税,如造酒貨賣,依例辦納酒課。"

【榷醋】 魏中書監劉放曰:"官販苦酒,與百姓争錐刀之利,請停之。"苦酒蓋醋也。醋之有榷,自魏已然,乃知不特近世也。

【船料鈔】 漢武帝初算舟車令,非吏比者,三老、北邊騎士①,軺車一算;商賈人,軺車二算;五丈以上,一算。《大明會典》:"宣德以來,令河西務、臨清、濟寧、徐州、揚州、上新河、蘇杭、湖廣、金沙州、江西九江,設立鈔關、差官監收,每船一百料,納鈔四十貫或十五貫,俱錢鈔中半兼納。"

【義倉】《通典》曰:"隋文帝時,長孫平奏令諸州百姓勸課當社共立義倉。唐太宗時,戴胄奏言:'隋開皇立制,天下之人,節級輸粟,名爲社倉。'又韓仲良奏:'王公以下,應墾田者,畝納二升,貯之州縣,以備凶年,賑給百姓,始爲義倉。'蓋其事自始也。"《宋朝會要》曰:"建隆四年,詔諸州縣各置義倉,官所收二税,每石別輸一斗貯之,以備凶儉,給與人民。"

國瑞

【璽】《漢志》曰:"三王彫文,詐偽漸興,始有璽符,以檢姦萌。"衛宏曰:

---

① "騎"字以下,底本爲"增價糶入,貴則減價糶出,名曰常平。《文獻通考》曰:'古今言糶糴斂散之法,始于齊管仲、魏李悝。仲兼主于富國,悝專主于濟民。'後漢明帝欲置倉,公卿多以爲便。劉般曰:'外有利民之名,而内侵刻百姓,豪右因緣爲姦,小民不得其平,不便。'"疑錯版顛倒,今據關中叢書本、國學基本叢書本改。

"秦已前,民亦以金、玉爲印,龍虎紐;秦始天子稱璽,又以玉,群臣莫敢用也。"《漢志》曰:"璽皆玉螭虎紐,文曰:皇帝行璽,皇帝之璽,皇帝信璽,天子行璽,天子之璽,天子信璽,凡六。"國朝御寶,祀天地,用奉天之寶;詔赦聖旨,用皇帝之寶;立封及賜勞,用皇帝行寶;召親王大臣調兵,用皇帝信寶;祭祀鬼神,用天子之寶①;封建外夷及賜勞,用天子行寶;召外夷調兵,用天子信寶;一品至五品誥命,用制誥之寶;六品七品,用敕命之寶;又用廣運之寶、御前之寶、皇帝尊親之寶、皇帝親親之寶、敬天勤民之寶。

【稅錢】 漢武帝初籌緡錢,令諸賈人末作,率緡錢二千一算,諸作有租及鑄、率緡錢四千一算。《沿革》曰:"晉齊梁時,凡貨奴婢牛馬田宅,有文券者,率錢一萬,輸估四百入官,賣主三,買主一;無文券者,隨物所堪,亦百分收四,名爲散估。"《大明令》:"凡買賣田宅頭疋,赴務投稅。除正課外,每契本一紙納工本銅錢四十文。"

【稅契】 稅契始于東晉。《宋會典》曰:"太祖始收民印契錢,令人典賣田宅,輸錢印契,稅契限兩月。"《大明律》曰:"凡典賣田宅不稅契者,笞五十,仍追價錢一半入官。"

【寄養馬】 國初,官馬養于各苑馬寺各監苑而已。永樂中,始以官茶易和林等處馬,養之民間,謂之茶馬。正德十四年,京師有警,乃選取以備軍資,養于順天府近京屬縣,謂之寄養,騎操馬。及京師無事,寄養之馬,不復散去,至今遂爲故事。

【常平】 漢宣帝時,數豐稔,耿壽昌奏,諸邊郡以穀賤時增價糴入②,貴則減價糶出,名曰常平。《文獻通考》曰:"古今言糴糶斂散之決,始于齊管仲、魏李悝。仲兼主于富國,悝專主于濟民。"後漢明帝欲置倉,公卿多以爲便。劉般曰:"外有利民之名,而內侵刻百姓,豪右因緣爲姦,小民不得其平,不便。"

【符】 古以竹爲之,後世以竹不足防僞,故以銅、鐵、金、銀鑄爲物象而用

---

① "寶"字以下,底本爲"士軺車一算,商賈人軺車二算,五丈以上一算。《大明會典》:'宣德以來,令河西務、臨清、濟寧、徐州、揚州、上新河、蘇杭、湖廣、金沙州、江西九江,設立鈔關、差官監收,每船一百料,納鈔四十貫或十五貫,俱錢鈔中半兼納。'"疑錯版顛倒,今據關中叢書本、國學基本叢書本改。

② "時"字以下,底本爲"封建外夷及賜勞,用天子行寶;召外夷調兵,用天子信寶;一品至五品誥命,用制誥之寶;六品七品,用敕命之寶;又用廣運之寶、御前之寶、皇帝尊親之寶、皇帝親親之寶、敬天勤民之寶。"疑錯版顛倒,今據國學基本叢書本改。

之。周太公對武王曰："主與將有陰符，凡八等。"漢高祖與功臣剖符作誓。文帝爲銅虎符、竹使符，與郡守發兵。隋煬帝爲玉麟符，與京師留守。唐高祖爲銀菟符、銅魚符。武后爲銅龜符，俱起軍旅、易守長。國朝銅符，承天門承字號，東西北安門東西北字號，金吾二十衛守衛官領右半字，留守五衛巡城官領左半字，比對相同，方許點閘。

【節】《禮記》曰："凡君召，以三節：二節以走，一節以趨。"《雜錄》曰："成王掌節，守邦國者用玉節，守都鄙者用角節，凡邦國之使節，山國用虎節，士國用人節，澤國用龍節，皆金也。以筴①蕩輔之。"注："杜子春云：'蕩當帑②，謂之③函器盛此節。筴蕩，畫函。'"

【金牌】《大明會典》云："金牌之制，面上鑄'仁義禮智信'五字號，下鑄'守衛'二篆字，背鑄'凡守衛官軍，懸帶此牌'等二十四字。每三日輪班上直，各赴尚寶司，公侯駙馬伯領'仁'字一號至四十號，俱龍形；指揮勳衛領'義'字一號至五十號，俱虎形；千戶領'禮'字一號至一百五十三號，俱麒麟形；百戶領'智'字一號至三百三十號，俱獅子形；將軍領'信'字一號至一千六十九號，俱祥雲形。又皇城九門守衛軍與圍子手，各領'勇'字號銅牌二萬五十五面。"

【令牌】《大明會典》云："金吾二十衛守衛官夜巡，領'申'字十七號令牌；五城兵馬司夜巡，領'木''金''土''水''火'字號令牌各二面。"

【牙牌】《大明會典》曰："凡祭祀，入壇陪祀官領圓花牌，'陪'字一號至三百五十號；供祀④官領長花牌，'供'字一號至三百八十號；執事人領長素牌，'執'字一號至一千四百七十號。又朝參駕直官所領牙牌，公侯伯'勳'字號，駙馬'親'字號，文官'文'字號，武官'武'字號，樂官'樂'字號。"

【符驗】《大明會典》云："符驗之制，上織船馬之狀，起馬者用'馬'字號，起船者'水'字號，雙馬者'達'字號，單馬者'通'字號，起站船者'信'字號。"

【鐵券】 漢高祖封功臣，始制鐵券，其內鏤字，以金塗之，名曰"金書鐵券"⑤。歷代因之，以賜功臣。唐昭宗賜吳越王錢鏐鐵券，其制如瓦，高尺餘，

---

① "筴"，竹也。關中叢書本作"英"。下同。
② "當"，國學基本叢書本作"爲"。
③ "之"，國學基本叢書本作"以"。
④ "祀"，關中叢書本作"事"。
⑤ "券"，關中叢書本作"契"。

濶二尺許,詞用黃金商嵌,一角有斧痕,恕本身九死,子孫三死。國朝洪武二年,制鐵券給賜功臣,面刻誥文,背鐫免罪減禄之數,字以黃金填之,左右二面,合一字號,右給功臣,左藏内府。公一樣,高一尺,濶一尺六寸五分;二樣,高九寸五分,濶一尺六寸。侯三樣,高九寸,濶一尺五寸五分;四樣,高八寸五分,濶一尺五分;五樣,高八寸,濶一尺四寸五分。伯六樣,高七寸五分,濶一尺三寸五分;七樣,高六寸五分,濶一尺二寸五分。

【印】 七雄之時,臣下璽始稱曰印。秦州縣始有印。漢自三公而下,有金、銀、銅三等。國朝,一品、二品銀印,三品以下銅印,方厚有差。

【條印】《通典》曰:"北齊有'督攝萬機'之印,一鈕,以木爲之,唯以印縫合處①。"合縫條印,蓋始于此。

珍寶

【金】《格古要論》曰:"南番瓜子金,麩皮金,皆生金也。雲南葉子金,西番回回金,皆熟金也。其性柔而重。其色七青、八黃、九紫、十赤,以赤爲足色金也。"《説文》曰:"白金謂之銀。"

【玉】 玉出西域于闐國,有五色。白如酥,黃如栗,碧如靛,黑如漆,紅如鷄冠者最貴。菜玉,非青非綠,如菜葉,此玉色之最低者。

【珠】 南珠,出南番海蚌中,其色白。北珠,其色青,身分圓而精光者價高,以大小分兩定價。

【珊瑚】 珊瑚樹,生海中山陽處水底,以鐵網取之,其色如銀砾,鮮紅。樹身高、枝柯多者爲勝;但有髓眼及淡紅色者,價輕。此物貴賤,並隨珍珠,枝柯斷者,用釘稍釘定,將②紅蠟粘按接,宜仔細看之。

【瑪瑙】 出北地南番西番,以紅多者爲上。其中有人物鳥獸形者最貴;有錦花者,謂之花③紅瑪瑙;有漆黑中一線白者,謂之合子瑪瑙;有黑白相間者,謂之截子瑪瑙;有紅白雜色如絲相間者,謂之纏絲瑪瑙,俱貴。有淡水色者,謂之漿水瑪瑙;有紫紅色者,謂之醬斑④瑪瑙;有海蟄色、鬼面花者,俱低。

---

① "處",關中叢書本作"甈"。
② "將",關中叢書本作"熔"。
③ "花",關中叢書本作"錦"。
④ "斑",關中叢書本作"班"。

【水晶】 千年冰,化爲水晶。性堅而脆①,刀刮不動。色白如泉,清明而瑩,無纖毫瑕玷擊痕者爲佳。倭國水晶,第一,南水晶白,北水晶黑,信州水晶濁。凡器皿貴素,但碾花者必有節病處。假水晶用藥燒成者,色暗青,有氣眼,亦有白色黃青色,但不潔白明瑩,謂之硝子。

【玻璃②】 出南番,有酒色紫色。白色,似水晶。器皿背多碾兩点花兒。其藥燒者入手輕。有氣眼,似琉璃。

【玳瑁】 南番山海中大龜背文爲玳瑁。有黃多黑少者,有黃黑相半者。其黃如密,黑如漆,最佳。其低者,黑白不分,或黃黑散亂。又有龜筒,色似玳瑁,而無班紋③。

【鶴頂紅】 南番大海中有鶴魚,頂中魷紅如血,可作帶,名曰鶴頂紅④。

【象牙】 南番者長大,廣西、安南者短小。新鋸開,粉紅色者最佳。雲南麓川出作梳子⑤,直者好,橫者易斷。宋內院作象牙圓毬兒一箇,中直通竅,內車二重,皆可轉動,謂之思功毬⑥。

【骨篤犀】 出西番,其色如淡碧玉,稍有黃,其紋理似角,扣之,聲清如玉。磨刮齅之,有香,燒之,不臭,能消腫毒及辨毒藥,又謂之碧犀,最貴。

【花羊角】 出北地,黑身白花者高,白身黑花者低。作刀靶,染油不滑。

【琥珀】 松木精液多年化爲琥珀,出南番、西番。其色黃而明瑩潤澤,若松香,色紅而且黃者,謂之明珀;有香者,謂之香珀;有鵝黃色者,謂之蠟珀,俱價輕。深紅色者,出高麗、倭國,其中有蜂蟻松枝者可愛。

【神寶】 嘗有降真香,節內及木節內生成真武像,有石中及蚌中生成觀音像。國朝永樂中,造孝陵碑,鑿石,于石中得一白石龜,今在南京內府奉先殿。正統中,貴州硃砂中有生成觀音像。

【錢】 《管子》曰:"湯七年旱,禹五年水。湯以莊山、禹以歷山之金,並鑄幣以救人困。至周太公立九府圜法,始名以錢。錢圓含方,輕重以銖。"其文無見。蓋錢文以"寶",自周景王大錢始也;以"年",自後魏孝文太和始也;

---

① "脆",底本爲"腕",疑誤,據關中叢書本改。
② "璃",關中叢書本作"瓈"。
③ "班",國學基本叢書本作"斑"。
④ "名",關中叢書本作"號"。
⑤ "川",關中叢書本作"別"。
⑥ "思",關中叢書本作"鬼"。

以"通",自唐高祖武德始也;以"重",自肅宗乾元始也;以"元",自晉高祖天福始也。以鐵爲錢,自公孫述據蜀始也。國朝洪武初,置寶源局于應天府①,鑄"大中通寶"錢,與歷代錢兼行。以四百爲一貫,四十爲一兩,四文爲一錢。又令户部及行省鑄"洪武通寶"錢,凡五等,"當十"錢重一兩,"當五"錢重五錢,"當三""當二"重皆如當之數,小錢重一錢。

【鈔】 漢武帝造白鹿皮幣。自唐憲宗以來,始制爲飛券、鈔引之屬,以通商買之厚齎貿易者。其法蓋執券引以取錢,而非以券引爲錢也。宋慶曆以來,蜀始有交子;建炎以來,東南始有會子。自交會既行,而始直以楮爲錢矣。國朝洪武八年,詔中書省造大明寶鈔。取桑穰爲鈔料,其制:方高一尺,闊六寸,以青色爲質。外爲龍文花欄,横題其額曰"大明通行寶鈔";内上兩旁復爲文八字,曰:"大明寶鈔,天下通行。"中圖貫狀,十串則爲一貫。折銅錢一千文,銀一兩。凡六等:曰一貫、五百文、四百文、三百文、二百文、一百文。

【絲】 《皇圖要記》曰:"黄帝四妃西陵氏始養蠶爲絲。"

【布帛】 《漢志》曰:"上古衣毛而冒皮,後聖易之以絲麻。"以爲布帛,蓋自黄帝制也。

【錦】 《拾遺記》曰②:"貟嶠山環丘有水蠶,霜覆之,然後成繭,其色五采,唐堯之時,海人織錦以獻,後代效之,染五色絲,織以爲錦。"今蘇州有落花流水錦及各色錦。

【繡】 《書》正義云:"舜令禹製繡,以五種之彩明施于五色,製作衣服。"則帝舜始爲繡也。

【五綵】 《後漢志》曰:"後聖觀鬒翟之文,榮華之色,乃染帛以效之,始作五綵,成以爲服。"《易》以黄帝、堯、舜垂衣裳,取諸《乾》《坤》,《乾》《坤》有文,則③五綵與衣裳同興矣。

【纈】 《潘氏記聞談》④曰:"唐玄宗柳婕妤妹適趙氏,性巧,因使工鏤板爲雜花,打爲夾纈,初獻皇后一匹。代宗賞之,勑宫中依樣製造。當時甚秘,後漸出,徧天下。"此似始爲制也。

【刻絲作】 《格古要論》曰:"宋時舊織者。白地或青地子,織詩詞山水

---

① "應",國學基本叢書本作"德"。
② "記",原脱,今據國學基本叢書本補。
③ "則",國學基本叢書本作"作"。"裳",關中叢書本作"服"。
④ "談",國學基本叢書本作"譚"。

或故事人物花木鳥獸。其配色如傳彩,又謂之刻色作,此物甚難得。"

【紵絲作】　紵絲作新織者,類刻絲,粗①而欠光净謹厚,不逮刻絲多矣。

【灑海刺】　西番出,絨毛織者,濶三尺許,緊厚如氊,西番亦貢。

【普羅】　西番及陝西、甘肅出,亦用絨毛織者,濶一尺許,與灑海刺相似,却不緊厚,其價亦低。

【兜羅錦】　出南番、西番、雲南莎羅樹子内。錦織者,與剪絨相似。濶五六尺,多作被,亦可作衣服。

【西洋剪絨單】　出西番,絨布織者,紅緑色,年遠日曬,永不退色。緊而且細,織大小番大形,方而不長,又謂同盆單。

【西洋布】　布其白如雪,濶七尺。

【火浣布】　出西域南炎山,用大鼠毛織者,如染污垢膩。入火燒之,則潔白如故。

---

①　"粗",底本爲"作",據國學基本叢書本改。

新刻《古今事物考》卷之四

盩厔　王三聘　輯
錢塘　胡文焕　校

鑾駕

【鹵簿大駕】《炙轂子》曰："車駕行,則有羽儀導護,謂之鹵簿。"自秦始有其名,後漢胡廣作天子出行。鹵,大楯也,所以扞敵。部伍之次,皆著之簿。儀具五兵①,獨以楯爲名者,行道之時,甲楯居外,餘兵在内,故但言鹵簿。《五兵精義》曰②："大盾領一部之人,故名鹵簿。"國朝,凡正旦、冬至、聖節三大朝會,兵部車駕司,會同錦衣衛,陳鹵簿大駕于殿之東西。凡郊祀耕籍田幸太學,俱用鹵簿大駕。若祭社稷太廟、山川,鹵簿内去白澤旗以下至玄武豹尾,大凉步輦至大輅不設。餘同,出《會典》。

【丹陛駕】 國朝常日奉天門早朝。設丹陛駕于午門外及金水橋,單龍戟、雙龍戟、班劍、梧杖、儀刀、立瓜、卧瓜、鐙杖、金鉞、骨朵,各三對;單龍扇、雙龍扇,各二十四把;黄蓋傘、黄曲柄傘,各二把;五方傘五把,鳴鞭四條,弓矢五十副,如郊祀前期視牲,亦用此駕。

【御座】 國朝每旦常朝,御奉天門,其御座謂之金臺。既升座,錦衣力士張五纁蓋,四團扇,聯翩自東西陛升,立座后,左右内使一執蓋升立座上,一執武備雜二扇立座后正中。蓋武備出兵仗局所供,一柄三刃,而圈以鐵線,裹以黄羅袱,如扇狀。用則線圈自落,三刃出高,所以防不虞也。天順間,命力士執纁扇,夾立于金水橋南,止留座上之纁及夾武備二扇耳。而坐上纁,遇風勁時則去之。(出《瑣綴録》)

---

①　"具",關中叢書本作"其"。
②　"兵",關中叢書本作"禮"。

· 123 ·

【象】 漢鹵簿，象最在前。晉作大車駕之，以試橋梁。宋朝象亦作先，則象之先導自漢始也。

【旗】 《通典》曰："黃帝設五旗，夏后奚仲爲車正，建旗游旐，以別尊卑等級也。"國朝鹵簿，有肅靖、金鼓、白澤、門旗、黃旗、龍旗、日、月、風、雲、雷、雨、金、木、水、火、土、二十八宿、比斗、五嶽、四瀆、青龍、白虎、朱雀、玄武、天鹿、天馬、鸞麟、熊羆旗，共一百二十五面。

【纛】 後魏有纛頭。宋有皂纛。國朝有紅纛皂纛二把。

【節】 《周禮》六節。漢文帝制旄節。隋制金節八。國朝鹵簿，紅節一對，響節十二對，金節三對。

【豹尾】 《通典》曰："漢制，大駕出，最後一乘懸豹尾。"唐貞觀後，始加此車于鹵簿内。國朝鹵簿有豹尾一箇，竿上龍頭，頂蓋垂鈴串珠，中垂豹尾，又有豹尾二對，制同。

【誕馬】 漢興駕有興馬三。宋導駕有御馬，分左右。國朝鹵簿有誕馬二十四疋。

【黃麾】 《古今注》曰："麾所以指麾。"《通典》曰：黃帝振兵，設五旗五麾。"漢鹵簿有前、後黃麾，國朝鹵簿有黃麾一對。

【幡】 國朝鹵簿有絳引幡五對，傳教幡五對，告止幡五對，信幡五對。

【氅】 《宋朝會要》曰："氅本緝鳥毛爲之，齊有青氅赤氅之制。"國朝鹵簿有儀鍠氅十對，戈氅十對，戟氅十對，以五色羅袋縫成氅。

【戟】 殳，戟之遺象也。殳，前驅之器，周制也，後以赤油韜之，亦謂之油戟，亦曰棨戟。國朝鹵簿有龍戟三對，方天戟十六對。

【班劍】 《宋會要》曰："本漢朝服帶劍，取五色斑蘭之義①。"《開元禮義纂》曰："漢制，朝服帶劍，晉代之以木，謂之班劍，宋、齊謂之象劍。"國朝鹵簿有班劍三對，以木爲之。

【儀刀】 《二儀實録》曰："儀刀，東晉多虞，遂以木代之，以備威儀，即衛刀也。"《宋會要》曰："銀飾，王公亦給。"國朝鹵簿有儀刀三對，以木爲之，貼金龍文爲飾，與班劍同。

【金鉞】 《宋會要》曰："儀鍠、鉞屬也，秦漢有之。唐用爲儀仗。"《古今注》曰："秦改鐵鉞作鍠。"國朝鹵簿有金鉞三對，以木爲之。

---

① "斑"，關中叢書本作"班"。

【幢】　國朝鹵簿有羽葆幢五對,青龍、白虎、朱雀、玄武幢四把。

【鳴鞭】　《宋會要》曰:"唐及五代有之,周官條狼氏執鞭趨避之遺法也。"國朝鹵簿有鳴鞭四條。

【傘】　《宋會要》曰:"傘①,古張帛避雨之制。今有方傘、大傘。"則是傘之制始于古張帛也。國朝鹵簿有紫方傘四把,紅方傘四把,曲柄紅綉傘四把,黃綉傘二把,黃羅綉九龍傘一把,直柄黃綉傘四把,紅綉傘四把,銷金傘青紅黃白黑各三把,黃羅銷金九龍傘一把,黃油絹銷金雨傘一把。

【扇】　商高宗有雊雉之祥,章服多用翟扇。周王后夫人有雉羽扇,漢乘輿服之。宋孝武時,詔王侯鄣扇不得用雉尾。國朝有朱團扇、紅繡四方扇十二把,紅繡花扇十二把,單龍扇紅黃各十把,雙龍扇紅黃各二十把,素扇、紅黃各二十把②,壽扇二把。

【輅】　商曰大輅。周制五輅,金、玉、象、革以飾諸末,木無飾。後漢加橑文,晉兩廂加鷗翅,亦謂鷗車。國朝鹵簿有玉輅、大輅各一乘。

【馬輦】　秦始皇始駕六馬。《記》曰:"天子駕六馬。"《春秋公羊》亦云:"天子駕六。"疑周制也。國朝鹵簿有大馬輦一乘,小馬輦一乘。

【步輦】　隋制輦而不施輪,以人荷之。注云:"人牽爲輦。"《正義》曰:"秦始皇去其輪而輿之,漢代遂爲人君之乘。"國朝鹵簿有步輦一乘,大凉步輦一乘。

爵祿

【封建】　《沿革》曰:"黃帝分州畫野,得百里之國萬區,唐、虞列爲五等。"此封建之始也。《禮制·文嘉》曰:"殷爵三等③,周五等。或謂④黃帝立五等也。"

【品秩】　自太昊以龍紀官,唐、虞建官能百⑤,未分品秩。周官以九儀正邦國,自一命至九命。漢自中二千石止二百石。魏陳群立九品官人之法。北

---

① "傘",底本作繖,傘的異體字,爲統一故改,後同。
② "十",原脱,今據關中叢書本補。
③ "三",關中叢書本作"五"。
④ "謂",國學基本叢書本作"曰"。
⑤ "能",關中叢書本作"惟",國學基本叢書本作"维"。

齊九品各分正、從。國朝,正一品,太師,太傅,太保;從一品,少師,少傅,少保,太子太師,太傅,太保;正二品,太子少師,少傅,少保;正三品,太子賓客,不專授,但爲大臣加官兼官及贈官。其餘官品,俱見內外官職中。

【入流】《通典》曰:"隋制九品,自太師始焉,謂之流內。"國朝,正從一品至九品,謂之入流,即流內也。

【未入流】《通典》曰:"唐有流外勳品,自諸錄事及五省內史始焉。"國朝,九品之外,雜職官員謂之未入流,即流外也。

【文散官】漢諸侯有功德優盛朝廷所敬異者,賜位特進三公下。隋文帝以爲散官。今正一品,初授特進榮祿大夫,陞授特進光祿大夫。漢有光祿大夫。今從一品,初授榮祿大夫,陞授光祿大夫。正二品,初授資善大夫,陞授資政大夫,加授資德大夫。宋太宗改通議爲通奉。今從二品,初授中奉大夫,陞授通奉大夫,加授正奉大夫。隋散官有通議、正議大夫。今正三品,初授嘉議大夫,陞授通議大夫,加授正議大夫。秦有中大夫、大中大夫。今從三品,初授亞中大夫,陞授中大夫,加授大中大夫。正四品,初授中順大夫,陞授中憲大夫,加授中議大夫。隋散官有朝議、朝請。今從四品,初授朝列大夫,陞授朝議大夫,加授朝請大夫。唐有奉議郎。今正五品,初授奉議大夫,陞授奉政大夫。從五品,初授奉訓大夫,陞授奉直大夫。正六品,初授承直郎,陞授承德郎。隋有承務郎、宣德郎。今從六品,初授承務郎,陞授儒出身儒林郎吏,才幹出身宣德郎。唐有宣義郎,宋有承事郎。今正七品,初授承事郎,陞授儒出身文林郎,吏才幹出身宣義郎。隋有徵仕郎。今從七品,初授從仕郎,陞授徵仕郎。正八品,初授迪功郎,陞授修職郎。從八品,初授迪功佐郎,陞授修職佐郎。正九品,初授將仕郎,陞授登仕郎。從九品,初授將仕佐郎,陞授登仕佐郎。初授散官,俱于三年之後,照例陞授。其加贈,考驗本人生前功績,合得加授者,照例給與。

【武散官】《周禮》:"天子六軍,軍萬二千五百人,其將皆命卿,蓋在國稱大夫,在軍稱將軍。"自晉獻公作三軍,而公將上軍,故有將軍之名。今爲散官,正從一品,同文官。正二品,初授驃騎將軍,陞授金吾將軍,加授龍虎將軍。從二品,初授鎮國將軍,陞授定國將軍,加授奉國將軍。正三品,初授昭勇將軍,陞授昭毅將軍,加授昭武將軍。從三品,初授懷遠將軍,陞授定遠將軍,加授安遠將軍。正四品,初授明威將軍,陞授宣威將軍,加授廣威將軍。從四品,初授宣武將軍,陞授顯武將軍,加授信武將軍。正五品,初授武德將軍,陞授武節將軍。從五品,初授武略將軍,陞授武毅將軍。正六品,初授昭信校尉,陞授承信校尉。從六品,初授忠顯校尉,陞授忠武校尉。

【文勳】《周禮》王功曰勳。齊梁始有勳品,本酬戰士,其後漸及朝流。楚寵官有上柱國,唐以爲勳官。今正一品,左右柱國。從一品,柱國。正二品,正治上卿。從二品,正治卿。正三品,資治尹。從三品,資治少尹。正四品,贊治尹。從四品,贊治少尹。正五品,修正庶尹。從五品,協正庶尹。凡文官一品至五品應合授勳者,照依散官定擬奏聞給授。

【武勳】 後魏有柱國大將軍。今正從一品,同文勳。秦有護軍都尉,唐改上大將軍爲上護軍,大將軍爲護軍。今正二品,上護軍。從二品,護軍。漢武帝置輕車將軍,唐置上輕車都尉及輕車都尉。今正三品,上輕車都尉。從三品,輕車都尉。漢武帝置騎都尉,唐置上騎都尉。今正四品,上騎都尉。從四品,騎都尉。隋置文散官爲驍、飛、雲、武四騎尉。今正五品,驍騎尉。從五品,飛騎尉。正六品,雲騎尉。從六品,武騎尉。凡武官一品至六品應合授勳者,照依散官定擬奏聞給授。

【封贈】 武王克商,追王太王、王季,故後代有追諡、追尊之典。兩漢逮今,人臣亦有追贈之制①。漢宣帝思張賀掖庭收養,封恩德侯。此追封之始也。國朝,凡文官一品贈三代,二品、三品二代,四品至七品一代。各照見授職事,依例封贈。土官無封贈父祖例,止給本人誥勑。一品玉軸,四軸。二品犀軸。三品抹金軸,俱三軸。四品抹金軸,五六、七品俱角軸,二軸。五品已上授誥,織用五色紵絲,其前織文曰"奉天誥命",用制誥之寶。六、七品授勑,織用純白綾,其前織文曰"奉天勑命",用勑命之寶,俱用升降龍文,左右盤繞。正從一品,曾祖母、祖母、母、妻各封贈一品夫人。正從二品,祖母、母、妻各封贈夫人。正從三品,各封贈淑人。正從四品,母、妻各封贈恭人。正從五品,宜人。正從六品,安人。正從七品,孺人。曾祖母、祖母加太字。按漢崔篆母師氏通經學百家言,王莽寵以殊禮,賜號"義成夫人",如淳云:"列侯子復爲列侯,母稱太夫人。"蓋漢制也。

【宗室禄米】 親王,唐制,歲該米四千八百石,絹肆千八百疋,綿四百五十斤;宋制,領節度使,歲該穀二千四百石,錢四千八百貫,絹二百疋,綾一百疋,羅十疋,綿五百兩。今定米一萬石。郡王,唐制,歲該米七百石,田六十

---

① "人",國學基本叢書本作"大"。

頃；宋制，領觀察使，歲該米一千二百石，錢二千四百貫，絹二十疋，綿五十兩。今定米二千石。鎮國將軍，唐制，歲該米六百石，田五十頃；宋制，郡王子以下量材授官，照官品高下給祿。今定米一千石。輔國將軍，唐制，歲該米五百石，田四十頃。今定米八百石。奉國將軍，唐制，歲該米四百石，田二十五頃。今定米六百石。鎮國中尉，唐制，歲該米三百石，田十四頃。今定米四百石。輔國中尉，唐制，歲該米三百石①，田八頃。今定米三百石。奉國中尉，唐制，歲該米一百石。今定米二百石。公主及駙馬，食祿二千石。郡主及儀賓，食祿八百石。縣主及儀賓，食祿六百石。郡君及儀賓，食祿米四百石。縣君及儀賓，食祿米二百石。俱米鈔兼支。

【公侯伯俸給】 漢艾亡，秦大侯不過萬家，小者五六百户，則封國以户也。唐封公侯無國土，其加實封者，則食其所封之户，分食諸郡，以租庸調給。洪武初，給官田，量原定糧租分數收取。後令公侯伯皆給祿米，論功定數，舊賜田還官。永樂二年，令照文武官例，米鈔兼支。

【文武官俸給】 唐貞元四年，定百官月俸，僖、昭之亂，國用空闕②，天祐中，止給其半。後唐孔謙以軍儲不充③，請減半數而支實錢。宋定非兼職皆一分實錢，二分折支。大明定文武官俸，正一品月支米八十七石，從一品月支米七十四石，正二品月支米六十一石，從二品月支米四十八石，正三品月支米三十五石，從三品月支米二十六石，正四品月支米二十四石，從四品月支米二十一石，正五品月支米十六石，從五品月支米十四石，正六品月支米十石，從六品月支米八石，正七品月支米七石五斗，從七品月支米七石，正八品月支米六石五斗，從八品月支米六石，正九品月支米五石五斗，從九品月支米五石，俱米鈔兼支。未入流月支米三石。

【吏員俸米】 《筆談》曰④："天下吏人素無常祿，惟以受贓爲生。熙寧三年，始制天下吏祿，而設重法以絕請託。"國朝，五府提控，六部都察院都吏，布政司通吏，月支二石五斗；五府掾吏，六部、都察院、通政司、太常、光祿、太僕寺、應天、順天府、布政司、都司衛各令史，大理寺胥吏，國子監、鴻臚寺、府庫局、司牧局、顏料局、各府各司吏，都察院、太醫院各典吏，按察司、鹽運司各書

---

① "三"，關中叢書本作"二"。
② "空"，關中叢書本作"窄"。
③ "不"，關中叢書本作"未"。
④ "談"，底本爲"譚"，據關中叢書本改。

吏,月支二石。五府、六部、大理、光禄、太僕寺、國子監、應天、順天府、布政、按察、鹽運、都司衛各典吏,十三道巡按各書吏,翰林院、光禄寺各署、欽天監司曆、太常祠祭署、織染、皮作、鑄印、惠民、雜造、鞍轡、軍器、抄紙、印鈔、寶源局、内府庫、石灰關各牧監、會同館、寶鈔、鹽課、龍江提舉司、典牧、營膳、孳牧、孳牲、紀善、典膳、奉祀、典寶、審理、工正、良醫、典儀、理問千戶所、五城兵馬、布政、按察、鹽運斷事,衛鎮撫長史,司州縣各司吏,月支一石。俱米鈔兼支。

官職（在京文武衙門）

【宗人府】 周有宗正。漢置官,以序九族。國初,置大宗正院。洪武二十二年,改院為府,設宗人令,左、右宗正,左、右宗人,俱正一品。首領官,經歷司經歷,正五品。職專玉牒、譜系之事。初以親王領府事,後但以勳戚大臣掌之,而不備官。

【六部】 國初因元制,置中書省,設左右丞相等官,天下政事皆由之而出。其屬有四部,分治錢穀、禮儀、刑名、營造之務。洪武元年,始定吏、户、禮、兵、刑、工六部,俱正三品,衙門仍屬中書省。十三年,中書省革,陞六部尚書為正二品;左右侍郎二員,正三品;首領官,司務廳司務,從九品;屬官,郎中一員,正五品;員外郎一員,從五品;主事,正六品。按,秦少府遣吏四人,在殿中主發書,謂之尚書。漢光武始分尚書為六曹。秦以郎為內侍,故曰侍郎。隋煬帝于六曹各置侍郎一人。秦以郎侍衛居中,故曰郎中。隋文帝于尚書二十四司各置員外郎一人,謂本員之外復置郎也。後魏于尚書諸司置主事令史。隋煬帝但曰主事,皆吏長之名也。

【吏部】 漢成帝置常侍曹。光武改為吏部。今尚書,即周天官卿也;侍郎,即周少宰也。所屬有四清吏司:曰文選,因隋選部,今掌天下文吏班秩品命;曰驗封,因唐司封,今掌邦之封爵;曰稽勳,因周司勳,今掌邦國官人之勳級;曰考功,因魏考功,今掌文職官吏考課。

【户部】 吳有户部,今尚書,即周地官卿也;侍郎,即周小司徒也。首領官,照磨所照磨一員,正八品;檢校一員,正九品。所屬,隋曰民部,魏曰度支、金部、倉部。今改為浙江、江西、湖廣、陝西、廣東、廣西、山東、山西、福建、河南、四川、雲南、貴州十三清吏司,各掌一布政司戶口錢糧,仍量繁簡帶管直隸州縣,每司內分民、度、金、倉、四科,以領其事。

【太倉】 秦漢大司農屬官有太倉令丞。唐玄宗以監察御史充太倉出納使。梁改曰如京使,取《詩》"如坻如京"之義。今屬戶部,郎中員外郎主之。

【戶部所屬】 寶鈔提舉司,提舉一員,正八品。寶鈔廣惠庫,收各處解到鈔錢。廣積庫①,收紵絲、綾羅、硝黃等物。贓罰庫,收籍沒官民家財,追沒官吏贓物,并錢鈔、紵絲、綾羅、紬絹、氆氌、鐵、皮、綿布、衣服、花絨等物,甲字庫收布疋、顏料,乙字庫收紵絲、綿布、胖襖、袴鞋、毛襖等物,丙字庫收綿花、絲綿等物,丁字庫收銅、鐵、皮張、蘇木等物,戊字庫收軍器、胡椒等物,各大使正九品,各副使從九品。寶盈庫,收貯絲、紗羅、綾綿、紬絹、布疋等物。御馬倉,南京龍江鹽倉檢校批驗所,張家灣檢校批驗所,抄紙局,印鈔局,各大使、副使,俱未入流。

【禮部】 漢成帝置客曹。隋爲禮部。今尚書,即周春官大宗伯卿也;侍郎、即周小宗伯也。所屬有四清吏司:曰儀制,因魏儀曹,今掌舉其儀制而辨其名數;曰祠祭,因晉祠部,今掌祭饗、天文、漏刻、國忌、廟諱、卜筮、醫藥、道佛之事;曰主客,因周官,今掌諸番朝貢等事;曰精繕,因北齊膳部,今掌邦國牲牢酒膳,辨其品數。

【禮部所屬】 鑄印局,大使一員,副使一員,俱未入流。教坊司,唐高祖置內教坊;武后改爲雲韶府,以中官爲使;宋以伶人久次者爲之。今設奉鑾一員,正九品;左右韶舞、左右司樂,各二員,俱從九品。

【兵部】 魏置五兵,隋爲兵部,今尚書,即周夏官大司馬卿也;侍郎,即小司馬也。所屬有四清吏司:曰武選,因魏五部郎曹,今掌天下武職班秩品命;曰②職方,因周官,今掌天下地圖及城隍鎮戍烽堠之政;曰車駕,因魏駕部,今掌邦國輦車及天下傳驛廄牧;曰武庫,因魏庫部,今掌邦國戍③器儀仗,辨其出入之數。

【兵部所屬】 會同館,大使一員,正九品;副使二員,從九品。南京典牧所,提領一員,正八品;大使一員,正九品;典史一員。大勝關,大使一員,副使一員,俱未入流。

---

① "庫",原脫,今據國學基本叢書本補。

② "曰",原脫,今據國學基本叢書本補。

③ "戍",關中叢書本作"戎"。

【刑部】　宋置都官,隋爲刑部,今尚書,即周秋官大司寇卿也;侍郎,即周小司寇也。照磨、檢校、品與户同。司獄司,司獄六員,從九品。古屬有四,曰憲部、比部、司門部、都官部。今改爲浙江等十三清吏司,各掌一布政,司刑名,仍量繁簡帶管直隸州縣,并在京衙門,每司分憲、比、司門、都官四科,以領其事。

【工部】　晋有起部,隋爲工部,今尚書,即周冬官大司空卿也;侍郎,即周小司空也。所屬有四清吏司:曰營繕,今掌經營興造衆務;曰虞衡,因周禮虞衡之官,今掌天下山澤而辨其時禁;曰都水,因隋水部,今掌天下陂池川瀆政令;曰屯田,因晋,今掌天下屯種政令。

【工部所屬】　營繕所,所正正七品,所副正八品,所丞正九品。文思院,唐有文思院,宋始掌工巧之事,以時文思索,故工作之所號之。織染所、皮作局、顔料局、鞍轡局、寶源局大使俱正九品;副使、軍器局大使,俱從九品;副使未入流。大通關提舉司、龍江提舉司、提舉俱正八品;副提舉俱正九品。典史、押分、竹木局大使、副使,俱未入流。

【都察院】　周官有御史,秦有御史大夫,漢御史臺有中丞,以其別在殿中,掌蘭臺秘書、外督部刺史、内領侍御史。北齊、後周不置大夫,而以中丞爲臺主,唐分爲左、右臺大夫。漢武帝始有侍御史,魏文帝始遣御史居殿中,隋文帝始有監察御史,宋爲御史臺,其屬有三院:一曰臺院,知雜御史,爲侍御史隸焉;二曰殿院,言事官,爲殿中侍御史隸焉;三曰察院,考察官[1],爲監察御史隸焉。國初置御史臺,後改爲都察院,設左、右都御史,正二品;左右副都御史,正三品;左右僉都御史,正四品。職專糾劾百司,辨明冤枉,提督各道,及一應不公不法事,首領官,經歷,正六品;都事,正七品;照磨、檢校各一員,司務二員,司獄六員,品同户刑;其屬浙江等十三道監察御史,正七品。凡遇刑名,各照道分送問發落。

【御史差委】　國朝,宣德二年,差御史各處清軍。天順二年,奏准三年更替。正統元年,差御史提督南北直隸學校。三年,差御史巡視鹽課。十三年,差御史巡視京城。成化三年,差御史于陝西巡茶。一年更代。凡差委御史出巡、追問、審理、刷卷等事,都御史具事,自請旨點差。

【巡撫】　永樂間,遣尚書、侍郎、少卿等官鎮守。景泰間,因與巡按不相

---

[1] "考",關中叢書本作"六"。

統属,難以行事,定爲都御史巡撫。兼軍務者,加總督;贊理掌粮餉者,加總督兼理。他如整飭邊備,提督邊關,及撫治流民等項,皆隨事異名。若邊境有事,又有總督、提督、總制、參贊、贊理、及經略、巡視之名。近例,尚書侍郎治事于外者,兼都御史,以便行事,事畢而罷。

【通政使司】 唐虞納言官也,今通政使正三品,左、右通政正四品,左、右參議正五品。職專出納帝命,通達下情。關防諸司出入公文,奏報四方臣民實封建言陳情伸訴,及軍情聲息災異等事,首領官,經歷,正七品;知事,正八品。

【大理寺】 黄帝立后土,辨乎北方,故爲李,理官也。舜命皋陶作士。士,理官也。秦置廷尉,漢因之。景帝復爲大理,取天官貴人之牢曰大理之義。梁爲秋卿,後魏置少卿。晉置丞,唐因之。今卿正三品,左、右少卿正四品,左、右寺丞正五品。首領官,司務,從九品。其屬,左、右二寺左右寺正,正六品,即秦廷尉正也;左、右寺副,從六品;左右評事,正七品。因隋官也,職專審録天下刑名。凡刑部都察院司道罪有出入者,依律照駁事;有冤枉者,推情辨明。

【太常寺】 《周禮》春官職也。秦曰奉常,王者旌旗,畫日月,大事則建以行,禮官主奉持之。漢改曰太常,尊大之義也。後漢有卿,隋有少卿,秦有丞。今卿,正三品;少卿,正四品;寺丞,正六品,職專祭祀之事。首領,典簿,正七品,因漢官也。屬官,博士,正七品,因秦官也;協律郎,正八品,因後魏也;贊禮郎,正九品,因漢治禮郎也;司樂,從九品。神樂觀提點,正六品;知觀,從八品;犧牲所吏目,從九品。隋有郊社令,漢文帝有籍田令,唐有陵臺令。今天地壇、山川壇、籍田,孝陵、長陵、獻陵、景陵、裕陵、茂陵各祠祭署,奉祀各一員,俱從七品;祠丞各一員,俱從八品。

【鴻臚寺】 《周官》大行人。秦爲典客。漢政曰鴻臚。鴻,聲;臚傳之也。傳聲贊道也。隋有丞,唐有主簿。今卿,正四品;左右少卿,從五品;左右寺丞,從六品。首領,主簿,從八品;屬官,司儀署、司賓署署丞,正九品。鳴贊、序班俱從九品,職專朝儀、宣贊等事。

【光禄寺】 漢有光禄勛,梁改光禄卿。今卿,從三品;少卿,正五品;寺丞,從六品。職專膳羞、宴享等事。首領,典簿,從七品;録事,從八品;屬官,大官、珍羞、良醞、掌醢四署,署正,俱從六品;署丞,俱從七品;監事,俱從八品;司牲司、司牧局大使,俱從九品;副使俱未入流。

【太僕寺】 洪武初,置太僕寺,在滁州;置北平、遼東、陝西、甘肅爲行太僕寺。永樂間，改北平稱太僕寺。正統間，定滁州爲南京太僕寺。按，《周官》有太僕，秦、漢有丞，梁有主簿。今卿，從三品；少卿，正四品；寺丞，正六品，職專牧馬之事。首領，主簿，從七品；常盈庫大使，未入流。行太僕寺官品同。

【尚寶司】 漢有符節令，位次中丞，領上符璽。唐武后改爲符寶郎。今卿，正五品；少卿，從五品；司丞，正六品，職專寶璽符牌等事。

【国子监】 國子，周制也。晉武帝初，立國子學。隋炀帝改爲監，正官名祭酒①，皆一位之元長。古者得主人饌，則老者一人舉酒以祭地，故以祭酒爲稱。周封兄弟同姓，成王時，彤伯爲祭酒，主親屬。秦漢因之。晉武帝始制國子祭酒、国子博士、助教。隋炀帝置司業，取"樂正司業"之義，亦置監、丞。北齊置主簿。今祭酒，從四品；司業，正六品。繩愆廳，監丞，正八品。博士廳《五經》博士，典簿廳典簿，俱從八品。典籍廳典籍，從九品。掌饌廳掌饌，未入流。率性、修道、誠心、正義、崇志、廣業六堂助教，俱從八品。學正正九品，學録從九品，職專教化之事。

【翰林院】 學士之稱，始自漢晉，而命官起于宋齊。唐明皇始置翰林院，改供奉爲學士，禁中亦有侍講、侍讀學士。至宋真宗，始置二職于翰林。明皇始置史館修撰、編修。今學士正五品；侍講、侍讀學士，從五品；首領官，孔目，未入流；屬官，侍講、侍讀，正六品；五經博士，正八品；典籍，從八品；侍書，正九品；待詔，從九品；史官修撰，從六品；編修，正七品；檢討，從七品，職專制誥史册文翰等事。庶吉士。永樂間，選二甲、三甲、中進士爲庶吉士，隸本院，命學士教之。學業成者，二甲除編修，三甲除檢討，餘除科道部屬。

【翰林陞用】 《雙溪雜記》云："自來陞用六部堂上官，不拘出身何衙門。初無内閣禮部必用翰林出身人之例。成化、弘治以來，吏部必用翰林一人，禮部非翰林出身者不得陞入，由是翰林人多陟顯要矣。"

【大學士】 學士無大稱。唐中宗欲以崇寵大臣，乃有太學士之名。唐至五代，有文明殿太學士，爲宰相兼職。宋真宗寵王欽若，罷政，特置資政殿學士，班在翰林上。今設華蓋殿、武英殿、文華殿、文淵閣、東閣太學士，俱正五品，班在本院學士上。永樂初，簡命編修等官於文淵閣參預機務，謂之内閣，漸陞至學士等官。洪熙元年，以輔導任重，加陞至師保及各部尚書侍郎職銜，仍兼學士、大學士，又添設謹身殿太學士，以後或由他官入閣辦事者，皆兼學

---

① "正"，關中叢書本作"凡"。

士、大學士。唐末有閣門使。今閣門使正六品，武英殿承天門、右順門待詔從九品。

【內閣權重】《瑣綴錄》云："國初不設宰相。永樂初，乃設內閣，選翰林六七臣居之，職知制誥，日備顧對，參決政機，隱然相職，而官不過學士。洪熙初，始陞孤卿，皆潛邸舊人。"

【詹事府】 秦官，漢因之，掌太子家。唐始置少詹事一人，以貳詹事。今詹事，正三品；少詹事，正四品；府丞，正六品；首領，主簿，正七品；錄事，從九品；屬官，通事舍人。按，漢司隸官有功曹從事史①，兼錄衆事。東晉有通事舍人。

【左右春坊】 周太子官有庶子。唐始置太子諭德、中允、贊善。漢丞相府置司直。今左、右庶子，俱正五品；左、右諭德，從五品；左、右中允，正六品；左、右贊善，左、右司直郎，俱從六品；左、右清紀郎，從八品；左、右司諫，從九品。

【司經局】 《國語》曰："勾踐爲夫差洗馬。"如淳曰："前驅也。"晉太子詹事屬官有洗馬八人，掌太子圖籍經書。漢蘭臺東觀藏書有校書之職，後以郎居其任，故謂校書郎。元魏始命爲官，齊集書省有正書官，北齊始爲正字。今洗馬從五品，校書正九品，正字從九品。凡本府官皆以東宮輔導侍從爲職。

【中書科】 秦始置中書謁者。漢元帝去"謁者"字。魏文帝改秘書省爲中書省，令爲中書令，置通事郎，後改爲中書侍郎。隋文帝，中書令與侍中知政事，爲宰相。舍人本周官，掌平宮中之政。晉初，置中書舍人。國初，中書省設置省舍人，後革省爲科，定中書舍人從七品，職專書寫誥勅冊等事。

【六科】 古諫官，秦有諫大夫，後漢有諫議大夫，唐分爲左、右，武后置左右補闕、拾遺，宋太宗改爲左右司諫、正言。秦漢別有給事黃門之職。後漢有給事黃門侍郎、左右給事中，以有事殿中，故曰給事中。今設吏、戶、禮、兵、刑、工六科，爲諫官，每科都給事中，正七品；左右給事中、給事中，俱從七品，職專參駁糾劾等事。

【六科廊】 國朝六科本與尚寶司相鄰。今工部委官製衣處猶稱六科廊，是也。永樂間，失火，遷出午門外。今遂爲定居。

【近侍】 《菽園雜記》云："翰林院，尚寶司，六科官，在前常朝，俱在奉天

---

① "官"，關中叢書本作"屬"。

門上御座左右侍立,故云近侍。"今在門下御道左右,云是太宗晚年有疾,因女官扶持上下,因退避居下,遂爲定位。

【行人司】 《周官》有行人。今設司正,正七品;左、右司副,從七品;行人,正八品,職專冊封葬祭宗室及出使外夷等事。

【太醫院】 周有醫師,上士、下士。秦漢少府屬有大醫令、丞。元置太醫院,有使、副、判各一員。今設院使,正五品;院判,正六品;首領,吏目,從七品;屬官,御醫,正八品,職專診視疾病,修合藥餌等事。所屬惠民藥局、生藥庫,大使、副使,俱未入流。

【欽天監】 少昊鳳鳥氏爲曆正。夏曰大使。《周禮》春官有保章氏,夏官有挈壺氏。唐改司天監。唐有少監。宋置大使正。唐有五官正、靈臺郎。今設監正,正五品;監副,正六品;首領,主簿,正八品;屬官,春、夏、中、秋、冬官正,正六品;五官靈臺郎,從六品;五官保章正,正八品;五官挈壺正,從八品;五官監候、五官司曆,俱正九品;五官司晨、漏刻博士,俱從九品,職專曆數天文地理之事。

【上林苑監】 漢武帝始起上林苑,隋置宮苑總監,唐置宮苑使。國朝永樂五年,置左、右監正,正五品;左、右監副,正六品;左、右監丞,正七品;首領,典簿,正九品;蕃育、嘉蔬、良牧、林衡①四署典署,正七品;署丞,正八品;録事,正九品,職專苑囿蕃牧種植等事。

【五城兵馬指揮司】 宋以四廂都指揮使巡警京城。神宗置勾當左、右廂公事,民間謂之都廂。今指揮,正六品;副指揮,正七品。首領,吏目,未入流。職專京城巡捕等事。

【京府】 周成王命君陳尹東郊。漢武帝更右内史爲京兆尹。秦置郡丞。漢設治中一人,居中治事,主衆曹文書②。宋太祖諸州置通判。唐節度等使皆有推官。唐高祖有檢校梁州諸軍事。今南京應天府、北京順天府府尹,正三品;府丞,正四品;治中,正五品;通判,正六品;推官,從六品;首領,經歷,從七品;知事,從八品;照磨,從九品;檢校,未入流;司獄,從九品。

【所屬衙門】 隋有州博士。唐德宗改爲文學。宋神宗于諸大郡府始置教授一人,掌教導諸生。今儒學教授一員,從九品;訓導六員,未入流。都税

---

① "衡",底本作"衞",據關中叢書本改。
② "書",底本爲"唐",據關中叢書本改。

司、宣課司、各門稅課司、織染局、草塲大使,俱從九品;副使俱未入流。各門分司副使、倉遞運所、金銀塲鐵冶批驗所,大使、副使俱未入流。

【京縣】 南京上元、江寧二縣,北京大興、宛平二縣,知縣,正六品;縣丞,正七品;主簿,正八品;典史,未入流。

【公侯伯】 唐虞輯五瑞,爵有公、侯、伯、子、男。隋文帝始封功臣爲國公。唐代宗以射主軍清難,始賜名寶應功臣。國初封功臣爵有五等,後革子、男,其封公、侯、伯者,皆給誥券,或世襲,或不世襲,以功高下爲等。

【駙馬】 駙馬,非正駕車者皆爲駙馬。一曰:"附,近也,疾也。漢武帝置駙馬都尉,以假功臣戚屬。晉尚公主者始加之。今公主婿皆稱駙馬都尉,賜誥命。

【五府】 晉爲都督諸軍事。國初置統軍大元帥府,改樞密院,又改爲大都督府。洪武十三年,始分中、左、右、前、後軍都督府,設左右都督,正一品;都督同知,從一品;都督僉事,正二品。首領用文職,經歷,從五品;都事,正七品。各府分管在京在外衛所,職專軍旅之事。初以公、侯、伯爲之,後或掌府事,都督僉書軍政。所屬都司二十一處,留守司一處,内外衛四百九十一處,守禦屯田群牧千户所三百一十一處,儀衛司三十三處,宣慰司二處,招討使司一處,宣撫司六處,安撫司十六處,長官司七十處,番夷都司衛所等四百七處。

【禁衛】 周有虎賁氏。漢京師有南北軍,掌理禁衛,又有羽林郎。武帝更秦中尉爲執金吾。唐置神策神武等軍。五代後唐,有侍衛、親軍、禁軍號控鶴,年多者號寬衣控鶴。宋改爲天武。今在京親軍不屬府者,惟錦衣衛,旗手、衛府軍衛,府軍左、右、前、後四衛,金吾左、右、前、後四衛,羽林左、右、前三衛,燕山左、右、前三衛,虎賁左衛,大興左衛,濟陽、濟川、通州三衛,共二十二衛。後又設騰驤左、右,武驤左、右四衛,亦係親軍,并武功中、左、右,永清左、右,彭城、長陵、景陵、獻陵、裕陵、茂陵衛,俱不屬府。

【錦衣衛】 唐置營幕使。宋置儀鑾使。國初置儀鑾司,後罷司置衛,統軍同諸衛,而所隸又有將軍、力士、校尉人等,職掌直駕、侍衛、巡捕等事。其任遇漸加,視諸衛獨異。首領,鎮撫,司問理本衛刑名。成化十四年,始增鑄印信,各爲一司。經歷用文職,掌本衛文移出入。所屬錦衣中、左、右、前、後五所,又分鑾輿、擎蓋、扇手、旌節、幡幢、班劍、斧鉞、戈戟、弓矢、馴馬十司,統領校尉,掌鹵簿、儀仗及直駕、挈人、直宿等事;上、中、左、右、前、後、中後親軍七所,分管力士、軍匠;又馴象所,領本衛軍奴養象,以備朝會陳列及駕輦馱寶之用。

【旗手衛】 國初置旗手千户所,後陞爲衛,掌大駕金鼓旗纛,統領隨駕力士及宿衛等事。

【京衛武學】 宋神宗始就武成王廟側建武學,如太學儀。國朝,京師建武學,儲養京衛幼官與子弟未襲職者,設教授一員,從九品;訓導六員,未入流。

【南京文武衙門】 南京在洪武間爲京師,自永樂定都于北,因名南京。文武官並置在南京,京與北京同,但加南京二字。

【南京衙門牌扁】 《瑣綴録》曰:"南京文武各衙門俱有牌扁,直書衙門之名,惟'翰林院'三字横列,而兵部獨無。相傳洪武間,一夕,潛有掣去之者;詰旦,具聞,上不之省。蓋以示去兵之意,至今不敢復揭。"

官職(在外文武衙門)

【十二省承宣布政使司】 唐有參知政事,宋下宰相一等。元尚書省亦置,爲宰相之貳,行省亦有左、右參政。唐高祖有檢校。隋改都令史爲都事。今左、右布政使從二品,左、右參政從三品,左、右參議從四品。首領,經歷司經歷,從六品;都事,從七品;照磨所照磨,從八品;檢校,正九品;理問所理問,從六品;副理問,從七品;提控案牘,未入流。各省所屬庫,雜造、織染局大使、副使,陝西、四川茶馬司。洪武初,令陝西、洮州、河州、西寧各設茶馬司,收貯官茶,每三年一次,差在京官,選調邊軍,齎捧金牌信符,往附近番夷①,將運去茶、馬給與邊軍騎操,大使正九品;副使,從九品。廣西裕民司,雲南滇池魚課司,大使、副使,俱未入流。

【各府】 秦罷侯置守。漢景帝更名太守。王莽改曰大尹。今知府一員,正四品;同知,正五品;通判,正六品;添設無定員,推官一員,正七品;首領經歷,正八品;知事,正九品;照磨,從九品;檢校,未入流。所屬,司獄司司獄,從九品;儒學教授一員,從九品;訓導四員,未入流。陰陽學正術,醫學正科,僧綱司都綱,道紀司都紀,俱從九品;副都綱,副都紀,俱未入流。稅課司分司,倉庫局,雜造、織染局,大使俱從九品;副使及茶鹽批驗所、茶倉、魚課司、金銀塲局、鐵冶所、大使副使,俱未入流。府州縣巡檢司巡檢,從九品。水馬驛丞,

---

① "夷",關中叢書本作"族"。

遞運所大使，河泊所官，閘官，壩官，俱未入流。

【各州】 唐代宗勅刺史有故及闕，但令上左依次知州事。隋使府判官爲諸使官屬。五代始領郡事，爲州府職。今知州一員，從五品；同知，從六品；判官，從七品；添設無定員。若不及三十里長，有屬縣者，裁減同知；無屬縣者，裁減同知、判官。首領，吏目一員，從九品；所屬，儒學學正一員，訓導二員。陰陽學典術，醫學典科，僧正司僧正，道正司道正，州縣倉、稅課局、茶課司、大使副使，俱未入流。

【各縣】 周置四百里爲縣，官有縣正，晉謂之大夫，魯衛謂之宰，楚謂之令尹。唐大中年，裴讓權知縣事。定①以朝官知縣。秦置令、丞。後漢有郡主簿，亦曰督郵。隋諸縣始置堂，勾稽簿籍。今知縣，正七品；縣丞，正八品；主簿，正九品；添設無定員。若不及二十里長，裁革縣丞主簿。首領，典史一員，未入流。所屬，儒學教諭一員，訓導二員，陰陽學訓術，醫學訓科，僧會司僧會，道會司道會，俱未入流。

【十三省提刑按察司】 唐置十道按察使。宋轉運使兼按察使。元各道置提刑按察使，有副使、簽書公事、爲之貳，又置經歷、知事等員，後改肅政廉訪司。今按察使一員，正三品；副使，正四品；僉事，正五品；添設無定員。首領，經歷，正七品；知事，正八品；照磨，正九品；檢校，從九品；司獄司司獄，從九品。

【都轉運鹽使司】 唐置江淮處置轉運使，後置諸道鹽鐵轉運使，多以重臣兼領。五代置轉運司。唐明皇以崔希逸爲轉運副。宋京師置都鹽院，太祖以許允言爲判官。今兩浙、兩淮、福建、山東、長蘆、河東鹽運司運使，從三品；同知，從四品；判官，從六品；首領，經歷，從七品；知事，從八品。所屬，儒學教授，從九品；訓導未入流。批驗鹽引所，鹽課司分，司倉庫大使副使，俱未入流。

【鹽課提舉司】 宋熙寧有大都大提舉茶馬事，紹興復置提舉茶鹽司。元置都提舉，同提舉，副提舉等員。今廣東、陝西、四川、雲南鹽課司提舉，從五品；同提舉，從六品；副提舉，從七品。首領，吏目，從九品。

【苑馬寺】 今卿，從三品；少卿，正四品；寺丞，正六品；首領，主簿，從七品；所屬，各監監正，正七品；監副，正八品；錄事，未入流；苑圍長，從九品。

【衍聖公】 宣聖襲封衍聖公孔氏子孫，正二品；司樂，管勾典籍，俱未入

---

① "定"，關中叢書本作"宋"。

流;孔、顏、孟三氏教授,從九品;學錄,未入流。

【王府長史司】 秦置郡丞以佐守,在邊爲長史,掌兵馬。今王府左、右長史,正五品。首領,典簿,正九品。所屬,審理所,審理正,正六品,審理副,正七品;紀善所,紀善,正八品;典寶所,典寶正,正八品,典寶副,從八品;典膳所,後漢有太子食官,隋改爲典膳正,今王府因之,典膳正,正八品,典膳副,從八品;奉祀所,奉祀正,正八品,奉祀副,從八品;典樂正九品;良醫所,良醫正,正八品,良醫副,從八品;工正所,工正,正八品,工副,從八品;典儀所,元有太子典儀,今王府因之,典儀正,正九品,典儀副,伴讀,教授,俱從九品,引禮舍人。倉、庫,大使,副使,俱未入流。郡王府,典膳正,八品,教授,從九品。

【中都留守司】 唐明皇太原置尹,以爲留守,謂之三都留守。蓋車駕不在京,則置留守。今留守正,二品;副留守正,三品;首領,經歷司經歷,正六品;都事,正七品。

【各都指揮使司】 《唐·兵志》曰:"僖宗幸蜀,以神策大將軍爲都指揮使。"今都指揮使,正二品;都指揮同知,從二品;都指揮僉事,正三品;首領,經歷司經歷,正六品;都事,正七品;司獄司司獄,從九品;斷事司斷事,正六品;副斷事,正七品;吏目,未入流;庫大使,從九品;副使,草塲大使,倉副使,俱未入流。

【各衛】 漢武初置衛將軍。今一衛隸軍五千六百名,指揮使,正三品;指揮同知,從三品;指揮僉事,正四品;衛鎮撫,從六品;首領,經歷司經歷,從七品;知事,正九品。所屬,千戶所,隸軍一千一百二十名,正千戶,正五品;副千戶,從五品。百戶所,隸軍一百一十名,百戶,正六品;每所設總旗二名,小旗十名。已上武官俱世襲,惟首領屬官選除。

【衛學】 國朝軍衛無學。宣德十年,從兵部尚書徐河之請,令天下軍衛獨治一城者,皆立學。正統以來,天下軍衛,延至邊徼,建學,設教授、訓導,品秩、俸禄如府學之制。

【鎮戍】 唐制,緣邊戎寇之地,則加以旌節,謂之節度使。武德初,邊要之地,亦置總管,以統軍。國朝,凡天下要害處所,專設官統兵鎮戍。總鎮一方者,曰鎮守。獨守一路者,曰分守。獨守一城一堡者,曰守備。有與主將同處一城者,曰協守。又有備倭、提督、提調、巡視等官①,其官稱,掛印事制者,曰總兵,次曰副總兵,曰參將,曰遊擊將軍,俱于公、侯、伯、都督、都指揮等官

---

① "官",關中叢書本作"名"。

內推舉充任。

【土官宣慰使司】 唐以藩方不靖,遣重臣宣諭慰安之,故有宣慰使之名。今宣慰使,從三品;同知,正四品;副使,從四品;僉事,正五品;首領,經歷司經歷,從七品;都事,正八品;儒學教授,從九品;訓導,未入流。宣撫司學同。

【宣撫使司】 唐有宣撫使。宋不常置,有軍旅大事,則命執政大臣爲之。今宣撫,從四品;同知,從五品;副使,從五品;僉事,正六品;首領,經歷司,經歷,從八品;知事,正九品。

【招討使司】 唐有招討使,用兵權置,後以節度使兼之。元有招討使、副招討。今招討,從五品;招討副,正六品。首領,吏目,從九品;經歷,從七品。

【安撫司】 隋有安撫大使。唐以節度使兼之。德宗置副使。今安撫,從五品;同知,正六品;副使,從六品;僉事,正七品;首領,吏目,從九品。

【長官司】 長官,正六品;副長官,從六品;吏目,教諭,訓導,俱未入流。

【蠻夷長官司】 長官,正七品;副長官,從七品。已上土官俱世襲,惟首領屬官選除。

【吏員】 《文獻通考》曰:"西漢開儒吏二途以取人,未爲抑揚輕重。自後判爲二途,儒詆吏爲俗,吏誚儒爲迂,故拘謹不通者一歸之儒,放蕩無恥者一歸之吏,而二途皆不足以得人矣。"

【六房】 唐張說爲相,改政事堂號中書門下,列五房于後,一曰吏房,二曰樞機,三曰兵房,四曰户房,五曰刑禮,旁分以曹官,主衆務焉。國朝,各衙門立吏、户、禮、兵、刑、工六房,吏典書,辦文移。

【吏員出身品級】 《通典》曰:"令史,漢官也。"晉中書有主書之員。齊爲主書令史。後魏于尚書諸司置主事令史,又尚書有都令史。宋太祖知堂吏擅中書事權,多爲奸贓,故選授用正人①。神宗行官制,除堂後官之名,于門下省中書省,置録事而已。國朝,一品、二品衙門,提控,都吏,通吏,出身從七品;一品、二品衙門,掾吏,令史,典吏,出身正八品;內府門吏,出身正八品;三品衙門,令史,胥吏,書吏,出身從八品;三品衙門典吏,四品衙門令史,出身正九品;四品衙門典吏,五品衙門司吏,典吏,巡按書吏,各道書吏,出身從九品;六品、七品、八品、九品并雜職衙門吏典,都察院各道典吏,俱出身雜職。

---

① "正",關中叢書本作"士"。

新刻《古今事物考》卷之五

鬵屋　王三聘　輯
錢塘　胡文焕　校

禮儀

【祭祀】　王子年《拾遺記》曰："庖羲氏使鬼物，以致群祠，以犧牲登薦百神①。"則祭祀之始也。

【壇墠】　《書》："武王有疾，周公爲三壇同墠。"《黄帝内傳》乃有築壇墠事，是爲其制起自黄帝。

【木主】　説文曰："宗廟之木名曰祏。"《曲禮》曰："措之廟，立之主，曰帝。"蓋廟所以藏主，始爲廟，即立主也。

【版位】　宋詔王欽若修製，郊立天地版位，貯以漆匣舁牀，覆以黄縑帕。壇上四位，以朱漆金字。即今之神位版也。

【木像】　《仙傳拾遺》曰："黄帝臣左徹，因帝升天，乃刻木爲帝狀，率諸侯而朝之。"此刻木像②人之初也。

【金像】　《史記》曰："范蠡相越勾踐，既雪會稽之耻，乃乘扁舟泛五湖，越王思之，鑄金爲像。"則金人始于勾踐也。漢世匈奴休屠王乃有祭天金人，後世以銅鐵鑄佛像，自勾踐始也。

【齋戒】　《黄帝内傳》曰：帝誓剪蚩尤，乃齋三日，以告上帝。"此齋戒之始也。國朝洪武三年，令禮部鑄銅人一，高一尺五寸，手執牙簡，如大祀齋戒，則書"致齋三日"；中祀，"致齋二日"于簡上，太常寺進真于齋所。五年，令諸衙門各置木齋戒牌，刻文曰："國有常憲，神有鑒焉。"凡遇祭祀，則設之。

---

① "登薦百神"，國學基本叢書本作"玉帛祀神"。
② "像"，國學基本叢書本作"象"。

【祝文】《記》云:"伊耆氏始爲八蜡,乃有祝文,其文曰:'土反其宅,水歸其壑,昆蟲毋作,草木歸其澤'是也。漢董仲舒有《祝日食文》,亦本扵此。

【封禪】《史記》曰:"封泰山禪梁父者七十二家,無懷氏爲之始。"蓋在太昊前也。《管子》亦云。《遁甲開山記》則太昊之後。自女媧、無懷,凡十五代,乃在太昊後,炎帝前也。

【郊祀】《通典》曰:黃帝封禪天地。"則郊丘之始也。《黃帝內傳》曰:"帝築圓壇以祀天,方壇以祀地。"則圓丘方澤之始也。漢武帝三歲一郊。平帝立,王莽改孟春正月上辛若丁,天子親合祀天地于南郊。後漢始定南北郊。國朝于鍾山之陽建圓丘,陰建方丘,以冬夏至祀之,奉仁祖配享。十二年正月,乃合祀于大祀殿丹墀內,疊石爲臺,東西相向,爲日月星辰四壇。又於內壝之外以次爲壇二十,亦東西相向,爲五嶽、五鎮、四海、四瀆、風雲雷雨、山川、太歲、天下神祇、歷代帝王諸壇,後奉太祖配享。永樂十八年,北京天地壇成。洪熙元年,奉太祖、太宗並配享。嘉靖九年,詔建圓丘于南郊,以每歲冬至行大報禮,方澤于北郊,以每歲夏至行祭地禮,仍于孟春行祈穀禮,于上帝二郊,俱奉我太祖配神,祈穀,仍奉太祖太宗同配。

【日月壇】《舜典》:"禋于六宗。"傳云:"王宮祭日,夜明祭月也。"賈誼曰:"三代之禮:春朝朝日,秋暮夕月,所以明有敬也。"唐制,以二分日祀朝日夕月于國城東西。國朝洪武初,于大祀殿丹墀內疊石爲臺,東大明壇,西夜明壇。郊祀日,命官分獻。嘉靖九年,築朝日夕月二壇于東西郊,乃于春秋二分日①遣官祭之。

【明堂】《尸子》曰:"黃帝曰合宮,有虞曰總章,商曰陽館,周曰明堂。"《通典》曰:"黃帝拜祀上帝于明堂,唐、虞祀五帝于五府,夏后享祖宗于世室,商人曰重屋,周人宗祀文王于明堂以配上帝。"漢時,公孫玉帶畫《黃帝明堂圖》,則明堂要自黃帝始也。

【配天】 有虞爲禘郊之禮,以祀昊天上帝,始有配食之事。祭法"有虞氏禘黃帝而郊嚳"是也。虞以土尚德,用有德者;夏、商稍用其姓代之先後。至周公,郊祀后稷以配天。宗祀文王于明堂以配上帝。蓋配天侑食,肇于有虞,而明堂之嚴父配帝,則自周公始也。

【宗廟】《沿革》曰:"唐、虞五廟,夏后因之,至商而七。"謂三昭三穆,與

---

① "日",原脫,今據關中叢書本補。

太祖之廟七也。周兼文武二祧，故九廟。洪武九年，於南京闕左始建太廟，其制，前爲正殿，後爲寢殿，俱翼以兩廡，寢殿九間，一間爲一室，中一室奉安德祖，東一室、懿祖，西一室、熙祖，東二室、仁祖，西二室、高廟，永樂遷都北京，建廟，東三室、奉安文廟，西三室、仁廟，東四室、宣廟，西四室、英廟，而九廟已備，其後以次遞爲祧祔。嘉靖十五年，詔曰：“朕乃創昭穆群廟，以祀祖宗，彰太祖爲常①專尊之主，復作太宗廟于群廟之外，表祖功宗德之不遷，以享百世之祀，更皇考廟曰獻皇帝廟，別擇吉區，以避渠道，大功悉成，遂定五歲大舉禘祭之禮于太廟，以祀皇初祖，而奉太祖配焉，每特享祖宗，以立春，于本廟，夏、秋、冬、皆合享于太廟，循時祫之典，季冬、仍修大祫禮于太廟，皇考止修四時之祀，以避豐禰之嫌。

【廟號】 王者祖有功，宗有德，始自有虞祖顓頊而宗堯。商以太甲爲太宗，太戊爲中宗，武丁爲高宗，始列宗廟之號。故漢因之，西京有太宗、世宗，東京有顯宗、肅宗，而唐乃例稱之。蓋其事原于虞舜，而備于商人也。

【禘祫】 《大傳》曰：“禮，不王不禘。春秋文公二年，大事于太廟。”《公羊傳》曰：“大事，祫祭也。”黃氏曰：“禘追祭其所自出，故爲追享；祫，群主皆朝于太祖而合食，故爲朝享。”國朝弘治元年，始建祧廟于寢殿後，奉藏懿祖神主及儀物于中，每歲暮，復奉懿祖神座于正殿之左，居熙祖之上，行祫祭之禮。

【奉先殿】 國朝以太廟時享未足展孝思之誠，復於宮內建奉先殿，朝夕致敬，朔望行禮，時節獻新，忌辰致祭。

【社稷】 《禮記》曰：“社祭土而主陰氣。稷爲五穀之長。”左氏曰：“共工氏有子曰勾龍，爲后土，實始爲社。”烈山氏之子曰柱，能植百穀，故祀爲稷。湯爲旱遷柱，以周稷代之，故自湯以來皆祀之。國初，大社大稷，異壇同壝。洪武十年，改建于午門外之右，同壇同壝。每歲春秋仲月上戊日致祭，始罷勾龍后稷，奉仁祖配，後更奉太祖配。永樂中，北京壇成。洪熙後，始奉太祖太宗同配。

【山川】 《通典》曰：黃帝祭于山川，典禮爲多。”則山川祀秩，始自黃帝氏也。國初，建山川壇于天地壇之西，正殿七間，每歲仲秋，祭太歲、風、雲、雷、雨、五嶽、五鎮、四海、四瀆、鍾山之神，東西廡各十五間，分祭京畿山川，春、夏、秋、冬四月，將及都城隍之神。永樂中，北京建壇，位置陳設，制同南

---

① “常”，關中叢書本作“當”。

京，惟正殿鍾山之右添祭天壽山之神。

【五祀】《世本》曰："商湯作五祀，户、井、竈、中霤、行。至周而七，曰門、行、厲、户、竈、司命、中霤也。"國朝，孟春，宮内祭司户之神。孟夏，光禄寺祭司竈之神，俱内官行禮。季夏土旺後戌日，奉天殿外文樓前西向，祭中霤之神，司禮監官行禮。孟秋，午門前祭司門之神。孟冬，宮内祭司井之神，俱内官行禮。歲暮，太廟西廡下東向，合祭五祀，太常寺官行禮。

【籍田】 周制，天子孟春躬耕籍田。《禮記》："武王耕籍田，然後諸侯知所以敬。"

【先農】 漢文制，春始耕于籍田，官祀①先農以一大牢。則其祀由漢興也。國朝，太祖每親祭先農，遂耕籍田。初以后稷配神，又改配仁祖。後不設配位，止遣應天府致祭，列聖登極，初行耕籍禮，則親祭，每歲以仲春上戊日遣官致祭。

【先蠶】 西陵氏之女嫘祖，爲黄帝元妃，始教民育蠶，治絲繭以供衣服。後世祀爲先蠶。《周禮·内宰》："詔王后蠶于北郊。"齋戒，享先蠶。

【旗纛】 國朝，旗纛藏之内府，每歲仲秋祭山川日，遣旗手衛指揮祭于山川壇内之旗纛廟，霜降日，又祭于教場，歲暮享太廟日，又祭于承天門外。永樂後，別有神旗之祭，專祭火雷之神，每月朔望，神機營提督官請祭于教場内。又洪武禮制，各處守禦官，俱於公廨後築臺，立旗纛廟，設軍牙六纛神位，春祭用驚蟄日，秋祭用霜降日。

【釋奠】《禮記》曰："凡學，春官釋奠于先師，秋冬亦如之。"蓋周制也。漢代以來，釋奠先師，唯享仲尼。

【先師孔子】 唐玄宗追諡孔子爲"文宣王"，宋真宗加"至聖"，元加"大成"。國朝監前代瀆禮之失，既詔嶽鎮海瀆與城隍之號，其歷代忠臣烈士，亦止依當時封號，惟孔子封爵特仍其舊，後四配十哲，兩廡諸賢封爵亦仍舊不改。每歲二丁，傳制遣官致祭，列聖登極，皆遣官祭告闕里，又駕幸太學，行釋奠禮，每月朔望，遣内臣降香。嘉靖間，改正先師孔子配哲先賢。

【帝王廟】 洪武初年，始建歷代帝王廟于欽天山之陽，略用同堂異室之制，祭太昊伏羲氏、炎帝神農氏、黄帝軒轅氏、帝金天氏、帝高陽氏、帝高辛氏、帝陶唐氏、帝有虞氏、夏禹王、商湯王、周武王、漢高祖皇帝、漢光武皇帝、唐太

---

① "祀"，關中叢書本作"紀"。

宗皇帝、宋太祖皇帝、元世祖皇帝，凡十六位，皆開基創業，有功德于民之主。後復擇古名臣三十七人，從祀兩廡，東廡：風后、皋陶、龍、伯益、傅說、召公奭、召穆公虎、張良、曹參、周勃、馮異、房玄齡、李靖、李晟、潘美、岳飛、木華黎、博爾忽、伯顏；西廡：力牧、夔、伯夷、伊尹、周公旦、太公望、方叔、蕭何、陳平、鄧禹、諸葛亮、杜如晦、郭子儀、曹彬、韓世忠、張浚、博爾朮①、赤老溫，皆用始終全節者。每歲郊祀時，既附祭歷代帝王。秋八月，復擇日遣官祭于本廟。

【配享】《尚書》："盤庚告臣曰：'茲予大享于先王，爾祖其從與享之。'"則功臣配享之禮，由商人始也。

【真武廟】《宋會要》曰："天禧二年，詔加真武靈應真君。"國朝，南京建北極真武廟，北京建北極祐聖宮，俱三月三日，九月九日，太常寺官祭。

【功臣廟】國朝，正殿：中山武寧王徐達、開平忠武王常遇春、岐陽武靖王李文忠、寧河武順王鄧愈、東甌襄武王湯和、黔寧昭靖王沐英；東序：都指揮使馮國用——鄖國公、僉都督耿再成——西海武莊公、僉都督丁德興——濟國公、都督同知張德勝——蔡國忠毅公、靖海侯吳禎——海國襄毅公、平章康茂才——蘄國武義公、副使茅成——東海郡公；西序：參政胡大海——越國武莊公、都督趙德勝——梁國公、廣德侯華高——巢國武莊公、都督同知俞通海——虢國忠烈公、江陰侯吳良——江國襄烈公、宣寧侯曹良臣——安國忠烈公、安陸侯吳復——黔國威毅公、副使孫興祖——燕山忠愍侯。四孟、歲暮，遣駙馬都尉祭；若正旦、清明、中元、孟冬、冬至，又別遣太常寺官祭。

【五嶽】唐中宗封西嶽為金天王。玄宗封泰山為天齊王，中嶽為中天王，南嶽為司天王，北嶽為安天王。宋真宗加號中嶽中天崇聖帝，東嶽天齊仁聖帝，南嶽司天昭聖帝，北嶽安天元聖帝。國朝詔革帝號，止稱曰東嶽泰山之神，立廟太安州；西嶽華山之神，立廟華陰縣；南嶽衡山之神，立廟衡州；北嶽恒山之神，立廟真定；中嶽嵩山之神，立廟登封。每歲春秋仲月上旬，擇日致祭。

【五鎮】唐玄宗始封東鎮沂山為東安公，南鎮會稽山為永興公，西鎮吳山為成德公，中鎮霍山為應聖公，北鎮醫無閭山為廣寧公。國朝詔革公號，止稱東鎮沂山之神，立廟沂州；南鎮會稽山之神，立廟紹興；中鎮霍山之神，立廟平陽；西鎮吳山之神，立廟隴州；北鎮醫無閭山之神，立廟遼東。祭與嶽同。

---

① "朮"，關中叢書本作"木"。

【四海】 唐玄宗封東海爲廣德公,南海爲廣利公,西海爲廣潤公,北海爲廣澤公。宋康定二年,詔封爲王。國朝詔革王號,止稱東海之神,立廟萊州;西海之神,立廟蒲州;南海之神,立廟廣州;北海之神,立廟懷慶,祭與嶽同。

【四瀆】 唐玄宗封河爲靈源公,濟爲清源公,江爲廣源公,淮爲長源公。宋康定二年,詔封爲王。國朝詔革王號,止稱東瀆大淮之神,立廟德安;西瀆大河之神,立廟蒲州;南瀆大江之神,立廟成都;北瀆大濟之神,立廟河南,祭與嶽同。

【帝王陵寢】 國朝,每歲春秋仲月上旬擇日致祭。每三年一傳制遣道士齎香帛分詣致祭。凡遇登極,俱遣官分投祭告,令河南陳州祭伏羲氏、商高宗,孟津縣祭漢光武,鄭州祭周世宗,鞏縣祭宋太祖、太宗、真宗、仁宗,湖廣零縣祭神農氏,寧遠縣祭舜帝,陝西延安府祭軒轅氏,西安府祭周文王、武王、成王、康王、漢高祖、景帝,咸寧縣祭漢文帝,興平縣祭漢武帝,長安縣祭漢宣帝,富平縣祭後魏文帝,扶風縣祭隋高帝,三原縣祭唐高祖①,醴泉縣祭唐太宗,蒲城縣祭唐憲宗,涇陽縣祭唐宣宗,北直隸滑縣祭高陽氏、高辛氏,内黄縣祭商中宗,順天府祭元世祖,山東東平州祭堯帝,曲阜縣祭少昊氏,山西趙城縣祭媧皇氏,荣河縣祭商湯王,浙江會稽縣祭夏禹王、宋孝宗。

【國朝陵寢】 熙祖陵曰祖陵,在泗州蠙城北,設祠祭署,又望祭德祖、懿祖二陵。仁祖陵曰皇陵,在鳳陽府太平鄉,設皇陵衛、祠祭署,每正旦、清明、中元、孟冬、冬至、朔望,俱署官及留守行禮。太祖曰孝陵,在南京鍾山之陽,設神公監、孝陵衛、祠祭署,每正旦、孟冬、忌辰、聖節,俱行香。清明、中元、冬至俱祭祀,令勳舊大臣一員行禮。太宗曰長陵,仁宗曰獻陵,宣宗曰景陵,英宗曰裕陵,憲宗曰茂陵,孝宗曰泰陵,武宗曰康陵,俱在昌平州天壽山之陽,各設諸陵衛、神宮監、祠祭署。凡時節行香祭祀,俱遣駙馬行禮。景皇帝陵在西山,清明、中元、冬至及忌辰,俱遣儀賓行禮。

【郡邑社稷】 三代以來,社稷爲諸侯命祀,秦罷侯置守,故諸侯之職歸于守令,漢始以郡縣祀社稷。宋祥符中,始定祭儀。國朝,府稱某府社之神,某府稷之神。州縣倣此,每歲春秋仲月上戊日祭。

【里社】 唐高祖初令州縣里閭各祀社稷。國朝洪武禮制,凡各處鄉村人民,每里一百戶内,立壇一所,祀五土五穀之神,專爲祈禱雨暘時若、五穀豐

---

① "原",底本作"源",據關中叢書本改。

登。每歲一户輪當會首,常川潔凈壇場,遇春秋二社,預期率辦祭物。至日,約聚祭祀,其祭用一羊一豕,酒果香燈随用。祭畢就行會飲,中先令一人讀抑強扶弱之誓。

【郡邑山川】　國朝,令天下各府州縣,每歲春秋仲月上旬,擇日同壇祭。設三神位,中居風、雲、雷、雨之神,左居某府州縣境内山川之神,右居某府州縣城隍之神。

【祭厲】　宋岳珂《愧郯録》云:"古帝王、諸侯、卿大夫無後者,皆致祭焉①,謂之泰厲、公厲、族厲。"國朝洪武禮制,凡各府州縣,每歲清明日、七月十五日、十月一日,祭無祀鬼神,其壇設于城北郊間,府州名郡厲,縣名邑厲。

【鄉厲】　《禮·祭法》鄭氏注:"漢時,民家皆秋祀厲。"國朝洪武禮制,凡各鄉村,每里一百户内,立壇一所,祭無祀鬼神,專祈禱民庶安康、孳畜蕃盛。每歲三祭,清明、七月十五日、十月一日。祭畢會飲讀誓等儀,與祭里社同。

樂器

【樂】　《隋·樂記》曰:"伏羲有網罟之歌,伊耆有葦籥之音,葛天八闋②,神農五絃,其來尚矣。"《世本》曰:"黄帝命伶倫考八音,調和八風,爲《雲門》之樂,則其事于是乎備。"

【律呂】　《吕氏春秋》曰:"黄帝命伶倫自大夏之西,阮隃之陰,取竹于嶰谷③,以生空竅厚均者,斷兩節間,長三寸九分④,而吹之,以爲十二筒。聽鳳鳴以爲十二律,雄鳴六爲律,雌鳴六爲吕。"

【五聲】　《漢書》曰:"五聲,宫、商、角、徵、羽也。"孟詵《錦帶前書》曰:"自商以前,皆用五聲以配十二辰,至周武王克商之時,從午至子,天有七助,故加文、武二變聲,是爲七音。五聲爲體,二變爲和,依此相生,迭爲之宫。"二變者,變宫、變徵也。

【器數】　《樂府雜録》云:"舜調八音,計用樂器八百般。至周,改用五音,減樂器至五百般。唐又減三百般。太宗挑絲部爲胡部,五音並分平上去

---

① "焉",關中叢書本作"奠"。
② "闋",國學基本叢書本作"闕"。
③ "嶰",關中叢書本作"解"。
④ "寸",國學基本叢書本作"十"。

入四聲。其徵聲有聲而無調。"

【樂府】《通典》曰："漢武帝始立樂府。"樂府之名,蓋起于此。

【胡部】《唐志》曰："自周、陳以上,雅鄭淆雜而無別,隋文始分雅、俗二部,俗樂二十八調,又有倍四本寫樂,形類雅音,而曲出于胡部,此名胡部之始也。"

【音調①】《筆談》曰②："隋鄭譯始調具七均,展轉相生,爲八十四調,清濁淆亂,並流爲新聲。自後有犯聲、側聲、正煞、寄煞、偏字、傍字、雙半字之法。"則胡部諸調皆原于譯。

【三臺】三十拍,曲名也。李氏《資暇》曰："昔鄴中有三臺,石季龍遊宴之所。樂工造此曲促飲也。"

【小詞】《筆談》曰："古詩皆詠之,然後以聲依之,詠以成曲,謂之協律。詩外有和聲,所謂曲也。唐人乃以詞填入曲中,不復用和聲。此格雖云自王涯始,然《花間集·序》則云起自李太白,《謝秋娘》一云《望江南》。"

【鈞容】《宋會要》曰："軍樂也。命曰引龍直,每巡省遊幸,則騎導車駕而奏樂。"淳化中,改名鈞容直,取鈞天之義。

【鼓吹】《唐樂志》曰:黃帝使岐伯作鼓吹,揚德建武。唐詔謂鼓吹本軍容,黃帝戰涿鹿,以爲警衛也。"

【凱歌】蔡邕《禮志》曰:黃帝使岐伯作軍樂凱歌。今還軍有樂,即其遺意。"

【歌】伏羲有《網罟》之歌,葛天氏歌《八闋》,則歌以太昊爲始,蓋太昊後十三代有葛天氏也。

【舞】孟頻引《教坊記》曰:"昔陰康氏次葛天氏,元氣肇分,災沴未弭,民多重腿之疾,思所以通利關節,是始制舞。然則舞自陰康氏始。"《周禮》大舞,五曰人舞。注,無所執,以手袖爲威儀,祀星辰舞之。今代之舞出于此。

【鐘③】《山海經》曰:"炎帝之孫伯岐生鼓、延,是始爲鐘。"

【鎛鐘】《宋會要》曰:"黃帝命伶倫與營援鑄十鐘,以調月律,今鎛鐘是也。"

---

① "音",關中叢書本作"諸"。

② "談",底本爲"譚",據關中叢書本改。下同。

③ "鐘",底本爲鍾,字通。爲明確起見,據改,後同。

【鼓】　《禮記》曰："土鼓，蕢桴，伊耆氏之樂也。"《世本》曰："夷作鼓。蓋起于土鼓。"《內傳》曰："黃帝與蚩尤戰，玄女製夔牛鼓。"《山海經》云："夔，大獸，似牛，一足，無角，皮可面鼓。"

【建鼓】　《隋·樂志》曰："建鼓，商人柱貫之，謂之楹鼓。近代相承，植而貫之，謂之建鼓。"又曰："建鼓，夏后氏加四足，謂之鼓足。"又曰："建鼓，周人懸之，謂之懸鼓。"

【磬】　《皇圖要記》曰："帝嚳造鐘磬。"《通纂》曰："黃帝使伶倫造磬。"

【簨簴】　《禮記》曰："夏后氏龍簨簴，蓋樂之制，自造鐘磬，則宜有簨簴；而飾①之以龍，自夏后氏始。"

【方響】　《通典》曰："梁有銅磬，則今方響也。以鐵爲之，以代磬。"《唐志》曰："方響，體以應石，則是出于編磬之制，而梁始爲之也。"

【琴】　《世本》曰："伏羲造琴。"《隋志》曰："神農制爲五絃，周文王加二絃爲七。"

【擊琴】　《南史·柳惲傳》："初，父世隆彈琴，爲士流第一，惲每奏父曲，嘗感思。復變體備寫古詩。嘗賦詩，未就，以筆捶琴，坐客過，以筯扣之，惲驚其哀韻，乃制雅音。"後傳擊琴自此。今世俗有彈獨絃琴，以竹作扣擊之聲，疑此。

【一絃琴】　《通典》曰："一絃琴有十二柱，柱如琵琶。"《拾遺記》曰："商時，詔樂工師延，修三皇、五帝之樂。撫一絃之琴，是商代則有矣，今瞽者撫之以擬曲者是。"

【瑟】　《世本》曰："伏羲造瑟五十絃。"《隋志》曰："二十七絃。"《高氏小史》曰："二十五絃。"

【阮】　武后時，蜀人蒯朗于古墓中得銅器，似琵琶而圓。元行沖曰："此阮咸所造。"命匠人以木爲之。行沖以其形似月，聲合琴，名月琴。今人但直曰阮。

【箜篌】　《釋名》曰："師涓所作，靡靡之樂也，蓋空國之侯所好之。"《風俗通》曰："漢武令樂人侯調依琴作坎侯。"杜②祐曰："其聲坎坎應節，故曰坎侯，訛爲空侯。侯者，因樂人姓耳。謂師涓作，非也。"《通典》說其形似瑟而

---

① "飾"，底本作"餘"，據關中叢書本改。
② "杜"，底本爲"社"，據關中叢書本改。

小,用撥彈之。非今器也。"又有云:"空侯,胡樂也,漢靈帝好之,體曲而長,二十三絃,抱于懷中,兩手齊奏之,謂之擘。正今物也。"《隋志》曰:"出自西域,非華夏舊器。"

【箏】《隋志》曰:"箏,十三絃,所謂秦聲,蒙恬所作也。"《傅子》曰:"上圓象天,下平象地,中空準六合,絃柱十二,擬十二月,乃仁智之器。"

【琵琶】《釋名》曰:"本起于胡中,馬上所鼓。石崇謂昔公主嫁烏孫,令琵琶馬上作樂,以慰其思。"

【嵇琴】《唐志》曰:"琵琶體圓,修頸而小,號'秦漢子',蓋絃鼗之遺制,出于胡中,傳爲秦、漢所作。"今人又號嵇琴爲'秦漢子',按絃鼗與琵琶極不彷彿,其狀則今嵇琴也,是嵇琴爲絃鼗遺象明矣。或康所製,故名。

【簫】① 《通禮義纂》曰:"伏羲作簫,十六管。"《風俗通》曰:"舜作竹簫,其形參差以象鳳翼,十管,長一尺二寸。"

【塤篪】《拾遺記》云:"庖羲氏灼土爲塤。"《通曆》曰:"帝嚳平共工之亂,作塤篪。"《隋志》曰:"塤六孔,篪長一尺四寸,八孔。"《樂記》曰:"聖人作爲鼗、鼓、椌、楬、塤、篪,此六者,德音之音也。"

【觱篥】 何承天《纂文》曰:"羌,胡樂器,其聲悲,本名悲栗。"或曰:"胡人吹之以驚中國馬,後乃以筯爲首,以竹爲管。"然胡部在管音前,故世亦云頭管。唐編鹵簿,名爲筯管。

【笛】《太平御覽》曰:"黃帝使伶倫伐竹于嶰溪,斬而作笛,吹之作鳳鳴。"《筆談》②曰:"有雅笛,有羌笛。"李善云:"七孔,長一尺四寸。"此乃今橫笛耳。鼓吹部謂之橫吹。《風俗通》曰:"漢武時丘仲所造。"樂要曰:"笛自丘仲,以七孔一尺四寸之長。"則前此已有笛,非仲始造也。

【籥】《禮記》曰:"土鼓、蕢桴、葦籥,伊耆氏之樂也。"注云:"伊耆,古天子號。"則籥蓋伊耆氏之所作也。《廣雅》曰:"籥謂之笛,有七孔。"而周笙③師教猷籲。

【笳】《本末》云:"胡人卷蘆葉吹之,故曰胡笳。"一云李伯陽入西戎所造。

---

① "簫",底本爲"蕭",據關中叢書本改。
② "談",底本爲"譚",據關中叢書本改。
③ "笙",關中叢書本作"官"。

【笙】《禮記·明堂位》曰："女媧之生①簧。"簧，笙中之簧也。曹植《贊》曰："造簧作笙。"《隋志》曰："笙、竽，並女媧氏之所作也。"

【竽】《世本》云："隨作竽。"注云："隨，女媧臣也。"《通禮義纂》曰："漢武帝時，丘仲作竽笙，三十六管。"而《韓子》有齊宣王好吹竽之事，則竽非丘仲所作明矣。

【擊甌】《詩》曰："坎其擊缶。"則古有擊缶爲樂者。擊甌，蓋擊缶之遺事。唐大中初，郭道源用越甌邢甌十二，旋加減水，以筯擊之，其音妙于方響。疑自道源始也。

【鼗】《呂氏春秋》曰："帝嚳使倕作鼗。"《通曆》曰："帝嚳平共工之亂，作鼗鼓。"

【羯鼓】《通典》曰："以出羯中，故號羯。"《唐志》曰："明皇稱'八音之領袖，諸樂不可方也。'"

【柷敔】《樂記》曰："聖人作爲椌楬。"謂柷敔也。《通曆》曰："帝嚳平共工之亂，作椌楬。"

【拍板】《通典》有擊以代打②。打，擊節也，因其聲以節舞。拍板蓋出于擊節也。又晉、魏之代，有宋識善擊節，然以拍板代之而擊節，是拍板之始也。

【鈸】《通典》曰："鈸亦名銅盤，出西戎及南蠻，典③圓數寸，隱起如涇溫④，貫之以韋，相擊以和樂；南蠻大者圓數尺，或謂齊穆王素所造。"

【琴曲】《胡笳十八拍》，漢蔡邕女琰爲胡騎所掠，因胡人吹蘆葉以爲歌，遂翻爲《琴曲》，其辭古淡。唐劉商因擬之，以敘琰事。《琴曲》有大小胡笳，沈遼集大胡笳十八拍，世名"沈家聲"；又有契聲一拍，共十九拍，謂之"祝家聲"。

【畫角】畫角之曲有三弄，乃曹子建所撰。一曰："爲君難，爲臣亦難，難又難。"二曰："創業難，守成亦難，難又難。"三曰："起家難，保家亦難，難又難。"今角嗚嗚者，皆"難"字曳聲耳。所以使人昏曉聞之，有所儆發也。

【女樂】《列子》傳曰："夏桀既棄禮義，淫于婦人，求四方美女，積之後宮，作爛漫之樂。"

---

① "生"，關中叢書本作"笙"。
② "打"，關中叢書本作"抃"，下同。
③ "典"，關中叢書本作"其"，國學基本叢書本作"周"。
④ "涇"，國學基本叢書本作"浮"。

【官妓】《野記》云:"本朝初不禁官妓,唯挾娼飲宿者有律耳。永樂末,都御史顧佐始奏革之。蓋國初于京師建官妓六樓于聚寶門外,以安遠人,曰來賓、重譯、輕烟、淡粉、梅妍、柳翠,時雖法憲嚴肅,諸司每朝退,相率飲于妓樓。後乃浸淫放恣,曹多廢務,朝廷知之,故從顧公之言。"

學科

【學】 帝舜始建學養老,養國老于上庠,庶老下庠。周制,天子之學曰辟廱,諸侯之學曰泮宮。《通典》曰:"漢文翁爲蜀郡,修起學宮,天下皆立學,自文翁始。"

【孔子廟】 後漢鍾離意爲魯相,身入孔子廟堂。蓋孔氏家廟也。《唐志》曰:"武德二年,始詔國學立孔子廟。"正觀四年,又詔州縣皆作。

【配坐】 唐玄宗始改顏回等爲坐像,始詔孔門弟子從祀。前此孔子坐而諸賢皆立,弟子惟列像廟堂,不預享祀。

【配享】 舊制,釋奠于大學①,周公爲先聖,孔子爲先師,配享。房玄齡奏唐太宗,罷周公祀,始以孔子爲先聖,顏子爲先師,配享。

【先賢配】《唐會要》曰:"正觀二十年,詔以左丘明等二十一人,並令配享尼父廟堂。"此其始也。

【孔子封】《唐會要》曰:"開元二十七年,追諡孔子爲文宣王。"宋大中祥符五年,追諡"至聖"。元加諡"大成",云"大成至聖文宣王"。國朝因之。至嘉靖間,始改先師孔子。

【孔父母】 宋大中祥符元年,敕叔梁紇宜追封齊國公,顏氏追封魯國太夫人,又敕孔子妻亓官氏追封鄆國夫人②。元始封孔子父母爲啓聖王、夫人。

【十哲封】 唐開元二十七年,詔十哲並宜褒贈,顏亞聖封兗公,閔子費侯等是也。又詔七十子並宜追贈,曾參贈成伯,顓孫師陳伯是也。

【太公廟】 唐高宗追封太公望武成王,玄宗置太公廟,以張良配享,簡古名將準十哲。德宗以張良、田穰苴已下十人爲十哲,孫臏、范蠡以下七十二人爲弟子。

---

① "大",關中叢書本作"太"。
② "亓",關中叢書本作"上",國學基本叢書本作"元"。

【賢良】 漢、唐逮宋,取士之制有賢良方正、茂才異等六科,謂之制舉,亦曰大科,通謂之賢良。其制蓋自漢文帝始。

【秀才】 漢世取士,又有孝廉、秀才二等。齊、宋以來,州有秀才之舉,隋、唐之代,其科最上。正觀中,有舉而不第者,坐其州長,由是其科廢。故自唐及宋,雖進士猶以秀才爲號,自唐、漢之舊也。

【明經】 漢始以明經射策取人,以通經多寡補文學掌故,唐置明經之科。開元中,崔元瓘上言問大義十道,時務策三道。宋朝定業五①經義三十道也。

【學究】 唐取士之科,有明經,有進士,有明法,有"九經",有"五經",有"三經",有"二經",有學究,爲舉之常選。學究設科,自唐始也。宋神宗以經術興三舍,始除之。

【處士】 《史記》:"伊尹干湯,致于王道,曰:'伊尹處士,湯迎之,五反然後往。'"此名處士之始也。

【武舉】 唐武后詔天下諸州宜教武藝,每年准明經進士貢舉例送,此武舉之始也。

【貢士】 《周禮·大司徒》:"邦國舉賢者于王。"則貢舉之始也。唐武德初,諸州號明經、俊秀,州、縣試取合格者,每年月隨方物入貢。武后時,劉承慶疏:"伏見比來天下所貢物,至元日,皆陳在御前,唯貢人獨于朝堂拜,恐所謂重物輕人。請貢人列方物之前。"從之。此貢人群見之始也。國朝,令各府學每歲貢一人,州學三歲貢二人,縣學二歲貢一人。成化二年,從太學士李賢之請,衛學每歲貢一人,以先入學者提學,試而充之。

【科舉】 周有鄉舉里選。國朝洪武四年,詔各省連試二年,自後三年一舉,凡遇子、午、卯、酉年八月,則京畿、各省舉鄉試,辰、戌、丑、未年②二月,則禮部舉會試。

【三場】 前漢貢士惟射策,梁陳尚詞賦,唐初并試雜文。玄宗舉人問策外,更試賦并雜文貼經,爲三場試。按,雜文,今論是也。宋神宗以經術取士,詞賦遂罷。國朝,鄉試八月,會試二月,俱以初九日爲第一場,試《四書》義三道,《五經》義各四道;十二日爲第二場,試論一道,詔、誥、表、內科一道,判語五條;十五日爲第三場,試策五道。

---

① "五",關中叢書本作"三"。
② "年",原脫,今據國學基本叢書本補。

【印卷】 後唐明宗勑舉人試前五日納試紙,用中書省印印訖,付貢院。國朝,鄉試卷用各省布政司印,會試卷用禮部印。

【席舍圖】 宋祥符中,試前一日,貢院始出榜,曉示逐人排坐位處所,謂之"坐位榜",亦謂"混榜"。國朝鄉試爲席舍圖,用紙裝二軸,圖東西坐行,以《千字文》編號,注各生姓名、鄉貫、經書。會試亦同。

【鄉貫】 唐玄宗敕諸州貢舉皆于本貫,不得于所在附貫。國朝鄉、會試,卷首書各生年甲、籍貫①、三代。

【印題】 宋仁宗親試進士于崇政殿,内出三題,摹印以賜。國朝鄉、會、殿試題紙,皆摹印遍賜。

【彌封】 唐武后以吏部選人多不實,乃會試日自糊②其名,暗考以定等第。宋貢舉發解,皆用其事,曰彌封。國朝鄉、會試塲内,俱設彌封所,委官以主之。

【巡綽】 宋雍熙二年,詔禮部引試,分差官廊下③察視,視勿容私自授受。初以檢視《九經》諸科,至景德中爲巡試鋪,天聖中始有巡鋪官。國朝鄉、會、殿試,皆用武職爲巡綽官。

【監門】 宋雍熙二年,詔禮部試"九經"諸科,輪番差官二④人,在省門監守,此試院監門之始也。

【知舉】 隋唐貢士,皆考功主試。開元中,考功員外郎李昂爲舉人詆詞,玄宗以員外望輕,遂移貢舉于禮部,以侍郎主之。國朝鄉試,巡按御史聘外省教官,會試禮部請翰林官主試。

【會試】 國朝北京會圍⑤,始于永樂乙未。洪熙元年,定南、北、中三卷,以取士。

【進士】 周大樂正,論造士之秀者,以告于王,而升諸司馬,曰進士。隋大業中,始置進士之科。國朝,令天下舉人會試,中式則殿試,賜進士。

【放榜】 《摭言》曰:"進士榜頭立粘黄紙四張,以氊筆譚墨滾轉⑥,書"禮

---

① "貫",原脱,今據關中叢書本補。
② "糊",關中叢書本作"問"。
③ "下",原脱,今據關中叢書本補。
④ "二",國學基本叢書本作"三"。
⑤ "圍",國學基本叢書本作"試"。
⑥ "氊",關中叢書本作"氈";"譚",關中叢書本、國學基本叢書本作"淡"。

部貢元"四字。或曰文皇親以飛白①書之。"

【殿試】 漢文帝親策賢良能直言極諫者,此後世其人主親策士之始。唐武后策問貢人于洛城殿,殿前試人,自此始也。宋仁宗始詔進士殿試不黜落,國朝皆因之。常制,以辰、戌、丑、未年。洪武癸未,太宗渡江;天順癸未,貢院火,皆以其年八月會試,明年三月殿試,于是二次有甲申。正德庚辰會試,因武宗南狩,次年,今上登極,殿試亦有辛巳。

【分甲】 宋太宗御崇政殿試進士,詔糊名考校,定其優劣,爲五等,第一至第二等賜及第,第三、第四賜出身,第五賜同出身。仁宗始曰甲。國朝,第一甲賜及第三人,二甲賜出身,三甲賜同出身。

【唱名】 宋太宗御崇政殿試進士,梁顥首以程試上進,帝嘉其敏速,以首科處焉。按名二呼之,面賜及第。唱名賜第,此其始也。

【及第】 漢之取士,其射策中者,謂之高第。隋唐以來,進士諸科遂有及第之目。

【釋褐】 宋太宗賜新及第進士諸科,呂蒙正以下綠袍靴笏,非常例也。御前釋褐,蓋自是始。

【賜宴】 宋太宗賜新及第進士王嗣宗等錢百千,令宴樂。太宗親試呂蒙正以下,並賜及第,仍賜宴開寶寺。此賜宴之始也。其後賜宴於瓊林苑,自此爲定制。《摭言》曰:"曲江遊賞,雖云自神龍以來,然盛於開元之末。"瓊林賜宴,亦唐曲江杏園之事爾。國朝賜恩榮宴于禮部。

【題名】 《嘉話錄》曰:"慈恩題名,起自張莒,本於寺中閑空②,而題其同年人,因爲故事。"《摭言》云:"神龍以來,杏園宴後皆於慈恩寺塔下題名。"宋制:進士中第,賜名於桂籍堂。國朝于國子監立石題名。

【謁先師】 唐咸通中,劉允章爲禮部侍郎,請諸生及進士第,並謁先師。則茲禮起於唐懿宗之世,劉允章之請也。又《選舉志》曰:"開元五年,始令鄉貢、明經、進士見訖,國子監謁先師。"是則開元之禮第施於貢士,而允章所請,糾開元貢士之禮而爲之制也。

【登科記】 《唐會要》曰:"宣宗大中十年,禮部侍郎鄭顥,進《進士諸家

---

① "白",關中叢書本作"帛"。
② "空",關中叢書本作"游"。

科目記》十三卷,勑自今後,放①榜訖,仰寫及第人姓名,仍付所司逐年編次。"《摭言》曰:"永徽已前,俊士、秀才二科,猶與進士並列。咸亨後,由文學舉于有司者,競集於進士,繇是趙儋刪去俊秀,故目之曰《進士登科記》。"其事始疑自唐初,獨以進士登名記起於高宗時趙儋。國朝有《進士登科録》。

---

① "放",底本爲"於",據關中叢書本改。

新刻《古今事物考》卷之六

盩厔　王三聘　輯
錢塘　胡文焕　校

武備

【軍兵】　古者，兵隱于農，無軍民之別。自西魏始作府兵，而其法雖備于隋、唐，亦有番次，入則爲兵，出則爲農。至後周太祖，乃刺其面，給以廩食，自是兵民始分也。

【營壘】　《史記》："黃帝與炎帝戰于版泉，以兵師爲營衛。"此營壘之始也。其後兵之所居因曰軍營。

【五軍營】　《大明會典》云："五軍營，中軍，左、右掖，左、右哨。管操練京衛，及中都留守司，山東、河南、大寧三都司，各衛輪班馬步官軍。"《長語》云："國初止有五軍營。"

【三千營】　《大明會典》云："三千營五司，管寶纛令旗。"《長語》云："永樂初，始以旗寶纛下三千小達子立三千營。"

【神機營】　《長語》云："永樂中，征交阯，得神機大箭之法，因立是營。"《大明會典》云："神機營，中軍，左右掖，左右哨，管操演神銃、神砲、神鎗火器，是營與五軍三千爲三大營。"

【團營】　《大明會典》云："景泰初，選大營精銳官軍，分立十營，每營官軍六萬員名，團操以備警急調用。成化間，分爲十二營：奮武、耀武、練武、顯武、敢勇、果勇、效勇、鼓勇、立威、伸威、揚威、振威。十二營內，各分五軍。五營管內外馬步官軍。三千營管內外馬隊官軍。神機營管內外步隊官軍。"

【將軍營】　《大明會典》云："錦衣衛侍衛將軍自爲一營。下班之日，照例操練，從管領侍衛官提督。"

【四衛營】　《大明會典》云："騰驤左等四衛勇士軍人餘丁，別爲一營。

從御馬監官提督操練，其坐營等官，並於四衛指揮等官推選。"

【營官】《大明會典》云："三大營各營管操官，曰提督，各哨分管官，曰坐營，曰坐司。俱兵部奏請，於公侯伯都督都指揮内推選。永樂間，始兼用内官，而神機火器特命内臣監之，曰監鎗。又有掌號、把總、把司、把牌等官，俱於都指揮内推選，團營提督及坐營掌號把總等内外官員，略如三大營之制，而命兵部尚書或都御史一同提督。"

【兵法】《吳子序》曰："兵法始于黄帝，其後得其傳者，周太公、齊管仲、吳孫武、魏曹操、蜀諸葛孔明，其書皆行于世。"

【戰爭】《吕氏春秋》曰："蚩尤作兵，利器械。未有蚩尤時，民固削林木以戰，黄帝與炎帝戰于版泉。"是①以爲戰爭起于炎、黄之際。

【陣列】《史記》曰："高陽有共工之陣，以平水害。"于是始有陣。

【陣圖】《吳子序》曰："諸葛孔明天地風雲龍虎蛇鳥，本一陣也，出黄帝兵井之法，于魚復沙上纍石八行爲陣，世謂八陣列也。"晋桓温見之，曰："此常山蛇勢也。"後人之爲陣圖者從此。

【傳令】《書》曰："有苗弗率，禹乃會羣后，誓于衆曰：'咸聽朕命。'此軍中傳令之始也。"

【先鋒】《孫子》曰："軍無選鋒曰北。"周宣北伐，《六月》詩曰："元戎十乘，以先啓行。"則先鋒周人制也。

【殿後】《桂苑》曰："殿軍後也。"《左傳》曰："黄夷前驅，孔嬰齊殿。"宜與先鋒同起于周也。

【伏兵】《易》曰："伏戎于莽。"《左傳》："北戎侵鄭，公子突曰：'君爲三覆以待之。'覆，伏兵也。周公繇《易》言此，疑亦三代之事爾。

【火攻】 孫子之書有火攻，故齊田單有火牛之事。《左傳》："桓公七年，焚咸丘。"《公羊》曰："樵之也。"樵之者，以火攻也。

【水攻】《國語》："智伯攻趙襄子，決汾水灌晉陽城，不浸者三版。"觀此二者，非先王仁義之兵也，蓋出于戰國吞并之世云。

【京觀】《左傳》："楚子曰：'明王伐不敬，取其鯨鯢而封之，于是乎有京觀。'"推此，則是征伐以來，即有其事。

---

① "是"，原脱，今據關中叢書本補。

【烽燧】《黄帝出軍望》有望①烽火之文，周幽王爲褒姒舉烽燧。疑亦自初用兵即有之也。

【樓櫓】《莊子》曰："魏武侯欲偃兵，徐無鬼曰：'偃兵，造兵之始也。變固外戰，必盛鶴列于麗譙之間。'"麗譙，戰樓之名，即敵樓也。疑周衰戰國時始有之云。

【雲梯】《續事始》曰："魯人公輸般造，以攻宋城，可以陵空立之。"《太白陰經》謂之飛梯。《左傳》曰："楚子使解揚登樓車。"《詩》曰："臨衝閑閑。"臨衝②，即樓車也。蓋雲梯矣。當是三代之制，而公輸加機巧爾。

【礟石】張晏曰："《范蠡兵法》，飛石重十二斤，爲機法，行三百步。甘延壽有力，能以手投之。"今邊城有礟，蓋出于范蠡飛石之制，因事增廣爲法爾。《唐書》："李密使戎③造廣雲䈎三百具，以機④發石爲攻城，械⑤號'將軍礟'。"

【戎車】《右司馬法》曰："夏曰鈎車，商曰寅車，周曰元戎。"則戎車出于夏前，至夏始名也。

【戰舟】《墨子》曰："公輸般自魯之楚，爲舟戰之具，謂之鈎拒。"此戰舟之始也。《太白陰經》曰："水戰之具，始于伍員製之，以船爲車，以楫⑥爲馬云。"

【戍邊】紂時，西患昆夷，北難獫狁，文王以紂命遣戍役，以守衛中國。采薇所歌是也。其事起于商辛失道之世。

【出軍】《筆談》曰："宋太祖制禁軍更戍之法，欲其習山川勞苦，遠妻孥懷土之戀；兼外戍之日多，在營之日少，人人少子而衣食易足。"以禁軍出軍之始也。

【避僧】《鄴洛記》云："北齊忌黑。僧衣多黑，而師決勝之辰，多所避忌，北齊始也。"今行軍出師之日，忌見僧尼，本此。

【兵器】兵者，戈、戟、矛、劍之總名也。《太白陰經》曰："神農以石爲

---

① "望"，關中叢書本作"決"。
② "衝"，底本爲"車"，據國學基本叢書本改。
③ "戎"，關中叢書本作"戍"，國學基本叢書本作"戒"。
④ "機"，關中叢書本作"礟"。
⑤ "械"，國學基本叢書本作"戒"。
⑥ "楫"，國學基本叢書本作"櫓"。

兵,黃帝以玉爲兵,蚩尤乃鑠金爲兵。"

【黃鉞】 《黃帝內傳》曰:"帝將伐蚩尤,玄女受帝金鉞以主煞。"此其始也。

【牙旗】 《黃帝出軍決》曰①:"牙旗者,將軍之精;金鼓者,將軍之氣,一軍之形候也。"即知牙旗之制始自制軍之時②,吳孫權因之作黃龍大牙。

【衣甲】 《太白陰經》曰:"蚩尤割革爲甲。"《黃帝內傳》曰:"玄女請帝制甲冑以備身也。"

【抹額】 《二儀實錄》曰:"禹娶塗山之夕,大風雷電,中有甲卒千人,其不被甲者,以紅絹帕抹其頭額,云海神來朝。禹問之,對曰:'此武士之首服。'秦始皇至海上,有神朝,皆抹額緋衫大口袴。"侍衛自此抹額,遂爲軍容之服。

【兜鍪】 冑也。《黃帝內傳》云:"玄女請帝製之以備身也。"

【干戈】 王子年《拾遺記》曰:"庖犧造干戈以飾武。"此干戈之始也。《呂氏春秋》云:"蚩尤造五兵。"此蓋其一也。

【劍】 《管子》曰:"葛天盧之山,发水③出金,蚩尤受而制之,以爲劍、鎧、矛、戟。"此劍之始也。《荀子》曰:"桓公之慈,太公之闕,文王之琢,莊君之忽,闔閭之干將莫邪巨闕辟閭,皆古之良劍也。"

【戟】 《管子》曰:"雍狐之山,发水出金,蚩尤受而制之,以爲戟。"此戟之始也。《續事始》曰:"魏武加蝦蟇頭幡。"

【刀】 郭憲《洞冥記》曰:"黃帝採首山之銅,始爲鑄刀。"《二儀實錄》曰:"刀之制,自黃帝與蚩尤戰即有之。"

【槍】 《實錄》曰:"黃帝與蚩尤戰,即有槍,漢諸葛亮始以木作之,長丈二,以鐵爲頭。"《續事始》曰:"亮置苦竹槍,長二④丈五尺。"

【矛】 《呂氏春秋》云:"蚩尤作五兵,有酋矛、夷矛。"則矛蓋蚩尤作也。《通俗文》曰:"矛長八尺謂之矟。"

【馬槊】 梁簡文帝《馬槊譜序》:"馬槊爲用,雖非遠法,近代相傳,稍以成藝。"按,曹操父子,橫槊賦詩于鞍馬之間,則馬槊已具于此矣,豈其事之所起乎?

---

① "決",國學基本叢書本作"訣"。
② "制",關中叢書本作"置"。
③ "水",關中叢書本作"而"。
④ "二",關中叢書本作"一"。

【匕首】《通俗文》曰："匕首，劍属，其頭类匕，故曰匕首。短而便用。"漢王莽避火宣室，持虞帝匕首。則堯、舜已爲其物矣。然兵械之原，多出于黃帝，亦其事耶。

【弓矢】《易》言："黃帝弦木爲弧，剡木爲矢。"《山海經》曰："少皥生般，始爲弓矢。"《吳錄》曰："揮觀弧星，始爲弧。"《世本》曰："牟夷作矢。"注云："牟夷、揮，皆黃帝臣。"然則當以繫辭爲是。

【弓袋】《實錄》曰："器皆自有虞氏始，韔鹿施弓袋，通謂之三伏①，蓋大將備儀也。"《樂記》曰："武王克商，倒載干戈，包之以虎皮，名曰建櫜。"注："建，讀爲鍵，兵甲之衣曰櫜。"

【箭筒】《實錄》曰："箭筒，自有虞氏始也。"《周禮》有矢箙。《詩》有魚服。注："取魚獸之皮爲矢之服。"

【弩】《古史考》曰："黃帝作弩。"《吳越春秋》曰："弩生子弓。"楚琴氏以弓矢之勢不足以威天下，乃橫弓着臂，施機設郭，加之以力。即是弩也。《龍魚河圖》曰："黃帝時，蚩尤造五兵，杖、刀、戟、大、弩。"則弩之起遂矣。

【神臂弓】《筆談》曰："熙寧中，李定獻偏架弩，似弓而施幹鐙。以鐙拒地而張之，射三百步，能洞扎，謂之神臂弓，最爲利器。"蓋臂弓之爲國用，自定始也。

【射的】《虞書》曰："侯以明之。"至周，有熊虎麋豻三五正侯，後世就簡，但爲射的，蓋侯之遺意也。

【鳴鏑】《前漢·奴傳》曰："冒頓作鳴鏑。"應劭曰："驍箭也。"遂以射殺頭曼單于者。

【斬馬刀】漢成帝時，朱雲請上方斬馬劍斷張禹頭，以勵其餘。則是名已見于漢矣。宋神宗又製斬馬刀，蓋取漢舊名爲稱也。

【六纛】《實錄》曰："商有纛，皂紙爲之，似蚩尤首。"《黃帝內傳》曰："玄女爲帝製玄纛十二，以主兵。"是則纛自黃帝始也。

【旗幟】《列子》曰："黃帝與炎帝戰，以鵰鶡鷹隼爲旗幟，故今旗物或綵錯鵰鶡，取諸此也。"《黃帝內傳》："玄女請帝製旗幟，以象雲物。"此旗幟之始也。

【五方旗】《通典》曰："黃帝振兵，設五方旗。"《黃帝內傳》曰："帝制五

---

① "伏"，關中叢書本作"仗"。

綵旗,指顧向背。"青引東、赤南、白西、黑北、中黃,是也。

【鉦】《黄帝内傳》曰:"玄女請帝鑄鉦鋧,以擬雹擊之聲。"今銅鑼其遺事也。

【鐸】《鬻子》曰:"禹治天下,以五聲聽,爲銘書于簨簾曰:'告寡人以事者擊鐸。'"禹世已有此也。

【角】 角,前書記不載,或云出羌胡,一云出于越。《禮·義纂》曰:"蚩尤帥魑魅,與黄帝戰,帝命始吹角作龍鳴以禦之。"蓋角始于黄帝也。軍中置之,司昏曉,故角爲軍容。

【鼙】《唐韻》曰:"鼙,騎上鼓。今軍行馬上所擊是也。"《内傳》曰:"玄女請帝製鼓鼙,以當雷霆。"是則黄帝製之,以伐蚩尤也。《吕氏春秋》曰:"帝嚳令倕作鼓鼙之樂。"

【鞀】《吕氏春秋》曰:"倕作鞀。"《鬻子》曰:"禹爲銘書于簨簾曰:'語寡人以獄訟者揮鞀。'"

【鞍轡】 桓寬《鹽鐵論》云:"繩鞚草鞦皮薦而已,後代以革鞍而不飾。"《六韜》曰:"車騎之將,軍馬不具、鞍勒不備者誅。"推此,當時三代之制,蓋黄帝始服牛乘馬,疑未騎也。"

【鞭】《説文》所爲驅遲者也,古用革以爲之,後世代之以竹,故或謂之策,蓋策之以箠馬。《書》曰:"鞭作官刑。"則得名于堯、舜之代,始爲薄刑之用。

【鐵蒺藜】《事始》曰:"鐵蒺藜、菱角,起于隋煬帝征遼東,置之要路水中,以刺人馬。"非也。漢文帝時,晁錯言守邊儀云:"具蘭石,布渠答。"注云:"渠答,鐵蒺藜也。"又司馬懿追諸葛軍,長史楊儀亦布鐵蒺藜,則漢已有其物矣。

【盾】《拾遺記》曰:"庖犧造干。"宋衷曰:"楯也。"

【傍排】《實録》曰:"自牟夷始也。"《宋會要》曰:"太宗聞南方以標槍傍排爲兵,令蕭延皓取廣德軍習之。"軍士之用標牌,此其始也。

【柝】《易》曰:"重門擊柝,以待暴客。"《説文》:"欙,夜行所擊。"今擊木爲聲,以代更籌者是。俗曰蝦蟇更。欙即柝,乃古今字耳。

冠服

【冠】《通典》曰:"上古衣毛冒皮,後代聖人見鳥獸有冠角髯胡之制,遂作冠冕纓緌,以爲首飾。"《三禮圖》曰:"緇布,始冠之冠,太古木有絲繒,始麻布耳,黄帝始用布帛。"或曰:"黄帝以①前用皮羽。"

【冕】《通典》曰:"黄帝作冕,垂旒。"宋名平天冕。《大明諸司職掌》云:"皇帝冕,版廣一尺二寸,長二尺四寸,冠上有覆,玄表朱里,前後各有十二旒,旒五采,玉珠十二,玉簪導,朱纓,祭天地、宗廟、社稷、先農,及正旦、冬至、聖節、册拜用之。東宫冕,九旒,旒九玉,金簪導,紅組纓,兩玉填。親王冕,五采玉珠九旒,紅組纓,青纊充耳,金簪導。世子冕,三采玉珠七旒,紅組纓,青纊充耳,金簪導。郡王冕,同世子。"

【弁】《禮記》稱三王共皮弁。《大明諸司職掌》云:"皇帝皮弁,用烏紗帽之,前後各十二縫,每縫各綴五采玉十二,以爲飾。玉簪導,紅組纓。朔望視朝,降詔、降香、進表、四夷朝貢、朝覲用之。東宫親王皮弁,九縫,綴玉九,金簪朱纓。世子八縫。郡王七縫,綴簪銅②。"

【簪纓】《古今注》曰:"女媧爲簪,以貫髮。與貫纓同興。"《沿革》曰:"唐、虞已上,布冠無緌。謂纓始于堯、舜。"

【沖天冠】 唐制交天冠,以展腳相交于上。國朝吴元年,改展腳,不交向前朝,其冠纓取象善字,改名翊善冠。洪武十五年,改展角③向上,名曰沖天冠。"

【通天冠】 蔡邕《獨斷》曰:"天子所冠,漢制之。秦禮無文,祀天地明堂,平冕,鄙人不識,謂之平天冠。"

【高山冠】 魏明帝以似通天,乃毁變其形,除其卷筩,令如介幘,幘上加物,以象上峯。

【梁冠】《三禮圖》曰:"古緇布冠之遺象,儒者之服也,前高七寸,長八寸,高三寸。"《漢官儀》曰:"平帝令公卿列侯冠三梁,二千石兩梁,千石以下一梁。梁別貴賤,自漢始也。"《大明諸司職掌》云:"文武官朝服梁冠,以梁數分等第。公八梁,侯伯一品七梁,二品六梁,三品五梁,四品四梁,五品三梁,六品七品二梁,八品九品一梁。"

【幞頭】《二儀實録》曰:"古以皂布三尺裹頭,號頭巾。三代皆冠列品,

---

① "以",關中叢書本作"已"。
② "銅",關中叢書本作"同"。
③ "角",關中叢書本作"脚"。

黔首以皂絹裹髮,亦爲軍戎之服。後周武帝依周用絹三尺,裁爲襆頭,此得名之始也。"《唐會要》曰:"故事,全幅向後,襆髮①俗謂之襆頭。梁高祖始布漆于紗,施鐵爲角。唐惟人主用硬脚。晚唐方鎮擅命,始僭用之。"此硬角襆頭之始也。《大明諸司職掌》云:"文武官公服襆頭用漆紗,二等,展角各長一尺二寸。雜職官襆頭用垂帶。"

【法冠】《漢·輿服志》曰:"法冠,一名注②後惠文,高五寸,以縰爲展筩,鐵柱卷,御史執法者服之。或謂之獬豸冠。獬豸,羊,能別曲直,楚文王獲之,故以爲冠。"

【武冠】《漢·輿服志》曰:"俗謂之大冠,環纓無蕤,以青絲爲緄,加雙鶡尾豎左右,爲鶡冠。云鶡者,勇進也,故趙武靈王以來武士。秦施之焉。"

【惠文冠】《職林》曰:"漢侍中冠武弁大冠,亦曰惠文冠,加金璫,附蟬爲文,貂尾爲飾。侍中服左貂,常侍服右貂。金取堅剛,百煉不耗,蟬取居高食潔,貂取外勁悍而内温潤。此本趙武靈王胡服之制,秦始皇滅趙,以賜侍中。庾杲③之爲蟬冕,所映彌有華采。"

【幘】《輿服志》曰:"古者有冠無幘,秦加武將首飾爲絳幘,以表貴賤。漢文加以高頂,其承遠遊,進賢者,施以掌導,謂之介幘。承武弁者,施以笄導,謂之平巾。"《雜志》曰:"一字巾謂之岸幘。"

【帽】《通典》曰:"上古衣毛冒④皮則冒名之始也。古者冠下有纚,以繒爲之,後世施幘于冠,因裁纚爲帽,上下通服之。"《玄中記》曰:"荀始作帽。"宋仁宗前,烏帽惟用光紗,自後始用南紗,迨熙寧中,復稍稍用光紗矣。

【堂帽】 唐巾者,軟絹紗爲之,以帶縛于後,垂于兩傍,貴賤皆戴之,乃裹髮軟巾也。國朝取象而製⑤,乃用硬盔。鐵線爲硬展角⑥,非有職之人,列于朝堂之上,不敢僭用。"故曰堂帽,始製于洪武二年。

【中官帽】 國朝初以圓帽爲太平帽。至洪武十九年,始創製其樣,休儀三山之帽,用紗裹之,增方帶二條于後,無官者,頂後垂方紗一幅,曰内使帽。

---

① "髮",底本作"法",據關中叢書本改。
② "注",關中叢書本作"柱"。
③ "杲",底本作"果",據關中叢書本改。
④ "冒",關中叢書本作"帽"。
⑤ "而製",國學基本叢書本作"唐巾"。
⑥ "角",關中叢書本作"脚"。

是帽原于高麗王①服，高廟遣一細作瞯其王之冠，製而爲之，遂命諸內侍皆冠之，因使者謂曰："汝主之冠，與朕此內臣同，今此曹日供使令之役于朕，而汝主乃欲崛彊②不服朕耶。"使者歸，言之，遂降。

【蓆帽】 《實錄》曰："本羌人首服，以羊毛爲之，謂之氈帽，即今氈笠，秦、漢競服之，後故以蓆爲骨而鞄之，謂之蓆帽。女人戴者，肆緣垂下網子以自蔽。"《青箱雜記》曰："王衍在蜀，好私，恐人識之，令人戴大帽。則世俗之戴蓆帽，始于王衍也。"

【大帽】 《實錄》曰："野老之服也。唐以皂縠爲之，以隔風塵。"李氏《資暇錄③》曰："大裁帽也。"《談④苑》曰："後魏孝文帝自雲中徙代，以賜百寮；宋令郎中臺諫服之。"

【圓帽】 是即今氈帽之类。始于元世祖出獵。惡日射其目，乃以樹葉置于胡帽之前，其後雍古剌氏乃以氈一片置于前。因不圓，復置于後⑤，故今有圓⑥帽大簷，是也。

【帷帽】 《唐·輿服志》曰："帷帽創于隋代，永徽中始用之，施裠及頸。宋士人往往用皂紗若青，全幅連綴于油帽或氈笠之前，以障風塵，爲遠行之服，蓋本此。又有面衣，前後全用紫羅爲幅，下垂，雜他色爲四帶，垂于背，爲女子遠行乘馬之用，亦曰面帽。按《西京雜記》："趙飛燕爲皇后，女弟昭儀上襚叁十五條，有金花紫羅面衣。"則漢已有面衣也。

【頭巾】 古以皂羅裹頭，號頭巾。蔡邕《獨斷》曰："古幘無巾，王莽頭禿，乃始施巾。"《筆談》曰："今庶人所戴頭巾，唐亦謂之四脚，二繫腦後，二繫頷下，取服勞不脱，反繫于頂上。今人不復繫頷下，兩帶遂爲虛設。後有兩帶、四帶之異，蓋自宋朝始。"

【儒巾】 國朝所制，今國子生所戴是也。

【幅巾】 古庶人服巾，士則冠矣。《傅子》曰："漢末，王公多委士服，以幅巾爲雅素。"則幅巾古賤者之服也。漢末，始爲士人之服。

---

① "王"，底本爲"未"，據國學基本叢書本改。
② "彊"，關中叢書本作"强"。二字通。
③ "錄"，原脱，今據國學基本叢書本補。
④ "談"，底本爲"譚"，據關中叢書本改。
⑤ "後"，關中叢書本作"后"。
⑥ "圓"，原脱，今據國學基本叢書本補。

【網巾】 古無此制,故古今圖畫人物皆無網。國朝初定天下,改易胡風,乃以絲結網,以束其髮,名曰網巾。又制方巾,名曰頭巾,罩之。識者有"法束中原,四方平定"之語。《海涵萬象錄》曰:"太祖微行至神樂觀,見一道士結網巾,召取之,遂為定制。"蓋自元以前無此也。

【衣裳】 《通典》曰:"上古衣毛,後代以麻易之。先知為上,以製衣;後知為下,以製裳。"《易》曰:"黃帝垂衣裳而天下治。"《世本》曰:"胡曹作衣。"《淮南子》曰:"伯余初作衣。"注云:"皆黃帝臣;一云伯余,黃帝也。"

【袞】 《內傳》曰:"黃帝伐蚩尤,乃服袞冕,至舜始備十二章。"周登日月于太當,九章而已,餘五服俱周制也。《大明諸司職掌》云:"皇帝袞十二章,玄衣六章,織日月星辰山龍華蟲,繡裳六章,織宗彝藻火粉米黼黻,中單以素紗為之,蔽膝,革帶,大帶,佩綬,舄。東宮袞九章,玄衣五章,織山龍華蟲宗彝火,繡裳四章,織藻粉米黼黻。親王袞九章,但上袞用青。世子袞九章,青衣三章,織華蟲火宗彝,繡裳四章,織藻粉米黼黻。郡王袞五章,青衣三章,織粉米藻宗彝,繡裳二章,織黼黻。"

【朝服】 《晉·輿服志》曰:"漢制,五郊,天子與執事服各如方色,百官不執事者服常服絳衣以從。"魏秦靜曰:"漢氏承秦,改六冕之制,但無冠絳衣而已。"魏以來,名朝服。《大明諸司職掌》云:"文、武官朝服,亦羅衣,白紗中單,俱用青飾領緣,青羅裳,青緣,蔽膝,革帶,大帶,佩綬,襪履。凡遇大祀慶成,正旦、冬至、聖節,及頒降開讀詔赦進表傳制,則服,未入流官,照九品官具朝服行禮。"

【公服】 《筆談》曰:"中國衣冠,自北齊以來,全用胡服,窄細①緋綠。唐武德、貞觀②間猶爾,開元後,稍裒博矣。"《通典》曰:"宇文護始袍加下襴,遂為後制,即今公服也。"《大明諸司職掌》云:"文、武官公服,用盤領右衽袍,或紵絲、紗、羅、絹、從宜製造,袖寬三尺。在京官朝見奏事謝辭,及在外官清晨公座,則用公服幞頭。"

【祭服】 《大明諸司職掌》云:"文、武官陪祭服,一品至九品,青羅衣,白紗中單,俱用皂領緣,赤羅裳,皂緣,赤羅蔽膝,方心曲領,其官帶佩綬等第,並同朝服。"

---

① "細",關中叢書本作"袖"。
② 貞觀,唐太宗年號。底本作"真觀",或作"正觀",避宋仁宗名諱。據改。

【佩】 董巴《輿服志》曰："古者君臣皆佩玉，三代同之。"蓋起于夏后氏，至周始制其等。天子佩白玉，公侯山玄，大夫水倉，世子瑜玉，士瑞致①，是也。《大明諸司職掌》云："皇帝袞冕佩玉長三尺三寸，弁服白玉佩。東宮、親王、世子、郡王袞弁俱玉佩。文、武官朝服，一品佩用玉，二品用犀，三品至九品用藥玉。"

【綬】 《禮玉藻》曰："天子佩白玉而玄組綬，公侯山玄玉而朱組綬。"則綬貫佩玉而相承受者。董巴《輿服志》曰："戰國解去綍佩，留其絲綟，以綵紺相連，結于綟，轉相綬。"蓋帶綬起于七國，而名之自三代也。《大明諸司職掌》云："皇帝袞冕大綬六綵，用黄白赤玄縹綠織成，純玄質，五百首。小綬三色，同大綬，間織。東宮袞冕綬五綵，用赤白玄縹綠織成，純赤質，三百三十首，小綬三色，同大綬，間織。親王袞冕綬同，惟三百一十首。世子袞冕綬紫質，用紫黄赤三綵織成，間織，弁服俱用大綬。文武官朝服，一品、二品，綬用綠黄赤紫四色絲，織成雲鳳四色花錦，下結青絲網；三品、四品，綬用四色，織雲鶴，五品綬四色，織盤鵰②；六品、七品，綬黄綠赤三色，織練鵲；八品、九品，綬黄綠二色，織鸂鶒。"

【環】 《瑞應圖》曰：黄帝時，西王母獻白環，舜時，又獻之。"則環當出虞氏。《大明諸司職掌》云："皇帝東宮親王袞冕三玉環。世子郡王二玉環。文武官朝服，一品二環，用玉，二品二環，用犀，三品四品二環，用金，五品二環，用銀鍍金，六品七品二環，用銀，八品九品二環，用銅。"

【蔽膝】 《明堂位》曰："有虞氏服韍。"鄭康成注曰："冕服之韠中也。"《蘇氏演義》曰："昔先王衣羽皮韍，字遂從韋。韋，皮也。"《春秋正義》云："魏、晉以還，易以絳紗，字遂從系。蓋太古蔽膝之法象，冕謂之韍，朝服謂之韠也。"《大明諸司職掌》云："皇帝袞冕，紅羅蔽膝，上廣一尺，下廣一尺，長三尺，織火龍山三章；弁服，絳紗衣，蔽膝隨衣色。東宮親王袞冕，蔽膝隨裳色，織火山二章；弁服，絳紗袍，紅裳蔽膝，隨裳色。世子郡王袞冕，襈赤韍，弁服同。文武官朝服，赤羅蔽膝。"

【大帶】 《前郊祀志》云："搢紳，插笏于紳。紳，大帶也。"《大明諸司職掌》云："皇帝袞冕大帶，素表朱裏，兩邊用綠，上以朱錦，下以綠錦，弁服大帶，

---

① "瑞致"，關中叢書本作"瑞玫"，國學基本叢書本作"珷玞"。
② "鵰"，關中叢書本作"雕"。

緋白。東宮兖冕大帶，白表朱裏，上緣以紅，下緣以綠。親王兖冕大帶，表裏白羅，朱綠緣，弁服大帶同。文武官朝服大帶，用赤白二色絹。"

【帶】《實錄》曰："自古有革帶及插垂頭，秦二世始名腰帶，唐高祖令向下插垂頭，取順下之義，名銙尾；一品至三品，金銙；四品六品，花犀爲銙；七品九品，銀銙；庶人鐵銙。"《大明諸司職掌》云："皇帝兖冕革帶，長三尺三寸，弁服革帶，玉鈎鍱。東宮親王兖冕革帶，金鈎鰈。文武官朝服革帶，一品用玉，二品用犀，三四品用金，五品用銀鈒花，六七品用銀，八九品用烏角。公服腰帶，一品用玉，或花或素，二品用犀，三品四品用金荔枝，五品以下用烏角，鞓用青革，仍垂撻尾於下，韖用皂。常服腰帶，一品玉，二品花犀，三品金鈒花，四品素金，五品銀鈒花，六七品素銀，八九品烏角。"

【服御】《二儀實錄》曰："唐高祖初，用隋制，天子常服黃袍及衫，後漸用赤黃，謂之赭黃。"《唐會要》曰："玄宗時，韋韜奏，御案牀褥，去紫用赤黃。"自武德時，禁止士庶不得服。而天子服御之以黃，自韋韜之請也。

【服色】《二儀實錄》曰："隋煬帝詔牛洪等造章服差等，三四品紫，五品朱，六品以下綠，官吏青，庶人白，商皂。"服色之分，疑自此始。《唐·馬周傳》曰："三品紫，四五品朱，六七品綠，八九品青。"《大明諸司職掌》云："文武官公服，一品至四品緋袍，五品至七品青袍，八品九品綠袍，未入流雜職官，袍與八九品同。"

【花樣】　國朝，公、侯、駙馬、伯、麒麟、白澤；文官一品二品，仙鶴、錦鷄；三品四品，孔雀、雲鴈；五品，白鷳；六品七品，鷺鷥、鸂鶒；八品九品，黃鸝、鵪鶉、練鵲。風憲官用獬豸。武官一品二品，獅子；三品四品，虎、豹；五品，熊、羆；六品七品，彪；八品九品，犀牛、海馬。儀賓視武官。

【圭】《大明會典》云："皇帝圭長一尺二寸，東宮圭長九寸五分，親王圭長九寸二分五釐，世子郡王圭長九寸。"

【笏】《唐會要》曰："笏，周製也。"《周禮》，諸侯象，大夫魚鬚，士以竹。晉、宋以來，謂之手板。西魏以後，五品以上通用象。舊制，三品以上，前挫後直，五品以上，前挫後屈。唐高祖詔五品以上象笏，六品以下竹木笏。國朝，文武官笏，五品以上象牙，六品以下用槐木。

【絛】《周禮》作絛，巾車絛纓。蓋三代有矣。今前圓後方之絛。國朝楚昭王所制也，謂之天圓地方絛。

【襴衫】《唐志》曰："馬周以三代布深衣，因于其下着襴及裙，名襴衫，以爲上士之服。"今學子所衣襴衫之始也。

【衫】《輿服志》曰："馬周上議，禮無服衫之文，三代有深衣。請襴、袖、褾、襈，爲士人上服。開骻，名䙆骻衫，庶人服之。"即今四袴衫也，蓋自馬周始云。

【汗衫】《實錄》曰："古者朝燕之服有中單，郊享之服有明衣；漢高與項羽戰爭，汗透中單，遂有汗衫之名。"

【凉衫】《筆談》曰："近歲，京師士人朝服乘馬，以黲衣蒙之，謂之凉衫，亦古遺法也。"《儀禮》曰："朝服加景"，但不知古人制度何如耳。

【襖子】《舊唐書·輿服志》曰："燕服，古褻服也，亦謂之常服。江南以巾褐裙襦，北朝雜以戎夷之制。至北齊，有長帽短靴，合袴襖子，朱紫玄黃，各任所好。若非元正大會，一切通用。蓋取于便事。"則今代襖子自北齊起也。

【半臂】《實錄》曰："隋大業中，内官多服半臂，除却①長袖也。"唐高祖減其袖，謂之半臂，今背子也。江、淮之間，或曰綽子，士人競服。隋始制之。今俗名搭護。

【袴褶】《唐書》曰："德宗時，百官朝朔望皆服袴褶，歸崇敬逮言：'三代逮漢無其制，隋以來，始有服者。'"《通典》曰："晉衣服制有之。"云：袴褶之制，未詳所起，近代服之，無定色。"《實錄》曰："上古食肉衣皮，遂以爲袴，名袴褶。今武士大口袴褶，是魏文上馬袴也。"按《史記》，屠岸賈滅趙氏，趙朔妻有遺腹生男女，賈索②之，夫人置袴中，其稱始見諸此。

【裘】《黃帝出軍決》曰："帝伐蚩尤，未克，夢西王母遣道人，披玄狐之裘，以符授帝。"則是時已有裘名。《說文》曰："裘，皮衣。"蓋上古衣毛冒皮之遺象也。

【褌】《實錄》曰："西戎以皮爲之，夏后氏以來用絹，長至于膝；漢、晉名犢鼻，北齊則與袴長短③相似，而省犢鼻之名。"

【襪】《文子》曰："文王伐崇，襪繫解。"則其物已見于商代。《實錄》曰："自三代有之，謂之角襪，前後兩隻相承，中心繫帶。"魏文帝吳妃始裁縫，以綾羅紬絹爲之。《洛神賦》"羅襪生塵"是也。

---

① "却"，底本爲"即"，據關中叢書本改，國學基本叢書本作"去"。
② "索"，底本作"素"，據關中叢書本改。
③ "短"，底本爲"民"，據關中叢書本改，國學基本叢書本作"形"。

【靴】《釋名》曰："本胡服,趙武靈王所作。"《實錄》曰："胡履也,趙武靈王好胡服,常短靿,以黃皮爲之,後漸以長靿,軍戎通服之。"唐馬周以麻爲之,殺其靿,加以靴氈;裴叔通以羊皮爲之隐麕,加以帶子裝束。"《筆談》曰："北齊全用胡服,長靿靴也。"《續事始》曰："故事胡虜之服,不許着入殿省,至馬周加飾,乃許也。"朱子《語錄》曰："靴乃馬鞋也。"

【履舄】《實錄》曰："三代皆皮爲之,單底曰履,複底曰舄。"《古今注》曰："舄,以木置履下,乾腊不畏泥濕;履乃屨之不帶者。"蓋祭服謂之舄,朝服謂之履,燕服①謂之屨也。《續事始》曰："宋元嘉元年,始有鳳頭履。"故今人亦有鳳頭鞋也。

【屝②履】《實錄》曰："始皇二年,始以蒲爲履。"宋衷曰："黃帝臣于則作屝履。"又《釋名》曰："屝,草履也。出行着之。屝輕便,因以爲名。"

【鞋】《實錄》曰："夏、商皆以草爲之,周以麻,晉永嘉中以絲。或云馬周始以麻爲之,名鞋也。"《古今注》曰："魏文帝絶寵段絲,猶以之爲履③。"則非晉始以絲爲鞋矣。按《禮·少儀》云："國雖靡敝,君子不履絲屨。"則周人已用爲屨也。

【屐】《異苑》曰："介子推抱木燒死,晉文伐以製屐。"則春秋時已有是物矣。至司馬晉,遂爲常服。

【橇】《正儀》曰："橇形如船而短小,兩頭微起,曲一脚,泥上摘進,用拾泥之物。今海邊有也。自禹始之。"

【樏】《正儀》曰："按,上山,前齒短,後齒長;下山,前齒長,後齒短。山行往來,以鐵施屐下,是也。自禹有之。"

【雨衣】《事始》曰："凡雨具,周已有之,《左傳》云陳成子衣製仗戈。杜預注曰:'製,雨衣也。'"《炙轂子》曰："帷絹油製之,及油帽,陳始有之也。"

【僧衣】《僧史略》曰："後魏宫中,見僧自恣,偏袒右肩,乃施一邊衣,號偏衫,全其兩肩衿袖,失祇枝之禮④。"《大明會典》云："禪僧,茶褐常服,青條,五色袈裟;講僧,五色常服,綠條,淺紅袈裟;教僧,皂常服,黑條,淺紅袈裟。僧官如之,惟僧錄司袈裟綠紋,飾以金。"

---

① "服",底本爲"養",據關中叢書本改。
② "屝",國學基本叢書本作"扉"。下同。
③ "段絲,猶以之爲履",關中叢書本作"叚巧笑,始制絲履"。
④ "枝",關中叢書本作"支";"禮",關中叢書本作"體"。

【道衣】《援神契》曰:"《禮記》有侈袂,大袖衣也。道衣,其类也。唐李泌爲道士,賜紫,後人因以爲常。直領者,取簫散之意。"《大明會典》云:"道士常服青法服,朝服皆用赤色,道官亦如之。惟道録司官法服、朝服皆緑紋,飾以金。"

【冠子】《二儀實録》曰:"爰自黄帝爲冠冕,而婦人之首飾無文,至周,亦不過幅笄而已。漢宫掖承恩者,始賜碧或緋芙蓉冠子。"則其物自漢始也。國朝,皇后禮冠爲圓匡,冒以翡翠,上飾以九龍、四鳳、十二樹,小花如之,两博鬢十二鈿。常冠,龍鳳珠翠冠,東宫親王妃禮冠,九翬,四鳳,花钗九樹,小花如之,九鈿。常冠,犀冠,刻以花鳳,世子郡王妃,珠翠七翟冠。命婦人禮冠,四品以上用金事件,五品以下用抹金銀事件。

【特髻】《實録》曰:"燧人氏婦人始束髮爲髻。"至周,王后首飾爲幅編。鄭云:"三輔謂之假髻。"

【步摇】 堯舜以銅爲笄,舜加首飾,雜以象牙玳瑁爲之。文王髻上加珠翠翹花,傅之鉛粉,其高髻名鳳髻。加之步步而摇,故以步摇名之。又《釋名》云:"首飾副其上,有垂珠,步則摇也。"

【髮髢】《周禮》王后夫人之服,有以髮髢爲首飾者,故《詩》云:"鬒髮如雲,不屑髢也。"通鑑《後事》云:"晋永嘉中,以髮爲步摇之狀,名曰鬢,以爲禮容。"即缠髮特髻之遺象也。

【頭帬】《二儀實録》曰:"燧人氏爲髻,但以髮相纏,而無繫縛。"至女媧之女,以羊毛爲繩,向後繫之。後世易之以絲及綵絹,名頭帬,其①遺状也。

【蓋頭】 唐初 ,宫人幕籬,雖发自戎夷,而全身障蔽,王公之家亦用之。高宗之後用幃帽,後又戴皂羅,方五尺,亦謂之幞頭,今曰蓋頭。凶服者亦以一幅布爲之。

【粧】 周文王時,女人始傅鉛粉;秦始皇宫,悉紅粧翠眉,此粧始也。宋武宫女效壽陽落梅之異,作梅花粧。隋文宫中紅粧,謂之桃花面。

【粧靨】 近世婦人粧,喜作粉靨,如月形、如錢様,又以朱若臙脂點者,唐人亦上之②。蓋自吴孫和誤傷鄧夫人頬,醫以白獺髓,合膏琥珀太多,痕不滅,有赤點,更益其妍,諸嬖欲要寵者皆以丹青點頬。此其始也。

① "其",底本爲"之",據國學基本叢書本改。

② "上",國學基本叢書本作"尚"。

【花鈿】《酉陽雜俎》曰:"今婦人面飾用花子,起自唐上官昭容所製,以掩點迹也。"按,隋文宮貼五色花子,則前此已有其制矣。《雜五行書》曰:"宋武帝女壽陽公主,卧于含章殿簷下,梅花落面①,忽②成五出花,拂之不去,經三日,洗之,乃落,宮女奇其異,競效之。"花子之作,疑起于此。

【畫眉】 秦始皇宮中,悉紅粧翠眉,此婦人畫眉之初也。《實錄》曰:"漢武帝令宮人掃八字眉。"《西京雜記》曰:"司馬相如妻卓文君眉如遠山,時人效之,畫遠山眉。魏武令宮人掃青黛眉。"

【染紅指甲】 唐楊貴妃生而手足爪甲紅,謂白鶴精也。宮中效之。此其始也。

【釵】《實錄》曰:"燧人始爲髻,女媧之女以荆杖及竹爲笄以貫髮,至堯,以銅爲之,且橫貫焉,舜雜以象牙、玳瑁。"郭憲《洞冥記》曰:"漢武帝元鼎元年,有神女留玉釵與帝,故宮人作玉釵。"

【釧】 後漢孫程十九人立順帝有功,各賜金釧指環。則釧之起,漢已有之也。

【金訶子】 唐明皇貴妃楊氏私安禄山,因以指爪傷貴妃胸乳間,遂作訶子之飾以蔽之。

【指環】《五經要義》曰:"古者后妃、群妾御于君所,當御者以銀環進之,娠則以金環退之;進者著右手,退者著左手。"本三代之制,即今之戒③指也。

【耳墜】 夷狄男子之飾也,晉始用中國。

【珥】 女人耳珠也,自妲己始之,以效島夷之飾。至戰國齊閔王時,薛公進珥于王夫人,是也。

【粉】《墨子》曰:"禹作粉。"《博物志》曰:"紂燒鉛作粉,謂之胡粉。"即鉛粉也。《實錄》曰:"蕭史與秦穆公鍊飛雲丹,第一轉與弄玉塗之,名曰粉,即輕粉也。"

【臙脂】《古今注》曰:"臙脂草出西方,葉似薊,花似菌,土人以染粉爲婦人面色,故曰臙脂。後人效之,以紅花染絳爲之,非彼草染者也。秦宮中悉

---

① "面",關中叢書本作"額"。
② "忽",關中叢書本作"上"。
③ "戒",底本爲"代",據關中叢書本改。

紅粧,其物自秦始也。"一云燕支國所出,故曰臙脂。

【綵花】 漢王符《潛夫論》譏花綵之費。晉《新野君傳》,家以剪花爲業,染絹爲芙蓉,捻蠟爲菱藕剪梅,若生之事。按此,則是花朵起于漢,剪綵①起于晉。

【梳笸】② 《實錄》曰:"赫胥氏造梳,以木爲之。二十四齒,取疏通之義。禮,男女不同巾櫛,是枇③因梳而製也,今作篦,皆周製也。"

【大衣】 商周之代,内外命婦服諸翟。唐則裙襦大袖爲禮衣。《實錄》曰:"大祖制命婦服④,身與衫子齊而袖大,以爲禮服,疑即此也。"國朝,命婦大袖衫真紅色,五品以上用紵絲綾羅,六品以下用綾羅紬絹。

【裙】《實錄》曰:"古所貴衣裳連下有裙,随衣色而有緣;堯、舜已降,有六破及直縫,皆去緣;商、周以其太質,加花繡,上綴五色。蓋自垂衣裳則有之,後世加文飾爾⑤。又曰:"隋煬帝作長裙,十二破,名仙裙。今大衣中有之。"

【帔】《實錄》曰:"三代無帔説;秦有披帛,以縑帛爲之;漢即以羅;晉永嘉中,制縫暈帔子;是披帛始于秦,帔始于晉也;唐令王⑥妃以下通服之。"士庶女子在室搭披帛,出適披帔子,以別出處之義。宋代帔有三等,霞帔非恩賜不得服,爲婦人之命服,而直帔通于民間也。國朝命婦霞帔褙,皆用深青段定。公侯及三品,金繡雲霞翟文;三、四品,金繡雲霞孔雀文。五品,繡雲霞鴛鴦文。六、七品,繡雲霞練鵲文。

【褙子】《實錄》曰:"秦二世詔衫子上朝服加褙子,其制袖短于衫,身與衫齊而大袖。"宋又長與裙齊,而袖纔寬于衫,自秦始也。

【衫子】《實錄》曰:"女子之衣與裳連,如披衫,長短與裙相似,秦始皇方令短作衫子,長袖猶至于膝。"宜衫裙之分,自秦始也。

【纏足】 商妲己,狐精也,亦曰雉精,猶未變足,以帛裹之,宮中皆效焉。

【帳幄】《周官》:"幕人掌帷、幕、幄、帟、綬之事。"注云:"四合象宮室曰幄,坐上承塵曰帟,王所居帳也。"則帳幄當周製也。《黄帝内傳》曰:"王母爲

---

① "綵",關中叢書本作"採"。
② "笸",國學基本叢書本作"篦"。
③ "枇",國學基本叢書本作"篦"。
④ "大祖制命婦服",底本爲"大祖在皆子下",關中叢書本作"大袖在背子下"。
⑤ "爾",關中叢書本作"耳"。
⑥ "王",底本爲"三",據國學基本叢書本改。

帝設九真十絶妙帳。"此疑帳之起也。漢武帝作甲乙帳,蓋因此耳。

【帷幕】 帷幕亦周製也。《歸藏》曰:"女媧張雲幕而致占神明。"雖女媧有幕之名,而其物之興自周始也。

【幔】《六韜》曰:"天將雨,不張幔。"《拾遺録》曰:"周穆王有鸞章錦幔。"蓋周有其物也。

【拂廬】《唐書》:"吐蕃處于大氈帳,名拂廬,高宗時,獻之,高五丈,廣闊各二十七步,其後豪貴稍以青絹布爲之,其始以拂于穹廬爲號也。"宋每大宴犒,亦設于殿庭,曰拂廬亭。

【被】《詩》曰:"抱衾與裯。"衾,被也。《論語》曰:"必有寢衣,長一身有半。"此商周之事也。《西京雜記》曰:"趙飛燕爲后,女弟昭儀二①襚三十五條,有鴛鴦被。"則漢始名被也。

【氈】《周官》:"掌皮供毳毛爲氈。"周制也。或曰黄帝作旃。

【褥】《黄帝内傳》曰:"王母爲帝列七寶登真之牀,敷華茸净光之褥。"疑二物此其起爾。趙昭儀上皇后襚三十,五條②有鴛鴦褥。

【手巾】《禮》:"浴用二巾,上絺下綌。"此三代之制也。漢王莽斥逐王閎,閎伏泣,元后親以手巾拭之。於是始見手巾之目,事雖出于三代,而制名自漢始也。

---

① "二",底本爲"上",據關中叢書本改。
② "五條",原脱,今據關中叢書本補。

新刻《古今事物考》卷之七

蓥厔　王三聘　輯
錢塘　胡文焕　校

宮室

【宮室】《易》曰："上古穴居而野處，後世聖人易之以宮室，上棟下宇，以待風雨。"謂黃帝也。《白虎通》曰："黃帝作宮室以避寒暑。"《風俗通》曰："室，其外也；宮，其内也。"《爾雅》曰："宮室始成，祭之爲落。"

【殿】　秦始皇始作前殿，上可以坐萬人，下可建五丈旗。漢因之，有函德、明光。唐有金鑾等名。

【鴟尾】《炙轂子》曰："漢柏梁殿災，越巫獻其術，取鴟魚尾置于殿屋，以厭勝之，後以瓦爲之文。"又俗呼爲鴟吻。

【宁】《曲禮》曰："天子當宁而立。"則宁乃三代之制也。

【庭】《列子》曰："黃帝居大庭之殿。"此庭名之起也。

【堂】《春秋因事》曰："軒轅氏始有堂室棟宇。"則堂之名肇自黃帝也。

【樓】《史記》："方士言于武帝曰：'黃帝爲五城十二樓，以候神人。'"武帝乃立井幹樓。是樓起于黃帝之時。

【五鳳樓】　梁朱温，驗河圖，按地輿，作五鳳樓。

【鼓樓】《北史》："李崇爲兗州牧，州多盜，乃村置一樓，樓一鼓，以警盜賊。"唐張說始設于京城之内。

【閣】　黃帝時，鳳巢于阿閣，此其始矣。漢有石渠閣，藏圖籍；天祿閣，校書；麒麟閣，圖功臣。唐有凌煙閣，亦圖功臣。宋有龍圖、天章閣，藏御製。

【觀】《黃帝内傳》曰："帝置元始貞容于南觀之上，觀之。"周有兩觀，今俗謂之朶樓，蓋周制也。

【廟】《軒轅本記》曰:"帝升天,臣寮追慕,取几杖立廟,于是巡①遊處皆祠云。"此廟之始也。

【廊】《周·作洛》曰:"五宮明堂,咸有重廊。"漢武《策》曰:"舜遊巖廊。"然則唐虞時事也。

【千步廊】 自秦有之,謂王城門外兩邊官廊,言其長廊之義。

【走馬廊】 自秦有之,謂房外出簷一楹,可以乘馬而行。

【暴室】 周制暴室,即漿糱房也,主掖庭織作染練之署,取暴曬爲名爾②。女子有罪亦下之。

【蠶室】 黄帝有蠶室,乃后妃親蠶之所。古者閹人于此室。

【屋】《淮南子》曰:"舜築墻茨屋。"《新語》曰:"堯舜之人,比屋可封,言民居也。"《易》言:"上棟下宇。"蓋其始矣。謂之屋,則自堯舜。

【房】《尚書·顧命》:"有東房西房。"《詩》:"右招我由房。"蓋周制也。

【宅】《堯典》曰:"宅嵎夷。"《西征記》曰:"蒲坂城外有舜宅。"則宅之名始于堯舜之時。

【第】《左傳》:"齊景公欲更晏子之第。"《史記》:"齊自淳于髡以下,皆命列大夫,爲開第康莊之衢。"蓋自周始也。

【邸】 漢書曰:"代王馳入代邸。"今謂諸王所居曰邸,因代邸之說也。

【齋】 漢宣帝齋居決事,此齋名之起也。

【書院】 唐玄宗置麗正書院,書院之名始于此。

【序】《爾雅》曰:"東西墻曰序,所以序別内外。"商學曰序。則序自商人名之也。

【廬】《周官》曰:"凡國野之道,十里有廬,廬有飲食。"漢有承明廬,乃直宿所止之處。

【亭】 秦置十里一亭。漢西京内苑有望雲亭,東京有金谷亭。《漢職典》曰:"洛陽二十街,街一亭,十二城門,門一亭也。"則兩漢之名亭因于秦。

【門】《易》曰:"黄帝、堯、舜作,重門擊柝,以待暴客,蓋取諸豫。"《皇圖要記》曰:"軒轅造門户。"

【金馬門】 武帝得大宛馬,以銅鑄像,立宦者署門傍。

---

① "巡",底本爲"魯",據國學基本叢書本改。

② "爾",關中叢書本作"耳"。

【拒馬】 始于三代。一曰："行馬植①木也，植其木，遮攔于門，以止人行。"今王設三義木門棍，是也。

【鋪首】 《風俗通》②曰："門扇飾謂之鋪首。"《百家書》曰："公輸般見水蠡，謂之曰：'開汝頭，見汝形。'蠡適出頭，般以足畫之，蠡引閉其戶，終不可開。"因效之設于門户，欲使閉藏當如此固密也。

【厨】 《帝王世紀》曰："太昊取犧牲以供庖厨。"此厨之始也。

【檻】 漢朱雲攀檻折，成帝命"勿緝，以旌直臣"。今殿檻之闕其中，自雲始也。

【欄】 漢顧成廟設抂光鈎欄。王逸注云："縱者欄，橫者楯，楯間子曰櫺，欄楯，殿上臨之，亦以防人墜堕。今言鈎欄是也。"園亭中藥欄即今欄，猶言圍援，非花藥之欄也。

【浴湯】 辛氏《三秦記》曰："秦始皇與神女遊，忤其旨，唾之，生瘡，始皇怖謝，乃爲出温湯洗除。"《漢武故事》曰："秦皇砌而起宇③，武帝加修飾焉。"唐玄宗于華清宫温泉湯令楊妃浴之，故有華清出浴故事。

【厠】 《禮儀》曰："隸人温厠。"則厠名于周初也。

【倉廩】 鄭康成注云："《周·廩人》藏米曰廩。"然倉廩蓋一事也。《孟子》曰："瞽瞍使舜完廩。"《詩·公劉》曰："乃積乃倉。"則其事始見于陶唐之世。

【庫】 《説文》曰："庫，兵車所藏；帑，金帛所藏；府，文書所藏。"商鞅書曰："湯、武破桀、紂，築五庫，藏五兵，有大庭之庫。"此庫之初也，後世凡所藏積，皆謂之庫矣。

【厩】 馬舍也。《周禮》："校人掌頒良馬而養乘之，乘馬，三乘爲皂，三皂爲繫，六繫爲厩，六厩成校。"此名厩之始也。

【圈】 《詩》云："執豕于牢。"漢有虎圈。則圈之名出于漢代云。

【石磶】 古謂之質礎。《尚書·大傳》曰："大夫有石材，庶人有石承。"注："石材，柱下質也。石承，當柱下而已，不外出，以爲飾也。"此有等降，則周制也。

---

① "植"，關中叢書本作"柾"，木製障礙物。下同。
② "風俗通"，關中叢書本作"通俗文"。
③ "宇"，國學基本叢書本作"池"。

【瓦塼】《周書》曰："神農作瓦器。"《博物志》曰："桀作瓦室，今以覆屋者也。"《古史考》曰："夏世烏曹氏始作磚。"

器用

【什器】《史記》曰："舜作什器于壽丘。"蓋世所常用之器也。

【陶冶】《周書》曰："神農作陶。"高誘云："埏埴爲器也。"《古史考》曰："燧人氏鑄金作刀。金即冶也。"禮曰："昔先王未有火化，後聖修火之利，範金合土。"蓋始于鑽木造火之後。

【耒耜】《易‧繫辭》："神農氏作斲木爲耜，揉木爲耒，耒耜之利，以教天下。蓋取諸益。"

【犁】《山海經》曰："后稷播百穀。稷之孫曰叔均，始作牛耕。"注云："用牛犁也，是則耕之用牛，自叔均始矣。"賈思勰《齊民要術》曰："趙過始爲牛耕，實勝耒耜之利。"崔寔《政論》曰："漢武帝以趙過爲搜粟都尉，教民耕植，其法：三犁共一①牛，一人將之，下種挽樓，皆取備焉。"又牛耕之始自趙過也。然崔賈之論爲有所由爾。

【耬②犁】《魏略》曰："皇甫隆燉煌太守，民不曉耕，隆教民作耬犁，省力過半。"

【鉏】《周書》曰："神農作鉏耨以墾草莽，然後五穀興。"《廣雅》曰："鋤謂之鎒。"《詩》曰："庤③乃錢鎛。"注："鎛，鎒也。"

【鎌】《説苑》曰："孔子聞吾丘子振鎌帶而哭。"然則三代之田器也。

【杵臼】《易‧繫辭》："黃帝氏作，斷木爲杵，掘地爲臼，杵臼之利，萬民以濟。蓋取諸《小過》。"

【舂】《世本》曰："雍父作舂。雍父，黃帝臣也。"蓋始于黃帝之時。

【碓】桓譚《新論》曰："宓犧制杵臼之利，後世加功，因借④身踐碓，而利十倍。"則碓蓋杵臼之遺法也。

【磑】《世本》曰："公輸般作磑。"今以礱穀者，自山而東謂之磑，江浙之

---

① "一"，底本爲"十"，據關中叢書本改。
② "耬"，底本爲"樓"，據關中叢書本改。下同。
③ "庤"，關中叢書本作"痔"。
④ "借"，關中叢書本作"作"。

間或曰礱。

【磨】《方言》曰："䃺謂之䃣。"《說文》曰："䃺，石磑也。"《方言》："䃺以䃣爲磨，則磨以䃣而作也。"蓋起于公輸作䃺之後。䃣，古磨字。

【碾】《後漢書》云："崔亮在雍州，讀《杜預傳》，見其爲八磨，嘉其有濟時用，遂教爲碾。"此疑碾之始也。

【水車】《魏略》曰："馬鈞居京城内，無水灌園，乃作翻車，令童兒轉之，而灌水自覆。"今田家有水車，天旱時，引水以溉田者，卽此器也。是制自馬鈞起。又漢靈帝使畢嵐作翻車，設機，束以引水，灑南北郊路。又爲自畢嵐所製矣。

【機杼】《淮南子》曰："伯余之初作衣也，絲麻索縷，手經指絓，後世爲之機杼，體服以便。"此機杼之始也。注："伯余，黃帝臣。一曰：伯余，黃帝也。"

【竈】《淮南子》曰："炎帝王於火，死而爲竈。"後漢李尤《竈銘》曰："燧人造火。"《續事始》曰："黃帝所置。"

【釜甑】《古史考》曰："黃帝始造釜甑，火食之道成矣。"《詩》疏引《禮運》注云："中古未有釜甑。"而中古謂神農時也。

【匙】《方言》曰："匕謂之匙。"《說文》曰："匕，所以取飯。"文王之贊《易》至《震》，曰："不喪匕鬯。"《大東》之詩曰："有捄棘匕。"注云："匕，所以載鼎實。"則匕，三王之制也。

【箸】《禮記》曰："飯黍無以箸。"韓子曰："紂爲象箸。"觀之，明箸前已有之，商紂始以象爲之爾①。

【飯帚】 許慎云："陳留以飯帚爲䈮。"今人亦呼飯箕爲䈮箕。蓋慎漢人，所記疑皆秦漢時事爾。

【盆】《爾雅》曰："盎謂之缶。"注云："今盆也。"《吕氏春秋》曰："堯使質絡缶而繫之。"則堯時已用缶矣。《周官》："牛人，祭祀，共其盆簝。"《禮器》："孔子曰：'奥者，老婦之祭也，盛于盆，尊于瓶。'"此又二物之名，出于周代也。

【水罐②】 盧綝曰："晉惠帝征成都，軍敗，帝渴，帳下齎五升銅罐取水，就飲之，後人因有水罐之制。"

【盤】 湯有《盤銘》，是夏世已有盤制，而湯始銘之也。或曰："盤盂，黃

---

① "爾"，關中叢書本作"耳"。
② "罐"，底本爲"礶"，據國學基本叢書本改。

帝臣孔甲造。"此蓋二物之所起也。

【檐食】 宋真宗問杜鎬："檐食原于何代。"鎬曰："漢景帝爲太子時,帝鍾愛,既居東宮,文帝念之曰:'太子之食,必料差殊。'乃命所在每日具兩檐檐以賜之,此其始也。"

【針】 《禮記·内則》有紉針請縫之事。由此考之,則自始制衣裳,宜有針線矣。《帝王世紀》曰："太昊制九針。"

【薰籠】 《晉東宮舊事》曰："太子納妃,有衣薰籠。"當亦秦漢之制也。

【熨斗】 《帝王世紀》曰："紂欲作重刑,乃先作大熨斗,以火熨之,使人舉,手輒爛,與妲己爲戲笑。"今人以伸帛者,其遺意也。

【布袋】 《詩·公劉》曰："乃裹餱糧,于橐于囊。"毛傳曰："大曰橐,小曰囊。"《御覽》云："古行者之食,以布囊貯糧。"則是布囊爲裹粮之用,自公劉之世已然矣,蓋在夏后時也。

【箕箒】 《世本》曰："少康作箕箒。"

【簠簋】 《墨子》曰："堯飯土簋。"《明堂位》曰："有虞氏兩敦,夏后氏四璉,商六瑚,周八簋,皆黍稷之器也,始于堯之土簋。"

【俎豆】 《明堂位》曰："有虞氏以梡俎。"唐太宗曰："禹雕其俎豆。"注云："虞俎斷木爲四足,不致文飾,創始爲之。"至夏乃用。《雕文》又曰："夏后氏以揭豆。"注云："揭,無異物之飾也。"凡造物之初,未始不本于樸①素,後王以爲未足以致誠敬,故因之加文焉。疑始于夏后氏。

【籩登】《爾雅》曰："竹豆謂之籩,瓦豆謂之登。"蓋二物取法于豆而製也,疑出于有夏之後。

【銚】 《廣雅》曰："銷謂之銚,《說文》云："温器也。"曹操《上獻帝表》曰："臣祖騰有順帝賜純銀粉銚。"疑漢人始爲之。

【鼎】 《史記》曰："黄帝採首山之銅,鑄鼎于荆山。"此鼎之始也。《六帖》云："黄帝作鼎三,象天、地、人。"禹收九牧之金,以鑄九鼎。

【彝】 《明堂位》曰："灌尊,夏后氏以雞彝,商以斝,周以黄目。"此三彝之始也。

【樽】 《禮運》曰："禮始諸飲食,汙樽而抔②飲。"注云："鑿地爲樽。"此樽

---

① "樸",底本爲"撲",據關中叢書本改。
② "抔",底本爲"杯",據關中叢書本改。

名始也。後世或以瓦木爲之。

【爵】《明堂位》曰："夏后氏以琖，商以斝，周以爵。"此三爵之始也。今世所用盞，亦始于夏后之琖與。

【勺】《明堂位》曰："夏后以龍勺，商以疏勺，周以蒲勺。"蓋龍、疏、蒲，勺飾也，後王加文爾。然則勺當有虞始，故無飾也，至夏后加龍以飾之。

【枓】枓即勺也。祭祀曰勺，民用曰枓，其實一也。或以勺之所容，不過升勺命之，而枓則加廣其所受，皆取酌焉，遂異其名制也。枓疑與勺同時矣。

【甌】許慎《説文》曰："盌，小甌。"楊雄《方言》曰："甌瓿，蓋三代飲燕之具，俱爼豆之類，是也。"

【杯】《禮·玉藻》曰："母沒則杯圈不能飲。"《十州記》曰："周穆王時，西胡獻常滿杯。"蓋三代之制也，紂爲瓊杯，是矣。

【盤盞】《周官》司尊彝之職曰："六彝皆有舟。"鄭司農云："舟，樽下臺，若今承盤。"蓋今世所用盤盞之象，其事已略見于漢世。則盤盞之起，亦法周人舟彝之制，而爲漢世承盤之遺事也。《格古要論》曰："古人用湯瓶酒。"注："不用壺瓶，及有嘴折盂、茶鍾、臺盤，此皆胡人所用者。中國人用始于元朝。"

【偏提】《事始》曰："唐元和初，酌酒用樽勺，雖十數人，一樽一枓挹酒，了無遺滴。無幾，改用注子。"雖起自元和時，而失其所造之人。仇士良惡注子之名同鄭注，乃立柄安系，若茶瓶而小異，名曰偏提。

【托子】《繁露演》云："托者，彝有舟，爵有坫，即俗稱臺琖之類是也。臺琖始于盤托，托始于唐，前世無有也。崔寧女飲茶，病盞熱熨指，取楪子融蠟象盞足大小，而環結其中，寘盞于蠟，無所傾側，因命工以漆爲之。寧楪奇之，製名托子，遂行于世。"

【鑪】《周禮·天官》："冢宰之屬宮人①，凡寢中，共爐炭。"則爐，三代之制。今火爐是也。

【香爐】《格古要論》云："上古無香，焚蕭艾尚氣臭而已，故無香爐。今所用者，皆古祭器鼎彝之屬，非香爐也。惟博山爐乃漢太子宮中所用香爐也。"香爐之制始于此。

【舟】《淮南子》曰："見竅木浮而知爲舟。"《易·繫辭》："黃帝氏作，刳木爲舟，剡木爲楫。"《世本》曰："鼓貨狐作。"《墨子》曰："工倕作。"束皙曰：

---

① "冢"，底本爲"家"，據關中叢書本改。

"伯益作。"《吕氏春秋》曰:"虞姁作。"《物理論》曰:"化狐作。"《山海經》曰:"番禺作。"注云:"並黄帝臣。"當以繫辭爲是。

【筏】 《拾遺記》曰:"軒皇變乘桴以造舟出①。則是未爲舟前,第乘桴以濟矣。筏,即桴也。"蓋其事出自黄帝之前。今竹木之排謂之筏,是也。

【車】 《淮南子》曰:"見飛蓬而知爲車。"《古史考》曰:"黄帝作車,引重致遠。其後少昊時,駕牛;禹時,奚仲駕馬。"

【小車】 諸葛亮造木牛流馬。木牛,即今小車有前轅者;流馬,即今獨推者,民間謂之江洲車子。疑亮之創始作于江州縣,當時云然,故後人以爲名也。

【檐子】 《唐志》曰:"開成末②,定制,宰相諸司官,及致仕疾病官,許乘檐子,如漢魏載輿之制。"按,唐乾元以來,如用兜籠代車輿,疑自此又爲檐子之制也,亦漢魏載輿步輿之遺事云。宋,大臣老疾,賜以肩輿,蓋自開成之制也。

【兜子】 《唐志》曰:"兜籠,巴蜀婦人所用,乾元以來,蕃將多著勳于朝,兜籠易于擔負,京師先用車轝,後亦以兜籠代之。即今之兜子。"蓋其製起于巴蜀,而用于中朝,自唐乾元以來也。

【傘】 《通典》曰:"北齊,庶姓王儀同以下,翟尾扇傘;皇宗三品以上,青朱裹;其青傘碧裹,達于士人。"晉代,諸臣皆乘車,有蓋無傘。元魏,俗便于騎,始用傘。宋,天子用紅黄二等,而庶寮通用青。國朝,一品二品,銀浮屠頂;三品四品,紅浮屠頂,俱用黑色茶褐羅衣,紅絹裏,三簷;五品用紅浮屠頂,青羅表,紅絹裏,兩簷;六品至九品,用紅浮屠頂,青絹表,紅絹裏,兩簷。

【雨傘】 《六韜》曰:"天雨不張蓋幔,周初事也。"《通俗文》曰:"張帛避雨,謂之繖蓋。"即雨傘也,三代已有之。繖,傘字。國朝,五品以上,用紅油絹;六品以下,用紅油紙。

【扇】 《古今注》曰:"舜廣開視聽,求賢人自輔,作五明扇。"《黄帝内傳》亦有五明,是扇以五明而起也。陸機《扇賦》曰:"昔武王玄覽,造扇于前。"然則今以招凉者,用武王所作云,故傳有武王扇暍之事。一曰夏禹也。

【羽扇】 《拾遺記》曰:"周昭王時,修塗國獻丹鵲,一雌一雄孟夏取鵲翅以爲扇,一名條融,一名仄影。"此疑羽扇之始也。裴啓《語林》曰:"諸葛亮持

---

① "出",關中叢書本作"楫"。
② "末",底本爲"未",據關中叢書本改。

白羽扇,指麾三軍。"

【輪扇】 《西京雜記》曰:"長安工巧丁緩作七輪扇,以七輪相連,一人運之,滿堂寒顫。"宋禁中泊宗室貴戚亦多爲此物者。蓋起自丁緩云。

【如意】 吴時,秣陵有掘得銅匣,開之,得白玉如意,所執處皆刻螭彪蠅蟬等形。胡綜謂秦始皇東遊,埋寶以當王氣,則此也。蓋如意之始當戰國事爾。

【簾】 俗曰户幃爲簾。《禮》曰:"天子外屏,諸侯内屏,大夫以簾,士以幃。"又《莊子》有高門懸箔,《談①籔》有户下懸簾,《荀子》有局室蘆簾之文,疑自三代始也。

【屏風】 《周禮》:"掌次,設皇邸。"注謂:"邸,後板也,屏風。"《禮記》:"天子負斧扆而立。"注謂:"今屏風,扆遺象也。"《三禮圖》曰:"屏風之名,書于漢世。"然亦起于周皇邸斧扆之事也。

【牀】 《黄帝内傳》有七寶登真之牀。則牀疑自此始也。

【席】 《拾遺記》曰:"軒皇使百辟群臣,列圭玉于蘭蒲席上。"初有是物也。《韓子》曰:"禹爲蔣蓆頯緣,此彌侈矣。"蓋至禹始加純緣之飾也。

【簟】 《詩》曰:"下莞上簟。"《周書》曰:"敷重篾席。"注謂:"篾,桃竹。其物雖見于周初,而猶以竹名號席,則簟之名當出于周之中葉,故宣王之詩始見簟名。"

【胡牀】 《風俗通》曰:"漢靈帝好胡服,景帝作胡牀。"此蓋其始,今交椅是也。《學林》曰:"繩牀,以繩穿爲坐器,即俗謂之交椅也。"《資暇》乃改爲藤牀,誤矣。

【几】 漢李尤《几銘叙》曰:"黄帝軒轅仁智,恐事有闕,作輿几之法。"則几始自黄帝也。

【案】 有虞三代,有俎而無案,戰國始有其稱,燕太子丹與荆軻案而食,是也。案蓋俎之遺也。

【㮣架】 陸法言《切韻》曰:"曹公作欹架,臥視書,今㮣架即其制也。"則此器起自魏武帝。

【匱】 《國語》曰:"夏之衰也,褒人之神,化爲二龍。夏后布幣而策告之,卜藏其漦,及龍亡,而漦在櫝。"韋昭曰:"櫝,匱也。"《書》:"武王有疾,周

---

① "談",底本爲"譚",據關中叢書本改。

公作冊，納之金縢匱中。"蓋櫝匱器也，夏謂之櫝，周始謂之匱。

【杖】 《山海經》曰："夸父與日争走，道死，弃其杖，化爲鄧林。"杖疑起于此。武王有《杖銘》，《莊子》有"神農曝然放杖"之文。

【鏡】 《黄帝内傳》曰："帝既與王母會于王屋，乃鑄大鏡十二面，隨月用之。"則鏡始于軒轅矣。

【燈】 《黄帝内傳》曰："王母授帝九華燈檠。"于是燈有檠。則注膏油以爲燈，當在黄帝之前。

【虎枕】 《西京雜記》曰："李廣與兄遊獵冥山北，見猛虎，一矢斃之，斷其頭爲枕，示服也。"《事始》記爲虎枕之始。魏咸熙中，得梁冀虎枕，臆下有題曰："帝辛九年。"辛，紂名也，是則商紂之時，已有其制矣。

【唾壺】 《西京雜記》曰："廣川王發魏襄王塚，得玉唾壺。"蓋此物戰國時已有其制也。

【渴烏】 漢靈帝作翻車、渴烏，施于玉門外西橋，用灑南郊路，以省百姓灑道之費。注："渴烏，爲曲筒，以氣引水上也。"

【香毬】 《西京雜記》曰："長安巧工丁緩者，作卧褥香爐，一名被中香爐。本出防風，其法後絶，至緩，更爲之，爲機環轉運，而爐體常平。"今香毬是也。

【燭】 《周官》："司烜氏掌以燧取火于日。"以供祭祀之明燭。《禮記》曰："燭不見跋。"注云："跋，本也，燭盡則去之。"

【法燭】 漢淮南王安，招致方術之士延八公等，撰《鴻寶方》《畢方》，法燭是其一也，餘非民所急，故不行于世。然法燭之起，自劉安始也。

【庭燎】 《毛詩》曰："《庭燎》，美宣王，因以箴之。"《説苑》曰："齊桓公設庭燎，爲士之欲造見者。"《記》曰："庭燎之有，自齊桓公始也。"觀之詩，則周制也。

【斤斧】 《周書》曰："神農作斤斧。"

【鋸鑿】 《古史考》曰："孟莊子作鋸，作鑿。"

【繩】 《書·序》曰："伏羲造書契，以代結繩之政。"《高氏小史》曰："燧人氏時，結繩刻木以記事。"則繩自燧人氏始也。

【網】 《古史考》曰："伏犧氏觀蒙面而作網。"《抱樸子》曰："太昊師蜘蛛而結網。"《易·繫辭》："包犧結繩爲網罟。"網，魚罟也。

【羅】 《世本》曰："包犧臣勾芒作羅。"羅，鳥罟也。

【釣】《易》稱太昊以佃以漁，然釣亦漁事。《尸子》云燧人教人以漁，其釣之爲漁，當爲此乎？

【秤①斗尺】《吕氏春秋》曰："黄帝使伶倫取竹于崑崙之嶰谷，爲黄鍾之律，而造權衡度量。蓋因其所盛輕重之數而生權，以爲銖、兩、斤、鈞、石，則秤之始也；因其所積長短之數而生度，以爲分、寸、尺、丈、引，則尺之始也；因其所受多寡之數而生量，以爲龠合升斗斛，則斗之始也。"

【鉢】本天竺國器也，故語謂之鉢。西國有佛鉢，是也。宋廬江王以銅鉢餉祖祈。則是晉、宋之間，始爲中夏所用也。

【撲滿】《西京雜記》曰："撲滿，以土爲器，以蓄錢。背有入竅，而無出，滿則撲之。"漢公孫弘贈鄒長倩以此物爲戒，蓋疑出于聚斂之後也。

【玉器】《格古要論》曰："白色爲上，黄色、碧色亦貴，更碾琢奇巧敦厚者尤佳。若有瑕玷皷動夾石，及色不正，欠温潤者，價低。"

【古器】商器質素無文，周器雕篆細密，而夏器獨不然，嘗有夏器，於銅上廂嵌以金，其細如髪。"廂嵌，今訛爲商嵌。

【局器】唐天寶間至南唐後主時，于句容縣置官塲以鑄之，故上有監官花押。其體輕薄，花文細而可愛。亦有微青緑色及硃砂斑者②，不能徹骨瑩潤，非古器也。

【古③鑄】古之鑄器，以蠟爲模，花文細如髪，而匀净分曉，識文筆劃如仰瓦，而不深峻，大小淺深如一，並無硃砂班文。數其款識稍有模糊不匀净，及模範不端正者，以野鑄也。

【古銅款識】款乃花紋，以陽飾器皿，居外而凸者。識乃篆字，以紀工，所謂銘書鍾鼎，居内而凹者。三代用陰識，其字凹，漢用陽識，其字凸起，間有凹者，亦陰識④。蓋陰識難鑄，陽識易成，但有陽識者，决非三代之器也。

【古銅器】入土千年，色純青如翠；入水千年，色純緑如瓜皮，皆瑩潤如玉。未及千年，雖有青緑，而不瑩潤，有土蝕穿破處如蝸篆自然。不見銅色，惟見青緑徹骨。其中或紅色如丹，不曾入水土，惟流傳人間；其色紫褐而有硃砂斑凸起者，如上等辰砂，此三等結秀，最貴。

---

① "秤"，國學基本叢書本作"稱"。下同。

② "斑"，關中叢書本作"班"下同。

③ "古"，關中叢書本作"野"。下同。

④ "識"，底本爲"鑄"，據國學基本叢書本改。

【漆器】《韓子》曰:"舜作食器,黑漆其上。"唐太宗曰:"舜作漆器,而諫者十七人。"則器之布漆,自舜始也。蓋堯啜土鉶,飯土簋故爾。

【剔犀】 古剔犀器皿,以滑地紫犀爲貴。底如仰瓦,光澤而堅薄,其色如膠棗色,俗謂之棗兒犀。元朝嘉興府西塘楊匯新作者最佳①。

【剔紅】 硃厚色鮮,紅潤堅重,剔劍環香草者爲佳;若地黃子,剔山水人物及花木飛走者,雖細巧,容易脱起。元朝楊匯有張成、楊茂剔紅最得名。今雲南大理府人,專工作此。亦多有作罩紅者,假剔紅,用灰團起,外用硃漆漆之,故曰堆紅,但作劍環及香草者多。

【戧金】 戧金器皿,漆堅,戧得好者爲上。元初西塘有彭君寶者,戧山水、人物、亭觀、花木鳥獸,種種臻妙。今兩京匠人亦多作描金器皿。

【攢犀】 攢犀器皿,漆堅者多是宋朝舊做,戧金人物景致,用攢攢空閑處,故謂之攢犀。

【螺鈿】 螺鈿器皿,出江西廬陵縣。宋朝內府中物,俱是漆堅,或有嵌銅線者,甚佳。元時,富家不限年月做造,堅漆而人物細紗,照人可愛。洪武初,抄没蘇人沈萬三家條凳、椅、卓。螺鈿剔紅最紗,六科各衙門猶有存者。

飲食

【穀食】 賈誼《雜説》曰:"神農嘗百草之實,教民食穀。"《藝文類聚》曰:"神農時,民始食穀,加于燒石之上而食。"

【熟食】《古史考》曰:"古初之人,未有火化。後世聖人,鑽燧出火,教人熟食。"《高氏小史》曰:"燧人氏時,茹生,人多病,乃鑽燧改火,化生爲熟。"

【粥飯】《周書》曰:"黃帝烹穀爲粥,蒸穀爲飯。"

【餈】《周禮·籩人》:"羞籩之實,糗餌粉餈。"鄭康成云:"二物皆粉稻②黍米所爲,合蒸曰餌,并③之曰餈。蓋餌即餈也。"西漢宮内九月九日食餌,令人長壽,故今爲俗。

【麥餻】《鄴中記》云:"并州之俗,冬至一百五日,爲介子推冷節,作乾

---

① "最佳",原脱,今據國學基本叢書本補。
② "稻",關中叢書本作"稻"。
③ "并",底本爲"餅",據國學基本叢書本改。

粥,即今麦餰也。"世俗每至清明,以麦成林,以合酪奠爲薑粥,俟凝冷,裁作薄葉,沃以餳若蜜而食之,謂之麦餰,此即其起也。

【饅頭】 《稗官小説》云:"諸葛武侯之征孟獲,人曰:'蠻地多邪術,須禱于神,假陰兵以助之。'然蠻俗必殺人,以其首祭之,神則饗之,爲出兵也。武侯不從,因雜用羊豕之肉,而包之以麪,象人頭,以祠神,亦饗焉,而爲出兵。"後人由此爲饅頭。

【餅】 《雜記》曰:"凡以麪爲食具者,皆謂之'餅',故火燒而食者,呼爲'燒餅';水淪而食者,呼爲'湯餅';籠蒸而食者,呼爲'蒸餅'。"而饅頭謂之籠餅,是也。疑此出于漢魏之間。

【胡餅】 《釋名》曰:"胡餅,言以胡麻着之。"《續漢唐》曰:"靈官好胡餅。"京師皆食胡餅,疑自此始也,後石勒諱胡,改爲麻餅。

【酸餡①】 《湘山野録》曰:"京師食店賣酸餡者,皆大出文②榜于通衢,而俚俗昧于字法,轉酸從食,轉餡從酉。"

【黄兒】 唐都長安,自陝而西,以黄米爲粉,團棗蒸之,曰黄兒;其蕎麥麪者,曰黑兒。

【豆腐】 草木子曰豆腐,始于漢淮南王劉安,方士之術也。

【炮炙】 《古史考》曰:"燧人鑽火,始裹肉而燔之,曰炮。"《周書》曰:"黄帝始燔肉爲炙。"

【鮓】 《六帖》云:"晉陸士衡餉張華鮓,華曰:'此龍肉也,試以苦酒灌之。'"有五色光起,今人以鮓爲華物,由此故也。

【食卵】 《瑞應圖》曰:"有虞氏馴百禽,夏后之世,民始食卵,鳳凰乃去。"

【羹】 《樂記》曰:"大羹不和。"《淮南子》曰:"啜藜藿之羹。"

【鹽】 《世本》曰:"宿沙氏煮海水爲鹽。"或云:"宿沙氏,炎帝時諸侯。"

【鹽豉】 《後漢書》:"羊續爲南陽太守,鹽豉共器。"《史記》:"蘖③、麴、鹽、豉,蓋四物也。"宋京師謂豉曰鹽豉,或因此云。

【醴酪】 《古史考》曰:"古有醴酪。"《禮運》曰:"昔先王未有火化,後聖

---

① "餡",關中叢書本作"餡"。一字異體,下同。
② "文",關中叢書本作"牌"。
③ "蘖",關中叢書本作"糵"。

有作,然後修火之利,以爲醴酪。"注云:"蒸釀之也。"說文曰:"酪,澤也,乳汁所作,令人肥澤也。"

【酒】 陶潛《詩序》曰:"儀狄作酒,杜康潤色之。"而《黃帝内傳》:王母會帝于嵩山,飲金液流暉之酒。"然黃帝時已有其物。但不知杜康何世人,而古今多言其始造酒也。昔桓温有主簿,善别酒,好者爲青州從事,惡者爲平原督郵。注:青州有齊郡從事,謂到臍下;平原有革縣督郵,言在鬲上也。《魏志》:"鮮于輔曰:'醉客謂酒清者爲聖人,濁者爲賢人。'"《論略》曰:"杜康善造酒,以酉日死,故酉日不飲酒會客。"

【茶】 郭璞曰:"早取爲茶,晚取爲茗①。"《國史補》云:"劍南有蒙頂石花,湖州有顧渚紫筍,峽州有碧澗、明月。"自唐陸羽嗜茶,著《茶經》三篇,言茶之原,立法之具尤備,天下益知飲茶矣。宋有龍鳳石乳茶,南唐有京鋌茶。

【胡豆】 張騫使外國,得胡豆。今胡豆有青有黃者。

【胡麻】 《筆談》曰:"胡麻只今油麻也。中國之麻謂之大麻。漢張騫使大宛,得油麻種,亦謂之麻,故以胡麻别之。"

【蒜】 延篤曰:"張騫大宛之蒜,又有胡蒜、澤蒜也。"

【蔓菁】 昔諸葛亮所止,令軍士種蔓菁,蜀人呼爲諸葛菜。

【波稜】 《嘉話録》曰:"波稜菜,西國有僧將其子来。"韋絢云:"豈非頗陵國來,語訛爲波稜也。"《唐會要》曰:"尼婆羅國獻波稜,類紅藍,實似蒺藜。"

【苜蓿】 張騫使大宛,得其種。

【蘭香】 韋弘《賦序》曰:"羅勒者,生崑崙之丘,出西蠻之俗。"中國爲石勒諱,改名蘭香。

【西瓜】 契丹破回紇,得西瓜種。元世祖征西域,中國始有種。

【胡桃】 出羌胡。漢張騫使西域,始得其種,植之秦中。

【石榴】 漢張騫使塗林安石國,得其種,故名石榴。

【葡萄】 漢張騫使大宛,得其種,有黃、白、黑者。唐太宗破高昌,收馬乳葡萄,種于苑中。

【胡荽】 《博物志》曰:"張騫使大夏,得胡荽。"《鄴中記》曰:"石勒改曰香荽。"

【山藥】 即《本草》所謂薯蕷者也。唐避代宗嫌名,故民間呼薯蕷。至宋

---

① "茗",關中叢書本作"荈"。

英宗,人避嫌諱,遂改名山藥①。

【占稻】　《湘山野録》曰:"真宗聞占城稻能旱②,遣使以珍貨求其種,始植于後苑。"

戲樂

【百戲③】　《史編》曰:"漢武帝初作角抵魚龍曼延之属。"此後世戲樂之始。《纂要》曰:"百戲起于秦漢曼衍之戲。"

【圍碁】　《博物志》曰:"堯造圍碁以教丹朱。"王積新《碁勢譜》曰:"王郎號爲坐隱,祖約稱爲手談。"一云"王中郎以爲手談",然疑皆晉以來語。

【蹴踘】　劉向《別録》曰:"蹴踘,兵勢也,所以練武事,知有材,皆因嬉戲而講陳之。"《博物志》曰:"黃帝所作。"

【投壺】　《禮記》有投壺之禮,蓋自周人始也。《西京雜記》云:"漢武時,郭舍人善投壺,以竹爲矢,不用棘也。"古之投壺,取中不求還,郭則激矢令還,謂之驍。今投壺之用竹矢激還爲驍,自郭舍人始也。

【彈】　《藝文類聚》曰:"古者人死,投之中野,孝子不忍視其禽獸所食,作以守之。"《吳越春秋》:"陳音對越王曰:'弩生于弓,弓生于彈,彈生于古之孝子。'"如上所記,則是彈起于三皇之世也。

【博陸】　《事始》曰:"古烏曹氏始作博陸之戲。"《説文》曰:"夏后之臣也。"孔子曰:"不有博奕者乎!"《莊子》:"博塞以游。"

【彈碁】　《世説》曰:"魏武帝好彈碁,宮中皆效之。難得其局,以粧奩之蓋形狀相類,就蓋而彈之,因謂魏宮粧奩之戲。"《西京雜記》曰:"漢成帝好蹴踘,群臣以爲勞體。"劉向作彈碁以獻,此則自漢始,非自魏也。

【投子】　《續事始》曰:"陳思王曹子建制雙陸,投子二。"唐末有萊子戲,不知誰遂加至六。然曹植所造,從么至六,謂之投子,取投擲義云。六隻蓋起近代。按,唐李郃撰萊子格,世有其書,則六隻當自郃矣。

【樗蒲】　《博物志》曰:"樗蒲,老子入西戎所造。"或云:"胡亦以此卜

---

① "名",關中叢書本作"曰"。
② "能",關中叢書本作"耐"。
③ "百",底本爲"白",疑誤,據關中叢書本改。

也。"唐李翱撰《五木經》一卷,并圖例沿革。注,蓋樗蒲之戲也。

【象戲】 《太平御覽》曰:"象戲,周武帝所造。"而行碁有日月星辰之目,與今所爲不同。《說苑》曰:"雍門周謂孟嘗君燕則鬬象碁。"則戰國事也。故今亦曰象碁,蓋戰國用兵爭彊,故時人用戰爭之象爲碁勢也。

【鬬雞】 《列子》有紀渻子爲周宣王養鬬雞之事。《左傳》述季郈之雞鬬,季氏芥其羽,郈氏爲之金距。推此,則鬬雞當始于周也。

【角觝】 今相撲也。《漢武故事》曰:"角觝,昔六國時所造。"《史記》曰:"秦二世在甘泉宮作樂角觝。"注云:"戰國時,增講武爲戲樂,相誇角其材力以觝鬬,兩兩相當。"

【俳優】 《列女傳》曰:"夏桀既棄禮義,求娼優侏儒,而爲奇偉之戲。"則優戲已見于夏后之末。是故魯定公會齊侯于夾谷,齊有俳優戲于前。

【傀儡】 世傳傀儡起于漢高祖平城之圍。應劭曰:"陳平使畫工圖羡女,遣遺閼氏而無刻木事。"按《列子》記周穆王時,巧人有偃師者,爲木人,能歌舞。王與盛姬觀之,舞既終,木人瞬目,以手招王左右。王怒,欲殺偃師,師懼,壞之,皆丹墨膠漆之所爲也。此疑傀儡之始矣。《顏氏家訓》云:"古有禿人姓郭,好諧謔,今傀儡郭郎子是也。"

【舞輪】 《通典》曰:"梁有舞輪伎,今舞車輪者起于梁也。"

【高絙】 《通典》曰:"梁有高絙伎。"非自梁始也。後漢,天子正旦受賀,以大繩繫兩柱,相去數丈,兩娼對舞,行于繩上,相逢比肩而不傾。

【水戲】 《典略》曰:"魏明帝使博士馬鈞作水轉百戲,巨獸魚龍曼延,弄馬列騎備,如漢西京故事,故今世皆傳其法。"蓋始自馬鈞也。

【影戲】 故老相承,言影戲之原,出于漢武帝李夫人之亡,齊人少翁言能致其魂,上念夫人無已,迺使致之。少翁夜爲方帷,張燈燭,帝坐它帳,自帷中望見之,彷彿夫人象也,蓋不得就視之。故今有影戲。

【合生】 《唐書・武平一傳》曰:"中宗宴兩儀殿,胡人襪子、何懿唱合生,歌言淺穢。平一上書:'比來妖伎胡人,于御坐之前,或言妃主情貌,或列王宮名質,歌詠舞蹈,號曰合生,始自王宮,稍及閭巷。'"即是合生之原,起自唐中宗時也。宋人謂之唱題目。

【吟叫】 宋京師凡賣一物,必有聲韻,其吟哦俱不同。故市人採其聲調,間以詞章,以爲戲樂也。盛行于宋,又謂之吟叫。

【生花】 《前漢・張騫傳》:"漢遣趙破奴等破車師,大宛以梨軒眩人獻于朝。"即今吞刀履火,種瓜植樹,屠人戮馬之術是也,本自西域來。由是言之,種瓜植樹即生花之事也。

【打號】《吕氏春秋》云:"翟煎對魏惠王曰:'舉大木者,前唱輿樗,後亦應之。'"此舉重勸力之歌也。今人舉重出力者,曰①人倡,則爲號頭,衆皆和之,曰打號,蓋始自七國之時矣。輿樗訓作邪許。

---

① "曰",關中叢書本作"一"。

新刻《古今事物考》卷之八

鳌峰　王三聘　輯
錢塘　胡文煥　校

名義

【天子】《白虎通》曰："按上稱天子者，明以爵事天也。"《元命包》曰："安登生子，人面龍顔，始爲天子。"然神農母名安登，則帝王稱天子自炎帝始也。

【朕】 李斯議："天子自稱曰朕。"蔡邕注云："朕，我也。古通稱之，至秦然後天子獨以爲稱。"

【上】 司馬遷作《史記》，凡指斥君尊，皆依違不正言，但稱曰"上"①，故《漢武紀》曰"今上"。今臣呼君曰"上"，自遷始。

【陛下】 周以前，天子無陛下之呼，至秦李斯議事，始呼之耳。蔡邕注："陛，階也。天子必有近臣立于階側，以戒不虞。謂'陛下'者，群臣與天子言，不敢指斥，故呼在陛下者與之言，因卑達尊之意。"

【官家】《湘山野録》曰："真宗問李仲容：'何故謂天子曰官家？'遽對云：'蔣濟言，五帝官天下，三王家天下，兼三五之德，故曰官家。'"

【縣官】《前漢·東平王傳》："今暑熱，縣官年少。"《霍光子禹傳》："縣官非我家將軍，不得至是。"漢文帝《詔》曰："民讁作縣官及貸種米者皆赦之。"此類甚多，注謂不敢指斥天子，故謂縣官。

【車駕】 陶唐氏始乘彤車白馬，則車駕之始也。蔡邕《獨斷》曰："天子

---

① 底本自"稱"字以下，至于之後的"【陛下】【官家】【縣官】【車駕】"等條以及"【乘輿】"條的末尾後三字"乘輿也"之前的文字，原皆脱，今據關中叢書本、國學基本叢書本補，并按序補入正文中。

以天下爲家，不以京師宫室爲常處，當乘輿以天下，故謂之車駕。天子自謂行所，今雖在京師，言在行所也。巡狩天下，所奏事處皆爲宫。"

【乘輿】《通典》曰："人皇乘雲，駕六羽出谷。"正義曰："秦始皇去其輪而輿之，漢代遂爲人君之乘。"此乘輿之始也。蔡邕《獨斷》曰："乘輿出于律文，曰'敢盜乘輿服御物'，謂天子所服食者也。天子至尊，不敢泄瀆言之，故記于乘輿也。"

【萬歲】《詩》曰："虎拜稽首，天子萬年。"周有此禮矣。戰國時，衆所喜慶于君者，皆呼萬歲。秦漢以來，臣下對見于君，拜恩慶賀，率以爲常。

【山呼】《漢·武帝本紀》曰："元封元年正月，登嵩高，御史乘属，在廟旁吏卒咸聞呼萬歲者三。"迄今三呼以爲式，而號山呼也。《草木子》曰："山呼，漢制也，自武帝祀嵩嶽始。舞蹈，唐製也，自武后賜宋之問始。"

【鳳詔】後趙石季龍置戲馬觀，觀上安詔書，用五色紙啣木鳳口而頒之。宋太祖御樓肆赦，亦用其事。

【椒房】皇后稱椒房，以椒塗壁，取其温辟惡氣也。或云取椒聊蕃衍之義。

【殿下】《續事始》曰："漢以前，未有此呼。"漢以來，皇太子、諸王稱殿下。《魏志》："太祖定漢中，杜襲始呼之，時操封魏王，故襲呼殿下。"按此自杜襲始也。

【鶴駕】周靈王太子晉乘白鶴仙去。故後世稱太子之駕曰"鶴駕"，宫曰"鶴宫"，禁曰"鶴禁"。

【閣下】三公與天子禮數相亞，故黄其閣，示謙不敢斥尊。此是漢制。疑閣下之呼出自此矣。《語錄》曰："古者三公開閣，而郡守比古諸侯，亦有閣，故有閣下之稱。"《酉陽雜俎》曰："秦漢以來，將言麾下，使者言節下、轂下，二千石長史言閣下。"

【足下】《異苑》曰："晉介子推逃禄，抱樹燒死，文公拊木哀嗟，伐而製屐，每懷其功，俯視屐曰：'悲乎，足下！'足下之稱，當緣此爾。"《史記》戰國之士，或上書時君，或談説君前①，及相與論難，多相斥曰足下。蓋自晉國相承至今也。

【執事】《語錄》曰："前輩與大官書，多呼執事與足下。"惟執事，則指左

---

① "談"，底本爲"譚"，據關中叢書本改。

右之人,尊卑皆可通稱。東坡云:"凡人相與號呼者,貴之則曰公,賢之則曰君,其下則爾汝之。"

【下官】《通典》曰:"宋孝武帝多猜忌,諸國吏人于本國君,不得稱下官。"是下官本爲王國避臣之稱,而今人或以自謂也。

【僕】 宋劉凝之隱居南郡,臨川王義慶遣使存問,答書稱"僕不爲百姓禮"。時戴顒與衡陽王義季書,亦稱"僕"。

【走】 漢司馬遷與任少卿書,自稱"太史公牛馬走",注云:"走,猶僕也。謙言爲太史公掌牛馬之僕。"

【漢】《蘇氏演義》曰:"今俗罵人曰'漢',蓋晉末胡亂中原,故胡人罵中國曰'漢兒',南人罵北人爲胡,爲虜。"華夏自古有國號者至多,獨以'漢'名,取兩漢盛者也。

【鼻祖】 凡人胚胎,鼻先受形,故始祖爲鼻祖。揚雄《方言》曰:"獸之初生謂之鼻,人之初生謂之首,梁益謂鼻爲祖。"

【耳孫】 耳孫即仍孫也。仍,《漢書》作"耳",應劭曰:"耳孫者,元孫之子。"言其去高曾益遠,但耳聞之也。

【府君】 朱子《語錄》曰:"府君、夫人,漢人碑已有之,只是尊神之辭。府君如官府之君,或謂之明府。今人亦呼父爲家府。"

【嶽丈】 宋朝孫持正云:"俗呼人之妻父爲嶽丈,以泰山有丈人峯。似亦有理。而呼妻母爲泰水,此何義耶①?然晉樂廣,衛玠妻父也。"所謂岳丈,或當云樂丈爾②。

【冰人】《晉志》:"令狐策夢立冰上,與冰下人語,索紞曰:'冰上爲陽,冰下爲陰,陰陽事也。士如歸妻,殆冰未泮,婚姻事也。君當爲人作媒,冰泮而成婚。'"果然。

【東牀】 晉郄鑒使門生求婿于王導。門生歸謂鑒曰:"王氏諸少並佳,然聞信至,咸自矜持。惟一人在東牀,坦腹獨若不聞。"鑒曰:"此正佳婿。"訪乃羲之,遂妻以女。

【百官】 崔寔《政論》曰:"太昊之世,設九庖之官,後有龍瑞,則以龍紀官。"蓋設官原于伏羲,至唐、虞建官惟百,故歷代稱百官焉。

---

① "耶",國學基本叢書本作"邪"。
② "爾",關中叢書本作"耳"。

【閣老】 《漢官儀》:"丞相應事門曰黃閣。"唐制,中書舍人六人,掌詔旨冊命,皆次第進。蓋①以久次者一人爲閣老,判本省雜事。

【鳳池】 晉荀勗爲中書監,除尚書令,人賀之。荀曰:"奪我鳳凰池,何賀耶②?"故謂中書爲鳳池。中書省有雞栖樹,亦謂雞樹。

【烏府】 漢朱博爲御史大夫,府中列柏樹。常有野烏數十棲其上,朝去暮集,因名烏府,又名烏臺、柏臺。

【驄馬】 漢桓典爲御史,執法無所迴避,常乘驄馬,京師憚之。語曰:"行行且止,避驄馬御史。"

【五馬】 潘子直《詩話》云:"《禮》:天子六馬,左右驂。三公九卿駟馬,左驂。漢制,九卿二千石,亦右驂。太守駟馬而已,其有加秩中二千石,乃右驂。故以五馬爲太守美稱。"

【別駕】 《唐六典》曰:"後漢州置別駕。"《通典》曰:"從刺史行部,別乘一乘傳車,故謂之別駕。"

【蓮幕】 晉王儉以庾杲之爲長史,與之書曰:"庾杲之泛綠水,依芙蓉,何其麗也。"時人以儉府爲蓮花池③。

【刀筆】 《本贊》:"蕭何、曹參,起秦刀筆吏。"注:"刀所以削書。古者用簡牘,故吏皆以刀筆隨。"

【金吾】 《古今注》云:"金吾,車輻棒也。漢執金吾,亦棒也,以銅爲之,金塗兩末,謂之金吾,御史大夫、司隸校尉亦得執焉。郡守、縣長,例皆以木爲金吾。用以乘車,形如車輻。"

【禁中】 蔡邕云:"本爲禁中,門閤有禁,非侍御之臣不得妄入。"因避孝元皇后父名,改曰省中。顏師古曰:"省,察也。"

【丹墀】 前漢尚書奏事明光殿,省中以丹朱漆地,故曰丹墀。

【黃門】 禁門曰黃闥,以中人主之,故號黃門。

【公衙】 《續世說》曰:"近代通謂府庭爲公衙,即古公朝也,字本作'牙',訛爲'衙'。《詩》曰:'圻父,王之爪牙④。'大司馬掌武備,象猛獸以爪牙

---

① "蓋",底本爲"盡",據關中叢書本改。
② "耶",國學基本叢書本作"邪"。
③ "池",國學基本叢書本作"幕"。
④ "牙",底本爲"衙",據關中叢書本改。

爲衛,故軍前大旗爲牙旗,軍中旗①號令,必至牙旗之下。"

【幕府】 晉均曰:"衛青征匈奴,大克,就拜大將軍于幕府。幕府之名,始于此也。"顏師古曰:"幕府者,以軍幕爲義,軍旅無常居止,故以帳幕遮之。廉頗、李牧市租皆入幕府,則非因衛青始有號矣。今人以稱元帥,義取諸此。"

【畫省】 《漢官典職》曰:"尚書省中,皆以胡粉塗壁,畫古賢烈士。"故名畫省。

【黃堂】 吳郡太守所居之堂,即春申君之子假君之殿也。因數失火,塗以雌黃,故曰黃堂。

【琴堂】 宓子賤治單父,彈琴,身不下堂,而單父治。故後稱縣堂爲琴堂。

【祖道】 黃帝之子纍祖,好遠遊,而死于道。故後人祭以爲行神也,祖祭因饗飲也。

【洛陽】 《典略》曰:"洛字或作雒。初,漢火行,忌水,故去水加佳。魏爲土行,水、土之母,水得土而流,土得水而柔,故去佳加水。"

【蕭墻】 蕭,肅也;墻,屏也。君臣相見之禮,至屏而如②肅恭焉。自周有之。

【女墻】 城上小墻也。一名睥睨,言于城上窺人也。自春秋有之。

【精舍】 晉武帝初奉佛法,立精舍于內殿,引沙門居之,故今人皆以佛寺爲精舍。殊不知,精舍乃儒者教授生徒之所。《後漢·包咸劉淑傳》皆有"立精舍教授生徒"之文,李善注云:"今讀書齋是也。"

【方丈】 唐顯慶王玄策使西域,至毗邪離城,有維摩居士石室,以手板縱橫量之,得十笏,故名方丈室。

【黃卷】 《遯齋閑覽》云:"古人寫書皆黃紙,以蘗染之,所以辟蠹,故曰黃卷。"

【互郎】 《劉貢父詩話》:"今人謂駔儈爲牙。本謂之互郎,主互市事也。唐人書互作㸦,㸦似牙,因轉爲牙。"

【墜子】 晉石崇有妓名綠珠,趙王倫之亂,孫秀使人求之,王與秀收之,珠墜樓而死。後人因目侍姬爲墜子。

---

① "旗",關中叢書本作"聰"。
② "如",關中叢書本作"加"。

【楼羅】《蘇氏演義》曰："楼羅者，幹辦集事之稱。"世曰楼敬、甘羅，非也。

【麻胡】《資暇》云："俗怖嬰兒曰麻胡。隋将軍麻祜，性酷虐，稚童互相恐嚇曰：'麻祜來。'轉祜爲胡。"

【摸稜】 世①人以依違不正辨爲摸稜。按，唐蘇味道爲相，人所咨決，無所可否，依違含糊，以手摸所座床，故曰摸稜。蓋此語之始自味道也。

【無恙】《風俗通》曰："無恙，俗說疾也。凡人相見及書問者曰：'無恙。'按上古之時，草居露宿。恙，噬蟲也，食人心。故相問勞曰：'無恙乎？'非爲疾也。"

【行李】《資暇》云："古文'使'字作山入一子。《左傳》言行李，乃是行使，後人誤爲李字。"杜預曰："行李，使人通聘問者。"或言行李皆謂行使也。今遠行結束次第謂之行李，而不悟是行使爾。

【端匹】《湘山野錄》云："三代束帛束脩之制，十挺之脯，實一束也；束帛則卷其帛爲二端，五匹遂見十端。"

【狼狽】 本是兩物。《酉陽雜俎》云："狼前足絕短，狽前足絕長，每行常駕，兩獸相失，則不能行，故世言有失者，常稱'狼狽'。"

【匆匆】 世云匆匆，不知所由。按《説文》："匆者，州里所建之旗，象其柄及三游之形，所以趣民事，故匆邊者稍爲匆匆。"

【急急如律令】《資暇》云："符祝之類，末句'急急如律令'者，人以爲如飲酒之律令，速去不得滯也。一説，漢朝每行下之書，皆云如律令，言非律非令之文書行下，當亦如律令，今故符祝②有'如律令'之言。按，律令之令，宜平聲，讀爲零，律令是雷邊捷鬼，此鬼善走，與雷相疾速，故云如此鬼之疾走也。"

【劉寄奴】 療金瘡藥草也。昔宋武帝劉裕微時，伐荻新洲，射大蛇傷。明日，復往，聞杵臼聲，見數青衣童擣藥，問之，答曰："我主爲劉寄奴所射，今合藥傅之。"時人因此名其草曰劉寄奴也。（寄奴，裕小字）

【何首烏】 本名夜合藤。昔有姓何人，採服其根，頭髮愈黑，因名曰何首烏。

【羊負來】《博物志》曰："洛中有人驅羊入蜀，胡枲子着羊毛，蜀人種

---

① "世"，國學基本叢書本作"紀"。
② "祝"，國學基本叢書本作"咒"。

之,曰羊負來,故今人亦以名枲爾。"陶弘景①《本草》注曰:"昔中國無此言,從外國逐羊毛中來,因以名也。"

【鹿活草】 《酉陽雜俎》曰:天名精也。宋元嘉中,青州劉憛射鹿,剖五臟,以此草塞之,蹶然而起,憛怪而拔草,則復倒。如此三度,因密録種之。主傷折,俗呼劉憛草,亦曰鹿活草。

【丁公藤②】 本名南藤。《南史》:解叔廉,鴈門人。夜祈母疾,聞空中云:"得丁公藤治③即差。"訪至宜都山中,見一老翁伐木,云是丁公藤治風,及漬酒法。受畢,失翁所在。母疾遂愈。自是始傳丁公藤。

【史君子】 唐潘州郭史君療小兒,多用此得效,後來醫家因號史君子。

【牽牛】 《本草補注》曰:始出田野,人牽牛易藥,故以名之。

【訶棃勒】 出南海諸番國,後趙時,避石勒,改曰訶子。

【玄駒】 《古今注》曰:"蟻名玄駒何也?"曰:"河內人並河見人馬數十萬,皆如黍米動遊,人以火燒之,人皆蚕蚋,馬皆大蟻。今人名蚕蚋曰黍民,蟻曰玄駒,宜自漢始也。

【齊女】 《古今注》曰:"牛亨問:'蟬名齊女者何也?'董仲舒曰:'齊王后怨王而死,屍變爲蟬,登庭樹,嗌唳而鳴,王悔恨之,故世名蟬曰齊女。'"

【膾殘】 越王勾踐之保會稽也,方斫魚爲膾,聞有吳兵,棄其餘江,化而爲魚,猶作膾形,故名膾殘,亦曰王餘魚。

【烏賊】 《酉陽雜俎》曰:海人言昔秦王東遊,棄筆袋於④海,化爲此魚,中有墨,而作袋形。《南越志》曰:"常自浮水上,鳥見,以爲死,便往喙之,乃卷取鳥,故名烏賊。"

【獺婦】 東海有之。昔有婦,惰女織,姑責之,悲恨自溺于海,化爲魚,弱而多膏。海人有得之者,烹其膏以燃燈,照紡績則暗而無光,或以照管絃嬉戲,則爛然矣。"《酉陽雜俎》云:名奔𩵋,一名瀾。

【彭越】 似蠏而小。世傳漢醢彭越以賜諸侯,九江王英布獵,得之,不忍視,盡覆江中,化爲此,故名彭越。

【啄木】 《古今異傳》曰:"本雷公採藥,化爲此鳥。"

---

① 陶弘景:底本爲"陶洪景",據改。
② "藤",關中叢書本作"籐"。下同。
③ "治",底本爲"名",據關中叢書本改。
④ "於",關中叢書本作"上"。

【逃河】　鵜,鵏也。《本草》曰:"身是水沫①,唯胃前兩塊肉如拳。"云昔爲人竊肉,入河化爲此,身今猶有肉,故名。

【精衛】　《山海經》曰:"炎帝之女,渡海溺死,其魄化爲此鳥。常啣西山木石以填東海②,報其冤也。"

【杜宇】　《蜀王本紀》曰:"鼈靈死,其屍逆江而流,至蜀,王杜宇以爲相。宇自以德不及靈,傳位而去,其魄化爲鳥,因名此,亦曰杜鵑,即望帝,杜宇稱望帝也。

【婆餅】　昔人有遠戍③,其婦山頭望之,化爲石。其母爲餅,將以爲餉,使其子偵之,恐其焦不可食也,往,已無及矣。因化此物,但呼婆餅焦也。今江、淮有之。

【野雞】　即雉也。自漢吕后稱制,避其諱故也。顏師古曰:"吕后名雉,故臣下諱雉。至唐高宗諱治,又帝小字雉奴,故相承避至今也。"

【伯勞】　《酉陽雜俎》曰:伯勞,博勞也。相傳伯奇所化。

【右軍】　晉右將軍王羲之好鵝,在會稽山陰,道士養群鵝,羲之每就玩之,道士曰:"爲寫《黄庭經》,當以相贈。"羲之欣然寫畢,籠鵝而去。今人誤④以鵝爲右軍。

【謝豹】　《酉陽雜俎》曰:虢郡有蟲名謝豹,常在深土中。類蝦蟇,圓如毬,見人以前脚交覆首,如羞狀。能穴地如鼢鼠,頃刻深數尺。或出地,聽謝豹鳥聲,則腦裂而死,俗因名之。或曰:謝豹,人也,抱恥死,其魄爲蟲,潛行地中,羞見人。掘出之,猶以足覆面,作忍恥狀。

【衛子】　世云衛靈公好乘驢,爲衛子。或曰晉衛玠好乘跛驢爲戲,當時稱驢爲衛子以譏玠,故有蹇衛之稱。蹇,跛也。

【馬齒】　《事始》曰:唐貞觀⑤中,有牝馬三千匹,于隴西置群牧使。開元初,張萬歲緝其政,恩信大行。既没,衆以張氏諱,因以馬歲爲齒。

【馬匹】　《家語》曰:"顔回望吴門馬,見一匹練,孔子曰:'馬也,然則馬

---

① "沫",底本爲"沫",據關中叢書本改。
② "常",底本爲"當",據關中叢書本改。"啣",底本爲"御",關中叢書本爲"含",據國學基本叢書本改。"填",底本爲"鎮",據關中叢書本改。
③ "戍",底本爲"戎",關中叢書本爲"戍",據國學基本叢書本改。
④ "誤",國學基本叢書本作"遂"。
⑤ "唐貞觀",底本作"正觀",避宋仁宗名諱。據改。

之光景一匹長爾①。'故後人號馬爲一匹。"《風俗通》曰："馬夜行,目明照前四丈,故曰一匹。"或曰："《左傳》說,諸侯相贈,乘馬束帛,爲匹,與馬相匹爾。"

法律

【律】 虞始造律,皋陶造法律。魏文侯師於李悝,始採諸國刑典,造法經六篇。漢蕭何加以三篇,通號九章。曹魏劉劭又衍漢律爲十八篇,晉賈充又參魏律爲二十篇,唐長孫無忌等又取漢魏晉三家,擇可行者定爲十一篇。歷代之律,至唐備矣。國朝,太祖勑刑部尚書劉惟謙成大明律,一準之於唐,曰名例,曰衛禁,曰職制,曰户婚,曰廐庫,曰擅興,曰賊盜,曰鬥訟,曰詐偽,曰雜犯,曰捕亡,曰斷獄。采用已頒舊律二百八十八條,續律百二十八條,舊令改律三十六條,因事制律三十一條,掇唐律以補遺②一百二十三條,合六百有六,分爲三十卷。

【令】 《說命》曰："王言惟作命。"是王者之言,下守之而爲令者。今令之文,皆所守之事,宜以此爲始。杜周曰："前王所定著爲律,後王所定疏爲令。"《六帖》云："蕭何攟摭法令,宜于今者,乃著令。"歷代損益,條目不同。國朝初,有大明令。弘治十一年,詔法司將歷年見行及申明《問刑條例》情法適中、經久可行者,條陳遵守。

【律疏】 《唐志》曰："高宗即位,詔律學之士撰《律疏》。"則《律疏》蓋起自唐高宗也。宣宗時,張戣③以刑律分類,爲《大中刑律統類》。故五代以來,又爲《刑統》。

【五刑】 《書》曰："蚩尤作五刑之刑④。"舜命皋陶明于五刑,直引曰："古者五刑,墨、劓、剕、宮、大辟。"始於虞周之時,蓋刻顙曰墨,割鼻曰劓,刖足曰剕,淫刑曰宮,死刑曰大辟,是也。《唐志》曰："隋已前,死罪有五,徒流之刑鞭笞兼用,數皆踰百,隋始定之,爲笞刑五,自十至五十,杖刑五,自六十至百,徒刑五,自一年至三年,流刑五,自千里至三千里,死刑二,絞與斬。"蓋五刑自隋始也。

---

① "爾",關中叢書本作"耳"。下同。
② "遺",底本爲"遣",據關中叢書本改。
③ "戣",關中叢書本作"羖",國學基本叢書本作"蓼"。
④ "刑",關中叢書本作"虐"。

【笞】　漢用竹，隋唐以降用楚。楚，木名，即荆也。今用之，即書曰"撲作教刑"是也。今笞制，大頭徑二分七釐，小頭徑一分七釐，長三尺五寸，以小①荆條，釐削去節目用。

【杖】　晉以前小鞭，隋唐以杖易之，今依之，即書"鞭作官刑"是也。今杖制，大頭徑三分二釐，小頭徑二分二釐，長三尺五寸，以大荆條爲之，亦須削去節目用。

【徒】　《周禮》："凡民有罪，役諸司空。"漢之城旦春，唐因隋文帝制三等加爲五等，今仍之。

【流】　黃帝斬蚩尤，其衆流于八荒之外。《舜典》曰："流宥五刑，五流有宅。"今從之。

【死刑】　黃帝擒蚩尤于版泉之上，帝以金鉞斬之。則知斬起于軒轅也。《周禮》有罄于甸人之説。秦曰磔，漢文帝改曰棄市，隋謂之絞，則絞興于周代矣。蓋古大辟棄之于市，但絞則全屍，斬則身首異處。今乃唐制，有絞斬。

【折杖】　宋太祖建隆四年，始有折杖之製。

【配】　舊云刺面而配，起于周太祖、世宗之代。按王溥《五代會要》曰："晉天福三年，左街從人韓延嗣，徒二年半，刺面配華州，發運務。"蓋唐雖配流嶺南諸州之文，此始有配法，而刺面當起于是也。今犯盜則刺字。

【杻鐐】　今杻制，長一尺六寸，厚一寸，以乾木爲之，男子犯死罪者用杻。鐐制，以鐵爲連環，共重三斤，犯徒罪者，帶鐐工作。《山海經》曰："大荒之中有末山②，有木名楓，蚩尤所棄桎梏也。"蓋此械已出黃帝時。今杻鐐即其遺事爾。

【枷】　今枷制，長五尺五寸，頭濶一尺五寸。以乾木爲之，死罪重二十五斤，徒流重二十斤，杖罪重一十五斤。蓋舊有長短而無斤重，則徒流死罪之等重自宋太宗始也，今從之。

【訊】　今訊制，大頭徑四分五釐，小頭徑三分五釐，長三尺五寸，以荆杖爲之。期犯重罪，臟證明白，不服招承，依法拷訊。《寓園雜記》云："三十年官司杖人，惟用荆棍，或加皮鞭，後稍用竹筐，重不過三四兩。"成化十九年一，巡官忽有翻黃之制，重過二斤，用以側斫之，名之四斫。

---

① "小"，底本作"尔"，據關中叢書本改。

② "末"，關中叢書本作"宋"。

【夾棍】《寓圃雜記》云："夾棍之刑,惟錦衣衛則有,亦設而不作。"景泰二年,巡按御史趙縉公行賄賂,藉此教匠爲之,遂爲常刑。

【梟首】 昔黄帝斬蚩尤,懸首軍門,此梟首之起也。

【夷族】 古者罪人不孥,罰弗及嗣。秦文公二十年法,初有三族之罪。

【贖】《舜典》曰："金作贖刑。"注："謂誤而入刑,出金以贖。"則贖罪蓋始于虞氏也。

【錮身】 春秋《左傳》曰："會于商任,錮欒氏也。"則禁錮之事,已見于春秋之時。故漢士有黨錮。今以盤枷錮其身,謂之錮身,蓋出于此。

【除名】 何法盛《晉中興書》曰："胡毋崇爲永康令,多受貨賂,除名爲民。"則除名疑始于晉。

【免官】 後漢梁崧爲太僕,作私書請託郡縣,發覺免官。則免官自漢始也。

【獄】《急就章》曰："皋陶造獄。"《風俗通》曰："三王始有獄,夏曰夏臺,商曰羑里,周曰囹圄。"《博物志》曰："夏曰念室,商曰動止,周曰稽留。"

【臺獄】《唐書》曰："初,臺無獄,凡有囚,則繫大理。"貞①觀時,李乾祐爲大夫,始置獄。崔隱甫拜御史大夫,執故事罷之。後患因②往來漏泄,復繫本院。則臺之置獄,自李乾祐始也。

【囚】 有罪而繫獄者曰囚。疑古有之,故《詩·泮水》曰："淑問如皋陶,在泮獻囚。"

【斷屠】《唐刑法志》曰："武德二年,詔斷屠日不行刑。"《會要》："武德二年,詔每年正月、五月、九月,及每月十齋日,並斷屠。"按此,則是斷屠之制起于唐高祖也。

【赦】《虞書》："眚災肆赦。"則是赦之起蓋始于帝舜也。

道釋

【道教】《隋志》曰："漢曹參始薦,蓋公能言黃老,文帝宗之。"自是相傳道教衆矣。

---

① "貞",關中叢書本作"正"。
② "因",關中叢書本作"囚"。

【崇道】　漢桓帝親祀老子于濯龍宮,用郊天樂。此人主崇道教之始也。

【追號】　唐高宗始追號老子太上玄元皇帝,宋真宗加號太上老君混元上德皇帝。

【真人】　唐玄宗時,李林甫奏列子號冲靈真人,莊子南華真人,文子通玄真人,庚桑子洞靈真人,其書各從其號,爲真經。

【天師】　《列子》云:"黄帝稱牧馬童子曰天師。"元魏世祖賜寇謙之天師之號,後漢張道陵亦有天師之稱。國朝,太祖謂:"至尊者天,豈有師也。"改天師爲真人,乃號正一嗣教道合無爲闡祖光範真人,領道教事,秩正二品。

【道觀】　周穆王尚神仙,召尹軌杜冲居終南山尹真人草楼之所,因號樓觀,蓋道觀之始也。隋煬帝改爲玄壇,後復曰觀。

【道士】　周穆王于樓觀召幽逸人居之,謂之道士。

【禁妻】　宋太祖始禁道士不得畜妻孥。前此,道士皆有妻室;至是,始與僧同禁。

【道録】　隋文帝始以玄都觀士王延爲威儀。唐置左右街威儀。後周避諱,改爲道録。宋因之,增副道録、都監、首座,通舊爲八員。天禧中,又置首座鑒義,分領本街事。國朝,在京属禮部曰道録司,在外属府曰道紀司,州曰道正司,縣曰道會司。

【道官】　唐高宗以葉静能入直翰林,爲國子祭酒。玄宗授葉法善銀青光禄大夫、鴻臚卿。宋太祖賜馬志通議大夫階一。國朝,道録司,左、右正,一正六品;左、右演法,從六品;左、右至靈,正八品;左、右玄義,從八品。道紀司,都紀,從九品;副都紀,道正司道正,道會司道會,俱未入流。在京属太常寺神樂觀提點,在外太嶽太和山、太嶽太和宮、玄天玉虛宮、遇真宮、清微宮、净樂宮、興聖五龍宮、大聖南岩宮、太玄紫霄宮提點,俱正六品;句容縣三茅山元符宮、華陽洞閣皂山萬壽崇真宮靈官,俱正八品;副靈官俱從八品。

【道封】　後周武帝時,衛元嵩封蜀郡公。唐玄宗封葉法善越國公。此道士受封之始也。

【道贈】　唐贈葉法善金紫光禄大夫、越州都督。此道士褒贈之始也。

【道謚】　陶洪景死,梁贈謚正①白先生,此道謚之始也。

【道紫】　唐李泌立大功,李輔國將不利之,泌乞爲道士,代宗許之,贈以

---

① "正",國學基本叢書本作"貞"。

紫衣,其後道士賜紫,自泌始也。

【道印】　宋天禧元年,詔內出聖祖神化金寶得①,分給在京宮觀及外州名山聖跡之處。面文曰"玉清昭應宮成天尊萬壽",背文曰"永鎮福地"。諸郡道正副掌之。國朝,道官入流,銅方印未入流,銅條記②,篆本衙門字文。

【符籙】　《黃帝出軍決③》曰:"帝討蚩尤,夢西王母遣人以符授之,帝寤,立壇而請,有玄龜啣符從水中出,置之壇中。蓋自是始傳符籙也。"

【醮壇】　《援神契》曰:"記云:壇而不屋,古醮壇在野。今于屋下,從簡也。"

【香燈】　《援神契》曰:"古者祭祀有燔燎,至漢武帝祀太一,始用香燈。"

【位牌】　《援神契》曰:"古者祭宗廟有木主,祭社稷有石主,今位牌即其類也。"

【符簡】　《援神契》曰:"古者召命有符節,以竹片爲之,今黃紙召神符代竹也,人形符象使者也。"

【步虛】　《援神契》曰:"古者祭祀歌樂章,或歌毛詩。今法事長吟,本諸此也。"

【章表】　《援神契》曰:"古者祭祀有祝版,後世因紙。"今盛奏方函,代版匣也。

【法決④】　《援神契》曰:"古者祓除不祥用桃枝,后羿死于桃棒,故後世逐鬼用之,今天蓬尺是此類也。"

【手爐】　《援神契》曰:"古者灌獻之禮,用圭瓚。瓚形如盤,柄象主,盛酒此中,執瓚則不執圭。"今道士執手爐則不執簡,亦此意也。

【鋪燈⑤】　《援神契》曰:"道法,劃地爲獄,以米爲界,後世凡鋪燈皆用米。"本諸此也。

【令牌】　《援神契》曰:"《周禮》,牙璋以起軍旅,漢銅虎符上圓下方,刻五牙文,若垂露狀。背文作一坐虎,銘其榜曰:'如古牙璋,作虎符。'今召將用令牌,此法也。"

---

① "得",關中叢書本作"牌"。
② "記",關中叢書本作"紀"。
③ "決",國學基本叢書本作"訣"。
④ "決",國學基本叢書本作"訣"。
⑤ "燈",國學基本叢書本作"鐙"。下同。

【道書】《東溪日談録》云："道經之初立①，老子《道德經》五千言而已，安有齋醮科儀、符籙召神、服氣辟穀、調食玉屑、燒煉金舟之術哉？其法起于漢張道陵、魏寇謙之、唐陶弘景、葛稚川、杜②光庭、宋徽宗、王欽若，又撰爲諸家經呪以倡之也。

【佛】《老子·化胡經》云："周莊王十年四月八日，佛生于天竺城。至匡王五年，七十九歲，死于拘尸那城雙林下，葬于回鹿山。"

【佛像】 後漢明帝夢金人長丈餘，頂有日光。傅毅曰："天竺有道者，號曰佛。"於是遣使天竺，圖其形像。此中國有佛像之始也。北魏始作佛大像③，高四十三尺。按，范蠡乘扁舟泛五湖，越王勾踐思之，鑄金爲像。又前漢霍去病過焉耆山，得休屠王祭天金人。今佛像是其遺法。

【佛塔】《高僧傳》曰："康僧會至建業，孫權使求舍利，既得之，權即造塔。晉帝過江，更修飾之。"此中國造塔之始也。

【鴈塔】《西域記》云："昔有比丘，見群鴈飛翔，忽有一鴈投下自殞，衆曰：'此鴈垂戒，宜旌彼德。'乃瘞鴈建塔。"

【寺】 漢明帝時，攝摩騰、竺法蘭自西域以白馬馱經初來，止鴻臚寺，遂取寺名，創置白馬寺，即僧寺之始也。然以白馬爲額，則僧寺名額亦自明帝始矣。隋煬帝改曰道塲，復曰寺。

【内寺】《僧史略》曰："謂之道塲内，起于後魏，得名于隋，煬帝改僧寺曰道塲，置于宮中，故曰内④。"

【僧】 後漢明帝遣蔡愔等往天竺訪僧法，于彼見摩騰，乃要還漢地。此中國有僧之始也。《僧史略》曰："漢明帝聽陽城侯劉峻等出家。"此中國之人爲僧之始也。史云："佛法自漢明帝時入中國。"然漢魏時，惟聽西域人立寺都邑，中國人皆不得出家。至東晉時，後趙石虎敬事胡僧佛圖澄，國人化之，始造寺，削髮出家。

【稱釋】《高僧傳》曰："出家從師命氏，晉道安受業佛圖澄，澄姓帛氏，安以師莫過佛，遂以釋爲姓。"僧之稱釋，自道安始也。慧斌掌僧録給事。唐罷統，立兩司于京邑，謂之僧録。國朝，在京屬禮部曰僧録司，在外屬府曰僧

---

① "立"，關中叢書本作"止"。
② "杜"，底本爲"括"，據國學基本叢書本改。
③ "像"，底本爲"象"，據關中叢書本改。
④ "内"，國學基本叢書本作"寺"。

綱司，州曰僧正司，縣曰僧會司。

【僧官】　隋文帝以沙門彥崇爲翻經館學士，後始命僧以官。唐以不空爲開府儀同三司、試鴻臚卿。宋太祖加霱朝散大夫階，太宗加法賢試光禄卿階。國朝，僧録司左右善世正六品，左右闡教從六品，左右講經正八品，左右覺議從八品。僧綱司都綱從九品，副都綱、僧正司僧正、僧會司僧會，未入流。

【僧號】　後秦鳩摩羅什始號法師，其後中國名僧亦稱之。晉朝講經草堂寺，有朝臣大德沙門千餘人，始有大德之呼。後趙石虎號佛圖澄曰大和尚，此稱和尚之始也。晉初，鳩摩羅什東渡，龜玆王請爲國師。姚興迎羅什，待以國師，此稱國師之始也。唐中宗號萬迴爲法靈公。姚秦號羅什爲大師，此稱大師之始也。

【僧封】　《洪明集》曰：“元魏封法果輔國宜城子，加忠信侯、安城公，唐封不空肅國公。”僧之得封，自後魏太祖始也。

【僧贈】　元魏法果卒，贈老壽將軍趙胡靈公。此其始也。唐亦贈不空司空。

【僧謚】　《洪明集》曰：“後魏太祖時，法果卒，謚‘趙胡靈公’。”此僧賜謚之始也。宋咸平中，賜法賢謚‘慧辨’，法天謚‘元覺’，施護謚‘明悟’；祥符中，又詔謚誌公真覺大師，宜加爲道林真覺大師，詔泗州僧伽大師宜加爲普照明覺大師。

【僧紫】　唐武后，以僧法朗譯《大雲經》，陳符命，皆賜紫架裟，則僧之賜紫①此其始也。

【僧褐】　漢魏之世，出家者多著赤布僧迦梨，又秣陵諸僧衣色倣西竺。後周忌聞黑衣之讖，悉易黑色，著黃色衣。其僧衣褐，起于宇文周製。

【僧隸】　唐武后勅天下僧尼隸祠部，轄僧之始也。

【僧帳】　《唐會要》曰：“舊制，僧尼簿三年一造其籍，一本送祠部，一本留州縣。又開元十七年，勅僧尼宜依十六年舊籍。則僧尼供帳，始于此爾。”宋用周顯德事，三年一造帳，定著于令。

【度牒】　唐明皇始制僧尼令伺部給牒。至肅宗，以用度不充，諸道得召人納錢，給空名度僧道。

【譯經】　漢自摩騰首譯四十二章經。歷魏、晉、南北朝，皆有翻經館。唐

---

① “紫”，原脱，今據國學基本叢書本補。

置譯經潤文之官,元和後廢。宋太宗復置譯經院。

【筆受】 唐世翻譯有筆受官,以朝臣爲之。佛陀多羅之譯《圓覺經》也,房融爲筆受是矣。宋太宗譯經院成,始用梵僧譯經。梵學筆受二人,譯經綴文二人,證義八人。其後以惟①净爲梵學筆受,自此其始也。

【談禪②】 《寶林》曰:"佛涅槃時,造迦葉曰:'吾清净法服以付汝。'迦葉傳阿難,二十八代至達摩。梁普通年,自南天竺泛海至廣州,後至崇山,住少林寺,傳惠可。"中③國談禪,自此始也。

【禪宗】 禪學自達摩入中原,世傳一人,凡五傳,至慧能,通謂之"祖"。慧能傳行思、懷讓,行思之後有良价,號洞下宗;又有文偃,號雲門宗;又有文益,號法眼宗;懷讓之後,有靈祐、慧寂,號爲仰宗;又有義玄,號臨濟宗。五宗學徒徧于海内,迄數百年。臨濟、雲門、洞下,日愈益盛。

【讚唄④】 《僧史略》曰:"讚唄原始,按十誦律中,俱眠爾作三契聲以讚佛⑤。後趙石勒時,建中神降安邑,諷詠經音,七日方絶,僧有摹寫爲梵⑥唄焉。"

【戒律】 《僧史略》曰:"漢靈帝時,安世高首出義決律一卷,次有比丘諸禁律。魏世天竺三藏曇摩迦羅到許洛,慨⑦魏境僧無律範,遂于嘉平中,與雲諦譯《四分羯摩》及《僧祇⑧戒心圖》。"此中國戒律之始也。

【戒壇】 《僧史略》曰:"漢、魏之僧,雖剃染,而戒法未備,唯受三歸。嘉平中,既傳戒律,立大僧羯摩法。蓋比丘立戒壇之始也。"中國之人受戒,又自魏朱士行始。

【尼】 《僧史略》曰:"漢明帝聽洛陽婦女阿潘等出家。"此中國有尼之始也。

---

① "惟",國學基本叢書本作"清"。

② 談,底本作"譚",據關中叢書本改。下同。

③ "中",關中叢書本作"梁"。

④ "唄",底本爲"唄",據關中叢書本改。下同。

⑤ "眠","視"字異體,關中叢書本作"眠",國學基本叢書本作"胝";"爾",關中叢書本作"耳";"契",國學基本叢書本作"暎"。

⑥ "梵",國學基本叢書本作"夢"。

⑦ "慨",國學基本叢書本作"觀"。

⑧ "祇",國學基本叢書本作"祇"。

【尼寺】《僧史略》曰："東晉何充始捨宅安尼。"此尼寺之起也。

【尼壇】《僧史略》曰："受戒，初本僧尼同壇，宋太祖不許尼往僧中。"詔自今尼有合度者，只許于本寺起壇受戒。自是始別立尼受戒壇也。

【尼戒】《薩婆多師資傳》曰："宋元嘉十一年，師子國尼鐵索羅等，於建康南林寺壇上，爲景福寺尼惠果、净音等受戒法事。此方①尼受戒，自惠果等始也。"

【尼講】《僧史略》曰："東晉廢帝大和三年，洛陽東寺尼道馨通《法華維摩》，研窮理味，一方宗師。"此尼講說之始也。

【浴佛水】　四月八日佛生，十大禪院有浴佛齋，乃煎②香藥糖米相遺，謂之浴佛水。

【結制】　四月十五日，天下僧尼就禪刹掛搭，謂之結夏，又謂之結制。蓋夏乃長養之節，在外行恐傷草木蟲类，故九十日安居。至七月十五日散去，謂之解夏，又謂之解制。

【水陸齋】　梁武帝夢僧教設水陸齋，覺而求其儀，世無其說，因自撰集銓次，既成，設之于金山。

【佛書】《東溪日談③錄》云："漢明帝時，有佛經四十二章，藏于官寺④。其後，胡僧安静夫、懺康會俱譯佛書，以傳中國。至晉安帝時，姚興大集胡僧，命鳩摩羅什翻譯佛經。梁武帝時，又自作爲懺呪等書以倡之也。"

---

① "方"，國學基本叢書本作"女"。
② "煎"，國學基本叢書本作"具"。
③ "談"，底本爲"譚"，據關中叢書本改。
④ "寺"，底本爲"口"，據關中叢書本改。

跋（關中叢書本）

右《事物考》八卷，明蓥厔王三聘著。三聘，字夢莘，別號兩曲，嘉靖乙未進士，仕爲河南、四川僉事。其《自敘》謂，於《事物紀原》一書有所感發，因取近代典章文物益之，以見聞所及，詳加考覈，編纂成書。自天地、國家之大，以及日用、飲食之微，逐一條分縷析，如數家珍。雖未脫事始物原諸書窠臼，然刪其荒渺，補其缺略，亦足爲考古之一助也。書久散佚，流傳未廣，家藏版片漫漶不可盡讀，後雖補刊，亦復殘闕，識者憾焉。茲覓其較爲完善之本，重校印行，以見前人用力之勤如此，學者當知所從事矣。

民國二十五年五月校。

長安　宋聯奎
蒲城　王　健
渭南　武樹善

刻事物考跋（明隆慶三年王嘉賓刻本）

事物在天壤間各有本始，必考之而後可知。顧岐出劇見墳典子籍中，編帙葳蕤，蒐探既難，囊括匪易。《事物紀原》雖有刻議者，猶謂未善。頃得傅君名嚴所遺是集，見其門分珠列，巨纖咸具，一展卷而事物之原委畢呈，無蒐探之勞，而有囊括之功，其亦博物之捷徑也已。問禮、問官，聖人不廢，一物不知，儒者恥之。然則拓見聞而資問學，則是書也，庸無籍焉爾乎。僉謂宜再刻之，以廣同好。余唯唯，遂付之梓。噫！以此而格物，則致知之資；以此而多識，則畜德之助。若徒以競多侚靡焉，是則玩物喪志爾矣，學者當自得之。

隆慶己巳孟夏吉

兗州王嘉賓謹識

刻事物考跋（明隆慶三年王嘉賓刻本）

　　凡事物之來，各有本始，必考之而後可知。顧散見旁出於經史子籍中，編帙汗漫，蒐探匪易，則囊括自難。《事物紀原》近有刻本，議者猶謂未善。傅君名嚴，自陝中來，攜是書見惠，得而讀之，見其門分珠列，兼總悉至，一展卷而事物之原委畢呈，無蒐探之勞而有囊括之功，信博物之捷徑也。僉意嘉尚，謂宜覆梓，以廣同好。余唯唯，遂刻之。噫，多見而識，知之次也，此對上智者言耳；中智而下，欲以拓見而諛聞也，則是書也，庸可少焉爾乎！雖然，以之格物所以致知也，否則玩物焉耳，又未免以喪志，學者要自得之。

　　隆慶己巳孟夏吉
　　兗州王嘉賓謹識書上江臺署

陝西省社科基金古籍整理與研究項目成果彙編(2015年度)

蘇頲詩集校注

【唐】蘇頲　撰
柯卓英　校注

校注説明

　　蘇頲(670—727)，字廷碩，京兆武功(今陝西武功)人，唐代政治家、文學家、左僕射蘇瓌之子。蘇頲是初盛唐之交著名文士，與燕國公張説齊名，在當時產生了很大影響。尤其詩歌成就，在律詩成型過程中居於非常重要的地位，有力地推動了唐代格律詩的發展和繁榮。

　　三十年來蘇頲文學研究，無論在深度和廣度上都無法與同時齊名的張説文學研究相比，其中因素很多，但更主要的原因在於研究者們對於蘇頲在中國文學史上的地位和作用認識不夠。可喜的是，蘇頲文學的研究也取得了一定的成績，產生了一些優秀的學術成果。在蘇頲生平研究方面，陳鈞和郁賢皓兩位學者對蘇頲的關注，使蘇頲的生平研究達到了前所未有的高度。文學研究方面，蘇頲詩歌及其作爲初盛唐之際的詩人，其詩歌藝術風格的演變和豐富的思想内涵受到廣泛關注，有一定數量研究者給予了很大的關注。詩文集整理和版本研究方面，也取得了較大的成績。但蘇頲的整體研究依然留下很多空白，深入研究的空間依舊很大。

　　對於其詩文集整理和版本研究，主要有萬曼《唐集敘録》，陳耀東《唐集考——唐〈蘇頲集〉經眼録》，陳均《讀〈唐〈蘇頲集〉知見録〉劄記》，對蘇頲詩文的明、清刻印本作了詳細的考校。而陳鈞《蘇頲詩文的流傳及版本源流考》《蘇頲集提要三種》有更爲詳盡的考訂。陳鈞《蘇頲詩文集編年考校》中對蘇頲詩文集作了大量、有效的校勘和整理工作，這對進一步研究蘇頲詩文提供很大便利條件。

　　蘇頲一生歷高宗、武后、中宗、睿宗、玄宗五朝，相玄宗，襲封許國公，與燕國公張説並稱"燕許大手筆"。今存詩兩卷，文九卷。咸亨元年(670)，蘇頲出生于宰相世家，雖然幼年喪母，然天性敏悟，聰慧有才氣。韓休《唐金紫光禄大夫禮部尚書上柱國贈尚書右丞相許國文憲公蘇頲文集序》載："五歲便措意於文，每坐卧吟諷，未嘗暫輟。至於八九歲，則有若大成焉，一覽誦千言，有若素習。"兩《唐書》均載："蘇頲弱冠舉進士。"關於進士及第的時間，徐松《登科記考》據晁公武《郡齋讀書志》卷四上,著録蘇頲爲調露二年進士。從赴烏程尉任至武后天冊萬歲二年(696)蘇頲事蹟無考。大約景龍二年末或三年初,蘇頲遷爲中書舍人。《唐會要》卷八二載:"景龍三年九月,蘇瓌拜右僕射、同中書門下三品,與男中書舍人頲聯事,奏請出爲外官,遂進秘書監。"于景雲元年十一月居父喪,至先天二年(713)春服闋,由前太常少卿遷工部侍郎。開元元年(713)十二月至四年十二月任紫微侍郎。開元四年閏十二月,"紫微侍郎蘇頲同紫微黃門平章事"。開元十五年是蘇頲生活的最後一年。他曾向玄宗提出解職醫病,而玄宗不許,於是蘇頲上《陳情表》:"又伏奉今月五日敕,以留司務閑,不妨醫療,所請辭官不須者。臣志不動天,身何容地,周章慚悸,惶駭戰慄。"

　　版本説明。本次校注以《唐五十家詩集》《蘇頲集》爲底本。《唐五十家詩集》是明銅活字版,共收録蘇頲詩集二卷。上卷收録39首,下卷收録45首,共計84首。其中五言雜詩11首,七言古詩1首,五言律詩27首,五言排律27首,七言律詩11首,五言絶句3首,七言絶句4首。另外18首據《唐音統簽》等輯録。

　　校注體例。詩集校注主要包括正文、輯佚、參考文獻三部分。正文、輯佚均包括校勘和注釋兩部分。

　　校勘説明。本次校勘綜合《唐音統簽》《文苑英華》《全唐詩》《唐詩品彙》《唐詩別裁》《萬首唐人絶句》《唐人萬首絶句選》各種不同文獻,研究比對其異同。校勘序號使用①形式,以此類推。

　　其中《全唐詩》收録篇數最多,爲101首;其次《唐音統簽》收録99首,其中五言古詩12首,七言古詩2首,五言律詩29首,五言排律31首,七言律詩12首,五言絶句9首,七言絶句4首;除1首認爲是初稿外,計98首。再次《文苑英華》收録85首,其中1首不在蘇頲名下;大部分集中在應製中,計有38首,其他則散見各門類。《萬首唐人絶句》選詩12首。《唐詩別裁》收録蘇頲詩共10首,其中五言律詩1首,七言律詩3首、五言長律4首、五言絶句2首。《唐詩品彙》收録3首,《唐人萬首絶句選》選詩1首。

　　注釋説明。注釋是對詩中所涉及的典故、專有名詞、歷史事件等做較爲詳實的注解。由於沒有可參照的詩集注釋,本次注釋力求詳明達意,對可備一説的觀點酌量收入存參,以供讀者探討。注中引用古籍,重在切合詩意,文句亦有節略。注釋序號使用(1)形式,以此類推。

古籍整理是繼承、弘揚傳統文化的重要組成部分。對蘇頲詩的校注與研究可以推進陝西古籍文獻整理工作的進展，在"一帶一路"背景下，因其具有地域性特點，對唐代關中地域文化傳承和建設具有重要的研究價值和意義。對蘇頲詩歌做全面梳理和注解，進行審定、校勘、注釋等加工整理工作，通過加强對古籍的整理与保護，也有助於爲學習研究古籍、促進唐代文學研究的深入發展，尤其是對詩詞格律在唐代的意義和影響更是非常重要的，有助於更好地瞭解初唐詩歌，學習中華傳統詩歌，促進當代舊體詩詞的復興和繁榮。

　　鑒於作者水平和能力所限，校注中難免有錯漏之處，敬請各位專家、讀者批評指正。

目　錄

五言雜詩

奉和聖製送赴集賢院 …………………………………………………（225）

奉和聖製過晉陽宮應制 ………………………………………………（227）

奉和聖製登蒲州逍遥樓應制 …………………………………………（230）

奉和姚令公溫湯舊館永懷故人盧公之作 ……………………………（232）

和杜主簿春日有所思 …………………………………………………（235）

餞鄧州李使君 …………………………………………………………（237）

曉濟膠川南入密界 ……………………………………………………（239）

夜發三泉即事 …………………………………………………………（240）

小園納涼即事 …………………………………………………………（243）

閑園即事寄贈韋侍郎 …………………………………………………（244）

昆明池晏坐答王兵部珣三韻見示 ……………………………………（246）

七言古詩

長相思 …………………………………………………………………（247）

五言律詩

題壽安王主簿池館 ……………………………………………………（248）

立春日侍宴內出剪花綵應制 …………………………………………（250）

九日侍宴應制得時字 …………………………………………………（251）

奉和聖製登驪山高頂寓目應制 ………………………………………（253）

扈從溫泉春和姚令公喜雪 ……………………………………………（255）

奉和聖製人日清暉閣宴群臣遇雪應制二首 …………………………（256）

奉和送金城公主適西蕃應制 …………………………………………（258）

幸白鹿觀應制 …………………………………………………………（259）

· 219 ·

秋社日崇讓園宴得新字 ……………………………………………（260）
奉和魏僕射秋日還鄉有懷之作 ……………………………………（261）
武擔山寺 ……………………………………………………………（263）
餞潞州陸長史再守汾州 ……………………………………………（264）
餞荊州崔司馬 ………………………………………………………（265）
送吏部李侍郎東歸 …………………………………………………（266）
送光祿姚卿還都 ……………………………………………………（267）
春晚送瑕丘田少府還任因寄洛中鏡上人 ………………………（268）
送賈起居奉使入洛取圖書因便拜覲 ……………………………（269）
送常侍舒公歸覲 ……………………………………………………（270）
興州出行 ……………………………………………………………（272）
奉和七夕燕兩儀殿應制 ……………………………………………（273）
春日芙蓉園侍宴應制 ………………………………………………（274）
贈司徒竇盧府君挽詞 ………………………………………………（275）
故右散騎常侍讀舒國公褚公挽歌 ………………………………（277）
邊秋薄暮 ……………………………………………………………（278）
曉發方騫驛 …………………………………………………………（279）
經三泉路作 …………………………………………………………（280）

五言排律

奉和聖製登太行山中言志應制 …………………………………（281）
奉和聖製經河上公廟應制 …………………………………………（283）
奉和聖製答張說出雀鼠谷 …………………………………………（285）
扈從溫泉同紫微黃門群公泛渭川得齊字 ………………………（287）
奉和聖製途次舊居應制 ……………………………………………（289）
奉和恩賜樂遊園宴應制 ……………………………………………（292）
奉和聖製幸禮部尚書竇希玠宅應制 ……………………………（294）
奉和晦日幸昆明池應制 ……………………………………………（296）
恩制尚書省寮宴昆明池同用堯字 ………………………………（298）
奉製㶚橋東送新除岳牧 ……………………………………………（299）

秋夜寓直中書呈黃門舅 …………………………………………（302）
　　敬和崔尚書大明朝堂雨後望終南山見示之作 …………………（304）
　　奉和馬常侍寺中之作 ……………………………………………（307）
　　奉和崔尚書贈大理陸卿鴻臚劉卿見示之作 ……………………（310）
　　慈恩寺二月半寓言 ………………………………………………（313）
　　利州北佛龕前重於去歲題處作 …………………………………（316）
　　餞趙尚書攝御史大夫赴朔方軍 …………………………………（318）
　　餞澤州盧使君赴任 ………………………………………………（320）
　　陳倉別隴州司戶李維深 …………………………………………（322）
　　曉發興州入陳平路 ………………………………………………（324）
　　同餞陽將軍兼源州都督御史中丞 ………………………………（325）
　　蜀城哭台州樂俞少府 ……………………………………………（327）
　　夜聞故梓州韋使君明當引紼感而成章 …………………………（331）
　　先是新昌小園期京兆尹一訪兼郎官數子自頃沉痾年復一年茲願
不果率然成章 …………………………………………………………（334）
　　扈從鳳泉和崔黃門 ………………………………………………（336）
　　奉和聖製幸望春宮送朔方大總管張仁亶 ………………………（338）
　　奉和幸韋嗣立山莊應制 …………………………………………（340）

七言律詩

　　廣達樓下夜侍宴應制 ……………………………………………（342）
　　人日重宴大明宮恩賜綵縷人勝應制 ……………………………（343）
　　奉和春日幸望春宮 ………………………………………………（345）
　　興慶池侍宴應制 …………………………………………………（346）
　　侍宴安樂公主山莊應制 …………………………………………（348）
　　奉和初春幸太平公主南莊應制 …………………………………（349）
　　景龍觀送裴士曹 …………………………………………………（350）
　　扈從鄠杜門奉呈刑部尚書舅崔黃門馬常侍 ……………………（351）
　　春晚紫微省直寄内 ………………………………………………（353）
　　贈彭州權別駕 ……………………………………………………（355）

龍池樂章 …………………………………………………… （357）

五言絕句

山鷓鴣詞二首 ………………………………………………… （358）

汾上驚秋 ……………………………………………………… （359）

七言絕句

侍宴桃花園應制 ……………………………………………… （360）

重送舒公 ……………………………………………………… （361）

奉和聖製幸韋嗣立莊應制 …………………………………… （362）

夜宴安樂公主宅 ……………………………………………… （363）

附錄：補遺《全唐詩》補

四言詩

酌獻飲福用壽和 ……………………………………………… （364）

五言律詩

餞唐州高使君赴任 …………………………………………… （366）

和黃門舅十五夜作 …………………………………………… （367）

故高安大長公主挽詞 ………………………………………… （368）

五言排律

御箭連中雙兔 ………………………………………………… （369）

奉和聖製長春宮登樓望稼穡之作 …………………………… （370）

奉和聖製途經華嶽應制 ……………………………………… （373）

奉和聖製行次成皋途經先聖擒建德之所感而成詩應制 …… （374）

人日兼立春小園宴 …………………………………………… （376）

七言律詩

寒食宴于中舍別駕兄弟宅 …………………………………… （377）

九月九日望蜀臺 ……………………………………………… （379）

五言絕句

奉和聖製過潼津關 …………………………………………… （380）

將赴益州題小園壁 …………………………………………… （381）

山驛閑卧即事 …………………………………………（382）
　　詠禮部尚書廳後鵲 ………………………………………（383）
　　吊南華能大師 ……………………………………………（384）
　　詠死兔 ……………………………………………………（385）
雜言詩
　　奉和聖製春臺望應制 ……………………………………（386）
　　逸句 ………………………………………………………（389）

參考文獻 ………………………………………………………（390）

五言雜詩

奉和聖製送赴集賢院①(1)

肅肅金殿裏,招賢固在茲。(2)

鏘鏘石渠内,序拜亦同時。(3)

宴錫勸② 談道,文成貴説詩。(4)

用儒今作相,敦學舊爲師。(5)

下際③ 天光近,中來帝渥滋。(6)

國朝良史載,能事日論思。(7)

【校勘】

①詩題"奉和聖製送赴集賢院",《唐音統籤》《全唐詩》均爲"奉和聖製送張説上集賢學士賜宴得茲字"。《文苑英華》为"奉和聖製送赴集賢院賦得茲字"。該詩《唐音統籤》歸入五言排律。

②"勸",《唐音統籤》作"歡"字,注曰:一作勤。"錫勸",《文苑英華》作"賜歡"。

③"際",《文苑英華》作"濟"字。

【註釋】

(1)奉:敬詞。

和:依照別人詩詞的題材和體裁作詩詞。

聖製:御製,皇帝親筆詩文。

集賢院:唐開元十三年(725)改麗正殿修書院爲集賢殿書院,簡稱集賢院。

(2)肅肅:靜謐。張衡《思玄賦》:"出紫宮之肅肅兮,集太微之閬閶。"

金殿:集賢殿書院,集賢書院。

招賢:招攬賢人。《戰國策·燕策一》:"燕昭王收破燕後即位,卑身厚幣,以招賢者,欲將以報讎。"

固:原來、本來。

(3)鏘鏘:高大的樣子。東漢張衡《思玄賦》:"命王良掌策駟兮,踰高閣之鏘鏘。"

石渠:即石渠閣,漢初蕭何造,爲漢宫中藏書之閣,未央宫殿北。唐人詩文中常用以喻指秘書省、集賢殿書院。《漢書·儒林列傳·施讎》:"甘露中與五經諸儒雜論同異於石渠閣。"

(4)宴錫:賜宴。

談道:談説義理。

文成:成文。

貴:重要的。

(5)敦學:勤勉學習。《後漢書·儒林傳序》:"時樊准、徐防並陳敦學之宜,又言儒職多非其人,於是制詔公卿妙簡其選,三署郎能通經術者,皆得以察舉。"

舊:過去。

(6)下:位置在低處。

際:交接、接近。

天光:日光、天空的光輝,引申爲自然的智慧之光。《莊子·雜篇·庚桑楚》:"宇泰定者,發乎天光。"

帝渥:皇恩。

滋:滋潤。

(7)國朝:本朝。

良史:優秀的史官。

載:記載。

能事:善于侍奉皇帝。

論思:議論、思考。指皇帝與學士、臣子討論學問。東漢班固《兩都賦》序:"朝夕論思,日月獻納。"

奉和聖製過晉陽宮應制①(1)

隋運與天絶,生靈厭氛②昏。(2)
聖期在寧亂,士馬興太原。(3)
立極萬邦推,登庸四海尊。(4)
慶膺神武帝,業付皇曾孫。(5)
緬慕封唐首③,追惟歸沛魂。(6)
昭④書感先義,典禮巡舊藩。(7)
高⑤殿綵雲合,春旗祥風翻。(8)
率西見汾水,奔北空⑥塞垣。(9)
款曲童兒⑦佐,依遲故老言。(10)
里頒慈惠賞,家受復除⑧恩。(11)
下輦崇三都⑨,建碑當九門。(12)
孝思敦⑩至美,億載奉開元。(13)

【校勘】

①《全唐詩》收同名詩歌,而内容不同。《文苑英華》題爲"奉和同前應制"。

《全唐詩》《奉和聖製過晉陽宮應制》:
太原俗尚武,高皇初奮庸。星軒三晉躔,土樂二堯封。
北風遂舉鵬,西河亦上龍。至德起王業,繼明賴人雍。
六合啟昌期,再興廣聖蹤。傳呼大駕來,文物如雲從。
連營火百里,縱觀人千重。翠華渡汾水,白日崒罕峰。
枌榆恩賞洽,桑梓舊情恭。往運感不追,清時惜難逢。
詩發尊祖心,頌刊盛德容。願君及春事,回輿綏萬邦。
《全唐詩》卷86又收在張説名下。
《唐音統籤》歸爲五言古詩類。

②"氛",《文苑英華》作"氣"字。

③"首",《文苑英華》《唐音統籤》均作"道"字。

④"昭",《文苑英華》《唐音統籤》均作"詔"字。

⑤"高",《文苑英華》作"商"字。

⑥"空",《唐音統籤》注曰:一作窺。

⑦"童兒",《文苑英華》注曰:集作兒童。

⑧"復除",《文苑英華》作"除復"。

⑨"都",《唐音統籤》作"教"字,注曰:一作都,又作觀。《文苑英華》注曰:集作教,又作觀。

⑩"敦",《文苑英華》注曰:集作斁。《唐音統籤》注曰:一作昭。

【註釋】

(1)晉陽宮:唐高祖李淵拜太原留守,領晉陽宮監,起兵反隋於此。

應制:由皇帝下詔命而作文賦詩的一種活動,應皇帝之命寫作詩文。

(2)天絕:上天滅絕。

生靈:人民,百姓。

氛昏:雲霧,煙靄。這里指隋煬帝昏憒惑亂。

(3)聖期:聖時。《孟子·公孫丑章句下》:"五百年必有王者興,其間必有名世者。"後遂以"聖期"爲聖人出世的時期。

寧亂:平息災禍戰亂。

士馬:兵馬,這里指軍隊。《漢書·西南夷傳》:"陰敕旁郡守尉練士馬,大司農豫調穀積要害處。"

(4)立極:登帝位,秉國政。

萬邦:所有諸侯封國,引申爲天下、全國。《尚書·虞夏書·堯典》:"百姓昭明,協和萬邦。黎民於變時雍。"

推:推舉,舉薦。

登庸:皇帝登位。尊:尊敬。

(5)慶膺:承受福澤。

神武帝:唐太宗李世民。

業:國之大業。付:託付。

皇曾孫:唐玄宗李隆基是唐太宗李世民的曾孫。

(6)緬慕:仰慕。

封:帝王把土地或爵位給予親屬或臣僚。

追惟:追憶,回想。歸:合并,集中。

沛:跌倒,傾仆。魂:英魂,英靈。

(7)昭書:皇帝佈告天下臣民的文書。

感:感受,感到。先義:祖先之義。

典禮:制度和禮儀。

舊藩:屬國屬地或分封的土地,這裡指晉陽宮。

(8)高殿:高大的建築,指晉陽宮。

合:聚集。

春旗:青旗。

祥風:預兆吉祥的風。翻:翻動。

(9)汾水:即汾河,黃河支流。

塞垣:漢代為抵禦鮮卑所設的邊塞。這裡指邊塞、北方邊境地帶。

(10)款曲:指衷情、內情、詳情。猶言細訴。

童兒:兒童。佐:輔助,幫助。

依遲:依依不捨的樣子。

故老:元老、舊臣。《詩經·小雅·正月》:"召彼故老,訊之占夢。"

(11)慈惠:仁愛。

頒:通"班",發佈、公佈。

除:任命官職。

(12)崇:尊崇,推崇。《漢書·郊祀志》:"莽遂崇鬼神淫祀。"

三都:唐代以長安、洛陽、太原為三都,五代時先後為晉即北漢國都。

當:面對著。

九門:古制天子所居有九門。《禮·月令》:季春之月"毋出九門"。這裡指晉陽宮。

(13)孝思:孝親之思。《詩經·大雅·下武》:"永言孝思,孝思維則。"

敦:督促。

至美:極美。

億載:億年。東漢班固《西都賦》:"圖皇基於億載,度宏規而大起。"

奉:尊奉。

奉和聖製登蒲州逍遥樓應制①(1)

在昔堯舜禹，遺塵成典謨。(2)
聖皇東巡狩，況乃經此都。(3)
樓觀紛②迤邐，河山③幾縈紆。(4)
緬懷祖宗業，相繼文武圖。(5)
尚④德既無險，觀風諒有孚。(6)
豈如⑤汾水上，簫鼓事遊娛。(7)

【校勘】

①詩題"奉和聖製登蒲州逍遥樓應制"，《文苑英華》題爲"奉和同前應制"。《唐詩品滙》作"奉和聖製登蒲州逍遥樓"。《唐音統籤》歸爲五言古詩類。

②"紛"，《文苑英華》作"分"字。

③"河山"一詞，《唐詩品滙》作"山河"。

④"尚"，《文苑英華》作"恃"字；《全唐詩》注曰：一作侍；《唐音統籤》注曰：一作恃。

⑤"如"，《唐詩品滙》作"知"字。

【註釋】

(1) 蒲州：今山西永濟，唐代轄區相當於今山西永濟、河津、臨猗等地。

(2) 堯舜禹：堯、舜、禹是古代中國歷史中，自黄帝之後，黄河流域又先後出現了三位德才兼備的部落聯盟首領。

遺塵：指前人行動所留的痕跡。《後漢書·黨錮列傳序》："蓋前哲之遺塵，有足求者。"

典謨：指《尚書》。《尚書》中《堯典》《舜典》《大禹謨》《皋陶謨》等篇的並稱。《尚書序》："典、謨、訓、誥、誓、命之文凡百篇，所以恢弘至道，示人主以軌範也。"

(3) 聖皇：指唐玄宗。

巡狩：巡所守，皇帝離開國都巡行境内。《孟子·告子》下："天子適諸侯曰巡狩，諸侯朝於天子曰述職。"意爲巡行視察諸侯爲天子所守的疆土。

況乃：何況，況且，而且。

（4）樓觀：泛指樓殿之類的高大建築物。《後漢書·宦者傳·單超》："皆競起第宅，樓觀壯麗，窮極伎巧。"

紛：眾多。

迤邐：曲折連綿。

河山：河流與山脈。

縈紆：盤旋環繞。東漢班固《西都賦》："步甬道以縈紆，又杳窱而不見陽。"

（5）相繼：相承襲、遞相傳授。《後漢書·烏桓傳》："有勇健能理決鬪訟者，推爲大人，無世業相繼。"

文武：文德與武功；文治與武事。《詩經·周頌·雝》："宣哲維人，文武維后。"

圖：藍圖，宏圖。

（6）尚德：崇尚道德。

無險：不會發生災難。

觀風：觀察民情，瞭解施政得失。

諒：料想，認爲，推想。

有孚：爲人所信服，使信任。《左傳·莊公十年》："小信未孚，神弗福也。"

（7）簫鼓：簫與鼓。泛指樂奏。漢武帝《秋風辭》："簫鼓鳴兮發棹歌，歡樂極兮哀情多。"

事：從事，做。

遊娛：遊戲娛樂。東漢張衡《思玄賦》："雖遨游以媮樂兮，豈愁慕之可懷。"

奉和姚令公温湯舊館永懷故人盧公之作⁽¹⁾

樹德豈孤邁,降神良並出。⁽²⁾
偉茲廊廟中①,調彼鹽梅實。⁽³⁾
正悅虞垂舉,翻悲鄭僑卒。⁽⁴⁾
同心不可忘,交臂何爲失。⁽⁵⁾
清路荷前幸,明時稱右弼。⁽⁶⁾
曾聯野外游②,尚記帷中密。⁽⁷⁾
新慟情莫遣,舊遊詞更述。⁽⁸⁾
空令還和辱③,長感④知音日。⁽⁹⁾

【校勘】

①"偉茲廊廟中"句中的"中"字,《文苑英華》《唐音統籤》均爲"楨"字;《全唐詩》爲"楨"字,注曰:一作中。《唐音統籤》歸爲五言古詩類。

②"游",《文苑英華》作"迷"字;《唐音統籤》《全唐詩》注曰:一作迷。

③"和辱"一詞,《全唐詩》爲"辱和";"還和辱",《文苑英華》作"屬和辰"。

④"感",《唐音統籤》《全唐詩》均爲"歎"字,均注曰:一作感。

【註釋】

(1)姚令公:姚崇:(650—721),本名元崇,字元之,陝州硤石(今河南陝縣)人,唐代著名政治家。

盧公:盧懷慎,滑州人,唐朝宰相。開元四年(716)卒。

(2)樹德:施行德政,立德。

豈:難道。

孤邁:獨自往來。

五代劉崇遠《金華子雜編》卷下:"(李節)自稱東山道士,杖策孤邁,居止無定所。"

降神:神靈降臨、使神靈降臨。《詩經·大雅·崧高》:"崧高維嶽,駿極于天。維嶽降神,生甫及申。"

良:的確。

並：一起，一併。

(3) 偉：變大，壯美。

茲：指示代詞，這樣。

廊廟：指朝廷。《國語·越語下》："謀之廊廟，失之中原，其可乎？王姑勿許也。"

楨：古代打土牆時所立的木柱，多用於皇宮的立柱，泛指支柱，比喻能勝重任者。

調：協調。

彼：指示代詞，那。

鹽梅：鹽和梅子。殷高宗命傅說作相之辭。《尚書·商書·說命》下："若作和羹，爾惟鹽梅。"用來讚美作宰相的人。

(4) 正：正好，恰好。

悅：高興，愉快。

虞：周朝國名。傳說中舜所建的朝代名。

垂：人名。舜任命垂擔任共工，掌管百官。

舉：舉用。

翻：反而。

鄭僑：即公孫僑（？—前522），名僑，字子產，春秋鄭國執政。這裡以之比盧公。

(5) 同心：齊心，志同道合。《易·繫辭上》："二人同心，其利斷金。"唐孔穎達疏："二人同心其利斷金者，二人若同齊其心，其鐵利能斷截于金。金是堅剛之物，能斷而截之，盛言利之甚也，此爲二人心行同也。"

交臂：胳膊挨著胳膊，表示接近、親近。

何爲：爲什麼，何故。

(6) 清路：皇帝、大臣出巡时清扫道路，驱散行人。

荷：承蒙。

前幸：生前的寵倖。

明時：政治清明的時代。多用来稱頌本朝。

弼：輔佐，輔佐君王的大臣。《尚書·商書·說命》上："恭默思道，夢帝賚予良弼，其代予言。"

(7) 聯：聯合。

尚:還。

帷:圍在四周的帳幕。

(8)慟:極度悲哀。

莫:不能。

遣:排除,排遣。

舊遊:昔日交遊的友人。

述:説、敘述。

(9)空:空間。

令:時節。

辱:謙辭,表示承蒙。

長歎:深長地歎息。南朝宋鮑照《擬行路難》:"如今君心一朝異,對此長歎終百年。"

知音:知己。相傳春秋時期,俞伯牙善鼓琴,鍾子期善聽琴,能從俞伯牙琴聲中聽出他的心意。

《文選》卷四十二,三國魏文帝(曹丕)《與吴質書》:"昔伯樂絶弦于鍾期,仲尼覆醢于子路,痛知音之難遇,傷門人之莫逮。"

和杜主簿春日有所思⁽¹⁾

朝上高樓上,俯見洛陽陌。⁽²⁾
搖蕩吹花風,落英紛已積。⁽³⁾
美人不共此,芳好空所惜。⁽⁴⁾
攬鏡塵網滋,當窗苔蘚碧。⁽⁵⁾
緬惟①在雲漢,良願睽②枕席。⁽⁶⁾
翻似無見時,如何久爲客。⁽⁷⁾

【校勘】

①"惟",《文苑英華》注曰:一作懷;《唐音統籤》《全唐詩》均作"懷"字。《唐音統籤》歸爲五言古詩類。

②"睽",《文苑英華》作"暌"字。

【註釋】

(1)杜主簿:杜審言(約645—708),字必簡,祖籍襄陽(今湖北襄樊市襄陽區)。"詩聖"杜甫的祖父。

(2)朝:早晨。

俯:低頭。

陌:田間的小路,南北爲阡,東西爲陌。

(3)落英:落花。

積:聚積。

(4)芳:花草。

空:徒然、白白地。

惜:痛惜、哀傷。

(5)攬:拿著。

滋:滋長。

當:面對、對著。

(6)緬惟:緬維,遙想。

雲漢:天河。《詩·大雅·棫樸》:"倬彼雲漢,爲章于天。"這裡比喻所思之人在遙遠的天邊,有如天河邊的牛郎和織女。

良願：宿愿，平素的願望。

睽：睽，分离。

枕席：指男女交歡。三國魏曹植《種葛篇》："與君初婚時，結髮恩義深。歡愛在枕席，宿昔同衣衾。"

卧具，借指睡眠。此句意爲思念的美好願望使人難以入睡。

(7) 翻似：反而像。

無：不、没有。

如何：奈何。

餞郢州李使君①⁽¹⁾

楚有章華臺,遥遥雲夢澤。⁽²⁾
復聞擁符傳,及是收圖藉②。⁽³⁾
佳政在離③人,能聲寄侯伯。⁽⁴⁾
離懷朔風起,試望秋陰積。⁽⁵⁾
中路悽以寒④,群山靄將夕。⁽⁶⁾
傷心⑤聊把袂,悵望⑥騏驎客。⁽⁷⁾

【校勘】

①《唐音統籤》歸爲五言古詩類。

②"及是收圖藉"句中的"藉"字,《文苑英華》《唐音統籤》《全唐詩》均爲"籍"字。"收"字,《文苑英華》注曰:集作辭。

③"離",《文苑英華》作"黎"字。

④"中路悽以寒"句中的"中"字,《文苑英華》作"半"字;"悽"字,《文苑英華》作"淒"字。

⑤"心",《文苑英華》作"懷"字,注曰:集作心。

⑥"悵望"一詞,《唐音統籤》《全唐詩》均作"怊悵",注曰:一作悵望;《文苑英華》注曰:集作怊悵。

【註釋】

(1)郢州:南朝宋孝建元年(454)分荆、湘、江、豫四州置。隋開皇九年(589)改名鄂州。

(2)章華臺:楚離宮名。今湖北潛江縣西南。《左傳·昭公七年》:"楚子成章華之台,願與諸侯落之。"

雲夢澤:據《漢書·地理志》等漢、魏人記載,雲夢澤在南郡華容縣(今湖北潛江市西南)南,範圍並不很大。

(3)復聞:又聽説。

擁:持。

符:古代朝廷傳達命令或征調兵將用的憑證,雙方各執一半。

傳:以命令召喚。

及:趁著。

是:指示代詞,這。

圖籍:圖畫和書籍。

(4)佳政:好的政績。

離人:離開家園、親人的人。

能聲:能幹的聲譽。

寄:傳送;委託、託付。《國語·齊語》:"令可以寄政。"

侯伯:古代五等爵位之二、三等。《禮記·王制》:"王者之制禄爵,公、侯、伯、子、男凡五等。"這裡指諸侯之長。

(5)離懷:離別的情懷。朔風:北風、寒風。三國魏曹植《朔風》詩:"仰彼朔風,用懷魏都。"

望:埋怨,責備。

(6)中路:途中。

悽:悲傷。

以:連詞,而。

靄:雲霧。

(7)聊:姑且,暫且。

把袂:握住衣袖。

把:握。袂:袖子。南朝梁何遜《贈江長史別》詩:"餞道出郊坰,把袂臨洲渚。"

悵望:惆悵地望着,表達失意感傷的情緒。

騏驎客:比喻杰出人才。《晉書·顧和傳》:"和二歲喪父,總角便有清操,族叔榮雅重之,曰:'此吾家騏驎。'"這裡稱美李使君。

曉濟膠川南入密界①⁽¹⁾

飲馬膠川上，傍膠南趣密。⁽²⁾
林遥飛鳥遲，雲赤②晴山出。⁽³⁾
落暉隱桑柘，深秋尚花實③。⁽⁴⁾
慘然遊子寒，風露將蕭瑟。⁽⁵⁾

【校勘】

①《唐音統籤》歸爲五言古詩類。

②"赤"，《文苑英華》《唐音統籤》《全唐詩》均作"去"字。

③"深秋尚花實"句中的"深秋"一詞，《唐音統籤》《全唐詩》均作"秋原"，皆注曰：一作深秋。"尚"字，《唐音統籤》《全唐詩》均作"被"字。該句《文苑英華》作"秋原被花實"。

【註釋】

(1)膠川：州名。今山東膠河。

密界：密州地界。密州，隋開皇五年(585)改膠州置，以境内密水得名。即現在山東省諸城。

(2)傍：靠近，臨近。

趣：趨。密：密州。

(3)遲：緩慢。

赤：紅色。出：顯露。

(4)桑柘：桑、柘兩種樹。

秋原：秋天的田野。尚：還，仍然。被：覆蓋。

(5)慘然：心裡悲痛的樣子。《史記·外戚世家》："漢王心慘然，憐薄姬，是日召而幸之。"

遊子：指自己。

風露：風和露。

蕭瑟：風吹樹葉的聲音，形容環境冷清、淒涼。《楚辭·九辯》："悲哉！秋之爲氣也。蕭瑟兮，草木摇落而變衰。"

夜發三泉即事①(1)

暗發三泉山,窮秋聽騷屑。(2)
北林夜鳴雨,南望晚②成雪。(3)
秖詠北風涼,詎知南土熱。(4)
沙溪忽沸渭,石道乍明滅。(5)
宛若銀磧橫,復如瑤臺結。(6)
指程賦③所戀,遇虞不遑歇。(7)
重纊濡莫解,懸旌東④猶揭。(8)
下奔泥棧榾,上覩雲梯設。(9)
搏⑤頗羸馬頓,回眸懾人跌。(10)
憧憧復往⑥還,心注思愈⑦切。(11)
冉冉年將病,力困衰怠竭。(12)
天彭信方隅⑧,地勢誠斗絕。(13)
太⑨曳尚書履,叨兼使臣節。(14)
京坻有歲饒,亭障無邊孽。(15)
歸奏丹墀左,騫能俟來悊⑩。(16)

【校勘】
　　①《唐音統籤》歸爲五言古詩類。
　　②"晚",《文苑英華》《唐音統籤》《全唐詩》均作"曉"字。
　　③"賦",《唐音統籤》《全唐詩》均注曰:一作則;《文苑英華》作"則"。
　　④"東",《文苑英華》《唐音統籤》《全唐詩》均作"凍"字。
　　⑤"搏",《全唐詩》添加爲"[搏](搏)"兩字。
　　⑥"復往"一詞,《文苑英華》《唐音統籤》《全唐詩》均作"往復"。
　　⑦"愈",《全唐詩》寫作"逾"字。"思"字,《文苑英華》作"恩"字;"愈"字作"腰",同"鯉"字。
　　⑧"隅",《唐音統籤》作"偶"。
　　⑨"太",《文苑英華》《唐音統籤》《全唐詩》均作"忝"字。

⑩"悊",《唐音統籤》《全唐詩》均寫作"哲"字。

【註釋】

(1)三泉:唐武德三年(620)分綿谷縣北境置,屬南安州。后屬利州。又改屬梁州,移治沙溪之東(今寧強縣陽平關鎮)。

(2)騷屑:風聲。這裡指風聲淒清。

窮秋:晚秋、深秋,指農曆九月。

(3)曉:天剛亮的时候。

(4)詠:詠歎。

南土:南方地區。《詩·大雅·崧高》:"往薺王舅,南土是保。"

(5)沸渭:水翻騰奔湧。

《文選·揚雄》:"汾沄沸渭,雲合電發。"

乍:忽然。明滅:忽隱忽現。

(6)宛若:仿佛、好像。磧:qì,淺水中的沙石。

復如:又像。瑤臺:指傳說中的神仙居處。結:聚合。

(7)虞:憂慮。

不遑:無暇,沒有閒暇。《詩經·小雅·四牡》:"王事靡盬,不遑啟處。"

歇:休息。

(8)重繢:厚絲綿,亦指用厚絲綿做的衣被。濡:沾濕。

懸旌:折疊掛在空中隨風飄蕩的旌旗。

揭:高舉。

(9)楮:柱子下邊的墩子。

覯:遇見,看見。

(10)羸馬:瘦弱的馬。

惴:形容又發愁又害怕的樣子。

(11)憧憧:心神不定。

復往:來回,反復。

注:精神、力量集中。愈:更加。切:迫切。

(12)冉冉:漸進地、慢慢地、緩慢地。

力困:困乏無力。

衰:衰老。怠:懶惰,松懈。竭:用盡。

(13)天彭:四川彭州。

方隅：四方和四隅，引申为邊疆。

諶：的確。

斗絕：陡峭峻險。《後漢書·西南夷傳·白馬氐》："居於河池，一名仇池，方百頃，四面斗絕。"

（14）忝：辱，有愧於，常用作謙辭。

曳：穿著。《詩經·唐風·山有樞》："子有衣裳，弗曳弗婁。"

孔穎達疏："婁、曳俱是著衣之事。"

尚書履：指尚書的官職。比喻帝王親近的重臣。《漢書·鄭崇傳》："鄭崇字子游，本高密大族，世與王家相嫁娶。祖父以訾徙平陵。父賓明法令，爲御史，事貢公，名公直。崇少爲郡文學史，至丞相大車屬。弟立與高武侯傅喜同門學，相友善。喜爲大司馬，薦崇，哀帝擢爲尚書僕射。數求見諫争，上初納用之。每見曳革履，上笑曰：'我識鄭尚書履聲。'"

使臣：皇帝所派遣負有專門使命的官員。

（15）饒：富饒。

亭障：古代邊塞要地設置的堡壘。《史記·大宛列傳》："於是酒泉列亭鄣至玉門矣。"

邊孽：邊患。

（16）騫：通"搴"，舉。

能：有才幹者。

丹墀：指宮殿的赤色臺階或赤色地面。借指朝廷。

俟：等待。

來哲：後世智慧卓越的人。悊，通"哲"。

小園納涼即事①

煩暑避鬱蒸②,歸③閑習高明。(1)
長風自遠來,層閣有餘清。(2)
散灑納涼氣,蕭條遺世情。(3)
奈何誇大隱,終日繫塵纓。(4)

【校勘】

①《唐音統籤》歸爲五言古詩類。

②"鬱蒸"一詞,《文苑英華》《全唐詩》均作"蒸鬱"。

③"歸",《唐音統籤》《唐詩品匯》《全唐詩》均作"居"字;"閑"字,《文苑英華》寫作"間"字。

【註釋】

(1)煩:煩躁,煩悶。

暑:天氣炎熱。避:躲開,避免。

鬱:草木腐臭。蒸:氣體上升。

習:習慣。

高明:指性格高亢明爽。

(2)層閣:層樓。

清:清爽、清涼。

(3)散灑:灑水。

蕭務:閒逸。遺:拋棄。

世情:世俗之情。

(4)奈何:如何對付、處置。

誇:誇耀。

大隱:身在朝市而無利祿心的人,真正的隱者。西晉王康琚《反招隱詩》:"小隱隱陵藪,大隱隱朝市。"

塵纓:比喻塵俗之事。

閑園即事寄贈韋侍郎①

結廬東城下，直望江②南山。(1)
青靄遠相接，白雲來復還。(2)
拂筵紅蘚上，開幔綠條間。(3)
物應春偏好，情忘趣轉閒③。(4)
憲臣饒美政④，聯事惜徂顔。(5)
有酒空盈酌，高車不可攀。(6)

【校勘】

①詩題"閑園即事寄贈韋侍郎"，《唐音統籤》作"閑園即事寄韋侍御"；《全唐詩》爲"閒園即事寄韋侍郎"，郎字注曰：一作御。該詩《唐音統籤》歸爲五言排律。《文苑英華》"寄"字注曰：集作贈。

②"江"，《文苑英華》作"終"字。

③"閒"，《文苑英華》寫作"閑"字。

④"政"，《唐音統籤》《全唐詩》均作"度"字，均注曰：一作政；《文苑英華》注曰：集作度。

【註釋】

(1) 結：搭，構建。

廬：簡陋的房屋；結廬：蓋房子。

東城：城東。

(2) 青靄：紫色雲氣。

(3) 筵：竹席。

紅蘚：紅色的苔蘚。

幔：張在屋內的帳幕。

綠條：綠色的枝條。

(4) 偏：很，最，特別。

好：美好。

(5) 憲臣：御史。這裡指韋侍郎。

饒：富足。

美政:德政,好的政治措施。《楚辭·離騷》:"國無人莫我知兮,又何懷乎故都? 既莫足與爲美政兮,吾將從彭咸之所居。"

聯事:同僚,同事。

惜:捨不得。

徂顏:往日的容顏,年輕時的容顏。

(6)盈:充滿。

酌:斟酒。

高車:車蓋高,可立乘之車,也稱高蓋車。借指貴顯者。《後漢書·鄭玄傳》:"昔東海于公僅有一節,猶或戒鄉人侈其門閭,矧乃鄭公之德,而無駟牡之路! 可廣開門衢,令容高車,號爲'通德門'。"

攀:與地位高的人結交。

昆明池晏坐答王兵部珣三韻見示①(1)

畫舸疾如飛,遥遥泛②夕暉。(2)
石鯨吹浪隱,玉女步塵歸。(3)
獨有銜思③處,明珠在釣磯。(4)

【校勘】

①詩題"昆明池晏坐答王兵部珣三韻見示",《唐詩品匯》作"昆明池晏坐王兵部珣見示以三韻因而有答"。《唐音統簽》歸爲五言古詩類。

②"泛",《全唐詩》作"汎"字。

③"銜思"一詞,《唐音統簽》《唐詩品匯》《全唐詩》均作"銜恩";句中的"思"字,《文苑英華》作"恩"字。

【註釋】

(1)昆明池:西漢武帝元狩三年(前120)開鑿,在今陝西西安市西南斗門鎮東南一片洼地,周圍四十里。一爲準備和昆明國作戰訓練水軍,二爲解決長安水源遠不足的困難。

王珣:字伯玉,並州祁人。

兵部:官署名。隋、唐爲尚書省六部之一,以尚書、侍郎爲正副長官。

(2)畫舸:畫船,裝飾華美的遊船。

疾:快,迅速。

遥遥:形容距離遠。

泛:透出。

夕暉:夕陽的光輝。

(3)石鯨:石刻之鯨。

玉女:指織女石像。位于昆明池岸。

步塵:形容女子步態輕盈。曹植《洛神賦》:"凌波微步,羅襪生塵。"

(4)釣磯:釣臺,即"嚴陵釣臺",傳說爲嚴子陵釣魚處,後常用来詠隱士。《後漢書·逸民列傳·嚴光傳》:"後人名其釣處爲嚴陵瀨焉。"

七言古詩

長相思

君不見天津橋下東流水,南望龍門北朝市⁽¹⁾。
楊柳青青宛地①垂,桃紅李白花參差。⁽²⁾
花參差,柳堪結,此時憶君心斷絕。⁽³⁾

【校勘】

①"宛地",《文苑英華》作"苑北"。
《唐音統籤》《全唐詩》同。

【註釋】

(1)天津橋:古浮橋,在今河南洛陽市舊城西南,隋唐皇城正南洛水上。

龍門:一名伊闕,即今河南洛陽市南。以有龍門山和香山隔伊河夾峙如門而得名。

(2)楊柳:柳樹。

宛:仿佛。

參差:長短、高低、大小不齊。

(3)堪:能夠,可以。

結:編,繫,縈縛。比喻相思結。

斷絕:形容極爲悲傷。

五言律詩

題壽安王主簿池館⁽¹⁾

洛邑通馳道,韓郊在屬城。⁽²⁾
館將花雨映,潭與竹聲清。⁽³⁾
賢俊鸞栖棘,賓遊馬佩衡。⁽⁴⁾
願言隨狎鳥,從此濯吾纓。⁽⁵⁾

【註釋】

（1）壽安縣：仁壽四年（604），改甘棠縣置，治所在今河南宜陽縣東。後幾經廢置。

主簿：古代官名。隋、唐、五代部分中央和地方官府皆置。多掌監印、檢核文書簿籍。

（2）洛邑：一作雒邑。故址在今河南省洛陽市洛水北岸、瀍水東西。指洛陽。

馳道：馳馬所行之道。

韓：周代諸侯國,戰國時爲七雄之一。在今河南中部和山西省東南部。

屬城：下屬的城邑。

（3）將：與、和、同。

潭：深的水池。

（4）賢俊：指有德才兼備者。

鸞：古代傳說中鳳凰一類的神鳥。

棘：酸棗樹,泛指有刺的灌木。

賓遊：賓客遊士。

衡：車轅前端的橫木。《莊子·外篇·馬蹄》："夫加之以衡扼,齊之以月題。"

（5）願言：思念殷切。

狎：親近。狎鳥：狎鷗。《列子·黃帝》："海上之人有好漚鳥者,每旦之海上,從漚鳥遊,漚鳥之至者百住而不止。其父曰：'吾聞漚鳥皆從汝遊,汝取來,吾玩之。'明日之海上,漚鳥舞而不下也。"後因用作詠超逸出世生活情趣的典故。

濯纓:洗滌冠纓。《孟子·離婁章句上》:"有孺子歌曰:'滄浪之水清兮,可以濯我纓;滄浪之水濁兮,可以濯我足。'孔子曰:'小子聽之!清斯濯纓,濁斯濯足矣。自取之也。'"

立春日侍宴內出剪花綵應制①⁽¹⁾

曉入宜春苑,穠芳吐禁中。⁽²⁾
剪刀因裂素,粧②粉爲開紅。⁽³⁾
彩異驚流雪,香饒點便風。⁽⁴⁾
裁成識天意,萬物與花同。⁽⁵⁾

【校勘】

①詩題"立春日侍宴內出剪花綵應制",《文苑英華》《唐音統簽》《全唐詩》均作"立春日侍宴內出剪綵花應制"。

②"粧",《全唐詩》寫作"妝"字。

【註釋】

(1)立春:二十四節氣之首,是漢族民間重要的傳統節日之一。從立春交節當日一直到立夏前這段期間,都被稱爲春天。

(2)宜春苑:漢武帝於曲江池造宜春苑。故址在今陝西省西安市東南。

穠:花木茂盛。

禁中:指帝王所居宮內。《史記·秦始皇本紀》:"於是二世常居禁中,與高決諸事。"

(3)因:依,順着。

裂:割,分。

素:白絹。

粧粉:古代化妝用品。

(4)彩異:異彩,無比的光輝燦爛、奇異的光彩或色彩。

驚:紛亂。

流雪:流動的雪花,比喻白絹裁剪成的彩花。

香饒:富饒的香味。

點:點綴。

便風:順風。

(5)天意:上天的意旨,帝王的心意。

萬物:宇宙間的一切事物。

九日侍宴應制得時字①

嘉會宜長日,高遊②順動時。(1)
曉光雲外③洗,晴色雨餘滋。(2)
降鶴因韶得④,吹花入御詞。(3)
願陪陽數節,億萬九秋期⑤。(4)

【校勘】

①詩題"九日侍宴應制得時字",《唐音統籤》《全唐詩》均作"奉和九日幸臨渭亭登高應制得時字"。《文苑英華》"奉和九日侍宴應制得時字","奉和"後注曰:一無此二字。

《唐音統籤》在此詩後編録《奉和聖製九日侍宴應制》一首曰:

并數登高日,延齡命賞時。宸遊天上轉,秋物雨來滋。

降鶴承仙馭,吹花入睿詞。微臣復何幸,長得奉恩私。

詩題後注曰:此篇見歲時雜詠,前篇見頲集入《文苑英華》,周必大云此篇當是初稿也。

《文苑英華》詩後注曰:此詩一作見歲時雜詠,疑是應制原本,後編詩集八句全改。

《全唐詩》注曰:紀事作:"并數登高日,延齡命賞時。宸遊天上轉,秋物雨來滋。降鶴承仙馭,吹花入睿詞。微臣復何幸,長得奉恩私。"語多不同,今並載之。

②"遊",《唐音統籤》《全唐詩》均作"筵"字。簡體字版《全唐詩》"高筵順動時"句末爲逗號。

③"外",《文苑英華》作"半"字。

④"得",《唐音統籤》《全唐詩》均作"德"字。

⑤《文苑英華》句後注曰:一作微臣復何幸,長得奉私恩。

【註釋】

(1)嘉會:歡樂的聚會,多指美好的宴集。

長日:整天。

高遊:興趣很高地遊賞。

順動:順應事物固有的規律而運動。

(2)曉光:清晨的日光。

晴色:雨後天晴。

(3)因:依靠,憑藉。《詩經·鄘風·載馳》:"控於大邦,誰因誰極。"

韶德:美好的品德。

吹花:古代重陽節的一種遊藝活動,重陽節又稱吹花節。

御詞:皇帝詩作。

(4)陽數節:重陽節。夏曆九月初九,又稱重九。

億萬:比喻長久。

九秋:秋天。

奉和聖製登驪山高頂寓目應制①⁽¹⁾

仙蹕御層氲②,高高積翠分。⁽²⁾
岩聲中谷應,天語半空聞。⁽³⁾
豐樹連黃葉,函關入紫雲。⁽⁴⁾
聖圖恢寓③縣,歌賦少④橫汾。⁽⁵⁾

【校勘】

①詩題"奉和聖製登驪山高頂寓目應制",《唐詩別裁》作"奉和登驪山高頂應制"。《文苑英華》作"奉和登驪山高頂寓目應制"。

②"氲",《全唐詩》《唐詩別裁》均作"氛"字。

③"寓",《唐音統籤》作"寓"字,《全唐詩》作"宇"字。

④"少",《唐音統籤》《全唐詩》均作"小"字,均注曰:一作少字。《文苑英華》作"小"字。

【註釋】

(1)驪山:一作酈山。位於今陝西臨潼東南。

寓目:過目,親眼看一看。

(2)蹕:帝王出行時開路清道,禁止通行;泛指帝王出行的車駕。

層:重疊。

氲:氣象。

積翠:翠色重疊,形容草木繁茂。

(3)天語:天子所語。

(4)豐:茂密。

函關:函谷關,古函谷關在今河南靈寶東北,新函谷關在今河南新安東。

紫雲:漢劉向《列仙傳》:"老子西游,關令尹喜望見有紫氣浮關,而老子果乘青牛而過也。"紫雲用來比喻帝王的祥瑞徵兆。

(5)聖圖:天子的宏圖。

恢:弘大、發揚。

寓縣:宇縣,猶天下。《史記·秦始皇本紀》:"大矣哉! 宇縣之中,承順聖意。"

橫汾:用以稱頌皇帝或其作品。漢武帝《秋風辭》:"秋風起兮白雲飛,草木黄落兮雁南歸。蘭有秀兮菊有芳,懷佳人兮不能忘。汎樓船兮濟汾河,橫中流兮揚素波。簫鼓鳴兮發棹歌,歡樂極兮哀情多,少壯幾時兮奈老何!"

扈從温泉春和姚令公喜雪①(1)

清道豐人望，乘時漢主遊。(2)
恩暉隨霰下，慶澤與雲浮。(3)
泉暖②驚銀磧，花寒愛③玉樓。(4)
鼎臣今有問，河伯且應留。(5)

【校勘】

①詩題"扈從温泉春和姚令公喜雪"，《唐音統籤》《全唐詩》均作"扈從温泉奉和姚令公喜雪"。

②"暖"，《唐音統籤》寫作"煖"字；"銀"字，《文苑英華》注曰：集作雲。

③"愛"，《唐音統籤》《全唐詩》均注曰：一作映。

【註釋】

(1)扈從：隨從，侍從，跟隨。西漢司馬相如《上林賦》："孫叔奉轡，衛公驂乘，扈從橫行，出乎四校之中。"

(2)清道：帝王或大官外出，清除道路，驅逐行人。《史記·司馬相如列傳·諫獵書》："且夫清道而後行，中路而後馳，猶時有銜橛之變。"

豐人：新豐之人。

乘時：乘機、趁勢。

晉左思《吴都賦》："富中之甿，貨殖之選，乘時射利，財豐巨萬。"

漢主：漢高祖劉邦。這裡指代當朝皇帝李隆基。

(3)霰：小冰粒兒，多在下雪前或下雪時降下。

慶澤：皇帝的恩澤。

(4)驚：动。磧：水中沙堆。銀磧：銀色的沙洲。

玉樓：裝飾華麗的樓房。

(5)鼎臣：重臣。這裡指代姚崇宰相。《漢書·敘傳》下："彫落洪支，底劂鼎臣。"

河伯：傳說中的河神。《莊子·外篇·秋水》："於是焉河伯欣然自喜，以天下之美爲盡在己。"

且：暫且，姑且。

奉和聖製人日清蹕閣宴群臣遇雪應制二首①(1)

一

樓觀空煙裏，初年瑞雪過。(2)
苑花齊玉樹，池水作銀河。(3)
七日祥圖啟，千春遇②賞多。(4)
輕飛傳綵勝，天上奉薰歌。(5)

【校勘】

①詩題"奉和聖製人日清蹕閣宴群臣遇雪應制二首"，《唐音統簽》《全唐詩》均作"奉和聖製人日清暉閣宴群臣遇雪應制"，僅此一首詩歌。

②"遇"，《唐音統簽》《全唐詩》均作"御"字。

【註釋】

(1)人日：人勝節，夏曆正月初七。剪人形綵勝作爲裝飾是習俗之一。

(2)瑞雪：應時的好雪。

(3)齊：達到同樣的高度。

(4)七日：正月初七，人日。

祥圖：祥瑞之圖。

啟：打開。

千春：千年，形容歲月長久。

(5)輕飛：指善飛的禽鳥。

綵勝：綵縷人勝，古代立春日用有色絹、紙剪成的人形、小旛或其他飾物，也叫旛勝、幡勝、人勝。插於髮上或繫在花枝，表示迎春，並相互饋贈。

奉：進獻。

薰歌：溫和的歌。

二①

平明敞帝居，霰雪下陵②虛。(1)
寫月含珠綴，從風薄綺疏。(2)
年驚花絮早，春應③管絃初。(3)

已屬雲天外④,欣承霈⑤澤餘。⁽⁴⁾

【校勘】

①《文苑英華》《唐音統簽》《全唐詩》均題爲《游禁苑幸臨渭亭遇雪應制》。

②"陵",《文苑英華》《唐音統簽》《全唐詩》均作"凌"字。

③"應",《全唐詩》作"夜"字。

④"外",《文苑英華》作"卦"字。

⑤"霈",《文苑英華》作"需"字。

【註釋】

(1) 平明:天剛亮的時候。

霰:小雪珠,多在下雪前降下。霰雪:指雪。

淩虛:升於空際。

(2) 寫:瀉,瀉月,形容泉水如月光傾灑,這裡指飛雪。

珠綴:綴珍珠爲飾的什物。

從風:隨風。

薄:靠近。

綺疏:雕刻成空心花紋的窗戶,《後漢書·梁冀傳》:"窗牖皆有綺疏青瑣,圖以雲氣仙靈。"

(3) 花絮:白而輕柔的花,多指柳絮。

管絃:管樂器與絃樂器,泛指樂器。

初:開始時。

(4) 屬:同囑,囑咐、囑託。

欣:喜悅、快樂。

承:承受。

奉和送金城公主適西蕃應制①(1)

帝女出天津,和戎轉綺②輪。(2)
川輕③斷腸望,地與析支隣④。(3)
奏曲風嘶馬,銜悲月伴人。(4)
旋知偃兵革,長是漢家親。(5)

【校勘】

①詩題"奉和送金城公主適西蕃應制",《文苑英華》作"奉和聖製送金城公主適西蕃應制"。

②"綺",《唐音統簽》《全唐詩》均作"罽"字,均注曰:一作綺。《文苑英華》作"罽"字。

③"輕",《唐音統簽》《全唐詩》均作"經"字。

④原句"地與折走隣"中的"折走隣"一詞,《唐音統簽》《全唐詩》均作"析支鄰"。"折走"一詞,《文苑英華》作"析支"。據改。

【註釋】

(1)金城公主:唐中宗養雍王李守禮之女。遠嫁吐蕃和親,對漢藏友好關係作出貢獻。

適:去,往。西蕃:指吐蕃。古代藏族在青藏高原建立的政權。

(2)天津:這裡指長安。

和戎:和親。指封建王朝與邊境少數民族統治者結親交好。

罽輪:用毛氈裏著的車輪。

(3)川:河流。斷腸:形容極度思念或悲傷。

析支:亦作"析枝"。古代西戎族名之一。又稱鮮支、賜支、河曲羌。分佈在今青海積石山至貴德縣河曲一帶。

(4)銜悲:心懷悲戚。

(5)旋:立刻。偃:停止。

兵革:兵器和衣甲胄的總稱,這裡指戰爭。南朝江淹《銅劍贊序》:"攻爭紛亂,兵革互興。"

長:久。漢家:漢朝,以漢喻唐。

幸白鹿觀應制⁽¹⁾

碧虛清吹下,藹藹入仙宮。⁽²⁾
松磴①攀雲絕,花源接澗空。⁽³⁾
受符邀羽使,傳訣駐②香童。⁽⁴⁾
詎似閒③居日,徒聞有順風。⁽⁵⁾

【校勘】

①"磴",《文苑英華》作"嶝"字。
②"駐",《全唐詩》作"註"字,簡體字版《全唐詩》句末爲逗號。
③"閒",《唐音統簽》作"閉"字。

【註釋】

(1)白鹿觀:位於陝西臨潼驪山之上。
(2)碧虛:碧空。南朝梁吳均《詠雲二首》:"飄飄上碧虛,藹藹隱青林。"
輕吹:優雅清越的管樂,如笙笛之類。
藹藹:人眾多而由威儀的樣子。
仙宮:指白鹿觀。
(3)磴:山路上的石臺階。
源:水源,源泉。
接:交合,匯合。
澗,山間流水的溝。
(4)符:古代朝廷傳達命令或爲調兵將用的憑證,雙方各執一半,以驗真假。
符籙:道士用來驅鬼召神或治療延年的神秘文書。
邀:迎候。
羽使:道教中神仙化身。《山海經》中稱羽民。
香童:寺廟裡的侍童。
(5)詎:表示反問,哪裡、難道。
徒:空、只。

秋社日崇讓園宴得新字①(1)

鳴爵三農稔,勾②龍百代神。(2)
運昌叨輔弼,時泰喜黎民③。(3)
樹缺池光近,雲開日影新。(4)
生全應有地,長願樂交親。(5)

【校勘】

①《文苑英華》作者姓名後注曰:見雜詠。

②"勾",《全唐詩》作"句"字。

③"時泰喜黎民"句中的"泰""民"字,《文苑英華》作"報""人"字。

【註釋】

(1)秋社日:古代秋天祭祀土地神的日子,一般在立秋後第五戊日。

(2)鳴:發出聲音,使發出聲音。

爵:古代一種酒器。

三農:春、夏、秋三個農時。

稔:莊稼成熟。

勾龍:句龍,社神名,共工之子。《左傳·昭公二十九年》:"共工氏有子曰句龍,爲后土。"

百代:很長的歲月。

(3)運昌:國運昌盛。

輔弼:佐助。常指宰相等大臣。

時泰:天下太平。

(4)樹缺:樹葉空隙。

(5)生全:保全生命,全身。

交親:相互親近,友好交往。

奉和魏僕射秋日還鄉有懷之作①⁽¹⁾

南宫夙拜罷，東道正②遊初。⁽²⁾
飲餞傾冠蓋，傳呼問里閭。⁽³⁾
樹悲懸劍所，溪想釣魚途③。⁽⁴⁾
清④發輝光至，增榮四⑤馬車。⁽⁵⁾

【校勘】

①詩題"奉和魏僕射秋日還鄉有懷之作"，《文苑英華》作"奉和魏僕射秋日還鄉有懷之作二首"。

②"正"，《文苑英華》《唐音統籤》《全唐詩》均作"晝"字。

③"魚途"，《文苑英華》《唐音統籤》《全唐詩》均作"璜餘"字。

④"清"，《唐音統籤》《全唐詩》均作"明"字；"輝光"一詞，《文苑英華》作"光輝"。

⑤"四"，《文苑英華》《唐音統籤》《全唐詩》均作"駟"字。"增榮"一詞，《唐音統籤》注曰：一作喧聲；《全唐詩》注曰：一作喧聞。

【註釋】

(1)魏僕射：魏元忠，宋州宋城人，唐朝宰相。

(2)南宫：古稱尚書省。

夙：早晨。

東道：這裡指魏元忠。

初：開始。

(3)飲餞：以酒餞行。《詩·邶風·泉水》："出宿于泲，飲餞于禰。"

傾：傾斜。

冠蓋：古代官吏的帽子和車蓋，借指官吏。

傳呼：傳喚，打招呼。

里閭：閭里。古代居民地方編制，五家為鄰，五鄰為里。泛指鄉里，鄉里友人。

(4)懸劍：指守信用、重承諾。《史記·吳太伯世家》："季札之出使，北過徐君，徐君好季札劍，口弗敢言。季札心知之，為使上國，未獻。還至徐，徐君已死，於是乃解其寶劍，繫之徐君冢樹而去。從者曰：'徐君已死，尚誰予乎？'

季子曰:"不然。始吾心已許之,豈以死倍吾心哉!"

釣璜:相傳姜太公在磻溪垂釣得玉璜而遇周文王。磻溪,璜河。位于今陝西寶雞市東南。這裡以魏僕射比呂尚。

餘:閒暇。

(5)清發:精神焕发。

輝光:光輝華彩,明亮。

駟馬:達官顯貴所乘四匹馬駕之車,指地位顯赫。

武檐山寺^{①(1)}

武檐^②獨蒼然,墳山下玉^③泉。⁽²⁾
龜趺^④時共盡,龍女事同遷。⁽³⁾
松柏銜哀處,幡花種福田。⁽⁴⁾
詎知留鏡石,長與法輪圓。⁽⁵⁾

【校勘】

①詩題"武檐山寺"中的"檐"字,《全唐詩》補爲:[擔](檐)。

②"檐",《全唐詩》補爲:[擔](檐)。

③"玉",《文苑英華》作"至"字。

④"龜趺"一詞,《全唐詩》作"鱉靈",注曰:一作龜[趺](趺);《唐音統籤》亦作"鱉靈",注曰:一作龜趺。《文苑英華》作"鼈靈"。

【註釋】

(1)武檐山:即武擔山,開明王妃的墓塚,古蜀國王爲紀念已故愛妃而築。位於四川省成都市西北角。

武檐山寺:又名咒土寺、石鏡寺。南北朝、唐宋時期,山上均建有寺廟。

(2)墳山:武擔山,開明王妃墓。

獨:唯獨,僅僅。

玉泉:清泉。

(3)鱉靈:杜宇,傳說中的古蜀國國王。揚雄《蜀王本紀》:"後有一男子,名曰杜宇,從天墮止朱提。"

(4)銜哀:心懷哀痛。

幡花:供佛的幢幡彩花。

福田:福地。

(5)詎知:豈知。

鏡石:石鏡。

法輪:佛法的別稱。

餞潞州①陸長史再守汾州⁽¹⁾

河尹政成期②,爲汾昔所推。⁽²⁾
不榮三入地,還美再臨時。⁽³⁾
擁傳雲初合,聞鸎③日正遲。⁽⁴⁾
傍人④多出餞,別有吏人⑤思。⁽⁵⁾

【校勘】

①"潞州"一詞,《文苑英華》作"洛州"。

②"期",《文苑英華》作"基"字,注曰:疑作期。

③"鸎",《文苑英華》寫作"鶯"字。

④"傍人"一詞,《唐音統簽》《全唐詩》均作"道傍",均注曰:一作傍人。《文苑英華》作"道傍"。

⑤"人",《唐音統簽》《全唐詩》均作"民"字。

【註釋】

(1)潞州:北周宣政元年(578)置,治襄垣。唐武德初移治上黨(今長治市)。

汾州:北魏太和十二年(488年)置州。治所在蒲子城(今山西隰縣)。後多次改置。

(2)尹:古代官名。漢代始以都城行政長官稱尹。

成期:規定的時間。

(3)榮:榮耀。

還:依然。美:喜歡,稱心。

臨時:當其時其事。

(4)擁傳:出使,因使用驛站的車馬。

合:聚集。

(5)餞:餞別。

別:另有。吏人:泛指當官的人,這裡指陸長史。

思:想念、掛念。

餞荆州崔司馬⁽¹⁾

茂禮①雕龍昔,香名展驥初。⁽²⁾
水連南海漲,星拱北辰居。⁽³⁾
稍發仙人履,將題別駕輿。⁽⁴⁾
明年徵拜入,荆玉不識②諸。⁽⁵⁾

【校勘】
①"禮",《文苑英華》作"祉"字。
②"識",《文苑英華》《唐音統簽》《全唐詩》均作"藏"字。

【註釋】
(1)荆州:漢武帝所置十三刺史部之一。轄境約當於今湖北、湖南兩省及河南、貴州、廣東、廣西的一部分。
(2)雕龍:經過精雕細琢,文辭優美,善於撰寫文章。
香名:美名。展驥:展開翅膀,比喻施展才能。
(3)拱:環繞。
北辰:北極星。《論語·爲政》:"爲政以德,譬如北辰,居其所,而眾星共之。"
(4)仙人履:詠尚書或縣令之典。《後漢書·方術傳·王喬》:"於是候鳧至,舉羅張之,但得一隻鳥焉。乃詔尚方診視,則四年中所賜尚書官屬履也。""王喬者,河東人也。顯宗世,爲葉令。喬有神術,每月朔望,常自縣詣臺朝。帝怪其來數,而不見車騎,密令太史伺望之。言其臨至,輒有雙鳧從東南飛來。"
題輿:在車上題詞。《後漢書·陳蕃傳》:"陳蕃字仲舉,汝南平輿人也。……初仕郡,舉孝廉,除郎中。遭母憂,棄官行喪。服闋,刺史周景辟別駕從事,以諫爭不合,投傳而去。"周景爲了讓其出仕而題別駕輿曰"陳仲舉座也。"喻景仰賢達,望其出仕。別駕:官名。亦稱別駕從事、別駕從事史。
(5)明年:第二年。徵拜:徵召授官。
荆玉:相傳春秋時期楚國卞和得玉于荆山。荆山之玉,即和氏璧,以比崔司馬美質賢才。

送吏部李侍郎東歸①(1)

陌上有光輝，披雲向洛畿。(2)
賞來榮扈從，別至惜分飛。(3)
泉溜含風急，山煙帶日微。(4)
茂曹今去矣，人物喜東歸。(5)

【校勘】

①詩題"送吏部李侍郎東歸"，《文苑英華》《全唐诗》均作"送吏部李侍郎東歸得歸字"。

【註釋】

(1)吏部：吏部是中國古代官署之一。東漢始置吏曹，改自尚書常侍曹，魏晉以後稱吏部。隋、唐、五代，列爲尚書省六部之首，長官稱爲吏部尚書。

李侍郎：李乂，本名尚真，唐朝時期大臣、詩人。唐趙州房子人。景雲元年(710)，遷吏部侍郎。

(2)洛畿：畿，京城所管轄的地區，指東都洛陽。

披雲：沖霄。比喻得志。

(3)賞：被皇上所賞識。

榮：榮耀。

別：離別、告別。

惜：吝惜、捨不得。

分飛：指分別。

(4)溜：迅急的水流。

(5)茂：美好、有才德。

曹：輩。

人物：有才德、名望的人。

送光禄姚卿還都⁽¹⁾

漢室有英臺,荀家多寵①才。⁽²⁾
九卿朝已入,三子暮同來。⁽³⁾
不授綸爲草,還司鼎用梅。⁽⁴⁾
兩京王者宅,駟馬日應廻。⁽⁵⁾

【校勘】

①"多寵"一詞,《唐音統籤》《全唐詩》均作"寵俊",均注曰:一作多寵;《文苑英華》作"寵俊"。

【註釋】

(1)光禄姚卿:姚彝,姚崇長子,唐陕州硤石人。

(2)英臺:賢能的大臣,才能傑出的臺閣官員。

荀家:潁川荀氏,漢晉時期士大夫官僚世家。

寵:尊崇,推崇。

(3)九卿:九寺長官專稱。唐代九寺指太常、光禄、衛尉、宗正、太僕、大理、鴻臚、司農、太府。

(4)授:授職,任命。

綸:青絲綬,古代官吏繫印用的青絲帶。

司鼎:光禄勳的别稱。光禄勳,西漢武帝太初元年(前104)時改郎中令置,位列九卿。

(5)兩京:東都洛陽、西都長安。

春晚送瑕丘田少府還任因寄洛中鏡上人①(1)

聞道還沂上,因聲寄洛濱。(2)
別時花欲盡,歸處酒應春。(3)
聚散同行客,悲歡屬故人。(4)
少年歸②樂地,遥贈一霑巾。(5)

【校勘】

①詩題"春晚送瑕丘田少府還任因寄洛中鏡上人",《文苑英華》作"春晚送瑕邱田少府還任因寄洛中鏡上人"。

②"歸",《唐音統籤》《全唐詩》均作"追"字;《文苑英華》注曰:集作追。

【註釋】

(1)瑕丘:瑕丘縣,秦置,治所在今山東兖州市東北。

上人:佛教指智德兼備可爲僧眾之師的高僧。

(2)沂:山東沂河。

因聲:寄語,指托人帶話。

洛濱:洛水之濱。

(3)歸處:歸依之處。《詩經·曹風·蜉蝣》:"心之憂矣,於我歸處。"

春:春季,酒名。意義雙關。

(4)行客:過客,旅客。

故人:舊交,老友。《莊子·山木》:"夫子出於山,舍於故人之家。"

(5)樂地:快樂的境地。

歸樂地,指入佛門。

霑巾:淚水沾濕了布巾。

送賈起居奉使入洛取圖書因便拜覲⁽¹⁾

舊國才因地,當朝史①命官。⁽²⁾
遺文徵缺②簡,還思採芳蘭。⁽³⁾
傳發關門餞,觴稱邑里歡。⁽⁴⁾
早持京副入,旋佇洛書刊。⁽⁵⁾

【校勘】

① "史",《文苑英華》作"使"字。
② "缺",《唐音統籤》《全唐詩》均作"闕"字。

【註釋】

(1)起居:官名。魏晉及南朝多以著作郎兼修起居注。隋代内史省(中書省)設起居舍人。唐、宋門下省設起居郎,和起居舍人分掌其事。

賈起居:賈曾,河南洛陽人。

奉使:奉命出使。因便:順便。

拜覲:朝見君主或拜見長者。

(2)舊國:故鄉。《莊子·雜篇·則陽》:"舊國舊都,望之暢然。"

命官:受朝廷任命的官吏。

(3)遺文:散逸的詩文。

徵:徵集。簡:竹簡,代指圖書。

採芳蘭:指作詩文。《樂府·採蘭歌》:"採芳蘭兮以贈君子,君子不見兮悃悵如此。"

(4)傳:驛傳。發:出發。

觴:古代喝酒的器具,引申為進酒、勸飲。

稱:稱頌,贊許。邑里:指鄉里的百姓。

(5)旋:隨後,不久。

佇:通"貯",積聚。東晉孫綽《游天台山賦》:"惠風佇芳于陽林。"

洛書:河圖洛書,這裡指代散逸的圖書。《易·繫辭》上:"河出圖,洛出書,聖人則之。"

刊:刊誤,勘誤。

送常侍舒公歸覲①⁽¹⁾

朝聞講藝餘,晨省拜恩初。⁽²⁾
訓胄尊庠序,榮親耀里閭。⁽³⁾
朱丹華轂送,班②白綺筵舒。⁽⁴⁾
江上春流滿,還應薦躍魚。⁽⁵⁾

【校勘】

①詩題"送常侍舒公歸覲"後,《文苑英華》注曰:有序不錄。

②"班",《文苑英華》《唐音統籤》《全唐詩》均作"斑"字。

【註釋】

(1)舒公:褚無量,字弘度,杭州鹽官人。封舒國公。唐代大臣,目錄學家。

歸覲:是指歸謁君王或父母。

(2)講藝:講論六藝。《後漢書·樊准傳》:"及光武皇帝受命中興,羣雄崩擾,旌旗亂野,東西誅戰,不遑啟處,然猶投戈講藝,息馬論道。"

晨省:早晨向父母問安。昏定晨省,古代侍奉父母的日常禮節。《禮記·曲禮上》:"凡爲人子之禮,冬溫而夏凊,昏定而晨省。"

拜恩;拜謝恩賜。

(3)訓:教導,訓誡。

胄:古代帝王或貴族的子孫。

庠序:古代地方設的學校。後泛指學校。《孟子·梁惠王章句》上:"謹庠序之教,申之以孝悌之義,頒白者不負戴于道路矣。"

榮親:登科及第,使父母光榮。

里閭:鄉里。

(4)朱丹:朱紅色,指年輕人。

華轂:華麗的車子。

班白:班,通"斑"。斑白,鬢髮花白,指老年人。

綺筵:華麗豐盛的筵席。

(5)春流:春天的水流。

薦:推薦。

躍魚:躍鱗,謂跳過龍門的鯉魚,這裡比德才兼備的人才。《史記·周本紀》:"武王渡河,中流,白魚躍入王舟中,武王俯取以祭。"

興州出行[1]

危途曉未分,驅馬傍江濆。[2]
滴滴泣① 花露,微微出岫雲。[3]
松梢半吐月,蘿翳漸移曛。[4]
旅客腸應斷,吟猿更使聞。[5]

【校勘】
①"泣",《文苑英華》作"泫"字。

【註釋】
(1)興州:西魏廢帝二年(553)改東益州置,治漢曲,今陝西略陽。
(2)傍:靠近、臨近。

濆:水邊。

(3)岫:山洞。

(4)蘿:能爬蔓的植物。

翳:雲翳。

曛:黃昏。

(5)更:再。

使:讓。

奉和七夕燕① 兩儀殿應制(1)

靈媛乘秋發,仙裝警夜催。(2)
月光窺欲渡,河色辨應來。(3)
機石天文寫,針樓御賞開。(4)
竊觀棲②鳥至,疑向鵲橋廻。(5)

【校勘】

①"燕",《唐音統簽》《全唐詩》均作"宴"字。《文苑英華》作"奉和七夕兩儀殿會宴應制"。

②"棲",《文苑英華》寫作"栖"字。

【註釋】

(1)七夕:農曆七月初七夜。民間傳說牛郎織女此夜在天河相會。

兩儀殿:位於唐長安太極宮內。太極宮,位於大明宮西。隋大興宮,唐武德元年改稱。

(2)靈媛:美女,這裡指稱織女。

乘:趁著。

發:出發。

裝:裝束。

警:告誡。

催:使趕快行動。

(3)窺:從夾縫、小孔或隱蔽處偷看,這裡指觀看、觀察。

欲:想要、希望。

辨:辨別。

(4)機石:傳說天上織女支撐織布機之石,這裡指織機。

針樓:婦女所居之樓。

御賞:皇帝賞賜。

(5)竊:暗中。

回:還,歸。

春日芙蓉園侍宴應制⁽¹⁾

御道紅① 旗出，芳園翠輦遊。⁽²⁾
繞花開水殿，架竹起山樓。⁽³⁾
荷茭輕薰幄，魚龍出負舟。⁽⁴⁾
寧如② 穆天子，空賦白雲秋③ 。⁽⁵⁾

【校勘】

①"紅"，《唐音統簽》《全唐詩》均注曰：一作虹。

②"如"，《全唐詩》作"知"字。

③"秋"，《文苑英華》作"收"字。

【註釋】

(1)芙蓉園：隋離宮。唐皇家御園，位於曲江池西南，園内有芙蓉池。

(2)御道：專供帝王走的路。

芳園：指芬芳的芙蓉園。

翠輦：指有翠羽的帝王車駕。

(3)水殿：帝王所乘豪華遊輪。

(4)荷茭：荷、菱。

薰：芳香。

幄：幄殿，天子出行時張幕爲殿。

(5)寧如：难道像。

穆天子：周穆王，昭王之子，好远游。神話傳說中周穆王曾乘八駿遠遊，會見西王母於瑤池。

白雲：西王母對穆天子所誦的《白雲篇》："白雲在天，山□（陵）自出。道里悠遠，山川間子。將子無死，尚能復來。"

贈司徒竇①盧府君挽詞⁽¹⁾

寵贈追胡②廣，親臨比賀循。⁽²⁾
幾聞投劍③客，多會服緦人。⁽³⁾
草閉墳將古，松陰④地不春。⁽⁴⁾
二陵猶可望，存歿⑤有忠臣。⁽⁵⁾

【校勘】

①"竇"，《文苑英華》《唐音統籤》《全唐詩》均作"豆"字。

②"胡"，《文苑英華》作"湖"字。

③"劍"，《文苑英華》作"誄"字。

④"陰"，《文苑英華》《唐音統籤》《全唐詩》均注曰：一作深。

⑤"存歿"二字左半邊被墨涂黑，"存"字易辨，"歿"字看不到偏旁；"歿"字，《文苑英華》作"沒"字。

【註釋】

（1）司徒：官名。掌管國家民戶、土地、徒役的輔政大臣。相傳商代已置。唐以後多用作大臣加官，至明代廢。

竇盧：指豆盧欽望，唐雍州萬年人。長壽二年（693）封芮國公。居宰相位十餘年。

府君：對已故者的敬稱。

（2）寵贈：帝王贈與。晉潘岳《楊荊州誄》："聖王嗟悼，寵贈衾襚。誄德策勳，考終定諡。"

胡廣（前91—172），東漢名臣、學者。《後漢書·鄧張徐張胡列傳》："胡廣字伯始，南郡華容人也。""年八十二，熹平元年去世。"

親臨：親自蒞臨。

賀循：晉時名臣，去世後，當朝皇帝素服親臨送喪。

（3）投劍：扔劍。晉戴淵扔劍改過自新。

戴淵，字若思，廣陵（今江蘇淮陰東南）人。

緦：細麻布，用以製喪服。

（4）閉：封閉。

春：生機。

（5）二陵：即二崤（殽）。《左傳·僖公三十二年》："晉人禦師必於殽。殽有二陵焉：其南陵，夏后皋之墓也；其北陵，文王之所辟風雨也。"

存殁：生存和死亡。

故右散騎常侍讀舒國公褚公挽歌①

陽宅疏豐稱②,臨平演慶源。(1)
學筵尊授几,儒服寵乘軒。(2)
審諭留中密,開陳與上言。(3)
徂輝一不惜③,空有賜東園。(4)

【校勘】

①詩題"故右散騎常侍讀舒國公褚公挽歌",《唐音統籤》《全唐詩》均作"故右散騎常侍舒國公褚公挽詞",沒有"讀"字。

②"陽宅疏豐稱"句中的"宅""稱"字,《文苑英華》《唐音統籤》《全唐詩》均作"翟""構"字。

③"徂輝一不惜"句中的"輝""惜"字,《唐音統籤》《全唐詩》均作"暉""借"字。

【註釋】

(1)陽宅:居住的地方。
臨平:浙江杭州臨平山。
(2)筵:筵席,古人席地而坐時鋪的席。
几:小或矮的桌子。
儒服:傳統儒者的服飾。這裡指褚無量。參見《送常侍舒公歸覲》注(1)。
軒:有帷幕而前頂較高的車。
(3)審諭:詳細地告知。指太子的師傅對太子的明白開導。
中密:中秘,中書省和秘書省。
開陳:陳述。《史記·平津侯主父列傳》:"每朝會議,開陳其端,令人主自擇,不肯面折庭爭。"
上言:進呈言辭。
(4)徂輝:已往的光彩。
惜:哀傷,痛惜。
空有:徒有,只有。
東園:泛指園囿。東晉陶淵明《停雲》:"東園之樹,枝條載榮。競用新好,以怡餘情。人亦有言,日月於征。安得促席,説彼平生。"

邊秋薄暮①

海外秋鷹繫②，霜前旅雁歸。⁽¹⁾
邊風思鞞鼓，落日慘旌麾。⁽²⁾
浦暗漁舟入，川長獵騎稀。⁽³⁾
客悲逢薄暮，況乃事戎機。⁽⁴⁾

【校勘】

①詩題"邊秋薄暮"，《唐音統籤》《全唐詩》均注曰：一作出塞。

②"繫"，《唐音統籤》《全唐詩》均作"擊"字。

【註釋】

(1)海外：四海之外，指邊塞。

旅雁：南飛的大雁。

(2)邊：邊塞。

鞞鼓：古代軍隊用的小鼓。漢蔡琰《胡笳十八拍》："鞞鼓喧兮從夜達明，胡風浩浩兮暗塞昏營。"

旌：古時一種旗杆上用彩色羽毛裝飾的旗子。

麾：指揮軍隊的旗子。

旌麾：帥旗。

慘：悲痛、傷心。

(3)浦：水邊，河流入海的地區。

(4)況乃：何況、況且。

戎機：戰爭、軍事機宜。北朝樂府《木蘭詩》："萬里赴戎機，關山度若飛。"

曉發方騫驛⁽¹⁾

傳置遠山蹊,龍鍾蹴澗泥。⁽²⁾
片陰常①作雨,微照已生霓。⁽³⁾
鬢髮愁氛換,心情險路迷。⁽⁴⁾
方知向蜀老②,偏識子規啼。⁽⁵⁾

【校勘】

①"常",《文苑英華》作"長"字。
②"老",《全唐詩》作"者"字。

【註釋】

(1)方騫驛:在興州(今陝西略陽)陳平道上,距興州約三十公里。陳平道是溝通故道、嘉陵道與金牛道的一條天然捷徑。

(2)傳置:驛站。《漢書·文帝紀》二年:"太僕見馬遺財足,餘皆以給傳置。"

注:"置者,置傳驛之所,因名置也。"

龍鍾:行動不靈活,躑躅難行的樣子。

蹴:踩、踏。

澗:山澗流水的溝。

(3)霓:雨後天空中出現的弧形彩帶,排列順序與虹相反,色彩比虹暗淡。

(4)鬢:靠近耳邊的頭髮。

氛:雲氣,霧氣。

心情:情緒,心思。

(5)方知:才知道。

向:接近。

子規:杜鵑,別稱杜宇,啼聲悲切。傳說中古代蜀國國王,號曰望帝。

經三泉路作

三月松作花,春行日漸賒。⁽¹⁾
竹防①山鳥路,藤没②野人家。⁽²⁾
透石飛梁下,尋雲絶磴斜。⁽³⁾
此中誰與樂,揮涕語年華。⁽⁴⁾

【校勘】

①"防",《唐音統籤》《全唐詩》均作"障"字,均注曰:一作妨。《文苑英華》作"妨"字。

②"没",《唐音統籤》《全唐詩》均作"蔓"字,均注曰:一作没。《文苑英華》作"蔓"字。

【註釋】

(1)作花:長出花蕾、開花。南朝宋鮑照《梅花落》:"中庭雜樹多,偏爲梅諮嗟。問君何獨然?念其霜中能作花,露中能作實。"

賒:長。

(2)防:障,遮擋。

没:蓋没。

野人:山野人家。

(3)透:通過,穿透。

飛梁:凌空飛架的橋。

磴:山路的石階。

斜:不正。

(4)揮涕:揮淚。

五言排律

奉和聖製登太行山中言志應制①(1)

北山東入海，馳道上連天。(2)
順動三光注，登臨萬象懸。(3)
俛觀河內邑，平指洛陽川。(4)
按蹕夷關險，張旗亙井泉。(5)
曉巖中警柝②，春事下蒐田③。(6)
德重周王問，歌輕漢④后傳。(7)
宸遊鋪令典，睿思起芳年。(8)
願以封書奏，廻鑾禪肅然。(9)

【校勘】

①詩題"奉和聖製登太行山中言志應制"，《文苑英華》作"奉和聖製早登太行山中言志應制"。

②"柝"，《唐音統籤》《全唐詩》均作"柝"字；《文苑英華》作"折"字。

③"田"，《文苑英華》寫作"畋"字。

④"漢"，《唐音統籤》《全唐詩》均注曰：一作魏。

【註釋】

(1)太行山：位于山西高原與河北平原之間，東北—西南走向。

(2)北山：《詩經·小雅·北山》："陟彼北山，言采其杞。偕偕士子，朝夕從事。王事靡盬，憂我父母。"指太行山。

馳道：皇帝的專用車道。

(3)順動：順應事物固有的規律而運動。指帝王車駕應時而動。

三光：日、月、星辰。《莊子·說劍》："上法圓天以順三光，下法方地以順四時，中和民意以安四鄉。"

登臨：登山臨水。泛指遊覽。

萬象：宇宙間的一切事物或景象。

懸:掛,吊在空中。
(4)俛:俯。
河内:春秋战国时中國古以黄河以北爲河内,以南爲河外。《史記·魏世家》正義:"古帝王之都多在河東、河北,故呼河北爲河内,河南爲河外。"
(5)按:依照。
蹕:帝王出行時,開路清道,禁止通行。
夷關:閉關,封鎖關口。
張:展開掛起,張掛。
亘:空間和时间上延续不断。
(6)蒐田:搜田,春日田獵。泛指田獵。
(7)德重:道德高尚。
周王:古代西周、東周統治者的稱呼,即周天子。
問:表示關切而詢問。
漢后:漢帝。
(8)宸遊:帝王之巡遊。
令典:美好的典禮、儀式。
睿思:聖明的思慮。
起:產生。
芳年:美好的年歲。
南朝宋劉鑠《擬行行重行行》:"芳年有華月,佳人無還期。"
(9)書奏:書簡、奏章等。
廻鑾:帝王及后妃的車駕爲"鑾駕",因稱帝、后外出廻返爲"廻鑾"。
禪:帝王的祭地之禮。
肅然:山名,在泰山東麓。《史記·孝武本紀》:"丙辰,禪泰山下阯東北肅然山,如祭后土禮。"

奉和聖製經河上公廟應制①(1)

河流無日夜,河上有神仙。(2)
輦路曾②經此,垓③場即宛然。(3)
下疑成洞穴,高若在空煙。(4)
善物遺方外,和光繞④道邊。(5)
事因周史得,言向⑤漢王傳。(6)
嘉⑥屬膺期聖,邦家業又玄。(7)

【校勘】

①詩題"奉和聖製經河上公廟應制",《文苑英華》作"奉和經河上公廟應制"。

②"曾",《文苑英華》作"常"字。

③"垓",《文苑英華》《唐音統籤》《全唐詩》均作"壇"字。

④"繞",《文苑英華》注曰:集作枕。

⑤"向",《唐音統籤》《全唐詩》均作"與"字,均注曰:一作向。《文苑英華》注曰:集作與。句中的"王"字,《文苑英華》作"皇"字。

⑥"嘉",《文苑英華》《唐音統籤》《全唐詩》均作"喜"字。

【註釋】

(1)河上公:西漢時道家,《史記》稱"河上丈人"。

河上公廟:位於陝州,今三門峽。

(2)神仙:河上公。

(3)輦路:天子車駕所經之路。東漢班固《西都賦》:"輦路經營,脩涂飛閣。"

垓場:廣闊平坦的場地。

宛然:真切、清晰。

(4)空煙:天空中的雲煙。

(5)善物:善事、好事。

遺:wèi,贈與。

方外:世俗之外、仙境、神仙生活之地。

和光:柔和的光輝。

繞:圍繞。

(6)周史:老子代稱。相傳老子曾任周柱下史。

(7)嘉屬:嘉許並屬望。

膺期:承受期運。指受天命爲帝王。

邦家:國家。《詩經·小雅·南山有台》:"樂只君子,邦家之基。"

業:基業。

奉和聖製答張說出雀鼠谷①⁽¹⁾

雨施巡方罷，雲從訓俗廻。⁽²⁾
密途汾水衛，清蹕晉郊陪。⁽³⁾
寒看②山邊盡，春當日下來。⁽⁴⁾
御祠玄鳥應，仙杖③綠楊開。⁽⁵⁾
作頌音傳雅，觀文色動台。⁽⁶⁾
更知西嚮④樂，宸藻叶⑤鹽梅。⁽⁷⁾

【校勘】

①詩題"奉和聖製答張說出雀鼠谷"，《文苑英華》作"奉和聖製答張說南出雀鼠谷"。

②"看"，《全唐詩》《唐詩別裁》均作"著"字；《唐音統籤》《全唐詩》"盡"字注曰：一作靜；"看"字，《唐音統籤》作"着"字。"看"字，《文苑英華》注曰：集作著；盡，《文苑英華》作"靜"，注曰：集作盡。

③"杖"，《文苑英華》《唐音統籤》《全唐詩》《唐詩別裁》均作"仗"字。

④"嚮"，《文苑英華》《唐音統籤》《全唐詩》均寫作"向"字。

⑤"叶"，《唐音統籤》《全唐詩》《唐詩別裁》均作"協"字，《唐音統籤》《全唐詩》均注曰：一作賁。

注釋：

(1)雀鼠谷：即今山西介休縣西南、霍縣之北汾河河谷。

(2)雨施：施澤廣泛而平均。

巡方：指天子出巡四方。

雲從：比喻隨從盛多。《詩經·齊風·敝笱》："齊子歸止，其從如雲。"

訓俗：教化民眾。

(3)汾水：汾河。

衛：衛護。

清蹕：皇帝出行，清道戒嚴。清謂清理道路，蹕謂辟止行人。

晉郊：山西郊外。

(4)當：正在。

日下:目前,目下。

(5)御祠:皇家祠堂。

玄鳥:古代中國神話傳説中的神鳥。《詩經·商頌·玄鳥》:"天命玄鳥,降而生商,宅殷土芒芒。"

仙仗:皇帝的儀仗。

(6)作頌:作誦。《詩經·大雅·崧高》:"吉甫作誦,其詩孔碩,其風肆好,以贈申伯。"

觀文:觀賞文采。

(7)宸藻:帝王的詩文。

鹽梅:鹽和梅子。殷高宗命傅説作相之辭。《尚書·商書·説命》下:"若作和羹,爾惟鹽梅。"用來讚美作宰相的人。

扈從溫泉同紫微黃門群公泛渭川得齊字⁽¹⁾

虹①旗映綠荑，春使②漢豐西。⁽²⁾
侍蹕浮渭道③，揚船④降紫泥。⁽³⁾
近臨鈞⑤石地，遙指釣黃⑥溪。⁽⁴⁾
岸轉帆飛疾，川平棹舉齊。⁽⁵⁾
傅舟來是用，軒馭往應迷。⁽⁶⁾
興發⑦菱歌動，沙洲亂夕鷖。⁽⁷⁾

【校勘】

①"虹旗映綠荑"句中的"虹"字，《文苑英華》作"紅"字。

②"春使漢豐西"句中的"使"字，《文苑英華》《唐音統簽》《全唐詩》均作"仗"字。《文苑英華》注曰：一作統。

③"渭道"一詞，《唐音統簽》《全唐詩》均作"清渭"。"渭"字，《文苑英華》作"清"字。

④"船"，《文苑英華》《唐音統簽》《全唐詩》均作"舲"字。

⑤"近臨鈞石地"句中的"鈞"字處，《唐音統簽》是無字黑色。

⑥"黃"，《文苑英華》《唐音統簽》《全唐詩》均作"璜"字。

⑦"發"，《唐音統簽》《全唐詩》均作"闋"字，均注曰：一作發。《文苑英華》作"闋"字。

【註釋】

(1)紫微：紫薇省、紫微省，唐開元元年(713)改中書省為紫微省，中書令為紫微令。開元五年恢復舊稱。

黃門：黃門省。唐玄宗時一度改門下省為黃門省，改侍中為黃門監。

渭川：渭水，亦稱渭河。在今陝西省中部，黃河最大支流。

(2)虹旗：彩旗。

映：交相輝映。

綠荑：綠色的茅草芽。

使：官名。唐以後特派負責某種政務的官員稱使，如節度使、轉運使。

(3)清渭：清清的渭河。

降:降旨。

紫泥:古人書信泥封,泥土蓋印,皇帝詔書則用紫泥。

(4)鈞:乐调。

石:中國古代樂器,石製的磬,八音之一。

鈞石地:演奏音樂之地。

鈞璜:相傳姜太公在磻溪垂釣得玉璜而遇周文王。磻溪,璜河。位於今陝西寶雞市東南。這裡以魏僕射比呂尚。

(5)川平:河流平穩。

棹:長的船槳。

齊:整齊。

(6)軒馭:軒車,高車。《莊子·雜篇·讓王》:"子貢乘大馬,中紺而表素,軒車不容巷,往見原憲。"

(7)興發:興致勃發。

闋:停止、終了;樂闋:歌舞結束。

菱歌:採菱之歌。

鷖:鷗鳥。《詩經·大雅·鳧鷖》:"鳧鷖在涇,公尸來燕來寧。"

奉和聖製途次舊居應制①(1)

潞國臨淄邸,天王別駕輿。(2)
出潛離隱際,小往大來初。(3)
東陸行春典,南陽即舊居。(4)
約川星罕駐,扶道日旂舒。(5)
雲覆連行在,風廻助掃除。(6)
木行城邑望,皋落土田疏。(7)
昔試邦興后,今過俗溪予。(8)
示威寧校獵,崇讓不陳漁②。(9)
府吏趨宸扆,鄉耆捧帝車。(10)
帳傾三飲處,閒③整六飛餘。(11)
盛業銘汾鼎,昌期應洛書。(12)
願陪歌賦末,留比④蜀相如。(13)

【校勘】

①詩題"奉和聖製途次舊居應制"《唐詩別裁》作"奉和聖製途次舊居"。《文苑英華》作"奉和同前應制"。

②"漁",《文苑英華》《唐音統籤》《全唐詩》均作"魚"字。

③"閒",《文苑英華》《唐音統籤》均寫作"閑"字。

④"比",《文苑英華》作"此"字。

【註釋】

(1)舊居:指上黨啟聖宮。《新唐書·地理志》三"河東道潞州上黨郡":"上黨,望。有啟聖宮,本飛龍,玄宗故第,開元十一年置,後又更名。"

(2)潞國:西周時赤狄建,即今山西黎城縣南古城。春秋稱潞氏國。

臨淄邸:臨淄王唐玄宗李隆基的宅邸。

天王:這裡指唐玄宗。

別:調轉。

駕輿:指唐玄宗的車駕。

(3)出潛離隱:具備龍德品德卻隱居的人。《周易·乾》:"子曰:龍德而隱者也。"

小往大來:陰暗面逐漸消逝,光明面逐漸增長。《周易·泰》:"泰,小往大來,吉,亨。"預示一切吉利亨通。

(4)東陸:東方。

行:舉行。

春典:春季的祭祀。

(5)罕:古代一種旌旗。

日旂:繪有太陽圖像的旗子。

舒:舒展,展開。

(6)行在:天子所在之地。

掃除:打掃,指虔誠迎賓。

(7)城邑:城市。

土田:土地。《詩經·大雅·崧高》:"王命召伯,徹申伯土田。"

疏:分賜,分封。

(8)試:嘗試。

邦興:國家興盛。

過:拜訪。

(9)示威:表示威武。

校獵:設柵欄以便圈圍野獸,然後獵取。《漢書·成帝紀》:"冬,行幸長楊宮,從胡客大校獵。"

崇讓:崇尚禮讓不爭。

陳魚:春秋時魯隱公曾令漁民出動捕魚供他觀賞。《左傳·隱公五年》:"公將如棠觀魚者。臧僖伯諫曰:'凡物不足以講大事,其材不足以備器用,則君不舉焉。……'公曰:'吾將略地焉。'遂往,陳魚而觀之。僖伯稱疾,不從。書曰'公矢魚與棠',非禮也,且言遠地也。"晉·杜預注:"陳,設張也。公大設捕魚之備而觀之。"後因以"陳魚"喻指帝王非禮的校獵之樂。這裡反用魯隱公事,稱頌皇帝不作非禮的遊樂。

(10)府吏:官吏。

宸扆:宸,帝王的居处;扆,帝王座後的屏。宸扆借指君位。

鄉耆:鄉里年高德劭者。

捧:侍奉、擁戴。

帝車:皇帝所乘之車。

(11)閒整:安靜而整齊有序。

六飛:六騑,六蜚。古代皇帝的車駕六馬,疾行如飛。後指稱皇帝的車駕或皇帝。《史記·袁盎傳》:"今陛下騁六騑,馳下峻山。"

(12)盛業:盛大的功業。

汾鼎:指象徵國祚的寶鼎。漢武帝元鼎四年于汾陰得周鼎。《史記·孝武本紀》:"其夏六月中,汾陰巫錦爲民祠魏脽后土營旁,見地如鉤狀,掊視得鼎。"

昌期:興隆昌盛時期。

洛書:河圖洛書,這裡指代散逸的圖書。《易·繫辭》上:"河出圖,洛出書,聖人則之。"

(13)末:最後,終了。

蜀相如:司馬相如。

奉和恩賜樂遊園宴應制(1)

樂遊光地選，酺飲慶天從。(2)

座密千官盛，場開百戲容。(3)

綠塍際山盡，翠幕倚雲重①。(4)

下上②花齊發，周廻柳遍濃。(5)

奪晴紛劍履，喧聽雜歌鐘。(6)

日晚③銜恩散，堯人併④可封。(7)

【校勘】

①"翠幕倚雲重"句中的"翠"字，《文苑英華》《唐音統籤》《全唐詩》均作"緹"字，均注曰：一作翠。

②"上"，《文苑英華》作"高"字。

③"晚"，《文苑英華》作"曉"字。

④"併"，《唐音統籤》寫作"并"字。

【註釋】

（1）樂遊園：樂游原。本秦宜春苑，西漢宣帝建樂游苑於此。位於陝西省西安市東南。

（2）樂遊：一語雙關。指樂遊園，也指遊園快樂。

光地：白地、裸露無物的地面。

酺飲：古指國有喜慶，帝賜大酺特賜臣民聚會飲酒。

（3）座密：座位密集，形容眾多。

千官：上千位官僚。

盛：場面盛大。

百戲：古代民間樂舞雜技表演的總稱。

（4）綠塍：綠色的田間土埂、小堤。

翠幕：翠綠色的帷幕。

際：交界或靠邊的地方。

倚雲：靠著雲，形容極高。

重：重重疊疊。

(5)周迴:周圍,環繞。

遍:全面,到處。

(6)劍履:古代得到帝王特許的大臣,可以佩着劍穿着鞋上朝,被視爲極大的優待。《史記·蕭相國世家》:"於是乃令蕭何(第一),賜帶劍履上殿,入朝不趨。"

喧:聲音雜亂。

歌鐘:編鐘,古代銅製大型打擊樂器,由多個懸掛的鐘組成。

(7)銜恩:受恩,感恩。

堯人:堯人可封。

奉和聖製幸禮部尚書竇希玠宅應制①(1)

尚書列侯第,外戚近臣家。(2)
飛棟臨清②綺,廻輿轉翠華。(3)
日交當戶樹,泉漾滿池花。(4)
圓頂圖嵩石,方流擁魏沙。(5)
豫遊今③聽履,侍從昔鳴笳。(6)
自有天文降,無勞訪海查④。(7)

【校勘】

①詩題"奉和聖製幸禮部尚書竇希玠宅應制",《文苑英華》作"奉和幸禮部尚書竇希玠宅應制"。

②"清",《文苑英華》《唐音統籤》《全唐詩》均作"青"字。

③"豫遊今聽履"句中的"今"字位置,《唐音統籤》塗成黑色,缺一字。

④"查",《唐音統籤》《全唐詩》均作"槎"字。

【註釋】

(1)竇希玠:唐中宗時爲禮部尚書。

禮部:官署名。北魏始置。隋代始爲尚書省六部之一,長官爲禮部尚書。

(2)列侯:爵名。封侯者的泛稱。

第:上等房屋,大住宅。

外戚:帝王的母族和妻族。

近臣:君王左右親近之臣。

(3)飛棟:高聳的屋樑;三國魏曹植《贈徐幹》:"春鳩鳴飛棟,流猋激欞軒。"這裡代指竇希玠的住宅。

清綺:青綺門,長安古城門名。

回輿:回車。

翠華:皇帝儀仗中一種用翠鳥羽作裝飾的旗。詩文中多以翠華指代皇帝。

(4)當戶:對著門戶,《禮記·檀弓上》:"既歌而入,當戶而坐。"樹,泉漾滿池花。

(5)嵩石:大石。

方流:作直角轉折的水流。相傳其下有玉。

魏沙:細小的沙石。

(6)豫遊:皇帝巡遊。

侍從:帝王或官吏身邊侍候衛護的人。

聽履:比喻帝王親近的重臣。《漢書·鄭崇傳》:"鄭崇字子游,本高密大族,世與王家相嫁娶。祖父以訾徙平陵。父賓明法令,爲御史,事貢公,名公直。崇少爲郡文學史,至丞相大車屬。弟立與高武侯傅喜同門學,相友善。喜爲大司馬,薦崇,哀帝擢爲尚書僕射。數求見諫爭,上初納用之。每見曳革履,上笑曰:'我識鄭尚書履聲。'"

笳:胡笳,古代北方民族的一種管樂器——雙簧氣鳴樂器。

(7)天文:日月星辰等天體在宇宙間分佈運行等現象。

降:星次名。降婁,十二次之一。

槎:木筏。

奉和晦日幸昆明池應制⁽¹⁾

炎曆事邊垂①,昆明始鑿池。⁽²⁾
豫遊光後聖,征戰罷前規。⁽³⁾
霽色清珍宇,年芳入錦陂。⁽⁴⁾
御杯蘭薦葉,仙仗柳交枝。⁽⁵⁾
二石分河漢,雙珠代月移。⁽⁶⁾
微臣比翔泳,恩廣自無涯。⁽⁷⁾

【校勘】

①"炎曆事邊垂"句中的"垂"字,《唐音統籤》作"郵"。《文苑英華》注曰:集作陲。

【註釋】

(1)晦日:夏曆每月的最後一天。

(2)炎曆:指以火德而王的劉漢,指漢武帝。

邊陲:邊疆。郵,驛站。

(3)豫遊:遊樂,出遊,特指帝王巡遊。

後聖:後世聖人。《孟子·離婁章句》下:"得志行乎中國,若合符節,先聖後聖,其揆一也。"

罷:免去,解除。

前規:前人的規範、規矩。

(4)霽色:晴朗的天色。

珍宇:天空。

年芳:美好的春色。

錦陂:形容昆明池景色優美。

(5)御杯,皇帝使用的酒杯。

蘭薦葉:蘭草枝葉相互映襯。

仙仗:神仙的儀仗,指皇帝的儀仗。

柳交枝:柳枝相錯。

(6)二石:牛郎、織女石像。漢武帝時昆明池東西兩岸放了男女兩尊石像,以象牽牛織女。人稱石爺、石婆,保留至今。

雙珠:漢武帝游昆明池,放生了一條被鉤住的魚而後得明珠。後用以稱頌聖德。

(7)微臣:古代官員臣子常用的作謙詞,這裡蘇頲自指。

翔泳:謂飛鳥遊魚。

無涯:無邊無際。

恩制尚書省寮宴昆明池同用堯字①(1)

露渥灑雲霄，天官次斗杓。(2)
昆明四十里，空水極晴朝。(3)
雁似銜紅葉，鯨疑噴海潮。(4)
翠山來徹底，白日去廻檦。(5)
泳廣漁杈溢，浮深妓舫搖。(6)
飽恩皆醉止，合舞共歌堯。(7)

【校勘】

①詩題"恩制尚書省寮宴昆明池同用堯字"中的"寮"字，《全唐詩》寫作"僚"字；《唐音統籤》題爲"恩制尚書省寮宴昆明池同得堯字"。

【註釋】

(1)尚書省：官署名。秦始置於宮禁。西漢沿置，東漢置尚書臺。魏晉以來置尚書省，職權更爲擴大。

(2)渥：沾潤。雲霄：天際。

天官：天文，天象。《史記·太史公自序》："太史公學天官於唐都，受《易》於楊何，習道論於黃子。"

次：中間，順序。

斗杓：北斗柄。

(3)晴朝：晴朗的早晨。

(4)銜：用嘴含，用嘴叼。

鯨：昆明池邊的石鯨。

(5)徹底：通透到底。

白日：太陽，陽光。

(6)漁杈：捕魚的杈子。

浮：行船。舫：船。

(7)醉止：一醉方休。

歌堯：頌揚太平盛世。

奉製滻橋東送新除岳牧①⁽¹⁾

寶賢不遺俊,臺閣②盡鵷鸞。⁽²⁾
未若安③人切,其如簡帝難。⁽³⁾
上才膺出典,中旨念分官。⁽⁴⁾
特以專城貴,深惟列郡安。⁽⁵⁾
政行思務本,風靡屬勝殘。⁽⁶⁾
有令田知急,無分獄在寬。⁽⁷⁾
至言題睿扎④,殊渥灑⑤仙翰。⁽⁸⁾
詔餞三台降,朝榮萬國歡。⁽⁹⁾
舉杯臨水發,張樂擁橋觀。⁽¹⁰⁾
式佇東封⑥會,鏘鏘檢⑦玉壇。⁽¹¹⁾

【校勘】

①詩題"奉製滻橋東送新除岳牧",《唐音統籤》《全唐詩》均作"奉和聖製滻橋東送新除岳牧"。《文苑英華》作"奉和聖製滻橋東送新除岳牧應制"。

②"閣",《唐音統籤》《全唐詩》均作"閣"字。

③"安",《唐音統籤》《全唐詩》均作"調"字,均注曰:一作安。《文苑英華》作"調"字。

④"扎",《文苑英華》《唐音統籤》《全唐詩》均作"札"字。

⑤"灑",《文苑英華》寫作"洒"字。

⑥"封",《文苑英華》作"風"字。

⑦"檢",《文苑英華》作"簡"字。

【註釋】

(1) 新除:新拜官職。

岳牧:古代傳說中的四岳和十二州牧的合稱。後用來指州府大吏。

(2) 寶賢:珍愛賢才。

遺俊:未發現或未任用的俊傑賢才。

臺閣:東漢至隋、唐對尚書臺(省)之別稱。

鵷鸞:神話傳說中的瑞鳥。比喻賢才、賢者。

(3) 未若：不如，不及，比不上。

安人：使人民安寧。

切：迫切。

其如：怎奈、無奈。

簡帝：《論語·堯曰》："帝臣不蔽，簡在帝心。"指能被皇帝所知者。

(4) 上才：上材，指具有上等才能的人。

膺：接受、承當。

出典：出來執掌一定官職。

中旨：唐、宋皇帝自宫廷發出親筆命令或以詔令不正常通過中書門下，而直接由内廷發出的敕諭。

(5) 專城：州牧、太守等地方長官，意爲一城之主。漢樂府《陌上桑》："三十侍中郎，四十專城居。"

貴：指地位高。

深惟：深思，深入考慮。《戰國策·韓策一》："此安危之要，國家之大事也。臣請深惟而苦思之。"

(6) 務本：專心致力於根本。《論語·學而》："君子務本，本立而道生。孝弟也者，其爲仁之本與！"

勝殘：遏制殘暴的人，使之不能作惡。

(7) 田：打獵，指戰爭。

春秋左丘明《左傳·宣公二年》："宣子田於首山。"

知急：告急。

無分：無己之分，沒有得到頒賜物。

獄：刑獄，刑罰。

(8) 至言：最高超的言論、極其高明的言論。

睿札：聖哲的辭藻。頌揚帝王的詩文。

殊渥：特別的恩惠。

仙翰：喻新登第的進士。

(9) 餞：餞別，餞行；詔餞：詔令餞行。

三台：中台尚書省，西台中書省，東台門下省。

降：蒞臨；臨幸。

朝榮：使朝廷榮耀。

萬國:萬邦、天下、各國。

(10)張樂:演奏音樂。

(11)東封:泰山祭天。《舊唐書·玄宗本紀》:開元十三年夏四月"癸酉,令朝集使各舉所部孝悌文武,集於泰山之下。""十一月丙戌,至兗州岱宗頓。"

鏘鏘:盛大。

檢:檢閱。

玉壇:封泰山的祭壇。

秋夜寓直中書呈黃門舅⁽¹⁾

簾櫳上夜鉤,清切① 聽更籌。⁽²⁾
忽共雞枝老,還如騎省秋。⁽³⁾
循庭喜三友②,對渚憶雙遊。⁽⁴⁾
紫綬名初拜,黃縑迹尚留。⁽⁵⁾
月舒當北幌,雲賦直東樓。⁽⁶⁾
恩渥迷天施,童蒙慰我求。⁽⁷⁾
遲君台鼎節③,聞義一承流。⁽⁸⁾

【校勘】

①"切",《全唐詩》作"列"字。

②"友",《文苑英華》《唐音統簽》《全唐詩》均作"入"字。

③"節",《文苑英華》作"卽"字。

【註釋】

(1)寓直:當值,值班。

(2)簾櫳:窗簾和窗牖。

夜鉤:月亮。

清切:清凉而急劇。指秋時之氣。

更籌:夜間報更用的計時竹簽,也泛指時間。

(3)雞枝:雞樹,指中書省。三國魏时,劉放、孫資久在中書,夏侯獻、曹肇等,借殿中雞棲樹表達對二人的不滿。

騎省:唐中書省設散騎常侍二人。這裡指中書省,官署名。唐兩省皆有散騎常侍,故稱之爲騎省。

(4)循:巡行。

三友:三類朋友。《論語·季氏篇》:"益者三友,損者三友。友直,友諒,友多聞,益矣;友便辟,友善柔,友便佞,損矣。"

渚:水中的小洲。

(5)綬:同繸。指古代系印紐的絲繩,亦指官印。

縑:由多根絲線並在一起織成的絲織品。

(6)舒：舒展，指月上中天。

當：面對着。

幌：帳幔，帘帷。用於門窗、屏風等。

(7)恩渥：帝王給予的恩澤。

天施：謂天所施設。

童蒙：童真。

(8)台鼎：古稱三公或宰相爲台鼎。

節：操守。

聞義：聽到合乎義理的事。《論語·述而》："德之不修，學之不講，聞義不能徙，不善不能改，是吾憂也。"

一：整個，全部。

敬和崔尚書大明朝堂雨後望終南山見示之作①(1)

奕奕輕②車至，清晨朝未央。(2)
未央在霄極，中路視咸陽。(3)
委曲漢京近，周廻秦塞長。(4)
日華動涇渭，天翠合岐梁。(5)
五丈旌旗色，百層枌③橑光。(6)
東連歸馬地，南指鬭雞塲。(7)
晴壑照金□④，秋雲含璧瑯。(8)
由余窺霸國，蕭相奉興王。(9)
功役隱不見，頌聲存複揚。(10)
權宜珍構絕，聖作⑤寶圖昌。(11)
在德期巢燧，居安法禹湯。(12)
家⑥卿才順美，多士賦成章。(13)
價重三台俊⑦，名超百郡良。(14)
焉知掖垣下，陳力自迷方。(15)

【校勘】

①詩題"敬和崔尚書大明朝堂雨後望終南山見示之作"，《文苑英華》作"敬和崔尚書大明朝堂雨後終南山見示之作"。

②"輕"，《文苑英華》作"軒"字。

③"層枌"一詞，《文苑英華》注曰：一作松非。

④"晴壑照金□"句中的缺字"□"字，《文苑英華》《唐音統籤》《全唐詩》均作"卮"字。

⑤"作"，《全唐詩》注曰：一作祚。

⑥"家"，《唐音統籤》《全唐詩》均作"冢"字。《文苑英華》亦作"冢"字，注曰：集作象。

⑦原句"價重三臺俊"句中的"臺"字，《唐音統籤》《全唐詩》均注曰：一作台。據改。

【註釋】

（1）終南山：南山，狹義的秦嶺。在陝西省西安市南。古名太一山、地肺山、周南山、中南山。

崔尚書：指刑部尚書崔日用。

大明朝堂：朝廷，漢代正朝左右官議政之處。

（2）奕奕：姿態悠閒，神采煥發。

輕車：輕快的車子。

朝：上朝。

未央：漢代主要宮殿未央宮。隋唐时也是禁苑的一部分。

（3）霄極：天空的最高處，高空。

（4）委曲：彎曲，曲折延伸。

漢京：漢朝都城長安。

周廻：周圍。

秦塞：秦代所建的要塞。

（5）日華：太陽的光華。

天翠：青綠色的天空。

合：合攏。

岐梁：岐山和梁山的並稱。

梁山：山名。在今陝西省韓城市境。《詩·大雅·韓奕》："奕奕梁山，維禹甸之。"

（6）五丈：五丈原，今陝西岐山南斜谷口西側。

旌旗：旗幟的總稱。

百層：重重疊疊，極言其高。

枌橑：指閣樓的棟與橡。

（7）歸馬：把作戰用的牛馬放牧。比喻戰爭結束，不再用兵。《尚書·周書·武成》："乃偃武修文，歸馬于華山之陽，放牛于桃林之野，示天下弗服。"

指：指向。

（8）壑：山溝。　含：包含。　璧璫：屋橡頭的裝飾。

（9）由余：亦作"繇余"，春秋時秦國大夫。

窺：窺伺，暗中察看。

蕭相：西漢蕭何，官至相國。

興王:開創基業的君主。

(10)功役:興建土木工程的勞役。

頌聲:歌頌讚美之聲。

(11)權宜:因事而變通辦法。

珍構:珍貴的詩作。

構怨,結怨之意。《孟子·梁惠王章句》上:"抑王興甲兵,危士臣,構怨于諸侯,然後快於心與?"

聖作:帝王的作品。

寶圖:帝業。

(12)期:期待。

巢燧:爲有巢氏與燧人氏的合稱,二人均爲傳説中原始社會部落聯盟首領,歷來被視爲圣德之主。這裡稱頌唐玄宗。

居安:處於安寧的環境。

法:效法。

禹湯:夏禹與成湯的合稱。禹爲夏代的建立者,成湯爲商朝開國之君。

(13)冢卿:孤卿,上卿。古代高級官員。

才:才能。

順美:順和美善。

多士:眾多的賢士,也指百官。《詩經·大雅·文王》:"濟濟多士,文王以寧。"

賦:作詩詞。

成章:積辭成篇,作成詩文。

(14)三台:漢代对尚書、御史、謁者的總稱。

俊:俊傑,才智出眾的人。

百郡:形容地域廣闊。

良:賢良之士。

(15)焉知:怎麼知道。

掖垣:皇宮的旁垣。唐代指門下省(左掖)、中書省(右掖)。

陳力:貢獻才力。《論語·季氏》:"求!周任有言曰:'陳力就列,不能者止。'"

迷方:迷失方向。

奉和馬常侍寺中之作①(1)

怨②暑時雲謝,愆陽澤暫③偏。(2)
鼎陳從祀日,鑰動問刑年。(3)
絳服龍雩寢,玄冠馬使旋。(4)
作霖期傅說,爲旱聽周宣。(5)
河嶽陰符啓,星辰暗檄傳。(6)
浮涼吹景氣,飛動④灑空煙。(7)
颯颯將秋近,沉沉⑤與暝連。(8)
分湍涇水石,合⑥穎雍州田。(9)
德施超三五,文雄賦十千⑦。(10)
及斯⑧何以樂,明主敬人天。(11)

【校勘】

①詩題"奉和馬常侍寺中之作",《全唐詩》注曰:英華作奉和魏僕射春日還鄉有懷之作。《文苑英華》題爲"奉和魏僕射秋日還鄉有懷之作二首"之二。

②"怨",《文苑英華》作"潺"字。

③"暫",《文苑英華》寫作"蹔"字。

④"動",《文苑英華》作"凍"字。

⑤"沉沉"一詞,《唐音統籤》作"沈沈"。

⑥"合",《文苑英華》"含"字。

⑦"千",《文苑英華》"年"字。

⑧"斯",《文苑英華》《唐音統籤》均作"私"字,《全唐詩》注曰:一作私。

注釋:

(1)馬常侍:馬懷素,潤州丹徒人。開元三年冬十月,爲左散騎常侍。

(2)怨:責怪,不滿意。

愆:亦作愆暘。陽氣過盛,古人用陰陽之説解釋天氣變化。多指天旱或酷熱。

澤:雨和露。

暫:暫時。

(3)鼎：古代烹煮用的器物，多用青銅製成，圓形三組兩耳，也有方形四足的。

陳：陳設、陳列。

從：自，由。

祀：祭祀。

鑰：比喻軍事要地。

刑：征討。

(4)絳服：大紅色的衣服，古官服常用絳色。

雩：古代求雨的一種祭祀活動。

玄冠：朝服冠名。

馬使：乘快騎傳遞緊急文書的使者。

旋：歸來。

(5)作霖：《尚書·商書·說命》上："若濟巨川，用汝作舟楫；若歲大旱，用汝作霖雨。"殷高宗武丁任命傅說爲相的命辭。

傅說：殷商時期著名賢臣。相傳原是傅巖地方從事版築的奴隸，後被武丁任爲大臣，治理國政，王朝得以振興。

周宣：三國時人，曾仕魏爲中郎將，善於解夢。這裡以"聽周宣"爲喻，謂於寺中問卜以尋求解除旱災之術。

(6)河嶽：黃河和五嶽的並稱。語本《詩經·周頌·時邁》："懷柔百神，及河喬嶽。"泛指山川。

陰符：中國古代情報傳遞的重要技術手段。符以銅版或竹木版製成，面刻花紋，一分爲二，以花紋或尺寸長短爲秘密通信的符號。道家有《黃帝陰符經》。

啟：開，打開。

星辰：《尚書·虞夏书·堯典》："曆象日月星辰，敬授人時。"

暗檄：秘密文書。

檄：古代官方文書用木簡，長尺二寸，多做徵召、曉喻、申討等用。若有急事，則插上羽毛，成爲羽檄。後泛稱這類官文書爲檄。

(7)浮涼：浮動在空中的涼氣，輕微的涼氣。

景氣：景致、景象。

飛動：飛揚飄動。

空煙:天空中的雲煙。

(8)颯颯:風吹動樹木枝葉等的聲音。

沉沉:隱約。

暝:黃昏,日落,天黑。

(9)湍:急流,急流的水。

涇水:涇河。

合穎:禾苗一莖生二穗,被視爲祥瑞之兆。

雍州:古九州之一。東漢興平元年(194)分涼州河西四郡置。唐代,轄有今天陝西秦嶺以北、乾縣以東、銅川市以南、渭南市以西地。爲關内道所治。開元元年(713)改爲京兆府。

(10)德施:德澤恩施。

文雄:文豪。

漢王充《論衡·佚文》:"孝明世好文人,並徵蘭台之官,文雄會聚。"

賦:創作。

十千:一萬,極言其多。《詩經·小雅·甫田》:"倬彼甫田,歲取十千。"

(11)何以:用什麽。

樂:快樂。

明主:賢明的君主。

奉和崔尚書贈大理陸卿鴻臚劉卿見示之什①⁽¹⁾

戲藻嘉魚樂，棲梧高②鳳飛。⁽²⁾
類從皆有召，聲應乃無違。⁽³⁾
美價逢時出，奇才選衆稀。⁽⁴⁾
避堂貽後政，掃地③發前幾。⁽⁵⁾
出曳仙人履，還熏侍女衣。⁽⁶⁾
省中何赫奕，庭際滿芳菲。⁽⁷⁾
吏部端清鑒，丞郎肅紫機。⁽⁸⁾
會心歌詠是，廻迹宴言非。⁽⁹⁾
北寺鄰玄闕，南城寫翠微。⁽¹⁰⁾
參差交隱見，髣髴接光輝。⁽¹¹⁾
賓序嘗柔德，刑孚已霽威。⁽¹²⁾
巨源林下契，不速自同歸。⁽¹³⁾

【校勘】

①詩題"奉和崔尚書贈大理陸卿鴻臚劉卿見示之什"，《唐音統籤》《全唐詩》均作"奉和崔尚書贈大理陸卿鴻臚劉卿見示之作"，《文苑英華》作"奉和同崔尚書贈大理陸卿鴻臚劉卿見示之什"。

②"高"，《全唐詩》作"見"字；"梧"字，《文苑英華》作"椅"字，注曰：集作梧。

③"地"，《唐音統籤》《全唐詩》均作"第"字，均注曰：一作地。《文苑英華》亦作"第"字，注曰：集作地。

【註釋】

（1）崔尚書：指刑部尚書崔日用。

大理：大理寺，官署名，中國古代中央審判機構。初設于北齊，隋朝時確立。一直沿用至明清。

鴻臚：鴻臚、鴻臚寺，官署名。北齊始置，主官爲鴻臚寺卿。歷代沿置。

見示：給看、告訴。

(2)戲藻:在水藻間嬉戲。

嘉:誇獎、贊許。

魚樂:用作詠閒適之遊的典故。《莊子·秋水》:莊子與惠子游于濠梁之上。莊子曰:"鯈魚出遊從容,是魚之樂也?"惠子曰:"子非魚,安知魚之樂?"莊子曰:"子非我,安知我不知魚之樂?"惠子曰:"我非子,固不知子矣;子固非魚也,子之不知魚之樂,全矣。"莊子曰:"請循其本。子曰'汝安知魚樂'云者,既已知吾知之而問我。我知之濠上也。"

棲梧:棲息在梧桐樹上。

(3)召:感化和召喚。

聲應:聲應氣求,同類的事物相互感應。比喻志趣相投的人自然地結合在一起。

無違:沒有違背、不要違背。《尚書·周书·多士》:"非我一人奉德不康寧,時惟天命,無違。朕不敢有後,無我怨。"

(4)美價:美好的聲價,指聲名和社會地位。

逢時:遇上好時運。出:顯露。

奇才:奇材,才能非常之人、才能出眾之人。《史記·商君列傳》:"座中之庶子公孫鞅,年雖少,有奇才,願王舉國而聽之。"

選衆:從許多人中選拔人才。《論語·顏淵》:"舜有天下,選於眾,舉皋陶,不仁者遠矣。"稀:少。

(5)避堂:避正堂,讓出正廳,表示恭敬。《漢書·曹參傳》:"聞膠西有蓋公,善治黃老言,使人厚幣請之。既見蓋公,蓋公爲言治道貴清靜而民自定,推此類具言之。參於是避正堂,舍蓋公焉。"

貽:贈給。後政:後人建立政績。

(6)曳:穿著。

熏:熏香。

(7)何:副詞多麼。赫奕:光顯,盛大。

庭:宮廷。

芳菲:芳香的花草,比喻賢能之才。

(8)端:正派、正直。

清鑒:明察,高明的鑒別力。

丞:官名,多爲佐官之稱。唐、宋尚書省僕射之下有左、右丞。

肅:嚴整肅穆。

紫機:朝廷機要部門。

(9)會心:情意相合,知心。

歌詠:歌頌,吟詠。是:正確,合理。

廻迹:重歸、回行。

宴言:從容交談。非:不對,過失。

(10)北寺:北邊的寺廟。

鄰:比鄰。

玄闕:玄武闕。《後漢書·宦者列傳·張讓》:"又使掖庭令畢嵐鑄銅人四列於蒼龍、玄武闕。"

翠微:青翠的山气,形容山光水色青翠縹緲。指終南山。

(11)參差:不齊,錯落有致。《詩經·周南·關雎》:"參差荇菜,左右流之。"

交:一齊、同時。隱見:或隱或現。

接:連成一體。光輝:明亮奪目的光芒。

(12)賓:服從。

序:次第。

柔德:溫和的品行與處事方式。

刑:對犯罪的處罰。

孚:使人信服。

霽威:收斂威怒。《新唐書·魏徵傳》:"徵狀貌不逾中人,有志膽,每犯顏進諫,雖逢帝甚怒,神色不徙,而天子亦為霽威。"

(13)林下:幽僻之境。引伸指退隱或隱居之處。

契:投合。

不速:未受邀請而自己來臨。《周易·需》:"有不速之客三人來,敬之終吉。"

同歸:一同歸來。

慈恩寺二月半寓言⁽¹⁾

二月韶春半，三空霽景初。⁽²⁾
獻來應有受，滅盡竟無餘。⁽³⁾
化跡傳官寺，歸誠謁梵居①。⁽⁴⁾
殿堂花覆席，觀閣②柳垂疏。⁽⁵⁾
共命枝間鳥，長生水上魚。⁽⁶⁾
問津窺彼岸③，迷路得真車。⁽⁷⁾
行密幽關靜，談精俗態袪。⁽⁸⁾
稻麻欣所寓④，蓬藋⑤愴焉如。⁽⁹⁾
不駐秦京陌，還題蜀郡輿。⁽¹⁰⁾
愛離方自此，廻望獨躕躇。⁽¹¹⁾

【校勘】

①"居"，《文苑英華》注曰：一作閭。

②"閣"，《文苑英華》作"閤"字。

③"彼岸"一詞，《唐音統簽》《全唐詩》均注曰：一作注鏡。

④"寓"，《文苑英華》《全唐詩》均作"遇"字。《唐音統簽》作"遇"字，注曰：一作寓。

⑤"藋"，《文苑英華》作"藫"字。

【註釋】

(1)慈恩寺：大慈恩寺，中國佛教寺院，位于陝西省西安市。唐貞觀二十二年(648)太子李治爲追念其母文德皇后而擴建寺院，更名爲大慈恩寺。

寓言：寄喻之言。《莊子·雜篇·寓言》："寓言十九，重言十七。"

(2)韶春：美好的春季。

三空：田野空，朝廷空，倉庫空。《後漢書·陳蕃傳》："夫安平之時，尚宜有節，況當今之世，有三空之厄哉！田野空，朝廷空，倉庫空，是謂三空。"

霽：雨雪停止，雲霧散，天放晴。

(3)竟：竟然。

(4)化跡：變化之跡、教化之跡。《後漢書·仲長統傳》："嘗試妄論之，以爲世非胃庭，人乖穀飲，化迹萬肇，情故萌生。"指李治念母建寺的事迹。

官寺：官家建的寺廟。

歸誠：對人寄以誠心。

謁：拜見。

梵居：佛寺。

(5)殿堂：宮殿、廟宇等高大建築物。

觀閣：樓閣。《後漢書·劉盆子傳》："盆子惶恐，日夜啼泣，獨與中黃門共卧起，唯得上觀閣而不聞外事。"

(6)共命：命運與共。

長生：永久存在或生存、壽命很長。

(7)問津：打聽渡口。《論語·微子》："孔子過之，使子路問津焉。"

窺：觀察。

彼岸：對岸。佛教指超脫生死的境界。

迷路：迷失道路，迷失方向。

(8)行：行爲。

密：通謐，安靜。

幽關：玄關。

談：談吐。

精：細緻，精密。

俗態：世俗的情狀。

祛：擺脫，去掉。

(9)稻麻：稻和麻。

蓬：多年生草本植物。

籜：竹筍外層一片一片的皮。指代竹子。

愴：悲傷。

焉如：怎麼比得上。

(10)秦京：秦國首都咸陽，指代京城長安。

陌：田間東西方向的道路，泛指田間小路。

題輿：在車上題詞。《後漢書·陳蕃傳》："陳蕃字仲舉，汝南平輿人也。……初仕郡，舉孝廉，除郎中。遭母憂，棄官行喪。服闋，刺史周景辟別駕從事，以諫爭不合，投傳而去。"周景爲了讓其出仕而題別駕輿曰"陳仲舉座也。"

喻景仰賢達,望其出仕。

(11)回望:回顧、回頭看。

躅躇:來回走動,徘徊不進,同踟躅。《後漢書·仲長統傳》:"躅躇畦苑,遊戲平林。"

利州北佛龕前重於去歲題處作①(1)

重巖戴清②美,分塔起層③標。(2)
蜀守經塗處,巴人作禮朝。(3)
地疑三界出,空是六塵銷。(4)
卧石鋪蒼蘚,行塍④覆綠條。(5)
歲年書有記,非爲學題橋。(6)

【校勘】

①詩題"利州北佛龕前重於去歲題處作"中,《文苑英華》"前"字後注曰:一無此字。

②"戴清"一詞,《唐音統簽》《全唐詩》均作"載看",均注曰:一作戴清。

③"起層",《文苑英華》作"題增"注曰:集作起曾。

④"塍",《文苑英華》作"江"字。

【註釋】

(1)利州:西魏廢帝元欽三年(554)改西益州爲利州,治興安(隋改綿谷,今四川廣元)。

(2)重巖:重疊的山巖。常指高峻、連綿的山崖。

清美:清秀美麗。

層標:重迭的山峰。

(3)蜀守:自指。

經:經過。

塗:塗寫。

巴人:泛指生長在巴國和巴地範圍内的人。

作禮:舉手施禮、行禮。

朝:朝拜。

(4)三界:佛教用語,把世俗世界分爲三种境界,即欲界、色界、無色界。

六塵:六境。佛教指眼識、耳識、鼻識、舌識、身識、意識等六識所感覺的六種境界,即色、聲、香、味、觸、法。

銷:同消,消失。

(5)鋪:陳設,鋪開。

蒼:深綠色。

行塍:可供行走的田埂。

覆:遮蓋。

綠條:綠色的枝條。

(6)歲年:一年。

題橋:題柱,比喻對功名有所抱負。《華陽國志·蜀志》:"城北十里有升仙橋,有送客觀。司馬相如初入長安,題市門曰:'不乘赤車駟馬,不過汝下也!'"

餞趙尚書攝御史大夫赴朔方軍⁽¹⁾

勁虜欲南飛①，揚兵護朔垂②。⁽²⁾
趙堯寧易印，鄧禹即分③麾。⁽³⁾
野餞廻三傑，軍謀出④六奇。⁽⁴⁾
雲邊愁⑤出塞，日下愴臨歧。⁽⁵⁾
拔劍行人舞，揮戈戰馬馳。⁽⁶⁾
明年麟閣上，充國拜⑥於斯。⁽⁷⁾

【校勘】

①"飛"，《唐音統簽》《全唐詩》均注曰：一作飛。《文苑英華》注曰：集作窺。

②"垂"，《唐音統簽》作"郵"字，《全唐詩》作"陲"字。

③"分"，《唐音統簽》作"毛"字。

④"出"，《唐音統簽》《全唐詩》均作"用"字，均注曰：一作出；《文苑英華》作"用"字。

⑤"愁"，《唐音統簽》注曰：一作看；《全唐詩》作"看"字；《文苑英華》注曰：集作看。

⑥"拜"，《唐音統簽》《全唐詩》均作"畫"字，均注曰：一作拜；《文苑英華》注曰：集作畫。

【註釋】

(1)趙尚書：指趙彥昭，字奐然，唐甘州張掖人。睿宗立，出爲宋州刺史。後遷御史大夫，改刑部尚書，封耿國公。

(2)虜：對敵人的蔑稱。勁虜：強敵。

窺：從小孔或縫隙裡看，指侵犯。

護：使不受侵犯和損害，保護。

朔陲：北方边疆。

(3)趙堯：西漢官吏。《漢書·趙堯傳》："'誰可以爲御史大夫者？'熟視堯曰：'無以易堯。'遂拜堯爲御史大夫。"後用以稱美御史大夫。

鄧禹：东漢初軍事家。《後漢書·鄧禹傳》："赤眉眾大集，王匡等莫能當。

光武籌赤眉必破長安,欲乘釁並關中,而方自事山東,未知所寄,以禹沈深有大度,故授以西討之略。乃拜爲前將軍持節,中分麾下精兵二萬人,遣西入關,令自選偏裨以下可與俱者。"這裡喻指趙尚書赴任朔方。

(4)野餞:在郊野餞別。

三傑:三位傑出的人物。

軍謀:軍事謀略。

六奇:陳平曾爲漢高祖六出奇計,後因以"六奇"比喻出奇制勝的謀略。《史記·陳丞相世家》:"其後常以護軍中尉從攻陳豨及黥布。凡六出奇計,輒益邑,凡六益封。奇計或頗祕,世莫能聞也。"

(5)愴:悲傷。

臨歧:臨歧,面臨歧路,後亦用爲贈別之辭。

(6)拔劒:劒,劍字異體。抽出劍來。

揮戈:揮動武器,形容勇猛進軍。

(7)麒麟閣:漢代閣名,位於未央宮中。漢宣帝時曾圖霍光等十一位功臣像于閣上,以表彰其功勳。

充國:指趙充國,西漢著名將領。麒麟閣十一功臣之一。

斯:這個,指麒麟閣。

餞澤州盧使君赴任⁽¹⁾

聞道降綸書，爲邦建綵旟。⁽²⁾
政憑循吏往①，才以貴卿除。⁽³⁾
詞賦良無敵，聲華藹有餘。⁽⁴⁾
榮承四岳後，請絕五天初②。⁽⁵⁾
關路通春③壁，城池繞④晉墟。⁽⁶⁾
撰期行子賦，分曲⑤列侯居。⁽⁷⁾
別望喧追餞，離言繫慘書⑥。⁽⁸⁾
平蕪寒蛩⑦亂，喬木夜蟬疏。⁽⁹⁾
參沉⑧秋先起，推移月向諸。⁽¹⁰⁾
舊文⑨何以贈，客至待烹魚。⁽¹¹⁾

【校勘】

①"往"，《文苑英華》作"性"字。

②"請絕五天初"句中的"請""五"，《文苑英華》作"清""上"。

③"春"，《文苑英華》作"秦"字。

④"繞"，《唐音統籤》《全唐詩》均作"接"字。

⑤"曲"，《唐音統籤》《全唐詩》均作"典"字；《文苑英華》注曰：集作典。

⑥"離言繫慘書"句中的"書"字，《文苑英華》《唐音統籤》《全唐詩》均作"舒"字。據改。

⑦"蛩"，《文苑英華》作"蛬"字，注曰：古勇切；"亂"字，注曰：集作思。

⑧"參沉"一詞，《文苑英華》《唐音統籤》《全唐詩》均作"寥沉"。

⑨"文"，《文苑英華》《唐音統籤》《全唐詩》均作"交"字。

【註釋】

(1)澤州：州、府名。隋開皇初改建州爲澤州。唐貞觀初移治晉城，今山西省晉城市。

(2)聞道：聽說。綸書：詔書。

建，樹立。旟：古代畫有鳥隼的旗幟，進兵時所用。泛指旗幟。

(3)循吏：奉公守法的官吏，司馬遷作《循吏列傳》。

貴卿:泛指高級官員。

除:任命官職。

(4)詞賦:詞和賦的合稱。詞賦科的省稱。

良:誠然、的確。無敵:沒有與之匹敵的對手。

聲華:聲譽榮耀,美好的名聲、聲譽。

(5)四岳:堯舜時四方部落的首領。

(6)秦壁:秦軍築的防禦工事。

城池:城牆和護城河。

晉墟:這裡指澤州城。

(7)行子:出門在外的人,出行的人。南朝宋鮑照《代東門行》:"野風吹秋木,行子心腸斷。"

列侯:爵名。封侯者的泛稱。

(8)別望:分別時的拜訪。

追餞:追送餞行。

離言:離別時的話語。

慘舒:憂樂,寬嚴,盛衰。

(9)平蕪:草木叢生的平曠原野。

寒蛩:深秋的蟋蟀。

喬木:樹身高大的木本植物。

(10)起:開始。

推移:移動、變化或發展。

(11)亨魚:《詩經·檜風·匪風》:"誰能亨魚?溉之釜鬵。"亨,烹的古字。

陳倉別隴州司戶李維深①(1)

京國自攜手,同途欣解頤。(2)
情言正的的,春物宛遲遲。(3)
忽背雕戈役②,旋瞻復寶詞③。(4)
蜀城余出守,吳岳爾歸思。(5)
歡悵更傷此,春④殷殊念茲。(6)
揚麾北林徑,跂石南澗湄。(7)
中作壺觴餞,回添道路悲。(8)
數花臨磴日,百草覆田時。(9)
有美同人意,無爲行子辭。(10)
酣⑤歌拔劍起,毋⑥是答恩私。(11)

【校勘】

①詩題"陳倉別隴州司戶李維深"中的"維"字,《文苑英華》作"惟"字。

②"戈",《唐音統籤》作"戎"字;《全唐詩》作"戎"字,注曰:一作戈。"役"字后,《文苑英華》注"疑"字。

③"旋瞻復寶詞"句中的"復""詞"二字,《文苑英華》《唐音統籤》《全唐詩》均作"獲""祠"。

④"春",《全唐詩》作"眷"字。

⑤"酣",《文苑英華》作"高"字。

⑥"毋",《文苑英華》作"吾"字。

【註釋】

(1)陳倉縣:古縣名,秦置,因山得名。治所在今陝西寶雞市東,幾經廢改。隋開皇十八年(598)復置,大業中移治今寶雞市。唐至德二年(757)改名寶雞。

隴州:西魏廢帝三年(554)改東秦州置,治所在今陝西隴縣東南,後幾經興廢。唐武德元年(618)改隴東郡復置。

(2)京國:國都,指長安。

攜手:手拉手,指同朝爲官。

解頤:西漢學者匡衡解説《詩經》,可使人喜笑顏開。《漢書·匡衡傳》:"匡衡字稚圭,東海丞人也。父世農夫,至衡好學,家貧,庸作以供資用,尤精力過絕人。諸儒爲之語曰:'無説《詩》,匡鼎來;匡説《詩》,解人頤。'"後用表達妙語驚人或開顏歡笑。

(3)的的:深切、濃郁。

春物:春日的景物。宛:仿佛。

遲遲:和舒的樣子。陽光溫暖、光線充足的樣子。《詩經·豳風·七月》:"春日遲遲,采蘩祁祁,遲遲春風。"

(4)背:離開。

雕戈:刻繪花紋的戈,精美的戈。

旋瞻:不久即可看到。

寶詞:珍貴的詩文。

(5)吳岳:吳岳山,即岍山、汧山,又名岳山、吳岳等。今陝西隴縣西南。

爾:你。歸思:回家的念頭。

(6)歡愜:歡快而心滿意足。

念:思念,想着。茲:此,這個。

念茲:指念念不忘某一件事情。《尚書·虞夏書·大禹謨》:"帝念哉!念茲在茲,釋茲在茲,名言茲在茲,允出茲在茲,惟帝念功。"

(7)麾:指揮作戰用的旗子。

跂石:抬起腳後跟站於石上。

湄:水邊、岸邊。

(8)壺觴:酒器。添:增加。

(9)磴:山路上的石臺階。

(10)同人:志同道合的朋友。意:情誼。

無爲:別做,順應自然。

行子:出門在外的人,出行的人。南朝宋鮑照《代東門行》:"野風吹秋木,行子心腸斷。"

辭:告別。

(11)酣歌:盡興歌唱。

拔劍:抽出劍來。恩私:恩惠,恩情。

曉發興州入陳平路

旌節指巴岷，年年行且巡。(1)
暮來青嶂宿，朝去綠江春。(2)
魚貫梁緣馬，猿奔樹息人。(3)
邑祠猶是漢，溪道即名陳。(4)
舊史饒遷謫，恒情厭苦辛。(5)
寧知報恩者，天子一忠臣。(6)

【校勘】

《全唐詩》《唐音統簽》《文苑英華》均相同。

【註釋】

(1)旌節：古代使者所持之節。節，竹節，以犛牛尾作飾，爲信守的象徵。

指：向着，对着。

巴：周朝國名，中國四川省東部和重慶一帶。

岷：岷山、岷江，在中國四川省；巴岷：泛指四川。

巡：巡視，查巡。

(2)青嶂：如屏障的青山。

(3)魚貫：像遊魚一樣一個挨一個地依序進行。

梁：山梁。

猿奔：像猿一樣攀爬。

(4)邑祠：縣城的祠堂。

(5)舊史：先前的史書。

饒：豐富，多。

遷謫：貶官，官吏因罪降職並流放。

恒情：常情。

厭：飽嘗。

(6)寧知：豈知，怎么會知道。

同餞陽①將軍兼源州都督御史中丞(1)

右地接龜沙,中朝任虎牙。(2)
然明方改俗,去病不爲家。(3)
將禮登壇盛,軍容出塞華。(4)
朔風搖漢鼓,邊月②思胡笳。(5)
旗舍③無邀正,冠危有觸邪。(6)
當看勞旋④日,及此御溝花。(7)

【校勘】

①"陽",《唐音統簽》《唐詩別裁》均作"楊"字;"源"字,《文苑英華》《唐詩別裁》均作"原"字。

②"月",《唐音統簽》《全唐詩》均作"馬"字。

③"舍",《文苑英華》《全唐詩》均作"合"字,"正"字均注曰:一作整。《唐音統簽》作"合"字。

④"勞""旋"二字,《全唐詩》"勞"字注曰:一作榮;"旋"字作"還"字。"旋"字,《唐音統簽》作"還"字,注曰:一作旋。"勞"字,《文苑英華》作"榮"字。

【註釋】

(1) 源州:江蘇沛縣舊稱。岑仲勉《讀唐詩劄記》校此詩題:"源,原之訛。復次開元初,楊執曾以左衛將軍御史中丞爲原州都督,見說之集二五楊執一碑,但是否應作楊,待考。"

都督:地方軍政長官。三國魏置。唐初置,總一州事務。貞觀中分上、中、下都督府。開元後,節度使成爲地方長官,都督遂成虛設。

御史中丞:官名,簡稱"中丞""中執法"。西漢始置,爲御史大夫副貳。隋代改置御史大夫爲御史臺長官。

(2) 右地:西部地區。《後漢書·匈奴傳》上:"遣左右大將各萬余騎,屯田右地,欲以侵迫烏孫西域。"

龜沙:龜茲、流沙。泛指邊遠之地。

中朝:朝中、朝廷。

虎牙：虎牙將軍。泛指將軍。

（3）然明：張奐，字然明，東漢時期名將、學者。《後漢書·張奐傳》："其俗多妖忌，凡二月、五月産子及與父母同月生者，悉殺之。奐示以義方，嚴加賞罰，風俗遂改，百姓生爲立祠。"

去病：西漢名將霍去病。《史記·衛將軍驃騎列傳》："匈奴未滅，無以家爲也。"

（4）將禮：將帥的禮儀。

登壇：登上壇場，舉行隆重的儀式。

盛：盛大隆重。

軍容：軍隊和軍人的禮儀法度、風紀陣戚和武器裝備。

（5）邊月：邊塞的月亮。

胡笳：古代北方民族的一種管樂器——雙簧氣鳴樂器。

（6）冠：帽子。

危：端正的，正直的。

觸邪：觸邪冠，即獬豸冠，古代執法官吏戴的帽子。獬豸是中國古代神話傳說中的獨角神獸。見人鬥，即以角觸不直者；聞人爭，即以口咬不正者。

（7）勞旋：凱旋。

御溝：禁溝，流經宮苑的河道。

蜀城哭台州樂俞少府①(1)

遠來②躋劍閣，長想屬天台。(2)
萬里隔三載，此邦余重來。(3)
音容曠不覿，夢寐殊悠哉。(4)
邊郡饒藉藉③，晚庭正回回。(5)
喜傳上都封，因促傍吏開。(6)
向④悟海鹽客，已而梁木摧。(7)
變衣寢門外，揮涕少城隈。(8)
却記⑤分明得，猶持委曲猜。(9)
師儒昔⑥訓獎，仲季時童孩。(10)
服義題⑦書篋，邀歡泛酒杯。(11)
暫⑧令風雨散，仍迫歲時廻。(12)
其道惟正直，其人信美偲。(13)
白頭還作尉，黃綬固非才。(14)
可歎懸蛇疾，先貽問鵬災。(15)
故鄉閉窮壤，宿草生寒荄。(16)
零落九原去，蹉跎四序催。(17)
曩期冬贈橘，今哭夏成梅。(18)
執禮誰爲謂⑨，居常不徇⑩財。(19)
北登限嵼坂⑪，東望姑蘇臺。(20)
天路本懸絶，江波復⑫泝洄。(21)
念孤心易斷，追往恨艱裁。(22)
不遂卿將伯，孰云陳與雷。(23)
衰殘⑬亦如此，夫子復何哀。(24)

【校勘】

①詩題"蜀城哭台州樂俞少府"中的"俞"字，《唐音統籤》《全唐詩》作

"安"字;《文苑英華》"俞"字前有"安"字。

②"來",《全唐詩》作"遊"字。

③"藉藉",《文苑英華》作"籍籍"。

④"向",《文苑英華》作"何"。

⑤"記",《文苑英華》作"訐"。

⑥"昔",《文苑英華》作"悉"。

⑦"題",《全唐詩》注曰:一作陳;《文苑英華》作"陳"字。

⑧"暫",《文苑英華》寫作"蹔"。

⑨"謂",《文苑英華》《唐音統籤》《全唐詩》均作"贈"字。

⑩"徇",《文苑英華》寫作"狥"字。

⑪"隈",《全唐詩》作"崴"字。"隈㟋",《文苑英華》作"堁塿"。也做堁壇、崴礌。

⑫"復",《唐音統籤》《全唐詩》均注曰:一作空。《文苑英華》作"空"字。

⑬"衰殘"一詞,《唐音統籤》《全唐詩》均作"吾衰"。《文苑英華》注曰:集作吾衰。

【註釋】

(1)蜀城:泛指今四川。

台州:唐武德五年(622)改海州為台州,治所在今浙江臨海。

(2)躋:登。

劍閣:劍閣道,位於四川省廣元市。

屬:同囑,囑咐,託付。

天台:天台縣,位於浙江省東部、靈江支流始豐溪上游。

(3)此邦:這個地方。

(4)音容:聲音容貌。

曠:久。不覿:不見。

夢寐:睡夢。殊:特別。

悠哉:思念悠長綿遠。《詩經·周南·關雎》:"悠哉悠哉,輾轉反側。"

(5)邊郡:靠近邊境的郡邑。泛指邊境地區。

饒:多多地,很。

藉藉:雜亂眾多。《漢書·司馬相如傳上》:"不被創刃而死者,它它藉藉,填坑滿谷。"

晚庭:傍晚的庭院。

回回:來來回回地走着,形容心情憂傷。

(6)上都:京都的通稱。封:築土壇以祭天。

開:开拔,出發。

(7)向:向來。悟:明白、理解。

海鹽客:指樂俞少府。

已而:不久,後來。

梁木:棟樑。亦以喻能負重任的人才。

摧:摧残,摧毀。指人死去。

(8)寢門:古禮天子五門,諸侯三門,大府二門。最内之門曰寢門,即路門。後泛指内室之門。

隈:山水等彎曲的地方。

(9)委曲:事情的經過。

猜:憑想象估計,推測。

(10)師儒:教官或學官。

訓獎:訓教勸勉。

仲季:兄弟排行的次序,伯是老大,仲是第二,叔是第三,季是最小的。

(11)服義:穿着得體。

書篋:書箱。

邀歡:尋求歡樂。

(12)歲時:一年。

(13)美偲:美好多才。《詩經·齊風·盧令》:"盧重鋂,其人美且偲。"

(14)白頭:指年老。

作尉:做官。

黃綬:古代官員係官印的黄色絲帶,借指官吏或官位。

非才:無能,不才。指才不堪任,自謙之辭。

(15)懸虵疾:虵,蛇字異體。杯弓蛇影,形容疑神疑鬼,妄自驚慌。

問鵩災:鵩,一種不吉祥的鳥,形似貓頭鷹。西漢賈誼被貶長沙,見鵩鳥飛入房舍,寫成《鵩鳥賦》。

(16)窮壤:貧窮而偏僻的地方。

宿草:墓地上隔年的草,借指墳墓。

寒荄:枯草的根。

(17)零落:喻死亡。九原:九泉,黄泉。

蹉跎:時間、光陰白白地過去。

四序:指春、夏、秋、冬四季。《魏書·律曆志上》:"然四序遷流,五行變易。"

唐王勃《守歲序》:"春、秋、冬、夏,錯四序之涼炎。"

(18)囊:以往,從前,過去。

期:盼望,希望。

(19)執禮:指執守禮制。

居常:遵常例,守常道。

徇財:貪財。徇,通殉。《史記·伯夷列傳》:"貪夫徇財,烈士徇名。"

(20)隈嵝:山高不平。

阪:山坡。

姑蘇臺:姑蘇臺又名胥臺,在蘇州市西南隅的姑蘇山上。春秋時期吳王闔閭所筑。

(21)懸絕:險峻峭絕。

江波:江水、江中波浪。

泝洄:泝,"溯"的異體字。逆着河流的道路往上游走。

(22)念:常常想。

孤心:寂寞的心境、孤高的心懷。

往恨:過去的遺恨。

(23)不遂:不順利,不成功。

將伯:向人求助,也指別人對自己的幫助。《詩·小雅·正月》:"載輸爾載,將伯助予。"

陳與雷:指東漢陳重、雷義。《後漢書·獨行列傳》:"鄉里爲之語曰:'膠漆自謂堅,不如雷與陳。'"形容雙方關係親密,牢不可破。

(24)衰殘:衰弱,無能。

夜聞故梓州韋使君明當引紼感而成章⁽¹⁾

惻矣南鄰問，冥然東岱幽。⁽²⁾
里閈寧相忤①，朝歎忽遷舟。⁽³⁾
君心②惟伯仲，吾人復款遊。⁽⁴⁾
對連時亦早，交喜歲纔周。⁽⁵⁾
序發扶陽贈，交③因司寇酬。⁽⁶⁾
詎期危霜④盡，相續逝川流。⁽⁷⁾
臥疾無三弔，居閒有百憂。⁽⁸⁾
振風吟⑤鼓夕，明月照帷秋。⁽⁹⁾
蘚駁⑥題詩館，楊疏奏妓樓⑦。⁽¹⁰⁾
共將歌哭⑧歎，轉爲弟兄留。⁽¹¹⁾
感物存如夢，觀生去若浮。⁽¹²⁾
余非忘情者，雪涕報林丘⑨。⁽¹³⁾

【校勘】

①"里閈寧相忤"句中的"忤"字，《文苑英華》《唐音統籤》《全唐詩》均作"杵"。"閈"字，作"聞"字。

②"心"字的位置《文苑英華》空著，注曰：闕。

③"交"，《唐音統籤》作"文"字。

④"霜"，《文苑英華》《唐音統籤》《全唐詩》均作"露"。

⑤"吟"，《唐音統籤》作"吹"字，注曰：一作吟；《全唐詩》注曰：一作吹。

⑥"駁"，《文苑英華》寫作"駮"字。

⑦"妓"，《唐音統籤》《全唐詩》均作"伎"。

⑧"哭"，《唐音統籤》《全唐詩》均作"笑"。

⑨"丘"，《文苑英華》寫作"邱"字。

【註釋】

(1)梓州：隋開皇末改新洲置，治所在昌城（大業初改爲郪縣，即今四川三台縣）。

明當：明日，明天。

紼：下葬时牽引靈柩入穴的繩索。引紼：執紼送葬。

(2)惻：悲痛。

冥然：昏暗的样子。

東岱：東嶽泰山，位於山東省中部。

幽：幽冥，幽界。

(3)閈：閭里的門。

杵：一头粗一头细的圆木棒，用来在臼里擣粮食等。

遷舟：比喻出殯安葬。《莊子·內篇·大宗師》："夫藏舟於壑，藏山於澤，謂之固矣，然而夜半有力者負之而走，昧者不知也。"

(4)伯仲：比喻不相上下的人或事物。兄弟排行的次第，亦代稱兄弟。《詩經·小雅·何人斯》："伯氏吹壎，仲氏吹篪。"

吾人：我們。

款遊：漫遊。

(5)對連：同朝爲官。

交喜：成爲知己。

(6)司寇：官名，西周置，春秋沿之。主刑獄，督造兵器。

(7)詎期：豈料。

危露：即將消失的露珠。

相續：相繼、前後連接。

逝川：一去不返的江河之水。《論語·子罕》："子在川上曰：'逝者如斯夫！不舍晝夜。'"

(8)臥疾：臥病。

弔：憐憫。

居閑：賦閑。

百憂：種種憂慮。《詩經·王風·兔爰》："我生之初尚無造，我生之後逢此百憂。"

(9)振風：疾風。

(10)蘚駁：是指苔蘚斑駁。

(11)歌哭：長歌當哭。

(12)感物：見物興感。

浮:通蜉,蜉蝣,其成蟲生存期極短。
(13)忘情:無動於衷。
雪涕:擦拭眼淚。
林丘:林木與土丘,這裡指墳塋。

先是新昌小園期京兆尹一訪兼郎官數子自頃沉痾年復一年茲願不果率然成章①(1)

獨好中林隱,先期上月春。(2)
閑花傍户落,喧鳥逼簷②馴。(3)
寂寞東陂③叟,傳呼北里人。(4)
在山琴易調,開甕酒歸醇。(5)
佇望應三接,彌留忽幾旬。(6)
不疑丹火變,空負④綠條新。(7)
鬭蟻聞常日,歌龍值此辰。(8)
其如眾君子,嘉會阻清塵。(9)

【校勘】

①詩題"先是新昌小園期京兆尹一訪兼郎官數子自頃沉痾年復一年茲願不果率然成章"中的"沉"字,《唐音統籤》《全唐詩》均作"沈"字。《文苑英華》"小園"後又"待獻歲群物"五字,"一年"作"寒食"。

②"簷",《全唐詩》作"檐"字。

③"陂",《全唐詩》作"坡"字。

④"負",《文苑英華》作"恠"字。

【註釋】

(1)新昌:新昌坊,唐長安坊名。

(2)中林:林中,林野。《詩經·周南·兔罝》:"肅肅兔罝,施于中林。"

隱:隱居。

先期:約定的日期。

(3)閑花:野花。

傍:靠近。

喧鳥:喧鬧的鳥。

逼:接近。

馴:馴服的。

(4)寂寞:孤單冷清。

東坡:東面的坡地。《後漢書·周燮傳》:"有先人草廬結于岡畔,下有陂田,常肆勤以自給。非身所耕漁,則不食也。"

東坡叟:自指。

傳呼:傳喚。

北里:唐代長安平康里位於城北,亦稱北里。其地爲妓院所在。後因用爲妓院的代稱。

(5)調:調試。

醇:酒味醇香。

(6)佇望:久立而遠望,表達期盼的心情。

三接:謂三度接見。語本《易·晉》:"晉,康侯用錫馬蕃庶,晝日三接。"後多以三接爲恩寵優獎之典。

彌留:重病將要死亡。

(7)丹火:赤色的火焰。

空負:枉負、辜負。東晉陶潛《飲酒》:"若復不快飲,空負頭上巾。"

(8)鬬蟻:比喻病虛耳鳴。

常日:平日。

此辰:今晨。

(9)其如:怎奈,無奈。

嘉會,歡樂美好的聚會,美好的宴集。

阻:阻擋。

清塵:車後揚起的塵埃。後用作稱尊貴的人,表示尊敬。也用于對一般人的敬詞。《漢書·司馬相如傳》,有"犯屬車之清塵"句。顏師古注曰:"塵謂行而起塵也。言清者,尊貴之意也。"

扈從鳳泉和崔黃門①

輦路岐山曲，儲胥渭水湄。(1)
教成提將鼓，禮備植□□②。(2)
不取從畋樂③，先流去殺慈。(3)
舜《韶》同舞日，湯祝盡飛時。(4)
物應陽和施，人知雨露私。(5)
何如④穆天子，七萃幾勞師。(6)

【校勘】

①詩題"扈從鳳泉和崔黃門"，《文苑英華》《唐音統籤》《全唐詩》均作"扈從鳳泉和崔黃門喜恩旨解嚴罷圍之作"。

②"禮備植□□"句中的缺字"□□"，《文苑英華》《唐音統籤》《全唐詩》均作"虞旗"。

③"樂"，《文苑英華》注曰：集作敬。

④"何如"一詞，《文苑英華》作"如何"。

【註釋】

(1)輦路：天子車駕所經之路。東漢班固《西都賦》："輦路經營，脩塗飛閣。"

儲胥：漢代宮殿名。東漢張衡《西京賦》："既新作于迎風，增露寒與儲胥。"

渭水：渭河，在今陝西省中部，黃河最大支流。

湄：水邊，岸邊。

(2)教：把知識或技能傳給人。

提：率領，調遣。

將鼓：一種樂器，將軍所用的軍鼓。

植：豎起。

虞旗：泛指旗幟。

(3)畋：打獵。

殺：削弱，減少。

慈:仁愛,和善。

(4)舜《韶》:傳説虞舜所作之樂,即《韶》樂。

湯祝盡飛:傳説商朝國君成湯曾令設網捕獵者撤除三網之面而僅留一面,以示仁慈。《吕氏春秋·孟冬紀·異用》:"湯見祝網者,置四面,其祝曰:'從天墜者,從地出者,從四方來者,皆離吾網。'湯曰:'嘻!盡之矣。非桀,其孰爲此也?'湯收其三面,置其一面,更教祝曰:'昔蛛蝥作網罟,今之人學紓,欲左者左,欲右者右,欲高者高,欲下者下,吾取其犯命者。'漢南之國聞之曰:'湯之德及禽獸矣!'"後因以稱頌帝王有仁愛之心。

(5)應:適應。

陽和:祥和的氣氛。

雨露:雨和露,比喻恩惠、恩澤。

(6)穆天子:周穆王,昭王之子,好遠遊。神話傳説中周穆王曾乘八駿遠遊,會見西王母於瑶池。

七萃:七支精幹的隊伍組成的周王禁衛軍。泛指帝王衛隊,精鋭的部隊。

勞師:慰勞軍隊。

奉和聖製幸望春宮送朔方大總管張仁亶①⁽¹⁾

北風吹早雁，日夕渡河飛。⁽²⁾
氣冷葭②應折，霜明草正腓。⁽³⁾
老臣帷幄算，元宰廟堂機。⁽⁴⁾
餞飲廻仙蹕③，臨戎解御衣。⁽⁵⁾
軍裝乘曉發，師律候春歸。⁽⁶⁾
方佇勳庸盛，天辭④降紫微。⁽⁷⁾

【校勘】

①詩題"奉和聖製幸望春宮送朔方大總管張仁亶"，《全唐詩》將"方朔"二字改为"朔方"。《文苑英華》作"奉和幸望春宮送朔方軍大總管張仁亶"。

②"葭"，《全唐詩》作"膠"字，注曰：一作葭；《文苑英華》《唐音統籤》均作"膠"字。

③"餞飲廻仙蹕"句，《文苑英華》"餞飲"作"飲酒"，"先蹕"注曰：前卷作仙蹕。

④"辭"，《文苑英華》《唐音統籤》《全唐詩》均作"詞"字。

注釋：

(1)望春宮：唐代京城長安郊外的行宮，有南、北兩處，此指南望春宮。

張仁亶：張仁愿，本名仁亶，華州下邽人。唐朝宰相、名將。

(2)河：黃河。《尚書·虞夏書·禹貢》："濟、河惟兗州""浮於濟、漯，達於河"。

(3)葭：初生的蘆葦。

腓：枯萎。

(4)老臣：指張總管。

帷幄：軍隊裡用的帳幕。

廟堂：太廟的明堂。古代帝王祭祀、議事的地方。後因指君主與宰輔大臣議政之處。

元宰：指丞相。

機：機巧，機心，智巧變詐的心計。

(5)餞飲：以酒食送行。

仙蹕：指皇帝的車駕；回仙蹕：指皇帝車駕還宮。

臨戎：親臨軍隊。

御衣：皇帝所穿的衣服。

(6)軍裝：這裡借指隊伍。

乘：趁着。

師律：指軍隊的紀律。

(7)勳庸：功勳。

盛：功勳卓著。

天辭：帝王的嘉獎令。

降：下、落。

紫薇：紫薇省，唐代中書省。

奉和幸韋嗣立山莊應制①(1)

摐金寒墅②霽,步玉曉山幽。(2)
帝幄期松子,臣廬訪③葛侯。(3)
百工徵往夢,七聖扈來遊。(4)
斗柄乘時轉,臺階奉④日留。(5)
樹重巖瀨⑤合,泉迸水光浮。(6)
石徑喧朝履,璜溪⑥擁釣舟。(7)
恩如犯星夜,歡擬⑦濟河秋。(8)
不學堯年隱,空令傲⑧許由。(9)

【校勘】

①詩題"奉和幸韋嗣立山莊應制",《文苑英華》作"奉和聖製幸韋嗣立山莊侍宴應制"。

②"墅",《文苑英華》《唐音統籤》《全唐詩》均作"野"字。

③"訪",《文苑英華》作"問"字。

④"奉",《文苑英華》《唐音統籤》《全唐詩》均作"捧"字。

⑤"瀨",《唐音統籤》《全唐詩》均作"籟"字。

⑥"溪",《唐音統籤》寫作"谿"字。

⑦"擬",《文苑英華》作"比"字。

⑧"傲",《文苑英華》作"徵"字,注曰:集作傲。

【註釋】

(1)韋嗣立:字延構。唐中宗景龍中,拜兵部尚書、同中書門下三品。

(2)摐:撞,打。摐金:打擊金屬樂器。

玉:借指雪。兩句描寫途中景色。

(3)期:期待。

松子:赤松子,赤誦子,是古代傳說中的仙人。神農時的雨師,或曰帝嚳之師。

臣廬:指韋嗣立山莊。

葛侯:諸葛亮,這裡指韋嗣立。

(4)百工:众官,百官。

徵:尋求。

七聖:詠皇帝出巡的典故。《莊子·雜篇·徐無鬼》:"至襄城之野,七聖皆迷,無所問塗。"

(5)斗柄:指北斗柄。

奉:即捧,用雙手托。捧日指擁戴,一語雙關,既寫景又稱頌。喻忠心輔佐帝王。

(6)巖瀨:巖穴中發出的聲音。

逆:湧流。

水光:水面映出的山色。

(7)朝履:朝靴。

璜溪:磻溪,璜河,位于今陝西寶雞市東南。相傳姜太公在磻溪垂釣而遇周文王。

釣舟:漁船。

(8)濟河:濟水,古名沇水,《尚書·虞夏書·禹貢》:"導沇水,東流爲濟,入于河,溢爲滎;東出于陶邱北,又東至于菏;又東北,會于汶;又北東,入于海。"

(9)堯年:唐堯在位之時。比喻太平盛世。

七言律詩

廣達樓下夜酺宴應制①

東嶽封回宴洛京,西墉通晚會公卿。(1)
樓臺絕勝宜春苑,燈火還同不夜城。(2)
正睹人間朝市樂,忽聞天上管弦聲。(3)
酺來萬舞群臣醉,喜戴② 千年聖主明。(4)

【校勘】

①詩題"廣達樓下夜酺宴應制",《文苑英華》《唐音統籤》《全唐詩》均作"廣達樓下夜侍酺宴應制"。

②"戴",《文苑英華》作"載"字。

【註釋】

(1)東嶽:泰山。

封回:帝王祭天歸來。

墉:城牆,高墙。

通晚:整個晚上。

會:宴會。

公卿:三公九卿,泛指朝廷中的高級官員。

(2)宜春苑:秦離宮有宜春宮,宮之東為宜春苑。漢武帝於曲江池造宜春苑。故址在今陝西省西安市東南。

(3)天上:仙界。

管弦:管樂器與絃樂器,管弦樂。

(4)酺:pú 聚會飲酒。

萬舞:古代的舞名。先是武舞,舞者手拿兵器;後是文舞,舞者手拿鳥羽和樂器。亦泛指舞蹈。《詩·邶風·簡兮》:"簡兮簡兮,方將萬舞。"

戴:擁護、愛戴。

人日重宴大明宮恩賜綵樓人勝應制①(1)

疏龍磴道切昭回②,建鳳旗門繞帝臺。(2)
七葉仙蕊承③月吐,千株御柳拂煙開。(3)
初年競帖宜春勝,長命先浮④獻壽杯。(4)
是日最⑤靈知竊幸,群心就⑥捧《大明》來。(5)

【校勘】

①詩題"人日重宴大明宮恩賜綵樓人勝應制",《唐音統籤》《全唐詩》均作"人日重宴大明宮恩賜綵縷人勝應制"。《文苑英華》作"人日重宴大明宮恩賜綵縷人應制",沒有"勝"字。

②"疏龍磴道切昭回""昭"字,《文苑英華》作"朝"字;"磴"字,《文苑英華》詩尾補注曰:雜詠作澄。

③"承",《唐音統籤》《全唐詩》均作"依"字,均注曰:一作承。《文苑英華》注曰:雜詠作依。

④"長命先浮獻壽杯"句中的"浮"字,《唐音統籤》注曰:一作添。《全唐詩》作"添"字。"先"字,《文苑英華》作"光"字,注曰:雜詠作先。

⑤"最",《唐音統籤》《全唐詩》均作"皇"字,均注曰:一作最。

⑥"就",《唐音統籤》《全唐詩》均注曰:一作能。

【註釋】

(1)大明宮:唐貞觀八年(634)建永安宮,九年改爲大明宮。高宗龍朔二年(662)增建,改名蓬萊宮,武周長安元年(701)復稱大明宮。

(2)疏:雕刻。

磴道:登山的石徑。

昭回:星辰光耀回轉。《詩經·大雅·雲漢》:"倬彼雲漢,昭回于天。"

旗門:古代軍隊臨時駐地樹立旗幟表示的營門。

帝臺:指大明宮。駱賓王《和孫長史秋日卧病》:"霍第疏天府,潘園近帝臺。"

(3)蕊:蕊莢,是古代神話傳說中一種象徵祥瑞的草。

吐:放出,露出。

御柳:宮禁中的柳樹。

(4)勝:古代婦女的首飾。彩勝,花勝。

(5)竊:謙指自己。

群心:眾心,眾人的心情。

《大明》:《詩經·大雅·大明》。這是一首敘述周朝開國歷史的史詩。这里借指群臣奉和聖製的詩歌作品。

奉和春日幸望春宫

東望望春春可憐,更逢晴日柳含煙。(1)

宫中下見南山盡,城上平臨北斗懸。(2)

細草偏承廻輦處,輕花故落舞觴前②。(3)

宸遊對此歡無極,鳥弄歌聲雜管絃③。(4)

【校勘】

①詩題"奉和春日幸望春宫",《唐音統籤》《全唐詩》《唐詩別裁》均作"奉和春日幸望春宫應制"。

②"輕花故落舞觴前"句中的"故""舞"二字,《全唐詩》作"微""奉",注曰:一作飛花故落舞筵前。《唐音統籤》《唐詩別裁》均作"飛花故落舞筵前",《唐音統籤》注曰:一作"輕花微落舞□前"。"故""舞"二字《文苑英華》作"微""奉"。

③"鳥弄歌聲雜管絃",《唐音統籤》《全唐詩》均为"鳥哢聲聲入管絃",均注曰:一作鳥哢歌聲雜管絃。《文苑英華》为"鳥哢聲聲入管絃"。

【註釋】

(1)望春:觀賞春景,又指望春宫,雙關。

可憐:可愛。

更:又。

逢:遇到。

(2)南山:終南山。《詩經·小雅·天保》:"如南山之壽,不騫不崩,如松柏之茂。"

北斗:北斗星,虛擬天象,實指皇城。漢代長安城南爲南斗形,北爲北斗形。

(3)觴:古代酒器。

(4)極:盡頭。

弄:鳥叫。

興慶池侍宴應制①(1)

降鶴池前迴步輦,栖鸞樹杪出行宫②。(2)
山光積翠遥疑碧,水態含青近若空③。(3)
直視天河垂象外,俯窺京室畫圖中。(4)
皇歡未使恩波極,日暮樓船更起風。(5)

【校勘】

①《文苑英華》詩題注曰:集作隆興池侍宴。

②"栖鸞樹杪出行宫"句中的"栖"字,《全唐詩》作"棲"字。

③"山光積翠遥疑碧,水態含青近若空。"《唐音統簽》注曰:初云山光逼□疑無地,水態遥迎若有風。時爲趙郡李乂、范陽盧從愿所賞,但末句又押風字,故易之。

《全唐詩》注曰:以上二句,初云山光逼嶼疑無地,水態迎帆若有風。時爲趙郡李乂、范陽盧從愿所賞,但末句又押風字,故易之。

《文苑英華》注曰:初云山光逼□疑無地,水態遥迎若有風。特爲趙郡李乂、范陽盧從愿所賞,惜存焉,但末句又押起風,故此用近若空。句中"疑"字作"相"字,注曰:集作疑;"碧"作"逼"字;"青"作"情"字,注曰:集作晴。

"碧"字,《唐音統簽》《全唐詩》《唐詩別裁》均作"逼"。

【註釋】

(1)興慶池:又名隆慶池、五王子池、龍池。唐長安興慶宫内。

(2)步輦:秦以後將帝王、皇后所乘之輦,去輪爲輿,改由人抬。

迴:調轉。

棲:憩息。

鸞:古代傳説中鳳凰一類的神鳥。

樹杪:樹枝的細梢。

行宫:古代京城以外供帝王出行時居住的宫室。

(3)積翠:翠色重叠。

逼:接近,靠近。

水態:水上景色。

(4)直視:正視,注視前方。

天河:銀河。

垂:東西的一頭向下,描摹天河的走向。

象外:物外,物象之外。

俯:低頭。

窺:觀察、看。

京室:指王室。《詩經·大雅·思齊》:"思媚周姜,京室之婦。"

(5)恩波:皇帝的恩澤。

日暮:傍晚時分。

樓船:畫舫。

侍宴安樂公主山莊應制⁽¹⁾

騕騕羽騎歷城池,帝女樓臺向曉①披。⁽²⁾
霧灑②旌旗雲外出,風廻巖岫雨中移。⁽³⁾
當軒半落天河水,繞逕③全低月樹枝。⁽⁴⁾
簫鼓宸遊陪宴日,和鳴雙鳳喜來儀。⁽⁵⁾

【校勘】

①"曉",《唐音統簽》《全唐詩》均作"晚"字。
②"灑",《文苑英華》寫作"洒"字。
③"逕",《全唐詩》作"徑"字。

【註釋】

(1)安樂公主:名裹兒,唐中宗最幼女。先嫁武崇訓,武崇訓死後改嫁武延秀。

(2)騕騕:馬走得很快的樣子。

羽騎:羽林軍的騎兵。

歷:經過。

城池:城牆和護城河,泛指城市、都邑。

向晚:傍晚。

(3)旌旗:旗幟的總稱。

巖岫:峰巒。

(4)當:面對着。

軒:有窗的長廊或小屋。

天河:銀河。

繞逕:曲逕。

月樹:桂樹。

(5)簫鼓:簫與鼓,泛指樂奏。

宸遊:帝王巡遊。

雙鳳喜來儀:《尚書·虞夏書·益稷》:"《簫韶》九成,鳳凰來儀。"

奉和初春幸太平公主南莊應制①⁽¹⁾

主弟②山門起灞川,宸遊風景入初年。⁽²⁾
鳳凰樓下交天杖③,烏鵲橋邊④敞御筵。⁽³⁾
往往花間逢綵石,時時竹裏見紅泉。⁽⁴⁾
今朝扈蹕平陽館,不羨乘槎雲漢邊。⁽⁵⁾

【校勘】

①此詩一作沈佺期《陪幸太平公主南莊詩》,見《全唐詩》卷九六。《文苑英華》沈佺期有同題詩不同的內容。

②"弟",《唐音統籤》《全唐詩》均作"第"字。

③"杖",《文苑英華》《唐音統籤》《全唐詩》均作"仗"。

④"邊",《文苑英華》《唐音統籤》《全唐詩》均作"頭"字,均注曰:一作邊。

【註釋】

(1)幸:帝王到達某地。

太平公主:唐高宗女,武則天皇后生。

(2)主第:公主的宅邸。

起:建造。

宸遊:帝王巡遊。

初年:一年的初期,指初春。

(3)鳳皇樓:太平公主南莊之樓閣。

交:相遇。

天仗:天子的儀仗與衛士。

烏鵲橋:莊園中的橋。

御筵:皇帝命設的酒席。

(4)往往:常常。

(5)扈蹕:護從皇帝車駕。

乘槎:乘船。

雲漢:天河。

景龍觀送裴士曹⁽¹⁾

昔日常聞公相地①,今時變作列仙家。⁽²⁾
池傍坐客穿叢筱,樹下游人掃落花。⁽³⁾
雨雪②長疑向函谷,山泉直似到流沙。⁽⁴⁾
君還洛邑分明記,此處同來閱歲華。⁽⁵⁾

【校勘】

①"昔日常聞公相地"句中的"常""相"字,《唐音統籤》《全唐詩》均作"嘗""主"字,"主"字均注曰:一作相。"相地",《文苑英華》作"相第",注曰:一作主宅。

②"雨雪",《唐音統籤》《全唐詩》均注曰:一作雲雨;《文苑英華》作"雲雨"。

【註釋】

(1)景龍觀:道觀名。景龍觀系唐中宗景龍年間所建。
(2)昔日:往日,從前。常聞:經常聽說。
公相地:長寧公主宅邸。
列仙:各位神仙。列仙家:位高的仙人的住所,這裡指景龍觀。
(3)坐客:座上的客人。
穿:通過。筱:小竹。
(4)向:奔向,趨向。
函谷:函谷關。三國魏曹植《又贈丁儀王粲一首》詩:"從軍度函谷,驅馬過西京。"
唐李白《古風》詩之三:"收兵鑄金人,函谷正東關。"
流沙:沙漠,邊塞。
(5)洛邑:一作雒邑。故址在今河南省洛陽市洛水北岸、瀍水東西。指洛陽。
分明:清楚。
閱:經歷。
歲華:時光,年華。

扈從鄠杜門奉呈刑部尚書舅崔黃門① 馬常侍⁽¹⁾

翠輦紅旗出帝京,長揚②鄠杜昔知名。⁽²⁾
雲山一一看皆美③,竹樹蕭蕭④畫不成。⁽³⁾
羽騎將⑤過持袂拂,香車欲度捲簾行。⁽⁴⁾
漢家⑥曾草巡遊賦,何似今來應⑦聖明。⁽⁵⁾

【校勘】

①"門",《文苑英華》《唐音統籤》《全唐詩》《唐詩別裁》均作"間"字。《文苑英華》"舅"字后無"崔"字。作者名下注曰:見本集。

②"揚",《文苑英華》《唐音統籤》《全唐詩》《唐詩別裁》均作"楊"字。

③"美",《文苑英華》《全唐詩》均作"異"字。

④"蕭蕭",《文苑英華》《全唐詩》均作"叢叢"。

⑤"將",《文苑英華》作"相"字。

⑥"家",《唐音統籤》作"臣"字。

⑦"應",《文苑英華》作"扈"字。

【註釋】

(1)刑部尚書:刑部爲掌管刑法的機構。西魏恭帝三年(556)置。唐與御史臺、大理寺合稱"三司",會審重大案件。

(2)扈從:侍從,隨從。

長揚:長楊宮,在陝西盩厔縣(今西安市周至縣)。西漢揚雄《長楊賦》有"輸長楊射熊館"句。

(3)一一:逐一。

蕭蕭:風聲,草木搖落聲。

(4)羽騎:御林軍的騎兵。

持:握住。

袂:衣袖、袖子。

拂:甩動。

香車:指華美的車。

度:過。

(5)漢家:漢朝,漢室。

巡遊賦:揚雄《長楊賦》。稱頌漢武帝的系列作品。

今來:當今,如今。三國魏曹植《情詩》:"始出嚴霜結,今來白露晞。"

聖明:英明聖哲,稱頌之詞。

春晚紫微省直寄内⁽¹⁾

直省清華接建章，向來無事日猶長。⁽²⁾
花間燕子棲①鳷鵲，竹下鵷雛繞②鳳凰。⁽³⁾
內史通宵承紫誥，中人落晚③愛紅粧。⁽⁴⁾
別離不慣無窮憶，莫誤卿卿學太常。⁽⁵⁾

【校勘】

①"棲"，《文苑英華》寫作"栖"字。

②"繞"，《唐音統籤》《全唐詩》均注曰：一作宿。

③"晚"，《文苑英華》注曰：集作日。

【註釋】

(1)直：當值。

寄：寄託，把理想、希望、感情等放在某人身或某物上。寄內：寫給妻子。

(2)建章：建章宮，漢宮名，位於未央宮西。後泛指宮闕。

(3)鳷鵲：鳷鵲觀，漢武帝所建觀名。

鵷：傳說中爲鳳凰一類的鳥。

鳳凰：鳳凰臺。借簫史、弄玉神話愛情故事表達情感。

(4)內史：官名，隋煬帝置於京兆、河南。爲地方行政次官，位在京兆尹、河南尹之下，佐理政務。

通宵：整晚。

承：承擔。

紫誥：詔書。古代詔書的封袋用紫泥封口，上面蓋印。

中人：內人。

紅粧：粧，妝字異體。女子的盛妝，婦女妝飾多用紅色。北朝樂府《木蘭詩》："阿姊聞妹來，當户理紅妝。"

(5)無窮：無限。

誤：耽誤。

卿卿：古代夫妻間表示的愛稱。

太常：代指周澤故事。《後漢書·儒林傳下·周澤傳》："十二年，以澤行司徒事，如真。澤性簡，忽威儀，頗失宰相之望。數月，復爲太常。清潔循行，盡敬宗廟。常臥疾齋宫,其妻哀澤老病,竊問所苦。澤大怒,以妻干犯齋禁,遂收送詔獄謝罪。"後用爲詠常受冷淡之妻,或用爲夫妻調侃語。

贈彭州權别駕⁽¹⁾

雙流脈脈錦城開,追餞年年往復廻。⁽²⁾
秖道歌謠迎半刺,徒聞禮數揖中台。⁽³⁾
黃鶯急囀春風盡,班①馬長嘶落景催。⁽⁴⁾
莫愴分飛岐路别,還當最□掖垣來②。⁽⁵⁾

【校勘】

①"班",《文苑英華》《唐音統籤》《全唐詩》均作"斑"字。

②"還當最□掖垣來",《文苑英華》《唐音統籤》《全唐詩》均作"還當奏最掖垣來"。

【註釋】

(1)彭州:今四川省中部的彭縣。

别駕:漢制,是州刺史的佐史。也稱别駕從事史。因隨刺史出巡時另乘傳車,故稱别駕。隋唐曾改别駕爲長史,後又復原名。

(2)雙流:流過成都的郫江、流江。

脈脈:江水連綿不斷的樣子。

錦城:成都。成都織錦手工業很早就比較發達。

追餞:追送餞行。

往復:酬答應對。

(3)秖道:秖說,秖以爲。

半刺:州郡長官下屬的佐貳,如長史、别駕通判等,均稱半刺。

徒聞:但聞,只聽到。

禮數:禮節。

揖:古代的拱手禮。

中臺:尚書省。

(4)囀:鳥宛轉地鳴叫。

班:離别。班馬:失群的馬。

落景:夕陽,落日的光輝。

催:催促。

(5)愴:悲傷。

分飛：離別。

岐路：岐，通歧。岔道、叉路。

披垣：唐代門下省（左披）、中書省（右披）。

龍池樂章①⁽¹⁾

西②京鳳邸躍龍泉，佳氣休光鎮③在天。⁽²⁾
軒后霧圖今已得，秦王水劍昔常傳。⁽³⁾
恩魚不似④昆明釣，瑞鶴長如太液仙。⁽⁴⁾
願侍巡遊同舊里，更聞蕭皷濟樓船。⁽⁵⁾

【校勘】

①詩題"龍池樂章"，《唐音統籤》作"龍池篇"；《全唐詩》注曰：唐享龍池樂章第七章。

②"西"，《唐音統籤》作"兩"字。

③"鎮"，《舊唐書·音樂志(三)》作"鐘"字。

④"似"，《全唐詩》作"入"字，注曰：一作似。

【註釋】

(1)龍池：又名隆慶池、五王子池、興慶池。唐長安興慶宮內。

(2)西京：指長安城。

鳳邸：帝王即位前所居的府第。

龍泉：龍池泉水。

佳氣：美好的雲氣，吉祥、興隆的象徵。

休光：盛美的光華，比喻美德或勳業。

(3)軒后：軒皇，即古史傳說中的皇帝軒轅氏。《史記·五帝本紀》："黃帝者，少典之子，姓公孫，名曰軒轅。""而諸侯咸尊軒轅爲天子，代神農氏，是爲黃帝。"

霧圖：相傳黃帝洛川之上遇大霧而後得圖書。用爲帝王聖者受命之瑞兆。

水劍：水心劍，傳說中的寶劍名。

(4)恩魚：漢武帝游昆明池，放生了一條被鉤住的魚而後得明珠。後用以稱頌聖德。

(5)舊里：唐玄宗舊居，即興慶宮。

濟：渡。

五言絕句

山鷓鴣詞二首①⁽¹⁾

玉關征戍久,空閨人獨愁。⁽²⁾
寒露濕青苔,別來蓬鬢②秋。⁽³⁾

人坐青樓晚,鶯語百花時。⁽⁴⁾
愁多人自③老,斷腸④君不知。⁽⁵⁾

【校勘】

①郭茂倩《樂府詩集》卷八十《近代曲辭》題爲《山鷓鴣二首》。

②"蓬",《萬首唐人絕句》作"逢"字。

③"自",《全唐詩》《萬首唐人絕句》均作"易"字。該句《全唐詩·雜曲歌辭》作"愁人多自老"。

④"斷腸君不知"句中"斷腸"一詞,《唐詩品匯》《樂府詩集》均作"腸斷"。

【註釋】

(1)山鷓鴣詞:唐教坊曲,別名《鷓鴣詞》《鷓鴣》。

(2)玉關:即玉門關,西漢武帝置,故址在今甘肅敦煌西北小方盤城。

(3)蓬:散亂,蓬鬆。

(4)青樓:泛指豪華精美的樓房。三國魏曹植《美女篇》:"借問女安居?乃在城南端。青樓臨大路,高門結重關。"

(5)斷腸:形容極度思念或悲傷。

汾上驚秋

北風吹白雲,萬里渡①河汾。⁽¹⁾
心緒逢搖落,秋聲不可聞。⁽²⁾

【校勘】

①"渡",《萬首唐人絕句選》作"度"字。《唐音統簽》《全唐詩》《唐詩品彙》《唐詩別裁》均作"渡"字。

【註釋】

(1)汾:汾河,山西省中部,黃河第二大支流。

驚秋:驚覺秋天的到來。

(1)河汾:汾河。漢武帝《秋風辭》詩意,前兩句:"秋風起兮白雲飛,草木黄落兮雁南歸。蘭有秀兮菊有芳,懷佳人兮不能忘。汎樓船兮濟汾河,橫中流兮揚素波。"

萬里:指離家萬里。

(2)心緒:心情。

逢:遭遇。

搖落:凋殘,零落。宋玉《九辯》:"悲哉秋之爲氣也!蕭瑟兮,草木搖落而變衰。"

秋聲:秋天的聲音。

七言絶句

侍宴桃花園應制①

桃花灼灼有光輝,無數成蹊點更飛。⁽¹⁾
爲見芳林含笑侍②,遂同溫樹不言歸。⁽²⁾

【校勘】

①詩題"侍宴桃花園應制",《文苑英華》《唐音統籤》《全唐詩》"花園"後均有"詠桃花"三字。

②"侍",《唐音統籤》《全唐詩》均作"待"字。

【註釋】

(1)灼灼:花鮮豔盛開的樣子。《詩經·國風·桃夭》:桃之夭夭,灼灼其華。

光輝:光澤。古詩十九首《冉冉孤生竹》:"傷彼蕙蘭花,含英揚光輝。"

蹊:小路。《史記·李將軍列傳》:"諺曰'桃李不言,下自成蹊'。此言雖小,可以諭大也。"

點:一觸即起。

(2)見:看到。

芳林:春日之樹木。

溫樹:溫室省中樹。《漢書·孔光傳》:"或問光:'溫室省中樹皆何木也?'光嘿不應,更答以它語,其不泄如是。"用以詠樞要官員謹慎。

不言:不説。《尚書·商書·説命》上:"王言惟作命,不言臣下罔攸稟令。"

重送舒公

散騎金貂服綵①衣,松②花水上逐春歸。(1)
懸知邑里遥相望,樂事生榮③代所稀。(2)

【校勘】

①"綵",《文苑英華》寫作"彩"字。

②"松",《文苑英華》寫作"桃"字。

③"樂事生榮"一詞,《唐音統簽》《全唐詩》均作"事主榮親",注曰:一作樂事生榮。

【註釋】

(1)散騎:官名。唐中書省設散騎常侍二人。這裡借指舒公。

金貂:漢代侍臣冠飾。詩詞中多以金貂稱侍從貴臣。

服:穿衣服。

綵衣:彩色的衣服。綵,彩字異體。《藝文類聚》卷二十引《列女傳》:"老萊子孝養二親,行年七十,嬰兒自娛,著五色綵衣,爲親取飲。嘗取漿上堂,跌僕,因卧地爲小兒啼。"用爲詠省親、孝養父母。

松花:馬尾松開的花。

歸:回鄉。

(2)懸知:料想,預知。

邑里:鄉里,家鄉父老。

相望:互相看見。

樂事:令人快樂的事。

生榮:表彰。

稀:少,不多。

奉和聖製幸韋嗣立莊應制①

樹色參差隱翠微,泉流百尺向空飛。⁽¹⁾
傳聞此處投竿住②,遂使茲辰扈蹕歸。⁽²⁾

【校勘】

①詩題"奉和聖製幸韋嗣立莊應制"《唐音統籤》"韋嗣立"后有"山"字。《文苑英華》題爲"上又製七言絶句侍臣皆和"。

②"住",《文苑英華》作"地"字。

【註釋】

(1)翠微:青翠掩映的山腰幽深處。形容山光水色青翠縹緲。

(2)投竿:垂釣。《莊子·雜篇·外物》:"任公子爲大鉤巨緇,五十犗以爲餌,蹲乎會稽,投竿東海,旦旦而釣,期年不得魚。"

茲辰:今晨。

扈蹕:護從皇帝車駕。

夜宴安樂公主宅①⁽¹⁾

車如流水馬如龍,仙史高臺十二重。⁽²⁾
天上初移漢匹□②,可憐歌舞夜相從③。⁽³⁾

【校勘】
①詩題"夜宴安樂公主宅",《唐音統籤》《全唐詩》"公主"后均有"新"字。
②"天上初移漢匹□"句,《唐音統籤》《全唐詩》均作"天上初移衡漢匹"。
③"從",《唐音統籤》《全唐詩》均注曰:一作逢。

【註釋】
(1)安樂公主:名裹兒,唐中宗最幼女。先嫁武崇訓,武崇訓死後改嫁武延秀。
(2)車如流水馬如龍:五代李煜《憶江南·多少恨》有"車如流水馬如龍"句。
仙史:記述神仙事蹟的史籍。
高臺:高的樓臺。
(3)漢:天河。鮑照《翫月城西門廨中》:"夜移衡漢落,徘徊帷戶中。"
匹:相當、匹配。
可憐:可愛。
相從:相隨。

附録:補遺《全唐詩》補

四言詩

酌獻飲福用壽和[①]

禮物斯備[②],樂章乃陳。[(1)]
誰其作主,皇考聖真。[(2)]
對越在天,聖明佐神。[(3)]
睿然汾上,厚澤如春。[(4)]

【校勘】

①據《舊唐書·音樂志》輯録。

《舊唐書·音樂志》三:"玄宗開元十一年祭皇地祇於汾陰樂章十一首。""酌獻飲福用《壽和》,黃鐘宮,禮部尚書蘇頲作。"

②"備",《全唐詩》作"具"字。

【註釋】

(1)禮物:祭祀所用之物,如酒、肉、牛羊等。

斯:句中語氣詞。

樂章:指此次所寫之歌、所奏之樂。

乃:於是,這才。

陳:上言,述説。《古詩十九首》之四:"今日良宴會,歡樂難具陳。"

(2)作主,作爲被祭祀的神。

皇考:父祖的統稱。這裡以皇考稱地祇,以表示尊敬。

(3)對越:帝王祭祀天地神靈。《詩經·周頌·清廟》:"濟濟多士,秉文之德。對越在天,駿奔走在廟。"

聖明:稱頌皇帝或臨朝皇后、皇太后的套辭,也指代皇帝。這裡稱頌地祇,也指地祇。

(4)窅然:深遠的樣子。《莊子·外篇·知北遊》:"窅然空然,終日視之而不見。"

厚澤:深厚的恩澤。

五言律詩

餞唐州高使君赴任①

永日奏文—作對時，東風摇蕩夕。⁽¹⁾
浩然思樂事，翻復餞征客。⁽²⁾
淮水春流清，楚山暮雲白。⁽³⁾
勿言行路遠，所貴專城伯。⁽⁴⁾

【校勘】

①據《唐音統籤》輯録。《全唐詩》相同。

【註釋】

(1)永日：從早到晚，整天。

奏文：古代臣子對皇帝陳述意見或説明事情的文本。

夕：傍晚。

(2)浩然：正大豪邁的樣子。

樂事：使人高興或滿意的事。

餞：用酒食送行。

征客：作客他鄉的人。

(3)淮水：淮河，是中國大河之一。源出於河南省桐柏山，向東流經河南、安徽等省，於江蘇省流入洪澤湖。

(4)專城：州牧、太守等地方長官，意爲一城之主。漢樂府《陌上桑》："三十侍中郎，四十專城居。"

和黃門舅十五夜作①

聞君陌上來,歌管沸相催。⁽¹⁾
孤月連明照,千燈合暗開。⁽²⁾
寶裝遊騎出,香繞看車回。⁽³⁾
獨有歸閑意,春庭伴落梅。⁽⁴⁾

【校勘】

①據《全唐詩》卷882輯錄。

【註釋】

(1)君:指詩人蘇頲舅舅。

陌上:田間。

沸:比喻節日氣氛高漲。

催:使趕快行動。

(2)孤月:十五的月亮,孤字表現詩人內心的孤獨寂寞。

連明:通宵。

千燈:元宵夜的花燈極多,與孤月形成鮮明對比。

(3)寶裝:用珠寶加以裝飾,比喻巡遊的馬隊裝束精美。

遊騎:擔任巡邏的騎兵。

香繞:節日裡熏香繚繞。

(4)獨:唯獨,只有。

歸閑:歸家居閑。

意:心思。

春庭:春日庭院。

故高安大長公主挽詞①⁽¹⁾

彤②管承師訓，青圭備禮容。⁽²⁾
孟孫家代寵，元女國朝封。⁽³⁾
柔軌題貞順，閑規賦肅雍。⁽⁴⁾
寧知落照盡，霜吹入悲松。⁽⁵⁾

【校勘】
①據《唐音統籤》輯錄。
②"彤"，《文苑英華》作"彫"字，注曰：一作彤。

【註釋】
(1)高安長公主：唐高宗李治第二女。始封宣城，下嫁潁州刺史王勖。開元二年去世。
(2)彤管：筆。《詩經·邶風·靜女》："靜女其孌，貽我彤管。"
承：接受。師誨：師傅的訓誨。
圭：珪。帝王、諸侯所執，用以表示符信的玉版。
備：完備。
禮容：禮制儀容，禮節法度。《史記·孔子世家》："孔子為兒嬉戲，常陳俎豆，設禮客。"
(3)孟孫：孟孫氏，指代帝王之家。
寵：寵愛。
元女：指公主。
國朝：國政，朝政，亦指國家，朝廷。《後漢書·楊賜傳》："今妾媵嬖人閹尹之徒，共專國朝，欺周日月。"指本朝。
封：帝王把土地或爵位賜給臣子。
(4)貞順：溫柔和順，指婦女的專一柔順。
肅雍：莊重和順。《詩經·召南·何彼襛矣》："曷不肅雝？王姬之車。"用為稱頌婦德之辭。
(5)寧知：豈知。落照：落日。
霜吹：指寒風。

五言排律

御箭連中雙兔①

宸遊經上苑，羽獵向閒田。⁽¹⁾
狡兔初迷窟，纖驪詎著鞭。⁽²⁾
三驅仍百步，一發遂雙連。⁽³⁾
影射含霜草，魂消向月弦。⁽⁴⁾
歡聲動寒木，喜氣滿晴天。⁽⁵⁾
那似陳王意，空隨②樂府篇。⁽⁶⁾

【校勘】

①據《唐音統簽》輯錄。《文苑英華》卷一八〇編入"省試"類，作者为薛存誠。

②"隨"，《文苑英華》《唐詩別裁》均作"垂"字。

【註釋】

(1) 宸遊：帝王之巡遊，此指天子游獵。

上苑：上林苑，秦始皇三十五年（前212）建，在今陝西西安市西周至縣、鄠邑區一帶。

羽獵：用箭射獵。

閒田：無人耕種的荒地。

(2) 狡：狡猾。

窟：洞穴。

狡兔：《戰國策·齊策》："狡兔有三窟，僅得免其死耳。"

纖驪：古駿馬名。

(3) 驅：奔向。三驅：古王者田獵之制。

雙連：射中雙兔。

(4) 含霜草：落滿了白霜的草。　魂消：指野兔被射殺死亡。

(5) 寒木：泛指寒天的樹木。

(6) 陳王：陳思王曹植。

樂府篇：曹植自擬的樂府新題，比如《白馬篇》《名都篇》等。

奉和聖製長春宮登樓望稼穡之作①(1)

帝迹奚其遠，皇符之所崇。(2)
敬時堯務作，盡力禹稱功。(3)
赫赫惟元后，經營自左馮。(4)
變蕪秔稻實，流惡水泉通。(5)
國阜猶前豹，人疲詎昔熊。(6)
黃圖巡沃野，清吹入離宮。(7)
是閱京坻富，仍觀都邑雄。(8)
憑軒一何綺，積溜寫晴空。(9)
禮節家安外，和平俗在中。(10)
見龍垂渭北，辭雁指河東。(11)
睿思方居鎬，宸遊若飲豐。(12)
寧誇子雲從②，祇③爲獵扶風。(13)

【校勘】

①據《唐音統籤》輯錄。

《文苑英華》"聖製"後有"至"字，"望"字作"觀"字。

②"誇"，《文苑英華》作"夸"字。

③"祇"，《全唐詩》寫作"衹"字。

【註釋】

(1)長春宮：長春宮在同州朝邑縣。同州，即今渭南市大荔縣。

(2)帝迹：皇帝的足跡。

奚：疑問代詞，何。

符：祥瑞的徵兆。

(3)敬時：珍惜時間。

堯：傳說中父系氏族社會後期部落聯盟領袖。號陶唐氏，名放勳，史稱"唐堯"。

盡力：竭盡能力。

禹：夏代建立者，姒姓，名文命。鯀之子。

稱功：衡量功勞、與功績相比。

(4)赫赫：顯赫盛大的樣子。《詩經·小雅·節南山》："赫赫師尹，民具爾瞻。"

惟：只有。

元后：天子、皇帝。《尚書·虞夏書·大禹謨》："天之歷數在汝躬，汝終陟元后。"

經營：規劃治理。《詩經·大雅·江漢》："江漢湯湯，武夫洸洸。經營四方，告成于王。"

自：自然，當然。

左馮：左馮翊。西漢太初元年(前104)改左內史置。今西安市西北。

(5)蕪：亂草叢生。

秔：粳、稉，水稻的一种。

水泉：河流與泉流。

(6)國阜：國家繁榮昌盛。

猶：如同，好像。

疲：懈怠，疲乏。

(7)黃圖：畿輔、京都。北周庾信《哀江南賦》："擁狼望於黃圖，填盧山於赤縣。"

沃野：肥沃的田野。

清吹：優雅的管樂。

入：傳入。

離宮：古代帝王正宮之外的臨時宮室。

(8)閱：檢閱、查看。

京坻：大小丘，形容豐收。《詩經·小雅·甫田》："曾孫之庾，如坻如京。"

都邑：城市、京城。

雄：雄偉。

(9)憑：靠、依靠。

一何：何其、多麼。

綺：華麗、美盛。

溜：房檐水。

（10）龍星：東方蒼龍七宿統稱。

（11）見龍：見龍在田，每年春季，龍星從田間地平線升起。《周易·乾卦》九二："見龍在田，利見大人。"

指：指著，指向。

（12）睿思：聖明的思慮。

（13）寧：難道。

誇：誇獎，誇讚。

子雲：西漢文學家揚雄，字子雲。

扶風：在扶風狩獵。《校獵賦》："秋，命右扶風發民入南山，……張羅罔罝罘，捕熊羆、豪豬、虎豹"等。

奉和聖製途經華嶽應制①

朝望蓮華嶽,神心就日來。(1)
晴觀五千仞,仙掌拓山開。(2)
受命金符叶,過祥玉瑞陪。(3)
霧披乘鹿見,雲起馭龍廻。(4)
偃樹枝封雪,殘碑石冒苔。(5)
聖皇惟道契,文字勒巖隈。(6)

【校勘】

①據《唐音統籤》輯錄。詩題"奉和聖製途經華嶽應制",《文苑英華》無"聖製"二字。

注釋:

(1)蓮華嶽:華山蓮花峰,指華山。西嶽華山,位於陝西華陰。

神心:心神。

(2)五千仞:古代八尺或七尺叫作一仞。形容華山很高。

(3)受命:受天之命。古帝王治理國家之大命。《尚書·周書·召誥》:"惟王受命,無疆惟休,亦無疆惟恤。"

金符:符命。古代以"祥瑞"的徵兆附會成君主得到天命的憑證。

玉瑞:犹瑞兆。

(4)披:分開,散開。

乘鹿:騎鹿。古代神話傳說中的仙人常騎白鹿或乘白鹿所駕之車。

馭:駕駛。

(5)偃:橫卧倒下。

(6)聖皇:唐玄宗。

道契:與佛、道有緣分。

勒:雕刻。

巖隈:巖石彎曲的地方。

奉和聖製行次成皋途經先聖擒建德之所感而成詩應制①(1)

> 漢東不執象,河朔方鬥龍。(2)
> 夏滅漸寧亂,唐興終奮庸。(3)
> 皇威正赫赫,兵氣何匈匈。(4)
> 用武三川震,歸淳六代醲。(5)
> 成皋覿王業,天下致人雍②。(6)
> 即此巡于③岱,曾孫受命封。(7)

【校勘】

①據《唐音統籤》輯録。詩題"奉和聖製行次成皋途經先聖擒建德之所感而成詩應制",《文苑英華》作"奉和行次成皋應制"。

②"雍",《文苑英華》注曰:集作邕。

③"于",《全唐詩》作"於"字。

【註釋】

(1)成皋:即今河南滎陽。

(2)河朔:泛指黃河以北。《尚書·周書·泰誓》中:"惟戊午,王次於河朔。"

方:正在,正當。

鬥龍:即龍門,這裡以鬥龍喻指北方戰亂局面。

(3)夏滅:夏朝滅亡。

唐興:大唐朝建立起來。

奮庸:努力建立功業。《尚書·虞夏書·舜典》:"諮,四嶽!有能奮庸熙帝之載,使宅百揆亮采,惠疇?"

(4)皇威:皇帝的威嚴。

赫赫:顯赫盛大的樣子。《詩經·小雅·節南山》:"赫赫師尹,民具爾瞻。"

兵氣:士氣。

匈匈:動亂,紛擾。《史記·項羽本紀》:"項王謂漢王曰:'天下匈匈數歲者,徒以吾兩人耳,願與漢王挑戰決雌雄,毋徒苦天下之民父子爲也。'"

(5)用武:使用武力。

三川:郡名。戰國韓宣王置,以境内有黄河、雒河、伊河而得名。漢高帝二年(前205)改爲河南郡。

東周以河、洛、伊爲三川。《戰國策·秦策一》:"親魏善楚,下兵三川。"《文選·鮑照〈詠史〉》:"五都矜財雄,三川養聲利。"李善注引韋昭曰:"有河、洛、伊,故曰三川。"

歸淳:歸於純樸。

六代:從李淵建唐,至李隆基,是六代。

醲:深厚。

(6)睹:目睹。

王業:帝王之事業。指統一天下,建立唐王朝。

雍:團結,和諧,和睦。

(7)即此:就此,只此。

岱:泰山。

曾孫:唐玄宗是唐太宗的曾孫。

封:在泰山祭天;禪:在泰山下的梁父山祭地。封禪是指中國古代帝王祭祀天地的大型典禮。

人日兼立春小園宴①

黃山積高次，表裏望京邑。(1)
白日最靈朝，登攀盡原隰。(2)
年灰律象動，陽氣開迎入。(3)
煙靄長薄含，臨流小溪澀。(4)
賓朋莫我棄，詞賦當春立。(5)
更與韶物期，不孤東園集。(6)

【校勘】

①據《全唐詩》輯錄。

【註釋】

(1)黃山：黃麓山，位於今陝西興平。

表裏：比喻地理上的鄰接。

京邑：長安。

(2)白日：白晝、白天。

原隰：豳地，今陝西旬邑。《尚書·虞夏書·禹貢》："原隰底績，至於豬野。"

(3)陽氣：暖氣，生長之氣。

(4)煙靄：雲霧、雲氣。

薄：多年生草本植物。長薄：綿延的草木叢。

澀：不流暢。

(5)詞賦：詞和賦的合稱。

(6)韶物：美好的事物。

期：會也。

東園集：指這次的小園宴集。

七言律詩

寒食宴于中舍別駕兄弟宅①⁽¹⁾

子推山上歌龍罷,定國門前結②駟來。⁽²⁾
始覿元昆③鏘玉至,旋聞季子佩刀廻④。⁽³⁾
晴花處處因風起,御柳條條向日開。⁽⁴⁾
自有長筵歡不極,還將⑤綵服詠南陔。⁽⁵⁾

【校勘】

①據《唐音統籤》輯錄。
②"結",《文苑英華》作"納"字。
③"昆",《文苑英華》作"鵾"字。
④"廻",《文苑英華》作"回"字。
⑤"將",《文苑英華》注曰:一作持。

【註釋】

(1)寒食:節令名。清明前一日或二日。相傳春秋時晉文公重耳悼念介子推事,以介之推抱樹焚死,于是定于当日禁火寒食。
(2)子推:介子推、介推、介之推。春秋时晉国人。曾作龍蛇之歌而隱於山西綿山。

罷:結束。
結駟:用四匹馬並轡駕一車,這裡指乘駟馬高車之顯貴。
(3)始:才,剛才。
元昆:長兄。鏘玉:佩玉相觸的聲音。
旋:頃刻,不久。
季:在兄弟排行裡代表第四或最小的。季子:少子。
(4)御柳:宮禁中的柳樹。
(5)長筵:寬長的竹席。多指排成長列的宴飲席位。三國魏曹植《名都篇》:"鳴儔嘯匹侶,列坐竟長筵。"
不極:無窮、無限。

綵服：彩色的衣服。

南陔：《南陔》是《詩經·小雅》笙詩（存題亡詞的詩）篇名。原爲詠孝養之作。

九月九日望蜀臺①

蜀王望蜀舊臺前,九日分明見一川。⁽¹⁾
北料鄉關方自此,南辭城郭復依然。⁽²⁾
青松繫馬攢巖畔,黃菊留人籍道邊。⁽³⁾
自昔登臨湮滅盡,獨聞忠孝兩能傳。⁽⁴⁾

【校勘】

①據《全唐詩》輯錄。

【註釋】

(1)蜀王:杜宇,傳說中的古蜀國國王。揚雄《蜀王本紀》:"後有一男子,名曰杜宇,從天墮止朱提。"

一川:一條河流,家鄉的河。

(2)鄉關:家鄉。

(3)繫:綁。

(4)忠孝:忠於君國,孝於父母。

五言絶句

奉和聖製過潼津關①⁽¹⁾

在德何夷險,觀風復往還。⁽²⁾
自能同善閉,中路可無關。⁽³⁾

【校勘】

①據《唐音統簽》輯録。

【註釋】

(1)潼津關:潼關。周、春秋爲桃林塞地,東漢末置潼關。今陝西潼關縣東北。

(2)德:君王之德是指政治軍事上的積極進取,與民之間責任共擔利益共用。

夷:平坦,平易。

險:危險。《史記·孫子吳起列傳》:"武侯浮西河而下,中流,顧而謂吳起曰:'美哉乎山河之固,此魏國之寶也!'起對曰:'在德不在險。昔三苗氏左洞庭,右彭蠡,德義不修,禹滅之。夏桀之居,左河濟,右泰華,伊闕在其南,羊腸在其北,修政不仁,湯放之。殷紂之國,左孟門,右太行,常山在其北,大河經其南,修政不德,武王殺之。由此觀之,在德不在險。若君不修德,舟中之人盡爲敵國也。'"

觀風:觀察民情,瞭解施政得失。

往還:往返,來回。

(3)善閉:善於關閉。《老子》第二十七章:"善閉無關楗而不可開;善結無繩約而不可解。"

中路:中途。

關:潼關。

將赴益州題小園壁①⁽¹⁾

歲窮惟②益老,春至卻辭家。⁽²⁾
可惜東園樹,無人也作花。⁽³⁾

【校勘】

①據《唐音統籤》輯錄。

②"惟",《唐詩別裁》作"將"字,《萬首唐人絕句》作"唯"字,《全唐詩》亦作"惟"字。

【註釋】

(1)益州:州名。漢武帝所置十三刺史部之一。唐武德至開元、北宋太宗時,曾先後改蜀郡、成都府爲益州。

(2)歲窮:歲末。

(3)作花:長出花蕾,開花。南朝宋鮑照《梅花落》:"中庭雜樹多,偏爲梅咨嗟。問君何獨然,念其霜中能作花。"

山驛閑臥即事①

息燕歸簷②静,飛花落苑③閑。(1)
不愁愁自着④,誰道憶鄉關。(2)

【校勘】

①據《唐音統籤》輯録。

②"簷",《萬首唐人絶句》《全唐詩》均作"檐"字。

③"苑",《全唐詩》作"院"字。

④"着",《全唐詩》作"著"字,《萬首唐人絶句》作"着"字。

【註釋】

(1)息燕:棲息的燕子。

簷:屋簷。

(2)自:自然。

着:附着、附加。

鄉關:家鄉、故鄉。

詠禮部尚書廳後鵲①

懷印喜將歸,窺巢戀②且依。⁽¹⁾
自知棲不定,還欲向南飛。⁽²⁾

【校勘】

①據《唐音統籤》輯錄。

詩題注曰:時將重入蜀。

②"戀",《萬首唐人絕句》作"變"字。

【註釋】

(1)印:圖章,印信。

巢:鵲巢。

(2)棲:棲息。實際以鵲自喻,暗示出自己生活不定。

吊南華能大師①

大師捐世去,空留法身在。(1)
願寄無礙香,隨心到南海。

【校勘】
①據《唐音統籤》輯錄。詩題注曰:見張說集《高僧傳》作蘇頲詩。
《全唐詩》作張說《書(一作答)香能和尚塔》:大師捐世去,空餘法力在。遠寄無礙香,心隨到南海。

【註釋】
(1)大師:佛教禪宗祖師六祖惠能。
捐世:棄世,人死的婉辞。
法身:佛教語,這裡指大師之身。

詠死兔①

兔子死蘭彈②，持來③挂竹竿⁽¹⁾。
試將明鏡照，何異④月中看⁽²⁾。

【校勘】

①據《唐音統籤》輯録。

詩題注曰：《紀事》云：瓌初未知頲，一日有客詣瓌，頲擁篲庭廡間，遺落一文字，客取視乃詠崑崙奴，詩云：指如十挺墨，耳似兩張匙。異之良久，瓌出，客以其詩問瓌何人，豈非足下宗庶之孼也，瓌備言其事，客驚訝之，請瓌加禮收舉，瓌稍親之。有人獻兔，懸於廊廡。瓌召令詠之云云。瓌覽詩異之。由是學問日新，文章蓋代。

《松窗録》云：中宗嘗召宰相蘇瓌、李嶠子進見。時皆童年，帝謂曰："汝等各以所通書，取宜奏吾者言之。"頲應曰："木從繩則正，后從諫則聖。"嶠子曰："斮朝涉之脛，剖賢人之心。"帝曰："蘇瓌有子，李嶠無兒。"

《全唐詩》注曰：《紀事》云：瓌初未知頲，有客詣瓌，候於客次。頲擁篲庭廡間，客異其詠崑崙奴詩，請加禮收舉，瓌稍親之。有人獻兔，懸於廊廡。瓌召令詠之云云。瓌覽詩異之。

詩題"詠死兔"，《萬首唐人絶句》作"詠兔"。

②"蘭彈"一詞，《唐語林》作"闌單"。

③"持來"一詞，《唐語林》《唐詩紀事》均作"將來"。

④"何異"一詞，《唐語林》《唐詩紀事》均作"無異"。

【註釋】

(1) 蘭彈：闌單，疲軟鬆散的樣子。

(2) 將：拿。

何異：表示反問的語氣，强調兩者没有差别。

雜言詩

奉和聖製春臺望應制①

壯麗天之府,神明王者宅。(1)
大君乘飛龍,登彼復懷昔。(2)
圓闕朱光熖,橫山翠微積。(3)
河汧流作表,縣聚開成陌。(4)
即舊在皇家,維新具物華。(5)
雲連所上居恒屬,日更時中望不斜。(6)
三月滄池搖積水,萬年青樹綴新②花。(7)
暴嬴國此嘗圖霸,霸業後仁先以詐。(8)
東破諸侯西入秦,咸陽北阪③南渭津。(9)
詩書焚爇散學士,高閣奢踰嬌美人。(10)
事往覆輈經遠喻,春還按蹕憑高賦。(11)
戎觀愛力深惟省,越厭陳方何足務。(12)
清吹遙遙發帝臺,宸文耿耿照天廻。(13)
伯夷位事愚臣忝,喜奏聲成鳳鳥來。(14)

【校勘】

①據《唐音統籤》輯錄,歸爲七言古詩。
②"綴新"一詞,《文苑英華》注曰:集作點鷩。《全唐詩》注曰:一作點鷩。
③"阪",《文苑英華》作"坂"字。

【註釋】

(1)神明:神明臺,漢武帝所建臺名。
神明:神聖。
(2)大君:天子。這裡指唐玄宗。
飛龍:特指唐代御廄中右髆印飛字、左項印龍形的馬。

(3)圓闕:即鳳闕。

朱光:赤光,紅色光亮。

翠微:青青翠掩映的山腰幽深處。形容山光水色青翠縹緲。

積:聚集。

(4)汧:汧河,渭河中游比較大的一條支流。

陌:東西方向的田間小路。

(5)物華:萬物的精華,物華天寶。

(6)更:又。

(7)滄池:未央宮內池名。

萬年:形容樹木生長時間很長久。

青樹:綠樹。

綴:裝飾。

新花:初綻放的花朵。

(8)暴嬴:暴政的秦始皇。

嘗:曾經。

霸業:稱霸諸侯。

詐:詐力。欺詐與暴力。

賈誼《過秦論》:"先詐力而後仁義。"。

(9)北阪:北面的山坡。陝西咸陽市北有五陵原。

渭津:渭河。

(10)焚蕪:燒毀。

高閣:高大的樓閣。

奢逾:過度奢侈。

(11)覆輈:翻船。

經遠:長遠謀劃。

按蹕:帝王出巡。

憑高:登臨高處。

(12)愛力:愛惜人力物力。

深惟:深思,深入考慮。

省:思慮,反省。

何足:哪里值得。

務:追求。

(13)清吹:優雅清越的管樂,如笙笛之類。

宸文:帝王所作之詩文。

耿耿:明亮的樣子。比喻超凡脫俗。

(14)伯夷:商末孤竹君長子。武王滅商後,伯夷、叔齊隱居首陽山,不食周粟而死。

愚臣:大臣對君主自稱的謙詞。

忝:忝列,有愧於。常用作謙詞。

鳳鳥:中國傳説中的神鳥。

逸 句①

飛埃結紅霧,遊蓋飄青雲②。(1)

【校勘】

①據《唐音統籤》輯錄。

②注曰:《紀事》云:長安盛遊春,頲製詩云云,明皇嘉賞以御花親插其巾。

《全唐詩》集蘇頲句有此句及注釋;另外,還有兩句。

"指如十挺墨,耳似兩張匙。"注曰:詠崑崙奴。

"丑雖有足,甲不全身。見君無口,知伊少人。"注曰:頲幼年,有京兆尹過,父瑰命詠尹字云云。

【註釋】

(1)飛埃:漂浮的塵埃。

結:聚,合。

遊蓋:出游時用以遮日蔽雨的傘蓋。

青雲:天空。

參考文獻：

一、古籍文獻

［漢］司馬遷：《史記》，北京：中華書局，1959年。

［漢］劉向：《戰國策》，上海：上海古籍出版社，1985年。

［漢］班固：《漢書》，北京：中華書局，1962年。

［漢］許慎：《說文解字》，北京：中華書局，1963年。

［漢］高誘注，清畢沅校，徐小蠻標點：《呂氏春秋》，上海：上海古籍出版社，2014年。

［晉］張湛注，唐盧重玄解，唐殷敬順，宋陳景元釋文，陳明校點：《列子》，上海：上海古籍出版社，2014年。

［晉］陳壽：《三國志》，北京：中華書局，1959年。

［南朝宋］范曄，《後漢書》，北京：中華書局，1965年。

［後晉］劉昫：《舊唐書》，北京：中華書局，1975年。

［宋］歐陽修，宋祁：《新唐書》，北京：中華書局，1975年。

［宋］王溥：《唐會要》，北京：中華書局，1955年。

［宋］李昉等：《太平廣記》，北京：中華書局，1961年。

［宋］李昉等：《文苑英華》，北京：中華書局，1966年。

［宋］歐陽詢等：《藝文類聚》，上海：上海古籍出版社，1982年。

［宋］計有功：《唐詩紀事》，上海：上海古籍出版社，2008年。

［宋］洪邁編，明趙宧光、黃習遠編定，劉卓英校點：《萬首唐人絕句》，北京：書目文獻出版社，1983年。

［明］胡震亨：《唐音統籤》，上海：上海古籍出版社，2003年。

［明］高棅：《唐詩品彙》，上海：上海古籍出版社，1982年。

［明］《唐五十家詩集》，上海：上海古籍出版社，1981年。

［清］康有為：樓宇烈整理，《論語注》，北京：中華書局，1984年。

［清］沈德潛：《古詩源》，北京：中華書局，1963年。

[清]《全唐詩》,北京:中華書局,1960年。

[清]王世禎:《唐人萬首絕句選》,北京:華夏出版社,1999年。

[清]沈德潜:《唐詩別裁》,北京:中國致公出版社,2011年。

何清穀:《三輔黃圖校注》,西安:三秦出版社,2006年。

周勳初:《唐語林校證》,北京:中華書局,1987年。

高亨:《詩經今注》,上海:上海古籍出版社,1980年版。

楊伯峻:《孟子譯注》,北京:中華書局,1960年。

張耿光:《莊子全譯》,貴陽:貴州人民出版社,1991年。

宋祚胤:《周易》,長沙:嶽麓書社,2001年。

蔣翼騁:《左傳》,長沙:嶽麓書社,1988年。

陳鼓應:《老子注譯》,北京:中華書局,1984年。

江灝,錢宗武:《今古文尚書全譯》,貴陽:貴州人民出版社,1990年。

余冠英:《三曹詩選》,北京:人民文學出版社,1979年。

中華書局編輯部:《全唐詩》(增訂本),北京:中華書局,1999年版。

李浴華,馬銀華:《論語·大學·中庸》,太原:山西古籍出版社,2006年。

二、今人著作

商務印書館編輯部:《詞源》,北京:商務印書館,1979年。

辭海編輯委員會:《辭海》,上海:上海辭書出版社,2009年。

中國社會科學院語言研究所詞典編輯室:《現代漢語詞典》第六版,北京:商務印書館,2012年。

袁珂:《中國神話傳說詞典》,上海:上海辭書出版社,1985年。

復旦大學歷史地理研究所《中國歷史地名辭典》編委會:《中國歷史地名辭典》,南昌:江西教育出版社,1988年。

朱東潤:《中國歷代文學作品選》,上海:上海古籍出版社,1979年。

吳組緗:《歷代小說選》,北京:中國青年出版社,1982年。

三、報刊論文

徐蘋芳:《唐代兩京的政治、經濟和文化生活》,《考古》1982年第6期。

陳耀東:《唐集考——唐〈蘇頲集〉經眼錄》,《浙江師大學報》1994年第1期。

柯卓英,岳連建:《蘇頲生平事迹考論》,《唐都學刊》1998年第3期。

柯卓英:《試論蘇頲的山水詩》,《西安石油學院學報(社會科學版)》,

2000年第1期。

柯卓英:《蘇頲詩歌内在情愫與退隱思想探析》,《南京理工大學學報(社會科學版)》2003年第3期。

耿占軍:《關於曲江池與芙蓉園、芙蓉池的關係問題》,《西安教育學院學報》2003年第3期。

岳德虎:《試論蘇頲應製詩的審美特徵及對盛唐詩歌的貢獻》,《重慶師範大學學報(哲學社會科學版)》2009年第5期。

羊紅:《淺析唐代蘇頲〈武擔山寺〉》,《名作欣賞》2015年第24期。

柯卓英,張藝凡:《基於意象分類的蘇頲詩歌研究》,《重慶科技學院學報(社會科學版)》,2019年第1期。

陝西省社科基金古籍整理與研究項目成果彙編(2015年度)

灃西草堂文集

【清】柏景偉　撰
王美鳳　點校

點校説明

柏景偉,字子俊,號忍庵,晚年自號灃西老農,長安人。生於道光十一年(1831),卒於光緒十七年(1891),享年61歲。其自少刻苦力學,弱冠爲諸生,食餼。咸豐五年(1855)舉人,同治元年大挑二等,選授定邊縣訓導。"以回逆蹂躪,未赴任"。(參見《行狀》)奉父母匿南山,轉徙荒谷間。親沒,哀毀逾恒。同治四年(1865)服闋,適逢陝回竄走甘肅,柏景偉隨提督傅先宗募勇湖北,赴甘助剿。次年,解鞏昌、慶陽之圍,因功賞戴藍翎。不久返回長安辦團練,鞏固城防,抵禦回軍,功勞卓著,經陝甘巡撫劉蓉奏請,以知縣選用。

同治六年(1867),欽差大臣左宗棠奉命督師入關,柏景偉識略過人,以"宜築堡寨以衛民居,設里局以減徭役,提耗羨以足軍食,徙回居以清根本,開科舉以定士心"(參見《國史本傳》)等建議,及"辦理回匪臆議十四事"等方策,深得左宗棠器重,屬其出任湘軍統領劉典的軍務幫辦。同治八年(1869),劉典以"積年勞勩"(參見《國史本傳》)特疏保薦柏景偉,詔以知縣,分省補用,並賞加同知銜。不久,柏景偉辭官歸里,"移居終南五臺山,日從事格致誠正之學,講求身心性命之修"(參見《行狀》),潛研學理。

光緒二年(1876)受陝西學使吳清卿所聘,柏景偉主講涇干書院。到院當天,便訂立學規,整肅學風。光緒三年,關中大饑,爲解除群衆疾苦,柏景偉禀呈陝西巡撫停征官糧,致函左宗棠、劉蓉等朝廷大員,募捐善款賑濟災民;同時籲請陝西地方官發粟賑恤,開設義倉,創立各村保各村法,"以貧民稽富民粟使無匿,以富民核貧民户使無濫",並手訂賑災章程,全活陝省數十萬人。

光緒九年(1883),柏景偉主講味經書院。其教人敦品勵行,雖嚴立風裁,而愛才如命,學者宗之。同年爲了防治天花對幼兒的危害,奏請創辦"長安牛痘局",置辦種痘器械,爲兒童施種牛痘三四十年,使得長安、鄠縣、咸陽等地兒童免受天花之害。光緒十一年(1885),柏景偉爲時局所觸動,同好友劉古愚創"求友齋"于味經書院,力倡實學,並親撰求友齋課啓,增加了經史、道學、政事、天文、興地、掌故、演算法、時務諸學，分門肄習，力求培養經世致用的有用人才。同年冬，柏景偉移講關中書院，出任山長，兼掌志學齋。期間親訂關中書院學規，整飭風紀。思造士以濟時艱，冀儲有用之才，提倡"以正學實學爲根柢，以義法理法爲楷模"（參見《行狀》），所成就甚眾。柏景偉嘗曰："遠師前哲，不如近法鄉賢。"（參見《國史本傳》）於是，籲請建立少墟書院，並於青門學舍舊址重建馮恭定公祠。經過數年的艱辛努力，終使馮恭定公祠修繕完畢，關中士子知所趨向，學風純直。爲使關學一脈代代賡續，柏景偉又重新校刻馮恭定公《關學編》，序而行之，爲關學的弘揚光大作出了不懈地努力。光緒十七年撫軍鹿傳霖、學政柯逢時以"經明行修"請於朝，詔下部議敘。然十月柏景偉卒，終不及見也。

　　柏景偉之學，外似陳同甫、王伯厚，而內則以劉念台"慎獨實踐"爲宗，不居道學之名。故其論學有曰："聖賢之學，以恕爲本，以強爲用。道德經濟，一以貫之。"（參見《國史本傳》）又曰："同此性命，同此身心，同此倫常，同此家國天下，道未嘗異，學何可異？凡分門別户者，非道學之初意也。故'理一分殊'之旨，與'立人極''主静''體認天理'之言，學者不以爲異，而其所持，究未嘗同。然則'主敬窮理''致良知''先立乎其大'之數説者，得其所以同，亦何害其爲異乎？"（參見《國史本傳》）極力主張打破儒學內部門户之爭，求同而存異，反對空疏學風，"通經惟期致用，學道端在立身，泯朱、陸異同之見。"（參見《公呈》）以扶植綱紀爲使命，以恢復禮教爲主張，務期致用。柏景偉一生著述甚多，然生逢亂世，多所不存，僅及見《灃西草堂集》一書行於世。

　　據點校者考察，《灃西草堂集》目前可見的共有三個版本：光緒二十六年（1900）庚子仲夏排印《灃西草堂文集》，全書一函四冊，共八卷；民國二年（1913）陝西霱光印字館印《灃西草堂集》，全書一函四冊，共四卷；民國十三年（1924）甲子金陵思過齋刻錄《柏灃西先生遺集》，全書一函五冊，共八卷。

　　經過對三個版本的認真比較，光緒二十六年本排印時間最早，並附錄有光緒十七年陝西巡撫鹿傳霖、學政柯逢時以"經明行修"敬舉柏景偉於朝的奏摺，以及光緒二十六年陝西巡撫端方以"學行純備"懇恩宣付史館立傳的奏摺，並附柏景偉之子柏震蕃撰寫的行狀等，內容詳贍詳備，排印規範，是爲本書的底本。

民國二年（1913）陝西霱光印字館印《灃西草堂集》本（以下簡稱霱光本），內容較光緒本簡略。將底本疏、議、書、序、跋、傳、碑記、墓誌、雜著、遺墨、詩等編類，仿清代散文家姚鼐（1731—1815，字姬傳）《古文辭類纂》之體例，縮略成爲書說、傳記、碑誌、雜著、詩辭五門類，旨在方便讀者檢閲，然內容較之底本多所缺略，故僅作爲本書的校本之一。

民國十三年（1924）甲子金陵思過齋刻録《柏灃西先生遺集》（以下簡稱金陵本），時間上較前二書晚出，內容較底本與霱光本完備，卷首內容收録有《國史本傳》與《灃西草堂集》序等篇目，與底本卷首內容完全不同；部分糾正底本的錯訛漏缺之處，故爲本書重要校本之一。

因點校整理之需要，我們亦參閱了部分相關文獻資料，包括《少墟集》（明萬曆壬子1612年版）、《二曲集》（清康熙三十二年鄭重高爾公刻本）、《劉古愚先生全書》（民國四年鉛印本）、《藍川文鈔》（民國十三年芸閣學舍鉛印本）、《陝西鄉賢事略》（民國十五年鉛印本）、《清史稿》（中華書局1977年）作爲本次點校之參校本。

在本次整理過程中，點校者將底本原缺而校本增加的相關內容按類移録。同時，輯佚了近代以來部分史傳類著作中關於柏景偉的傳紀等資料，最終形成一部內容詳贍、體例完備、真實可靠的《灃西草堂文集》，爲研究清末民初中國近代社會轉型時期關學轉型發展提供重要文獻資料，有利於進一步瞭解該時期關學學人身上所體現的傳統理學與西學結合、儒家修身克己之學與經世致用實學相結合等學術特徵，研究傳統關學、西學、近代中國社會的現實矛盾等在他們內心的激蕩及其在哲學上的反映。

需要說明的是，點校者曾在柏景偉生前講學的關中書院工作多年，亦曾走訪柏景偉生前講學的味經書院等處，並赴柏景偉故里長安區靈沼鄉馮村走訪其後人，力求全面搜集相關資料。作爲關學學人後裔，柏大洋先生十分關心柏景偉著作的整理工作，期待先祖的文集能早日面世，同時對關學研究寄予無限希望。

承蒙陝西師範大學劉學智教授的悉心指導，承蒙陝西人民出版社郭文鎬先生、陝西省孔子學會石軍先生的鼎力指導，感謝各位老師的支持。此外，在本課題完成過程中，西安文理學院趙均強、安彩鳳二位老師、西安文理學院何山、吳士俊、楊鑫、丁妮、張斐雯等同學，付出了大量心血，正是在大家的共同努力與幫助下下，本書的整理工作得以順利完成，在此一併致以深深的謝意！因學識孤陋，疏漏訛謬之失知所難免，惟讀者不憚煩勞而一一賜教，則不勝感激。

　　　　　　　　　　　　　　　　　　點校整理者
　　　　　　　　　　　　　　　　　　二〇一八年十二月

灃西草堂文集

卷首

提督陝西學政臣柯逢時跪奏爲敬舉經明行修之士，籲懇恩施以資矜式仰祈聖鑒事

竊陝西士習素稱馴謹，邇來風氣不齊，趨嚮不定，其資性聰敏者或急於功利，而迂拘自守者又苦於空疏。學校人材所關非細。臣到任後，隨時訪察，查有三原縣國子監學正銜貢生賀瑞麟學有淵源，務求心得。方其講學伊始，聞者不無駭疑，近則翕然信從，自遠方來請業者，著籍至數百人。其學一以朱子爲宗，而於異說不稍假借，其純篤如此。當回匪亂時，襄辦城守事。定後，懇荒振飢，清均地畝。縣令資其臂助，先後經督撫臣延主關中、蘭山書院講席，俱辭不赴。無事不入城市，與生徒校刻《朱子遺書略備》，其餘所刊數十種，皆扶世翼教、有關風俗之書。年近七旬，孜孜不倦。臣曾造廬諮訪，見其堂階肅然，弟子環侍，和易以接物，莊敬以持躬。所著古文詞湛然瑩然，有韓、歐風格。由其天性誠篤而造詣日深，故能如此。非竊取虛名、空談性命者所可比也。

又藍翎同知銜、分省試用知縣柏景偉，籍隸長安縣，咸豐乙卯科舉人。大挑選授定邊縣訓導，值軍興未赴。旋襄辦甘肅營務，修築堡寨，整治鄉團，敘勞累，保今職。故大學士左宗棠督師入關，延之幕府，稱其負性忼爽，識略過人，深爲器重。請假回里，辦理地方賑務及義倉里局，力除積弊，鄉民德之。蓋見義必爲，不辭勞怨，其天性然也。平日爲學以道爲依歸，實踐躬行，不尚標榜。主關中、味經書院，嚴立規條，士風丕變。杜門養疾，問學者踵至，其中信明決之資，堅苦卓絕之操，惜早歲歸田，未竟其用，良可惜已！

又咸陽舉人劉光蕡，光緒乙亥恩科中式，品學高峻，器識閎深。博通諸經而邃於春秋，綜貫諸史而精於資治通鑑，旁及周、秦諸子，悉窮究其義蘊，好學深思，實事求是。期於明體達用，不存門戶之見，尤能辨明義利，扶植綱常。主味經書院有年，因材而教。日坐講堂，令諸生輪讀經史，互相討論，朝夕考察，出入有司、住院肄業者，均恪守學規，無敢逾越，造就人材不可指數。又精通算學，留心時務，年力方強，即已澹於榮利。論其學識，實爲經世之才。

查賀瑞麟經前學臣吳大澂訪舉賢才，蒙恩賞給國子監學正銜，臣觀其信道之心老而愈篤，勸學之志久而不渝。仰懇天恩，優加獎勵，於世教人心不無裨益。柏景偉已保加同知銜，係分發省分知縣，可否量予恩施？劉光蕡可否賞給京銜？伏候聖裁。

臣爲振厲文學起見，是否有當，謹會同陝西巡撫臣鹿傳霖恭摺具陳，伏乞皇上聖鑒訓示。

謹奏

光緒十七年九月二十三日

奉上諭

柯逢時奏臚舉經明行修之士籲懇恩施一摺：陝西三原縣貢生、國子監學正銜賀瑞麟，著賞加五品銜；同知銜分省試用知縣柏景偉，著交部議敘；咸陽縣舉人劉光蕡著賞加國子監學正銜。該部知道。欽此。

護理陝西巡撫奴才端方跪奏爲已故耆儒學行純備，懇恩宣付史館立傳以彰樸學恭摺仰祈聖鑒事

竊惟關中士氣純篤，謹守禮法者多，馳騖奇邪者少。間有一二茫昧無識之儔，誤入歧途，妄肆簧鼓，學者莫不羣相鄙夷，避之若浼。抑邪與正，實出人心之所同然。比者屢奉諭旨，諄諄以屏斥異端、昌明正學爲亟，承學之士益復震聾悚惕，喁喁向風。此以見教澤之涵濡靡已，而歆宮環堵，歌歎於壇席間者，所繫非淺鮮也。昔漢儒有言："經師易遇，人師難遭。"宋儒有言："師道立，則善人多。"老成之典型，實後生所則傚；四方之觀聽，雖曠代而如新。及身未竟，厥施後世，宜豐其報。

茲查有長安縣已故舉人柏景偉，卓然自立，學有本原，由舉人大挑選授訓導，謝職歸田。所居即明臣馮從吾故里，力宗所學，爲之崇飾祠宇。搜求遺書，創立少墟書院，刊布《關學編》並及《關學續編》。生平不空言性命，躬行實踐，期於有用。咸豐季年，回捻交訌，修築堡寨，爲堅壁清野之計。嘗上書當事，請招撫北山亡命用爲先驅，事格不行，其後卒如所議。大軍西征，轉輸絡繹，釐定里局章程，費省而事集。光緒三四年，關輔大祲，官私賑務皆其擘畫。其各鄉各村互相保恤之法尤足便民。先後主講關中、味經各書院,科條整峻,範以規繩,巾褐景從,多致通顯。其行事儒而非俠,其立言切而不迂。綜其生平,有宋儒張載之風。迄今嘉言懿行為秦人士所馨祝,洵足以振興末俗、增重儒林等情由,署藩司升允詳據紳士、分省補用知府高增爵等合詞稟請具奏前來。

奴才查該舉人私淑先賢,師資後學,與已故廩生賀復齋瑞麟分主講席,同負時名。賀瑞麟生平事蹟經前學臣黎榮翰奏請宣付史館,已蒙俞允,該舉人事同一律。合無仰懇天恩,將柏景偉生平事蹟宣付國史館儒林列傳,出自逾格鴻慈。除將該舉人履歷行實著述咨部查照外,謹會同署陝甘總督臣魏光燾、陝西學政臣葉爾愷恭摺具陳,伏乞皇太后、皇上聖鑒訓示。

　　　　　　　　　　　　　　謹奏
　　光緒二十六年四月二十四日
奉硃批:
著照所請,該部知道。欽此。

公呈

為臚陳故儒生平學行事實,公懇奏請宣付史館以勵風教而崇關學事

竊維旌表宿儒實以激揚時彥,褒崇正士即以模範學人。茲有長安故儒柏景偉者,系本舊家,力求實學,孝友根於天性,才名厭乎人心。早歲登科,固無書之不讀;中年遭亂,輒見義而必為。造福地方,嫌怨有所不避;束躬名教,功利素所不居。以湮沒賢哲為後人羞,以拯救荒灾為分內事。以天下為己任,以君國為己憂。俊傑自爾識時,書生乃能料敵。類橫渠之氣概,具伯起之清標。義地贍宗,范文正不能專美;分齋教士,胡安定堪與並稱。經濟宏通,文章彪炳,少年之意氣如雲;丹鉛點勘,性理依歸,老去之丰裁彌峻。通經惟期致用,破漢宋門戶之分;學道端在立身,泯朱陸異同之見。品侔白璧,處貧困而不受人憐;文類青錢,經指授而盡堪入選。以故門下多知名士,關中稱君子儒也。然而著作等身,不欲以詞章顯;經綸夙抱,乃終以資格拘。懷才而不遇於時,賫志而未竟其用,忽焉歿矣,識者惜之。第念顯揚之典,風化攸關,輿論僉同,既非阿其所好,芳徽久播,何敢壅於上聞?爰具合詞,公懇奏請,使姓名附之簡冊,則鄉鄰與有榮施矣。謹將該故儒生平學行事實繕具節略十二條,伏乞大公祖大人鑒核,奏請宣付史館,以勵風教而崇關學,實為公便施行。

事實冊　附臚陳事實節略十二條

一故儒柏景偉，字子俊，陝西長安縣安定里民籍，由廩生中式。咸豐五年乙卯科舉人，大挑選授定邊縣訓導。經楊厚庵制府、劉霞仙中丞、劉果敏公先後保奏，分省補用知縣，同知銜，賞戴藍翎。歷主講關中、味經、涇干各書院。復蒙前學使柯、中丞鹿以經明行修保薦，特旨交部議，敘加一級，朝命未聞，以疾終於第里。卒年六十有一，學者稱灃西先生。

一學術純正。故儒自幼嗜讀儒先性理書，言動不苟同流俗，汎濫百家諸子後，益得聖賢藩籬門徑。其大端在幽隱不欺，尤以躬行實踐爲先。講學三十餘年，而絕不標道學名目。其宗旨實以遵程朱不薄陸王，講義理不廢訓詁，會通學問源流，終歸宗於五經四子。教初學，尤先以《小學》《近思錄》爲向學階梯，俾堅定其心志。晚歲尤隱隱以振興關學自任，與鄉人有志之士互勉勗之，關中風氣爲之丕變。謂道學者聖賢之正脈，天地之正氣，國家之正運也。世多非之，謬矣，襲之誤矣。嘗署關中講堂楹聯云："讀書不求甚解，惟實踐是期"。昧漢宋之分，忘朱陸之異，可略得其生平梗概矣。

一經猷宏遠。道光中葉，東南數省禍變起。故儒識微見遠，隱知承平日久，恐蔓延彌已。時方弱冠，默自念君臣之義本於性生；草野市井，皆有天澤之分。因急罷去括帖，日取經世有用諸書遍讀之，尤致力《孫吳兵法》、戚少保練兵各籍。舉凡天文地輿、農田水利、河運海防、飛輓法式、和戰機宜，以及古今治亂因革之原，中外形勝險要之迹，陸兵宜何精練，水軍宜何籌備，有師夷技而足以制敵，或仿夷技而反爲敵制，因時因地，治人治法，憂國憂民之隱，日慷慨討論。暨切究經濟、豪俠志士，預謀而夙儲之。厥後數入大帥幕府，躬習勞貰，深諳閱歷，所造更有遠且大者。而負性忼爽，識略過人，當時名臣大吏，累資矜式云。

一敦行孝悌。故儒先世以孝義傳家，其大者如孝友義行及經籍各傳，並載省志邑乘。故儒生平尤以饑溺爲懷，深得力於橫渠《西銘》"民胞""物與"二語，每歲脩脯所入，節用之餘，爲闔族建立宗祠，購贍族義田，隱帥范文正家法，尤以睦姻任恤自矢，俾貧乏得所依。尤難在友于誼篤。故儒胞弟景倬，端謹厚重，友愛篤摯，見者歎兄弟如一身。其教訓子弟，恩義交盡，有過輒嚴誡不少貸。子震蕃、姪震葵純謹讀書，恪守典型，身範家規，人咸譽之。屬纊時，尤殷殷以變化氣質、善事世父爲勗，宗族稱孝，鄉黨稱悌，故儒允無愧焉。

一保衛桑梓。故儒少時素喜豪俠，友助志切。然非名義攸關，絕不梢爲之動。同治紀元，陝禍起，倡辦團練，陰寓嚴行保甲，以兵法部勒之，鄉鄰賴以蔭庇。前大學士左文襄督師入關，創行堅壁清野，札調故儒督辦西、同、鳳、鄜、邠、乾六屬堡寨事宜，手訂章程三十餘條刊行於世。又上《辦理回逆臆議》條陳要務十四事。首賊情，次寧夏，次秦州，次汧隴，次金積堡，次河州，次土司，次甘勇，次楚兵，次土匪，次進兵，次陣法，次屯田，次陝回，後言多奇應。陝省差徭流弊滋多，長安尤甚。故儒爲劉果敏披瀝詳陳，民困始蘇。長安里甲粮蠹蟊害，近百餘年鉤校不清，上陳當道，不期年而苛弊胥除。創設義倉，積粟千石，里人至今賴之。其沒也，識與不識皆慟悼不已。其他義舉，不可殫述焉。

一尊崇先儒。故儒畢生篤志嗜學，無書不讀，而於學案脉絡源流，博變精嚴，不苟爲異同差池，良由識卓力堅，博觀約取故也。嘗謂："學者誦法前哲，不如景仰鄉賢。"恭定馮公爲有明一代理學名臣，纂《關學編》，創建關中書院，籍履長安，兵燹後祀典闕如，蓋然心傷者久之。嗣故儒移席關中，謂其地乃恭定講學所，先儒之湮没，皆後儒之恥。謀諸當道，即青門學舍故址重新祠宇，附以少墟書院，俾故鄉童子得讀書所，顏其堂曰"養正"。蓋取"養其正氣，儲爲通才"，用備中朝緩急之需。迄今春秋祠祀，俎豆秩然，講肄宏開，弦誦琅琅。溫旨報可，而鄉賢陶公爾德、祝公萬齡、党公還醇，俱以恭定弟子得附祀焉，亦可見故儒風義不泯云。

一誼篤師友。故儒生平不輕師事他人，嘗謂："人生於三事之如一，師教與父生、君食並重。"故儒於授讀受業師承，凡生忌辰必禮祀之。而固始蔣湘南、安化張星垣兩孝廉、布衣杜子賓，一爲昭雪疑獄；一爲築墓村居，春秋祭掃，皆身任之，垂爲家法；一爲歿後立嗣，恤太夫人終身。至今士林舉以爲難焉。

一奇荒拯救。光緒歲丁丑，秦、晉、豫大饑，陝省尤甚。餓莩盈途，蒲、韓各邑倡亂戕官，兵燹甫經，倉庾多空，大府苦無以應，不得已輓粟兩湖。故儒蒿目時艱，患病久，上書當道，代民請命。時左文襄督師肅州，劉銀臺駐節皋蘭，故儒函懇往返，情誼肫摯，嗣二公慨捐銀七仟，復爲各屬奏撥協餉銀巨萬，陝民得以存活。故儒因念晉、豫流民絡繹踵至，五方雜居，又以咸、長係省垣重地，不急籌賑撫，或恐患貧心生。乃謀諸大府，創爲"各村保賑各村、各鄉保賑各鄉法"，以貧民稽富民粟俾無匿，以富民審貧民户俾無濫。明示借賑之條，隱寓给赈之法，富不苦抑勒，而贫得实惠。官绅斡①旋於上，乡地赞助於下。有不足者，以巨室捐金与粟补足之。咸宁三十仓，长安十八廒，始举於丁丑七月，蒇事於戊寅八月，盖全活数十万人。故儒手订《劝赈琐言》及《续赈说帖》《补赈章程》，均堪行之。自故儒捐济亲族乡邻、为阖省倡事後，大府累谋从优奖异，固辞乃已，迄今关中父老犹有历历道其详者。

一诱掖士类。关学不振，自冯恭定、李二曲、孙酉峰、路闰生罢讲关中，後拥此席者，半多视爲具文以陶成人材之地，极盛几无以爲继，故儒自泾干、味经移讲关中以来，不率教者悉屏去之，而高材与名下士从学益众，经师、人师故儒兼之。所立书院《学规》八则、《课程》五事，并《志学斋学规》六条暨课士各籍刊行於世，学者皆争购之。故儒日坐讲堂，与多士互相勉励，时爲讲解，日有记，月有课，文风日盛，士习日变，诚数十年来所仅见者。大旨以正学实学爲根柢，以义法理法爲楷模。游其门者，莫不喜得师承。光绪戊子、己丑两科，门下士获售者五十馀人。两题名记，丰碑岿然，士人至今犹景仰不置焉。

一奖拔人才。故儒爱才如命，闻有奇异之才、颖俊之资，莫不折节先施，淬厉以学。继因时局多艰，需才孔急，有志之士，辄苦无书可读。因尽出关中所藏书籍板片，俱经补刊而印行之，藉资诵读。谋诸当道，创设省垣官运书局。又与二三同志立求友斋，以萃四方向学之士，分经史、道学、词章、训诂、天文、地舆、掌故、兵法、算学、时务各门，训课而奖励之。藉友朋讲习之益，爲国家隐树人才。与其选者，半多一时名流。并择刻有用书籍，嘉惠後学，尤虑学者汎滥无归，或恐歧途误入。晚岁重刻《关学编》，复取王丰②川、李桐阁所撰关学各家，与贺复斋徵士续成之。关中人才蔚然改观，论者谓非故儒奖拔之力不至此。

一操履严峻。故儒家风寒素，後益窘甚。两亲在堂，甘旨时需。故儒负性刚严，操持清介，於辞受取与间不稍假借游移。通籍後，北上乏赀，时有赆者微露德色，均婉却之，以故数次未赴礼闱。教授生徒，从不议定脩脯，有志士贫寒无力向学者，辄多饮食而教诲之。从事戎马及屡入幕府，皆自备资斧，进退裕如。当道延主各书院讲席，关聘从不轻受，必敦促至再，始允一出。尝谓："师道不立久矣。必自处不苟，庶足挽回颓风，克端模范，冀以稍振学规耳。"至今

---

① 斡：原作"幹"，形近而误。
② 丰：原作"澧"，据清嘉庆七年周元鼎增修《关学续编·丰川王先生》改。

學者猶恪守師訓，奉爲圭臬焉。

一講求實用。故儒病士習空疏，胸無古今，稍知學問，率跅弛不羈，爲世訾詬。嘗於體用同源、明新一貫之旨切實講求，謂："學有根柢，然後窮達裕如。處爲純儒，出爲純臣。其理原無兩歧，古人頂天立地功業，皆從惕勵戰競做起，庶幾有裨君國，有益民生。否則不講明有素，鮮不先後易節，初終易轍。"故儒善發前人所未發，足以霑溉後學，激勵來哲，不滋功利權術之習，與夫貪緣奔競之端，後之薰德而善良者，洵屬有用道學矣。

國史本傳①

柏景偉，陝西長安人。咸豐五年舉人，同治元年大挑二等，選授定邊縣訓導。會回匪變作，未赴任，奉父母匿南山，轉徙荒谷間。親沒，哀毁逾恒。服闋，適陝回竄走甘肅，景偉偕提督傅先宗募勇湖北，赴甘助剿。五年，解鞏昌圍，並克熟陽城，敘功，賞戴藍翎。十月，以在籍辦團城防績，經陝甘巡撫劉蓉奏請，以知縣選用。六年，欽差大臣左宗棠奉命督師入關，知景偉識略過人，辟參謀軍事。景偉謂"宜筑堡寨以衛民居，設里局以減徭役，提耗羨以足軍食，徙回居以清根本，開科舉以定士心"。又上《辦理回匪臆議》十四事，宗棠深才之，以屬幫辦軍務劉典。八年，典以景偉積年勞勩，特疏保薦，詔以知縣，分省補用，並賞加同知銜。嗣典以請終養回籍，景偉亦遂旋里，不復出矣。光緒三年，秦大饑，景偉請於大吏，發粟賑恤，創爲"各村保各村法"，以貧民稽富民粟使無匿，以富民核貧民户使無濫。手訂章程，全活數十萬人。

景偉既不獲大行其志，乃退而教授學者。歷主涇干、味經、關中各書院講席，思造士以濟時艱。創立"求友齋"，令以經史、道學、政事、天文、地輿、掌故、算法、時務分門肄習，冀儲有用之才，所成就甚衆。嘗謂"遠師前哲，不如近法鄉賢"，因重修明臣馮從吾祠，刊其《關學編》，序而行之。十七年，陝西巡撫鹿傳霖、學政柯逢時以景偉"經明行修"合疏入奏，詔下部議敘。十月卒，年六十有一。

景偉爲學，外似陳同甫、王伯厚，而實以劉念臺"慎獨實踐"爲的。故其論學有曰："聖賢之學，以恕爲本，以強爲用。道德經濟，一以貫之。"又曰："同此性命，同此身心，同此倫常，同此家國天下，道未嘗異，學何可異？凡分門別户

---

① 本傳據金陵本迻錄。

者,非道學之初意也。故'理一分殊'之旨,與'立人極''主静''體認天理'之言,學者不以爲異,而其所持,究未嘗同。然則'主敬窮理''致良知''先立乎其大'之數説者,得其所以同,亦何害其爲異乎?"又曰:"自來磊落英多之士,當少年時,每有過中佚正之處,然究不足爲累。蓋辦事以氣,氣不盛則異懦闒茸,必不足宏濟艱難。然挾盛氣以陵人,亦往往足以害事。此無他,更事未久,讀書未深,客氣多而主氣少也。果能虚衷集益,黜其自是之見,折其自矜之心,則氣以平而學養粹,氣以充而才識宏,然後可以當天下之大任,而無愧成德之人矣。"所著有《灃西草堂集》。

灃西草堂集序①

自横渠張子倡正學於關中,以尊禮貴德、樂天安命爲宗,與濂洛閩並爲儒林泰斗。逮及有明,呂文簡涇野、王端毅石渠、馮恭定少墟學行卓犖,朝野嚮風。貞元之交,二曲崛起韋布,與夏峰在北,桴亭、楊園、三魚在南,如驂之靳,關學傳燈,於兹不墜。並世所聞有二儒焉,一則咸陽劉古愚先生光蕡,一則柏子俊先生也。先生名景偉,家長安,生横渠之鄉,又習聞少墟遺風,苞負深醇,蘄撥亂而反之正,恥爲無用。咸同之際,回捻交訌,秦隴騷然。先生上剿撫事宜於左文襄,文襄採其説,而陝亂以平。光緒初,秦中旱,先生創"各村保各村,各鄉保各鄉"之法,活數十萬人。其他有大興革與民爲戚休者,先生知必言、爲必力,秦中至今利賴之。然先生標寄蕭遠,難進而易退,一參文襄及劉果敏軍,未幾,皆謝歸。歸而講學,主涇干、味經、關中三書院。嘗曰:"聖賢之學,以恕爲本,以強爲用,道德經濟,一以貫之。"又曰:"人生有三大關,有一不能打破,便非完人。三關者何? 義利、毁譽、生死也。"以此詔學者,裁就甚眾。

於戲! 自宋而後,講學家崇性理而略事功,遂有有體無用之儒,先生出而一雪此言矣。中興諸鉅公若倭文端、李文清、曾文正,並以正學倡後進,後進之聞而興起者如水歸壑。其迴翔幕府、坐致高位者,尤爲世所指目。先生雖從文襄游屢有建白,而超然物表僅沾一命,尤足愧夫儒名而賈行者矣。予耳兩先生名久,又與古愚先生爲乙亥同舉生,癸卯道長安,兩先生已前卒,不獲一奉手而出兩先生之門。三原王典章幼農,蜀西、江左,再荷匡翼,於先生之學,深維而切究之,以施諸用。既刊古愚先生所著矣,此復鳩先生《灃西草堂集》八卷壽

---

① 本序據金陵本迻録。

之木,而督序於予。予少奉父師之教,斤斤守繩檢,關學夙所服膺,而宦學四方,役於笀檟。又丁桑海之變,生意略盡。於道既無所窺,民物亦無所濟,序先生集竟輒慚沮旁皇而無地以自容也。

　　　　　甲子六月金壇馮煦,時年八十有二

柏子俊先生文集序①

　　三原王幼農先生刻其師柏子俊先生《灃西草堂集》既竟,徵序於余。余受而讀之,嘆曰:"柏先生之學,關學之正傳也。"昔宋張子倡道於陝中,博學篤行,彊探力索,作《西銘》以究民物之原,作《正蒙》以窮造化之奧,而壹本於約禮之教,明體達用。正經界,攷井田,欲興復先王之遺規,關中學者蔚然成風。其見而知之者,有呂與叔諸先生;其紹而述之者,有馮少墟、李二曲諸先生。彬彬乎,稱極盛矣!而近世崛起而傳之者,乃有柏子俊先生。往者蕺山劉念臺先生作聖學三關:"曰人己關,曰敬肆關,曰迷悟關。"而子俊先生亦有論學三關:"曰義利關,曰毀譽關,曰生死關。"蓋念臺先生所述,陽明之學也,故主於妙悟以成功;子俊先生所述,張子之學也,故主於守死以善道。張子之言曰:"不愧屋漏爲無忝,存心養性爲匪懈。"蓋皆所以嚴義利之辨,而袪毀譽之私。又曰:"存,吾順事,沒,吾寧也。"則正所以破生死之關,而還吾天地之塞,天地之帥者也。故曰:"先生之學,關學之正傳也。"而余謂今世學子所當服膺者,尤莫急於禮教。禮教之根本,尤莫先於尊師。先生訂《關中書院學規》謂:"師嚴然後道尊,道尊然後民知敬學。"所謂嚴者,非妄自尊大,蓋不如是,不足以振諸生之修爲也。又引晉欒共子曰:"民生於三事之如一。"事師之禮,與君父並在。學知事師,則在朝必能事君,在家必能事父矣。蓋師生之誼,固由父子而推焉者也。故《檀弓》所載:"一則致喪三年,一則心喪三年。而其就養無方也,則一。"嗟乎!古之尊師,何其誠且摯哉。幼農先生得其教,故平生篤守師法,春秋令節祭先之外,且設位以祀其師,戒子孫永久勿忘其寶貴。

　　斯籍也,先於庚子歲排印,分餉同志。自攜數帙入川,均燬於火,厥後輾轉訪求,始得之於陝友,乃壽諸梨棗焉,其專且誠也如是。嗚呼!世衰道微,邪説暴行有作。後生小子,長傲遂非,憒然不知倫紀情誼之不可渝。於是驕亢之志氣,動輒施之於尊長、燕朋,逆其師燕、僻廢其學者比比皆是。天澤倒置,秩序

---

① 本序據金陵本迻錄。

混淆。學校之中,不聞禮義之訓,狂攘恣睢,牢不可破。風紀掃地而無餘,而世道人心乃益至於潰敗糜爛,不可收拾。嗚呼!豈不痛哉!

昔曾文正當粵匪將亂之時,送唐太常南歸作序,諄諄不勝斯道湮沒之是懼,欲以尊師爲天下倡。余亦嘗謂:古者君師之道合,故亂日少而治日多;後世君師之道分,故亂日多而治日少。然惟鄉里有良師,而後國家有善治。故居今之世,救時莫如尊師,蓋惟尊師而後性情厚,惟尊師而後道德明,惟尊師而後風俗純而善人出。伊尹有言:"先知覺後知,先覺覺後覺。"定四海之民,其必權輿於師道矣。然則子俊先生此書,豈非救世之指南?而幼農先生又豈非今日之碩果哉!余是以三復言之,俾當世明達知旋乾轉坤要自講明正學始。

丙寅暮春後學唐文治謹序

灃西草堂集後序①

同學王君幼農搜集柏子俊先生遺文,付工鏤板,致書寶辰,屬爲序。寶辰於先生何能贊一辭?要不敢已於言也。謹百拜稽首,綴言簡端。岐豐關輔,文武周公聲教所始之地,漢唐故都在焉,河山蓄毓,賢哲篤生。自漢已來,田何之於《易》,韋賢之於《詩》,馬融之於《書》,杜預之於《春秋左氏》,薄海以内,宗爲經師,望之有若山斗。有宋橫渠,崛起西陲,關學一派,屹然與洛、閩並峙。涇野、少墟、谿田、二曲衍厥遺緒,裹裹儒風未墜也。

沿及近世,絃誦稍衰矣。灃西先生毅然以衛道爲己任,坐三經之席,爲羣士之師,祁祁生徒,誘納模楷。當時碩儒鉅公,未有不以爲禮樂在是者也。嗚呼!先生往矣,几席不可接也,謦欬不可親也,而先生之遺言緒論,見於文可傳於無窮者,固受學者之所不敢忘也。夫以先生之學而獲大用於世,必有以澤及於生民、功加於當時者,乃退而著書講學,僅以微言大義啟來哲而貽世範也。蓋未嘗不爲先生惜,而又未嘗不爲後之來者幸也。聖人之道之在天下者,不可得而見也,則必於其文焉見之。學者生聖人後,造詣有淺深,趣向有歧正,不可得而見也,亦必於其文焉見之。漢之董、賈,唐之韓、柳,宋之歐陽、蘇、曾、朱子,其道德之精微,學問之淹通,行誼之敦諄,經濟之魁閎,學者於千百年後得以探其淵奧而如晤於一堂,獨於文而已矣。先生之文固不一體,然而探治亂之源,嚴義利之辨,明生民之疾苦,抉政術之純駁,固無一言而不以衛道爲心者

---

① 本序據金陵本迻錄。

也,信乎其可傳之於無窮矣。幼農刊刻先生遺文以傳於無窮也,其所以爲人心世道計者大矣,寧第有功師門而已哉。

歲在旃蒙赤奮若厲月門下士薛寶辰序

灃西草堂全集敘①

民國之初,與同門王子翰卿謀重印《灃西草堂文集》。當時以原書浩瀚,非貧乏無力者所能勝,故謹撮錄四卷,敘其緣起,付諸聚珍,先生生平略具於是,非敢有所棄取於其間也。

王子幼農者,先生入室弟子也。民國成立,避地姑蘇,高尚氣節,有灃西之風。以謂世變日亟,人心陷溺,不於此時取先生原書盡付剞劂,恐久而湮沒,將使先生道德文章由吾身而失墜,而世之尊仰先生者,亦以不克讀其全書爲憾,則吾輩之罪莫大焉。爰於從公暇取先生全稿手校而精槧之,閱十六月而竣。所費皆力任之,不以釀於人。書成,問敘於伯魯。

夫伯魯之所欲言,前敘已盡之。且先生蓄道德,能文章,鴻篇鉅製,固已膾炙人口,爭光日月。而其殘膏賸馥,亦足使觀者歎服,聞者興起。邪說暴行之世,誠使人人能讀先生之書,其於挽頹風、救末俗,猶指諸掌也。寧俟游夏輩諓諓贊頌爲哉?幼農此舉信乎有功師門,而非世之重財賄、輕師友者所可同日而語明矣。若伯魯者,年逾杖國,瓠落無成,復牽於人事,不獲與於斯役,其爲愧赧,又奚可以言語形容哉!

乙丑二月門下士宋伯魯謹序

---

① 本敘據金陵本迻錄。

灃西草堂文集總目

疏
議
書上
書下
序
跋
傳
碑記
墓誌銘
雜著上
雜著下
遺墨附
詩
行狀附

目録

卷首
奏章
提督陝西學政臣柯逢時跪奏爲敬舉經明行修之士,籲懇恩施以資矜式仰祈聖鑒事 ………………………………………………………………（399）
護理陝西巡撫奴才端方跪奏爲已故耆儒學行純備,懇恩宣付史館立傳以彰樸學恭摺仰祈聖鑒事 …………………………………………（400）
公呈
爲臚陳故儒生平學行事實,公懇奏請宣付史館以勵風教而崇關學事
事實册　附臚陳事實節略十二條 ……………………………（401）

國史本傳
弁言 ……………………………………………………………（405）
灃西草堂集序　馮煦 …………………………………………（406）
柏子俊先生文集序　唐文治 …………………………………（407）
灃西草堂集後序　薛寶辰 ……………………………………（408）
灃西草堂全集敍　宋伯魯 ……………………………………（409）
識　王典章 ……………………………………………………（420）

卷一
疏
奏請補行陝甘文闈鄉試疏　代劉克庵撫軍 …………………（421）
奏請力減陝西差徭以紓民困疏　代劉克庵撫軍 ……………（424）
奏請湖南建立克勇昭忠祠疏　代劉克庵撫軍 ………………（426）
議
朱子社倉私議 …………………………………………………（427）
辦理回逆臆議 …………………………………………………（430）

營田局子午黃良二廠產應歸堡寨議 …………………………（435）
致徐觀察變通錢法助賑議 ……………………………………（438）

卷二

書上

致慕子荷學使 ……………………………………………………（440）
覆慕子荷學使 ……………………………………………………（440）
覆慕子荷學使 ……………………………………………………（441）
覆慕子荷學使 ……………………………………………………（441）
致慕子荷學使 ……………………………………………………（442）
覆林迪臣學使 ……………………………………………………（442）
覆李菊圃方伯會懷清觀察 ………………………………………（442）
覆李菊圃方伯會懷清觀察 ………………………………………（443）
覆林迪臣學使 ……………………………………………………（443）
覆柯遜庵學使 ……………………………………………………（443）
覆林迪臣學使 ……………………………………………………（444）
覆陸吾山觀察 ……………………………………………………（444）
覆劉煥唐孝廉 ……………………………………………………（444）
覆陶方之中丞 ……………………………………………………（445）
致馬伯源明經 ……………………………………………………（446）
覆張雲生大令 ……………………………………………………（446）
覆黃小魯觀察 ……………………………………………………（447）
上劉克庵中丞 ……………………………………………………（448）
覆劉克庵中丞 ……………………………………………………（448）
覆劉克庵中丞 ……………………………………………………（449）
覆朝邑相國 ………………………………………………………（450）
覆張子貞守戎① …………………………………………………（451）
覆陳誠生明經 ……………………………………………………（451）
覆陶子方護院 ……………………………………………………（452）

---

① 覆張子貞守戎：原書目錄缺，據正文補。

覆武功①李賡伯明府	(452)
致李賡伯邑侯	(453)
致李賡伯邑侯	(453)
覆涂少卿邑侯	(454)

卷三

書下

上左爵帥書	(456)
致張雲卿直刺	(456)
覆湯澍齋觀察	(457)
覆湯澍齋觀察	(459)
覆李稼門中翰	(464)
覆李稼門中翰	(465)
代劉太青②致解州劉孝廉	(466)
覆黄子壽中丞	(467)
覆李菊圃方伯	(467)
覆曾懷清③觀察	(468)
致咸長勸賑局紳士	(468)
覆味經書院邢得齋楊立夫齋長	(469)
致關中書院志學齋四齋長	(469)
覆薛壽萱	(470)
致高朗卿	(471)
覆宋子鈍	(472)
覆吳覺生	(472)
覆魯勷臣	(472)
覆侯貞甫	(473)
覆宋子鈍	(474)
覆馬丕卿	(474)

---

① "武功"：原缺，據金陵本補。
② "代劉太青"：此四字原缺，據正文及金陵本補。
③ "懷清"：原作"槐卿"，據正文《覆李菊圃方伯曾懷清觀察》改。

寄趙展如 …………………………………………………（476）
覆趙展如 …………………………………………………（476）
覆趙展如 …………………………………………………（477）

卷四

序

校刻關學編序 ……………………………………………（479）
關中書院課藝序 …………………………………………（480）

跋

馮少墟先生善利圖跋 ……………………………………（481）
蔣子瀟先生游藝錄跋 ……………………………………（482）
江西水道考跋 ……………………………………………（482）
賈玉亭先生教澤碑跋 ……………………………………（483）
將學要論跋 ………………………………………………（483）
李子純同年烈女圖詩跋 …………………………………（483）
學稼圖記 …………………………………………………（484）

傳

灃西老農傳　辛巳 ………………………………………（484）
解茂才傳 …………………………………………………（484）
王君藹然家傳 ……………………………………………（485）
董君思琨家傳 ……………………………………………（486）
董君朝均暨三弟家傳 ……………………………………（487）
袁處士家傳 ………………………………………………（488）
袁君卓園家傳 ……………………………………………（489）
節孝婦王崔氏傳 …………………………………………（490）
劉節婦盧氏傳 ……………………………………………（490）
王節婦邢氏傳 ……………………………………………（490）
賈貞女記事 ………………………………………………（491）
貞女張馬氏事略 …………………………………………（491）
何潘氏事略 ………………………………………………（492）

卷五

碑記

關中書院光緒①戊子科題名記…………………………………（494）
光緒己丑恩科陝西鄉試②題名記…………………………………（495）
重修長安灃水普濟橋并梁公祠碑記………………………………（495）
重修咸寧潏水申店橋碑記…………………………………………（496）
重修長安客省莊灃水古靈橋碑記…………………………………（497）
山右李氏四世封贈碑記③…………………………………………（498）
康母鞏氏墓碣　丙戌………………………………………………（499）
買貞女碑記…………………………………………………………（500）

墓誌銘

賀豹君孝廉墓誌銘　乙亥…………………………………………（500）
陳君益庵墓誌銘　戊寅……………………………………………（501）
宫處士墓誌銘　癸未………………………………………………（502）
翁君練亭墓誌銘　丁亥……………………………………………（503）
馬君子策墓誌銘　庚寅……………………………………………（504）
袁宜人墓誌銘………………………………………………………（506）

卷六

雜著上

重修馮恭定公祠暨創設少墟書院稟………………………………（508）
節義祠落成請賜褒揚稟……………………………………………（509）
查明馮恭定祠基址祀典稟…………………………………………（510）
籲懇陝省旱災已成亟宜籌賑稟……………………………………（511）
查禁販運賑糧出境稟………………………………………………（512）
請緩徵稟……………………………………………………………（513）
上左爵帥稟…………………………………………………………（514）
代慶陽難民籲請劉中丞招撫土匪稟………………………………（515）
代翁雪樵瀝陳招撫情形稟…………………………………………（516）
上劉中丞查禁逆酋回籍稟…………………………………………（516）

---

① "光緒"：此二字原缺，據正文補。
② "陝西鄉試"，底本作"卿試"，據金陵本改。
③ "記"：原缺，據金陵本補。

瀝陳辭辦堡寨事宜稟 …………………………………………（518）

公請改發求友齋經費生息稟 ……………………………（518）

創立咸長崇化文會稟 ……………………………………（519）

辭保舉稟 ……………………………………………………（520）

求友齋課啟 …………………………………………………（520）

勸辦修築堡寨啟 ……………………………………………（521）

創設崇化文會啟 ……………………………………………（522）

募修馮籍廠節義祠啟 ………………………………………（523）

討狼啟 ………………………………………………………（523）

勸助施種牛痘啟 ……………………………………………（524）

卷七

雜著下

關中書院學規 ………………………………………………（525）

志學齋學規 …………………………………………………（531）

咸長勸賑瑣記　章程喻示附 ………………………………（532）

修築堡寨章程　戊辰 ………………………………………（538）

長安里局章程　庚午 ………………………………………（543）

馮籍廠義倉善後章程　辛巳 ………………………………（544）

清釐長安里甲糧弊條陳　丙戌 ……………………………（546）

陝西減收平餘碑①　代劉克庵撫軍② ……………………（548）

遺墨　附 ……………………………………………………（549）

卷八

詩

述懷 …………………………………………………………（557）

冬柳 …………………………………………………………（557）

雪夜聞小兒啼聲　癸亥 ……………………………………（557）

移居石曹峪 …………………………………………………（557）

飲酒 …………………………………………………………（558）

---

① "碑"：金陵本"告示"。

② "撫軍"：金陵本"中丞"。

感賦	(558)
立春有感	(558)
歲晚	(558)
臥病	(558)
黃鶴樓題壁二首 乙丑	(559)
客舍	(559)
再登黃鶴樓同胡寅谷謝麐伯宓桂生作	(559)
舟中	(560)
贈傅堃亭軍門	(560)
樊城題壁	(560)
行經峴山	(560)
即景	(561)
西征	(561)
中衛道中	(561)
東歸	(561)
自慰	(561)
臘月大雪	(562)
重九登南五臺晚宿柳宜亭友人書齋小飲 丁卯	(562)
登大悲堂東嶺望五臺	(562)
呂曼叔觀察請假南旋以新作關中述懷詩見示走筆和之即以送別	(562)
案頭置水仙一盆數日竟枯予不忍棄感而賦此	(563)
從軍怨	(564)
訪姜磻溪	(564)
讀太白詩有悟	(564)
漫詠	(564)
登三原北城 己巳	(565)
朝邑道中	(565)
登慈恩寺浮圖題壁用謝麐伯原韻	(565)
竹林寺秋夜讀書	(565)
凌霄花	(566)

無題	（566）
讀書	（566）
勵志	（566）
重陽日登五臺絶頂	（566）
永夜　庚午	（567）
若耶	（567）
冬夜讀書	（567）
從軍怨	（567）
題畫蟹	（568）
許仙屏學使出楮素索繪蟹題詩贈之	（568）
爲劉焕唐繪蟹並題	（568）
爲田雨亭同年繪蘭並題	（568）
卧病　癸酉	（568）
不寐	（568）
自勵　丙子	（569）
感賦四首	（569）
埋婢　丁丑	（569）
天意	（570）
勸賑有感　戊寅	（570）
甚矣	（570）
重九日與諸同人看菊時天津有夷警未得確耗感而賦此	（570）
涇干書院卧病口號答諸生	（571）
渭城題壁寄友人	（571）
曉帆見贈却寄	（571）
孟秋六日夜半夢陳生焕珪以詩哭之　壬午	（571）
謁文武陵　甲申	（572）
謁周元公墓	（572）
謁齊太①公墓	（572）
春郊遣興	（573）

---

① "太"，原作"大"，據金陵本改。

年來 …………………………………………………… （573）

新室落成 ………………………………………………… （573）

病中口號二首 …………………………………………… （573）

寄趙生舒翹 ……………………………………………… （574）

送黃陶樓方伯 …………………………………………… （574）

宮農山太守惠詩扇步原韻却贈 ………………………… （575）

秋日還山頗遂躬耕之願夢中登馮村城樓得詩數句醒而足
　　成之　己丑 ……………………………………… （575）

即景 ……………………………………………………… （575）

野望 ……………………………………………………… （576）

行涇黃家屯在渭南縣陳緯山故人陣亡處感賦 ………… （576）

田家雜興十首　庚寅 …………………………………… （576）

哭蕭生維善 ……………………………………………… （578）

瘦馬行 …………………………………………………… （579）

亡叟吟 …………………………………………………… （579）

瀕危前夕口占 …………………………………………… （579）

擬禽言　旋黃旋穫 ……………………………………… （579）

滿江紅 …………………………………………………… （580）

灃西草堂詩集跋① ……………………………………… （581）

附録

墓誌銘② ………………………………………………… （582）

行狀 ……………………………………………………… （585）

輯録

柏先生景偉 ……………………………………………… （593）

柏子俊先生 ……………………………………………… （593）

參考文獻 …………………………………………… （595）

---

① 原缺，據金陵本補。
② 原缺，據金陵本補。

識①

《灃西草堂》卷八,先師長安柏子俊先生遺稿也。先生少負異秉,讀書穎悟過人,慕張橫渠之爲人,思結天下豪傑以爲世用。咸、同之際,髮、捻交訌,禍及全省。先生條陳剿撫,當道多採其說,以平陝亂。顧曲高和寡,所志不能盡行。退而講學,不分門戶,躬崇實踐,以道爲歸。屢主涇干、味經、關中諸書院。嘗曰:"人生有三大關,有一不能打破便非完人。三關者何?義利、毀譽、生死也。"以此詔學者,多所成就。光緒丁丑戊寅,秦中大旱,餓殍載途。先生創"各村保各村,各鄉保各鄉"之法,全活數十萬人,其他利國利民之舉不一而足。跡其生平,遠紹橫渠,殆無愧色。平日著作甚多,不自存稿,歿後由哲嗣孝龍世兄搜集遺著,釐爲八卷,典章與校勘之役。庚子五月排印,公諸當世。旋以筮仕入川,曾攜數部,寄存商號,竟燬於火。民國以來,滯迹江左,屢託陝友物色,久之始獲,深恐夫久益散失也。先生學行雖不以此集傳,然非此集,又何從窺先生之真?且奚以動後人私淑之心耶!重加校勘,付諸剞劂,謹識其緣起如此。

民國十二年癸亥弟子三原王典章

---

① 底本無,據金陵本補。

灃西草堂文集卷一

長安柏景偉子俊甫

疏　議

奏請補行陝甘文闈①鄉試疏　代劉克庵撫軍②

奏爲陝、甘文闈鄉試因辦理軍務三次停止，現在陝境肅清，甘省毗連地方已漸安靜，援案請旨特開一科，先補兩屆，歸併加倍取中，並將甘省賊蹤未靜③之處劃留額數，條議章程，定期舉行，以振人心而勵士氣，恭摺仰祈聖鑒事：

竊陝、甘前應舉行壬戌恩科及甲子、丁卯兩科鄉試，節因回、髮各逆在境滋擾，不能依期遵辦，經前撫臣歷次奏請展緩，統俟軍務肅清，乞恩特開一科歸併補行，奉旨允准在案。兹因去秋以來，陝境土匪先後就撫，回逆盤踞董志原巢穴今春一鼓掃盪，餘賊悉數遠颺，陝省闔境肅清，即甘省之涇、慶各屬均已安謐，此皆仰賴聖謨廣運所致也！

臣宗棠即日馳進涇州，專剿竄賊餘孽。臣典擬回省城，專籌後路布置及一切善後事宜。適陝省士子聯名呈請補行鄉試，由司道具詳轉懇前來。臣等查陝、甘鄉試向係合試取中，軍興以來疊次展緩，自壬戌恩榜未行，歷甲子、丁卯，已停三科，士子懷才待試，沈滯多年。今陝省既已肅清，自應變通辦理，擬請先將陝西鄉試補行壬戌恩科，帶補甲子正科，加倍取中。其丁卯一科，擬歸下屆帶補，斯士氣以振而取材亦不慮其太寬。查陝、甘兩省歷年鄉試，陝省人數倍於甘省，通同取中，陝省約得三分之二，甘省約得三分之一。兹陝省補行舉辦，

---

① "文闈"：原缺，據金陵本補。
② "撫軍"：金陵本作"中丞"。
③ "静"：金陵本作"淨"。

應將額數劃留，俟甘省全境肅清，請旨另開一科，俾得咸沐皇仁而光盛典。

惟查甘省各屬，除蘭、涼迤西一帶道路梗阻，士子暫難來陝應試外，其平、慶、涇、秦、階等府州屬道路已通，曁流寓陝省，肄業關中、宏道各書院者，應一例准其錄科入闈，以遂觀光之志。擬於劃留額數之中，仍酌量提出數名，歸入此次，通同取中，以昭公允。其西安駐防文鄉試暨應試繙繹者，均照例加倍辦理。

臣等與西安將軍臣庫克吉泰、學臣周蘭會商並緘商司道，意見相同。援照成例，擬議章程，尚與舊案符合。臣等查咸豐九年，江蘇補行鄉試，借用浙江闈院，其不能赴試之安徽一省，照額劃留。蓋是時金陵尚未收復，即江蘇屬境士子亦多阻隔，未能齊集。而必急於補行者，誠以人心爲國本所係，而士氣實人心所關，振勵微權，必以選舉爲急。今陝省安謐，甘省毗連陝疆者亦漸次廓清，若於賓興之典久闕不修，非所以仰承聖化、嘉惠士林之至意。臣等當經查明，陝省貢院號舍，經前撫臣劉蓉修葺完竣。試卷亦已刷印存庫，舉辦尚易就緒。謹擬定期本年九月舉行，並辦理章程另繕清單，恭呈聖鑒。倘邀俞允，應請簡派考官，並勑下部臣改題爲奏，迅速依期辦理。考官出京，並無繞道之處，邀免臨期，另行奏請，以免耽延，臣等不勝悚惶待命之至。

所有陝、甘鄉試，因辦理軍務三次停止。現在陝境肅清，甘省毗連地方已漸安靜，謹援成案，請開一科，先補兩屆，歸併加倍取中，並將甘省賊蹤未淨之處劃留額數、條議章程、定期舉行各緣由，謹會同署督臣穆圖善、學臣周蘭合詞恭摺附驛馳陳，伏祈皇太后、皇上聖鑒訓示遵行。

再：此次拜摺，係臣典主稿，合併聲明。

謹奏

附片

謹將陝、甘補行鄉試援照成案，酌定辦理章程、繕具清單恭呈御覽：

一陝、甘文闈鄉試已停三次，並歸一榜，補中未免過多，擬請援照湖南等省成案，先補壬戌恩科，帶補甲子正科，加倍取中。其丁卯一科，應歸下屆庚午科帶補。其武闈鄉試應否補行，容候查議，另案具奏。

一陝、甘中額向係兩省統同取中，而甘省與試之人及獲中之數較少，今該省惟平、慶、涇、秦、階各路通行無阻，餘若蘭、涼等府及各邊地尚有賊擾，沿途梗塞。此次舉行鄉試，如已來者得與觀光，未來者置之不議，未免向隅。擬請援照江蘇借闈補行鄉試成案，凡甘省賊蹤未淨之處，劃留額數，俟平定後，請旨另開一科補中。而額數牽混,向①未分晰。今就陝、甘前三科中額詳加比較,先將甘省大數劃開,再從劃開數中酌留中額,以爲甘省未來士子餘地,此辦理大較也。

　　查陝、甘額中總數,連各邊郡編號六名,統中六十二名。詳核兩省前三科題名錄,陝省常中四十名以上,得三分之二而有餘;甘省常中二十名上下,得三分之一而不足。今將兩省大數量爲劃開,應以三分爲率,以四十一名爲陝省一次中額,以二十一名爲甘省一次中額。現請兩科並補,陝省共應中八十二名,甘省共應中四十二名。甘省現有賊擾,士子不能來陝應試者固多,而流寓陝中暨毗連各郡縣能赴陝應試亦復不少,應於劃出甘省大數中,每科提出三名,作爲此次應試士子中額,酌留十八名作爲不能來陝應試士子餘地。現請兩科並補,共提甘肅兩次中額六名,歸入陝西劃分大數中,仍行通同取中。無論陝、甘所中多寡,悉憑文藝以定棄取。緣陝、甘兩省向不分額,此次暫行劃分,專爲不能來試士子留餘,不爲來試士子強分中額也。兩科共留中額三十六名。

　　此外,陝省捐輸加廣永遠,中額九名,此次照例取中;甘肅捐輸加廣一次,中額一名,併留甘省軍務全境肅清,另爲該省請開一科,俾得共沐皇仁而培士氣。所有兩科並補,副榜請照正榜名數核計取中。至同治元年欽奉恩詔,本科鄉試,次省着加中二十名。陝、甘向列次省,此次補行壬戌恩科,其加中二十名,兩省應如何劃分,應候聖訓遵辦。仍遵定例,此次廣額不加中副榜。其餘編號六名內,甘肅五名,陝西一名,當視各該處士子能否就試,臨時分別核辦。其西安駐防文鄉試暨應試繙譯者,均請照例辦理,合併聲明。

　　一甘省士子每屆錄科,向例於學臣科試,未經取錄者,由各該教官詳請學臣錄遺。近因軍務未竣,學臣尚未按臨,各該學亦多無冊可考,而該士子流離轉徙、迄無定所,現在寄寓陝境,並肄業陝中書院者不少,若必飭令回籍,由各該教官具詳錄送,誠恐展轉誤期;然漫行錄收②,又慮有冒名頂替、匿喪違礙諸弊,今擬照錄送成例而變通行之。凡甘省士子,其已由各該教官詳請送錄者自應照常核准外,如有流寓他處及在陝省刻難請詳者,應令就近取具同鄉官印結,並五生互結其同鄉識認等官;或係候補無印人員,但能確知該士子委無前項諸弊,亦准借印出結,由咸、長兩學代詳學臣,一併錄送用,廣登進而昭慎重。

---

① "向":金陵本作"尚"。
② "錄收":金陵本作"收錄"。

奏請力減陝西差徭以紓民困疏　代劉克庵撫軍①

奏爲力省差徭、酌減平餘、革除節壽陋規、籌給各官公費，以紓民力而肅官箴恭摺仰祈聖鑒事：

竊維民生休戚關係治亂之源，大吏廉隅實爲州縣表率，未有大臣不法而小臣能克著其廉，未有州縣不清而羣黎能免其擾，未有小民叱離而宇内克弭其患者。是以圖治必先保民，保民必先擇吏，而懲貪去弊必清源而後可以滌流，此一定之理。然責吏非準之以情，去弊非出之以漸，勢必窒礙難行，可暫而不可久，祛弊或反滋其害也。

臣查外官文職權重事繁而弊亦最多，推其致弊之原，由於廉費不敷，辦公例支，實多賠累。上官不足取之州縣，則有節壽季規名色；州縣不足取之百姓，則有攤派平餘弊端。臣查佳節壽辰餽送禮儀，在平人親友，本往來交接之常，在統攝僚屬，即大啟苞苴之漸。當其節壽餽送之時，固無干求之事；而既經接收之後，難免瞻顧之私。相沿日久，將視陋規之有無爲屬員之賢否，是非顛倒，實爲吏治之害。陝省司道府州兢兢自愛，尚不至若斯之甚，誠恐稽查不嚴，弊端暗復。臣自去歲受事以後，即飭該衙門等各將從前節壽季規等項名色數目查報，現具②陸續報出，通行曉諭各廳州縣，嗣後一概嚴禁，不准與送，餽遺之風可以漸清，此革除陋規之情形也。

至於陝省百姓當兵燹之後，蕩析離居，拋荒農業，亟宜保養生聚，以培根本。臣與督臣左宗棠飭屬多方，報練③籌款，興修水利，發給牛工農具籽種，督令開荒搆屋，稍稍復業。訪查小民苦累，首在差徭，按糧派錢，雇備車馬，供支往來差事。次即完納地丁，於正耗銀兩之外又有平餘，以資添補辦公。既爲累民積弊，即當悉數革除。然而時艱財竭，不得不兼顧軍務及地方公事。察覈情形，差徭能省不能全裁，平餘可減，礙難悉革。自當參酌時宜，盡心籌畫差徭攤派一項。

臣於去年冬季咨商督臣左宗棠，將陝省各屬里局支差章程從新釐定：所有文武各衙門暨征防各營，尋常公事需用車馬、日行流差，俱令自行備辦，不准向

---

① "撫軍"：金陵本作"中丞"。
② "具"：金陵本作"據"。
③ "報練"：金陵本作"招徠"。

里局需索支應。惟令里局借支軍務轉運仍酌定，車馬夫騾運價計里給發，里民攤派，錢文專貼發價之不敷，以節餉項而重軍需。會同出示曉諭，行之經年，攤派較前減半，民頗稱便。

其平餘一項，查係百姓完納錢糧，平色不能一律，地方官傾銷批解，隨收平餘，以補折耗，並資之辦公。而各屬征收情形不同，有正銀一兩隨收平餘一二錢者，亦有以錢完納之處，每正耗銀一兩一錢五分，百姓祇交錢一千五六百文。按時價易銀，批解州縣，尚多賠累，自當區別辦理。至如官吏，操守責其清廉，民事責其勤慎，而不籌給辦公之費，是猶掩耳盜鈴，徒形欺飾。緣陝省州縣額設廉費僅數百金，除扣減搭錢而外，實領無幾；署員養廉減半，所得更少。辦理一邑公事，例銷各項額支領款較之實用實銷之數，無一不短數倍，俱係官賠。加以通省常年例無支銷，公事亦係攤派州縣捐辦，有限廉費捐賠已盡，豈能赤手從公？推而至於各道府州，廉費雖較州縣稍多，而統轄合屬，公事亦較州縣加繁。辦公竭蹶，情亦相同。若不求事功之實，僅循裁革之名，勢必另生他弊，轉恐累民尤甚，此又平餘可減而難盡革之實情也。

現經臣藩司翁同爵詳細商酌，由該司具詳前來，臣覆加察覈各屬征收情形，除向來以錢完納暨額征在五百兩以下，及蒲城縣向由百姓征解，俱飭照舊征收，毋庸更張。此外通省各屬平餘，概令普減三成，免其完納，以紓民力。由臣出示曉諭，張挂市鎮通衢，俾民周知，其餘七成暫允分別提留，分給司道、府廳、州縣辦公。俟軍務平靖，再行酌辦。即司庫道倉出入，亦經臣與該司道等酌覈裁減，並將通省攤捐各項公事酌量減派，並由臣與藩司養廉内幫捐辦理，以體州縣之情，即可遞省小民之力。臣思多年積習查出，裁減滌除，固不敢避怨遷就，以貽小民重累，而求事之經久可行，民之得霑實惠，未可草率從事，轉令諸務廢弛，所謂去弊先其太甚者也。臣愚惟知實事求是，不敢不直陳於聖主之前。

伏查前湖南撫臣駱秉章奏明征收南漕，定有辦公、軍需兩項。其名雖似添設，其實較前減輕過半，民咸利之。陝省民困已極，臣日與司道再三商確，諸事節省，既減差徭，又減平餘，仍令各官吏不至辦公掣肘，庶幾積弊永除，殘黎得蒙其澤，以仰副皇上子惠黎元至意。正在具摺陳奏間，接准部咨，鈔録①刑科給事中劉秉厚奏："風聞直隸地方浮收錢糧一摺，欽奉上諭：'敕令各督撫各率

---

① "鈔録"：原作"錢鈔"，據金陵本改。

所屬，裁減浮費，明定章程，刊示鎮市通衢，俾小民得以周知，吏胥無從舞弊。如有額外多索者，一經發覺，即予從嚴參辦等因。欽此。'當即欽遵轉行辦理。"可見直省征收大率相同，謹將陝省辦理情形據實陳奏，請旨嚴敕，此後如有授受規禮、勒派小民情弊，從重治罪，俾期民安吏肅，大法小廉，所有力省差徭、酌減平餘、革除陋規、籌給公費各緣由是否有當，謹會同督臣左宗棠合詞恭摺附驛具陳。伏乞皇太后、皇上聖鑒訓示！

謹奏

奏請湖南省城建立克勇昭忠祠疏　代劉克庵撫軍①

奏爲湖南省城建立克勇忠義祠，合祀陣亡員弁士卒，請旨飭列湖南祀典，春秋致祭，以安忠魂，恭摺仰祈聖鑒事：

竊臣所部克勇一軍，自隨督臣左宗棠轉戰東南，於同治二年克復浙江蘭溪、浦江、諸暨各城。及援安徽，掃清休、歙竄賊，克復黟縣城池；援江西，剿除饒州巨股；會攻浙江餘杭，裁剿淳安、遂安竄賊。三年，克復江西崇仁、宜黃兩縣城，截剿浙江敗賊。四年，會攻福建漳州、南靖，掃清閩境。又克復廣東嘉應州城，殲除巨寇。仰仗天威，東南一律肅清。統計數載之中，大小百餘戰，員弁、士卒臨陣捐軀及積勞殞命者，前後共一千三百八十九名。其死於浙者，雖前經左宗棠奏請，於浙省建立楚湖忠義祠，而在他處陣亡未附祀典者尤眾②，未便任其廢缺。伏查陣亡二品以下文武各官，原有入祀本籍府城昭忠祠之例。今克勇武員自總兵以下至軍功文員，自同知以下至從九，陣亡者一千餘名之多，而隸籍並非一省，死事亦非一處，自應另建克勇忠義祠，以聚英靈而昭激勸。

臣前於同治五年三月，派委四品銜福建候補直隸州劉倬雲，在湖南省城設局查發克勇歷年陣亡及在營病故弁勇應領口糧、恤賞銀兩，除已發外，其實無親屬領取者共存銀若干。於五年十月稟報前來，臣當經札飭劉倬雲即以此項餘銀在省城修建克勇忠義祠。去後於六年十一月，據劉倬雲稟稱：現在湖南省內小吳門側價買民地一段，鳩工③建祠，業已落成，共房一百二十五間，並置買

---

① "昭忠"：金陵本作"忠義"；"撫軍"：金陵本作"中丞"。
② "眾"：原作"重"，據金陵本改。
③ "工"：原缺，據金陵本補。

祭田一百二十五畝，稟請擇期入主。並將陣亡弁勇官銜、姓名繕具清册，呈請奏明，列入祀典，以垂永久等情前來。

臣竊念忠憤之心激而彌壯，義烈之氣培而益堅。在陣亡克勇各將士，實本其同仇敵愾之誠，以致其殺身成仁之志，奮勇捐生，原無所憾。而聖朝褒忠有典，凡軍興以來，效命疆場，靡不立沛恩施，建祠崇祀。蓋所以彰已歿之忠節，即所以植將來之士氣也。今臣與克勇轉戰多年，既苦甘之與共，尤生死以難忘。若不籲請入祀，妥彼幽魂，是生者均邀保薦之榮，而死者長抱堙沈之痛，即臣之疊膺恩命、洊歷崇秩，轉有撫衷感悼、寢饋難安者，此臣所戚然追念而亟亟瀆懇者也。合無仰邀天恩，飭下湖南巡撫，將克勇忠義祠列入祀典，每年春秋由湖南遣官致祭，以安忠魂而昭激勸，出自逾格鴻慈。所有湖南省城建立克勇忠義祠、合祀陣亡弁勇、請旨列入祀典緣由，理合恭摺具奏，伏乞皇上聖鑒。

　　　　　　　　　　　　　　　　　　　　　　謹奏

朱子社倉私議

自《周禮·遺人》掌委積以恤艱阨、以待凶荒，而齊之管仲，魏之李悝，漢之耿壽昌，靡不以民食為急作，思患預防之計。惟隋臣長孫平創行義倉，立之當社，以時賑發，為得其要。唐宋遞相遵倣，至朱子而規畫備詳。倉雖以社為名，事實與義同例，其要尤在地近其人，人習其事。鄉村分貯，則斂散可以隨時；典守在民，則吏胥無由滋弊，制莫善於此矣。自宋迄今，又七百餘年，後之人非不欲仿而行之，然往往暫行而輒廢，未受其利而先受其弊。且使鄉人士視同虐政，動色相驚而莫敢任者，則誠何哉！

本朝李穆堂先生謂："社倉之法，非一手一足之為烈。朱子之始行於崇安也，任事之人，皆其門生故舊、學道君子。今首事者，即無愧於朱子，而分理其事者，不必皆如朱子之門生故舊。故其法卒不可得而行也。"善乎其通論乎！然吾謂此尤未足以盡之也。孔子曰："十室之邑，必有忠信。"豈一州一縣之大，竟無四五君子如朱子門生故舊其人耶？果得四五君子主持於上，則凡奉行於下者，即非學道君子，安必不漸化為學道君子？則謂社倉之不行，由無朱子門生故舊其人者，不盡然也。

且今之舉行社倉，又非不求家道殷實、人品公正者總司其事、分理其事矣，而亦卒不克行，何也？天下義舉專主於官，則吏胥侵漁，弊在煩擾；不主於官，則紳董推卸，事難經久。如社倉自積儲以至散放，自經收以至監守，委曲煩重。

如此非得官力選舉，誰肯身任其勞者？社首之私吞濫放，土棍之強借抗償，把持刁難，如此非得官方究懲，誰敢躬攖其怨者？則固不得專主於民，而無容兼主於官，惟必待官以主之，而弊又自此生矣。殷實之家率多畏葸，公正之人率多恂謹，即學道君子未必皆熟習公事、認識官長，而鄉里刁健之徒，又多結連胥役①，善於滋事。設遇前列各弊，勢必稟官。既經稟官，則必候批、候提、候審，費已不貲。幸而得理，尚可推行盡利；不幸而遭刁健者搜求②疵短、捏造黑白，一經地方官駁斥，則又將有賠墊之累，祇得忍氣吞聲、匿形戢影。而所謂刁健者，廣引儔類，乘機攔入，既摻雜其中，必刁霸於上，惠民之舉，胥成厲民之事，而社倉尚可復問耶？

余曾於光緒三年奉委勸辦咸、長賑務，目睹二年所積倉糧已有侵吞净盡、兩相争控者，況欲永遠遵行？使無善法以損益而補救之，其何以窮變通久乎？蓋嘗論之有治人，無治法。似行社倉，首在得人。然不得人而事莫能舉，即得人而不竟其用，或一時竟其用，而移時仍不竟其用，則其弊亦與不得人者等，知此始可以言行社倉矣。

考宋乾道四年，朱子拜樞密院編修之命，歸崇安五夫里，貸粟建倉，而始終襄事者，又有朝奉郎劉如愚。是當時主持擘畫者紳也，而實官也；官也，而實紳也。紳而官則州縣不敢掣其肘，官而紳則閭閻胥能喻其心。重以朱子之品行學問，天下胥欽，何況同里？帝心簡在，何況有司？不然自乾道以至淳熙十四年中，稍有阻窒，安見社倉之必克有成乎？設使今之宦成名立退居林下者，力行社倉於一鄉一里之中，則聲望既足動乎官民，即規爲必可垂諸永久。乃或以其事甚煩不堪，擾暇豫優游之趣；或以其功甚小，不足塵宏深遠大之謀。即地方官亦不願延請此等鉅公相助爲理，而所諭飭舉辦者，不過貢監生員而已。以貢監生員而董其事，不必盡品學兼優也。即使人人皆學道君子，而官吏未必其敬信，人民未必其服從。抑或始事之官吏敬信矣，而接任者未必亦相敬信也。好善之人，民服從矣。而抗公者，未必盡相服從也。又況其事非一人所能理，同爲儕偶，誰甘聽其驅策？其功非數年所能竟，日益轇轕，疇願分其仔肩，取民資以宏施濟？而民或慳其資，藉官力以繩其刁滑，而官或靳其力。年深歲久，官紳否隔，吏忌民仇，進退維谷。惟有設法求去，遠害全身，一聽社倉之潰裂消

---

① "役"：金陵本作"徒"。
② "求"：金陵本作"得"。

亡而已。自來紳士辦公，如染寨、練團、勸賑大都如是，而社倉其尤棘者也。

嗟乎！士生晚年，抱後樂先憂之志，無所假手，以利濟天下。而凶荒屢告，又不忍坐視宗族鄉黨、親戚友朋相率以填於溝壑。幸值此歲豐穀賤，區區爲一社謀蓋藏，聊作未雨綢繆之計，於情既有所不能恝，於義尤有所不容辭。但使任盡勞怨，嘗盡艱苦，於事少有所濟，亦所甘心。所憂者弊生而無以弭，累滋而無以補。良法美意，反成厲階。公私兩困，負咎益深。此所以徘徊太息不忍不任者，又不敢逕任也。

然社倉則遂不可行乎？則又非也。夫自古無無弊之法，所恃者得人以任法，而隨時損益補救，斯弊可盡去，而法可常行。如今者札飭通行社倉，一州一縣之中，大小倉當不下數十處。或聚集一堡，或分積各村。其章程皆聽民間自行酌擬，不爲遙制。上憲之爲民立法，非不審慎周詳，無微不燭矣。然試問承辦社倉紳董，設遇前列各弊，誰實能力爲挽回者，則必皆有無可如何者矣。如是而社倉之行，其果能有利無害乎？今擬於承辦紳董之外，另選物望素孚、職銜較大者四五人總管各處社倉，不必勞以積儲細務，但當責以稽察專司。由司道給以札諭，由牧令送以照會，並刊發木戳以爲符信。而此四五人者，或分路履勘，或分年輪查。每歲春放之先、秋收之後定爲兩次，遍歷各社，認眞查核。小事則繕書稟啟，加印戳記，遣人投遞；大事則親詣衙署，執持札諭，面陳顛末。地方官亦必立予簽提，隨到隨審，一切開送案勿令花費分文，務將弊竇剔除凈盡。俾司事者無憚其難，而阻公者咸畏夫法。一年如是辦理，數年如是辦理，即數十年亦無不如是辦理，庶各處社倉有所倚庇，而永遠可以奉行。此固朱子與劉如愚之所以創辦於當時而絕無阻窒者。而《崇安社倉記》中未曾道破，即後人之倣而行之者，亦未經論及也。

或謂如此辦理，似紳士之權太重，安必不有假公濟私、把持官府、武斷鄉曲者乎？不知道與權合，政無不行；權與道分，事鮮有濟。以孔子之聖，而匡人圍之，桓氏要之，陳、蔡大夫阨之，豈道不足以孚乎？抑①權不足以輔之也。雖善不尊，不尊不信，不信民弗從，蓋古今理勢，固如是耳。朱子雖大賢人，劉如愚雖真善士，使僅爲介一匹夫，則常平之粟且不可貸，豈社倉之法竟能必行乎！故既責人以不易行之道，即當假人以有可藉之權。且一州一縣之大，何遂無四五正紳，不愧爲樂道君子？況職品既崇，詎忘束脩自愛之節？即予以重權，亦

---
① "抑"，原作"仰"，據金陵本改。

必謹慎從公，和平處眾，斷不至斂怨爲德，以重資口實。地方官果能詳加選擇，隆以禮貌，推心置腹而任之，並呈明上憲，代求札委，酌議薪水，以爲車馬夫役之費，則所推崇者，僅此四五人倡提於上，而各處社倉紳董無不鼓舞於下。蓬生麻中，不扶自直。縱有不肖，當無不潛孚默化，共成此義舉者矣。

吾鄉牛雪樵先生任資州時，整理社倉，優待社首，刊給木戳，以專責成，并聲明凡不關社倉事者，毋得混用、干預，違者究懲，亦何嫌於權重耶！況彼概給各倉社首，則給不勝給，未免紛雜。此第專給總查之四五人，則又簡而易行，無致貽害者矣。仰或先於一鄉一里中試行，果能行於一鄉一里，則必能行於一州一縣。天下事固有由小及大、由近及遠者，原不必好事喜功，徼倖以求其濟也。顧吾思之年歲無十載常豐之理，但使保護維持克歷十年之久，則倉穀之儲必著明效。而此四五人者，勞苦功深，亦當另行選舉，以資接替而示體恤。至於經此一番籌布而行之既久，或別有阻窒之處，則又待後之講求積貯者因時因地變而通之，以盡其利，而非愚盲之見所能逆計者耳。

按朱子《社倉記》：府給常平米陸百石，委臣與土居朝奉郎劉如愚同共賑貸。又奏請下其法於諸路，務差本鄉土居官員有行義者，與本縣同官共出納。夫官而曰土居，必其①鄉人士曾出任於外而退老閑處者，蓋即今日之所謂鄉宦也。然則欲行社倉之法，非得此等鄉宦以大力維持，斷不能有利而無弊。當朱子時已然獨不可援古以例今乎？即或鄉里中實無土居官員，則凡現任教職於外州外縣者，其去本州本縣必不遠，亦可擇其素有德望兼習公事者，酌量予假，札飭回籍稽查社倉，事畢復任，未嘗非變通辦理之一法矣。否則與其滋害於後日，何苦慎施於先幾？誠遵《社倉記》中所云："民間有不願置立去處，官司不得抑勒，則可不至搔擾。"似尚有合於清净爲治之意。況《記》中明言："里社不皆可任之人，欲聽其所爲，則懼計私以害公。欲謹其出入同於官府，則鉤校靡密，上下相遁，其害更有甚於此者。"是朱子於行社倉之始，早洞鑒後世之弊，而教人當有以防之。尚望今之仿行其法者，以朱子之法爲法，尤必以朱子之心爲心，庶不致徒慕虛名而反貽實患也。

光緒庚辰嘉平月上浣忍庵主人又識

辦理回逆臆議　同治六年十月上左爵督部堂

自回逆倡亂以來，蹂躪兩省，蔓延七載，跡甚狷獮，而實則較髮、捻各逆均

---

① "其"：金陵本作"有"。

易易辦,以其貪狼成性、各霸一方、不相統屬故也。甘省回逆大勢,西南以河州爲重,東北以金積堡爲重,兩處皆陝回之逋逃藪。陽爲就撫,陰則挾陝回以爲之屛蔽而怙惡不悛者也。非先剿陝回而河州、金積之回不能撫,非并剿河州、金積,而平、固、甘、涼等處之回不能撫。其中豈無良回?惟奸回不去,良回亦決不能安耳。現在狄道克復,則河州之吭可扼;寧夏歸順,則金積之背可撼。而進兵宜先從董志原始,遠撫而近剿,順撫而逆剿。取其渠魁而殲除之,分其良善而安插之。斯回民可平而漢民亦可息矣。所有臆議條列於後:

論賊情

回逆多詐而善疑,勝則分而敗則合,勝則任意焚殺,敗則飾詞投誠,其故智然也。如現在金積、河州等處雖云就撫,而梟悍騎賊四出滋擾,暗與陝回勾結以爲屛蔽。料我軍不能遽剿及彼也,而乘時築城鑿池,積草屯糧,操演馬步,置辦軍火,以爲異日抗衡之資,是誠何心哉?徒見其就撫之地暫時安貼,遂謂撫局可信,果可信耶?然彼既以撫詭我,我何難以撫制彼?寓剿於撫,不言剿而剿之,用神矣。

論寧夏

寧夏表裏山河,土田肥美,元昊據之以抗衡中原,誠用兵必爭之地也。賊陷寧夏,不以全力保守而徒據金積堡以爲固,知馬化龍亦駑才耳。今宜屯重兵於此,以黃河爲界,西連中衛屯田積粟,東與定邊聯絡掎角,則已足以拊金積之背而制其命。然後察其投誠之真僞,以宏我剿撫之妙用,斯陝回之退路可斷,而甘回之老巢可平矣。

論秦州

秦州當關隴之會,西扼洮、鞏,東連興、漢,南通巴、蜀,北控平、固。自變亂以來,州屬被禍尚淺,田地未盡荒,財貨未盡竭,藉本地之壯丁可以足兵,轉川省之粟米可以足食,是真大有爲之基也。惟是歷年用兵取給該州,差煩賦重,民力已疲。加以酷吏貪弁借端朘剝,各屬百姓愁苦萬狀,誠得賢明大員加力整頓,再選廉吏數人分守各縣,以休息者鼓舞之,爲甘省用兵之根本,斯亦我國家之關中、河內矣。

論汧隴

汧隴內蔽鳳、寶,外接靈臺、華亭、靜寧、清水等州縣,道路四達,亦賊蹤出沒之區也。現在回酋李德昌就撫後,經隴州湯牧敏安插於張家川一帶,頗見信服。且外逼於駐紮水洛城之張貴,當必不敢遽逞,正可撫而用之,使之協堵陝回,或亦事半功倍之策也。惟是汧隴堡寨林立,雖有鄉勇,只能保守,不能迎剿,一遇大股竄入,實有應接不暇之虞。似宜即令湯牧兼帶勁勇數營,擇要隘駐紮,與涇州聲勢聯絡,倘有陝回竄擾,一面調李德昌邀截,一面以鵰剿之法擊之,賊必不敢南竄也。

論金積堡

金積堡回酋馬化龍雖不能成大事,然亦勁敵也,可以智取而不可以力鬬。何則?東南之人趫捷而輕,不能持久;西北之人堅強而悍,最能銳進。現聞金積堡碉卡林立,火器最重。馬化龍并練得勁勇數千,所舞竿矛其粗盈把,擊刺如飛,均能以一當百。每與我軍對陣,持矛力奔,抵死不退。槍炮雖利,勢不能展。行陣稍亂,隨以馬隊縱橫冲突,苟非運籌預定,防備素嚴,鮮不為所乘者。四年,雷、曹二軍之敗,職是故耳。川楚各軍實為馬化龍所輕,如未握必勝之策,正不可易而忽之也。

論河州 此條參用甘省紳士條陳

河州回匪夙稱強悍,劫奪為生。太平時已如此,當陝回搆亂之初,即聞有"河州鬼者"回匪紳號 相助焚殺,是陝回之亂,實河州回匪有以煽之也。其老巢有三:一州城北二三里許之華寺;一畢家塲;一祁家塲,通謂之拱北。拱北者,清真寺也,又號母佛帝。母佛帝者,渠魁之總名也。不但陝、甘回民奉為依歸,即他省回民亦皆聽命焉。誠回逆之淵藪,非痛加剿洗,無以伸天討而清盜源。

且河州各巢蓄藏甚厚,賊據之可以自雄,我取之可以足食。聞自狄道克復後,各處大兵雲集河州,勢如破竹,本足擒渠掃穴,而該逆仍以求撫之詞為緩兵之計。現在黃軍門金山、傅軍門先宗等均擁重兵,駐紮狄道,名曰彈壓,而曠日持久,師老糧竭,意外之變,可翹足而待也。誠得知兵大員堪任方面者,馳往蘭省,相機督辦,或用鄉團攔截,或調土司兜剿,務令忠義豪傑之氣得以伸展。聞臨洮土司與回逆世仇,恒欲幫助官軍剿滅回逆。調而用之,亦以夷制夷之法也。庶賊勢立見窮蹙,而我軍西阨積石、老鴉二關,堵其西竄之路,然後專意蘭省以東各賊,則自鞏昌至秦州立報肅清矣。是則他處可言撫,而河州斷不可言撫也。

論土司 此條全錄甘省紳士條陳

查洮、泯土司為我國家陪臣已數百年,其性憬悍,善騎戰,能勞苦,耐飢寒,衣則裘褐,食則青稞、炒麵及乾牛羊肉末。其馬則喂芨芨草,瘦健而耐久,進剿則人持炒麵或肉末一袋、草一束,即足數日之糧。或草不足,亦喂以炒麵。又有土番一種,完納糧賦,一如漢民,其性俗與土司同。若集此輩於天寒時,或山林深遠之地，用之得力，當倍於兵勇。惟其性貪，嘗欲厚獲犒賞，誠議定養傷、命價銀兩，必能得其死力，或亦臂指之助也。

論甘勇

甘省百姓流離失所，恒欲充當勇丁，以洩仇憤。招募成軍，易如反掌。現在梅軍門開泰、傅軍門先宗所部各有黑頭勇數營，打仗極爲得力，皆甘勇也。即所帶楚勇營内亦多甘勇，以楚勇潰逃後，悉募甘勇補之也。此勇須用北人統領，尤易見功。其性耐寒而習勞，其心畏法而守分。欲平甘賊，正當重用甘勇耳。

論楚勇

古無久而不弊之法，亦無久而不疲之兵。盡利者所以貴變通也。自髮、捻滋事，惟楚勇最得力。然用之他省，立見成功，用之甘省，反多敗績者，何也？一由甘地苦寒，楚勇不能耐冷；一由甘省缺米，楚勇艱食雜糧；一由楚勇長於火器，而甘回打仗持矛猛進，交手以後，則竹竿不如木竿之勁，長器不如短器之利。且楚勇自轉戰各省以來，經過無數繁華，用過無數銀錢，錦衣美食，心侈意驕，一聞開差甘省，未有不怒焉如擣者。夫既視甘省爲畏途，則其志已懈而氣已餒，強而用之，定難得力。況乎平定十餘省，奔馳十餘年，功既可恂，情已可憫。雖甚驍①健，不能不疲，是烏可不亟思變通耶？

然則楚勇其必去乎？曰：何可去也！選其精壯，擢其奮勇，厚其衣裝，重其糧糈，以黑頭勇爲其前導，以東省馬隊爲其後勁，甘事庶有豸乎？其餘不願赴甘者，或留於陝境防剿，或設法安置與之休息，斯善用楚勇者矣。

論土匪

甘省土匪其皆逼於逆回而起乎，惟仇回也深，則殺回也力。撫而用之，誠以賊攻賊之策哉。然用土匪亦有法，非挑選歸伍教練得人，無以制其命而程其功，而管帶此等土匪，尤必專用北人。若以南人爲營哨等官，則語言不合，性情不洽，仍不能得其死力。昔岳武穆計定八日可擒楊么，謂前以王師攻水寇則難，今以水寇攻水寇則易。水戰彼長我短，以所短攻所長所以難。若以敵將用敵兵，使賊孤立而以王師乘之，何難力俘諸酋耶？今慶府之□□□、蘭府之范銘，非即宋代之黃佐、楊欽輩乎！顧用之何如耳？

論進兵

---

① "驍"：原作"饒"，據金陵本改。

进兵甘省不可無正兵，不可無奇兵，不可無伏兵，不可無鷳剿之兵。如刻下進兵，一延安，一慶陽，一涇州，必須厚集兵力，嚴陣徐進，此正兵也。而三路相隔甚遠，賊之來也，恒伺無兵之處，亟肆以疲我，多方以誤我，且乘間深入腹地以牽制我。我軍分應則力單而難支，回剿則尾追而莫及。此數年用兵所以無功也。似宜於三路正兵之外，另選精銳三軍作爲奇兵，度三路聲勢不接之地，據險保守，或依民寨結營，晝則多樹旗幟，夜則多燃號火。且紮無定地，行無定期，倏往倏來，忽現忽伏，使賊莫測其多寡，莫名其趨向。回性善疑，必不敢越我而馳也。年來回逆竄入腹地，並無多賊，且騎多而步少，意在擄掠不在攻戰，我軍兜剿即復颺去，亦故智也。似宜預留馬隊二三營，駐紮於賊來必由之地，避其銳進，擊其惰歸，步兵邀截，騎兵跟追，毋令得破一城一寨。每夜納喊劫營，使賊不得休息。並於要路密撒鐵蒺藜，暗抉①梅花坑，則馬賊既破，步賊立殪矣。此所謂鷳剿之兵也。至如寧夏、秦州兩路，均宜屯重兵而不可驟言撻伐，恐於遠撫近剿、順撫逆剿之大局有礙也，則伏而已。

論陣法

回逆打仗仿佛捻匪，先以馬賊包抄，繼以步賊猛撲，尋常陣勢多被沖散。愚四年在甘見雷、曹各軍，每以多帥所教雙龍陣制勝。雙龍陣者，四面均可迎敵，賊無能逞也。特其交戰之始，無論多少營，都作一字陣，迨回逆撲急，力不能支，方收作雙龍陣，則亦袛以救敗而已。何如？各營先即布成雙龍陣，合之爲一大雙龍陣，分之爲眾小雙龍陣，大陣包小陣，而馬隊翼於左右，則百戰百勝之著也。六年正月初六日，劉軍門松山魚化鎮之捷，愚立鎮城上觀戰，見我軍皆作團團陣，合眾團團陣布成四方陣，馬隊分列陣角，任賊衝擊，屹然不動。候捻逆敗退，乃分兵追殺，遂大捷。愚謂以此陣剿回逆，可與雙龍陣並美，後聞黃觀察鼎亦仿此陣，屢立戰功。然則團團陣者，其撒星陣之遺法乎。

論屯田

辦甘省軍需，屯田其先務乎！賊勢浩大，非旦夕可平，且地方貧苦，彌望蒿萊，萬眾枵腹，無從辦糧。而議者欲在陝省興屯，則又非宜。陝西糧食之不足，由於民業之未復；民業之未復，由於賊氛之不靖。誠使回逆遠遁，不至攔入腹地，則每歲所入，定多贏餘。糧價日低，民贍而兵亦贍矣，此固無待於屯者也。就令在陝興屯，歲獲豐稔，而由陝運甘，輸輓爲勞，千里饋糧，士有飢色，況不止

---

① "抉"：金陵本作"掘"。

千里耶？昔趙充國屯田於湟①中，枣祇屯田於許下，諸葛武侯屯田於渭濱，皆逼近敵境，且戰且耕，膚功所以克奏也。然則爲甘省謀屯田，在中路則平、慶、涇、原，在北路則中衛、寧夏，在南路則鞏昌、秦州，相其土宜，察其水利，並據其形勝而酌行之乎。

論陝回

陝回之叛，論者恒謂漢人有以逼之也。由是逆回亦藉口曰：非漢人逼我，我不敢叛。而反有詞，以抗官軍。不知回民中誠有極善良之人，必不願滋事。而一種殘狠黠猾之徒，如任、孫等首逆，實已謀叛多年，恨不得逞，一遇髮賊臨境，即乘機而起，謂皆漢民逼之。可乎？

夫是時漢民固未嘗有殺機也，而該逆等竟敢手刃議和之張欽使，欽使可殺也，其叛不已決乎！各處回民之桀驁不法者，皆已入其中，轉相煽引。各處漢民一日三驚，實逼處此。而秦兵方絀，莫由彈壓，積疑生畏，積畏生殺，回、漢兩不相安，遂致兩不並立。推原禍首，罪有攸歸。夫正名乃可罰罪，聲罪乃可致討。天戈所指，罪人斯得，造逆之名，不可原也。

營田局子午黃良二廠叛產應歸堡寨議

查營田局於同治四年清丈，得葛村叛產地共一十二頃五十七畝五分五釐八毫，清丈得南橋村叛產地共一十頃零九畝六分三釐四毫。兩處叛產共計地二十二頃六十七畝一分九釐二②毫。當經招民領種，議定每年納租完糧各在案。自四年至今，回、捻各逆往來蹂躪，田多荒蕪，客民遠竄，根究無蹤。以故歷年租既未納，糧亦未完。推厥原由，悉因堡寨未立，保守無資，百姓之身家未奠，三農之耕穫皆虛，上下交困，良可浩歎。

茲奉鈞諭，擬令黃良廠新成之買里寨領種此地，除每年完納糧租外，所有餘錢③悉充防守寨城共用，仰見大人愛民如子、委曲矜全之至意。惟念堡寨領種叛產其弊有四，其利有四，請爲大人詳陳之：

葛橋村丈出之地，與原額之糧聞多未符，隱瞞田地礙難稽查，一經堡寨領種，丈出之糧固應承納，未丈出之糧猶在空懸。未幾而空懸之糧，亦必責令承

---

① "湟"：原作"潢"，據文意改。
② "二"：原作"四"，誤，據金陵本改。
③ "錢"：原缺，據金陵本補。

納者,理勢然也,是獲利無多而受累已無窮矣,其弊一。

聞營田局將此地撥歸關中書院,每畝每年於完糧外,所納之租僅議折錢三百文,可謂輕矣。但既屬官田,則差役之需索、官府之加派,必有日增日多或相倍蓰者,加以水旱荒灾,正供不足,而定例難寬,是爲民而反以累民也,其弊二。

查領種叛產之家有獲利頗多者,有并未獲利而賠費牛、種無算者,然歷年租糧均未完納,舊欠之數已鉅,如堡寨領種此地,在官府必責之於堡寨,而堡寨何以償?在堡寨必責於百姓,而百姓又何以償?展轉需索,徒增煩擾,其弊三。

長安車馬夫役一切差事,由四十九里公支。今堡寨領種此地,完納之外,勢必令支雜差。現在各里疲窘已極,而堡寨新成,人多聚居,官府下一令於堡寨,勒要車馬若干、夫役若干,爲寨長、副長者何敢不支?一支再支,終必難支。而聚居者且散而之他矣,而堡寨之支差已成例矣。一有不應,則聚眾抗官之罪,夫復何辭,其弊四。

然而隱瞞田地,官府丈之而不能清者,鄉里辦之則易晰,以熟習其田地之界畔也。今以此地付之堡寨,其丈清之糧,本年升科;其未丈清之糧,即責成寨長、副長等緩緩清查,何時查清,何時升科。則是額糧可漸復,而百姓亦無大擾,其利一。

自來辦團多滋流弊,以烏合之眾無裨實用也。今以此地分之堡寨,堡寨分之百姓,議定種地若干,出一正勇,時時教練,務令明曉隊伍,精習技藝,無事則耕,有事則守。勇顧身家,可絕譁逃之弊;士遵號令,足資捍衛之功。是即寓兵於農之意也,其利二。

叛產坐落既多紛歧,種叛產者,或客民,或居民,亦多散處。催租催糧,恒費周折。今以此地分之堡寨,所有租糧,寨長等一切承納,無煩逐户討要。是可省催科之擾者,其利三。

現在種叛產者,多兩湖、四川之人。曠野之中搭棚而居,難保無奸宄之徒潛入其中,爲地方害。今以此地付之堡寨,由堡寨招人耕種,除本地之人彼此認識,無容稽查外,一切客①民,即責成寨長等隨時綜核,并編列保甲,令其互相糾②察,是可靖奸細而安良善者,其利四。

於此而欲除其弊、興其利,非變通辦理不可。查葛橋村叛產俱在子午廠,

---

① "客":原作"容",形近而誤,據金陵本改。
② "糾":原作"糾",同字異體,據金陵本改。

而叛糧則黃良廠亦有之。宜以此地分給子午、賈里二寨，承領招種，只納正糧，不支雜差。其每年每畝應納之租，如議定折錢三百文，即令二寨每畝出錢一千五百文，共計出錢三仟四百串雙零七百八十文，限期交官，發當生息，每年可得息錢六百八十串零一百五十八文，以足每畝三百之數。所領之地官給印契，開寫明晰，爲二寨永遠之業，再請將舊欠租糧概行豁免，庶逃戶可盡歸，荒田可盡墾①，正稅可盡復。似屬官私兩便、上下交益之法。

或謂屯田皆以養兵，今叛產歸於堡寨，其所養之勇僅爲守寨計耳，必不能調往他方用資防剿，何爲有益？不知堡寨者，省府州縣之枝葉也。保堡寨正所以保省府州縣城也。昔有人進策於獻賊曰："攻城不如攻野，野空則城自破；殺男不如殺女，女盡則男無歸。"獻賊大喜，即用其謀，以陷川、豫各省。今咸、長堡寨均附近省垣，如果經費充裕，慎固防守，使賊無可入，無可擄食，又乘其備以擾之，尾其後以擊之，賊雖猛悍，何至公然竄及四關耶？而謂堡寨之養勇非急務耶？

查屯田之法，官發牛種、蓋廬舍，教人開墾。或爲兵屯，即以所出者爲兵之衣食；或爲民屯，則以所收者供兵之餉糈。有數年後始升科者，有永遠不升科者，且督辦之官府有廉俸，經理之士紳有薪水，催喚之差役有公②食，每因需費浩繁，屯政無成。今以叛產歸堡寨，不煩籌畫，不須經費，而糧租兩項可以均收，亦即可以租糧所入爲陝省添養營兵，何嘗僅益於下而不益於上，僅便於私而不便於公耶！如黃良、子午二廠可辦，則各鄉亦可仿照辦去。惟咸寧之東北鄉與長安之西北鄉情形不同，又當變通辦理，未便妄陳。

忍庵附記③：

查營田局前歲與關中書院撥去叛產六十頃，與育嬰堂撥去叛產六十頃，以每年所入錢租爲教養人才、拯救孩童經費，甚盛事也。惟當時局艱危之際，總宜以先務爲急，人才固須教養，而以時藝爲教養，其所教養者可知。況兵火交迫，士子之肄業者何人？孩童固當拯救，而以種痘爲拯救，其所拯救者亦寡。況殺掠無歸，孤幼之待哺者盈野，此堡寨所以不可不修，而以叛產歸堡寨，尤較關中書院、育嬰堂爲急務也。如蒙轉詳撫憲飭下營田局，將已撥書院、育嬰堂

---

① "墾"：原作"懇"，形近而誤，據文意改。
② "公"：金陵本作"工"。
③ "忍庵附記"：原缺，據金陵本補。

叛産盡歸堡寨領種，并將應納錢租緩期交清，且所交錢租不必遽交書院、育嬰堂，即以此項借款給咸、長東北、西北各鄉，爲修築堡寨之費，俟堡寨一律修完，又復將此項徵還爲開墾叛産之費。迨至鄉有堅城，野無荒地，武功丕振，文教聿興，衽席同登，襁負兼恤，然後撥還關中書院、育嬰堂，每年討取錢租，永遠爲例，似亦變通辦理之法。

致徐觀察變通錢法助賑議

敬啟者：各市斗粟價逾四仟，後事真不堪設想。現在賑務萬方拮据，計惟有籲請撫憲飭令官錢局速出新票買糧平糶，尚可望糧價稍減，以補救於萬一。諸同人博采輿論，另具條陳一摺，即望轉呈中丞察核，并希委婉陳明此次錢票若出，必於賑務有益，斷不至窒礙難行，有誤大局。伏聞中丞爲我災黎日夜焦勞，誠使此議果行，則民困可蘇，而中丞之憂亦可稍紓矣。諒我兄厪念桑梓，當不避忌諱而壅於上聞，弟等不勝屏營待命之至。

竊維糧價日增，人心皇皇，勢甚危迫。千萬籌思，但有平糶一法，當能使糧價頓減，而賑法亦可次第舉行。現據民間議論，僉稱官錢局若出錢票數十萬仟，立可將省內各市大宗囤户麥米一概買完，約計能得數萬石現糧，以此平糶，即以此平糶所得之錢，仍馳赴省外各縣鎮買糧平糶，則糧價不能不減，庶足以支危局而安眾心。伏聞撫憲以票本無着、票底未清不欲遽行出票，仰見綜核錢法至意，惟念籌濟急需，似亦有可以變通辦理者。而票本既能預備，票底亦能漸清，推行無窒而公私俱便。管見所及，俟列於後，是否有當，伏冀矜鑒①施行。

一官錢舖此次出票以多爲貴，若但恃銅錢以爲票本，勢必至應接不暇，窒礙難行。誠如中丞所慮顧，愚見以爲，每月仍照常預存銅錢若干，以便民間取攜。此外再以現銀換來錢行二十家，并咸、長公局錢票數萬仟，以備銅錢不足。即以票易票，令持票者轉向各錢行、錢局換取錢文，如此一變通間，當可無虞擁擠，無致拮据。況恒通字號錢票行之年久，民皆信而便之，雖經奏明查收在案，率皆存藏使用，不肯繳銷。如現在各錢行，錢票均不能如官錢局之暢行，可見此次所出新票，亦必能輾轉行使，斷不至一時紛紛回票取錢。若再飭令所出新票准照時價折銀完納錢糧，則民間更必利用寶藏，又何慮官錢局中無銅錢以支

---

① "矜鑒"：金陵本作"鑒察"。

應還票也。

一官錢局出票歷有年所,從未澈底清查,若非奏請收繳,何以昭核實而利行久。亦誠如中丞所慮顧,愚見以爲不出新票則舊票亦無由澈查,蓋刻下安有數十萬銅錢爲此票本,以收銷舊票也。似宜一面持①出新票,一面大張告示,飭令民間凡存有恒通字號破爛舊票,陸續送局換易新票,如此一變通間,則票底當可漸次清查,而亦不必專用銅錢作票本矣。統俟新票出足之後,再行嚴定限期,所有光緒三年某月某日以前舊票,定於某月某日一概送局,換易新票方准使用。如逾限不送者,均作故紙無用。則票底必可一律查清,或不至徒有收銷之名,而無收銷之實。若再飭咸、長公局倣照官錢局②,亦出新票數萬仟,尤可藉資挹注,而平糶既行,未必非補救目前之一法也。

---

① "持":金陵本作"特"。
② "局":原缺,據金陵本補。

灃西草堂文集卷二

長安柏景偉子俊甫

書上

致慕子荷學使

春仲星軺莅涇，獲親議論丰采，欽佩無任。偉一介寒微，罔識學問，幸兵燹既定，息影田園，閉户讀書，聊以養拙。迺蒙謬採虛聲，延主味經講席，冒昧一出，深懼弗勝。加以心氣素虧，舊患怔忡之疾，講書尚可，勉强閱文，卽致拮据。自七月偶觸風寒，至今時止時發，困憊情形，萬難邊振。昨囑寇監院代陳辭悃，似尚未蒙允許。竊意書院之設，豈徒摛揚藻華，實以砥礪節行，非得明德碩學提倡整頓，奚以力挽士習？況院長進退，尤爲諸生所具瞻。偉何人斯，以衰頽之病體，敢弗自量而虛縻館穀，坐昧進退之義耶？伏望另延名宿，俾偉得卸此重責，歸田養疴，感銘無旣矣！

覆慕子荷學使

夢陶嚴君來賁，奉到鈞函，盥誦回環，莫名慚感。前奉惠書，以視舍弟病，匆匆還鄉，未卽肅復。當囑監院王子厚晉謁公便，仍代陳不得不辭之意，想均未經述及，此鄙衷所以不蒙達於左右也。伏念偉草茅下士，屢承青顧，豈敢妄自尊大，襲虛聲純盜之風，徒以素性迂拘，不合時宜。天下事非核實無以問心，一認真或致僨事。卽如味經一席，自揣綿力勝任爲難，是以遲回審慎，未敢冒遵鈞諭耳。嗣經友人薦一小館，僻在鄉曲，藉養夙疴。然業訂有成書，似不宜遽忘前諾。閭左匹夫，尚重信義，矧以偉忝附士林，硜硜小節，當亦閣下所曲諒者矣。再四籌思，惟有敬懇原鑒，收回關聘，另延名儒，俾偉得遂初心，則益感銘無旣。方命之處，不勝悚仄。

覆慕子荷學使

再奉賜函，彌深感愧。念學識之多陋，承書幣之屢頒，重以嚴君夢陶、王君子厚兩次賁臨，雖盟易退之心，實蹈不恭之咎，罪甚罪甚。竊念士風不振，由於師道不立。重名利而輕志節，即日擁皋比談仁義，誰復信而從之？偉前所云"院長之進退，實諸生所具瞻"，此際蓋不敢不慎也。如偉之樗昧，何足為人師？乃蒙慨念斯道，力加扶持，使忝附講席者得舉閣下。所以提倡文風振厲士習之至意，為諸生反覆開導，其有不惡然愧、奮然興者，無是理矣。是則師道之立，實閣下有以立之，而偉何能焉，何與焉！且偉一日而去味經，固依然澧上農氓而已，"師道"二字非特不足言，並不敢言也。祇以謬蒙禮遇，略陳一二，狂瞽之諭，取罪滋多，惟冀進而教之，不勝悚惕屏營之至。

覆慕子荷學使

奉讀賜翰，獎飾逾恒，感慚何可言喻！竊偉以庸陋下士，久蒙禮遇，實為近今所罕覯。茲復諄諄慰留，何敢仍執鄙吝再三瀆辭，唯鄙衷有不得不瀝陳者。伏念患為人師，聖訓至嚴，偉忝附講帷，業歷三載。雖有二三績學之士恪守規矩，頗知向道，而縱弛不檢與暴棄自甘被逐而去者，不下十餘人。自來書院積弊，寬則長刁犯之習，嚴則滋怨讟之聲，未有久居此席而能善其後者。然自偉承乏味經，尚克稍祛前弊，豈一介迂拘所致哉？蓋由閣下屈尊隆禮、提倡主持，乃足啟學人之敬畏，堅多士之景從耳！

今差竣復命，計日晉京，偉即勉為諸生留，而異時提倡主持，或不能悉如故步，則院長仍等虛設，寬嚴俱咎，進退維谷。每思前哲知足知止之箴，良深悚惕。以故展誦鈞函"至樂育矜式，必不忍恝去"等示，大義凜然，未嘗不肅然警心。而究不敢不申辭者，區區隱志，諒在澄觀洞鑒之中矣。況今學術未正，率由於名利薰心。偉日與諸生講求者，惟以峻防名利為本。使病體纏緜，久戀師位，奚以對學者？不能身率而徒恃言諭，疇復信而從之耶？

偉雖不敏，竊擬以迂拙之行，挽士林頹靡之風，則拘儒決去之忱，與閣下勉留之意，或有不相背而適相符者乎？素叨青睞，兼奉訓辭，遂忘狂愚，盡言無隱，惟冀原鑒而曲全之，俾得仍遂初心，常安耕讀，則感篆益無涯涘。臨穎依馳，不勝歡忭屏營之至。

致慕子荷學使

自去冬拜送旌麾，久稽箋候，疏野之性，抱咎無任，想休休有容，或諒之也。偉以淺學迂拘，謬蒙禮遇，承乏味經，於今三秋，兢兢戒慎，惟恐貽玷講帷。幸賴文教遐被，士知向學，諸生率能守規矩，尚無嗜好嬉遊之弊。惟舊習相沿，經書多未熟讀，史集多未博覽，所課文藝多未窺先正藩籬，雖屢經訓諭，仍難盡改，斯則善誘乏術、咎心無已者耳。

諸生俱赴秋試，講誦既停，偉隨於二十日束裝還家。去歲怔忡舊恙至今未愈，邇復眼疾增劇，閱文四五篇，必須閉目靜坐移時方能再閱，否卽痛不可忍。書院爲校藝之地，似此衰憊，貽誤實多。詎宜再涉因循，致忝斯位。敬希鑒原衷曲，俾得息跡田園，閉戶養疴，用遂初服，則感銘益無涯涘矣。

覆林迪臣學使

監院賁臨，奉到鈞翰，慰誨殷渥，慚悚無任。偉以一介迂拘，忝附皋比，昕夕惕兢，不謂事出意外，不獲已而解館歸家。復蒙函達，各憲代剖原委，提倡名教，振扶士氣，爲近今所罕睹，尤爲遐邇所共欽！而偉以鄰縣齊民，與父母官致多齟齬，撫衷又奚以自安？然欲終遂初志，是閣下所以待偉者甚厚，而偉所以自待者甚薄。非特諸生之眷戀，情有難恝也。敬遵鈞命，仍赴味經，少酬期許於萬一。惟偉久病初愈，元氣多虧，日前還鄉，重益感冒，沉綿牀席，未敢卽日出門，俟賤恙稍痊，卽當就道。

覆李菊圃方伯曾懷清觀察

月初獲瞻榘範，備領教言，袪鄙吝之衷而進以正大之學，感銘何可言喻！頃奉鈞函，獎飾逾恒，並諭以中丞雅意，俾主關中講席。捧誦回環，無任慚汗。竊思偉一介寒微，承乏味經，四年以來，昕夕警惕，深懼弗勝，屢經辭退。矧關中爲昔賢講學之地，人才薈萃，非蓄道德能文章、卓然爲一時名儒，殊不足以資矜①式。

偉何人斯，敢當此任？科名之卑，學問之淺，性情之拙，禮節之疏，閣下卽不加鄙棄，而省垣重地，旣不堪以孚輿望，卽不克以振學規。盜虛聲而往，負重

---

① "矜"：原作"衿"，形誤，據金陵本改。

謗而歸。師道不立久矣，何可又以菲材隳之耶？

再，偉已於十九日到涇，諸生負笈來學，號舍爲滿。遽復舍此他往，揆之情義，尤多忸心。循省再四，惟懇鑒諒。鄙私代申辭謝，想中丞嘉惠士林，關中、味經均歸蔭庇，或不以方命爲罪也。

覆李菊圃方伯曾懷清觀察

再奉賜函，諭勉殷殷，若惟偉足當關中之任者，感慚交幷，何可名言！竊思中丞振興學校，首以整頓書院爲急。偉誼切桑梓，自宜敬如鈞命，稍效贊襄。徒以望輕學淺，深懼弗勝。瀝陳鄙私，冀藏固陋，迺蒙重命之申，敢蹈瀆辭之咎。雖關中積弊甚深，驟返爲難，所恃者列憲主持於上，一切學規當可次第舉行。惟偉素性迂拘，儀文未嫻，尚乞嚴以訓課之條，而寬以應酬之節。俾得静心教讀，以期仰副扶持名教、嘉惠士林至意。現蒙涂劭①卿明府送來關聘，遵即拜登，肅泐敬復，伏祈荃照。

覆林迪臣學使

前月念八日傍晚奉到賜函，即於次日午刻詳陳種切，託長安涂劭卿明府由驛遞呈。茲再承鈞諭，殷殷以振興學校爲示。偉誼關桑梓，何敢堅執鄙私，致蹈瀆辭之咎。敬如尊命，並祈代復中丞、方伯、觀察，是爲至禱。所囑舉賢自代，現有涇干院長劉煥唐孝廉學品最優，偉所弗逮，爲味經諸生所敬服，可否延聘，恭候鈞裁。

覆柯逊庵學使

初九日由藩署寄到初五日賜書，獎飾逾恒，感慚無似。承囑函留劉煥唐院長，即於初十日專价赴涇，詳陳閣下力肩文教、培養人才至意，萬不可執意堅辭。昨接回信，幸邀允許。據稱"人師、經師之譽愧無以當，惟念推誠相待，禮貌過隆，有不敢竟去者"。幷謂"院長之職必須精神貫注，與學生多晤談，方能起發其志氣，勤講解方能拓②充其識見。明年重訂章程，務祈簡約"。俾得從

---

① "劭"：原作"少"，音誤，據本書卷二覆林迪臣學使"託長安涂劭卿明府由驛遞呈"一語及金陵本改。

② "拓"：金陵本作"擴"。

容照應一切，庶不致有廢弛之處。

　　偉思兩院新章月僅一課，本非甚勞，惟煥唐素不長閱八股文，每為所苦，意或在此，容再詳詢續啟。先此奉復，恭候明察。至偉不願復留關中，固以天氣漸寒，舊疴增劇，實有萬難暫住者，非敢妄自尊大，恝置諸生於不顧也。區區隱衷，尚祈原鑒。

覆林迪臣學使

　　奉賜書敬悉台旌兩涖書院，徒以偉先返鄉，未獲祇領教言，罪甚罪甚。去歲過蒙推譽，移住關中，戰兢將事，惟懼或負明德。兩年以來，幸住院諸生尚能安習學規，足以告慰錦注。茲奉陶方伯勉留之意，感且不朽。顧竊有不敢從命者，自維孤鄙性成，不合時好。自到省垣，益形窒礙。四五巨紳，仗其豪富，把持一切，雖地方官亦畏之。無論何人，須奔走門下，方可少安，否則必抉去之以為快。偉已屢遭媒孽，橫被謠諑，甚且形之公稟。雖蒙前中丞批以"捕風捉影"，然已貽笑士林矣。偉誠不足惜，如玷辱師道何正？自痛切愧悔，詎敢靦然復出耶？恃愛瀝陳，方命之處，萬乞原鑒，至感無任。

覆陸吾山觀察

　　前奉賜書，敬復一緘，飭小紀送往公館，竟以忘記未送，此間門斗之才大概如是。昨始詢知，茲謹寄呈，希原之也。河決鄭州，橫流滙淮入江，四瀆合一，昏墊為災，誠千古未有之變。所過地方，未知詳細，想尊處必有各州縣呈繪圖說，務祈惠我一幅，用資查核。

　　再，近日情形如何？決口是否可塞？南東兩故道是否可歸？現在朝議如何籌布？并乞風便，詳為示及，是為至禱。

覆劉煥唐孝廉

　　日昨傍晚奉到初三日手書，敬悉種切。基隆戰事在六月十五日，馬尾戰事①在七月初二日，上諭又在七月初六日。新來洋報計當自六月十五日起至六月二十九日止，故有報有未報，無足怪也。董生濤尚未來涇，其前來信有調雷軍三營之說。恭讀此次上諭，天威震疊，足懾夷膽。規復越疆，攻所必救。

---

① "事"：原缺，據金陵本補。

且各省備禦嚴密，具得先着，當無意外之患。

惟念海口紛岐，既不勝防，庫款竭蹶，尤難久支。張幼樵"七省水師"之議，亦必不克倉卒舉辦。設該夷以陰鷙堅忍之心爲甌肆，罷我多方，誤我之計，則仍不能不憂危於後日，而甚望膚功之迅奏也。

胡芷洲爲吾省培養人才計，慨出千金，用垂久遠，甚盛意也，亦大豪舉也。"人才之興，悉由提倡。初不必借才於異代，亦不盡求士於他方。風氣所開，蔚爲國華，固自有不可遏者矣。漢帝起而良弼多奮於南陽，明祖興而元勳實萃於濠亳。近日楚材之盛，則胡文忠之所識拔也；淮①軍之振，則李肅毅之所宏獎也。卽路閏生先生以文藝垂教，而《檉華館集》所刊訓士各條，未嘗不以正學相勖勵。故有朝邑名臣出於門下，爲吾陝光，何一非明效大驗歟！士當窮陬閭里，目不睹有用之書，耳不聞有道之訓，縱有磊落英多之選，亦汩②沒於八股八韻之中而患得患失，罔非'名利'二字營營於魂夢間也，又安望人才之崛起也哉？"芷洲斯議，可謂知本矣。

天下事惟創始爲難耳，人之好善誰不如我。芷洲倡而行之，必有如芷洲其人者踵而拓③之。此事關吾省氣運，否極則泰，屯久必亨，河嶽有靈，當必隱爲推挽矣。惟是此任非兄所能獨肩，必得吾弟共任之，或可相與有成耳。繼思卽吾二人，亦未必克肩斯任，蓋位不尊而學不博，其誰信之？而誰從之乎？然芷洲既有志提倡，我輩當力爲襄理，雖不能爲座上菩薩，亦或可爲堂前護法。

古今義舉大都以漸而成，先盡我心以待其人，似不當畏難而阻也。請卽以此金由芷洲發典生息，儲爲不時之需。擬取"求友"二字名齋，妥議新章，試緩爲之，以程厥效。

覆陶方之中丞

奉惠書幷寄到趙生舒翹信件，過蒙獎借，渥荷注存，感悚何可言喻。偉經年侍從，時欽訓言，受益良多。而推譽之雅，挽留之誠，深銘肺腑，非敢委隆誼於恒常也。

士風不振、士氣不伸久矣。不揣鄙迂，妄思挽回一二稍裨名教。不圖衆惡

---

① "淮"：原作"准"，形誤，據文意改。
② "汩"：原作"泊"，形誤，據金陵本改。
③ "拓"：金陵本作"擴"。

之躬動輒齟齬,卽如馮恭定公建祠一節,只以偉摻雜其中,遂致先賢祀事沈滯至今,撫衷循省,負罪何如？此雖重違尊命,而不敢稍涉遲回者,想均在洞鑒之中、曲原之列矣。

去歲幸蒙飭發多籍,賜捐鉅金,茲復專摺具奏表揚先儒,卽以扶植後進任事堅而衛道切,所以振興正學者至周極渥。凡在士林,同深額慶,非獨偉伏居草野感銘無旣也。《人範》一書極精粹謹嚴,爲小學不可少之書,直無可增刪,容再校核復呈。

西鄉雪澤霑足,麥苗頗佳,豐收可望。惟蒼龍河坼近兩岸被水各村堡極爲饑困,是可憫耳！

致馬伯源明經

數年前早聞大名,時深饑渴,滿擬偕諸同人作太華之遊,藉遂趨謁,徒以人事蹉跎,東行不果,良用悵然。比晤子功同年,獲稔道履綏和,令聞休邕,慰如頌私。偉以菲才淺學,承乏關中,深懼弗勝。復因列憲購書數萬卷送貯院中,倣直隸《蓮池學規》,俾諸生昕夕稽考,日記所得,呈定甲乙,助以膏火,爲中朝異日儲有用之才,甚盛事也。如偉迂陋,何克兼荷斯任,不得不借重名賢,協同經理,當懇子功代達鄙衷。

茲奉復函,欣悉大君子慨允賁臨,無任踴躍。伏念吾陝兵燹以後士風不振,厥弊實始於空疏。詞章之彥旣鮮根柢,道德之儒亦乏本源。今志學齋之設,實足以發沉痾而藥之,亦我輩所宜共任者也。先生關懷名教,憫念流俗,或不以斯言爲河漢耳。亟望翩然命駕,慰我遐思。多士幸甚,吾道幸甚！

覆張雲生大令

冬月十九日奉到賜書,藻飾逾恒,愧悚無似,復蒙遠分鶴俸,助我鳩工,尤見大君子義薄雲天、振興關學至意。弟亦得以不孤有鄰自用慰解,佩切感切。

比維敷政名邑,克展鴻材,武城絃歌,差足比數。香帥爲近世名臣,留心人才,現在移節鄂垣,知必有合也,龐士元當不終淹於百里矣。翹企雲程,曷勝頌祝。

古人論交以心不以跡,果克志同道合,惕厲戰兢,求不愧於吾心,卽不愧於吾友。關山千里,何殊覿面,踪跡正不必悉符也。往者治蒲善政,如教士讀書,教民織葛，以及因公罫①累各函，均得於煥唐處詳讀而默識。竊疑子壽先生何不識人如是乎？及公陳皋吾陝，則又甚推我兄爲鄂省第一好官。可知直道終可行，中立不倚，自有定評。我輩斷不可以偶爾屈伸稍易節操。是則彼此可以相信，亦終始可以相勉者也。

再，鈞函稱宦途險惡，進退須求裕如，尤得行義達道真訣。近晤朝邑相國縱論："欲做②好官，須將紗帽提在手中。"蓋謂應擲去時則竟擲去耳。弟亦嘗勸學者先求自立，能自立則不求人，不求人則不至辱身污志，然後達可也，窮可也，出可也，處可也，焉往而不自得哉！否則公私牽累，勢如騎龍，其不至進退失據者鮮矣。雖然君臣之義本於性，生時局艱危，豈宜遂恝當官之去就裁以義，濟世之經猷準乎仁？一息尚存，此志不容少懈，尤望賢者廑"先憂後樂"之心，裕撥亂反治之略，勿任悠悠者笑關中無人，則吾黨之幸矣。敝處祠工輒滋多口，悉由弟德薄望輕所致。幸叨蔭庇，八月杪一律告竣，業經稟請張南圃中丞出奏，知關錦注，稟稿寄閱。

弟春初痰喘觸發，加以咯血，至今未愈。書院課程諸形廢弛，俯仰靡安。現已辭歸故里，閉戶養疴。明歲擬治一小園，種花蒔木，讀書其中，以終餘年。第未卜海宇果能敷衍無事，稍遂林泉之樂否耶？江雲在望，夢寐爲勞。

覆黃小魯觀察

前奉賜書，敬悉高堂春永，酒捧介眉，人世浮名，詎易斯樂！遠人不勝抃舞，依依膝下者，宜何如也！關中兩載侍從，時領訓言，道德文章，惠我不少。匆匆一別，瞬復經年，彌切馳慕。官運書抵陝，住局者俱易生手，茫無頭緒。至五月間，委顧晴谷明府主管局事，始臻整理，定價頗廉，出售亦易，實大有裨於學者。但均未照前擬章程辦理，且有官無紳，甚慮不能經久。

偉春初喘疾又發，加以咯血，至今未愈。書院功課諸形廢弛，五夜循省，俯仰未安。所幸馮恭定公祠落成，附以少墟書院，業經稟請南圃中丞出奏其學規，擬以小學爲門徑，以經義制事爲規模，以經古雜著爲課程，而不廢科舉文，遵功令也。俾學於此者，景仰鄉賢，奮然興起，養其正氣，儲爲通才，或可稍備中朝緩急之用，然亦未敢信必能辦到耳。

---

① "罫"：金陵本作"詿"。
② "做"：原作"坐"，據金陵本改。

遜庵學使深佩煥堂孝廉學品，明歲味經一席，恐又不能辭去。遜卿先生現住少墟書院，校刊江註《近思錄》，緣陶子方方伯囑刊此書，偉與遜卿私議：菊圃先生留存刻資百金，可先作開工之本，其餘刊印一切費用，均請陶方伯持出。而字格大小與前刊《小學》相符。即爲二書合刻，似亦兩成其美也。遜卿深以爲然，遂函復陶方伯如議辦理，計十月杪可以刊成。

上劉克庵中丞

丙春旌麾駐陝，渥荷教思，袪鄙吝之衷，而進以宏遠之學，至今悉耿耿未忘也。陝省入春以來十分亢旱，渭北尤甚，死亡流離，輾轉道路，人心洶懼，不啻回、捻交訌之時。七月中旬，韓城、郃陽饑民滋事，轉徙北山，未曾了局。二十六日，蒲城縣土匪戕官，遠邇伏莽，朝不謀夕。白露已過，旱仍如故，種麥無望，後事真不堪設想。

竊見國家仁厚，每遇偏災，一經入告，無不立沛恩施。今陝省哀鴻遍野，餓莩盈途，奇荒如此，僅於邸鈔①中見一御史約略言及。而此間除蒲城一邑現邀緩征外，其餘府廳州縣尚未蒙奏請蠲賑，而各屬徵比之嚴，追呼之慘，更有筆所難言者。伏思關、輔爲甘、涼根本，若保安②秦境，或致糧道梗塞，則隴事且因之棘手。二三鄉紳業經具稟，徑請爵中堂據情入奏，並懇撥款賜賑。復囑偉函陳伏乞，曲予矜全，宏施方略，以救秦川百萬生靈。

我公撫陝有年，凡在秦民，無不拯水火而登衽席。今遭此閔凶，必不忍聽嗷嗷者終填於溝壑也。偉自拜送鈞顏後，即得咯血之疾，至今歲四五月間始漸就痊癒，閉門養疴，與世事隔絕。惟是桑梓禍亂，旦夕可待，避地無策，籲天無路，爲此呼號，惟哀察而亟圖之。陝民幸甚，天下幸甚！

覆劉克庵中丞

奉到福函，極蒙垂念秦中災黎，無微不至，感銘何可言喻。陝境渭河以北麥全未種，附近南山有井可灌之地，種麥十分之一二。刻下糧價每斗銅錢一仟七八百文，而省外尤昂，實由各處糧石紛紛販往晉、豫所致。兼之抽收搜括，商運不通，來源既竭，漏卮莫塞，計日苦長，未堪設想。而各屬所恃以爲賑本者，

---

① 邸鈔：底本"邸杪"，形誤，據改。
② "若保安"：金陵本作"若不保安"。

勸捐而外，似已別無籌策。四關災黎死者纍纍相望，河北一帶可想而知，實爲目不忍見，耳不忍聞。

十月以來潰勇土匪又復不靖，雖經分別剿撫，而餘燼竄擾北山，伏莽可虞。倘糧價再長，難保饑民不更相煽動。三輔爲甘、凉後路，似宜預籌方略，庶幾有備無患。凡此情形，關中人士本無有敢言者，間或言之，遂觸忌諱，此偉所以不能不略陳於我公之前者也。

偉以病軀經西安宮守委辦咸、長賑務，竊念兩縣爲附郭首邑，若非亟圖救恤，何以拯孑遺而重根本？心不忍恝，義不容辭。擬即遵照鈞函所諭"一族保一族，一鄉保一鄉"之法而推廣行之，業於十月十九日開局，推舉正紳和衷辦理。雖稍有頭緒，尚無成效。偉惟有竭盡心力，以期補救萬一，無負期望至意。

覆劉克庵中丞

陝省去歲亢旱成災，饑匪搆亂、際人心惶惑之時，遠奉鈞函，諭以"篤念桑梓，勸勉紳富，設法辦理，救此奇荒"。偉雖至愚至陋，敢不勉效驅策。當於十月中旬，經西安宮守委辦咸、長賑務，隨於十二月初旬將所辦大概情形并擬刊章程肅稟呈覽，復蒙諭以"災區甚廣，賑日甚長，深慮無以爲繼，惟有盡一分心算一分福"等語。訓誡周詳，無任欽佩。

偉懍遵之下，益矢勤慎。偕同兩縣官紳和衷商榷，悉力籌畫。謹擬以三層賑法辦去。查得咸寧極、次貧戶四萬餘口，長安極、次貧戶三萬餘口。極貧自去歲十一、十二等月賑起，次貧自今年正、二、三等月賑起。先令各鄉村自捐自賑，按口按日照章分散，均具結保。至四年三、四月止，謂之保賑，保賑即正賑也。其有窮莊遠堡、無糧可捐不能自保者，則間以提局捐買之糧彌縫之，謂之補賑。至四年三、四月以後，各鄉村保期屆滿，賑款告罄，則普以提局捐買之糧分給之，謂之接賑。此三層實在辦法也。

三層以外，又有續賑。續賑者，夏麥有收之處，不能無鰥寡孤獨嗷嗷向隅者，擇而哺之也。計各鄉村自行捐買之糧市斗八千餘石，提局所勸紳富大戶捐買之糧市斗四千餘石，兩共一萬二千餘石。每石均以二百五十斤收放，以市估折價銀拾兩零，共合銀一十二萬餘兩。

除兩縣招種叛產各省客民六千餘戶由縣倉發糧、由局代賑外，所有土著之戶七萬餘口，均用捐糧賑之。並未請用官糧，撙節之餘尚能有贏無絀，迄今已九閱月矣。仰叨福蔭，咸寧三十倉，長安十八廠，均分別賑至七月十五日止。

現在甘霖叠沛，早秋漸次登場，可資接濟賑務，業經稟撤局中。一切錢穀出入，有同事各紳彙造報銷，計八月中旬可以一律蕆事。

偉才輇識絀，罔補時艱。過蒙獎許，渥荷陶甄。感銘有恩，圖報乏策。現仍閉門謝客，開帳授徒，惟有潛心學業，講求修己治人之術，以期無負期望裁成至意。

覆朝邑相國

遠辱鈞翰，獎飾逾量，愧何敢任。兼賜多珍，義不敢辭，再拜謹受，悚慚彌至。辰維綠野春融，壽康增祜，敬以爲頌。惠示《溫公全集》，盥讀卒業，具見公一生學問積誠爲本，而事君以之真，所謂腳踏實地者也。顧念北宋時勢猶可有爲，遼、夏之逼尚在邊疆，以公衷貞篤棐，中外交孚，似不難迅致太平，竟以新法之行退居於洛十有五年，徒蒿目時事敗壞而無可如何。使非遭際宣仁，則公之素志，直不克稍伸。雖天不祚宋，不再期而仍至潰裂，而太皇太后知遇之恩，有非捐糜所能報者矣。然則公之身殉社稷，尤積誠之至，始終不渝乎！鄉居僻左，見書甚少，得公此集，當奉爲吾道圭臬矣。

偉繆蒙推獎，三載關中，戰戰兢兢，惟恐少虧師道。即以上負知人之明，幸得辭歸，差告無罪。其不敢復就者，則以前年兩次延請，皆出李菊圃、陶子方兩方伯之意。其實某中丞□□、某中丞□□並不願偉之至，特迫於公議，以虛拘之耳。他無足論，即重修馮公祠，此何如事，顧必百方阻抑，用心亦可知矣。幸陶方伯護理撫篆會銜入奏，復蒙聖明優旨愈允，始有以靖浮議而伸正氣，否則使偉日日講學，其誰信從乎。師道不立久矣。如偉不肖，原不敢言師，然亦何敢稍涉遷就致玷師位。所以再四詳慎，而不欲輕試耳。

夫聞膻而爭赴者，蜉蚍也。見餌而驟吞者，陽橋也。以邇來求書院者紛紛，當事靡不以蜉蚍、陽橋視之，其稍致禮敬，即羣以爲異數；而稍用辭謝，又咸以爲矯情。中堂所聞，意或如是，實則偉何嘗須臾忘吾秦人士哉。

此次歸田，雖未設帳授徒，凡來遊者，恒教以時事艱危，學求有用，爲國家異日緩急之需。而尤必以卓然自立，不妄求人爲本。雖習俗所趨，儒風日降，而挽回之志，終不敢少懈。蓋士當潛處，所克盡心者如是而已。竊冀中堂深諒之也。抑更有請者，西事方殷，東防又棘，到處伏莽，公私困竭，曾、彭、岑、楊四帥相繼淪逝，尤無以收藜藿不采之威，而舉世方雍容以頌太平。杞人之憂，迫切實甚。中堂中興元老，今之溫公，身係安危，訏謨素定。此後國是如何籌策，敢祈有以教我。偉本無似,何足與聞大計,或者轉語後學,蔚爲豪俊,稍裨萬一,亦草莽事君之義也。無任屏營,禱企之至!

趙展如客秋書來,稱沈中丞逼伊赴引,決計告歸。阿方伯又不准遽去,擬少緩再定行止。以後未接續信。在鳳治績,皖省人極稱明斷廉惠,民心咸孚,難治之區,熙然向化。偉則惟愛其性情純摯,苦勵學行,自少貧孤,一毫不苟。通籍後篤念親舊,無德不報。頗有一飯千金俠氣。本此以推,必不負君,必不負民矣。展如素蒙教訓,意更有知其遠者大者,非偉所及也。

覆張子貞守戎

兩奉華翰,渥荷注存,徒以病體纏綿,有稽裁復,抱歉奚如。比聞賢契蒙中丞札,委管領親軍營務,佇見龍韜奏績,虎帳銘勛,西望臨風,曷勝慶幸。惟是近日營中積習非趨營以襲名,即赳扣以牟利,多少英傑坐此債事,良可浩歎。以賢契之磊磊落落,當不慮是,尚望謹持節操,淬厲勛名,惟以兵事爲請求,毋以俗情爲濡染。異日學成將才,惟吾陝光,庶不負此一出語曰:關東出相,關西出將。於賢契有厚望焉。

覆陳誠生明經

遠暌五年矣,回憶賑局諸同人,當事機艱迫之際,勤勤懇懇,無稍違異,以迄蕆事。蓋首尾懽聚者十有餘月。此誼此情,胡能不思?況我兄尤所深契者乎!

辛歲冬月奉到惠椷,裁答稽遲,非懶也,徒以還鄉後家事奇紕,債積如山,剗除乏術,心緒多亂。出而耕作,入而教讀,卒卒無晷刻暇。且辱書所論道理至精極細,又非可率爾操觚,作尋常應酬書札。遂堪復命缺然久不報,職是之,故知大君子能諒之也。

承示聖賢之學,以恕爲本,以強爲用,誠得爲學之要矣。人惟藏乎身者不恕,是以只知有己、不知有人,滿腔子都是私欲心,奚以正身奚以修?果能強恕而行,則望於人者薄而責於己者厚,以之處君臣、父子、夫婦、昆弟、朋友之間,亦焉往而不得其道哉!惟是孔門言學,敬恕兼重。其告仲弓曰"己所不欲,勿施於人"者,恕也;"出門如見大賓,使民如承大祭"者,敬也。"敬"之一字,似尤爲徹裏徹外、徹始徹終第一功夫。敬恕立而仁存,仁存而道德、經濟一以貫之矣。然修己治人之學,亦非可空談性命遂足盡之也。古今惟大英雄乃能爲大道,學本原既正,而博考宏稽,以增益其所不能者,實非旦夕所能程效。甚矣哉,學之不易幾及也。鄙見如是,未審高明以爲如何?

弟素不知學,心粗氣浮,於"敬""恕"二字毫無體會。且年逾五旬,所見之書甚少,更無以疏瀹其心胸而拓①充其才識。數年來雖頗思閉户潛修,而時過後學,艱苦難成,良用悚仄。惟望與我兄共相砥礪,葆此歲寒跡,雖疏而神自合。年雖逝而志弗渝,或不至終爲聖賢所棄也夫。

覆陶方伯之②護院

月前奉賜書,敬具復函,即交長安馬夫賚呈左右。辰維道履綏和,政祺休邕,至以爲頌。承屬校讐人範一書,並諭以"如有繁複,量爲删節"。偉捧還家塾,即擬悉心參考。猥以臘底正初賤恙未能遂愈,致涉遲稽③,罪甚罪甚。現在盥讀卒業,往復潛玩,前後甄録精粹謹嚴,踵《小學》之規模,備《大學》之綱領,實足感發斯人之性情,而檢閑其趣步。宜即付刊印以廣流傳,其有裨於名教良非淺鮮,書中並無可删節之處,惟間有破體字謹用簽出,復呈鑒正。敬請鈞安,伏維亮察不莊。

覆武功李廣伯明府

客歲台旌榮莅邰城,徒以棲影田園,未能預聞,躬伸祖餞,抱咎奚似。夙蒙摯愛,諒必有鑒原也。承示武邑九鎮倉屋,於客歲一律竣工積穀,均著有成效,邰民多幸,得大君子一爲整理,造福無窮矣。此間義倉諸形紛糾,尚待實心辦事者主持擘畫。即如敝村倉麥,雖積有成數,而刁梗者漸肆阻撓,泄沓者益圖諉謝。鄙人里居,迹等農氓,德不足以服人,力不足以制衆,加以官紳否隔,在在掣肘,只有瞠目太息,不知將來正復如何耳。一鄉如是,一邑可知。拙擬《社倉議》預料難行,呈政私衷,但請其是不是,不問其行不行也。

弟久爲衡文所困,學業一無所成,弊正坐此。今歲學者踵至大都干科第,挾時藝而來,語以正學,如水投石。講來講去,仍不能越乎八股八韻而外。衰病之軀,困益加困,致足惜耳。始悟賀復齋先生絶不談制舉文,卓識爲不可及

---

① "拓":金陵本作"擴"。
② "覆陶方伯之護院":金陵本作"覆陶子方護院"。
③ "遲稽":金陵本作"稽遲"。

矣。

尊恙想已占勿藥，吉人天相理自不爽，尚望時加珍攝，蔭我秦人，臨穎不勝企慕之至。

致李廣伯邑侯

竊偉樗散庸植，衰病侵尋，迺蒙過採虛聲，兩辱賜請，感愧何可名言。恭維政平訟理，道履綏和，至以為訟。大憲札飭勸辦積穀為當今第一惠政，得老父台督率舉行，實合邑無疆之福也。偉何人，斯誼關桑梓，而讓再讓三，獨復何以為心？徒以咯血舊症過勞即發，現復瀉痢，步履多艱，不克襄理盛舉，有負驅策。撫衷咎責，寤寐難安，惟希仁父母格外鑒原，實為至禱。

至本廠情形有不敢不粗陳者。查十八廠凡遇公事，皆由廠約承辦，保約分辦，紳士則從旁指揮，勸諭而已。緣廠約係由各保約舉充，保約係由各村約舉充。既由民舉，易致民信故也。且各廠純正紳士素不干預公事，一旦奉委辦公，亦惟有轉飭廠約，責令各保約分頭舉辦，則人易曉而事易集。以故某廠得好廠約，則公事可舉，某廠無好廠約，則公事難成。朦朧而弊混，固結而挺抗，悉由於此。即紳士亦無可如何耳。廠約之好者由於公舉，廠約之不好者由於鑽當。鑽當者，不通知各保約，但與一二不肖生監、書役等捏名稟案，當堂點充者也。公舉者，由各保約與眾紳士公同推選，然後人人悅服信從者也。故慎選廠約，為長安辦公第一義。

今馮籍廠現無廠約，人心散渙，風俗頹靡，有不可縷述者。似應先以硃票將十保障保約喚案，有新保約則可，無新保約喚舊保約，無舊保約喚一二村約，飭令協同紳士公舉廠約，勒限報案，則眾心有所聯屬，然後紳士得提其綱而挈其領，如身之使臂，臂之使指矣。否則本廠計村數十堡之多，計路數十里之長，總有純正紳士傳之而不動，呼之而不應，茫無頭緒，則亦無從辦起矣。

再本廠有大紳士候選郎中梁頤之，小紳士稟生袁賡揚，附生崔啟坤、童德化等，均可委辦積穀義舉，惟在老父台採訪而諭飭之。合邑幸甚，合廠幸甚。愚盲之見，是否有當，伏侯鈞裁。

致李廣伯邑侯

前月因公晉謁，過蒙不棄，賜以盛筵，重以鈞誨，至今耿耿，愧無以報德也。

辰維秋高氣爽，道體綏合①爲頌。馮籍廠於本月初七日始行傳齊，始將廠約吳學英舉就，始有頭緒可尋。其散渙情形，可想見矣。良由此廠久無廠約，即保約村約亦多缺而未備，事不歸一，呼喚不靈，每次傳廠，或此來而彼不來，或彼來而此又去。守候終日，迄無定議，遂致如此。現在所舉之廠約吳學英，頗明白穩妥，其十保約亦有老練可靠者，然其中不無倉猝應命之輩。弟並未曾相識，容當徐察。

　　再各保障如有紳士耆民能任積穀之事者，尚須隨時舉報請諭遵辦。大抵有治人，乃能行治法。慎之於始，或可保之於終耳。惟是廠事散渙如彼，若非設立條規，力加整頓，仍恐無以資聯絡而廣事儲蓄。今日各保約協同廠約赴縣候諭，伏祈嚴切訓飭，責令協力同心，共成義舉，或有刁抗，立即稟報，毋徇情私，毋畏強禦，毋涉因循苟且，則義倉不難永遠奉行，而風俗人心，亦必因以丕變矣。

　　弟回鄉後病體仍復纏綿，未能躬赴各村詳爲講勸，抱罪曷勝。然各紳約來廠議事，亦必與之反覆商酌，贊助一切，以期仰副尊囑於萬一。芻蕘之論，是否有當，統希裁察，訓示祇遵。

覆涂少卿邑侯

　　日前敬復一函，諒邀青鑒，比維台侯多福爲頌。澧水開渠，詢之鄉間耆老，僉稱洩河甚窄，難容大水，且有伏流之處不能平達，渭汭又相離頗遠，通道非易。刻下惟有培築堤堰，可以稍資防禦。惜從前俱未能認真辦理，故多勞費而絕無實效云云。

　　查澧水自梁家橋以下易致漫溢者，緣交河由秦鎮東南來，入之始形浩瀚耳。交水者，滈、潏兩水至神禾原西尾交流得名也。洩水乃潏水支河<small>自咸寧磔磚堰分流</small>，倘能挽潏入洩，合流抵渭，實足以殺澧汛之勢。然潏大洩小，礙難施功，必至驚眾駭俗。則澧水之不宜分支入洩，亦②可想見矣。

　　凡治水者，當從下流疏濬，則上流不致壅決。澧西客省莊迤北，現有乾沙河一道，爲澧流盛漲退水之渠，似宜順此開通，或易爲力。然偉未曾親身履勘，可否仍未能懸決也。

---

① "合"：金陵本作"和"。

② "亦"：原作"一"，據金陵本改。

抑又聞諸耆老云：近年渭河沙壅泥淤，高與灃平。渭水不漲，灃水尚可順流入渭。若兩水俱漲，則渭且倒灌入灃矣。奚怪灃水之到處冲決也。然則欲治灃水，此等情形，尤宜體察。惜偉已定念一日赴涇，弗克遍歷各處，親加查訪。約略陳此，不足報命，希原鑒也。肅具蕪啟，敬請鈞安，伏維垂察不莊。

再啟者：舍下地糧在石留村里后七甲，近年弊端叢出，經舍弟景倬偕諸糧正、户長等澈底清查，已蒙前縣主余批印章程遵行在案。茲又續查多款，公擬繕摺呈案核定，統刊一碑，永遠遵守，以除糜費而裕正款。伏祈俯賜延見，俾得面陳種切，實為德便。

又本里後七甲因兵燹後糧冊失遺，有空糧地四十餘畝，歷年公攤墊交，貧寡各户賠累不堪。細查此地率多隱匿，公擬請告諭一道，飭令地多糧少者自行投報，寬其已往之罪，立限本年臘月底一律報清。如再隱匿，定行清丈。一經查出，除將地入公外，更須重責不貸。似此整頓之下，糧石當可填實。即有空地，諒不甚多矣，里下窮民感戴實無涯涘。是否可行，統祈酌定，是為至禱。

灃西草堂文集卷三

長安柏景偉子俊甫

書下

上左爵帥書

　　一介庸愚，罔識時變，謬蒙清問，敢昧瀝陳。竊念捻逆流寇也，張總愚譎酋也。秦川平衍，馬步回環，此豈可徒以兵力勝哉。兵不精，不足以合戰。乃兵既合戰，而賊反遠颺者。賊以利動，不利不動也。兵不多不足以兜圍，乃兵既兜圍①，而賊仍突竄者。兵分而薄，賊聚而猛也。且曠日持久，精者既疲於道路，多者亦困於轉輸。而賊之慓悍團結，依然無恙。此捻逆所以展轉蔓延，積年不能平，數省不能剿也。

　　愚盲之見以爲，賊既入陝，已如魚游釜中，正不難聚而殲耳。三輔地雖曠達，而山河縈廻，戰地不少。先營戰地誘之入港，則賊已在吾算中矣。力保渭河兩岸之地，餉糈可以無缺，迅行堅壁清野之法。兵民可以互用，然後計破奔馬，則賊之步隊可力擒也。嚴防山口，則賊之逸種可盡滅也。

　　去歲陝事之壞，由於兵權不一，調度無方。爵帥躬膺簡命，秉鉞專征，所有陝、甘各營及鄰省調來諸軍，靡不欽承節制，祗奉驅策。所以運籌帷幄、決勝疆場者，豈草茅下士所能窺其萬一。徒以同仇念切，妄舒管蠡之私，敬效蒭蕘之獻。是否有當，伏乞核鑒。

致張雲卿直刺

　　日昨祗聆訓詞，頓開茅塞，謬蒙下問，採及蒭蕘，愚盲之見，知無不言，言無

---

① "乃兵既兜圍"：底本缺，據金陵本補。

不盡,尚乞原鑒,幸甚幸甚。晚間再四圖維,復多欲言之隱。竊謂撫局不難於招納而難於遣散,不難於遣散而難於安插,非熟籌深慮,不足以善其後也。惟□□之撫,較髮、捻、回各逆有似易者,請爲閣下詳陳之:

回逆由陝竄甘,田舍產業,蕩然無存。遣散旣無歸宿,安插尤費經畫。髮、捻二逆竄擾數省,關山阻隔,欲遣散而資送維艱;殘殺性成,欲安插而歸耕非易。今□□□起於環、慶,蔓及鄜、延,縱橫不過千里,遙計其眾,本地之人必多,外省之人必少,離家未遠,則歸家之心必切。荒業未久,則復業之功必易。又聞各有眷口,各有行裝,藉此遣散應無需大經費。

自來土匪滋事,率皆裹脅良民,虛張聲勢,其實真賊有幾?而所以不肯自散者,一則畏□□之禁錮,二則畏官軍之截剿,三則畏地方官之搜殺也。此在無意投誠之匪,尚因剴切諭告,寬以免死之條,予以自新之路。而閧然瓦解者,況迎其機而導之乎!

前年川賊藍大順無慮數十萬眾,自籲門宮保督師入川,尅日蕩平者,以該匪多川省百姓,就地遣散易爲功也。且□□與回逆本屬仇敵,今反分途驅①利不相撕殺者,誠自念弗容於國家,不得不暫借回逆作唇齒相依之勢耳。夫我之撫賊不必遽信夫賊,即賊之求撫於我,豈必真信夫。我計□□□等縱有立功贖罪之心,不能不持首鼠兩端之意,誠得如雪樵先生素爲彼所心悅而誠服者,直赴匪巢,諭以威惠,告以禍福,使該匪等確然信我之真不嗜殺也,則彼之自謀生路,安必不愈於我之代籌生計乎。

昔趙充國奉命平羌,謂兵事不能逆料,願至金城上方略,豈非以辦天下事者先定大計,至細微曲折,惟在臨事臨時相其實在情形而措置之耶。雪樵先生老且病,灰心仕進久矣,而忠憤之氣勃然如昔。時事轉關,在此一舉。弟之不避嫌疑,爲賀、張二人捉刀者,深知雪翁能了此事,且果任用雪翁,則雪翁亦必不辭艱險,拼死一往也。然而雪翁不過能達中丞之威德,堅匪眾之信從而已。至所以遣散而安插之者,則仍在中丞選派賢員主持擘畫,非雪翁所能辦,亦非弟所敢言也。吾兄贊襄帷幄,勝算默操,弟忝恃同鄉,妄抒管見。是否有當,統希教示。

覆湯樹齋觀察

曉帆來省,辱奉賜書,備荷眷注,感何可言。月前寶初到家,述及隴民挽留

---

① "驅":金陵本作"趨"。

之殷，已慮尊眷未必遂能即去。後數日果聞隴紳赴省，有借寇之舉。備言初七日汧、隴百姓扶老攜幼，卧轍攀轅，竟將坐舁抬回公館，羅跪懇留，此等情形，逖聽者尚爲心惻，況我公以民爲命，其能恝然已耶。然去隴本有所不忍，而留隴亦有所不宜。蓋公之一身固鳳郡安危所係，天果克副人願，西事庶有豸乎？承示大著，剿撫回匪各議老謀深算，洞燭賊情，其指畫方略，如聚米爲山，虜在目中，有知我者舉而措之，不當如是耶。佩服佩服！

竊嘗論之，自回逆倡亂八年，於茲愈辦愈棼，竟至不可收拾者，總由議剿、議撫迄無定見。主剿者一於剿，而不知非撫則剿不勝，剿且終蹶於剿；主撫者一於撫，而不知非剿則撫不成，撫且終誤於撫。甚或始也主剿，而繼又主撫；始也主撫，而繼又主剿。其剿也，賊不知懼；其撫也，賊不知感。非我剿賊，直爲賊剿耳；非我撫賊，直爲賊撫耳。此西北軍務所以日棘而可爲長太息者矣。

夫兵事古今不同，非躬歷行陣者不可妄譚也；兵機頃刻萬變，非目睹情形者不可虛擬也。吾不知專主於剿者，曾計及於道路之險阻、轉運之艱危，與夫我軍之疲老、賊勢之蔓延耶？吾抑不知專主於撫者，曾念及於賊之果真畏我、果真信我，與夫安插者何地、鎮壓者何方耶？則是主剿者徒爲豪舉而已，主撫者徒事姑息而已。其剿之不勝而又主撫，撫之不成而又主剿者，更無論矣。語云：舉棋不定，不勝其偶。況欲以迂疏寡效之謀，遊移無主之見，辦天下事耶？

偉嘗謂辦理回逆，須從撫入手。甘回可撫者撫之，則陝回與甘回之勢以分。陝回可撫者撫之，則陝回與陝回之情以離，然後擇其中最爲桀驁、至爲負固者而痛剿之，則被剿者既畏吾威，而撫局乃有成而無變，即受撫者益感吾恩而剿務乃有利而無鈍。且剿後或更用撫，撫後或兼用剿，此中大有妙用，仍在臨時決機，總求不失國家撻伐之威，亦不失王者好生之德而已。何苦以"剿""撫"二字彼此爭執，曉曉不休耶。

然而此議也，當道者不以爲然，即同志者亦多不以爲然。今如尊議云云，又豈必人人皆以爲然耶。天下事得爲者不能爲，能爲者不得爲，即爲矣而又不克竟所爲，此亦事之無如何者矣。然而天果有悔禍之機，人果有厭亂之意。當今之世，舍公其誰耶。亦徐待夫時局之轉而已。況自古豪傑抱大有爲之具，值未得爲之時，總以緘默自持，以樸拙自守，以觀變沈機自勵，非真恝然忘天下也。

曠觀當世，其庸無識者多妄論，其小有才者多忮心。執若人而求其見諒，其不爲所誤爲所傾者鮮矣。是以狂瞽之見，竊願我公所議各條，但與知者觀，勿與不知者見。即尋常信函亦須再三審慎,庶不致庸無識者所誤,小有才者所傾。而留此有爲之身,以大濟時艱耳。偉謬蒙許可,銘佩無任,見聞所及,不敢不竭愚誠,以期補助於萬一。不覺其言之縷縷而支也。尚希鑒原,感且不朽①。

覆湯樹齋觀察

再奉賜函,備承指誨,幷蒙以古人道義之交,諄諄相勖,捧讀回環,感慚交集。某②自客歲五月間由鹿原大營告假回家,自問才具疏庸,學識褊淺,不足勝艱危而圖遠大。從前用世之心翻然一變,惟於吾道中擇其可爲與當爲者以自勵而已。蓋久矣,不談天下事矣。有勵志詩一章,可藉觀鄙志之所在焉。

馬化龍一節誠如尊論,惟恐我公以不干己之事增③茲多口,故不得不以杞人之心,縷陳左右也。茲蒙開示馬化龍節略,飭弟辨駁以衷,一是爲異日辦事之根本。在大君子虛懷若谷,雅量如天,不惜問道於盲,效先民蕘堯之采。而愚昧如弟,庸碌如弟,不知自諒,又復佞然妄議時事乎。且弟自閉門謝客,開帳授徒,日如蛙坐井中,凡時局之變遷,概不與聞,亦無從得聞。況馬化龍遠隔千里,安能悉其情形耶?情形未悉,將憑空想象以斷,其是非無論,必難有當也,亦甚負我公下問之初心矣。然而言及不言,愆在於隱。無已,則請仍以去歲六月以前所聞所見者一詳陳之,乞我公指正焉。

馬化龍世居靈州金積堡,頗有智計權謀,且富甲一郡,捐有武職。非特寧夏回民素所信從,即他省回民亦靡不悅服。太平時因大案被人控訴押省,馬化龍即以重賄彌縫其間,卒得無事。雖費銀鉅萬,而甘回與雲、陝之各回爭爲幫送川資。暨事竣之日,翻得滿載而歸。其氣燄固已不減杜季良、郭解之遺風矣。二年寧夏之變,弟有鄉人董姓、王姓均在寧夏城中生理,於城破後百餘日,方乘間逃出,爲細述寧夏原係赫姓武舉者,率眾與城回應合開城,官弁兵民殺死無數,而於正街鋪户則令其閉門安居,未曾加戮④。第三日傳呼王爺進城,合城回、漢人等均長跪迎接,董姓、王姓者亦在其內。馬化龍身坐大轎,擁衞多人,馳入公署,隨聞傳諭各鋪户照常生理,不許驚疑,連住多日,一切布置停妥,

---

① "尚希鑒原,感且不朽":原缺,據金陵本補。
② "某":金陵本作"弟"。
③ "增":金陵本作"憎"。
④ "戮":金陵本作"戮"。

始回金積。由是觀之，則寧夏之屬於馬化龍似非無迹矣。然此猶得之傳聞也。

弟四年五月偕傅堃亭軍門募勇赴甘，一路經過固原、黑城子、盐茶、豫望城、半角城等處，親見雷、曹兩帥所撫回民各安生業，與該處漢民耦聚無猜，并與大營供送麫斤，踴躍不懈。而黑城子半係陝回所居，弟駐馬城門外，彼此問慰，如遇鄉親，未嘗不歎兩帥安插之善，足以生甘回之感而弭陝回之變矣。夫以兩帥之推心置腹，不分畛域，馬化龍詎無聞知？使果無反心，當雷營進紮韋州，曹營進紮四百戶之時，何不肉袒輿櫬以迎王師乎？其負隅不馴之志何如耶！

至後五月初十日我軍連營進討，始見馬化龍差人送銀千兩求緩進兵。爾時曹帥深明大體，退銀不受，嚴飭綁①送陝回著名首逆數人卽計投誠。去後我軍進止滾泉，距金積堡六十餘里。又見馬化龍送麫十小車，每車五六百斤，總計不足萬斤，仍②復求緩進兵。此等玩弄情形，尚可奈耶？

迨我軍進紮强家沙窩，距金積尚十餘里，卽見碉卡環繞，屹如立山③，濠寬水深，飛渡爲難，而碉牆卡壁之上鎗炮密布，轟聲如雷，士卒相顧失色，始悟前此送銀送麫，蓋覘我虛實耳。此其老謀深算，心懷叵測，夫豈一朝一夕之故哉！我軍失利在不知穩固後路，使賊得斷我糧道，且强家沙窩水草俱乏，四絶之地，而又不卽退、不善退，此則兩帥之不知兵，而非不當進兵者也。然亦足見兩帥之才智，實出馬化龍下矣。猶憶大營陣擒陝回、並在回營逃出勇丁所供，馬化龍居中調度，無不聽命，陝回戰前，甘回戰後。打仗之日，給糧較多，不打仗之日，給糧較少云云。則是陝、甘回逆所共恃爲逋逃藪者，非卽馬化龍耶？且弟在金積大營時，確知靈州破後，官已被戕，並無官民數年無恙之說，豈傳聞異詞耶？抑穆帥招撫寧夏後，另委之員耶？此則弟所不敢遙度者耳。

至穆帥招撫寧夏，有省城東關張姓友人者，在營裏辦文案，曾爲弟縷述顚末。穆帥督帥過河，猶有多帥餘威，連勝數次，聲勢頗壯，乃日久兵疲，屢戰屢北。至四年六月，雷、曹大敗。河南賊勢併集，河北我軍力益不支，而馬化龍乃忽有投誠之舉。當此之時，穆帥已奉署陝、甘總督之命，囫圇了事，假道西去。城內所安之官，大概如雲南故事，備位以仰聲息而已，非真能自有爲也云云。

---

① "綁"：原作"挷"，據金陵本改。
② "仍"：金陵本作"又"。
③ "立山"：金陵本作"山立"。

由今思之，使當日果能有爲，則寧夏背山面河，有滿城以爲之附，東達定、靖，西達中衛，北通駙馬府，實足撫金積之背而扼其吭，何以自四年以至七年不聞朝廷命將出師駐紮該郡以爲掎角之勢？各大師亦未聞籌及於此。而金將軍且由寧夏退紮榆林。直待八年，劉、郭、張、宋四軍聯絡西討，始克進兵寧夏乎？況自去年至今，河北戰事屢見《邸報》，則從前之非眞能撫賊仍爲賊撫者，可覆斷也！

蓋嘗論①馬化龍之投誠穆將軍，譬之兩人打降，一人強有力，一人弱無能，其強有力者已將弱無能者飽打數頓，忽謂弱無能者曰，吾服子矣；而弱無能者且誇耀於眾曰，彼已服我矣。其孰從而信之。弟謂馬化龍非眞投誠，直愚弄我大帥者此也。抑弟竊有疑焉，馬化龍頗有賊才賊智賊膽。其用兵也，布陣設防悉中機宜。以弟所見，當今諸將帥惟劉壽卿之智勇深沈差可抗衡，其餘皆非其敵。且自倡亂以來，寧郡、靈州悉爲所據，固原、平涼、茶環縣均經逆黨殘破。至四年雷、曹二師失利後，慶陽各屬亦相繼失陷。加以捻逆入關，大兵東趨，馬化龍果趁此時結連狄、河，號召黨類，南困秦、隴，北收延、榆，夏元昊之業不難驟建，而乃計不出此。一則投誠於楊宮保，再則投誠於穆將軍。區區保守一金積堡，幾如駑馬之戀棧豆，則又何故？豈側聞金陵之復國威丕振，有所攝以戢其心耶？豈□□□、張貴、范銘等大股土匪實逼處此，恐搗其虛而乘其憊耶？又豈以回性善詐多疑，即同類亦不甚相信，敗則合而勝則分，不克統屬歸一耶？夫以元昊之強盛猛鷙，有戰必勝，宋之君若臣，拮据數十年，無可如何。蓋非小弱矣？而元昊亦由此困弊不振，則信乎天下之全力，非偏隅所能支也。一統之天威，非叛黨所敢抗也。馬化龍或見及此，不可謂非智矣！然使馬化龍果能度德量力，觀變沈機，知賊之必不可爲，而眞有投誠之心，則何不誓眾出師，力剿陝回，爲異日以功抵罪之計？且以主制客，以強攻弱，以飽待饑，不世之勳名指日可定。而謂爲穆將軍、爲楊宮保者有不爭列剡章、保奏於聖主之前乎？即不然而閉關息民，堅壁清野，使陝回進不得食，退無所掠，不戰自敗，不攻自去，亦馬化龍所優爲，又誰得加以逋藪之惡名耶？由是而率彼良回，出其數年來所搜括而積儲者，以供應大軍之急，又復束身赴省，俯伏聽命，而謂爲穆將軍、爲楊宮保者，有不倚爲左右手而資以滅賊者乎？

然而馬化龍又不出此。將謂其未投誠耶，則寧郡、靈州未嘗不聽設官也。

---

① "論"：金陵本作"謂"。

恭順之文稟未嘗不達於帥府也。國家棄瑕録用，三品之頂戴未嘗不加於首領也。且供應糧餉之約，雖未凜遵，未嘗不偶有饋運，間有輸將也。將謂其真投誠耶，何以寧郡、靈州之有官，不必遂勝於無官也。供應糧餉之約，何以不赴蘭省而赴董志原也？三品頂戴已加首領，何以未聞應差委調遣，一拜君命之辱也。且去年董志原之陝回，何以退屯金積，如水之歸壑，如雲之還山也。此弟之所不能即解者耳。

然則馬化龍之投誠，未嘗非出於本心；而若投誠若未①投誠者，則首鼠兩端而已矣。今且揆馬化龍之用心，以爲大清氣運猶盛，恐不獲逞。姑與之合，以緩其攻討，而因得以益繕我甲兵，益廣我儲蓄，益修我城池，而又以陝回十餘萬出而與官軍相角，其敗也則我固已投誠之人，不得以株連及我也。其成也，則發縱指示之謀皆出於我，而霸王之業仍在我不在彼也。明則供官軍之餉需，暗亦資陝回之糧食，使鷸蚌相持，而我得坐收漁人之利也。設使五年六年之間捻逆雄據關輔，劉、郭二軍不能抵禦，彼董志原之盧帳不將移於邠、鳳耶？抑使六年七年之間捻逆竄擾畿甸，李、左二帥不克殲除，彼董志原之旗旄其肯斂歸環、慶耶？且使時局果有變遷，國家兵力不能兼顧，而謂馬化龍者，終能鬱鬱以居此耶？其計不可謂不譎，其謀不可謂不深矣。

然孰知天固早奪其魄乎？從來辦天下事，一則成，不一則敗，凡事類然，而況作賊。軍興以來，作賊而不專心致志者，在漢賊則有苗沛林，在回賊則有馬化龍。彼固以爲吾計之譎、吾謀之深矣，而豈知逆黨之不相信從者？即此作賊之心之不一，有以啟其貳而滋其疑乎？弟曾謂"馬化龍爲駑才"，正爲此耳。蓋不待異日掃穴犁庭，已可預決其無能爲矣。豈非我國家景運方新，如日月之照臨而爝火自熄也哉。

去歲六月以後之事，弟本不知然，亦無不可以情理度之。來書所稱馬化龍倡率各處回堡，密請"老湘營"合剿陝回，束草爲號。迨"老湘營"進兵之日，各回堡城門俱開，而該營勇丁見其富厚，遽肆焚殺，遂致馬化龍有放水阻截之事。以此咎劉軍門之不善招撫，坐失機宜則可，而其不輕信馬化龍者，則亦未嘗不是。蓋其實有可疑者，不在臨時，而在平日也。且馬化龍果真欲滅陝回，一斷其接濟，已不難聚而殲旃。乃旣以糧接濟之，而又勒索重價，曰吾未嘗給糧，特賣糧耳。嗟呼，陝回所缺者銀耶？金積各堡所需者銀耶？其奸譎情形，劉軍門

---

① "未"：金陵本作"非"。

蓋已洞鑒而嚴防之矣。今有人豢狼於家，疊戶重門，莫窺其秘，且時縱狼以噬人，使果悔其非義，則摯而殺之，在我掌中矣。否則，密其閑而絕其食，不斃亦逸耳。不此之爲，而反號於衆曰：請暗入我家，我爲内應，此狼可除也。縱大開門戶，誰復敢坦然而從之入乎？馬化龍之請老湘營，何以異是。故以今日時勢度之，謂馬化龍之投誠，非出於本心非也。謂馬化龍投誠出於本心，而絶無首鼠兩端之意者，亦非也。此亦足以定馬化龍之罪案矣。

然則謂馬化龍必不可撫乎？則又不然。古今叛亂之人，自非窮凶極惡。如李自成、張獻忠，亦安有必不可撫之理。惟此可不可之機，則又不視其平日，而察其臨時。以雄據一方、屢敗王師之馬化龍，有心就撫，其志可謂佳矣。然必先有以取信於我將帥者，而後撫局乃不慮其不成。今誠得道府大員爲馬化龍素所悅服者，單騎馳入金積，諭以殺賊立功之意；而爲馬化龍者，亦確然信我將帥之不相欺也。舉陝回盤踞於該堡左右者，出其不意，痛加剿洗，如是而尚謂其不可撫乎？又或力不能制，而先絶其糧草，飭各回堡日夜驚擾之，不出一月，陝回且餓斃於城下矣。如是而尚謂其不可撫乎？且既深明乎順逆大義，當即隨我議撫大員隻身歸命，泥首轅門，以釋羣疑，或如鑒茶回民投誠之王明忠、蘇嘉良，自率馬隊，隨營進剿，每戰必克，如是而謂其不可撫乎？

然使爲馬化龍者狡焉，恃故智之有，可據深溝高壘，以老我師者如故也；接濟陝回以爲屏蔽者如故也；馬匹不肯即交也，餉糈不肯多送也，調之不動、呼之不出，而甘言哀語以相欺弄者均如故也。如是而遂謂其可撫乎？弟故曰：可撫不可撫之機，當察於臨時，而不必追溯其平日也。果可撫，則平日之無罪可撫，即平日之有罪亦可撫；果不可撫，則平日之有罪不可撫，即平日之無罪亦不可撫。況乎主撫者，尤當斷之於我，而不可以人言爲轉移。未撫之先如何布置，既撫之後如何安插，如何而使彼知畏吾威，如何而使彼知感吾恩，審慎周詳，務中機宜，則庶乎惟吾所撫，而不至稍有差池耳。

總之，公之爲馬化龍辨駁者，非私馬化龍也，爲撫局必從馬化龍入手，必洞悉情形也。弟不敢曰知①，弟之所聞皆有據，所議皆無失，徒以謬承過愛，不責以功名之事，而勉以學問之道。蓋將發弟之病而有以藥之耳。弟獨何心，豈以忌醫之故，并諱其疾乎！用是不揣冒昧，謹即素所見聞者復陳左右，明知狂瞽之談不堪針砭，如我公不以爲可棄而幸藥之，則益感銘不朽矣。肅此奉復，即

---

① "曰知"：原文作"知曰"，據文意改。

請大安,統希原鑒。

　　謹按:
　　高宗純皇帝曰:回紇善騎射,喜寇抄①,其性然也。是回民之好滋事端,有由來矣。居中國而不奉正朔,則夷性梗頑,豈獨飲食衣服之各異哉。且元年之變,肇自任老五之戕,張欽使首禍之罪,百口奚辭?又況挺抗王師,荼毒生靈,傷亡無數兵將,糜費幾許錢糧?
　　聖天子宵旰焦勞九年於兹,而顧謂曰回民非真欲叛者,其釁起於與漢民仇殺,不得已耳。審如是,則該逆又何罪哉!無以譬之,請譬之一家。凡父母之於子孫,或賢或否,本兼所愛也。子孫相殘,一弱一強,一勝一負。為父母者,總當呼其強且勝者而詈之笞之且鎮厭之,而後弱且負者始可望其生全,情也,亦理也。不謂強且勝者盛怒之下,轉而直犯其父母於此,而謂其肇釁之初,並非與父母為仇。其罪實有可原允乎?不允乎?知此可以斷斯獄矣。
　　然則回民必不當撫乎?曰:否否。回民中未嘗無良善始終不欲叛而迫於不得已者,然今之乞撫者,不必皆良善回民也。明乎其不皆良善而後能惟吾所撫,而不至稍有差池,彼主撫者靡不號於眾曰:回民之叛,漢民偪之耳。非回民之罪也,是先予該逆以藉口之端,而啟該逆以輕視朝廷之心,尚欲撫賊耶?其不為賊撫者鮮矣。予之所以反復致辨,必欲明正其罪者,正為用撫地耳,豈謂其必不當撫也哉。

同治庚午季春偶筆

覆李稼門中翰

　　客歲七月間謬蒙推薦,經局憲札委,勸辦長安堡塞。當因事多掣肘,於去臘懇辭,非畏勞怨也,畏任勞任怨而終無益也。譬之一家,事為主人所不欲辦之事,人為主人所不欲用之人,而旁觀者偏用其不欲用之人,使辦其不欲辦之事。即令主人勉強承應,而其家之婢若僕,未有不憤懣、不平日媒孼於主人之前,以促其斥逐者也。嗣以諸君念切桑梓,不許遽退,弟亦復以吾陝安危在此一舉,未忍決然舍去。迂拙之見,方庶幾齊王之一改,而失之東隅,或可收之桑榆耳。無如事與心違,動多窒礙,一局一縣,視如秦、越,豈天心未厭亂耶?何

---

①　"抄":金陵本作"掠"。

意見之私終不能化耶？

夫投艱遺大，非專其任者，莫能勝；治劇理繁，非厚其力者，弗能辦。今日之事，正如束縛其手足而策以馳驅，無論事之必不克濟，即使委曲求全，而始基不正，流弊滋多。將來意外之虞，有未可逆料者。弟原不欲任功，亦誠不願任過也。敬請故人善爲我辭。

覆李稼門中翰

手示告以鄂縣李公，稟弟等未經通知地方官及本地紳士，故致事出兩岐，並勖弟等以地方官如肯作主，宜事事①與之商辦，務先自立於無過之地云云。此可不辯也，而不能不爲吾兄辯。

夫弟所辦者西、同、鳳三府堡寨②，非僅鄂縣也。弟之不願專辦鄂縣③，理至明也。九月間親往鄂縣謁李公，面陳一切。並親往鐘樓團防局，請張海若孝廉、山丹樓茂才等總辦該縣堡寨，反覆苦勸，幾於痛哭流涕，該紳等亦迫於大義慨允所請。當經繕稟，由鄂呈局代求札委。不知該紳等又何居心，自奉札以至今日，從未出縣城一步。其肯相助爲理者，則又非能獨當一面之士。而鄂民之立寨，復不之縣而之省，紛至沓來，急如星火。此弟與小帆、練亭諸君不忍不破除畛域，拯此遺黎也。

今乃因庸生忌，因忌生猜，因猜生毀，陽順之而陰排之，必令大局傾覆而後快。嗟呼，自來誤天下事者，皆若輩階之厲也，而反謂其不通知本地紳士，此固不必辯者也。東西二局辦事之人有幾？夫馬有幾？而事關三縣，紛如蝟毛，即曉夜奔馳，仍多挂漏，豈復尚有點隙④繕具稟函、分途呈報耶？且自來稟稿，悉由弟與小帆擬作，同事諸君均未熟習公事，而弟與小帆數日僅一回局，多日始一會面，即欲事事通知，又何從而通知之乎？

弟自爵帥處回省，至今未達寸函，可知奉札辦公，只求盡其職之所當爲，行其心之所不忍，此外更何所計哉。況公局定立一寨，諭帖則請之於縣，告示則求之於縣，其恃刁抗公者，則又必稟之於縣，而顧謂其不通知地方官也。欲加之罪，何患無辭，此又無庸辯者也。若夫深居簡出者，鄉間情行如同隔世，不管

---

① "事"：原缺，據金陵本補。
② "寨"：原作"塞"，形近而誤，據金陵本改。
③ "縣"：原缺，據金陵本補。
④ "點隙"：金陵本作"餘暇"。

事而事猶一致，一管事而事卽兩歧。弟等之所望於地方官者，若僅不肯作主，則事尚易辦耳。

弟邇來深信天命，家食自甘，一切聽其自然。吾道之將行將廢，天也；此事之知我罪我，人也。與弟何涉哉？弟斷不因公負氣，與到處地方官爲仇，如果浩劫難挽，則桑梓必不可救，當卽奉身引退深山窮谷，蕭然自得，而是非成敗一聽後世之論定而已。此弟之志也，此弟所以不辯，而不能不爲吾兄辯者也。惟知己諒之。

代劉太青致解州劉孝廉

去歲西關之事，漢人未免荒唐，實有應得之咎，惟主事者辦罪太過，爲兩失耳。府試幸未罷，成否則又有無限轇轕，不能好結局也。吾鄉何嘗無豪傑之士，義切同仇、志存報國者，但無人爲之主持，爲之提倡，斯動輒得咎，弗克有爲耳。

去歲至今幷未打一好仗，各匪亦未知懼，其失在調兵。雖衆而精銳甚少，分支太多而防剿不力，所以言撫者，蓋因兵力未足、不能不作此朦朧支持之計，其實亦幷未眞撫。今則不主撫而主剿矣。

至北山土匪，有不可不撫者。欲滅回逆，非用西北之人不可。而此等土匪，均係西北難民，與回逆有不共戴天之仇。撫而用之，以賊攻賊，真治亂轉移之機也。特旣撫之後，必用西北之人統帶方能得力，否則且慮中變耳。扈、彰一股係咸寧紳士翁健、蘇湘親往招撫，現經安插妥貼，雖用帑銀二萬，幷無七縣供食之事。弟尤惜其不卽用西北之人統帶爲失機耳。某匪之不肯就撫，未必不因乎此。此則主事者之不善，撫而非不當撫者也。以現在局面言之，兵力不可謂不厚，軍容不可謂不盛，萬萬不至言撫。惟主事者頗有自滿之意，且用人多未當，布置多未善，將來或戰不勝轉而言撫，則時局不可知矣。

弟詳觀兩主事者，實有爲地方辦好事、爲百姓除積弊苦心，無如各屬州縣，異常昏庸，異常縱肆，異常罷玩，上下隔塞，實惠不能及民，而主事者又無知人之明。雖屢次更張，仍是"大夫崔子"，爲可恨耳。

總之，陝西之患，不在蟊賊之交訌，而在官場之分黨。自古未有吏治不飭而能出境平賊者也。吁可慨矣！抑弟尤有患者，吾陝士氣不伸久矣。其識見議論，操守作爲，一切不衷諸道，實在不能自立，無怪人之摧辱卑視也。推厥原由，以顯者、大者有一種異樣衣鉢倡導於上，而微者、小者靡不哄然率循於下，積習已深，牢不可破。陝事之所以無起色者，實由於此。非得丹初回省痛下針砭，不能挽此頹風。尚望閣下力勸丹初軫念桑梓，翩然西歸，詳察病原而藥之，庶善類可培而元氣可復矣。此弟與合省紳民所日夜禱懇者也。

覆黄子壽中丞

關中獲親德範，祗領訓言，執①吝之衷，遂爾融釋，蘇子由所以喜見韓太尉也。東南時局近復如何？得大人②開府吳會，揆文奮武，海疆自慶安瀾。奉到賜書，敬悉尊恙早袪，道躬多祜，想天壽平格，爲天下福，無俟下士私祝矣。

偉與煥唐請購請換各書，均如前函點收。此次由子方方伯處寄來《圖書集成》兩箱，一併收到。惟前因王星聯大令中道回鄂，運書抵陝，管局者俱易生手，茫無頭緒。煥唐應補交之五十金既無所歸，偉所購書應否補價亦無可查。近見方伯言，書局帳至今仍未清出，以故遲遲未卽敬復也。

昨煥唐信來，擬將換書墊款先交方伯收存較爲妥便，當卽如數交訖，餘俱詳煥唐信中。現在書局委顧晴谷明府主管諸臻整理，定價頗廉，出售亦多，實有裨於學者。但用官而不用紳，仍慮不能經久耳。

某今春喘疾又發，加以咯血，書院一切課程多形耽誤。既負大人③期許之心，并負方伯挽留之意。五夜循省，俯仰靡安。所幸西關馮恭定公祠落成，附設少墟書院，其學規擬以《小學》爲門徑，以經義治事爲規模，以制藝與經古雜著爲課程，俾學於中者景仰鄉賢，奮然興起，養其正氣，儲爲通才，或可稍備中朝緩急之用。然究未敢信必能辦到也。

逯庵學使出京時誤入人言，初到卽與煥唐齟齬，繼乃深佩煥唐學品。七月間與偉晤談，復極口稱揚，謂科後所有宏道、味經課程，均請煥唐釐定。明歲似又不能脫去矣。偉與煥唐孤鄙迂拙之性，宜山林不宜城市，公所深知。久溷講席，動遭謗疑，鬱鬱居此，未知如何始獲善退耳。《關中課藝》刊成，附呈一部，卽祈正是。

覆李菊圃方伯

六月初十日奉到五月十三日賜書，敬悉道躬多祜，教澤誕敷，至以爲頌。

---

① "執"：金陵本作"鄙"。
② "大人"：金陵本作"我公"。
③ "大人"：金陵本作"我公"。

两年侍从,诸蒙训益,一朝远别,非独学修无由就正,即时事亦未敢与闻。引领山斗,曷胜驰依。窃思办天下事,众撑则易举,独力则难支。未有议论不一而能程功於当世者也。大人在陕惠政,如禁罂粟,劝蚕桑,并无难办之处,且已办有成效。乃既牵掣於去年,又尽废弛於今日,此可太息之在上者也。

积谷一事,承办各绅果如人言,无弊不滋。陶方伯亲自开仓盘查,生芽者、霉变者已十分之六七。大概多买湿稻掺以沙土所致,缓急何以为备?此可太息之在下者也。

时事日棘,不认真必不可办;一认真,愈不能办。正不徒陕事然也。客夏五月焦雨田邑侯倡捐千金,重建冯恭定公祠宇,附以少墟书院,嘱伟代为经理,省中官绅多不谓是,甚有以违例擅修控焦主①於各宪者。虽经挽回,然人心尚可问哉。伟之勉住关中,虽由上游雅意挽留,实以祠工未蒇,不能脱然遽往耳。公以实事求是之心所为辄阻,时局可知。然使天时人事果有可为,知大君子必不易乐行忧违之志也。敬祈为国为民厚自珍摄,是为至祝。

覆曾怀清观察

昨奉瑶章,备邀琼饰,盥薇庄诵,篆竹诚倾,敬维怀清大公祖大人旧德咸乎,新猷益豫,荷殊恩於北阙,应钜任於西储。展便民裕国之谟,太仓盈而羣黎戴德;兴輓粟飞刍之利,陈红积而众赤铭恩。允宜民口皆碑,颂遍棠阴黍雨;旋见帝心在简,荣迁柏府薇垣。指顾鸳鸾,心股雀跃。伟青门下士,沣水农家,志切躬耕,年年纳太平租税;学无心得,悠悠昧大道渊源。前闻绛节遥临,方喜共沐乎霖雨,不意丹笺下贲,转先寄赏於风尘。感厚谊之先施,愈抚衷而增愧容。俟岁终解馆,便道会垣即当躬叩崇阶,面聆钧诲,专修复禀,衹请升安,伏乞鼎鉴。

致咸长劝赈局绅士

敬启者:弟自同治八年杜门谢客不谈天下事者九年矣,昨岁奇荒,目覩乡党宗族、亲戚友朋相率以填於沟壑,既恻然不忍。且读《二曲集》,见中孚先生因吾陕亢旱成灾,上书当道,几於痛哭流涕,复慨然有动於中。不揣冒昧,力恳诸公设局劝赈。今赈务将竣,而谗谤纷起,皆由弟不德不才所致。原无足怪,

---

① "主":金陵本作"县主"。

惟念諸公因弟受謗。弟獨何心,能無耿耿。雖然揭帖之醜詆橫巇者以弟爲首惡,則罪有專歸矣。凡睹此揭帖者,應無不非笑夫弟、痛罵夫弟而已。卽或因此揭帖累及賑務,弟亦願以一身任之,誓不推謝於諸公,務望慨念桑梓,力支大局,毋稍灰心,以重弟罪。但使吾咸、長兩縣鄉黨宗族、親戚朋友不至終填溝壑,則我輩已不虛費此一番心力。彼悠悠議論,何足介懷耶。

況人生斯世,或窮或達,苟欲自勉爲君子,必須打破三關,方能豁開眼界,立定脚根。中立而不易①,百折而不回,否則未有不爲所搖奪者也。所謂三關者:生死第一,利害第二,毀譽其末焉者也。毀譽一關尚打不破,生死利害之交,又將何以置身乎?將謂不辦公卽可免此讒毀,彼中孚先生何嘗一日預天下事,而歷遭羣小媒孽至不免於票拘?人心險毒,詎可以情理論耶。

且弟猶幸此揭帖騰於今日,倘早發於去歲十一、十二月間,使我輩一事無成,徒負重謗而歸,又將何以自解?用是與諸公約,我輩不必遠效古人,當始終以中孚先生共相勉勸勵。吾邑幸甚,吾道幸甚。爰節錄《二曲集》中《年譜》一則,粘於紙尾,用相師法。是否有當,並祈指誨。

覆味經邢得齋楊立夫齋②

日昨風雪嚴寒,過蒙諸同人出郭遠送,且得齋病體未痊,益覺依遲不忍言別,此情此景,使我耿耿奚忘也。茲讀來函,具見依戀之懷,挽留之意。人非草木,孰能無情。余豈不樂與諸君聚首一堂,朝夕砥礪,共期有成。而必恝然爲此長往者,素性迂戇,不合時宜,與其強留而異時或致差池,何如決去而兩地各安清靜。故願潛跡窮鄉,不欲羈踪顯位耳。同處一年,當無不諒此心矣。且余現已另膺人聘,雖係僻陬小館,然尚可藉此讀書,稍息勞肩,尤不宜以當道下顧,遽失信於鄉人。諸同人如果見愛,相離非遥,不難相見,何必同堂乃足爲學乎?涇水泱泱,峨山矗矗,雲天咫尺,延企爲勞,書不盡言,統維心照。

致關中書院志學齋四齋長

壽萱、幼海、致甫、勳臣賢友足下,去歲余承李菊圃方伯、曾懷清廉訪兩次函請,勉來關中。深愧性迂學陋,有忝講席。曾於冬節前再三辭退,復因方伯

---

① "易":金陵本作"倚"。
② "覆味經邢得齋楊立夫齋":金陵本作"覆味經書院邢得齋、楊立夫齋長"。

廉訪，殷殷以戊子科試爲重，力加挽留。當與面訂，本年七月間功課完竣，諸生將近入場，定行解館回鄉，均蒙允許，始接關聘。茲旣恪守前約出院矣，其不宜復入院者，義在則然也。監院黃、梅兩老師奉糧憲命，請終本年課事，顧冬季課事宜完，冬季修儀決不宜受，亦義在則然也。酌中定擬以八十金留於書院，立題名碑，以百金續捐入西關，修建馮公祠，似覺妥安，卽希會商監院。待此項送來時，卽行照辦，一切是爲至禱。

覆薛壽萱

去歲兩接手書，未卽裁復，祇以經年痰喘，加以喀血，而祠工拮据，院課紛沓，心緒不勝煩亂。迨解館還鄉，閉門謝客，專心息養，始漸痊可，然終未敢遂涉勞動。每思與壽萱寄函，別①有許多欲言之事，非一二可盡，故遲遲至今也。壽萱天姿②甚優，學力亦厚，雖日側身紛紜頹靡之場，必不隨流俗爲轉移，余所深信，無待遥囑。然如來書所云：是首善之地，直一敗壞人才之區也。時事日益棘，風俗日益漓，天下更何望乎？安得兢兢諸公急起而正之也。

現在散館伊邇，以壽萱賦筆之雋，楷法之工，留館自如操左券。惟是翰林一職，有未易克盡者。國家以大器儲詞臣，不淆之以吏事。蓋望其優游成德，以爲異日公輔之用，至深厚也。列館選者自當以天下爲己任，先憂後樂。凡所以撥亂而反之正者，講求必精，籌策必預，方爲無忝是職。乃無端而以"考差"二字橫塞於胸中，若謂非此不足以爲計也。一旦得一差，各縣之供應，各官之餽送數且不訾，亦足以豪矣。然自出京以至還京，酬應紛煩，所餘亦復無幾，則又非考差無以爲計也。以數十百人謀此一差，此中煞費經營，蓋有不可名③言者矣。如是而吾君之宵旰焦勞、吾民之水旱疾苦，尚足動其夢思乎？謂爲清品、清班，其果清耶？否耶？

壽萱矯矯，獨立如雞羣之鶴，吾決其必不如是矣。然而大人之學，體用兼全。壽萱平日不喜讀道學書，其於治體似尚未精嚴純粹。自古抱絕世之才，恒多負俗之累。非盡人之過爲訾毀也，惟名與利，雖豪傑之士，未必盡能擺脫。使非敬義夾持，刻刻警惕，未有不終於陷溺者。漢之揚、馬，其前車之鑒乎。昔

---

① "別"：金陵本作"則"。
② "姿"：金陵本作"資"。
③ "名"：金陵本作"明"。

朱子入侍經筵，有迎告者曰："'正心誠意'，上所厭聞，請勿以此進講。"朱子曰："吾所學者，只此四字，何可不講乎。"某少時深以爲迂，後讀《明懷宗紀》，始恍然於人主不能正心誠意，好惡必倚於一偏。以莊烈帝之明，非不知盧象昇英毅而聽其死於佞讒①，非不知楊嗣昌碌庸，而任其害及忠烈。無他，一逆耳，一順志也。則甚矣，誠正之學，不可不亟講也！

某嘗謂惟大英雄，乃能爲大道學，此固非局局遺内襲外者所可同日語矣。至體立而用達，本屬一貫，然古今之事變無窮，中外之情形屢易，尤須博觀約取，就正有道而弗膠持已見，庶乎其不迷於所事乎。壽萱識卓力堅，自非容容②者所可儷。惟閱歷似尚未深，不能不有待拓③充耳。京師掌故所存，英豪鱗萃，事賢友仁，增益不能，自屬易易。某老矣，衰病侵尋，罔裨斯世，惟望吾黨二三子拔出輩流④，養吾浩氣，宏彼遠猷，使論者咸憬然曰關中有人矣，則某之抱咎於平生者，庶幾稍釋乎。壽萱勉乎哉！臨楮不勝縷縷，仍未盡十一。

致高朗卿

書示生朗卿見知：九月初五日接來信，閱竟喜甚，一喜朗卿之病大退，一喜朗卿之學大進也。信中云："今始知人生雖枉己徇人，亦無濟事，欲效曾子負薪芸瓜以養親，且矢以順受正命，雖餓死而無怨。"有是哉！此聖賢自修之道，而朗卿已見及之乎。夫富貴貧賤，本有命在，非人之所能以智力争也。

孔子曰："不知命，無以爲君子。"數十年來，余所以硜硜困守，不肯隨俗浮沈者，其得力全在於此。每舉此理以勗及門而悟者絶少，何幸朗卿之竟能見及也。慨自學術不明，師友之所規，父兄之所詔，無非枉己徇人之事。豈不謂我一枉焉徇焉，而即可以得富得貴乎？姑無論富貴必不可得，即令偶一得之，亦必命中本有應得，徒多此一枉一徇，自壞其品行而已。況悖而得者，終必悖而失乎。不知乎此而妄以求焉，卒之富貴不可得，而貧賤之面目靦然不齒於名教，尚可以爲人乎哉？豈非所以辱父母而羞友朋耶！故曰士當貧賤之時，老親在堂，以善養更勝以祿養。曾子之負薪芸瓜，即此意耳。

夫以仰事之重，尚不宜以枉己徇人者自失其身；至於俯蓄之輕，更何容以

---

① "佞讒"：金陵本作"讒佞"。
② "容容"：金陵本作"庸庸"。
③ "拓"：金陵本作"擴"。
④ "輩流"：金陵本作"流輩"。

枉己徇人者自隳其節。朗卿既見及此,詎非吾門之大幸,雖然命亦豈易言知哉! 余嘗謂命也者,有定而無定者也,無定而有定者也。有定者,常也;無定者,變也。無定而有定者,變而終歸於常也。知其有定而無定,並知其無定而有定,方可謂之知命,方可以爲君子。使有知有不知,則無真識者,斷無真力。初念不肯枉徇,轉念而枉焉徇焉者交争矣;一時不肯枉徇,移時而枉焉徇焉者競進矣。朗卿其益求所以真知此命者,則庶乎其不失爲君子乎。余實有厚望焉。

近亦頗思朗卿病果大愈,可來馮村多住幾日,以慰懸懸。如尚未愈,不可以勞,則勿來。卽來時,亦勿攜買禮物。此皆寒士所不必者也。至囑! 書此以復,尚有不盡所欲言者。

覆宋子鈍

前接來函,久未裁復,以閱卷勞憊,刻無暇晷,兼之管修馮公祠工橫起風波,竭力支拄,故遲遲也。詞垣供職,宜多看書,則學識日進,尤必力除官樣牌子,方能爲好官。常①見翰林偶得一差,則各縣之支應、各官之饋送數且不訾,將來差旋,陛見聖明,垂詢該省利弊,勢必不肯據實入告,揆之行義初心,詎能無咎。然此非躬行勤儉,終難自立,不能自立,又安能不隨俗波靡耶? 某以勤儉自勉數十年矣,仍恐不能自立,願與子鈍共勉之。

覆吳覺生

前接來函,當囑震藩代復,想早入覽。近聞已升主政,每年所分印結當可敷衍,不至如前拮据。惟望勤以供職,利弊須一一參詳;儉以持躬,日用須在在撙節。又必於從公之暇,多看經史,就正有道,則通達古今,將來出膺外任,庶能進退裕如,克做好官矣。夫富貴利達,自有命存。學問經濟,在我自爲。果能振奮精神,自克建樹功名。然必先屏除一切時好,方能卓然有以自立。宦海茫茫,宜思早登彼岸。是爲至囑!

覆魯勱臣

前接手書,足見師友相信之深。古人所謂"雲山千里,不殊風雨一堂"。

---

① "常":金陵本作"嘗"。

隔以跡,不隔以心者,此也。某嘗言擇師取友,爲學者第一義。果有嚴師畏友,則一舉念必不敢苟,況行之著而事之實乎。豈有慷慨期許於平日,而返①游移遷就於臨時者耶。然此非可勉強爲之也,勉強爲之,未有不初終易轍者矣。甚且慮其變本而加厲也。無他,汲汲富貴,戚戚貧賤之癥痞於魂夢間者。固未能攟②其本而抉其萌者耳。以故志道之士,不可不先求自立。果克以勤儉立家,以廉靜立身,以有恥立心,以有恒立學,功名不熱於中,取與必衷乎義,惕厲戰兢,數十年如一日,如是則可以信己,始可以信友,決不至如曾、左諸公之於李某,轉悔其相信之過堅矣。勸臣勉乎哉,信於今日者,現已相孚;信於異日者,尤望相勵耳。

程伊川先生曰:"人無父母,生日倍當悲慟,安忍置酒③張樂以爲樂。"曹月川先生曰:"親既歿,人子生日,當終日哀慕,安忍復召賓客作樂。"此朱子《小學》所垂戒也。況某尤有深痛者。吾父母畢生辛苦,未嘗一處順境,某亦以饑驅未獲常依膝下。同治紀元,兩親花甲俱慶滿,擬八月壽期,稱觴祝嘏,稍盡孝思。不圖春夏之交,髮、回煽亂,全家避賊南山,高堂遂至棄養。此某所以終天抱憾,不能一日忘者也。

夫於生我者,未嘗一介戚友以祝其壽;今生我者何在,而反於生日受戚友之賀? 稍具天良,何忍出此。往者乙亥、己卯同門兩次備禮來拜,皆睹某悲痛不忍言壽而止。趙展如、梅幼芳、宋子鈍、吳普生等可詳詢也。本日作書至此,又不勝涕泗橫流,尚何能勉強以讀諸君嘏辭耶? 勸臣識之,萬勿再言及此,重某悲痛。並望遍告同門,一體鑒諒,禱切感切。

覆侯貞甫

前接手函,欣悉壹是,從公之暇,果能日事讀書,則學識益進,自不隨流俗爲轉移矣。足下持守素堅,某所深信。"勤儉立身"四字爲行義達道根本,當不煩更囑也。經濟亦關天分,有天分而以學力充之,又必深以閱歷,則胸有把握,措置可以裕如,事賢友仁爲第一義。都城人才薈萃之區,事事留心,事事就正有道,勿涉虛憍,勿鄰偏執,久久必能豁然貫通。如現官吏部所有各司弊竇,

---

① "返":金陵本作"反"。
② "攟":原作"钄",形近而誤,據金陵本改。
③ "酒":原缺,據二程遺書卷六補。

細心稽考,果能一一洞悉。一旦得操銓柄,擿伏發奸,何難操縱在我乎。卽此可類推詳參矣。至足下家事,某未深悉,未便代籌,宜自斟酌布置可也。

覆宋子鈍

去歲接到手翰,中多見道之言,若能敬義夾持,葆此勿失,則根之厚者葉自蕃,源之清者流自潔,不難爲當代名臣,奚僅僅文章報國哉。某肺氣受虧,痰喘經年,自還鄉後静心息養,從未出門,今始漸愈,遲遲久未復,職是故耳。天下瑰奇卓絶之士多萃京華,就正不患無人。既知砥礪名德①以端其體,必講求經濟以裕其用。而事賢友仁,實爲學者第一義。人生無嚴師畏友而能拔出流俗者,蓋寥寥也。某老矣,慨念時事艱危,國家需才孔急②,而于于而往、充充而登者,如秦人視越人之肥瘠,漠然罔動於中。亟望吾黨二三子,克拔流俗,養吾浩氣,宏彼遠謀,使論者咸憬然曰關中有人矣,庶不負平昔講學之意也。夫子鈍勉乎哉,幸勿以某言爲河漢也。

覆馬丕卿

客臘接手書,詞旨甚善,足見學力猛晉,不爲氣質所囿,習俗所移,由此益加淬厲,所造當不可量。慰甚慰甚!自古抱絶世之才,恒多負俗之累,惟能省過遷善,責己厚而責人薄,斯學不期純而自純,品不期粹而自粹。如嵯岈③之木以琢削而成良材,如瑕玷之玉以磨礱而成寶器,此在有志者自爲之耳。丕卿才本不羈,一變至道,以方古豪傑士,何多讓焉?丕卿勉乎哉!

人生無地不可爲學,無時不可爲學。尊所聞,行所知,雲山千里,無殊風雨一堂。況相隔不過數程,高堂春永,酒捧介眉,人子之樂,何以如此!前人詩有隔院娛親,讀舊書句,旨永而味長,正不必以索居爲戚戚也。某東遊徑至虞鄉,見朝邑相國縱談天下事,可爲痛哭長太息者甚多,如何如何。朝邑又言我輩:"欲坐好官,須將紗帽提在手中,蓋謂應擲去時則竟擲去耳。"然非先能自立,胡克如是?丕卿宜於此參透,則不至汲汲於功名而悠悠於道德矣。丕卿勉乎哉,抑有質者!

---

① "德":金陵本作"節"。
② "急":金陵本作"亟"。
③ "嵯岈":金陵本作"樝枒"。

近思中原陸戰急須講求,彼族陰摯之性,蓄謀在數十年以前,肆毒常在數十年以後,往事固可徵矣。自中國倡爲"師夷技、制夷命"之説,由是而製鎗械,由是而造輪船。非不急急力求自强,然所購者皆西人之機器,所僱者皆西國之匠工,復不能如俄君主潛學各國製造法,而所製造反出各國上。則事事食人唾餘,糜費不訾,而全落後著。馬江之役,形見勢絀,彼固已洞悉我邦伎倆矣。猶幸諒山一戰,克挫凶鋒,得以暫時少息耳。然彼何嘗須臾忘中國哉。徒以陸戰尚無把握,且海口爲彼族鷹聚之區,即有便利,不克獨擅,故又各蓄一謀,以求逞於内地。

　　試觀近數年來,法人經營越南,則欲從雲南入。英人經營藏地,則欲從四川入。俄人經營伊犁、黑龍江,則欲從奉天、新疆入。自東北而西南,藩籬大半殘裂,是故撫我背而扼我吭,將來尋隙搆難,必徑披我心腹,不戰於中原而戰於何地乎?且彼固知陸戰不能必勝矣,而不憚如此經營者,是必日夜籌練陸戰陣法,創造陸戰軍械,凡我所以勝彼者,彼皆思有以勝之。特秘密不令我知,而我亦從無人測及。方且立海軍、嚴海防,思與彼決勝於驚濤駭浪之中,何異螳螂撲蟬,絶不計黄雀之伺其後耶。當亦彼族所竊哂矣。一旦禍機猝發,疇能禦之?

　　僧邸天津之敗,實爲開花炮①所擊,勢成破竹,直抵都城,如入無人之境。今惡知彼所爲者,不更萬萬於開花炮乎?溯查同治九年普魯士之滅法也,法人守卡者不下十萬軍,普人以新製火鎗轟破之,一發數十響,法軍頃刻化爲灰燼。遂入其國,虜其君,此亦可爲殷鑑矣。夫彼所恃者炮火,愈出愈奇,不可思議②,我則以血肉當烈焰,所恃者拼命一衝耳,衝之而徑入彼之炮火,無所施則勝矣,否則聚殲而已。此可常恃乎哉?

　　甚矣,中原陸戰不可不及時講求也。講求若何?彼以巧我以拙,彼以整我以散,彼以詭我以堅,彼以彰我以暗,彼則萬衆齊驅,我則人自爲戰。伏也而如雷,奔也而如電,如星之撒於無窮,如風之摧於無間,而何畏乎鬼之奇,而何憂乎奸之漢?雖然戰於境内,何如戰於邊外。藏事又棘,而不問羣夷侵削,而胡扞海疆不可爲矣。奚忍復睹中原之糜爛。庶幾乎天心悔禍,斯言無驗,蓋不勝側身四望而低徊浩歎者也。

---

① "開花炮":原作"造開花炮",疑"造"爲衍字,金陵本無此字,據改。
② "議":原作"憶",據金陵本改。

丕卿素識兵機，願與詳審而預圖之，如有所見，不妨往復揚①榷，《陝西歷代形勢險要圖説》想已釐定精當，如鈔有副本望即寄我，以便發刊，是爲至囑。

寄趙展如

接來函，欣悉九月間提陞員外郎，公私清吉，慰甚。所云以六綱自治甚好，此外尤宜多看書，多請教名公碩人，周知天下古今事變，增益不能，以備他日封疆之用，方爲不負所學。現在吾鄉大人如閻丹初先生之精嚴剛勁，薛雲階先生之清勤和平，均宜不時就正所學。況二公親歷國家患難二十餘年，其識見議論，必有非新近少年所能及者。萬勿拘於官職大小，行②跡裹足不前也。我自問無躁進妄干之心，則只見其道德可師，何見其尊貴炫赫乎。此爲至囑。

今年星變，其氛甚惡，似不能無應。草莽之臣，隱憂殊切，未知兖兖者亦思所以消弭而備禦之否耶？余前信所云明年謝去生徒，種樹讀書，以求吾學稍有成就。不意十月初間，又爲學使樊介軒先生枉顧，造廬迫就味經書院講席，其勞苦不待言矣。惟余半生困於詞章名利，風塵車馬，以致學無根柢。近十年内始克從事於斯，而又爲衡文所困，不能專精稽考。況時過後學，記性大差，難得易忘，深覺此學如長江大海，渾無涯際。平日所見聞者甚陋，萬不堪爲人師。今復一出，而浪擁皋比，其何能無慚衾影乎？翹正當以余爲監戒，及早爲學，庶不至如余之悔也。余近閲《曾文正公全集》，見公於軍事危險之中尚不廢學，故能成一代偉人，致足法矣。

覆趙展如

董生濤回省，呈到地圖、信函并物件，藉悉京寓大小平安和睦，慰甚。河南臨刑呼冤一案，聞頗費力支撑，卒能百折不回，一如所擬，似此方不愧吾道，方不負吾學。然處此等事，事前不可激烈，事後不可矜張，至事定事平之日，尤不可生畏葸心與遷變心。主氣勝而客氣除，畢生無或易之操矣。惟居恒時作退計，行止一聽之天命，戰戰兢兢，日慎一日，又何至有騎虎之虞乎！

年前翹因賑務密函戒余，謂禍機宜避，余所以不動者，既然入其中，胡可又遁其外？且避亦必不能脱。然反授伊以傾陷之柄。再余自念辦賑以來，或有

---

① "揚"：金陵本作"商"。
② "行"：金陵本作"形"。

公罪,斷無私罪,伊縱以公罪陷我,我實可告無罪於天地祖宗。孔子曰:"不知命,無以爲君子。"此理確鑿可信。當與翹共勉之。

更有囑者:以後萬勿與余寄送物件,即食物亦不必帶。余固無須此也。自翹進京後,余未嘗以一物帶京者,正恐翹因余有所寄送,而亦不能不有所寄送耳。果能拿定主意,做①好官,做清官,爲吾門生色,是所以答君父者,正所以報先生異時。即官至督撫,亦不須以一物相貽也。余今歲精神頗好,書院事尚平順,家人亦各平安和睦,勿庸遠念,静心在部供職可也。

覆趙展如

接手函並張价面述,如前恙早愈,家室和平,地方安静,慰甚。來書稱近喜看朱子書,即一語亦皆實獲我心,足見好學之勤。然學以變化氣質爲先,展如性似過剛,量似過隘,過剛則宜以柔克之,過隘則宜以寬濟之。讀古人書,見一言恰中吾病痛,則爲汗流浹背,務求病痛所在而抉去之。庶幾剛柔得中,隘寬合度,無往而不咸宜矣。若徒喜書之有益,而未能實益於已,不過浮慕而已。

吾不知展如慮②家庭如何?然往嘗自鳳陽來者,輒云太形激烈,每致勃豀,此豈養身之道乎。夫妻妾事我者也,原不宜專尚柔道,亦何可過用剛德? 糟糠宜念也,幼弱當憐也。即有不是,必先教之。至再至三,必使咸喻吾心而後已。至不得已而嚴斥之,亦不宜大動吾氣,事過則仍教之,感之以恩,待之以禮,人非頑石,寧遂不可轉耶?若如來書所云耗鬱子悶,家庭全無樂趣,豈皆不可以人理論?況我因惡彼而坐困,彼因怨我而默傷。此子嗣所關,獨不能另籌一法以善處,以娱我情性,畜我精神乎?亟於古方中求調和血氣之藥而藥之,此病先去,育麟無難矣。

辦天下事,任人則逸,自任則勞。而用人全在膽識,無識則不能用人,無膽則不敢用人。左季高之但能用楚人,閻丹初之絶不用秦人,皆膽識未優耳。大哉,其胡文忠之知人善任乎。文忠嘗言:"自督撫以至牧令,皆當歲奉千金或數千金,請有經濟有道德之士日與講諭,以拓③吾識見,以糾吾偏失。"又在鄂城開集賢館,招天下英傑,詢以兵事餉事,以瞻其才學,而器使之。以故幕府得

---

① "做":原作"坐",疑以音近而誤,據金陵本改。下同。
② "慮":金陵本作"處"。
③ "拓":金陵本作"擴"。

人鼎盛，培成中興之基。

某生平頗以用人自負，未嘗無失，然必反復思其致失之由。其失在我者，則改之；其失在人者則防之。誠以天下事非一手一足之爲烈，不能用人，不敢用人，則且反爲人用而不自知。如徒恃一己之精力以辦事，而精神不足時，其事之廢弛者必多。徒仗一己之聰察以防弊，而聰察難周處，其弊之膠結者尤鉅。左、閻二公，論者每有微詞，失正坐此。夫天下安得才德兼優之人而爲我用哉？

其次，才優於德，德優於才，均屬可用。惟視我用之善與不善耳。大抵用人者必先有權，有權則可以程其功，可以斥其過，棄取維我，人誰不樂爲我用，而又量吾權之大小而用之？若吾之權小，人之才大，則暫置之，以老其才，以備我異時之用。且必以身率之，我率以勤，孰敢懶我？率以廉，孰敢貪我？率以勇，孰敢怯我？率以公，孰敢私我？衆撑則易舉，相得則益彰。治天下如是，治一郡一邑亦當如是。如是而事尚有不治者，吾不信也。

展如苞鳳今已五年，從未聞有相助爲理者，豈舊交新交無一人可用乎？不過自恃精力聰察之有餘耳。抑知日耗月損，必有不足之虞，尚有餘之可恃耶？且人當辦事困憊之餘，易形拂逆，易生憤懣。一遇不順，便動真氣，氣傷而身亦病，此尤子嗣所關，不可不深思其弊而力求其益者矣。

帶回照像，丰厚英毅，後福無量，積善餘慶，勉力爲之。盡其在我，聽其在天。萬不宜時加憂戚。《曾文正集》中《求闕齋序》可取觀之。

灃西草堂文集卷四

長安柏景偉子俊甫

序 跋 傳

校刻關學編序

馮恭定公《關學編》首聖門四賢,卷一有宋橫渠張子九人,卷二金、元楊君美先生十二人,卷三有明段容思先生九人,卷四吕涇野先生十三人。公序其前,而岐陽張雞山序其後,此原編也。豐川續之,則自少墟以及二曲門下諸子。周勉齋即續豐川於其後。桐閣又續之,則於宋補游景叔,於明補劉宜川諸人,以及國朝之王零川。賀復齋又續七人,即列桐閣於其中,爲續編三卷。豐川編遠及羲、文、周公,下及關西夫子而下,非恭定所編例去之。

刻既竟,乃書其後曰:"自周公集三代,學術備於官師①,見於《七略》,道學之統,自關中始。成、康而後,世教陵夷,遂至春秋,大聖首出東魯,微言所被,關中爲略。降及戰國,秦遂滅學。漢、唐諸儒,訓詁箋注,循流而昧其源,逐末而忘其本。自宋橫渠張子出,與濂、洛鼎立,獨遵禮教。王而農諸儒謂爲尼山的傳,可駕濂、洛而上。然道學初起,無所謂門户也。關中人士,多及程子之門。宋既南渡,金谿兄弟與朱子並時而生,其説始合終離,而朱子之傳特廣。關中淪於金、元,許魯齋衍朱子之緒,一時奉天、高陵諸儒相與倡和,皆朱子學也。明則段容思起於皋蘭,吕涇野振於高陵,先後王平川、韓苑洛其學又微別。而陽明崛起東南,渭南南元善傳其説以歸,是爲關中有王學之始。越數十年,王學特盛。恭定公立朝,與東林諸君子聲氣相應。而鄒南皋、高景逸又其同志,故於'天泉證道'之語不稍假借,而極服膺'致良知'三字。蓋統程、朱、陸、

---

① "師":金陵本作"禮"。

王而一之。集關學之大成者，則馮恭定公也。於是，二曲、豐川超卓特立，而説近陸、王。桐閣博大剛毅，而確守程、朱。今刊恭定所編關學，即繼以二家之續，蓋皆導源於恭定而不能出其範圍者也。"

竊嘗論之：同此性命，同此身心，同此倫常，同此家國天下，道未嘗異，学何可異也？於詞章利禄之中，決然有志聖賢之爲，此其人非賢即智。賢則有所守也，智則有所知也。爲衣食之事未有不知粟帛者也，知粟帛之美未有不爲衣食者也。故"理一分殊"之旨與"主静""立人極""體認天理"之説，學者不以爲異，而其所持究未嘗同也。然則"主敬窮理"與"先立乎大""致良知"之説，得其所以同，亦何害其爲異也？明自神廟倦勤，公道不彰，朝議紛然。東林諸儒以清議持於下，講市林立，極豐而蔽，蓋有目無古今、胸無經史、侈談性命者矣，紀綱漸壞，中原鼎沸。諸儒目經亂離，痛心疾首，遂謂明不亡於流賊而亡於心學。於是矯之以確守程、朱，矯之以博通經史，矯之以堅苦自立。承平既久，而漢學大熾。舉訓詁箋注之爲，加於格致誠正之上，不惟陸、王爲禪，即程、朱亦遜其記醜而博，亦何異洛、蜀、朔角立，而章、蔡承其後也！

偉少失學，三十後始獲劉念臺先生書，幸生恭定公鄉，近又謬膺關中講席，爲恭定講學之地，乃與同志重葺恭定公祠，而以其左右爲少墟書院。因刊恭定所編關學而並及豐川、桐閣、復齋之續，凡以恭定之学爲吾鄉人期也。

竊謂士必嚴於義利之辨，範之以禮，而能不自欺其心。則張子所謂"禮教"與聖門"克己復禮"、成周《官禮》，未必不同條共貫，是即人皆可爲堯、舜之實，而紛紛之説均可以息，亦何人不可以自勉哉。嗚呼！是恭定望人之苦心，亦刊恭定遺編者之苦心也。

關中書院課藝序

制藝爲有宋以來取士良法，範天下於四子、六經之中，所言者聖賢之言，所學者必不外乎聖賢之學。學何在？修己治人而已，大學所謂"明""新"也。不能修己，何以淑身？不能治人，何以用世？又安能本所學以著爲文章耶？橫渠張子振興關學，蕭貞敏、吕文簡繼之，代有偉人。而馮恭定公實集其成，建關中書院，輯《關學編》，俾學者有所遵守，不至迷於所往。所以牖啟我後人者，豈區區科第云爾哉！顧當時從公遊者，科第亦稱極盛。《壬子書院題名記》，文集中可覆按也。詎非理明者辭必達，實至者名必歸！聖賢之學，固無害於舉業乎。

明季國初，諸大家均堪不朽，制義何可厚非？所①病者不從根柢用功，日守一庸爛墨卷而摹倣之，間有售者，則揚揚然號爲②眾曰，此棘闈捷徑也。風氣所趨，直以文藝爲科名之券。方今時事多艱，宵旰憂勞，岸然自命爲士，顧如秦人視越人之肥瘠，絕無所動於中。嗟乎，學之不講，聖人所憂，正謂此耳！

　　我朝李二曲、孫酉峰前後主講關中，闡揚關學，克紹恭定之傳，三輔人士不盡汨沒於詞章記誦者，皆兩先生之力也。厥後路閏生太史主講爲最久，自稱友教多年，及門掇科第者百餘人。或以相譽，則神蕋形茹，不知所答。蓋所望於諸生者，爲真儒爲名臣，如古所謂"三不朽"者，初非僅以制義爲教。以故樫華館中士且有名聞中外、爲關中光者。

　　關學之一脈，長延有自來矣。余承乏此席，深愧性迂學陋，不能挽回風氣，俾士習一歸於正。幸賴葉冠卿中丞、黃子壽方伯、曾懷清廉訪添建齋房，購置書籍，劃除舊染，整頓新規，兩年以來諸生漸知從根柢用功，不斤斤以剽竊詞華爲長技。而躬行之士亦不乏人，故其所作經解、史論、日記多有可採。即刻制義，亦尚無卑靡氣習。茲特選二百餘首付諸手民，以爲勤學者勸，抑余尤有望焉。同爲關中人，當同以關學相厲，摯摯於修己治人之學，科第中人皆聖賢中人，庶無負恭定公書院講學之意也夫。

馮少墟先生善利圖跋

　　按：先生衛道之嚴見於《辨學錄》，求道之切見於《疑思錄》。即在書院，尚有《語錄》兩卷，皆學者所宜究心。今特揭《善利圖說》及此篇於祠堂者，一以示辨志之方，一以示束躬之要。苟由是以窺先生之學之全，固不難進。求夫聖人之道之大，即僅守乎此而不失焉，猶可勉爲善士，而不至流於小人之歸，尤學者之切務也。

　　同治四年乙丑，今廉訪黃子壽先生主講關中，湘鄉劉霞仙中丞新建此祠，因錄示《善利圖說》並《士戒》篇於壁，爲諸生勗意甚勤也。茲值督糧道曾懷清觀察整頓院規，百廢俱興，念此《圖說》《士戒》爲學者要切③功夫，恐久漫滅，改鑱以石，俾昕夕顧諟，獲所警發。作聖之功，其在斯矣。所以佑啟來者，容有

---

① "所"：原作"非"，據金陵本及光緒戊子（1888年）《關中書院課藝序》改。
② "爲"：金陵本作"於"。
③ "要切"：金陵本作"切要"。

既乎？

蔣子瀟先生游藝録跋

右雜論各家學術得失，凡二十四目，爲下卷，皆從先生讀書日記中鈔出者也。先生客游三十年，在途在館，未嘗一日廢書。每盡一卷，輒下一籤，稽久遂多，往往散佚。客江西日，始出行笥所存者以就①正朱丹木先生。朱公令付寫官，除十四經、日記三十卷外，凡諸子百家之論，各按年月排次，定爲十六卷，名之曰《讀書日記》。后又自删其所論之未當者，與前人之説暗合而當時不知者，重定爲十卷。大概皆條析源流，以辨末②失。論儒術以通天地人爲主，師賢③儒道，蓋本阮文達公《國史·儒林傳序》而推擴其説；論醫術以中氣爲主，扶陽抑陰，蓋本黄坤載四聖心源而推擴其説。今合鈔一卷，以爲將來讀各書之門徑焉。

江西水道考跋

《江西水道考》五卷，先師蔣子瀟先生遺稿之一也。先生没於馮翊書院，以未刊各稿授偉，回紇之亂，偉卧病在床，賊猝至，家人負以逃，室燬於火，先生遺稿遂燼焉。此書先經沔陽彭君夢九借去，幸不併歸一炬。亂後，擬卽醵金付梓，而卷首圖幅未具，尚非完本。偉躬未親歷豫章，弗敢鑿空補繪，謹襲藏之，以待熟諳江西水道形勢者。

先生諱湘南，光州固始縣人，乙酉拔貢生，乙未舉人。銓虞城縣教諭，未赴任。咸豐元年，主講關中書院。著書逾百卷，有《七經樓文鈔》《春暉閣詩鈔》《遊藝録》《華嶽圖經》《卦氣表》《同州府志》《涇陽縣志》，均已刊行。又著《陝西通省志略》二十卷，未刊其稿，存易念園制軍處。又有《讀書日記》十六卷，《讀道藏日記》四卷，《讀釋藏日記》四卷，《黄教源流》四卷，《雜記小品》二卷，未刊其稿，藏先生家中，未知尚存否？偉所藏遺稿有《蔣氏學算記》八卷，《咸陽縣志》四卷，並燬火，此外不復記憶。謹卽素所習知者縷述如右。

---

① "就"，原缺，據金陵本補。
② "末"：金陵本作"其"。
③ "賢"：金陵本作"資"。

賈玉亭先生教澤碑跋

先師諱積中,字瑩圃,號玉亭,鄂東金湯寨人。内行純篤,博極羣書,淡於榮利,不屑屑與世競浮名。教士以正學爲先,性嚴重,終日危坐函丈,罕睹笑容。雖不廢制舉文,然世俗詭靡之體必痛滌之。所立學規,四方奉爲模楷。門下多知名士,累擢巍科,而先生卒以明經老。晚年主講明道書院,從者益進,士風爲之丕變,蓋不愧古名儒云。

咸豐十年二月,先生歸道山越。明年,先父偕諸同門議刊碑以誌遺澤,亂作不果。今所刊卽曩所定碑式也。嗟呼!先生設教四十餘年,先父從學最早,偉最晚。所書受業姓名,先父首列,次亦多偉前輩,迄今又二十餘年矣!碑上存者,如晨星落落,偉亦年迫遲暮,學迄無成,無以表揚先生之教,門牆在望,山斗靡瞻,不禁黯然泣下也。

將學要論跋

兵事以氣爲體用者也。氣欲靜在能養氣,欲銳在能蓄靜;體而銳用,以靜馭銳,戰無不克。軍志曰:"靜如處女,謂先爲不可勝,而後可勝人也。"曾文正論兩軍相持,先發者多敗,後發者多胜,則能蓄與不能蓄者異也,實養與不能養者異耳。夫再衰三竭,彼竭我盈。能變而化,斯神而明。不爲兵用,乃克用兵。微乎眇乎,陰符之精。《將學》於斯盡之矣,靜之時義大矣哉!

李子純同年烈女圖詩跋

范蔚宗傳《列女》,搜次才行尤高秀者著之,初不專在一①操。今觀桓少君、曹大家、趙娥、荀采等傳,莫不風烈區明,垂範千古,不得謂女德無足述矣。子純先生同年示所繪《列女圖》一卷,分十二類,各係以詩,中如兒女英雄、巾幗奇勛、深閨卓識,致足法也。亘古奇冤,亦堪懲矣。餘則本騷客之幽思,抒雅人之深致。蓋皆翰墨游戲之作,藻耀高翔,音節入古,知必爲藝林所寶貴而余尤深佩者。《良玉破寇》《木蘭從軍》《虞姬泣騅》《費氏刺虎》諸章,忠孝節烈,懍然如生。愧彼鬚眉,厲茲名教,當不使范史專美於前也。

---

① "一":金陵本作"節"。

学稼園記

余家世業農,余幼即勉於農,今老矣,顧於稼猶多未諳。諒哉,不如老農!非學胡以至也。或曰此小人事,然古來躬耕者多矣,寧皆小人乎?余獨愧不能如古人耳,何病乎稼,何病乎學稼?既以名吾園,並示吾子孫,毋忘先疇云爾。

澧西老農傳　辛巳

澧西老農者,老而農,非農而老也。胡農乎爾?無所求也。農果無求乎?順四序之推遷,任萬物之暢遂,求之以自然,非求之以勉然也。當夫渴則飲,饑則食,出則作,入則息,無懷葛天。儼然今日彼尹之於莘,舜之於歷,曠百世而有知諒,相視而莫逆,蘉蘉焉,戚戚焉,奔走於形勢之途。亦奚以爲有過澧上者見斯農曰:"子誠何許人也?"則應之曰:"老矣老矣,又何平生之足云。"

解茂才傳

余讀《興平續志》,幸吾友解君女以節烈著而重,惜吾友禦賊被戕,轉沒沒也。君諱學進,字資深,邑庠生,世居縣東馬駒村。同治之①元,回逆倡亂,村人皆掘窨以避賊,興平土厚,窨曲而深,賊不能害。六月某日,賊卒至,男女雜沓爭入窨,君惡其無別也,獨仗劍趨村外禦,遂被戕,嗟嗟呼吸。危亡之際,以義自持,雖死不悔。論者即以爲迂,果迂也乎哉?

咸豐辛酉歲,君偕康君焱伯、張君伯良、高君蘭亭、張君思規議行《吕氏鄉約》法,余亦忝從其後。一年四會,迭爲賓主。會時先謁主人祠堂,然後入坐。各出功過册相質,善則勉之,過則規之。並參以性理史鑑諸書,務求有得於心,有益於身,規矩凜然,法至善也。余之專志正學,蓋從茲始僅一年而亂生,亂生而君竟先殞也。

君性孤介,寡言笑,非其人不與友,事親至孝。父賈於伊犁,祖父在堂,朝夕色養,問寢視膳,拜跪如禮。人或阻之,則曰:"使我而爲吏,接見長官,必遵《儀注》,拜則拜,跪則跪,何嚴於彼而忽於親耶?"卒不易。父沒,徒步萬里,扶柩以歸。葬之日,哀毁逾恒,行路爲之墮淚。

設塾於家,教子弟以《小學》"四書"爲先,崇本而抑末。暇則聚婦女,授以

---

① "之":金陵本作"紀"。

《烈女傳》等書，爲之講明大義。以故君殉難之日，長子某既從死，次女黑娃罵賊不屈，死尤烈；而家人無少長，相率投井。迨賊去逢救，復相遜而始出。嗟嗟！此固由君以孝友節義培於平昔，而乃著於倉卒者歟。然而不以爲迂者，蓋無幾也。

夫道學爲世詬病久矣！君之以迂而死，豈非從學道而然哉？猶記會講諸君子，唯君種田獨多。爾時君邑無一家不種罌粟者，而君家獨不種，且約會講諸家均不種，斯亦不免於迂矣。然禮不云乎：臨財毋苟得，臨難毋苟免。不苟者以爲迂，豈苟者乃爲不迂乎？余因君之大節炳然，並及其小節，俟他日或有以論定之。

王君藹然①家傳

古之時庠序立而學術明，非躬士行者不謂士。今則籍學宮稱弟子員者，靡不自命爲士，人亦從而士之，否則敦孝弟、勵品節、卓然流俗之中，古君子所樂取以與於道者，終不得冒今之士名而與之抗禮。嗟嗟！此士之所以日多，而不愧爲士者日少也。

藹然①王君諱某，議敘從九品，始祖普，元、明之際，由晉遷秦，世居鄠之東鄉金湯寨，代有潛德。父曰升公，配姬孺人，生君兄志麟，早逝。繼配葛孺人，生君。質明敏而性純摯，一言一行，介介不苟。齠齔時日升公患腹疾，憂懼不眠，按摩如成人。八歲失怙，家赤貧，事葛孺人克盡其歡。十二歲入村塾，以不能備脩脯，讀《論語》僅半部，旋業商。家人素以造針贍生，君共操作，不辭勞瘁，既而歎曰："如斯株守，何時成立？"則毅然思以貨殖起家。

初與村人賈達仁合貲營運，繼復遠賈蜀、晉，家遂漸裕。顧性好學，日手一編，逢人考究，器識益進。延師課子侄，列邑庠生、食廩餼者且趾相接。君既小康，每念先世艱難，太息流涕，對甘旨不忍食。日升公在日嗜酒，不能常得，君恒設位進杯樽，撫膺悲痛，謂有酒而親莫飲也。數日仍必一醉其墓。

葛孺人性嚴峻，君少時有過不少貸，每言及，輒泣數行下。嫂氏張撫孤守志，君爲如例請旌。從堂兄志麟性急直，君怡怡善事人，至以同胞目之。且出貲倡建宗祠，益祭田，修譜牒，請封贈，則又不匱之，思所推而廣之者也。

君雖以商起家，而見善必爲排難解紛，急人之急，無倦色，亦無德色。邑有

---

① "然"：原作"若"，誤，據目錄及金陵本改。

石生者，憤糧差侵蠹係獄，君以貲脫之。晉人張姓與君友，故負君債，未嘗齒及。其沒也，殯己田中，且撫其三子皆成立。巨室某悉君信義，臨終囑其妻子，後有不測，君常力爲扶持。某士貧，欲廢書，君止而玉成之，遂成名人仕籍。此外如築橋甃路，惜字刊書，恤宗族，周鄰里，無不以身任之。赤面疏髯，舉止凝重，雖盛暑不袒露，齊家教子内外整肅。

回、捻之亂，屢經坎壈，蹶而復振，家亦賴以弗墜。而信理不信數，操持尤極謹嚴。光緒二年中秋，病瀕危，有以罌粟進者謂可愈疾，君厲聲拒之曰："死生有定，七十老翁復何求，決不以蓋棺而貽笑柄也。"且言："人生宇宙間，當建樹事功，豈宜貿然以生、泯焉以死，與草木同朽乎？"以故冬却爐，夏却扇，一生未嘗安逸者，亦此志也。

嗟嗟！觀君之行與言，其真不愧於士乎！昔孔子論士曰"行己有恥"，曰"宗族稱孝焉，鄉黨稱弟焉"，曰"言必信，行必果"。古之所謂士者，如是而已。至若託足詩書，棲身名教，既不解誠正修齊爲何事，一旦獵高位，擁厚貲，方且與世浮沈，識時務而爲俊傑矣。而握算持籌，秋毫必察。或遇捐賑助餉各義舉，則勃然外怒於色，怒然内慍於心；苟可以營脫，靡不力籌節省，直若非此不足以垂裕後昆者，而反侈然曰吾士也。吾士也，抑知其固商也乎哉？若君者，誠足以風矣。

董君思琨家傳

君諱思琨，改諱遇春，字某，行一，大行六，長安馬王村人。太高祖濟宇公，康熙戊午舉人，以涼州儒學教授終，有隱德。至君父儀亭公德望尤著。母王孺人，早年背君，痛不逮養。事繼母馬孺人以孝聞。先意承志，故常得儀亭公懽心。

君精明强幹，天資過人，幼學克敏。迨儀亭公捐世，諸務倚辦於君，不獲卒學，乃去文就武。逾年入學，然亦無暇時調弓馬，故一再應鄉試，遂輟其業，獨理家政。數十年内外嚴肅，子孫彬彬，俱有禮法，遐邇許之。

君尤好義急公，解紛排難，爲閭里所敬信。每有義舉，人方逡巡，爲推謝計，君則勇往直前，力爲提倡，必求其濟而後已。村北有鐵塔古寺，歲久傾圮。君督工修之，丹楹刻桷，數月告竣。且監修宗祠及城樓，皆竭力擩擋，身肩厥任，所謂收族敬宗保持里閈者。求諸古人，何多讓焉。

董氏固巨族，而君家不中貲。道光二十六年，關中大饑，道殣相望，君憫之,而自恨無力以拯救也,乃往說同族陳堂公捐粟若千石,復助其設法賑濟,多所全活。卒亦不自言其功,故人亦鮮有知者。夫論人於三代下,苟有好名之心,以力圖善舉,君子猶樂予之,以爲勇於赴義者勸,不謂君之陰行其善者更有進也。至於鄉鄰有疑難鬬争之事,即涉訟庭,得君一言必解,其爲衆所推服類如此。

君年屆七旬,紳耆咸欽厥德,以鄉飲介賓舉於学。顧鄉飲酒之禮廢久矣,間有舉者,類不當其人。如君之康寧攸好而壽齊古稀,蓋無愧焉。元配馬孺人,繼配屈孺人、閻孺人,俱有淑德,相夫教子,一以勤儉相尚,君得無内顧憂。有子四人:朝均、朝清、朝泰、朝璽,另有傳。女二,孫四,曾孫十一。君在時,里人匾其門曰"四世同堂"。歿之日,舂不相,巷不歌,殆所謂生榮死哀者非耶。

君卒於咸豐十年六月初二日,迄今三十餘年矣。君孫峰雲等賈於漢南,兵燹之後振興家務,既致小康,則卜於光緒十三年仲春吉日行追祭禮,親友族黨不忘君善,製錦爲屏,以識生平行誼。余忝姻屬,不獲以不文辭,爲撮其大凡以爲之傳。

論曰:昔劉巇山先生序人譜曰:"'道不遠人',斯道也,何道也? 即子思子所謂'中庸之道'也,其端造於夫婦,其事不外倫常日用。道克盡斯,人足以傳。固不必在學士大夫,亦不必有奇節異行也。人亦何憚而不爲善人乎? 矧天之報,施善人,尤不爽耳。"

跡君生平,亦祗隨分自盡。長爲農夫以沒世,初非有大過人者,既厚其身,又復及其子孫,困於始而亨於終,光於前而裕於後,誰謂人事不足憑,天道不足信耶!《書》曰"惠迪吉",《傳》曰"善人富,謂之賞",《易》曰"積善之家,必有餘慶"。天也,人也,蓋息息其相通也。若君者,洵足以風矣。

董君朝均暨三弟家傳

君諱朝均,字某,長安馬王村董氏,康熙戊午科舉人、涼州教授濟宇公裔孫,鄉飲介賓、武庠生諱思琨公長子,母馬孺人,繼母屈孺人、閻孺人。同母弟一:朝清,馬孺人出;異母弟二:朝泰、朝璽,閻孺人出。君賦性純篤,孝友性成,怡怡色養,能得思琨公懽心。馬孺人早世,事繼母屈孺人、閻孺人克盡子道,人無閒言。弱冠以饑軀遠賈異域,竭力以供甘旨,不敢少有私藏。憫弟朝清幼弱失怙,極相恤愛,每食必同几席,一切服飾器用,必使遠過於己而後安。迨後君遠出家政,悉委之朝清。

朝清亦克體君心，力崇勤儉，仰事俯蓄，措置裕如，俾君無內顧①憂。其教養諸弟朝泰、朝璽，一如君之待朝清者。朝泰、朝璽俱學賈，事兄如父。庭幃之間，藹然親睦，鄉之人咸欽慕之，每舉君昆仲以訓於家。而君家一門節義，即於此裕，其本原矣。

君配張氏，無子；繼配呂氏，生子海雲；又繼配張氏，生子峰雲、河雲。女二，長適柳林庄王某，次適郭村生員劉辛俱。呂氏出，君每值出門，必戒峰雲母張氏曰："汝能孝於舅姑，和於姊娌，視海雲如己出，吾無憾矣。"張即恪守君言，婦道母道，兩盡無歉。行年五旬，未嘗疾言遽色，亦不輕履外戶，日夜紡績，其勤慎有非人所易及者。

同治元年，回逆倡亂，鄉人集團以禦，君與季弟朝璽執殳先驅，猝與賊遇，眾寡懸甚，力不支，團勇崩潰，兄弟同沒於陣。賊進村，張氏憤罵不絕口，亦被戕。嗚呼烈矣！朝泰配袁氏，邑庠生卓園公女，亂前病卒，攜子金鑪避賊盩厔二年。髮逆陷城，父子亦死於賊。今峰雲等以賈起家，擇於光緒十三年二月吉日遷葬各柩之浮厝於外者，並行追祭，祔主禮，族黨戚友製錦屏以識不朽。峰雲復請於余，余為之書其大節，總為一傳，而其細行，概從略云。

論曰：節烈之氣，原於孝友。孝友蘊於中，斯忠義形於外。君家父子、兄弟、夫婦，當蹂躪倉皇之際，詎不知偷生之可免？顧乃視死如歸，蹈白刃而不辭者，誠有所不容已於中者也。同治三年，大府飭采訪節義，經局紳詳具各廠士女殉難事實，彙請旌表在案，其名氏於光緒某年附祀省垣忠孝、節義兩祠，每年春秋由縣學致祭。而馬王廠耆約又於每年冬月設醮會，焚香楮以報。其死事之勤，嗚呼盛矣！

夫自君沒迄今將及一紀，而英靈弗沬，視彼泯焉，以終與草木同腐者何如耶？即謂此為君家之遺澤可也。況君子峰雲、河雲育孫男七，曾孫男一，朝清子溪雲育孫男四，桂秀蘭芬，蒸蒸日上。則天之所以報節義者，又何嘗不厚耶？嗚呼！如君家父子兄弟，夫婦洵足以風矣。

袁處士家傳

公諱汝梁，字扶三，行三，父卓園公，另有傳。昆仲四人，次吉人公，諱汝楨；又次友三公，諱汝某。而公居長。生有至性磊落，能任艱鉅。先是叔祖百

---

① "顧"：原作"願"，形近而誤，據金陵本改。

川公、天行公創立生意於伊犁河迪化州，公自十七歲即承先志，住來西域，四十餘年不憚跋涉之苦，號規無論東夥，必逾六年，始獲一束歸。公抵家日，見卓園公年邁，伏拜膝下，淚涔涔下不能起，蓋傷己之遠遊，不克朝夕承歡也。然雖依依不忍離，而卒不能不離也。每值束裝西上，則呼德配某孺人曁子某諄囑，以代己盡孝爲辭，而無一語及他事。處兄弟尤怡怡藹藹，始終無閒言，絕不以貲財爲重，而稍薄骨肉也。其天性孝友，大節無忝，類如此。

公駐西域時，凡鄉黨戚友赴該處貿易者，值困乏則助以貨本，或思歸而無力，更多予以川資，不少吝。族人某舊負金百餘兩，忽膺痼疾，公爲延醫調治，親侍藥餌，死後一切棺殮悉代備之。厥後歸家，並未向伊子弟一言以示。德凡此，又公之崇仁尚義所推而暨者也。年某歲①疾，終迪化州城。咸豐某年，公子某②扶櫬還葬，至今里人思之，仍不斁云。

兵燹後家乘散佚，偉既爲補傳如右，且書於後曰：公之天性純篤，爲近今所罕及，固宜享大年，膺多福矣。乃辛苦半生，而卒不獲一日安，抑又何也！然今且孫曾盈庭，蘭芳芝秀，"積善餘慶"之説，誠有如是其不爽矣！嗚呼，足以傳矣。

袁君卓園家傳

公初諱士雅，嗣改諱士元，卓園其號也。先世俱有隱德。父辰峰公，恩貢生，生子三人。次諱士幟，又次諱士斾，公居長。以寄籍入昌吉縣學。事親以孝，處兄弟以友愛。弱冠，辰峰公棄養，遂廢舉子業，綜核庶務，家事蒸蒸日盛。而公之教家，尤整齊嚴肅。眷屬六十餘口，每食設廣几於中庭，公首坐，諸弟諸子諸孫以次分坐；即婦女亦另有會食所，無或徑入私室者。晚餐後，咸至公寢問安，內外分左右侍立，聽訓誨，室不能容，則俟立戶外，不命之退，不敢退也。自公主家政五十餘年，蓋如一日焉，嗚呼難矣。

公尤重儒術，延名師課子弟讀，躬親洒埽進酒食，以故二弟入學食餼，子姪亦多列庠序、貢成均。今光緒丙子科公孫鋑以第五人登賢書，官朝邑訓導。得封如其官，豈非詩禮之澤綿綿勿替也哉。

嘉慶某歲大饑，公散糧數百石，全活甚衆，邑令表其門。道光十五年，歲又

---

① "年某歲"：金陵本作"某年"。
② "公子某"：金陵本作"君子"。

大祲，公復捐錢三百餘串，至今里人猶不忘。尤善解排紛難。有争鬭者，得一言靡不立釋。數十年中，無以訟聞者，則公之所以默爲保全者大矣。

公壽七十有三而終，嗚呼，可以傳矣。兵燹後家乘散佚，公長孫彭齡懼公之德弗彰，囑偉爲文，以示子若孫。偉，公婿也，義不容辭，爰撫其大者以爲公家傳。他年輶軒有採，或不以偉所述者爲虛誕，則公之潛德無不發之光，而偉亦可告無憾矣。

節孝婦王崔氏傳

節孝婦王崔氏，鄠東鄉留犢堡王大公之妻，同堡崔學讓之女。年十七，歸大公。月餘大公貿易新疆，久之不知所終。時舅早逝，姑在堂，家貧如洗，姑患痿痹，老益篤。氏悉心奉養，十餘年無倦容。姑沒後，閉戶績紡，飢寒交迫晏如也。今氏年七十有二。

論曰：昔漢陳孝婦夫行戍，囑代養母，夫不還，婦卒踐其言，養母以終。今觀王崔氏之事，將毋同？嗚呼，有子而不念將母者多矣，況婦人乎，況嫠婦乎！若氏者，足與陳孝婦争烈矣。

劉節婦盧氏傳

節婦盧氏，鄠東鄉第五橋劉丕顯之配，鄰堡盧成忠之女。年十七，歸丕顯。家稱素封，氏事舅姑以孝聞。二十二歲，丕顯病歿，遺子壽令甫歲餘。是時舅姑已相繼卒，家亦中落。氏茹蘗飲冰撫孤子，三十餘歲，又以病歿，遺孫女二。壽令妻邵氏亦早寡，克盡婦職，姑媳煢煢，相依爲命，以紡績度日，終年不出户庭，人皆稱爲雙節云。

氏以邵氏無子，命撫堂弟子允升爲嗣，已成立。同治二年，氏年七十二以終。

王節婦邢氏傳

節婦邢氏，鄠東鄉留犢邨王者賓之妻，南奇寺邢有懷之女，年十七歸者賓。家徒壁立，舅姑相繼逝。閱九年，夫以病歿，無子，遺女二。氏絶粒以泣，矢志靡他。

先是氏同居夫兄者香，以儒懦弗習於農，日就式微，亡後遺子女各一，負逋纍纍，所有田畝，悉以償債，家遂赤貧。氏與寡嫂孫氏同志守貞撫諸孤，以女紅度日，備極艱苦。既而孤姪遇寵成立，家亦漸裕。氏年七十有五，猶扶病服勞，不出户庭云。

賈貞女記事

賈貞女名清，鄠東留犢村賈四知之女，幼爲本邑花原堡閻金閣之子朱銀兒童養媳。銀兒溺水死時，女年十四。舅姑老病，無次丁，葬後三日，女隨姊赴墓奠，則易垂髻以筓，誓守貞以養二親。舅姑大駭，即日送往母家，勸令毋①持初志，而女覓死者再，終不移。

邑之耆老高其義，以鼓吹導，歸閻氏室，白於官。或問之曰："農家幼女，未知書，何貞潔若此？"女俯首不答。既而曰："余嘗聞人談古節烈矣，豈獨不能及古人耶？"自是惟歲首一至母家，昕夕紡績，足跡不履外户。舅姑相繼歿，喪盡禮，祭盡誠，猶時以未盡孝養爲痛。

閻氏舊有田十餘畝，而逋負纍纍，女日食糠荄，甘之如飴。隴畝之事，亦躬任之。先世舊債，俱以節口縮腹所餘次第清償。其潔清白厲，有非士夫所能及者。

先是女遵母命，撫甥印鰲爲子，已聘有婦。而印鰲被寇虜去，存亡莫知。嗚呼，遇亦蹇矣！同治六年，髮逆入境，女投井中，五日四夜得不死，鄰媪以告於逆酋，酋大歎服，令其衆毋得近女家，犯者殺無赦。其節烈感人，在異類猶如此。女現年四十有三。

貞女張馬氏事略

貞女長安北張村馬智順之女，堰頭村張萬林聘妻也。以貧故，童養於張，事姑極孝。姑牛氏早寡，家亦貧。萬林鮮兄弟，將婚而病歿，女矢志不嫁。其母暗受鄰村王姓聘，親導娶女，隱車村門外，要女歸寧。女微聞其謀，則大慟泣，投於地曰："吾姑孀老無依，吾去姑將填溝壑，安忍他往？令吾夫慘傷泉下耶？"誓留此身以養姑，否則死而已。其母怒，捽之行，族人之利其嫁者共强之，邑之紳士張五美、寇守信、羅雲炳等稟諸官，始得抱萬林木主行禮柩前，克成其志。邑令李君爲置養貞田十四畝。時道光二十九年二月，女年十七歲。厥後姑以哭子失明，至咸豐元年病歿，女鬻田以葬，租入愈不克給，朝夕紡績度

---

① "毋"：原作"母"，形近而誤，據金陵本改。

日。境彌苦,志彌厲;身益老,心①益堅。鄉里僉稱見未有如女貞孝者。

嗚呼,難矣!回、捻之亂,左右鄰均被焚,惟女住房一間獨存,故得即舊時匾文,詳考年月事實,亦足見鬼神之呵護有靈矣。光緒十二年冬月,有刁徒某強斫女田邊柘株,邑侯涂公斷歸女,並遺錢二十串以賵之。將爲請旌,去任未果。女今年五十九歲,以夫堂弟子爲嗣,年甫四齡。

何潘氏事略

澧水之東有農家何秉清者,爲已故母潘氏生辰設奠,蓋即世俗所謂陰壽也。其鄉黨好善者,既爲譔文建碑以誌不朽,而其姻婭甥壻等不忍沒氏之節行,復製錦以祭焉。既卒事,秉清偕同里處士智君允增踵門而告予曰:"吾家世業農,吾父諱春,吾母氏潘,年十九歸吾父,性淑慎勤儉,善持家政。顧吾家素貧,吾母晝尸饔飱,夜勤紡績,相吾父以奉養吾祖父諱得英公與繼祖母氏智,先意承志,雖疏食菜羹,必敬必潔,能得堂上歡心。

越二十三年,吾母年四旬有二而吾父卒,吾祖父暨吾祖母尚在堂,家益落,田僅數畝,屋僅數椽,艱窘萬狀。吾兄弟皆幼弱無知,仰事俯畜,賴吾母以一身支撐之,卒能無缺,心力蓋交瘁矣。又四年而吾祖父母相繼歿,正值道光丁未荒旱之際,吾母竭力以營殯葬,哀毀逾禮,然猶常以附身附棺,未能盡心爲深痛焉。吾母之致孝於親也如是。

吾母生子二、女一,吾弟名秉正,先吾母卒;吾妹適張氏,亦先吾母卒。秉清性復愚懦,讀書無資,僅力於農均,不能分吾母憂。數十年中茹荼含蘗,惟仗吾母摒擋眾務,而紡績耕耘之暇,兼教秉清作小營運,以補苴朝夕所不給,以故家亦小康焉。不意捻、回繼亂,田園廬舍悉毀於火,合家流離遷徙,吾母年六旬有八,驚悒之餘,遂病不起。時同治四年七月十九日也。

痛哉,吾母一生艱苦備嘗,刻無寧晷,老境稍舒,而頻年離亂,仍復憂戚以歿。今雖孫曾盈前,吾母不及見矣。此秉清所爲悼慕而不能已者也。陰壽之作,合禮與否,秉清不敢知,惟冀大君子錫以藻采,爲泉壤光,稍盡人子之心於萬一而已。智君在坐,蓋高年尚德士也,復爲余述秉清之母之賢孝,一如秉清所述。余曰:"允若是,是足以傳矣。"即次其所述序之如右,而綴以論曰:

記云"君子有終身之憂",忌日之謂也。忌日必變服,致齋居,宿於外,不

---

① "心":金陵本作"志"。

舉樂，不接賓客，方爲中禮。若生辰設奠，歷代禮書皆無其文，惟元義門鄭氏泳《家儀》謂"事亡如存，不宜竟缺"。然或肆筵召客，結綵張燈，則斷乎不可，誠以親既亡矣。雖值有生之日，皆屬已歿之年，苟一念及歲序遷流，生不及享，悲痛當復如何，詎忍萊衣菊部，揚厲鋪張耶？

本朝通禮成於道光四年，有忌辰之奠，無生辰之奠，蓋所以防其甚也。人子果不忍忘其親，則露濡霜肅，皆可將薦享之誠，丐誄徵銘，無難盡表揚之義。即欲兼祀生辰，亦當如忌辰之儀，則無於禮者之禮，君子宜弗病焉。

今何秉清農家子，本非習於禮者，誠痛念其母辛苦憂愁終其身，而不獲一享其逸也，自非致飾外觀以博庸夫孺子之慨慕咨嗟，而其母之賢孝，未嘗不藉是以傳，其心亦足諒矣。吾之爲此論，實慮夫後之踵而行之，或無深痛之志，徒爲華侈之觀，是則人心風俗之憂不可不預爲正之也，即以質之智君，或不以吾言爲河漢云。

灃西草堂文集卷五

長安柏景偉子俊甫

碑記　墓誌銘

關中書院光緒戊子科題名記

　　光緒丁亥余忝附關中講席,越明年,戊子秋試榜出,門下士獲雋者二十餘人,多余歷年來相與昕夕切劘、不區區以科第爲志者,顧科第亦稱盛矣。齋長梁積樟以書院題名請,且曰:"昔馮恭定公講學於此,著萬曆壬子科題名記,謂'名必以聖賢自勉。無本之名不可有,有本之名不可無。若僅成科第之名,則雁塔豐碑足矣,又奚取於斯。'今弟子等固皆有志,而深懼弗逮也,願先生教之。"余曰:"誠如是,是不以科第自多,其必不負所學乎。"

　　夫制義取士崇道德,急勳名者類薄之,抑知國家設科爲中人耳。範天下於四子、六經之中,雖五尺之童,莫不知鄒魯爲正脈,佛老爲異端,其益亦大矣。若上哲之姿,自有不囿於科第者。況理學名臣多出其中,未嘗非君子行義之階級也。惟學者不從根柢用功,而求速化斯揣摩剽竊之術,工文品、卑士品靡矣,奚望處爲名儒,出爲名臣哉。然此豈盡學者之咎?目不睹有用之書,耳不聞有道之訓,自束髮入塾,祗知科第爲富貴利達之媒,則教者何以諉其責耶?恭定云:"講學書院,固不專爲科第而科第,亦足見書院講學之益。"

　　今之列名於右者,誠不以一時之名爲榮,而以不朽之名相礪。由此以往,達則致澤之外,無越思窮,則尊樂之中有貞操,平生學力尤在此時持定,斯不至隨流俗爲轉移,而名且與日月爭光,豈僅不負科第哉。後之讀斯記者,或歷考其人,謂戊子題名與壬子題名後先可輝映也。即余亦與有榮施矣,吾黨勉乎哉。

光緒己丑恩科陝西鄉試題名記

今上以皇太后授政特開恩科，廣中額，於是太史劉公、農部承公奉命典陝西試，取正榜六十五人，副榜八人，例得鑱石慈恩寺浮圖下，蓋踵唐人雁塔題名故事。列榜首者實司其事，門人陳濤以記請。溯自設科取士以來，魁儒碩輔多出其中。吾陝兵燹後典籍散亡，士乏實學，識者病之，大府創立志學齋課，廣儲經史，俾諸生拓①其見聞，敦其踐履。督學柯公復擇尤拔置上舍，厚資膏火，牖以古學，維時士之明體達用者，率蔚然可觀。其爲文章，亦變從前卑靡空疏之習。今陳濤以上舍生發解，培生成、党生相俊均隸上舍，其他尤多名下士，蓋所薰陶漸漬者久矣。

夫人材之盛衰本於學術，風氣既開，尚無磊落英奇乘時而出，無是理也。方今海宇多故，正賴二三豪俊宏濟艱難。題名於此者，疇不涵濡聖澤，銜恩思報？知必以千載之名自礪，弗以一時之名爲榮，行見道德勳猷，與太華、終南並峙，豈僅不愧科第哉！余忝主關中講席，及門列正、副榜者二十有六人，故樂爲記而勗之，並期與同榜諸君子共勉焉。

重修長安灃水普濟橋并梁公祠碑記

古之所稱大丈夫者，未有不以利濟生民爲己任者也。幸而遇則行其義於天下，不幸而不遇亦卷而懷耳。然不能無所感而興焉，則往往小試其道於一鄉一邑之間，豈徒博悠悠之譽哉，蓋其心固有所不容已者矣。灃水普濟橋創修於吾邑梁敏壯公，橋名亦公所肇，土人不忘公德，立祠河干，咸稱爲梁公橋云。讀公親譔碑辭_{碑豎祠內}，此橋舊係徒杠，時復摧落，涉者病之。公讀書歸，過此見里人鑿冰支石，備極艱辛，駐足惻然。諸父老揖請欸助，則慨然曰："昔子產乘輿之濟，君子譏之出。書生微橐，所濟有幾？丈夫會當澄清海宇，利濟萬民，不過費數月官俸耳。請誌今言，以俟他日。"

後一年丙戌，公以甲榜佐本朝，定丕基，爲開國元勳。洎建節江南，果馳一介賫重金歸故里，驅石走木，建長橋於灃上。車騎往來，如矢如砥，民到於今利之。嗟乎，公之功業，彪炳千秋！此特其餘緒耳，然亦豈非大丈夫得遇於時者之所爲，而不遇者之所慨慕奮興而莫能繼者乎？

---

① "拓"：金陵本作"擴"。

灃水發源南山豐峪，鄠之太平峪水挾高冠、祥峪諸水由西南來注之，咸寧大義峪之潏水挾石鱉、豹林、子午、白石諸水由東南來注之亦名交水，遂成巨浸。普濟橋在秦鎮北十里，當眾流總滙處，東達省垣，西通盩、鄠、郿、鳳孔道也。自敏壯公創修後，二百年來屢圮屢葺，同治九年坍塌特劇，歷久未修。蓋由山空而水陡，沙淤而河高，橫流冲擊，斷石析木，蕩於盤渦，工大費鉅，無敢肩其任者。每值霖潦，折軌濡首，慘不可言。

　　光緒五年冬月，拔貢梁君頤之，敏壯公八世孫也，慨然有纘承祖緒意，秦君永清亦矢願修復，遂與梁君定議，集資鳩眾，於六年二月下旬動工，旋募旋作，至七年正月功既垂成，約余襄理。余久息影田園，何能爲役，顧感諸君盛意，且讀敏壯公碑辭，而不能不望古遙集，瞿然興也。所幸同事諸君子協力齊心，四月下旬一律告竣。統計添修新石礅七座，補修舊石礅十七座，以大木棚修新橋面五十二丈，以灰土築修舊橋面二十一丈，共糜金錢一萬二千餘串，較前所修頗爲堅固，而歷時僅十有二月遂已蕆事。何非敏壯公英靈爽毅，所默爲佑啟而呵護者耶！公祠燬於兵，因并新之，規模一倣其舊。蓋從橋社二十八堡公議，實亦木本水源之義也。

　　昔韓昌黎曰："事有曠百世而相感。"初不知其何心，余之記此，而不厭流連往復者，非第欲表揚敏壯公遺惠也，誠以橋工歷年久遠，不能無待修之。處吾鄉，他日倘有以大丈夫自命者，觀此碑入祠而展拜焉，宜亦必有慨慕奮興而不能自己者矣，則斯橋之所賴，寧不大哉！是役也，總司者、分理者、施捐者、募化者，均大與有力，例得書於副碑，用誌不泯焉。

重修咸寧潏水申店橋碑記

　　潏水發源南山大義谷，循神禾原西北流經皇子坡至申店村，其地當咸寧西界，去省二十五里，爲出子午谷達漢南要津。舊有徒杠，僅通往來。道光季年，邑人焦鏡堂、鄭良材等始易石礅木梁，長三十二丈，闊一丈四尺，洞十有六眼，頗利行旅。歷久失修，多半傾圮，涉者病焉。兼以隄堰坍塌，水無鈐束，每逢霖潦，溢沒民田近百頃，病農尤甚。

　　光緒九年，附貢生高爾鵬約同進士薛桂一、舉人孫燕灃、耆老田德純等重修之。既竣工，以書抵余，囑爲記。曰："此非余等力，乃盧壽庵孝廉祖齡之善舉也。先是孝廉過此橋，盡然心傷，有興復之意。商之僕等，並慫恿爲首事。謂此工務求堅固，爲一勞永逸計，需款即甚鉅，但倡行之，斷不令任事者爲難也。"遂将橋梁之式,修築之法,疏沙整堰之節,一一授之僕等。且曰:"凡此皆作諸君意,勿令知有鄙人也。"

庀材鳩工,經始於是年二月,落成於九月。橋底石洞未改,欄橋石新舊參用,其餘橋面石板、橋頭石路以及綰石之鐵、架石之木、與兩邊八字禦牆俱屬新添,橋北車軌旋折易躓,添買徐姓地以通之。舊存龍王廟三間,添修山門三間,角門房二間,道房三間,繚以長垣,植以雜樹,并移無量廟元帝神像於内,額曰"安瀾"。計用石條若干,木料若干,鐵若干,灰若干,桐油若干,糯米若干,匠工若干,糜制錢一萬一千餘緡。募化者四千,其七千則盧君所施也。

此橋之成始成終,皆孝廉力,乃猶不欲人知,儻所謂有功而不德耶。今橋成而孝廉沒矣,同事諸人不忍忘孝廉之善,請記以勸來者。夫人莫不有愛人之心,孔門之所謂仁也。仁者愛之理,能各致其愛於物,則仁矣。風俗有不厚焉者乎?橋工其微也,然使擁厚貲、負大力,目睹病涉者滅頂折軌,漠然不動於中,所謂此心之仁安在乎?斯則風俗之憂矣。

余前襄辦咸、長賑務,始識盧君開粥廠助賑糧,全活頗眾,蓋已心儀其人。使非承譔此記,焉知孝廉之陰行善事,又進而益上耶?昔吾邑梁敏壯公化鳳,出萬餘金創修灃水普濟橋,至今里人廟祀河干。盧君雖沒其名,必有不與俱沒者!百年後經此橋、睹此碑,孰不罨然高望,亟稱樊川、杜曲間大有善人焉?則謂孝廉不没可也。

兵燹以後宜興復者何限,人之欲善,誰不如我,豈竟乏聞風而繼起者乎?挽人心之澆漓,反風俗於純厚,蓋不能無殷望焉。即質之首事諸君子,當不以余言爲河漢云。

是役也,司疏濬者爲五品銜辛玉堂,司採買者爲武生張希彬,司賑項者爲趙文源、高和清,帮辦一切雜務者爲何南營、徐福本,靡不協力同心,始終罔懈。而首事孫君、田君又勸諭距橋二里许之徐家堰,自行修築,一律完固,例得附書於碑,以垂不朽。

重修長安客省莊灃水古靈橋碑記

灃水發源終南山,挾一十八峪之水,經長安客省莊東北流而注於渭。其南則普濟橋,其北則文昌橋,皆輿梁也。客省莊東通省會,西達盩、鄠,尤爲要津。康熙丙戌,創建徒杠,板石椿木,名曰靈橋。乾隆戊寅,拓爲雙板椿,亦易木而石,行者利之,舊碑可稽。然規模卑狹,每值霖潦,輒浸沒水中,仍多阻滯,且易傾圮，糜費不訾。

　　至道光三十年，貢生閻大來倡捐錢若干串，募化錢若干串，邀同社首閻、曹、高三君等，公議改爲三頁石板，添築石墩石塔頭共五十四眼，較前加寬加長，加高加堅，朞月告竣。往來行旅，迺無病涉。鄉人作歌以頌功德，誠義舉也。

　　同治十一年暴水沖激，橋半坍塌，貢生君再偕社首人等竭力重修，又於東岸創建龍王廟三楹兩進。嗚乎，可謂勤矣。兹因客秋橋復傾損，總約閻三美同三村鄉約照舊繕完，擬刊碑以誌顛末，蓋皆不忘貢生君之功德也。嗚乎，善人逝矣。里中父老且思追述之，以垂不朽，此風俗之特厚者也。人孰不願善人乎？余故樂爲傳之，以諗後之踵芳徽而永譽者。是爲記。

山右李氏四世封贈碑記

　　同治歲在壬申，山右道銜李公名庚魁字某，既爲其祖父某公、祖母某太夫人，父某公、母某太夫人並本身妻室援例請加二品封典，又請貤贈曾祖父某公、曾祖母某太夫人如其封銜，四世同荷國恩，龍章寵錫，甚盛事也。其戚友製錦以爲公壽，丐余書其壽言。得藉悉公之爲人寬厚恂謹，有古君子風，未嘗不歎積善餘慶爲不爽矣。今公復歷述世澤，馳函告余曰："魁家自曲沃遷居臨邑，日用淡薄，先曾祖遠賈於豫之正平，單身拮据，心力俱瘁，始創立基業。先祖接種嗣興，經營數十年後，復增置生意於遠邇。先父與先伯父、先叔父俱克象賢，承先啟後，家道益昌。延至魁兄弟守成無狀，兼值運鹽滯消①，歸商退商，費用不支②。軍興以來，捐助餉需動逾鉅萬，累世積蓄幾盡於茲。而魁兄弟暨子姪輩均邀議敘之榮，何一非自創始者艱辛中來也。夫榮及孫子，略其祖宗，感秋霜春露，能不傷舊澤之湮。因請曾祖以下前以六品受封者悉得加③封二品，非欲誇耀鄉鄰也，祇以報切烏私，稍盡顯揚於萬一耳。茲卜於先塋前數武立一貞珉，竊冀祖功宗德，永垂不朽。幸賜序文，用光泉壤。"

　　余閱之益歎天之報施善人至渥至優，而其所由來爲至遠矣。夫一家之興，無踰勤儉，然必創之者有忠厚待人之量，以積於無窮；繼之者有寬宏濟物之心，

---

① "消"：金陵本作"銷"。
② "支"：金陵本作"貲"。
③ "加"：金陵本作"晉"。

以綿於勿替,而後潛德有必發之光,篤行無不彰之理。曠觀古今,若合符節。如公所述,豈徒以竭力營謀、刻心節嗇遂能致此哉?蓋其培植者已在數世以前,而其熾昌者乃在歷傳以後也。來函但敘創垂之艱難,未詳積累之深厚。以余素聞於其鄉人士者,誠有如前所云。故論及之,俾睹此碑者,咸曉然於國家賞善之典,與聖賢福善之說,有相成而無相背。即李氏奕葉,亦憬然於人力不足憑,天心有可恃,將益保泰持盈,善繼善述,而休嘉更流於靡既矣。余與公未曾識面,而公不遠千里請序於余,余雖不斐①,義不容卻②,故絜其大略而序之如右。

康母鞏氏墓碣　丙戌

婦人以才見,不如以德見,然才原於德。世謂無才即德,吾謂有德必才。《易》曰:"无攸遂。"《詩》曰:"無非無儀。"蓋言處常之道,非處變之道也。賢媛恪守陰教,豈願以才見哉。至不得已而以才見,而德乃愈不可及矣。周生建子,余門人也,常爲余道其戚蓋屋康君玉妻鞏氏之賢。余曰:"此德之以才見者也。"

氏初歸康,值承平無事,相夫教子,孝事舅姑,勤於績紡,鄉里嘖嘖,咸以淑慎稱。迨同治紀元,回、捻稔亂,困阨流離之際,其夫以病歿,夫兄弟亦相繼歿。揩拄家政,備歷艱辛。姪萬春、子萬年、孫清相依爲命。無何萬春又歿,萬年與清復虜於賊。其婦均少寡,而姪萬壽、姪孫協愷又均不滿十齡,窮民無告,伶俜③相對。兵荒之後,仰屋而歎,蓋幾無生氣矣。

氏內撫孤孀,外營稼圃,茹荼含蘗,廿餘年如一日,卒使諸孤成立,各孀婦克礪貞節,而先世舊業無尺寸失遺,且取姪孫愷爲其子萬年嗣。若氏者可謂無負所天矣。非德足以孚其家人,而才又足以濟之也哉,是可以風矣。

氏壽七旬有六,卒於光緒十二年五月初一日。臨終取素所織布爲舉家預製喪服,兼戒諸孫毋厚殮厚葬,何深明大義。而勤儉之德,尤足貽謀於勿替也。嗣孫愷以表墓文請余,即以聞於周生者書之,並以勗其後人毋忘賢母焉。

---

① "斐":金陵本作"文"。
② "卻":原作"郤",形近而誤,據金陵本改。
③ "俜":原作"娉",形近而誤。

賈貞女碑記

貞女鄠邑留犢村賈錫瑞之女，花原頭閻朱銀兒聘妻也，童養夫家，公姑胥鍾愛之。咸豐元年六月，朱銀兒溺水死，女年甫十四，慟不欲生。葬後三日赴墓奠，則易髻以髽，公姑大駭。即日送往母家，勸令毋持初志，女覓死者再，終不移。邑紳等高其義，以鼓吹迎歸。閻氏白於官。自是足迹不履外戶，惟歲首一至母家而已。昕夕劬女工，曲致孝養。公姑歿，僅有田十餘畝，債負纍纍。女益節縮口體，次第清償，其艱苦有非士類所能及者。

先是女遵姑命，撫甥印鼇爲嗣，已聘有婦。印鼇復遭寇掠，煢煢一身，形影自弔。嗚乎，遇亦蹇矣。光緒十五年，女年五十二歲，計守貞三十八年。

論曰：女受聘未婚，夫死爲終守歸，熙甫謂不合義作貞女論，非之。然西山隱士何嘗躬任殷廷？宋、明鼎革之際，草莽逸民率逃匿①不出，何也？夫三綱之義，君臣、夫婦一也。熙甫是論過矣。況童養之女所以事公姑，與夫早已名辨分定乎。若賈貞女者，亦獨行其志之所安而已，他何知焉。聖朝褒揚貞孝，不遺窮陋。大哉，帝德如天矣。

賀豹君孝廉墓誌銘　乙亥

去歲賀豹君孝廉之歿也，余聞之未嘗不歎君子之道窮矣。夫義切桑梓，稍障狂瀾，竟遭媒孽齎恨以終，其鄉人雖傷之，卒無有一人代剖其是非。彼慷慨有爲之士，有不甘心淪落以沒世者哉。嗟乎，君子之道，固如是其窮耶。

君長子峻，余門人也，將以今年九月十三日葬君於村西祖塋，持狀請銘於余。余雖不文，而亟欲白君之心也，因次其大略而誌之。

君諱文蔚，號青原，豹君其字也，渭邑坳底村人。先世力行義舉，遺惠在人。考戟森公，妣氏趙、氏李、氏趙。昆弟二人，君序仲。生而穎敏，有不羈才，且至性孝友，爲戟森公所鍾愛。弱冠讀書省垣，日食錢六十文。及歸視戟森公所食不如己，更減其所食。經史而外兼涉諸子百家及天文地理、兵事，諸有用書無不習熟，故發爲文章，博辨宏深，有奇氣。

咸豐壬子舉於鄉，兩赴春闈不第，遂曠然高隱，不以得失介懷。雖長於制藝，與人言未嘗及之，而天人性命、倫常物理、古今人才之賢否、政治之得失，剖

---

① "匿"：金陵本作"髡"。

析精詳,娓娓不倦,聽者莫不傾服。好學書,嘗謂"晉人至矣,宋、元以降失於放縱,惟唐人規矩謹嚴,可爲師法。"潛心臨摹,數十年如一日,故其書下可兼諸家之長,上可入晉人之室。

居身儉樸①,不修邊幅,器無雕鏤之華,衣鮮綺紈之美。冬不鑪,暑不帳。城市往還,一驢代步而已。然至親朋族黨,或有急難,不計多寡而力周之。無吝色,亦無德色。村有放顆賑者年終給錢二百,次年忙後還麥一斗,貧民苦累不堪,公憫之,與堂弟湛源議集粟建倉,用濟窮乏。幷勸諭本家共捐麥百石,以時收放,村人利之。又與湛源捐立義學,置田數十畝,爲延師之費。其好善樂施類如此。而經理差局,力塞弊竇,尤爲人所欽服也。舊有車馬局,例推富紳二人,駐局總管,爲遇大差力足賠墊,不擾里民故也。每歲終交卸,必盡焚一年簿籍,所以杜刁健把持,慮甚遠矣。然歷久亦不能無弊。

同治七年君管局事,集眾紳而倡言曰:"局之有賬,備查核也,奈何焚之?不焚當自我始。"其年兵差絡繹,公抗不急之務,省無益之費,任怨任勞,里人德之。至十二年又管局事,適患瘡瘍,未得常常駐局,反有以賑項不清訟君者,君已墊賠銀無算,憤甚,力疾赴省對質。久病昏瞀,不能自白,遂致不起。嗟呼,君果有侵蝕心,何不幷局賬而焚之,乃自貽伊戚耶。然則君不能自白於生前者,無不可共白於歿後矣。此余之所亟欲誌君者也。君雖歿,子弟師君之儉,宗族食君之惠,鄉人士莫不明書法而務實學,則流風餘韻,正未艾矣。

君生於嘉慶丁丑年十月十三日午時,卒於同治甲戌年十月初七日子時,享年五旬有七。元配氏侯,繼配氏劉、氏張、氏曹、氏李。妾一氏同。子二:長峻,張氏出,娶於雷;次寬,同氏出,娶於高。孫錫麟,寬出。

銘曰:公負長才,罔濟于時,而公無所疑。公抱直道,弗諧於俗,而公靡所曲,小試經綸,爲一邑福。天佑善人,不於其身,非蒼蒼者不仁?餘慶所積,含笑九原,是豈不足以垂裕後昆。

陳君益蓀墓誌銘　戊寅

陳君諱以謙,字益蓀,號吉人,世爲鄂之宋村人。曾祖琨,妣氏解。祖守基,妣氏嬪、氏龔、氏張。父大德,母氏劉、氏王。王有子四:以豐、以晉、以鼎,君其長也。繼母氏唐。君生而穎異,年十七即孤,諸綱紀覬覦其幼,而君綜核

---

① "樸":原作"僕",形近而誤,據金陵本改。

過老成,則大驚憮服。性孝友,事繼母得其歡。家世農商而君嗜讀書,累家務不獲卒業,然時時手一卷,頗汎覽古今,訪知名士與之遊,或與語不合,則執己見,若與絕,而心儀其賢。有所急,未嘗不爲謀也。旁涉醫卜,壬遁靡弗精。而其待館師禮尤隆,咸陽孝廉楊芝塘者,予友,常先後館於君家。君創對峰書屋,蒔花竹,引流泉,談宴於其中。諸弟子執經問道,翛然得物外意。蓋非獨以甌饋鼎肉爲忠且敬也。

迨回亂起,芝塘以戰死,遺祖母、父母及妻妾老幼零丁,困苦靡依。君間關迎至鄠,授館繼粟,不幸先後以疫沒,君既經理其喪葬。予時轉徙南山,君亦移居山中,危亡患難之際,相依如骨肉。君於地方公事輒身爲眾先,如捐餉、練團、修寨諸義舉,即出重貲弗惜也。而志節尤介然不苟,縣令耳君名,數致誠款君,亦心許之,未嘗至其室。兩外祖母均節婦,君爲請旌如例。生則饋問,沒則喪葬,無不竭力經營。於鄉里親戚之間蓋靡不厚,則其天性然也。

自祖父以來,每歲饑,必出粟賑濟。回亂平後,田園荒蕪,君家漸落,然猶措數百緡賑鄉里之無告者。今歲旱荒特甚,予與諸友謀請賑,每竊竊憶君,謂值此時得如君者數十人,事可不勞而理,孰意君之訃竟慘然至我前也。

君生於道光癸未正月二十二日寅時,卒於光緒丁丑八月初八日巳時。配孫孺人,生子二:煥珽,乙亥舉人;煥珪,丙子舉人。繼配三,俱氏張,妾氏馬,均無出。又繼配穆,生女一。幼孫讓溪,煥珪出。二子科名,人嘖嘖稱。敬師效①然與,否與?而天又何奪君之速也。將於是年正月二十八日葬於西圭峰新塋,二子乞予銘,予不忍辭。

銘曰:"嗟嗟!是益塋之窀,既安且吉。惟爾子孫,緜詩書之澤。"

宮處士墓誌銘　癸未

君諱世鐸,字聲之,號靜齋,盩厔宮氏。昆仲三人:次世現,早卒;季世鎔,邑庠生;君居長,世居祖庵鎮南宮家堡。曾祖鳳建,字立山。祖文科,字學亭。考可元,字長善。以農爲業,世有積德。至君而篤志於學,補博士弟子員。以齒德舉鄉飲賓,性聰敏而方嚴,不苟言笑,人望而生畏。及與接則抑然溫恭,未嘗以盛氣加人。逮事祖妣氏鞏以孝稱,事父長善公、母吳孺人生能盡孝,歿能盡禮,復推所以事父母者事伯父伯母、叔父叔母,並推愛於諸弟,體恤備至,內

---

① "效":金陵本作"之報"。

外無間言。好讀性理等書,師事名宿司舜山先生。學務實踐,不求人知,遍黏先儒格言於窗櫺户壁間以自箴警。或有拂逆,輒開卷體玩,怡然曰:"何書之益人如此也。"可謂心得,而非口耳之學足儷矣。

生平力於稼圃,率以身先,謂士當窮約,舍農事無所爲治生之法。暇則教授生徒,先品行而後文藝,間以醫道濟人。數十年無或倦,其教子炳南尤督以勤儉,不使隨流俗爲遷就。光緒紀元,余設帳杜子祠,炳南從余學。越明年,舉於鄉,余命赴南宫試,則述君訓曰:"少年偶博一第,不可妄干人,當節縮衣食費,稍積脩資,待下屆北上未遲也。"雖贐以金,概却弗受,余心異之,以爲當今世而尚有以淡名利,抑奔競教其家者乎?亟詢炳南,乃知君介介自持,從不貸人一錢。即困迫有所弗恤,是足風矣。二曲名勝,篤生偉人,李中孚先生以堅苦卓絶之行,力肩斯道,爲當代所宗仰。君誠私淑遺澤而克自樹立者矣。惜乎僅以獨善著也。

光緒八年十二月初五日日辰加戌,君以微疾端坐而逝,鄰里哀之,爲之罷社。距生於嘉慶十七年十月初六日午時,得壽七旬有一。元配喬孺人,無出。繼配王孺人,佐理家政,敬戒無違。生男一,即炳南,丙子科舉人;女一,適王氏,早卒。孺人生於嘉慶二十一年七月十二日寅時,歿於同治四年二月初二日寅時,享年五十,祔葬於堡南吴孺人塋次,坤首艮趾。又繼配王孺人,亦無出。孫男一逢時,幼殤。孫女三,長字高氏,次三幼。今炳南卜以光緒九年三月二十七日未時葬君,啓王孺人幽宫而合窆焉。遣伻捧狀,丏文於余。余固欲誌君之行也,即論次其可傳者而係以銘曰:

維耕是力忘其辛,以書爲性探其真。清節不撓何嶙嶙,藹然孝友齊先民。厥躬雖屈道則伸,吾譔斯篇刊貞珉。積善餘慶螽羽詵,至理不頗質明神。

翁君練亭墓誌銘 丁亥

君諱其森,字練亭,姓翁氏,世居咸寧之春臨村,徙省城東關古蹟坊。曾祖惠,妣薛;祖兆熊,妣楊;父价,妣王、妣陸、妣董。三代俱請二品封典,君陸夫人出。幼失恃,事父與繼母以孝聞。讀書聰穎,年十九冠童子軍,入邑庠,伯父雪蕉太守愛之,期以遠大。君亦慷慨有大志,善騎射,精技擊,不屑屑理家人生產。秋闈屢薦不售,時事方棘,遂博考古兵法,思以辦賊自任。同治紀元回亂作,雪蕉公知甘肅環縣事,君隨侍倡辦團練,逐賊出境,轉戰鎮原等處。以軍功保訓導,加五品銜,賞戴藍翎。五年捻匪入關,君奉雪蕉公命回保桑梓,東垣防務皆倚辦於君,賊不敢犯。既而雪蕉公奉劉中丞檄,招安北山土匪,君復隨行,匪首扈彰一股數萬人咸就撫,拔出難民安插涇渭間。奉委辦理屯墾事宜,措置裕如,全活甚眾。

然自是陝境肅清,君亦倦遊矣。與胞弟壽慶家居養親教子,暇則約朋從縱酒劇談,藉銷胸中塊壘,蓋豪氣猶如昔也。惜乎君爲秦士,屢攖艱危,酬庸之典,以廣文終。晚年始援例,得授同知,加知府銜,然終未克一展其志也。今老親在堂,而君竟長逝矣,此尤君所深痛者耳。

余嘗與君奉左文襄公札,總辦西、同、鳳三府,堅壁清野,左提右挈,相得甚歡。既余以有所不合去,君義不負友亦去。嗟乎,君之性情獨摯,肝膽不平,惟余深知之。余何能不誌君之墓耶。

君生於道光十三年正月十七日,歿於光緒十三年二月二十六日。元配李,生子一慎修,庠生。女一,適富平庠生武,先君殤。繼配馬,無出。妾車,生女二,俱幼。孫一輔清。慎修元配李,出諏吉。是年十月二十日葬君於廟坡頭南阡新塋,丁首癸趾。銘曰:

非無負俗之累,而才固不羈也。雖有驚人之略,而數則多奇也。鬱鬱乎璧光劍氣,乃遽潛於茲也。

馬君子策墓誌銘　庚寅

同治初載,余嘗從軍靈夏,歸道隴坂,見吳嶽西來,環隴城南,蜿蜒東下,五峰疊嶂,形勢鬱然,私意秀氣所鐘,必生豪俊。世變方殷,出而拯之,吾秦之光也。否則隱居樂道,待時而動,亦足令巖壑生色。惜匆匆一過,未及延訪。光緒戊子馬生承基來從余遊,英氣逼人,蓋跅弛不羈士也。及叩所學,頗有翻然向道之志,余異而詰之,則曰:"吾父教也。承基好縱談天下事,吾父常戒之曰:'汝志大才疏,終非保身之道。古人經天緯地事業,類從腳踏實地做起。《小學》《近思錄》等書,能善體認,庶不至窮大失居耳。長安柏先生主講關中書院,盍往事之而就正焉。'"承基此來,竊願有以益之也。余既心儀其人,逐日與承基講求體用切實之功。己丑秋,承基聞父病,馳歸,入侍湯藥,出理耕稼,絕弗稍涉徵逐。余喜其學日進,而益欽其庭訓之有方也。無何承基書來,並呈其父子策君行狀,請納幽之文於余,義無可辭。

按狀:君諱勳,號芸汀,子策其字也。馬氏先世自扶風、茂陵遷居鳳郡,再遷隴，爲隴州甘泉里人。曾祖百麟，妣氏劉。祖魁，倜儻有大志，以讓產著稱。祖妣氏譚、氏趙。考遇龍，太學生，積學好善，道光丁未歲饑，出藏粟以周貧乏，鄉人至今德之。妣氏趙，以君官考贈奉政大夫，妣贈宜人。奉政君有子二，君其次也。生而穎異，不隨羣兒嬉，既出就外傅，強識敏悟。陳倉強徵，君季宣漢南，胡孝廉卓峰咸器之，君益以遠大自期。年二十三丁奉政君憂，哀毀逾禮，幾滅性。服闋，以第一人補博士弟子員，旋食餼。每試輒冠其曹，文名噪甚。咸豐辛酉登拔萃科，朝考赴京，聞吾省花門搆亂，遽作歸計。或阻之，泣然曰："老母在堂，存亡未卜，尚何心求功名耶。"星夜奔馳，屢瀕危殆，僅而得達，乃奉趙太宜人避居山寨。時當道以寇蹤飄忽，檄各縣舉辦團練，爲堅壁清野計。令下羣相驚疑，君倡捐巨貲，集閭左子弟曉以大義，申明操演之法、防守之機，布置粗完，賊數來窺伺，卒以有備而去。久之流亡悉歸，寨糧不敷，君復傾積粟賑之，保全甚眾。

左文襄駐營平涼，檄君採買糧石轉運軍前，師得宿飽而民無怨言。事竣蒙保知縣，分省儘先補用，加五品銜，君弗知也。辭之不獲，旋丁趙太宜人憂終制，遂不復出。自謂性少和平，不宜仕路，與其進而被黜，何如退而潛修。由是訓課子若孫，且耕且讀，不輕涉有司庭，布衣草笠，灑然自得。倘所謂豪俊而隱處者非耶。

道衰俗敝，鎔方而爲圓，揉直而爲曲，舉世方尙和同之說，一有慷慨任事、綜核名實，則羣起而攻之。訾以激烈，擯以迂拘，必使所措，一無可成。且摭其潰裂隳敗之迹，聳聽聞以爲戒。至若名利所在，甘退讓而安困窮，更觸大忌，以爲矯情震物，以干夫世濁獨清之譽。嗟乎，士生斯世，卽匿處巖穴，猶恐不免悠悠之口，矧復傾身一出，以供其傾軋耶。如君者識卓力堅，洵不愧古人矣，豈徒希蹤箕穎也哉。

君體態雄傑，目炯炯有威棱，遇事敢爲，戚友急難必力助之，未嘗有德色。丁丑戊寅之際，旱甚成災，餓者踵門求食日數百人。君悉量給麬斤，如是者十閱月，雖家計中落弗恤也。大府屢飭獎敘，槪辭弗受。鄉里爭訟，率聽君排解，其無賴者厲詞呵之，往往懾服而散。卒之日，識與不識，咸悼歎有泣下者，其爲邇邇敬愛，又如此。

君歿於光緒十六年九月二十八日辰時，距生於道光十二年九月初二日亥時，享壽五旬有九。配容宜人，爲皐蘭縣知縣寶雞容公諱養正公女；繼配袁宜人，側室氏王，子五：長承緒；次承基，乙酉拔貢生；次承瑞、承宗，業儒；又次承祺,幼讀。女八:一字文,童容學仁,待字者三,殤者四。孫四:騏、驥、騙、騄,承緒出;孫女七,次承緒出,餘俱承基出。均未字。卜以明年三月十三日巳時葬君於嶕山側祖塋,艮首坤趾。余既誌君大略,并綴以銘。銘曰:

龍不隱鱗,鳳不藏羽,網羅卒攖,遺憾終古。隴山之阿,有達人焉。其才則肆,其志則潛。小試經綸,全活鄉里。赤眉弗驚,黃魑不死。學有本原,用勖於家。培茲秋實,劉彼春華。賢者安命,俊傑識時。善藏其用,爲弈世師。有閱於前,克昌厥後。此石可徵,嶕峰並壽。

袁宜人墓誌銘

宜人同邑袁氏貤贈承德郎庠生卓園公女也,年十六歸余。時余父奉政君、母劉太宜人均在堂,日用窘甚,宜人親操井臼,善承堂上懽心,嚴冬手指輒凍裂,血淋漓濡衣袂。然視老親或有憂色,則捧奩具乞典鬻以償宿債,篋笥即空弗恤也。回逆之變,舉家避居太平峪。逾年,食用俱絕,余於數十里外負糧歸,宜人躬轉碓以奉親饌,有餘分食子女,己則長藿充膳而已。兩親相繼逝,殯歛拮据,彌增悲痛。余與宜人復皆病,病幾死,而幸不死。還鄉後,室廬蕩然,僑棲靡定,尤無日不在憂鬱中。宜人安之若素,從未以所苦告余。

余早歲溺於詞章,既膺鄉薦,而性好任俠,嘗從健兒馳驟①,幾不知世間有不平事。厥後學漸有窺,幡然以用世爲心。遭逢寇亂,數入大帥幕府,卒亦無所建樹。雖功業之成悉關運會,而儒者當用自修,歸耕之志遂決然。十餘年中崎嶇坎壈,屢瀕於危隤上。金積之役且有傳余陣亡者,至同治己巳始獲息影田間,重續舊學,宜人忻然以慰,謂:"世途之險,何如家食之夷,今而後可終老矣。"不意勞傷驚駭之餘,鬱爲咳喘,積年增劇,竟至不起。悲夫比歲課徒鄉塾,并歷主經干、味經講席,脩資所入,乃構今室。余於揩拄門户外,閒有義舉,輒樂欣助,宜人多勸戒②成之,所留爲衣食計者幾無贏餘。以故宜人終身無出門衣飾,當屬纊時,首仍無瑱③,臂仍無釧也。其儉陋自安如此。

宜人性溫惠,與物無競,余或有所④拂,遷怒宜人,恒順受不辨。處妯娌親戚族黨一以和怡相接,即子姪媳女輩亦未過爲督責。其歿也,蓋無不痛悼焉。

---

① "驟":原作"騁",據長安縣博物館藏《皇清誥封宜人元配袁宜人墓誌銘》碑石改。
② "戒":原無,據金陵本補。
③ "瑱":原作"填",據長安縣博物館藏《皇清誥封宜人元配袁宜人墓誌銘》碑石改。
④ "所":原無,據金陵本補。

嗟乎,余以飢軀①,終年外出,賴宜人和洽室家,拊循子女,得無内顧憂。今暮年衰病,失此良助,能無悲耶。

宜人生於道光十年十一月十三日亥時,卒於光緒十二年三月二十八日辰時,春秋五旬有七。以余襄辦軍務,由定邊縣訓導累保知縣加同知銜,獲封如例。子一震藩,廩生女一,適三原廩生胡坊。即以是年十月十九日卯時葬宜人於村北祖塋余父母合厝墓前偏北,坤首艮趾,甄茸雙壙,虚右以爲余幽窆。虚右者,近中也。

銘曰:霜風摧落連理株,一株婆娑心更枯。涕洟送子歸冥廬,此廬幸近雙親居。子歸乃依舅與姑,雙親墓前雙穴俱。虚一遲我藏遺軀,與子同穴應不孤。子且爲我紉綵褕,九原學舞胡弗愉。悲哉,此理良有無。

---

① "軀":原作"驅",形近而誤,據金陵本改。

灃西草堂文集卷六

長安柏景偉子俊甫

雜著上

重建馮恭定公祠暨創設少墟書院稟

爲祠宇落成附以書院公懇具奏以光祀典而正學術事:竊維振厲風教之原在於表揚前哲,樂育人才之本在於培植後生。矧里有先儒,居近而私淑倍切;鄉知尚學,經正而庶民亦興。近閱《邸報》,楊制軍重新龜山祠堂,彭宮保改建船山書院,入告聖明,昭示遐邇,胥此意也。

查省、府、縣三志,長安西門外舊有馮恭定公專祠,列在祀典,置墓田三百畝,奉有豁免差糧札文。回、捻之亂,毀於兵燹,兩祭闕如。又西關舊有青門學舍,爲畢秋帆中丞創建,葉健庵先生立有學規,原碑具在,坍塌既久,絃誦無聞。前縣主涂親歷恭定墳墓,見其蓬蒿滿目,誌碣沈埋,查詢墓田久歸叛産,盡然心傷,遂與眾紳妥議,重爲建祠築墓,並擬贖回祭田,均經稟明列憲,大局粗定,以去任未果。

前縣主樊蒞任,乃議興修,又以丁憂中止。交卸時,諄囑縣主焦終成其事。焦主復回明列憲,歷蒙賜捐鉅金,擇於青門學舍舊址,重建恭定公專祠,附以少墟書院。添修齋房四十餘楹,用復學舍舊規。自去年五月動工,迄今八月,一律告竣。另贖回墓田一百二十四畝,爲恭定後嗣祭掃之需。凡此皆我三任邑侯倡集捐款,苦心主持之力也。

謹案:恭定公名從吾,字仲好,學者稱少墟先生。世籍長安,居省城西南隅二里許之馮家村。前明萬曆己丑進士,觀政禮部,累官至工部尚書。正色立朝,彈劾不避權貴。神廟倦勤,公疏諫有"懽飲長夜,晏眠終日"等語。下廷杖,以輔臣救免,直聲振天下。卒爲閹黨所齕,褫職里居二十餘年。日事講學,著《思辨録》《學會約》《善利圖説》等編，從學至五千餘人。當道代剏關中書院，爲同志會講之所。

公之學，以天地萬物一體爲度量，以出處進退一介不苟爲節操。其講學也，謂人性本善，反復發明，以作其忠孝之志。或謂國家多事，宜講者甚多，學其可已乎？公愴然曰："正以國家多事，臣子大義不可不明耳！"鄒南皋先生曰："馮子以學行其道者也。"然所守雖嚴，而秉心淵虚，能見其大盡。除世儒門户之見，在書院不廢科舉文，顧必教學者因文見道，伸理絀詞，即獲科名者不當以一時之名爲榮，而以千載之名自勵。以故門人如三原党還醇、咸寧祝萬齡、長安陶爾德等殉節勝朝，彪炳史乘，謂非講學之明效大驗哉！

世多訾道學爲迂拘無用，夫迂拘無用者誠有之，甚有藉道學以詭獵名利者，然如恭定公，爲有明一代名臣，可並訾耶？學之不講，孔子憂之，人心之不終滅絶，賴有是耳。則固天地之正脈，國家之元氣也。方今異教紛龎，海宇多故，惟在豪傑時出宏濟、時艱學於此者，果克景仰鄉賢奮然興起，養其正氣，儲爲通才，或稍有裨於時局，斯尤創議時私衷竊計，而未敢預期者矣。伏維大人關中世胄，誼切桑梓，勵精圖治，百廢俱興，所以爲三輔賜者極渥至優。至如振興關學，知必有更大於斯舉者，而斯舉似亦正人心，挽風俗之一端。籲懇據情入奏，以光祀典，以正學術，從此俎豆常新，絃歌永播，無往非大人之所賜矣。所有一切善後事宜，現蒙縣主安慨許，經畫紳等得所稟承，尤易蕆事，容俟隨時續稟。

再：動用經費，除蒙列憲賜銀一千一百兩外，悉由本地官紳捐集，未支公款。應請准免册報，合併聲明，是否有當，恭候批示，祇遵施行。

節義祠落成請賜褒揚稟

爲祠工告竣稟明原委、懇賜褒揚以勵風化事：緣同治元年，逆回倡亂，蒙前縣主李諭飭各廠齊團殺賊，馮籍①廠素尚忠義，且與該逆田舍毗連，勢難兩立，靡不執鋭披堅，決與死鬭。自五月十八日至七月十六日，大小十餘戰，傷亡最多。有衝鋒直前而死者，有被執不屈而死者。其慘楚情狀雖至今父老傳述尚皆太息流涕，憤然興起。豈非英魂毅魄，足以昭垂千古哉？

是年八月，大兵駐札咸陽，賊氛少戢，當將陣亡烈骨檢收裝運，埋於大元村

----
① "籍"：金陵本作"集"。

北横梁之上，号曰"义冢"。又自兵燹以来，烈妇贞女不甘污辱痛骂贼徒、惨遭杀戮者，尤指不胜屈。职等于四五年间，详加采访，汇集成册，缀以事实，禀请上宪以闻于朝，均蒙旌恤在案。合厂十保障议立醮会，每年冬月择日致祭。自九年起，首冯籍保障，次大元保障，次苗家保障，次石榴保障，次新旺保障，轮行者已五年矣。又议于居中之冯籍寨内创修节义祠，以妥英灵，附以殉难妇女。复因经费无出，迟至今年正月始定议募化修理，所幸人心踊跃，或出地基，或出木料，或出银钱。即至妇人孺子，亦莫不乐为捐助。于四月初旬动工，于八月中旬蒇事。计建享堂三间，厦房四间，门房三间，约费青蚨千缗，均系募化所积，并未另派分文。此皆英灵不昧，有以潜孚乎？众志而默相其成功者也。窃念忠愤之风，激而弥壮；义烈之气，培而益坚。在死事团长团丁，实本其同仇敌忾之怀，以致其杀身成仁之志。即殉节诸妇女，亦守其锋刃可蹈之心，以完其冰玉同洁之操。慷慨捐生，夫复何憾！然使久任湮没，终不得半席之宫以明其祀事，将何以为忠义劝？且职等当年曾参团务，既苦甘之与共，尤生死以难忘。若不禀请褒扬，则生者或邀保荐之荣，死者长抱沈沦之恸，诚有抚衷感悼、寝馈难安者。

伏维父台大人以濂、洛、关、闽之学，敷龚、黄、召、杜之猷，下车之初，即以敦崇风化为先务。今幸祠宇告竣，定期十月诹吉入主，用敢沥陈原委，公恳钧鉴。或颂匾额，或赐祭文，既添耀于栋楹，益增辉于泉壤，且俾乡中士女顾而歔曰：此皆回、捻之乱裂腹断胝、舍生取义者也，而今且赫赫然有名章徹。忠奋①之风、义烈之气，有不油然而生者哉？其于世道人心，当大有裨益。职等为振厉风化起见，是否有当，伏冀惠察，俯予褒扬，则合厂士庶咸戴鸿慈于无既矣。

查明冯恭定祠基址祀典禀

为奉谕查明冯恭定公专祠在关中书院者建自明末，在长安西门外者建自国初。关中书院为恭定公讲学地，创立中天阁，肖至圣像于上，取"斯道中天"之义，所以尊崇孔子也。后为阉党所毁。至崇祯五年，都御史刘广生直指吴焕径改书院为冯公祠，文翔凤为之记。各门匾联俱换，另制神龛奉安允执堂内即今讲堂，其先师阁则仍匾以斯道中天文集祀堂纪略可证。是明末实以关中书院为专祠也。溯查崇祯二年赐银造坟，并赐祭田五百亩，护坟田三百亩有按察司洪印札

---

① "奋"：金陵本作"愤"。

可證。而建立祠宇究無明文，是長安本籍專祠固闕如也。

鼎革之際，書院復毀，國初爲碾放火藥之所，幾泯其迹。康熙七年，賈中丞漢復捐俸復修書院，重製恭定木主，配祀於中天閣下《文集》、西安府《公移》可證。講堂有中丞崔紀、院長周道隆、鮑唐三碑，均以恭定配享中天閣爲記，尤爲彰著，是本朝曾未以書院爲專祠也。徧查省府縣志祠址，俱云"恭定祠在長安西門外，祀明工部尚書馮從吾，以門人党還醇等配享"。細繹志文，既列祀典，兼有從祀之人，其爲專祠似無疑義。

恭定墳在省城西南隅，去西門不過二里，原祠即在墳西，不過二百餘武。是西門外原祠實爲專祠地址也。回亂遭燬。同治四年，劉霞仙中丞即擬修復，以賊踪往來蹂躪，故未果。今之移祠西門內者，亦以該舊地村落邱墟守護爲難，勢有不得已耳！

至原祠建自何時，紳等無案卷可稽，惟有詳詢宿儒耆老，據稱祠毀後，尚有斷殘碑記，當在康熙年間。繼遭土人偷將此等石塊賣於包修多公祠匠工，遂至片碣無存，殊難徵信。紳等於無可考之中，求其可考。現在劉霞仙中丞所建中天閣後新祠中，懸《道接程朱》跋，稱此係原祠李二曲先生碑文也，摹刻於上，用誌欽仰。查二曲爲國初大儒，原祠既有先生手迹，是本籍專祠實建於國初也。再查順治三年，我省大吏於前明所賜祭田、護墳田一切照准，並未改布政司鈐印照可證。謹將聞見所及分別稟復，是否有當，恭候鑒核。

抑紳等竊有請者，振厲風俗，莫如崇奉先賢，而桑梓名儒，尤足深入景仰。長安爲恭定本籍，自原祠毀於兵燹，二十餘年來，幾無知有少墟先生者。關中書院雖立有木主，通省士子得遂拜瞻，而故鄉子弟未由慰其依慕景從之志，以故頓忘冒昧，亟思重修。渥蒙撫憲暨各上憲恩施，格外捐集鉅款，俾得迅蕆祠工。正房五間五進，業經修竣。墓田壹佰貳拾肆畝，業經置定。惟列憲重道崇儒之意，皆下士廉頑立懦之資，紳等銘感實無旣極，伏懇仁天恩准，轉詳撫憲，援例出奏，則久廢祠祀煥然重光，合邑士林共矢銜結於不朽矣！

籲懇陝省旱災已成亟宜籌賑稟

爲旱災已成亟宜賑救，籲懇奏撥巨款以拯民命事：竊陝省自去歲雨澤愆期，秋成甚薄。今歲自春徂夏，雨更稀少，二麥歉收，秋禾未種。即間有播種之處，亦復枯萎，平原之地與南北山相同，而渭北各州縣苦旱尤甚，樹皮草根啜食幾盡，賣妻鬻子莫能相顧。蒲城、郃陽飢民經匪徒煽誘，鋌走爲盜。現雖徵兵剿撫兼施，然解散之後，災黎嗷嗷待斃，亟望設法安插撫綏。刻下節逾白露，甘霖未沛，儻再不能種麥，人心益將動搖。目前已不可支，今冬何以爲計？明歲更何堪設想？現在之賑須臾難緩，將來之患計慮宜周，所難者亟須籌費，然後可以舉行。

前歲大人札飭各廳州縣勸積穀石，今又聞撥銀五六萬兩赴楚購糧，並派員四出勸諭捐借，買麥平糶。凡此惠政，士民聞之，靡不感激零涕。惟是挹西江以活困轍之魚，遠難及濟；酌蹏涔以救車薪之火，事慮不勝。約略籌計，非得現款數十萬金，不足以敷周賑而資博濟。陝省兵燹之後，司庫匱乏異常，何能籌此巨款！若待捐借就緒，無論地方情形，竭蹶未必能多。而時事岌岌，且恐少事延緩，則老弱將盡填溝壑，强壯皆流爲盜賊矣。伏思國恩寬大，每遇偏災，一經入告，無不立沛恩施。再四思維，惟有仰懇大人飛章入奏，請發七八十萬金以爲賑本，分檄各屬一切拯荒事宜速圖實力奉行，至候農部籌解，亦恐輾轉需時。現聞京都撥餉二百萬，解赴甘肅，可否咨商爵中堂先行截留數十萬金，一俟奏准，再爲撥還爵中堂。

痌瘝在抱，節制兼圻陝省，士民同歸覆幬，矧三秦爲涼、肅後路，陝疆不靖，甘事或因之棘手。事關大局，弭患預防，當可上邀，垂允一面。先發營田租麥、常社積糧，散給受災最重之河北等處，以濟目前之急，然後再及於被災較輕地方。則實惠均沾，如解倒懸矣。似此災黎得以保全，地方藉以安定，陝省幸甚，中原幸甚！臨稟不勝，急切待命之至。謹合詞籲懇，伏乞恩鑒，核辦施行。

查禁販運賑糧出境稟

爲秦糧垂竭，出境益多，援例籲懇查禁事：竊惟遏糴爲王政所必懲，而禁販亦災區之首務。設使晉、豫歉薄，秦獨豐盈，何敢遽以糧食出境？妄乞查禁有違大人惠恤鄰封、一視同仁至意？無如近日東市斗粟價至四串一二百文，西市斗粟價至三串七八百文，人心皇皇，勢甚危迫。若非現糧垂竭，何至有增無減！實緣九月以來，各處囤户暗將糧食運往晉、豫，以致如此。

伏查省城除滿、漢兵籍外，煙户人丁八萬餘口，每日約需糧五百餘石。自今年十月初，至明年四月底，約需糧十萬餘石。所恃者各鄉商販源源接濟，今因糧食出境，來源告罄，每日四門進糧無幾，而兩市所存麥米不過萬餘石。又復車載人挽，紛紛運赴關東。何怪糧價之昂，日甚一日乎！夫以秦中垂盡之糧，供晉、豫無窮之食，實無濟於鄰疆，已大虧於本省。其勢必至市中無糧可買,嗷嗷者靡不瞠目待斃。在各州縣姑勿具論,而省垣為根本重地,果何所恃而不恐也?

今查晉之西北,既有黃河可挽歸化城迤北之粟,東南則接青、濟,而黃流近,由大清河入海,一水可通,泛舟甚易。豫之連省東有江淮,南有湖湘,本年俱報豐收,不難謀之彼都。奚必一意專注於秦,而使陝省有內匱之虞耶!況陝省現赴甘、楚買糧,俱用陸運,備極繁難。如果本省有糧可買,何必舍近求遠,其不能兼顧情形,在鄰省亦必能相諒。且各屬貿易,半多晉、豫之人,其携眷而來者,無論數千家,靡不糊其口於秦。今更聽營運者順流東下,秦又何以自支乎!

查例載鄰省告糴,儻本省亦未豐收,一經販運出境,或致不敷民食,令該地方官酌量情形,據實題明,許其暫行禁止。今陝省情形如是,實與成例相符。雖大局攸關,不宜稍分畛域,而固圉之謀,與睦鄰之義,似不能不較其輕重。權其緩急,在大人厪念災黎,宏謀碩畫,本非草茅下士所能測。而私憂竊慮,不得不以管蠡之見,妄獻芻蕘之説。用是援照成例,合詞籲懇敬乞恩施格外,一面題明,一面咨告晉、豫,並札飭潼關、大慶關,兩路凡有米糧出境,一律查禁。緣本省災歉,籌糧籌賑早經大人奏明有案。購豐饒鄰省之糧,既奉諭旨免釐,留饑饉災黎之食,諒無不邀准之理也。

請緩徵稟

為暫請緩征以示體恤事:昨讀憲台諭示,蒲城一縣早蒙奏請緩徵,近復舉富平、臨潼等六縣所有秋徵一概從緩。仰見大人加惠災黍①至意,惟念秋分已過,甘霖未沛,既不獲及時種麥,而飢民扶老携幼,百十成羣,紛向渭南各州縣轉徙流離。一遇禾苗被野,雖未成熟,靡不爭先摘食。而鵠面鳩形,奄然垂斃,微特地主不敢攔阻,亦並不忍攔阻也。揆此景況,渭北無秋之處食本無資,渭南有秋之區收亦難望。嗟!彼甿氓汗滴禾土,歷盡夏畦之病,秋成有望而終成無望,何以為生!

況自土匪滋事以來,到處不法之徒蠢然思動,人心警惶洶懼,岌岌有朝不謀夕之勢。愚以為,當此彌天皆火、徧地俱赤之時,無論被災輕重,均宜一體矜恤,暫從緩征,想天心仁愛,斷不至久屯恩膏。一候麥種禾收,民情稍定,再查

---

① "黍":金陵本作"黎"。

看各州縣情形，酌量催科，似此倒懸立解，實於國計民生兩有裨益。蓋與其徵比難齊，徒充吏胥之欲壑，何如追呼暫歇，足弭閭閻之殷憂。臨稟不勝屏營待命之至。

上左爵帥稟

敬稟者：竊某於去歲十月二十六日，奉札飭辦西、同、鳳各屬堡寨，並勗以簡拔人才、講求戰略等因，奉此仰見宮保大人念切民瘼，憂深時局，為全陝計長久者無微不至。草茅下士，感頌曷任。某遵即稟知札派局憲督糧道劉署糧道、呂署鹽道官，先辦咸、長、鄠三縣堡寨，以為各屬表率，俟三縣辦有成效，再行推廣辦去。猶幸各鄉百姓經屢次兵燹之後，頗知自固藩籬，踴躍興工。當於十二月三十日徹局後，將辦理情形並三縣堡寨已成、未成開列清摺，繕繪地圖，稟明在案。茲因會試屆期，某擬於燈節後束裝北上，妄希寸進，圖効國家，除逕稟局憲仰蒙批准外，敬懇宮保大人恩施逾格，寬給假期，俾得僥倖青雲，稍慰十年功苦，下忱感激銜結靡忘。

所有堡寨事宜，已經稟明局憲，另委紳士接辦。惟三縣情形，有不能不為宮保詳陳者。長安堡寨自五年十月間辦起，經捻、回疊擾，時作時輟，直至去歲年終始克就緒。非無梗事之人，尚知畏法，或有送縣之件亦足懲奸，積時既久，程功漸多，統計合縣已修十分之六。咸寧東北鄉被劫之慘，與長安西北鄉相埒，東南鄉道路坡坎，被擾獨輕，頗稱富足，而泄泄沓沓，自謂無事，勸導再三，始肯鳩工。自去幾九月間辦起，僅成留村等三寨，約計合縣不過修十分之一。然猶官與紳一心，紳與民一心，故事雖難辦而尚不至棘手。鄠縣堡寨亦自去歲九月間辦起，其被禍之處甚於二縣，修寨之心，亦勇於二縣。且鄠邑民情素稱恭順，乃竟因徇私而為爭執，因爭執而為刁抗公局。方定一官寨，即有一私寨為之敵；眾村方立一大寨，即有一小寨與之角。始而抗紳，繼而抗官，一鄉作俑，各鄉效尤。如黃堆等村之生員李友棠、鄉約亢文茂等，實為禍首。以故該縣除方勝、石井、寧眾、金湯四寨外，餘皆紛然瓦解，功敗垂成。此誠某識短才庸，辦理未善，有負宮保委任。惟念鄠邑抗公之風起於堡寨未成之前，非起於堡寨已成之後。出於阻撓寨工之輩，非出於踴躍從事之人。紳猶可告無罪於官場，白心迹於鈞座。不然市虎之謠、投杼①之告，議者若不加察，必至仰累宮

---

① "杼"：原作"抒"，形近而誤，據金陵本改。

保知人之明,則紳負罪益深,捫心滋愧。今當遠行臨棐,悵結不知所云。肅此敬請崇安,伏乞垂鑒。

代慶陽難民籲請劉中丞招撫土匪稟

為志切投誠,籲懇設法招撫、以靖亂源、以安難民事:緣慶陽各屬自元年八月間經陝回竄擾,勾起本地回逆肆行燒殺,又於四年十月間經土民□□等乘間竊發裹脅搶劫民①等,房廬灰燼,田地荒蕪,眷口橫遭殺戮,財物盡被焚掠。幸脫虎口,逃難遠方,而骨肉無存,飢寒交迫,流離困苦,筆難縷罄。惟念□□搆亂以來,尚未任意屠殺。偶逢逆回,亦復奮力衝擊。回酋崔三等甚屬畏懼,恒與背道而馳,某等歷觀□□行事,似因求生無路,挺而走險,非真元惡大憝,憨不畏死者。

比近有某等鄉親從該隊中逃出,據云□□等久以投誠為心,又時時以無可信從之統帥為憾。先欲從張在山,而張軍門遽離環、慶後,欲從穆將軍,而穆督憲遠隔洮、泯②。既聞大人秉鉞西陲,恩威兼布,則常引領束望,曰:"儻得我劉副帥加恩錄用,定當誓死圖報,不敢再萌異志。"蓋其心悅而誠服者,有由來矣。

伏念匪氛不靖,則董原之支蔓難圖;回逆不平,則慶府之來蘇無日。且東南之兵畏寒而耐暑,西北之勇畏暑而耐寒。昔李泌以河西、隴右各軍宜先用之塞鄉,若春氣已深,關東地熱,官軍必困而思歸,征戰之事迄無涯。既反是以觀,理勢顯然。今慶陽地方苦寒,我軍多不願往,兼之糧源既竭,運道不通,計除此賊,尚稽歲月。現查□□共帶四五萬眾,馬隊約五六千匹,盤紮洛河川、蒙城一帶,合無仰邀恩施,選委員弁,馳往招安。散其脅從,錄其壯丁,指授方略,迅掃妖氛。凡此機宜出自鈞斷,某等未敢臆測。如蒙允許,某等願作鄉導,赴湯衝火,均所不辭。

至應用何人招諭該匪首始各服信?何方遣散該匪眾始能安居?機事宜密,不敢顯陳,敬祈俯賜面詰。當瀝獻芻蕘,以備採擇。某等值萬死一生之時,作千慮一得之計,果叨福蔭,匪、回兩平,某等得以生歸故土復安耕鑿,則有生之日,悉戴德之年而銜環結草,永矢弗諼矣。

---

① "民":原作"某",據金陵本改。
② "泯":金陵本作"岷"。

代翁雪樵瀝陳招撫情形稟

敬稟者：竊紳等於二十三日奉札云云等因，奉此仰見大人慈惠愛民，恩威互用之至意。伏念□□滋事以來，蔓及兩省，歷有四年。雖云挺而走險，實非罪不容誅。況叛兵遊勇，任意攔入。既相助而爲奸，已積重而難返，刻下求撫之心，是誠是僞，既難逆料。將來就撫之後，或離或叛，尤宜預防。愚盲之見以爲，外省勇丁非資送還鄉，無以分其勢；匪中梟黠非教演歸伍，無以服其性；其餘裹脅之眾，非就地遣散妥爲布置，均復農業，無以全其生而保其後。

卑府樗櫟庸材，年逼七旬，屢遭憂患，病體增劇。謬蒙拔擢，俾效寸長，維圖報之彌殷，縱蹈火以奚辭。當即馳赴匪巢，宣揚威惠，察其情僞，相其形勢，具稟詳覆，靜候指示。惟是撫局非難於招納，而難於安插，圖始尚易，善後尤艱。任大責重，無任悚惕。

伏懇憲恩簡委大員主持擘畫，庶紳①等稟承有恃，叢胜無虞矣！大人秉鉞專征，剿撫兼施，所以運籌帷幄決勝千里者，豈紳等所能窺其萬一，徒以感恩知遇，妄擴管蠡之私，敬效芻蕘之獻，是否有當，恭候批示祗遵。

上劉中丞查禁逆酋回籍稟

爲首逆回籍稟明叛據懇咨查辦事：緣本月初九日午刻，各城門奉到府憲札飭，轉奉爵憲札飭，以回民馬殿邦之父馬德興，年八十有四，現在伊子在省，令伊回籍就養等因，領悉之餘，各相惶惑。竊思該逆以元惡大憝毒流兩省，當勢餒窮蹙之日，爲苟全首領之計。在爵帥撫剿並施，素未洞悉原委，曲予矜全，自屬一視同仁之意；而在該逆度必曲護從前叛迹，捏稟飾詞，乞憐衰暮，輒思保全性命，藉圖包藏禍心。若竟中伊譎謀，公然回籍省垣重地，盤踞勾結，爲患將來，不堪設想。茲值仁憲公忠體國，慈惠愛民，葑菲不遺，芻蕘必採，用敢即該逆確實叛據，爲我大人詳陳之。

伏查馬德興本西關外米海村人，其狂背兇惡，當未亂時，每一振臂，回民莫不俯首聽命。爪牙羽翼散處城鄉，所有西關地段，霸佔頻仍，附近漢民畏如蛇蠍。自同治元年，河北逆回蠢動時，該逆即不自安。日置器械馬匹，揚言集團禦賊，實則潛謀異軌。時長安縣主李窺其情迹，甚屬疑懼，隨傳該逆至縣，曉以

---

① "庶紳"：金陵本作"卑府"。

大義。即令親持紅諭,徧歷各回民村庄,剴切開導,俾安反側。

乃該逆不知畏法,竟於五月十七日親率逆眾百餘人,躍馬橫刀,揭白布爲旗,馳往曹李村回堡,意圖糾合逆黨。道經木塔寨,村民突見兇悍之狀,會合團眾,將該逆攔阻廟內,一面報知金勝寺團局。團紳石倉恐其借口起變,迅往木塔寨解諭村眾,力保該逆不滋事端,並令其甥雷才兒護送回關。詎知該逆犬羊性成,不思感激,行至半途,即手刃石倉之甥,雷才兒斃命。當晚,該逆米海村男女眷口陸續齊至曹李村廝集,次日(十八日)勾結各村回逆,沿途肆行焚殺,馳赴河北蘇家溝等處。是日,馬王廠之西沙河、白十萬、海三元等亦率眾從逆,戕殺議和之漢紳趙元常、薛坤等四人。漢回之讐,遂不可解。此該逆爲首率眾謀逆之情形一也。

六月初二日,該逆直撲北關馬提軍營盤,首先馳馬指揮撕殺,幸兵勇得力,稍挫兇鋒。初四日巳刻,該逆窺西關兵力單弱,突率眾逆圍攻西城,官紳同力堵禦。紳趙秉乾與現任戶部主事劉餘慶、河南候補監大使蔣菉齋在城上親見該逆乘黃騾橫刀迳抵城下督攻,當即協同西城委員、候補道德燃炮烘擊,該逆中骸①,始行解退。守城滿、漢軍民人人目睹此次防守,出力員弁均得保舉,有案可查。此該逆率眾撲營圍城之情形二也。

初四日午刻,該逆愈逞兇橫,全股萬餘人撲圍金勝寺團局,戕斃委員、安徽候補知府龔守經,駐紮西關孟游擊出隊截剿,互有殺傷,團眾血戰三時,力不能支,被殺者二千餘人。團紳世襲張游擊,生員張棹、李某,暨紳梁頤之堂兄梁思棟,紳梅冠林堂叔梅鑑堂、堂兄梅恒春,紳蘇湘胞兄蘇潮,故紳石倉胞弟石庫,均同時遇害。寺宇焚燒殆盡,屍橫徧野,煙燄燭天。此該逆率眾圍破金勝寺之情形三也。

是後,日事燒殺慘不可言,由陝竄甘,逆燄益熾。儻非撫憲暨爵帥威聲素著,痛加剿洗,將該逆之攻城破寨、隅抗王師,不知伊于胡底?又何肯俯首乞哀、飾情就養耶!且元年五月,禍患甫萌之時,該逆之子馬殿邦現住省城,該逆既知勢不能挽,且年及六十,何不安居省內,乃藉出鄉安諭爲名,勾結黨類肆行不軌,未卜八年之久棲息何方,其倡亂情形,良可概見。況近讀同仁局條示,遇有遠赴外省之回戶將來回陝,只准在城外安業,不准進城住家。矧以該逆首先倡亂,豈能聽伊捏飾,遁逃故里?惟現奉帥札,不特私衷惶惑,即城鄉孺婦,靡

---

① "中骸",原作"胲中",據金陵本改。

不各懷畏懼，只得將該逆確實叛據縷陳顛末，伏乞惟持全陝、痛念孑遺，可否咨商爵帥查辦，不勝悚惶待命之至！

瀝陳辭辦堡寨事宜稟

偉於閏三月初四日奉札飭，令赴局勸辦堡寨事宜，仰見憲台愛才如命、始終成全之至意，偉理合遵奉鈞命，力圖報稱。且陝省兵荒交迫，所恃以易危爲安者，祇有此堅壁清野一法。而偉誼關桑梓，念切身家，義有難辭，情何能恝！

惟是偉以樗櫟庸材，謬蒙拔擢。自五年九月辦公以來，憲台不以偉爲不肖，而任用獨專。偉亦未揣事之難爲，而圖效獨切。即閒以愚盲條陳事件，靡不仰荷鴻施，俯賜聽從。凡此咸、長堡寨稍有起色，悉由憲台多方指示，力加整頓，兼賴同事諸紳齊心努力，共濟時艱。並非偉有過人之識、出衆之才，布置周詳，所克臻此。況寸長之偶見，已流弊之潛滋，刁風漸長，健訟繁興。偉既不能開誠布信，調衆口於初騰；又不獲振聵發聾，靖爭端於肆起。實屬事大才小，深幸委任。應得之咎，百身莫贖，若不亟行退避，轉恐貽誤大局。以故正月初閒具稟懇辭，嗣因東道不通，北上愆期，遂復閉戶讀書，受徒講學。自知意見拙迂，非閱歷無以達其變；性情躁急，非涵養無以持其平。方思以證今考古之功，爲寡悔寡尤之計，乃復過蒙褒稱，詳請撫憲檄委從公。偉盥誦迴環，感愧交集，欲仍守拙草茅，則知遇恩深，同仇義重。既責偉以不容辭，欲即奉命奔馳，則時局多艱，孤力易蹶，更迫偉以莫能任。再四籌畫，進退維谷。伏念實能有容愛才者，固不遺乎下士。吾斯未信辭仕者，曾見諒於聖人，所願憲臺恩施格外，俯予矜全。俾得重理舊業，上希純修，或者成就於異時，無非陶甄於此日，庶全始全終，悉叨庇蔭。

公請改發求友齋經費生息稟

爲稟懇轉詳事：緣求友齋義塾捐集膏火銀二千兩，蒙上憲委員分交三原、涇陽兩縣發典生息，嘉惠士林，曷勝銘感。現在涇陽典商如數領訖，三原自應一律照領。但有不得不稟懇者，查三原典號二家，一係候銓道胡礪廉之舖，一係該紳堂姪郎中胡墉之舖。光緒十年九月，該紳倡捐銀一千兩，創立求友齋義塾，此銀即暫寄伊典舖，取息一分。至十一年四月，義塾辦有規模，始行交出，由義塾轉寄銀舖，取息五釐，不敷支用，公議稟懇上憲批准發典在案。查該紳亟將此銀交出者，蓋謂異時或有虧欠，則善舉反成虛名。意既至公，慮亦甚遠。

今若仍將此銀發於該紳典舖,在該紳必無異言,第恐好善樂施,皆聞風猜阻,而義塾、書局本銀甚微,正在勸辦集股合刻,必多窒礙難行。且該紳於此項交出後,仍時有接濟。三載以來,義塾藉此挹注,始能周轉。若不詳陳顛末,紳等未免負咎於心,無以對該紳也。

況生意之盛衰,無定將來。萬一如該紳所慮,或有虧欠,公款私誼,勢難兩全。與其阻礙於異時,何如變通於先事!紳等再四思維,祇有稟懇老父台代請上憲,准將發交三原之項改發咸陽、醴泉二縣,則義塾必能推行盡利,裨益甚鉅,實爲德便。查咸、醴二縣典舖均屬穩妥,且與義塾相近。而咸陽又有新開典舖,其生息公項必不多,當易飭領。可否酌發該縣,恭候上憲鑒核批示遵辦。爲此肅稟,伏懇恩准,據情轉詳施行。

創立咸長崇化文會稟

爲援案創立文會以廣會試津貼、以專童試稽查,籲懇恩准批示事:竊以會試公車類多寒畯,非設法津貼,無以資上進而利遄行。童試保結例本嚴明,非認真稽查,無以清弊源而澄流品。職等咸、長士子自亂後計偕北上,措資艱窘,業經邑紳李榮綬、趙秉乾等籌積歷年,漸著成效。今歲丁丑,會試每人均得分領津貼銀一十二兩,藉資小補,早擬詳定章程,以垂永久。茲因兩縣地踞省會,五方雜處,流品混淆。每值歲科,童試鎗替冒濫,無弊不有,兼之縣分而人不分,彼此互考,尤易滋弊。推原其故,實由童生於應試時,並無鄰里甘結,五童互結,亦皆任意填寫,多不謀面,認派各保既無所據以爲稽查,甚至有廩生賄通情囑,勾結徇庇,以致紛紛告訐,轇輵無已。

伏查去歲三原縣紳稟:蒙前學憲吳飭立興賢文會,設局散結,以杜鎗替冒濫諸弊,並於憲台案臨時稟請,出示曉諭,接續辦理。復蒙恩批諭飭與試該童生等一體遵照,毋許恃眾抗違各等因在案。仰見大人正本清源,扶持名教至意,職等欽佩莫名。今我咸、長以上各弊較之三原尤難剔釐,合無仰懇准照三原已辦成案,於縣府院考試前三日,設立公局捐散試結,兩縣各推公正紳士四人,總司查核。必須確有鄰里甘結、五童互結,方准廩生畫押,以除積弊。並請照興賢文會章程,先籌經費若干。所有結局紙筆等費,即由局內捐備,不令童生再出分文。候籌有巨款,並擬添①廣會試公車津貼,務期永遠奉行。仰副憲

---

① "添":金陵本作"峎"。

台嘉惠士林,不興文教善政,似此弊竇既除,則童子之進身可正,川資無窘,則士人之報國有期。職等愚盲之見,是否有當,謹合詞籲懇,恩准批示施行。

辭保舉稟

為稟明下情懇免保獎事:緣自光緒三四年間,秦中荒旱,徧地成災。長安賑務,仰蒙府憲暨父台大人札派各紳隨同委員協力襄辦。自三年十月起,至四年九月止,賑務告竣。現奉鈞諭,轉奉上憲札飭,即將辦賑出力紳士人等擇尤酌保等因,奉此伏思前歲奇荒,道殣相望,凡情殷桑梓者目睹心傷,本不忍袖手坐視,況重以府憲暨父台督率經理,更屬義不容辭。凡此合邑辦賑各紳,即著有微勞,亦自盡分之當為,自行心之所安而已,若必謂宜加保獎。回憶當賑務殷繁之際,窮鄉鄙壤耳目難周,鰥寡孤獨豈能盡全?過之不免,功於何有?

況就長安一縣而論,出力紳士不下數十人,更屬獎不勝獎。即擬擇尤酌保數人,其實非僅數人之力,掠數十人之美以為一二人之功,不惟合邑公論有所未協,即覥顏保薦者,恐亦有所難安。紳等公同商議,祇有據實稟懇父台曲體下情,此次長安辦賑紳士,概不敢仰邀獎敘,庶足以遂初心而孚眾志,紳等言本至誠,並無矯飾,肅具蕪稟,恭請垂鑒,准免保獎,實為德便施行。

求友齋課啟

人才之盛衰,豈不關乎學術哉!有正學焉,修己治人,敦行不懈是也,而馳鶩名利者廢之;有實學焉,通今博古,討論必精是也,而剽竊詞章者隳之。風氣所趨,江河日下,此豈盡學者之失乎!目不睹有用之書,耳不聞有道之訓,何怪乎沈溺而不返也。而吾陝適承其弊,僕等久昧旨歸,罔識途徑,時過後學,艱苦無成,自惜之餘,未嘗不兼為諸同人惜焉!

竊謂學有本原,須辨於始,而大其規模。吾陝兵燹後書多散佚,宜特創一書局,凡有關正學、實學各籍擇要刊刻,以資學者之觀覽,則既有以拓①其才識矣。又集二三友人講明而提倡之,落落然一空標榜拘墟之習,而務以聖賢道德、豪傑功名相與糾繩,相與淬厲,為關輔力挽衰頹。積日累月,漸漬優游,河嶽有靈,未必不稍回風氣也。

然書局之舉,非有大力者不能。而講明提倡,則凡有志者與有責焉。僕等

---

① "拓":金陵本作"擴"。

不揣鄙陋,議加月課,小助膏火,以"求友"名齋,蓋取析疑賞奇、樂多賢友之意。其課以經學、史學、道學、政學四項爲題,而天文、地輿、算法、掌故各學附之。至文章詩賦,則書院舊課所有,茲不復及。每季定孟月初出題,限仲月杪收卷,有遠方與課者,希將籍貫、住址書於卷面,以便隨時造訪。肅此蕪啟,敬布區區,非敢謂能友天下士也。所願諸同人不瑕棄①而惠教焉,則僕等亦甚樂,共殫尚友之志,永敦會友之風,以期盡正學實學之義。吾陝幸甚,吾黨幸甚!

勸辦修築堡寨啟

嗟乎!吾陝自回逆變亂以來,數千萬生靈慘遭塗炭,數千里膏沃化爲蒿萊。雖曰天意,豈非人事哉!夫秦俗強悍,由來已久,詎至今日,而獨不然,則始終一自私之心誤之也。何以言之,蓋富者之身家,百倍於貧者之身家;富者之力量,亦百倍於貧者之力量。當元二年,賊匪初起之時,及四五年賊匪遠颺之後,果使顧念桑梓不惜貨財,築寨垣、濬池隍、練鄉勇、製器械,以戰則不足,以守則有餘。性命何至爲所殺害,妻孥何至爲所係擄,牲畜何至爲所驅掠,米粮何至爲所搬運,房屋何至爲所焚燒,窖藏何至爲所發掘?是衛鄉人,即以自衛,全村堡即以自全。雖凶狡如回,剽悍如捻,而處處金城,重重湯池,彼亦奈之何哉!乃計不出此,無事則存玩寇之心,有事則思倖免之計,其牢不可破而最出於下下策者,則無如高窰地窨之驅而納之死地而莫之知避也。

彼固以爲賊至可以潛身,賊去依然無害。何苦以全家性命自投網羅,一己脂膏徒供糜費,自私之見橫據於心,忠告之言遂逆於耳。不思有窨窖者可以自藏,無城垣者何以爲守?其勢不被裹於賊不止矣!被裹於賊,其勢不獻媚於賊不止矣!己之家計,賊容不知,而鄉民則無不知。己之蹤跡,賊縱不悉,而鄉民則無不悉。年來高窰無不破,地窨無不熏。夫亦曉然於其故矣!不堅同仇敵愾之心,先受滅門絕户之禍,身家性命,果安在哉?至鄉間無賴之徒,往往意存撓抗,蓋以自視本無可戀。而堡寨既立,且懼靡所容奸,故倡爲游移之説耳。奈何昧此要圖,墮彼詭計!然則居今日而爲自全之計、自衛之謀,固未有如修築堡寨之一事矣。

昔嘉慶年間,教匪蔓延三省,卒以堅壁清野次第削平,良法具存,補牢未

---

① "瑕棄":原作"暇棄",金陵本作"遐棄",形近而誤,據文意改。

晚。兹復仰蒙爵帥軫念三輔遺黎，爲我民謀生全，爲吾鄉計長久。札委弟等會辦西、同、鳳、邠、鄜、乾等處堡寨事宜，意甚盛也。然竊謂辦之於前日易，辦之於今日難。誠以鋒鏑餘生，瘡痍未復，民情雖甚踴躍，經費須代躊躇。是在一二有力之家，痛鑒前車，共維大局。果能出貲出力，衆志成城，則堡寨築而團練興，團練興而聲威壯，逆匪不敢近擾，大軍即可遠征。既免寇賊之侵陵，復免兵差之騷驛。即游勇土匪，亦將有所憚而不敢發。從此安居樂業，或商或農，不數年間，元氣可以漸復。計有便於此者乎！

如謂各有鄉堡祇思自固藩籬，所見仍私，其計亦左。試思以一己而思徼天之幸，何若合衆力而操必勝之權。又况到處皆無堅城，賊騎何難猝至。一隅縱極完固，孤立亦苦無援，豈若近守遠交，聲勢聯絡之爲愈乎！倘以經營，本在四方，有警無難，遠避則拋棄先人墳墓，輕去父母鄉邦。縱使席厚履豐，於心能無戚戚？前者粵夷肇禍，我鄉人固嘗報捐軍餉至數百萬之多，好義急公馳聲四海。夫鄉鄰之鬭猶思被髮纓冠，豈同室之憂，反忍銖量寸較？揆諸情理，當不其然。伏維諸位鄉台久著賢聲，蔚爲鄉望。此次舉辦本地堡寨，自必熟悉情形，務祈按照章程，反復開導，如有爲難之處，無妨寄示一函要之公，乃可以服人信，乃可爲人任。當於無可如何之際，存一萬不容己之心，轉危爲安，在此一舉。嗚呼！袍澤之流風未遠，山河之形勢依然，危局同支，天心共挽，於諸君子有厚望焉！

創設崇化文會啓

敬啓者：藝院掄材允宜除乎積弊，士林推轂端有賴於名賢。今我咸、長地踞省會，五方雜處，每值歲科考試，弊竇百出，以致流品混淆，真才淹滯，其有係乎兩縣人文盛衰，良非淺鮮。再者公車北上，措資維艱，業經紳士李蔭堂、趙健堂等籌積歷年，著有成效。今歲丁丑會試，每人均得分領川資銀壹拾貳兩。頗資裨益，尚待擴充。

辰下公議，援照三原已辦成案，創立文會，籌款捐結，以專童試稽查，以廣會試津貼。現蒙在省諸君子備書銜名，慨爲資助，惟思此舉需費尚多，城鄉誼同一體。利在黨庠，奚分畛域；事關名教，何靳錙銖。誠樂襄夫盛舉，當並惠以廉泉。室有佳兒，即未能成章，無妨導以先路；邑多華胄，祈轉相告語，用共衛夫科名。彼捐太守之錢，既堪垂諸不朽，倘積甫田之蓄，尤所望於羣公。謹啓。

募修馮籍廠節義祠啟

毅皇帝御極之初，回逆倡亂，長安各廠齊團殺賊，惟我馮籍廠克遏鴟張之勢，屢挫豕突之威，撻杖①最勇，傷亡亦最多。有陷陣争先而死者，有被執不屈而死者，又有烈婦貞女不受污辱痛罵而死者，死節不同，而楚慘情狀②，雖至今父老傳述，靡不太息流涕，憤然興起也。謂非英魂義魄，足以昭垂千古哉。

同治四年，某等詳加採訪，彙集成帙。綴以事實，稟請上憲，以聞於朝業。蒙旌恤在案，顧自死事迄今，積十餘年，曾不得半畝之宫，以妥其精靈。將何以爲忠義勸？某等議營數椽萃而祀之，想有意人心世道者，必樂出其資，而欲速觀其成也。使俎豆修明，精靈如在，後之過者，顧而歎曰："此皆回逆之亂，裂腹斷脰、殺身成仁者也，而今日赫赫以血食。"忠孝節義之心，有不油然而生者哉！其有功於世③爲何如也。謹啟。

討狼啟

嗟呼！狼之肆毒於吾鄉也，甚矣哉。各村小兒橫被吞噬者，慘不忍言，亦指不勝屈。而狼且窟宅孕育於澧水兩岸萑苻藪澤之中，貜子羆孫，日益麕聚。晝則浪遊於田隴，夜則潛入乎巷間。見人不畏，往來自如。雖成童且飽其酷腸，即孤客亦殘其毒喙。化日光天之下，豈容此蠢蠢妖畜橫行無忌耶。

僕等聞之心傷，睹之眥裂，公同定議，鳩集經費，號召獵户，務設阱而張機，必熏穴而犁窟。量兹醜類無難聚而殲旃，誠恐困則思鬥，挺必走險，不免抵隙橫逆之虞，尚賴合圍兜擒之力。又或各村古墓之内，坎窨之間，穴伏窠藏，難遍搜緝，設除惡之弗盡，必遺種之潛滋。

現擬稟明縣主傅，飭夾澧各廠總約分諭各村。伏望仁人義士協力齊心，薄具餱糧，預儲器械。厲叔敖斬蛇之志，追周處殲虎之風。嗟乎！誰無稺孫孺子，保全他人之孤幼，即以庇護我輩之嬰孩。又況大害克除，一方蒙福，餘慶所積，後嗣必昌。如是而鄭蘭燕桂，有不茂育於階除間者，無是天④也。而或且以刼數難逃戕生，宜戒回惑潛滋，觀望頓生，何不思狼之貪戾如是，慘毒如是，

---

① "杖"：金陵本作"伐"。
② "狀"：金陵本作"形"。
③ "世"：金陵本作"世道"。
④ "天"：金陵本作"理"。

人憤同深，天怒必極。旣干蒼蒼者好生之德，豈逭冥冥者假手之誅。即令有禍，僕等願以一身當之。請釋羣疑，共伸義討，是爲啟。

勸助施種牛痘啓

竊維嬰兒患痘，感時氣而出者，曰天花。十損二三，甚者五六，俗謂之過關。蓋必過此，始可望其生育。成立至險也，亦至慘也。自宋以來，始著以痘苗塞鼻孔之法。然所引之痘，吉凶恒半，殊無把握，非盡善也。我朝嘉慶初年，西醫傳種牛痘，其法視畜牛乳旁小藍泡，形如痘樣者，取其漿以點小孩之臂。出痘數顆，毒即盡矣，永不再染天行。且取所種之痘之漿分種普種，無不按期結痂，百無一殤。其種之也，不擇時、不擇地、不服藥、不禁忌，豈天心仁愛，特假此以補生成之缺陷乎，何神妙一至斯耶。

道光季年，上憲於省垣端履門外創立育嬰堂，施種牛痘。法良意美，澤溥沾矣！然道路較遠之區，寒苦無力之家，晉省非易，求種維艱，未免向隅。閒有倣種於鄉閒者，術或未精，漿亦多敗，種如不種，一遇天行，險難如故。況富貴者可以延治，貧賤者無能①請醫，蚩蚩者氓，呱呱者子。顧獨任其顛危痛楚而莫之拯此，仁人君子所爲傷心慘目而不忍即安者也。

僕等今春議立分局，於長安西鄉之馮籍寨，擇請名師三人，試行施種。無論貧富，不取分文，定期四卯，約計種過嬰兒三百有奇。亦各如時，現苗結痂，即間有毒重出遲，或竟不出者，再爲施種，亦能引毒淨盡。悉臻至善，當經細察詳詢，始知此法甚屬易學，且無人不可學。彼故神其術者，蓋恐人知，不得獨擅厥利耳。

現擬籌集經費，創立三局，以馮籍寨爲總局，以鄠縣之秦渡鎮、咸陽之天閣村爲分局。其章程，一以育嬰堂爲準，博施濟衆，用副上憲，保赤誠，求至意。業經稟明邑侯涂少卿，並商允育嬰堂紳董，事在即行，法必垂久。且擬廣其傳於窮鄉鄙壤，俾人人通習斯術，幼其幼以及人之幼，詎非甚盛事耶。如有仁人君子，存范公憐孤之念，體孔子懷少之心，旣相助以爲功，自眾撐而易舉，行見舞象勺者同登壽域，佩觿韘者共渡慈航，則豈但僕等感銘無旣也哉。

夫斯局立，而拯救嬰孩累萬盈千。凡出資出力，有不繩繩蟄蟄，衍慶螽斯者，無是理矣。雖儒者不信因果，不談報應，而積善餘慶，理有固然。正不妨推言之，以爲好善樂施者勸，蓋亦與人爲善之念之不能自已也。此啟。

---

① "能"：金陵本作"資"。

灃西草堂文集卷七

長安柏景偉子俊甫

雜著下　遺墨 附

關中書院學規

書院爲馮恭定公講學地,而《關學編》亦恭定公所手訂,所以期望吾鄉人士者至矣,區區科第云爾哉!然學於此者均爲科第而來,則凡主此席者,亦不能不以科第文爲教,論者訾之,似未盡允。制義以"四書"命題,學者童而習焉,蓋莫不知孔孟爲正宗,雖有異端弗能惑也,其爲益固大矣。所慨者兵燹之後,典籍散亡,諸生目不睹有用之書,耳不聞有道之訓,以空疏之腹習庸濫之文,展轉沈溺,一若書院爲馳鶩名利之場,弊端百出,幾幾有不可救藥之勢,非科第誤人,人自誤科第耳。

幸值當事加意整飭,舉從前積弊一掃而空,而僕以樗散庸質,謬膺推舉,承乏講幄,自揣學淺識陋,萬不堪爲多士師。然所可少盡者,惟有嚴立章程,勤督課業,實事求是,與諸生共相奮勉而已。《學記》云:"師嚴然後道尊,道尊然後人知敬學。"韓文公曰:"業精於勤荒於嬉。"然則嚴者非妄自尊大,不如是不足以振諸生之修爲也。諸生等如能諒僕之心,聽僕之言,相切相劘,或於品行學問稍裨萬一,區區科第云爾哉。

首重朔望禮儀

古者入學首重釋菜禮,所以報本也。晉欒共子曰:"人生於三事之如一。"是事師之禮與君父並嚴,在學知事師,則在朝必能事君,在家必能事父矣。況我孔子爲萬世師宗,吾人所學何事而顧忘祇敬之誠乎?後世蔑視禮教,懵然不知倫紀情誼之不可渝,故驕亢之志氣不難施於尊長則甚矣。拜謁先師之儀,不可不講也。今定每月朔望,院長、監院、齋長率諸生詣中天閣神座前行三跪九叩禮畢,詣馮恭定公祠行一跪三叩禮畢,仍詣中天閣前,院長、監院行對揖禮畢,齋長率諸生與院長、監院行三揖①恭禮畢,諸生分列東西行對揖禮畢,有應宣講者,擇要立講數條。院長、監院退,諸生乃退。如有衣冠簡褻、拜跪粗率者,以不敬論罰跪申飭。

次嚴出入門禁

出告反面,禮教甚嚴,學者果克守此,則身有所閑,即心有所惕,一切縱肆狹邪之習無自而開。今定每夜交二鼓,齋長督飭門夫鎖門,鑰匙呈繳上房,次早領取開門。每日派值日一人經管名簽,有告假者問明何事出,何時入,註冊給簽,門夫驗簽放行,歸院刻即繳簽銷假,不准至晚不歸,亦不准鎖門後強要出入。或遇緊要事故,不能遲至次早者,准其稟明請鑰,儻有無簽擅出及門夫私放者查出,本生跪堂掌責②,門夫送縣笞杖。再查有別故,臨時酌奪究懲。

三禁吸食洋煙

西夷以鴉片毒我中華最堪痛恨,而士人之誤染其毒者,遂使志節隳敗,學業荒廢,甚至顛連困苦以終其身,亦足悲矣!然此禁不嚴,效尤必眾,始而誤己,繼且誤人,其流毒更有不可勝言者。現經上憲出示驅逐,院內一律清肅,此後諸生斷不准仍蹈舊習。即間有小癮,未大害事,亦必自行呈明,勒限用藥斷截,果能晚蓋自新,即為名教完人。若吸煙而詐稱未吸,欺己欺人,既難望有悛心,或更引誘同人共為徇隱,一經查明,或被人告發,立即屏出院外。

四禁誘引賭博

賭博乃無賴子所為,最足玷人品行,壞人心術,而學者操守未定,往往誤墮其中。其始不過一二人戲作之,其後多人樂從之,甚且引誘後生設局誆騙,曉散夜集,百弊由此而生,又奚問學業之荒廢也。諸生或遠在千里,或遠在百里,來此何為,而顧以貪鄙之心蹈無賴之行,其將何以對乃父兄乎?今定諸生如有在院內聚賭及出外浪賭者,一經查出或被人告發,立即會同監院,當堂重責,不

---

① "揖":原作"詣",據金陵本改。
② "掌責":金陵本作"戒飭"。

悛者屏出院外。

五禁争競滋事

君子與君子無争，相讓故也。君子與小人無争，能容故也。兩相争者，其爲人概可知矣。夫倫紀恃朋友以善全，功業賴朋友以交益。古人離羣索居，每深感歎。幸此一堂講學，昕夕懽聚，而可因悻悻微隙，反操同室之戈乎？今定諸生務各以善相摩，以敬相接，卽有不合情理之事，准其向監院、齋長處面陳一切，或請代爲呈明，當卽酌情準理，平厥曲直。如有任性喧嚷，恃氣忿争，無論有理無理，均先責以不守學規之咎，然後徐問其是非。又或暗出匿名揭帖，横誣肆謗，尤屬陰險小人，顯干例禁，一經查明，或被人告發，立由監院稟明上憲褫革。

六禁羣飲縱談

书院之地最宜静肅，酒足亂性，純心用功人本所當戒，況呼朋縱飲，更屬毫無忌憚乎！爲學以敬慎而入，高聲談笑，心先放矣，學何由固耶？又或因醉酒而滋鬧，或因劇談而起争，若非杜漸防微，勢必紛紛效尤，成何體統！今定諸生偶爾小酌，原所不禁；若羣飲肆譁，卽爲不守規矩。相聚切磋，未嘗無益，若縱談非義，卽爲有愧。且明諸生等同處一院之中，不難暗察明稽，如犯以上等愆，先飭跪堂重責，不悛者屏出院外。

七禁閒遊街市

戲場、酒肆、飯館、茶房①，流品雜沓，士人胡可廁足？然少年狂妄，每好嬉戲，三五成羣，把臂聯肩，招搖街市。甚有游宿娼樓，流蕩忘返。自以爲名士風流，覥不知怪，實屬損德賈禍，有玷品行。抑思吾輩一舉一動，悉關風化，在我既潰厥防閑，在人卽滋爲口實。稍知自受，豈宜出此？今定諸生如有不恤人言，不畏物議，但犯以上各禁，查訪得實，當堂重責，其因此而別滋事端者，臨時酌奪究辦。

八禁占鎖空房

院内號舍無多，學者負笈遠來，置足無地，使不爲之代籌住址，殊非體恤多

---

① "房"：金陵本作"寮"。

士之誼。查向來應課諸生，有在外教書而虛鎖一房者，有在內設館而兼占數房者，少置器具書籍，來去自如，在己頗覺甚便，在人殊爲不情。揆厥恕道，能無歉然？今定先將現在住院諸生姓名、年貌、籍貫造冊呈核，會同監院、齋長沿號挨查，儻有如前占鎖者，立將房門開訖，別令無房者居之。其內存物件，繕單寄存公所，俟該生來院照給。

九禁録寫舊文

查應課諸生捏名填冊，一人恆多領數卷，得題後搜羅舊文，任意録寫，獲售則專利於己，被黜則駕①名於人，展轉雷同，不可究詰。以此居心，尚堪與進於道乎？吾儒爲學，首宜打破利關以爲根本。則器識既遠，品行斯端，即文藝亦必能拔出流俗，一空倚傍，不至卑鄙猥瑣，終其身爲門外漢。孔子曰："行己有恥。"曾子曰："毋自欺也。"孟子曰："求之有道，得之有命。"聖賢垂訓至明，該生等豈均未讀耶？抑何不知自愛如是耶？今定每課填名時，除正課有冊可查外，其新報之名，由書斗問明住址、籍貫、年貌，另冊詳記。或一人來報數名，務必將報名之人詳記冊中，如某某等名均係何人所報，出榜後再有録寫舊文雷同等弊，按冊查究，以懲玩視而警效尤，決不寬貸。

十禁干預詞訟

謹按：學宮臥碑"生員當愛身忍性，凡有司官衙門不可輕入，即有切己之事，止許家人代告，不許干與他人詞訟，他人亦不許牽連作證。"誠以諸生入學後，識未定，養未純，偶有不平，並不深究是非之所在，謬託公憤，此唱彼和，率以血氣用事，往往一敗塗地，追悔無及。又或代人捉刀，造作呈詞，從中漁利，既玷品行，兼損陰騭。甚有頻年搆訟，盤踞院內，藉爲藏身之固，尤不可不立加驅逐。現經上憲整飭之後，此風頓息，仍宜嚴防其漸。今定諸生既來從學，自應專志讀書，潛心作文，一切詞訟不准干預，並不准容留現有詞訟之人，如查有以上等弊，當即屏出院外，不許應課。

以上各條皆擇最易忽、最易犯者，剴切鄭重以申明之，俾諸生憬然先知，有準繩規矩之可循，則身心兩有所範而後可以言學。夫書院之設，豈徒摘揚藻采以爲名利之媒哉？聖賢道德，豪傑功名，靡不培基於此，在學者有志竟成耳。

---

① "駕"：金陵本作"嫁"。

國家以制義取士，原不能不恪遵功，今講習時文，然果能於性命之微、倫常之大、中外盛衰之跡、古今沿治之原，探討體會，頗有心得，即未能行義達道，而出其緒餘發爲文章，不難高樹一幟，何至局促淺稗、詭靡膚庸終其身，於八比八韻之中，絶不知理法體裁之何謂，湮没潦倒而弗能自拔耶？元程畏齋先生讀書分年日程，未嘗不以科舉文教人，而必先令導源於經史。前中丞馮《志學齋章程》雖專爲時文而設，亦必先令講求根柢功夫，所刊册式洵足法也！今特略舉數條著爲課程，以期與諸生朝夕研稽，循序漸進，似迂實捷，似緩實速，非止於身心有益，即行文亦必有明效大驗矣。

　　一讀四書
　　"四書"爲尼山真傳，無所不包，無所不貫，乃羣經之心法也！而《大》《中》章句、《論》《孟》集註，朱子生平精力悉萃於此。剖析疑似，辨別毫釐，學者尤當於大義微言求其根本。今定日日熟讀精思，沈潛涵詠，雖終身不可一刻廢置，又宜兼讀《小學》《近思録》《北溪字義》《性理精義》及各家語録，參互研窮，則必於身心性命之理，豁然有得矣。讀本以王巳山《四書本義匯參》爲善，勿徒看高頭講章，致爲所泥。

　　一讀經書
　　羣經與"四書"相發明，而功令鄉會兩試第二場專以"五經"發題，亦冀得湛深經術之才，備國家異時之用。近日學者類於經義，鮮所發明，甚或讀得一經半經，即汲汲從事帖括，日以剽襲詞調爲工，無怪其空疎淺薄而無當也。今定先擇一經專力治之，俟此經大義既明，然後遞及他經，如是則於"四書"道理益能貫通融析，即所作四書文，亦必能镕經義而自鑄偉詞，而經藝更無論矣。讀法以各經註疏爲本，先通古說而以我朝御纂欽定各經折衷至當，若"五經"備旨等講章不足看也。

　　一讀通鑑
　　宋司馬公輯《資治通鑑》，閲十九年而後成，淹通貫串，爲史家絶筆。朱子《通鑒綱目》，筆削義例，一做《春秋》，皆不可不讀者也。讀法：漢以上宜參看《史記》，前、後漢以下宜參看歷代正史，則凡古今治亂得失，靡不瞭然周悉，洵足拓識見、廣議論。今學者考列前茅，課列優等，輒以文自雄，傲睨一世，殊不值大雅一哂,良由胸無古今,眼光如豆,遂不覺夜郎自大耳。試觀漢、唐以來多少詩人文士爲藝苑所尊奉,迨稽之史冊,或寂寞而無稱,或卑靡而多玷,而惟修道真儒、立功賢輔,始足震耀千秋,亦可恍然於學,先尚志果在此不在彼也。

一讀古文

古人以淵粹之學、宏遠之才,超曠之識、清毅之氣著爲文章,各成一家言,故至今與日月並光也。"三傳"《國策》《國語》《史》《漢》《莊》《騷》以逮唐宋八家,何一不當讀乎?學舉業者寢饋於此,則其爲文必進於古而不俗矣。然初學力或不逮,則宜先讀八家文,識其途徑軌轍之所在,然後漸而進焉,以溯其源而探其本。程畏齋先生曰:"學天下第一等學,作天下第一等文,在我而已矣。"讀法當先看主意,以識一篇綱領;次看其敘,次抑揚往復、運意運笔、轉換承接。於大段中看篇法,於小段中看章法,於章法中看句法,於句法中看字法,則作者之心皆與我會。今日讀文能如此讀,他日作文亦自能如此作矣。

一讀時文

既作時文,不可不讀時文。然一切坊間卑靡之編,與闈中腐濫之作,則斷不可讀。卽前明簡古奇峭之文,不善學之,則易失於枯槁晦澀,亦不可讀。國朝諸名大家文以韓、歐之筆,闡程、朱之理,粹然道德之華,蔚然經籍之色,博大雄傑,允稱極則,當精選百餘篇讀之。明文則取其説理精而思力深透、用法備而機局渾成,足以疏淪我性靈、增長我筆力者,精選二三十篇讀之,簡練以爲揣摩,當必有所心得。然後取墨卷之清真雅正、警湛雄奇者,精選①四五十篇讀之,以求合於其式焉。前輩所云:從墨卷出,不從墨卷入者,如是而已。再讀時文尤必先攻小題,而細探其運意之妙、用法之精,脈理之析,融神氣之宛合,則雖千變萬化,無窘我之題,而一切陳言泛語,無由擾其筆端矣。

以上各條似專爲學作時文而設。然制藝代聖賢立言,因文即可以見道,果能掃除一切計謀功利之心、標榜聲華之習,讀書既多,觀理益邃,力行實踐,學有本原,動靜可以交修,窮達可以並善,舉凡聖賢道德豪傑功名皆在吾醞釀運量之中矣。溯自宋熙寧間以經義取士,至明初著爲功令。我朝相沿未改,迄今蓋七百餘年矣,名儒名臣多出其中,代有偉人指不勝屈,彼何以不淪胥於科目,

---

① "選":原作"遷",據金陵本改。

我何以竟汩①沒於詞章，諸生中或有憬然悟、崛然興，以格致誠正必不可不明，齊治均平必不可不講，則關學可冀復興。僕雖不敏，亦樂與從事其間，以集教學相長之益，是尤區區屬望之苦衷，願吾黨共勉之耳。

光緒丁亥仲春上澣長安柏景偉識於仁在堂

志學齋學規

竊維爲學之道，首嚴自欺。吾人讀書，貴先立志，顧以頂替鈔襲，倖圖微利，欺人乎，實自欺耳。夫自欺者，焉往不用吾欺？品行以欺壞，學業以欺荒，事功以欺敗，其所利者安在乎？此其弊在惑於俗論，謂稽古之功有妨舉業，不憚厚自菲薄，又或羈身館地，耗精力於課程，苦約束於東主，以故齋中貯書萬卷，非特無暇來觀，亦並弗敢來觀。何怪乎日記各冊率多淺薄迂疏，終少心得，其卓犖博雅之士，蔚然前列，反私訾之，以爲評騭未公，而終不肯自奮於學，甚者遂不得不出於頂替鈔襲之一途。儒風不振，非以此哉。

今當事洞鑒斯弊，囑訂立學規，嚴加限制，謹擬六條開列於後，非故刻苦諸生也，不如是，品行無由正，學業無由廣，即事功無由成。關中爲自古人文之藪，正賴繼起有人，迪維前光，使風流頓歇，河嶽寡色，生斯會者，能無恧乎！竊願與諸君子惕厲戰兢，共相憤勉，滌從前之錮習，希名世之純修，庶無負當事振興名教、崇尚實學至意矣。

光緒丁亥嘉平月下瀚　長安柏景偉識於關中書院

一應課者必先期填明籍貫、年貌、行號，舉貢生監呈明監院註冊，以備查核。

一課冊面上必以本名填寫，不得冒頂他人名姓，其有要事回家，准其告假，亦不得託他人代作，致有雷同等弊，違者不錄。

一作日記者必先呈明所治何經何史②，於入學時面加訂正，其所參看何書，一併呈明，庶無搜鈔隱僻部頭，希圖倖獲等弊，違者不錄。

一日記冊排錄經書講章絕無發揮斷制，照寫策學坊本多有錯句訛字，及襲取近人著作不註明所本者，不錄。

一定每月初三日辰刻齊集講堂，講書畢聽候點名。凡點名不到，與頂名冒

---

① "汩"：原作"泊"，形近而誤，據金陵本改。
② "史"：原作"事"，音近而誤，據金陵本改。

點或差人代點者,所繳課冊不閱。

一定每月初一日繳冊,其課冊中有應面質者,於張榜後定日傳集,不到者將膏火扣存,以充①公用。

咸長勸賑瑣記　章程諭示附

邑侯俞林公奉大府檄,舉行咸、長賑務,既囑愚等推引賢達設法辦理,伏維賑荒之法甚多,而各縣情形不一,惟在因時因地因人斟酌損益,以期實澤均沾,流弊潛剔,斯無負上憲加惠窮黎至意。我咸、長經回、捻之亂,被災較重,並無真實大户可以勸捐勸借,即間有一二上户堪資挹注,而蹄涔之水,奚以救車薪之火也!故爲今日咸、長計,則但有"各鄉保各鄉,各村保各村"之一法惟是。治法非難,治人實難。吾邑紳士既不輕入公門,復不多管公事,士風非不甚正,士習非不甚醇,然而此何時也?此何事也?仁人之於物也,見其生不忍見其死,況目覩宗族鄉黨、親戚朋友,相率以填於溝壑,尚能晏然高卧也乎。

嘗讀《二曲集》,見中孚先生上董郡伯布撫台書,實以吾陝亢旱,爲民請命,反復數千言,幾於聲淚俱下,彼獨非杜門謝客,絶口不談天下事者耶!夫亦可恍然於仁人之用心矣!我輩既爲咸、長人,當共任咸、長事,盡人力以挽天命,或救一村,或救一鄉,惟準此民胞物與之心相爲感召,蒼蒼者未必不少回劫運耳。否則逆計此事之成敗利鈍而超然遠引,怡然閑居,則非愚等所敢知矣!所有保鄉保村章程,謹擬二條列開於後。

一各村定舉公正紳耆數人總司其事,置一清冊,先將極貧共幾户、共幾口,次貧共幾户、共幾口,開寫明晰,無遺無濫。極貧者,鰥寡孤獨及別無生業者也;次貧者,有人有地而目前窘苦、後日仍能自給者也。極貧散糧,散則無還;次貧借糧,借則必償。合一村極貧、次貧各户口,統算每月共需糧若干,然後勸令村中上户、中户量力幫助,或逕捐,或暫借,均聽通融辦理,總期賑到明年四月底止。如所勸糧足資六月,則自十一月賑起;足資五月,則自十二月賑起。蓋風雪天寒,早賑一日未必飽生,遲賑一日且多凍死也。此各村之大概章程也。

一各村保各村,必須該村先有上户、中户,方可借資幫助,若該村俱係貧户,又焉所取以爲賑本也?此在昔年不難,遍請各鄉大户慨出鉅款,廣爲彌補。

---

① "充":原作"允",形近而誤,據金陵本改。

而在今日只可令各廠紳約,各就本廠十保障內通盤合算,或以此村之有餘,轉助彼村之不足;或於上户中擇其家資較豐而好善樂施者捐借並行,務期不分畛域,一體周恤,庶窮堡遠莊可免向隅之痛。至各村有客户佃種田地者,既已偕眷久居,即與土著無異,亦宜分以餘潤,不可坐視其死而不救;若外來流民,自應稟官給賑,四關粥廠原爲彼嗷嗷者而設。此各鄉保各鄉之大概章程也。

以上所擬章程二條,謹即咸、長現在情形大略籌畫如此,此外有宜推廣處、有宜變通處,惟望各廠紳約任怨任勞,妥速辦理,務使孑遺黎民倒懸立解,庶不虛生爲咸、長人。而盡一分心,即造一分福,行且慶延子孫,豈僅譽流州里也哉。往見涇、原諸紳富靡不熾昌綿遠,未解何道以致此。及訪問該處父老,然後知此數家者好善樂救,動逾鉅萬,力行義舉,無少吝色。信乎,天之報施善人,固不爽矣。

又見吾咸、長鄉間,凡殷實之家,有值荒年而散糧於一村一族者,所費較涇、原諸家不逮萬萬,而子若孫亦且久享豐裕,世德相承,其後漸就凌夷,而中甲乙科列郡邑庠者,仍方興未艾。慳吝成性,刻薄傳家,或勸以捐借等事則怒焉內愠於心,勃然外怒於色,非不深藏若虛矣,而轉瞬之間已成衰落,蓋不啻風中之燭,雨中之花而已。

古人云:積銀錢於子孫,未必子孫能守;積詩書於子孫,未必子孫能讀。不如積陰騭於子孫,使子孫世濟其美,又何銀錢之有人守,而詩書之無人讀耶。況夫所謂陰騭者,有大於捐賑、借賑一事哉。豐年樂歲即多出數十金,未必遂能救一人性命、全一人身家;值此凶荒,即稍出數十金,已能救無數人性命,無數人身家。然則何處覓此絶大陰騭,而反讓人以去做乎?吾鄉兵燹以後,任恤之風邈焉,鮮覯而集貲以成善舉者,其入也或不公,其出也或不實,復有以啟其遁藏之習,而堅其嗇苦之心,此又不獨坐擁厚貲者之咎矣。

今承縣主諭,以"各鄉保各鄉,各村保各村",凡所以爲捐爲借者,既任自分其財,必可遍周於故舊,並飭明徵其册,何由中飽於胥吏。近聞渭北有柏姓者,以一家而獨賑七村,大荔有李姓者以一家而獨賑一鄉,並聞涇、原各大户相與公議,以數家而同賑一縣。我咸、長堂堂首邑,豈可不協力齊心,樂輸錢粟,救此數萬生靈,行此第一件陰騭耶。又況人事有一分補救,天命亦必有一分挽回,弭隱憂於今日,延兆豐於來年,誠於吾鄉體仁君子、崇義哲人有厚望焉。

辦賑善後章程

一勤考核。從來辦賑,迄無全策。法久則弊生,自古爲昭,微獨今日。今各保鄉村之法雖行，而災區既廣，爲日甚長，事方圖始，周察未易，難保其中概無弊端。卽或事初部署悉當，而日久懈弛或所不免，是宜嚴定章程，按月覆查，以期永久。

一杜侵蝕。各村賑糧既已聚存公所，不得不就地擇人，總司出納。而董事者之賢否未易周知，苟非其人，安必無監守自盜、朦朧侵蝕等弊，是宜設簿載其出入，且令各具領狀，限期呈驗，以憑隨時覆覈。

一覈浮冒。災黎嗷嗷待斃，望賑孔殷，捐借並行，恒憂不繼，是節一浮冒之糧，卽延一垂盡之命。近聞四鄉頗有豪猾無賴之徒，本非乏食，一聞捐賑之風，盡驚所有，竄入貧籍里黨，不敢與爭。隱忍包荒，聽其冒濫，是宜查出，嚴懲倍罰，以靖刁風。

一防遺漏。各保各村之法，聞見既眞，稽查自易，所有極次貧民，既無冒濫，何有遺漏？然所慮者，各村紳約或係富室，陰忌貧民過衆，必須多捐糧石，因而苛汰户口，以便己私，反令待斃災黎遺而不錄。是宜查明並列貧籍，庶幾實惠均沾。

一公攤派。各村富室捐借錢穀，當視其力以爲等差。無如地方廣遠、鞭長莫及，不得不委諸約保藉資勸派，但恐約保未盡得力，其中挾嫌圖賄，畸重畸輕之弊，未必悉無，是宜查訪明確，分別增減，以昭平允。

一節民力。各保各村之法，必該村確有上户，方可藉資挹注。若夫窮鄉遠堡並無殷實大族，間有一二粗足自給之家，自顧不暇，奚暇謀人勸之者。或因其目前有餘，一體捐借，俾賑人者未幾，轉需人賑，則失所以勸賑之意，儻覆查遇此，是宜酌量所捐，變通辦理。

一平重息。此次辦賑捐借並行，原許富室以糧借給貧户，按斗出息，俟豐歲照還。然既以時價折錢，則利已不輕，乃聞折錢之後，又有加之以息者，未免開富室盤剝之風，遺貧民子孫之累，是宜嚴查。凡遇此類，立將借券勒銷，以作故紙無用。

一籌接濟。從來辦賑，率以上户之有餘，補下户之不足，而中户不與焉，所以葆元氣也。今各保鄉村之法，幾於竭澤而漁，上户之力既盡，中户之力亦窮。本年麥種無幾，卽使來歲豐穰，且恐乏食。儻仍歉收，何堪設想。則明年四月以後，不可不預籌接濟也。是宜設法捐借廣爲儲積，以備不虞。

續賑章程

一宜逐村查勘也。各村麥田不無厚薄，如查得某村統共有二三分收成，卽應一概停賑，庶於賑款不至虛糜。

一宜挨户查驗也。各户麥田多寡不等，如查得某户所種之麥，儘可敷衍兩三月度用，便能接至秋收，亦宜一律停賑，庶於賑項不致冒濫。

一宜摘各村窮獨補給口糧也。豐收之歲，亦有乏食之家，況當此災歉，糧價過昂，惸惸者何以謀生？如查得停賑之村，或有窮獨之人，本無田地，安望麥收？亦應摘出補賑，毋令向隅。

一宜飭各户丁壯自謀生業也。未雨以前，農工商賈苦於無路謀生，現在甘霖疊沛，各行可望復業，所有丁壯，儘可出身作苦，自食其力，不得概以無田藉口紛紛乞賑。

一宜另造清册以備覆查也。此次續賑糧既無多，尤應核實，各倉厰紳約既經逐村挨户查明，除應停賑之村與應停賑之户一併刪去外，各宜另造花名清册，並將某村麥田薄厚、某户麥田多寡以及某村某户無麥，俱要逐細開載，送繳局中，以便按口發糧，隨時覆查。

再按：辦賑之始即奉縣主告示，凡有鄉間吸煙賭錢、游手無賴之徒，每口每日准其折半給糧，已屬格外施恩。宜如何痛改前非，力求自新。乃查聞此等於領賑外仍多不安本分，甚有肆行偷竊，為害閭閻，殊堪痛恨，此次續賑如查有以上等弊，即將其人刪除，不准列入册中，以招炯戒。至其父母妻子，本屬無辜，仍宜照常予賑。儻再有持刀滋鬧，即行稟官究懲，以靖刁風。

各鄉各村賑保簡明說單

即日無口糧者為極貧，有一月兩月三月口糧者為次貧，宜與前大略章程參觀。備一家口糧能無缺者為中户，備一家口糧猶有餘者為上户，著名大户不在此數。

無糧者每日得糧六兩，便可救命，如捐糧較多，或日給八兩，或日給十兩，均聽其便。口糧無缺者，節省所留，日可救鄉黨一二；口糧有餘者，或出粟三四石、六七石、十數石不等，可借於鄉黨乏食者，由公正紳耆①鄉約作中保，寫成借約，年歲豐收加利歸還。如有不還，准其稟官追究。各鄉各村先將極貧、次貧花名户口開具清册，由局呈官，以備查核。俟籌得賑款後，照册分給。或麥或豆或米，每斗按二十五斤算，每升得四十兩，一口一日六兩，一月需糧四升

---

① "耆"：金陵本作"董"。

半。一口一日八兩,以月需糧六升。一口一日十兩,一月需糧七升半。所費不多,便可全活人命無數,各村定舉公正人經管,按給口糧,十日一次,無遺無濫。

代擬諭示榜文三則

爲剴切曉諭事:照得今歲亢旱,民不聊生,若不設法賑恤,何以拯民命而挽天心?惟此次被災甚廣,爲日甚長,若概以倉儲有限之糧,濟閭里無窮之費,既慮人眾難周,且恐日久難繼,再四籌畫,惟有各鄉保各鄉,各村保各村較爲妥便易行。然使立法不善,則富者懷疑觀望,或多吝惜之情;貧者恃眾強求,反滋擾害之弊。爲此示仰各鄉村富户貧户人等,一體知悉,本縣現委各廠紳約挨户清查,分別辦理,凡各村上户中户所存糧食,除扣足自食外,苟有贏餘,酌照時價,借給貧户;或無糧食,借給銀錢亦可。其在次貧之户,今書借約,俟豐收之年,照數清還。有抗欠者,官爲催交;其在極貧之户,將來無力歸款者,尤須竭力幫助,以敦任恤而廣陰騭。若各廠富户有情願捐出鉅款者,本縣當即稟明上憲,奏請獎勵,或給送匾額。如有不遵諭示,暗將糧食寄藏他處,一經查出,或被貧户告發,定將寄藏糧食盡數充賑。

再各村貧户亦宜靜候賑恤,儻有借端滋擾,私向富户強取糧食者,照搶奪之例治罪。至賭錢吸煙、游惰無賴之徒,本不應予賑,然聽其悉作餓莩,亦非一視同仁之意。仰各廠紳約遇此等人,准其減半給糧,不得與良善人家等量齊觀。若能改過自新,仍准一律加賑,其恃強不服者,即行送官懲處。

以上保鄉保村各法,實於無可籌畫中曲爲籌畫,以期妥便易行。凡爾富户貧户人等,務各體本縣爲爾鄉村苦心,一切遵照辦理,庶人心既能純厚,天運亦可挽回。切切,此示。

爲嚴行禁止事:照得兩縣於去歲十一月立局勸賑,各倉各廠業經具有冊結存案,或由各村保賑,或由總局撥賑。迄今已逾三月。所有極貧次貧,無不照章領賑,悉昭安貼。乃近因春雨未霑,竟有無恥刁徒,並非貧户,紛紛求賑,甚至子已壯而推母出頭,夫在家而使妻露面。若不嚴行禁止,何以節賑費而肅賑規?爲此示諭各鄉一體知悉,當此饑民載道,餓莩盈途,爾等尚不乏食,已屬上天厚待。本府縣又不向爾等派捐,更屬格外體恤。乃復不存體面,妄生希冀,全不思多領一浮冒之糧,即少救一饑疲之命,人之無良,莫此爲甚。況卽有應行續賑户口,本府縣已經委派局紳明查暗訪,分別添入結冊,次第予賑,務期無濫無遺,斷不准爾等儘足自給之家,藉端滋鬧,撓亂賑章。自示之後,儻有不遵,一經查出,或被人告發,除將冒領之家所存糧石一概充賑外,仍將其人枷號示眾,以爲貪鄙刁頑者戒。至實在待賑之户,亦宜靜俟查驗,毋得自行刁請。切切,无違特示。

　　爲榜示事:照得兩縣勸賑公所,發給貧民賑糧,誠恐經手人等不無遺漏、冒濫、侵蝕、尅減諸弊,所有各村極次貧户口花名及所散糧石數目,理合逐細開載,榜示通衢,以昭詳慎而便稽查。自示之後,如有以上等弊,許該貧民赴局報明,送縣究懲,決不寬貸。切切特示,須至榜者。

勸賑章程續言

　　竊以自古無無弊之法,所恃者得人以用法,而隨時以剔其弊,斯弊可盡去,而法可常行。今咸、長舉辦各保鄉村之法已九閱月矣,仰蒙府憲並兩縣主主裁指示,得所稟承,幸少貽誤而合終始。以詳察情形,其弊有七,其利亦有七。七弊已經刊述,以資覆查,而七利可得而縷言焉。

　　辦賑之艱,審户爲最。廣收之則罄倉難繼,嚴汰之則向隅堪憫,繆輖紛煩,進退維谷。茲法行而各鄉村有力之家,明知此次賑糧須自己出,必不准極次貧户浮開冒領,則户不待審而已審,其利一。

　　報捐濟賑,憂在隱匿,加以胥吏保約扶同弊混,甚至公私紛擾,而所獲仍屬無幾。茲法行而各鄉村乏食之家,均知此等賑糧出自富室,亦必不聽上中等户匿跡藏形,則捐不待報而悉報,其利二。

　　辦賑之初,勸捐需時,催捐需時,買糧需時,散糧需時,災黎嗷嗷待哺,而籌布動逾旬月,其間餓斃不知凡幾。茲法行而一面飭令各鄉村繕造貧户花冊,一面卽責令捐集糧石具結呈查,刻期開賑,約計十餘日,可以一律辦齊,其利三。

　　人卽吝財,未有不慮患者親戚也,友朋也,宗族也,鄉黨也。對宇而居,比鄰而處,彼皆乏食,我雖有粟,豈能獨享,此不待智者而決定矣。茲法行而所出無多,已能保戚友族黨不至盡填溝壑,所以赴公義者在此,所以抒私患者亦在此,自非十分慳狡,未有不樂於從事者,其利四。

　　一縣之中著名大户能有幾家,其餘皆中上户耳。若盡提至縣署報捐,必多驚擾。茲法行而所有中户上户,悉勸令就各鄉村自捐自賑,則彼既曉然於富户之名不入公牘、不貽後累,輸將之情可期踴躍。但使各鄉村能保賑至兩三月,則一家之所出雖微,而合邑之所濟實多,所謂眾撐易舉而實惠均沾者,其利五。

　　賑期過長,賑款恆憂不足,加以糧價日長,接濟益難,其貽誤有不堪設想者。茲法行而以大户所捐銀錢預買麥粟，廣存而不遽發，而先令各鄉村自相賙恤，必可支持兩三月，是謂保賑。此兩三月中，各鄉村有不能盡保者，間以存糧彌縫之，是謂補賑。至兩三月保足後，統以存糧普爲加放，是謂接賑。如此三層辦去，前可不濫，後卽可不遺，而賑糧亦不至不繼矣，其利六。

採買賑糧既苦，運費浩繁，而設局散賑，遠近赴領饑民枵腹守候。加以雨雪泥濘，老弱婦女匍匐顛躓，情形尤爲可憫。茲法行而糧不出村，領賑者可免奔馳之苦。至接賑之時，按冊而稽。卽今經手紳約，運還各鄉照常散放，亦不至過於煩費，其利七。

以上七利，均從辦賑以來，逐細察核，差有成效，而非鑿空懸擬者也。然則此法遂無不可行乎？曰猶未也。凡事豫則立，不豫則廢。使地方被災既深，成災既久，各鄉村上中等户自保不暇，何暇保人？强而行之，烏見其可也？

昔劉晏判度支諸道，各置知院官每旬具雨雪豐歉之狀以告。始見不稔之端，先申至某月須如干蠲免，某月須如干救助，及期卽奏行之，不待其困弊流殍然後賑之也。嗚呼！豫而已矣。後之欲行此法者，斷非豫不可，否則詎止如前所述七弊云爾哉。

光緒四年七月上澣　忍菴主人識

光緒丁丑之秋冬，戊寅之春夏，荒旱成災，我咸、長舉辦賑務，賴官紳同心協力，以各鄉保各鄉、各村保各村之法行之，時經八九月，事關千萬家，並未請用倉糧，而四境災黎尚少餓斃，豈僅恃兩縣大户三萬餘金，遂能有盈無絀乎？續言七利之說，最爲詳備，亦可見當局者煞費苦心矣。大凡事功之興，因乎時，因乎地，實因乎人。得人而隨地隨時自能斟酌盡善，所謂事豫則立也。若不能謀於事先，揆以時宜，偶遇凶年，卽依此法以行，未有不擾民者。是又在臨事者之善擇焉。

戊寅孟秋　惺溪處士跋

修築堡寨章程　戊辰

一修築堡寨，每里_{州縣各鄉分爲各里，長安曰廠，咸寧曰倉，鄠縣曰操}必有倡首之人，須擇才德兼優衆所推服者，合里公舉，并與本鄉總局紳委參酌，將姓名送交本縣，發給諭帖，以專責成。其餘各鄉各村鎮幫辦督工人等姓名，亦送交總局，俟工竣之日，彙呈團練總局，遵照撫憲會議章程，稟請獎賞。

一每里須立一分局，紳董等換班住局督工，所有出入賬項，須擇家道寬裕、人品廉明者管理，每月開二清單，一送總局，一貼各分局門首以憑核算。

一每里定立修寨地方，須由總局紳士會同該里紳約耆老相度地勢之險夷，察核村莊之貧富，查閱井泉之多寡，附築者分派必均，毗連者聲勢可接，合盤計算，從公決定，並先稟官存案，刻即興工，各村人等不許逞臆徇私，彼此爭執，致令人心解體，貽誤事機。況各築各村，即使勉強完工，而地利不濟以人和，將來有警，勢必不相救應，一寨有失，眾寨無不寒心矣。

一修築堡寨係各自衛身家，自應分段派工，各備口糧，併力修築。而派工之法，必先查明各村有若干戶口，又必分出上戶、中戶、下戶，所派之工方得平允，故未興工，先令各村將家口清冊送繳各分局，以便查閱。

一籌派經費不拘一格，須照各里情形辦理。總之富者出貲，即或派工若干，有錢亦可折工；貧者出力，即或派錢若干，有工亦可折錢。如有殷富鋪戶深明大義，倡捐錢財糧石，足符二百銀、一百銀、五十兩銀數者，即遵撫憲會議章程稟請獎賞，先給頂戴，用昭激勸。

一堡寨擇定在某村修築，則該村為主，各村幫修者為客，將來城工告竣，立寨之村獲益良多，所有抽費派工等項，須與幫修各村分為兩分，而兩分之中，或三七派賑，或四六派賑，或對半派賑，亦不拘定一格，仍相度各里情形辦理，庶臻公允。

一築寨取土之法，即於堡寨外相離一二丈地面挑挖壕溝_{愈深愈好，愈寬愈好}，挑起之土即以培築墻垣，距堡寨城邊之地，不論官民，悉准挑挖。將來由總局定價量給地主。如有阻撓，重究不貸_{給價者為貧苦之家，僅特此城邊數畝地度日，量給地價，以示體恤。如家道積①裕，即可無須}。

一數十村共築一寨，附寨各村聞警搬入，同有守城之志，必在寨內各家居住，惟平時亦必先與各村撥給空閒地方，聽各村自行搭蓋房屋，以為公所，或藏什物，或放②糧食，其地價亦照城邊濠溝由總局議定，不得任意勒索。

一此次修築堡寨不以里限，不以縣分，一切零莊小堡，均聽就近堡寨聯絡聚守，所以便搬運、順人情也。然不附此寨必附彼寨，不得私意獨立一寨，以致城小易破，人少難守，為賊所擄，以攻大寨。

---

① "積"：金陵本作"寬"。
② "放"：金陵本作"存"。

一堡寨外除向有房屋，查明實係土著仍聽居住外，以本年爲始，堡寨之外再不准添蓋房屋，穿挖窰洞，恐萬一有警，賊得憑藉藏匿以攻我也。至於附近濠溝之房，必令一切拆去，自不待言。

一堡門止須足容車輛出進，不要太多，不要太高太大。門扇須用鐵葉包裹，並須多開炮眼。城角須添築炮臺，城門樓上須穿七星池，以防賊用火燒門。門口須設弔橋，用堅木控成。橋式平時搭跨濠面，以便人行，有警則懸之。城樓絡以巨絚，可作千金閘用。

一堡牆厚須一丈有零，高須二丈有零，城頭須寬五六尺，以便站立。垜口施放鎗炮，垜口須用磚塊砌堅，不可偷減工料，致有閃失。鄉間村莊廟宇悉被賊焚，所遺磚塊石條甚多，取砌垜口更覺堅固。

一堡寨内一律搭蓋平房，四面俱築土墙一般高，用粗樹股平擔其上，如樓房護稜木樣子，再用細樹枝橫搭粗樹股上，如樓房護縫木樣子，再用土坑面子平鋪一層，再用麥菅泥厚抹四五寸頂頭面子上，或用石灰搪光，或用板磚砌平，後簷稍低，以利水道。此房不須椽瓦，不費匠役，較草棚尤省工而耐久，即十間八間亦可照此法蓋去。按鄉間經兵火之後，房屋絶少木料，又復甚貴。堡寨初立，從何搭蓋房屋，且零莊小堡幫修總寨者，在寨内多係暫居，平定後即要各歸本村，亦不願蓋甚好房屋。此法尤覺兩便。

一堡寨既成，即行稟明省城團練總局及本府縣，聽候查驗，請鎗炮鉛藥以資防守。惟鎗炮係禁用重器，不許私行製造辦買。即鄉間舊有鎗炮，亦必稟明總局存案，方許修整使用。儻各處私立小寨擅自辦買者，即按私藏禁用軍器律從重治罪。將來陝省肅清各寨，所有鎗炮一概彙送總局，編刻字號，轉繳縣庫收存。

一堡寨既成，須舉寨長、副長、局長、團長、鄉長，辦理善後事務。凡寨内各事，皆聽寨長主斷，副長幫辦，其餘局長管局，團長管團，鄉長管各鄉，如有不服約束者，刻即送局送縣，以憑究懲。寨長、團長等不必定舉立寨村内之人，亦不必問有無功名，果係公正無私、精勤有識者即行，會同總局公舉，將姓名送局，存案以專責成。

一寨内紳董等必須和衷共濟。寨長有事，固宜會同副長等公議，副長等亦必遵奉寨長號令，不得膠持臆見，彼此牴牾。即寨長有辦理未善處，副長等理宜勸阻，寨長不聽，當即稟明總局裁酌。果係寨長有錯，不妨另換，終不許藐玩妄爲，使寨規紊亂，不能畫一。

一寨内遇有非常之事，與大惡之人，寨長等辦理不下，即行稟縣局聽候裁酌，不得肆行武斷，妄加戕害，致犯擅殺罪人之條。

一守城必先練勇，如本寨有壯丁一百名，須量抽八十名，分兩班輪換，外村有壯丁一百名，只抽二十名輪換，聽從該村。總以二十名爲定，每十名壯丁爲一棚，尖角棚旗一杆，四棚爲一隊，旗一杆，外村旗用青紅藍白色，本寨旗用黃色，合寨中有武藝超衆、足任折衝之人，再挑數十名爲選鋒團，以備率同救應。四城旗書"選鋒"字樣，除每日肄習刀矛，演放銃炮、擲擊磚石外，約日合操，以齊心志。

一守城壯丁宜先派定，如某村壯丁共幾名，應派守垛口幾段，預先將所分地界記號清楚，一遇有警，各村棚頭隊長率領壯丁上城，認明本村記號，刻卽分垛固守。守南城者用紅旗，守北城者用黑旗，守東城者用藍旗，守西城者用白旗。惟本村壯丁俱用黃色旗，或派守四面城角，或派守四門城樓，亦必預先編定信①地，庶不致臨時錯亂。

一堡寨內做大方白旗一面，上寫"守望相助"四字，做紅燈一個，亦寫"守望相助"四字。再立望杆一根，高約四五丈，杆頭用轉軸縛長繩一條，以備扯旗懸燈，如有賊警，晝則將白旗扯起，放擡炮三聲；夜則將紅燈懸起，亦放擡炮三聲。鄰寨卽接連扯旗懸燈，放炮頃刻，數百里可以通知準②備。

一各寨宜講親睦之誼。一縣之地或十寨八寨，或數十寨，大小不等，強弱不同，歷時既久，或語言不合而起釁，或宵小藉端而讒間，必有心存疑忌、私相爭競、互爲凌虐者，保民而反以害民，良可痛惜。是在爲寨長者，時時以"守望相助"之義，集寨內男婦大小，講明而督課之，而寨長與寨長尤必相讓相敬，無詐無虞，互相聯絡，則爭端息，息而仁讓可型矣。

一救援不可不力。凡賊來圍寨，并無官兵尾追其後，則附近各寨東南西北各出數百人，四面擾之，晝則多張旗幟，夜則多持火把，忽聚忽散，或起或伏，使賊不敢專心攻寨。倘賊返身迎斗鄰寨之人，便徐徐歸寨，勿與接仗，迨賊又攻此寨，則鄰寨之人又出擾擊。兵法所謂多方以誤之，亦疲敵之一策，彼無可攻之時，我有久守之地。如此相持，不惟不能破寨，兼且不能攻寨，加以野無可掠，賊卽不饑餓而死，亦必氣阻遠颺矣。總之，寨民利守不利戰，鄉團擊賊勿與角力，此知彼知己愼之至也。

---

① "信"：金陵本作"汛"。
② "準"：金陵本作"預"。

一偵探要確。各寨既聯絡保守，必先探①有膽識者數人，與以快馬，賊在二百里內外，即飭令更番偵探，如果分路來撲，迅速飛報各寨，并分傳附近零莊小堡，將糧食車馬與鍋灶碗桶一切物件，盡數搬入寨內。賊即深入重地而無水無食，何能久紮？其有故違禁令，舉造飯汲水之物丟棄寨外，爲賊所用者，事後送官治罪。

一幫工築寨諸村，既已撥給空閑地方，搭蓋房屋以爲公所，非特堆積糧食。即各村壯丁守城軍器，如鎗炮刀矛等件，亦均置放其中，以便臨時取用。各村聞警搬家入寨者，即先到各村公所聽候，其鄉長與寨長公同安插居住本寨之人，不得厭其煩瑣，各村之人亦不得肆行攪擾紛爭，幫工各村不出房錢，其未幫工者須量出房錢，以爲公費。

一奸細宜防。堡寨四門，除派職事人時常嚴查外，一有賊警，各村逃難人魚貫進城，須再派各村老成鄉長在城門前查閱，各認各村之人，庶奸細無由攙混。

一寨內糧宜多積。積糧之法果能籌出經費，即照社倉法行之，從公中買糧數百石，或數千石、數萬石，存儲公所，擇家道殷實、人品廉正者，總司出入。賊圍寨時，先將本寨與各村人數查清，共若干口，現在本寨與各村私存之糧共若干石，登記簿籍，貧富有無了然於心，然後相度時勢，開倉分糧。或照平糶法，使無糧者以錢糴買，令窮民借食。俟賊去後，加息還倉。如實在經費艱難，則《鄉守輯要》書內官督私藏、自積自食等法，可以變通行之。其他井泉柴薪油鹽，均宜多備。

一各寨接應來往，須有傳旗符節以爲信守。傳旗如令旗大小，或方或尖，上書某寨"傳旗"字樣，印以本寨鈐記符節，用木板一塊，長三寸寬一寸，上寫某寨與某寨合符字樣，於中剖分兩塊，各存其半。一遇有警，交傳信之人執赴鄰寨合驗，以防假冒。

一寨內舊有街鎮逢集之日，買賣人等紛紜出入，礙難稽查，宜照甘省水落城、鳥潤城等寨樣子，在寨外擇寬閑地方，作一集場。逢集之日，買賣人等均在集場交易，不許攔入寨門。庶賊匪不得假充負販匿跡內應，如陝境清肅，並無賊信時，亦不妨在寨內立集。

一守城之法與守城之器甚多，礙難盡載，《鄉守輯要》書中大略俱備。書

---

① "探"：金陵本作"擇"。

只二本,價值不昂,各寨均宜公買一冊,細心披閱,庶有成式可考,臨時不致束手無策。

一各寨公局宜崇節省。百姓叠遭兵燹,粒食維艱,抽費派丁萬分拮据,紳董等住局辦公,原不能枵腹從事。然非力裁浮費,何以質衾影而示表率!所有吸煙、賭錢、酗酒者,不准濫充。如有故犯,許寨眾指名,稟官立示懲儆。

長安里局章程　庚午

一局內由各里公舉局正、局副各一人,務選公正穩練、明白各里情形、家道殷實者稟官查確,令總司局務,其局內一切帳目責成局正副稽查,本官亦隨時查核,不容家丁涉手。

一局內事務賬項殷繁,局正副未能兼顧,應由各里公舉誠實諳練書算者一人,專司支發車馬價值,登記帳目,並另舉一人專管二縣會撥車馬,由局正副按日督同經理,本官隨時查察。

一各路差務以三原、涇陽、高陵、藍田、鄠縣為遠站,臨潼、咸陽為近站。每遠站雙套車一輛,上年新定發錢柒串五百文;近站發錢五串文。遠站馬一匹,發錢捌百文;近站發錢伍百文。倘年豐糧賤,再議節減。其車馬或由各里自備,或由各里託局正副代僱,均不准差役包攬,局中亦不准自養車馬漁利,違者查出究辦。

一局中帳項每月底查算一次,每年定期總結一次,俱將用過錢數開具清單,同流水簿呈官核明,書榜曉示局門,俾里民周知,有弊准各紳耆指稟究辦。

一局正副及管帳之人,限一年期滿更換,以均勞逸,而杜盤踞。倘各里一時乏人,而舊時局正副等人實在公正,毫無貽誤滋弊者,准各里稟官,酌量留局。

一各里支差仍由按糧攤派,長安四十九里除過荒絕地,每糧一石,先酌派錢一串文,將錢交局,其加派名目,永遠禁革。其攤派錢之時,局正副同糧正秉公攤派,隨時稟官榜示,不得私行出條。

一催收差錢,由各里糧正自行催收交局,不准經差役之手。如有延抗不交,即由承催糧正稟官喚追。如糧正已收而侵蝕者事發,即將該糧正究辦。

一運送軍火軍械糧餉等項,動需車數十輛之多,刻不可緩,必須僱備長車聽用。除起運四項由各營發給,定價按月由官給文書交局總請領,隨時收帳外,不足之數局中酌定津貼。倘遇雨水阻滯,往返多日、車馬苦累者,准查照咸寧里局議加之數,會明發給,不得私行增加。

一局正、局副照咸寧章程,每人每月給薪水錢拾貳串文;管賬及會辦車馬,每人每月各給薪水錢拾串文;又僱覓車馬酌派四人,每人每月各給身工錢陸串文;又僱火夫一人,每月給身工錢叁串文;每月在局內輪住糧正四人,每人每月各給薪水錢玖串文;至局內火食油燭紙張一切雜費,每月酌定錢捌拾串文。以上均在差錢內動用,每月同車馬帳一律開示。此外不得應酬浪費。

一兩縣會辦車馬於差務到境,除由官彼此照會外,仍由兩局管理會撥車馬之人,彼此照會,各半分支,以免多索多支之弊。

謹按:我長邑里局舊無定章,所支車馬均係原差包辦。自軍興以來,奸弊叢生日甚一日,大有積重難返之勢。馴至同治六年,一年之內竟支行車二十二票,計車一萬一千一百五十八輛,<small>每輛車價七串</small>;支行馬十一票,計馬二千八百五十五匹,<small>每匹馬價二串五百</small>;支行夫五票,計夫一千二百六十二名,<small>每名夫價一串二百五十</small>。此外又支行底車五十輛,另派錢一萬五千串,以及各里所供差局薪水,差役工食並一切雜項,合計用錢約十二萬串有奇。每石糧約出錢六七八串不等,哀我遺黎幾無生氣,幸蒙仁憲大人力裁錮弊,飭定新章,重立里局,民支民辦。計自去歲六月起至去歲十二月止,時逾半年,僅支行車三千零七十三輛,每輛車價五千,支行馬七百五十一匹,<small>每匹馬價捌百</small>,支行夫二百八十三名,每名夫價伍百,所有局費雜項一切在內,合計用錢約二萬餘串。推之滿年,不過用錢四萬餘串,每石民糧約出差錢兩串上下。夫以去歲西事方棘,北圍未安,征調頻仍,飛挽繁重,其差務非少減於六年也,而所用錢較六年實省八萬餘串。異時西北底定,徭役輕少,諒必有更省於今日者。此誠我長邑百姓更生之日,而仁憲大人拯民水火之恩何可忘也。所願各里人等共矢天良,恪遵局規,勿懷私憾而滋事端,勿爭微利而招物議,庶幾美意良法,昭垂永久,且不負仁憲大人加惠窮黎之至意矣。

同治九年正月上元日謹識

馮籍廒義倉善後章程　辛巳

一經管倉糧定舉倉正二人總司,倉副四人分理,管賬二人經理,糧錢出入,除鼠耗底蓋外,如有雹變遺失、侵吞虧欠等弊,惟倉正等是問,照數賠①塾。二年期滿,協同紳約耆長,按冊盤交於接管之倉正副等,彼此書立交清收清合同

---

① "賠":原作"貽",據金陵本改。

存據。其倉正倉副管賬人等，務求品行廉正、家道殷實者方許充當。由紳約耆長預先憑公選定，列寫名冊，稟縣存案。挨次推舉，以杜刁霸，而防委卸。

一義倉與保甲相爲經緯。保甲未經查清則出放倉糧，必多爭競。今定於新舊倉正副盤交接管之年，協同紳約耆長，將戶口地畝應增應減詳加釐定，遇有賑借即可按冊查算放給，庶免遺漏冒濫之弊。至出入倉糧，均以官定倉斗用蓋平量，以昭公允。

一社倉之設，中年備借則三農可資接濟，荒年備賑則四民可免流亡。借法取保具領，春放秋收加二還倉，小歉捐息之半，大歉全捐；或緩期以償糧，果積足則可一律免息，每石只取耗糧五升，以備公費。至鰥寡孤獨量予侗恤，不在保借之內，如遇大荒之歲以全數給賑，有放無收。但使當天災流行，本廠戶口無致餓斃，則既不負上憲思患預防至意，而首事者亦不虛費此一番心力。賑畢核實報銷，稟縣存案。

一每年青黃不接之時准予保借，原爲勤力農民藉資挹注，至吸煙賭錢、游手無業之民，例不准借。惟念此等人亦有父母妻子，豈容以一人而累及全家，本廠從寬酌議，初次出放准一律覓保具領，如還倉之期任意抗欠，則下次不准復借，以示區別。再或家業蕩盡出外無歸，遺有父母妻子嗷嗷待斃，亦須照孤貧例於耗羨糧中量予侗恤，不必取償。庶有以啓其愧之心，而振其自新之氣，亦培厚風俗之一道也。

一設倉本係義舉，司事者當力求撙節，不准藉端開銷，惟所僱守倉之人不能不給與工食，又如出糧糶糧、糴糧曬糧、倒糧以及紙筆茶水油蠟等項，亦不可不少籌經費以資應用。茲定於每年所收息耗糧項內核實支發，不准於正數倉糧浪費顆粒。

一舉倉正倉副原所以專責成，而義倉既立，豈一手一足所能理，數月數年所能了哉？本廠風俗樸厚柔和，而失於畏懦畏事，無論如何義舉，率多彼此規避，置君罔聞，亦屬不合。自今以後，凡遇義倉重大事務，須合廠紳約耆長齊心協力，保護維持。則眾撐易舉，不至有初鮮終，不得以事不關己任意推卸，致多貽誤。

一遇災荒，倉正等會同紳約耆長統計存糧若干，查照保甲冊戶口若干，定爲正賑幾月，續賑幾月。先儘鰥寡孤獨無告之人賑之，次極貧，再及次貧，至家計稍可支者，即爲中戶，不必分給。抑或減價平糶，使中戶得以賤糴，亦不無少補，即以平糶所取之價，稟請縣主發給路票，赴糧價低小之處買糧運倉，以資接濟,尤於賑務大有裨益。

一義倉之立,總爲備荒起見,其貴糶賤糴、春借秋收,皆其推廣辦理者也。如使糧已充饒,則何必以出糶者權利息？人無缺乏,又何必以保借者起紛爭？惟是倉糧積久霉變堪虞,故積麥不如積粟穀、豌豆,可以多歷數年,不致朽壞。本廠積麥現已易積豌豆,現定公議,每年存倉一半,出借一半,則事歸簡易,人樂奉行矣。

以上八條,既蒙縣主批定,如有不遵,定行稟案究懲。望我寨人等永遠遵守,毋滋流弊,從此緩急有恃,風俗益純,庶無負上憲慈惠愛民、思患預防至意。謹識。

清釐長安里甲糧弊條陳　丙戌

伏查長安民糧分爲四十九里,每里分爲十甲,亦有分十一二甲者,總收總上,春秋兩征,皆包於糧舖代納。里民於六月、十月兩忙後,齊錢加利清還糧舖,農不病而商有益。雖有冒頭之加,亦甚微末,糧正户長果認真辦理,實爲有利無害。然歷久弊生,幾有積重難返之勢,若不急爲整頓,則良法美意轉成厲階。窮變通久,惟望仁明縣主擿伏發奸,一施威斷則福破無涯矣。謹即弊之大者詳陳二條,恭候核鑒。

一花户宜先拯恤也。自來有糧均爲花户,管糧者乃爲里長,此通例也。而長安有不然者,一里十甲,凡先時有糧有名者謂之里長,凡繼起有糧無名者謂之花户。既爲花户,則不敢看里長之賬,亦不得問里中之賬,任里長飛攤過派,不敢稍有計較。一或觸忤,則羣起而摧辱之,即不得已而具控於縣,則十里夥同派錢,力與爭勝,縱有明察慈惠之官,鑒花户之屈冤,恨里長之兇横,重加懲責,仍必俟此官去任而復訟,與糧差反覆播弄,雖重費有所弗恤。彼花户者,寡不敵眾,弱不敵強,有傾家破產而終不得伸者,以故忍氣吞聲甘受漁肉而無言。凡里中算賬,里長則坐於庭中,花户則立於門外,里長則筵於堂上,花户則食於階下,謂里長爲父母,花户爲子孫,則尊卑判矣。近又有不與花户結親之説,則清濁分矣。尤足惡者,里長之地雖僅半畝,終爲貴品。花户之地雖多數頃,皆爲下流。有斥一家爲花户者,有斥數家爲花户者,有斥數十家爲花户者,花户之地雖賣於別人,亦仍爲花户,即紳衿不能易也。甚有花户將地賣完,而勒掯不准過糧,其害且貽及數世矣。刁風惡習,筆難殫述,必使勤儉力田之人,不得爲盛世良民,殊堪髮指。

細查此弊,悉由二三里蠹交通糧差,藉端漁利,凌虐良懦所致。糧差之弊,另條詳述。請先言里蠹之弊。里蠹者,即各里久管糧務者也,其人類皆小有才辯,善於謠惑,其奸詐在以里中之錢結識糧差,爲之護符,任意把持,其苛剝花户者,大半入惡等私橐,墊惡等欠糧,絶不可以理諭情勸,似宜先將此類嚴行懲治,明示該里,不准再充糧正户長。並飭各里人等,將花户一律列名甲内,不得横生枝節。倘查有前項等弊,或經花户告發,定行重懲不貸。若花户畏其報復,欲過糧於别里别甲者,本里本甲不得攔阻。再花户糧如足十石,即可令自立一甲,如各里后幾甲。又幾甲之例,與各甲一律行事,抑或飭令過入安定傘巷兩里,庶合邑花户得慶重生矣。蓋安定傘巷均係各封各糧,自行赴縣上納,均爲花户,無此錮弊也。

　　一糧差宜停專派也。長安四十九里,各派一差,以專督催。然所派者,皆民快皂,各班之頭役也。頭役位尊勢重①,並不下鄉,則私派散役數人代爲應比,謂之跑差。頭役有公食,跑差亦有公食,頭役每日或五百文,或三百文,一年約各支錢壹百餘串文;跑差每年約各支錢數十餘串文。此外又有送扇子錢、比交錢、車費錢、承情錢,而承情錢則不可以數計。各里多寡牽算糧差一項,已逾萬串矣。以故頭役既充糧差,則共相慶賀,以其可以致富也。夫役也,而可使富乎哉?本邑應辦義舉甚多,奈何以里民脂膏但填該役溪壑耶。

　　且長安之糧原不待頭役之專催也,各里均有糧正,按甲輪轉主持糧務,開征之日隨簽,一差往催必能如期上納,又何須此役巍踞縣衙坐享大利乎?況流弊尤難枚舉,查各里均稱糧差爲當家,凡事必請命於當家,即上銀多寡亦必聽命於當家,而里蠹等尤親昵之。縣主或憐里民困苦,比糧稍緩,則當家必唆②使抗納。其應比也,則催一人上堂受笞,被笞一次,里民必爲出比交錢若干串,又以此爲有功於里民,而紛紛承情。爲其承情也,託有紅白等事,里蠹則代設筵,傳齊各甲大嚼,既畢,里蠹等復爲竭力周旋,一人倡言應與當家出錢若干串,其黨即應之曰諾。里民之公正者,良懦者,畏其聲勢不敢稍有牴牾,而當家遂滿載而歸矣。如是而當家之德里蠹深矣,里蠹之結當家更深矣。或有睚眦小怨則必訟,訟則當家爲之庇准,爲之播弄,務使必勝,以報其德。自訟既勝,又復爲人幫訟,且以他人訟費爲孝敬當家之具,借花獻佛,朋比愈固,氣燄亦愈

---

① "位尊勢重":金陵本作"倚勢作威"。
② "唆":原作"峻",形近而誤,據金陵本改。

赫，所由把持里事積久不去，里民率被欺凌而無如何。又何怪花户之甘受漁肉耶。

再查民快皂三班頭役爲糧差者，惟皂班流弊尤多。皂役或有所怨，則面斥曰：縣門地皆青石舖砌，謹防滑倒，蓋謂杖笞，皆伊專管，輕重不難私爲也。故里民之畏皂役也獨切，而里蠹之結皂班也尤橫。似宜將各里糧差盡行停派，開征之日隨便簽催，時時更換，則諸弊可杜，而爲里民裁減萬千膏血，非特民困可紓，而義舉亦可議行矣。

陝西減收平餘碑① 代劉克庵撫軍

爲減收平餘事，查得陝西省各廳州縣徵收地丁銀兩，向有隨收平餘陋規，以爲辦公之費，相沿已久。交納恐後，足見百姓急公。惟念兵燹之後，民力拮据，自應設法體恤，而有司衙門政務殷繁，例支不敷，辦公亦不得不兼籌公費。現經本署部院督同藩司確查，通省徵收情形分別減免提留，期於民困稍蘇而於公事無誤。查各屬額徵數目，既有多寡之殊，隨收平餘亦有輕重之異。除以錢折納之處，由官易銀已不敷解，勢難再減。又有州縣額徵數在伍百兩以下者，所收平餘無多，及蒲城一縣向歸百姓徵解，輕重合宜，均應仍照舊規完納，毋庸另議，以免紛更。外其餘各廳州縣普減平餘叁成，免其交納，以紓民力，其柒成平餘仍隨正耗一併徵收，聽候提留，分發道府州縣辦公。至核算減免之法，各按該廳州縣向來交納原數，每徵庫平足色正銀壹兩，耗銀壹錢伍分，是爲徵解正款，不能短少分釐。此外多交之數，皆爲平餘，有壹錢即免叁分，有壹分即免叁釐。譬如每正銀壹兩，向來完銀壹兩貳錢伍分者，除庫平足色正耗銀壹兩壹錢伍分外，將餘平銀壹錢作爲拾成，內中著減去叁成銀叁分，免其徵收，其餘柒成銀柒分，仍隨正耗完納。又如每正銀壹兩，向來完銀壹兩叁錢伍分者，除正耗銀壹兩壹錢伍分外，將平餘銀貳錢作爲拾成，內中減去叁成銀陸分，免其徵收，取其餘柒成銀壹錢肆分，仍隨正耗完納，以資公費。各州縣平餘輕重不同，均照此類推核算減免，業將現辦章程據實入奏，合行出示曉諭，爲此示仰通省官吏軍民人等知悉。

除向來以錢折交地丁暨額征數在五百兩以下各州縣，並蒲城縣地丁均照舊規完納外，其餘各廳州縣徵完地，俱以同治九年正月爲始，概遵現定新章收

---

① "碑"：金陵本作"告示"。

納。倘有司敢於陽奉陰違,暗收不減,或百姓仍懷觀望,不照新章清交者,查出分別嚴參懲辦。本署部院前已核定章程,出示減清差徭,茲復酌減平餘,通行曉諭,是爲爾百姓節財惜力,籌畫無遺。現在軍用浩繁,錢糧徵收不齊,將何項養軍平賊爾!百姓若不趕緊清完,試問何以仰報朝廷。其各激發天良,踴躍完納,毋稍延緩。此示除飭藩司轉發各廳州縣領貼外,許爾百姓照鈔立石,永遠遵守。並另發多張,分存各總兵衙門並各路糧運局聽,各州縣百姓就近請領存據,各宜懍遵,毋違特示。

謹按:舊章咸寧民糧正銀壹兩,連正耗平餘,共納公議平足色紋銀壹兩伍錢陸分;長安民糧正銀壹兩,連正耗平餘,共納公議平足色紋銀壹兩伍錢伍分。茲蒙恩撫憲劉會同恩藩憲翁,酌減平餘,核定新章,據實入奏,出示飭遵兩縣各里糧正遵卽稟蒙咸寧縣主王、長安縣主黃,照章查算。諭令咸寧除正銀壹兩正耗壹錢伍分,加足庫平該納議平實銀壹兩貳錢零貳釐玖毫不減外,計平餘議平銀叁錢伍分柒釐壹毫,遵叁成減,該減議平銀壹錢零柒釐壹毫叁絲。自今以後,每正銀壹兩連正耗平餘,共准納議平足色紋銀壹兩肆錢伍分叁釐,此咸寧減定平餘新章也。

长安除正銀壹兩、正耗壹錢伍分,加足庫平該納議平實銀壹兩貳錢零貳釐玖毫不減外,計平餘議平銀叁錢肆分柒釐壹毫,遵叁成該減議平銀壹錢零肆釐壹毫叁絲。自今以後每正銀壹兩連正耗平餘,共准納議平足色紋銀壹兩肆分陸釐,此長安減定平餘新章也。里民等當流離兵燹之餘,沾此實惠,所謂去水火而登衽席者,敢弗踴躍輸將,仰報朝廷體恤窮黎之至意耶。謹將憲示照鈔勒石,祗懍遵守,且俾兩縣遺民永戴憲恩於不忘也。

時同治九年四月吉日,咸寧六十六、長安四十九里紳民等謹識

遺墨

臣也而背其君,其君或有時而無如臣何。子也而背其父,其父或有時而無如子何。獨未知爲臣子者,清夜自思,果遂無少慚於名教,而怡然卓立於天地之間耶?申生曰:"被此名也以出,人誰納我?"。文王曰:"臣罪當誅兮,天王聖明①。"彼其所事者,非盡合於道也,而不敢背、不忍背者尚如是,況在有道之君父乎!人言縱不足恤,己心究何可欺?十目十手,指視維嚴,哀哉,臣子胡弗

---

① "聖明":原作"明聖",據金陵本改。

自省。

己卯仲夏讀史感書此

余嘗謂節烈爲祖宗所培養,黨禍爲士氣所鬱結,國家之命脈,詩書之效驗也。觀之往史,漢、唐、宋、明有黨禍,而三國、兩晉、五代、金、元無之,非漢、唐、宋、明享國日久,賢君亦多,教化入人者深,及其叔季小人用事,而禮樂詩書之澤,不能遽泯故邪?正相激致成黨禍,譬人元氣素盛而自鬱,害不能遽絕,必積爲格阻相爭之證,以盡潰其氣血而後始斃。當其未斃,其喘遏鬱塞、呻吟痛苦,反不如元氣素虧者澌然而盡,而不知其稟氣之厚,固非常人所及也。

夫黨禍之起,必其君德不明、小人用事之秋,又必其祖宗留遺、尚有一二正人在位之時。小人以正人不便於己,必欲排而去之;正人以小人不便於國,亦欲排而去之。兩相水火,而君不能主持於其上,則小人必勝,君子必敗,而祖宗培養數百年,遺澤在人,草茅之士必有念切本朝,憫其顛覆,聞小人之得志而怒,聞正人之被患而戚者,私憂竊歎!又足觸小人之忌不難盡舉其類而誅鋤之,而黨禍遂流於草野,天下騷然。時事敗壞決裂,不可收拾而國亡矣。故其君德不明,致疾之原也;其小人用事,所致之疾也。其一二正人在位,則稟氣之厚也;其草茅之私憂竊歎,則又氣之厚而又厚者也。正人既盡而國隨之則元氣盡而身亡也。證之往史,可以恍然於黨禍之所由起矣。

夫諸君子身家且不恤,何有富貴?其觸小人之怒必有大不得已於中者,而後人猶嘵嘵焉,何其與於小人之甚也。

書黨人論後

滌生先生以正學砥身,以公忠體國,具智、仁、勇三德,而始終持之以敬,故能著烈當時,垂名後世,爲中興第一名臣。蓋求之往古,亦未易見也。爲人而不以文正公爲法,斯謂無志。

己卯冬日讀曾文正公大事記書後

按:武侯於建興五年三月率諸軍出屯漢中,其時魏孫資卽進"分命大將據守險要"之策,以懿君臣之英明,豈竟毫無籌畫乎?至六年春,侯將出師,魏延始請別出子午谷,則又逾一年之久,而謂魏絕不料侯之欲圖中原,仍一無備御乎?且延謂率兵五千,負糧五千,當不下萬人,以萬人而越險襲遠,風聲所遞,魏人豈有不知者?此不待智者而決矣。

夏侯懋雖怯,長安城非不可守,況魏都洛陽去關中約十日程,救援既便,潼關、隴右亦豈無駐紮勁旅,卽使長安可得,斜谷兵可會,亦恐有東西合攻、腹背受敵之患，而謂可定咸陽以西者，其足信乎？故侯斥爲危計而不用，正是侯之善於用兵耳！史家記事類多矛盾，慎毋以魏無豫備，卒聞侯出，朝野恐懼，遂以失機而肆訾議也。

祁山一出，三郡響應。使非馬謖違節，制敗街亭，則隴右既得，適如侯之所算，且以隴右爲根本，東向以取關中，已定拊其背而扼其吭，安見祁山之出不如子午谷乎？此惡可以成敗論人耶。

武侯不出子午谷論

偵探爲行軍之要，武侯豈不知之！武侯八陣，四正四奇，其行軍豈不出奇？不出子午谷必有深心。是時，甘、涼、秦、隴均爲魏有，魏之邊將多屯於此，若出子午谷，縱侯出斜谷以應，而天水、安定之兵綴之於後，魏人復以大軍遏之於前，不待交戰而我已困。觀近日石逆、陳逆，其用兵均布遠勢，胡、曾、左諸公則處處自顧後路，恒以一枝勁旅置於大軍之後，卒致成功。雖以李忠武之賢，稍違此策，且尚覆軍，況他人乎！然則武侯不出子午谷，其故盡在是矣。

以上三段武侯不出子午谷論批①

《五行志》足見天人相感之理，然失之過拘，逐事必求其應，或有不合，則附會以屬之，遂致後人之訾議。然必盡謂其妄，則近天變不足畏之說矣。故五行志不可厚非也。文猶嫌推尊太過。

党雲漢讀《漢書·五行志》書後卷批

保甲之宜行，夫人而知之。然自古有相保法，不以保甲名也。保甲之名自宋荆公始，所謂新法之一也。其法十家藉二丁，授以弓弩，教之戰陣，則大悖乎周禮之治矣。又況責以捕盜賊、督催科，何怪其擾累而難行耶！宜將當日擾累情形詳考而明著之，杜其弊於彼，庶興其利於此，而後世之行保甲者，亦不致有所迷惑矣。

保甲論批

近見某官平日聲名尚好，乃因一政偶失，怙惡不悛，竟至人言弗恤，肆行無忌。始恍然於學兼體用，其功不可缺，其序不可紊，未能格致誠正，斷難望齊治均平也。蓋必先平一己之血氣，而後能平天下人之血氣。必先正一己之性情，而後能正天下之性情。孝者所以事君，弟者所以事長，慈者所以使衆，三者仁也。仁不外於敬恕，主敬行恕而體立矣。體立而用有不善者乎！嗟乎！此能

---

① "以上三段武侯不出子午谷論批"：原無，據金陵本補。

吏之所以不如良吏也。

示趙生舒翹

父在斯爲子，兄在斯爲弟。父或不在而兄在，則盡悌於兄，卽所以盡孝於父也。兄縱十分有不是，爲弟者亦宜曲體友恭之誼，毋稍存背戾之心。況在兄者未必盡不是，而在弟者未必盡是，豈遂得自以爲是，而謂人皆不是乎！慨自小學不講，爲子弟者，自幼便驕養慣了，到長，益喜人譽己，惡人規己。不惟忘己之實爲子弟，並誤認己之若爲父兄，以子弟而自居於父兄之列，辭色言語靡所斟酌，其不至潰裂名教者幾希耳！珪既開帳授徒，抗顏爲天下子弟師，使己或未能盡爲子爲弟之道，則是徒以言教而不以身教矣。以身教者從，以言教者訟，其尚可以師道自尊耶！聞珪近日頗有束脩自愛之意，由此而進，希賢希聖，夫豈甚難爲，書數行以勉之。果能聞毀則喜，聞譽則懼，憬然於孝悌爲仁之本，而以務本爲急，在余所望於珪之兄弟者，其慰不足言，卽珪父在天之靈，當亦慰甚矣。

示陳生煥珪

交友最宜愼。學者不知擇友，往往以損友爲益友，爲害不小。夫導我以孝友者，益友也；則導我以背逆者，非損友而何？導我以忠厚者，益友也；則導我以刻薄者，非損友而何？導我以恭謹者，益友也；則導我以傲惰者，非損友而何？果以此愼之者，卽素所交之友，細加辨別，則雖不知擇友於先，而尚可免害於後矣。

示吳生埢

余嘗謂傲骨不是空撑的，如菊能傲霜，梅花能傲雪，方能傲到底，而不負此骨。若徒效菊、梅之傲，而一遇霜雪，不難卽變，其不流爲媚骨者鮮矣。吾甚望骨之近傲者，早自立於霜雪之先，毋自悔於霜雪之後也。雷振林詩批。

前哲云：寡能可以習靜，寡智可以節勞，旨哉言乎！而意尚未盡。歷觀古來志士仁人，往往橫罹黨禍者，大都以多能多智與世相競也。然則智能既寡，非惟可以養性，抑實足以保身。兄年來東奔西走，一事無成，而讒謗紛集，屢瀕危殆，徒以稍負智能之譽深相誤耳。吾弟幸尚無智能名，儘可習靜節勞，謝絕一切閑事，整飭家務，訓課兒書。時局艱危，不必憂有命也。命固可信也，人情叵測；不必校有數也，數何可爭也，養性保身，全我真樂也。兄雖遠行，亦得放心，戒之愼之。

戊辰秋將遊南山，爲弟漢章書於青門旅寓

余以賑務羈絆,不能常駐館中,以致諸弟子學業荒廢,時深悵結。凡我友朋均應代爲訓誨,匡余不逮。如到此地偶坐,務乞先教以節廉忠孝,再勗以詩字文章,俾各有所警惕,毋至嬉遊。幸勿與之閑談,使得藉口客來以搪塞功課,則諸弟子異日之成就,皆我友朋之所賜矣。寸衷感佩,何可名言。

戊寅五月二十九日 自勸賑局書

生日者,父母生我之日也。父母何在,而忍自慶耶,而忍受家人之慶耶?而忍受戚友之慶耶?況吾父母在,吾未能盡其養;吾父母歿,而吾未能盡其禮。生不如死,何壽之有?凡慶我者,皆滋我之痛而益我之罪者也。自今以往,甚毋以慶我者滋我之痛,而益我之罪,則我庶有地以自容,以圖補救於萬一,感且不朽矣。

壬午四月十七阻賀生日

初膺外任,值此難治之缺,當先示以渾穆,詳辨官吏之賢否,若者宜撫而用之,若者宜剔①而除之。確然信其能就我銜勒也,然後發奸摘伏,層層布置,無難從欲以治矣。萬不可矜才使氣,出以操切,是爲至囑。治民莫先於信,如來函云"不要錢,不徇情,不偏倚",則民信之矣。雖有惡俗,何難立化。至於缺之瘠苦,諒展如有必能處去,無煩某遙慮也。

寄趙生舒翹②

於正斜弧三角之法頗有所窺,再加精進,必能獨樹一幟。算法有裨軍國,在今日尤爲當務之急,鄉人士沈溺墨瘴,不肯讀有用之書,斯事竟成絕學,貽笑大雅久矣。作者性既近此,亟望精益求精,爲吾鄉特開風氣,後來學者庶不至問津無徑,甚勿以爲藝事而自少之也。

求友齋陳濤算學批

孔子曰:"朝聞道,夕死可矣。"然則人不聞道,生既為糊塗人,死亦為糊塗鬼,死且不可,況生乎!

辦公有五要:洗净心底③,紮④定腳跟,豁開眼界,豎起肩膀,放平心氣,五者缺一不可。

家運未復,果能守,不必能爲。天道無私,既有名,斷難有利。多一事不如

---

① "剔":原文作"展",據金陵本改。
② "寄趙生舒翹":原無,據金陵本補。
③ "底":金陵本作"地"。
④ "紮":金陵本作"立"。

少一事,動一念不如靜一念。詩云:"無田甫田,惟莠驕驕。"無思遠人,勞心忉忉。蓋忍乃有濟,而約則鮮失也。

恩多者怨亦深,雖屬俚語,而歷驗人情,大抵如是,不足怪並不足較也。孔子云:"好仁不好學,其蔽也愚。"惟用仁之際,濟之以學,庶可以無悔矣。《傳》曰:"聖達節,次守節,下失節。"我輩中人總當以守節為主,斷不可效達節而遂至失節也。如吸煙賭錢以及諸不當為之事,萬勿以朋友勾引,稍涉遷就,自謂偶一為之必無妨礙,豈知多少豪傑均因是而身敗名裂,後雖有悔,其可及乎?懍之戒之。

大抵忠烈才智之士,必先屢遭挫折,其氣方能平和,其學方能沈潛,其識方能遠大。若一船順風,未有不致顛躓者耳。

光緒乙丑正月自味經書院致某生

余自到院後,即聞住院諸生多係寒素,堂課時披閱各卷,又見該生等功夫多未圓熟,正待昕夕講習以期精進,乃以菆水乏資日形拮据,殊未足以昭體恤而示鼓勵。況書院之立,豈第求工文藝哉!言行之愆,尤宜寡身心之砥礪,宜嚴聖賢之道德,何以彪炳千秋?豪傑之功名,何以昭垂百代?余之來涇,所願與該生等共相勉勉①者此耳!若但聽其枵腹從學,又何以責致志專心,希踪往哲耶?

查王漢珉先生加立小課,原為調濟住院諸生起見,且兩課獎勵僅銅錢拾仟耳,分之院外則皆虛而無裨,施之院中則尚實而有濟,想應課諸生率多鴻才博學,當不為此戔戔者而來;即有寒士或依家食或藉館資,亦未必斤斤靠此。如稟照依味經小課辦理,實為公允。惟是山長之職,專在講學,至更變章程,非所宜。預候轉商監院,再行酌定可也。

抑余此議不過望應課諸生本相諒之意,宏相讓之風,果能聽信余言,豈非古道猶存,無愧通財之義?否則余亦不須勉強,當量捐修,資小助膏火,斷不令負笈相從者鬱鬱居此也。該生等亦宜愛惜春華,孳孳以正學相觀切,而餘力學文以志顯揚,以期拜獻。彼聖賢道德、豪傑功名,安必不再立於今時,重彰於此地乎?是則余之所厚望也已。

示涇干書院諸生

為學不外修己治人,即《大學》所謂"明""新"也。選舉廢而始以制義取

---

① "勉勉":金陵本作"勉厲"。

士,固謂所言者聖賢之言,所學者必聖賢之學。且郡縣既立有學宮,又設書院以聚之,爲之儲經史以拓①其見聞,爲之籌膏獎以資其飲饌,亦望得明體達用之才,處爲真儒,出爲循吏,用備中外緩急之需,豈願得如閏生先生所云之"鄙夫"哉!

余自去歲來此,每愧不足爲諸生法,然未嘗不切切以正學相勗勵,其不守學規者,必嚴加懲逐,至今歲而一堂之上頗見彬彬藹藹之風,私衷固甚幸焉。雖規余者曰:"純謹之儒才華恒短,暴慢之士文藝多優,使棄取過峻,或無人焉掇巍科、膺華選,詎不令味經減色乎?"顧余不謂然也。夫人孰無過,過而能改,則善士矣。凡來學者,卽素行不軌於正,未嘗不收而教之,以望其一變至道,終爲名教完人。若既寬其已往,予以自新,而仍怙終不悛,則是甘爲"鄙夫"而已。此等鄙夫,縱令掇巍科、膺華選,其爲病於天下,必且如閏生先生所指各弊,豈不更爲味經羞耶!故得百"鄙夫",何如得一正士?況諸生等果能卽修己治人之學,躬行實踐,德修者品自立,積厚者流自光,出其餘緒,發爲文章,其有不掇巍科、膺華選者,吾不信也。閏生先生自述主講五書院,竭二十年栽培之力,而品學修飭者不能多覯,深以爲慨。然樨華館中,士今且有名高天下爲吾陝光者,則先生所謂"心蕊形茹",亦足慰矣。

余之錄示先生此記,誠念往聖先賢之訓,人多習而忽之。此則近而有徵,或足以生諸生之感奮,而鼓舞於不覺乎。"且尚志者士之事,志在道德者爲聖賢,志在功名者爲豪傑,志在富貴者爲鄙夫。"學分三品,惟人所志願。諸生以閏生先生之言爲法,勉爲聖賢豪傑,毋爲鄙夫,斯則余之所切禱也已。

味經堂錄示漁陽書院記書後

再去歲議和議戰,各執一說,迄無定論,其實不戰必不能和,卽和亦不能久,越南之和非前車之鑒乎!然謂戰則必勝,卽孫吳恐無此把握,惟一敗再敗而仍必出於戰,則島人之技窮而中朝之氣振矣。蓋自涼山敗盟後,法夷所要挾者,直使我朝無地自容,無路可走,安可不與之戰乎!

曾襲侯自倫敦寄李中堂一書,可謂洞中機宜,惜乎不早用其說也。自來將才以練而始出,軍械以試而始精,卽士氣以淬厲而始奮。試觀髮、捻交訌,天下已糜爛不可收拾,然後曾、胡、左、李諸公,左提右挈,卒成中興之烈。雖曰天運,豈非人事哉!故今日之事,但當咎備戰之非,不當責請戰之誤。沿海數萬

---

① "拓"金陵本作"擴"。

里處處設防，浪募勇營，橫分畛域，以致支分而力單，費侈而餉絀，岌岌有不可終日之勢，反使該夷以逸擊勞，以少攻眾，多方以誤我，亟肆以疲我，爲大失計耳。張□□七省水師之議，雖非此時所能猝辦，然極有可取以爲變通措置者，如雲南、廣東、廣西三省，宜設一欽差大臣，總辦三省軍務，水陸各營應添應減，卽責成該三省督撫自行選練，餉糈亦由該三省督撫自行籌備，其不敷則以湖南、四川、貴州接濟之。修鐵路，通電線，聯爲一氣，互相應援，但核其實效而不爲遙制，設有疏失，惟該欽差大臣是問，此一路也。福建、浙江、江蘇三省宜設一欽差大臣，而以湖北、江西、安徽接濟之，此又一路也。山東、直隸、奉天三省宜設一欽差大臣，而以河南、山西、陝西接濟之，此又一路也。後二路皆如前一路辦法，如是則事有專責，而兵無浮設，餉無虛糜。欽差大臣亦無鞭長莫及之虞，政府總持二路，尤能指揮如意，其或可以戰守兼資，經久而不敝乎！然臆度之言，不敢自爲是也。因翹侈談戰事，故走筆及之。

寄趙生舒翹

　　自來磊落英多之士，當少年時，每多過中佚正之處，究不足爲累也。蓋辦事以氣，氣不盛則巽軟闒茸，必不足宏濟艱難，然挾盛氣以陵人，亦往往招人訾議。無他，更事未久，讀書未深，故客氣多而主氣少也。果能虛衷求益，時就有道而正之，黜其自是之見，折其自尊之心，將氣以平而學養粹，氣以充而才識宏，乃可以當天下之大任，而無愧成德之人矣。余前數信有過激語，又慮翹之氣有所餒，故也又書此以廣之。

寄趙生舒翹

澧西草堂文集卷八

長安柏景偉子俊甫

詩

述懷

浩劫消難盡,浮生感易并。
艱危餘壯志,憂患見交情。
知己屢誰倒,驚人劍欲鳴。
却嫌唐杜牧,何事苦談兵。

冬柳

歌殘金縷數華年,歲月蹉跎一悵然。
落落素心同爾抱,蕭蕭清影倩誰憐。
揚眉總待春風後,放眼曾經浩刼先。
昨夜雞鳴猶起舞,笛聲遥憶玉門前。

雪夜聞小兒啼聲　癸亥

朔雪號,朔風駛,沿街嗚嗚誰氏子?
饑歟寒歟無人憐,呼天搶地啼不止。
平生久懷胞與心,滋媿無力救爾死。
吁嗟乎,爾死不能救,爾聲不忍聽。
裁得丸紙塞我耳,一燈孤坐光熒熒。

移居石曹峪

新搆茅廬好,移居得少康。

薪拾杉葉厚，飯嚼菜根香。
負米心常樂，銜杯世亦忘。
故人如相訪，祇在白雲鄉。

飲酒

有酒盈樽豈算貧，山中一樣柳條新。
連朝風起懷豪士，何日雲停對故人。
老壑煙霞饒我醉，平原花木爲誰春。
官軍近已收臨渭，未卜傳聞果是真。

感賦

南國烽煙久未銷，西京村落更蕭條。
自來良馬懷千里，豈有神鷹忘九霄。
萬笏青山橫槊對，一輪明月舉杯邀。
艱難國計英明主，誰辦中興翊聖朝。

立春有感

何人攬轡志澄清，春信傳來百感并。
疏鬢漸添霜點點，壯懷難訴月盈盈。
東山夢好蛟龍蟄，西域軍過草木驚。
三十二年成底事，不堪回首憶蒼生。

歲晚

歲晚烽煙尚未休，官軍何日起中州。
名山高臥深如海，破屋偕居小似舟。
便腹自能容百輩，罪言原足重千秋。
風塵落寞今如此，更有何人識馬周。

臥病

全家病臥深山雪，偏值春風三月天。
數負花時空悵悵，轉憐草色自芊芊。

勞餘筋骨寒猶怯，鍊後精神用始堅。
悟得天心憐我甚，青山相對意陶然。

黄鶴樓題壁　乙丑
無端仗策此從軍，倚檻長吟悵夕曛。
山勢西來岷漢合，江聲東下楚吳分。
僊人鶴駕難重遇，玉笛梅花不可聞。
自笑投筆翻弄筆時爲傅軍門文案，談兵已媿杜司勳。
漢陽番舶尚淹留，十載中原戰伐秋。
定有椒山爭易市，偏教王粲賦登樓。
磯尋黄鵠空遺趾，劫歷紅羊慘上游。
草色春駢鸚鵡綠，幾回憑吊對芳洲。

客舍
客舍瀟然酒一樽，升沈已定不須論。
年來怪似嵇康懶，柳色青青晝掩門。

再登黄鶴樓同胡寅谷謝廖伯宓桂生作
鄂城城上雲不流，鄂城城下濤聲遒，
上有黄鶴百尺之高樓，黄鶴飛來復飛去，
仙人勝跡垂千秋。
十載妖氛粵西起，燒殘劫火空遺趾。
我來憑吊正春殘，江聲嗚咽晚風駛。
獻棗亭邊茗①花香，憑欄待月夜蒼涼。
須臾皓魄中天掛，銀蛇萬道相輝光。
中朝景運久來復，摧折羣醜如破竹。
草木爭蕃新氣象，河山襟帶上游肅。
西陲南服幾餘孽，甕中游泳尚泄泄。
渡江應有擊楫人，誓師寧待朝食滅。

---

① "茗"：金陵本作"名"。

書生愧乏濟川才,黃鵠磯上獨徘徊。
青蓮居士渺何處,隱隱笛聲天際來。
萬里長風不可乘,浩歌遙對龜山青。
欲向仙人問行止,樓頭高臥呼不醒。樓上有呂仙睡像

舟中

雨後新添浪幾重,扁舟飽趁一帆風。
春江果似行天上,臥看青山千萬峯。

贈傅堃亭軍門

憤志讀韜鈐,縱觀得大意。
蹉跎十年中,數奇未一試。
西京憚烽火,連歲妖氛熾。
故國半邱墟,蒿目空墮淚。
驥足困鹽車,鳥展千里志。
我才本碌碌,乃亦造物忌。
卓哉嚴將軍,相招典書記。
愧乏正平學,空負少陵醉。
丈夫重義气,一諾千金值。
各懷報國心,遑計名與利。
執殳效前驅,誓言殲醜類。
克敵運籌君,角我復掎掎。
不見陸伯言,建策多意思。
不見虞允文,立功殊奇異。

樊城題壁

樊城城下暫維舟,星月蒼茫倒影浮。
一夜江聲助詩興,大風撼到五更頭。

行經峴山

峴峯遙望草萋萋,叔子風流孰與齊。

我對青山暗垂淚，傷心不獨爲殘碑。

即景
茅舍竹籬秋氣清，葵花兩畔各崢嶸。
莫嗤小草非楨榦，也抱丹心向日傾。

西征
六月邊氣肅，曉行寒徹骨。
山缺殘月黃，野蕪小麥綠。
遺黎形欲枯，故壘道相屬。
安邊賴長才，受降城誰築。

中衞道中
又聽雞聲惡，征人喚奈何。
壯懷春去減，離緒曉來多。
花麗紅盈畝，麥香綠滿坡。
客心正無限，明月照黃河。

束歸
濺濺汧水流，鬱鬱隴山色。
從軍人歸來，倚馬行得得。
偶貰一壺酒，斜掛錦鞍側。
故鄉風物好，客心一何懌。
却念時事艱，西顧空太息。

自慰
斯遊原足拓雄襟，自賞何須問賞音。
困我風塵憐馬足，鍊人才識悟天心。
果如大器成應晚，未許中年感易深。
只有冷官堪去做，一簾花月靜彈琴。

臘月大雪

畢原十月桃李花,冬令春令行復差。
況兼旱魃久爲虐,麥苗乾死農夫嗟。
仁哉天心能愛物,風雪儘日飛拂拂。
長安城中喜欲狂,置酒邀客恣爲樂。
噫吁嚱!
城中歡呼城外悲,四郊多壘胡馬馳,
難民奔走啼不止,山隈水涯凍欲死。

重九登南五臺晚宿柳宜亭友人書齋小飲　丁卯

秦州①莽莽鬱氛埃,佳節猶能涖上臺。
絕巘碧雲招我隱,故園殘菊②爲誰開。
賈生憂亂空懷策,杜老悲秋強舉杯。
幸有良朋延③勝會,陶然醉倚小蓬萊。

登大悲堂東嶺望五臺

層樓錯落遠連天,未遂登臨一悵然。
<small>是日因公羈絆,進山已遲,未得徑登絕頂。</small>
萬壑水聲新雨後,幾林秋色夕陽邊。
摧人浩④劫憑誰挽,誤我浮名忍自憐。
見說僥人雄寨好,何時歸臥翠微巔。

呂曼叔觀察請假南旋以新作關中述懷詩見示走筆和之即以送別

秦民苦倒懸,殘命依謝公。如何秋風起,片帆指江東。
亦知還鄉意,霜露思無窮。顧念時事艱,攀轅多苦衷。
借寇竟不果,行期已匆匆。何以報知己,負負徒撫躬。
拜送霓旌去,青門落日紅。君臣緣性生,厥義豈容廢。

---

① "州":金陵本作名"川"。
② "菊":原作"鞠",通"菊",據金陵本改。
③ "朋延":原作"延朋",倒字,據金陵本改。
④ "浩":原作"活",形近而誤,據金陵本改。

立志宗尼山,那知許巢輩。
所疢斯未信,遯世聊用晦。閉戶羅羣書,得失印前代。
私祝磻溪叟,指斯①後車載。仗策效②前驅,風鶴靖絕塞。
落落酬知意,悠悠竟難再。皇皇報國心,懇懇何時逮。
古今勘亂策,剿撫宜兼施。能剿乃能撫,用法良有時。
痼疾在心腹,餘支安足醫。
三輔久糜爛,遑須問西陲。安秦乃首算,危局誰與支。
完守時入保,趙牧垂良規。建碉而修堞,大議公獨持。
賤子虱其間,捧檄東西馳。天心未厭亂,人事多差池。
虜騎仍在郊,哀此窮孑遺。淮陰真將才,庸儈築壇拜。
所以一眾心,令行等風邁。
充國破四羌,屯田議殊快。漢帝偶回惑,厥功鮮不敗。
驊騮嘶長風,瞬息千里屆。環絥縛其足,翻笑馬力憊。
欲仕君子心,時凜枉尺誡。很云舍所學,從我利用勦。
閉門呼之入,時事足長喟。唯公能知人,識拔出塵界。
遮莫多口增,臨歧此介介。
行旌颺秋雲,示我述懷草。公忠與慈惠,肫肫露言表。
賤子不解詩,瘦寒逾郊島。頻年事戎馬,風塵苦潦倒。
欲和琳琅篇,腸枯心殊悄。聊藉迂拙言,妄陳管蠡抱。
所願周行示,書紳當永寶。岳色聳峨峨,河聲流灝灝。
敬祝鶉首中,重見福星皎。

案頭置水仙一盆數日竟枯予不忍棄感而賦此

花開令人豔,花謝令人憎。
我情無乃癡,睹之感不勝。
昨日看花花方好,今日看花花已槁。
世間萬事都如花,人生行樂苦不早。
長繩難係烏輪影,皓首朱顏判俄頃。

---

① "斯":金陵本作"日"。
② "效":原作"郊",形近而誤,據金陵本改。

皤皤老兒徒咨嗟，世人憎君如憎花。
三復秋孃《金縷曲》，莫教蹉跎負春華。

從軍怨

去時南風拂柴扉，今日關山雪亂飛。
妾有寒衣不忍著，憶君仍著去時衣。
去時衣薄不勝寒，寒宵一念摧心肝。
啼泣南望囑風雪，莫向淮陽偪曉鞍。

訪姜磻溪

濯足臨灃水，飄風我衣衣。
多情天上月，緩緩送人歸。

讀太白詩有悟

天地生萬物，形形皆一氣。
息時氣始分，消時氣仍聚。
聚而還太虛，混元杳無際。
參破此元機，死生亦有味。
死生尚可忘，餘事安足慮。
悠悠太夢中，覺來惟我預。
忘世兼忘我，此樂人知未。

漫詠

潭水瑩清澄，霜肅冰氣薄。
寒月照中心，浩然塵翳豁。
幽尋步空林，風定殘葉落。
夜久寂無人，俯仰慰寥廓。
羨彼潭中鷗，泛泛得所託。
炎熱未堪附，清冷自爲樂。
世路有顯晦，達人志淡泊。
鷗兮即吾友，舊盟憶如昨。

興來一弄笛，響徹白雲過。
知音難再期，渺渺天邊鶴。

登三原北城　己巳

鹿原舊遊地，十年此再過。
尚留新壁壘，未改古山河。
野曠蓬蒿滿，城荒瓦礫多。
憑欄遙望處，西事近如何。
災黎窮轉徙，就食徧池陽。
可許墾荒易，翻愁計日長。
居人方苦旱，征卒況餱糧。
時事艱如此，臨風懷子房。

朝邑道中

多時病喝①常思酒，無計留春但詠詩。
只有東風還惜別，楊花故故向人吹。

登慈恩寺浮圖題壁用謝麟伯原韻

滄桑變後此重臨，雲物萋萋靄碧陰。
海國瘴嵐猶汗漫，天方氛祲未消沈。
側身曠渺千秋淚，舉目蒼茫萬里心。
是否東風能識我，相逢絕頂一披襟。

竹林寺秋夜讀書

夜深羣動息，澗水響琮琤。
吾性本無物，瀟②然萬慮清。
偶向空中悟，非耶又是耶！
道心何處認，月照紫薇花。

---

① "喝"：金陵本作"渴"，義稍長。
② "瀟"：金陵本作"蕭"。

淩霄花

千霄空有志,依舊附喬柯。
笑爾孤芳誚,攀緣竟如何。

無題

滄桑遷變後,過眼盡成虛。
尋得孔顏樂,空山自讀書。

讀書

求志在千古,升沈未許論。
心傳原可繼,誰與與斯交。

勵志

豪傑志功名,所憫惟斯人。治人容有餘,治己多未真。
聖賢志道德,所修在一己。成己能有誠,成物亦如此。
孔門有真傳,中庸示慎獨。戒謹而恐懼,道心乃克復。
業讀聖賢書,所學果何事。悠悠四十春,嗟哉自暴棄。
二十學文章,雕刻工詞藻。沉溺名利中,心血枯已槁。
三十學兵法,意氣薄風雷。馳騁戎馬間,智力窮以摧。
名教有樂地,紛馳亦何苦。虛聲愧純盜,慚惡叢仰俯。
新從歧路歸,周行平如砥。存心與養性,道即在是矣。
勖哉復勖哉,立誠先隱微。乾乾惕終日,吾學其庶幾。

重陽日登五臺絕頂

西風吹上翠微巔,獨立蒼茫意欲仙。
山色靜含秦嶺雨,水光遙接灞陵煙。
藕花何處白猶漬_{謂白蓮教匪},楓葉滿林紅可憐。
且向峯頭作重九,不須搔首問青天。
八百秦川指點頻,幽憂終日更無因。
逸軍莫聽迎朱泚,豪士何堪資夏人。
吳隴山河多暮氣,漢唐宮殿總浮塵。

菲才自合投巖岫,回首嵩高望甫申。

永夜　庚午

蕭蕭永夜又雞聲,卅載風塵誤此生。
醉可忘憂翻戒酒,才原觸忌況談兵。
但期時雨敷關隴,早辦躬耕答聖明。
結客橫渠終勵學,出山水濁在山清。

若耶

若耶溪畔鄭公風,暮去①朝來日日同。
鶴使飛歸無覓處,到今人說採薪翁。

冬夜讀書

事業由來關運會,孰當名世孰凡才。
宋家南渡真堪惜,明季東林亦可哀。
已許林園招我去,莫教軒冕偪人來。
只今悟得讀書樂,風送竹聲月映梅。

從軍怨

莫謂生別難,瑤京獻賦多留連,衣錦歸來月重圓。
莫謂死別苦,青騾②不返芙蓉主,直攀鶴駕共歌舞。
最苦最難從軍時,生別離即死別離,
君生妾未知,朝朝哭君望天涯。
君死妾未曉,夜夜夢君長安道。
噫吁嘻!生別死別總魂消③,朔雪慘兮朔風號!
裁得征衣無人寄,年年血淚盈翦刀。

---

① "去":原缺,據金陵本補。
② "騾":金陵本作"驘",同字異體。
③ "消":金陵本作"銷"。

題畫蟹

雪濤風浪總無驚，儘日中流自在行。
踏破狂瀾千丈落，江天萬里一澄清。
擁劍縱橫四十春，無端振袖出風塵。
祇今誰似陶元亮，籬畔黃花笑煞人。
不須擁劍任橫行，萬叠波濤喜漸平。
此後江天秋水闊，但賒風月養餘生。

許仙屏學使出楮素索續蟹題詩贈之

橫行才豈老方塘，此去江天萬里長。
見說海門風浪急，莫教戈甲久潛藏。

爲劉焕唐繪蟹並題

臨卭幻夢太無徵，藉甚文名説長卿。
自是君身多俠骨，滿江風浪破縱橫。

爲田雨亭同年繪蘭並題

早結如蘭臭，相期葆歲寒。
此心如昔日，寫與故人看。

臥病　癸酉

中年筋力多衰歇，病臥深宵苦不眠。
滿院月輝明似畫，一窗花影淡如煙。
民瘼未切偏憂旱，時事何關欲問天。
却憶山林真樂在，不應城市久遷延。

不寐

樂貧空有志，避債竟無策。
涼夜不成寐，起視星河白。
家人尚驕惰，使我中心惻。
安得雙飛翼，凌風入無極。

自勵　丙子

西山薇可餐,北海冰堪齧。
固窮君子心,豈易平生節。
不見歲寒柏,巍然傲霜雪。

感賦四首

拉雜寫來,直抒胸中壘塊耳！工拙豈暇計乎？閱者諒之。
毅聖中興主,冲齡奠太平。天威懾小醜,伏拜心魂驚。
海防厪霄旰,浩氣吞滄溟。荊南有名將,趣召來神京。
廟謨握全勝,尅日殲長鯨。一洗光豐恥,四海澄①以清。
龍馭不少駐,攀髯涕泗橫。
東南淪胥日,籌策仗兩宮。艱難十五載,漸掃妖氛空。
豈意多難後,隱憂彌寰中。本實既先撥,枝葉害復叢。
斯疾逾毒蠱,藥石安能攻。誰謂拚飛鳥,未必肇桃蟲。
愚我在和議,將毋金虜同。
嗣皇更冲幼,恭己正明堂。所賴母后聖,憂勤蒞萬方。
嗟哉國步艱,海氛劇飛揚。捍外先治內,樞臣計宜臧。
漏卮如可塞,國富兵乃強。人心既固結,寧復憂重洋。
東西兩相國,何以慰民望。
大倫首君臣,厥義肇性始。君憂臣則辱,君辱臣則死。
予雖草莽臣,敢遂忘國恥。昨夜雞聲惡,起坐徒拊②髀。
誰歟秉國鈞,吐握繼前軌。破除情面私,竭盡股肱理。
中外防維嚴,霸圖冠青史。

埋婢　丁丑

分作溝中瘠文文山句,明知活汝難。
甦來災未歇,脫去孽應完。

---

① "澄":原缺,據金陵本補。
② "拊":原本作"附",據金陵本改。

人①悔余多事，長眠爾少安。
傷哉云有母，兀自望生還。

天意

天意憂難測，人心憫未回。
門前莽荆棘，琢削不成材。
競逐狂瀾倒，翻爲吾道猜。
眼中人不見，四望有餘哀。

勸賑有感　戊寅

德修謗興，道高毀至，君子居鄉，往往如是。
信而獲譴，忠而見疑。奇人用世，往往如斯。
審所當爲，盡其在已。名利兩忘，可已則已。
以道殉身，見幾而作。陋巷簞瓢，自有真樂。

甚矣

余自束髮以來，艱難憂患，靡境不嘗。凤膺痼疾，每夜四五更時，遍體疼痛，至辰起方止。蓋天生勞人，固如是耳。今年已五十矣，疾益加劇，而學迄無成，感而賦此，仍假以自勵云爾。

甚矣吾衰也，平生聊自思。
有行皆拂亂，無境不危疑。
永夜呻吟處，窮年悗悴時，
家國兩無補，歿世更誰知。

重九日與諸同人看菊時天津有夷警，未得確耗，感而賦此

懷抱經年總未開，海門氛祲又飛來。
陶公避世宜栽菊，杜老憂時且舉杯。
失計終因和虜約，持危誰是出羣才。
佳辰忍向花前笑，北極蒼茫萬感摧。

---

① "人"：金陵本作"久"。

涇干書院臥病口號答諸生

天地人通始號儒,皋比浪擁愧屠軀。
況當時事艱危日,忍襲詞章記誦餘。
三輔人才悲落莫,千秋學統待持扶。
橫渠涇野遺徽在,願共諸生勉步趨。

渭城題壁寄友人

西風吹冷葦花汀,一夜扁舟宿驛亭。
雁陣橫天月皎皎,漁燈貼水煙冥冥。
冲霄劍氣猶能識,隔岸簫聲不忍聽。
莫謂雄才無用處,東南門户未全扃。

曉帆見贈却寄

早定歸耕約,憐君歸未歸。
停雲思渺渺,雨雪憶霏霏。
綠蟻斟初熟,白駒縶豈違。
洛陽春甚好,灞柳又成圍。

孟秋六日夜半夢陳生煥珪以詩哭之　壬午

汝歿已逾月,黯然增我悲。予性原曠達,強解猶能支。
胡復入我夢?牽裾慘涕洟。慟哉予將去,汝泣不忍離。
依依從我行,悽悽臨路歧。家人勸汝歸,輾轉苦相持。
予行佇望汝,汝去何遲遲,呼搶不可狀,直類顛與癡。
覺來天未曙,黯黮涼風吹。斯情與斯景,歷歷豈堪思。
幽明既永隔,相見更何期?
昔汝年十三,束髮從我學。文章蘊奇氣,矯如雞羣鶴。
十五冠黌序,駿足恣騰踔。二十遭亂離,功名復落拓。
行年三十四,乃薦①秋風鶚。南宫竟垂翅,抱疴歸林壑。

---

① "薦",原無,據金陵本補。

頻歲苦沈鬱,元氣已銷鑠。彷彿悟斯道,問我孔顏樂。
自悔過叢集,痛改意殊卓。天少假汝年,成章在追琢。
如何病益深,國手不能藥。齋志赴泉臺,終古秘荆璞。
汝生不永年,汝歿有遺憾。家事久陵替,支撐在英斷。
乃兄性慈仁,詎堪此憂患。繼母年未老,弱妹髮未綰。
幼婦與孤兒,攀號更悽惋。凡此身後事,哀痛烏能間？
往者問汝疾,執手空悲歎。汝泣淚已已枯,汝言神已亂。
惟予知汝心,相對意慘淡。
人生本如夢,究竟歸渺茫。予已衰頽甚,齒搖而髮蒼。
汝胡不我待,脫然竟先亡。憶昔值兵燹,饑疫更爲殃。
舊學二三子,散離各一方。强半歸浩劫,使我心久傷。
幸汝兄與弟,患難相扶將。依依廿餘載,真性乎同堂。
又弱一个焉,悲慟胡可忘。招魂向何處,白日黯無光。

謁文武陵　甲申

畢郢原高氣象雄,二陵矗矗奠當中。
波聲浩渺環涇渭,雲影蒼茫接鎬豐。
聖代即今勤享祀,斯民終古荷帡幪。
昆夷未啄①厜神慮,薄海爭瞻一怒功。

謁周元公墓

最是流言恐懼時,東征未敢稍淹遲。
雨風祇慮室家毀,雷電能銷君相疑。
直破斧戕戡小腆,遂成官禮著宏規。
至今文武成陵側,元祀宗功劇可思。

謁齊太公墓

八十沈淪何可②求,磻溪垂釣足千秋。

---

① "啄":金陵本作"喙"。
② "可":金陵本作"所"。

熊飛偏入興王夢,駉伐終抒濟世謀。
自古功名成晚歲,于今烽火熾炎洲。滇粵邊界,新有法夷之驚。
菲才未老頹唐甚,慚對迢迢渭水流。

春郊遣興

島人無賴恃天驕,沿海烽煙久未消。
獨立平原真莽蕩,劇憐春色自妖嬈。
萋萋芳草漢隄洞,漠漠飛花涇水橋。
萬匯生機皆帝澤,吾人切①莫負②中朝。

年來

年來困我是衡文,老至猶慚道未聞。
落落塵寰餘狹骨,茫茫天意重勞筋。
歸田夢繞息林鳥,用世心違出岫雲。
五十四年成底事,還將舊學勵精勤。

新室落成

二十年來締造艱,而今始得慶鳩安。
立家全籍祖宗蔭,肯構還憑孫子賢。
能盡孝恭方謂學,苟無經濟勿求官。
綿延世澤惟耕讀,願與家人共勉旃。

病中口號

濟濟來涇上,畏畏卧澧西。
俯首依床席,憤起轉沈迷。
春華宜自愛,努力勤居稽。
相期在皇古,負負此皋比。
春風正和煦,病體獨支離。

---

① "切":金陵本作"竊"。
② "負":原缺,據金陵本補。

平生飽憂患，摧折遂如斯。
自惜孱弱力，無以濟時危。
河華鍾毓久，劇望出英奇。

寄趙生舒翹

時局艱危甚，君臣義不輕。
名宦未妨拙，好官終以清。
余才真菲薄，斯道望干城。
莫逐狂瀾倒，中流砥柱橫。

送黃陶樓方伯

　　陶樓先生奉特簡晉藩江左，關中人士走餞東郊，蓋皆有不忍言別者。顧思海宇多故，東南之患劇於西北，非僅鄭工决口廑宵旰憂。朝廷用人，詎無深意？行見開府吳會，屏障海疆。天下將並受其福，寧吾秦所得私耶！然秦人戀戀於公，亦猶公戀戀於秦人。則又不得以義掩情者也。《九罭》之四章，靡弗太息詠歌矣。小魯觀察倩西屏司馬，作《灞橋送別圖》徵詩，敬擬五古五章，用誌欽向，錄呈鈞政。

五口通商後，利權擅島夷。度支久奇絀，矧乃多陋①卮。
海疆事日棘，危局誰與支。天子鑒清鯁，擢藩移東陲。
實事在求是，培此財賦基。餉裕兵乃練，抉除盡浮糜。
屏翰峙東南，薄海慰謳思。
草莽與廊廟，共此君臣義。君憂無計舒，臣罪詎堪議。
天心眷中朝，蛟鱷寧長肆。悠悠光豐恥，刻骨未容置。
韜鈐公素裕，治秦乃小試。伏莽既潛消，籌策何沈毅。
願宏此遠謨，一奏廊清治。
公昔擁皋比，博約善為誘。教澤洽關中，至今仰山斗。
我學苦未成，胡堪繼公後。儲書數萬卷，未能宏啟牖。
春風大和煦，吹拂及枯朽。猥蒙禮貌崇，循省滋顏厚。
橫渠啟關學，繼起多魁儒。士習近凌替，苦爲名利驅。

---

① "陋"：金陵本作"漏"，義稍長。

市交及師弟,倫紀孰持扶。鄙志在誠正,亟思挽其趨。
力綿學復陋,徒令誚迂拘。公肩斯道重,爲我示良謨。
東風送使節,倭遲長安道。餞別出青門,灞柳垂裊裊。
臨歧無限情,綠波與碧草。三輔盛桃李,瓣香共祝禱。
敬進一杯酒,聊以慰離抱。願公復歸來,西陲資障保。

宮農山太守惠詩扇步原韻却贈

口實慚貽知已何,箴言惠我佩難磨。
死生勘破矧譽毀,憂在人心世道多。
危局力肩愧未成,元規塵起太縱橫。
祇今揚奉仁風後,應許歸耕課雨晴。

附原作:
擾擾青蠅可奈何,白圭無玷不須磨。
秦宮照膽塵埋久,休怪含沙射影多。
海市蜃樓頃刻成,笑看鬼蜮氣縱橫。
清風待掃浮雲散,依舊長空萬里晴。

秋日還山頗遂躬耕之願夢中登馮村城樓得詩數句醒而足成之　己丑

城頭曠覽興無涯,秋景蒼茫點暮鴉。
元亮有田堪種豆,仲宣無事苦思家。
翠痕未斷濂溪草,佳色重看栗里花。
廿年①不歸歸便好,夢中猶自戀桑麻。

即景

碧水澄潭淨復幽,朝來泛泛幾輕鷗。
門前也有煙波趣,不羨鴟夷湖上游。

---

① "年":金陵本作"載"。

野望

頻年苦饑饉，今歲足豐穰。
細碎禽聲樂，紛紜穡事忙。
雨晴村樹綠，風煖野花香。
澧上躬耕者，陶然醉一觴。

行經黃家屯在渭南縣陳緯山故人陣亡處感賦

與君共計殲羣醜，我甫歸來君竟亡。時余會試初歸。
周處無援終是恨，田橫有士未應殤。君爲忌者所偪，獨率壯士追賊，卒以無救戰歿，五百人無一①生還者。
一腔熱血勤王志，咸豐十年，文宗北狩，君上書大府，請結客勤王，格不果行。
半畝荒墳苦戰場。土人即於戰地，萃陣亡各骨埋一大塚，今竟剗平矣。
聞說毅骸收未得，朔風吹雪淚凝裳。

田家雜興十首　庚寅

木以不材壽，玉以在璞完。君子貴儉德，榮祿胡可干。
澗松何鬱鬱，岩柏何盤盤。豈不雪霜侵，而能保歲寒。
華靡眾所趨，寂枯性所安。厲此千秋節，俯仰天地寬。

濁福人共歆，清福天獨靳。陶公迫饑驅，杜老苦兵躪。
彭宰折其腰，夔箚摧厥鬢。栗里菊就荒，浣溪花空韻。
一朝曳杖歸，翛然得嘉遯。田園有真樂，今古此心印。
結廬傍綠野，躬耕適我願。莫忘在山心，泉水有時溷。

種桃百餘樹，繞屋盡流霞。頗有武陵意，春風不繁華。
養疴仍閉戶，枯坐類趺跏。寧閟金玉音，地鄙心自遐。
南山轉蒼翠，清氣撲簷牙。偶出看白雲，渾忘日色斜。
鄰叟隴頭過，殷勤問桑麻。

---

① "一"，原缺，據金陵本補。

東漢重節義,子陵潛爲駆。斯乃相助理,奚必爲政爲。
頽波日東下,滔滔無還期。愧乏廻瀾力,空貽當世訾。
卓哉張夫子,大勇撤皋比。屏居南山下,關學振西陲。
長歌謝知己,不願金勒羈。名教自可樂,橫渠是吾師。

除却躬耕外,更無治生法。儒者貴自立,許子言非狹。
幸有負郭田,足繼先人業。勤力事耘籽,詎憂貧與乏。
朝理除莠鋤,暮庤析秧鍤。新苗被平疇,彌望意良愜。
歲稔雞犬驕,人閑鳥鵲狎。興來展書讀,明月掛雲峽。

二疏惕止足,懷歸思帝京。天子重儲傅,兼金贐其行。
東郊張綺筵,出餞羅公卿。行路爲咨嗟,億載垂芳型。
此風久陵替,師道委榛荆。少微何黯淡,太乙何崢嶸。
邈矣蕭徵君,不受諭德名。古禮既難復,坐位何所争。
微賤本臣分,素志在歸耕。峨峨天頂山,貞敏公讀書處,在子午口。
薜蘿有餘榮。
饑鳶得腐鼠,啄食臨路隅。仰首見黃鵠,嚇然驚且呼。
不識白雲志,翻恐奪其餘。時位判潛亢,動悔而靜愉。
粲粲俠遊子,躍馬出交衢。行人皆辟易,意氣凌當途。
朱華正璀璨,宛轉迫桑榆。荒岑多悲風,日夕將何如。
灃干有野老,白髪勤櫌鋤。胼胝雖云苦,守拙良非迂。
不見偶耕者,逍遙溺與沮。

北海孕封鱷,撥剌出東瀛。一蹴烏江隘,再吞赤壤平。
刔復蛟與黿,揚彼洪波腥。迢迢蓬島上,羣仙正將迎。
霓裳曲一闋,三山風月清。似聞赤墀下,有客涕泗橫。
淚盡繼以血,無人達玉京。玉京亦非遥,將毋帝閽驚。
杞國妄男子,洒獨畏天傾。天傾望扶挂,孑孑南國英。
柱石久崩折,枯木安能撑?木枯復何用,東望憂如酲。

參觜横天中,夙興赴南畝。種麥正及時,況當新雨後。

吾徒六七人，力作忻有耦。布子密且深，覆土均以厚。
　　旣耕亦已種，旭日掛疏柳。秋郊極溮潬，四顧空萬有。
　　古人重明農，小試育物手。莘野與彭澤，所樂原不朽。
　　胡乃爲形役，風塵日奔走。往者不可追，來者何可負。
　　但祝聖明時，永作擊壤叟。

　　桑者農之輔，養老尤所資。手樹三百本，摧折無孑遺。
　　今春余歸來，夙暮勤護持。柔條漸以長，沃葉漸以滋。
　　居然森成行，足以育蠶絲。風人詠載績，王業肇邠岐。
　　關中號天府，久爲強富基。誰與宏遠謀①，綢繆先西陲。
　　靈雨自東來，星言夙駕時。桑田尚蕪穢，鋤溉漫遲遲。

哭蕭生維善

　　本初學友，忠信篤敬，好善不倦，余甚器之。余患痰嗽數年矣！本初亦患此，方以爲貞疾耳。不謂其竟以不起也，苦雨兼旬，聞信甚遲，並聞已安窀穸，不勝悲感。作五古一章以哭之。

　　岩壑鬱荆榛，田疇茁荑莠。良苗反多枯，貞松竟不壽。
　　蕭子吾取士，系出貞敏後。<small>貞敏公諱㪍，元代理學家。</small>讀書志躬行，隱居子午口。
　　初以文字交，終以道德友。事我三十年，直諒無其偶。
　　今春余歸來，結茅息南畝。方擬招子遊，五臺小峯首。
　　養此靜中機，濯彼塵中垢。暇則事農圃，共爲歲寒守。
　　峨峨天頂山，<small>貞敏公讀書處，</small>或者同不朽。凶聞驚猝來，寧信云亡陡。
　　兩人患勞欬，同病相憐久。子胡先我去，西歸一撒手。
　　大塊何茫茫，遺此龍鍾叟。桑榆日旣薄，餘蔭更何有。
　　所悲子歿後，零丁泣嫠婦。弱女與嬌兒，搶呼各紛糾。
　　相將俯幽窀，慟絶子知否。子性本真純，子行多寬厚。
　　戚舊重任恤，沾溉及鄰右。善人宜熾昌，斯理維天牖。
　　門戶苦支持，賴有張氏舅。<small>謂蘄州子貞</small>

---

① "謀"：金陵本作"謨"。

存順而歿寧,九原復何咎。
兼旬迫霖潦,黯慘等豐蔀。子病未臨訣,終夜嗟負負。
濡淚成此詞,起坐看箕斗。箕斗復西沈,白雲蔽林藪。

瘦馬行

有馬老且病,骨立森如柴。齕雪荒郊外,欲去仍徘徊。
憶昔負絕力,期上黃金臺。十載風沙中,燕昭安在哉。
市駿既無人,豈容行自媒。一嘶涉江漢,呼召駣與駼。
相將渡隴坡,轉戰金積堆。十騎九摧落,幸餘此枯骸。
鹽車迺重駕,困逾轅下駘。匆匆又卅載,將毋多鞭催。
吁嗟乎,鞭催鞭催君勿疑,斯馬之材原不羈,
棧豆不戀來何遲,至今皮骨空撐揹。
急須歸向華山去,桃林萬樹紅如絲。

亡叟吟

余自號亡叟,蓋心已亡矣。心亡而形尚未亡,謂之亡可乎?雖然,此非余所能主也。其卽亡也,余安之。其不卽亡也,余聽之。焉往而不得其所亡哉。

六十一春號亡叟,萬慮消①沈付太虛。
飛渡鏡湖鴻渺渺,醉眠花徑蝶蘧蘧。
向平心事已全了,梅福行踪胡可需。
舉世渾渾歸大夢,洒然一笑入華胥。

瀕危前夕口占

耿耿元精猶在目,瑩瑩慧性未離心。
生平事業多未了,俯仰千秋恨獨深。

擬禽言　旋黃旋穫

旋黃旋穫,謹防五月雨風惡。
雨久麥根枯更生,風多麥穗折復落。

---

① "消":金陵本作"銷"。

收麥收麥如救火，麥黃滿地胡不穫。
將毋罌粟花未收，忍使新麥飽鳥雀。
關中民食麥爲大，無麥且將塡溝壑。
罌粟雖收可奈何，旋黃旋穫計毋錯。

滿江紅

　　昨見清麓先生手書岳忠武王《滿江紅》詞，并讀跋語。法夷背盟，不勝髮指。眂畝愚忠，無以自效，不禁慨然歎，崛然興也。昔忠武云"君臣之義，本於性生"。值此時局艱危，凡在草莽，義當同仇。今世多昧斯旨，患得患失，罔非名利。其視國家事，無怪如秦人視越人肥瘠，吾不知所學果何事也。因步忠武原韻，敬擬一闋，聊以志憤，工拙非所計耳。

縱覽今古，歎累朝、夷禍未歇。
自歐洲、激輸南下，逆氛倍烈。
準界腥飛北海風，琉江慘沒東瀛月。
最可恨，滿地罌花紅，毒彌切。

越屬國，境全滅。劉提軍，涕空雪。
幸天討，用張摧殘震缺。
藁街新懸破侖頭，師蠹普釁佛郎血。
盼元老，迅掃光豐恥，報廷闕。

灃西草堂詩集跋①

　　捧讀全冊，以雄渾爽健之筆，發忠愛悲憫之思。豪傑胸襟，英雄氣概，畢現於字裏行閒。在晉人中，雅近劉越石、左太沖；在唐人中，可追高達夫、杜子美。蓋詩以言志，惟有憂国憂民之志，乃有可歌可泣之詩。故能感發乎人心，而流傳於後世。近代之號稱詩人者，以模山範水、繪雲琢月爲風雅，以綈章嚼字、伴白儷黃爲精工，極其能事。縱能如宋之三謝，唐之四傑，亦僅僅才人之伎倆而已。程子謂其玩物喪志，朱子薄爲閒言語，以其無裨於世教也。嘗聞南人譏秦無詩家，彼蓋沿梁陳之習，以華麗哀艷爲詩，非知詩之真諦者也！夫《雅》《頌》作於周召，五言始於蘇、李。蘇武，武功人；李陵，隴州人。詩之根荄，茁於西土。其後唐有韋應物，長安人、杜牧之，萬年人。明有李夢陽，慶陽人、康兌山，武功人。清初有二王山史，華陰人；又旦，郃陽人。李天生，富平人。孫豹人，三原人，名重騷壇。當時顧亭林、王漁洋、朱竹垞皆爲推服。此數人者，詩之體格雖不一致，要皆抒寫天真，從性地中流出，與南朝靡靡之音、縱情於風花雪月者異矣。子俊先生之學，既接鄉賢橫渠、二曲之統，故其詩亦有先正溉堂、黃湄之風。孫豹人著有《溉堂集》，王又旦著有《黃湄集》，均著名當時。謹跋數語，告我同志。讀先生之詩，如晤先生之人，亦可見先生之德性、學問、氣節迥超流俗，而爲關學之後勁也。

　　　　　　　　　　　　乙丑中秋門人韓城吉同鈞敬跋

---

① 原缺，據金陵本補。

附錄

墓誌銘

咸陽劉光蕡撰

光緒十七年辛卯冬十月既望,越日昧旦,前關中院長灃西先生卒于長安馮籍村里第。遠近聞之,悵失所依,奔走而吊,哭者千餘人。士之奮於庠序者,謂安仰放,天胡不慭遺,遽奪先生,是降大割於西土也。

先生貌魁梧,望而凜然。處事接物,不撓以私,進退必歸於義。性抗爽,剖別是非,不嫗煦作長厚態。赴人之急,如謀其身。友教四方,善啟發。其規過必直抉根株,而示以所能改,勸善則誘掖獎借,必使欣欣自奮,不能自已。故當時雖多畏忌先生,及卒,則同聲悼怛,無異詞也。

先生生道光中葉,時天下平治久,風俗漸弊,奸豪肆無所忌,魚肉窮弱,官吏偷惰,苟目前無事,患遂積於隱微。欲挽救,非開誠佈公、綜核名實、痛除蒙蔽習以達民隱不可。故先生務抑强扶弱,常自樹於眾曰:"有欺凌貧弱者,余卽其主也。"人遂以任俠目之。未弱冠,東南兵事起,先生知禍必遍於天下,於是好與健兒游,畜健兒常數十百人。留心天文、輿地之學,於歷代兵事戰守攻取之略,其成敗利鈍,必究其所以然。人又謂先生喜談兵。甫壯,陝回構亂,先生會試適報罷,急間道歸。陝西遍地治團練,馮籍在省垣西,可犄角。當事不以團事屬先生,發巨餉,先生亦不聞。故封翁及太夫人堅不令先生與團事。陝禍益急,奉父母匿南山,轉徙荒谷。父母先後歿,喪葬盡禮。及多忠勇肅清陝境,圍川匪盩厔,戰死城下。今陝西提督軍門雷公正綰爲幫辦,驅回逆而西,多部多隨之。有傅先宗者,後以提督戰死甘肅,招先生入幕,募勇湖北,與圍金積堡。傅隸某帥爲選鋒,敬信先生,而帥武夫,不知進止機宜。傅以聞于先生者語帥,悉齟齬。傅則禮先生益厚,不令去。師潰,乃得歸。於是先生益習甘肅山川道路、戰守形勢、賊情伎倆、官軍勇怯。而劉忠壯逐捻陝西,先生爲嚮導,又得所以制捻匪之法。

賣時避賊省垣,與同邑李編修寅始交先生。先生屢入左文襄、劉果敏兩帥幕,方籌築堡寨以衛民居,設里局以減徭役,提耗羨以足軍食,徙回居以清根本,開科舉以定士心。先生契余兩人,每馳驅歸,即招余兩人飲。上下議論,故凡爲桑梓計者,賣多與聞。其後,立節義祠,起崇化文會,辦積義倉,設牛痘局,改新里甲,修普濟橋,及重葺馮恭定公祠,創建少墟書院。其事或行或不行,或行之而阻於浮言;或始不行,事勢所迫,卒不得不如先生言者不備書,書其大者四事:

一撫北山土匪。先生自甘歸,知其地苦寒貧瘠,南勇所畏,非用土勇不可。北山土匪者,今烏魯木齊提督董公福祥所集團眾,以禦回逆者也。回逆陷慶陽,擾延、榆界,北山無兵,民始自衛,久而乏食,遂亦劫掠。先生謂民激於義憤,起與賊角,劫掠非得已,況不攻治城,不仇官,與乘亂滋事者殊。而當賊匪猖獗,能自立,其義勇可用。乃購得慶陽府民賀姓、張姓,具得團眾情事,授之詞,使稟當道。時左文襄追捻匪而東,劉果敏駐節三原,得稟大喜。知謀出先生,函詢所以撫狀,立委前環縣令、咸甯翁健入山受撫,而湖南主事周端松與偕,頗忌其功,謂團眾不可用,有出虎進狼喻。撫不如法,得其先鋒扈璋壯士五千人,勒令歸農,董遂遠揚,不可撫。其後劉忠壯由鄜、延進攻寧、靈,收而用之,深得其力。轉戰甘肅,出關,至今屹爲巨鎮。

一辦理回逆臆議。左文襄之進兵甘肅也,駐節西安,議所向。先生首陳十六事,略謂:回逆性貪多疑,勝則散掠,敗即聚守,而各詭以求撫。彼既以撫愚我,我何妨以撫制彼。大軍宜分三路,中由邠、乾以出涇、原、汧、隴,回既受撫,有漢團牽制,必不敢動。鞏昌新復,秦州通川、漢粟貨,即爲進剿河州根本。河州平時爲回逆淵藪,苟能克服,即絕蘭州以東各回西竄之路,馬化龍必已膽懾。以北路勁兵入寧夏,拊金積堡之背,而扼其吭,勢可待其內潰。惟陝回窮兇極惡,不能使藉口爲漢民所逼,必奮死衝突,而南勇輕脆,不如北人堅苦耐勞,宜少調南師,多用土勇及土司、土番,教以官軍陣法,必易成功。議上,幕府士湘、陝參半,謂論南勇觸時忌,宜去。先生不可,曰:"非吾薄南勇也。湘、楚各勇,平洪逆、捻匪,功名富貴,倦而思歸。強之來,不嘩潰即倩雇頂替。游勇降眾雜湊成軍,今各營其爲湘、楚產者有幾?回逆誠易平,惟惜二十餘年軍興流弊,盡驅而歸之陝、甘,事定後,不無隱憂耳。"乃辭去。文襄才先生,屬劉果敏。既而高忠壯爲部下所戕,果敏思先生言,力延入幕。先生雅不欲,以方清理長安差徭,不能不借力於大府,乃勉赴數月即歸。其後甘、隴兵事多符先生言。先生已入南山，讀儒先身心性命書，不復慷慨談天下事矣。

一爲咸、長賑荒。光緒丁丑，晉、豫、陝大旱，無麥禾，先生方病肺憂甚。既偕同人聞於朝，得賜賑。時宮農山太守署西安府事，謂咸、長首邑，爲四方則，宜敬愼將事，躬延先生主之。先生創爲各村保各村法，以貧民稽富民粟，使無藏匿；以富民核貧民户，使無冒濫。不足，以巨室之捐輸濟之。富不苦抑勒，而貧得實惠。古所謂救荒無善策，得先生法，弊悉除，蓋全活數十萬人。

一爲創立求友齋課。先生之入山也，門弟子強出，請授制舉業。其後，各書院延主講席，先生思造士以濟時艱，天下雖大定，西夷日強，恃水戰踞我沿海各口，必講求陸戰以窺我内地，其患已棘。而陝士習帖括，病空疏，無實用。乃創立"求友齋"，以經、史、道學、政事、天文、輿地、掌故、算法與士子相講習。三原胡觀察礪廉出千金以爲貲，涇陽嫠婦吴周氏以兩千金益之。兼刻有用書籍，士習丕變。今學使柯遜庵擴爲味經書院刊書處，先生雖不及見，其端則自先生发之也。

生平誼篤師友，張星垣孝廉，先生課師也，令宜君，里吏議負債，卒，不得歸，先生葬之村東。貸百金，資其幼子歸湖南。同邑杜子賓，先生蒙師也，没，無子，先生爲立嗣，恤其夫人終身。先生爲邑弟子員，受制舉業。及治經史法于固始蔣子瀟孝廉，孝廉移講豐登書院，以先生從。適孝廉以猝中風痰卒，有典史單澐者，素嗛孝廉，造蜚語，謂死於非命，院中士皇皇不知所爲。先生謂院長死，無子，府縣官皆主人，宜視含斂，待三日不至，而單澐率皂役數人突至，坐講堂，拘院夫、門夫，訊院長死狀。諸生不勝其忿，先生直上，批其頰，捽以下拳，而數之曰："此何地？汝何人？師座可容汝鞫獄耶？且院長死，無言非命者，汝獨言，則汝自知故。汝欲誣何人？而刑逼門院夫取證耶？"院中士聞先生言，悉氣壯，譁而和之。澐大懼，叩頭哀乞。先生曰："府縣至，恕汝。"澐致書府縣，須臾至，諸生與視斂，實病無他故，事乃解。其勇決赴義多類此。

先生講學，宗陽明良知之説，而充之以學問，博通經史，熟習本朝掌故，期於坐言起行。其學外似陳同甫、王伯厚，而實以劉念臺慎獨實踐爲歸，故不流於空虛泛濫。同時賀復齋講學三原，恪守程朱，與先生聲氣相應，致相得也。先生刻《關學編》未竟，囑復齋續成之。

先生以乙卯舉人大挑得定邊訓道，軍興未赴。其賞戴藍翎也，以鞏昌解圍，攻克熟陽城功；其奏以知縣陞用也，以回逆起，辦團城防績；其奏請分省補用，並加同知銜也，以幕府勞勤，劉果敏特保之。均先生去後，主者心稔先生功,借他事以酬,先生不知也。今秋,鹿中丞、柯學使以經明行修、歷主書院勤勞特薦,先生辭講席已二年。特旨交部議敘,朝令未聞,先生已疾亟不能待矣。

先生高祖萬青,貢生,行載省志《孝友》《義行》及《經籍志》。祖世樸。考松齡,郡庠生;妣劉。以先生貴,贈奉政大夫、宜人。弟景倬,性友愛,先生疾,目不交睫,見先生,必强歡笑。先生察其神瘁,勸令休息,毋過憂。余兩視先生疾,得其狀,歎兄弟如一身,於此猶信。嗚呼,可以風矣!先生配袁宜人先卒,先生銘而葬之祖塋,虚右以待。子震蕃,廩膳生,從予游。將于明年二月二十五日啟宜人窆,葬先生,索予銘。予及李編修與先生交誼若兄弟,先生長予一紀,李長予三歲。先生及李以道德經濟自任,予時習古文辭,戲曰:"勉之,他日誌君,無枯吾筆。"李卒於戊寅,葬以己卯,予述其行事,先生覽之,笑曰:"銘予可勝任"。予亦笑應之。今甫一紀,又銘先生。戲言竟成讖耶!然予已四十有九矣。其於人世能幾何?時知交零落,誰與爲歡?吁,悲已!辭曰:

可繫援於窮弱,不濡忍于諸侯。心慈以惠,氣勁以道,其古豪俠流耶?然而理會其通,學粹以融,議嚴方外,誠一體中。桑梓謀豫,整旅圖豐,菁莪蔚起,沐雨嘘風。蓋悲憫在胸,俠烈爲骨,道義積躬也。歷講涇干、味經,關中多士,喁喁矣,此何人哉?子俊字,景偉名,避難以石樵自署。晚築學稼園以躬耕。蒼龍右繞,灃左縈魄,產靈芝氣,星精畢郢。劉光蕡曰:是爲灃西柏先生之佳城。

行狀

府君諱景偉,字子俊,號灃西,晚號忍庵。原籍直隸,始祖以元軍職宦陝西,遂居於長安馮籍村。先高祖諱萬青,字黛參,貢生,行載省志《孝友》《義行傳》及《經籍志》。妣氏馮、氏王、氏童、氏張;先曾祖諱世樸,字大順,贈文林郎。妣氏王、氏童、氏史;先祖諱松齡,字鶴亭,郡庠生,妣氏劉。三世皆有隱德,以府君貴,誥封奉政大夫、宜人。昆季二人,府君長,次名景倬,字漢章,附貢生,議敘縣丞,以修築堡寨出力,保奏以知縣陞用。

先大父得府君甚晚,鍾愛特甚。年七歲,爲府君延師課讀,而不限以課程。以故就傅六載,僅讀《易》《書》《詩》三經。年十三,府君見家事中落,兩親拮据艱難,慨然始立志讀書,終日不出書室。晚間昏昏欲睡,則默念曰"讀書不自奮,吾親勤勞何時已耶",因自擊其首,痛而醒。自此至老,起未至天曙者。

年十九,受知於邑侯孫琴泉先生,取冠軍。次年食餼,有聲庠序。復受知於關中院長固始蔣子瀟先生,拔住内院,深器重焉。咸豐甲寅,先生移講豐登、宏道兩書院,因以閲卷之役屬府君。八月,先生偶得中風疾遽卒,有大荔縣典史單澐者,與先生素有隙,散流言謂"先生之死不明,宜窮治"。當時同州府牧貴大荔令姚,朝邑令易受其蠱惑,院内士悚懼。府君差人馳請牧令視殮,謂:"先生果死事不明,先生無子,我等門人卽應昭雪以報師恩。"延至三日,無一人至。午後突來衙役數十名,聲言拏人。門人正欲商議搘持,忽見澐坐踞講堂,提書院門斗審問,府君痛哭一①聲,衆門人共發公憤,將衙役悉行逐去,謂誰訟先生死者?牧令何在?而嚴巖師座,致令典史來鞠獄耶?府君力叱單澐,下拳而毆之,院士咸譁,澐哀乞聲徹院外。因見勢不得已,願致府、縣官,乃手書數函分致牧令,頃之至,府君反覆與之辨駁,果病,無别情,事遂寝。

次年乙卯秋試,領鄉薦,賀者踵至,多賻以北上資。府君悉婉却焉。因鑴"不受俗人憐"銘章以自佩,遂息借若干金以行。後悉以館穀償之。以故三次未赴禮闈試,實其素性鯁介,蓋歲淡於榮利也。同治壬戌,再應春試,聞吾省花門變作,以先大父母在堂,未及揭曉,卽日束裝。有止之者,府君曰:"所憑者方寸地耳,今方寸亂矣,留此何爲?"遂間道歸,詎意房薦極優,旋以小疵見擯,至是遂絶意科名。大挑二等,選授定邊縣訓導,以回逆蹂躪,未赴任。

自京抵家後,時元年五月十三日也,正值吾鄉興辦團練之始,聞府君歸,僉請督理主持。府君平日好讀兵書,又素善拳勇,凡四方英鋭知名之士,輒傾交焉。每一念及逆族煽亂,盜弄潢池,憤激填膺,不勝髪指,正在躍躍欲試,方期禀命高堂,復雠雪恥。乃先大父母春秋過高,倚閭念切,留,不得去。而鄉人迫請不已,因約朝出暮歸,與鄉人講擊刺法,其戰守機宜不與聞也。後團營移至數十里外,又值烽火滿目,府君恒於深夜,單騎挾甲士數十人,迂道以達親所,依依膝下,無少爽期。厥後避亂移家南山太平峪,先大父母相繼見背,而壽具悉燬於兵燹。府君與家叔哀毀之中,竭力摒擋,間關跋涉,勉當大事。至今每一憶及猶泫然,以未能盡禮爲憾終身。生辰不忍言賀,治家喪具必從其薄。其仁孝性成,有如此者。

四年乙丑,服闋,應傅堃亭軍門之約,同往鄂省招募勇士,赴甘從戎。未及數月,而軍門陣陷,金積堡不能成軍,繼爲曹藎臣提師延襄營務,旋以當道武夫

---

① "一":金陵本作"失"。

糾糾不知禮貌，又多無可與語，婉辭旋里。

五年六月，蒙楊制府厚庵以鞏昌解圍，並攻克熟陽城等處賊巢出力，奏請賞戴藍翎。十月劉霞仙中丞以元、二、三年在籍帶團城防出力，保奏請以知縣選用，奉旨允准。

六年十月，前欽帥左文襄公督師入關，訪求關西俊傑，駐節臨潼，檄調府君赴營。稱其"負性伉爽，識略過人，與共功名，用濟時艱"等語。時捻匪正棘，官軍與角逐無停趾。文襄方議縮地圈賊河、渭之間，府君謂捻匪東去，回逆必乘虛西來，且捻匪亦無定向，伺隙蹈瑕，擾我善地，宜堅壁清野，使民自衛，以待賊匪，則官軍剿賊亦易，由是修築堡寨之議定焉。

旋卽札委府君總理西、同、鳳、鄜、邠、乾六屬事，宜創立省垣團練、堡寨總局，府君復舉翁太守雪樵、李內翰稼門爲之副手，定築寨章程數十條，廣爲勸導，親成公啟千餘言，作其忠義。詎意陝禍未已，時與願違，上游方深倚重，而各屬牧令隱以相陁見忌，府君卽稟辭出局，當道敦留再四，諄諄數百言，府君終決然舍去者，雖義不容恝，而勢終不能有成也。厥後捻匪突至，獲安堵者多蒙其利，其未竟厥功者，府君深爲長太息焉。

八年，前中丞帮辦軍務劉果敏公鑒其勞勩，特保奏請以分發省分補用，並賞加同知銜，奉旨依議。時左文襄追捻逆而東關內無賊，亦無兵。劉果敏駐節三原，力不能剿回逆，府君乃有招撫北山土匪之舉。北山土匪者，今烏魯木齊提督董公福祥部衆也。始起與回逆角，後苦無食，遂亦劫掠。府君謂其"讎賊旣深，戰賊必力"可用。因購得慶陽府難民賀、張二姓，廉得董營情狀，府君因大加鼓舞，曉以忠義，慨然願爲嚮導，因代二君擬陳方略，上稟當道，劉果敏公得二君書，大爲傾折。閱至"散其脅從，錄其丁壯，指授方略，迅掃妖氛。此機宜速施英斷，至應用何人招撫，該團首始能服信，應設何方遣散該部衆，始各安居，機事宜密，不敢顯陳，俯賜面結，瀝獻芻蕘"等語，以至諭形勢處瞭如指掌，陳兵機處朗若列眉，歎爲奇才。立進二君與之辨難，語未及終，果敏公曰："此非爾等所能也！"固詰主者爲誰，始以府君名聞，刻卽修書委員馳謁，敦促入署。維時府君函薦往事招撫者爲咸寧翁雪樵先生，慶陽舊太守也，年逼七旬，老且病，無心仕進久矣。聞府君以前事屬當道，而忠義之氣矍鑠如昔，遂慨然願以單騎往復。上書當道，謂招撫之役在直赴該營，自能宣揚威惠；而善後之舉必簡任大員，庶可重施擘畫。時適有幕中客爲湖南主事周瑞松者，願隨之行。乃招撫甫施，該首衆悉願投誠，誓死圖報甘事，轉機在此一舉。不意周瑞松以楚材忌秦士功，恐改甘勇而撤楚兵，意見齟齬，密陳當道，有前門出虎，後門進狼之虞。當道亦未及深察，以故僅招安董營先鋒扈彰壯士五千餘人，未加録用，悉行遣散，所有扈營部下皆痛哭流涕而去。而董福祥亦遂遠颺他方，亦足見秦中士氣之衰，而事業之關運會矣。嗣後董團全部悉爲劉忠壯公所撫，名爲董字五營。所恃以平甘境、開新疆者，卒爲先鋒，得其死力，至今董福祥亦秩晉崇階，巍然重望，其部下較他勇尤少陋習，皆府君昔日所議及者。既而左文襄肅清捻匪，移師西征，駐西安議甘事。府君上《辦理回逆臆議》，條陳要務十六事，首賊情，次寧夏、次秦州、次汧隴、次金積堡、次河州、次土司、次甘勇、次楚勇、次土匪、次進兵、次陣法、次屯田、次陝回。文襄大爲嘉尚，惟諭甘勇楚勇失文襄意，而實深才府君，以屬劉果敏。洎後甘事漸次廓清，實與府君所陳十六事多奇中。劉果敏亦深悔前撫土匪事，未悉用府君策，適高忠壯爲部下楚勇所戕，思府君言，力延幕府，益深敬信，方期出而問世，克展所學，嗣公與當事鉅公意見差池，奏請終養回籍。府君亦稟辭旋里，至是功業之念又灰焉。

後以避囂移居終南五臺山，日從事格致誠正之學，講求身心性命之修，益信名教中真有至樂，而時事遂不復過問，即舊好亦罕見焉。居年餘，吾省兵事既靖，當奏請舉行鄉試，府君蚤歲門下諸君子，僉以衡文之事請，遠近著籍者，頻年遂踵至焉。雖向學之士歷科獲雋及受職中外，爲吾陝光者頗不乏人，教育英才之樂在此。而險阻備嘗之餘，遂復耗及心血者，蓋又肇端於此矣。

光緒丁丑、戊寅，秦、晉、豫歲大饑，餓殍盈途，吾省渭北尤甚。府君蒿目時艱，憂憤不已，立約同志稟懇大府停征籌賑，並繕公函分致同鄉京官，入告聖朝，奏撥巨款，立沛恩施。繼爲宮農山府尊、林馥庵、俞崑岩兩邑侯疊次敦促總理咸、長賑務，時府君患咯血疾已九閱月矣，而迫以義不容辭，情不忍恝，力急從公，設立勸賑總局，舉行"各鄉保各鄉，各村保各村"法，勸勉殷實大家，極貧施舍、次貧借助，以貧民稽富民粟，以富民審貧民戶，敦致兩邑紳耆恤患救災。稟請上游委員不時督摧，手定清釐戶口章程，籌散糧石説帖，代擬嚴防流弊示諭。約計兩歲之久，籌集賑款一十二萬餘金，全活兩邑生靈逾數十萬。矢慎矢誠，勞怨不辭，集有《咸長勸賑瑣記》一書刊行於世。蕆事之日，府尊及邑侯上詳列憲，累謀從優獎敘。府君聞之，亟往止焉。以爲此固吾學分內事，亦儒生應盡職也。且救荒自古無善策，貽誤正不知凡幾，忍以鄉鄰炎殺之苦，反圖天家寵利之榮乎？固辭乃已。

先是二年丙子，吳清卿學使延主涇干講席。蒞院之日，府君嚴立學規六事,日坐講堂諄諄以治品力學爲勗,士多從風。是歲適逢大比,遠近來學者院中幾無棲止。五月以疾歸里,多士之眷戀幾有不忍言別者。四年陳學使芑庭聘主味經書院,以賑務未竣力却。壬午十月,樊介軒學使復訂味經講席,以函請未肯出山,亟語監院寇君允臣曰:"必得非常之師,乃可培非常之材。吾今爲陝得師矣,此來庶不愧也。因盡屏騶從造廬固請,乃始應聘。歷任學使,諄留五載。

歲丁亥,譚文卿制府、葉冠卿中丞以關學不振,士習日非,有整頓學校、加修齋房之奏,力延府君主講關中書院,兼掌志學齋課。時廉訪黄公子壽,觀察曾公懷清亦病陝士多空疏也,固廣購書籍,捐建學舍,急欲鼓舞振興,提倡實學,力開風氣。經林迪臣學使、李菊圃方伯暨列憲函勸,殷殷禮貌懇至,尋復委員造廬敦聘,始由味經移講會垣,後楊制帥石泉、張撫軍南圃皆相繼延訂主講三載,以疾辭歸。前方伯陶、今學使柯、今中丞鹿累次皆謀敦延,僉以培植士風勸者。府君曰:"師道不立久矣。吾之不出實以身教,正以挽回風氣也。何嘗須臾忘吾秦人士哉!"

府君平日教士綦嚴,而居心至恕,待人綦厚,而相與甚誠。主講所至,必以辨志,先求自立爲諸生勗,卽學問亦必使從切實宏大做起,求歸有用。時登講堂,與多士共相切劘,教誨諄諄。嘗語人曰:"士所貴者品行爲最,品不能治,雖才如廬陵①,學如班、馬,掇巍科,荅顯宦,人多訾之。行果無虧,居鄉可爲純儒,入官可爲純臣,没世猶有餘芳。"又曰:"讀書必要徹上徹下,一書未竟,不可遽讀他書。"蓋人之聰明,中材居多,一則恐其凌雜躐等,馳鶩心志;一則慮其無恒終身,不能卒業。所立關中、味經院規,及《志學齋章程》《書院課士録》久已刊行,至今遠近多奉爲法。又在味經主講時,與咸陽劉焕堂先生創立求友齋義塾,課以經史實學,旁及天文、地輿、掌故、算法,商之鄉人好義君子,籌集經費,稟請上游發典生息,小助膏獎,並校刊有用各籍,廣其見聞,印售官私舊藏古本,資其沾溉,行之七載,著有成效。

今歲六月臥病時,府君猶點竄課卷,無少輟。易簀之日,立將齋中存儲原捐如數璧趙,俾無負其風義且以勵後之躋其事者。先時,吾鄉風氣,士子汲汲科名,括帖外無所事,甚或束書不讀,且有以讀書爲迂譚者。至是關中人士,奮於學問,僉知讀書以及購書、藏書者,寖成風氣。府君曰:"十餘祀後,吾鄉士

---

① "廬陵":金陵本作"半山"。

習必有蔚然改觀者，惜吾不及見也。"府君平日篤志，好研究經史，汎濫百家，凡天文、地理、農田、水利、兵法、卜筮、書畫之類，以及古今治亂因革之原，中外形勝險要之迹，靡不悉心講求暢於胸次。暇時常手一編，雖道途午夜無少休。講學不分門户，必以道爲依歸。晚歲益喜讀道學書，而絶不標傍道學名目，謂道学者，聖賢之正脈，天地之正氣也，世多非之，謬矣。嘗題關中講堂楹聯云："讀書不求甚解，惟實踐是期。昧漢宋之分，忘朱陸之異；辦事苦乏長才，祇虛衷自矢。任怨勞於己，推功利於人。"其教士大端亦類此。

　　府君素善詩古文辭，而尤精制義。弱冠，即於仁在堂家法深窺堂奥，輒自悔沈溺詞章，誤有用之歲月，不欲以文名也。後主講暨課徒以來，仍不能不從事於此。生平衡文不拘一格，以衷之於理法。最善啓發，遊其門者靡不喜得師承。戊子、己丑、庚寅春秋各闈，門下士獲雋者數十人，先後列甲乙榜，登優拔選附郡邑庠者以數百計，遠近執弟子禮者以千餘計，私淑者以數千計。府君生平愛才如命，嫉惡如讎，嘗於及門知向學者，必力勉之，以底於成；即質學稍绌者，尤必矜納，略无倦意。間有偭越程規者，府君必嚴切教之，令其自新。其去也，猶累日爲之不懌，蓋其風裁嚴峻，无稍私曲，而心地磊落又極慈仁，有自來也。

　　其没也，凡門生故舊以及識與不識者，罔不慟悼，未旬餘而弔者至數百焉。府君壯歲性喜任俠，天下爲任，幾不知人世有不平事。吾鄉值大亂後，强凌眾暴，相習成風，府君嘗呼於鄉曰："凡孤兒寡婦無依者，吾即其主也。"其豪氣如此。湖南孝廉張星垣先生，府君師也，令宜君時，以公罪被議，居青門，負債累累。嗣先生與其夫人、子若女相繼逝，僅遺幼男，困苦無依。凡先生舊及門歷顯位擁厚資者，至是皆袖視，時府君亦值瑣尾流離，備極拮据。呼之友人，息借百金，代償其急債，留若干資，密遣其幼子南歸，復將先生暨其夫人柩，築其墓於村之東。春秋祭掃之事，府君至今皆身任之。當屬纊時，猶深耿耿。同邑杜子賓先生，府君授讀師也。身故乏嗣，後師太夫人臨終時，屬取某子爲嗣，族人爭之不能立。府君因率同門致祭先生曰："先生有嗣，身後之事，嗣子責也。先生無子，身後之事，門人之責也。今誓以身任之。"是日因集族人等，竟取某子爲嗣。府君生平不輕師事他人，於受業師值生忌辰，必奉俎豆，至今垂爲家規。

　　此外寧鄉劉公撫陝時，府君稟除長安差徭蠹弊，創立里民公局，每年爲各里節省差費八萬餘千。邑侯邵卿涂公、雲門樊公任内，稟除閤邑里甲花户弊寶，昭雪數十年苦累，另立新甲一百餘所。李公庚伯任內，奉立馮籍廠暨本村義倉，現積存穀一千餘石。嚴定收放，永遠遵行倉廠，鄉里至今賴之。羅公誠之任內，創建本廠節義祠，請旌表崇祀鄉團陣亡勇丁，暨殉難紳民士女，至今五十餘社輪流設醮主祀，行之已垂廿年。涂公任內，又設立施種牛痘分局，捐集經費發商生息，已歷五載，保護遠近嬰孩無算。重修澧水普濟大橋，至今無病涉者。捐購義田數十畝，使本支宗族貧乏者得養贍焉，凡此多還山以後事也。

光緒戊子，府君主關中時，適焦公雨田令長安，與府君談及馮恭定公為有明一代理學名臣，昌明關學，創建關中書院，多士至今受賜。我朝龍興特重祀事，而祠宇久經傾圮，風化攸關，又恩免差糧祭田六百餘畝，復經查辦叛產，官紳誤為價售。時公裔孫以避難他方，後不果爭，祀典闕如，蠢然傷之。謀新其宮，倡捐千金，照會府君，總理斯舉。謂先儒之湮沒，皆後儒之恥。維時府君久蓄是志，亦慨出鉅金，力允其役。因邀集闔邑紳耆，議定附祠青門學舍舊址，改立少墟書院，俾吾鄉童子得讀書所。甚盛舉也。不意大工甫肇，忌之者從而阻之。幸各上游倡義捐廉，速集鉅款，力助經營，遂寢其謀。嗣後吾鄉好義君子及官中外者，僉伸公憤，慨允樂輸，未及兩載，而堂構稱煥然焉。府君因率同志上陳護撫陶公，稟請專摺題奏，溫旨報可。迄今春秋祠祀，俎豆秩然，講肆宏開，絃誦琅琅，亦足見府君之有志竟成矣。

惜善後程規未及手自釐定，垂久經費尚未籌及充足，瀕危猶惓惓於後之繼者。嗟乎，以府君之德，徵府君之壽，允宜期頤未艾，上臻大耋。自關中掌教歸，葺治學稼園，種樹蒔花，優游講學，將終老焉。今秋視學柯公、撫軍鹿公臚舉實德，以經明行修上達帝廷，雖府君不足為榮，而天語煌煌，交部議敘，方冀仰荷天恩，垂蔭無窮，詎意偶染痢疾，沈綿四月，堅不服藥。而植品績學，憂勞半生，朝命一未及聞，竟溘然而長逝矣。嗚乎痛哉！

府君生平勤事筆墨，所作多不存稿，今不孝搜遺集，僅得《澧西草堂》詩文稿若干卷，餘多牘啟及酬應作，非其至者。病中語不孝曰："余一生積有許多絕大議論，醞釀多年，自問於道頗有所窺。歷計余所見書均未道及，累以文筆不古，尚未成篇。此次歸來，擬繕出以示兒輩，今病已至此，嗟無及矣！"此皆不孝罪孽滔天所由致也。當病革時，猶切囑不孝與弟震葵"以變化氣質為先，以善事叔父為重，以勉持家政為急"。言猶在耳，幽明永隔。每一念及，五內崩裂。嗚呼！痛哉！

府君生於道光十一年辛卯四月十七日亥時，卒於光緒十七年辛卯十月十八日卯時,享壽六十有一。先妣袁宜人,先五年卒,府君自銘其墓。子一,不孝震蕃,廩生。女一,適三原廩生胡坊,即創立求友齋主人,倡捐巨款,芷洲觀察喆嗣也。不孝謹遵遺命,來歲仲春卜葬於本村北阡祖塋,坤首艮趾,啟先妣壙而合窆焉。

不孝苫塊昏迷,語無倫次,追述梗概,曾不及其萬一。伏懇當代先生大人俯鑒哀忱,錫之銘誄,藉重麟筆,用光泉壤,則不孝世世子孫感且不朽。

輯　錄

柏先生景偉①

柏景偉字子俊,晚號忍庵,長安人。咸豐乙卯舉人。大挑教職,授定邊訓導,以回亂未赴任,奉父母匿南山,轉徙荒谷。親歿,喪葬盡禮。尋以在籍辦團防叙勞,以知縣選用。左文襄督師入關,辟參軍事,因請築堡塞以衛民居,設里局以減徭役,提耗羨以足軍食,徙回居以清根本,開科舉以定士心。又上辦理回匪臆議十六事,文襄深才之。以屬幫辦軍務劉典叙積年勞勩,特保以知縣分省補用。嗣劉公以終養回籍,先生遂歸里,不復出。光緒三年,秦人饑,請於大吏發粟振恤,創爲各村保各村法,以貧民稽富民粟使無匿,以富民覈貧民户使無溢,多所全活。

歷主涇干、味經、關中各書院,立求友齋,以經史、道學、政事、天文、輿地、掌故、算法分門肄習,造就甚衆。先生爲學似陳同甫、王伯厚,而實以劉念臺慎獨實踐爲的。嘗謂:"聖賢之學,以恕爲本,以强爲用。强恕而行,則望於人者薄,而責於己者厚。"又謂:"同此性命,同此身心,同此倫常,同此國家天下,道未嘗異,學何可異?凡分門別户者,非道學之初意也。"故理一分殊之旨,與立人極主静、體認天理之言,學者不以爲異,而其所持究未嘗同。然則主敬、窮理、致良知、先立乎其大之數説者,得其所以同,亦何害爲異乎?其大旨如此。著有《灃西草堂集》八卷。(參史傳、《陝西續通志》、劉光蕡撰墓誌)

柏子俊先生②

先生諱景偉,字子俊,號忍庵,晚年自號灃西老農,長安人。自少讀書力學,欲睡輒以木自擊其首。弱冠爲諸生,食餼。咸豐五年舉於鄉。同治初,大

---

① 本傳文輯自徐世昌《清儒學案》卷一九一《古愚學案》。
② 本文輯自張驥《關學宗傳》卷五五《柏子俊先生》。

挑二等，選定邊縣訓導，以回亂未赴。奉父母避居南山，轉徙荒谷間。親歿，哀毀逾恒，喪葬如禮。服闋，偕提督傅先宗召募湖北，以功賞戴藍翎。十月，中丞劉霞仙以團防勞績奏請以知縣選用，欽差大臣左宗棠暨幫辦劉典先後論荐，詔以知縣分省補用，并賞加同知銜，旋請假歸，一以講學爲志。

歷主味經、關中各書院講席，又與咸陽劉古愚創立求友齋，以經史、道學、政事、天文、輿地、掌故、算法、時務諸學教諸生，分別肄習，關中士風爲之一變。重修馮恭定公祠，刊其《關學編》，序而行之。光緒十七年，撫軍鹿傳霖、學使柯逢時以經明行修請於朝，詔下部議。十月卒，年六十一。先生之學，外似陳同甫、王伯厚，而内則以劉念臺慎獨實踐爲宗。不居道學之名，教人敦品勵行，雖嚴立風裁而愛才如命，學者宗之。著有《灃西草堂文集》行世。

參考文獻

一、古籍文獻

1. ［宋］張載:《張子全書》,康熙五十八年文淵閣四庫全書本。
2. ［明］《馮恭定全書》,明萬曆壬子刻本,美國哈佛圖書館藏。
3. ［明］胡廣編輯:《性理大全》,康熙十二年文淵閣四庫全書本。
4. ［清］李顒:《二曲集》,清康熙三十二年鄭重、高爾公刻本。
5. ［清］柏景偉:《柏灃西先生集》,民國十五年南京金陵思過齋刊本。
6. ［民國］《灃西草堂集》,民國二年陝西霄光印字館印本。
7. ［清］劉古愚:《烟霞草堂文集》,民國四年鉛印本。
8. ［清］牛兆濂:《藍川文鈔》《藍川續文鈔》,民國十三年,芸閣學舍鉛印本。
9. ［民國］徐世昌編纂:《清儒學案》(全八冊),北京:中華書局,2008年。
10. ［民國］王儒卿等編:《陝西鄉賢事略》,民國十五年鉛印本。
11. ［清］趙爾巽等撰:《清史稿》,北京:中華書局,1977年。
12. ［清］阮元校刻:《十三經注疏》,北京:中華書局,1980年版。

二、今人著作

1. 侯外廬等:《宋明理學史》(上、下),北京:人民出版社,1984、1987年。
2. 陳三立:《劉古愚先生傳》,《民國叢書》第二編,上海:上海書店,1990年。
3. 龔書鐸:《清代理學史》(全三冊),廣州:廣東教育出版社,2007年。
4. 張鵬一編:《劉古愚年譜》,西安:陝西旅遊出版社,1989年。
5. 任大援、武占江:《劉古愚評傳》,西安:陝西人民出版社,1997年。
6. 王鍾翰點校:《清史列傳》,北京:中華書局,1987年版。

陝西省社科基金古籍整理與研究項目成果彙編
（2015年度）

·下編·

陝西省古籍整理辦公室　編

吳敏霞　主編

西北大學出版社
·西安·

陝西省社科基金古籍整理與研究項目成果彙編（2015年度）
本成果受到2015年度高校古委會直接資助項目（批准編號：1550）資助

《羽衣新譜》校注

【清】王小屏　編輯

崔金明　校注

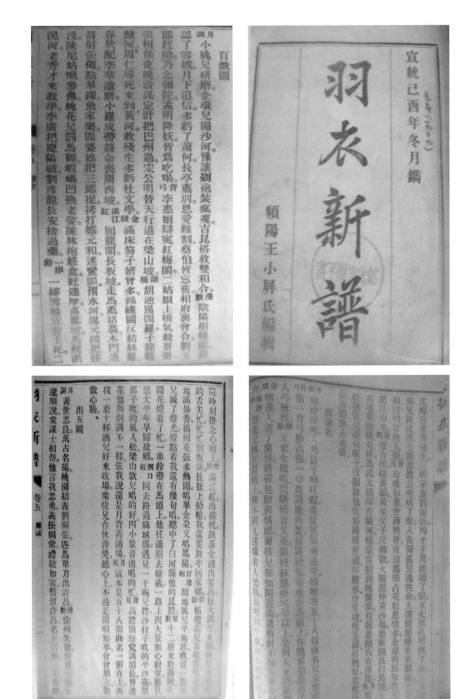

《羽衣新譜》書影四張

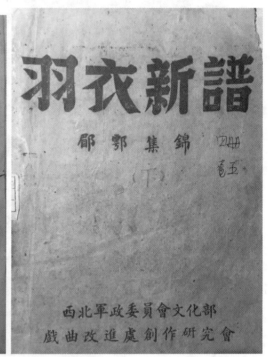

《羽衣新譜》油印本書影二張

頻陽王小屏氏編輯
宣統己酉年冬月鎸刻
古蓮勺雲章氏校正
古頻陽香亭氏校閱
古有邠唐甫氏考訂
古霸陵子清氏校閱
古有邠德卿氏評定
古有邠翰臣氏詳參
古頻陽壽軒氏編次
西安省城内竹笆市公益書局排印

點校説明

眉户本稱"郿鄠",也有"曲子""清曲""迷胡戲""曲子戲""迷糊子"等多種不同的稱謂。二十世紀四十年代,陝甘寧邊區將其定名爲"眉户",於是"眉户"一詞成爲現在的通稱。"眉户"在西北廣爲流行,最早産生於陝西關中一帶,以後流傳區域漸廣,除了流傳到陝西全省以外,在山西、甘肅、寧夏、新疆等省(自治區)的有些區域也流傳甚廣。眉户唱腔悠揚婉轉、細膩動聽,適合表現人的喜怒哀樂,適合表現人的悲傷情愁;眉户語言通俗易懂,方言性極强,適合描寫民間故事,適合反映農村生活。它是我國優秀民俗文化品種之一,是戲曲百花園中的一朵奇葩,是我國文化藝術寶庫中的寶貴遺産。眉户已於2008年收入第二批國家非物質文化遺産名録。

作爲民間小戲,雖爲老百姓喜聞樂見,但在歷史文獻中,眉户戲難覓其蹤,這給以後的研究工作帶來諸多不便之處。但幸有一些有心人對其進行了初步整理。陝西富平人王小屏就是其中一位。他編著的《羽衣新譜》是現存最早一部陝西眉户集錦。這部集錦經過王小屏的精心整理,給我們留下了研究眉户戲的豐富語料,也爲眉户戲的流傳起了舉足輕重的作用。

一、版本、作者及成書

《羽衣新譜》爲四册分五卷再加一續編。《羽衣新譜》的版本很少,最珍貴的是清末鉛印本,宣統己酉年冬月(1909)鎸,西安省城内竹笆市公益書局排印,藏于陝西省富平縣圖書館。吴敏霞等提到的"富平縣圖書館所藏孤本《羽衣新譜》[①]"即指此版本。據筆者調查,此版本爲白口、單魚尾、四周雙邊。版心注書名,版框16.5×12.5cm,開本20×13.5cm。共四册五卷,第一册包括第一二卷,第三四五册各一卷,惜缺續編。此版本的收集當歸功於原富平縣文化館館長、圖書館長劉成永先生。他1986年10月曾在鉛印本《羽衣新譜》

[①] 吴敏霞、袁憲、党斌,《陝西古籍存藏的問題與對策研究》,《文博》,2008年第3期。

第一册的序跋前記錄了此版本的收集過程：

縣文化館于1949年後曾在南社搜集，原省劇碼工作室①曾借用抄錄。由於保管不嚴，"文革"中竟散落於羣眾之手，經我多方瞭解，幾經周折，使之珠聯璧合保存至今。現交圖書館珍藏。

另外還有油印本和手抄本。油印本係1950年西北軍政委員會文化部戲曲改進處創作研究會油印。郭永銳稱"沒有見過原書"認爲"恐怕傳世極少"②，另據米晞在《傳統曲子彙編》的序中回憶，1974年華縣藝人崔華生臨終前曾交予他破碎不堪的油印本《羽衣新譜》一册，經辨認此爲《羽衣新譜》續編③。另外，劉成永的序跋前的空白頁手寫記錄他在莊里鎮也發現了"羽衣新譜續編"，但並沒有徵集入館。國家圖書館和高陵縣文化館各收藏一册油印本《羽衣新譜》，經查閱均爲《羽衣新譜》第五卷。爲了研究的需要，筆者經過多方打聽搜集，在西安未央區馬浮沱村搜到兩册油印本《羽衣新譜》，分別爲第五卷(74*2頁)和續編(78*2頁)④。這兩册書品相完好，可供研究使用。至於手抄本，據寶鷄市歌舞團原團長、副研究員劉建洲先生所説藏於今陝西藝術研究所，又據陝西藝術研究所研究員原作哲先生説，此書原在該所，但現在難覓其宗。至此，《羽衣新譜》三種版本均難以完璧。

關於作者的生平，其他文獻中未見記載，但可以從《羽衣新譜》的序跋中得到一些線索。《羽衣新譜》的序跋多達17篇，是研究作者及成書的重要材料。它們的寫作者大多數爲作者的朋友，此外還有朋友的父親、朋友的兒子、朋友的朋友和作者姻弟等人。

關於作者姓名和籍貫，《羽衣新譜》第一册在扉頁上有"頻陽王小屏氏編輯"的字樣，我們由此可知編纂者是頻陽人王小屏。編纂者的籍貫"頻陽"是古稱，秦厲共公二十一年(前456)在頻山以南設置頻陽縣，以後"頻陽"就成爲固定的建制，在今陝西富平縣一帶。王小屏爲現在的陝西富平人。在《羽衣新譜》中的序跋中，王小屏一名出現14次，如"小屏王君"(徐三涵《敍》)，

---

① 陝西省劇碼工作室，即現在的陝西省藝術研究所。
② 郭永銳《山陝眉户戲研究綜述》，《山西師大學報》(社會科學版)，2006年第6期。
③ 姜德華、曹希彬《傳統曲子彙編》，咸陽地區群眾藝術館，1984年第5—12頁。
④ 這兩册書的封面上分別標有上、下的手寫筆跡。可能收藏者誤認爲收藏的是《羽衣新譜》全本，分上下兩册。

"小屏王君"(王敬之《贊》),"吾友王君小屏"(張爾均《序》),"頻陽王君小屏者"(無名氏《序》),"王君小屏"(郭文濤《序》),"王小屏君"(張濟瀛《敍》)等等,除"王小屏"之名外,還出現了作者其他的三個名字,一爲"王慧泉",共出現5次,二爲"王仲愚",共出現9次,三爲"王敬一",共出現2次。在書中稱作者爲"王慧泉"者如,"頻陽王君慧泉"(雲章甫《跋》),"慧泉王公"(馬浚通《序》)等;在書中稱作者爲"王仲愚"者如,"僕友頻陽王仲愚"(馬錫綬《跋》)"王君仲愚"(楊進《序》),"吾友王君仲愚"(馬振藩《跋》)等。從這些名字中,我們較難考證其名、其字、其號各是甚麼。但在《續編》目錄的前後出現"頻陽王敬一小屏氏編輯"的字樣共兩次,據此,我們可以初步判斷"敬一"是其名,"小屏"是其號。"慧泉""仲愚"可能是其字。

關於作者爲人和性情,其"一見如故交"的朋友雲章甫說他"隱身科吏","器宇軒昂,胸襟高廣"。其"契友"馬浚通認爲"此公有騷人達士之風,無進鋭退速之念"。其友馬錫綬說他"癖嗜聲歌,深探其奧"。馬錫綬的朋友楊進說他"隱身書記,性嗜風騷",其朋友的兒子李盈海謂其"有騷人達士之風,無俗吏塵氛之氣"。張濟瀛稱其"吾邑收科之偉人,以曠達爲懷,以清高自守,惟雅好曲歌"。其朋友的父親王敬之說"小屏王君,有邰收科經承也",讚美他"瀟灑自如,温厚可愛,人中麒麟,真近世之端人也;其生平性耽詞曲,酷嗜絲絃"。其友張爾均說他"少讀書不果,棄而習律,見而憂之"。他的"同志友"無名氏言其"惟性嗜詞曲,常於案牘之餘,召集二三曲友,講求音韻,編制曲歌"。其友馬振藩說他"神遊風雅,癖好絲竹"。其"契友"福堂氏稱其"酷嗜音律"。他的姻弟郭文濤說他是"頻陽之偉人"。其"曲友"徐三涵稱他"以風雅才,習蕭曹律;其生平所耽耽注意者,亦惟以筦絃謳歌爲要務"。

綜合以上他人的評價,我們可推知,富平人王小屏在家鄉有一定名氣;他雖在政府做官,但身上沒有官員的俗氣卻有文人的雅情;他嗜好曲歌且熟習韻律,常召集曲友切磋曲韻、編制曲歌。最難得的是,他"惟以筦絃謳歌爲要務",把改良戲曲作爲自己一生最重要的一份事業。

但《羽衣新譜》並不是作者在富平輯成,而是他在武功縣做官時成册。劉成永在1986年10月曾在鉛印本《羽衣新譜》第一册的序跋前記錄了成書的過程:

《羽衣新譜》系邑人王小屏在武功縣司法部門任書吏(習稱"住房")時輯成。

關於劉成永說"在武功縣司法部門任書吏"之語,可以序跋中相關的記載相互印證。比如"隱身科吏"(雲章甫《跋》)"以高士而隱于書記"(李藩《敍》)。

當然,《羽衣新譜》的成書並不是一年兩載就能完成的。原作哲曾說:"它是富平人王敬一在武功縣做官時用14年時間(1895—1909)廣為收集關中地區當時民間流行傳唱的曲目分類選刊的。"①原先生的論斷是正確的,馬榮卿的序中也提到:

始集於光緒乙未,完帙於宣統己酉,十五年來,集腋成裘,無間寒暑,殫精竭力,親善成編。(馬榮卿《序》)

"光緒乙未"即光緒二十一年(1895),"宣統己酉"即宣統元年(1909)。其間隔確是原先生說的14年,馬榮卿言其"十五年來"是把"虛歲"也計算在内。無名氏《跋》對成書的具體時間更加精確到了冬季:"己酉仲冬,出版是冊。"

《羽衣新譜》出版之後,王小屏並沒有止筆,他繼續筆耕不輟編寫《續編》。郭文濤提到"乃者編成未幾,而小屏又出續編以示余。"因為他覺得《續編》可補《羽衣新譜》之不足:"先集羽衣新譜一帙四本,因其尚未完璧復續一編。"(馬浚德《序》)他不僅自己全力搜編曲子,還希望後人能繼續編輯,"願後之仝嗜此事者,鷺序集焉。"(《自序》)

關於"羽衣新譜"的命名,馬榮卿《序》說得很明白,"蓋取霓裳度曲之意",又說"是編也,厭故喜新者,不能集;而推陳出新者,能集之。謂之'新譜'不亦宜乎!"書成之後,楊進在《序》中評價說"霓裳之有傳聲也。"由此,"羽衣新譜"的命名也就很清楚了。

那王小屏為甚麼"惟以筦絃謳歌為要務"?我們認為原因有四:一是國家貧弱、時局危難、民智不開。當時時局"勢際艱危,時丁杌陧,邊笳四起,鼙鼓齊鳴"(雲章甫《跋》),所以需要"取古今節義忠孝之諸大事,編為詞曲,譜之音歌,俾人人聲入心通",這樣纔能"吾之民智大開,中國將不終於愚弱矣"(李藩《敍》)。在這種情形下,唱曲子是開民智、移風易俗的手段。正如李春官所說:"世界文明各國,風氣最為開通,民俗日益進化。究其所以然者,除政治教

---

① 原作哲《陝西說唱藝術的萌生與發展軌跡》,《交響·西安音樂學院學報》1996年第4期。

肯而外,尚賴報紙演説諸要素,以補助文明之發達。然而天資不齊,智愚各別,有非報紙演説所能普及者,非籌一特別補救之方法,不足以收普通文明之效果。再四思維,惟有改良戲曲,尤爲當時所爲急務者也。"二是因爲曲子演唱方便、通俗易懂、老少咸宜,故事生動活潑,貼近百姓生活。正所謂:"(曲子)不卑不亢,剛柔合宜;不野不文,雅俗共賞。有東都才子之思,無西方神佛之怪;有南國佳人之想,無北鄙殺伐之聲。"(福堂氏《序》)三是曲目佚失嚴重,曲詞音節失散、音調以訛傳訛。正可謂"降及後世,沿襲之久,調以傳訛,而其詞又多處於樂工世人之手,音節漸乖,假借斯謬"(馬錫綏《跋》)。"無如世變風移,音節失散。詞因降而愈降,調以訛而傳訛。放流派於紅牙,溷凡聲于白雪。雖小言之奚惜,究大雅之已乖。"(楊進《序》)四是流傳至今的曲目在傳唱過程中魚龍混雜、真意湮滅。詞曲"降及後世,人心不古,市井資以行樂,優伶籍以謀生,流品雜而真意湮"(郭文濤《敍》)。

二、劇目及其數量

關於《羽衣新譜》及其《續編》的數量,可以説眾説紛紜。雲章甫曾校對過此書,他説"俾余校讎其事,因得卒讀一通","都一百數十出"。馬振藩《跋》中卻説"共得二百餘首"。兩者數量上出入還是比較大的。

《中國戲曲志·陝西卷》説是收錄眉户單曲詞和聯曲詞240餘首[1]。原作哲(1996)説"全書共分五卷一續編,收入曲子書目265段(本),涉及音樂曲牌名稱140餘個"[2]。原先生(1999)改變了看法,説"收入曲詞書目二百四十二段(本),涉及的調名達135個[3]",而王朝中(2010)卻説"清初王敬一編《羽衣新譜》五卷本,收錄曲目223個。[4]";陝西省地情網介紹説"《羽衣新譜》清末

---

[1] 中國戲曲志:陝西卷[K].北京:中國ISBN中心,1995:116。另,陝西戲曲研究院網站"明清時期的陝西戲曲"http://www.sxqq.net/newshow.asp?id=1478,也認爲"清代晚期富平縣王敬一編選了明清曲集《羽衣新譜》,共收錄曲子詞二百四十餘首。"

[2] 原作哲《陝西説唱藝術的萌生與發展軌跡》,《交響·西安音樂學院學報》,1996年第4期。

[3] 原作哲《"西曲"與陝西曲子(上)》,《交響·西安音樂學院學報》,1999年第2期。

[4] 王朝中《西府人的精神家園——淺議西府曲子的魅力》,《當代戲劇》,2010年第5期。

王小屏集明、清以來流行的清曲246首"①。

綜上,研究者對《羽衣新譜》的曲子數量有多種說法,有的只是統計了一個概數,有的則比較具體,但和實際情況均有出入。經過我們全面的統計,《羽衣新譜》四冊五卷包括全月調52出、月背調36出,平調34出、情曲65出(63+2)、雜調38出(35+3),共計225出。《續編》月背雜調共23出。《羽衣新譜》四冊五卷一續編共計248出。請看下表(後附詳目):

冊卷		分類	數量	備注
第一冊	第一卷	全月調	52	
	第二卷	月背調	36	
第二冊	第三卷	平調	34	
第三冊	第四卷	情曲	65(63+2)	《圍困普救寺》一題二曲;《拷豔》一題二曲
第四冊	第五卷	雜調	38(35+3)	《挑袍》一題二曲;《黑訪白》一題二曲;《相面》一題二曲
續編		月背雜調	23	
共計			248	

附曲目目錄

卷一全月調(52)

1. 喜吉慶
2. 陞官圖
3. 三星
4. 現瑞
5. 節節高
6. 過仙橋
7. 萬壽無疆
8. 長安八景
9. 樂逍遙
10. 賀遷喬
11. 大名舊聞
12. 喜相逢
13. 交朋
14. 接友
15. 進書房
16. 念大學
17. 賀洞房
18. 賀花燭
19. 推金積玉
20. 春日踏青
21. 春福
22. 春樂
23. 遊春景
24. 翫春景
25. 觀春景
26. 賞春景
27. 同遊望春樓

---

① 陝西省地情網 http://www.sxsdq.cn/dqzlk/dfz_sxz/fpxzhi/201004/t20100417_264719.htm。

28. 春遊哈喇門　　37. 雪夜撇蘭　　45. 約佳期
29. 夏日美景　　　38. 歲思　　　　46. 鶯鶯鬧齋
30. 夏景兒長　　　39. 隱居茅廬　　47. 紅娘下柬
31. 秋景淒涼　　　40. 機關參透　　48. 捷報
32. 秋風兒涼　　　41. 徐庶薦賢　　49. 情思歎風
33. 九月肅霜　　　42. 三顧茅庵　　50. 揉牡丹
34. 秋思卜卦　　　43. 漁家樂　　　51. 送情郎
35. 雪裏尋梅　　　44. 鬧書齋　　　52. 搠鵲兒窩
36. 雪夜訪賢

卷二月背調(36)

1. 太極圖　　　　13. 會酒席　　　25. 四大景
2. 大慶壽　　　　14. 重交情　　　26. 庄家樂
3. 大賜福　　　　15. 遊赤壁湖　　27. 岳陽樓
4. 賀開市　　　　16. 春遊杏花村　28. 君臣樂
5. 蟠桃壽宴　　　17. 樂在其中　　29. 天仙送子
6. 八仙慶壽　　　18. 紅塵不染　　30. 娘娘廟祈子
7. 慶元旦　　　　19. 人情薄　　　31. 十想
8. 賀新春　　　　20. 讀書高　　　32. 訪友
9. 玉堂　　　　　21. 春日訪友　　33. 搹墓
10. 富貴　　　　 22. 春日散步　　34. 魚兒攢沙
11. 效古交　　　 23. 淵明采菊　　35. 哭顏回
12. 學桃園　　　 24. 踏雪尋梅　　36. 伯牙摔琴

卷三平調(34)

1. 喜千秋　　　　9. 玉美人　　　17. 尼姑思春
2. 慶蟠桃　　　　10. 大放風箏　　18. 勸才郎
3. 十二將　　　　11. 小十杯酒　　19. 鬧五更
4. 十三傑　　　　12. 大十杯酒　　20. 想五更
5. 四小景　　　　13. 梳粧檯　　　21. 青陽扇
6. 四季想思　　　14. 绣海荷　　　22. 吹金扇
7. 進蘭房　　　　15. 思情人　　　23. 煙花告狀
8. 出蘭房　　　　16. 送情人　　　24. 煙花哭五更

25. 九連環
26. 十八摸
27. 過沙河
28. 獨想思
29. 丫環觀情
30. 五更別
31. 十里墩
32. 放牛
33. 绣圍屏
34. 長恨歌

卷四 情曲(65)
1. 大閨怨
2. 小閨怨
3. 大想思
4. 小想思
5. 大思凡
6. 小思凡
7. 殘粧卸
8. 卸殘粧
9. 春思
10. 秋思
11. 圍困普救寺其一
12. 圍困普救寺其二
13. 西廂請宴
14. 送情
15. 思情
16. 定計
17. 拷艷其一
18. 拷艷其二
19. 聽琴
20. 哭宴
21. 草橋夢
22. 衣錦榮歸
23. 賞時光
24. 贈釵環
25. 獎金蓮
26. 摘葡萄
27. 檀香墜
28. 梵王宮
29. 秋江薦別
30. 梳油頭
31. 佳人怨
32. 半夜愁
33. 金蓮誤打
34. 瑞蓮路遇
35. 尼姑下山
36. 尼姑還俗
37. 書生渡江
38. 小姑聽房
39. 神魂顛倒
40. 高樓望夫
41. 绣鞋占課
42. 绣鞋卜卦
43. 思夫
44. 盼郎
45. 買花
46. 賣花
47. 送燈
48. 撿柴
49. 鶯鶯遊寺
50. 粧檯做夢
51. 描牡丹
52. 蝴蝶媒
53. 百寶箱
54. 刺目勸學
55. 會審
56. 賣水
57. 怕老婆
58. 姐兒挑水
59. 吹滅燈
60. 疑情
61. 傳柬
62. 鳳儀亭
63. 梅香傳信
64. 推澗
65. 桃小春陪情

卷五 雜調(38)
1. 百戲圖
2. 曲調名
3. 出五關
4. 單刀會
5. 挑袍其一
6. 挑袍其二
7. 借箭
8. 觀陣
9. 夜打登州

10. 黑訪白其一	20. 大觀燈	30. 陰功傳
11. 黑訪白其二	21. 畫廟堂	31. 禿配
12. 白訪黑	22. 玲瓏塔	32. 鬧房
13. 醉打山門	23. 畫紗燈	33. 算卦
14. 林沖夜奔	24. 化緣	34. 相面其一
15. 景陽岡打虎	25. 青菓出征	35. 相面其二
16. 燕青打擂	26. 劫法場	36. 金鷄嶺
17. 吳王採蓮	27. 乞巧	37. 絕龍嶺
18. 皇姑出家	28. 走雪	38. 賣雜貨
19. 藥王卷	29. 清風亭	

續編月背雜調（23）

1. 歎世情	9. 求龍鳳	17. 釘缸
2. 伯牙奉琴	10. 雙官誥	18. 克財
3. 古城聚義	11. 五娘描容	19. 金琬釵題詩
4. 天官退兵	12. 小姑大賢	20. 贈釵
5. 醉罵嚇蠻	13. 鞭打蘆花	21. 周文送女
6. 醉罵祿山	14. 盜仙靈芝	22. 桑涼鎮吃飯
7. 蝴蝶杯定緣	15. 鄭丹哭祠	23. 光華山走雪
8. 金琬釵借水	16. 雪梅拜墳	

三、編纂原則與劇本內容

王敬一從大量的曲子中選擇出 248 首曲子結集成《羽衣新譜》，可謂費盡心思。"小屏編此書，心思如髮，器宇似華"（張濟瀛《跋》），"摭掇必精，采搜盡善"（雲章甫《跋》）。《羽衣新譜》全書分五卷另外加一《續編》。他收集曲目編排總的原則我們可以總結爲：全書從第一卷到《續編》由簡趨繁，每卷曲目之間結構相似。

第一卷是《全月調》，共 52 曲，每曲僅有兩個曲牌，均是"月調起，月尾落"。唱詞沒有故事情節，只表現人簡單的感情。內容主要是在節慶、婚嫁、陞學、陞官、開業、喬遷、祝壽、滿月、交朋、戀愛諸事中體現出來的喜怒哀樂。《全月調》接近民歌小調，可稱爲民間歌謠體。如《賀洞房》是在婚嫁時演唱的曲子，全曲傳達出結婚時的喜悅之情：

【月調】佩玉鏘鏘，新人入洞房。郎才女貌，兩相當，天邊牛女配成雙。

【月尾】今夕同入春羅帳,來年必占夢熊祥。好似梁鴻配孟光,喜洋洋。喜的是百年偕老,地久天長。

第二卷是《月背調》,共 36 曲,多數曲子和全月調一樣是"月調起,月尾落",但也有少數"背弓起,背尾落"的。《月背調》的曲子屬於曲牌聯唱體,一般中間加入各種不同的曲牌。有的少則一個,如《富貴》,中間僅加入"漫數";有的多達 15 個,如《伯牙摔琴》,中間加入漫數、緊數、銀扭絲、採花浪、背弓、五更、金錢、五更、哭海、長城、道情、滾板、真道情、軟長城、背尾等 15 個曲牌,把伯牙摔琴的前因後果講述得很清楚。由此可推知,《月背調》的内容偏於叙事。

第三卷是《平調》,共 34 曲。由"平調"(或者其變體)一個曲牌套用多段詞來演唱,這一類大都是民歌小調,内容多爲風花雪月之景、喜怒哀樂之情、以及才子佳人之事。平調以一個調子貫穿到底,常常由眾多人物故事來表達一個主題,比如《小十杯酒》,表達的是愛人之間的悲歡離合:

【平調】一杯子酒正月正,五香女舞琴在宫庭。每見太子宫門站,忽聽得琴音亂紛紛。

二杯子酒百花開,花魁女打坐白樓臺。心中想起賣油郎,不覺珠淚落下來。

三杯子酒三月三,昭君娘娘去和北番。心中可恨毛延壽,懷抱琵琶馬上彈。

四杯子酒四月八,山伯訪友到祝家。大叫三聲祝賢弟,纔知道英台是女佳。

五杯子酒午端陽,磨房中受苦李三娘。劉郎投軍未回轉,在磨房生下咬七郎。

六杯子酒熱難當,秦雪梅打坐在機房。日每思起商郎夫,不覺兩眼淚汪汪。

七杯子酒七月七,牛郎織女兩夫妻。可恨天河來隔斷,一個東來一個西。

八杯子酒中秋來,陳杏元和番到重臺。金釵贈與梅郎手,恩愛夫妻兩丢開。

九杯子酒是重陽,張生勾引小紅娘。鶯鶯他把張生盼,黑夜三更越粉牆。

十杯子酒小陽春,王公子大審玉堂春。八府巡按他不要,一心要救女佳人。

第四卷是《情曲》，共65出。結構和《月背調》類似，同屬曲牌聯唱體。內容全是表達女子的離愁別恨的。如《大十二閨怨》和《小閨怨》都是表達怨婦情懷的。《情曲》有點像折子戲，故事情節完整，常表現一件事的全部過程和對這件事所持的態度。如《圍困普救寺》《西廂請宴》《送情》《思情》《定計》《拷豔》《聽琴》《哭宴》《草橋夢》《張生榮歸》，這10出戲前後魚貫排列，每出戲均表達一段故事，10個故事相連就是一場完整的大戲。

第五卷是《雜調》，共38出，屬曲牌聯唱體，但中間多有"滾調"，演唱風格更加接近口語。人物較多，故事情節相對複雜，基本有一個完整的故事或一個大的片段。如，《清風亭》的人物故事較爲複雜：

薛榮妻妾不和，妾周氏生下一子，被迫拋在荒郊，被以打草鞋爲生的老人張元秀夫妻拾得，取名張繼保，撫育成人。後來，張繼保在清風亭被生母周氏帶走。張元秀夫妻思兒成疾，每日到清風亭盼子歸來。張繼保得中狀元，路過清風亭小憩。張老夫妻前往相認，但張繼保忘恩負義，不肯相認，把老夫妻當成乞丐。老婆婆悲憤已極，把銅錢打在他臉上，夫妻相繼碰死在亭前；張繼保也被暴雷殛死。

最後是《續編》一冊，爲《月背雜調》。此編僅23出戲，數量不及全書的1/10，但文字就達3.5萬字，占總數的1/4強。此編中的曲子結構如《月背調》，故事複雜性超過《雜調》，大概這就是把《續編》稱爲《月背雜調》的原因。

《羽衣新譜》的題材廣泛，其內容按照內容的雅俗可大體可分爲兩類，一類是"清客曲子"，專爲士大夫茶餘酒後娛樂消遣，曲詞典雅，如《古城聚義》《伯牙奉琴》等；另一是類"江湖曲子"，爲一般藝人街頭賣唱或農閒過節娛樂時演唱，曲詞通俗，如《喜吉慶》《釘缸》《十八摸》等。前者內容多是來源於歷史故事，富於一定的教育意義；後者多取材於農村生活，有較強的民俗色彩。前者如《古城聚義》說的是劉關張的故事[①]：

【月調】思想桃園，珠淚潸潸，弟兄徐州曾失散，但不知何一日卻團圓？

【背弓】想昔結盟思匪淺，心同日月義同天，聞人說二弟歸順曹阿瞞，官封壽亭侯，美女常問安，這件事是假是真，難分辨。

【五更】漢劉備心自參，我二弟也是大賢，身在曹營心未必不在漢，難道說忍把桃園恩割斷？

[①] 《羽衣新譜》的各版本雖有句讀，但無新式標點。文章中的語句採用新式標點。

【金錢】使令人擺起香案,忙跪倒祝告蒼天,保佑我二弟回轉,那時節方纔能把愁眉展。

【漫數】出得許昌,匹馬單刀,保定皇嫂,一身代勞。催動赤兔,雲卷風潮,來在古城,用目細睄。我觀見城上,皂貂旗飄飄,赤兔馬拳蹄,站立吊橋。城頭軍聽言,你速快去報,你就說二爺,與皇娘還朝。……

後者如《喜吉慶》,一般在婚禮、小孩慶生等喜事中演唱:

【月調】喜的吉慶,喜的萬事亨通,喜的八卦光明,落滿庭,又喜的福祿壽三星。

【月尾】喜的洞房花燭,金榜題名。喜的眾家財神,將寶來贈。喜的麒麟把子送,喜氣生。又喜的金字牌匾,上寫着福壽康寧。

《羽衣新譜》隨取材廣泛,但縱觀其所選作品,都按照一定的審美標準精挑細選,正所謂雲章甫《跋》中所云:"謹按譜摭掇必精,採搜盡善。顯垂世教,多發孤臣孝子之吟;雅賦閒情,悉本香草美人之例。"其中的"孤臣孝子之吟""香草美人之例"即是其審美的標準。其所選內容多"有關於世道人心",有極強的現實意義。也正如張濟瀛《敘》中所云:"合孝悌忠信,喜怒哀樂,以及至情至理之事,無美不備其中。"

可以說,王小屛積數年之功,日積月累而有所取捨,終於完成這部反映現實,啟示人心的著作《羽衣新譜》。正如無名氏《跋》中所說:"其中風花雪月之景,喜怒哀樂之情,以及才子佳人,幽情畢現;英雄壯士,故事猶傳。"《羽衣新譜》的編排是別有用心的,它是根據曲調的結構並結合劇本抒情敘事的複雜程度,從語言精短的小曲到情節複雜的大戲,從偏於抒情民歌小調到曲牌聯唱組成的敘事說理的長篇歷史演義,《羽衣新譜》的編排順序不僅是關中曲子"從坐攤清唱發展爲高臺演唱的舞臺戲[①]"的縮影,也代表著王小屛十多年的編曲的心路歷程。

四、價值及現實意義

眉户故事淺而寓意深,其曲調使人迷戀,其內容讓人醒悟,教育意義極其深刻。許多曲目都具有它自身的藝術價值,特別是那些反映農村勞動人民生活的曲目更是鮮明生動,詼諧風趣,真可算是唱的農家曲,說的農家事,聽着格外親切。如《算卦》,通過喜聞樂見的藝術形式,人們會對這種騙人的迷信

---

① 中國戲曲志:陝西卷[K].北京:中國ISBN中心,1995:115.

活動有更加深入的理解：

【月調】算命先生，走在大街中，摸摸揣揣往前行，手拿竹笛兒吹了幾聲。

【背弓】雙目失明難行動，仗被着竹杆兒奔走路程，城裏頭大街小巷是熟徑，專等那愚夫愚婦上網籠。

【背尾】奉承的話兒低頭想成，算吉凶不過是當面打口風，全憑着口巧舌辯將人哄。

【金錢】起四柱全靠流星，再把那官煞記清，各鎮物裝在袋中，難吆喝學下竹笛兒將錢弄。舌尖上將沫子貼成，一點油兒吹的好聽，《四大景》又代《小桃紅》，《將軍令》纔把買主的心引動。……

再如《漁家樂》表現的是漁民悠遊快樂的生活：

【月調】漁家樂，家住在河坡。頭戴斗笠，身披蓑。手拏上釣魚杆兒站在崖窩。

【月尾】釣下大魚，街頭去賣；釣下小魚，下酒喝。一日清閒一日樂好快活。就是他當朝一品，也沒有我漁家樂。

又如《畫廟堂》出現了既有佛教的護法"韋陀"，也有道教的護法"王靈官"，他們同時畫在一座寺廟中，表現了佛道融合的民俗意象在民間的流傳：

【月調】雅韻兒幽，樹葉兒黃，請幾位丹青畫廟堂。普救寺兒，畫在中央。

【漫數】哼哈二將，畫在門上。山門以內，四大天王，風調雨順，太平氣象。上畫佛殿，下畫兩廊。如來佛相，八寶金裝，金蓮花坐定，孔雀名王。左有文殊菩薩，普賢塑在右傍，青獅白象，臥於兩廂。王昭靈官，八大金剛，五百羅漢，畫在兩廊。送子菩薩，坐在樓上；蛋子張仙，催生娘娘。韋陀護法，各稱剛強，鐘鼓二樓，四方清涼。山門以外，旋杆栽上，琉璃照壁，五龍棒相。……

綜上，《羽衣新譜》中的眉户曲子作爲歷史源遠流長的民間優秀傳統文化藝術表演形式之一，具有極強的娛樂觀賞性和藝術研究價值。同時眉户的演唱內容積極健康，民俗色彩濃厚，對百姓能起到良好的教育作用，傳承眉户小戲對弘揚民族優秀傳統戲曲文化和促進精神文明建設具有重大作用。眉户曲子是一種土生土長的傳統民間曲藝，它集中體現了民間濃厚的風土人情，《羽衣新譜》的整理和研究不僅能進一步保護好民間原生態的曲藝文化形式，而且能爲研究眉户戲的發展脈絡奠定堅實的基礎；不但對新時期非物質文化遺產的傳承有重要的價值，而且對陝西社會主義先進文化的發展，新農村的建設有着極大地推動和促進作用。

目前，隨着國家非物質文化遺産搶救保護工程的全面實施，眉户戲的搶救保護工作已經引起各界有識之士和文化主管部門的高度重視，正在着手對眉户這個傳統藝術進行搶救挖掘、整理。王小屏的《羽衣新譜》留給我們的許多古老説唱形式之遺跡，是我們研究陝西曲藝史的重要的現實活標本，具有重要的歷史和現實價值，更是搶救保護非物質文化遺産工作中應該高度重視的問題。我們願意沿着他留下的足跡，一步一步堅實地走下去，爲保護和發展這一優秀的民族文化遺産作出自己最大的貢獻。

校注説明

　　校訂本書之主要目的,在分析曲白,補正缺誤,期能成爲一般讀者可以閲讀之讀本。非有確實根據,充足理由,不改動原書。此所謂改動包括正誤、補缺、刪衍三項。

　　1. 本校本改傳統竪排版式爲現代慣用的横排版式。曲詞依文意及格律斷句、分段,用新式標點。

　　2. 本校本據富平圖書館所藏鉛印本(第一卷至第五卷)爲底本,以西北軍政委員會文化部戲曲改進處創作研究會油印本殘卷(第五卷及續編)爲對校本。因鉛印本無《續編》,故《續編》依油印本。

　　3. 鉛印本各曲若有他種版本者,均據以參校,其名目於校勘記中注明。凡可以並存兩通之文均不出校。本條所謂他種版本,係散見於他書之劇本如《傳統曲子彙編》《西府曲子曲目集》等。詳見參考書目。

　　4. 他種版本,許多曲目訛誤較多,於校勘殊無價值。故本校本只取對校訂底本疑誤有意義者寫入校語。凡底本不誤,他本誤者,一般不寫入校語。

　　5. 各版本間若存在文字上的歧異,一般依底本處理,如文意需要,有的也改從他本。凡有改動,出校語説明。

　　6. 正文中出校處用右上標注數字表示,如①②③……,如果校語涉及整段文字,則在整段後加注上標數字。

　　7. 由於原書各序連在一起出現,序後纔署序者名字,眉目不清,不便研讀,故本校本於每一序前加注序者名字,用( )表示。

　　8. 曲文無論正襯一律用大字印,賓白科介用小字印,襯字爲帶白性質者用小字印。

　　9. 曲牌名用【 】表示。

　　10. 方言詞,如本字難考,依原文,但出注。

　　11. 原本訛、脱、衍、倒之文,或據他本校勘;或通過上下文、文意以及行文通例互證;或據他書或現存唱段校正。俱加校勘記。

12. 原本不成形體或漫漶不清之字,既無他本可校,又無從揣測者,以"○"識出,在校勘記中標記原字。讀者可據以覆檢。

13. 原本缺字,既無他本又未能撰擬適當字句者以"□"識出,缺字在四個以上者,則於缺處注明缺若干字,不用方格,以免滿紙天窗,閲之刺目。

14. 本校本除校訂文字、標點句讀外,另對疑難字、詞、句等加以注釋,以求大眾閱讀無礙。有些文化詞與民俗有關,出注,如"喜鵲";但有些大眾熟知的詞,如"觀世音""岳飛"等一般不作注釋。爲求醒目,所注重要詞語用黑體字標示。

15. 各曲所附校勘記,僅載有問題諸事及一切刪補之字句。有大量因形近、音同、音近致誤而一望可知者,在文中第一次出現時,出校語説明,以後出現相同錯誤一般不重複於校勘記中識出,以省繁瑣。

16. 本校本爲繁體字本。繁體字本爲供語言文字研究之需要,正文中盡量保留文字原樣。本校本將文中所出現的異體字(詞)及常見錯字列表作爲附録,讀者可以覆按原本審核。另有簡化字版,为大陸普通讀者或眉户愛好者閱讀方便之需要,研究者也可參考。

附錄1. 本校本異體字彙總表

柏〔栢〕	舵〔柂〕	抿〔挋〕
寶〔寳〕	踩〔跴〕	磨〔礳〕
杯〔盃〕	泛〔汎氾〕	拿〔挐〕
鉢〔缽〕	峰〔峯〕	哪〔那〕
采〔採〕	鼓〔皷〕	乃〔迺〕
彩〔綵〕	管〔筦〕	捏〔揑〕
踩〔跴〕	果〔菓〕	暖〔煖〕
參〔叅〕	嘩〔譁〕	旁〔傍〕
插〔揷〕	回〔囬〕	匹〔疋〕
趁〔趂〕	混〔渾〕	淒〔悽〕
撐〔撑〕	鷄〔雞〕	旗〔旂〕
乘〔乗〕	績〔勣〕	汽〔汔〕
吃〔喫〕	劍〔劒〕	牽〔搴〕
痴〔癡〕	嬌〔姣〕	簽〔籤〕
仇〔讎讐〕	脚〔腳〕	槍〔鎗〕
綢〔紬〕	叫〔呌〕	琴〔琹〕
窗〔牕〕	階〔堦〕	丘〔坵〕
床〔牀〕	劫〔刧〕	球〔毬〕
垂〔埀〕	斤〔觔〕	球〔絿 毬〕
耽〔躭〕	夸〔誇〕	券〔劵〕
蹬〔撜〕	款〔欵〕	却〔卻〕
凳〔橙〕	泪〔淚〕	群〔羣〕
雕〔彫鵰凋〕	棱〔稜〕	啥〔嗄〕
吊〔弔〕	裏〔裡〕	升〔陞昇〕
睹〔覩〕	亮〔喨〕	疏〔疎〕
炖〔沌〕	鄰〔隣〕	嘆〔歎〕
朵〔朶〕	麻〔蔴〕	縧〔縚〕
垛〔垜〕	麵〔麪〕	同〔仝〕

兔〔兎〕	凶〔兇〕	欲〔慾〕
托〔託〕	綉〔繡〕	愿〔願〕
玩〔翫〕	叙〔敍〕	灾〔災〕
亡〔亾〕	咽〔嚥〕	扎〔紥紮〕
误〔悞〕	煙〔烟〕	札〔劄〕
席〔蓆〕	檐〔簷〕	氊〔氈〕
弦〔絃〕	宴〔讌醼〕	針〔鍼〕
閑〔閒〕	艷〔豓〕	侄〔姪〕
銜〔啣〕	鶯〔鸎〕	侄〔姪〕
厢〔廂〕	咏〔詠〕	衆〔眾〕
效〔効〕	涌〔湧〕	周〔週〕
蝎〔蠍〕	游〔遊〕	妝〔粧〕
携〔攜〕	于〔於〕	桌〔槕〕
蟹〔蠏〕		

附録2. 本校本常見形近和音近致誤的字（後字訛代前字）

搬〔辦〕	分〔兮〕	酒〔洒〕
倍〔陪〕	鋼〔剛〕	科〔課〕
備〔倍〕	隔〔格〕	攬〔懶〕
幣〔弊〕	給〔格〕	爛〔濫〕
采〔彩〕	鈎〔勾〕	棱〔稜〕
踩〔採〕	和〔何〕	驪〔麗〕
惨〔參〕	很〔狠〕	哩〔裏〕
戴〔帶〕	肌〔饑〕	撂〔料〕
倒〔到〕	架〔駕〕	露〔漏〕
道〔倒〕	跤〔交〕	慢〔漫〕
掉〔吊〕	攪〔狡〕	冒〔茂〕
門〔杜〕	教〔交〕	命〔名〕
睹〔賭〕	涓〔娟〕	坯〔壞〕
返〔反〕	僅〔近〕	橋〔轎〕

邛〔卭〕	彎〔灣〕	札〔扎〕
啥〔吓〕	往〔望〕	炸〔渣〕
梢〔稍〕	鞋〔偕〕	帳〔賬〕
艄〔梢〕	續〔緒〕	震〔振〕
似〔是〕	壓〔押〕	直〔值〕
碎〔粹〕	喲〔口葯〕	妝〔裝〕
提〔題〕	園〔缘〕	樁〔庄〕

附錄3. 本校本常見異體詞和訛詞（後詞訛代前詞）

阿彌陀佛〔呵彌陀佛〕	家園〔家緣〕
噯喲〔噯口么〕	餞別〔薦別〕
噯喲〔噯口葯〕	犟嘴〔強嘴〕
八戒〔巴戒〕	褲襠〔褲當〕
八掌〔巴掌〕	欄杆〔藍杆〕
場合〔場活〕	翎梢〔翎稍〕
怠慢〔怛漫〕	埋怨〔瞞怨〕
怠慢〔代慢〕	慢慢〔漫漫〕
擔待〔耽代〕	慢語〔漫語〕
頂嘴〔叮嘴〕	棉花〔綿化〕
吩咐〔分付〕	鬧哄哄〔鬧轟轟 鬧烘烘〕
干父〔乾父〕	盤纏〔盤川〕
鋼刀〔剛刀〕	螃蟹〔螃蠏〕
鋼針〔剛針〕	賠笑〔倍笑〕
根梢〔根稍〕	蹊蹺〔奇巧〕
孤棲〔孤息〕	屈指一算曲〔指一算〕
害臊〔害悄〕	沙僧〔沙生〕
狠心腸〔恨心腸〕	手段〔手端〕
洪亮〔橫亮〕	手段〔手叚〕
胡說〔糊說〕	提防〔低防〕
黄驃馬〔黃騰馬〕	推脫〔推妥〕

烏騅馬〔烏追馬〕
五更〔五京〕
捂合〔五合〕
丫環〔呀環〕
丫環〔丫還〕
佯裝〔佯粧〕
爺爺〔頁頁〕
一旦〔一但〕

以内〔一内〕
以上〔一上〕
扎屯〔札屯〕
炸雷〔乍雷〕
戰兢兢〔戰競競〕
掙扎〔掙札〕
子平〔子評〕

目録

點校説明 …………………………………………………（603）
校注説明 …………………………………………………（617）
附録 1 ……………………………………………………（619）
附録 2 ……………………………………………………（620）
附録 3 ……………………………………………………（621）

羽衣新譜

  序 敍

    1. 馬浚通序 ……………………………………………（625）

    2. 李藩擇敍 ……………………………………………（626）

    3. 徐三涵敍 ……………………………………………（627）

    4. 楊進序 ………………………………………………（628）

    5. 李盈海序 ……………………………………………（629）

    6. 張爾均序 ……………………………………………（630）

    7. 自序 …………………………………………………（632）

  卷一

    一、全月調（52）……………………………………（633）

  卷二

    二、月背調（36）……………………………………（667）

  卷三

    三、平調（34）………………………………………（741）

  卷四

    四、情曲（65）………………………………………（831）

卷五

  五、雜調(38) …………………………………………………… (998)

跋　贊

  1. 雲章甫跋 …………………………………………………… (1188)

  2. 馬錫綏跋 …………………………………………………… (1191)

  3. 張濟瀛跋 …………………………………………………… (1192)

  4. 王敬之贊 …………………………………………………… (1193)

  5. 無名氏跋 …………………………………………………… (1194)

  6. 馬振藩跋 …………………………………………………… (1194)

  7. 李春官跋 …………………………………………………… (1195)

羽衣新譜續編

  序　敘

  1. 福堂氏序 …………………………………………………… (1196)

  2. 郭文濤敘 …………………………………………………… (1197)

  3. 馬浚德序 …………………………………………………… (1198)

  月背雜調 ……………………………………………………… (1199)

  參考文獻 ……………………………………………………… (1374)

羽衣新譜·序敍

1. 序(馬浚通)

宇宙間,最能引人入勝,淑性陶情,鼓舞足蹈而喜於從事者,莫如此詞曲絲絃之爲樂也。

丙午冬①,予契友慧泉王公②,偶出《羽衣新譜》數卷。余推而讀之,迺知此公有騷人達士之風,無進鋭退速③之念。精益求精,盡善盡美。其中所集之曲,玉潤珠圓,山暉水秀;非等求於腔板工正,音調清靈者比也。是以此書一出,瀏瀏④乎,纚纚⑤乎。俾汶者讀之可以曠;僿⑥者讀之可以通;悲者讀之可以娱愉;憂者讀之可以樂;愁者、病者讀之可以忭⑦且舞,可以奮然興。誠爲天下雅人韻士之樂趣,家絃户誦之新聲也。或有謂:此非經國濟世之大業,而爲

---

① 丙午冬,1906 年冬。

② 慧泉王公,指王慧泉,下文還提到"小屏""仲愚"等,或爲名或爲字或爲號。在《續編》中題爲"頻陽王敬一小屏氏編輯",故王慧泉、王敬一、王小屏、王仲愚皆指同一人。

③ 進鋭退速:指進步得快,退步也快。語本《孟子·盡心上》:"於不可已而已者,無所不已。于所厚者薄,無所不薄也。其進鋭者,其退速。"宋陸遊《上殿劄子二己酉四月十二日》:"若夫進鋭退速,能動耳目之觀聽,而無至誠惻怛之心以終之。"

④ 瀏瀏,清澈貌。《康熙字典·水部·十一》瀏:"……又《集韻》《正韻》:'……水清貌'。"亦指聲音清越。宋陸游《讀宛陵先生詩》:"玉磬瀏瀏非俗好,霜松鬱鬱有春温。"

⑤ 纚纚:纚,古代用來包頭髪的絲織品。《説文解字·糸部》:"纚,冠織也。"纚纚,指言語、寫作長篇大論。也作"灑灑"。《韓非子·難言》:"臣非非難言也,所以難言者:言順比滑澤,洋洋纚纚然,則見以爲華而不實。"

⑥ 僿:缺乏誠意,不誠懇。僿,細碎也,無悃誠也。《史記·高祖紀贊》:"救僿莫若以忠。"

⑦ 忭,歡樂。宋蘇軾《喜雨亭記》:"商賈相與歌于市,農夫相與忭于野。"

破道荒亡之小技。余應之曰：唯唯否否。昔韓文公①爲當代名儒，亦曾出二侍女②彈琵琶箏，以宴賓客者。何也？故古人以曲淑性，以樂陶情，誠爲移風易俗之一大關鍵爾。是爲記。

　　光緒歲在丁未③孟春之吉④古有邰⑤會有一馬浚通賞鑒

2. 敘（李藩擇）

　　《詩》居六經之首。漢儒說詩，專講音韻。良以音韻之學，譜諸筦絃，沁人心脾，語淺而易曉，調雅而樂聞。其轉移風俗，感動人心，爲尤速也。近世新學家⑥，最重歌括⑦之書，至欲舉聖經賢傳，盡衍爲詞曲。將使樵夫牧豎，無不知書；村婦鄉童，胥曉大義。代記誦以唱歌，化拘苦爲愉快，醒世勵俗，莫此爲妙。惜作者甚少，而歌括之書，尚未通行於天下也。

　　頻陽⑧王君慧泉，以高士而隱于書記。雅好古詞曲，哀集⑨若干卷，名曰《羽衣新譜》。出以示余，披讀壹是，心爽神怡。其中綺靡之語，故不免風人習氣，而有關於世道人心者，正復不少。嘻！安得如王君者，數十輩取古今節義忠孝之諸大事，編爲詞曲，譜之音歌，俾人人聲入心通。吾知民智大開，中國將不終於愚弱矣。此則余所馨香祝之⑩者也。

---

　　①　韓文公，即韓愈（768—824）字退之，謚文，故世稱韓文公。
　　②　二侍女：《唐語林》載：韓退之有二妾，一曰絳桃，一曰柳枝，皆能歌舞。又見南宋袁文所撰《甕牖閑評》。
　　③　丁未，指丙午的下一年，1907年。
　　④　孟春之吉：孟春，春季的第一個月。即陰曆正月。吉日，農曆每月初一。"孟春之吉"指農曆一月初一。《周禮地官·黨正》："及四時之孟月吉日，則屬民而讀邦灋以糾戒之。"也作"吉旦"。
　　⑤　有邰，國名。后稷所封。故址約在今陝西省武功縣西南。
　　⑥　新學家，泛指清末到"五四"以前受西方資產階級新文化影響的人。
　　⑦　歌括，爲便於記誦而根據事物的內容要點編成的韻文或比較整齊的文句。
　　⑧　頻陽，現在的陝西省富平縣。秦厲共公二十一年（前456）在頻山以南設置頻陽縣而得名。
　　⑨　哀集，輯集。《新唐書·文藝傳中·王維》："寶應中，代宗語縉曰：'朕嘗于諸王座聞維樂章，今傳幾何？'遣中人王承華往取，縉哀集數十百篇上之。"
　　⑩　馨香祝之：虔誠的焚香，向神禱告祝願。形容真誠的盼望。

光緒歲在丁未庚伏①前三日愚弟李藩擇敍

3. 敍（徐三涵）

事有近于遊嬉，而實有裨於治化者，其惟詞曲之説乎！夫詞曲者，即古風詩之遺。古人籍詩歌以理性情，即舉詩歌以勵風化。士誠有志於淑身淑世，安可薄詞曲而不爲戲？然而吹豳歐雅，古調邈而難追；淫詞豔曲，新聲駁而未粹。自非知音之士，爲之按節循聲，集古今曲調之大成而嚴加考訂，亦安能盡善盡美，傳播焉而爲雅俗所共稱？

小屏王君，余之曲友也，以風雅才，習蕭曹②律。其生平所耽耽注意者，亦惟以筦絃謳歌爲要務。嘗於公退③之餘，裒集曲詞若干篇，輯爲《羽衣新譜》一書。不知幾經寒暑，幾費心思。而乃嘆《霓裳曲④》何必天上，《廣陵散⑤》尚在人間也。倘舉所好，而公諸同好。將見是編一出，始而唱酬爲歡，但以資同仁之讌會；繼而流傳漸遠，遂播爲一邑之絃歌，風移俗易。余于是編，有厚望焉。是爲敍。

虛若弟徐三涵謹識

---

① 庚伏，即三伏。因三伏中的初伏、中伏分別自夏至後的第三、第四個庚日開始，而末伏自立秋後的第一個庚日開始。故三伏亦稱"庚伏"。《金瓶梅·第八回》："那時正值三伏天道，十分炎熱。"《紅樓夢·第六七回》："今年三伏裏雨水少，這果子樹上都有蟲。"

② 蕭曹，指漢高祖的丞相蕭何和曹參。《史記·張丞相列傳》："昌（周昌）爲人強力，敢直言，自蕭曹等皆卑下之。""蕭曹律"，這裏指行文作曲的規則。

③ 公退，公務完畢，離開官廳。唐許渾《姑熟官舍寄汝洛友人》詩："務開唯印吏，公退只棋僧。"

④ 《霓裳曲》，樂曲名。唐代的宮廷舞曲，原爲西域樂舞，初名《婆羅門曲》。玄宗開元中，西涼節度使楊敬述獻上，又經玄宗改編增飾並配上歌詞和舞蹈，于天寶十三年改用此名。其曲舞皆描寫虛無縹緲的仙境和仙女的形象。安史之亂後，此曲散佚，後南唐李後主得殘譜，補綴成曲。唐白居易《長恨歌》："漁陽鼙鼓動地來，驚破霓裳羽衣曲。"或稱爲《霓裳羽衣曲》《霓裳羽衣》《霓裳》。

⑤ 《廣陵散》，三國魏嵇康善彈廣陵散曲，秘不授人，後因反對司馬氏專政而遭讒被害，臨刑索琴彈曰："'廣陵散'於今絶矣！"見《晉書·卷四九·嵇康傳》。後比喻人事凋零或事無後繼，已成絕響。

4. 序（楊進）

往者，愚與室兄馬榮卿盍簪①，得讀其友王君仲愚所集《羽衣新譜》。見其音律諧和，意趣清灑。已知抑揚之妙，盡叢於卷帙之中；高下之音，俱備諸筦絃之用。未嘗不欺樵唱漁歌而外，殘風曉月之間，古調如聞，新聲初奏也。

是編也，諸君子既誌于前，榮卿復命愚爲之忝贅於後。繼又與仲愚相遇於通衢之西。半面萍蹤，先及乎文字；一刻佳話，樂附乎可人。囑以所集，頻索愚序。愚蠢愁枯腹，誕施管豹之窺；蟹愧空螯，遑展雕蟲之技。但以清緣已結，良覿甫申②。拾落花而笑冷，遽作歸人；賦伐木而求聲，還需我友。愚維詞曲一道，源實四詩；振鷺興歌，爲促拍之肇造；鱨鯊③載詠，發短句之先聲。厥後樂府既見，異調畢宣。六朝則以風韻見長，元世則以填詞取士。田田蓮葉，妍唱發於江南；嫋嫋竹枝，清聲流於漢北。風流允推夫周柳④，而豪放不改乎蘇辛⑤。無如世變風移，音節失散。詞因降而愈降，調以訛而傳訛。放流派於紅牙⑥，溷凡聲于白雪⑦。雖小言之奚惜，究大雅之已乖。

仲愚則隱身書記，性嗜風騷。輯近世之謳吟，溯前賢之雅奏，從俗所好，與古爲新。其不薄今人而愛古人之意，固隱寓於獅絲麟皮間矣。列子振林⑧，

---

① 盍簪，朋友相聚。語出《易經·豫卦·九四》："由豫大而有得，勿疑，朋盍簪。"三國魏王弼注："故勿疑，則朋合疾也。盍，合也。簪，疾也。"朋盍簪指朋友的聚合很快。後省"朋"作盍簪。唐杜甫《杜位宅守歲》詩："盍簪喧櫪馬，列炬散林鴉。"

② 甫申，周代名臣申伯和仲山甫的並稱。借指賢能的輔佐之臣。

③ 鱨鯊，魚名。出於《詩經·小雅·魚麗》："魚麗於罶，鱨鯊。君子有酒，旨且多。"這裏代指以《詩經》四字句式爲主的文體。

④ 周柳，北宋婉約派詞人周邦彥與柳永並稱"周柳"。

⑤ 蘇辛，北宋豪放派詞人蘇軾與辛棄疾並稱"蘇辛"。

⑥ 紅牙，樂器名。指拍板。因多用象牙或檀木做成，再漆成紅色，故稱爲"紅牙"。也稱爲"紅牙板"。

⑦ 白雪，較爲深奧難懂的音樂。相對於通俗音樂而言。《文選·宋玉·對楚王問》："客有歌於郢中者，其始曰《下里巴人》，國中屬而和者數千人。其爲《陽阿》《薤露》，國中屬而和者數百人。其爲《陽春白雪》，國中屬而和者不過數十人。"後亦用"白雪"或"陽春白雪"以比喻精深高雅的文學藝術作品。

⑧ 列子振林：歌聲振動了林木，比喻歌聲具有穿透力和感染力。出自《列子·湯問》："撫節悲歌，聲振林木，響遏行雲。"

碩人舞萬①,古今喻託,良足深由。愚也,逸志於山水之鄉,寄懷於絲竹之品。頗耽斯趣,聊以自娛。惜其無絃且疎,迷方莫指,而仲愚采羣葩之麗,扇古豔之芬。南北均題,江湖載唱;寒天鍮洞,招老鶴而下之;清水滄浪,悵伊人而宛在。《記》②曰:"善歌者使人繼其聲;善教者使人繼其志。"愧愚之不足爲曲友,而竊幸霓裳之有傳聲也。

宣統元年歲次屠維作噩③,如月在閏④。

有邰楊進接三氏⑤謹序

5. 序(李盈海)

且自宮絃寥落,元音莫播⑥于中天;引羽刻商,絕調不傳於晚近。總之,《陽春白雪》⑦,聽之者莫名其妙;《下里巴人》,識之者獨卑其詞。甚矣! 陶情適性、詠歌舞蹈之妙之難其人也久矣。

予父執⑧王君小屏者,知音人也。讀書不果,從事蕭曹。有騷人達士之風,無俗吏塵氛之氣。退食⑨之餘,留心歌譜。竭數年之精力,使能集腋成裘,訂爲五編,名曰《羽衣新譜》。其選詞之妙,聞之者肉味不知,聽之者莞爾而笑。校之"霓裳""羽衣""清平""漁洋⑩"諸調,各具其美。雖無鳳儀獸舞之入

---

① 碩人舞萬:碩人,美人,這裏指跳舞的舞師。萬,古代的舞名。出自《詩經·國風·邶風·簡兮》:"碩人俁俁,公庭萬舞。"

② 記,指《學記》。《禮記》中的篇名。記述古代的學制、教材、學習的功用、目的、方法、效果以及教學爲師的道理。

③ 宣統元年歲次屠維作噩:宣統元年指1909年;屠維作噩,指己酉年。前者是年號紀年,後者是干支紀年。

④ 如月在閏:如月,指二月,1909年是閏二月。

⑤ 楊進接三氏,人名。楊進,字接三。

⑥ 播,原誤作"墦",據文意改。

⑦ 陽春白雪:參見楊進《序》"白雪"條。

⑧ 執,好朋友。《禮記·曲禮上》:"見父之執,不謂之進,不敢進;不謂之退,不敢退。"

⑨ 退食,退朝後而食,這裏指茶餘飯後。唐宋之問《奉和幸韋嗣立山莊侍宴應制》詩:"入朝榮劍履,退食偶琴書。"

⑩ 漁洋,當爲"漁陽"之誤。參見《自序》"漁陽摻"條。

妙,亦有遏雲止鳥之清高。捧讀之下,不禁手之舞之,足之蹈之。轉覺戛擊①鳴球②之亂耳,《大夏》《大武》③之多事矣。嗚呼!如王君者,真可謂晚近知音,古調獨彈,深心於《簫韶》九成④,吟歌咏嘆矣哉!

予雖無識,不辭卑陋,援序數語,以表王君正樂得所之苦心,以俟後之君子留情于新聲者而鳧集焉。嗟乎!予生也晚,今而知《廣陵散》猶在人間矣。是爲序。

古頻陽李盈海拜序

6. 序(張爾均)

且夫詞曲一道,其所以咨嗟咏嘆,手舞足蹈者,豈徒爲悅于耳目計也。考之虞廷⑤,君臣警戒者有歌,康衢⑥鼓腹⑦者有歌。此殆詞曲之始興。于商周

---

① 戛擊:敲擊。《尚書·益稷》:"夔曰:'戛擊鳴球、搏拊琴瑟以詠,祖考來格。'"南宋蔡沉《集傳》:"戛擊,考擊也。"宋楊萬里《題望韶亭》詩:"不如九韶故無恙,戛擊尚可冬起雷。"

② 鳴球:原誤作"鳴捄"。"鳴球",謂擊響玉磬。《尚書·益稷》:"夔曰:'戛擊鳴球、搏拊琴瑟以詠,祖考來格。'"孔穎達疏:"《釋器》云:球,玉也。鳴球謂擊球使鳴。樂器惟磬用玉,故球爲玉磬。"宋范成大《玉華樓夜醮》詩:"知我萬里遥相投,暗蜩奏樂鏘鳴球。"

③ 《大夏》《大武》:據《左傳》《周禮》《禮記》等典籍記載,周代最重要的儀式樂舞,有《大武》和《大夏》。《大夏》,夏禹時代的樂舞。即六樂之一。相傳大禹治水有功,皋陶作以頌之。《左傳·襄公二十九年》:"見舞大夏者,曰:'美哉!勤而不德,非禹其誰能修之。'"《大武》一種周代的樂舞。爲六樂中的武舞,内容是歌頌武王伐紂的武功。舞分六段,用以作爲宗廟之樂,祭祀祖先。《周禮·春官·大司樂》:"乃奏舞射,歌夾鍾,舞大武,以享祖先。"

④ 《簫韶》九成:簫韶,原誤作"蕭韶"。"簫韶"是曲名,舜所製的樂曲。後亦泛指優美的音樂。"《簫韶》九成",泛指優美典雅的樂章。出自《尚書·益稷》:"《簫韶》九成,鳳凰來儀"。元馬致遠《漢宮秋·第四折》:"猛聽得仙音院鳳管鳴,更説甚簫韶九成。"

⑤ 虞廷:相傳虞舜爲古代的聖明之主,故以"虞廷"爲"聖朝"的代稱。明李東陽《揭曉後次韻答何穆之等》:"極知君命如山重,親向虞廷拜往哉。"

⑥ 康衢:大路,康莊大道。《列子·仲尼》:"堯乃微服,游于康衢。"《晉書·卷五五·潘岳傳》:"動容發音而觀者,莫不抃舞乎康衢,謳吟乎聖世。"

⑦ 鼓腹:飽食而閒暇無事。《莊子·馬蹄》:"夫赫胥氏之時,居民不知所爲,行不知所之,含哺而熙,鼓腹而遊。"

時,三百篇出,大都王公國都與間巷之感于物,情動中而形于外也。故嗟嘆之,咏歌之,風化所及。雖列於樂官,皆可被之筦弦,自可與詞曲相等。所以吾夫子與歌反和,其及門者,若詠歸之曾晳①,弦歌之子游②。皆欲禮明樂備,和聲以名太平之盛。唐風雅輩出,世俗丕變。其間曰《霓裳》、曰《羽衣》《竹枝詞》③《清平調》④以及《採蓮》⑤《塞下》⑥諸曲,皆文人韻士之所爲,而梨園弟子之朝夕演習者。至於元,以詞曲取士。一時風流儒雅,各爭擅長,不可枚舉。降後,愈屈愈下,古調失傳,浸以陵夷⑦,而遂費不講矣。其或感而發者,往往出於優伶之口,故與俳優無異。

吾友王君小屏,頻陽人也。少讀書不果,棄而習律,見而憂之。于公餘時,旁搜遠紹,求斷簡殘編,采而輯之,去其重複,正其紛亂,親手楷書,訂成五卷,顏曰《羽衣新譜》。命予作序。予思王公於案牘勞形之余,尚能好古敏求如此,其風雅,自高人一等。俾後花晨月夕,使三二友人,笙管交作,一唱一

---

① 曾晳:孔子弟子曾點,字晳。春秋時期魯國南武城人。孔子曾讓弟子言志,子路、冉有、公西華等各有抱負,曾晳説:"暮春者,春服既成,冠者五六人,童子六七人,浴乎沂,風乎舞雩,詠而歸。"孔子説:"吾與點也。"

② 子游(前506—?),姓言,名偃,字子游,亦稱"言游""叔氏",春秋末吳國人,與子夏、子張齊名,孔子的著名弟子,"孔門十哲"之一。曾爲武城宰(縣令)。孔子一貫主張以禮樂教化人民。子游在擔任武城長官之後,並沒有因爲所治理的地方小而鬆懈,同樣認認真真地實施孔子的教誨。"弦歌之子游"典故出自《論語·陽貨》:子之武城,聞弦歌之聲。夫子莞爾而笑,曰:"割雞焉用牛刀?"子游對曰:"昔者偃也聞諸夫子曰:'君子學道則愛人,小人學道則易使也。'"子曰:"二三子!偃之言是也。前言戲之耳。"

③ 《竹枝詞》,本爲唐時樂府曲調,後用爲詞牌。此調有不同諸體,俱爲單調。也稱爲"巴渝詞""竹枝辭""竹枝新辭"。

④ 《清平調》,唐樂府大曲的曲名,爲俗樂曲調。曲詞以李白所填者最著名。相傳李白供翰林時,玄宗月夜賞木芍,命進新詞助興。李白醉書七絶體三章,每章二十八字,平仄不拘。後宋人因之改編爲詞牌。明劉兑《金童玉女嬌紅記》:"《霓裳曲》,慣聽得花奴羯鼓,《清平調》,又提起唐人樂府。"

⑤ 《採蓮》,一種古代的情歌。通過對江南水鄉採蓮姑娘的描寫來展現採蓮姑娘堅貞秀美的内心世界和對男子的深摯的思念。

⑥ 《塞下》,一種古代的軍歌。主要描寫士兵在邊疆行軍作戰、紮營的情形,或表達思鄉之情。

⑦ 《陵夷》,漸趨於衰微。《漢書·卷一〇·武帝紀》:"帝王之道,日以陵夷。"《文選·揚雄·長楊賦》:"以此爲國家之大務,淫荒田獵,陵夷而不禦也。"也作"淩夷"。

和,則其適性情、暢心志,豈淺鮮哉?雖逢場作戲,亦可謂古調獨彈矣!予故應之唯唯。是爲記。

　　有邰張爾均仲平氏記

7. 自序

　　今夫禮明樂備,王者之規;吟歌咏嘆,儒生之事。所以虞廷載《簫韶》之贅,武城有弦歌之誦。古今來,治天下有樂,治一邑有樂;即吾人陶情淑性,亦莫不有樂也。僕生也晚,未知《陽春白雪》之詞,又莫名《清平》《霓裳》之妙;《廣陵散》不在人間,《漁陽撾》[①]邈矣莫覩。僕何人斯,敢擬新聲?然情之所至,實有不期然而然者,所以旁搜遠紹、節取編錄、殫其精力、集腋成裘,題其籤曰"羽衣新編"。既無角徵之高,又無淫佚之狎。期間如《春怨》《秋思》《西廂》諸調,莫不清雅絕倫,古調獨彈。故友人有贈"曾經滄海難爲水,除卻巫山不是雲"之句。然覺譽揚太過,究之俯視衆山皆兒孫矣。所以風人韻士,花晨月夕,足以解頤增趣者,大有賴於此矣。僕所以退食自公之餘,勉湊成編。亦非要譽,又非弋名。特以知音乏人,聊以詠歌舞蹈者,與同仁卜[②]一笑耳。

　　援序數語,願後之仝嗜此事者,鷺序[③]集焉。

---

　　① 漁陽撾:指鼓曲《漁陽參撾》,亦稱"漁陽摻撾"。撾,敲打。南朝宋劉義慶《世說新語·言語》:"禰衡被魏武謫爲鼓吏,正月半試鼓,衡揚枹爲《漁陽摻撾》,淵淵有金石聲,四座爲之改容。"

　　② 卜,同博。音近通假。

　　③ 鷺序,白鷺在空中飛翔,排列有序。比喻朝廷百官的班次。這裏形容有條理。元宋無《翠寒集·上馮集賢》詩:"玉筍曉班聯鷺序,紫檀春殿對龍顏。"

卷一

一、全月調①(52)

1. 喜吉慶

【月調】
喜的吉慶,
喜的萬事亨通。
喜的八卦②光明落滿庭,
又喜的福禄壽三星③。

【月尾】
喜的洞房花燭、金榜題名④;

---

① 【全月調】,只由月調和月尾兩個曲牌組成。

② 八卦,《易經》中八個基本卦名。相傳爲伏羲氏所作,由陰(− −)、陽(—)二爻組合而成,三爻成卦,以象徵宇宙結構及諸事之變化。八卦爲乾(☰)、兑(☱)、離(☲)、震(☳)、巽(☴)、坎(☵)、艮(☶)、坤(☷)。《易經·繫辭上》:"是故易有太極,是生兩儀,兩儀生四象,四象生八卦。"《太平御覽·卷九·天部·風》引王子年《拾遺記》:"伏羲坐于方壇之上,聽八風之氣,乃畫八卦。"

③ 福禄壽,在中國神話中,是福星、禄星、壽星三位星君的合稱。又稱"財子壽""三星""三仙",象徵財富、子孫、長壽。在傳統的雕刻和繪畫中,福禄壽三星的排列由左至右依序是壽星、福星、禄星。從造型上分辨:福星爲中國古代官員造型,峨冠博帶是重要特徵;禄星主管官禄及送子,手抱孩兒;壽星代表高壽,一手持杖,一手持壽桃。

④ 四喜,舊傳"四喜"詩上所指的四種喜事。即"久旱逢甘雨、他鄉遇故知、洞房花燭夜、金榜掛名時"。見宋洪邁《容齋四筆·卷八·得意失意詩》。

喜的眾家財神①,將寶來贈;
喜的麒麟把子送②,喜氣生。
又喜的,金字牌匾上寫着福壽康寧。

2. 陞官圖

【月調】
天降奇才,
運轉時又來。
喜鵲兒③簷前把口開,
你瞧那報喜的人兒走進來。

【月尾】
手兒內捧定烏紗帽,
還有那蟒袍玉帶巧安排。
口兒不住連聲報:
加官進禄、紫氣東來,喜開懷。
喜的是指日高陞、位列三台④。

3. 三星

【月調】
福禄壽三星,

---

① 眾家財神,指"五路財神"民間信仰中能爲人招財進寶的五位神仙。爲正一玄壇元帥趙公明及其副將招寶天尊蕭升、納珍天尊曹寶、招財使者陳九公和利市仙官姚少司。也稱爲"路頭神""五顯財神"。

② 喜的麒麟把子送,民間傳説麒麟會給人們帶來兒子,使家族興旺,稱爲"麒麟送子"。

③ 喜鵲,民間傳説,聽見喜鵲鳴叫,表示將有喜事降臨。

④ 三台:漢時以尚書爲中台,御史爲憲台,謁者爲外台,總稱爲"三台"。《後漢書·卷七四上·袁紹傳》:"坐召三台,專制朝政。"

喜照滿堂紅①。

八仙②慶壽問仙童,

我問你喜氣洋洋爲何情?

【月尾】

再問他今科狀元何人得中?

打聽一個明明白白金花奉送。

再送他四個金字牌匾:

"福壽康寧"往上陞。

再送他一副對聯上寫:

長生不老不老長生,

五子登科③指日高陞。

4. 現瑞

【月調】

一門五福④,

---

① 滿堂紅,古代喜慶時懸掛的彩絹、方燈或燭臺。《通俗編·器用》:"滿堂紅,暖姝由筆:'滿堂紅,彩絹方燈也。'"《西遊記·第三〇回》:"小龍王在半空裏,只見銀安殿內,燈燭輝煌。原來那八個滿堂紅上,點著八根蠟燭。"

② 八仙,神話傳說中的八位仙人:漢鍾離、張果老、韓湘子、鐵拐李、曹國舅、呂洞賓、藍采和、何仙姑八人。見《四遊記·東遊記·第五五回》。

③ 五子登科,五個孩子皆高中及第。明凌濛初《初刻拍案驚奇·卷二一》:"寶諫議命主絕嗣,只爲還了遺金,後來五子登科。"

④ 五福,原出於《尚書·洪范》。指壽、富、康寧、攸好德、考終命等五種福氣。一說"五福"指壽、富、貴、安樂、子孫眾多。"長壽"是命不夭折而且福壽綿長。"富貴"是錢財富足而且地位尊貴。"康寧"是身體健康而且心靈安寧。"好德"是生性仁善而且寬厚寧靜。"考終命"即盡享天年,長壽而亡。

三多九如①,
七子八婿滿床笏②,
勝是文王百子圖③。

【月尾】
中堂懸掛一軸南極壽星④雲端上座,
還有那口唧靈芝⑤梅花仙鹿⑥,

---

① 三多九如,吉祥紋樣。盛行於清代。以佛手諧音"福",以桃寓意"壽",以石榴暗喻"多子",表現"多福多壽多子"的寓意。繪9支如意與佛手、桃子、石榴相配。9支如意諧意"九如",即如山、如阜、如陵、如崗、如川之方至、如月之恒、如日之升、如松柏之茂、如南山之壽,皆爲祝頌之意,稱"三多九如"。多見於清乾隆時期斗彩和粉彩瓷器上。

② 笏,古代臣子朝見皇帝時手中所執的狹長板子,作爲指畫及記事之用。朝笏興于周廢於清,用玉、象牙或竹木製成,依官階區分,爲官階地位的象徵。

③ 百子圖,中國古人的觀念是生得越多越好,"子孫滿堂"被認爲是家族興旺的最主要的表現,"周文王生百子"被認爲是祥瑞之兆,所以古代有許多"百子圖"流傳至今。百子的典故最早出於《詩經》,是歌頌周文王子孫眾多的。畫面常用諧音諧意,寓意多福多壽,多子多孫,子孫昌盛,萬代延續。傳說周文王有99個兒子,後收雷震子,共爲百子。百子圖,我們也叫它百字迎福圖。在中國傳統文化中有它的一種特定含義。由於它含有大或者無窮的意思,因此把祝福、恭賀的良好願望發揮到了一種極至的狀態。在禮儀之邦的中國,上到古代的皇帝、士大夫,下到普通文人、平民,都願意在喜慶、甚至平時用上它,因爲大家相信,願望好的結果一定會好。

④ 南極壽星,南極仙翁又稱南極真君,是中國民間神話傳說中的老壽星,也是元始天尊的長子,爲"四諦"之一,爲民間神話中的元始天尊座下大弟子。因爲他主壽,所以又叫"壽星"或"老人星"。中國民間認爲供奉這位仙神,可以使人健康長壽,這位仙神其實是道教追求長生的一種信仰。壽星形象爲一白髮老翁,鶴髮童顏,面目慈祥,所拄彎曲拐杖,必高過頭頂,常被用作年畫圖案,是吉祥長壽的象徵。明朝以後,中國民間常把壽星與福、祿二星結合起來祭祀,合稱福、祿、壽,成爲人們最受歡迎的三個福神,作爲漢族民間吉祥如意象徵,故民間祝壽時,常在正屋面牆上懸掛福、祿、壽的中堂,兩側面壽聯爲"福如東海、壽比南山",或"名高北斗,壽比南山"。《白蛇傳集·鼓子曲·盜靈芝·揚調》:"白鶴童子攔住路,二人山下排戰端。南極仙翁也來到:'白蛇女爲何盜仙丹?'"

⑤ 靈芝,古代以靈芝爲仙草,服食後可駐顏不老,具起死回生的神效,故稱爲"靈芝"。也稱爲"希夷"。

⑥ 鹿,是取其與"祿"諧音的象徵寓意,所以"鹿"包容了"祿"的含義。

手執拐杖九五福,火葫蘆。

你瞧那,葫蘆內邊飛出來千千萬萬、萬萬千千金夜①蝙蝠②。

5. 節節高

【月調】
喜的是文章高,
喜的是汗馬功勞,
喜的是官高提筆、武將舉刀,
喜的是四海煙塵掃盡了。

【月尾】
喜的是金瓜③鉞斧④前開道,
喜的是黃羅傘罩定了,八擡大轎,

---

① 夜,當作"燕"。"夜蝙蝠"是方言稱呼。在"十不閑蓮花落"的曲藝形式中,有"一門五福",唱詞爲:一門五福,三多九如,七子八婿,滿床笏,勝似那文王百子圖。壽星佬跨鶴在雲端舞,龍頭拐杖相襯著紫金葫蘆。那紫金葫蘆裏面飄仙氣,飛出來十萬八千燕蝙蝠。

② 蝙蝠,取蝙蝠的"蝠"字諧音,即"福"字,是取"福氣臨門"的意思。蝙蝠,原寫作"扁蝠"。

③ 金瓜,武器名。古代衛士所持的一種兵仗,金色,棒端呈瓜形。亦用以代稱執金瓜的衛士。《七國春秋平話·卷上》:"孫操大罵子之:'賊臣,安敢欺君篡國!'子之大怒,遂令金瓜把下者。"《喻世明言·卷二五·晏平仲二桃殺三士》:"少刻,金瓜簇擁一人至筵前,其人口稱冤屈。"

④ 鉞斧,原作"越斧",即圓刃大斧。唐賈島《贈李文通》詩:"天子手擎新鉞斧,諫官請贈李文通。"《官場現形記》第六回:"後面方是欽差閱兵大臣的執事,什麼衝鋒旗,帥字旗……金瓜鉞斧。"

喜的是淩煙閣①上把名表,喜今朝。

喜的是指日高陞、一品當朝。

6. 過仙橋

【月調】

天官②過仙橋,

身穿大紅袍。

左站墨鹿,右站仙鶴,

口含靈芝共仙桃。

【月尾】

手兒内捧的烏紗帽,

後隨着兩個童兒,合掌大笑,

淩煙閣上把名表,喜今朝。

喜的是萬里封侯、一品當朝。

7. 萬壽無疆

【月調】

萬壽無疆,

江河湖海長。

---

① 淩煙閣,位於今陝西省長安縣内,唐太宗爲表彰功臣勳績所建的樓閣。内懸掛二十四名功臣的畫像,由閻立本繪,唐太宗親自作贊,褚遂良題閣。《新唐書·卷二·太宗本紀》:"戊申,圖功臣于淩煙閣。"唐白居易《題酒甕呈夢得》詩:"淩煙閣上功無分,伏火爐中藥未成。"後泛指表彰功臣的殿閣。宋汪藻《醉別劉季高侍郎》詩:"英姿合上淩煙閣,巧譖曾遭偃月堂。"

② 天官,是古代漢族神話中的天神。道教奉天、地、水三神,亦叫三官,天官即其中之一。天官名爲上元一品賜福天官,紫微大帝,隸屬玉清境。天官由青黄白三氣結成,總主諸天帝王。每逢正月十五日,即下人間,校定人之罪福,故稱"天官賜福"。舊時漢族民間用作祈福消災的吉利話。

長命富貴,金玉滿堂,
堂生瑞草降吉祥。

【月尾】
祥雲繚繞,五色豪光。
光明一副金字對聯,
懸掛在中堂上。
上寫着:春年春月春光好,
好一個:人正人德人的壽長①。

8. 長安八景②

【月調】
草堂③盛景,
煙霧濛濛。
華嶽仙掌玉芙蓉,
太白積雪粉妝④成。

【月尾】
灞橋風雪鋪滿地,
那曲江流飲是勝景。
咸陽古渡把船撐,緊靠城。
你瞧那,

---

① 人正人德人的壽長,現在多作"仁德仁心仁壽長"。
② 長安八景,即指華嶽仙掌、驪山晚照、灞柳風雪、曲江流飲、雁塔晨鐘、咸陽古渡、草堂煙霧、太白積雪。"長安八景"是三秦大地著名的文物勝地。在西安碑林,有一塊碑石,用詩和畫的形式描繪了這八景的奇麗秀美。這塊碑石刻於清康熙十九年(1680),距今已有三百多年的歷史。也稱"關中八景"。
③ 草堂,原誤作"草塘",音同而誤。
④ 妝,原誤作"裝",音同而誤。

雁塔晨①鐘好不威風,
那驪②山晚照日影兒紅。

9. 樂逍遙

【月調】
快樂逍遙,
五色雲兒飄。
八仙慶壽赴蟠桃,
要往瑤池③走一遭。

【月尾】
麻姑④仙斟酒,眾仙長大笑。
南極星回頭,把白鶴童子叫,
你將那葫蘆搖幾搖,眾仙瞧。
你瞧那葫蘆內仙丹,一霎時化成仙桃。

10. 賀遷喬

【月調】
遷喬臨賀,
廈燕語溫。

---

① 晨,原误作"神"。
② 驪,原误作"麗"。
③ 瑤池,仙界的天池,傳說在昆侖山上,周穆王西征曾在此受西王母宴請。後泛指神仙居住的地方。元白樸《牆頭馬上·第二折》:"卻待要宴瑤池七夕會,便銀漢水兩分開。"《西遊記·第五回》:"大仙是個光明正大之人,就以他的誑語作真,道:'常年就在瑤池演禮謝恩,如何先去通明殿演禮,方去瑤池赴會?'"
④ 麻姑,傳說中的仙女。姓黎字瓊仙,建昌人,修道于牟州東南姑余山,宋徽宗政和中,封爲真人。見晉葛洪《神仙傳·卷七·麻姑》。

學孟母三遷①教兒孫,
效張公②九世同居家不分。

【月尾】
孫賢子孝家聲振,
聚斯歌斯世澤新。
喜的慶衍螽斯③族爲麟,若雲屯④。
又喜的嘉祥備至、福禄滿門。

11. 大名久聞⑤

【月調】
久聞大名,未會尊客,
人説兄台是英雄,
話不虚傳是真情。

【月尾】
在一處歡樂,三生有幸。
沾不盡的餘光又領情,
千山萬水我仁兄,明公聽。

---

① 孟母三遷,孟子的母親爲激勵孟子勤奮好學,曾爲選擇環境而搬家三次,終於把孟子培養成一代大儒。後遂以此形容家長爲教育子女,選擇良好的學習環境所花的苦心。也作"孟母擇鄰""孟母三徙"。

② 張公,即張公藝。人名。唐代壽張(故城在今山東省東平縣西南)人。九代同居,高宗曾親至其宅,問九世同居不分的方法,張公藝在紙上寫了一百多個忍字作爲回答。故後世張姓者稱"百忍堂"。

③ 螽斯,誤作"螽斯"。螽斯,蝗屬,能以股擦翅作聲。又《詩經·周南》的篇名。共三章。根據詩序:"螽斯,后妃子孫衆多也。"或亦指祝子孫盛多之詩。首章二句爲:"螽斯羽,詵詵兮。"螽,音終。

④ 雲屯,比喻人多。《三國演義·第九回》:"比及到長安城下,賊兵雲屯雨集,圍定城池,布軍與戰不利。"

⑤ 《大名久聞》以下四首曲子均與交朋結友相關。

這纔是好朋友的人兒,四海流名。

12. 喜相逢

【月調】

雅韻兒幽,

喜上眉頭,

也無煩惱也無憂,

喜的是一處歡樂解百愁。

【月尾】

朋友待我恩情甚厚,

我待朋友不能得夠。

要學桃園關張劉①,度春秋;

切莫學孫臏②、龐涓③,結下冤讐。

13. 交朋

【月調】

好朋友,細水兒長流。

終朝每日上酒樓,

怕的是豔豔不到頭④。

---

① 關張劉,即劉關張,此處作"關張劉"是爲了押韻。劉指劉備,關指關羽,張指張飛。後世常將此比喻爲肝膽相照的結義兄弟。

② 孫臏,人名。戰國時齊人,生卒年不詳,爲孫武之後。學兵法於鬼谷子,同門龐涓嫉而斷其足,欲使其隱而勿見;後得齊威王賞識,任爲將軍。齊、魏交戰,困龐涓于馬陵,萬弩俱發,涓自到而死,於是聲名大噪。

③ 涓,原誤作"娟"。

④ 豔豔不到頭:下句是"淡淡長流水"。多用來形容感情,描述平平淡淡的生活才能像細水長流般的延綿不絕,而那些開始時轟轟烈烈的愛情往往到頭來卻沒有了結果。也有人用此句表達平平淡淡才是真。

【月尾】
花費了銀錢,說不出口,
學一個開懷大量,皮兒厚。
要學桃園關張劉,度春秋;
莫學那孫龐①鬥②智,結下冤讐。

14. 接友

【月調】
湯之盤③明月兒高,
有朋自遠方來到。
久聞大名,
善與人交,
咱二人手拖手兒入太廟。

【月尾】
金爐焚香忙跪倒。
學一個貧而無諂、富而無驕,
巧言令色不可交,聽分④曉。
須學言而有信,纔是英豪。

---

① 孫龐,指孫臏、龐涓。
② 鬥,原誤作"杜"。音近而誤。
③ 湯之盤,"湯之盤銘"出自《禮記·大學》:苟日新,日日新,又日新。盤,沐浴之盤也。銘,銘其器以自警之辭也。苟,誠也。湯以人之洗濯其心以去惡,如沐浴其身以去垢。故銘其盤,言誠能一日有以滌其舊染之汙而自新,則當因其已新者,而日日新之,又日新之,不可略有間斷也。這裏借指告誡的良言。
④ 分,原誤作"兮",據文意改。

15. 進書房①

【月調】

一進書房,

琴棋設兩廂。

三卷古畫、四張斗方②、

五經四書擺中堂。

【月尾】

六部《康熙字典》,在架閣上放。

你瞧那七星寶劍,懸掛在中堂以上;

你再瞧八寶床邊,坐着一位九子十侄狀元郎。

16. 念《大學》③

【月調】

雅韻兒幽,

樹葉兒多。

見兩個學生念《大學》,

---

① 《進書房》一曲,將一至十共十個數字嵌入曲中,聲形意融合巧妙,妙趣橫生。使人不由想起北宋哲學家邵雍所作的一首詩《山村詠懷》:"一去二三里,煙村四五家。亭台六七座,八九十枝花。"這首曲子和下一首均與讀書學習相關。

② 斗方,寫吉祥文字,貼在門上的方形紙。《紅樓夢·第八回》:"前兒個在一處看見二爺寫的斗方兒,都稱讚的不得了,多早晚賞我們幾張貼貼。"

③ 《念〈大學〉》,《大學》中有言:"古之欲明明德於天下者,先治其國;欲治其國者,先齊其家;欲齊其家者,先修其身;欲修其身者,先正其心;欲正其心者,先誠其意;欲誠其意者,先致其知,致知在格物。物格而後知至,知至而後意誠,意誠而後心正,心正而後身修,身修而後家齊,家齊而後國治,國治而後天下平。自天子以至於庶人,壹是皆以修身爲本。其本亂而末治者否矣,其所厚者薄,而其所薄者厚,未之有也!此謂知本,此謂知之至也。"辯證地講了薄和厚的關係。本曲即是用此典。

一張棹子兩邊坐。

【月尾】
這一個念的薄者厚,
那一個又念厚者薄。
薄者厚來厚者薄,你聽着。
你叫那薄者厚的厚者薄的朋友,都教有着。

17. 賀洞房①

【月調】
□②玉鏘鏘,
新人入洞房。
郎才女貌兩相當,
天邊牛女配成雙。

【月尾】
今夕同入春羅帳,
來年必占夢熊祥,
好似梁鴻③配孟光④,喜洋洋。
喜的是百年偕老、地久天長。

18. 賀花燭

---

① 《賀洞房》與下一曲《賀花燭》均爲結婚賀曲。
② □,同"佩"字。
③ 梁鴻,人名。字伯鸞,扶風平陵人(今陝西省咸陽市秦都區西北)。生卒年不詳。東漢隱士。家貧,好學,耿介有節操。以世道混亂,不願事權貴,與妻子孟光隱居霸陵山。後改姓運期,改名耀,字侯光,居齊、魯間,爲人傭工舂米,卒于吳。
④ 孟光,人名。生卒年不詳,字德曜,平陵(今陝西省咸陽市秦都區西北)人,東漢賢女,梁鴻的妻子。貌醜而黑,舉案齊眉以事夫,夫婦因相敬如賓。見《後漢書·卷八三·逸民傳·梁鴻傳》。後比喻賢妻。

【月調】

户曜三星①,

五福臨門庭。

華堂擺列孔雀屏,

且喜孟光配梁鴻。

【月尾】

銀河初渡,牛女雙星。

喜的是郎才女貌,天配成。

同入洞房喜笑盈,樂無窮。

喜只喜五桂聯芳②、四海揚名。

19. 堆金積玉

【月調】

堆金積玉③,

山水皆齊。

海在東來山在西,

山水相連四下裏④。

---

① 三星,俗稱福、禄、壽三神。參見《卷一·喜吉慶》"福禄壽"條。

② 五桂聯芳,舊稱進士登第爲折桂。五桂,對親族五人相繼登科的美稱。宋王應麟《小學紺珠·氏族·五桂》:"范致君、致明、致虚、致祥、致厚,相繼登第,有五桂堂。"宋竇禹鈞之子"儀儼侃偁僖",皆相繼登科,馮道嘗贈詩美之云:"靈椿一株老,丹桂五枝芳。"見《宋史·竇儀傳》。元曹之謙《趙吉甫種德園》詩:"從今不羨燕山竇,五桂聯芳老一椿。"

③ 堆金積玉,金玉積聚成堆。形容非常富有。元錢霖《哨遍·試把賢愚窮究套·五煞》:"怕不是堆金積玉連城富,眨眼早野草閑花滿地愁。"明沈璟《義俠記·第二六出》:"又願我興家計,堆金積玉,换套穿衣。"也作"積玉堆金"。

④ 四下裏,四周圍。

【月尾】

山東有個孔夫子,

山西又有關聖大帝①,

列位福神坐滿席,笑嘻嘻。

喜的是發福生財,一本萬利。

20. 春日踏青②

【月調】

一陣春風,

二位書生離塾中。

三月郊外去踏青,

四月美景水秀山明。

【月尾】

五里以外,六角亭,

七層寶塔③,八面玲瓏④。

九蓮燈⑤懸掛在寺中,甚威風。

---

① 關聖大帝,即關羽,(? —220)字雲長,本字長生,三國蜀河東(今山西運城)人。爲蜀漢大將,輔佐劉備成大業,曾大破曹軍,威震一時。官曆前將軍、漢壽亭侯,後吳將呂蒙襲破荊州,被殺。諡壯繆侯。因其爲人忠直仁義,廣受民間崇祀,尊其爲"關公""關夫子"。歷朝皆有加封,宋時封爲武安王,明封協天護國忠義大帝,清乾隆間詔改其諡爲"忠義"。也稱爲"關帝""關聖""關聖帝君""武聖"。

② 《春日踏青》以下九首曲子均與賀春有關。"春日踏青"將一至十個數字嵌入其中,妙趣橫生。

③ 七層寶塔,在佛教中,七層的佛塔是最高等級的佛塔。

④ 八面玲瓏,屋子四面八方敞亮通明。宋葛長庚《滿江紅·鈞天高處》詞:"八面玲瓏光不夜,四圍晃耀寒如月。"

⑤ 九蓮燈:原誤作"九連燈"。道教所稱的神燈。通常以蓮花燈九盞相連而成。

十分快樂,浴乎沂,風乎舞雩,詠歌兒回程①。

21. 春福

【月調】
元日新春,斗柄回寅②。
一元復始,萬象更新。
三陽開泰③,五福臨門。

【月尾】
太平年來歸綉春,
皇恩浩蕩雨露深。
天增歲月人增壽,
春滿乾坤福滿門。
猛擡頭,上懸着:天官賜福、指日高陞、利見大人④。

22. 春樂

【月調】
九盡春生,
滿天起和風。

---

① "浴乎沂"一句,出自《論語·先進》:暮春者,春服既成。冠者五六人,童子六七人,浴乎沂,風乎舞雩,詠而歸。

② 斗柄回寅,意思是北斗星的斗柄指向了寅方,即在時間上到達了農曆正月,一元復始,萬象更新,大地回春,代表一年的開始。

③ 三陽開泰,漢代象數易學取十二卦象徵一年十二個月分,其中十月爲坤卦,純陰爻;十一月爲復卦,一陽生於下;十二月爲臨卦,二陽生於下;正月爲泰卦,三陽生於下,此時陰漸消,陽漸長,有萬象更新之意。後遂以三陽開泰作爲祝賀新年升平的頌詞。明張居正《賀元旦表二》:"茲者,當三陽開泰之候,正萬物出震之時,氣轉鴻鈞,共樂堯天之化日。"也作"三陽交泰"。

④ 利見大人,語出《易·乾》:"九五,飛龍在天,利見大人。"

鴻雁北回,影無蹤;
桃杏開紅,柳垂青。

【月尾】
時逢元宵佳節至,
你瞧那王孫公子,
一個個車馬見行動,
彈唱歌舞樂無窮鬧花燈,觀分明。
這正是萬物靜觀皆自得,
四時佳興與人同①。

23. 遊春景

【月調】
同遊春景,
並着肩同行。
花明柳暗,雲淡風輕。
見牧童,忙把酒家問一聲②。

【月尾】
牛背上牧童用笛一指,
他言説楊柳樹下三尺紅③。

---

① "萬物靜觀皆自得,四時佳興與人同"兩句,語出程顥《秋日偶成》頷聯,全詩爲:閑來無事不從容,睡覺東窗日已紅。萬物靜觀皆自得,四時佳興與人同。道通天地有形外,思入風雲變態中。富貴不淫貧賤樂,男兒到此是豪雄。

② "見牧童,忙把酒家問一聲",源自唐朝詩人杜牧的七言絶句《清明》後兩句:借問酒家何處有?牧童遥指杏花村。

③ 三尺紅,借指紅色的酒幌子。它的作用,在元代鄭光祖的《王粲登樓》一詩中説的明白:"酒店門前三尺布,人來人往圖主顧。"

上寫:開罈竹葉青①,醉倒人的狀元紅②。快些兒行。
假若還一步遲慢,想飲此酒,未必得能。

24. 翫春景③

【月調】
和風擺動,
萬紫千紅。
萌芽出土,萬物發生。
走了一去二三里,道上有人行。

【月尾】
煙村四五家,賣的好高酒。
亭臺六七座,
坐着一位美貌佳人,描鸞繡鳳。
小橋西來正城東,好春景。
正遊玩,又只見開放了八九十枝杏花兒紅。

25. 觀春景

【月調】
春景兒天,
觀賞一番。
桃似火來,柳如煙;
百花兒開放,個爭先。

---

① 竹葉青,一種名酒,北周文學家庾信在《春日離合二首》詩中有:"三春竹葉酒,一曲昆雞弦"的佳句。

② 狀元紅,紹興名酒,又稱"花雕"。

③ 《翫春景》,源自北宋理學家邵雍《山村詠懷》:一去二三里,煙村四五家。亭臺六七座,八九十枝花。

【月尾】

觀罷春景回家轉,

又只見奇花異草滿路邊,

紫燕雙飛繞雲端,鬧聲喧。

又見那遊春才子,高歌暢飲詠詩聯。

26. 賞春景

【月調】

春景兒遊,

春燕過春樓。

春山春水春楊柳,

春園池邊臥春牛。

【月尾】

賞春的才子飲春酒,

遊春的佳人動春愁,

朵朵春花戴①滿頭。

蠢丫頭,你與我捲起春簾,同上春樓。

27. 同遊望春樓

【月調】

春日閒遊,

同上望春樓。

約幾位朋友飲春酒。

滿目春光一覽收。

---

① 戴,原誤作"帶"。音同而誤。據文意改。

【月尾】

萬紫千紅,都是春景,

身倚欄杆放春眸。

你瞧那,春風吼、春鳥鳴、春山碧、春水流,春草堤畔還臥春牛。

十分春色滿瀛洲,喜心頭。

喜的是共醉黃花、直①待三秋。

28. 春遊哈喇門

【月調】

春風兒動草,

遍地下長春苗。

出了那哈喇門②外,有幾個佳人遍門而繞。

見幾個趕車的人兒,甚是逍遥。

【月尾】

頭戴着香禾草帽,隨風而倒。

身穿着毛藍布領夾③、騎馬襠④的褲子、牛舐鼻的鞋。斜挎着車轅兒,把鞭子來挑。

吆喝一聲:住了,住了。

"得兒"吆⑤喝裏,過了那大同橋。

29. 夏日美景⑥

---

① 直,原誤作"值"。據文意改。

② 哈喇,蒙古語。指黑色。清錢大昕《十駕齋養新錄·蒙古語》:"元人以本國語命名,或取顏色,如……哈剌者,黑也。"

③ 領夾,原寫作"領架",指棉背心。陝西方言詞。

④ 襠,原作"當"。

⑤ 吆,原作"嗃",異體字。

⑥ 《夏日美景》以下二首曲子均與夏景有關。

【月調】
熏風兒吹,
柳花兒似雪飛。
山清水秀蒼松翠柏,
貪玩幽景懶把家回。

【月尾】
聽了聽野鳥聲嘹喨,
見牧童,口含短笛兒橫牛背。
猛擡頭,又只見紅日滾滾往西墜,火雲堆。
你聽那林子內的鵲鳥叫了一聲:
山客①呀,山客呀,早些兒歸回。

30. 夏景兒長

【月調】
夏景兒天長,
炎熱難當。
十家農夫九家忙,
漁翁擺渡在長江。

【月尾】
行路人兒心急如火,
二八佳人在涼亭上坐。
手挈着團扇兒恨風兒不涼,熱難當。
願老天早降甘霖,下得一場。

---

① 山客,隱士;居住在山中的人。唐王維《田園樂》詩之六有"花落家童未掃,鶯啼山客猶眠"句。晉葛洪《抱樸子·正郭》:"若不能結蹤山客,離群獨往,則當掩景淵洿,韜鱗括囊。"

31. 秋景淒涼①

【月調】
秋景淒涼,
涼夜難當。
當空一輪明月照紗窗,
窗前缺少個畫眉郎②。

【月尾】
郎君不還,
奴的精神少。
少不得懷抱琵琶,低聲兒唱。
唱的是紅顏薄命、多受淒涼。

32. 秋風兒涼

【月調】
秋風兒涼,
佳人懶梳粧③。
暑退金風覺夜長,
蟬聲不住送秋涼。

【月尾】
山川滿目黃花放,

---

① 《秋景淒涼》以下四首曲子均與秋景有關。
② 畫眉郎,典出《漢書·卷七六·張敞傳》,漢人張敞爲妻子畫眉,整個長安城內都知道他爲妻子畫眉畫得嫵媚動人。比喻夫妻恩愛情深。《醒世恒言·卷一五·赫大卿遺恨鴛鴦絛》:"假如張敞畫眉,相如病渴,雖爲儒者所譏,然夫婦之情,人倫之本,此謂之正色。"
③ 粧,當作"妝",下同。

雁過南樓思故鄉①。
咬碎銀牙盼才郎,不還鄉。
害的奴海棠花的容顏,更比那臘梅花兒黃。

33. 九月蕭霜

【月調】
九月蕭霜,
東籬菊花黄。
二八佳人出畫堂,
陣陣秋風透骨涼。

【月尾】
月明滿地砧②聲响,
我郎一去永不還鄉。
費盡閨中剪刀忙,裁衣裳。
恨不得今夜同衣,夢上遼陽③。

34. 秋思卜卦④

【月調】
殘粧罷,

---

① "雁過南樓思故鄉",典出唐代詩人趙嘏(一説司空曙)創作的一首五言絶句《寒塘》。這首詩寫的是客中秋思:曉發梳臨水,寒塘坐見秋。鄉心正無限,一雁度南樓。

② 砧,洗衣時用來輕搗衣服的石塊。唐白居易《太湖石》詩:"磨刀不如礪,搗帛不如砧。"

③ 遼陽,遼陽古稱襄平、遼東城,今屬遼寧省。遼陽在曾經爲金元二朝少數民族政權統治,後被明朝朱元璋收復。明洪武十九年(1386年)設立遼東都司,治遼陽,轄有二十五衛二州。遼陽是明朝統治遼東地區的軍事重鎮,常派重兵在此戍邊。

④ 《秋思卜卦》一曲,來自《聊齋志異·卷二·鳳陽士人》:"黃昏卸得殘妝罷,窗外西風冷透紗。聽蕉聲,一陣一陣細雨下。何處與人閒磕牙?望穿秋水,不見還家,清清淚似麻。又是想他,又是恨她,手拿著紅繡鞋兒占鬼卦。"

西瓜冷透紗。
芭蕉葉上細雨下，
何處與人閒磕牙①。

【月尾】
望穿秋水，不見還家，
潸潸淚珠密似麻。
又是想他又恨他，不回家。
手拏着紅綉鞋兒，占鬼卦。

35. 雪裏尋梅②

【月調】
踏雪尋梅，
帶醉歸回。
手扶琴童笑臉堆，
适纔間杏花村中，誰把我陪？

【月尾】
琴童回稟是故友，
你二人飲酒之後，作詩答對。
只見那烏鴉帶粉歸，儼然黑。
你瞧那碧雲深處，恰似灰堆。

36. 雪夜訪賢③

---

① 閒磕牙，說些無關緊要的話，閒談。《警世通言·卷八·崔待詔生死冤家》："咸安王捺不下烈火性，郭排軍禁不住閒磕牙。"

② 《雪裏尋梅》以下三首曲子均與雪景有關。

③ 雪夜訪賢，指宋太祖趙匡胤雪夜走訪大臣趙普商談國事的故事，後用爲天子訪問大臣之典。

【月調】

雪夜訪賢,

來在了趙普①門前。

向前擊戶,手扣雙環,

答應的人兒叫趙普。

【月尾】

他言説我家老爺不得閒,

他在燈下觀看文卷,

有甚麼機密大事對我言,我與你傳。

這本是當朝相府,不必高言。

37. 雪夜撇蘭

【月調】

冬景兒天,

鵝毛片片。

清冷佳人,懶去安眠。

滿臉愁懷,形隻影單。

【月尾】

手撥銀燈,打開《節烈傳》②。

觀古來多少女子,受盡熬煎。

---

① 趙普,北宋政治家,曾三次拜相。雪夜訪賢的故事見《宋史·趙普傳》:太祖數微行過功臣家,普每退朝,不敢便衣冠。一日,大雪向夜,普意帝不出。久之,聞叩門聲,普亟出,帝立風雪中,普惶懼迎拜。帝曰:"已約晉王矣。"已而太宗至,設重裀地坐堂中,熾炭燒肉。普妻行酒,帝以嫂呼之。因與普計下太原。普曰:"太原當西北二面,太原既下,則我獨當之,不如姑俟削平諸國,則彈丸黑子之地,將安逃乎?"帝笑曰:"吾意正如此,特試卿爾。"

② 《節烈傳》,貞烈婦女的傳記,描寫婦女堅守貞節或不惜殉節的故事。

一輪明月受風寒,好傷慘。
我這裏放開愁眉,撇上幾枝蘭。

38. 歲思

【月調】
正月裏心煩,
二月裏又孤單,
三月、四月不見還,
只等的五月、六月不回還。

【月尾】
七月裏捎書,八月裏到。
他言說九月、十月、十一月半。
眼看又到臘月天,仍未還;
叫奴家再等半月,又是一年。

39. 隱居茅廬

【月調】
隱居茅廬,
何用那牛犁耕鋤?
閑來時酌棋飲酒,閉户觀書。
也不管寒來暑往,春夏秋冬幾多時。

【月尾】
手提雙毫,
吟詩作賦。
上寫着:寒雨連江夜入吳,平明送客楚山孤。

洛陽親友如相問,那一片冰心在玉壺①。

40. 機關參透

【月調】
機關參透,卻賽過水上浮鷗;
人生在世,好一似浪裡輕舟。
有許多那些人,
南的奔北的走。
誰能解開牽腸扣?
勸君休把眉頭皺。
兒孫自有兒孫福,
莫與兒孫作馬牛。

【月尾】
閒來時步崗嶺觀走獸,
鳥聲喳喳在枝頭
悶來時蘆花蕩架小舟,一丈長竿一寸鈎。
一曲歌一樽酒,一人獨釣一江秋。
貧中自有貧中樂,何必區區分外求②。

---

① "寒雨連江夜入吾,平明送客楚山孤。洛陽親友如相問,一片冰心在玉壺。"四句出自《芙蓉樓送辛漸》,是唐朝詩人王昌齡的一首送別詩,是作者被貶爲江寧縣丞時所寫。

② 貧中自有貧中樂,何必區區分外求,見清帝康熙所作的《逍遥詞》。詞中有"貧中自有貧中樂,何必區區分外求。金烏飛似箭,玉兔走如流。兒孫自有兒孫福,莫爲兒孫作馬牛。"《逍遥詞》就是宣揚或宣洩清靜無爲、無所約束、自由自在、任其自然的思想、心情或言行的辭賦。兒孫自有兒孫福,最早見於元關漢卿《蝴蝶夢》第二折:"暗想當初老子,可不兒孫自有兒孫福。"莫與兒孫作馬牛,清代呂撫編寫《二十四史通俗演義》第四回《堯讓舜舜讓禹總爲斯民》的開篇詩云:百歲光陰似水流,道高德重把名留。兒孫自有兒孫福,莫與兒孫作遠憂。

41. 徐庶薦賢①

【月調】
月朗風清,
徐庶去曹營。
劉皇叔大馬送先生,
君臣們直到十裡長亭。

【月尾】
難割難捨徐庶先生,
但不知,此去何年何月何日何時纔相逢!
元直②走馬薦孔明,主公聽。
有一人家住南陽臥龍崗上,姓諸葛名亮,道號臥龍。

42. 三顧茅庵

【月調】
雪里訪賢,
來在了臥龍崗前。
見一位掃雪童子一旁站,
我問你師父閑不閑?

---

① 徐庶薦賢,徐庶因犯殺人罪,改名單福。初投劉表不得志,旋歸劉備爲軍師,屢敗曹操。至是,曹操已探得單福即徐庶化身。用程昱謀,招徐母至,令作書召徐庶來歸。徐母不之詐,反辱罵曹操,且擲硯投擊,欲激曹操怒以求死。曹操仍用程昱語,非特不罪,反優待之,旋被程昱誘得親筆書,遂仿冒字跡,偽作徐母招徐庶歸曹操書,投送劉備。徐庶本純孝,得書後,寢食不安,急辭劉備欲往。劉備知不可留,乃設宴餞送。劉備不忍離別,復令軍士砍伐樹木以期可以遠望。徐庶因此感激無地,復回馬舉薦諸葛亮於劉備而去。

② 元直,徐庶字元直。東漢末年劉備帳下人物,後歸曹操,並仕于曹魏。

【月尾】
不得閑來不得閑,
我師父內邊把書觀。
有甚麼話兒對我言,我與你傳。
你就說:劉備關張三次訪賢。

43. 漁家樂

【月調】
漁家樂,
家住在河坡;
頭戴斗笠,身披蓑;
手挈上釣魚竿兒,站在崖窩。

【月尾】
釣下大魚,街頭去賣;
釣下小魚,下酒喝;
一日清閒一日樂,好快活。
就是他當朝一品,也沒有我漁家樂。

44. 鬧書齋

【月調】
漫步金蓮,
來至書案前;
袖遮雲燈,手按書篇;
換笑臉與郎把話言。

【月尾】
更深夜半,還不去眠;

冷冷清清,猶把文章觀。

只要我郎讀聖賢,有何難?

難道説這一點時刻,你要連中三元①?

45. 約佳期②

【月調】

張生説:牆高。

紅娘説:龍門怎麼跳?

我家姑娘難畫難描,

準備你今夜配鸞交。

【月尾】

囑託你言語温柔,情性老靠。

他本是未出閨的姑娘,有些害臊。

休當殘花敗柳梢,聽分曉。

説是張生呀,我看你事成之後怎謝月老?

46. 鶯鶯鬧齋

【月調】

彩雲開,

月照花台。

鶯鶯紅娘,步月兒來,

張相公一見笑顏開。

---

① 三元,指解元、會元、狀元,分別爲科舉制度下鄉試、會試、殿試的第一名。連中三元指接連在鄉試、會試與殿試中考取第一名。明沈受先《三元記》第二十三出:"玉帝敕旨:謫下文曲星君與馮商爲子,連中三元,官封五世。"

② 《約佳期》連同其下三曲講得是張生、崔鶯鶯和紅娘的故事。

【月尾】
手拖手兒進書齋，
倒把一個小小紅娘，關在門兒外。
戰兢兢只怕有人來，活急壞。
説是姑娘、姑娘，你爲風流，奴爲何來？

47. 紅娘下柬

【月調】
接、接、接，
小紅娘下柬帖，
張相公接帖在手腕上捏。
張生呀，莫非是你中了邪？

【月尾】
小紅娘一旁把羅帶兒解，
急的那張生"哺兒"忙把燈吹滅，
小小金蓮肩膀貼，軟慊慊。
説是張生、張生，你看咱二人，花心兒連如蝴蝶①。

48. 捷報

【月調】
鶯鶯盼張生，
赴考不回程。
臨行時，奴與你怎樣叮嚀；
到日今，書不傳來信不通！

---

① 花心兒連如蝴蝶，性愛隱語。

【月尾】

說話中間唰拉拉地响,

原來是,馬牌子他把那報單來送。

紅娘接過喜心中,觀分明。

上寫着:

捷報貴府張君瑞①,

皇榜上得中首一名。

49. 情思欺風

【月調】

風兒刮着來,

我好難挨。

自覺得身子瘦如柴,

精神短少癡呆呆。

【月尾】

夢兒裏夢見恩和愛,

不由人一陣陣依靠紅綾,魂遊天外。

不見郎君轉回來,淚盈腮。

風兒呀,吹回我那人兒,免奴出懷②。

50. 揉牡丹

【月調】

牡丹花兒鮮,

佳人和郎玩。

---

① 張君瑞,名珙,又名張生,字君瑞。

② 出懷,懷孕後能夠很明顯地看出來。

有意兒撒顛把臉翻,

花兒揉碎,放在了郎的面前。

【月尾】

你說那花兒比奴還好,

今夜晚就着花兒陪你眠。

從今後莫把奴來纏,不耐煩。

假若纏仗奴的時節,争争争勒揹①你個難。

51. 送情郎

【月調】

醒來吧,

奴與你打杯大葉茶。

叫了丫環掌銀燈,送你還家。

免得那令尊令堂常牽掛。

【月尾】

回家去令政夫人②問你在那裡去,

你就說:和你那知己的、可宜的朋友,街前吃茶。

千萬莫說在奴這答③,牢記下。

也免得吃醉罵你,捎帶奴家。

52. 搦鵲兒窩

---

① 勒揹,强迫。《京本通俗小説·錯斬崔寧》:"路途上有甚皂絲麻線,要勒揹我同去?"《福惠全書·卷八·錢穀部·漕項收兑》:"若經收不在,或勒揹使費。"也作"勒逼"。

② 令政,敬稱別人的妻妾。也作"令正"。古代稱嫡妻爲"正室",故尊稱他人的妻子爲"令正"。《西遊記·第五十九回》:"今聞公主是牛大哥令正,安得不以嫂嫂稱之!"

③ 這答:陝西方言詞,意爲"這裏"。

【月調】

雅韻兒歸，

樹葉兒多。

房檐前壘下雀兒窩，

只看只看奔不着。

【月尾】

丫環與姑娘把凳子掇①，

拏上杆杆連窩掇②。

掇下來，一個兒、兩個兒、三個兒、四個、五個、六個、七個、八個、九個、十個、十個、九個、八個、七個、六個、五個、四個、三個、兩個，丟下一個，一翅"得兒"，飛在樹梢上。

姑娘説：雀兒呀，雀兒呀，你下來，你下來。飛在姑娘舌尖上，吃一個，膠然的、蜜甜的，蜜甜的、蜂蜜拌的、桂花糖的滿洲餑餑③。

---

① 掇：搬、端。《水滸傳·第二六回》："武松掇條凳子，卻坐在橫頭。"《儒林外史·第四回》："嚴家家人掇了一個食盒來，又提了一瓶酒。"也有本作"捉"，見《山西地方戲曲彙編》第十六集中的《掏麻雀》，山西省戲劇研究所編，北嶽文藝出版社，1993年版第601頁。

② 掇$_2$，採摘。曹操《短歌行》："明明如月，何時可掇？"宋歐陽修《豐樂亭記》："掇幽芳而蔭喬木，風霜冰雪，刻露清秀。"也有本作"戳"，見《山西地方戲曲彙編》第十六集中的《掏麻雀》，山西省戲劇研究所編，北嶽文藝出版社，1993年版第601頁。

③ 滿洲餑餑，是滿族人對多種麵食的統稱。它是滿語詞彙，至今仍爲滿族人民所襲用。

卷二

二、月背調(36)

1. 太極圖

【月調】
祥雲占慶,
繚繞南極宮①。
福禄二星笑盈盈,
前來慶賀老壽星。

【漫數】
太極圖②展放,
懸掛在中庭。
團團圍定,
福禄壽三星。
兩個童兒,明月、清風③,
大家觀看,細講說分明。

---

① 南極宮,南極星所居之地。
② 太極圖,圓形中畫陰陽文各半交互之形。
③ 明月、清風,仙童的名字。

【緊數】

混沌①霧氣生太宰,

混元②初分天下升。

陰中生陽陽生陰,

陰陽二氣渺無蹤。

參透世機方爲妙,

便得大道不老長生。

【月尾】

三仙正把太極圖看,

又只見梅鹿③來現行。

音清聲雅陣陣鳴,主長生。

你瞧那梅鹿口唧靈芝草④,仙鶴唧的萬年松⑤。

2. 大慶壽

---

① 混沌,傳說中天地未形成時的那種元氣未分、模糊不清的狀態。《西遊記·第一回》:"混沌未分天地亂,茫茫渺渺無人見。"《三國演義·第八六回》:"昔混沌既分,陰陽剖判;輕清者上浮而爲天,重濁者下凝而爲地。"也作"渾沌"。

② 混元,宇宙尚未形成時,形質不分、蒙昧一體的狀態。三國魏阮籍《詠懷詩》八二首之四〇:"混元生兩儀,四象運衡璣。"《封神演義·第八二回》:"混元初判道爲尊,煉就乾坤清濁分。"

③ 梅鹿,即梅花鹿,是中國古代的吉祥物之一。"鹿"是取其與"禄"諧音的象徵寓意,所以"鹿"包容了"禄"的含義。

④ 靈芝草,古代以靈芝爲仙草,服食後可駐顏不老,具起死回生之神效,故稱爲"靈芝"。

⑤ 仙鶴,在道教中,鶴是長壽的象徵。在中國、朝鮮和日本,人們常把仙鶴和挺拔蒼勁的古松畫在一起,作爲益年長壽的象徵。鶴也常和松被畫在一起,取名爲"松鶴長春""鶴壽松齡";鶴與龜畫在一起,其吉祥意義是龜鶴齊齡、龜鶴延年;鶴與鹿、梧桐畫在一起,表示"六合同春"。

【月調】
壽比南山,
壽是鋼欄;
壽如江水,波浪迴圈;
壽同日月亘古然。

【漫數】
王母有壽,其壽無邊,
大排慶壽,福壽堂前。
壽爐裏檀香,壽瓶裏牡丹,
九連壽燈,懸掛壽殿,
金童玉女①,伺候壽仙。

【一朵紅雲】
一朵紅雲鋪滿天,
手挈金弓銀彈子,
送子張仙②,
送子天仙。
八仙過海來慶壽,
王母娘娘③赴蟠桃,
坐在中央,童兒站兩傍。

---

① 金童玉女,道家稱侍奉仙人的童男童女。《辭源》對"金童玉女"的解釋是:"道家謂供仙人役使的童男童女。"按道教的說法,凡神仙所居洞天福地,皆有金童玉女伺候。金童玉女大量出現在宋元以來的戲曲中,成爲神仙戲的重要角色。
② 送子張仙,神話傳說中的仙人,爲祈子之神。其神像作張弓挾彈狀。
③ 王母娘娘,神話傳說中的女神。原是掌管災疫和刑罰的怪神,後於流傳過程中逐漸女性化與溫和化,而成爲年老慈祥的女神。相傳王母娘娘住在昆侖山的瑤池,園裏種有蟠桃,食之可長生不老。也稱爲"金母""瑤池金母""王母""西王母"。

和合①二仙來上壽,

劉海戲蟾②到江邊,

浪兒裏玩一玩,

步步撒金錢。

金錢撒在吉慶堂,

一門五福③坐高官,

連中三元,

富貴萬萬年。

【滿江紅】
三月三,

佛壽誕④,

來了眾八仙⑤,

同赴蟠桃宴。

鐵拐李,曹國舅,

---

① 和合,唐代的高僧寒山與拾得二人,相傳爲文殊菩薩、普賢菩薩化身,兩人情感融洽,象徵和睦與"和氣生財"。很多年畫以此爲主題。見《通俗編·神鬼》。也稱爲"和合二聖"。"和合二仙"是我國民間的愛神。他們手持的物品,件件都是有講究的。那荷花是並蒂蓮的意思,盒子是象徵"好合"的意思,而五隻蝙蝠,則寓意著五福臨門,大吉大利。

② 劉海,五代時人,仕燕王爲相。後學道成仙,傳說中是個仙童,前額垂著整齊的短髮,騎在金蟾上,手裏舞著一串錢,是傳統文化中的"福神";金蟾爲仙宫靈物,古人以爲得之可致富。劉海戲金蟾,步步釣金錢,表示財源廣進,大富大貴之意,過去人們常將劉海戲蟾剪紙、繪畫請回家中,求財祈福。

③ 一門五福,說的是北宋狀元梁灝的典故。相傳梁灝八十二歲考中狀元筵宴後回家(《宋史·梁灝傳》和《續資治通鑒》等正史記載梁灝考中狀元時年僅22歲),參拜老母陳氏,獻上聖上賜與陳氏的冠誥。聖上因梁灝中狀元,特將其子梁固由翰林升爲學士,孫梁棟原任監察御使,又加賜官誥,曾孫梁材與祖公同時考中,按例應選授知縣,改内用在中書行走。參見《卷一·獻瑞》"五福"條。

④ 三月三,佛壽誕,農曆三月三日,是道教神仙真武大帝的壽誕。真武大帝全稱"北鎮天真武玄天大帝",又稱玄天上帝、玄武、真武真君。

⑤ 八仙,一般的排列順序爲鐵拐李、鍾離權、藍采和、張果老、何仙姑、吕洞賓、韓湘子、曹國舅。

張閣老騎驢仙,
懷抱魚鼓尖板。
何仙姑,藍采合,
手拿上雲陽板,
罩輪肩上擔。
漢鍾離手拿扇,
純陽公身背劍,
柳仙①把道傳。
韓湘子獻一顆長生不老丹,
手提御花籃。
和合二神仙,
劉海撒金錢。

【緊數】
漢鍾離來頭洞仙,
手兒拿的秋葉扇。
秋葉以內慈霧起,
一扇搧老轉少年。

呂純陽來二洞仙,
身背寶劍降廣寒。
劍砍壽山靈芝草,
回陽長生不老丹。

張閣老來三洞仙,
懷抱魚鼓並尖板。

---

① 柳仙,民間五仙之一。人們認爲蛇有靈氣,它的形體奇異,能蟄伏潛藏蛻皮變化,而且行動詭秘靈敏,法力比狐狸還要大,也能形成人形,有千里攝物的法術。五仙是指狐仙(狐狸)、黃仙(黃鼠狼)、白仙(刺蝟)、柳仙(蛇)、灰仙(老鼠),漢族民間俗稱五仙爲"狐黃白柳灰"(或稱"灰黃狐白柳")。這五仙經常出現於漢族年畫、剪紙、泥塑等藝術作品中,寄託了漢族勞動人民一種辟邪除災、迎祥納福的美好願望。

胯下乘的黑驢子，
殿前他把壽曲兒念。

曹國舅來四洞仙，
玉簫內吹出一對聯。
上寫春山千載秀，
下對秋水萬年卷。

鐵李拐來五洞仙，
火葫蘆以內冒青煙。
青煙內邊有福字，
五福捧壽到宴前。

藍采合來六洞仙，
手拿三叉雲陽板。
過海踏在足底下，
福壽康寧保平安。

何仙姑來七洞仙，
鐵罩輪來肩上擔。
罩輪只在簪前罩，
吹一口仙氣壽滿天。

韓湘子來八洞仙，
手兒內提的御花籃。
花籃以內雲霧起，
一年四季保平安。

【背弓】
壽星老兒做雲端，
福禄二星緊相連。

喜德星①懷抱百子圖②來獻，
太陰星③手捧丹桂到宴前。

【五更】
八仙顯手段，
個個把寶獻，
都與王母增福把壽延，
望王母長生不老仙。

【釘缸】
西方王母坐壽殿，
祥雲朵朵壽滿天。
和合二仙來上壽，
劉海戲蟾到江邊。

---

① 德星，古以景星、歲星等爲德星，認爲國有道有福或有賢人出現，則德星現。《史記·孝武本紀》："望氣王朔言：'候獨見其星出如瓠，食頃復入焉。'有司言曰：'陛下建漢家封禪，天其報德星雲。'"司馬貞《索隱》："今按：此紀唯言德星，則德星，歲星也。歲星所在有福，故曰德星也。"《史記·天官書》："天精而見景星。景星者，德星也。其狀無常，常出於有道之國。"南朝宋劉敬叔《異苑》卷四："陳仲弓從諸子侄造荀季和父子，于時德星聚。太史奏：五百里內有賢人聚。"《北史·韋夐傳》：'弘正乃贈詩曰：'德星猶未動，真車詎肯來？'"
② 百子圖，參見《卷一·獻瑞》"百子圖"條。
③ 太陰星，這裏指代嫦娥。"太陰"指月亮，與太陽相對。

【打連廂】
東方朔曾把仙桃獻①,
誤入斗牛張子騫②,
杜康③造下黃風酒,
劉伶④一飲醉三年⑤。

【背尾】
吉星高照,
福壽堂前。
張公星⑥,彈打貴子子孫賢,
魁光星⑦,手提朱筆點狀元。

---

① 東方朔曾把仙桃獻,源自東方朔偷桃的典故和傳説。漢武帝壽辰之日,宮殿前一隻黑鳥從天而降,武帝不知其名。東方朔回答説:"此爲西王母的坐騎'青鸞',王母即將前來爲帝祝壽。"果然,頃刻間,西王母攜7枚仙桃飄然而至。西王母除自留兩枚仙桃外,餘5枚獻與武帝。帝食後欲留核種植。西王母言:"此桃三千年一生實,中原地薄,種之不生。"又指東方朔道:"他曾三次偷食我的仙桃。"據此,始有東方朔偷桃之説。東方朔並以長命一萬八千歲以上而被奉爲壽星。後世帝王壽辰,常用東方朔偷桃圖慶典。"壽星"成爲中國傳統文化的元素,被繪畫和文房用品等用作題材。

② 誤入斗牛張子騫,説的是張騫入斗牛宮的故事。漢代張騫,城固人。武帝時,奉命使大月氏。開西南夷,嘗乘槎,直上天河,入斗牛宮。見一女子,手弄金梭,傍有一石,問之不答。惟云:可問嚴君平便知。君平,蜀人,精天文術數。往詢之。云:此天仙織女也。石名支磯石。

③ 杜康,人名。相傳是周代善於釀酒的人。因周代善造酒,故作爲酒的代稱。曹操《短歌行》:"何以解憂,唯有杜康。"

④ 劉伶,人名。字伯倫,晉沛國人,曾爲建威參軍。性好酒,放情肆志,與嵇康、阮籍等同稱爲"竹林七賢"。著有《酒德頌》。

⑤ "杜康造下黃風酒,劉伶一飲醉三年",民間有"杜康造酒醉劉伶"的故事,相傳故事發生地有河南洛陽南、淮安山陽縣、河南清豐縣、陝西白水縣、山東蒙陰縣等幾種説法。

⑥ 張公星,參見本曲"送子張仙"條。

⑦ 魁光星,即魁星,神話傳説中掌文運的神。本作奎星,俗就魁字取象,造爲鬼舉足而起斗之像。

【月尾】
一個個都把壽宴奉獻,
小白猿①頭頂上一幅對聯。
上寫:福如東海長流水,
壽比天齊萬萬年。

3. 大賜福

【月調】
天官坐雲端,
捧玉旨下了廣寒②。
海外羣仙緊相連,
前來撒福慶財源。

【一朵紅雲】
一朵紅雲鋪滿天,
眾仙離了淩霄殿,
賜福走一番,
個個顯手段。
八仙過海各逞能,
王母娘娘坐雲端,
童兒站兩邊,
祥雲朵朵鮮。

---

① 白猿,是長壽的代表,民間流傳有《白猿獻壽》題材的畫作。
② 廣寒,月亮。唐陸龜蒙《上元日道室焚修寄襲美》詩:"三清今日聚靈官,玉刺齊抽謁廣寒。執蓋冒花香寂曆,待晨交佩響闌珊。"《初刻拍案驚奇·卷二〇》:"萬丈廣寒難得到,嫦娥今夜落誰家?"

【背弓】
紫薇大帝①先賜福,
禄星到此忙加官,
南極仙獻上蟠桃,把壽添。
進寶財神②臨,招財利市仙③。

五福堂,陰功廣大,
香煙飄渺,講詩一首:
福如東海,壽比南山;
金玉滿堂,長樂無邊。
吾再賜你:
長生不老,不老長生。
眾仙上前把寶獻。

---

① 紫微大帝,在中國民間信仰中佔有重要地位,屬於道教四禦之一,位居玉皇上帝之下。全稱爲"中天紫微北極大帝",紫微又叫紫宮、紫微星,位處三垣之中的中垣,是星座上屬帝王之所居。紫微星是位於上天的最中間永遠不動,位置最高的星,故最爲尊貴,是"眾星之主,萬象宗師",因此對他極爲尊崇。紫微大帝執掌天經地緯,以率普天星斗,節制鬼神與雷霆。

② 財神,舊時指掌管錢財的神。主要有文財神爺李詭祖、比干、范蠡與武財神爺趙公明和關公。其中,財帛星君李詭祖在漢族民間最受歡迎,他的繪像經常與"福""禄""壽"三星和喜神列在一起,合起來爲福、禄、壽、財、喜。增幅財神畫像文雅非凡,錦衣玉帶,頭戴朝冠,身穿紅袍,白臉長鬚,面帶笑容,左手執"如意",右手執"聚寶盆",寫著"招財進寶"四字。身後二童子爲他打著日月障扇。左青龍,右白虎,口吐孔錢和元寶,顯得這位財神爺神通廣大,有取之不盡用之不竭,源源而來的金印財寶。參見《卷一·喜吉慶》"眾家財神"條。

③ 招財利市仙,即利市仙官是漢族民間流傳的一位小財神,是趙公明的徒弟,名姚少司,在《封神演義》中被封爲迎祥納珍的北路利市仙官,是五路財神之一。其它四位爲:中路爲文財神趙公明、東路財神招寶天尊蕭升、西路財神納珍天尊曹寶、南路財神招財使者陳九公。表達了漢族勞動人民一種辟邪除災、迎祥納福的美好願望。

【五更】
和合二神仙,
白猿獻仙丹。
麒麟送子來到堂前,
誤入斗牛名喚張騫。①
張公星彈打貴子,子孫賢。

【金錢】
一賜你一品高官,
二賜你富貴雙全,
三賜你喜慶綿綿,
四賜你福禄壽禧占得全。

【背後②】
太陰丹桂捧到堂前,
喜德星懷抱百子圖來獻。
吾獻珊瑚樹,
吾獻聚寶盆,
魁光星手提珠筆點狀元。

【釘缸】
此地只有今年喜,
喜罷今年喜來年。
喜的國正天心順,
喜的官清民自安,
喜的妻賢夫禍少,
喜的子孝父心寬。

---

① "麒麟送子來到堂前,誤入斗牛名喚張騫。"此二句原爲雙行小字。
② "背後",非曲牌,當爲"背尾"之誤。

喜的金馬玉堂三學士，
喜的一門五福雙狀元，
喜的人口多吉慶，
喜的福壽康寧樂平安。

【打連廂】
劉海戲蟾一大仙，
行動步步撒金錢。
一撒獨把鰲頭占，
二撒二甲進士官，
三撒三元多及第，
四撒四季保平安，
五撒五子奪魁首，
六撒禄位入朝班，
七撒七子團圓慶，
八撒八仙慶壽誕，
九撒九世長不老，
十撒富貴萬萬年。

【月尾】
賜福一畢眾仙散，
各駕祥雲回仙山。
五福堂中主人賢，喜心間。
臨行時，又賜你千千萬萬、萬萬千千，
金銀蝙蝠，落在庭前。

4. 賀開市

【月調】
堆金積玉，
山水皆齊。

海在東來山在西,
山水相連四下裏。

【背弓】
寶號新春開張今歲①氣象新,
祥光照户、喜氣臨門。
喜只喜,財地重生萬倍金。
招財童子②至,
利市仙官臨。
願只願,和氣長迎四海賓。

【五更】
協力山成玉,
同心土化金。
千祥雲集、百福駢臻,
慶咸宜財源似海深。

【金錢】
克勤儉生意如春,
義爲利福自天申,
效石崇③廣積金銀,
全憑你一片公平似水。

---

① 新春開張今歲,原文爲雙行小字。
② 招財童子,財神的搖錢樹上有二位招財童子,一位抱着鯉魚,一位拖着財寶。
③ 石崇(249—300),晉南皮(今河北南皮東北)人,字季倫。元康初累官至荆州刺史,以劫掠客商致財無數。在河陽營建金穀別墅,後拜衛尉,與貴戚王愷、羊琇之徒,以奢靡相尚。八王之亂時,他與齊王冏結黨,爲趙王倫所殺。石崇作爲古代富豪知名度頗高,人們常愛説他和皇親貴戚鬥富及綠珠爲之墜樓的故事,導致後人對石崇之富印象特深,而石崇是怎麽富起來的人們仿佛不很在意。

【銀扭絲】
一本萬利、六合同春,
吉星高照利見大人。
萬國金玉主,
九州福禄神,
買賣好還是生意順。

三星共照、五福臨門,
生財有道,億則屢中①。
目進千鄉寶,
時招萬里財,
人發福還是富發人。

【背尾】
財源湧進,
聚寶藏珍。
願仁兄,更比陶朱事業精;
錢龍來引進,福虎自飛騰。
恭賀你,堆金積玉、財發萬鎰似海深。

【月尾】
山東出了孔夫子,
山西又有關聖大帝,
列位兄台坐滿席,笑微微。
喜的是發福生財、一團和氣。

5. 蟠桃壽宴

---

① 億則屢中,億:通"臆";中:正中。料事總是能與實際相符。出處:《論語·先進》:"賜不受命,而貨殖焉,億則屢中。"

【月調】
樂逍遙,
五色雲兒飄,
眾位仙長去赴蟠桃,
壽宴臺前走這遭。

【一朵紅雲】
一朵紅雲鋪滿天,
手拿金弓銀彈子,送子張仙。
八仙過海來慶壽,
王母娘娘赴蟠桃,坐在中堂,
童兒站兩廂。
和合二仙來上壽,
劉海戲蟾到江邊,
浪兒裏玩一玩,
步步撒金錢。

【滿江紅】
三月三,
佛壽誕,
來了眾八仙,
同赴蟠桃宴。
鐵拐李,曹國舅,
張閣老騎驢仙,
懷抱魚鼓尖扳。
何仙姑,藍采和,
手拿上雲陽板,
罩輪肩上擔。
漢鍾離手拿扇,

純陽公①身背劍,
柳仙把道傳。
韓湘子,獻一顆長生不老丹。
手提御花籃,
和合二神仙,
劉海撒金錢。

【紅雲尾】
金錢撒在吉慶堂,
一門五福中狀元,
輩輩坐高官,
富貴萬萬年。

【月尾】
麻姑仙②斟酒,眾仙大笑,
南極星回頭把白鶴童子叫,
你將那葫蘆搖幾搖,眾仙瞧。
你瞧那葫蘆內靈丹,一暫時化爲仙桃。

6. 八仙慶壽

【月調】
好不逍遙,

---

① 純陽公,吕洞賓屬於乾金之象。乾卦純陽,故稱純陽公或純陽老祖,所用寶劍亦曰純陽劍。

② 麻姑,麻姑又稱壽仙娘娘、虛寂沖應真人,漢族民間信仰的女神,屬於道教人物。據葛洪《神仙傳》記載,其爲女性,修道于牟州東南姑餘山(今山東萊州市),中國東漢時應仙人王方平之召降于蔡經家,年十八九,貌美,自謂"已見東海三次變爲桑田"。故古時以麻姑喻高壽。又流傳有三月三日西王母壽辰,麻姑于絳珠河邊以靈芝釀酒祝壽的故事。過去漢族民間爲女性祝壽多贈麻姑像,取名麻姑獻壽。又傳說她是在江西省南城縣境内的麻姑山進行修煉成仙的。

五色雲兒飄。
八仙慶壽赴蟠桃,
要往瑤池走一遭。

【漫數】
頭一洞神仙①,
出於漢朝,
頭挽抓髻,
腰繫絲綢。

【緊數】
二洞神仙出唐朝②,
頭戴青紗腦後飄,
隨身帶的清風劍,
柳仙隨吾赴蟠桃。

【背弓】
三洞神仙張閣老③,
騎上了毛驢過仙橋。
這仙橋,本是黑驢踏踩倒。
就地起,一朵祥雲上九霄。

---

① 頭一洞神仙,指鍾離權,據傳是漢朝人,所以也稱漢鍾離,他的形象常常是袒胸露乳,手搖棕扇,大眼睛,紅臉膛,頭上紮了兩個丫髻,神態自若,是個閒散的漢子。八仙每人都有一至二樣寶物或法器,一般稱爲"暗八仙"或八寶。除了通過時代、著裝外,還可以通過法器判斷八仙的名字。這些代表性的法器爲:芭蕉扇(漢鍾離)、葫蘆(鐵拐李)、花籃(藍采和)、荷花(何仙姑)、劍(呂洞賓)、笛子(韓湘子)、漁鼓(張果老)、玉板(曹國舅)。
② 二洞神仙,指呂洞賓,法器爲劍。
③ 三洞神仙張閣老,即張果老。其法器爲漁鼓,其形象常爲倒騎毛驢。

【銀扭絲】
四洞神仙曹國舅①,
蟒袍御帶懶得修。
不願把官坐,
不願受君禄,
壽宴台前任吾遊。

【打連廂】
五洞神仙鐵拐李②,
銅頭金眼鐵面皮,
隨身帶的净身鐽,
火葫蘆要把海煉乾。

【釘缸】
六洞神仙藍采和③,
人言咱家是瘋魔,
手兒拿的雲陽板,
口兒内念的《太平歌》。

【五更】
七洞何仙姑④,
人言我有丈夫,
是非話兒怕的是多開口,
神仙家不貪自然無。

---

① 四洞神仙曹國舅,名佾,亦作景休。曹國舅相傳爲宋仁宗朝之大國舅,所以俗稱曹國舅。他長手持玉板。
② 五洞神仙鐵拐李,法器爲葫蘆。
③ 六洞神仙藍采和,其法器爲雲陽板。
④ 七洞何仙姑,其法器爲荷花和罩輪。

【紗窗外】

八洞本姓韓①,

學藝在終南,

懷兒内抱魚鼓,手兒内提花籃②,

花開一朵年年鮮,四季保平安。

【月尾】

仙童斟酒眾仙長飲,

南極星回頭把童子叫,

你把葫蘆搖上幾搖,眾仙瞧。

你看葫蘆内邊仙丹,霎時間化成仙桃。

7. 慶元旦③

【月調】

喜的是海晏河清,

喜的是水秀山明。

喜的是風調雨順、萬事亨通,

又喜的龍飛鳳舞、燕語鶯鳴。

【漫數】

福禄壽三星,高照門庭,

四貴星④獻寶,八大仙來迎。

---

① 八洞本姓韓,指韓湘子。其法器爲笛子,手也持花籃。

② 漁鼓在八仙中一般認爲是張果老的法器;花籃一般認爲是藍采和的法器,這裏卻塑造了一個懷抱漁鼓,手持花籃的韓湘子的形象。

③ 慶元旦,慶祝新年的第一天。這裏的元旦指的是農曆的第一天。

④ 四貴星,指福禄壽喜四神,他們是天界分別掌管降福施祥、功名利禄、壽命、吉祥的神仙。

赤壁仙①文章，送子②張金弓。
劉海戲的金蟾，各顯神通。

【背弓】
一統太平慶元旦，
五穀豐登大有年，
斗囘寅③，出門先把大喜見。
一夜連雙歲，五更分二年，
半空中，天官賜福把雲頭現。

【五更】
接喜報三元，
進祿又加官，
福祿康寧萬萬家安，
處處春，福神④來接見。

【金錢】
喜的是一元復始，
愛的是萬象更新，
樂的是百福駢臻⑤，
又喜的春滿乾坤福滿門。

---

① 赤壁仙文章，北宋大文豪蘇軾在被貶官至黃州（今湖北黃岡）時，曾先後寫下了《念奴嬌·赤壁懷古》《前赤壁賦》和《後赤壁賦》三部千古傳誦的名篇。這裏即指蘇軾及其文章事。赤壁，原誤作"赤璧"。下同。

② 見本卷《大慶壽》"送子張仙"條。

③ 見《卷一·春福》"斗丙回寅"條。

④ 福神，福神是漢族民間信仰神祇。根據漢族民間傳說福神原爲歲星，即木星，後逐漸人格化，一説源於太平道所祀三官中的天官，演化爲天官賜福之説。

⑤ 百福駢臻，形容各種福分一齊來到。一般作"百福具臻"。《舊唐書·卷一四八·李藩傳》："伏望陛下每以漢文、孔子之意爲準，則百福具臻。"

【背尾】
春王正月①,
天子萬年。
元宵夜,金吾不禁②把花燈玩。
堆金多積玉,
人馬保平安。
呂③應合,三陽開泰把春光獻。

【緊數】
福如東海水長盈,
壽比南山不老松。
東魯雅言④庭前掛,
西京名詔⑤寫的分明。

---

① 春王正月,按《春秋》體例,魯十二公之元年均應書"春王正月公即位",有些地方因故不書"正月"二字,後遂以"春王"指代正月。《春秋·定西元年》:"元年春王"。

② 金吾不禁:金吾,秦漢時執掌京城衛戍的地方官。元宵節及前後各一日,終夜觀燈,地方官不禁夜。

③ 呂,指"大呂",十二律之一。古樂分十二律,陰陽各六,六陰皆稱呂,其一爲大呂。陽律六:黃鐘、太簇、姑洗、蕤賓、夷則、無射;陰律六:大呂、夾鐘、中呂、林鐘、南呂、應鐘。共爲十二律。《周禮·春官·大司樂》:乃奏黃鐘,歌大呂,舞雲門,以祀天神。漢鄭玄注:"以黃鐘之鐘、大呂之聲爲均者。黃鐘,陽聲之首,大呂爲之合,奏之以祀天神,尊之也。"由於音律與一年中的月分恰好都定有十二個,於是在中國上古時代,人們便把十二律和十二月聯繫起來。依照《禮記·月令》上的記載,"大呂"對應十二月,也就是舊年的最後一個月,新年在這個月的除夕和新年交合。因此【背弓】說"一夜連雙歲,五更分二年"。

④ 東魯雅言,指孔子《論語》。其中《述而》有"子所雅言,詩書執禮,皆雅言也"。

⑤ 西京名詔,"西京"借代西漢王朝。西漢都長安,東漢都洛陽,因稱洛陽爲東京,長安爲西京。復引申東京稱代東漢,西京稱代西漢。西漢時尊儒術、倡力田並舉,專門設立機構"孝弟力田科"。孝弟,孝順父母,敬愛兄長;力田,努力耕田。因是王朝行爲,故云"明詔"。

《南華經·秋水》①文章好,
北苑春山②卻有名。
鍾離③手執七星劍,
斬妖縛邪鬼神驚。

掛的是春夏秋冬景,
琴棋書畫擺的威風。
時辰表、自鳴鐘④,
中間又掛滿堂紅的燈。

【月尾】
喜的是萬物靜觀皆自得,
又喜的四時佳興與人同,
世事好比紅樓夢,仁君聽。
這纔是雲錦千張,一統太平。

8. 賀新春

【月調】
春打六九頭⑤,

---

① 《南華經·秋水》,指《莊子》中的《秋水》篇。
② 北苑春山,指南唐畫家董源。他累官至北苑使,後稱之爲董北苑。語出宋沈括《夢溪筆談·書畫》:"江南中主時,有北苑使董源善畫,尤工秋嵐遠景,多寫江南真山,不爲奇峭之筆。"
③ 鍾離,指鑄劍者鍾離泉,其所鑄鍾離劍鋒利無比。
④ 時辰表、自鳴鐘:自鳴鐘一種能按時自擊,以報告時刻的鐘。明謝肇淛《五雜俎·天部二》:"西僧利瑪竇有自鳴鐘,中設機關,每遇一時輒鳴。"清趙翼《簷曝雜記·鍾錶》:"自鳴鐘、時辰表,皆來自西洋。鐘能按時自鳴,表則有針隨晷刻指十二時,皆絕技也。"
⑤ 春打六九頭,"春打五九盡,春打六九頭"是一句民間諺語,意思是說,立春這一天,不是在五九的最後一天,就是在六九的第一天。立春在五九最後一天,就叫做"春打五九盡";立春在六九的第一天,就叫做"春打六九頭"。

春水往東流。
春風擺動楊柳枝頭,
牧牛的童子騎春牛。

【背弓】
喜遇新春到元旦,
五穀豐登大有年。
出門來,家家大小把春喚。
一夜成雙歲,五更分二年。
又只見,賜福天官雲端站。

【五更】
喜雀兒報三元,
進祿又加官。
誤入斗牛名叫張騫,
又來了和合二大仙。

【金錢】
一杯酒大謝蒼天,
二杯酒國泰民安,
三杯酒連中三元,
喜的是一年四季樂平安。

【背尾】
新年已過,
用目觀看,
元宵節,家家門首把花燈懸。
飲的長春酒,
喜的是太平年,
清明節,個個堆塋化紙錢。

【月尾】

看春的人兒賞春酒,

思春的佳人動春愁,

對對春花揷滿頭。

蠢丫頭,你聽那書房中的學生讀的《春秋》。

9. 玉堂

【月調】

秦樓楚館,

果稱奇觀。

内邊擺設非等閒,

琴棋書畫樣樣全。

【漫數】

卷棚綾①表,賽過雪瞞,

丹墀②内的花盆,擺的周全。

一盆是芍藥,一盆是牡丹,

紫竹和碧桃,松柏萬年。

【月尾】

留神觀來仔細看,

鐵角蓮的海棠③那麽樣兒繁。

你瞧那,池塘内的金魚兒顏色鮮,

滴溜溜綉毬花兒開放在庭前。

---

① 卷棚綾,最早的綾表面呈現疊山形斜路,這裏指綾的樣式。

② 丹墀,丹墀指古時宮殿前的石階,因其以紅色塗飾,故名丹墀。

③ 鐵角蓮的海棠,指鐵脚海棠。又名貼梗海棠、鐵脚梨、皺皮木瓜、宣木瓜等,爲喬木植物;多紫紅或紅棕色。

10. 富貴

【月調】
閑來到客堂,
又到内書房。
琴棋書畫擺兩廂,
又設下文房四寶琴一張。

【漫數】
舉目觀看,畫棟雕樑,
卷棚綾表,錦帳帷牆。
高名字畫,文案書香,
芝蘭其室①,金玉滿堂。

【月尾】
金爐添檀噴鼻兒香,
富貴圖懸掛在吉慶堂上,
一②排對聯掛兩旁,細端詳。
知己客來情不厭,
下對着,知心友至話偏長。

11. 效古交

【月調】
湯之盤銘月兒高,
有朋自遠方來到。

---

① 芝蘭其室,用來比喻良好的環境。漢戴德《大戴禮》:"與君子游,苾乎如入蘭芷之室,久而不聞,則與之化矣。"《孔子家語·六本》:"與善人居,如入芝蘭之室,久而不聞其香,即與之化矣。"

② 一,原誤作"十",據文意改。

久聞仁兄善於人交，
咱二人手拖手兒入太廟。

【背弓】
天下朋友都可交，
桃園結義劉關張趙。
趙子龍長阪坡前把太子保，
張翼德三聲喝斷當陽橋。

【背尾】
劉備過江，
多虧喬老；
關聖賢，匹馬單刀保皇嫂；
看起來，朋友恩情如山高。

【月尾】
金燭焚香忙跪倒，
學一個貧而無諂、富而無驕，
巧言令色莫可交，你聽着。
大丈夫要學言而有信，纔是英豪。

12. 學桃園

【月調】
久聞大名，
未會尊容。
人說仁兄真美名，
話不虛傳是真情。

【背弓】
三國有個桃園義，

劉先主、關、張結義兄弟。

他三人,殺白馬祭天、斬烏牛祭地。

後來了一位趙子龍將軍,他把桃園續。

【背尾】

同掙下江山,

扶大哥登基。

這纔是,朋友得了朋友濟,

到今日,那有桃園三結義。

【月尾】

不嫌我鄙氣在一塊兒坐,

沾不盡的餘光又領情,

千山萬水找仁兄,明公聽。

還纔是好朋友的人兒,四海有名。

13. 會酒席

【月調】

好朋友,

細水兒長流,

終朝每日上酒樓,

怕的是念念不到頭①。

【背弓】

清晨打掃堂前地,

搌搌②槕兒擺開酒席。

酒席前,坐的都是兄和弟。

---

① 念念不到頭,書中又作"豔豔不到頭"。見《全月調·交朋》。
② 搌,輕輕擦抹或按壓。如:"紙上落了一滴墨,快拿吸墨紙搌一搌吧!"

兄和弟,千萬莫要失和氣。

【背尾】
前世裏有緣,今世相會。
學只學,桃園三人會結義;
切莫學,孫臏、龐涓斷雙足。

【月尾】
花費了銀錢,説不出口。
學一個,開懷大量皮兒放厚。
要學桃園關張劉,度春秋。
莫學那孫龐鬥智,結下寃讐。

14. 重交情

【月調】
好不逍遥,
喜上眉梢。
喜雀兒簷前報聲曉,
喜的相逢在今朝。

【背弓】
天下朋友都可敬,
人到何處不能相逢。
見幾個,不中用的卻中用。
程咬金,夜打登州救秦瓊。

【五更】
梁山上宋公明,
石秀和楊雄。
景陽岡打虎名叫武松,

還有那豹子頭叫林沖。

【金錢】
還有那神箭手花榮,
後隨着大刀關勝,
還有那雙鎗將董平。
他弟兄同屬會把功勞掙。

【背尾】
臨潼山鬥寶,子胥占雄①。
趙太祖,千里路上把京妹送。
看將起,朋友恩情比山重。

【月尾】
朋友待我恩情甚厚,
我待朋友不能得夠。
要學桃園關張劉,度春秋。
切莫學孫臏、龐涓,結下冤讐。

15. 遊赤壁湖

【月調】
江水兒悠悠,
雲淡風柔。
赤壁河下一葉舟,
上有才子把湖遊。

---

① 臨潼山鬥寶,子胥占雄:春秋時期,各諸侯國紛紛爭奪霸主地位,秦穆公爲了威震其他諸侯國,採納謀士的建議,邀請十七國諸侯王到臨潼開展覽會,各國把自己的國寶拿來展覽,評出最佳傳國之寶。楚國大夫伍子胥明白秦穆公的用意,在會上舉鼎示威,製服秦穆公。

【漫數】
艄婆兒掌舵①,解纜開途,
停篙住槳②,任水兒漂流。
在船艙飲酒,花拳猜籌,
吟詩答對,快樂無憂。

【緊數】
東坡這裏开言道,
要與眾公把詩留。
少游、禪師、艄③婆聞言心歡喜,
吟詩答對兄爲頭。

東坡説:書房門對青山松與柳,
少遊説:硯似良田筆似牛,
禪師説:有朝一日風雲會,
艄婆説:改換門牆在後頭。

東坡説:春來桃花紅似火,
少游説:夏日荷花滿池浮,
禪師説:秋來丹桂香無比,
艄婆説:冬雪臘梅霜壓頭。

四人正在吟詩句,
船擺赤壁河下遊。
昔日曹操領兵到,
八十三萬令人愁。

---

① 艄婆,船尾掌舵的女人。文后"艄婆""艄公"兩詞中"艄"誤作"稍"或"梢"。"掌舵",原底本作"檣",徑改。
② 槳,原誤作"漿"。音同而誤,據文意改。
③ 艄,原誤作"梢"。

龐統巧獻連環計,
周郎江夏用計謀。
黃蓋定下苦肉計,
孔明會把東風求。

各爲其主爭天下,
一統太平歸晉收。
猛然舉首用目望,
一輪紅日墜西頭。

南北二岸船收纜,
鴛鴦出水臥沙洲。
牧童牽牛歸家轉,
樵子下山負薪樞。

學士棄卷東西散,
江岸漁翁收釣鈎。
日暮古寺鐘聲响,
漁火螢光似星流。

【月尾】
一言未罷船攏岸,
艄婆兒搭挑穩定舟。
安童代徑莫停留,各分手。
這纔是四才子聚會把湖遊。

16. 春遊杏花村

【月調】
遊春景,

咱們並肩兒行。
見一位牧童答一躬，
借問你:杏花村往何處行。

【漫數】
牧童開言:
遵了一聲先生，
你問杏花村的路徑，
順河一彎東行。

【大拾片】
杏花村中一座酒樓，
門面三間懸掛彩綢。
酒簾兒高挑有兩丈，
風吹酒旂兒亂點頭。
門首橫懸着一個大匾，
紅漆封兒兩邊留。
上聯寫:鐵羅漢一杯醉倒，
下聯寫:銅金剛一盞搖頭。
牆上寫:文官三杯必拜相，
缸上寫:武將一盞定封侯。
壺上寫:一杯美酒和萬事，
杯上寫:一醉能解千年愁。
匾上橫寫着八個大字:
酒不白吃,客走不留。
門首站立着幾個酒保，
跳跳蹴蹴賽過活猴。
喝喊一聲好高酒，
飲酒的客官請上酒樓。

【月尾】
牛背上牧童用笛兒指，

他言説前邊柳林之下,和風擺動,酒簾兒飄空。
上寫着:開罐十里香,醉倒人的狀元紅。
快些兒行,假若還一步去得遲慢了,想飲此酒未必得能。

17. 樂在其中

【背弓】
雲淡風輕近午天,
過幾位知己閑遊閑玩。
叫書童,手捧瑤琴身背劍,
咱今日,傍花隨柳過前川。

【五更】
紅日高半天,
山水緊相連。
春光明媚百鳥鬧聲喧,
見幾個佳人兒戲鞦韆。

【金錢】
爲官者常把心擔,
務農人血汗不乾。
爲工者手藝當先,
商人們披星戴月受風寒。

【背尾】
路過小橋見一座名山,
山上有茅庵,
掛一幅對聯,
上寫着:時人不識余心樂,

下對着:將謂偷閒學少年①。

18. 紅塵不染

【月調】
一陣兒清風,
皓月當空。
水自明來山自清,
不求榮辱不受驚。

【背弓】
參透紅塵畫中景,
士農工商各爲利名。
總有那高車駟馬一時興,
花開幾日紅,
浮雲過太空,
大限到,滿堂金玉成何用?

【五更】
石崇當年富,
范丹②受困窮。

---

① "時人不識余心樂,將謂偷閒學少年"出自北宋程顥的七律《春日偶成》:雲淡風輕過午天,傍花隨柳過前川。時人不識余心樂,將謂偷閒學少年。程顥和弟弟程頤是北宋理學的奠基人,並稱二程。春天一日,風和日麗。詩人閒居無事,中午前後泛舟遊逛,水路兩旁鮮花翠柳,眺望山川,心曠神怡。詩人怕路人不瞭解他的快樂心情,誤認爲他在學那些浮浪子,偷閒遊蕩。這首絕句寫景生動,表達心情自然貼切,就像一幅筆墨清新的山水畫。予,余,都是第一人稱代詞。

② 范丹,一說是漢朝人,東漢名士,中國古代廉吏典範,遭黨錮之禍而淪爲乞丐,黨錮解禁後,不就官職,死後諡號"貞節先生"。一說是春秋時在孔子在魯講學時救濟過孔子師生的乞丐。

彭祖、顔回壽命不同①,
回頭看誰比誰强盛?

【金錢】
人情與秋雲相同,
時來了誰不欽敬。
運去了萬事難成,
説甚麽車馬輕裘與朋友共!

【背尾】
是非之地,
裝啞賣聾,
倒不如,歡喜場中養真性。
過花插滿頭,
逢酒醉方休。
把那些,夭壽窮通、富貴功名、炎涼世情,一切付與黄粱夢。

【月尾】
來來往往走西東,
人生好似採花蜂,
莫學刻薄苦經營,仔細聽。
需學那品節廉明、"歸去來兮"陶淵明②。

19. 人情薄

---

① 彭祖,堯的臣子錢鏗。陸終氏第三子,帝顓頊之孫,曆虞夏至商,相傳活了七八百歲。因封于彭城,故稱爲"彭祖"。後世用以比喻長壽。顔回(前521—前481),享年41歲。字子淵,春秋魯人,孔子弟子。天資明睿,貧而好學,于弟子中最賢,孔子稱其"不遷怒,不貳過"。後世稱爲"復聖",列于孔門德行科。也作"顔子淵""顔淵"。

② "歸去來兮"陶淵明:陶淵明,字元亮,安貧樂道,嘗作《歸去來兮辭》以自比,世稱"靖節先生",詩名尤高,堪稱古今隱逸詩人的宗師。

【月調】
雅韻兒幽，
樹葉兒尖。
三皇治世立人間，
五帝爲尊造的全。

【漫數】
當今世邪正不分，
只要你有錢，那管你是甚人！
盡是錦上添花，雪裏送炭無人。
恨旁人有錢，笑他人苦貧。

【緊數】
一寸光陰一寸金，
寸金難買寸光陰。
失卻寸金還有可，
失卻光陰那裏尋？

梧桐葉落根還在，
留下枝梢等來春。
金盆打個紛紛碎，
分量何曾少半分。

蘇秦脫榜回家轉，
親哥嫂將他趕離門。
後來六國掌相印，
不是親的也上門。

貧到街前無人問，
富到深山有遠親。

畫龍畫虎難畫骨,
知人知面不知心。
知人説的知心話,
知己反害知心人。

【月尾】①
勸君不信在塵世看,
那有久富長貧人!
多買綾羅共綢緞,縫衣衫。
今日人敬衣來不敬人。

20. 讀書高

【月調】
一進書房,
琴棋設兩廂。
三卷古畫四幅斗方,
五經四書擺中堂。

【背弓】
世上惟有讀書高,
脱去了藍衫換上了紫袍,
休笑我,草芥功名不榮耀。
天子重英豪,
文章教爾曹,
躍龍門②,一舉成名天下曉。

---

① 原無"月尾"二字,疑脱,據曲牌結構補。
② 躍龍門,相傳鯉魚躍過龍門之後,即可化身為龍,騰飛升天。後用以比喻登上高位。元鄭光祖《倩女離魂·第二折》:"那時節似魚躍龍門播海涯,飲御酒,插宫花。"

【五更】
頭戴烏紗帽,
玉帶緊束腰。
三呼萬歲參拜當朝,
行動時坐的八擡轎①。

【金錢】
讀書人志大量高,
胸懷着三略六韜,
興國出力報效。
淩煙閣且看一回一個把名表。

【背弓】
十年寒窗九載油熬,
到今日,纔知書内有黃寶。
萬般皆下品,
惟有讀書高。
你瞧那,月裏嫦娥迎接新科狀元到。

【月尾】
六部《康熙字典》,在架閣卜擺,
你瞧那七星寶劍,懸掛在中堂以上。
你再瞧八寶床邊,坐着一位九子十侄狀元郎。

―――――――

① 八擡轎,由八個人擡著的轎子。擡轎子的人有多有少,一般二至八人,民間多爲二人擡便轎,官員所乘的轎子,有四人擡和八人擡之分。如清朝規定,凡是三品以上的京官,在京城乘"四人擡",出京城乘"八人擡";外省督撫乘"八人擡",督撫部屬乘"四人擡";三品以上的欽差大臣,乘"八人擡"等。至於皇室貴戚所乘的轎子,則有多到10多人乃至30多人擡的。此外,乘轎還有一些其他方面的規定,處處顯示著封建社會裏森嚴的等級制度。

21. 春日訪友

【月調】
春日融融,
雲淡風輕。
良辰美景興無窮,
攜琴訪友走一程。

【背弓】
古木陰中繫短蓬,
桃紅李白楊柳垂青。
喚琴童,繫閉①柴扉前代徑②,
幸喜得,杖籬③扶我過橋東。

【五更】
正是陽春景,
燕語和鶯鳴。
農夫荷鋤站立田中,
布穀兒聲聲不住只催耕。

【金錢】
此地有重山峻嶺,
擡頭看萬紫千紅。
喜的是鶴繞青松,
水聲兒悠悠恰似讀書聲。

---

① 繫閉,疑當爲"緊閉"。
② 代徑,帶路。
③ 杖籬,當作"杖藜",參見下條注釋。

【銀扭絲】

耳聽樵歌音甚清,

牧童短笛吹口中。

樓臺聲細細,

學士讀五經,

小舟中垂釣一漁翁。

【背尾】

和風陣陣,

細雨濛濛。

杏花雨,沾衣欲濕急轉程。

且喜得,吹面不寒楊柳風①。

【月尾】

霎時間雨過雲收净,

興盡而返莫消停。

紅日西墜月東昇,回家中。

喜的是春雨如膏②、大有年豐。

22. 春日散步

【月調】

散步武陵溪,

---

① 【背弓】【背尾】中的句子取材于宋志南的《絕句》:古木陰中繫短篷,杖藜扶我過橋東。沾衣欲濕杏花雨,吹面不寒楊柳風。

② 春雨如膏,最早可能源自《左傳》,魯襄公十九年魯國季武子出使晉國拜謝出兵幫助時曾說:"小國之仰大國也,如百穀之仰膏雨焉,如常膏之,其天下輯睦,豈惟敝邑。"後來遂有"春雨如膏"的成語,形容春天雨水可以像脂膏一樣滋養農作物。例如宋《至治集》和《元詩選》中就有"春雨如膏三萬里,盡將嵩呼祝堯年。"後來又轉化成了"春雨貴如油"的諺語,例如清李光庭《鄉言解頤》中說,"春雨貴如油,膏雨也。"

桃花映春堤,
黃鸝聲喧在柳枝①。
這正是,春日融和,美景良辰正當時。

【背弓】
三陽開泰和風起,
綠柳春初,
紫燕兒歸啼。
猛擡頭,荒郊以外空中亂舞楊柳絮。
我可轉過那小橋西,
見幾位佳人閒遊戲。

【背尾】
見一位牧童兒:
頭戴着斗笠兒,
身披着蓑衣兒,
足蹬着麻鞋兒,
斜跨着青牛兒,
口唧着短笛兒,
逍遥得意。
借問聲:杏花村的路徑卻在那裡去?

---

① 武陵溪、桃花、黃鸝等意象出自宋代黃庭堅的詞《水調歌頭·遊覽》:瑤草一何碧,春入武陵溪。溪上桃花無數,枝上有黃鸝。我欲穿花尋路,直入白雲深處,浩氣展虹霓。只恐花深裹,紅露濕人衣。坐玉石,倚玉枕,拂金徽。謫仙何處?無人伴我白螺杯。我爲靈芝仙草,不爲朱唇丹臉,長嘯亦何爲?醉舞下山去,明月逐人歸。

那牧童可回言道:轉過了彎①兒,就是芳草地②。

【月尾】
你順着那大道兒往前去,
柳林之內和風擺動。
酒旆以上現有大字,
上寫着:狀元紅的美酒下倍③金菊。

23. 淵明採菊④

【月調】
九月肅霜,
佳節近重陽。
淵明先生志氣軒昂,
最愛那菊有黄花晚節香。

---

① 彎,原誤作"灣"。音同而誤。
② 芳草地,"芳草地"一詞,最早可能出現在宋詞之中。先是張榘的《浪淘沙》中寫道:雨過暮天南,高下青巒。小樓燕子話春寒。多少夕陽芳草地,霧掩煙漫。後是陳允平的《玉樓春》裏:迢迢春夢頻東裏,堪恨洛陽花漸已。斜陽日日自相思,三十六陂芳草地。到了元曲,"芳草地"一詞使用逐漸增多。如劉唐卿《白兔記》第三十二出牧童唱的山歌:"春遊芳草地,夏賞綠荷池,秋飲黄花酒,冬吟白雪詩。"在湯舜民散曲《書贈王蓮卿》裏,也有"鎖魂橋、芳草地幾度離別,折柳亭、拂塵會幾場宴賞,落花天、殘燈夜幾樣思量"之句。在石君寶雜劇《李亞仙花酒麯江池》【天下樂】中引詩云:家家無火桃噴火,處處無煙柳吐煙。金勒馬嘶芳草地,玉樓人醉杏花天。在唐宋詩詞中,"芳草"一詞也被廣爲運用,表達了傷時、相思、懷鄉等豐富的情感,擁有所思之人、故鄉、朋友情誼、知音、品德高尚之人等種種象徵,是中華文化和詩歌中涵義最爲豐富的詞彙之一。
③ 倍,疑作"備"。
④ 《淵明採菊》,東晉陶淵明在詩《飲酒·其五》中有"采菊"意象:結廬在人境,而無車馬喧。問君何能爾?心遠地自偏。采菊東籬下,悠然見南山。山氣日夕佳,飛鳥相與還。此中有真意,欲辨已忘言。田園生活是陶淵明詩的主要題材,相關作品有《飲酒》《歸園田居》《桃花源記》《五柳先生傳》《歸去來兮辭》等。

【背弓】
識破人情甚炎涼,
歸去來兮馬蹄忙,
觀小園,松菊猶存三徑荒。
日遊東籬下,
只是爲花忙,
說甚麼,富貴功名朝廊上?

【五更】
時值降寒霜,
木葉滿園黃。
秋老天寒舉目荒涼,
惟有那各種菊花齊開放。

【金錢】
玉芙蓉賽過粉粧,
老君眉細而且長。
大紅袍東西相映①,
黃鶴樓紫燕雙飛泥金黨②。

【背尾】
各樣名花,
開的芬芳,
喜只喜,五柳③門前香飄蕩。
白衣來送酒,

---

① 玉芙蓉,花名。老君眉、大紅袍,名茶。
② 泥金黨,指茶具採用泥金的工藝。泥金工藝是指用金粉或金屬粉製成的金色塗料,用來裝飾物品的工藝。
③ 五柳,陶淵明號五柳先生。

得意飲千觴①,
醉醺醺,鮮花斜插滿頭上。

【月尾】
喜看那園林似畫、秋山如粧。
不覺得金風起兮雲飛揚。
叫琴童扶我進畫房,把琴張。
彈幾個得意曲兒,樂且無央。

24. 踏雪尋梅②

【月調】
冬冷天寒,
草木凋殘。
雪花紛紛飛滿天,
最愛那梅花開放在雪山。

【背引】
孟浩然擡頭用目觀,
一天風景真好看,
轉面來,我把琴童一聲喚。
雪滿寒山上,
梅開庾嶺前,
爾隨我,踏雪尋梅把景玩。

---

① 白衣來送酒,得意飲千觴。晉人陶淵明好酒而不能常得。某年九月九日,于宅邊東籬下的菊叢中摘菊賞花,恰巧江州刺史王弘命白衣人送酒來,便一起飲酒,酒醉才歸。見《宋書·卷九二·隱逸傳·陶潛傳》。後指內心渴望的東西,朋友即時送到,雪中得炭,遂心所願。或藉以詠菊花、飲酒等。宋蘇軾《章質夫送酒六壺書至而酒不達戲作小詩問之》詩:"白衣送酒舞淵明,急掃風軒洗破觥。"

② 踏雪尋梅,在雪地中,順著臘梅的香氣尋找梅樹的蹤跡。《幼學瓊林·卷四·花木類》:"冒雨剪韭,郭林宗款友情殷;踏雪尋梅,孟浩然自娛興雅。"

【釘缸】
書童聽言莫怠慢，
忙收拾行裝庭院前。
牽出驢兒忙打點，
提鞭掛鐙捆雕鞍。
孟浩然忙將衣帽換，
書童也將蓑衣穿。
三尺寶劍腰間掛，
一張瑤琴肩上擔。
我騎驢兒你步便，
一老一少登陽關。

【五更】
出門來用目觀，
風景在目前。
橫秦嶺雪擁藍關①，
柳絮兒飄灞橋邊。

千山鳥飛絕，
萬徑人蹤滅。
孤舟江上行客斷絕，
老漁翁獨釣寒江雪②。

【銀扭絲】
行過山坡到荒村，

---

① 橫秦嶺雪擁藍關，出自唐代文學家韓愈在貶謫潮州途中創作的一首七律《左遷至藍關示侄孫湘》。詩詞最後四句是：雲橫秦嶺家何在？雪擁藍關馬不前。知汝遠來應有意，好收吾骨瘴江邊。

② "千山鳥飛絕"以下四句，出自出自唐代詩人柳宗元的五言絕句《江雪》：千山鳥飛絕，萬徑人蹤滅。孤舟蓑笠翁，獨釣寒江雪。這首詩大約作于謫居永州時期。

北風吹雁雪紛紛。
前路無知己,①
行人欲斷魂。
見一個牧童,忙把酒家問②。

遠上寒山石徑斜,
白雲深處有人家③。
雪飄蘆花壓,
風擺酒旆斜。
到那裏沽酒,我們把寒氣打。

葡萄美酒斗十千,
飲他個醺醺醉夢間。
主人不相識,
囊中自有錢,
酒醉後再把梅花探。

【連廂】
飲酒一畢入深山,
山山是雪雪連天。
行到水盡山窮處,
見一樹梅花開嶺前。
梅花綻,雪花艷,
雪裏梅花朵朵鮮。

———————

① "北風吹雁雪紛紛"以下二句出自是唐代詩人高適的組詩《別董大二首》之其一:千里黃雲白日曛,北風吹雁雪紛紛。莫愁前路無知己,天下誰人不識君。六翮飄飄私自憐,一離京洛十餘年。丈夫貧賤應未足,今日相逢無酒錢。

② "行人欲斷魂"以下三句出自唐朝詩人杜牧的七絕《清明》:清明時節雨紛紛,路上行人欲斷魂。借問酒家何處有,牧童遥指杏花村。

③ "遠上寒山石徑斜,白雲深處有人家",出自杜牧《山行》:遠上寒山石徑斜,白雲深處有人家。停車坐愛楓林晚,霜葉紅於二月花。

他不興桃李爭春豔，
偏與松柏耐歲寒。
題一聯詩句把他贊，
折一枝梅花插鬢間。

【銀扭絲】
山寺鐘鳴晝已昏，
見琴童還家向鹿門①。
渡頭歸路隔，
落日已黃昏。
見漁翁釣罷把山村進。

萬里寒風冷逼身，
一天暗露濕烏巾。
宿煙沙岸瞑，
漁火認江村，
何須隔水把樵夫問！

【背尾】
忙催驢兒渡遠津，
望茅屋，且隨沙路入江村。
柴門聞犬吠，
風雪夜歸人②。
這正是，遊山玩景、樂以亡憂，不知老之將至云③。

---

① 鹿門，孟浩然隱居之所。
② 柴門聞犬吠，風雪夜歸人，出自《逢雪宿芙蓉山主人》，是唐代詩人劉長卿的一首五言絕句：日暮蒼山遠，天寒白屋貧。柴門聞犬吠，風雪夜歸人。
③ 樂以亡憂，語出《論語·述而》："葉公問孔子于子路，子路不對。子曰'女奚不曰：其爲人也，發憤忘食，樂以忘憂，不知老之將至云爾。"亡，通"忘"字。

【月尾】
人生在世,知命樂天。
須學那高人逸士了俗緣;
莫教那浮雲富貴把心牽。
諸君子且請看,孟浩然踏雪尋梅,何等悠閒。

25. 四大景①

【月調】
豔陽兒天,
樹葉兒鮮。
百花爭豔,三月天;
桃杏含笑,柳垂肩。

【背弓】
春日融和夏日炎,
熏風拂暑來自南。
猛擡頭,荷花池中真好看。
黃鸝鳴翠柳,
白鷺上青天②。
又只見,鴛鴦對對水面玩。

【漫數】
漁翁擺渡,水面上玩。
見幾個樵夫,奔走深山。
農夫耕種,緊加幾鞭。

---

① 四大景,說得是一年四季春夏秋冬之景。
② 黃鸝鳴翠柳,白鷺上青天,出自唐代詩人杜甫的《絕句》:兩個黃鸝鳴翠柳,一行白鷺上青天。窗含西嶺千秋雪,門泊東吳萬里船。

見幾個書生,溫習聖賢。
見幾個牧童,牛背上細玩。
口嘯玉笛,他把調翻。

【緊數】
見幾個書生閒遊玩,
集於霜毫作詩編。

見幾個佳人把青採,
手兒內提的小花籃。
伸出玉手折花玩,
三寸金蓮戲鞦韆。

見幾個肩擔書箱杻,
抱琴童子隨後邊。
開懷暢飲芳草地,
玉樓人醉杏花天①。

【背尾】
秋菊發秀,
百草凋殘。
入黌門②,詩詞歌賦東籬邊。
清泉流石上,
明月照松間③。

① 開懷暢飲芳草地,玉樓人醉杏花天,見《月背調·春日散步》"芳草地"條。
② 黌門,黌(hóng)古代稱學校的門,借指學校。這裏指當時的府學、縣學、公門、衙門。
③ 清泉流石上,明月照松間,自唐朝詩人王維《山居秋暝》頷聯而來:空山新雨後,天氣晚來秋。明月松間照,清泉石上流。竹喧歸浣女,蓮動下漁舟。隨意春芳歇,王孫自可留。

擡頭看,暑回南樓賓鴻雁。

【月尾】
瓊瑤碧舞雪滿天,
佳人才子在雪案。
跨驢的人兒孟浩然,聽心間。
你瞧那雪裏尋梅,何等幽閑。

26. 莊家樂

【鼓子】
愛住山根,
愛住山林,
愛的是,
茅屋不漏,足藏身。

【奪子】
五六畝的園子緊對門,
磨坊緊靠碾子磑①,
後門外還有幾樹菓木林。
清早起飲幾杯,
老米乾飯鹹菜根。
閒無事去上市,
無本事走背一個驢,
到晚來把家回。
倒坐廟門談古今。
說一陣笑一陣,
招惹的孩子一大羣。
轉過身把家回,

---

① 磑,音 wèi,石磨。

槽上喂上牛合驢,
順手捎個沙尿盆。
吃兩鍋高葉子,
要睡覺①養養神。
春種秋收風雨順,
家家按上糧食囤。
大謝蒼天寫一臺戲,
响鑼鼓開了戲。
大男小女去瞧戲,
頭出唱的《端午門》,
二出又唱《拿秦檜》。
要熱鬧小旦戲,
《穆桂英大破天門陣》。
仕了鑼鼓散了戲,
大男小女把家回。

【鼓尾子】
快樂不過我莊稼漢的人。

27. 岳陽樓

【月調】
呀②韻兒幽,
樹葉兒綠。
美酒本是杜康留,
飲了一醉解千愁。

【漫數】
梨花村內,有一座岳陽酒樓,

---

① 覺,原誤作"叫",據文意改。
② 呀,有時也作"雅"。

门面寬大,懸掛彩綢。
酒望子①高挑,順風兒飄遊,
高朋滿座,四海馳名。

【緊數】
門首懸掛金字牌匾,
朱紅對聯是廣油②。
上寫着:銅金剛三杯醉倒,
下對着:鐵羅漢兩盞搖頭。

文官吃了必拜相,
武將飲了定封侯。
才子三杯把鰲頭占,
佳人一盞更風流。

【背弓】
酒保在門前長恭候,
滿面春風把客來留。
俺這裏,吆喝一聲好美酒。
如不然,當面打來嘗一甌③。

【背尾】
酒高壺大,
不欺童叟。
凡有那,生熟主顧好應酬。

---

① 酒望子,古代酒店的招牌。用布條綴於竿頂,懸在店門前,以招徠客人。元馬致遠《岳陽樓·第一折》:"今日早晨間,我將這旋鍋兒燒的熱了,將酒望子挑起來,招過客。"《水滸傳·第四回》:"行不到三二十步,見一個酒望子,挑出在屋簷上。"也稱爲"酒簾"。

② 廣油,應作"光油"。最早的光油指桐油,有防水和裝飾的作用。

③ 甌,指古代酒器。飲茶或飲酒用。形爲敞口小碗式。

喜只喜,滿席鴻儒①不斷頭。

【五更】
我賣的金花酒②,
紹興屠蘇③,
三花酒④温,天下少有;
狀元紅,更勝竹葉綠⑤。

徽縣裏原封簍⑥,
鳳翔的好口頭⑦。
大麯小麯出在汾州⑧,
七日紅外號叫明溜⑨。

三原縣梨花酒⑩,

---

① 鴻儒,博學的儒者。漢王充《論衡·超奇》:"能精思著文,連結篇章者爲鴻儒。"唐劉禹錫《陋室銘》:"談笑有鴻儒,往來無白丁。"也稱爲"宏儒""鴻生"。

② 金花酒,即菊花酒。初唐詩人盧照鄰有《九月九日玄武山旅眺》詩:九月九日眺山川,歸心歸望積風煙。他鄉共酌金花酒,萬里同悲鴻雁天。詩中提到此酒。

③ 屠蘇,藥酒名。古代風俗,於農曆正月初一飲屠蘇酒。南朝梁宗懔《荆楚歲時記》:"'正月一日'長幼悉正衣冠,以次拜賀,進椒柏酒,飲桃湯,進屠蘇酒……次第從小起。"唐盧照鄰《長安古意》詩:"漢代金吾千騎來,翡翠屠蘇鸚鵡杯。"

④ 三花酒,出桂林,頗有歷史。古時,被稱作"瑞露",宋代來桂林做官的范成大飲後稱讚"乃盡酒之妙",可見對它評價之高。

⑤ 狀元紅,更勝竹葉綠,"狀元紅""竹葉綠(青)"都是酒名。

⑥ 徽縣,指甘肅省徽縣,産金徽酒。

⑦ 鳳翔,陝西鳳翔縣,産西鳳酒。

⑧ 汾州,指今天山西汾陽市,以汾酒聞名。

⑨ 明溜,酒名,也稱"明溜子酒",甘肅省兩當縣盛産此酒。

⑩ 三原縣,指陝西三原縣,由此看來此地梨花酒比較有名。

長安的梅桂露①。
益元藥酒②要飲朝朝有,
道幾味美酒壓京都。

【金錢】

李學士醉寫蠻書,
有劉伶一飲三秋。
純陽公酒醉在此樓③,
吏部官一夜醉倒在酒罈後。

【釘缸】

要吃口頭班班有,
蒸炒煎熬並葷素。
黃燜鯉魚更可口,
爆炒羊肚子用醋溜。
燒雞鴨、燉熊掌,湯鮮味厚;
噴角魚、燴鱔魚,俱是走油④。
咸臘肉、金火腿,半肥半瘦;
羊尾巴燉木耳,賽過绣毯。
蝦米湯蒸白菜,實在青素;
黃桂花薦⑤合,味壓蘇州。

---

① 梅桂露,古稱"醪醴",現在叫稠酒。盛唐時期,古長安(今西安市)長樂坊出美酒。宋陸游曾説:"唐人愛飲甜酒"。韓愈也説"一尊春酒甘如飴"。杜甫的"不放春醪如蜜甜"和他的《飲中八仙歌》裏的"李白斗酒詩百篇,長安市上酒家眠,天子呼來不上船,自稱臣是酒中仙"。大概"梅桂露"就是沒有加漿的"撇醅"稠酒。

② 益元藥酒,指可以益元養生的藥酒。

③ 李學士醉寫蠻書,有劉伶一飲三秋,純陽公酒醉在此樓:三句中包含三個典故。分別是李白醉寫嚇蠻書(詳情可見《續編·醉罵禄山》)、劉伶一醉三年和吕洞賓三醉岳陽樓。

④ 走油:又叫拖油、過油,是指正式加熱前將原料經炸製成半成品的過程。

⑤ 原字寫作" 瀌"。"黃桂花薦合",指的是用桂花釀得稠酒。

菓子羹是酸甜十分拴口,
如不然點幾樣海味珍饈。

【月尾】
黃豆芽去頭尾,銀條炒肉。
他那裡四個小菜碟子,預先擺就。
天鵝蛋、白蓮藕、到口酥,
還有幾樣鮮菜,須分個冬夏春秋。

28. 君臣樂①

【背弓】
唐王天子坐江山,
風調雨順國泰民安。
自那日,瓦崗寨收來了眾好漢,
擺開龍鳳宴,
慶賀太平年。
君臣們,歡天喜地鬧絲絃。

【五更】
魏徵支鼓板,
徐勣彈三絃。
咬金玩斧,秦瓊舞劍,
小羅成他把曲兒念。

【金錢】
先念個"一根扁擔",
再念個"撒落金錢"。

---

① 《君臣樂》,一曲講得是唐太宗李世民和瓦崗寨兄弟念曲唱戲、君臣同樂的故事。曲中先後出現了魏徵、徐勣、程咬金、秦瓊、羅成等將領。

念一個"背弓"和"連環",

又念個"滿江紅"隨帶落"落江院"。

【背尾】

眾卿且慢①,

細聽朕言,

倒不如,王唱生來羅唱旦。

先唱《戲牡丹》,

後唱《戲貂嬋》。

內侍官,替朕傳旨,金殿以上另擺宴。

29. 天仙送子

【月調】

月兒照樓臺,

天仙送子來。

喜雀兒簷前把口開,

報喜的人兒走進來。

【背弓】

一朵紅雲從天降,

麒麟送子下天堂。

半空中,笙簫鼓樂齊响亮;

绣閣中,產生一個小兒郎。

【背尾】

堆金積玉,

富貴滿堂。

喜只喜,鼇頭獨占黄榜上;

---

① 慢,原误作"漫",据文意改。

樂只樂,狀元榜眼探花郎。

【月尾】
盤兒内捧的烏紗帽,
後隨着兩個童兒,合掌大笑。
喜的是凌煙閣①上把名表,喜今朝。
又喜的萬里封侯、一品當朝。

30. 娘娘廟祈子

【月調】
送子娘娘②,
保佑四方。
育嬰兒匾額掛滿堂,
盡都是求子的婦人來燒香。

【背弓】
清晨早起净手臉,
菱花鏡内照容顔。
巧梳粧,脫去舊服我把新衣換。
誠心多有感,
神聖顯靈驗。
捧香盤,娘娘廟裡我祈兒男。

【五更】
漫步出了庭,
婦女們滿路行。

---

① 凌煙閣,是唐朝爲表彰功臣而建築的繪有功臣圖像的高閣。參見《卷一·節節高》"凌煙閣"。

② 送子娘娘,又稱注生娘娘,是漢族民間宗教信仰(道教)中掌管生子的神仙。送子娘娘和送子觀音不是一個人。

手提香燭還戴着獻貢，
爲兒女都來把神敬。

【金錢】
見幾個喜笑盈盈，
有幾個愁眉鎖定。
含淚眼十分傷懷，
口口兒作念娘娘婆無靈應。

【銀扭絲】
不覺一時來到廟中，
净手焚香祝告神靈。
雙膝跪倒地，
哀告娘娘聽：
是神靈有感就多有應。

奴家過門三年有零，
兒女縹漠無有蹤影。
公公多生氣，
婆婆發怨聲，
女婿兒説奴不中用。

保佑奴生一個小小孩童，
白白净净又要聰明。
每日懷中抱，
也算奴一功。
心頭願年年我把長燭送。

【釘缸】
行步兒來到雨廊下，
送子娘娘懷抱着個泥娃娃。

越看越看越想笑,
捏塑匠他是一個老行家。
因甚事塑的這模樣大,
就曉得奴今日來吃他①。
幸喜兩旁無人看,
上前用手忙揪下。
藏在袖筒②出廟外,
有人問話我不應答。
填在口裡泥哇哇③,
嚥在喉嚨發乾哇。
萬般事兒出於無奈,
爲兒女我發了這個瓜④。

【背尾】
行不行,只在這一下。
回家去,我把真情實話說與他。
來年生孩子,定將神報答。
這纔是,莫兒女的人兒作難大。

【月尾】
婦女們紛紛回家轉,
都盼着産生小兒男,
好與娘娘婆把願還,心喜歡。
再保佑我的兒,長命富貴連中三元。

31. 十想⑤

---

① 就曉得奴今日來吃他:把泥娃娃吃進肚裏,表達能孕育新生命的願望。
② 袖筒,原作"袖桶"。
③ 哇哇,形容詞後綴,前面一般是單音節詞。
④ 發了這個瓜:發瓜,指發蒙、糊塗的意思。
⑤ 《十想》,借關羽之口表達思念朋友之意。

【東城】
一想大哥劉玄德，
二想三弟猛張飛。
三想軍師諸葛亮，
四想常山趙子龍。
五想馬超和馬岱，
六想龐統落鳳坡①。
七想七十老嚴顏②，
八想八十黃漢昇。
九想曹營待俺好，
實實的想的眾家英雄。

32. 訪友

【鼓子】
艾葉兒春發，
芳草萌芽。
閒暇無事要到那故友家，
邀良朋要到那望江樓上吃一杯香茶。

【普兒斜】
眼觀四野，開放的桃李杏花。

---

① 落鳳坡，爲蜀劉璋從事張任伏兵射殺龐統處。
② 嚴顏，東漢末年武將，初爲劉璋部下，擔任巴郡太守。建安十九年，劉備進攻江州，嚴顏戰敗被俘，張飛對嚴顏説：“大軍至，何以不降而敢拒戰？”，嚴顏回答説：“卿等無狀，侵奪我州，我州但有斷頭將軍，無降將軍也！”，張飛生氣，命左右將嚴顏牽去砍頭，嚴顏表情不變地説：“砍頭便砍頭，何爲怒邪！”張飛敬佩嚴顏的勇氣，遂釋放嚴顏並以嚴顏爲賓客。

【奪子】
遠上寒山石徑斜，
白雲深處有人家。
停車坐看楓林晚，
霜葉紅於二月花。

【普兒斜尾】
轉過小橋又把山，山來下。

【奪子】
走了一去兩三里，
過了煙村四五家。
瞧見亭臺六七座，
他們説，果然栽種八九十枝花，
大料就是故友家。

走向前來忙擊户。
拍動雙環响帕帕①，
驚動黄犬哇哇咬，
景鷄②不住叫喳喳。

童兒問何人也，
故友在家沒在家。
童兒報有人找，
故友上前把手拉。

---

① 帕帕，擬聲詞，一般寫作"啪啪"。
② 景鷄，應爲"錦鷄"。錦鷄是一種雉科動物，是白腹錦鷄、紅腹錦鷄的統稱陝西（商洛）西藏等地有分佈。

深施禮後講話,
草堂佳客你坐下。
童兒捧一杯清香茶。
吃罷茶擡頭看,
南牆掛了一軸丹青畫,
左邊寫:雖無楊子江心水,
右邊寫:卻有蒙山頂上茶①。

【鼓子尾】
畫圖上,畫的是渭水河灣釣魚的子牙。

33. 搧墓

【漫數】
春風兒鼓動,萬紫千紅。
紅杏艷,喜、喜鵲噪聲,
聲音兒不斷謳歌,
原來是牧牛的一位幼童。

【月尾】
同春玩景的人兒,把山坡兒來下。

下山坡偶見一位幼婦,頭戴麻冠、身披重孝。手拿一把撒金扇兒,打坐墓坵以上扇搧不定。

頂禮上前打一躬,請問娘子:"扇搧墳土主曲何情,請問一聲?"

只聽得那女娘兒嬌滴滴的言説:"我丈夫臨危之時染病在床,叮嚀我再三:'等我墓坵土乾,你再好改嫁另行。'因此上,一日三次扇搧墳塋。"

---

① 蒙頂茶,中國十大名茶之一,陸羽也在《茶經》中品評天下名茶曰:"蒙頂第一,顧渚第二"。後張又新《煎茶水記》,專論天下宜茶之水,把"揚子江心"的中泠泉評爲"天下第一泉"。元代李德載【中呂】《贈茶肆》中有一首小令:"蒙山頂上春光早,揚子江心水味高,陶家學士更風騷。應笑倒,銷金帳飲羊羔。"前兩句把蒙山頂上茶與揚子江心水對偶而論。

34. 魚兒攢沙①

【東城】
花轂輪轎車白馬拉,
趕車的阿哥把鞭杆拿。
內邊坐了個多嬌美,
巧手丹青難描畫。
赤金古銅錢的扁簪頭上戴,
鬢角裡斜插海棠花。
鍍金的耳環照人的鏡,
魚肚白的汗巾脖根搭。
天青緞袍子脫落地,
外套的領架八團花。
鸚哥綠②的襪子三相扣,
滿梆子花鞋足下踏。

【奪子】
正行走擡頭看,
從南來了二等俠。
搬鞍下了西河馬,
手搬車轅把腰兒下。

【東城尾】
問一聲大嫂到那裏去?
我在皇城內邊看看我媽。
見了阿媽與我請請安,

---

① 攢沙,搏弄泥沙。泛指嬉戲。《紅樓夢》第五二回:"晴雯又罵小丫頭子們:'那裏攢沙去了,瞅著我病了,都大膽子走了。'"
② 綠,原誤作"祿",形近而誤,據文意改。

你叫他，多多對上一盃奶子茶。

35. 哭顏回①

【背弓】
孔子設教在杏壇②，
濟濟多士計數三千。
最愛的不違如愚那顏淵。
單③瓢樂不改，
行藏聽自然，
實只望精一執中接心源。

【五更】
誰知祿未盡，
可惜命不全。
三旬有二命喪黄泉，
直哭的聖人肝腸斷。

【金錢】
只説是傳道有人，
那料想天喪斯文。
到今日棄予歸陰，

---

① 顏回（前521—前481），十四歲拜孔子爲師，終生師事之，是孔子最得意的門生。孔子對顏回稱讚最多，贊其好學、仁人。《論語·雍也》説他"……一簞食，一瓢飲，在陋巷，人不堪其憂，回也不改其樂……"。爲人謙遜好學，"不遷怒，不貳過"。他異常尊重老師，對孔子無事不從無言不悦。以德行著稱，孔子稱讚他"賢哉，回也"，"回也，其心三月不違仁"。不幸早死。自漢代起，顏回被列爲七十二賢之首，孔廟四配之首，有時祭孔時獨以顏回配享。

② 杏壇，是爲紀念孔子講學而建，孔子第四十五代孫孔道輔監修孔廟時，將正殿後移，除地爲壇，環植以杏，名曰"杏壇"。

③ 單，當作"簞"。據文意改。

更誰是其心三月不違仁?

【背尾】

光陰虛度,

琴書空羣,

怎不教,重重疊疊淚沾襟?

夫子哭之慟,

從者各傷心,

這叫做,高山流水寡知音。

36. 伯牙摔琴①

【月調】

隨帶瑤琴,

去會故人。

昨歲聘楚今歸晉,

孤鳳山前訪知音。

【漫數】

下官俞瑞於晉爲臣,

因奉主命去楚行聘。

船行孤鳳,遇一位知音。

---

① 《伯牙摔琴》,一曲講的是伯牙摔琴以謝知音的故事,被傳爲千古佳話。音樂才子伯牙(俞瑞)喜歡彈一曲《高山流水》,卻沒有人能夠聽出此曲的感情和意義,他在高山上撫琴,曲高和寡。但有一人聽懂了他的《高山流水》,這個人就是鍾子期(鍾徽)。伯牙的知音是鍾子期,他們相遇孤鳳山,伯牙勸他事晉,但子期難捨雙親。他們約好一年後秋天見面,可是一年後鍾子期卻沒有如約而至。伯牙去集賢村路遇子期父親鍾參,得知鍾子期已經病死,再也不能赴約,伯牙悲痛欲絕,他知道子期是唯一能夠聽懂他音樂的人,如今子期已死,再不會有人與他講琴論道,於是他在子期的墳頭摔了他心愛的琴,也表示他對知音的敬重和惋惜。這就是"伯牙摔琴謝知音"的故事,伯牙痛心疾首懷念子期,人們用此感歎知音難覓。

表字子期,講道論琴。
勸他事晉,難捨雙親,
相約金秋重會故人。

【緊數】
楚水吳山道路難,
風景依稀似去年。
江風似錦迷人眼,
岸葦無窮接楚天。

風波盡日依山轉,
只在蘆花淺水邊。
去歲此地曾經過,
與賢弟相會孤鳳山。

講琴論道整一晚,
拜爲兄弟結金蘭。
約定今晚重相見,
心急似火恐失言。

眼看日落天將晚,
輕舟已過萬重山。

【銀扭絲】
暮雲收盡溢清寒①,
船隻已到孤鳳山。
日落滄江晚,
移舟淺渚邊,

---

① 暮雲收盡溢清寒,出自宋代蘇軾的《陽關曲·中秋月》:暮雲收盡溢清寒,銀漢無聲轉玉盤。此生此夜不長好,明月明年何處看。

雁叫汀洲聲不斷。

孤舟江上夜色寒，
月光如水水如天。
空山人不見，
待我把琴彈，
但不敢時時誤拂絃。

理絃按軫着意彈，
高山流水甚悠然。
聲滿滄江岸，
响遏白雲端，
怕只怕，曲終人不見。

【採花浪】
伯牙停琴自嗟歎，
鍾賢弟不來爲那般？
却怎麼商絃中多悲慘？
莫非是他亡故二椿萱①，
莫非是天降大禍身遭難？
鍾賢弟何故也食言，
有約不來過夜半？
楚客想思②益渺然，
金爐香盡漏聲殘，
江村月落正堪眠，
坐船艙永懷愁不寐，
山磬數聲敲曉天。

---

① 椿萱：椿，香椿。萱，萱草。椿萱代指父母。唐牟融《送徐浩》詩："知君此去情偏切，堂上椿萱雪滿頭。"明馮夢龍《醒世恒言·卷一九·白玉娘忍苦成夫》："萬里十六歲時，椿萱俱喪。"。

② 想思，同"相思"。下同。

忙把琴童一聲喚,

牙牆窗外日三竿,

你於我棒上瑤琴背上劍,

白雲深處訪集賢。

【背弓】

雲淡風輕近午天,

忙奔兒墓化紙錢。

攜竹籃,雙袖龍鍾淚不乾。

老眼昏花處,

寒雲斷忽連,

我只得,尋卻樵徑①往前趕。

【五更】

去歲你在孤鳳山,

遇見一官員,

講琴論道,結爲金蘭。

自別後,偶染怯疾喪黃泉。

【金錢】

俞伯牙擡頭細觀,

老者手提竹籃。

走向前躬身拜見,

問老伯集賢村路在那邊?"

【五更】

鍾參忙指點,

路過小前灣,

---

① 樵徑,也作"樵逕",原誤作"樵經"。打柴人走的小道。唐李華《仙遊寺》詩:"捨事入樵逕,雲木深谷口。"

上下二村皆名集賢，
問那個你於我説一番。

有一人名鍾徽，
想別整一年。
問的可是子期，
那是小兒男，
你莫非俞老爺轉回還？

聽説伯父到，
急忙拿禮參，
我那賢弟可在家園①，
問老伯卻向何處化紙錢？

【哭海】
有鍾參未曾開言，
不住淚滿面。
自從昨歲那晚，
你二人相會江邊，
船艙講琴論道以後，
結爲金蘭。
恩賜黃金二笏，
次早拿囘家園，
是他買成書籍，
日每苦讀聖賢。
恨老朽無才，
不曾禁止由他便。
夜則誦讀辛苦，
白晝去把柴擔，

---

① 園，原誤作"缘"，音同而誤。下同。

漸漸心力耗費，
染病倒臥床邊。
臨危叮囑於我，
將他葬在山前，
君若聘楚回轉，
還要相會江邊。
今乃百日之期，
墳塋燒化紙錢，
卻不料邂逅中途，
與君會相見。

【長城】
忽聞此語吃一驚，
高叫賢弟慟悲聲。
想昨歲船艙曾聚首，
今朝異路實傷情。
怪到昨晚把你等，
一派悲慘入琴聲。
坐船艙猜疑心不定，
詎①料你今日不能相逢。
鵓鴿已斷雲千里，
鴻雁不來月二更。
高山有韻憑誰賞，
流水無人只自聽。
一任你古調淒金石，
一任你清音入杳冥。
從今後蒼浪吾有曲，
將寄入中流棹歌聲。
堪嘆歎浮生真若夢，

---

① 詎：豈，怎。

我弟兄反作一場空。
叫老伯前邊領路徑,
我要到墳塋訴衷情。
老爺勝意敢違命,
叫書童攜琴前邊行。
一步一跌難行動,
轉灣抹角到墳塋。

【道情】
俞伯牙見墓坵淚如泉湧,
哭了聲鍾賢弟實實傷情。
可憐你濟世才中年喪命,
好一似夜明珠墜落海中。
實想說今薦你同把君奉,
誰料你此一去無影無蹤!
叫琴童捧瑤琴且將絃整,
奏一道知音曲賢弟當聽。

【滾板】
叫,叫一聲鍾賢弟鍾子期,
說是早死的賢弟呀,
想賢弟昔日在楚,
功名成就,不居而去,
其出處進退又庶乎英魄靈氣,
不隨異物腐,

而常在乎箕山之側與潁水之湄①,
以與古高士爲侶也。
初,賢弟與兄,
一在天之涯,一在地之角。
幸而萍水相逢,結爲膠漆之好。
只説今日歸晉,重會有期,
再議終身之計。
嗚呼!
誰知汝竟不能成鷄黍之約②,
而使我獨蓄季札③之餘恨耳。
尤可恨者,
賢弟與兄相見甚晚,
而相别甚速。
生不能一日與吾形相依,
死又不能一晚與吾夢相接交全。

---

① 而常在乎箕山之側與潁水之湄:説的是隱士許由。傳説在上古時期的帝堯時代,有一位才學高深、志德操守十分高潔的隱士許由。他淡泊名利,絶意仕途,過著隱居躬耕的生活。帝堯因敬重他的才德,就有意把帝位禪讓於他。聽到此消息後,就不辭而別,隱居箕山。帝堯看到他實在不願做皇帝,就又任命他爲九州長。許由認爲堯的話髒了自己的耳朵,就跑到潁水(即今天的潁河)邊,用瓢舀水清洗耳朵,以示自己的清高。而後他把瓢掛在潁河南岸的崖壁上,再度遁入箕山(今禹州市西北部的箕山),躬耕至死。下句所説的"高士"即指隱居不仕的許由。"功名成就……潁水之湄"出自宋王安石《祭歐陽文忠公文》,原文爲"功名成就,不居而去,其出處進退,又庶乎英魄靈氣,不隨異物腐散,而長在乎箕山之側與潁水之湄。"此處爲叶韻,省略"散"字。

② 鷄黍之約,漢人范式與張劭相約,於二年後將拜訪張劭家鄉。到了約定的日期,張劭請他的母親準備鷄黍,以待范式的來訪,但張母認爲相約已久,范式不一定會到,然而范式果然守信,遠從山陽來到汝南。典出《後漢書·卷八一·獨行傳·范式傳》。後用以指朋友之間互守誠信的邀約。《幼學瓊林·卷二·朋友賓主類》:"膠漆相投,陳重之與雷義。鷄黍之約,元伯之與巨卿。"

③ 季札,人名。生卒年不詳。春秋吴王壽夢的第四子。壽夢見其賢而欲立爲王,不受;後封於延陵,號延陵季子,簡稱爲"季子"。曾出使魯國,並從觀樂中,聽出各國的興衰。他與徐君間重友誼、守信用的故事,亦爲世人傳誦。

一面而遽絕紅塵,
教人怎得不悲,怎得不恨?
今日來至墓前,
將賢弟哭得幾聲,
再彈一知音之曲,
賢弟若還有靈,
今日從此一聽,
你我誠爲永別了。

【真道情】
憶昔去年春,
江邊曾會君。
今日重相訪,不見知音人。
但見一抔①土,慘然傷我心,
傷心、傷心、復傷心,
不忍淚珠紛。
來歡去何苦,江畔起愁雲。

子期子期兮,
你我千金義,
歷盡天涯無足語,
此曲終兮不復彈,三尺瑤琴爲君死。

【軟長城】
伯牙攜琴淚紛紛,
賢弟去世少知音。
如今要他終何用,
倒不如絕絃摔了琴。
摔斷瑤琴鳳尾寒,

---

① 抔,原誤作"壞",意不通,據文意改。

子期不在對誰彈。
春風滿面皆朋友,
欲覓知音難上難。

【背尾】
摔斷瑤琴謝知音,
拜別後,獨留青塚向黃昏。
回瞻下山路,落日已斜曛,
叫伯父,且莫傷心。
小侄歸晉,差人搬你同歸山林,何用浮名絆此身。

【月尾】
弟兄永別真可恨,
常使英雄淚沾襟。
伯牙不作鍾期逝,誰念知音?
這正是千古令人説破琴。

卷三

三、平調

1. 喜千秋

【平調·啟子】
喜千秋,
喜鳥兒站枝頭。
喜酒兒拿來甌幾甌①,
喜花兒戴滿了頭。

---

① 甌幾甌:甌,酒杯。"甌幾甌"就是喝幾杯的意思。

【反斷橋】①

好一個喜今年,

好一個喜今年,

喜罷今年又喜來年。

今年個中了舉,

來年個點狀元②,

連中三元,

連中三元。

狀元、榜眼、探花郎③,

噯喲④之跳龍門,

---

① 【反斷橋】中許多詩句如"禹門三汲浪""天子重英豪"等,出自北宋汪洙編纂的《神童詩》,這是一篇影響廣泛的啟蒙讀物,是以五言順口溜形式流傳於世,影響深遠。詩曰:天子重英豪,文章教爾曹;萬般皆下品,惟有讀書高。少小須勤學,文章可立身;滿朝朱紫貴,盡是讀書人。學問勤中得,螢窗萬卷書;三冬今足用,誰笑腹空虛。自小多才學,平生志氣高。別人懷寶劍,我有筆如刀。朝爲田舍郎,暮登天子堂;將相本無種,男兒當自強。學乃身之室,儒爲席上珍;君看爲宰相,必用讀書人。莫道儒冠誤,詩書不負人;達而相天下,窮則善其身。遺子滿籯金,何如教一經;姓名書錦軸,朱紫佐朝廷。古有千文義,須知學後通;聖賢俱間出,以此發蒙童。神童衫子短,袖大惹春風;未去朝天子,先來謁相公。年紀雖然小,文章日漸多;待看十五六,一舉便登科。大比因時舉,鄉書以類升;名題仙桂籍,天府快先登。喜中青錢選,才高壓俊英;螢窗新脫跡,雁塔早題名。年小初登第,皇都得意回;禹門三級浪,平地一聲雷。一舉登科目,雙親未老時;錦衣歸故里,端的是男兒。玉殿傳金榜,君恩賜狀頭;英雄三百輩,附我步瀛洲。慷慨丈夫志,生當忠孝門;爲官須作相,及第必争先。宮殿召繞聳,街衢競物華;風雲今際會,千古帝王家。日月光天德,山河壯帝居;太平無以報,願上萬年書。久旱逢甘雨,他鄉遇故知;洞房花燭夜,金榜掛名時。土脈陽和動,韶華滿眼新;一支梅破臘,萬象漸回春。

② 點狀元,歷史上,通過科舉考試後,最終的成績會報告給皇帝,由皇帝批准,稱爲點狀元。

③ 狀元、榜眼、探花郎:宋代以後,科舉大比之年,通過會試的學子,要進行殿試,由皇帝親自出題,禮部或皇帝指定官員監考,評出三甲,一甲賜進士及第,二甲賜進士出身,三甲賜同進士出身,這過程稱爲遴選,其中一甲的試卷要呈給皇帝看,稱爲御批點選,評出一二三名,爲狀元、榜眼、探花,跨馬遊街,稱爲誇官。

④ 噯喲,嘆詞,原寫作"噯喝"。

禹門三汲浪。

讀書人兒高,
天子重英豪,
脫去藍衫,換上紫袍。
出得了午朝門①,
身坐一頂八擡轎。
身坐八擡轎,
離地三尺高,
前面扯旂,後邊又放炮。

打一把紅羅傘,
罩定了烏紗帽。
好不熱鬧,好不榮耀。
金瓜、越斧、朝天號,
拾三錘道鑼响②,
走的是御街道③。

---

① 午朝門,即"午門",是舊時皇城的正門。因此門居中向陽,位當子午,故名午門。又因爲上朝都是從午門進入,所以也叫午朝門,爲群臣待朝候旨的地方。通過殿試選拔的狀元、榜眼、探花,在宣佈殿試結果後可從中門出宮。明葉憲祖《易水寒·第四折》:"開著午門遥北望,柘黄新帕御床高。"《儒林外史·第三五回》:"到了初六日五鼓,羽林衛士擺列在午門外,鹵簿全副設了,用的傳臚的儀制,各官都在午門外候著。"

② 拾三錘道鑼響:古代官員出行,鳴鑼開道。官級越高,鑼聲越多。十三聲鑼響預示著中央大員出行。而縣一級官員上街,差役敲7響,意思是"軍民人等齊閃開"。府一級的官員上街,則鳴鑼9響,意思是"官吏軍民人等齊閃開"。道一級的官員上街,則鳴鑼11響,意思是"文武官吏軍民人等齊閃開"。到了中央一級的官員,則鳴鑼13響,意思是"大小文武官吏軍民人等齊閃開"。

③ 御街道,午門前爲御道街,是皇城南北中軸線。

【啟子尾】
喜的是蟾宫折桂①,獨佔鰲頭②;
喜的是天增歲月,人人增壽;
喜的是加官進爵,萬里封侯。

2. 慶蟠桃

【平調·一朵紅雲】
一朵紅雲鋪滿天,
手拿銀弓金彈子,
送子張仙,
送子天仙。
八仙過海來慶壽,
王母娘娘赴蟠桃,
坐在中央,
童兒站兩傍。
和合二仙來上壽,
劉海戲蟾來江邊,
浪兒裡玩一玩,
步步撒金錢。

---

① 蟾宫折桂:蟾宫,指月亮。折桂,比喻科舉及第。晉代郤詵曾以"桂林之一枝"對晉武帝比喻自己舉賢良對策的才能,爲天下第一。見《晉書·卷五二·郤詵傳》。後人遂以折桂比喻科舉及第。唐温庭筠《春日將欲東歸寄新及第苗紳先輩》詩:"猶喜故人先折桂,自憐羈客尚飄蓬。"也作"攀桂"。蟾宫折桂相傳月中有桂樹,用以比喻科舉登第。元施惠《幽閨記·第一一出》:"胸中書富五車,筆下句高千古,鎮朝經暮史,寐晚興夙,擬蟾宫折桂雲梯步。"《孽海花·第五回》:"舉人是月宫裏管的,祇要吴剛老爹修桂樹的玉斧砍下一枝半枝,肯賜給我們爺,我們爺就可以中舉,名叫蟾宫折桂。"

② 獨佔鰲頭:科舉時代指代中狀元,據説皇宫殿前石階上刻有巨鼇,只有狀元及第才可以踏上迎榜。後來比喻占首位或第一名。語出元無名氏《陳州糶米》楔子:"殿前曾獻升平策,獨佔鰲頭第一名。"

【滿江紅】

三月三,佛壽誕,

來了眾八仙,

同赴蟠桃宴。

鐵李拐、曹國舅,

張果老、騎驢仙,

懷抱魚鼓尖板。

籃采和、何仙姑,

手拿雲陽板,

罩輪肩上擔。

漢鍾離手拏扇,

純陽公身背劍,

柳仙把他參。

韓湘子,

獻一顆長生不老丹。

手提御花籃,

和合二神仙,

劉海撒金錢。

【紅尾】

金錢撒在吉慶堂,

一門五福坐高官。

連中三元,

富貴萬萬年。

3. 十二將①

---

① 十二將,在曲子中是按12個月的順序敘述人物的,其實總共是十七將,他們是羅成、趙子龍、楊六郎和楊五郎、尉遲公和程咬金、韓信、常遇春、李廣、李克用和李存孝、趙匡胤、諸葛亮、姜子牙、張飛、銚期和馬武。

【平調】
新春正月正,
十五玩花燈。
白馬銀鎗小將羅成,
夜打登州救出秦瓊。

二月龍擡頭,
和風陣陣遊。
長阪①坡大戰趙子龍,
七進七出闖過曹營。

三月清明天,
家家上墳塋。
楊六郎鎮守在三關,
楊五郎出家五臺山。

四月四月八,
個個亂穿紗。
尉遲公②單鞭救過駕,
混世魔王③把寨下。

五月午端陽,

---

① 阪,原誤作"板"。音同而誤,據文意改。下同。
② 尉遲公(585—658),即尉遲恭,字敬德。祖籍西域于闐。生於朔州善陽(今山西朔縣)。到元代以後,民間所貼的武門神以秦叔寶、尉遲恭二人最爲流行。
③ 混世魔王,指程咬金。程咬金(589—665),原名咬金,後更名知節,字義貞,濟州東阿(今山東東平西南)人。唐朝開國大將,淩煙閣二十四功臣之一。在一些小說或者演義中程咬金被稱爲"混世魔王"。

吃酒飲雄黃①。
韓信官封三齊王②,
立逼霸王喪烏江。

六月熱難當,
荷花都開放。
常遇春打戰水面上,
鄱陽湖擒拿北漢王③。

七月七月七,
牛郎會織女。
李廣領兵把慶陽出,
救出娘娘功無比④。

八月中秋節,
家家都玩月。
沙陀國搬來老英傑⑤,

---

① 雄黃酒,摻有雄黃的酒。民間習於端午飲用或將其灑在屋角牆壁間,傳説可解蛇虺諸毒或避邪。

② 三齊王,秦亡後,項羽自立為西楚霸王,並分封了許多諸侯王,將齊國故地分封為齊、膠東、濟北三國。韓信平定齊地後,被封為齊王。"三齊"是指項羽在戰國的齊國故地上分封的三個國家。"三齊王"大概是指韓信是戰國時期的齊國故地的實際統治者。

③ 鄱陽湖擒拿北漢王,指鄱陽湖之戰,是元朝末年朱元璋和陳友諒為爭奪鄱陽湖水域而進行的一次戰略決戰,決戰以朱元璋的完全勝利而告終。在戰役中常遇春射傷張定邊,奉命組織火攻,為勝利立下汗馬功勞。

④ "李廣領兵把慶陽出,救出娘娘功無比"此句説的是"李廣出慶陽"的故事。周惠王的母親被奸妃所害,由大臣李廣保護逃出京城慶陽,後生下周惠王,李廣扶植惠王登上帝位。

⑤ 沙陀國搬來老英傑,"老英傑"指李克用(856—908),沙陀族人,是後唐獻祖李國昌的第三子。唐末將領,曾討伐黃巢。參見《卷五·百戲圖》"程敬思搬兵在沙陀"條。

純孝要把彥章滅①。

九月重陽到,
才子去登高。
趙太祖大戰董家橋,
盤龍棍喝退眾英豪②。

十月十月一,
家家送寒衣。
諸葛亮死治司馬懿,
用計火燒葫蘆峪③。

十一月朔風冷,
滴水凍成冰。
興周滅紂姜太公,

---

① 純孝要把彥章滅,"純孝"指李克用的"義兒"十三太保李存孝(858—894),他本姓安,名敬思,武藝非凡,勇猛過人。由於罪責車裂而死。"彥章"指王彥章(863～923),五代時後梁名將,字賢明。朱溫建後梁時,彥章以功爲親軍將領,歷遷刺史、防禦使至節度使。923年,爲李克用的大兒子李存勖所擒,寧死不降,於是被下令斬首。享年六十一歲。

② 趙太祖大戰董家橋,盤龍棍喝退眾英豪:相傳宋太祖趙匡胤登極前,路過董家橋,遇到當地惡霸董家"五虎",攔橋要錢,因此雙方發生了爭鬥。正好賣油郎鄭子明路過此地,甚爲不平,於是抽出扁擔幫助趙匡胤打敗了董家"五虎"。"盤龍棍"是雙節棍的前身,傳說雙節棍是宋太祖趙匡胤創始的。京劇《董家橋》(又名《打五虎》)也是說的此事。

③ 諸葛亮死治司馬懿,用計火燒葫蘆峪:講述三國時,諸葛亮六出祁山,司馬懿屢敗,不敢出戰,諸葛亮乃于上方谷中設柴草硫磺引線,命魏延誘敵。司馬懿父子欲劫糧草,誤入谷中,魏延即發動火攻,堵住谷口,將司馬父子困于谷中。正當危急之際,忽天降大雨,澆滅柴火,司馬父子死裹逃生。

八百八年算得清①。

眼看臘月天，
不遠過新年。
張翼德夜戰葭萌關，
收來孟起歸西川②。

十二月大不同，
王莽設松棚③。
銚期④、馬武立大功，
光武爺穩坐洛陽城⑤。

---

① 興周滅紂姜太公，八百八年算得清："姜太公"就是姜子牙（約前1156—約前1017），姜姓，呂氏，名尚，一名望，字子牙，或單呼牙，也稱呂尚，別號飛熊。商朝末年人。西伯姬昌（即文王）夜夢飛熊入帳，明日召散宜生卜之，謂主得賢臣良佐，可往山林中親訪之。文王乃出獵渭濱，以訪遺賢。途遇釋犯武吉，詢其何以不投案伏罪。武吉謂因遇見渭濱一漁父，授以避脫之法。文王問漁父何名。武吉告以姓姜名尚，道號飛熊，年老才高，素諳韜略。文王聞之大喜，且其道號，適應其夢。乃令武吉引往。見姜尚童顏鶴髮，悠然垂釣，意其閒適。武吉告以故，姜尚乃答禮。文王詢以政事。姜尚縱橫議論，指陳大勢，如談家常。文王驚為非常人，即親自推轂，載之以歸，拜為上相。後文王薨，子姬發立（即武王）。姜尚乃輔佐姬發，會師伐紂，遂啟周代八百餘年天下。京劇、昆劇有《八百八年》述說此事。

② 翼德夜戰葭萌關，收來孟起歸西川：說的是張飛和馬超大戰葭萌關，數百回合仍未分勝負。劉備愛惜馬超的才能，採納諸葛亮之策，以反間計收降馬超。馬超（176—223），字孟起，司隸部扶風郡茂陵（今陝西楊淩五泉鎮）人，東漢衛尉馬騰之子，東漢末年及蜀漢開國名將，漢末群雄之一。早年隨父征戰，馬騰入京後，馬超留駐割據關中三輔。潼關之戰被曹操擊敗，又割據涼州隴上。失敗後依附張魯，又轉投劉備。"西川"，一般指整個益州；214年，劉備取得益州，自稱益州牧。"收來孟起歸西川"指馬超收歸劉備麾下。

③ 王莽設松棚：王莽與蘇獻合謀設下松棚會，逼漢平帝服藥酒自盡。

④ 銚期，原誤作"姚奇"。音同而誤。

⑤ 銚期、馬武立大功，光武爺穩坐洛陽城：皇族後裔劉秀憑藉銚期滅莽興漢，建立東漢，都洛陽，是謂光武帝。

4. 十三傑①

【平調】
正月裏元宵節，
霸王把虞姬別。
九里山前鎗挑車，
自刎烏江一命絕②。

二月裡是春分，
商紂王無道君。
諸侯行師會孟津，
七日七夜把朝歌焚③。

三月裡是清明，
李逵鬧東京。
武松怒殺西門慶，
投奔梁山宋公明④。

四月裡四月八，
西伯侯(與)姜子牙。

---

① 十三傑：楚霸王項羽、武王、李逵和武松、姜子牙、勾踐、劉秀、郭子儀、重耳、關羽、武穆王岳飛、陳琳、李文忠、薛仁貴。

② 正月第一傑：楚霸王項羽。民間傳說韓信在九里山下設十面埋伏、圍困楚霸王，霸王烏江別姬自刎。施耐庵《水滸傳》第四回中的民謠描寫的九里山古戰場："九里山前擺戰場，牧童拾得舊刀槍。順風吹動烏江水，好似虞姬別霸王。"

③ 二月第二傑說的是武王。"孟津"位於河南省西北，臨黃河南岸，隔水與孟縣相望。也稱爲"盟津"。相傳爲周武王在此大會諸侯討伐紂王，最終建周滅商。

④ 三月第三傑有兩人，指李逵和武松。他們最後都去梁山投奔宋江。在《水滸傳》中，李逵鬧東京的時間是元宵節，所以曲子中的"三月""清明"等時間目的是爲了押韻，並非事件實際發生時間。

斬將封神火煉琵琶，
保定武王坐天下①。

五月裡五端午，
勾踐去伐吳。
人馬紛紛奔姑蘇，
可憐把夫差劍下卒②。

六月裡熱難當，
劉秀走南陽。
二十八宿鬧昆陽，
同扶光武興漢邦③。

七月裡把巧乞，
汾陽王郭子儀。
七子八婿世間稀，
再造唐世萬古奇④。

八月裡是中秋，
重耳在列國遊。
二狐趙衰並魏犨，

---

① 四月第四傑是姜子牙。《封神演義》第 16 回有"子牙火燒琵琶精"的故事。參見上一曲《十二將》"興周滅紂姜太公"條。

② 五月第五傑是勾踐。説的是勾踐滅吳的故事。

③ 六月第六傑是光武帝劉秀。昆陽，在今河南省葉縣。漢光武帝曾於此大破王莽軍隊，是歷史上著名的昆陽之戰。光武帝中興漢室、凡功臣二十八人，繪圖像於雲臺，以呼應二十八宿之功。廟中再以太陽星君、太陰星君祀之。

④ 七月第七傑是郭子儀。唐朝名將，華州（今陝西華縣）人。曾平安史之亂，並聯回紇，征吐蕃。官至太尉、中書令，時稱爲"郭令公"。因封汾陽郡王，世稱爲"郭汾陽"。一生歷事玄宗、肅宗、代宗、德宗四朝，以一身而係天下之安危二十年。享年八十五歲，卒謚忠武。《舊唐書·郭子儀傳》載：唐郭子儀有子七人，婿八人，皆朝廷重官。

介子推刮肉奉君侯①。

九月裡重陽到,
追趕霸陵橋。
不中奸曹計籠牢,
刀尖斜挑絳紅袍②。

十月裡十月一,
張邦昌③謀宋室。
武穆王大戰金兀朮,
精忠貫日古今稀④。

十一月瑞雪落,
陳琳抱粧盒。

---

①　八月第八傑是重耳(前697—前628)。史稱晉文公,姓姬名重耳。曾流亡國外十九年。後在趙衰、魏犨、狐偃和狐毛(簡稱二狐)、介之推等人的輔佐下,實行"通商寬農""明賢良""賞功勞"等政策,整頓内政,發展農業、手工業,加強軍隊,國力大增,出現"政平民阜,財用不匱"的局面。因平定周室内亂,接襄王復位,獲"尊王"美名。城濮之戰,大敗楚軍。旋于踐土(今河南滎陽東北),會集諸侯,邀周天子參加,遂成爲霸主。介子推(？—前636),又名介之推,後人尊爲介子,春秋時期晉國(今山西介休市)人,生於聞喜户頭村,長在夏縣裴介村,因"割股奉君",隱居"不言禄"之壯舉,深得世人懷念。

②　九月第九傑是關羽。曹操厚待關羽,賜宴贈馬,關羽從汝南歸來,知劉備去向,決意辭曹尋兄,曹操、張遼皆有意回避不見。關羽不得已,乃掛印封金,留柬告辭,保護甘、糜二夫人上路出許都。曹操知關羽去志不可奪,率眾將送行,至灞陵橋,見關羽橫刀立於橋上,贈以錦袍。關羽恐其有詐,以刀挑袍,揚長而去。參見《卷一·堆金積玉》"關聖大帝"條。

③　張邦昌(1081—1127),北宋末大臣。字子能,永静軍東光張家灣人(今河北省阜城縣大龍灣)。進士出身,徽宗、欽宗朝時,歷任尚書右丞、左丞、中書侍郎、少宰、太宰兼門下侍郎等職務。金兵圍開封時,他力主議和,與康王趙構作爲人質前往金國,請求割地賠款以議和。靖康之難後,被金國强立爲"僞楚"皇帝,歷時一月。金撤兵後,遜位還政趙構,但迫於"叛國"時論壓力,終被賜死。

④　十月第十傑是武穆王岳飛(1103—1141)。

一十三年事發作,
可憐把寇宮人命見閻羅①。

十二月正一年,
李文忠趕薛丹。
紅羅山前遇陸端,
馬上倒把北斗觀②。

九盡春又回,
蓋蘇文逞雄威。
淤泥河救駕薛仁貴,

---

① 十一月第十一傑是陳琳。"陳琳抱妝盒"説的是宮内使陳琳和宮女寇承禦救太子故事。李美人爲宋真宗生下太子,劉后心懷嫉妒,密遣宮女寇承禦將太子刺死。寇與陳合謀,把太子藏在妝盒内,送至南清宮八大王處收養。十年後,劉后察覺,勒逼陳、寇吐出真情,將寇逼死。及太子(即宋仁宗)即位,此案才得以昭雪。

② 十二月第十二傑是李文忠(1339—1384)。李文忠字思本,小名保兒,江蘇盱眙人,明太祖朱元璋的外甥。是朱元璋的名將、謀臣,史稱"器量沉宏,人莫測其際,臨陣踔厲風發,遇大敵益壯",當時和徐達、常遇春等齊名,是明朝開國第三功臣。洪武三年(1370年),隨征虜大將軍徐達遠征漠北,五月,攻克元代蒙古地區重要城市應昌(今内蒙自治區克什克騰旗),生擒元帝之子買的里八剌。"克什克騰(kesigten)"一詞的最早漢譯形式爲"卻薛丹",是突厥、蒙古語"卻薛(kezik－kesig)"的復合發音。"李文忠趕薛丹",這裏"薛丹"即指應昌。回軍經過興州與紅羅山,收降元軍五萬之衆。朱元璋封他爲曹國公,任命他爲"大都督府左都督""同知軍國事"。"紅羅山前遇陸端","陸端",神獸,形似麒麟,爲幸福、吉祥之意。每逢亂世,此獸會現世,告誡人們,殺伐太甚,應當止息修養,以見祥瑞。他曾經"勸帝少誅戮","陸端"即指此事。李文忠好學問、通韜略,從洪武十二年七月起,由他兼領國子監。北斗星中的第四顆星文曲星,"馬上倒把北斗觀"正説明他文治武功雙全。

太宗官封遼王職①。

5. 四小景

【平吹調】
春景天,又
對對烏鴉鬧雲端。
楊柳葉兒青,
好是梨花綻。又
戲耍鞦韆,
熱鬧一聲喧。
稱值一路人兒醉,杏花兒天。
醉了也是好,倒睡長庭院。又

夏日長,又
萬里無雲起紅光。
水過涼亭响,
二八佳人唱。又
好不風光,
日高天又長。
趁值一路人兒醉,一對鴛鴦。
醉了也是好,倒睡涼亭上。又

秋風高,又
陣陣金風擺動樹梢。

---

① 春又回第十三傑是薛仁貴。蘇文,姓蓋,名金,字蘇文,是高麗東部大人,是東遼大將。據傳唐天子李世民被蓋蘇文追殺,馬陷淤泥河,多虧薛仁貴相救。所以説"蓋蘇文逞雄威""淤泥河救駕薛仁貴",薛仁貴(612—681),名禮,唐絳州龍門人(今山西省河津縣)。少貧賤,以田爲業。善騎射,貞觀年間隨太宗征遼東,所向披靡。高宗時屢破高麗、契丹、突厥,而立奇功,官拜本衛大將軍,封平陽郡公。後世據其功勳,編撰雜劇與演義。薛仁貴征東有功,被封爲平遼王。"太宗官封遼王職"即指此事。

鐵馬①一聲响,好像簷前吊②。又
好不心焦,
愁鎖兩眉梢③。
稱值一路人兒醉,雨打芭蕉。
醉了也是好,倒睡圍屏靠。又

冬雪飛,又
萬里乾坤似粉堆。
雪壓一枝梅,
好似楊妃④醉。又
終日合續杯,
多吃三兩杯。
稱值一路人兒醉,
趁着醉而歸。
醉了也是好,倒睡陽閣內。又

6. 四季想思

【平調】
春季裏想思,
百草發芽遍地街,柳如煙。

---

① 鐵馬:掛在屋簷下,用鐵片做成的裝飾品,風吹時叮噹作響。元王實甫《西廂記·第二本·第四折》:"莫不是鐵馬兒簷前驟風。"《二刻拍案驚奇·卷三七》:"蟋蟀悲鳴,孤燈半減;淒風蕭颯,鐵馬叮噹。"也稱爲"風鈴"。

② 好像簷前吊:宋朝無名氏有詞《簷前鐵》,詞中表現女主人公爲爭取愛情,争取幸福不惜付出一切,然而結果卻仍舊陷入痛苦淒慘的境地,無人憐念,終身難言。詞曰:"悄無人,宿雨厭厭,空庭乍歇。聽簷前鐵馬戛叮噹,敲破夢魂殘結。丁年事,天涯恨,又早在心頭咽。誰憐我、綺簾前,鎮日鞋兒雙跌。今番也、石人應下千行血。擬展青天,寫作斷腸文,難盡說。"曲子和詞意境相當。

③ 眉梢,"梢"原誤作"稍",下同。

④ 楊妃,指楊貴妃楊玉環。

才郎一去常常在外邊。
粧台懶去整,菱花鏡無緣。
可憐奴,打扮嬌容無郎見。
莫非是外邊另有女天仙,
忘記了當初一對並頭蓮①。
我的天,噫兒呀,
你本是讀書人,
爲何你將良心變?
你是個少年人,
爲何你將良心變?

夏季裏想思,荷花透水香。
烏雲②蓬鬆,懶怠梳粧,熱難當。
我郎一去,不知在何方。
淚似長江水,點點濕羅裳。
可憐奴,獨坐香閨將郎忘。
無情無趣,懶去綉鴛鴦。
何一日相會,欵欵別離腸。
我的天,噫兒呀,
奴爲你害想思,
憔悴不像人模樣。又

秋季裏想思,丹桂花兒飄。
梧桐葉落,簌簌又滔滔,好心焦。
才郎一去,路遠山又遙。
細雨窗前灑,何人品玉簫。
凄涼人最怕聽得凄涼調。

---

① 並頭蓮,又叫並蒂蓮。蒂:花或瓜果跟莖連接的部分。並排地長在同一莖上的兩朵蓮花。比喻恩愛的夫妻。

② 烏雲,指代頭髮。

黄昏時節,孤雁叫聲高。
寫一紙情書,無人與奴捎。
我的天,噫兒呀,
奴爲你做了些夢,
你在外邊可知道? 又

冬季裏想思,臘梅花兒開。
鵝毛雪片落在地塵埃,冷難挨①。
我郎一去,尚未回來。
你在外邊冷,奴這裏掛心懷。
到晚間,誰與你鋪來誰與你蓋?
癡情戀愛女裙釵②,
忘恩負義俏郎才。
我的天,噫兒呀,
你若是昧良心,
頭上自有青天在。又

四季裏想思,害了整一年。
忽聽門外好似我郎言,心喜歡。
才郎一去,今日纔回還。
低聲問郎好,雙手抓郎肩。
到今朝,纔見你真容面。
夫妻二人同來到庭前,
净手焚香答謝蒼天。
我的天,噫兒呀,
今日是團圓期,

---

① 難挨,同"難捱",難以忍受的意思。
② 裙釵,裙子和頭釵,皆爲婦女的服飾。故用爲婦女的代稱。元關漢卿《望江亭·第二折》:"我雖是個婦女身,我雖是個裙釵輩。"《紅樓夢·第一回》:"何我堂堂鬚眉誠不若彼裙釵哉,實愧則有餘。"

了卻奴的想思怨。又

7. 進蘭房

【平調】
一更裏進了蘭房，
櫻桃口呼喚梅香①，銀燈照上。
囑咐叮嚀，你把門關上。
聽譙樓更鼓急忙，
對菱花②懶卸殘粧，淚流兩行。
青絲繚繞，只在眉梢上。

二更裏獨坐牙床③，
入羅帷帳換衣裳，思念才郎。
貪花戀酒，只在何方上？
想當初那樣情長，
到日今一旦皆亡④，良心盡喪。
亡恩負義，惟有天在上。

三更裏正睡朦朧，
赴陽臺攜手相逢，兩意情。
解頻寬衣，和奴鸞交鳳⑤。
聽簷前鐵馬叮咚，
驚醒奴好事成空，兩手捶胸。

---

① 梅香，丫頭，舊時多以"梅香"爲婢女的名字，因以爲婢女的代稱。
② 菱花，指菱花鏡，古代銅鏡名。鏡多爲六角形或背面刻有菱花者名菱花鏡。
③ 牙床，上有象牙雕刻裝飾的床。南朝梁蕭子範《落花》詩："飛來入斗帳，吹去上牙床。"清孔尚任《桃花扇·第八出》："承眾位雅意，讓我兩個並坐牙床，又吃一回合巹雙杯，倒也有趣。"
④ 亡，通"忘"。下句"亡恩負義"當作"忘恩負義"。
⑤ 鸞交鳳，男女同房的代稱。

可恨雁翎,只在窗前撞。

四更裏夜長如年,
算歸期掐破指尖,何日回還?
口咬線聲,好是風箏斷。
去時節荷葉如錢,
到日今雪飄風寒,好不傷慘。
淚流枕邊,好是成冰片。

五更裏報曉烏鴉①,
盼才郎盼不回家,想殺奴家。
風吹竹聲,好是郎說話,
命丫還②前去迎他。
那丫還冷笑不答,何嘗是他。
狸貓捕鼠,只在床簷下。

清晨起忙把門開,
見郎君走進房來,喜笑顏開。
慢閃秋波,奴把風流賣③。
親又親愛又愛,
櫻桃口緊對郎開腮,好不美哉!
有錢難買夫妻恩合愛。

8. 出蘭房

---

① 報曉烏鴉,指烏鴉在淩晨叫,說明天快亮了。宋戴復古《簡曾才叔》詩中有"烏鴉工報曉"句:虛庭貯明月,酒醒獨登樓。偶逐一笑樂,遂成三夕留。烏鴉工報曉,蟋蟀早吟秋。欲赴東溪約,煩君具小舟。
② 丫還,當作"丫環"。
③ 風流賣,即賣風流,裝成嬌俏模樣以媚人。元無名氏《貨郎旦·第二折》:"逞末浪不即留,只管裏賣風流。"也作"賣俏"。

【平調】
一更裏出了蘭房,
移金蓮來在草堂,二老安康。
奴夫應考,一去不還鄉。
啟朱唇呼喚梅香,
姑娘話牢記心上,引進綉房。
紅菱大被,展在牙床上。

二更裏獨坐牙床,
忽聽得雙環响亮,啟稟姑娘。
我姑爹回來,
只在前庭上,
聽他言喜在心上。
出綉房,
迎進才郎,
滿路風光。
飲罷酒二人,
同入羅帷帳。

三更裏勸聲夫君,
你本是公子公孫,不比別人。
日每在學,
發憤讀書文。
你看那坐官之人,
出京來威風凜凜,富貴榮身。
那時節纔知,
書內有黃金。

四更裏再勸夫君,
奴本是宦門千金,許配夫君。

實指望榮貴,
方顯人上人。
奴姐丈當朝一品,
奴妹妹許配翰林,誥命夫人。
恨奴命薄,
到今不如人。

五更裏郎君心酸,
聽賢妻良言相勸,理之當然。
今科不中,
不見賢妻面。
勸郎君不必熬煎,
功名事自有早晚,連中三元。
那時光前裕後①萬代傳。

9. 玉美人

【平調】
玉美情人病倒床簀上,
嬌言膩語叫了一聲郎:
請進奴的房,
有話與你商量。

弱怯怯伴郎床邊坐,
尊聲情哥聽奴説:
欲將心腹託,
秋波淚如梭。

---

① 光前裕後,使祖宗增光而子孫得蔭。元宮大用《范張雞黍·第三折》:"似這般光前裕後,一靈兒可也知否。"也作"光前啟後""光前耀後"。

往常奴家得疾病,
忙請醫生把脈平。
用藥病見輕,
何當在心中?

不料今得這病症,
坐不安來臥不寧。
早輕晚間重,
交①奴難紮掙②。

茶懶吃來飯懶用,
四肢困倦遍身疼。
下床站不定,
金蓮步難行。

假若把奴死故了,
從今後莫來煙花院中。
囑咐又叮嚀,
沒當過耳風。

七七災災燒張紙,
囑咐情哥少哭幾聲。
莫要過傷情,
身體要保重。

回家你把詩書誦,
寒窗博古細窮經。

---

① 交,当作"教",音同而误,据文意改。下同。
② 紮掙,勉强支撑。《紅樓夢·第十三回》:"賈珍一面扶拐紮掙著,要蹲身跪下,請安道乏。"

發憤苦用功，
黃金在書中。

但願早把鼇頭占，
龍虎金榜題姓名。
萬選壓羣英，
富貴把身榮。

父母堂前要孝敬，
處家内外宜公平。
子侄好看成，
和睦鄉黨①中。

奴有私銀三百兩，
拿回家去聘一門親。
急速完婚姻，
早留後代根。

娶妻須求窈窕女，
莫取私奔卓文君②。
此事關終身，
粧奩莫在心。
貞静賢淑勤訪問，
莫聽媒婆假報真。

---

① 鄉黨，鄉族朋友。《史記·卷六五·孫子吳起傳》："鄉黨笑之，吴起殺其謗己者三十餘人，而東出衛郭門。"《漢書·卷六二·司馬遷傳》："僕以口語遇遭此禍，重爲鄉黨戮笑。"陝西方言尚存此詞。

② 卓文君（前175—前121），漢臨邛人，爲富商卓王孫之女，有文才。司馬相如飲于卓府，時文君新寡，相如以琴心挑之，文君夜奔相如，同歸成都。卓王孫大怒，不予接濟。後二人回臨邛賣酒，卓王孫引以爲恥，不得已才將財物、僮僕分與。後相如欲娶茂陵女爲妾，文君賦白頭吟，相如乃止。

三分報七分,
七分報十分。
假若娶妻比奴好,
把奴莫丟九霄雲。
切莫負奴心。

吃米不忘種穀人,
勸賢妹閒事休掛念。
一夜夫妻百夜恩,
我永不娶親,
過後見人心。

玉美情人聽郎言,
十分病症好七分。
交奴喜在心,
自覺病離身。
只說郎是負心漢,
風流才子情果深。
恩愛重千金,
交久知人心。
奴家說的是耍話,
那料情哥他當真。
觸動郎的心,
低頭淚沾襟。

用手揭開羅帷帳,
鴛鴦枕上敍舊情。
顛鸞去倒鳳,
海誓並山盟。

但願奴的疾病好,

一定從良①託終身。
長久偕婚姻,
到老倍伴君。

10. 大放風箏

【平調】
三月裏是清明,
主僕二人去踩青,
手拿着,蘼紮的、紮蘼的、糊紙的,
上畫着,蝴蝶,五彩花風箏。
出離綉房中。

娘問女孩想往那裏去,
小丫環一聲稟:
老太夫人你當聽,
正城東,十里亭,
玩花園內踩踩青,隨帶放風箏。
舉步往前行。

姐兒出了大門庭。
觀見幾個小頑童,
手拿着,八仙慶壽花風箏。
小推牌,墜銀鈴,
噹啷啷,飄在半空中,
滿天上都是風箏。

---

① 從良,娼妓脫離原來的生活而嫁人。《醒世恒言·卷三·賣油郎獨佔花魁》:"你便要從良,也須揀個好主兒。"清孔尚任《桃花扇·第二二出》:"娼家從良,原是好事。"本曲的女主人公可能是娼妓。

姐兒來在正城東，
見了幾個小學生。
懷抱的《千字文》《百家姓》，
《詩經》《易經》《三字經》。
下學轉回程，皇榜上有他名。

姐兒來在十里亭，
觀見幾個文童生。
肩擔的、身背的，琴劍書箱、
八股文章各樣經。
後隨着小琴童，詩文最高明。

姐兒來到演武廳，
內邊盡是武童生。
跨的是，烏騅馬、粉白鬃，
帶的是，雙締胸、鵰翎箭、
牛角弓，風風風，
一馬三箭中，真個是少英雄。

姐兒來在百花亭，
觀見幾個小幼童。
手拿的、口含的，
笙管、笛簫、絃子、琵琶、琥珀箏。
他也來踩青，
一路並肩行。
唱的一套"邊關調"，
他又唱的"四大景""四小景"
"銀扭絲兒""滿江紅"，
隨帶"刮地風"，入耳又中聽。

姐兒觀看路旁景，

不由叫人喜氣生。
山又秀,水又清,
梨花白來,桃花紅。
白蝴蝶,撲棱棱棱棱,
小蜜蜂,颼颼颼颼颼,
落在花心中。
觀不盡的好春景,不願回家中。

姐兒觀罷回頭看,
觀見紅日墜西山。
叫丫環,收風箏,
回府去,稟太婆,
就說是,老天爺,刮大風,
絕斷了風箏繩,故不成。
字字講說清,
收拾轉回程。

11. 小十盃酒①

【平調】
一盃子酒正月正,
五香女②舞琴在宮庭。
每見太子宮門站,
忽聽得琴音亂紛紛。

二盃子酒百花開,

---

① 小十盃酒,這個曲子講了10個女性的愛情故事。這是個女性爲:五香女、花魁女、昭君娘娘、祝英臺、李三娘、秦雪梅、織女、陳杏元、鶯鶯、玉堂春。
② 五香女,指秦哀公的妹妹孟嬴,本許給楚國的太子建,但最後被楚平王霸佔。

花魁女①打坐白樓臺。
心中想起賣油郎,
不覺珠淚落下來。

三盃子酒三月三,
昭君娘娘②去和北番。
心中可恨毛延壽③,
懷抱琵琶馬上彈。

四盃子酒四月八,
山伯訪友到祝家。
大叫三聲祝賢弟,
纔知道英臺④是女佳。

五盃子酒午端陽,

---

① 花魁女,稱名噪一時的妓女。如《醒世恒言》中有《賣油郎獨佔花魁》。故事背景發生在"靖康事變"之後,金兵南下,徽、欽二帝被俘,老百姓流離失所。良家少女瑤琴被奸人拐賣到臨安院,改名美娘,又名花魁女。賣油郎秦鍾,爲幫助同鄉辛善在戰亂中失散的女兒,不惜辛勞,積十兩銀子去會見淪落風塵的花魁女辛瑤琴。直等到三更,瑤琴才大醉而歸,秦鍾奉茶端湯服侍至天明離去。後來,瑤琴遭惡少吳公子欺辱,被拋在雪地上受凍,又逢賣油郎相救。兩次相遇,使瑤琴深爲感動,產生了愛情。後瑤琴與做了官的父親團聚,仍不嫌秦鍾"貧賤",與之成婚。清李玉編爲傳奇《占花魁》,在人物性格上,有了更豐富的發展。

② 昭君娘娘,(約前52—約前15),名嬙,字昭君,漢秭歸人。元帝時選入掖庭,呼韓邪單于入朝,求美人爲閼氏,帝以嬙賜之,號甯胡閼氏。晉時避司馬昭諱,改稱明妃。

③ 毛延壽,漢(?—前33)杜陵(今陝西西安市三兆村南)人。善畫人形,好醜老少,必得其真。元帝後宮既多,不得常見,乃使畫工圖形,案圖召幸之。諸宮人皆賂畫工,獨王嬙不肯,遂不得見。後匈奴入朝,求美人爲閼氏,上案圖以昭君行。及去召見,貌爲後宮第一。

④ 英臺,戲曲劇碼"梁山伯與祝英臺"中的人物。東晉上虞人,小字九娘。與梁山伯同學三年,感情深厚,卻不得結合,死後兩人並化爲蝶。

磨房中受苦李三娘①。
劉郎投軍未回轉,
在磨房生下咬七郎。

六盃子酒熱難當,
秦雪梅打坐在機房。
日每思起商郎夫,
不覺兩眼淚汪汪②。

七盃子酒七月七,
牛郎織女③兩夫妻。
可恨天河來隔斷,
一個東來一個西。

八盃子酒中秋來,
陳杏元和番到重臺。
金釵贈與梅郎手,

---

① 李三娘,五代故事戲中人物。敘劉知遠往邠州投軍,其妻李三娘遭兄嫂逼迫改嫁,不從,逼使推磨汲水,飽受折磨。三娘于磨房産子,命名咬臍郎。嫂奪其子投河中,爲竇老所救,護送邠州。後劉知遠以軍功爲節度使,終於一家團圓。或稱爲《咬臍郎》《五龍祚》。

② 秦雪梅打坐在機房,秦雪梅許商郎(名商林)爲婚,商林原是大户人家子弟,後家道中落,寄讀秦府。未婚妻秦雪梅書房探望,互訴愛慕之心,不料被秦父發現,逐走商林。商林惱恨相思成疾,直至雪梅與其陰陽兩隔。

③ 織女,相傳織女爲天帝孫女,長年織造雲錦天衣。嫁給牛郎後,荒廢織事,天帝大怒。責令織女與牛郎分離,只准兩人于每年七夕相會一次。見明馮夢京《月令廣義·卷一四·七月令·日次·一年一會》引《小説》。後比喻分離兩地,難以會面的夫妻或情侶。

恩愛夫妻兩丟開①。

九盃子酒是重陽，
張生勾引小紅娘。
鶯鶯②他把張生盼，
黑夜三更越粉牆。

十盃子酒小陽春，
王公子大審玉堂春③。
八府巡按④他不要，
一心要救女佳人。又

12. 大十盃酒

---

① 陳杏元和番到重臺，本節寫的是陳杏元與梅良玉的故事，唐肅宗時梅伯高遭盧杞陷害，其子良玉化名逃至陳東初府中爲僮。陳借祭梅悼亡友梅伯高，梅花落而重開。陳將女兒杏元許配良玉。盧杞奏朝，下旨杏元出塞和番。梅、杏重臺泣別，杏元贈梅金釵。幾經波折，終與良玉相遇。後參倒盧杞，仇冤得雪，夫妻團圓。有劇碼《二度梅》，京劇、越劇、評劇均有改編和演出。

② 鶯鶯，即崔鶯鶯，唐元稹《鶯鶯傳》中的女子，字雙文。有絶色，工文詞。貞元年間，崔女從母鄭氏過河中府之普救寺，巧遇張生，遂相慕戀。宋元以來所演《西廂記》故事皆本於此。

③ 玉堂春，相傳明時名妓蘇三，號玉堂春，與王金龍情意深厚，後蘇三從洪洞買人爲妾，大婦欲殺之，卻誤毒買人，蘇三被誣論罪，適王金龍爲山西巡按，後得藩司潘必正、臬司劉秉義之助，平反其獄，蘇三乃與王結合，小說戲曲多演此故事。也稱爲"女起解""洪洞縣""三堂會審""蘇三起解"。

④ 八府巡按，戲文裏設定八府巡按，幾乎是中國古典戲曲約定俗成的套路，其實並不存在。比如：曲劇《卷席筒》裏的曹保山（河南八府巡按）；豫劇《尋兒記》裏的張文達；越劇《五女拜壽》裏的鄒應龍（七省巡按）；曲劇《陳三兩》裏的陳奎（河南八府巡按）；京劇《玉堂春》裏的王金龍（山西八府巡按）；吉劇《桃李梅》裏的袁玉梅；豫劇《竇娥冤》裏的竇天章（兩淮提刑肅政廉訪使）……

【平調】
一盃酒兒進門來，
手提銀壺把酒篩，
叫聲小郎才。重
手提銀壺斟美酒，
小郎無事我家來，
要你放開懷。重

二盃酒兒酒又清，
請問郎君貴庚生？
說與真奴家聽。重
郎說正月十五日生，
奴是元宵鬧花燈，
二人到同庚。重

三盃酒兒酒又酸，
酸酸甜甜往上掇，
莫嫌酒兒酸。重
郎說銀錢如糞土，
奴說奴面值千金，
小郎喜在心。重

四盃酒兒滿滿斟，
手拿扇子扇郎身，
小郎汗淋淋。重
手拿羅帕拭郎身，
免得郎君取手巾，
表表奴的心。重

飲酒不覺到五盃，

小郎不吃打一盃,
便把盃子推。重
勸郎多飲雄黃酒,
免得蚊蟲咬郎身,
疼爛奴的心。重

六盃酒兒共三雙,
上瞞爹來下瞞娘,
瞞不過小情郎。重
瞞過哥哥並嫂嫂,
瞞不過情人武藝高,
常來兩相交。重

七盃酒兒進花園,
手攀花枝淚漣漣,
教奴好心酸。重
花開花謝年年在,
人老何曾轉少年,
何日纔團圓?重

八盃酒兒桂花香,
手托手兒上牙床,
二人玩一場①。重
手壓②胸前自參③想,
情人待奴好心腸,
恩愛實難忘。重

---

① 二人玩一場,暗指男女同房。
② 手壓,通"押"。下同。
③ 參,原誤作"慘"。音近而誤。

九盃酒兒月墜西，
情人倒在奴懷裏，
酒醉又昏迷。重
情人起來吃盃茶，
驚起上房二爹媽，
把奴活唬殺。重

十盃酒兒郎要歸，
高照銀燈出羅帷，
實實捨不得。重
手拖手兒到門首，
囑咐今晚早來臨，
免掛奴的心。重

13. 梳粧檯

【平調】

一更裏梳粧檯，
在頭上卸下金鳳釵。
金釵插在粧檯內，
又只見情郎哥走進房中來。
叫丫環收拾巧安排，
待奴家提壺忙把酒篩。
勸郎三盃餞行酒，
切莫學忘恩負義才。

二更裏傷心懷，
你把心事且丟開。
自己身子要保重，

切莫要思念女裙才①。

三更裏面皮黃,
黃皮面瘦爲誰來?
莫不是郎君不自在,
請一位醫生忙把藥方開。
老天爺降下甚麼災?
小奴家求神忙把佛拜。
才郎得病身體害,
小妹妹替死也應該。

四更裏淚悲哀,
把你的汗巾取下來。
賢妹哭的雙淚流,
手拿上汗巾搌搌奴的腮。
茶也不想用,
飯也懶得貪,
思想起才郎哥好不痛酸。
在家與奴同羅帳,
出門獨自兩分開。

五更裏喜心懷,
雙膝跪倒地塵埃。
焚香祝告天和地,
保佑郎君無病又無災。
父母你要敬,
妻子你要愛,
一家大小要和諧。
雖然戀愛妻和子,

---

① 裙才,当作"裙钗"。据文意改。

還要把妹妹在心懷。

送郎送在窗户邊,
手把窗户淚漣漣。
莫學初三初四蛾眉彎,
要學個十五月兒復團圓。

送郎送在大門外,
親口問郎幾時來。
來與不來寫上一封信,
免地那小妹妹常常掛心懷。

賢妹說話真可愛,
你今不必巧安排。
回家不過一半載,
自有書信待在你家來。

送郎送在煙墩臺①,
郎送包頭女送鞋。
郎送包頭要錢買,
鞋尖腳小出在奴手來。

送郎送在五里坡②,
再送五里也不多。
關節渡口人盤問,
你就說妹妹送哥哥。

---

① 煙墩臺,明清設立的報警臺,有警則守軍舉煙爲號。
② 五里坡,即古文獻記載中的衙嶺山,它位於太白縣城東 10 公里處,既是褒斜二水的發源地,又是長江黄河兩大水系的分界嶺,是關中與漢中的自然分界線。

送郎送在紅土坡，
紅土坡前瓦渣多。
鞋尖腳小站不穩，
恐怕崴了妹妹腳。

送郎送在黄樹庄，
手把槐樹哭一場。
不哭爹來不哭娘，
單哭情人好心腸。

送郎送在大石橋，
手把欄杆往下睄①。
水流千江歸大海。
露水夫妻不能到頭。又

14. 綉海荷

【平調】
一更裏銀琴兒牙床坐，
手拿上鋼針兒，綉海荷。
綉海荷，獨在牙床坐；
綉海荷，爲贈情郎哥。
描龍、刺鳳，瞌睡多，
瞌睡來了，由不得我。
斜倚靠，鴛鴦枕上臥；
斜倚靠，獨自人一個。

二更裏，牛郎越過花牆，
一心心，綉房裏，來瞧姑娘。

---

① 睄，同"瞧"，看。

銀燈亮,不見俏模樣;
銀燈照,要見花容貌。
打開窗櫺,往內瞧,
獨自一人,睡着了。
錯埋怨,我的嬌嬌;
錯埋怨,我那小嬌。

三更裏,銀琴兒,正睡朦朧,
忽聽得,房門外,哈巴狗聲。
喳喳咬,驚醒南柯夢;
狗娃咬,將奴唬一跳。
翻來覆去,睡不着,
朦眬眼兒,往外瞧。
見情哥,交奴展眉梢;
見情哥,笑臉忙迎到。

四更裏,一同進綉房,
手拖手兒上牙床,
寬去衣,同入羅帷帳;
寬去衣,二人玩一場。
顛鸞倒鳳,雨綢繆;
渾身酸麻,顧不得羞醜。
叫情哥,將奴緊緊摟;
叫情哥,只管往裏揉。

五更裏,銀琴兒,淚悲啼,
自己身子,由不得自己。
要長久,咱二人一路去;
要長久,一同逃出去。

你戴帽子,奴戴花;

你穿綾羅,奴穿紗。
你騎騾子,奴騎馬;
你撇老鴇,奴撇他。
咱二人,一路走了罷;
咱二人,一同到你家。

太陽出來,一點一點紅,
老鴇兒醒來,大吃一驚。
小房中,不見小銀琴;
綉閣內,不見我的人。
扭扭捏捏,哭幾聲,
不投你的銀錢,驅去我的人。
回家去,另謀別營生;
回原郡,改邪歸了正。

15. 思情人

【南平調】
思春來,道春來,
滿院芍藥牡丹花兒開。
蝴蝶兒飛來飛去成雙對,又
紫燕雙雙飛。重
我郎一去永不回歸,
想思病害的奴家如癡如醉。又

夏至又添愁,重
我郎一去永不回頭。
悔不該對天發下紅日大咒,又
懶上梳粧樓。重
青絲撩繞落在眉梢頭,
對菱花照着奴家容顏消瘦。又

秋月明如圭，重
無情月色照到奴的香閨。
似素眉引動奴家傷心之淚，又
懶脫衣裳睡。重
無言無語獨把銀燈吹，
紅綾被空着半片無人去睡。又

冬至雪花飄，重
是何人吹笛又來品玉簫？
淒涼人最怕聽得淒涼之調。又
手把門兒放，重
我郎君一去永不還鄉。
這纔是紅顏薄命，獨守空房。又

16. 送情人

【平調·太平年】
一更裏來越過牆，
越過牆來細端詳。
美貌佳人在床邊上坐，
十指尖尖綉鴛鴦。

二更裏來聽窗櫺，
窗櫺外邊有人聲。
雙手開開門兩扇，
原來是情哥進房來。

三更裏來桂花香，
手拖手兒上牙床。
用手揭開紅綾被，

鴛鴦枕上絞絞家常。

四更裏來月偏西,
叫聲哥哥聽仔細:
妹妹胳膊要你枕,
渾身上下交與你。

五更裏來東方白,
架上金雞亂翅披。
叫聲情哥你起來罷,
恐怕丫環送茶水。

莫要慌來莫要忙,
慌忙錯穿奴衣裳。
妹妹衣裳花挽袖,
哥哥衣袖袍袖長。

【打連廂】
奴送哥哥大門外,
頭上金釵吊下來。
有心回頭把金釵找,
甯捨金釵不捨人。

奴送哥哥大路東,
下大雨來刮大風。
老天要下只管下,
我留情哥住一冬。

奴送哥哥大路南,
手兒提着兩串錢。
一串錢兒雇車坐,

一串錢兒做盤纏。

奴送哥哥大路西，
手兒提着兩隻鷄，
一隻鷄兒滷汁上，
一隻鷄兒下酒吃。

奴送哥哥大路北，
手拖手兒捨不得，
聞聲情哥幾時回來？
情人擺手定不得。

奴送哥哥荒草灘，
一對鴛鴦飛上天，
景鷄雀鳥成雙對，
丟下妹妹受孤單。

奴送哥哥清水河，
一對鴨子一對鵝。
公鴨子前邊喳喳叫，
雌鴨子後邊叫哥哥。

奴送哥哥涼州坡，
涼州坡前石頭多。
拐了妹妹花綉鞋，
這一場委曲對誰説？

奴送哥哥大石橋，
手搬欄杆往下瞧。
水流千江歸大海，
露水夫妻不能到頭。

17. 尼姑思春

【平調】
一更裏小尼姑獨坐禪堂，
不由人低下頭自己思量。
帶髮修行千般苦，
正青春不配少年郎。
恨了一聲爹，
怨了一聲娘，
當年做事失了主張。
算奴命不過三六九，
因此上①將奴家捨在廟堂。

二更裏小尼姑我好慘傷，
村院中大嫂們進廟燒香。
穿紅着綠真好看，
懷抱上姣兒叫了聲娘。
頭上鮮花戴幾朵，
三寸金蓮綉海棠。
到晚來夫妻同床睡，
看起來都比尼姑強。

三更裏小尼姑正睡朦朧，
見門外來一位風流書生。
手拖手同進紅羅帳，
鴛鴦枕上去調情。
二人正到交情處，

---

① 因此上，因這個緣故。元王實甫《破窰記·第一折》："爲因高門不答，低門不就，因此上未曾成其配偶。"

忽聽得鐵馬兒响叮咚。
驚醒奴才是南柯夢,
想做此夢再不能。

四更裏小尼姑又好慘淒,
擡頭看又只見月兒偏西,
雙膝下跪佛前地,
手敲木魚念聲阿彌。
南無觀世音,
大發慈悲心,
保佑你小弟子早配郎君。
到後來夫妻成雙對,
重修廟宇改換金身。

五更裏小尼姑珠淚悲哀,
禪堂寂寞冷難挨。
金鷄不住連聲叫,
收拾包裹出廟來。
巧裝化緣把山下,
誠恐怕外人加疑猜。
鯉魚脫去金鈎釣,
搖頭擺尾再不來。

尼姑正走陽春路,
見一位大姐賣花來。
把一朵玉簪鮮花頭上戴,
鬢間斜插水仙花兒釵。
丁香花兒耳墜兩邊戴,
櫻桃花口兒香散開。

身穿石榴花紅大襖,

翠藍絲縧子露①出來。
百花羅裙腰間繫,
木荆花兒鳳頭鞋。
手提花籃把花賣,
把你的花名報上來。

正月裏迎春黃賽金,
二月裏桐花滿庭臺。
三月裏桃花紅似錦,
四月裏葡萄花兒架上開。
五月裏石榴賽瑪瑙,
六月裏荷花滿池開。
七月裏菱角浮水面,
八月裏風送丹桂香自來。
九月裏菊花把霜傲,
十月裏芙蓉遍地開。
十一月天竺如星點,
臘月裏梅花雪裏飄出來。

甚麼花姐兒甚麼花的郎,
甚麼花帳子甚麼花的床。
甚麼花枕頭甚麼花被,
甚麼花褥子鋪滿床。

鳳仙花姐兒狀元花的郎,
荼蘼花帳子茉梨花的床。
金銀花枕頭玫瑰花被,
綉綠花褥子鋪滿床。

----

① 露,原誤作"漏",音同而誤,據文意改,下同。

叫秋香,喚海棠,
你把那玉美人扶進蘭房。
行動走幾步蓮花路,
風吹羅裙百草花兒香。又

18. 勸才郎

【平調】
小佳人坐綉閣兩淚汪汪,
無心事綉花勸聲夫郎。
我的郎在外邊漂遊浪蕩,
懶讀詩書念文章。

款動金蓮上牙床,
請郎君同坐銷金帳。
你說你無有①戀花酒,
面黃饑②瘦爲那庄③?

小奴家從前相勸你,
反倒說奴是假心腸。
你不該對你朋友講,
你言說家花無有野花香。

家花不香常當在,
野花雖香不久長。
我的郎得病牙床上,
怎不見野花兒來熬藥湯?

---

① 無有,沒有。
② 饑,當作"肌",音同而誤,據文意改。
③ 庄,當作"樁"。

請郎君手壓胸前想，
誰是假誰是真自己思量。
有幾輩古人對你講，
我的郎耐煩聽心上。

鄭元和相交李亞仙①，
五千兩銀子花費完。
老鴇兒將他趕出院，
只落得乞討在長安。
他父那日朝王轉，
將他打完曲江灘。
多虧劉花兒把他救，
到後來父子纔團圓。

王金龍相交是蘇三，
三石六斗花費完。
三堂會審②把官司斷，

---

① 鄭元和相交李亞仙：鄭元和於上京赴考時，在曲江池畔巧遇青樓女子李亞仙，遂墜入情網，陶醉在温柔鄉，完全不知要努力上進，日日吃喝玩樂，終於床頭金盡。老鴇眼見他已無任何利用價值，就利用計謀將他趕出青樓。在遭遇波折後，鄭元和身心受打擊，在惡劣的環境下，他淪爲沿街乞食的乞丐，被人嘲弄，此時又巧遇鄭父，鄭父一見這個不肖兒淪落至此地步，一氣之下，斷絕父子關係。故事請參見《卷四·刺目勸學》和《續編·鄭丹哭祠》。

② 三堂會審：中國封建時代的政治制度內部，有一個很重要的制約系統，即對官僚機構和官吏的監察。前221年秦滅六國後，在皇帝之下設置三個最重要的官職，即丞相、太尉、御史大夫，並稱三公。丞相掌政務，太尉掌軍務，御史大夫掌監察。這種體制奠定了中國兩千餘年官僚政治的基本格局。漢承秦制，監察機構稱御史臺，長官爲御史大夫。唐代監察機構內部形成嚴密的三院制，其監察制度還有一個特點是御史參與司法審判，重大案件皇帝"則詔下刑部、御史臺、大理寺同案之"，這延續到明清，人稱"三堂會審"。明改御史台爲都察院，與刑部、大理寺合稱"三法司"，爲中央最高審判機關，凡"三法司"參與審判的稱"三司會審"，習稱"三堂會審"。

只落得削職丟了官①。

西門慶相交潘金蓮,
害死了武大郎命歸天。
武二郎公幹回家轉,
獅子樓上喪黃泉。

李甲相交杜十娘②,
從良夫妻回家鄉。
孫富船艙把容貌見,
立逼十娘投長江。

自古道要飽家常飯,
要暖還是布衣裳。
自己妻子知疼知癢,
沒貪那煙花女路柳花牆。

煙花姐兒巧梳粧,
倚門賣俏勾引情郎。
進院門像入了獄牢一樣,
小房內好一是殺人現場。

秋波眼好是孽魂鏡,
舌尖上香唾迷魂湯。

————————

① 只落得削職丟了官,這裏爲了説明"野花雖香不久長"的道理,説王金龍"削職丟了官",其實在京劇、秦腔等劇種中,王金龍並沒有丟官。
② 杜十娘,是明代馮夢龍所著《警世通言·杜十娘怒沉百寶箱》中的女主人公,曾爲青樓女子,深受壓迫卻堅貞不屈,爲擺脱逆境而頑强掙扎,將全部希冀寄託于紹興府富家公子李甲身上。然而她怎麽努力也逃脱不了悲慘命運的束縛,李甲背信棄義,將其賣于孫富。萬念俱灰之下,杜十娘怒駡孫富,痛斥李甲,把多年珍藏的百寶箱中的一件件寶物抛向江中,最後縱身躍入滾滾波濤之中。

臉上官粉埋人土，
十指尖尖賽刀鎗。

紅絲帶好比縛人索，
楊柳腰又好比絞人椿，
小金蓮比就鋼叉一樣，
櫻桃口又好比蜜餞砒霜。

錦被褥好比那天羅地網，
迷魂陣擺在了象牙床上。
煙花女好是胭脂虎，
隨身帶無影劍暗把人傷。

老鴇兒好比催命鬼，
把浪子比就鬼亡靈。
鴛鴦枕好比望鄉臺上，
煙花女送你命見閻王。

你總①有石崇富黃金萬兩，
買不下煙花女真實心腸。
把多少縉紳子貪花命喪，
敗壞了無數的士農工商。

勸夫君今後改心腸，
再莫貪人家女紅粧。
苦守寒窗把詩書看，
金榜題名萬古揚。

小奴家今日苦勸你，

---

① 總，通"縱"。

莫當閒言過耳旁。
請郎君不信仔細看，
那一個戀花酒人兒有下場？

19. 鬧五更

【平調·紗窗外】
譙樓①初鼓咚，
明月照窗櫺。
梅香一聲喚，
掛起玉燈籠。
邁金蓮去請我郎進房中，
一步一點紅。又

攜手到房前，
奴後郎在先。
捲起香瑞簾，
步步撒金錢。
纖纖手搭在我郎芙蓉肩，
好一對並頭蓮。又

譙樓二鼓催，
明月入羅帷。
脫去鳳頭鞋，
寬去五色衣。
取金釵鬆鬆一盤烏雲髻，
秋風生百媚。又

放下紅羅帳，

---

① 譙樓，當作"譙樓"。形近誤寫，下同。

玉勾①响叮噹。
揭開紅綾被，
枕上臥鴛鴦。
櫻桃口緊抵我郎舌尖上，
羊羔美味香。又

瞧樓三鼓敲，
明月上花梢。
一刻千金值，
莫負此春宵。
牙床上囑與我郎莫睡着，
婉語滴滴嬌。又

説起風流話，
打動郎的心。
提起風流事，
銀牙咬朱唇。
引動郎心猿意馬拴不穩，
雨水樂海深。又

瞧摟四鼓排，
明月上花臺。
相親並相愛，
桃腮對杏腮。
玉簪花刺破牡丹戰篩篩②，
春風抱滿懷。又

喘音不住口，

---

① 勾，同"鈎"。
② 玉簪花刺破牡丹戰篩篩，男女同房的隱喻。

香汗滿肩流。
心跳肉又麻，
四肢不自由。
這一陣風流事兒好消受，
四五共綢繆。又

瞧樓五鼓聲，
明月墜西樓。
鐘鳴心不靜，
玉漏永殘更。
陽臺夢擁上，
巫山十二峰①。
攜手和情濃。

忽聽報曉鳴，
須要緩緩啼。
酒飲人自醉。
色貪人自迷。
這一會春情意滿各自睡，
海棠伴楊妃②。又

20. 想五更

① 陽臺夢擁上，巫山十二峰：巫山，指男女歡合。戰國時楚懷王、襄王並傳有游高唐、夢巫山神女自願薦寢事。見《文選·宋玉·高唐賦·序》《文選·宋玉·神女賦·序》。巫山之夢指男女歡合之事，也稱爲"巫山之雨""巫山之雲"。《精忠岳傳·第三五回》："十二巫山雲雨會，襄王今夜上陽臺。"

② 海棠伴楊妃，南宋詞人吳文英在詞《宴清都·連理海棠》中將歷史上唐玄宗和楊貴妃，比喻成是花葉相伴的連理海棠。其詞云：繡幄鴛鴦柱，紅情密、膩雲低護秦樹。芳根兼倚，花梢鈿合，錦屏人妒。東風睡足交枝，正夢枕瑤釵燕股。障灩蠟、滿照歡叢，嫠蟾冷落羞度。人閑萬感幽單，華清慣浴，春盎風露。連鬟並暖，同心共結，向承恩處。憑誰爲歌長恨？暗殿鎖、秋燈夜語。敘舊期、不負春盟，紅朝翠暮。

【平調·雙鳳燕】
一更一點月兒光,獨坐蘭房。
銀燈高照進臺傍,懶梳粧。
巧打扮,等候才郎,等候才郎。

二更二點月兒高,喜殺多嬌。又
紗窗外邊有人瞧,郎來了。
仔細聽,風吹芭蕉。又

三更三點月兒中,一陣涼風。又
獨坐牙床睡朦朧,清枕空。
不見郎,淚流滿胸。又

四更四點月兒偏,愁鎖眉尖。又
翻來覆去不安眠,好心煩。
望穿眼,也是枉然。又

五更五點月兒低,報曉金雞。又
有約不來赴佳期,好孤恓①。
想思病,無有良醫。又

月兒西墜鳥兒早,叫的心焦。又
昏昏迷迷倒一交②,好奇巧③。
因甚事,卻把奴抛。又

日出東方天正明,強打精神。又

---

① 孤恓,原寫作"孤息",孤獨恓惶的樣子。陝西方言詞。
② 交,通"跤"。跟頭。
③ 奇巧,當作"蹊蹺"。據文意改。

開窗照鏡整烏雲,吃一驚。
桃花面,瘦了十分。又

忙把書信寫一篇,叫聲呀①鬟。又
發你親送他看,莫多言。
見一面,死也心甘。又

呀鬟一見笑怠慢,遵聲姑娘。又
一夜不來有何妨,莫着忙。
今夜晚,必定成雙。又

21. 青陽扇

【平調·雙鳳燕】
茉莉花開花開放,實在清香。又
十指尖尖揷鬢傍,進蘭房。
進了蘭房,好不淒涼。又

青陽扇②子不見好,送與郎君。又
象牙象骨擺的清,送情人。
送與情人,莫送別人。又

青陽扇子送與郎,奴是真心。又
行船走馬好遮陰,過涼亭。
搧一扇,莫昧良心。又

借問情人那裏住,家住湖廣。又
談一談家務欵欵家常,坐船艙。

---

① 呀鬟,當作"丫鬟"。下同。
② 青陽扇,中國名扇,產地在安徽池州青陽縣。

水流西山,淚濕衣裳。又

姐兒生來好標緻,實在風流。又
搽胭抹粉梳油頭,賣風流。
倍伴①情人,遊玩虎邱②。又

虎邱山上多熱鬧,盡是花舟。又
姐兒坐在那船頭,淚雙流。
叫聲情人,送奴回頭,奴回西湖③。

22.吹金扇

【平調】
閑來無事到姐家,
姐兒一見笑哈哈,
丫環忙到④茶。又

<又白>我也不吃你的茶。

<調>不吃茶來請坐下,
怒氣冲冲所爲嗄,
與奴説實話。又

<又白>昨日打你門前過,
見一個,頭戴一頂耍戲瓜瓢⑤,

---

① 倍伴,當作"陪伴"。下同。
② 虎邱,江蘇蘇州一處名勝。
③ 西湖,浙江杭州一處名勝。
④ 到茶,當作"倒茶"。
⑤ 耍戲瓜瓢,指代唱戲的演員戴的瓜皮帽子。"瓜瓢",陝西方言詞,水瓢。有的地方,如紫陽等地,又作"瓜裏子"。"耍戲",原誤作"耍緒",方言音近而誤。

身穿一領大泥①馬褂，
手拿一把吹金扇子。
那個雜種羔子他是誰？

〈調〉你問他來，他不假啊，
姑媽的兒子，表兄家。
前來看奴媽。又

〈又白〉看你的媽，
就看你的媽！
你們兩個人，
也不該一同坐下！

〈調〉平常與奴未會面，
說一說家常敍一敍話，
因此同坐下。又

〈又白〉同坐下就同坐下，
你們兩個人，爲何笑哈哈？

〈調〉他有一把吹金扇，
奴有一枝茉莉花，
因此笑哈哈。又

〈又白〉笑哈哈，就笑哈哈，
你們爲何扯拉拉？

〈調〉他不與奴吹金扇，
奴不與他茉莉花，

---

① 泥，當作"呢"。

因此扯拉拉。又

<又白>扯拉拉，就扯拉拉，
你兩個人爲何躺在地下？

<調>世上男兒氣力大，
奴的腳小扯不過他，
因此躺地下。又

<又白>躺地下就躺地下，
爲何搞①的水渣渣？

<調>可恨丫環倒了一杯茶，
偏偏失手灑在地下。
因此水渣渣。又

<又白>呵，是了，
你這丫頭，可就了不得：
我左説，你左對；
我右説，你右對。
等你爹媽回來，
告訴你爹媽，
定然要打你這個丫頭。

<調>爹媽回來奴不怕，
不過將奴打幾下，
總不能提刀殺。又

<又白>是了，你這個丫頭愛他，

---

① 搞，原誤作"稿"。同音而誤，據文意改。下同。

就叫他來，
咱不再上你的門了。

<調>先有你來後有他，
從今後不要他來了，
還是你來吧①。又

<又白>叫我來可也不難，
再不准他上你的門。

<調>好姐好妹吃得甚麼醋，
好兄好弟争的甚麼風，
終久一場空。又

23. 煙花告狀

【平調·百合】
頭頂一紙無情狀，
急忙跪公堂。

<白>牛老爺坐大堂，
三班人役站兩廂。
這女子有甚麼冤枉苦？
你與老爺説其詳。

<調>先告媒婆後告爹娘，
告他們太不良。

<白>告媒婆後告爹娘，

---

① 吧，句末語氣詞，原誤作"把"。

你這女子不賢良。
他們怎樣刻薄你,
你與老爺訴寃枉,
莫要説謊①。

<調>他們圖銀錢,
將奴賣在煙花鄉,
臭名實難當。

<白>煙花鄉,煙花鄉,
煙花鄉裏好時光。
這麽樣日子你不過,
一心還要怎麽樣?

<調>十二三歲懷抱琵琶學彈唱,
打罵實難當。
一個曲兒學不會,
客官來了怎麽應當?

<調>今天姓張明日姓王,
夜夜換新郎。

<白>今姓張,明姓王,
一日一夜換新郎。
你説你的命兒苦,
看來還比老爺強。

<調>到後來收園結果誰身上?
小女子無有下場。

---

① 説謊,原誤作"説慌",據文意改。

〈白〉有下場,無下場,
跟前就是好時光。
糊裏糊塗往前過,
過上幾載再商量。

〈調〉哀告一聲青天大老爺,
將奴斷出煙花鄉,
小女子願從良。

〈白〉說從良,道從良,
老爺今天事情忙。

【打連廂】
暫且回上你煙花院,
我老爺打點要退堂。

24. 煙花哭五更

【平調】
一更鼓兒天,
煙花姐兒巧打扮。
噯喲之巧打扮,
都在門首站。又
站的奴兩腿酸,
接不下客官,
實實作難。
噯喲之難壞奴,
怎見媽媽面?又

二更鼓兒深,

想起爹娘太得狠心。
只顧你投銀錢，
不怕傍人論。又
奴好傷心，
親姊熱妹不上奴的門。
奴有個好合歹，
誰來把奴問？又

三更鼓兒發，
媽媽上樓把奴唬殺。
輕者罵幾句，
重者鞭子打。
哀告媽媽，
許下事兒擔代奴家。
噯喲之奴不敢，
將奴饒了罷。又

四更鼓兒灑，
情人來在樓底下。
叫情人上樓來，
奴與你説句話。又

情人請坐下，
這是銀子付與媽媽。
就説是你贈的，
今夜要玩耍。又

五更鼓兒罷，
恨不得一足跳出煙花。
不管他貧合富，
尋上個良人家。又

一心出煙花,
綾羅綵緞不願穿他。
穿幾件粗布衣,
説幾句綱常①話。

25. 九連環

【平調】
奴的呀呀,
乾郎子噫兒噫兒呀呀呀,
噫兒噫兒呀呀呀,
情人呀呀,
送奴把_{得兒}九連環呀呀。

九呀九連環,
雙雙手兒_{得兒}解不開呀呀。
拿把刀刀,
割那噯喲②,割那噯喲,
割呀割不斷呀,
噫得呀得噫呀得呀。又

有誰人人,解開奴的_{得兒}九連環,
九呀九連環,
奴家與他_{得兒}配夫妻。
奴本是個女,
他本是個男,

---

① 綱常,即三綱五常的簡稱。封建時代以"君爲臣綱,父爲子綱、夫爲妻綱"爲三綱,"仁、義、禮、智、信"爲五常。
② 噯喲,原寫作"噯嗏"。

男男男男男子漢呀。_又

情人呀呀,
出城_{得兒}爲出關,
爲呀爲出關。
雖然與奴_{得兒}隔不遠,
關上城門,難難難難相見呀。_又

變一個個,
宮蛾_{得兒}飛上天,
飛呀,飛上天。
飄飄揚揚_{得兒}落下來,
落下來一個,
蟲蟲蟲重相見呀。_又

雪花兒兒,飄下三尺三,三尺三寸高,
落下一個_{得兒}美人來,
落在奴的懷懷懷懷中抱呀。_又

一更呀呀,
挑燈_{得兒}等才郎,
等呀等才郎;
二更鼓兒深;
三更鼓兒_{得兒}交半夜;
四更鼓兒,景景景景鷄叫呀;_又
五更呀呀,
盼郎一去_{得兒}不來了。
害的奴家思那嗳喲,
想思病呀。_又
五更呀呀,
一齊_{得兒}念完了,

念呀念完了。
你在外邊好，
奴在家中，
思那噯喲，想那噯喲，
想思病呀，
噫得呀得噫呀得呀。又

26. 十八摸

【平調】
伸手摸在姐姐頭髮邊，姐姐頭髮賽絲線。
伸手摸在姐姐額顱①邊，平頂額寬是富漢。
伸手摸在姐姐眉毛邊，兩道柳葉眉兒彎。
伸手摸在姐姐眼睛邊，杏核眼睛水漣漣。
伸手摸在姐姐鼻子邊，姐姐鼻子賽玄丹。
伸手摸在姐姐臉蛋邊，兩個臉蛋粉團團。
伸手摸在姐姐耳朵邊，姐姐兩耳墜金環。
伸手摸在姐姐嘴唇邊，姐姐嘴唇紅胭胭。
伸手摸在姐姐下巴邊，姐姐下巴尖又尖。
伸手摸在姐姐手腕邊，兩個手腕帶玉環。
伸手摸在姐姐指頭邊，姐姐十指賽筍尖。
伸手摸在姐姐乳頭邊，兩個乳頭肉圓圓。
伸手摸在姐姐寶盒②邊，姐姐寶盒真可觀。
伸手摸在姐姐尻蛋③邊，兩個尻蛋打花臉。
伸手摸在姐姐大腿邊，兩腿白的實好看。
伸手摸在姐姐羅裙邊，姐姐羅裙忽閃閃。
伸手摸在姐姐金蓮邊，姐姐金蓮兩點點。

---

① 額顱，顱頭。清代吳敬梓《儒林外史·第四回》："痾出一拋稀屎來，從額顱上淌到鼻子上，鬍子沾成一片。"

② 寶盒，借指乳房。

③ 尻蛋，屁股，陝西方言。

伸手摸在姐姐綉鞋邊,姐姐鞋幫綉牡丹。

27. 過沙河

【平調·一點油】
好一朵茉梨①花,
好一朵茉梨花,
滿院花開賽也賽過他。
奴有心折朵戴,
恐怕看花人兒罵。又

八月桂花香,
九月菊花黃,
勾引張生越過粉牆。
好一個崔鶯鶯,
忙把門關上,又
衷告小紅娘。又

可憐我張生跪在門兒上,
你若是不開門,
直跪到東方亮。又

花拉拉把門開,又
開開門兒不見人進來,
莫不是偷情人便是個妖魔怪。又

好一座青山,又
上去容易下來作難,
把一雙花綉鞋,

---

① 茉梨,同"茉莉",花名。

歪了個稀杷爛①。又

奴爲我的心，
奴爲我的肝，
爲心爲肝朝過了名山。
曾許下三年整，
纔是個兩年半。又

奴爲我的哥，又
哥哥門首有一道小河。
上擔着獨木橋，
小妹妹怎樣過？又
無其奈何？又

先脫綉鞋，
後綻裹腳。
這纔是，
爲情人到把沙河過。又

彈也彈的好，
念也念的好，
正念中間絲斷了。
叫哥哥別上絃，
小妹妹別改調。又

28. 獨想思

【平勾調】
交下個情人心事多，

---

① 稀杷爛，同"稀巴爛"。

終朝每日把我捌摸①。
捌摸我來,
無其奈何。

【百合】
背地裏無人
我把雙腳剁②,
心事兒向誰説?

傷心的淚珠兒,
滾下了秋波,
濕透了香羅。
想情人難過、難過、真難過,
緊皺雙娥③。

閃的我無倚無靠無着落,
願④奴兒命薄。
倒把一個成了緣的旁人,
披着手兒,
剁着腳兒,
念了一聲"阿彌陀佛"。

是我得罪人兒多,
這也是我從前一日行的過,
從今後要把好學。
你看我改得過來改不過,

---

① 捌摸,玩弄。
② 剁,當作"跺"。音同形近而誤,下同。
③ 雙娥,當是"雙蛾",喻指細長而彎的美麗的雙眉。形近誤寫,下同。
④ 願,當作"怨",音同而誤。據文意改。

掬①手念"彌陀"。

29. 呀環觀情

【平調·滿江紅】
從今後,風流事休要銀燈照。
銀燈照,外邊有人瞧。

昨夜晚,小丫環她②在窗糊③眼兒瞧着。
他蹲着,姑爺會騎馬,
姑娘會抱腰,
小金蓮橋④的高。

第二早,他見奴抿着嘴兒笑。
笑的奴家好奇巧,
又氣又好腦⑤。
奴打他,他就往外跑,
將奴閃一跤。
高底捽掉了,
閃了奴的腰。

容過你這一遭,
下次你再不可了。

30. 五更別

---

① 掬,兩手捧起。
② 原書"她、他"均用"他"代替,今根據實際性別分用。下同。
③ 窗糊,當作"窗户"。
④ 橋,據文意當作"翹"。
⑤ 腦,據文意當作"惱",音同而誤。

【平調·滿江紅】
喜只喜的今宵夜,
愁只愁的五更別,
別後相逢不知一夜?

叫裙釵,今夜晚,實實捨不得!
奴這裏,將金釵,插在了天邊月。
恨老天,你爲何閏年閏月不閏夜?

31. 十里墩

【平調·燕麥青】
送郎送在_{噫呀}一里墩里,
十家門牌_{樂上一樂}一盞燈_{來把喲}。
將燈送與_{噫呀}情郎手,
燈影底下_{楊柳葉兒青}觀不見有情人_{來把喲。又}

送郎送在_{噫呀}二里墩,
王侯公子_{樂上一樂}去採青_{來把喲}。
大姐放的_{噫呀}張君瑞,
二姐姐又放_{楊柳葉兒青}崔鶯鶯_{來把喲。又}

送郎送在噫呀三里墩,
滿院韭菜_{樂上一樂}綠英英_{來把喲}。
刀割韭菜_{噫呀}根還在,
情哥哥一去_{楊柳葉兒青}不回程_{來把喲。又}

送郎送在_{噫呀}四里墩,
頭上金釵_{樂上一樂}卸一根_{來把喲}。
將釵贈與_{噫呀}情郎手,

甯捨金釵_{楊柳葉兒青}不捨人_{來把喲。又}

送郎送在_{噫呀}五里墩，
扭回頭來_{樂上一樂}看不見綉閣門_{來把喲。}
奴有心回來_{噫呀}把門鎖，
情哥哥走路_{楊柳葉兒青}快如風_{來把喲。又}

送郎送在_{噫呀}六里墩，
滿院花兒_{樂上一樂}齊開紅_{來把喲。}
花開花_{噫呀}年年有，
情哥哥一去_{楊柳葉兒青}永無蹤_{來把喲。又}

送郎送在_{噫呀}七里墩，
奴將雨傘_{樂上一樂}送與情人_{來把喲。}
將傘遞與_{噫呀}我郎手，
夏遮太陽_{楊柳葉兒青}冬遮陰_{來把喲。又}

送郎送在_{噫呀}八里墩，
八里墩上_{樂上一樂}餞餞行_{來把喲。}
滿滿斟起_{噫呀}三杯酒，
小奴家倍①郎_{楊柳葉兒青}飲一鍾②_{來把喲。又}

送郎送在_{噫呀}九里墩，
兩足疼痛_{樂上一樂}實難行_{來把喲。}
奴有心再送郎_{噫呀}三五里，
怕的是路上_{楊柳葉兒青}有人盤問_{來把喲。又}

送郎送在_{噫呀}十里墩，

---

① 倍，據文意當作"陪"。
② 鍾，与"盅"通。

有句話兒_{樂上一樂}記在心_{來把喲}。
郎君要來_{噫呀}早起身,
來的遲了_{楊柳葉兒青}不能相逢_{來把喲}。

32. 放牛

【平調】

出得門來用眼瞧瞧瞧,哪唿哪噫呀,_又
唯用眼瞧那壁廂①來了一個女嬌娃娃娃。

頭上戴着一枝花,
身上穿着一領紗。
楊柳腰兒一掐掐,
小小金蓮半劄劄②。

口兒裏念着他,
心兒內想着他,
這一場想思活害殺。_{又一句}

三月裏,桃花開放,
杏花卸③呀,牡丹花兒紅,
怎不見水仙花兒齊開放?

行來在荒草坡前,
擡頭觀看:
見一位牧童,頭戴斗笠、

---

① 壁廂,意思是邊旁。《花月痕》第二回:"那壁廂,人間痛絕;這壁廂,仙家念熱。"
② 劄,據文意疑當作"拃"。指認張開大拇指和中指(或食指、小指)來量物體的长度。
③ 卸,同"謝"。

身披蓑衣、倒騎牛背、
手拿竹笛,用口兒呼吸。

向前來叫了一聲牧童哥:
牧童哥,咱得了,
我要吃好酒,在哪裡有?

牧童開言道:
叫聲女客人,女呀女客人,
你要吃好酒,我這裏用手一指。
南指北指,東指西指,
有幾家人户,
楊柳樹掛着一個大大招牌。
女客人,
你要吃好酒,在杏花村。又一句

二郎爺爺本姓楊,
(幫腔①)現成②,哪咄哪噫呀。又
唯,
頭帶三山身穿黄。

吃噹啷當當呀哈噫喲,
吆喝噫喲喝。
愛你小腳腳③。

哥哥愛小腳,

---

① 幫腔,指戲曲演出中,後臺或場上的幫唱,用以襯托演員的唱腔,渲染舞臺氣氛,或敘述環境和劇中人的心情。最初見於南戲。今地方戲曲仍用幫腔者有:川劇、湘劇、贛劇、潮劇、安徽青陽腔等。
② 現成,據文意疑爲《獻城》,下同。
③ 小腳腳,即小腳,名詞重疊表示昵稱。方言詞。

就該取一個。

腰裏沒有錢,
乾看莫内何。

腰裏沒有錢,
對你爹媽説。
對我爹媽説,
把你許與我。

許你便許你,
要你打個鑼。

我可不打鑼。

你不打鑼奴要回去。

妹妹你轉來。又

小妹妹轉來。

要你打個鑼,
我與你打個鑼。

打個甚麼鑼?

打個得勝鑼。

鑼兒怎樣響?

吃噹啷當當,

唦當吃唦當。

你呀我呀配成雙,
一枝槍①來一枝鎗。

(幫腔)現成,哪唬哪噫呀,又
唯,張飛站在古城上。

吃噹唦當當呀哈噫吆喝,
吆喝噫喲喝,
愛你寶盒盒。

哥哥愛寶盒,
就該取一個。

腰裏沒有錢,
乾看莫内何。

腰裏沒有錢,
對你哥嫂説。

對我哥嫂説,
把你許與我。
許你便許你,
你與我打個鑼。

我可不打鑼,
你不打鑼奴要回去。

① 槍,据文意当作"鎗"。

妹妹你轉來。又
小妹妹轉來。
要你打個鑼。

我與你打個鑼。
打個甚麼鑼？

打個太平鑼。

鑼兒怎樣響？

吃噹啷噹噹，
啷噹吃啷噹。

你呀我呀啷得當。

天上莎蘿甚麼人兒栽，
地下黃河甚麼人兒開？
甚麼人把定三關口，
甚麼人出家不回來？

天上莎蘿王母娘娘栽，
地下黃河老龍開。
楊六郎把定三關口，
韓湘子出家不回來。

趙州橋來甚麼人兒修，
玉石欄杆甚麼人兒留？
甚麼人騎驢橋上走，
甚麼人推車車翻山山，
得兒啷噹，又

碾下一道溝？

趙州橋來魯班爺爺修，
玉石欄杆古人留。
張閣老騎驢橋上走，
柴王爺推車車翻山山，
得兒啷噹，又
碾下一道溝。

甚麼兒穿青又穿白，
甚麼兒穿的一錠墨，
甚麼兒身穿十樣景，
甚麼兒穿的綠豆色？

喜雀兒穿青又穿白，
烏鴉兒兒穿的一錠墨，
景雞兒身穿十樣景，
鸚歌兒穿的綠豆色。

姐兒門首一道橋，
閒來無事走上幾遭。
休要走來莫要跑，
我男兒懷揣殺人刀。

那怕你的刀，
那怕你的鎗，
刀刀鎗鎗鬧上一場。
要死死在你懷內，
魂靈兒撲在你身傍。

撲在奴身傍，

那卻也無妨。
我家的男兒會陰陽①,
三根桃條一碗水,
將你送在大路上。

送在大路上,
那卻也無妨,
變一個桑樹兒長在路旁,
專等姐兒來採桑,
桑枝兒掛破你褲襠。

刮破奴衣裳,
那卻也無妨,
我家的男兒會木匠,
三斧兩鋸砍倒了你,
將你做了養魚缸。

做了養魚缸,
那卻也無妨,
變一個魚兒在水內藏,
專等姐兒來飲水,
學一個張生戲紅娘。

張生戲紅娘,
那卻也無妨,
我家的男兒會打網,
三網兩網打住了你,
吃了你的肉,
喝了你的湯。

---

① 陰陽,指八卦算命之類的知識。

喝了我的湯,
那卻也無妨,
變一個魚翅兒碗內藏,
專等姐兒來飲湯,
魚翅兒扎在你喉咽上。

扎在喉咽上,
那卻也無妨,
我家的男兒會藥方,
三服丸藥用腹內,
將你送在後毛房①。

送在後毛房,
那卻也無妨,
變一個蒼蠅在毛房裏藏,
專等姐兒來灑水,
一翅兒飛在你花心上。

飛在花心上,
那卻也無妨,
我家的男兒會札②鎗,
三鎗兩鎗刺死了你,
管叫你一命見閻王。

一命見閻王,
那卻也無妨,
閻王爺殿前訴冤枉,

---

① 毛房:當指"茅房",厕所。後同。
② 札,通"扎"。

閻王爺把你許配我，
二世夫妻配成雙，
閻王爺殿前即成雙。

33. 綉圍屏

【平調】
姐在房中暗思忖，
忽然想起我的郎君。
你上京城去赴考，
奴家爲你許了願心。

<白>你那離別上京城，
但願皇榜有了名。
果然神聖有感應，
不枉奴家綉個圍屏。

<調>一祝告文昌，
二祝告魁星，
保佑得中我的郎君。
我與菩薩許個願，
奴與菩薩綉個圍屏。

<白>臨別之時與你餞行，
再三再四囑咐叮嚀：
外邊休要貪花飲酒，
金榜題名早回程。

<調>正月裏大放花燈，
圍屏上邊綉個燈棚。
紗燈宮燈齊綉上，

走馬燈兒唐僧取經。

<白>鑼鼓炮燭①熱鬧轟轟,
小奴家各自坐房中。
我今爲郎把圍屏綉,
千萬都爲夫妻情。

<調>二月裏龍擡頭,
王三姐②梳粧上彩樓。
王孫公子兩邊站,
綉毬單打貧貴頭。

<白>也是三姑娘前世修,
十八年寒窰度春秋。
受盡多少饑寒苦,
後來皇宮占鼇頭。

<調>三月裏清明天,
桃杏花兒開滿園。
姐妹雙雙進花園,
隨放風箏把花觀。

<白>手拖手兒進花園,
姐妹雙雙戲鞦韆。
耳環不住叮噹响,
風吹花兒香滿天。

<調>四月裏四月八,

---

① 炮燭,當作"爆竹"。音近而誤。
② 王三姐,指王寶釧,姐妹中因排行第三,故稱"王三姐",

赵太祖遇着女嬌娃。
兄妹神前會結拜,
千里送他轉回家。

〈白〉只說送他是好意,
那料哥嫂說閒話!
那個女娃氣性大,
三尺紅綾染黃沙。

〈調〉五月裏五端午,
白娘子打坐靈王府。
雄黃藥酒飲腹內,
現出真形嚇死丈夫。

〈白〉十個月懷胎身受苦,
法海和尚心太毒。
母子二人兩分散,
反把白娘子壓西湖。

〈調〉六月裏熱難熬,
姐兒上樓四下瞧。
來往人兒長不斷,
一個個手拿扇子搖。

〈白〉小小牧童站荒郊,
手拿短笛吹"平調"。
黃陰野調歌曲舞,
手兒內牽着牛一條。

〈調〉七月裏七月七,
天上牛郎配織女。

神聖都有團圓會,
奴是凡人受孤悽。

〈白〉獨坐綉閣心自思,
這幾日未曾務針黹①。
我今爲郎做了個夢,
郎在外邊如何知。

〈調〉八月裏賞月光,
一陣秋風一陣涼。
風吹鐵馬叮噹响,
古雁一叫好悲傷。

〈白〉獨坐深閨盼才郎,
我郎一去不還鄉。
臨行未把棉衣帶,
奴家怕他身受涼。

〈調〉九月裏九重陽,
屏上綉着賣油郎。
花魁酒醉回家轉,
倒臥牙床夢黃粱。

〈白〉花魁酒醒出羅幃,
問聲君子你是誰?
渾身打扮書生體,
何人叫你將我陪?

---

① 針黹,是指縫紉、刺繡等針線工作。清曹雪芹《紅樓夢》第四回中寫道:因此這李紈雖青春喪偶,居家處膏粱錦繡中,竟如槁木死灰一般,一概無見無聞,惟知侍親養子,外則陪侍小姑等針黹誦讀而已。又見《卷四·梅香傳信》同詞條。

〈調〉十月裏冷氣多,
上綉着李三娘淚如索①。
哭聲劉郎心太狠,
丟奴在家受折磨②。

〈白〉咬七郎打圍在山坡,
見一個白兔要活捉。
催馬來到芭蕉井,
母子二人纔會合。

〈調〉冬月裏冬月節,
我郎去後好不疼熱。
到今一去未回轉,
到晚他在那裏歇?

〈白〉梳粧打扮換紅鞋,
喜的相逢怕離別。
家家都醉團圓酒,
怎不見我郎轉回來?

〈調〉手拿圍屏上廟臺,
雙膝下跪地塵埃。
這是奴家許下願,
保佑奴夫早回來。

〈白〉寂寞到家淚滿腮,
不由人解開自己懷。

---

① 索,據文意作"梭"。
② "十月裏冷氣多"以下四句,說的是劉知遠與李氏的愛情故事,被元人劉唐卿改編成《劉知遠白兔記》。劉知遠從軍,其妻李三娘在娘家備受兄嫂折磨,生子後,將子咬臍郎送至劉知遠處撫養,十多年後,咬臍郎打獵追兔而見母,一家得以團圓。

我今為郎把精神減,
渾身骨瘦如乾柴。

⟨調⟩忽聽郎君喚聲急,
笑臉相迎進內宅。
我今與郎團圓聚,
和偕到老永不分離。

34. 長恨歌

【魚窩浪調】
正月裏來是新年,
萬象更新樂豐年。
低頭懶得言,
想思對誰傳?
咬銀牙,空發恨,訴說一番。
名繮①利鎖將他牽,受熬煎。
辜負美少年,
看看改容顏。
為郎君,身瘦腰細,羅裙帶兒寬。
無心賞月圓,
元宵懶得餐。
為兒夫,百花燈,無有心去觀。又

二月裏來是花朝,柳絮飄,
春江水暖冰雪消。
終日甚無聊,
春恨壓眉梢。
拋下奴,正青春,無有依靠。

---

① 繮,原缺末笔。

山長水遠路又遥,音信杳。
回憶芙蓉帳,
魚水度春宵。
奴也曾雲鬢花容,金步兒摇。
南浦①囑别後,
煙粉任奴抛。
到今日,對菱花,容顔消瘦了。又

三月裏來是清明②,客心驚,
行人路上馬不停。
金錢曾暗擲③,
歸信渺無蹤。
曾不念,墳前香火,何人照應?
一院有花春晝永,
鶯求友,懶飲寒食④酒,怕聽子規⑤聲。
好韶光,誰與奴,共賞此景?
黄昏正無情,

---

① 南浦,南邊的水岸。後泛指送别之地。《楚辭·屈原·九歌·河伯》:"子交手兮東行,送美人兮南浦。"《文選·江淹·别賦》:"送君南浦,傷如之何?"

② 清明:中國傳統節日,原是節氣的名稱,後來因與寒食節相近,漸成爲紀念祖先和祭祖、掃墓的節日。現在以每年四月初五爲清明節。

③ 金錢曾暗擲,指金錢卜。古占卜方式之一,相傳是漢代易學家京房所創。最初,卜者在卜卦過程中僅用金錢記爻,後來把這一占卜過程簡單化,並逐漸推向民間。卜者把金錢擲在地上,看它在地上翻覆的次數和向背,以决定吉凶、成敗、歸期、遠近等。唐代詩人于鵠在《江南曲》中有"暗擲金錢"句:偶向江邊采白蘋,還隨女伴賽江神。眾中不敢分明語,暗擲金錢卜遠人。

④ 寒食,每年冬至後一百零五日,約在清明節前一、二日。晉文公時爲求介之推出仕而焚林,之推抱木而死,全國哀悼,於是乃定是日禁火寒食。見《藝文類聚·卷四·歲時中·寒食》引晉陸翽《鄴中記》。因介之推有龍蛇歌,故也稱爲"龍歌節"。也稱爲"冷節""寒食"。

⑤ 子規,指杜鵑鳥。初夏時常晝夜不停啼叫,鳴聲凄厲,能動旅客歸思。相傳爲古蜀王杜宇之魂所化。也稱爲"杜宇""鶗鴃""啼鴃""鶗鴃""子規"。

繡被半床空。

鴛鴦枕,缺少喚:小小卿卿①。又

四月裏來立夏時,熏風②起,

輕寒輕暖,困人天氣。

綠暗又紅稀,

春事已全非。

可憐奴,對人強笑,背人常悲。

綠葉成陰子滿枝,竟不歸。

有夢難尋覓,

老大皆自悲。

想遇那,異鄉花草,似此棲遲。

鎮日③坐深閨,

如醉漢癡迷。

細想奴,不因病死,多應悶死。又

五月裏來是端陽④,日正長,

乳燕雙雙⑤繞亂華堂。

負心薄幸郎,

---

① 卿卿,古人對妻子或朋友的稱呼。南朝宋劉義慶《世說新語·惑溺》:"親卿愛卿,是以卿卿;我不卿卿,誰當卿卿?"《晉書·卷五十·庾峻傳》:"卿自君我,我自卿卿,我自有我家法,卿自用卿家法。"

② 熏風,和暖的東南風。《呂氏春秋·有始覽·有始》:"何謂八風?……,東南曰熏風。"又見(雲章甫)《跋》"熏風"條。

③ 鎮日,整天。《董西廂·卷七》:"鎮日家耽酒迷花,便把文君不顧。"《紅樓夢·第三四回》:"拋珠滾玉只偷潸,鎮日無心鎮日閑。"

④ 端陽,農曆五月五日。《雅俗稽言·卷二·天時》:"歲時記五月一日為端一,二日為端二,五日為端五,端即初也,又俗以為端午,一曰端陽,又曰重午,蓋以五月建午取正陽之義。"也作"端午""重五""重午"。清富察敦崇《燕京歲時記·雄黃酒》:"每至端陽,自初一起,取雄黃合酒曬之,用塗小兒額及鼻耳間,以避毒物。"

⑤ 乳燕雙雙,比喻年輕夫婦十分親密恩愛。清孔尚任《桃花扇·第五出》:"望平康,鳳城東、千門綠楊。一路紫絲韁,引游郎,誰家乳燕雙雙。"

你今在何方？
菖蒲酒①，誰與奴共飲雄黃②？
照眼榴花惹人悽惶，堪斷腸。
黃鶯皆作對，
粉蝶又成雙。
是誰家，調譜梅花③，笛音嘹亮？
這裏好淒涼，
遠隔如天樣。
難道我，前世裏燒了斷頭香？又

六月裏來三伏天④，日光炎，
獨坐涼亭心甚煩。
展開湘紋簟⑤，
書夢到邊關⑥。
隔窗兒，又被那，竹聲驚斷。

---

① 菖蒲酒，用菖蒲葉浸釀而成的酒。古時多於端午節將菖蒲浸入酒中，相傳喝了可以避邪及免疫。宋歐陽修《漁家傲·五月榴花妖豔烘》詞："正是浴蘭時節動，菖蒲酒美清尊共。"

② 雄黃，指雄黃酒。攙有雄黃的酒。民間習於端午飲用或將其灑在屋角牆壁間，傳説可解蛇虺諸毒或避邪。

③ 調譜梅花，指梅花調，一種曲藝。演出時和以三弦、二胡、月琴等樂器，以單人説唱方式演講故事內容。約起源于清光緒、同治年間。音調柔緩，且多取材《西廂記》《紅樓夢》等章回小説，與京韻大鼓相較之下顯得幽怨委婉。也稱爲"梅花大鼓"。

④ 三伏天，由夏至後第三個庚日起，每十天爲一伏，共三十天，是天氣最熱的時候。《金瓶梅·第二七回》："過了兩日，卻是六月初一日，即今到三伏天。"

⑤ 湘紋簟：簟，竹席。湘紋簟，有湘竹斑紋的席子。《説文解字·竹部》："簟，竹席也。"宋代梅堯臣有詩《湘竹》：劈竹兩分開，情知無合理。織作湘紋簟，依然淚花紫。淚花雖復合，疑岫幾千里。欲識舜娥心，無窮似湘水。

⑥ 展開湘紋簟，書夢到邊關：相傳娥皇、女英爲堯之女，同嫁於舜。及舜爲天子，娥皇爲后，女英爲妃。後舜崩於蒼梧之野，二妃往尋，得知舜帝已死，埋在九嶷山下，抱竹痛哭，淚染青竹，淚盡而死，因稱"瀟湘竹"或"湘妃竹"。自秦漢時起，湘江之神湘君與湘夫人的愛情神話，被演變成舜與娥皇、女英的傳說。後世因附會稱二女爲"湘夫人"。

十二欄杆曾倚遍,難消遣。

釵顫玉橫斜,

鬢偏綠雲亂。

要心歡,除非是,出點風流汗。

望着關山遠,

倚定門兒盼。

可憐奴,險些兒,化作望夫山①。又

七月裏來是七夕,秋風起,

簷前鐵馬响聲急。

想思無藥醫,

除非那人歸。

這幾日,費寢忘餐,苦對誰提?

牛郎織女會佳期,把巧乞。

蟲聲滿庭除②,

淒淒復唧唧。

似與奴,訴説那,離別況味。

雨露眠宜早,風霜起要遲。

可憐你,野店荒村,隻身獨自。又

八月裏來是中秋,月正明,

深閨獨坐夜三更。

霧斂又雲收,

---

① 望夫山,古跡名。各地多有,均屬民間傳說。其最著名者有遼寧省興城市西南的望夫山,相傳爲秦時孟姜女望夫之處,上有孟姜女廟。其他如安徽省當塗縣西北、江西省德安縣西北、山西省黎城縣西北,湖北省陽新縣西南、山東省萊蕪城東北等都有望夫山。參閱北魏酈道元《水經注·江水三》《濁漳水》,宋樂史《太平寰宇記·江南西道三·太平州》《嘉慶一統志·太平府》《潞安府一》。後用以抒發女子思念丈夫的真摯之情。明張景《飛丸記·誓盟牛女》:"淚逐江流和水汲,白龍江作望夫山。"

② 庭除,大廳前臺階下的院子。唐李咸用《分題雪霽望爐峰》詩:"雪霽上庭除,爐峰勢轉孤。"《幼學瓊林·卷三·宮室類》:"寇萊公庭除之外,只可栽花。"

木落秋容静。

看今宵,夜深香靄①滿空庭,

人生幾見此佳景。

歎孤零對此好清光,

可惜無人共。

惟願取,

兩處離情,憑月傳送,斜將曲欄②憑。

長籲二三聲,

細聽那,砧音斷續,宿鳥飛騰。又

九月裏來是重陽,到殘秋,

無言無語暗點頭。

寒霜陣陣冷,

梧葉落中庭。

歎兒夫,尚貪戀,楚館秦樓③。

淒風冷雨滿江城,

怎凝眸,

門掩清秋夜,寒衣已織成。

倩④着誰,同心事,寄與兒夫?

窗外芭蕉稠,

雨點滴颼颼。

---

① 香靄,雲氣;焚香的煙氣。

② 曲欄,曲折蜿蜒的欄杆。唐白居易《題岳陽樓》詩:"岳陽城下水漫漫,獨上危樓倚曲欄。"《三國演義·第八回》:"言訖,手攀曲欄,望荷花池便跳。"

③ 楚館秦樓:指供人尋歡作樂的場所,多用來指妓院。秦樓,秦穆公的女兒弄玉與丈夫蕭史吹簫引鳳的鳳樓。見漢劉向《列仙傳·卷上·蕭史》。後遂爲歌舞場所或妓館的別名。南唐李煜《謝新恩·秦樓不見吹簫女》詞:"秦樓不見吹簫女,空餘上苑風光。"楚館,楚襄王夢與巫山神女相會的仙館。見《文選·宋玉·高唐賦》。一說爲楚靈王爲細腰美人所建的章華宮。後用爲歌榭妓院的代稱。

④ 倩,請人代爲做事。唐杜甫《九日藍田崔氏莊》詩:"羞將短髮還吹帽,笑倩旁人爲正冠。"宋黄庭堅《即席》詩:"不當愛一醉,倒倩路人扶。"

念起奴,清清冷冷,也應回頭。又

十月裏來小陽春,日正短,
滿目霜林紅如染。
空把佳期盼,
悶對夜如年。
可憐奴,伸腳冷,蜷①腳腿又酸,
搥床搗枕訴說一番。
怨蒼天,
扯開雙鳳燕,
刺破並頭蓮。
麆②損了盈盈秋水③,淡淡春山④。
想的人心窄,
望的人眼穿。
手抵着,牙兒上,慢慢掛牽。又

冬月裏來三九天,地始凍,
一夜北風彤雲布。
被窩是寂靜,
枕頭是孤零。
便是他鐵石人,也應氣苦。
歸期約在九月九,不應口。
人比梅花瘦。
淚濕香羅袖。
到今日,已過了,小春時候。

① 蜷,原誤作"卷"。形近而誤,據文意改。
② 麆,聚攏。
③ 盈盈秋水,形容女子眼淚盈眶的眼神。明張鳳翼《紅拂記·第三四出》:"一般情況,幾回斷腸,只落得盈盈秋水淚汪汪。"
④ 春山:形容女子美好的眉毛。《老殘遊記·第九回》:"見那女子又換了一件淡綠印花布棉襖,青布大腳褲子,愈顯得眉似春山,眼如秋水。"

這一寸眉頭,
容許多顰皺。
想思苦,堆堆積積,宋玉①難賦。又

臘月裏來臘八②日,客心急,
行人風雪夜來歸。
濕破窗前紙,
悄聲兒規視。
多管是,小冤家③,和衣而睡。
至今胭粉未曾施,真慘淒。
春至花弄色,攜手入羅帷。
真乃是滿懷中,玉軟香溫。
從此無別離,
萬古常圓聚。
願天下,有情的,都成眷屬。

---

① 宋玉,戰國時楚人,約生於周赧王二十五年,卒于楚亡之年。因曾任蘭臺令,故也稱爲"蘭臺公子"。善辭賦,作《九辯》《招魂》。與屈原並稱爲"屈宋"。

② 臘八,古代于臘月祭祀祖先、百神,起初並無固定日期,直到南北朝佛教盛行後,因臘月(農曆十二月)八日是釋迦牟尼佛的成道日,各寺皆舉行浴佛會,於是將臘月祭日與佛教的儀式混合爲一,定初八爲祭祀日,後才有臘八的名稱。也稱爲"佛成道日""臘日"。

③ 小冤家,對關係親密的人戲謔的稱呼。元鄭廷玉《金鳳釵·第二折》:"把這小冤家情理難饒,我待打呵!教人道管不的惡婦欺親子;教人道近不的瓜兒揉馬包。"元無名氏《神奴兒·第二折》:"哎!你個小冤家,可也是怎生!我恰才把著手街上閑行,怎生轉回頭,就不知個蹤影。"

卷四

四、情曲(65)

1. 大十二閨怨①

【背弓】
春宵一刻值千金,
嬌娘喜配玉堂②人。
郎年少,志在鵬飛萬里雲,
元宵節,獨坐芸窗、博古觀書細論文。

【五更】
佳人動春心,
輕移步香塵。
手壓書案便覺消③魂,
開笑臉偷把郎君問。

【金錢】
你只知博古通今,

---

① 本卷目錄爲"大閨怨"。
② 玉堂,漢代的玉堂殿。後世用以指翰林院,引申爲顯赫的高位。常常和"金馬"連用爲"玉堂金馬"或"金馬玉堂"。明陳汝元《金蓮記‧第八出》:"吾想金馬玉堂,雖然清貴,竹籬茆舍,亦自逍遥。"《幼學瓊林‧卷一‧文臣類》:"金馬玉堂,羨翰林之聲價。"
③ 消,通"銷"。

你只知學海春深,
你只知待漏朝君,
全不知關關雎鳩鼓瑟琴①!

【背尾】
你筆尖兒,
橫掃千軍,
還要你,再到桃源去問津。
小登科②,紅羅賬③裡先學一個風流蘊藉④人!

【背弓】
二月春風扇微和,
閨中少婦上樓閣。
猛擡頭,呢喃燕子雕梁過,
但見他,雌雄對兒飛如梭。

【五更】
倚欄轉秋波,
兩眼淚滂沱。
奴守空房實實寂寞,

---

① 鼓琴瑟,語本《詩經·小雅·常棣》:"妻子好合,如鼓瑟琴。"後比喻夫妻情感諧調融洽。

② 小登科,是指娶媳婦,洞房花燭夜。元無名氏《梧桐葉》第三折:歡聲鼎沸長安道,得志當今貴豪。小登科接著大登科,播榮名喧滿皇朝,始知學乃身之寶。

③ 紅羅賬,舊"賬""帳"二字互通。下同。

④ 風流蘊藉:蘊藉,蘊含不露。風流蘊藉形容人風流瀟灑,含蓄有致。《北齊書·卷三一·王昕傳》:"昕母清河崔氏,學識有風訓,生九子,並風流蘊藉,世號王氏九龍。"《初刻拍案驚奇·卷二五》:"他見院判風流蘊藉,一心待嫁他了。"

可意人今番天樣①闊。

【金錢】
想從前共結絲羅,
你愛奴對面雙蛾。
奴愛你風雅才學,
那其間蝶採嬌香②巧事多。

【背尾】
誰料今日,
閑開花朵,
却教奴,春心搖蕩難關鎖。
因無聊,但願香閨海棠春夢到南柯。

【背弓】
三月清明豔陽天,
桃花洞口戲鞦韆。
俏佳人,綵繩搖曳學飛仙③,
忽見那,風流才子閒步踏青綠楊邊。

【五更】
輕移小金蓮,

---

① 天樣,形容像天一樣遠或大的事物。宋辛棄疾《減字木蘭花·盈盈淚眼》詞:"盈盈淚眼。往日青樓天樣遠。"元王愛山《水仙子·鳳凰臺上月兒彎》曲:"恨平生不遂於飛願,盼佳期天樣遠。"

② 蝶採嬌香,指性愛。元王實甫的雜劇《崔鶯鶯待月西廂記·草橋店夢鶯鶯》【幺篇】:"但蘸著些兒麻上來,魚水得和諧,嫩蕊嬌香蝶恣採。半推半就,又驚又愛,檀口搵香腮。

③ 飛仙,飛在空中的仙人。北宋李昉等所編《太平御覽·卷六六二·道部·天仙》:"飛行雲中,神化輕舉,以爲天仙,亦云飛仙。"宋蘇軾《赤壁賦》:"挾飛仙以敖游,抱明月而長終。"

婷婷倚架前。
柳眉杏眼仔細觀看,
真個是青春美少年。

【金錢】
口兒裏不敢高言,
心兒裏暗中盤算:
不知他舉監生①員,
到更闌,誰配此生做鳳鸞?

【背尾】
他行一步,真實堪憐,
恰好似,奴的丈夫春風面。
今夜晚,象牙床上定有想思病來纏。

【背弓】
四月清和日初長,
郊外流螢巧弄簧。
那聲兒,清秀嘹喨入羅帳,
引得奴,心頭鹿撞思情郎。

【五更】
無語對銀釭②,
銀衾蘭麝香。
手壓梅桂還在鬢傍,
小金蓮盤坐牙床上。

---

① 監生,明清兩代在國子監讀書或取得進國子監讀書資格的人。具有此資格的人,就可以和秀才一樣應鄉試。取得資格的方法有兩種:一、蔭監,即由祖先的勳勞資歷,按規定的制度取得。二、例監,即用捐納的方式取得。

② 銀釭,指銀白色的燈盞、燭臺。

【金錢】
想當初奴少年芳,
豈經慣雨露風霜。
你那時任興顛狂,
那幾日,把奴惹得春心蕩。

【背尾】
荷發池塘,
猶未還鄉,
你把那,約定佳期全都忘。
奴盼你,魂飄心癢,誰人釋得這愁腸?

【背弓】
五月榴花似火紅,
雲鬢斜插照眼明,
俏佳人,更換衣衫羅袖輕。
玉腕响金鐲,
纖手挑銀燈,
悶懨懨,粧檯獨坐把郎君誦。

【五更】
忽聽窗外响,
將奴吃一驚。
手托香腮側耳細聽,
非郎君是風吹竹聲。

【金錢】
你爲那蠅利蝸名①,

---

① 蠅利蝸名,形容微不足道的名利。明汪廷訥《獅吼記·第四出》:"蠅利蝸名鎮日奔,生惡趣,惹客塵,膠膠擾擾只貪嗔。"也作"蝸名蠅利""蝸利蠅名""蠅名蝸利"。

躭誤了琴瑟恩情。
拋撇奴獨守孤燈,
奴好似餓虎撲食轉落空。

【背尾】
艾葉靈符,
卸在窓櫺,
到三更,緊抱紅綾奴偏冷。
無限傷心事,
盡在不語中,
咬銀牙,今宵一夜睡不寧。

【背弓】
六月三伏天氣熱,
佳人彩扇飛蝴蝶。
倦欲眠,脫去衣衫獨自歇,
夢郎君,帶笑歸來把羅帳揭。

【五更】
攬衣把體遮,
一見郎心悅。
魚水相得剛好和諧,
不料那貓兒撞玉碟。

【金錢】
驚醒奴癡癡呆呆,
心兒裏好不寧貼。
可意人一旦拋撇,
真個是夢裏郎君難割捨。

【背尾】
雲鬢蓬①鬆,
绣鞋兒斜曳。
流香汗,遍體酥麻向誰説?
恨貓兒,你爲撲鼠,閃得奴家受磨折。

【背弓】
七月秋風透體涼,
佳人夜試薄羅裳。
望銀河,牽牛織女配成雙,
他那裏暑往寒來,
必定算些想思帳。

【五更】
良夜暗心傷,
秋波兩淚汪。
你爲名利常在他鄉,
怎知奴憔悴欲斷腸。

【金錢】
奴爲你懶绣鴛鴦,
奴爲你懶怠梳粧,
奴爲你懶對銀缸,
奴爲你萬種愁思苦夜長!

【背尾】
雲淡星稀,
月轉廻廊,

---

① 蓬,原字寫作"髼"。

憶臨行，枕邊約期全是謊。
何一日，銷金帳裏揪住羅帶，勒揹你個嬌模樣。

【背弓】
八月白露玉零零，
滿身香戴桂花風。
俊才郎，文戰三場苦用功，
他只爲，萬選青錢壓羣英。

【五更】
佳人忒多情，
深閨祈蒼穹。
保佑才郎一舉成名，
魁金榜纔算奴多幸。

【金錢】
奴知你奮志鵬程，
奴知你黄卷青燈，
奴知你稽古窮經，
奴知你三冬文史今足用！

【背尾】
果占高魁，大宴鹿鳴，
那時節，衣錦榮歸人欽敬，
奴笑迎，才郎誤認，月裏嫦娥下九重。

【背弓】
九月重陽景最佳，
楓林紅葉菊有黃花。
雁南飛，哀鳴清唳音高下，
叫得奴，一片愁思亂入麻。

【五更】
郎君走天涯，
秋盡不還家。
爲你縫衣常將淚拭，
置一傍仍自丟不下。

【金錢】
奴盼你日墜西斜，
奴盼你月照窗紗，
奴盼你剪盡銀蠟，
奴盼你珠簾暮捲常高掛！

【背尾】
寒蛩兒在戶，唧唧喳喳，
驚醒奴，星眼矇矓胡挨拭。
郎若回，免得奴家半夜三更擔驚怕。

【背弓】
十月天氣漸成冬，
繁霜既降木葉彫零。
寒氣逼，聚水池塘始凍冰，
俏佳人，觸目驚心倍傷情。

【五更】
欲寄書一封，
奴先繪圖形。
自覺消瘦實實減容，
丹青手先把菱花弄。

【金錢】
點絳唇不敢深紅，

寫桃腮一半春風。
描蛾眉兩淚盈盈,
惟有那愁腸一片畫不成。

【背尾】
寄語才郎,
早計歸程,
免得奴,提心在口坐不寧。
念彌陀,郎早回來鴛鴦枕上訴離情。

【背弓】
十一月裏瑞雪飄,
江天一望剪鵝毛。
寒鵲兒,冒冷披風簷前叫,
害想思,強下牙床門外瞧。

【五更】
遍地撒瓊瑤①,
一夜青山老。
想與才郎再把信捎,
一片白,山高路又遙。

【金錢】
奴思你心內常焦,
奴思你淚凝鮫綃②,
奴思你玉臂香消,

---

① 瓊瑤,美麗的玉石。《南史·卷七六·隱逸傳下·鄧郁傳》:"色豔桃李,質勝瓊瑤。"
② 鮫綃,傳說中鮫人所織的綃。亦借指薄絹、輕紗、手帕或絲巾。南朝梁任昉《述異記》卷上:"南海出鮫綃紗,泉室潛織,一名龍紗。其價百餘金,以爲服,入水不濡。"宋陸遊《釵頭鳳·紅酥手》詞:"春如舊,人空瘦,淚痕紅浥鮫綃透。"原誤作"絞綃",音同而誤。

奴思你餓損纖腰無依靠！

【背尾】
忽然一計，
喜上眉梢，
奴還要，香腮傅粉拂拭到。
郎或者，即速回來、雪裏送炭念奴嬌。

【背弓】
臘月寒氣輕重色，
征人遠道忽思歸，
望故鄉，越過千山合萬水。
清晨迎日晷，
黃昏戴月輝，
只爲着，俊俏佳人心操碎。

【五更】
才郎進內宅，
佳人笑臉陪。
富貴榮華，玉積金堆，
果然是皇都得意回。

【金錢】
可憐你心勞神瘁，
多受了霜露風水。
到如今夫榮妻貴，
這纔是苦盡甘來天作配。

【背尾】
鼓打三更，
斗柄東回，

咱二人,攜手並肩入羅幃。

玉扣含羞解,

銀燈帶笑吹,

擁紅綾,翻雲覆雨、天長地久成雙對。

2. 小閨怨

【月調】

紅顏命薄,

兩眼淚如索。

才郎出外把奴拋卻,

朝思暮想莫內何。

【背弓】

靜守深閨把想思害,

一陣淒涼頭懶擡,

短精神,無力向人前把風流賣。

玉簪久落鬢,

對誰話衷懷?

想得奴,如饑如渴,三魂飄渺青霄外。

【落江院】

知我者謂我心憂,

不知我者謂我何求①。

不覺得病體加沉重,

還是那病不尋人人尋病?

恨只恨失信丈夫,

---

① 知我者謂我心憂,不知我者謂我何求。這句詩出自我國最早的詩歌總集《詩經·王風·黍離》,意思是:瞭解我心情的人,認爲我心中惆悵;不瞭解我心情的,還以爲我有什麼要求呢!

怨只怨奴的命孤。
孤命人,莫非是天生就?
悶懨懨,聽天由命甚薄幸。

【五更】
在外任你遊,
各自獨風流。
恩愛反成臨風馬牛①,
因甚情,魚沉雁渺不回頭。

衾裯獨自守,
孤燈相伴奴。
勞形傷懷愁上加愁,
盼天明如同過三秋。

曲指點更籌,
萬恨滿心生。
琴瑟失調歇葬花聲,
好春光讓與南柯夢。

【金錢】
一陣陣病起心頭,
一點點珠淚交流,
一行行把紅綾濕透,
一心心相見君郎不得夠!

---

① 臨風馬牛,義同"風馬牛不相及"。語出《左傳·僖公四年》:"齊侯以諸侯之師侵蔡,蔡潰,遂伐楚。楚子使與師言:'君處北海,寡人處南海,唯是風馬牛不相及也。不虞君之涉吾地也。'"比喻事物之間毫不相干。明瞿佑《剪燈新話·卷四·龍堂靈堂錄》:"子述曰:'龍王處於水府,賤子游於塵世,風馬牛三不相及也。雖有嚴命,何以能至?'"也作"風馬牛不相干""風馬牛不相關"。

【緊數】
妾望君挨①水卻隔水,
君望妾挨山又隔山。
惟有夢中情更深,
不辭山水接君顏。

枕邊夢夫心亦去,
醒後來夢還心不還。
而今半點想思淚,
焉能彈點到君前?

【背尾】
晝夜寂寞,
何日方休?
對愁花,形容憔悴命不久。
藥餌不能用,
疾病不回頭。
只落得,吃着虛驚,挨着殘更,
撫着愁胸,怨着前生,無韁意馬難拴定。

【月尾】
世間惟有想思苦,
偏偏我的想思苦更多。
奴好比未施松栢蔦②女蘿③,如所托;
又好比織女牛郎,相隔着一道銀河。

---

① 挨,原誤作"拚",据文意改。下句同。
② 蔦,莖攀緣樹上的一種落葉小喬木。寄生于松柏。
③ 女蘿,即松蘿。多附生在松樹上,成絲狀下垂。一說亦泛指菟絲子。古代詩歌中常以女蘿和菟絲纏繞松樹,比喻夫妻或情人的關係。唐李白《白頭吟》:"誰使女蘿枝,而來強縈抱?"。

3. 大想思

【月調】

風掃紅殘,

月照北欄,

俏佳人悶坐倚欄杆。

不由人思思量量、悲悲切切,

恰好似斷了的羣珠兒灑濕胸前。

【背弓】

想思害得渾身顫,

走不得路來手扶着丫環。

懶殘粧,怕照菱花把形容①看,

對銀燈,手挈指花把歸期算。

【反五更】

一更裏月兒高,又

銀蟬浪浪飛過松梢,

蛩②聲起,又答着寒蟬兒叫,又

奴家好心焦。又

月影層層上了牆了,

卻怎麼偏把他忘不了。又

【五更】

二更裏月兒中,

奴家仔細聽,

紗窗兒以外,一陣一陣兒風,

---

① 形容,形體容貌。《史記·屈原賈生列傳》:形容枯槁。
② 蛩,原誤作"穹"。據文意改。

風吹紙,好似郎回程。

瞧也瞧不見,
叫也叫不應。
竹簾不動,那裏來的風?
不是風,卻是奴心頭病。

【反落江院】
三更鼓催,
月照羅幃,
奴家孤單,影兒相隨。
傷心悔意,眼呀眼流淚。又

眼流淚,
心已成灰。
奴家爲郎,郎呀,你卻爲誰?
冤家你呀,你把你的良心昧。又

【銀扭絲】
四更裏鐘鼓兒分外有聲,
傷心鼓兒驚動奴的心。
叫聲有情人,
摸摸你的心。
你說你好,我全然不信。又

郎君一去杳然無音,
辜負了奴家正是青春。
意兒陣陣怨,
病兒漸漸深。
海角天涯呀,恨殺人怎不著人恨?又

【反金錢】
五更裏夜盡星殘,
盼夫君晝夜不眠。
費盡心總是枉然,
只惹得淚珠滾滾染杜鵑。

耳聽得雨灑北欄,
紗窗外雨鷄愁寒。
風吹動落葉緩緩,
猛聽得金鷄報曉聲不斷。

【背尾】
孤雁在天邊,
叫得人心酸,
卻有情,聲聲是恨離情斷,
不由人,勾起奴的心頭怨。

【反背弓】
強打着精神步轉金蓮,
染霜毫,修就一封離情傳。
賓鴻雁飛進前來,
代奴家央煩,
將這封情書,下奔郎前。
你教他即早回還,
你就說,直心①婦人要見他無義漢。

---

① 直心,正直的心胸;亦形容心地直爽。《後漢書·郅惲傳》:"直心無諱,誠三代之道。"北周庾信《周柱國長孫儉神道碑》:"直心於物,水火恬然;無負于天,雷霆不懼。"唐寒山《詩》之二三六:"心真出語直,直心無背面。"

【月尾】
他那裏總有羊羔美酒將你牽連,
可憐奴,粉艷艷一枝花兒無人作伴。
你那裏不回還,
奴這裏受孤單。
無奈了叫丫環,
你與我把門關。
等他回來時站在門兒外,
可等、等一個不奈心煩。

4. 小想思

【月調】
月兒照窗紗,
秋風兒陣陣刮,
玉人①兒貪花在誰家?
想起他的溫存亂如麻。

【背弓】
想思害得渾身乏,
鄰居們勸咱莫要盼他。
你們都是明白人,
說的盡是糊塗話,
你叫奴怎忍將他拋下?

---

① 玉人,本指美女,這裏指情人。唐元稹《鶯鶯傳》:"待月西廂下,迎風户半開,拂牆花影動,疑是玉人來。"唐杜牧《寄揚州韓綽判官》詩:"二十四橋明月夜,玉人何處教吹簫?"

【五更】
情人在那答①,
想殺了奴家。
會約下初八、十八、二十八,
三十日晚還不見郎回家。

【金錢】
奴盼你日墜西斜,
奴盼你月上窗紗。
奴盼你剪盡銀蠟,
奴盼你珠簾幕捲常高掛。

【背尾】
他愛奴家,
奴家愛他,
我二人,鴛鴦枕上敘下話,
曾許下,他不另娶奴不嫁。

【月尾】
想當初海誓山盟盡都是假,
悔不該誤聽枕邊言語知心腸話。
想起他的乳名兒捨不得罵,活急殺。
風兒呀、月兒呀,吹回我那人兒,召回冤家。

---

① 那答,那裏。陝西方言。

5. 大思凡①

【慢調】
禪堂寂寞,
思春的病兒把我磨。
木魚兒懶敲,我把經本兒合。
吃的甚麼齋來,怕念彌陀。

【揚州朵】
高高山上一廟堂,
内邊坐着一位懶修行的陳妙常。
_{噯噯噯喲}陳妙常,
坐着也是思,站着也是想,
思思想想,想潘郎。

睡臥在禪堂,_{噯噯噯喲}睡臥在禪堂。
懶燒佛前香,我把金剛咒兒忘。
阿彌陀佛,磬鐘兒錯打在_{當當當}香爐兒上,_{當當當}香爐兒上。

【月尾】
出家人受不盡千般樣苦,
到後來未必能得神仙獨坐。

---

① 《大思凡》,講的是陳妙常和潘必正的愛情故事。青年書生潘必正落第歸來,無顏歸家,因其姑母爲女貞觀的觀主,遂借宿於此,觀中遇避難至此的陳妙常,潘必正驚其豔麗而生情,又經送經、琴挑、偷詩等一番試探,得知妙常心中也有自己,兩人遂私定終身,不料,卻被其姑母發現,姑母擔憂侄兒的前程,欲加阻攔,趕潘必正出觀,陳妙常得知後,顧不得禮教和佛法的約束,在秋江,追潘必正而去,最終有情人終成眷屬。秋江薦別的情景在本卷《秋江薦別》中有敘述。陳妙常,這裏原作"陳妙嬋",人物介紹見下一首《小思凡》。

巴密柯①,趁着我青春時,
下山去,尋上一位風流俊俏的巧阿哥。

6. 小思凡②

【月調】
陳妙常我好慘傷,
獨自一人坐禪堂,
不由人時時刻刻思念潘郎。

【漫數】
遠望見佛殿,懶去降香。
將袈裟扯碎,摔亂在經堂。
銀牙兒咬碎,怨了一聲爹娘。
捨兒庵觀寺院,孤身淒涼。
南無我佛,阿彌陀佛。

【緊數】
阿彌陀佛終何往?
款動金蓮出禪堂。
星移斗轉天瞭亮,
眼望得想思病兒枉害一場。

---

① 巴密柯,是巴厘語或梵文(梵文:bhikṣu,巴利文:bhikkhu)的音譯,又譯為比丘、比呼、比庫、苾芻、苾礆、鏃芻、備芻。在這裏指出家人的意思。

② 《小思凡》,故事見上一曲《大思凡》。陳妙常,是南宋高宗紹興年間,臨江青石鎮郊女貞庵中的尼姑。陳家本來就是臨江的官宦之家,只因陳妙常自幼體弱多病,命犯孤魔,父母才將她捨入空門,削髮為尼。在女貞庵中誦經禮佛。空門多暇。陳妙常好學不倦,她不但詩文俊雅,而又兼工音律,十五六歲以後突然容光煥發,秀豔照人,穿著寬袍大袖的袈裟,就像仙女下凡,令人目眩神迷。又由於她不倦的努力,已是棋琴書畫無一不通。陳妙常的琴聲,常能吸引很多宿住女貞觀的客人。

【月尾】
說罷就往禪堂上跑，
木魚兒摔在蒲團以上。
念的甚麼經，燒的甚麼香？
這本是小尼姑兒思念潘郎。

7. 殘粧卸

【月調】
殘粧已卸，
孤坐發□①。
盼想情人心不歇，
傷情最怕春三月。

【背弓】
好難熬的春三月，
喜的相逢，怕的離別。
離別後，不知相逢何年月，
紅綾被，半床冷來半床熱。

【花蝴蝶】
三月裏清明節，
清明節到三月。
鞦韆板兒往上遮，
雙手兒忙把紅呀紅卭②紅絨繩兒扯。
恨冤家將奴撇，
拋撇奴整三月。

---

① 原文缺一字。疑為"呆"。
② "卭"，襯詞。"邛"的讹字。

知心話兒對誰說，
小哥哥,小妹妹等你到桃呀桃吖桃杏花兒謝。

【背尾】
鴛鴦大枕,閒空着半節,
銀燈兒,無風吹來自己滅,
盼郎君,晚晚只等你多半夜。

【月尾】
想思病兒害得奴軟慊慊,
無奈了後花園中去拜月。
裙邊掛住花枝葉,顫歇歇。
又恐怕,露水珠兒濕透了紅繡花鞋。

8. 卸殘粧

【月調】
卸殘粧,等候才郎。
慢下簾籠出綉房。
下金堦,金蓮小站,
不穩手兒扶着牆。

【背弓】
佳期約在今晚上,
言而無信不見郎還鄉。
起金風,吹落梧桐飄蕩蕩,
思想起,怎不教人淚兩行。

【五更】
叮呤噹啷响,
鐵馬兒响叮噹。

晚來無聲冷冷清清殺,
戰競競①獨自個人怕。

【傲黃鸝②】
猛聽得野寺裏把金鐘兒撞,
簷前的鐵馬兒噹啷啷响叮噹。
玉漏兒打了奴個渾身冷,
繡鞋兒冰了奴個透心涼。

【銀扭絲】
盼想郎回轉,
秋波兩淚汪。
奴家直心,只等你到東方亮,
等你來時再作商量。

叫奴不應聲,不要上牙床,
我教你知罪只在榻板上。
任憑將我哄,
任從將奴謊。
昧着心的人兒臉蛋高揚,
喪良心的人兒再休指望。

【月尾】
聽了聽,樵樓③上更鼓兒尚未住點,
等得奴,腰兒軟、腿兒酸、身子乏。
人兒不來,心兒好不痛傷。
恨只恨五更鼓兒風,風兒呀,你是個分外得涼。

---

① "戰競競",當作"戰兢兢"。形近意誤。
② 傲黃鸝,原爲"黃鸝","黃鸝"非曲牌。
③ 樵,通譙。譙樓:城上的瞭望樓。後同。

9. 春思

【月調】
醉春風,
嗟歎三生。
梅花帳內冷如冰,
郎君一去不回程。

【漫數】
桃紅柳綠,春光美景。
燕語鶯聲,引動春情。
怕的是,黃昏月照窗櫺。

【背弓】
月移花影照滿庭,
和風兒陣陣奴好傷情。
怎經得,春愁迭迭雀鳥聲,
是這等,可時光可意人兒未回程。

【五更】
紅日入了宮,
冰輪①架碧空,
人嫌夜短,奴恨天不明。
自黃昏睡不着,只等到雄雞兒鳴。

【背尾】
香風兒入戶,排動銀燈,
荷粧檯,秋波不住淚盈盈,

---

① 冰輪,指明月。

盼郎君，牙床紅綾冷如冰。

【緊數】
風兒吹，弄竹聲，
似郎回，腳步兒行。
思念情切心頭病。
月落烏啼天將曉，
呢喃燕子繞樑棟。

【月尾】
配雙對來動離情，
感動了愁腸越加酸痛。
黃鸝對對婉轉聲，好傷情。
奴等你一夜不眠，直到天明。

10. 秋思

【月調】
歎人生，
我好傷情。
光陰錯過最難逢，
青春一去不回程。

【漫數】
暑往寒來，勾起金風。
簾籠亂撞，鐵馬兒叮咚。
怕的是黃昏獨對一盞孤燈。

【背弓】
一輪秋月明似鏡，
秋風兒陣陣葉落梧桐。

秋蟬兒,助人淒涼添人病,
天邊雁,聲聲叫得悲哀痛。

【五更】
金勾撞簾籠,
唧唧寒蛩聲。
又打着鈴閣振①不停,
是誰家半夜裏把笛音送?

【背尾】
恨夜偏長,盼不到五更。
猛聽得,簷前鐵馬兒不住鳴。
是怎得,悲秋更比傷春重。

【緊數】
有誰憐在床兒上枕兒空,
紅綾被冷如冰,
燕語悲啼過九重。
梧桐葉落刷辣辣②的響,
霜打殘紅落滿庭,
長吁氣,怨蒼穹。

【月尾】
又聽得嘹亮的金鐘把悲音來送,
到教我坐不安來睡不寧。
恨一聲,老天呀!
我盼你五更鼓兒直等不到天明。

---

① 振,當作"震"。
② 刷辣辣,象聲詞。

11. 圍困普救寺①（其一）

【背弓】
孫飛虎率賊兵把普救困，
半萬人馬寺外札屯②，
馬步軍，各披甲鎖執兵刃。
金鼓連聲振，
旗展太陽渾，
嚇壞了，普救一帶僧共民。

【清水令】
孫飛虎在馬上，
手執青銅偃月，
高叫寺內僧人：
速快報與崔相國老夫人，把鶯鶯速獻。
倘若執意不從，
殺得你們人頭遍地滾。

【反背尾】
法本和尚站立在山門以上，舉手高云：
說是老大王從容側耳仔細聞，
暫且你把兵退，無有不許婚。
崔小姐現有父服在身，難以聘娶。

---

① 《圍困普救寺》至《張生榮歸》以下 12 曲，故事出自《西廂記》。書生張君瑞寄居佛寺，見一位送父靈回鄉，亦寄居寺中的美女崔鶯鶯，苦無機會與他接近。賊首孫飛虎聞知崔鶯鶯的貌美，率賊兵包圍佛寺，欲搶崔鶯鶯，崔母不得已，宣佈誰能救他們母女，便將女兒嫁給他。張君瑞飛馳向義兄求援，趕走賊首孫飛虎。事後崔母竟食言，害得張君瑞相思病重，差點送命，幸虧崔鶯鶯的婢女紅娘，替他倆傳遞情書，互通款曲暗中約會，後來張君瑞高中狀元，榮歸故里與崔鶯鶯成親，有情人終成眷屬。

② 札屯，通"扎屯"。

老婦人懇求:寬限三日,把鶯鶯獻與老大人。

12. 圍困普救寺(其二)

【月調】
天降紅顏,
因色起禍端。
孫飛虎人馬困寺院,
要搶鶯鶯結良緣。

【漫數】
法本聞言,
膽戰心寒。
忙與夫人,
稟報一番:
孫飛虎人馬,困定寺院。
鳴鑼擊鼓,搖旗吶喊。
一不要金帛,二不要綵緞。
只要我家姑娘,匹配良緣。
老夫人作速,定一主見。
一時失悞,後悔遲難。

【緊數】
老夫人聞言心膽戰,
尊聲師父聽我言:
你在此地莫久站,
寺外先對賊人言:
暫將人馬退一線,
即將鶯鶯送寺前。

分付①紅娘莫㤘漫②,
你快與你姑娘報一番。

【背弓】
鶯鶯聞言心膽寒,
哭了一聲早死先嚴③,
丟下我母女二人誰照管?
入地地無門,
叫天天不言。
到不如,項繫白綾,梧桐樹下喪黃泉。

【五更】
老夫人聞此言
心兒裏似箭穿。
宦門千金今遭磨難,
向南海連把觀音叫幾番。

【釘缸】
忽然一計從心轉,
忙人生出巧機關。
不論僧俗行方便,
即將姑娘配鳳鸞。

【金錢】
老禪師話往外傳,
有法本佛殿高喊:

---

① 分付,同"吩咐"。
② 㤘漫,同"怠慢"。下同。
③ 先嚴,稱已故的父親。《二十年目睹之怪現狀·第七四回》:"兄弟繈褓時,先嚴、慈便相繼棄養,虧得祖父撫養成人,以有今日。"也稱爲"先父""先府君""先大夫""先考"。

若有人息狼煙,
老夫人許親當面結良緣。

【銀扭絲】
老禪師講罷一人向前,
原來是西廂張解元①。
若將小姐許,
退賊有何難?
只用我一封書信到蒲關②。

【背尾】
老夫人且將愁眉放展,
忙修就,搬兵書信放棹面。
賊兵有千萬,
怎能出龍潭?
是何人,放下天膽、殺出重圍,去向蒲關把信傳!

【老龍哭海】
有慧明忽聞寺外鬧聲喧,
撇去九環禪杖,
來在伽藍殿③前。
老夫人面黃失色,
一家人坐臥不安。

來路情細問一遍,

---

① 解元,金元時代對讀書人的敬稱。元王實甫《西廂記·第一本·第一折》:"剛剛的打個照面,風魔了張解元。"
② 蒲關,地名。位於山西省永濟縣西,黃河東岸。爲蒲津關的簡稱。
③ 伽藍殿,是寺院道場的通稱。伽藍,梵語 samghārama 音譯的省略,即寺院。元王實甫《西廂記·第二本·第一折》:"三日之後不送出,伽藍盡皆焚燒,僧俗寸斬,不留一個。"

霎時間怒髮冲冠,
不由人殺人心突起英雄膽。

老夫人不必憂慮,
師父將心放寬。
既有搬兵書簡,
俺願一身承擔。
毛賊不過半萬,
何在慧明心間。

我情願獨自一人,
去向蒲關把信傳。
卸去頭上僧帽,
寬去袈裟片衫,
戒刀腰中佩定,
鐵桓肩上斜擔。
助我三通神鼓,
殺出虎穴龍潭。

一時間殺出重圍,往前赶。

【打連廂】
慧明心中急似箭,
雙足如飛莫遲延。
不足半日來得快,
來只在蒲關轅門①前。

---

① 轅門,古代君王出巡,駐駕於險阻之地,以車作爲屏障,翻仰兩車,使兩車之轅相向交接成一半圓形的門,稱爲"轅門"。見《周禮·天官·掌舍》。後指將帥的營門或衙署的外門。《史記·卷七·項羽本紀》:"項羽召見諸侯將,入轅門,無不膝行而前,莫敢仰視。"唐岑參《白雪歌送武判官歸》詩:"紛紛暮雪下轅門,風掣紅旗凍不翻。"

【月尾】
杜將軍拆書忙把令傳，
點起各營將士，發奔了普救寺前。
孫飛虎人馬齊殺散，樂平安。
這纔是筆掃千軍，又得嬋娟①。

13. 西廂請宴

【月調】
小紅娘，對菱花忙梳粧，
尊夫人之命請張郎，
轉過西廂到書房。

【背弓】
孫飛虎作害衆生靈，
孤寡幼女死裏求生。
多虧了，善文能武張先生，
奴羨他，數萬甲兵藏胸中。

【斷橋】
老夫人許婚盟，
孤身退賊兵。
橫掃千軍無影無踪，
普救寺方纔得太平。

活命感恩情，
設宴在中庭。

---

① 嬋娟，這裏指美女、美人。唐方幹《贈趙崇侍御》詩："卻教鸚鵡呼桃葉，便遣嬋娟唱竹枝。"清孔尚任《桃花扇·第二出》："一帶妝樓臨水蓋，家家分影照嬋娟。"

他今命我去請張先生,
婚姻事八九必有成。

一個兒含笑臉,
一個兒把慾火添。
紅娘只得前後周旋,
但不知能遂他二人愿。

【金錢】
兩下裏朝思暮牽,
静悄悄穿針引線。
今日把佳音去傳,
到門首向前用手扣雙環。

【銀扭絲】
悶坐書齋正嗟嘆,
忽聽門環响連天。
急忙走向前,
開門用目觀。
紅娘姐何故到此間?

老夫人設宴把你請。
請我小生因甚情?
第一爲壓驚,
二來是謝承。
羊羔美酒安排定。

還請何客陪小生?
缺少親戚又無賓朋,
鶯鶯恭身酬,
把盞是小紅。

既如此,小生當遵命。

奴只見,他喜地歡天,
走來走去,顧後瞻前。
轉面把先生問:
你且聽心間,
因何故前後左右看?

紅娘姐近前你當聽:
多因是衣冠甚不齊整。
書案乏寶鏡,
慢步且從容,
聊借天光照吾影。

【釘缸】
紅娘聞言哏嘴兒笑,
文魔秀士如癡了。
下工夫將你容貌整,
須放老成莫薄輕。

光細細,照花人的眼,
酸溜溜,蟄得牙根疼。
天生有這個好後生,
天生那個女俊英。
才子佳人是前定,
良緣夙締自天成。

回頭再把先生叫,
有句話兒對你明。

有甚貴言且請講,

說來小生仔細聽。

【背尾】
今宵歡慶,
何曾慣經①?
你須要,款款輕輕交鶯頸。
端詳真可憎,
那個無志誠,
你二人,今晚上親折證②。

【倒口板】
多謝紅娘好恩情,
成就姻親感媒紅。又
你今奉命把我請,
怎麼樣安排講說分明。又

【緊數】
紅娘陪笑開言道:
尊聲先生聽心中。
筵前名香焚寶鼎,
绣簾外一對黃鸝鳴。

白玉欄杆花弄影,
五色金魚戲池中。
準備着鴛鴦夜月鎖,

---

① 慣經,指習慣,慣常所經歷的。元薛昂夫《端正好·閨怨》套曲:"偏今宵是怎生,乍別離不慣經。"

② 折證,辯白;對證。元無名氏《爭報恩》第二折:"盡著他放蕩形骸,我可也萬千事不折證。"《西遊記》第九七回:"教你推情察理,快解放他;不然,就叫你去陰司折證也!"明湯顯祖《紫釵記·托鮑謀釵》:"怎般紅鸞湊成,這燕花釵爲折證。"清洪昇《長生殿·密誓》:"長生殿裏盟私訂。[旦]問今夜有誰折證。"徐朔方校注:"折證,作證。"

金帳孔雀舞春風。

軟玉屏還有鳳簫和鳴①,
象板瑤琴琥珀笙。
古今字畫兩旁掛,
肆②筵設席甚齊整。

【一串鈴】
君瑞聞言喜氣生,
再叫紅娘你當聽:
書劍飄零無厚聘,
姻親之事你擔承。

新婚燕爾安排定,
蟾宮折桂謝神靈。
我本是天地一沙鷗③,
臥看牽牛織女星④。

如此受用非僥倖,
還要黃卷伴青燈。

---

① 鳳簫和鳴,比喻夫妻情感和諧融洽。原無"鳴"字,疑漏,今補。鳳簫:相傳秦穆公之女弄玉,吹簫引鳳,後隨鳳凰而去,遂以鳳簫泛指簫或排簫。清納蘭性德《浣溪沙·腸斷斑騅去未還》詞:"腸斷斑騅去未還,繡屏深鎖鳳簫寒,一春幽夢有無間。"也稱爲"鳳凰簫"。

② 肆,陳列、陳設。如:"肆筵設席"。《詩經·大雅·行葦》:"或肆之筵,或授之几。"

③ 我本是天地一沙鷗,出自唐杜甫《旅夜書懷》:"飄飄何所似,天地一沙鷗。"用來比喻自己漂泊流離的生活。

④ 臥看牽牛織女星:此詩寫失意人孤獨的生活和淒涼的心境。唐杜牧《秋夕》:銀燭秋光冷畫屏,輕羅小扇撲流螢。天階夜色涼如水,臥看牽牛織女星。

紅葉題詩①全靠你，
小生感你大恩情。

【打連廂】
憑着你退賊滅寇功，
却不道四字功名未有成。
爲甚麽我姑娘十分慕，
只爲你筆下掃却五千兵。

今日具帖將你請，
還要廻避廊下僧。
老夫人嚴命宜遵領，
要和賤妾即便行。

【月尾】
老夫人專意將你等，
自古道，從命勝恭敬，
休叫我紅娘再來請張先生。
看我前後張羅，所爲何情？

14. 送情

---

① 紅葉題詩，這裏指張生和崔鶯鶯書信傳情。唐德宗時，奉恩院王才人養女鳳兒，曾以紅葉題詩，置御溝中流出，爲進士賈全虛所得。後全虛懷戀其人以至泣下，帝聞此事，終將鳳兒賜給全虛。見宋王銍《補侍兒小名録》。一説爲唐宣宗時，舍人盧渥自御溝中拾得紅葉，上題絶句一首，乃收藏於箱底。後宣宗遣放宫女嫁人，盧渥前往擇配，事後始知妻子恰爲題葉之人。見唐范攄《雲溪友議·卷一〇》。又一説爲僖宗時，宫女韓氏以紅葉題詩自御溝流出，爲于佑所得，佑再題一詩，投放御溝上流，韓氏得之亦收藏著。後來帝放宫女三千人，于佑娶得韓氏，成親後，各取紅葉相示。見宋劉斧《青瑣高議·流紅記》。另一説則作僖宗時，李茵妻韓氏。見五代宋孫光憲《北夢瑣言·卷九》。後比喻姻緣巧合。也作"紅葉之題""御溝題葉""御溝流葉"。明謝讜《四喜記·第一八出》："黄花初綻，碧梧漸凋，御溝流葉空來到，最難熬。"

【背弓】
君瑞寂寞想思害,
身靠窗檽無計安排。
猛聽得,有人嘆嗽在窗兒外,
他說是,小小紅娘送情來。

【斷橋】
君瑞把門開,
小姐請進來。
燈下觀你到有些風流才,
我愛你兩鬢如刀裁,
我愛你足登鳳頭鞋。

【背尾】
不由人急忙摟抱在懷,
一霎時,魂靈飛在天涯外。
拎①緊香羅帶,
送你出書齋,
明夜晚,挪些工夫早些來。

15. 思情

【背弓】
鶯鶯酒②醉,
在牙床睡。
喚了聲紅娘小妹妹:

---

① 拎,同"捻",急持,緊緊抱住。《抱朴子·用刑》:拎卻寒之裘,以禦鬱隆之暑,踵之解除,頤之搔背,其爲憒憒,莫此之劇矣。
② 酒,原誤作"洒",形近而誤。

幾日卻怎麼不見張君瑞？
奴的那封書，未必下在西廂内。

【月調】
紅娘聽説，
斜瞪秋波，
尊了聲姑娘錯怪了我，
張相公話兒言得明白。

【月尾】
曾約下三更三點在花園内等，
約定佳期定然不錯。
姑娘呀，你耐着心兒等，不必張羅。

【雙蛾】
張生他自然來，
爲何你可等不得？

【銀扭絲】
他若是不來治我的罪。

【馬頭起三字餘背尾】①
他若來，一定留他在花園裏睡，
睡是睡，
三人蓋上兩床被。

16. 定計

【月調】
九月肅霜，

---

① 马头起三字餘背尾，意思是曲牌下"他若来"三字属于【马头调】，其余属【背尾】。

風雨進重陽。
鶯鶯染病在牙床,
低言漫語喚紅娘。

【漫數】
鶯鶯開言:
喚聲紅娘,
命你去奔西廂,
快請張郎。
你就說奴家有疾,倒臥在牙床。

求他妙筆開幾味藥方,
露水夫妻,表表心腸。
奴縱死在九泉,也免得他心傷。

【緊數】
紅娘聞言哏嘴笑,
我有言語聽心上。
明明你把想思病兒害,
用甚麼藥來,開甚麼方?

明日有個機會事,
老夫人佛前去降香①。
你那裏柬帖忙修就,
奴家移步到西廂。
請來張生越過粉牆,
你二人顛鸞倒鳳鬧一場。

---

① 降香,古代天子爲祈禱晴雨而焚香祭神,稱爲"降香"。後泛指至寺廟進香膜拜。《西遊記·第三六回》:"你豈不知我是僧官,但只有城上來的士夫降香,我方出來迎接。"

【月尾】
此計更比靈丹妙，
一句話猜破透心涼。
手壓胸前想一想，莫着忙。
好一個精細伶俐丫環，名叫紅娘。

17. 拷豔（其一）

【月調】
老夫人怒氣生，
小紅娘心内驚。
怒坐華堂問分明，
拷打侍兒吐真情。

【背弓】
老夫人成怒坐華堂，
拷問婢子小紅娘：
這兩日，鶯鶯行動語言怪，
我今日，打殺你這小賤才。

【南金錢】
小紅娘淚滿腮，
恨姑娘將我害，
無情拷打，交奴怎，怎樣挨？

哭啼啼忙向前，
我只得吐真言：
老夫人把話聽，聽心間。又

【滿江紅】
孫飛虎把寺圍，

要搶小姐成雙對,
喊聲似春雷。
老夫人忙傳令:
無論僧俗能解圍,
情願把鶯鶯配。
多虧了張恩人,
求兵殺退賊。

老夫人你反悔,
張生自心愧。
姑娘暗追悔,
書房裏去相窺,
用一點妙藥兒治好了張君瑞。
二人把住期會,
夫人休窮究,
聽奴把話回。

【進蘭房】
張恩人世間少有,
三教①主通澈九流,
文章魁首。
我姑娘描鶯刺鳳女班頭②。

老夫人休要窮究,
崔相府且免出醜。
女大不中留,
他二人姻緣只有天配就。

---

① 三教,夏代教忠,商代教敬,周代教文,稱爲"三教"。見漢班固《白虎通·卷七·三教》。

② 女班頭,一群婦女的領袖。明淩濛初《紅拂記·第一出》:"論著俺女班頭,也原該封品位。"

【背尾】
老夫人聞言,心中喜歡,
命紅娘,快請張生到庭前。
贈銀兩,命他早把鼇頭占。

【月尾】
張生聽言展笑容,
辭別夫人就登程。
紅娘抱瓶到長亭,來薦行①。
只盼你,得中金科狀元首一名。

18. 拷豔(其二)

【月調】
弄醜貽羞②,
愁鎖雙眉頭。
西廂月下事洩露,
喚來紅娘審問根由。

【漫數】
老夫人承怒雙眉緊皺,
喚聲小紅,膽大的丫頭!
月下情事,皆被你引勾,
還不從實,與我說來。

【五更】
唬得我提心在口,

---

① 薦行,據文意當作"餞行"。音同而誤。
② 貽羞,令人蒙羞。如:"他若繼續爲所欲爲,只是危害社會,貽羞家人而已。"

膽顫心又愁。
西廂月下何時把風情露?
夫人今日怎甘休!

夫人且息怒,
那有這情由?
說甚麼月下把甚麼情偷,
那事兒奴卻也不會做!

【採浪花】
夫人聽言冲冲怒,
罵了聲:強嘴①的賤丫頭!
你今日還敢巧言辯,
出醜事引你姑娘任意遊!

繡鞋兒踏濕蒼苔露,
月影兒初上柳稍頭。
勾引狂生張君瑞,
在西廂月下逞風流。

【勾調】
無針如何能引線,
無水怎樣去行舟?
是非皆因你引誘,
私合鳳配結鶯儔②。

一條棍兒拿在手,身旁抽。

---

① 強嘴,同"犟嘴"。
② 鶯儔,用來讚美情深意摯的男女。通常用爲新婚賀詞。如:"這對新人兩心相契,真是鶯儔鳳侶。"

今日要打死你小丫頭。

【大拾片】
打得我小紅娘實難忍受,
急忙忙跪塵埃苦苦哀求:
從不記孫飛虎賊圍普救,
他一心想小姐匹配鶯儔。

兩廊下,眾僧人瞪目緘口,
直困得,似堅水泄不流。
大佛殿,老夫人一言出口:
若有人救小姐願詠河洲①。

小張生聞此言滿心歡透,
急忙忙差慧明去把書投。
搬來了白馬將驚散羣寇,
筆尖兒輕掃了五千貔貅②。

又誰知老夫人席間悔口,
把一個姻緣事付之東流。
既不允,你就該打發他走,
爲甚麼把張生苦苦留?

---

① 詠河洲,這裏指淑女求偶。《詩經·周南·關雎》:"關關雎鳩,在河之洲。窈窕淑女,君子好逑。"
② 貔貅,比喻勇猛的將士。宋徐君寶妻《滿庭芳·漢上繁華》詞:"一旦刀兵齊舉,旌旗擁,百萬貔貅。"明于謙《入塞》詩:"將軍歸來氣如虎,十萬貔貅争鼓舞。"

有曠夫何①怨女②情思已久?
無奈了效紅葉流出御溝③。

【西京】
七絃琴、五言詩,彼此引誘,
纔命奴才遞柬帖情合意投。
一個兒穿花影,月下等候;
一個兒在西廂,暗數更籌。

趁月色合姑娘去把親就,
小姑娘隨後邊抱衾與裯。
掩柴扉,撥不開雲情雨露,
似巫山會襄王④,魚水⑤難收。

立蒼苔,曾把奴弓鞋⑥冰透,
直待得月影兒上了簾鉤。
這都是,老夫人自作自受,

---

① 何,當作"和"。音同而誤。下同
② 曠夫和怨女:曠夫怨女,語本《孟子·梁惠王下》:"內無怨女,外無曠夫。"指達婚齡而尚未婚嫁的男女。《喻世明言·卷二三·張舜美燈宵得麗女》:"他兩個正是曠夫怨女,相見如餓虎逢羊,蒼蠅見血,那有工夫問名敘禮。"
③ 紅葉流出御溝,比喻姻緣之巧合。唐朝年間,後宮的宮女人數眾多,而身處行宮的大多數宮女,卻只能一生遂向空房宿。相傳彼時無數的上陽宮女題詩紅葉,拋于宮中流水寄懷幽情。參見本卷《西廂請宴》"紅葉題詩"條。
④ 巫山,指男女歡合,巫山之會指男女歡合之事。戰國時楚懷王、襄王並傳有游高唐、夢巫山神女薦寢事。見《文選·宋玉·高唐賦·序》《文選·宋玉·神女賦·序》。《紅樓夢·第五回》:"是以巫山之會,雲雨之歡,皆由既悅其色,復戀其情之所致也。"
⑤ 魚水,桓公使管仲求甯戚,甯戚回應他:"浩浩乎"。管仲從侍婢所引詩"浩浩者水,育育者魚,未有室家,而安招我居",得知甯戚因未有家室而不願受召。典出《管子·小問》。後比喻夫婦。如:"魚水和諧"。
⑥ 弓鞋,本指彎底的鞋子。後用來泛指纏足婦女所穿的小腳鞋子。《儒林外史·第五三回》:"聘娘只得披繡襖,倒靸弓鞋,走出房門外。"

到今日反前來打我丫頭。

祈夫人開天恩,暫且息怒,
弱嫩胎,怎經得家法相投?
打死我紅娘難遮此醜,
我姑娘終身事怎樣甘休?

勸夫人且將此姻緣成就,
架①鵲橋渡過了織女牽牛。
也免得老相國地下生醜,
也免得敗壞了相府門樓。

【倒口板】
夫人聽罷一席話,
含羞怨氣鎖眉頭。
低下頭兒自思想,
雙目滔滔淚交流,
能言利嘴的賤丫頭。

【琵琶】
常言道女大不終②留,
留下多半結冤讐。
到今日果然弄出醜,
小丫頭反說我不周。

我這裏再把紅娘喚,
急忙前去莫停留。
到西廂喚過那個禽獸,

---

① 架,原作駕,依文意改。
② 終,據文意當作"中"。音同而誤。

這正是事到頭來不自由。

【金錢】
小紅娘聽言把淚收，
忙站起暗喜心頭。
拎香羅整整衣袖，
沾秋波遍體疼痛難忍受。

【緊數】
挽一挽青絲抿鬢頭，
急忙前去莫停留。
今日折磨因誰受？
悔不該月下把書投。
忍氣吞聲往外走，
下廂階自覺得滿面含羞。

【月尾】
到西廂去見張君瑞，
把今日之事說來由。
若見夫人苦哀求，結鸞儔，
那時節，把月下之事一筆勾。

19.聽琴

【月調】
冰輪乍影，
風捲殘紅。
可歎仙子廣寒宮，
他合奴的淒涼更相同。

【漫數】
适縫間偷過，老夫人房中。

鶯鶯前行,後隨着小紅。
來到花園,細觀分明。

月照松梢,影兒西行。
主僕來到牡丹亭中,
太湖石下,整一整貌容。
側耳細聽,樵樓鼓打三更。

【背弓】
君瑞月下把瑤琴奉,
鶯鶯、紅娘簾外細聽。
是怎得,悲秋愁雲甚情重?
宮商角徵羽,
音韻按五行,
仔細聽,琴内情由如山重。

【斷橋】
鶯鶯暗傷情,
嗟歎張相公。
你爲奴家費盡琴工,
奴爲你只落得心酸痛。

【金錢】
婚姻事非奴不成,
閨閣内怎敢胡行?
救命人恩義非輕,
喚紅娘傳書遞柬把琴來送。

【背尾】
鶯鶯思念,正在心中,
猛聽得,紅娘一旁喚一聲。

急忙走向前,
姑娘且從容,
你細聽,宮音悲切商音痛。

【緊數】
倚窻檽,身如冰,
耳邊不住響叮咚。

莫不是梵王宮①中把金鐘鳴,
莫不是銅壺滴漏聲?
莫不是拂牆花影動,
莫不是金鈎撞簾籠?

莫不是簷前鐵馬兒响,
莫不是裙帶拖地聲?
莫不是風吹竹葉動,
莫不是雨灑芭蕉聲?

這聲音,大不同,
忙把紅娘喚一聲。

【月尾】
紅娘道來姑娘聽:
那本是西廂君瑞月下,把瑤琴奉。
令人不住暗傷情,聽心中。
他奉的今晚離別、明日登程。

20. 哭宴

---

① 梵王宮,大梵天王的宮殿,泛指佛寺。元王實甫《西廂記·第一本·第一折》:"春光在眼前,爭奈玉人不見,將一座梵王宮疑是武陵源。"《金瓶梅·第五七回》:"幸而有道長老之虔誠,不忍見梵王宮之費敗。"也稱爲"梵宮""梵家""梵王家"。

【月調】
十里長亭，
楊柳垂青。
張生離別要登程，
辭別了夫人、小姐合小紅。

【漫數】
安排酒宴，十里長亭，
琴童勒馬，你且從容。
吩咐紅娘，把盞抱瓶，
鶯鶯低語，訴訴離情。

【緊數】
滿滿斟起一杯酒，
雙手兒遞與張相公。
京地得中早回轉，
免得奴家操心口。

【落江院】
張生聞言心兒酸悲，
今日離別何日相會？
越思越想我可心酸悲，
心酸悲眼中流淚。
眼流淚心意成灰，
口不飲來我可心先醉。

【反斷橋】
車兒轉回東，
馬兒慢慢行。
過了長亭又來到短亭，

^{咳哟説}望不見夫人合鶯鶯。

添一段離情,
掛一段離情。
衰草寒煙無數淒清,
^{咳哟説}鞭影兒斜掛在夕陽中。

【背弓】
望郎君,蹤兒、影兒漸漸地去。
回香閨,心兒、意兒不由人熬熬煎煎地起。

奴還有甚心情,花兒、粉兒打扮得嬌嬌滴滴地媚。
入羅幛,衾兒、枕兒昏昏沉沉地悶悶睡。

【背尾】
耳聽得譙樓鼓兒,
不住地聲聲搖,
是誰可憐他衫兒、袖兒,
濕透了重重迭迭的淚?
還望他書兒、信兒,
時時刻刻、淒淒惶惶地合淚寄。

【月調】
奴這裏留戀春無計,
不知他今宵宿在那裏?
怕的是,金榜無名誓不歸,好慘淒。
要相逢,除非夢中會佳期。

21. 草橋夢

【月調】
長亭餞罷別,

心兒裏不甯帖。
可意人兒一旦抛撇,
但不知相逢在何年月?

【背弓】
君瑞路過草橋歇,
心中思念崔氏小姐。
可恨那,衾枕單寒煖不熱,
怎經得淒涼夜?
愁腸千萬結,
到叫我,翻來覆去多半夜。

【斷橋】
遊魂入夢鄉,
遇見女嬌娘。
愴愴惶惶進了店房,
喘噓噓氣兒接不上。

【金錢】
見小姐痛斷肝腸,
過許多曠野村庄,
金蓮小怎樣承當?
恨學生①連累小姐受魔障。

【釘缸】
許多賊人圍店房,
吶喊搖旗甚驚慌。

———————

① 學生,讀書人或從官者自稱的謙辭。《初刻拍案驚奇‧卷一二》:"此老是諸暨一個極忠厚長者,與學生也曾相會幾番過的。"《儒林外史‧第一回》:"我學生出門久了,故鄉有如此賢士,竟坐不知,可爲慚愧。"

可恨張生膽兒大,
你騙下仇家女嬌娘。
我要搶他山寨上,
快快將他送出房。

【打連廂】
張生這裏開言道:
罵一聲賊人太不該。
曾不記當初普救寺,
孫飛虎也曾一命滅。
瞅①一瞅着你爲海醬,
指一指着你化爲血。

【倒口板】
一句話兒未落點,
白馬將軍②天降來。
嚇退賊人齊走去,
只丟下一個崔小姐。
驚醒原是南柯夢,
心兒裏好生不寧貼。

【背尾】
風擺竹簾,銀燈兒吹滅,
猛聽得,簾前鐵馬兒催離別。
琴童睡未覺,
親手把門開。
只見那,曉星初起,霜花滿地,玉人阻隔在天涯外。

---

① 本字或爲"瞅"字。"瞅"在陝西方言有怒視的意思。
② 白馬將軍,這裏指杜確。元王實甫《西廂記·第二本·楔子》:"小子有一故人,姓杜,名確,號爲'白馬將軍',現統十萬大兵,鎮守著蒲關。"

【月尾】

我好似遭風的花兒,雨打的蝴蝶,

滿腹愁腸向誰怎説?

淚珠兒點點在胸前滴,悲切切。

這纔是夢從心頭起,一夜遭磨折。

22. 張生榮歸①

【月調】

張生轉回鄉,

得中新科②狀元郎。

封贈鶯鶯,誤卻紅娘,

倒惹得紅娘大鬧一場。

【漫數】

紅娘開言:

尊一聲張郎,

曾不記你東京赴考,路遇西廂?

我家姑娘謁廟降香,

你二人眉來眼去,不能成雙。

那時節你纔在紅娘面前,叫過親娘。

【緊數】

我爲你挨過老夫人的打,

我爲你深夜越過粉牆,

我爲你各廟把香降,

我爲你三更送柬張。

---

① 張生榮歸,《羽衣新譜》書中目録題爲"衣錦榮歸"。

② 科,原誤作"課"。音近而誤。

如今你的官高坐,
封贈鶯鶯,悮却紅娘。

【月尾】
是不是來想一想,
誰的是來誰的不良,
熱心腸換不到你冷心腸,自思量。
難道説我作丫環的人兒,做不得偏房①?

23. 賞時光

【滿江紅】
正月裏和風暢,
二月裏暖氣春光,
三月裏清明天,桃杏花兒開放。
四月裏梅桂花兒香,
五月裏午端陽,吃酒飲雄黄。
六月裏熱難當,
七月裏秋風涼,織女會牛郎。
八月裏賞月光,
九月裏金菊香,對景好淒涼。
十月裏夜偏長,
冬月②裏盼才郎,
臘月裏郎不還鄉。

24. 贈釵環

---

① 偏房,妾,相對於正室,故稱爲"偏房"。元楊顯之《酷寒亭·第二折》:"俺哥哥纔娶的偏房,新亡了正室。"《喻世明言·卷一·蔣興哥重會珍珠衫》:"這平氏到是明媒正娶,又且平氏年長一歲,讓平氏爲正房,王氏反做偏房。"也作"偏室"。
② 冬月,農曆十一月。又可參考卷一李春官《跋》的相同詞條。

【滿江紅】
叫情人,奴勸你,
回心轉了意,
色終把人迷。

將釵環,贈與你,
另娶一房妻,
淡貧你自己。

怕只怕,奴丈夫,
遲早轉回歸,
恐怕你吃虧。

你愛奴容貌好,
終久是別人的妻。
誠恐擔悮①你,
到後來,後悔遲。

奴也會勸過你,
你也怪不得。
冤家呆子輩,
你怎麼不得明白?

25. 獎金蓮

【代把背弓】
兩隻腳兒一般大,
多虧奴的媽。

---

① 擔悮,當作"耽誤"。音同誤寫。

又不歪斜又不倒塌,
剛剛三寸大。

穿一雙緞鞋上,
绣着牡丹花,
是奴親手紮。
小高底只有一文銅錢大,
步步踏梅花。

【背尾】
慟殺奴家,
愛殺寃家,
今年纔十八。
愛奴的人兒,
不揑腳兒不說話。

前世有緣法①,
那情人不管有人,管沒人,
說的盡是調情話,
將奴活羞殺。

26. 摘葡萄

【背弓】
姐兒想吃酸葡萄,
葡萄架兒搭得高。
叫丫環,掇條板櫈②摘葡萄,

---

① 緣法,緣分。《儒林外史·第四回》:"人生萬事,都是個緣法,真個勉强不來的。"《紅樓夢·第九七回》:"李紈在旁解說道:'當真這林姑娘和這丫頭也是前世的緣法兒。'"

② 櫈,同"凳"。

喜的是,一抓一抓往下吊。

【斷橋】
左手扳架,
右手摘葡萄。
架子一搖閃了奴的腰,
險些兒木底揉①掉了。

【背尾】
手拿繡鞋,就往裏跑,
怕只怕,外邊有人瞧見了。
這纔是,爲嘴傷身、丟底賣害②,
出怪弄醜惹人笑。

27. 檀香墜

【月調】
過江把親迎,
天降雨朦朧。
恨親翁,將我留在他府中,
拜花燭,不敢推諉只從命。

【背弓】
忽聽令人一聲稟,
江水潮發不能回程。
悔不該,我替公子作吟詠,
又不該,替他前來把親迎。

---

① 此字原寫作"揉",據文意疑爲"崴"字的異體。
② 丟底賣害,這裏指丟盡祖宗的臉面。也可指女子作風敗壞,使家裏丟盡面子。陝西方言詞。

【斷橋】
丫環執壺瓶，
換盞飲交鍾。
他若問時我怎應承？
奴欺主犯罪也非輕。

【金錢】
一霎時夜静深更，
我不出鐵鎖牢籠。
嚇得我膽戰心驚，
把我的心猿意馬牢定。

【滿江紅】
一更裏月静深更，
小丫環出房中，
二人各西東。

偷眼兒觀新郎，
奴家喜氣生，
纔是個好貌容。
人説是公子醜，
盡都是虛情，
外人話兒莫要聽。

今晚到一處，
偷暖把寒送，
要結海誓山盟。

上前去深施禮，
他那裏懶得迎，

將奴吃一驚。

不知他所爲何情,
叫奴不得分明。

【步步交】
二更鼓兒敲,
鵲鳥入籠牢。
悶坐洞房我好心焦,
我好心焦!

小鹿兒不住在胸前跳,
桃園洞我纔往來到。
今夜好難熬。

牛郎渡鵲橋,
舉目偷情要把佳人瞧,
要把佳人瞧。

見花容把我的魂勾吊,
胡麻飯①卻被他人造。
欲火往身上潮,
色膽把天包,
坐懷不亂是英豪,是英豪。

學先賢恐怕我不能到,
還是我莫領高人教。

---

① 胡麻飯,胡麻炊成的飯。胡麻,芝麻。相傳東漢永平年間,剡縣人劉晨、阮肇入天台山采藥,遇二女子邀至家,食以胡麻飯。留半年,迨還鄉,子孫已曆七世。見南朝宋劉義慶《幽明錄》及《太平廣記》卷六一引《神仙記》。後因以"胡麻飯"表示仙人的食物。

膽戰心又跳,
低頭把髮搔。

別人的妻兒被我占了,被我占了。

那公子合我怎開交?
自古道,人饒天不饒。

【一點油】
三更鼓兒發,
佳人活急殺。
恨將起來咬碎銀牙,
金蓮懶掙札①。

輕輕上前手把手兒拉,
咱二人銷金帳,
說幾句知心話。
休誤了今夜晚,
一刻千金價。

一言也不答,
裝聾又賣啞。
拉拉扯扯惹得人笑話,
羞得奴臉通紅,
忙將頭低下。

忍不住淚珠兒點點亂如麻,
埋怨二爹媽,
當年做事差。

————————
① 掙札,当作"挣扎"。

悔不該把孩兒許配與他。
假若是徐公子,
此時必有岔。

今夜晚獨自眠,
豈肯干休罷?

【銀扭絲】
四更裏夜深冷清清,
風聲嘹亮打窗櫺。
滿懷心腹事,
盡在不語中。
身體困倦難行動,
風流時節心不幸。

抖一抖精神掌銀燈,
紅羅帳裏觀分明。
佳人連衣臥,
天仙下九重。
引得我學生心不定,
去合他鸞交鳳。

羊羔美酒不敢用,
到退一步且從容,
公子待我甚有情。
人行本等事,
天造自分明。
誰知我今晚受冷凍,
燈光菩薩作見證。

【紗窗外】
五更鼓兒鳴,

鐵馬响叮咚。
洞房花燭夜,
魚水不相逢,
鴛鴦枕要他一個終有何用?又

金鷄連聲唱,
霎時到天明。
人間歡樂事,
只在此宵中,
看來你纔是一個悶呆形。又

仰面把天叫,
頓①足手捶胸。
長出一口氣,
險些兒吹滅燈。
觀見新郎無動静。又

思前又想後,
裏黑外不明。
若是徐公子,
定然婚配成。
要與我爹媽講説分明。又

【背尾】
打罷了五更,東方發明,
怕只怕,令人知曉入網籠,
今夜晚,實在黄河洗不清。

【月尾】
小丫環聽房參透其情,

---

① 頓足,原頓寫作"跊"。下同。

要與我老爺、夫人訴說明。
他的名兒叫單飛鸚,聽得清。
到天明,我要把绣閣事兒查問一程。

28. 梵王宮①

【月調】
奴好孤單,
悶坐愁煩。
想思病害得奴實難言,
猛想起射貂一位少年。

【背弓】
獨自坐深閨多悶倦,
思想起花雲好慘然。
梵王宮,箭射雙貂人欽羡。
男女千千萬,
個個誇幾番,
無一人,不把那生談數遍。

【五更】
好一個俊俏男,
容貌正當年。
心想合他結爲姻眷,
這句話卻能對誰言!

【金錢】
每日裏常把他盼,

---

① 《梵王宮》,劇本描寫在梵王宮廟會上,貴族耶律壽的妹妹耶律含煙(一作葉含嫣)相遇花雲,因獵户花雲箭射雙貂而產生愛慕,恨父母早喪、哥嫂不作主張、媒婆也不提親,枯坐乾等、思念情郎的故事。

到叫我掛在心間。
恨媒婆不行方便，
花相公怎知奴家把你念。

【剪邊花】
一更裏菱花照人顏，
自覺得容貌不照先，
越發熬煎。又

青絲飄繞懶得挽梳粧，
打扮是枉然，
有誰把奴看！又

【太平年】
二更裏來坐牙床，
思前想後好慘傷。
奴家今春二十上，
怎不與奴選才郎。

哭聲爹娘命早喪，
丟下孩兒好淒涼。
這句話兒對誰講，
忍氣吞聲淚汪汪。

【進蘭房】
三更裏越加恓惶，
恨哥嫂太得不良，
忘卻爹娘。
叮嚀言語何在你心上？

全不念同父仝娘。

恨媒婆也不來往,
費盡心腸,
俏佳人怎不見配才郎。

【銀扭絲】
四更裏似睡朦朧,
見射貂小花雲,
仝入羅幃帳。
二人訴恩情,
奴爲你得下想思病。

自從相會梵王宮,
無一夜不等你到天明。
婚姻天造就,
今晚纔相逢,
咱二人鴛鴦枕上鸞交鳳。

【緊數】
五更裏金鷄連聲唱,
驚醒南柯夢一場。
醒來坐在牙床上,
殘燈未滅好凄涼。

放心不下四下望,
不見花雲在那方。
耳聽鐵馬叮噹响,
眼觀窗外月無光。

【背尾】
怨了聲二老,一命早亡,
丟孩兒,身長歲大誰照望。

瞞怨①奴兄長,
不與奴作主張,
到今日,關你妹妹無下場。

【月尾】
一夜只哭淚兩行,
朝思暮想盼花郎。
青春年少令人想,掛心上。
自古道紅顏薄命,多守空房。

29. 秋江薦別②

【月調】
步出佛堂,
拜別姑娘。
皇王開科把臨安上,
心兒裏難捨陳妙常。

【漫數】
有晉安打點琴劍書箱,
老觀主近前,喚聲侄郎:
這是盤費銀兩,好好收藏。
沿路上小心,總要端庄。
關津渡口,莫放顛狂。
把鼇頭獨佔,與先祖增光。

【吹腔】
陳妙常好淒涼,

---

① 瞞怨,當作"埋怨",音同而誤。
② 秋江薦別:敘潘必正進京趕考,陳妙常與其分別時的情景。陳妙常,文中作"陳妙嫦"。

斜視着潘安①心驚慌。
喜相逢,怕離別,
又怕他榮貴把奴撇。

委曲情,向誰說?
只落得閉口藏舌心不歇。
委曲情,向誰說?

【背弓】
潘必正再拜離家鄉,
那一傍呆站的如意妙常,
含淚眼,目不轉睛將咱望。
恩愛實難捨,
頓足又搥腔。
這纔是,功名風月,幾番攪擾在心上。

【五更】
老觀主催船裝,
送侄兒到秋江,
吩咐話兒牢記心上。
但願得狀元,報捷四海揚。

陳姑兒着了慌,
速忙到秋江,
覓下船隻趕上潘郎,
登一登弓鞋跳進艙。

一手扯潘郎,
一手搭肩膀。

---

① 潘安,晉代有美男子叫潘安,這裏是代指潘必正。

今日作別何日還鄉？
怨姑娘拆散了鳳鸞凰。

【金錢】
不由人兩淚汪汪，
可記得聽琴詞章？
阻佳期天各一方，
共發誓糟糠之妻不可忘。

【背尾】
小生非是薄情郎，
求功名，光前裕後把名揚，
那時節，夫榮妻貴地天長。

【緊數】
陳姑兒鬢間把玉簪卸，
遞與潘郎好收藏。
十里紅樓休着意，
要遵五常合三綱。

夜晚投宿招旅店，
取出玉簪抱身旁。
全當奴家相伴你，
勿貪美酒戀嬌娘。

這幾句話兒牢牢記，
餘情還要你自思量。

【月尾】
但願你獨佔高魁龍虎榜，
金字匾懸掛在門牆。

衣錦榮歸姓名香,世流芳。
奴與你團圓偕老、攜手同行。

30. 梳油頭

【月調】
姐兒上繡樓,
手捧桂花油。
打開青絲梳油頭,
無趣的郎君將奴揉。

【漫數】
昨晚一夜,五更時候,
你將奴家那麼樣搓揉。
一夜風流,
還未曾得夠;
清晨早起,
又來摟裏摟搜。

【緊數】
姐兒兩手盡是油,
油手怎抱花枕頭。
白晝間玩耍有甚麼好,
丫環瞧着羞不羞!

今日有酒今日醉,
明日無酒且莫愁。
少年人要把身子修,
恐怕得病在後頭。

【月尾】
我說此話你不信,

你看那七十七、八十八,白了鬍子吊①了牙。
哼哼哼,咔咔咔,想得風流未曾得夠,
骨瘦如柴萬事休,聽從頭。
從今後,你把那酒色二字一筆消勾。

31. 佳人怨

【月調】
風兒刮着來,
我好難挨。
自覺得身肢瘦如柴,
精神短少癡呆呆。

【斷橋】
立夏四月來,又
不寒不暑正好合偕。
是這等好時光,
兒父偏不在,
寂寞實難挨。又

低頭瞧見紅綉花鞋,
奴的夫不在家,
是誰把你愛?
身肢瘦如柴。又

不茶不膳眉頭不開。
終日間笑別人,
奴也把想思害,
命裏我何該。又

---

① 吊,當作"掉",音同而誤。

怕的是黃昏月照樓臺,
到晚來和衣寢懶解香羅帶。

【月尾】
夢兒裏夢見恩合愛,
不由人倚靠紅綾魂遊天外。
驚醒奴家夢陽臺,
郎呀你還未回來,
恨將起摔爛了紅繡花鞋。

32. 半夜愁

【月調】
淒涼夜,
月影兒斜。
金雞三唱催離別,
不由奴淚珠點點流不斷絕。

【背弓】
喜只喜的今宵夜,
愁只愁的天明離別。
離別後,烏雲揉碎梅花謝,
耳聽得,樵樓更鼓交半夜。

【背尾】
月照紗窗,影兒西斜,
恨不能,金釵貫定天邊月,
老天爺,爲何閏月不閏夜?

【月尾】
心如刀絞難割捨,

可意人兒一但①拋別。
癡癡如瓜呆②,淚悲哀。
老天呀,但願得重續下個更鼓兒,再作離別。

33. 金蓮誤打

【月調】
見景兒傷懷,
懶將頭擡。
西門慶來在字什街③,
挑藍杆④下來誤打他的腦袋。

【漫數】
舉步上前,來在大街,
清風兒陣陣,挑藍杆下來,
打我頭巾歪帶,氣滿胸懷。

正然間發怒,擡起頭來,
見一位女娘,
將簾杖兒推開。

【緊數】
頭上青絲如墨染,
鬢間斜挿玉鳳簪。
秋波一轉人心動,

---

① 一但,據文意當作"一旦",音同而誤。
② 如瓜呆,像傻瓜一樣。
③ 字什街,應爲紫石街。
④ 藍杆,據文意疑作"欄杆",在《水滸傳》中作"叉杆"。用來支撐窗户的木竿或竹竿。下同。

好是仙女下天台①。

西門慶一見魂不在,
大睜兩眼只發呆。

【月尾】
潘金蓮下樓深深兒拜,
适纔間誤打官人莫要見怪。
你打學生理應該,免我的災。
説是姑娘呀,若不嫌棄再打幾下,
我情願挨。

34. 瑞蓮路遇②

【月調】
曠野奇逢,
瑞蓮兒路遇蔣世龍。
他二人眉來眼去多有情,
請問一聲小姐貴姓高名。

【漫數】
瑞蓮兒有語,
尊了聲相公,
北京城中,有我家門庭,
楊柳交集,鼓樓十字街東。

---

① 天台,神話中的仙境。元白樸《牆頭馬上·第二折》:"又不是瀛州方丈接蓬萊,遠上天台。"
② 《瑞蓮路遇》,此曲取材于元關漢卿作《拜月亭》。主要寫書生蔣世隆與王瑞蘭在兵荒馬亂時候的離合故事。戰亂逃亡之中,王瑞蘭與母親失散,書生蔣世隆也與妹瑞蓮失散。世隆與瑞蘭相遇,共同逃難中產生感情,私下結爲夫婦。按照《拜月亭》,這裏的蔣世龍作"蔣世隆",瑞蓮作"瑞蘭"。

奴名叫就①瑞蓮,
我父現在朝中,
只爲起了干戈,
因此上逃生。

【鳳陽歌】
金蓮兒疼痛,
步兒難行,
遠勞君子代一程。

在頭上卸下一丈青②,
輕輕兒挑破一雙鞋大紅。
扮足帶兒鬆又鬆,
紅綉花鞋蹬又蹬。
哭了聲我的天爺,噫兒呀。

【月尾】
關津渡口人盤問,
你就説,親哥哥帶領着小妹妹行。
君子前邊走,
待奴家欹動金蓮隨後行。

35.尼姑下山

【月調】
悶坐傷心,

---

① 叫就,倒文,據文意當爲"就叫"。
② 一丈青:一種細長的髮簪,一端可作爲耳挖子。《紅樓夢·第五二回》:"晴雯冷不防欠身一把將他的手抓住,向枕邊拿起一丈青向他手上亂戳。"

小尼姑兒自沉吟。
皆因是多愁多怨未了俗根,
怕只怕鳥語花香春又臨。

【背弓】
悔不該當初入佛門,
終朝每日口念經文。
只説是,成仙有路脱紅塵,
日日受寂寞,
夜夜伴鬼神。
那料想,仙路崎嶇,反來就悮了奴青春。

【銀扭絲】
閑來無事去下山林,
見一位姐兒把奴盤問:
誰家女花童,
怎肯入空門?
奴勸你梳起了烏雲鬢。又

身穿着僧衣,頭帶道巾,
手執着蠅刷兒①掃進婚姻。
未曾超三界②,
早已滅五倫。
聽她言,引動奴的傷心恨。又

---

① 蠅刷兒,這裏指揮拭塵埃或驅除蚊蠅的用具。即"拂子""拂塵"。拂塵在道門中有拂去塵緣超凡脱俗之意,也是道門中人們外出雲遊隨身攜帶之物。
② 三界,慾界、色界、無色界,道教認爲經過修煉,超過三界,即可居仙聖之鄉。《三寶太監西洋記通俗演義·第二六回》:"我既超三界外,不在五行中,怎麽又來管你凡間什麽閑争閑鬧鬥?"

【五更】
莫內何轉過山林,
坐禪堂自己温存。
思思量量無有親人,
大佛殿越思越想哭一陣。

【背尾】
哭的積修,哭的命運,
是這等淒涼困苦都受盡。
甚麽無量佛,
那管觀世音。
我只得,脱去僧衣、卸去道巾、
裝扮良民、改素爲葷,
學一個趕船陳姑①私逃奔。

【月尾】
小尼姑説罷把禪堂進,
收拾雨傘離山門。
從今後再不戒五葷②,喜在心。
下山去,尋個風流俊俏、多情多愛如意郎君。

---

① 趕船陳姑,指陳妙常。取材于明代高濂《玉簪記》傳奇的第 16 出。北宋末年,書生潘必正赴京趕考,不中,只得到女貞觀繼續攻讀,以備來年繼續參加科考。一天晚上,他在女貞觀中散步,恰好遇上美麗的尼姑陳妙常正在彈琴,兩人交談,甚是投機,確有相見恨晚的感覺。等潘再次參加科考走後,陳妙常催船追到江心送别,贈物訂盟。可參見本卷《秋江餞别》。參見卷四《大思凡》和《小思凡》。

② 五葷,五種列入葷食的植物。煉形家稱小蒜、大蒜、韭、芸薹、胡荽爲"五葷";道家稱韭、蒜、芸薹、胡荽、薤爲"五葷";佛家以大蒜、小蒜、興渠、慈葱、茖葱爲"五葷"。見明李時珍《本草綱目·卷二六·菜部·蒜》。《西遊記·第八回》:"遂此領命歸真,持齋把素,斷絶了五葷三厭,專候那取經人。"《儒林外史·第一二回》:"古人所謂五葷者,葱、韭、蕨薐之類。"也稱爲"五辛"。

36. 尼姑還俗

【月調】
更皷兒發,
小尼姑兒怨爹媽。
你二老吃齋不管咱①,
活活把人委屈殺。

【背弓】
那日閒遊山門下,
見一位書生盤問咱。
他言說,青春年少住庵下,
到晚來,孤枕獨眠怕不怕?

【五更】
師傅你姓甚嗎,
生長在誰家,
二老怎忍捨你出家?
倒不如從俗改了嫁。

【金錢】
聽他言遍體酥麻,
鎖不住心猿意馬。
問得我有口難答,
倒叫我翻來覆去睡不下。

【滿江紅】
小尼姑,正青春,

---

① 咱,入韵,发花辙,与"发妈杀"等字押韵。

年方二八,
花兒正當發。
怨爹媽,因甚事,
捨奴出了家,
耽擱了女嬌娃?

每日裏數珠兒,
常在胸前掛,
算的了甚嗎?
無心念彌陀,
懶去參菩薩,
心兒裏亂如麻。

但願得下山去,
尋個俊俏郎,
和奴配成雙。
風流不過咱,
佛法犯了把。

【背尾】
夢兒裏夢見那個冤家,
我二人,同拜花燭星月下,
猛醒來,又害寂寞又害怕。

【月尾】
奴不是青春女二八,
無有個知心可意人兒來伴咱。
一朵鮮花無人契,怨菩薩。
倒不如,下山去配一個風流俊俏小小冤家。

37. 書生渡江

【月調】
夏日天中,
荷花映水紅。
書生遊玩小橋東,
見一位漁婆站立舟中。

【漫數】
書生聞言,
尊一聲梢公:
渡我過江,
有銀錢相送。

【緊數】
漁婆聞言忙攏岸,
書生移步到舟中。
見得漁婆生的好,
難描難畫美嬌容。

你今渡我過江去,
中流祝你一帆風。
問得漁婆紅了臉,
書生講話禮不通。

我既讀聖賢書萬卷,
緣何不知禮周公?
奴本是披星戴月風寒女,
生在江湖長在舟中。
又好比水面浮萍草,
風吹浪打任胡行。

每日只見你江岸上走,
怎不向南學把書攻。
書内原有黃金貴,
連中三元早捷登。

【月尾】
貪戀紅塵有甚麼好?
露水夫妻一場空。
奴勸此話通不通,記心中。
問得他書生無言答對,滿臉通紅。

38. 小姑聽房

【背弓】
哥哥去伴新嫂眠,
月亮人靜房門緊關,
喜殺奴,出離繡房聽一遍。
不敢輕咳嗽,
移步到窗前,
只喜得,窗縫露出燈一線。

【斷橋】
嫂嫂坐床邊,
哥哥寬衣衫。
扯入羅帳共枕交歡,
粉蝴蝶兒摟抱花枝閃①。

【金錢】
耳聽得漱語交傳,

---

① 粉蝴蝶兒摟抱花枝閃,男女性愛的隱喻。

耳環兒叮噹不斷。
叫聲郎君且慢,
纖手兒不住拿羅帕揮香汗。

【背尾】
此事兒交羞①,難以留戀,
站窗前,我替嫂嫂渾身顫。
聽在情濃處,
教奴咬指尖。
唬殺奴,急忙回轉,心驚膽顫。
不防貓兒拌②動金蓮,險些兒將奴的腰兒閃。

39. 神魂顛倒

【背弓】
十冬臘月秋蟬兒叫,
五黃六月③凍下冰橋。
正午時,忽聽放了定更④炮,
半夜裏,太陽他在紗窗照。

【斷橋】
這事好奇巧,
茄子長在樹稍⑤。

---

① 交羞,據文意當作"嬌羞",音同而誤。
② 拌,據文意當作"絆"。
③ 五黃六月,農曆五、六月間天氣炎熱的時候。《西遊記·第二七回》:"只爲五黃六月,無人使喚,父母又年老,所以親身來送。"《警世通言·卷二四·玉堂春落難逢夫》:"我若南京再娶家小,五黃六月害病死了我。"也作"五荒六月"。
④ 定更,舊時於晚上八點左右,敲鑼告知初更開始。
⑤ 樹稍,當作"樹梢"。

王瓜①蔓上結下葡萄,
三月三我只當重陽到。

【金錢】
奴爲你將心邪了,
奴爲你心性迷了。
奴爲你睡臥不知顛倒,
奴爲你糊裏糊塗把光陰過。

【背尾】
架上錦鷄,我認成仙嚛,
奴可糊塗了,
棗兒樹上摘櫻桃,
奴可明白了,
八月十五鬧元宵。

40. 高樓望夫②

【月調】
盼才郎,
痛斷肝腸,
是你這鐵石人心蓋世無雙,
卻怎麼一去不還鄉?

【背弓】
佳期約定桃花放,
慌奴趂等菊花黄。

---

① 王瓜,植物名。葫蘆科王瓜屬,多年生蔓草。生於原野間。根呈塊狀,味如山藥,莖瘦長,葉互生。夏日,葉腋開白色花;果實爲橢圓形紅色漿果,可作爲化妝的原料。也稱爲"土瓜""公公鬚""野甜瓜"。
② 《高樓望夫》至《九月盼郎》五曲,都是思婦思念丈夫和盼望情郎歸來的曲子。

淒涼病,害得不像人模樣,
盼郎君,那晚不等你到明月上。

【背尾】
手壓胸膛,
自己思量,
這纔是,聰明人上了聰明的當,
不由人,淚珠點點在衣襟上。

【月尾】
盼我郎茶不思來飯不想,
臥高樓獨對一盞殘燈,將你盼望。
害不盡的淒涼病兒比水還長,奴怎當?
怕只怕病兒懨懨,等不得郎。

41. 绣鞋占課

【月調】
孤身獨坐,
晚來睡不着。
想思病兒將我磨,
十有八九不得活。

【漫數】
想起從前,同入紅羅,
他愛奴家,對面雙蛾。
奴家愛他,風流人物,
蝶採嬌香,兩意相和。

誰料想而今,天涯海角,
獨對銀燈,紅顏命薄。

思前想後,實實難過。

【背弓】
難過、難過、實難過,
實難過來睡不着。
睡不着,身披衣衫在被窩坐,
脫下了,紅綉花鞋占一課①。

【斷橋】
想思病兒將我磨,
磨得我無其奈何,
時時刻刻在我心眼兒站着。
你今日不回來,奴晚晚連衣兒臥。

【背尾】
一隻仰着,
一隻合着。
他回來,這隻鞋兒那麼樣着;
若不回,那隻鞋兒這麼樣着。

【緊數】
一隻仰來一隻合,
卦內的情由分明説。
一隻仰來不相見,
一隻合來受折磨。

兩隻仰來終有望,
兩隻合來喜氣多。

---

① 占課,以課象占吉凶。清何琇《樵香小記·卷上·古占法》:"譬如今之術數家言,其神驗者多誣。至其占課,論單拆交重,推命用五星八字,則今世同用之法也。"

奴家今晚占了一課,
偏偏兒遇見兩隻合。

兩隻合來占得妙,
今晚團圓必快樂。
喜雀兒不住喳喳叫,
碗內茶棒端立着。

紅绣花鞋鼠咬破,
夢見紅日照着我。
手心不住只發癢,
眼又跳來耳發燒。

【月尾】
哈巴狗兒往外跑,
可意人兒他將門敲。
手掌銀燈門外瞧,喜眉梢。
喜得奴拍着手兒、擔着嬌兒,念了一聲:阿彌陀佛。

42. 绣鞋卜卦

【背弓】
深閨静養松窗下,
獨對銀燈暗將淚拭。
爲終身,脱下绣鞋打一卦①,
卻怎麼,兩隻鞋兒都往下。

---

① 打卦,占卦、卜卦。元無名氏《盆兒鬼·楔子》:"遇著一個打卦先生,叫做賣半仙,人都説他靈驗的緊,只得割捨一分銀子,也去算一卦。"《醒世姻緣傳·第四回》:"晁大舍慌了手腳,嶽廟求籤,王府前演禽打卦。"

【斷橋】
這好不糊塗,
埋怨爹合媽。
年年月月選擇夫家,
貪榮耀到把奴的好事兒岔。

寒門生貴子,
忤逆出便家。
富貴功名雨後的花,
嚼銀牙我把媒婆罵。

男以女爲室,
女以男爲家。
男大當婚女大當嫁,
卻怎麼打不出終身卦。

【落江院】
南無佛①、觀世音菩薩,
奴青春今纔二八②,
慈悲一個俏冤家。
但願他情性溫雅,
奴和他無義無妨③,

---

① 南無佛,禮敬佛陀。譯自胡語。《太平廣記·卷一一一·王玄謨》:"觀世音!南無佛!與佛有因,與佛有緣,佛法相緣,常樂我情。"
② 二八,指十六歲。
③ 無妨,沒有妨礙。《紅樓夢·第一一回》:"說了些閒話兒,又將這病無妨的話開導了一番。"

行雲雨①只在銀燈下。
十月完滿嬰兒產下,
保佑奴生個兒娃,
無災無難恩也恩養大。

【背尾】
有靈有應,觀世音菩薩,
那時節,奴感佛門慈悲大。
待弟子,親手繡對長命寶蓋②、香燭供菓、紙馬銀錢,夫妻雙雙、手拖寃家,
答報你老人家。

43. 七月思夫③

【月調】
秋景淒涼,
涼夜難當。
當空一輪明月照滿紗窗,
窗前缺少個畫眉的郎。

【背弓】
七月秋風透體涼,
佳人思夫兩淚汪汪,
望銀河,牽牛織女配成雙。
他那裏,暑往寒來必定算些想思帳。

---

① 雲雨,比喻男女歡合。《清平山堂話本·柳耆卿詩酒翫江樓記》:"向前將月仙摟抱在倉中,逼著定要雲雨。"《紅樓夢·第一二回》:"賈瑞心中一喜,蕩悠悠的覺得進了鏡子,與鳳姐雲雨一番。"
② 寶蓋,用珍寶裝飾的華蓋。南朝梁簡文帝《菩提樹頌》:"菩薩飛象,越香土而來儀,五百寶蓋,騰光自合。"
③ 原書目錄作"思夫"。

【斷橋】

鐵馬兒噹啷啷，

良夜暗心傷。

你爲功名常在他鄉，

怎知奴憔悴欲斷腸。

【金錢】

奴爲你懶上牙床，

奴爲你懶綉鴛鴦，

奴爲你懶對銀缸，

奴爲你萬種情思苦夜長。

【背尾】

雲淡星稀月轉廊，

憶臨行，枕畔佳約盡是謊。

何一日，等你回來，銷金帳裏揪住羅帶，勒揹你個嬌模樣。

【月尾】

郎不回還，

奴的精神少，

少不得懷抱琵琶，低聲兒唱。

唱的是紅顏薄命，多受淒涼。

44. 九月盼郎①

【月調】

紅日墜西斜，

---

① 原書目錄作"盼郎"。

想壞了一枝花。
雁過南樓思故家，
猛聽得梧桐葉落刷辣辣。

【背弓】
九月重陽景最佳，
楓林紅葉，菊有黃花。
雁南飛，哀鳴清唳音高下，
引得人，一片悠思亂如麻。

【斷橋】
郎君走天涯，
秋盡不還家。
爲你縫裳常將淚拭，
欲丟開，仍自丟不下。

【金錢】
奴盼你月墜西斜，
奴盼你月上窗紗，
奴盼你剪盡銀蠟，
奴盼你珠簾暮捲常高掛。

【背尾】
寒蟄兒在戶，唧唧喳喳，
驚得奴，星眼朦朧胡挨拭。
猛聽得，報曉烏鴉鐘鼓兒發。
驚醒奴家，又害想來又害怕。

【月尾】
翻來覆去睡不下，
思想起郎君，咬碎銀牙。

一夜五更淚巴巴,盼着他。
怕只怕明晚月照窗紗,又要想他。

45. 買花

【背弓】
清晨早起梳粧罷,
照一照芙蓉帶上翠花。
忽聽得賣花之人到門下。
手搖篆子①响,
身背桂花箱。
我想带,一枝一分不讓價。

【斷橋】
佳人梳粧帶,
郎君轉回來。
你看奴家買枝花兒戴,
問郎君花,你愛不愛?

郎君笑哄哄:
娘子你當聽,
依我看來大不相同,
花兒好比你顏色重。

佳人淚傷悲,
雙手把郎推。
你嫌奴醜就不該婚配,
花兒好你就陪花睡。

---

① 篆,樂器名。如箏,有七弦。《元史·卷七一·禮樂志五》:"篆,制如箏而七弦,有柱,用竹軋之。"這裏指賣花時敲打的器皿,並非是真的樂器。

【金錢】
婦人家肯傷悲,
說句笑話將你得罪。
爲丈夫與你拭淚,
全不念常言夫唱並婦隨。

【背尾】
問聲娘子,還要甚花?
我要的,孔雀戲梅瓶内插,
我還要,唧唧嚨嚨、蛐蛐螞蚱、①
一抓喇葡萄、提著綾羅發藍的蝴蝶、
點翠②龍鳳鶯個兒架。

46. 賣花

【月調】
樹葉兒多,
尊了一聲賣花哥。
我家姑娘對我說,
叫我在大門以裏,
二門以外等你着。

【背弓】
清晨早起梳粧罷,
整一整烏雲帶朵鮮花,
忽聽得,賣花人兒來到鐘樓下。
篆子叮噹响,

---

① 螞蚱,當爲"螞蚱",音同字誤。下同。
② 點翠,鑲翡翠羽的首飾。

身背賣花箱。
仔細觀:賣花人兒頭帶煙氈、身穿藍衫,手挑花杆;
吆喝聲:通草花①兒來、翠花兒來,
三分一對,分半一枝,一厘一毫不讓價。

【揚州調】
蘇州打貨杭州賣,又
我也是買賣。又
心兒裏想開雜貨鋪,又
我可無本錢。又
擔上擔擔鄉中轉,又
賣的婦女錢。又

吆喝一聲賣雜貨,又
驚動女姣娥。又
蘇州料子尺碼大,又
好貨往進拿,
我可不讓價。

姐兒房中綉荷包,又
忽聽人吵鬧。又
催動金蓮往前跑,又
將奴閃一跤。

開開門兒瞧,
推開門兩扇,又
原來是呼郎。又

---

① 通草花,用通草(通脫木)製作的花。宋蘇軾《四花相似説》:"荼蘼花似通草花,桃花似蠟花,海棠花似絹花,罌粟花似紙花。"《警世通言·三現身包龍圖斷冤》:"只見兩個婦女,吃得面紅頰赤。上手的提著一瓶酒,下手的把著兩朵通草花。"

【背尾】
叫了聲丫環,你與我買花,
丫環囬言道:姑娘要甚麽花?

我要的,翠鳳玲瓏江西蠟①,
我還要,發藍翠花、蛐蛐、螞蚱、
古古籠兒、一抓喇葡萄②,
鬢邊斜插鶯哥架。

【月尾】
你把那絨花、翠花,多揀上幾朵,
拿回家去等我家姑娘親眼瞧過,
好來與你把價錢説。
呼郎哥放的花兒你不揀,癡癡呆呆瞧看甚麽?

47. 送燈③

【月調】
老嬸便開言:
女兒聽心間。
那公子容貌賽潘安,
娘命你琴房送燈走一番。

【背弓】
琴房悶坐張繼賢,
香風兒吹來女天仙,

---

① 江西蠟,翠菊的别名。也稱爲"八月菊""藍菊""六月菊"。
② 一抓喇葡萄,一串葡萄,方言詞。
③ 《送燈》,取材自《鑌鐵劍》。見《卷五·百戲圖》"送燈"條。

銀燈下瞧見佳人芙蓉面。
青絲如墨染，
金釵插鬢間，
仔細觀，柳眉杏眼、朱唇一點、耳墜金環，
臉是敷粉桃花綻。

【斷橋】
身是垂揚柳，
三寸小金蓮。
好是嫦娥降下臨凡，
美名兒叫就一個曾桂娟。

【金錢】
送燈來與心不安，
移交椅忙向燈前。
拂塵土兩次三番，
施一禮楊秋不采①懶②得還。

【銀扭絲】
小鹿兒不住的打在胸前，
心猿意馬難以牢拴。
向前忙扯住，
開口告艱難。
小娘兒何不行方便。又

憐念憐念多憐念，
憐念我學生在外邊。
忙把娘子叫，

---

① 楊秋不采，不理睬，方言詞。
② 懶，原誤作"攬"。音同而誤。

娘子聽我言，
咱二人成就一對並頭蓮。又

【一串鈴】
張相公來禮不端，
你因何事扯奴衫？
讀書人兒知禮義，
黌門中秀才敢欺天？

假若還我母曉此事，
將你一定送到官。
打你的板兒問你罪，
收到南牢坐禁監。

那時候你不得殘生命，
悔前容易悔後難。

【背尾】
小娘兒講話，禮上不端，
自古道，從來色膽大是天。
那怕王法律，
何懼到當官？
只要你，濟人之急、救人之難，
大大發上個慈悲念。

【月尾】
說得女娘兒心腸軟，
二人攜手到床前。
脫去羅裙款衣衫，一處眠。
這纔是蜂採花兒，味比蜜還甜。

48. 撿柴①

【背弓】
姜秋蓮坐在荒外,
乳娘相伴去撿柴,
巧相逢,多情多義李秀才。
殷勤問來歷,
一一説開懷,
方纔曉,家有繼母所遭害。

【斷橋】
相公本疏財,
銀兩贈奴帶。
或者是奴苦盡甘又來,
若不受,恐惹下風流債。

【金錢】
問一問父母安泰,
盤一盤青春幾在。
欱一欱兄弟和諧。
實實地問他終身誰主裁。

---

① 《撿柴》,取材於《春秋配》,講述了一對才子佳人歷經磨難終成眷屬的愛情故事。少女姜秋蓮生母早逝,父親出外經商,經常受後母虐待。一日,她隨乳母深山撿柴,路遇公子李春華,李同情姜的遭遇贈銀相助,姜難中受助對李産生愛慕之情。後母唆使外甥侯上官深夜奸殺姜秋蓮不成反而誤殺乳母,於是嫁禍于李春華,誣陷李殺死乳母拐走秋蓮將其告至公堂。縣官受賄枉法將李春華屈打收監。姜秋蓮連夜逃離家庭尋父鳴冤,巧遇李春華摯友、占山爲王的張彥行帶領弟兄下山營救李春華。最終張彥行假扮朝廷大員趕至公堂,懲處後母、侯上官及縣官一干惡人,救出蒙冤的李春華,並當場讓李、姜二人拜堂成婚。

【背尾】
一句話問得將人驚壞,
羞得滿面色變紅上腮。
檀郎①雖有意,
玉人多恩愛。
只見那,秋蓮大姐,眉兒彎彎,口兒歪歪,杏臉桃腮將淚滴。

49. 鶯鶯遊寺②

【月調】
多煩心焦,
同遊把君瞧。
用手一摸不見了,
叫聲紅娘却不好。

【背弓】
鶯鶯紅娘去遊廟,
紅綾汗巾失吊了。
叫小紅,速快與我廟內廟外找,
找不著,急得鶯鶯雙足跳。

【斷橋】
小和尚開言道:
汗巾我拾了,

---

① 檀郎,晉潘岳小字檀奴,因其容貌美好,風度瀟灑,爲當時眾多婦女心儀的對象,後世遂以"檀郎"做爲婦女對夫婿或所喜歡的人之美稱。唐韋莊《江城子·恩重嬌多情易傷》詞:"緩揭繡衾抽皓腕,移鳳枕,枕檀郎。"南唐李煜《一斛珠·晚妝初過》詞:"繡床斜憑嬌無那,爛嚼紅茸,笑向檀郎唾。"也作"檀奴"。

② 鶯鶯遊寺,敘崔鶯鶯隨法聰和尚游普濟寺和張生相遇而一見鍾情,期間應用丟失紅綾汗巾,被法聰和尚撿到,派紅娘去尋找的故事。

我不與你,你纏不得要,
你若要與我笑一笑。

【金錢】
紅娘聞言煩惱,
罵一聲:瘋魔野道!
我稟老夫人知道,
那時節定將你禿驢趕出廟。

【銀扭絲】
小和尚聽言辭色①不好,
跪在禪堂苦苦哀告:
哀告丫環姐,
今日將我,
全當是瘋狗把你咬。

紅綾汗巾我也不敢要,
千萬叫老夫人莫要知道。
夫人知道了,
此事怎開消?
那時節小和尚難住這個廟。

八字不強,命運不好,
六根②不净纏住這個廟。
今日該我死,姑娘將我饒。

---

① 辭色,言語態度。《晉書・卷六二・祖逖傳》:"辭色壯烈,眾皆慨歎。"《三國演義・第四一回》:"瑁遂與張允同至樊城,拜見曹操。瑁等辭色甚是諂佞。"
② 六根,能接觸外境與心境的眼、耳、鼻、舌、身、意(心理)的六種感官功能。《西遊記・第一七回》:"萬事不思全寡欲,六根清净體堅牢。"

到來生結草啣環把恩報①。

小和尚禪堂哭嚎啕,
哭得紅娘心腸軟了:
我與你方便,
暫且將你饒,
從今後規規矩矩聽娘教。

【背尾】
紅綾汗巾,能值多少,
上綉着,鶯鶯乳名張生的號,
怕只怕,旁人拾去惹人笑。

【月尾】
囑託你的言語須要記牢,
他本是未出閨姑娘有些害悄②,
小和尚拱手謹遵教,去修道。
難免得眾家師友,一場好笑。

50. 粧檯做夢

【月調】
正做陽臺夢,
恨了一聲風。
風兒啊,你是我的冤孽對頭,

---

① 結草,指魏顆救父妾,而獲老人結草禦敵的故事。參見"結草"條。啣環,指楊寶救一隻黃雀,後得黃衣童子以四枚白環相報的故事。參見"啣環"條。結草啣環比喻生前受恩死後圖報。元張國賓《合汗衫·第一折》:"小人斗膽,敢問老爹奶奶一個名姓也,等小人日後結草啣環,做個報答。"《西遊記·第三七回》:"朕當結草啣環,報酬師父恩也。"也作"啣環結草"。

② 害悄,据文意疑作"害臊"。

難遇見今日巧相逢。

【背弓】
粧檯盹睡魂遊夢,
見郎君不語斜倚幃屏,
喜得奴,忙向前去問一聲。
低頭深深拜,
滿臉倍笑①迎,
問着他,揚邁臉兒不招承。

【斷橋】
佳人皺眉縫,
秋波兩淚盈。
說句淡話牢記在心中,
因甚事惱怒這般重?

【金錢】
讀書人志量寬宏,
有甚話當面講明。
況奴小要你擔承,
全不念夫唱婦隨恩義重。

【背尾】
正講中間,風擺動簾籠,
驚醒奴,不見郎君只想夢。
扲緊香羅帶,
蹬蹬花綉鞋。
恨將起,手執青鋒,趕上前去,
拿住那風,不還郎君還奴夢。

---

① 倍笑,據文意當作"賠笑"。後同。

【月尾】

正合郎君訴離情,

耳聽得簷前馬兒噹啷啷,驚醒奴夢,

恃性子揉碎花兒恨風聲,氣滿胸。

這纔是紅顏薄命,遇見了恨心腸①的風。

51. 描牡丹

【月調】

心事兒煩,

有話兒懶得言。

鋪下連紙②描牡丹,

手提筆管淚漣漣。

【背弓】

從南飛來一羣雁,

也有成雙也有孤單。

成雙雁,飛來飛去真好看,

孤單雁,摸摸搓搓③在羣遠轉。

【背尾】

只看那成雙,

不看孤單,

看成雙,勾去奴的心頭怨,

看孤單,他和奴家更一般。

---

① 恨心腸,当作"狠心肠"。

② 連紙,一種單面光滑的紙。從前用以寫公文、做信箋、印傳單等。

③ 摸摸搓搓,猶疑不決的樣子。《醒世姻緣傳·第四〇回》作"突突摸摸":"狄希陳也到屋裏突突摸摸的,在他娘跟前轉。"《醒世姻緣傳·第四五回》作"都都摸摸":"狄希陳都都摸摸的怕見,他娘又催了他兩遍。"還作"都抹""都都磨磨"等。

【月尾】
我有心畫下一羣雁,
又恐怕學了雁孤單。
摸摸搓搓羣遠轉,好傷慘。
倒不如畫下一驥失羣麋鹿,順草兒眠。

52. 蝴蝶媒①

【月調】
日出東山,
花影過欄杆。

---

① 《蝴蝶媒》,常見劇目,又名《鳳蕭媒》,故事梗概是:登山秀才蔣戀在外出遊玩中,結識了綠林英雄好漢張崇簡,並結拜爲兄弟。後來,蔣戀在一次出遊西湖的當兒,被一隻十分美麗的蝴蝶招引到一處幽徑,就在這裏,他遇到了賣畫姑娘碧煙。兩人相互傾慕不已,遂結爲百年。這個蝴蝶並非一般蝴蝶,它是碧煙多年精心飼養,頗通姑娘心情的相知,姑娘爲表自己對蔣戀的情意,遂親手把此蝶贈與蔣戀。蔣離西湖到萊州他姑父花中魁家探親,不意此蝶被其表妹花柔玉所見,極爲珍惜,索爲己有,二人並以此蝶爲定情物訂婚。此後不久,朝廷開科選士,蔣戀告別表妹及姑父上京應試,留花柔玉一人在家。花日夜盼歸。西湖賣畫姑娘柳碧煙,本是孤女,父母雙亡後,就寄住妗母家中,以賣畫爲生。贈蝶與蔣訂婚後,妗母爲人貪財棄義,欲將她賣與揚州中郎將胡幹爲妾。碧煙不從,後强迫成親。一日,胡家出動大隊人馬,搶碧煙至舟中,欲謀搶回家中。這時碧姻懷念蔣戀,堅貞不從,舟中搶呼救命。適逢綠林英雄蔣戀結拜弟兄張崇簡在中秋山聚衆起義,深夜下山探查糧草。忽聽舟中有人呼救,快步趕至舟中搶救。張聽柳碧煙說明情由後,就殺死胡幹,救碧煙出,並令媒婆護送碧煙尋找蔣戀,誰知媒婆途中又生鬼計,逼柳回妗母家,忽然一猛虎出噙媒婆,留碧煙一人不知所措,幸好看到花柔玉放出的蝴蝶,引至花家。柳碧煙傾吐真情,二人視同親生姐妹。同住柳家,待蔣戀應試歸。天有不測風雲,人有旦夕禍福。鄉紳楊素的義子牛雙,是個無賴之徒,得知花柔玉似花如玉,强求爲妻。花柔玉執意不從,牛雙即告知義父楊素,要求設法爲之謀娶,楊借其權勢,請來聖旨,欲納柔玉爲妾。花得知此事,心悲欲裂。最後碧煙設計代花前往。此時,蔣戀正中狀元,得知此事,托唐國公修書于楊素,說明真情,楊素見書知柳、花均爲當朝狀元蔣戀聘定之妻,不敢妄動,便誣罪于義子牛雙,並親殺牛雙以謝蔣戀,送柳碧煙歸。從此,柳碧煙、花柔玉同配蔣戀。

二八佳人出房欄，
開開鋪門掛竹簾。

【背弓】
柳碧豔①獨坐自嗟歎，
爹媽去世甚可憐，
家妗母抓養成人常作伴。
紅顏薄命女，
貧窮實作難，
全靠奴描寫字畫度饑寒。

蔣聯②舉步往前顛，
來往斷魂橋上邊。
攛頭用目看，
畫鋪在面前，
走上前來拿禮見。

遵聲小姐聽心間：
生有一扇，請畫歲聯。
故事若有情，
盡畫在上邊，
把風情你的嫩毫傳。

【釘缸】
雙手接來一柄扇，
左思右想怎開端。
雙飛蝴蝶畫扇面，
看他知緣不知緣？

---

① 柳碧豔，人名，也作"柳碧煙"。
② 蔣聯，人名，在戲曲劇本中也作"蔣戀"。

【剪邊花】
蔣聯接扇用目觀,
一片春景在上邊,
真乃畫得全。

又遵聲小姐柳碧艷,
小生名字叫蔣聯,
乃是一生員。又

【背尾】
不嫌裙釵命薄賤,
奴情願,鋪床迭①被侍百年。
聽儺家,一遍生豈是短幸②男?
贈一個蝴蝶扇墜作證見。

【月尾】
談罷心事各回轉,
急忙奔上珠羅山。
若要老共百年,讀聖賢。
自等候皇榜高中,再把他搬。

53. 百寶箱③

---

① 迭,同"疊"。
② 短幸,虧心。明無名氏《鬧銅台·第二折》:"非是咱下狠心無情短幸。則是要忠義堂更添發憤。"
③ 《百寶箱》取材于明代通俗小説家馮夢龍纂輯白話小説集《警世通言》。明萬曆二十年間,京師名妓杜十娘爲了贖身從良,追求真愛,將自己的終身託付給太學生李甲。可李甲生性軟弱,自私,雖然也對杜十娘真心愛戀,但又屈從於禮教觀念,再加上孫富的挑唆,他最終把杜賣給孫富,釀成了杜十娘沉箱投江的悲劇。可參見《卷三·勸才郎》"杜十娘"條。

【月調】
夜夢不祥,
雲遮太陽。
杜十娘心中自思量,
忽見郎君上船艙。

【五更】
開言問情郎:
遊玩在何方?
大事安然,面帶愁腸,
你何不與妻說其詳。

李甲開言道:
十娘聽心上,
我父有書,下奔京廂。
他說我貪戀花柳巷。

若搬你回原郡,
降罪我怎當?
不肯收留娘子,
你想,我豈肯背父娶妻自主張?

此話還是你心想,
何人與你定良方?
若不實說,我便投江,
霎時間與你無下場。

鄰船上有孫富,
京地作三商,
聽你彈唱引動他心腸,

贈千銀和我把親講。

要結秦晉好,
和你做商量。
從不從來莫記你心上,
叫賢妻何不自思量。

【吹腔】
杜十娘,淚兩行,
失了眼力將誰怨?
罵了一聲:孫富,無義的強盜!
你今日害得我無有下稍①。

【採花浪】
見郎君受銀兩將心氣炸,
多半句無言四肢冷麻。
巧鴛鴦平白地遭逢雨打,
秦晉好反作了吳越仇家。

杜十娘坐船艙破口叫罵,
罵孫富無義賊狠心狡猾。
爲朋友賣弄你錢廣勢大,
贈銀兩更勝是龍泉②殺家。

拆婚姻割恩愛如同戲耍,
全不怕損陰德神靈鑒察。
恨今生我不能把醜賊殺剮,

---

① 下稍,下場或結局。陝西方言詞。
② 龍泉,寶劍。《晉書·卷三六·張華傳》:"中有雙劍,並刻題,一曰龍泉,一曰太阿。"《文選·曹植·與楊德祖書》:"有龍泉之利,乃可以議其斷割。"也稱"龍淵"。

娘死後陰曹地府把兒告下。

孽鏡①臺豈容你將真弄假,
拔賊舌、挖賊眼、火熬油炸②。
這半晌罵得我咽喉音啞,
怒冲冲坐船艙咬粹③銀牙。又

【過街睄】
女娘兒不必百般罵,
我爲朋友用良法。
你隨我來福分大,
院子伺候咱。又

【哭太平】
聽罷言來忙跪下,
十娘息怒把淚拭。
非怪卑人④逼你嫁,
你不隨孫咱們回家。

【長城】
跳出了苦海又落井,
雨打殘花遭狂風。
帶箭的麋鹿狼擋定,
脫鈎鯉魚落網中。

杜十娘來自思量,

---

① 孽鏡,中國民間傳説中十八層地獄的第四層地獄中鏡子的名稱。人入地獄後,照孽鏡可顯現所有罪狀。
② 炸,原誤作"渣"。音近而誤。
③ 咬粹,"粹"據文意當作"碎"。
④ 卑人,自稱的謙詞,戲曲中常用。

聲聲只怨二爹娘。
你不該賣兒到煙花巷，
你投銀兩兒遭殃。

越思越想越悲傷，
雙手兒抱定百寶箱。
在院下逃出鴇兒手，
我今送你歸長江。

【緊數】
忽見娘子身投江，
不知孫富往何方。
醜賊逼死了我妻命，
還怪我自己無主張。

千悔萬悔悔殺我，
恨只恨咱是個無義郎。
千兩白銀終何用，
怎比十娘百寶箱。

【月尾】
李甲低頭暗悲傷，
頓足捶胸氣滿腔，
淚珠兒點點灑胸膛，自思量。
這是我貪財賣妻落的下場。

54. 刺目勸學①

【月調】
冬景兒天，
鄭元和討膳餐。
曲江遇難實可憐，
險些兒一命喪黃泉。

【背弓】
江水滔滔向東遷，
花兒②出寺討飯餐。
擡頭江邊仰臥一少年，
上下仔細觀，
原來是鄭大官。
不由人珠淚點點濕衣衫。

【銀扭絲】
怨了聲仁兄太不堪，
你父在朝坐高官。
與你五千銀，
上京去求官。
誰叫你落在煙花院。

---

① 刺目勸學，眉户傳統劇目。又名《曲江打子》《煙花鏡》。事見唐白行簡《李娃傳》和明徐霖《繡襦記》。寫唐曲江歌女李亞仙，偶遇上京應試的名門公子鄭元和，兩人一見鍾情。鄭貪戀亞仙，日久金盡，殺馬賣僮，被老鴇趕出院門，流落曲江，賣唱乞討。其父鄭丹知情，於曲江笞子，拋棄荒郊，幸被乞兒劉平相救，得亞仙收留，刺目勸學，激勵其發憤讀書，得中狀元。李亞仙自此擺脫妓女生活，後被封爲汧國夫人。參見《卷三·勸才郎》"鄭元和相交李亞仙"條。

② 花兒，叫花子，這裏指乞丐劉平，即後面出現的"劉花兒"。

五千兩銀子花費完，
乞食叫街大街前。
你父朝王轉，
家人曾看見，
打死曲江冰霜灘。

父是閣老子落貧賤，
全然不念玷辱祖先。
你母常流淚，
妻子多瞞怨，
只獨你顛鸞倒鳳一時歡。

我今說你也是枉然，
不如背你去見亞仙。
來到煙花院，
低頭進門欄。
怕只怕鴇兒擋了咱，_又
恐怕亞仙將心變。

【吹腔】
李亞仙心痛酸，
思想起鄭郎甚可憐。
離別後，莫幾年，
日每間想起眼將穿。

猛擡頭，用目觀，
見一花兒站面前。
背誰家，一少年。

【打連廂】
花兒開言倍笑臉，

叫聲姑娘聽我言:
你把他當就那一個?
原來是閣老公子鄭大官。

我今背在你家院,
念起交情救一番。

【釘缸】
花兒說罷抽身轉,
亞仙急忙抱胸前。
腮對腮來臉對臉,
連叫數聲不應言。

【落江院】
哭只哭殺人皇天,
怨只怨十二迴圈,
主禄神爲何把他衣禄斷?

李亞仙忙脫衣衫,
與鄭郎披在身邊。
忙用溫湯與他灌,
正灌中間嘔吐胸前。

嚇得奴膽顫心寒,
忙取奴綉帕兒與郎展。
實想說並頭相蓮,
誰料想半路拆散,
淚汪汪輪眼兒把郎看。

【五更】
鄭元和睜睛觀,

原來是李亞仙。
曲江岸上身受大險，
是何人救我到此間？

【金錢】
李亞仙聞言痛酸，
叫鄭郎細聽奴言：
常言道鴇兒愛錢，
奴假若忘恩負義神靈鑒。

【背尾】
亞仙說罷，淚流滿面，
奴取來，衣帽頭巾鄭郎穿。
丫環擺酒宴，
請鄭郎飲幾餐，
我一心，相勸郎君讀聖賢。

【漫數】
叫一聲"媽呀"，坐在床邊，
公子到咱家花銀五千。
鄭老爺知曉，怒髮冲冠：
送到咱家攻書，還要你照管，
如不然，合你算不清的賬算。

【緊數】
一更裏我郎把書觀，
亞仙一傍綉牡丹。
二更裏將書通背完，
亞仙一傍心喜歡。
三更裏舌乾口又淡，
亞仙急忙把茶掇。

元和燈下將她看，
好似仙姬降臨凡。
實愛你一對秋波眼，
引動心猿意難拴。
咱二人早入羅幃帳，
鴛鴦枕上鳳顛鸞。

【太平年】
亞仙聞言黃了臉，
罵聲鄭郎太不堪。
你父命你求名利，
飄風入了煙花院。
五千兩銀子盡花散，
老鴇兒將你趕外邊。

無處來來無處去，
去乞食叫街大街前。
你父見面氣破膽，
打死曲江料①一邊。

不是劉花兒把你救，
焉能你得活命還？
花兒把你背進院，
小奴家一見心不安。
口中有氣不言語，
忙取溫湯與你灌。

【剪邊花】
我爲你進院把書觀，

---

① 料，據文意當作"撂"。

全無志氣操心間，
兩眼將奴看。又

悔只悔將奴心悔爛，
手拿鋼針心自參，
忙把左眼穿。又

假若還你再不改變，
奴情願刎頭你面前。
元和心胆寒。又

【一串鈴】
雙膝下跪地平川，
大姐息怒將氣咽。
用心讀書莫怛漫，
不放功夫半刻閒。

今科要把鼇頭占，
衣錦榮歸光耀門欄。

【月尾】
你本是宦門公子青春少年，
奴只爲夫榮妻貴一家團圓。
父母喜歡人欽羨，聽心間。
這本是刺目勸學，萬古流傳。

55. 會審①

【月調】
奴好孤恓,
想思病兒永不離。
蘇三兒在獄中淚悲啼,
哭了聲:景龍三哥哥今在那裏?

【銀扭絲】
蘇三兒在獄中祝告神靈,
祝告那過往神側耳細聽:
保佑多保佑,
保佑那王景龍。
保佑他上京赴試高得中,
保佑他龍虎榜上多有名。

按院傳牌往下行,
曉諭洪桐②縣知縣得知情。
本院要下馬,
來到太原城。
我要把獄中事兒問分明,

---

① 《會審》,故事見於馮夢龍編訂的《警世通言·卷二十四·玉堂春落難逢夫》,又名《審蘇三》,傳統戲曲。明代禮部尚書之三公子王景龍,與京城煙花名妓蘇三有情,爲蘇三取名"玉堂春",約定終身。王公子在妓院耗盡銀兩,被鴇兒逐出,落難關王廟,得蘇三贈銀上京應試。蘇三被鴇兒賣予山西富商沈紅爲妾。沈妻與趙監生私通,殺夫嫁禍蘇三。縣官受賄,蘇三蒙冤被定死罪。王景龍應試高中八府巡按,欽命山西調玉堂春一案復審。蘇三被起解太原,三堂會審,蘇三跪訴原委,冤案始明,蘇三與王景龍遂得團圓。其中《蘇三起解》《會審》常單折演出,廣爲流行。西府秦腔、同州梆子、漢調桄桄均有此劇目。

② 洪桐,當爲"洪洞",形近字誤。下同。

我要把人命盜案查問清。

王景龍出京來山搖地動，
吹三堂打三堂好不威風，
我要把人命牽連審問明。又

我觀見許多的人命牽連，
內有個藥治夫命①喚蘇三，
王景龍觀罷心膽寒。又

【背弓】
蘇三兒聞言膽顫兢，
獄官老爺講說分明。
他言說，按院大人聲名重，
奉聖旨，審囚來在太原城。

【五更】
蘇三兒心自參，
跪在獄神面前。
奴本是屈冤，卻對誰言？
獄神爺早早行方便。

禁公把門開，
纔出了監門外。
人役吶喊喚聲蘇三，
戰兢兢在了二堂前。

老爺吩咐你，
蘇三兒聽我言：

---

① 命，原誤作"名"。音近而誤。

按院大人今坐察院，
此一去你莫要巧言辯。

項戴長枷板，
來在十字街前。
那位大爺行個善念，
到南京與奴把信傳？

若見王景龍，
你們對他言：
蘇三今遭磨難，
早回還夫妻們見一面。

胆戰心又寒，
來在察院門前。
三個人説兩個人言，
他言説纔見了蘇三面。

來到二門前，
偷眼往上觀。
三位大人坐在上邊，
劊子手執刀站兩邊，
見斬子嚇得我團團戰。

【片兒】
東轅門裏文官走，
西轅門裏武將行。
夾棍板子丹墀放，
劊子手執刀站立兩邊。

大堂口好比森羅殿，

三位大人坐上邊。
往上跪一步，
他問我一聲應一言。

中軍官往上一聲稟，
稟與大人得知情。
把犯婦蘇三已帶到，
伺候大人問口供。

【低起吹腔】
王景龍用目睜，
觀見犯婦玉堂春。
這一邊坐的張道理，
那一傍又坐劉刑聽。

莫不是二位大人都在此，
抱在了懷內問口供？
抱懷中，
問分明。

【一串鈴】
想當年滿院花兒惟你紅，
到今日容貌不照先；
想當初穿綾羅來共彩緞，
到今朝身穿上粗布衣衫；
想當年揚州帕兒嫌邊厚，
到今日頭頂上藍布手巾；
想當初鳳頭花鞋嫌無樣，
到今朝少尖無有後根；
想當年吃白米來共細麵，
到今日倉米子怎下喉咽！

幼年間你把孽造盡,
老天爺折磨你到如今。
王景龍觀罷心酸痛,
好一似鋼①劍把心挖。
心生一計退堂去,
二堂裏,提牌官帶進小蘇三。

【倒口板】
忙把中軍一聲喚,
本院有言聽心間:又
二位大人請在外,
急忙帶進玉堂春。又

那一年進了煙花院,
那一年上纔從人?又
未開懷從的那一個,
你二人枕邊有甚麼言?
洪桐縣知縣怎麼樣問?
你與本院訴分明。又

【道情】
蘇三兒往上跪一步,
按院大人在上聽:
奴九歲進了煙花院,
一十六上纔從人。
未開懷奴從的王公子,
他家住南京名叫景龍。

---

① 鋼,原誤作"剛"。音同形近而誤。

一見面來銀百兩,
吃一杯清茶出院門。
公子二次來進院,
隨帶三石六斗銀。
南樓北樓是他蓋,
中間又修玩月亭。

因爲手下無使用,
買來秋香合翠屛。
在院下未有三年整,
花費了三石六斗銀。

老鴇兒他把良心昧,
公子無錢出院門。
白晝間沿街去討飯,
到晚來身宿古廟中。

【釘缸】
院下金哥來傳言,
關王廟裏會會情人。
東廊裏不見西廊裏看,
西廊裏不見,那呀！那裏尋？

忽然一見公子面,
疼爛肝花裂碎心。
臉似錢馬①張張紙,
口似葡萄艾葉青。

---

① 錢馬,用黃表紙製作的,以前過年貼在門框上的三角形的紙製品。現在已不多見。

奴不嫌他昂藏①懷中抱,
周爺身後敍舊情。

奴叫他公子三哥哥,
他叫奴玉姐妹妹,
噯喲喲……小卿卿。

手帕包銀三百兩,
打發公子回上南京。
臨行對天盟過誓,
他不娶妻奴不從人。

【打連廂】
自從公子他去後,
洪桐縣有個趙監生。
有個馬客叫沈紅,
他家中好大府司,騾馬成羣。

沈紅娶妻裴家女,
裴家女私通趙監生。
沈紅那日進了院,
一見小女子要結良緣。

小女子烈性永不從人,
沈紅無趣出院門。
老鴇兒暗裏受銀兩,
賣與沈紅作偏房。

他謊奴關王廟裏把香降,

---

① 昂藏,据文意当作"骯髒"。

一馬刁①奔洪桐城。

【太平年】
裴家女一見心頭恨，
要害我蘇三小性命。
茶兒內暗把毒藥下，
打發寶通掇上樓來，
將茶放在槕兒上。

小女子一傍巧梳粧，
沈紅不知飲腹內，
一霎時只害滿腹疼。
口吐白沫倒在地，
七竅不住茂②鮮紅。

鄉約③地方一聲稟，
他言說小女子害了人命。

【男寡夫】
洪桐縣坐着個王老爺，
得財賣法把法律行。
提上公堂未會問，

---

① 刁，拐去、搶走。如：刁風拐月。
② 茂，據文意當作"冒"。
③ 鄉約，鄉里中掌理公共事務的人。《老殘遊記·第四回》："派了八個人，東南西北，一面兩匹馬把住，不許一個人出去，將地保、鄉約等人叫起。"

喝喊人役動了五刑①。

【我的大人】
斬子斬來穿子穿，
十指尖尖下上竹籤。
渾身疼痛難紮掙，
虛打實招應了人命。

王老爺受銀一千兩，
要害我蘇三兒小性命。
大人推情②詳着問，
你莫要官官相爲留下人情。

這本是小女子真實話，
我不敢謊言對大人明。
這纔是蒼天開了眼，
自古道公堂有神靈。

【緊數】
王景龍聽言冲冲怒，
這個知縣了不成。
明日上殿動一本，
本奏吾主得知情。

---

① 五刑，古代五種輕重不等的刑法。(1)秦以前爲墨、劓、剕、宮、大辟。《書經·舜典》："汝作士，五刑有服。"漢孔安國·傳："五刑，墨、劓、剕、宮、大辟。"(2)秦漢時爲黥、劓、斬左右趾、梟首、菹其骨肉。《漢書·卷二三·刑法志》："令曰：'當三族者，皆先黥、劓、斬左右止、笞殺之，梟其首，菹其骨肉於市。其誹謗詈詛者，又先斷舌。'故謂之具五刑。"(3)隋唐以後爲死、流、徒、杖、笞。《舊唐書·卷五〇·刑法志》："有笞、杖、徒、流、死爲五刑。"這裏泛指各種刑罰。

② 推情，按情理來推測衡量。《魏書·卷一〇八·禮志二》："假使八世，天子乃得事七；六世，諸侯方通祭五；推情准理，不其謬乎！"

十字口刀劈王縣令,
千刀萬剮趙監生。
裴家女賞他一個木驢子①,
要與俺妻把寃升。

【月尾】
走上前來忙代起,
一把手起小小蘇三。
我是你景龍三哥哥,今坐按院。
你把心放寬,到明天,
我與你仇報仇來寃報寃。

56. 賣水②

【月調】
心事兒煩,
奴好慘然。
可恨爹爹禮不端,
你不該嫌貧愛富昧了前緣。

---

① 木驢,一種釘有橫木、裝有輪軸的刑具。古時處決囚犯時,先把受刑人綁在木驢上,遊街示眾。元關漢卿《竇娥寃·第四折》:"合擬凌遲,押付市曹中,釘上木驢,剮一百二十刀處死。"元紀君祥《趙氏孤兒·第五折》:"將那廝釘木驢推上雲陽,休便要斷首開膛,直剁的他做一堝兒肉醬。"也稱爲"利子""驢床"。

② 《賣水》,是《火焰駒》中的一折戲。兵部尚書李壽的長子在邊關領兵抗敵,誰料,奸臣卻以通敵罪名將他誣陷入獄,家也被抄。次子李彥貴求救于岳父禮部尚書黃璋,黃不但不幫忙,反而乘機毀婚。李彥貴只得以賣水爲生。黃璋的女兒桂英仰慕李家一門忠良,不肯退親,曾與父親幾次爭吵。一日,丫鬟約桂英後園賞花以消其愁。恰好,李彥貴正在園外賣水,丫鬟趁機引李彥貴與黃桂英相會,私下商量兩人的終身大事。

【漫數】
黃桂英悶倦，
叫了聲丫環，
隨姑娘消遣。
去奔花園。

開放柴扉，遊玩一番，
祥風兒陣陣，吐香芝蘭。
碧桃花開放，太湖石邊，
芍藥花似錦，還有各色牡丹。

【緊數】
山青花翠風光鮮，
風擺菱花開滿園。
楊柳枝頭黃鶯囀，
金魚遊戲水面玩。

花園有景懶得玩，
心中有事不耐煩。
邁不金蓮往前進，
望街樓上觀一番。

【背弓】
手推紗窗往外看，
滿街行人有萬千，
見一個，風流少年把水擔。
年紀將弱冠，
容貌賽潘安，
可憐他，身體軟弱舉步難。

【五更】
小丫環便開言：
姑娘聽心間，
他本是李家二解元，
誰料想今日受磨難。

【金錢】
黃桂英心中痛酸楚，
叫丫環細聽我言：
快將他請進花園，
待姑娘周濟與他行方便。

【銀扭絲】
小丫環領命來到門前，
叫一聲賣水的細聽心間：
莫要往前進，
你向這裏擔，
我家要買水澆花園。

李彥貴回頭仔細觀，
見一位佳人站門前。
既要這擔水，
與我幾文錢，
爲甚麼一言不答進了園？

到叫我難解又難參，
只得把水就往內擔。
長出氣又喘，
通身汗不乾。
放下水桓忙拿草帽扇，

壓得我兩肩疼痛腿發酸。

【剪邊花】
玩花亭下卸水擔，
小丫環領路到庭前。
相公聽我言：
需要記心間。

這裏本是黃家小花園，
我家姑娘坐上邊。
前去快相見，
合你定前緣。

我姑娘命我把你喚，
上前須拿禮當先。
不可輕怠慢，
穩重莫顛玩。

叮嚀話兒牢牢記，
勿當閑言過耳邊。
莫對外人言，
速去勿遲延。

【太平年】
李彥貴聞言心自參：
悮入了羅網遭險然，
假若還有人瞧見我，
必定拿我送當官。

我忙把桓子①往外擔,
小丫環後邊緊追趕。
叫了聲解元請留步,
我姑娘還有不盡言。

【落江院】
黃桂英我好慘然,
羞答答叫聲"解元":
奴有心腹話講當面,
奴還要結髮百年,
奴豈肯昧却良緣,
自幼兒奴看過《列女傳》。

【西京】
李彥貴聽言好傷慘,
低下頭兒淚不乾。
哭了聲哥哥弟難見,
至今全無音信還。

日每間賣水將母奉,
是何人肯將我憐念。
黃侍郎做事太短見,
昧良心拆散我的姻緣。
越想越傷慘,
淚珠兒滾滾拭不乾。

黃桂英聞言心疼爛,
低下頭兒自詳參。
背地裏我把爹爹怨,

---

① 桓子,當爲擔子。下同。

做的事兒禮不端。
假若還有人曉此事,
枉在朝中做大官。

約定今晚三更後,
贈你金銀去求官。
叫丫環快送他回家去,
千萬莫露巧機關。

【打連廂】
李彥貴挑桓回家轉,
丫環後邊緊相連。
奴家無物贈送你,
頭上卸下金釵環。
假若後來時運轉,
將我丫環常掛牽。

送出解元回花園,
姑娘把我多埋怨。
你二人背地裏說甚麼話,
爲何愁鎖雙眉間?

我不過吃你的剩茶飯,
難道說用你的正經席面①?
姑娘休將人錯怨,
你何必吃醋又嚥酸。

---

① 席面,宴席。元石君寶《曲江池·第一折》:"今日在曲江池上,安排席面,請我賞翫。"《紅樓夢·第五七回》:"王夫人又吩咐預備上等的席面,定名班大戲,請過甄夫人母女。"

【背尾】
罵了聲春香"好大膽",
小蠢才,竟敢顛狂口胡言。
綉房去打點①,
金銀合釵環,
專等候,夜至三更贈解元。

【月尾】
主僕房中談閑言,
那料想惡僕在外邊賊聽見,
半夜三更殺丫環,實可憐!
到後來夫妻成雙,富貴兩全。

57. 怕老婆

【大拾片】
一個老漢八十多,
一個人取下兩個老婆。
大奶奶要打一對金耳環,
二奶奶要打一對金手鐲。

大奶奶穿的綾羅共彩緞,
二奶奶要穿抹褙②共紗羅。
大奶奶要吃人參拌大蒜,
二奶奶要吃海參沌③燕窩。

---

① 打點,收拾、準備。明康海《中山狼·第三折》:"剛把您殘生救取,早把俺十分飽覷,這瘦形骸打點充餔。"《紅樓夢·第七七回》:"我纔已將他素日所有的衣裳以至各色各物,總打點下了。"

② 抹褙,原寫作"摹本",應為"褙子",直領對襟,兩側腋下不縫合,外罩衣。

③ 沌,當為"炖"字。

大奶奶説先有我來後又你。
因你不生兒子纔娶下我。
大奶奶這裏舉拳打，
二奶奶打她一板櫈腳。

氣得大奶奶前門去跳井，
二奶奶後門去投河。
老漢這裏忙開言：
罵一聲胆大兩個賊婆！

你二人到我家有三年整，
不生養好是個公家活。
大奶奶説只怪你公鷄不踏蛋。
二奶奶説你怪我們所爲何？

老漢這裏開言道：
你二人何必來氣我。
明日高明廚子叫一個，
八個冰盤一個火鍋。

你二人請到上邊坐，
我老漢下邊把頭磕。

58. 姐兒①挑水

【月調】
樹葉兒稀，

---

① 姐兒，年輕的女子、小姑娘。元無名氏《清江引·後園中姐兒十六七》曲："後園中姐兒十六七，見一雙蝴蝶戲。"《紅樓夢·第八回》："那李嬤嬤也素知黛玉的爲人，説道：'林姐兒，你不要助著他了！'"

娘駡女孩兒是個天殺的。
清早間娘命兒去挑水，
却怎麽挑在了日墜西。

【緊數】
頭上的青絲怎麽樣兒亂，
鬢邊厢海棠花吊在那裏？
臉上官粉誰吞去，
嘴唇上胭脂你叫誰吃？

紅袖褲子那一點血，
胆大的寃家從了人！
説了實話還有可，
不説實話打殺你。

女孩聽言哏嘴笑，
叫聲媽媽聽端的：
清早間娘命兒去挑水，
咱家井繩是個濫①的。

一頭縻來一頭緒②，
因此上縻緒日墜西。
頭上的青絲風擺亂，
鬢邊厢海棠花掉在井裏。

【月尾】③
臉上官粉汗冲去，

---

① 濫，據文意當作"爛"。
② 縻，應爲"彌"字，縫，補。緒，應爲"續"，接連。下同。
③ 【月尾】，原脱，據曲牌結構補。

嘴唇上胭脂自己吃。

紅袖褲子那一點血,

噯喲喲,媽媽呀,

豈不知女孩兒家大了月信兒①催!

59. 吹滅燈

【月調】

你是一個誰?

進的門來"哺兒"把我燈兒吹。

我是你隔壁子近②隣居,

你是姐姐,我是兄弟。

【緊數】

自從你那日門首立,

想思病害得我軟軟的,癱癱的。

膽大的小兄弟,快出去!

我家公婆未睡哩,

我家公婆曉此事,

一頓臭罵把你罵出去!

哖、哖,

哄我哩③,道我哩,

我不出去。

罵死罵活我可受哩。

---

① 月信,也稱"月經""月事"。
② 近,原誤作"僅",據文意改。
③ 哩,語氣詞。原誤作"裏",據文意改,本齣戲下同。

膽大的小兄弟，赶緊出去。
我家丈夫現在哩，
我家丈夫曉此事，
一頓皮拳把你打出去！

哞、哞，
哄我哩，道我哩，
我偏不出去。
打死打活我可挨哩。

膽大的小兄弟，還不出去！
明日我母壽誕期，
路過先到你的家裏。

哞、哞，
哄我哩，道我哩，
我總不出去。

【月尾】
任你説得怎麼樣兒轉，
今夜晚上我不出去，
恨不得碰死在你懷裏。

60. 疑情

【背弓】
昨日從你門首過，
隔窗瞧見你纏腳，
床邊上，坐的那人是誰個？
面貌好像你，
年紀二十多，

只聽得,唧唧嚨嚨叫哥哥。

【斷橋】
情人①莫糊說②,
聽奴對你學。
昨日來的娘家我哥哥,
遵母命前來探望我。

【金錢】
他來時奴正纏腳,
羞得奴無處避躲。
莫内何讓他在床邊坐,
問情人不叫哥哥叫甚麼?

【背尾】
咱二人相交,再無別個③,
再莫有,少年人兒心事多。
奴想你心如火,
情人莫要疑錯,
從今後,把你吃醋的事兒丢打過。

61. 傳柬④

【月調】
英英⑤思情,

---

① 情人,相愛的男女。如:"他們兩個是一對情人。"明湯顯祖《牡丹亭·第十四出》:"也有美人自家寫照,寄與情人。"
② 糊說,據文意當作"胡說"。
③ 別個,指其他人。陝西方言詞語。
④ 傳柬,講的是紅娘替崔鶯鶯與張生傳情的故事。
⑤ 英英,據文意當作"鶯鶯",即崔鶯鶯。

呼喚一聲小紅：
我命你西廂去傳情，
你就說姑娘花園裏等。

【大金錢】
紅娘執意下西廂，又一句
舌尖打開紙噯噯，紙呀呀紙糊窗。

<白口>窗櫺外邊甚麼人繞①來繞去？
<調>先生不必假粧樣②，又
我是上房小，小小小小小紅娘。

<白>既然你是紅娘，
傍邊有個門兒，
何不自己進來？
要我迎接你不成？

<調>慢步小金蓮，
自己且把門，又門門門門門兒進。

<白>傍邊有個櫈兒，
撿來自己坐去。

<調>紅娘低頭進書房，又
琴棋書畫擺，擺擺擺擺擺兩廂。

<白>動問紅娘，
不在上房之中，

---

① 繞，看。陝西方言詞。
② 粧樣，據文意當作"裝樣"。

伺候你家老夫人，
來在書館，幹起何事？

〈調〉一來看你的好文章，
二來賀你的狀元郎。
三合我家姑娘配，
配配配配配成雙。

〈白〉再問紅娘，
你家老太夫人却好？
你家姑娘，可着念小生？

〈調〉我家小姑娘，又
日每繡房盼，盼盼盼盼盼張郎。

〈白〉既然你家姑娘，着念小生，
我這裏有一封小書，與我帶去。

帶去、帶去與我許來。

〈調〉我許你一身好衣裳，
西洋花兒插，插插插插插鬢傍。

〈白〉那些東西，
我們作丫環人兒，都不用他。
你與我叫來。

叫甚麼？
叫紅娘。

紅娘是我老太夫人叫的，

豈是你叫的?

你聽,<調>你把紅字往內藏,又
去了紅字再,再再再再再思量。

<白>去了紅字,乃是個娘字,
叫我讀書之人,
把你叫娘不成?

不叫不叫我便不去。

<調>紅娘低頭自思想,又
我把姑娘誇,誇誇誇誇誇講上,
<白>我家姑娘不可誇,
月裏嫦娥一枝花。
惱①後戴上三顆珠,
張相公,怎麼樣兒賽得過觀音菩薩。

<調>張生低頭跪塵埃。又
不叫紅娘,叫叫呌叫呌叫②奶奶。

【月尾】
紅娘低頭哏嘴兒笑,
上前攙起張秀才,
這一封小書我與你帶,聽心懷。
只等候三日以內,有書回來。

---

① 惱,據文意當作"腦"。
② 叫叫呌叫呌叫,在一句中異體同用。

62. 鳳儀亭①

【背弓】
貂蟬奉旨心胆寒,
司徒王允獻連環②。
爲只爲,奸賊專權朝綱亂,
明配太師,
暗許吕奉仙③,
可憐那,耿耿忠心無處獻。

【五更】
轉步進花園,
有景無心觀。
去了愁容換上笑臉,
不覺得來到魚池邊。

【滴落金錢】
悶憂憂手把欄杆。
猛擡頭觀見鳳仙,
提畫戟站立亭前,
此處無人行方便。

---

① 鳳儀亭,故事出於《三國演義》,又名《梳妝擲戟》,講述了貂蟬和吕布二人在鳳儀亭私會,被董卓撞破的故事。經過鳳儀亭事件,董、吕二人徹底反目成仇,吕布下決心殺董卓。詳見第八回《王司徒巧使連環計董太師大鬧鳳儀亭》。

② 司徒王允獻連環:敘述王允設下連環計,將貂蟬許婚吕布,又獻給董卓,使二人猜忌失和的故事。

③ 吕奉仙,即吕布,字奉先,東漢九原人。爲董卓義子,後因董卓暴虐,與王允聯手殺董卓,擁兵割據,最後爲曹操所擒殺。

【背尾】
拉拉扯扯,要結良緣,
假傷悲,故意兒來到魚池岸。
太師來回府,
提戟趕奉仙。
這纔是,閨中丈夫,費盡心力,
同謀定計,只爲一統漢江山。

63. 梅香傳信①

【月調】
獨坐繡房,
兩眼淚汪汪。
思想商郎染病床,
道叫奴晝夜操心上。

【背弓】
可恨蒼天太無情,
花鴛鴦被雨驚。
昨夜晚,象牙床上蝴蝶夢,
我夢見商郎夫,
兩眼淚盈盈。
他言說,難害不過想思症。

【五更】
梅香去打探,

---

① 《梅香傳信》一出,出自《秦雪梅吊孝》。説的是皇姨秦雪梅許商林爲婚,商林原是大户人家子弟,後家道中落,寄讀秦府。一日,雪梅下樓到書館看商林的書文,不巧被商林撞見,互説情腸。秦父秦國正知道後,把商林趕走。商林惱恨相思成病。秦國正逼丫環秋蓮代雪梅到秦府沖喜,商林知道後,活活氣死。秦雪梅前去商府吊孝、祭靈。

竹未報平安。
思想商郎不能一見，
奴心中好是春風楊柳線。

敬焚一爐香，
烏雲懶梳粧。
郎在病中將奴思想，
但不知他成了個甚麼樣。

只要你病好，
與天地把香燒。
郎乘青驄妾乘彩轎①，
那時節夫妻雙雙渡鵲橋。

白日莫閒遊，
青春正及時。
郎對青燈溫經習史，
妾伴你描鴛刺鳳務針黹②。

【金錢】
大比年王開科選，
普天下挑選英賢。
送商郎上京求官，
捧杯盤手扯郎衣把行餞。

【銀扭絲】
鵬鳥兒高飛一萬里，

---

① 轎，原誤作"橋"。形近而誤。
② 針黹，縫紉、刺繡等工作。《儒林外史·第四一回》："我自小學了些手工針黹，因來到這南京大邦去處，借此餬口。"《紅樓夢·第五二回》："四人圍坐在熏籠上敘家常，紫鵑倒坐在暖閣裏臨窗作針黹。"也作"針指"。又見《卷三·繡圍屏》同詞條。

筆尖兒橫掃五千軍。
鳳凰池上客,
龍虎榜中人,
瓊林宴郎的聲名振。

一枝杏花紅千里,
狀元歸來馬如飛。
親朋飲喜酒,
共舉陶然①杯,
長亭道郎居首一位。

人役執事排列門前,
我雪梅頭上戴鳳冠。
興墳祭祖先,
鼓樂响連天,
那時節方稱奴心願。

這不過心兒思自己作念,
謀事在人成事在天。
但願小梅香,
來到我面前。
報一聲郎君消災難,
那時節奴把彌陀佛念。

【剪邊花】
姑娘身得想思病。
昨晚一命喪殘生,
我姑娘落了空。

---

① 陶然,形容舒暢快樂,怡然自得的樣子。晉陶淵明《時運》詩:"揮茲一觴,陶然自樂。"唐李白《下終南山過斛斯山人宿置酒》詩:"我醉君復樂,陶然共忘機。"

姑娘一笑值千金,
誰料他命薄似秋雲,
可惜了這個人。

我名兒叫個小梅香,
輕移蓮步進繡房,
慢慢兒稟姑娘。

一見梅香回繡房,
快與姑娘說端詳:
他病兒怎麼樣?

事到如今休再問,
安排青眼哭亡人,
我姑爺命歸陰。

【軟西京】
聽說是商郎夫竟把命斷,
魂靈兒飄蕩蕩飛上九天。
上九天我入了瑤池宮院,
許飛瓊①萼綠花未了俗緣。

許飛瓊與張碩②留下鑰鍵,

---

① 許飛瓊,是傳說中西王母的侍女,美豔絕倫。傳說許飛瓊曾與女伴偷遊人間,在漢泉臺下遇到書生鄭交甫,相見傾心,摘下了胸前佩戴的明珠相贈,以表愛意。唐代詩人白居易在《霓裳羽衣舞歌》中也提及許飛瓊:"元點鬟招萼綠華,王母揮袂別飛瓊。"白居易自注:"許飛瓊、萼綠華,皆女仙也。"

② 張碩,相傳仙女杜蘭香下嫁于張碩,張碩也得道成仙。《太平廣記》引《墉城集仙錄》:(仙女杜蘭香)其後于洞庭包山降張碩家,蓋修道者也。蘭香降之三年,授以舉形飛化之道,碩亦得仙。

萼綠花①與羊權②也贈金環。
有一會我來到銀河水岸，
遇見了織女星兩淚不乾。

手兒內弄金梭心兒思念，
每一年他只有一夜姻緣。
又一會我來到桂花月殿，
廣寒宮遇一女也覺可憐。

未問他與何人守孝未滿，
渾身上穿一件縞素衣衫。
望不透九霄上龍車鳳輦，
忽聽得耳邊廂喚聲連天。

慢慢兒我睜開桃花淚眼，
原來是小梅香站立一邊。

【琵琶】
說甚麼子夏③言"死生有命"，

---

① 萼綠華(花)，中國古代傳說中道教女仙名，簡稱萼綠。年約二十，身穿青衣，晉穆帝時，夜降羊權(全)家，自此每月來六次，贈羊權(全)詩及火浣布、金玉條脫等。她是一位美麗而不請自來的仙女。南朝梁陶弘景《真誥·運象篇第一》："萼綠華者，自云是南山人，不知是何山也。女子年可二十上下，青衣，顏色絕整，以升平三年十一月十日夜降羊權。"
② 羊權，人名，原作"羊全"。
③ 子夏，"孔門十哲"之一，七十二賢之一。姓卜名商，字子夏，尊稱"卜子"或"卜子夏"。《論語·顏淵》："子夏曰：'商聞之矣，死生有命，富貴在天。'"

却還怪小弄玉①暗出秦宫。
天台境遇劉阮②春心亂動，
奴就該忍從他鳴雁雝雝。

又不是老夫人來得太猛，
西廂内忽驚起君瑞鶯鶯。
到今日望崔護③無蹤無影，
空留着桃花相映東風。

細思想苦到底終何而用？
倒不如奔商家吊郎陰靈。
小丫環與姑娘莫可久停，
隨姑娘绣閣内快把衣更。

【採花浪】
綠衣黄裳齊款下，
用手兒打開木箱。
此時候還講甚時樣？

---

① 弄玉，相傳春秋時秦穆公的愛女弄玉，她酷愛音樂，尤喜吹簫。一晚，她夢見一位英俊青年，極善吹簫，願同她結爲夫妻。穆公按女兒夢中所見，派人尋至華山明星崖下，果遇一人，羽冠鶴氅，玉貌丹唇，正在吹簫。此人名蕭史。使者引至宫中，與弄玉成了親。一夜兩人在月下吹簫，引來了紫鳳和赤龍，蕭史告訴弄玉，他爲上界仙人，與弄玉有殊緣，故以簫聲作合。今龍鳳來迎，可以去矣。於是蕭史乘龍、弄玉跨鳳，雙雙騰空而去。秦穆公派人追趕，直至華山中峰，也未見人影，便在明星崖下建祠紀念。漢劉向《列仙傳·卷上·蕭史》：“蕭史善吹簫，作鳳鳴。秦穆公以女弄玉妻之，作鳳樓，教弄玉吹簫，感鳳來集，弄玉乘鳳、蕭史乘龍，夫婦同仙去。”

② 劉阮，南朝宋劉義慶小説《幽明録》中人物劉晨、阮肇二人的合稱。二人俱東漢剡縣人，永平年間同入天台山採藥，遇二女子，留居半年辭歸。及還鄉，子孫已歷七世。後又離鄉，不知所終。劉郎、阮郎、劉阮等詞語後用爲遊仙或男女幽會的典故。

③ 崔護，唐朝詩人，其詩尤以《題都城南莊》最爲有名：去年今日此門中，人面桃花相映紅；人面不知何處去？桃花依舊笑春風。後人們常以“人面桃花”形容男女邂逅分離後男子追念的情形，用於泛指所愛慕而不能再見的女子，也形容由此而產生的悵惘心情。

身穿一件雪白裳。

紅繡花鞋忙脫下,
用手兒換下綾波襪。
不用乘轎不騎馬,
小腳兒兩朵白蓮花。

不用桃花合香粉,
單用白綾香汗巾。
忙把押鬢改雲鬢,
不受紅塵半點浸。

【長城】
頭腳兒一齊都改樣,
聲聲不住喚梅香。
白竹紙撲在紅楳上,
用甚麼情話吊商郎?

蝴蝶兒可憐不成對,
鶯兒可憐不成雙。
郎駕仙鶴獨來往,
秦樓上何人引鳳凰?

黑雲兒可憐遮明月,
白雨兒可憐打落花。
看破紅塵盡是假,
豈肯向別人彈琵琶?

【背尾】
天殺我雪梅,實在可傷,
淚珠兒一滴一點濕胸膛。

瞞過二爹娘，
喚聲小梅香：
你速把三牲祭禮，準備停當。

銀錁①金斗，白紙長香，
離了小房，門兒鎖上，
主僕雙雙吊商郎。

【月尾】
手拖丫環登陽關，
路傍野花朵朵鮮。
許多好景無心觀，淚漣漣。
這纔是紅顏薄命，天理難言。

64. 推澗②

---

① 錁，俗稱金銀鑄成的小錠爲"錁"，狀如小饅頭，重量由一、二兩至三、五兩不等。《紅樓夢·第一八回》："紫金筆錠如意錁十錠，吉慶有魚銀錁十錠。"

② 《推澗》，選自《春秋配》，傳統戲曲。劇情簡介：商人姜韶外出，繼室賈氏虐待前妻之女秋蓮，逼往山澗拾取蘆柴，乳母隨行代勞。遇書生李春發詢悉詳情，乃贈銀俾買蘆柴。秋蓮歸，賈氏誣女不貞，欲鳴官。乳母伴秋蓮乘夜逃走，遇巨盜侯尚官，殺乳母劫包裹並逼秋蓮成親。秋蓮佯允，誘侯在山崖摘花時將其推墜澗中，投石砸之，旋逃奔尼庵。竊賊石敬坡見侯，將其所劫包裹擄去。因李春發對己有恩，將包裹投入李院中以爲報答。賈氏見乳母屍鳴官，供出李贈銀事，衙役至李處見包裹，疑李爲兇手，押禁獄中，石知而探監，李囑往好友張雁行處求救。張妹秋鶯寄居侯尚官家，侯欲賣之爲娼，爲石竊聽，誤以秋鶯爲秋蓮，助其逃走去見官救李春發。秋鶯投井，恰遇姜韶救之，姜夥計徐黑虎見秋鶯美，殺姜，拋屍井中，縛秋鶯而逃，遇巡按何德福，被拿獲，秋鶯安置尼庵。石敬坡告官"秋蓮投井"，打撈卻得姜屍，賈氏反誣石爲兇手。何巡按私訪逮解侯、石回衙。張雁行劫李回山，李卻私逃下山入尼庵，遇秋蓮、秋鶯互訴冤苦，齊赴何巡按處告狀，何審明案情，判賈氏、侯尚官、徐黑虎等罪，又以李春發招安張雁行有功，薦李爲翰林學士，奉旨與姜秋蓮、張秋鶯成婚。該劇一般分爲"拷打""撿柴""砸澗"三折。"推澗"這齣戲把三折內容都包括進去了。

【月調】
月明星稀，
架上一聲鷄。
只恐姨娘驚睡起，
那管他多露浸濕衣。

【背弓】
手抓乳娘踩花梯，
學一個張生把牆踰，
這纔是萬丈風波銀漢起。
天明必出醜，
只說是該怎的，
恨姨娘做出此事，忍心害理，半白欺負黃化幼女，把門離。

【五更】
出門來好慘淒，
西風兒冷透衣。
中心有危，行道遲遲，
問乳娘你我主僕奔那裏？

相如不彈琴，
文君怎樣奔？
行路逢人到處便問信，
但願得順風吹到李家門。

哭母親早升天，
父販米不回還。
家遭繼母實在難言，
打罵奴全然不怕人笑談。

命你我把柴撿①,
荒郊外遇生員,
銀鞍白馬風流美少年②。
贈銀兩,手兒內提着珊瑚鞭。

不是他多事,
只念奴可憐。
他也埋冤奴也埋冤,
説甚麼齊婦含冤旱三年。

他瞞心又昧己,
平白地裏將人欺。
相公好意盡付與東流水,
道③叫奴渾身是口難辯白。

【銀扭絲】
翠袖單薄五更寒,
哭了聲姨娘怨了聲天。
奴本是黃花女,
怎樣去見官?
怕連累那相公多不便。

合小姐正講家園話,
忽聽得喜鵲兒叫喳喳。
惟鵲尚有巢,
幼女竟無家,

---

① 撿,原误作"檢"。
② 銀鞍白馬風流美少年,出自李白《少年行》:五陵年少金市東,銀鞍白馬度春風。落花踏盡遊何處,笑入胡姬酒肆中。這裏的少年指李春發。
③ 道,据文意当作"倒"。

但願得早把鵲橋架①。

【軟西京】
自幼日生長在閨閣裏。
怎知曉南北共東西！
悶了華堂聽燕語，
閒對青燈務針黹。

惟有乳娘作知己，
好似楊柳相依依。
今日家庭變故起，
牆頭上露出杏一枝。

【釘缸】
侯上官②真棍光，
日每行盜五龍崗。
有客人將俺的馬頭擋，
定奪他包裹合行囊。

猛擡頭用目望，
見一位老婦合嬌娘。
看鯉魚雙雙來上網，
虎口裏早就兩隻羊。

【落江院】
行來至柳林內邊，
遇強人來把路攔，
惡森森手執刀賽呀賽鬼判。

---

① 架，原誤作"駕"，據文意改。
② 侯上官，原寫作"侯上關"。戲文中作"侯尚官"。

又説甚麽離家逃難,
又入了虎穴龍潭,
急得奴渾身酸麻發呀發冷汗。

【打連廂】
侯上官假裝出兩樣孔面,
懷兒内又藏着兩副心肝。
見幼女不由俺喜眉笑臉,
見老婦不由俺怒髮冲冠。

怒執鋼刀①迎面就砍,
惡森森奪包裹站立一邊。

【长城】
一見乳娘身首斷,
冷汗淋淋濕衣衫。
柳林好比森羅殿,
五龍崗比就鬼門關。

血淋淋抱上頭一顆,
淚珠兒滾滾放下落。
哭了聲乳娘等等我,
主僕門同見五閻羅。

【勾調】
娘子哭得悲哀慟,
侯上官向前勸幾聲。
柳林好比天台洞,

---

① 鋼刀,原誤作"剛刀"。

五龍崗比就芙蓉城。

將俺比就孫飛虎,
將娘子比就崔鶯鶯。
慢說那白馬將軍把兵動,
何懼張生書一封。

講着講着春心動,
學一個霸王硬上弓。

【銀扭絲】
姜秋蓮聞言着了急,
罵了聲賊人天殺的。
奴本是貞烈女,
威武不能屈,
拿刀來將娘的頭刎去。

他本是黃花柔弱女,
咱本是昂昂七尺軀。
拉下五龍崗,
何愁他不依?
咱要合女子成雙對。

姜秋蓮一見失了急,
暫且遂機用個計密。
五龍崗下看,
見花有主意,
折花爲媒成連理。

【剪邊花】
聽他要花心歡喜,

你要那枝我折去,
叫娘子莫遠離。

這枝不好那枝矮,
半崖裏開放都是好的,
花遠長久夫妻。

叫聲娘子岸邊上立,
顛倒子我與你折花去,
見娘子笑嘻嘻。

秋蓮低頭自猜疑,
這個賊中了我的計密。
用力推澗底。

手搬石塊放下壘。
打得賊人絕了聲息,
用盡了平生力。

殺壞我乳娘不趁你的意,
奪包裹反把奴來欺,
這是你自尋的。

奴本是黃花柔弱女,
不能殺賊報冤屈,
只落得淚悲啼。

【背尾】
拿賊的鋼刀,離了此地,
奔前邊,尋一座女庵去爲尼。
若有安身地,

打聽賊消息。

那時節,殺賊要與乳娘報冤屈。

【月尾】

石鏡步①賣貨到此地,

忽聽澗下作喘氣,

待我下澗搭救你。觀仔細。

我觀你賊頭賊眼的,不是一個好求東西,

俺要奪包裹去,得得利息。

這纔是魚兒吃魚,好不腥氣。

65. 桃小春陪情②

【月調】

雨點兒稠,

西風兒涼漱漱。

思想情郎人物兒風流,

我一日不見如三秋。

【背弓】

怨聲燈光活菩薩,

昨夜晚說的甚麼兒話?

到今晚,有你有我却無他?

他負了奴的約,

何不去監察?

背地裏,我把情郎哥哥叫着罵。

【五更】

狠心的狗冤家,_{又一句}

---

① 石鏡步,有的劇種稱"石敬坡"或"石鏡坡"。
② 《桃小春陪情》,出自李芳桂《金琬釵》,這齣戲寫的是桃小春夜會崔護的情景。

奴待你真,你待奴是假,
看起來你不是個好娃娃。

狠心的狗冤家,_{又一句}
你若不來便是個環眼馬①,
你又合那家姐兒閒磕牙。

狠心的狗冤家,_{又一句}
你若還不來,難免得一頓打。
又在那誰家深閨去吃茶?

想昨晚說的話,
今夜又變了卦。
坐也不安,睡也不下,
無奈了脫下绣花鞋占鬼卦。

【打連廂】
噯呀呀好西風,
冷得人戰兢兢。
只因欲火心上攻,
管他甚麼打頭風。

我口說不冷便不冷,
若來至畫堂春自生。
呀呀黑咚咚,
走得人氣冲冲。

對面不見人的影,

---

① 環眼馬,劣馬。《埤雅·釋馬》:"二目白曰魚。魚,今謂之環眼馬,馬之最下者也。"這裏是罵人的話。

該在何處問前程？
只因情娘恩愛中，
那怕他風聲並雨聲！

呀呀路滑踏，
黃葉兒亂唰唰。
只因昨夜說的話，
一時一刻不敢差。

狼來了、鬼來了，我都不怕，
能攛頭來只在美人家。

【銀扭絲】
耳聽雙環响一聲，
手指紗窗罵秋風。
秋風不解意，
你也學多情，
怎的不叫人春心動？又一句

猛聽雙環响連聲，
風雨狡①得不分明。
不是妖魔怪，
便是害人精，
越發叫人心不定。又一句

【雜會調】
忽聽雙環唪啷啷兒响，
噯呦响的，噯呦亮的，
响的亮的很。

---

① 狡，據文意當作"攪"。

莫非是情郎到也到門上？

急忙整羅裳，
叮兒當兒下牙床。
聲聲不住喚情娘，
噯咳噯咳噯咳呦，
天爺爺奴的救命王_{噫兒喲}。

楊柳撲棱棱當，
玉蘭撲棱棱當。
噯咳噯咳噯咳呦，
天爺爺奴的救命王_{噫兒喲}。

人說陝西地也地方邪，
噯呦邪的，噯呦怪的，
邪的怪的狠①！
不由叫人喜也喜心上。

急忙把燈撥。
聲兒音兒我聽着，
不是情郎是那個？
噯咳噯咳噯咳呦，
天爺爺把奴的腳兒窩_{噫兒喲}。

楊柳撲棱棱當，
玉蘭撲棱棱當。
噯咳噯咳噯咳呦，
天爺爺把奴的腳兒窩_{噫兒喲}。

---

① 狠，據文意當作"很"。下同。

忙把繡鞋撜也撜幾撜①,
噯呦紅的噯呦花的,紅的花的狠,
手抓門關笑也笑哈哈。

咣當把門開,
情郎哥哥你進來,
耽誤良宵該不該?
噯咳噯咳噯咳呦,
天爺爺你從何處來噫兒喲?

楊柳撲棱棱當,
玉蘭撲棱棱當。
噯咳噯咳噯咳呦,
天爺爺你從何處來噫兒喲?

【五更】
我行的是正路,
情郎你莫追究。
有幾位知己最好的朋友,
他請我清風館內喝燒酒。

剛進了清風館,
好朋友座上滿。
吃酒中間又把戲來點,

---

① 撜,當爲"蹬"字。用力踏踩。

點一回雙陽公主返延安①。

老夫人開春院,
張君瑞鬧道場。
鶯鶯小姐花園裏降夜香,
傳柬帖伶俐不過小紅娘。

你休要說風流,
怕風流不到頭。
奴家爲你日每間耽憂愁,
誰知你花街柳巷盡着遊。

【採浪花】
手指着情郎笑着罵,
全然間是個耍娃娃。
桃花開得如圖畫,
你不愛桃花愛杏花。

奴爲你巧把蛾眉畫,
奴爲你滿頭上戴的花;
奴爲你受盡傍人罵,
奴爲你時常不敢熬娘家;
奴把你常在心頭掛,
你怎忍忘却小奴家?

---

① 雙陽公主返延安:劇名《雙陽公主》,又名《珍珠烈火旗》。故事梗概:宋大將狄青奉旨征伐印唐、上乘,索取珍珠烈火及日月肅霜馬。鄯善國雙陽公主行圍射獵,與迷路的狄青相遇,二人結好。印唐國來索取狄青,雙陽公主假意應允,但提出須以珍珠烈火旗、日月肅霜馬相交換。在雙陽公主的幫助下,狄青得旗馬,急於回宋,瞞過雙陽公主,趕赴歸途。雙陽公主兼程追尋,終趕上,二人互訴苦衷,相約再見。後來,不料奸臣丁謂進讒,誣旗、馬是假,宋王將狄青發配嶺南。公主思念狄青,帶兵去救;路上聽說狄青折返延安,迎擊進犯的上乘、印唐,於是趕至延安。夫妻合好,共破敵兵。

看來你是個環眼馬,
全然間不怕人笑譁①。

【攢板五更】
講着心生氣,
珠淚兒濕透衣。
你低頭自己思:
胭毡帽,奴置的;
青緞鞋,奴做的;
白生襪子,奴納的;
宮寧袍褂,奴買的;
線皺套褲,奴縫的;
陪房被兒,你當的。

殺過羊,宰過豬;
沽美酒,盡你吃;
鴉片煙,盡你吸;
你着氣,奴着急。
人羡你,奴歡喜。
人罵你,奴不依。
永今朝,永今夕,
朝夕常在奴心裏,
誰知你忘恩負義把奴欺。

聽言好冤屈,
冷汗濕透衣。
你也爲我,我也爲過你。
你低頭,自己思:

---

① 笑譁,同"笑話"。

我爲你，懶讀書；
我爲你，不娶妻；
事不辦，門不出。
月正明，星正稀，
晝伏夜動怕人知。
又架高，又緣低，
越牆來到你家裏。
窗外西風冷淒淒，
細雨濛濛濕透衣。
爲甚麼都不顧惜，
怕只怕負了昨晚期。
冷得我，顫慄栗；
走得我，氣吁吁。
全無有半點温存意，
反出惡言把我欺！
今夜晚真把我寃屈死。

聽言笑哈哈：
情郎，奴的哥哥！
千錯萬錯都怪奴的錯。
問郎饑，問郎渴；
斟杯酒，叫郎喝；
打杯茶，與郎啜；
衣衫濕，替郎脫；
把你的量兒放開合。

呦呦，奴的哥哥！
得罪你，你數説；
寃屈你，你罵我；
你惱我，你恨我；
你怨我，你打我。

噯呦呦,情郎哥!
説錯話兒丢打過,
千萬別再心裏攔!

奴年幼,莫斟酌;
還要你,耽代①我。
或是你揣,或是你摸;
把奴吃,把奴喝。

噯呦呦,情郎哥!
楠木盤兒,奴來擺着;
太古燈兒,奴點着;
燒一口,奴上着。
或是許撥不許戳,
或是許戳不許撥。

你不言,爲甚麼?
情郎哥,從前話兒丢打過。

【剪邊花】
聽言罷來笑盈盈,
情娘講話實中聽,
我只得把氣平。又一句

去過怒容換笑臉,
親見情娘好容顔,
死眼兒把他看。又一句

臉兒白來腳兒小,

---

① 耽代,当作"擔待"。

嘴兒賽過紅櫻桃，
稀軟的楊柳腰。又一句

【十里墩】

情郎死眼兒，噫兒呀之喲噫呀，
把呀，奴看，噫呀噫呀。
他愛奴家，
落之花兒開，
好呀，容呀，顏噯，噫呀吆。
噫兒呀之喲噫呀，
好呀，容呀，顏噯，噫呀吆。

銀燈挪在，
噫兒呀之喲噫呀，
紅呀，綾帳，噫呀噫呀。
手脫手兒，
落之花兒開，
上呀，牙呀，床噯，噫呀。
噫兒呀之喲噫呀，
上呀，牙呀，床噯，噫呀吆。

我先與情郎，
噫兒呀之喲噫呀，
解，鈕扣①，噫呀噫呀。
後與奴家，
落之花兒開，
脫呀，衣呀，裳噯，噫呀喲。
噫兒呀之喲噫呀，
脫呀，衣呀，裳噯，噫呀吆。

---

① 鈕扣，同"纽扣"。下同。

【背尾】
金針刺破蓮花蕊,
露珠兒,點點滴在牡丹心①。
檀口溫香腮呀,
劉阮到天台,
楊柳腰,一陣一陣麻上來。

【月尾】
解不開的同心鈕,
放不下的掛心鉤鈎,
割不斷的連心肉,怪難受!
咱二人,從今後誰起另心,對燈發咒。

① 金針刺破蓮花蕊,露珠兒點點滴在牡丹心:對性愛的隱喻。

卷五

五、雜調(38)

1. 百戲①圖②

【月調】
小桃兒研磨③,
金環兒④鬧沙河⑤。
豫讓剁袍裝瘋魔,⑥

---

① 百戲,古代對各種戲、樂的概稱。百戲一詞,首見於漢代,而南北朝以後,則義同於散樂。

② 《百戲圖》中的戲名詳見筆者論文《眉户〈百戲圖〉與〈曲調名〉考論》,載《中華戲曲》第55輯,2018年3月。本书略有改动。

③ 《小桃研磨》,又稱《老王簸簸箕》。生員李孝,其父私蓄婢女小桃有妊,其母查而虐之,令小桃研磨,僕告李孝知,李令已妻前往代研,其母憤囚小桃。

④ 金環兒,指戲名《金環記》。同名戲曲一是説的海瑞的事蹟,二是説的花雲抗擊陳友諒就義的事情。

⑤ 《鬧沙河》:戲名《鬧沙河》,講的是楊文廣征西的故事。又名《楊文廣征西》。

⑥ 《豫讓剁袍》,戲名。豫讓,戰國時晉人。初事范中行氏,不爲重用,又事知伯,知伯以國士待之。後知伯爲趙襄子所滅,讓漆身爲癩,吞炭爲啞,使人不復識其形狀,欲刺趙襄子,爲知伯復仇,事不成自殺而死。臨死時,求得趙襄子衣服,拔劍擊斬其衣,以示爲主復仇,然後伏劍自殺。

吉昆搭救雙和合①。

【漫數】
陰陽樹穆郎,錯認了雪娥②,
月下追信,多虧了蕭何③。
長亭薦別,恩愛難割④。
蔡伯喈⑤忘舊,相府裏會合⑥。
劉玉郎趕船,乃念彌陀⑦。

——————

① 《雙和合》,戲名。講得是鳳翔枝與唐和兒、容鳳和蓋和兒的愛情故事,其中容鳳之僕季昆(眉户戲稱作"吉昆")曾先後救出唐和兒和蓋和兒。蓋和兒織好的和合後來成爲鳳翔枝與唐和兒的信物;容鳳和蓋和兒也各執一和合二仙之像,作爲將來贏取憑證。唐和兒和蓋和兒爲"二和",兩對姻緣織也藉由"和合"穿針引線,所以該劇名爲"雙和合"。

② 陰陽樹穆郎,錯認了雪娥:指戲名《陰陽樹》。明末,侍郎程浦告老還鄉,程生有二女,長女雪雁,貌奇醜,次女雪娥爲側室所生,美而慧。一日程浦與宗皇朱焕然遊春,遇故友之子穆居易,喜之,約于己壽辰相會。歸告夫人,擬以雪娥婚穆,夫人則主先嫁雪雁,夫婦争執,不歡而散。程浦壽辰之日朱焕然先至,竊喜雪娥,程妻誤認朱爲穆,並暗認之。穆居易後至,程浦提及姻事留穆於書館,雪雁知而冒雪娥名夜訪穆,穆見其醜拒之而逃。途中遇朱焕然,朱喜有機可乘,乃佯贈銀馬,促穆遠行。後,程浦奉旨起復,隨周監軍赴軍。偏巧穆也投至軍中,程乃攜之從軍。此時朱冒穆名取親,夫人以雪雁代嫁,洞房中始明其誤,悔之無及。因地方寇亂,程妻欲投朱焕然避難,雪娥不肯前往。程浦平賊後,迎雪娥至軍中與穆重議婚姻,穆仍拒之,元帥洪功及周監軍强主婚,洞房中始知誤會,穆急謝罪。朱焕然被劫攜程妻、雪雁來投,一家團聚。

③ 月下追信,多虧了蕭何:指戲名《追韓信》。

④ 長亭薦別,恩愛難割:指戲名《長亭別》。説的是林沖發配滄州與和妻子張月仙長亭離别的故事。

⑤ 喈,原作皆。一般作"喈"。下同。

⑥ 蔡伯喈忘舊,相府裏會合:指《蔡伯喈》或《趙五娘》。説的是蔡伯喈與趙五娘的悲歡離合愛情故事。故事可參見《卷五·清風亭》和《續編·五娘描容》。

⑦ 劉玉郎趕船,乃念彌陀:指《劉玉郎思家》或《忠孝全》,説的是明世宗朱厚熜嘉靖年間,書生劉玉郎家有父母和妻王玉娥,子金哥,女桂姐,上京考中狀元,丞相郭儀有女郭蘭英,招劉玉郎爲婿,劉在相府思家,被郭蘭英窺見,問明情由請父奏本,准劉玉郎回家省親,並吩咐郭王二女不分貴賤同侍翁姑。劉玉郎忠孝得以兩全。

孟明降妖,皆爲吃喝①。

【背弓】
李惠娘辯冤紅梅閣②,
二姑娘上轎③氣殺哥哥。
張桓侯,夜晚設謀定計把巴州過④,
宋公明,替天行道在梁山泊⑤。

【斷橋】
胡迪罵閻羅⑥,

---

① 孟明降妖,皆爲吃喝:指戲曲《鐵獸圖》。
② 李惠娘辯冤紅梅閣:指《紅梅閣》。説的是宋平章賈似道遊西湖,因妾李惠娘偶見書生裴瑀失口讚美,賈歸府,立斬惠娘;又誘裴入府,囚之書房。惠娘鬼魂夜與相會,訂情。賈遣家將殺裴,惠娘魂救裴出險,且驚恐賈似道。後惠娘還陽復活。也作"李慧娘"。
③ 二姑娘上轎,傳統戲《三上轎》又名《假金牌》。劇情描寫的是:李有才攜妻掃墓,被宰相張居正之子張秉仁閒遊所遇。張見李妻美貌,用計將有才害死,強娶李妻崔氏。崔氏決心以死相拼,懷利刃上轎,但撇不下公婆及幼子,三次上轎後又復返與親人訣別。崔氏終未能除賊而致死。張居正受君寵而謀反,被孫丕陽查明其府三眼洞藏有皇室用物。張居正怕事發,以假金牌調子赴京。海瑞出朝查訪,審明案情,斬張秉仁。
④ 張桓侯夜晚設謀定計把巴州過:戲名,《過巴州》或《收嚴顏》。寫張飛領兵自南路旱道奔取西川,行至巴州城,遇西蜀嚴顏居守擋關,雙方幾經會戰,不分勝負。張飛正無對策,想起臨行諸葛亮賜給錦囊一封,拆看之,上寫:"若要擒嚴顏,除非兩個張。"遂從軍中選得似飛之人徐大漢,冒名前往,嚴顏以假爲真,中計被俘,經張飛苦勸,終於歸降于劉備。
⑤ 宋公明替天行道在梁山泊:戲名有《宋江投朋》。寫的是宋江在梁山泊替天行道的故事。泊,原誤作"坡"。
⑥ 《胡迪罵閻羅》,戲名。寫的是汴梁書生胡迪,因不滿抗金英雄岳飛父子及其叔父胡開基被秦檜殺害,到東嶽廟手指閻君塑像大罵,並於廟牆題詩痛斥閻君不公的故事。後又夢入地府與閻君辯理,聽閻君告知凡事前生後世諸多恩怨,循環往復,皆有前因後果。又夢遊十八層地獄,見秦檜被懲罰境況。方悟錯怪閻君,要把斥責詩擦掉。忽一下驚醒。自已卻躺在閻王塑像前,原來剛才在夢中游了地府!胡迪急忙起身,跪在閻王塑像前連連磕頭,然後將牆上的題詩擦掉。又名《罵閻羅》。

子龍戰盤河①。
周仁尋死來到黃河，
救殘生多虧杜文學②。

【金錢】
滿床笏子婿曾多③，
錦繡圖反結絲羅④，
春秋配李華遭磨⑤，

---

① 《戰盤河》，戲名，又名《盤河戰》《起趙雲》《盤河橋》。

② 周仁尋死來到黃河，救殘生多虧杜文學：《周仁回府》。嚴嵩的乾兒子嚴年垂涎于杜文學之妻，遂誣告將杜文學流放嶺南。杜文學臨行前將其妻跪托義弟周仁。杜文學門客封承東告密，嚴年賜官周仁令獻其嫂，可救其兄。周仁與妻暗中計議，以其妻扮作其嫂，獻與嚴年，並連夜攜嫂出逃。妻至嚴府，殺嚴賊不成，自戕身亡。後杜文學冤雪釋歸，見周仁怒責。杜文學之妻出面痛說原委，真相始明。

③ 滿床笏子婿曾多：戲名《滿床笏》。說的是說的是唐朝大將軍郭子儀的故事。郭子儀應武舉，途遇詩仙李白，李白將郭子儀推薦至朔方節度使龔敬處，郭屢建奇功。被龔敬保薦爲天下兵馬副元帥，平安禄山之亂，封汾陽王，子孫皆得高位。凱旋之日，唐肅宗親自爲他解甲，郭力辭，乃由龔敬、李白代勞。宦官魚朝恩擬謀害龔、郭，被二人以至誠感化，前嫌盡釋。劇中的郭子儀多子多福，他的七子八婿都是持笏出入朝廷的棟樑之材。郭六十慶壽，子婿紛至，笏堆滿床，故《滿床笏》又有《七子八婿》之稱。

④ 錦繡圖反結絲羅：戲名，《錦繡圖》。東吳欲討荊州，都督周瑜與吳侯孫權商定美人計，以孫權之妹孫尚香爲餌，誆劉備過江招親。劉備懼，諸葛亮命趙雲保駕，並賜錦囊妙計，遂行。劉備過江，依計先拜會喬國老，喬極力成全。國太怒責孫權、周瑜，甘露寺招劉備爲婿。周瑜一見弄假成真，與孫權商議又以聲色美食使劉備喪志。劉備招親後，果然不思回荊州，趙雲著急，依諸葛亮之計，闖府詐稱曹操襲取荊州。劉備求得孫尚香同意，辭母共同逃歸。周瑜遣將追截，被孫尚香斥退。周瑜親自領兵趕來，劉備已被諸葛亮接走，他又於蘆花蕩遭到伏擊，受張飛羞辱，氣憤而死。

⑤ 春秋配李華遭磨：戲名，《春秋配》。故事請參見卷四《推澗》和《撿柴》。

小羅成帶箭命喪周西坡①。

【滿江紅】
回龍閣②,
長阪坡③,
走馬薦諸葛④,
木門道箭射張郃⑤。

————————

① 小羅成,帶箭命喪周西坡:戲名爲《周西坡》或《淤泥河》。隋末唐初,李世民被囚甫牢,羅成去探視,遇齊王元吉。元吉爲了剪除李世民心腹,故意保薦羅成隨同出征。羅成連連打敗了數名敵將,元吉反責怪他沒有生擒敵首蘇烈,棍責四十,又逼羅出戰。羅成苦戰歸來,城門緊閉。羅義子羅春于城頭上暗告元吉有心陷害,羅成咬破手指寫了血書交羅春,誓死殲敵。結果中了蘇烈之計,馬陷淤泥河中、被亂箭射死。

② 《回龍閣》:戲名,薛平貴既回窯,與魏虎在王允府中爭鬥。繼至御前算糧後,唐帝即予以生殺之權,命其自行發落。於是還登回龍閣,先傳妻父王允至,薛平貴怒其欺貧重富,勢利熏心,不顧父女之情,即欲處死刑,以泄其忿。幸虧王寶釧至,力保得免。然薛平貴方盛怒,仍不以翁婿禮待允,命坐殿角而已。繼傳魏虎至,夫婦二人,先向之歷數罪狀。然後斬之。既而西涼代戰公主適至,遂與王寶釧相見,彼此親愛如姊妹。薛平貴乃率同二妻,迎請岳母王老夫人上坐,叩謝十八年周恤之恩而畢。

③ 《長阪坡》:戲名。故事梗概:劉備自新野撤走途中,在長阪坡被曹操黃夜率兵追及,與所屬部隊及家眷失散;趙雲捨死忘生,單槍匹馬衝入曹營,屢涉險境,終於萬馬軍中救出簡雍、糜竺;後又奮力拼搏,保護甘夫人及劉備幼子阿斗,突出重圍。阪,舊同"坂"。

④ 走馬薦諸葛:戲名爲《薦諸葛》。講的是徐庶薦諸葛的故事。徐庶投奔劉備後,深受器重,屢次用計打敗曹兵,曹操欲爭取徐庶,採納程昱的計策,把徐庶的母親接到許昌,再摹仿她的筆跡寫信讓徐庶來。徐庶是孝子,接信向劉備辭行時向劉備保薦諸葛亮。之後便是劉備三顧茅廬的故事。

⑤ 木門道箭射張郃:《木門道》或《射張郃》。故事情節:三國諸葛亮六出祁山期間,兵退西川,司馬懿命張郃追之,親自引兵,隨後接應。武侯已預定計劃,暗囑魏延、關興引張郃至木門道,塞斷歸路,萬弩齊發,將張郃射死。

點翠鐲①,
漁家樂②,
閻婆媳把三郎捉③,
拷打鄭元和④。
迷鶯閣⑤,
渭水河⑥,

---

① 《點翠鐲》,又稱《紫竹庵》。洛陽銀匠俞自用,贈其女俞玉蘭翠鐲一對,上嵌女名,玉蘭於中秋節盛裝帶鐲偕同其夫崔成給父拜壽,崔成酒醉騎馬先歸。玉蘭途中候接未至,天晚投宿李豹母子家,遭賊盜鐲勒死,投屍曇花庵井中。老僧與徒了空救活玉蘭,了摳門和欲行非禮,恐老僧阻止,殺老僧投枯井中,強娶玉蘭爲婚。了空忽昏迷不醒,玉蘭倖免而逃,至紫竹庵遇老尼收留,始脫大難。李豹搶得點翠鐲向岳家送聘,其岳父喬實系一武術師,受得點翠鐲,欲將上嵌玉蘭二字易爲玉英,邀銀匠俞自用改作。俞正找尋亡女,見鐲擊鼓喊冤,提李豹到案,案明,崔成與玉蘭遂得團圓。

② 《漁家樂》,又稱《刺梁冀》。故事情節:梁冀爲東漢時期外戚、權臣。重用大將軍梁商之子、漢順帝皇后之兄。他殘暴不堪、做事肆意妄爲、結黨營私,任人唯親。延熹二年(159年),早對梁冀專權亂政不滿的漢桓帝,借宦官單超、徐璜、具瑗、左悺、唐衡等五人之力殺死梁冀,全族都一併被殺。漁,原作"魚"。

③ 閻婆媳把三郎捉,有戲名《宋江殺樓》,閻婆媳,當爲閻婆惜。音同誤寫。故事情節:劉唐下山答謝宋江,送來金銀和晁蓋勸宋江上山入夥的書寫,即招文袋。宋江去閻婆惜樓上過夜,被閻婆惜發現,與宋江提出三個條件,在討價還價中,宋江怒殺閻婆惜。

④ 拷打鄭元和:又稱《曲江打子》《刺目勸學》《煙花鏡》《李亞仙》等。參見《卷三·勸才郎》"鄭元和相交李亞仙"條、《卷四·刺目勸學》和《續編·鄭丹哭祠》。

⑤ 迷鶯閣,戲名《迷鶯閣》,劇情待考。

⑥ 《渭水河》或《文王訪賢》。寫周文王到渭水河邊訪直鈎釣魚的姜太公,留下"姜太公釣魚,願者上鈎"的千古著名典故。

混元鏡把娃沒①。
陳尼姑懶參佛②，
桃花兒罰馬角③，
蝦螞凹換老婆④，
陳林抱粧盒⑤。
趕達摩⑥，
落鳳坡⑦，

① 混元鏡把娃沒：《混元鏡》或《春秋筆》，南北朝時，北魏南侵，南宋主劉義隆召集群臣商議應敵之策。奸臣徐羨之力主行賄求和。將軍檀道濟衷心衛國，請師出征。檀軍首戰告捷，徐羨之聞訊惶恐，妄加王彥丞私效春秋筆法誹謗聖上之罪，欲發配嶺南就地斬首。同時，命黨羽黃眉做運糧官，按糧不動，以困檀軍。檀軍無糧，一夜之間，愁白滿頭之髮。王彥丞被押解蘆州驛，驛官吳承恩原爲王家門客，元宵節抱王公子玩燈，因酒醉被人以女換男，丟了公子，王夫人怕彥丞問罪，贈金放吳逃走。吳承恩深感恩情，今見王彥丞有殺身之危，乃以身替代。王彥丞脫逃，改名換姓，潛藏于檀道濟府中，以量沙唱籌之計瞞過敵人。王夫人男裝至蘆州探夫下落，聞知檀軍斷糧，即徵集大户糧食，解了檀軍之危，士氣大振，一戰平敵，凱旋還朝。奸臣被除，大禮祭奠吳承恩之靈，檀、王兩家因混元鏡、五彩帕之物，認出各自骨肉，兩家遂結爲兒女親家。此劇爲秦腔八大本之一。

② 陳尼姑懶參佛：指戲名《陳妙常》。故事情節見卷四《小思凡》《大思凡》條及《尼姑下山》"趕船陳姑"條。

③ 桃花兒罰馬角，"馬角"，原寫作"馬腳"，馬角是民間一類通靈的人。"罰馬角"指使用鞭打、穿臉等手段祈求神靈的保佑。多用於爲祈雨，後演變爲求吉驅災的社火活動。流傳於山陝地區。這句話具體戲名待考。

④ 蝦螞凹換老婆，戲名《換老婆》。說的是父子兩人分別買了一個老婆，買老婆時不知模樣，父親買的年輕貌美，兒子買的年老貌醜，於是父子換了老婆。

⑤ 《陳琳抱妝盒》，簡名《抱妝盒》，署無名氏撰。劇本敷演穿宮内使陳琳和宮女寇承禦救太子故事。李美人爲宋真宗生下太子，劉后心懷嫉妒，密遣宮女寇承禦將太子刺死。寇與陳合謀，把太子藏在妝盒内，送至南清宮八大王處收養。十年後，劉后察覺，勒逼陳、寇吐出真情，將寇逼死。及太子（即宋仁宗）即位，此案才得以昭雪。明傳奇《金丸記》（或名《妝盒記》）和近代有些劇種的《狸貓換太子》，實爲在此劇基礎上的增損傳唱。

⑥ 《趕達摩》，達摩祖師本來一心想度僧人神光，但神光領悟意思較緩，等他明白過來，達摩已經離開，於是追趕達摩，求得法門，成爲禪宗的第二代祖師。

⑦ 《落鳳坡》，當時劉備入住西川，龐統協助劉備攻打雒城的時候被劉璋手下大將張任當做劉備射死在一個叫落鳳坡的峽谷。這齣戲就是說的這個故事。

馬難淤泥河①。
老秀才來教學②，
李廣把慶陽破③，
劉彥龍長安捨過藥④。

① 馬難淤泥河：指戲名《淤泥河》。故事情節見"小羅成，帶箭命喪周西坡"條。
② 老秀才來教學：《白先生教學》。寫秀才教學的故事。
③ 李廣把慶陽破：戲名爲《出慶陽》，故事情節參見《卷三·十二將》"李廣領兵把慶陽破，救出娘娘功無比"條。
④ 劉彥龍長安捨過藥，劇名《劉彥龍捨藥》，相傳有一條惡龍和水母生了九個龍子，但他們吃不飽，惡龍托化成一個白髮老人，名叫劉彥龍，在長安城外一座廟裏捨藥治病，治病的人會被水母和九個龍子吸上天空吃掉，人們誤以爲成了仙，最後惡龍被狄仁傑收服。

【一串鈴】①
一捧雪穆成②替主死，

---

① 【一串鈴】包括十個(種)戲曲名稱：一捧雪,二度梅,三顧茅廬,四進士,五丈原,六月雪,七箭書,八義圖,九連燈,十道本。
一捧雪：是由明末清初作家李玉所著的戲劇。故事講述明朝嘉靖年間，莫懷古家有祖傳玉杯一捧雪，嚴世藩得湯勤密告，向莫懷古索取此杯。莫懷古連番設計保衛祖傳玉杯，卻盡被識破。最後莫家僕人莫成代主人赴死，湯勤被莫妾雪豔刺死,最後莫懷古兒子莫昊冒死上書，以昭雪父親不白之冤，一家得以團聚。
二度梅：見《小十杯酒》"恩愛夫妻兩丟開"條。
三顧茅廬：見卷一劇碼《三顧茅庵》，講的是劉備三請諸葛亮的故事。
四進士：明代嘉靖年間，新科進士毛朋、田倫、顧讀、劉題出京為官，四人共盟誓願：赴任之後不准違法瀆職，以免為權相嚴嵩挾嫌排擠。河南上蔡縣居民姚廷梅，被他的嫂子田氏(田倫之姊)用毒酒害死。姚廷梅之妻楊素貞，復被田氏串通其胞兄楊青，賣與布販楊春為妻。在柳林中，楊素貞發覺受胞兄的欺騙，拒絕與楊春同行。正在爭吵間，適遇毛朋(河南八府巡按)喬裝私訪，問起情由，楊素貞傾吐了自己的冤屈。楊春同情楊素貞的遭遇，當場撕毀了她的賣身文契，願與楊素貞結為兄妹，並伴同她去告狀伸冤。假扮算命先生的毛朋在柳林中為楊素貞代寫狀子，暗示他們到信陽州去越衙告狀。宋士傑曾在信陽道官署當過行房書吏，退職後在信陽西門外開設小旅店。這天，他出門飲酒，遇見一群流氓在途中欺侮楊素貞。宋士傑見狀不平，將楊素貞救回店中。楊素貞訴說苦情，宋士傑夫妻二人收她為義女，由宋士傑領著楊素貞到信陽州道署告狀。狀子遞進以後，信陽道顧讀受田倫的函托，竟顛倒黑白，袒護被告，將楊素貞收監。宋士傑受杖四十，逐出道署。在此之前，宋士傑已得到田、顧行賄請托的確證，為了進一步和顧讀等展開鬥爭，就向巡按毛朋處控告。因為毛朋在私訪時候，早已瞭解楊素貞控案中的真實情況，所以很公正地判決了這一案件，並毫不殉情地依照昔日誓言，處分了違法亂紀的同年弟兄。
五丈原：講的是諸葛亮北攻曹魏的第6次戰爭的故事，諸葛亮統率10萬大軍出斜谷，突然進至五丈原，逼近渭水之濱，企圖與魏軍決戰。魏軍統帥司馬懿仍以蜀軍遠征，利於速戰；魏軍坐守，利於持久為出發點，採取了堅壁自守，拒不交戰，等待蜀軍師老自退的方針。結果諸葛亮病故軍中。
六月雪：竇娥丈夫早喪，與孤苦的婆婆相依為命。惡棍張驢兒父子強進她家，企圖占奪她婆媳。張驢兒想毒死蔡婆，卻誤毒死其父，遂誣陷竇娥下獄，趕蔡婆離開家門。竇娥被枉判處斬時，立下誓願：當此炎夏六月，降雪三尺，以證其冤。竇娥死後，果然天降大雪。
七箭書：燃燈道人協助周武王伐紂。殷太師聞仲不勝，請趙公明助之，屢敗周兵。昆侖散仙陸壓助周，以七箭書法，每夜步罡踏斗，箭射草人，趙公明被陸壓用法術七箭射亡。趙公明陰魂不散，奔至封神台大鬧一陣，被鬼卒引去，周武王獲勝。
八義圖：晉靈公寵任善於阿諛逢迎的大夫屠岸賈。靈公荒淫暴虐，胡作非為。相國趙盾時時規勸，而被晉靈公懷恨在心。靈公與屠岸賈多次設計謀害趙盾，未遂。及周定王三年趙盾卒，晉成公歿，晉景公繼位，趙盾的後人趙同、趙括、趙嬰、趙朔等相繼居國為卿。司寇屠岸賈見趙氏復盛，心中益恨。"日夜搜趙氏之短，潛於景公"。景公又如靈公時寵用屠岸賈，並聽信屠言，欲"聲靈公之冤，正趙氏之罪"，遂命屠岸賈誅滅趙氏之族。此次趙氏滅門之禍，只有趙朔之子趙武(戲劇"趙氏孤兒")與趙旃之子趙勝(時在邯鄲)倖免於難。在搜孤救孤過程中，先後有韓厥、卜鳳、公孫杵臼、金剛(程嬰之子)獻出了生命，連同先前為救趙盾而死的鉏麑和秦繼明、替趙朔赴死的周堅、以及程嬰(一說是林輒)，被後人尊稱為"八義"。
九連燈：戲名，《九連燈》。故事情節：晉時宰相何道安(前本作賀道庵)與史后有隙，遂與晉太監同謀，雇人裝鬼刺客冒稱史侄，誣蔑史后主使。閔覺審問刺客，雖未得口供，然對何道安之奸佞，則知之甚悉。故上參何道安。惜晉君不明真相，反下閔覺於獄。閔覺入獄後，自分必死。乃派其家人傅奴，往告其妻，勸彼等遠逃避難。其妻聞信後，不肯遠逃，反令傅奴幫同其子閔遠至京都，營救閔覺。途中宿一古廟，夜半火判顯靈，示意傅奴，謂閔覺被押之南牢，將遭大火，閔覺必被燒死。若欲救主人，必至昆侖蓮花山仙果洞道德真君處，求取九連燈，方得有效。傅奴救主心切。乃由閔遠獨自赴京，己則單獨冒險，前往求取九連燈。有折戲《火判》。
十道本：李淵染病，李世民入宮侍疾，出宮時路經張、尹二妃宮門，知建成、元吉在內與二妃飲宴，怒而掛御帶於門上以警之；建成見而反唆使二妃誣告世民無禮，李淵怒欲斬世民，諸臣諫奏，皆遭貶斥，唯褚遂良冒死以十道本章保奏，李淵悟而赦之，並封賞遂良。

② 穆成，參見《卷五·走雪》"穆成"條。

二度梅喜童喪殘生,
三顧茅廬劉關張,
四才子異姓聯了宗,
五丈原孔明喪了命,
六月雪弟兄路途逢,
七箭書趙公明成了聖,
八義圖孤兒逃性命,
九連燈懸掛在玄都觀,
十王廟陸判官換人頭。

【背尾】
珍珠衫重會蔣興哥①,
賣油郎,獨佔花魁恩情多②,
金臺將,田單保主把江山坐③。

---

① 珍珠衫重會蔣興哥:指戲曲《珍珠衫》。大意是明代東陽縣商人蔣興哥出外經商,其妻王三巧受騙失身於商人陳商,後被蔣發覺乃將三巧休回娘家。三巧改嫁知縣吳傑,在合浦縣任所,聞悉前夫遭遇人命官司,乃假稱蔣爲自己的胞兄向知縣求情。蔣被開脫獲釋,在内室與三巧重逢,暴露出前情。知縣念其夫妻情深,允其破鏡重圓。有關情節可與《續編·周文送女》相對照。

② 賣油郎獨佔花魁恩情多:指戲曲《賣油郎》。故事情節參見《卷三·小十杯酒》"花魁女"條。

③ 金臺將田單保主把江山坐:指戲曲《田單救主》。戰國時,齊湣王不僅重用伊立,而且沉湎酒色,寵倖鄒妃,不理朝政。伊立遂與鄒妃設計陷害太子。鄒妃假稱身體染疾,要齊湣王召深通醫道的太子進宮與其調治病症,並借機抓傷自己臉頰誣太子戲妃。齊湣王聞報大怒,即賜伊立寶劍一口,命其三更時分,搜斬太子回奏。太子聞信,乘夜潛逃出宮,適遇巡城御史田單巡街,田單將太子藏于府中。伊立領四十都尉至田府搜查。田單急將太子改妝,假扮自己之妹,混過伊立搜府。之後,田單又與太子扮作兄妹進香,連夜出關。遇關吏盤查,田單散財行賄得以逃脫。樂毅伐齊,拿下齊地七十餘城。齊都失守,齊湣王被弒,鄒妃、伊立也死於亂軍之中。獨自逃至即墨的田單祭出奇計,用火牛陣大破燕軍,並領軍收復齊地。被太史殷尚途中救下的太子田法章返國即位,忠義救主的田單亦官至上卿。

【緊數】

雙合印綻裏腳①,
黃家父子反朝歌。
大戰聞仲黃沙嶺②,
怒斬顏良白馬坡③。

王右牆奪魁桃花岸④,

---

① 雙合印綻裏腳,指戲曲《雙合印》。明嘉靖時,按院董洪巡察河南,行到廣平府喬裝算命相士去往邢臺,查訪早已失蹤的前任按院下落。中途遇一老婦張龐氏,得知當地惡霸劉應龍誣陷其子張榮,企圖霸佔張妻;董洪替龐氏寫狀以後,立去偵察劉應龍,並利用算命與劉應龍見面。劉應龍把董洪強留在府裏要他詳細推算。當天,劉應龍赴宴歸來,在路上搜獲了龐氏的狀紙。回府後,又發現狀紙字體與董洪的筆跡相同,劉應龍大怒,就將董洪囚入水牢。董洪在水牢裏,黑暗中從一具死屍身上摸到一顆印信,形狀與自己印信恰好相合,才知前任按院已被劉應龍殺害。劉府丫鬟李瑞蓮聞有人被難,很為同情。乘夜暗到水牢把董洪救出。董洪就將所獲印信交付李瑞蓮,命她急速逃去,投奔廣平府送信。李瑞蓮去後,董洪未及逃出,即被劉應龍截獲,轉送邢臺縣監禁起來。董洪在獄裏結識了被害的張榮和熱心腸的老獄卒李虎,並叫他以印信為憑,到廣平府求援。李虎至廣平,恰巧李瑞蓮也趕到送信。知府李雲得報,急到邢臺縣救出董洪,董洪即將劉應龍處死,並使李瑞蓮拜在李虎名下為義女。

② 黃家父子反朝歌,大戰聞仲黃沙嶺:戲名《黃沙嶺》,又稱《黃飛虎反五關》或《黃飛虎反朝歌》。敘紂王君戲臣妻,賈夫人墜樓而死,黃貴妃怒斥妲己,被紂王身擲薑盆以亡。黃飛虎父子被逼無奈,七世忠良反出朝歌,出五關往西岐投靠武王。

③ 怒斬顏良白馬坡:戲名《斬顏良》,又稱《白馬坡》。故事取材於《三國演義》第二十五回。劉備既失小沛,投青州袁紹。關羽與劉失散,受張遼之請,暫依曹操營中。袁紹命大將顏良攻曹,進兵白馬坡,所向無敵,既斬曹將宋憲、魏續,又敗徐晃,曹軍大震。關羽匹馬單刀,直奔敵營,立斬顏良于馬下,白馬之圍得解。羽回,曹稱譽之,並申請漢獻帝,封羽為漢壽亭侯。

④ 王右牆奪魁桃花岸:戲名《桃花岸》。蘇州名妓杜全娘與名士王永成許定終身,王赴京得中探花,與太監女為妻,因全娘出身微賤棄之。

馬武元摘印在陽河①。
楊宗保招親穆閣寨②,
程敬思搬兵在沙陀③。

---

① 馬武元摘印在陽河:戲名《薛剛反唐》,折子戲有《大鬧花燈》《陽河拜壽》《陽河摘印》。故事梗概:薛剛是兩遼王薛丁山的兒子,生性好打報不平,好惹事。元宵節上打死太子、驚崩聖駕,闖下大禍。是薛剛大鬧花燈後,薛家滿門遭害,宋連奉旨到陽河調薛猛回朝,宋連乃薛家提拔之官,勸薛猛帶陽河人馬反唐,薛猛猶豫不定,後馬龍帶六部公文至陽河,調薛猛回京,薛猛念及薛家"忠孝牌",不顧宋連以死相勸,選擇回京。後來薛剛獨自逃到西遼,搬來大軍。輔佐廬陵王李顯,起兵反唐。

② 楊宗保招親穆閣寨:戲名《穆柯寨》,又稱《降龍木》《穆柯寨招親》。故事情節:楊延昭元帥病癒後,帶孟良、焦贊去探天門陣,孟良受傷,跑到五臺山,巧遇楊五郎,得知要破天門陣,須有"降龍木"。孟良前往穆柯寨借木,不成,搬來少帥楊宗保。楊宗保招親,女將穆桂英歸宋,代理元帥,指揮全軍。

③ 程敬思搬兵在沙陀,指戲名《沙陀國》,又稱《飛虎崗》、《沙陀搬兵》。黃巢起義,唐僖宗逃至美良川,派程敬思到沙陀李克用處搬兵。李克用記恨曾因失手打死國舅段文楚而受謫貶,不肯發兵。程敬思與李克用的大太保李嗣源商議,知道李克用懼內,遂程去求李夫人劉銀屏、曹玉娥(貞簡皇后),串聯李的二位夫人掛帥,傳令發兵。並反將李克用點為前戰先行官,且又故意提早點卯,使李克用誤卯,當場幾欲正法,以羞抑之。讓李克用把守後軍,命大太保李嗣源為先行官,兵行至珠簾寨,遇到周德威擋路,李嗣源戰不過周德威,劉銀屏激李克用出戰,李克用與其比試,不分勝負,又比試箭法,李箭射雙雕,周心服歸降,成為李克用的第十二太保。

【月尾】
賣絃①、挑簾②、送燈③、揭帳子④,
賣胭脂⑤,他從那周橋所過。

---

① 《賣弦》,戲名,又名《摩天嶺》。薛仁貴掛帥,領兵攻打摩天嶺。宋將猩猩膽等恃山路險要,又復勇悍,薛不能破,遂喬裝士卒入山,遇賣弦人毛子貞,殺之,冒充其子,會周文、周武結拜。夜間説服二人以爲内應,箭傷猩猩膽,殺紅慢慢,大破摩天嶺。

② 《挑簾》。取材於《水滸傳》。武大郎上街賣餅,潘金蓮開窗挑簾,不慎失手掉杆,打著惡霸西門慶。金蓮慌忙下樓賠禮,西門慶見潘美,頓起歹心,遂收買金蓮乾媽王婆,令其拉線搭橋。金蓮遵王婆囑向西門慶再次賠禮,西門慶便乘機戲之,金蓮亦樂於接受。二人以戲謔之詞相互挑逗,竟至私通。可參見《卷四·金蓮誤打》。

③ 《送燈》,又名《鑌鐵劍》。宋代秀才張繼賢,帶僕人新雄赴京趕考,途中結識打虎英雄曾欽,被邀至曾府,曾母令女桂娟與張"琴房送燈",二人面許成親。當地惡霸萬全欲霸桂娟爲妾,曾欽爲救姐姐,男扮女裝,暗帶鑌鐵寶劍赴萬府成親,趁機殺了萬家全家,連夜逃奔金國。萬的家人告官,桂娟與張繼賢蒙冤入獄,起解途中,新雄殺官差,救下桂娟夫妻,投奔曾欽,全家團圓。

④ 揭帳子,戲名爲《揭帳》。寫許仙揭帳子發現白娘子是白蛇的故事。

⑤ 賣胭脂他從那周橋所過:戲名《賣胭脂》。洛陽秀才郭花,進京應考,三試不中,流落京中賣文爲生。一日,郭於大街經胭脂鋪,見王月英美貌,遂借買胭脂之機,進鋪調戲月英。

你瞧那十字坡①、雙玉鐲②、打麵缸③、送枕頭④,張古董換去老婆⑤。

2. 曲調名⑥

【月調】
絲絃嘹喨,

---

① 《十字坡》,戲名。講的是孫二娘父女在十字坡爲民除害,除掉在十字坡害人的黑店老闆和淫僧惡道;孫二娘爲救周玉英暴打小霸王周通和義救武松等故事。十,原作"什"。

② 雙玉鐲:戲名《法門寺》,又名《雙鐲記》。故事情節爲:公子傅朋偶游孫家莊,遇少女孫玉姣,二人一見鍾情。傅朋故意將玉鐲遺失於地,使孫玉姣拾去,作爲定情信物。此事恰爲鄰居劉媒婆所見,答允玉姣代爲撮合婚事。劉媒婆見傅朋給孫玉姣手鐲,就向玉姣要來繡鞋,答應代爲撮合。媒婆之子劉彪拿了鞋去訛詐傅朋,地保劉公道加以勸解。劉彪又夜至孫家莊,誤將玉姣舅父母殺死,將一個人頭投入劉公道家內。劉公道懼罪,打死長工宋興滅口,郿塢縣令趙廉將傅朋屈打成招。宋興之父宋國士控告,也被押入獄。宋女巧姣已與傅朋訂婚。她用酒灌醉媒婆,得知事實原委,趁大太監劉瑾伺候皇太后到法門寺降香時,前往上告。劉瑾責令趙廉復查,真相大白。劉瑾復審後,斬劉彪、劉公道,並奉太后旨,以孫、宋二姣賜婚傅朋。

③ 《打麵缸》,戲名,又名《煙花女告狀》。妓女周臘梅要求從良,縣太爺配與衙役張才。實則縣太爺、王書吏、四老爺俱思染指。於是結案之後,縣太爺即遣張才往外地投文。是晚,王書吏、四老爺、縣太爺先後往會周臘梅,被周臘梅分藏三處。時張才折返,藉口燙酒,從灶裏燒出王書吏,麵缸裏打出四老爺,床下拉出縣太爺。三人窘極,遂以賀喜爲辭,分送銀兩,狼狼而去。

④ 《送枕頭》,戲名。故事情節是:樊梨花被黜貶出唐營,帶親兵回到寒江故地駐紮之後,唐太宗、薛仁貴被困鎖陽城,命薛丁山赴寒江請樊梨花出兵救駕。薛丁山進到樊梨花大帳時,樊氣恨交加,歷數自己帶兵爲唐營征戰,反無辜被逐,痛斥薛丁山負義無情;又見丁山因征戰而形容消損,從而引發憐憫之心,留宿薛丁山於後寨客廳,樊借爲薛送枕之機,表達夫妻情意,薛丁山追悔認錯,二人破鏡重圓,言明次日發兵救駕。

⑤ 張古董換去老婆:戲名《張古董借妻》,又名《甕城子》。

⑥ 《曲調名》中的曲調名詳見筆者論文《眉户〈百戲圖〉與〈曲調名〉考論》,載《中華戲曲》第55輯,2018年3月。本书略有修改。

八角鼓①子响叮噹。
眾位賓朋坐滿堂，
細聽我五十八樣曲名兒②表個明亮。

【背弓】
第一"背弓"勝高强，
一切"雜調"腹内裝，
"採蓮"船，緊③緊拴在"馬頭"上。
你瞧那，"强菜苔子"④佳人巧"梳粧⑤"。

【斷橋】
"五更"金鷄唱，
"閃斷橋"音又亮。
"銀扭絲"懸掛"瑤琴"以上，
是何人來把"風箏⑥"放？

---

① 八角鼓，原爲滿族人用於自娛的一種拍擊膜鳴樂器，因鼓身有八個角而得名，"八角鼓"也是對滿族一種民間藝術的稱呼。它在曲體結構、曲詞格律等方面也與眉户等有共同之處。

② 《曲調名》所説五十八調，它們是："背弓""採蓮""緊數""馬頭""割韭菜""梳粧臺""五更""閃斷橋""銀扭絲""瑤琴""放風箏""玉美人""繡荷包""耍孩兒""遊心調""遺梅針""雪花兒""九連環""銀琴""吹腔""落江院""滿江紅""跌落金錢""扯調""韻調""南樂""倒板槳""拉船花""放牛""榴花""梅花""揚州""花鼓""金朵""鳳陽""刮地風""平調""一點油""昆腔""十二將""鬧調""花燈""一串鈴""馬頭""邊關""太平年""麻城""碗兒""嗩吶調""祭調""梁山歌兒""四小景""高腔""黨調""剪邊花""月調""月尾""背尾"。

③ 緊，指"緊數"，也稱"緊訴"。

④ 强菜苔子，指"割韭菜"。

⑤ 梳妝，指"梳粧臺"調。

⑥ 風箏，指"放風箏"。

【金錢】
"俏①佳人""進了蘭房",
"绣荷包"贈與情郎。
"耍孩兒"無知"閑遊蕩"②,
"遺梅針"不知失落在何方嚮?

【銀扭絲】
"雪花兒"飄在眉梢上,
解不開"九連環"着人愁腸。
"銀琴"到半夜,
無心聽"吹腔",
"落江院"時刻掛念心頭上。

【吹腔】
"滿江紅"出蘇杭,
"跌落金錢"出宴昌。
扯③大調,生來韻④,
幾皇"南樂""吹⑤"的舌尖忙。
忙忙"倒板講⑥",
扯扯上船艙⑦,
我還要"放牛"回家鄉。

---

① 俏,原誤作"悄"。
② 閑遊蕩,指"遊心調"。
③ 扯,指"扯調"。
④ 扯調,生來韻,指"韻調"。
⑤ 吹,指"吹腔"。
⑥ 倒板講,指"倒板槳"。
⑦ 上船艙,指"拉船花"。

【釘缸】
"榴花"兒甚堪賞,
"梅花"落地滿鼻香,
"揚州""花鼓"多熱鬧,
唱畢"金朵"又唱"鳳陽"。

【打連廂】
"刮地風"兒"平①"地起,
"吹②"沒"一點油"兒滅了燈光。
燈點着我還有幾句唱,
聽中了白河縣他的"昆腔"。

【緊數】
"十二將"來數薛剛,
大"鬧""花燈"着了忙。
"一串鈴"帶在"馬頭"上,
他往"邊關"去躲藏。
一路上"四大景"無心觀望,
願只願"太平年"早歸故鄉。

【倒口板】
回去路過"麻城"縣,
遇見一干"碗兒"腔。
"沙拉子"吹的平沙燕,
"祭那子"吹的風入松。
"梁山歌兒"唱的好,
"四小景"音清唱得忙。

---

① 平,指"平調"。
② 吹,指"吹腔"。

【背尾】

"高腔"韻短,

"黨調"韻長,

"剪邊花"他與別調不一樣,

依我說還是"月背①"蓋通場。

【月尾】

這本是五十八個曲名一併在上,

再找一套"十杯酒"兒好來收場②。

眾位兄弟休誇獎,聽心上。

不過是閑暇無事,會會朋友,散散心腸。

3. 出五關③

【月調】

蓋世忠良,

萬古名揚。

桃園結義劉關張,

匹馬單刀出許昌。

【漫數】

徐州失散,情實可傷,

張遼順說,眾謀士相幫。

---

① 月背,指四個曲調,指"月調"和"月尾","背弓"和"背尾"。
② 如果把"十杯酒"計算在內,實際上包含59個曲調名。
③ 《出五關》及以下三出《單刀會》《挑袍》(兩曲)主要講的是關羽的故事。《出五關》講的是關羽出許昌去河北尋找桃園三結義的大哥劉備過五關斬六將的故事。他經過東嶺關殺死孔秀;過洛陽關殺死了韓福、孟坦;過虎牢關(汜水關)殺死卞喜;過滎陽關殺死王植;過黃河渡口殺死秦琪,過關後在古城殺死追趕的蔡陽。本出戲過五關的順序和《三國演義》略有區別。

他言我忠勇,義振綱常,
禮敬如賓,暫留許昌。
名正言順,三不肯降,
桃園有信,定找兄長。

可恨奸曹,居心不良,
內藏奸巧,外表忠良,
設謀定計,要奪漢邦。

【緊數】
上欺天子謀龍位,下壓文武害忠良。
許田三受呼萬歲①,掌劍入宮逼朝陽②。
勒坐魏王掌天下,統約兵權霸朝綱。
殺斬不由漢獻帝,文武百官遭禍殃。

他與俺上馬金來下馬寶,
十美女進膳,曹問安康。
文封亭侯③掌帥印,
武送赤兔④定漢邦。

---

① 許田三受呼萬歲,說得是曹操欲僭位稱王,自知朝中還有很多"漢室忠臣"會反對,於是決定許田圍獵試探眾臣。曹操要脅天子與之一同到許田打獵,並要百官隨從,圍獵時,天子射鹿屢射不中,曹操便接過天子手中的弓箭一箭射中,眾軍士遠遠看到鹿身上是皇上的箭,以爲是天子射中的,齊呼萬歲。曹操並不避諱,縱馬比天子向前一步,欣然接受。

② 掌劍入宮逼朝陽,建安五年(200),董承等人圖謀誅殺曹操失敗被殺,董承之女爲漢獻帝貴妃,曹操誅殺董承後,怒氣未消,遂帶劍入宮,來弒董貴妃,貴妃被士兵勒死于宮門之外。

③ 亭侯,原誤作"廷侯"。當年,關羽殺了袁紹的大將顏良,解白馬之圍,曹操便奏請獻帝,封關羽爲"漢壽亭侯"。

④ 赤兔,本爲呂布的駿馬,後曹操所得,贈與關公爲坐騎。《三國志·卷七·魏書·呂布傳》:"布有良馬,號曰赤兔。"《三國演義·第三回》:"有良馬一匹,日行千里,渡水登山,如履平地,名曰赤兔。"

【滾】
奸曹尊敬十分重，
怎比桃園恩義長。
關公赤心參天地，
精忠貫日義振綱常。

秉燭達旦①留千古，
千里保嫂萬代揚。
義存漢室安天下，
志在春秋扶漢邦。

三辭奸曹不見面，
封金掛印在中堂。
吾大哥今在河北地，
匹馬單刀出許昌。

【滾】
大炮不住連聲响，
關某勒馬站橋上。
前邊張遼領兵到，
後有奸曹合仲康。

鐵甲大兵甚威猛，
鐵刀劍戟列兩傍。
奸曹馬上以禮見：
請問君侯奔何方？

---

① 秉燭達旦，手中拿著燭火，通宵不睡。語本《三國演義·第二五回》："操欲亂其君臣之禮，使關公與二嫂共處一室。關公乃秉燭立於戶外，自夜達旦，毫無倦色。"

關某聽言微微笑：
可笑奸曹失主張。
我弟兄徐州曾分散，
張遼順説三不降。

【滾】
丞相待我十分好，
禮敬如賓留許昌。
俺也曾出力曾報効，
俺也會臨陣排戰場，
俺也會刀劈文醜死，
俺也會萬馬軍中斬顔良。

吾大哥現在河北地，
名正言順出許昌。

【滾】
問得奸曹無一語，
薦別送酒來橋上。
張遼一傍把目送，
關某自有計良方。

頭杯酒祭天多保佑，
二杯酒敬地保安康，
三杯酒來祭寶刀，
青龍偃月①冒火光。

嚇得奸曹把胆喪，
嚇得眾將齊躲藏。

---

① 青龍偃月，關羽使用的寶刀，和赤兔馬都爲關公的象徵。

絳紅袍來忙呈上，
輕輕斜挑刀尖上。

辭別奸曹往前進，
前有五關緊提防。
俺憑青龍刀一口，
偃月寶刀振四方。

胯下一騎赤兔馬，
赤兔馬來世無雙。
頭關先把韓福斬，
二關卞喜一命亡，
三關首將把命喪，
四關孔秀喪無常①，
黃河渡口斬秦琪，
古城壕邊蔡陽亡。

【月尾】
五關連斬六員將，
爲只爲桃園恩義長，
古城聚義從天降，謝上蒼。
這纔是漢關某保皇嫂，殺出五關威名天下揚。

4. 單刀會②

【月調】
蓋世英賢，

---

① 四關孔秀喪無常，在《三國演義》中首關斬的是孔秀，四關殺死了王植。
② 《單刀會》，敘述孫權命令魯肅向劉備索荆州，劉備假裝答應交還，當諸葛謹向關羽索討時，關羽不許。魯肅於是設宴請關羽，擬趁機脅迫他，關羽只帶周倉赴宴，佯醉執拿魯肅後，安然返回荆州的故事。

獨霸江南。
孫劉交好結良緣,
威振山河定曹蠻。

【漫數】
孫權登殿,
文武臣站班,
眾謀士上前,
細論一番。
因爲那荆州,
憂慮在心間,
魯子敬定計,
設宴在江邊。

修一封小書,
下奔關公面前,
誆他過江,
虎離龍潭①。
名夫上將,
埋伏在週圓,
舉杯爲號,
一擁兒向前。

那時候荆州,
何愁他不肯交還?

【緊數】
孫權喜發笑臉。

---

① 虎離龍潭,應爲"虎入龍潭"。在 2015 年華陰眉户傳承展演的演唱中,華陰眉户協會會長羅根苗先生演唱的《單刀赴會》選段,較好得保留了古樸古韻,有些唱詞在口頭傳承中保留了正確的面貌,比如此處他唱的即是"虎入龍潭",甚是。

玉磬三聲散朝班。
膽大黃文①把書下,
下與荆州大小官。

文官不住往內傳,
關平②捧書父王觀。
打開書皮抽書束,
字字行行觀一番。
上寫魯肅③多拜上,
拜上蒲州關美髯。
你我幾載未會面,
因此設宴到江邊。
過江來少帶人合馬,
恐怕損壞黎民田。

關平撩衣跪帳前,
口尊父王聽兒言:
今天莫赴東吳會,
恐怕他人造謊言。

關某聽言微微笑,
膽大吾兒敢多言。
今日不赴東吳宴,
笑殺江南草寇蠻。

---

① 膽大黃文,在 2015 年華陰眉戶傳承展演的演唱中,羅根苗先生演唱的《單刀赴會》選段,有些唱詞在口頭傳承中出現了錯誤,比如這裏他唱成了"膽大王文",應爲"膽大黃文"。
② 關平,三國時蜀漢關羽之子,與關羽同時被殺。
③ 魯肅(173—217),字子敬,東城人(今安徽省定遠縣東南)。三國時名將,個性方正嚴謹,富而好施,長於文章,思慮深遠,有過人之明。在赤壁之役,建議結合劉備來抵禦曹操,並輔佐周瑜大敗曹軍,爲孫權所器重,官拜奮武校尉,轉橫江將軍。

【滾】
吩咐周將①帶戰馬,
老爺提刀上舟船。
船艙裏坐定關老爺,
赤兔馬馱定紫金鞍。
帥字旗上書大字,
威震華夏掌兵權。

【滾】
俺憑青龍刀一口,
偃月寶刀壓江南。
擡頭看,觀見蒲州關美髯——
繡花包巾頭上戴,
四下勒套九股弦,
綠袍襯定黄金鎧,
虎皮戰靴足下穿,
虎皮靴斜跐船艙板,
千里赤兔非等閑。

魯肅觀罷心膽寒,
回頭叫聲眾將官,
今日宴前心要小,
縛虎容易放虎難。

【滾】
一言未罷船攏岸,
關某周倉下了船。
魯子敬上前深施禮,

---

① 周將,指大將周倉。

二人攜手到宴前。
酒行三巡把話講,
提起荊州事一番。

親自過江把皇叔見,
你家軍師在宴前。
皇叔親筆寫文券,
要借荊州取西川。
西川得了好幾載,
因甚荊州不交還?

【滾】
一句話問住關老爺,
閃上周倉將一員。
舉步撩衣往前進,
高叫大夫聽我言:
曹操發來人合馬,
百萬雄兵困江南,
文官提起團團戰,
武將個個心膽寒。
那時候嚇破你們膽,
纔請軍師到江南,
草船以內曾借箭,
祭起東風南屏山,
火燒曹營兵百萬,
你家江南纔平安。

劉表本是親骨肉,
弟承兄業理當然,
既然你要荊州地,
須把東風即交還。

席前無有風三陣，
推起蒲頭刀對弦。

【滾】
一句話提醒關老爺，
周倉不必汝多言。
向前手扯魯子敬，
你且近前聽我言：
鴻門宴早知你有害吾意，
準備埋伏九里山，
宴前現有吾刀馬在，
何懼你江南將千員？

【月尾】
一把手扯住魯子敬，
明朗朗寶刀頭上懸，
嚇得他團團戰，
赤兔馬一縱上舟船。
列位觀這本是單刀赴會，五月十三①。

---

① 五月十三，民間的"雨節"。傳說五月十三這一天是是關羽單刀赴會的日子，也是關老爺磨刀的日子，俗話說，"宴無好宴，會無好會"。爲防不測，赴會前要先把刀磨快些。因磨刀要用水，所以這一天必定下雨，這一天一般都有雷聲，乃是關老爺的霍霍磨刀聲。關羽被尊爲神，在百姓眼裏，關老爺磨刀的水必定是神水，自然含有天降甘霖之意。老百姓認爲五月十三下雨比較吉利，這樣會預示著風調雨順、五穀豐登。如果五月十三不下雨，並且驕陽似火，說明這一年必定會大旱。明末至清中期，每逢五月十三，商賈紳東都要出資，請戲班在關帝廟搭台唱戲，劇目都是"關爺戲"，如："桃園結義""千里走單騎""古城會""灞橋挑袍""華容道"等。

5. 挑袍①（其一）

【月調】
蓋世英豪，
匹馬單刀。
桃園恩義實難抛，
千里保嫂把兄找。

【背弓】
匹馬單刀出許昌，
封金掛印漢中堂。
勒回馬，曹操人馬賽虎狼，
站灞橋，旌旗招展把兵揚。

【斷橋】
關公怒冲冠，
閃開丹鳳眼。
俺只見人馬賽過兵山，
曹孟德前來餞陽關。

【金錢】
獻羔羊巧弄機關，
見張遼愁鎖眉尖，
俺不用謝地謝天，
絳紅袍輕輕斜挑偃月尖。

---

① 挑袍，取材於《三國演義》，曹操厚待關羽，賜宴贈馬，關羽從汝南歸來，知劉備去向，決意辭曹尋兄，曹操、張遼皆有意回避不見。關羽不得已，乃掛印封金，留柬告辭，保護甘、糜二夫人上路出許都。曹操知關羽去志不可奪，率眾將送行，至灞陵橋，見關羽橫刀立於橋上，贈以錦袍。關羽恐其有詐，以刀挑袍，揚長而去。

【背尾】
千里保嫂,
義志忠高,
秉燭旦,萬古英靈將名表。
出五關,刀劈卞喜、劍刺韓福、怒斬秦琪,稱英豪。

【月尾】
古城壕又遇一員大將,
擂鼓三聲蔡陽亡。
兄弟聚會從天降,謝上蒼。
這本是漢關某挑袍,留下威名萬代揚。

6. 挑袍（其二）

【月調】
關某辭曹,
來至霸陵橋①。
小校報到:丞相來了。
後隨許褚並張遼。

【緊數】②
耳聽得一聲高叫,一聲高叫。

【滾】
漢關某勒回赤馬驃。

---

① "霸陵橋"也作"灞陵橋",位於許昌西郊,相傳爲三國名將關羽辭曹挑袍處。霸,原作"壩"。下同。

② 緊數,原誤作"緊漫"。"緊漫"非曲牌名。

【傲黃鸝】
他言說薦陽關來送故交，
這機關俺猜透了。
明月是斜路相逢，斜路相逢。

【滾】
冤家來了，
冤家來了。

【傲黃鸝】
我非是，
南山虎來北海蛟，
鼇魚脫去金鈎吊。
我這裏搖搖擺擺，擺擺搖搖，
回頭來叫小校。

【滾】
稟知了二位皇嫂，稟知皇嫂。

【傲黃鸝】
教他們休憂慮來免心焦，
決勝負自在今朝。
我關某行兵志量高，
憑的赤兔馬，
明朗朗，虎抱龍頭偃月刀。
那怕他許褚、奸曹並張遼，
他那裏縱有羊羔美酒，美酒羊羔。

【滚】

我不吃,伴粧①一個醉了,伴粧醉了。

【傲黄鸝】

頭杯酒敬天高,

二杯酒向地抛,

三杯酒祭寶刀。

煙塵塵火炎飄,

關公怒目視奸曹。

【滚】

誰交②爾藥酒害英豪,奸曹操!

【月尾】

許昌機關俺猜透,

管教爾功不成,反落得一場含笑。

三請關公不下馬,刀尖斜挑絳紅袍,請了。

誰叫爾,君臣赶我到霸陵橋。

7. 借箭③

【月調】

三國論英雄,

---

① 伴粧,當作"伴裝"。下同。

② 交,據文意當作"教"。

③ 《借箭》主要講的是三國時期諸葛亮草船借箭的故事。在曹操進攻荆州的時候,劉備孫權兩家結成抗曹聯盟。孫權大將周瑜嫉妒劉備軍師諸葛亮的才能,想把他置於死地。遂讓諸葛亮十天之内造十萬支箭,並立下軍令狀,若誤期便以軍法從事。諸葛亮巧妙地利用長江大霧,在夜間用數十隻綁滿稻草人的船隻在曹營前擊鼓呐喊。曹軍用箭射擊,結果全都射在稻草人身上,諸葛亮便得箭十多萬支。

神機妙算是孔明。
草船借箭魯肅忧驚，
獻連環多虧了鳳雛先生①。

【背弓】
周瑜獻計害孔明，
限一月要造十萬鵰翎，
如不能，推出轅門問斬刑。
何須一月久，
三日便成功。
嚇壞了，誠君子魯子敬。

【斷橋】
尊一聲：臥龍兄，
一人休逞能，
三日要造十萬鵰翎，
即削竹三日怎成功？

【金錢】
諸葛亮假意兒吃驚，
遵了聲：子敬仁兄，
快設計救我殘生，
全不念你我二人交情重。

【銀扭絲】
擺一擺手兒過了江東，
紮下草人五百有零。

---

① 鳳雛先生，即龐統（179—214），字士元，號鳳雛，漢時荊州襄陽（治今湖北襄陽）人。東漢末年劉備帳下重要謀士，與諸葛亮同拜爲軍師中郎將。與劉備一同入川，于劉備與劉璋決裂之際，獻上上中下三條計策，劉備用其中計。後因圍雒縣，攻城時中流矢而卒，時年三十六。

忙把水夫叫，
一齊撑繩，
方知曉軍師顯才能。

號炮不住响叮咚，
驚動了曹營眾兵丁。
探子忙來報，
丞相在上聽，
上河裏下來一哨兵。又

【背尾】
曹孟德聞報，怒氣冲冲，
叫小軍，與我快放箭鵰翎。
不多一時整，
十萬箭有零。
諸葛亮出得船艙，
站立船頭，雙手鞠躬，
謝了一聲：多謝丞相箭鵰翎。

【月尾】
七星臺治好了周瑜病症，
暗差丁奉、徐盛拿孔明。
陡然放箭走鵰翎，斷蓬繩。
猛擡頭，又見船頭上，站立一位少年將軍身穿白甲、盔帶白纓、手執金弓、暗放鵰翎。
有人問他名合姓，姓趙名雲字子龍。

8. 秦瓊觀陣①

【月調】
蓋世英雄,
天下訪賓朋,
賈家樓上拜弟兄,
吃了一杯血酒把誓盟。

【漫數】
姑表弟兄,恩情珍重,
勝是同胞,一母所生。
家住山東,濟南府中,
歷城小縣,有俺的門庭。

要知道俺的名姓,
歷城縣快手叫秦瓊。

【緊數】
八月十五月正東,
好漢秦瓊離山東。
家住山東濟南府,
歷城縣裏當快手。

臉似黃表一張紙,
五路鬍鬚洒當胸。

---

① 目錄爲"觀陣"。《秦瓊觀陣》及以下《夜打登州》《黑訪白(其一)》《黑訪白(其二)》《白訪黑》主要講的是瓦崗寨諸英雄的故事。《秦瓊觀陣》敘濟南府歷城縣捕快秦瓊,因在潼關三擋靠山王楊林,與其結下了仇,夜闖登州被擒。隋朝大帥楊林爲考察秦的本領,在東郊外讓秦單人獨騎去闖陣,並揚言如闖出陣場,則放秦歸家,闖不出去即行問罪。後來秦瓊被瓦崗眾英雄所救。

母年邁來妻年少，
還有三歲小根苗。

秦瓊闖下包天禍，
抖惱登州老楊林。
楊林排陣無人闖，
思想起瓦崗寨眾弟兄。

一想大哥魏老道，
二想三弟徐茂公。
北京北直王君可，
陝西臨洮謝應登。
魯明月來魯明星，
他本是雙雙二兄弟。

幽州城内史大萊，
武南庄上蔣有通。
河南沔池單雄信，
溷世魔王程冷爭。

把這些英雄且莫表，
還有八弟小羅成。
眼前若有羅八弟，
何懼他登州百萬雄兵。

【背弓】
羅周馬上一聲稟，
尊了聲二哥細聽心中：
那楊林，詭計多端巧計生，
那老兒，他擺下了一字長蛇、二龍出水、
三閃月兒、四門鬥底、五虎羣羊、

六甲迷魂、七進七出、八門金鎖、
九宫八卦、十面埋伏連環陣。

【背尾】
登州城下埋的是大炮，
傳將令，紅燈高照爲旗號。
那老兒，他憑的是金盔金甲、銀盔銀甲、銅盔銅甲、鐵盔鐵甲，要打二哥中秋甲。

【打連廂】
賢弟休要逞他能，
爲兄自有巧計生。
緊扣雙環勒戰馬，
把老兒陣勢觀分明。

甲乙丙丁戊靠東。
銀葉鐙，馬青鬃，
青袍青鐙身傍更。

偃月大刀輕輕舉，
站立陣前逞威風。
若要打開青龍陣，
離不了周朝姜太公。

巽離坤兌展雪旗，
白虎陣勢倚靠西。
白龍馬，四銀蹄，
白袍白鎧襯白衣。
銀葉鎧，舞勢奇，
大將憑的是方天戟。
若要打開白虎陣，

離不了列國養繇基①。

乾坎艮陣勢似火,
南方以內擺朱雀。
朱雀陣,演銅鑼,
神不知,鬼不覺,
暗了二十四星斗。
紅袍紅鎧身傍着,
赤兔馬快如梭,
手持一把棗楊槊。
若要打開朱雀陣,
離不了南陽巧諸葛。

戊己庚辛壬癸水,
玄武陣勢倚靠北。
眼環鈴,聲如雷,
跨下一驥黑烏錐。
皂標旗,一錠墨,
烏袍烏鎧烏皂盔。
若要打開玄武陣,
離不了三國張翼德。

中央陣仔細觀,
八卦陰陽在內邊。
頭戴盔,盔上纓,
盔纓壓賽滿天星。
身穿甲,甲上釘,
左胯彎弓右鵰翎。

---

① 養繇基,人名,也作"養由基"。養繇基春秋時代楚國人,善射箭。射擊相距百步的柳葉,百發百中。

若要打開中央陣，
離不了燕國孫百靈。

【緊數】
秦瓊觀罷楊林陣，
口不言來心內明。
羅周①馬上開言道：
尊聲二哥聽分明，
此陣比不得別個陣，
登州城比不得別個州城。
比不得臨潼山大戰楊廣②，
比不得五馬破曹③大放花燈。

兄若還進陣去，
打開了，楊林老兒：
正東正西，正南正北，
東南西北，西南東北，
乾坎艮震，巽離坤兌，
鎗刀劍戟，斧鉞弓槎，
弓箭鳥鎗，拐子流行，

---

① 羅周，羅周爲羅藝（羅成之父）的養子。曾爲楊林的部將，改名王周。秦瓊起解途中，宿於三家店，因受刑感歎，道出羅成，王周才知道他和自己有親戚關係。適史大奈也趕到此處，三人乃計議約合瓦崗寨的弟兄們，于八月十五齊集登州起事，救出秦瓊。

② 臨潼山大戰楊廣：隋文帝時，楊廣率領文武群臣，慶賀唐國公李淵母親壽誕，見李淵之妻竇氏貌美，遂起不良之心，以下棋爲藉口，要李淵以竇氏爲賭注。李淵受辱，遂上殿奏本。文帝未責楊廣，卻勸李淵。李淵氣憤辭朝，返回太原。途經臨潼山，楊廣差魏富屯、韓烈虎二將，截殺李淵，搶奪竇氏。魏、韓曾爲李淵部下，李有恩於二人，臨潼山前，李淵嚴斥二將恩將仇報的不義行爲，韓烈虎羞愧自殺。適逢秦瓊路過臨潼山，用雙鐧相助，遂解李淵之圍。楊廣兵退潼關。秦助李攻克潼關。

③ 五馬破曹，是指三國時期的蜀國五虎上將關羽、張飛、趙雲、馬超、黃忠以少勝多、以弱勝強、大破曹兵的故事。

九宫八卦，十面埋伏，

【滚】
連環陣，
黃驃①馬有功你有名。

秦瓊聽言微微笑，
笑在眉頭，惱在胸中。
黃驃馬聞言通人性，
搖頭擺尾叫幾聲。

開言我把賢弟叫：
爲兄有言聽分明，
你把楊林看得重，
兄把楊林莫在心中。
你把楊林稱千歲，
兄把楊林當頑童。
楊林憑的狼牙棒，
兄皮龍能擋八方兵。
楊林憑的呼雷豹，
兄憑的黃驃馬是英雄。

俺若還，進陣去，
打不開，楊林老兒：
正東正西，正南正北，
東南西北，西南東北，
乾坎艮震，巽離坤兌，
鎗刀劍戟，斧鉞弓槎，
弓箭鳥鎗，拐子流行，

---

① 黃驃馬，原誤作"黃膘馬"。下同。

九宫八卦,十面埋伏,

【滚】
连环阵,
俺与黄骠难逃生。

罗周听言双眉锁,
二哥讲话理不通。
汉武侯一生惟谨慎,
西城抚琴心内惊①。
昭烈帝②领兵把仇报,
闪出陆逊烧连营③。
邓艾曾将姜维量,

---

① 西城抚琴心内惊,指空城计。三国时期,魏蜀之战,魏平西都督司马懿夺取了要塞街亭。诸葛亮因马谡大意失街亭正自责用人不当。此时司马懿大军逼近西城,不巧诸葛亮已将兵马调遣在外,一时难以回来,城中只有一些老弱兵丁。危机之中,诸葛亮自坐城头饮酒抚琴,一副悠闲自在的样子。司马懿兵临城下,见城门大开,几个老兵在扫地,耳听诸葛亮琴声镇定不乱,心中疑惑,但深知孔明"一生惟谨慎",所以唯恐有诈,不敢贸然进城,自退二十里路观察。及至探明实情返回时,赵云率大军已到,司马懿中了诸葛亮的空城之计。

② 昭烈帝,指刘备,谥号"昭烈"。

③ 火烧连营:蜀汉章武元年(221),刘备为报吴夺荆州、关羽被杀之仇,率大军攻吴。吴将陆逊为避其锋,坚守不战,双方成对峙之势。蜀军远征,补给困难,又不能速战速决,加上入夏以后天气炎热,以致锐气渐失,士气低落。刘备为舒缓军士酷热之苦,命蜀军在山林中安营紮寨以避暑热。陆逊看准时机,命士兵每人带一把茅草,到达蜀军营垒时边放火边猛攻。蜀军营寨的木栅和周围的林木为易燃之物,火势迅速在各营漫延。蜀军大乱,被吴军连破四十余营。陆逊火烧连营的成功,决定了猇亭之战蜀败吴胜的结果。

九伐中原功不成①。
自古道：
知己知彼百戰勝，
小看他人難成功。

從不記，
楊林昨日傳將令，
大小三軍你們聽：
快手秦瓊是虎將，
還有瓦崗眾英雄。
裴元慶雙錘甚沉重，
小羅成梅花鎗兒學得精。

王伯當英雄且莫講，
還有神策妙算徐茂公。
各營將士莫奮勇，
各守營陣莫亂行。
各營多挖陷馬阱，
還要三角蒺藜絆馬繩。

那一個拿住秦叔寶，
官封萬户顯威名。

---

① 鄧艾曾將姜維量，九伐中原功不成：姜維（202—264），字伯約，天水冀縣（今甘肅甘谷東南）人。三國時蜀漢名將，官至大將軍。諸葛亮北伐時，被諸葛亮重用。諸葛亮去世後姜維在蜀漢開始嶄露頭角，費禕死後姜維開始獨掌軍權，繼續率領蜀漢軍隊北伐曹魏，與曹魏名將鄧艾、陳泰、郭淮等多次交手，姜維北伐總計大勝兩次，小勝三次，相距不克四次，大敗一次，小敗一次。後因蜀中大臣也多反對姜維北伐，而宦官黃皓弄權，姜維殺之不成，只得在遝中屯田避禍，後司馬昭五道伐蜀，姜維據守劍閣，阻擋住鍾會大軍，卻被鄧艾從陰平偷襲成都，劉禪投降。後姜維希望憑自己的力量復興蜀漢，假意投降魏將鍾會，打算利用鍾會反叛曹魏以實現恢復漢室的願望，但最終鍾會反叛失敗，姜維與鍾會一同被魏軍所殺。

先鋒帥印當面掛，
披紅插花遊五營。

那一個放走秦叔寶，
按軍法斬首不容情。
將令需要牢牢記，
莫當閑言過耳風。

楊林將臺傳罷令，
先點將士後點兵。
他點得：
前營、後營、左營、右營、
正將、副將、參將、遊擊、
都司、守備、千把外委①、
馬步兵丁、一個一個，

【滾】
往前行，
拿住二哥去獻功。

秦瓊聽言微微笑，
賢弟韜略無變通。
非是爲兄發狂語，
孫吳兵書載得明。
今日登州寡敵眾，
豈不與眾家弟兄仗威風。

【滾】
賢弟不信當面看，

---

① 千把外委，軍隊職位名稱。

兄把鐧路明一明。
一根鐧兒分兩路,
兩根鐧兒四路行,
左盤右挽分八路,
風挑遮蔽一十六。

上有四路插花蓋頂,
下有四路古樹盤根,
左有四路龍擺尾,
右有四路虎翻身,
前有四路把江山定,
後有四路定太平。

【月尾】
徐勣①先生街前行,
羅成賣馬不留名。
史大奈②、咬金在店中,喜心中,
約定了八月中秋,大戰楊林。

9. 夜打登州③

【月調】
論英雄天下馳名,
瓦崗寨招聚眾弟兄,

---

① 徐勣,即徐世勣,字茂(懋)功。後避唐太宗李世民諱改名爲徐勣。
② 史大奈,原作"史大萊",音同而誤。
③ 夜打登州:秦瓊解至登州,瓦崗眾英雄得知,臨近八月十五,徐茂公、程咬金、單雄信、尤俊達、謝映登、魯明月、魯明星、羅成、史大奈、蔣有通等瓦崗眾將,化裝成各色商人混入登州。在八月十五那天,楊林令將秦瓊背插紅燈,與己較武,計引瓦崗英雄至而聚殲之;賴王伯當神箭,射落紅燈,眾英雄乘亂救出秦瓊。

有一個混世魔王程冷爭①。

【漫數】
程咬金有語：徐先生②你聽，
想當初遭難，困苦在山東，
合幼童去放响馬，在曠野林中。
吃酒代醉，偶遇見楊林，
將俺們拿去，送到濟南府中。
景大老爺陞堂，要問口供，
三拷六問，口供問明。
收禁在獄，死無有救星，
多虧了山東雙鐧秦瓊，
兩膀架刀，纔救俺們出城③。
先生你的八卦靈，算一算禍福吉凶；
再算二哥，身落何處地名。

徐茂公開言：寨主你聽，
秦二哥起解在登州城中。
楊林老賊，要結果他的性命。

【漫數】
程咬金聞言冲冲怒，
手指登州罵楊林：
你合俺那裏結仇恨，
往往要害俺弟兄！

① 程冷爭，即指"程咬金"。故事發生在他做瓦崗寨寨主的時候。
② 徐先生，指徐茂公。
③ 兩膀架刀，即兩肋插刀。傳説秦叔寶爲救朋友，染面塗鬚去登州冒充響馬，路過兩肋莊時，在岔道想起老母妻兒，猶豫片刻，一條路去汝南莊，一條路去登州，一條路回家門，最終還是爲朋友，視死如歸去了登州，兩肋莊岔道體現出秦瓊的深重義氣。後來，"秦叔寶爲朋友兩肋莊走岔道"這句話傳來傳去就變成了"秦叔寶爲朋友兩肋插刀"了。

吩咐打動聚將鼓,
來了金鎗寶玉朋,
金斗潼關①人兩個,
魯明月來魯明星。

北京北直王君可,
陝西臨洮謝映登,
二賢庄上單雄信,
淄川縣裏小羅成②。

幽州城裏史大萊,
武南庄上蔣有通,
四面八方都來到,
個個英雄真美名。

徐茂公這裏發人馬,
眾位英雄你都聽:
那楊林擺的,
四門斗底八卦金鎖連環陣,
要害俺瓦崗眾弟兄。

吾命人去把老師請,

---

① 金斗潼關,潼關原名金斗城,金斗是古時候以金鑄成的大酒杯,十分堅固耐用。關原名金斗城,"金斗潼關",喻潼關的防線如金斗一般堅不可摧。
② 淄川縣裏小羅成,民間傳說羅成爲山東淄川人。今山東省淄博市淄川區有羅村鎮。

請來師傅吕道翁①,
果然老師手段②大,
馬到成了功。

頭陣戰敗名蘇立,
二陣鞭打魏文通,
又戰敗絳州高天盛,
四陣鎗刺小晏平。

羅成縱馬陣頭看,
中央戊己繫紅燈,
箭射紅燈落了地,
殺得楊林亂了營。

【滚】
楊林自覺事不好,
撥回馬頭逃性命。
楊林撥馬東門上,
東門閃上一營兵。

青人青馬青旗號,
青弓青箭青鵰翎。
報名上將是那個?
報上名來大交鋒。

你老爺本是名夫將,

————————

① 吕道翁,這裏說是徐茂公的師傅。京東大鼓《羅成算卦》唱詞裏說"徐茂公的師傅畢塵仙",河南墜子《羅成算卦》唱詞裏說是"太白李金仙"。太平歌詞《羅成算卦》唱詞裏說"徐茂功的師父李敬仙"。二人轉《羅成算卦》唱詞裏說"徐茂公師父李靖仙"。據上,徐茂公的師傅至少有三個姓。這裏的"吕"姓,也可能是"李"姓的誤傳。
② 手段,原誤作"手端"。

武南庄上蔣有通。
大叫楊林休要走，
留下你的狗頭俺要顯功。

【滾】
楊林自覺事不好，
撥回馬頭往南行。
楊林來到南門上，
南門閃上一哨兵。

紅人紅馬紅旗號，
紅弓紅箭紅翎梢。
報名上將是那個？
報上名來大交鋒。

你老爺本是名夫將，
陝西臨洮謝映登。
大叫楊林休要走，
留下你的人頭俺要請功。

【滾】
楊林自覺事不好，
繡龍棒一晃逃了生。
楊林逃在西門上，
西門閃上一枝兵。

白人白馬白旗號，
白弓白箭白翎梢①。
報名上將是那個？

---

① 翎梢，原誤作"翎稍"。下同。

報上名來大交鋒。

你少爺本是名夫將，
淄川縣裏小羅成。
大叫楊林休要走，
留下你的人頭俺要搶功。

【滾】
楊林自覺事不好，
撥回坐馬往北行。
楊林縱馬北門上，
北門閃上一旅兵。

黑人黑馬黑旗號，
黑弓黑箭黑翎梢。
大將報名是那個？
報上你的名來大交鋒。

提威名嚇破兒的膽，
瓦崗爲王程冷爭。
大叫楊林休要走，
留下你的人頭俺纔氣平。

楊林自覺心膽戰，
撥回馬頭逃了生。
四面八方埋伏定，
楊林只望中央行。

耳聽號炮一聲响，
中央閃上一隊兵。
黃人黃馬黃旗號，

黃弓黃箭黃翎梢。

動問上將是那個？
報上名來大交鋒。
你老爺本是仁義將，
好漢英雄名秦瓊。
大叫老賊休要走，
皮龍雙鐧難逃生。

楊林聽言魂不在，
撥回坐馬逃出營。
楊林撥馬前邊走，
秦瓊縱馬緊相迎。

【滾】
八隻馬蹄交叉過，
殺得老賊吐鮮紅。

【月尾】
單雄信來怒氣生，
寶玉朋金鎗手内明，
史大萊魯家二弟兄，逞威風。
明公聽，這纔是登州大戰，救出秦瓊。

10. 黑訪白（其一）①

---

① 黑訪白（其一），唐代尉遲恭訪薛仁貴的故事。尉遲恭（585—658），字敬德，朔州善陽（今山西省朔縣）人。隋末歸唐，屢立大功，封鄂國公，卒諡忠武。傳說敬德面如黑炭，擅使鐵鞭，騎烏騅馬。薛仁貴（612—681）名禮，善騎射，貞觀年間隨太宗征遼東，所向披靡。出戰常身著白衣。高宗時屢破高麗、契丹、突厥，而立奇功，官拜本衛大將軍，封平陽郡公。通俗小說《薛仁貴征東》，說雖屢立奇功，但是他所有的功勞，卻被奸臣張士貴的女婿何宗憲冒領。後來經元帥尉遲恭暗訪查明，張士貴被治罪。

【月調】
唐王征東，
白虎星①下天宮。
張士貴②來禮不通，
你害俺白袍因甚情？

【漫數】
白袍薛禮，力大無窮，
日每間鏖戰，屢戰有功。
可恨那奸賊，將俺朦朧，
昧卻俺的功勞，又將俺的名更。

尉遲公敬德，來至在大營，
他非是賞軍，要拿俺進京。
逃出了帳外，萬馬軍中，
擡頭觀看，見明月當空，
俺對那明月，訴一訴俺的屈情。

【緊數】
白袍有語開言道：
明月在上你當聽。
南征北剿咱為首，
東擋西殺立大功。

昧卻俺小功無其數，
還有七十二大功。

---

① 白虎星，傳說中薛仁貴是白虎星下凡。
② 張士貴，原作"張思貴"，誤。張士貴（586—657），唐代名將，屢立戰功，但小說《薛仁貴征東》裏把它描述成嫉賢妒能的奸臣，與史實不符。其女婿何宗憲冒領薛仁貴功勞也無任何證據。

俺也會拳打白額虎，
百步堤上取封城。

下地穴把俺力出盡，
箭射紅絨逞過英雄。
淤泥河救過唐主駕，
殺得蘇文逃了生。

保主東征回朝轉，
瞞天過海顯才能。
論功勞封王不能夠，
屢次加害因甚情？

【滾】
白袍講罷心酸痛，
誰知曉後邊有人聽？
尉遲公緊緊走幾步，
抱住將軍那裏行？

爲你把俺心操碎，
俺合奸賊賭下輸贏。

【滾】
今日見了你的面，
好是撥雲望九重。
白袍這裏開言道：
身後人兒你當聽。
問你抱俺因何故？
報上名來得知情。

尉遲公有語開言道：

叫聲將軍聽心中。
你把俺當就那一個？
唐王駕前尉遲公。

【滾】
白袍聽言魂不在，
輕輕摔倒地流平。

【月尾】
尉遲公擡頭用目觀看，
半幅子白袍拿手中，
唐主駕前去獻功，喜心中。
這纔是黑訪白來月下相逢。

11. 黑訪白（其二）

【月調】
夜静月明，
轉來了尉遲國公。
爲只爲白袍小英雄，
斜衣小帽出唐營。

【漫數】
可惱奸黨，禮上不通，
俺知他的兵法，屢立下大功。
看在其間，必有一位英雄，
被奸賊隱藏，他不得出名。

自那日保駕，海神廟中，
鞭掃泥壁，薛禮之名。
他言説，被人昧去他的大功。

徐茂公保本,來訪英雄。
斜衣小帽,暗出了大營,
整訪了半晚,無有蹤影,
耳内裏忽聽,馬蹄之聲。

【緊數】
白袍打馬出唐營,
只爲求官運不通。
猛然擡頭用目看,
只見明月在空中。

搬鞍列鐙下戰馬,
畫杆戟插在地流平。
幸喜悄悄又静静,
俺不免對明月訴訴苦情。

【老龍哭海】
有薛禮,

【打連廂】
尉遲公,
往前行,
忽聽前邊慟哭聲。
輕輕往前走幾步,
將身躲在黑暗中。

俺聽他恨的那一個,
再聽他作念甚麽事情。

【老龍哭海】
有薛禮，淚珠兒點點下來，把白袍染。
只爲出外求見，
不幸遇見奸讒。
是我運低頭暗，
與賊作了將官。
初次待俺甚好，
以後暗中生讒。
提起來，提起來不由人把肝腸斷。

奸賊倘或大事，回營命我做先。
屢次有功不賞，重打四十不免。
奸賊那日上殿，
都說是他當先。
他將我，他將我白袍二字全不念。

俺也會北番盜馬，
救駕於沉沙灘。
大功七十二件，
小功多不勝言。
奸賊去把君見，
君前受祿加官。
想起來，想起來不由把人心疼爛。

俺有心黑夜逃走，
只恨無有機關。
有心扭賊上殿，
恨無一職半官。
有一日時來運轉，
一本定將賊參。

那時節,那時節我將國賊,
千刀萬剮,碎屍萬斷,
人頭高懸,
纔將我的冤讐完。

【打連廂】
尉遲公,仔細聽,
原是白袍慟哭聲,
輕輕往前舉幾步,
一抱子抱定薛英雄。

叫賢弟,休吃驚,
我本是唐營尉遲公。
兄弟爲你訪了多半晚,
你在此間訴屈情。

有薛禮,膽戰驚,
莫必奸賊差人聽。
鷂子翻身就地閃,
將賊摔倒地流平。

邁開虎步往前跑,
雙足跳出是非坑。

【緊數①】
尉遲公站起,一聲高叫:
叫聲薛禮,喚聲白袍,
你將爲兄摔了個美,
絆倒了個妙。

---

① 緊數,原誤作"緊漫"。"緊漫"非曲牌名。

【滾】
賢弟呀,你就跑了,你就跑了。
賢弟呀,你漫跑漫跑,
你在遠處目瞭。
兄本是唐營尉公,訪你來到,
扯下你半幅銀袍。

此一還朝,
拿本相照,
聖上若准,立與奸黨,
一定要個白袍。
看他奸賊,有何對照?

【滾】
那時賢弟你就好了,你就好了。
俺與他講話,
只見他搖搖擺擺,擺擺搖搖。

【滾】
只管去了,只管去了。
奧國公①可惱,離了荒郊。
擡頭觀看,東方發曉,
紅日上朝。

行來御營門首,
只見旗牌傘扇,
鳴鑼開道,奸賊身坐大轎。
他還是這樣,耀武揚威,一言未罷。

---

① 奧國公,尉遲恭實被封爲"鄂國公",非"奧國公"。下同。

【滚】
张士贵奸贼来了,奸贼来了。
张士贵望见,急忙下轿,
动问尉公:嚮日却好?
斜衣小帽。

【滚】
你向那裏去了,
你向那裏去了?
奥国公怒恼,
奸贼聽着:
爲你访了一晚,
才知你的根梢①,
才知你的功勞,
才知你的官高,
尽是薛礼功勞。

【滚】
被你奸贼昧了,
被你奸贼昧了。

【紧数】
讲得讲得心血反,
阵阵恶火滚胸前。
向前将贼袍领揽,
恨只恨未带水磨鞭。

出拳打去鲜血染,

---

① 根梢,原误作"根稍"。

門牙二齒到地間。
撒手奸賊跑上殿,
九龍口裏拿本參。

打了奸賊把王法犯,
那怕把人頭掛高杆。
尉遲公隨後莫怠慢①,
換戴朝服上金鑾。

【月尾】
奸賊奏本龍耳軟,
不用我尉遲在朝班。
發奔置田庄上去耕田,落清閑。
只落得自種自吃、自吃自種,道也清閑。

12. 白訪黑②

【月調】
悶坐心焦,
散步兒逍遥。
置田庄上老英豪,
閑暇無事去把釣。

【漫數】
平遼公③打馬,來至在荒郊,
擡頭觀看,江水兒滔滔。
見一位漁翁,漁船兒把釣,

---

① 怠慢,原誤作"待慢"。
② 白訪黑,是薛仁貴造訪尉遲恭。其時尉遲恭賦閑在家,耕田釣魚以自娛。
③ 平遼公,指薛仁貴。

搬鞍列鐙下馬,老漁翁請了。

老尉遲擡頭,見一位軍校,
到此何故?細講説根苗。

平遼公開言:老漁翁聽着,
此地有鄂國公府司,你可曾知道?

老尉遲答曰:
你問他有甚故交?
他是俺同僚厚友,
我名喚薛禮白袍。
征東過界,來訪問故交。
老尉遲聞言:

【滾】
賢弟呀,説是你可等着,爲兄上岸來了。

【緊數①】
待俺將這,漁杆兒收了,
斗笠兒卸了,麻鞋兒換了,
漁船兒擎着。
搖着擺着,擺着搖着,

【滾】
説是爲兄上岸來了。

上岸來一把手扯住白袍:
賢弟呀,你穿連折帶,

---

① 緊數,原誤作"緊漫"。"緊漫"非曲牌名。

你向何處征討?
只因鐵李銀牙①造反,
打來戰表,
要奪吾主龍朝。
聖上龍心可惱,
命弟掛帥征討。
征討已畢,凱歌還朝。
唐王爺心喜,封弟平遼公官高。

老尉遲聞言,

【滾】
哈哈喝掌大笑:
賢弟呀,你可好了,
想賢弟幼年功勞,也曾非小。
淤泥河救駕,瞞天過海,
你有許多功勞,
被奸賊與你昧了。

是你在亂馬軍中對月長嘆,
痛哭嚎啕。
爲兄也曾月下訪過白袍,
將你訪見。
一抱子抱定,
你將爲兄輕輕摔了一跤。

【滾】
賢弟呀,你可跑了,

---

① 鐵李銀牙,指中國北方古代部落民族名"鐵勒"。661 年,鐵勒犯邊,662 年薛仁貴大勝敵軍。

爲兄扯下半幅白袍。

是俺怒氣還營,
營門以外正遇奸賊,
抖惱毛家①性焦。
俺一拳將奸賊門牙打吊,
面帶紅光,本奏當朝。

萬歲爺惱怒,
將爲兄推出營門,要將頭找。
多虧一十七家國公上殿作保,
死罪免了,活罪難饒。
貶爲兄置田庄上,
荒郊百畝,百畝荒郊,
自種自吃,自吃自種。

【滾】
賢弟呀,
爲兄好不逍遥,
爲兄好不快樂。
想爲兄幼年功勞,也曾非小——
御菓園救駕,單鞭奪槊,
四茅庵我也逞過英豪。
日月不催,鬚髮皓髯,

【滾】
把爲兄老了,爲兄七十三了。

【緊數】
眼老望不見將對壘,

---

① 毛家,當作"某家",戲曲中自稱之辭。據文意改。

耳老聽不着鵰翎弦,
腿老乘不住烏騅①馬,
手老托不起水磨鞭。

【滾】
老了,老了,把爲兄實實老了,把爲兄老了。

【太平年】
文官好,
荒亂年代武將高,
賢弟威名已然在,
爲兄威名無下稍。
説是薛賢弟,呀,呀,呀!

【月尾】
三軍司命逞英豪,
跨海征東爵禄高,
爲國盡忠苦擔勞。
賢弟呀,你聽着:
可喜你馬到功成,凱歌還朝。

13. 天孤星醉打山門②

【背弓】
魯智深閑遊在山門外,

---

① 烏騅馬,原誤作"烏追馬"。音同而誤。
② 目録爲"醉打山門"。《天孤星醉打山門》及以下《林沖夜奔》《景陽岡打虎》《燕青打擂》講的是梁山好漢的故事。《天孤星醉打山門》説的是花和尚魯智深的故事:他姓魯名達,原系陝西渭州經略府提轄,因抱打不平,拳喪屠户鄭關西,被官府緝捕,潛往五臺山削髮出家,素性嗜酒,每欲破戒,適逢酒販上山,即上前沽飲。酒販不賣,智深不聽,狂飲大醉,拽拳使腳,模仿寺中十八羅漢造型,顯示雄威,寄託抱負。

悔不該出家來在了五臺。
莫內何,削去青絲受法戒,
道不如,下得山去飲酒吃肉落爽快。

【斷橋】
魯智深把頭擡,
山下可是賣酒的來,
賣與衰家①吃一個飽齋。
賣酒的說:不賣,不賣,實不賣。

【金錢】
魯智深氣滿胸懷,
一把手抓將過來,
舉起桶吃個爽快。
賣酒的說:吃酒無錢,你不該把人打壞。

【混江龍】
魯智深吃醉酒忙把山上,
醉醺醺敲山門怒滿胸膛。
小和尚猛聽得雙環响亮,
急忙忙開山門用目端詳。

俺今日吃醉酒,酒肉穿腸,
也不在受法戒。
身爲和尚,也不在酒肉穿腸,
只要那佛在心上。

---

① 衰家,洒家。

俺要學昔日的醉八仙,好酒的純陽①,
小沙彌參定我去奔佛堂。

【背尾】
醉醺醺把金剛一齊打壞,
小和尚,啟稟師傅整法戒。
小沙彌兩下排,
魯智深跪塵埃。
尊師傅,恕過弟子、知過必改,再若犯法,即趕弟子下五臺。

14. 林沖夜奔

【老龍哭海】
按龍泉,按龍泉,
淚珠兒點點,
下來我把羅袍染。

只因腰挎寶劍,
誤入白虎堂前。
高俅一見惱怒,
不肯善罷輕完。
送奔開封府尹,

---

① 好酒的純陽:純陽,呂洞賓號純陽。民間傳說呂洞賓好酒。呂洞賓有三醉岳陽樓的傳說。傳呂祖為此寫下了"朝游岳鄂暮蒼梧,袖裏青蛇膽氣粗。三醉岳陽人不識,朗吟飛過洞庭湖"。另説呂洞賓《沁園春》一詞:"暮宿蒼梧,朝遊蓬島,朗吟飛過洞庭邊。岳陽樓酒醉,借玉山作枕,容我高眠。出入無蹤,往來不定,半是風狂半是顛。隨身用、提籃背劍,貨賣雲煙。人間飄蕩多年,曾占東華第一筵。推倒玉樓,種吾奇樹;黃河放淺,栽我金蓮。摔碎珊瑚,翻身北海,稽首虛皇高座前。無難事,要功成八百,行滿三千。"西安有八仙宫,又名"萬壽八仙宫",位於西安市東關長樂坊。八仙宫所在地,相傳是呂洞賓喝酒遇仙的長安酒肆遺址。八仙宫山門牌樓左側豎有"呂洞賓成道碑",碑上隸書"長安酒肆",楷書"呂純陽先生遇漢鍾離先生成道處"。也可參見《卷二·蟠桃壽宴》條。

重責四十大板。

他發我,
他發我湖海滄州,
軍罪犯配軍將俺起解①,
來至曠野荒灘。

董超、薛霸護送,
二人巧定機關。
領了高俅嚴命,
路途將俺暗算。
將俺哄在林内,
綁在大樹邊。

舉起水火大棍,
纔對豪傑實言。
俺的小豪傑,
俺的小豪傑,
性命只在頃刻間。

俺與魯達相見,
備細述説一番。
仁兄雄心赤膽,
霎時怒髮冲冠。
奪去配軍寶劍,
要殺解役差官。

---

① 起解,押送犯人或貨物上路。元劉時中《端正好·既官府甚清明套·耍孩兒·二煞》:"本日交昏入庫府,直至起解時才方取。"《水滸傳·第一五回》:"他的女婿是北京大名府梁中書,即日起解十萬貫金珠寶貝與他丈人慶生辰。"

仁兄前去追趕,
等候多時不遠。
俺有心前去尋找,
恐怕誤入龍潭。

俺只得,
俺只得慢步縮縮往前趕。
豪傑正來行走,
路過柴家庄前,
柴大官人仁義,
請俺去奔家缘①。

將俺讓在書館,
請在酒席宴前。
豪傑正來飲酒,
一人闖進席前。

此人生就赤臉,
要合豪傑玩拳。
抖惱豪傑性子,
合他比武席前。
俺一拳,
俺一拳將他打倒書房院。

柴進疎財仗義,
與俺贈送盤纏,
修就小書一封,
親自帶奔梁山。
他叫我,

---

① 家缘,當作"家園"。

他叫我多多拜上梁山眾好漢。

白晝不敢行走，
只得夜討方便。
來至伽藍寶廟，
靈官爺爺殿前。
鼓打頭更二更，
又至三更三點。
不覺一時困倦，
朦朧魂遊夢間。

靈官爺爺驚夢，
叫聲林沖聽言：
你在此地打盹，
後有追兵來趕。
金鎗手徐甯，
率領將海兵山。
乍定黃河渡口，
挿翅難以逃竄。
俺的小林沖，
俺的小林沖，
速醒速醒快快逃難。

豪傑驚醒此夢，
慌忙心驚膽戰。
開開廟門兩扇，
四下細觀一番。

就地又起狂風，
難分東北西南。
天降鵝毛大雪，

難分地溝凹坎。

俺的老天爺,
俺的老天爺,
不知梁山大道在那邊?

月到十五圓,
十五月兒圓,
秦瓊夜過關,
還俺比他難。

俺好似伍子胥夜過昭關①,
俺好似劉玄德馬跳龍潭②,
俺好似陳靈王夜奔北邙山③,

---

① 伍子胥夜過昭關:民間傳說故事說,伍子胥乃楚國大夫伍奢次子。楚平王即位,奢任太師。後平王聽信少師費無忌讒言,奢被殺。子胥逃走。楚平王下令畫影圖形,到處捉拿子胥。子胥先奔宋國,因宋國有亂,又投奔吳國,路過陳國,東行數日,便到昭關(今安徽省含山縣北)。昭關在兩山對峙之間,前面便是大江,形勢險要,並有重兵把守,過關真是難於上青天。世傳伍子胥過昭關,一夜急白了頭便是此地。由於東皋公的巧妙安排,更衣換裝,伍子胥便混過了昭關,到了吳國。

② 劉玄德馬跳龍潭,說的是劉備在情急之下、驅趕乘馬跳出檀溪,從而逃脫蔡瑁追殺的典故。劉備到荊州,劉表待之甚厚。表欲廢長立幼,備勸止之,建議其徐徐削蔡氏之權。劉表後妻蔡夫人疑劉備,是時正在屏風後竊聽,聞備此言便忌恨備,命弟蔡瑁在襄陽設宴,欲藉機殺備。至期,劉備借更衣之故,至後院,伊籍暗告備,備得知城外東、南、北三處皆有軍馬守把後,急飛身上"的盧"馬撞出襄陽城。至城西檀溪,人馬俱陷入水中,備加鞭大呼曰:"的盧,的盧,今日妨吾!"言畢,馬忽從水中湧身而起,一躍三丈,飛上西岸。蔡瑁引軍追至溪邊,備見蔡瑁拈弓取箭,乃急勒馬往西南而去,乃至南漳訪司馬徽,得聞臥龍、鳳雛之名。

③ 陳靈王夜奔北邙山,指的是漢末十常侍之亂,何進被十常侍誘殺,袁紹帶人殺入皇宮,皇宮大亂,十常侍中的兩位帶著漢少帝和陳留王逃難入北邙山。陳留王(181—234),即劉協,字伯和,漢靈帝之子,漢朝最後一任皇帝。189 年,漢靈帝崩,劉協爲陳留王。後,董卓將少帝劉辯廢殺,立劉協爲帝,是爲漢獻帝。

俺好似失羣孤雁獨自一人懸。

小豪傑，
小豪傑逃難逃難
那顧得家合眷？

15. 景陽岡打虎

【月調】
天罡星①下降，
整立綱常。
武二郎回家望兄長，
辭別柴進小梁王。

【漫數】
收拾包裹，打點行裝，
走了些山路，過了許多村庄。
見一座酒館，大路一傍，
酒簾兒高挑，五鳳朝陽。

豪傑好飲，吃幾杯何妨，
進了酒館，擺設得排場。
撿一座首席，坐在中央，
喚來酒保，細問端詳：
有甚麼高酒，抱來一罈俺嚐。

---

① 天罡星，星神名。源於漢族人民對遠古的星辰自然崇拜。道教認為北斗叢星中有36顆天罡星，每顆天罡星各有一個神，合稱"三十六天罡"；北斗叢星中還有72顆地煞星，每顆地煞星上也有一個神，合稱"七十二地煞"。《水滸傳》中將108位好漢分為"三十六員天罡""七十二座地煞"，36與72相加之和正好是108，這帶有明顯的傳統道教色彩。《水滸傳》中天罡星是玉麒麟盧俊義。

酒保聞言,膽戰心慌。
不知他量有多大,酒能飲幾缸?
抱來一罈美酒,放在槕上。

豪傑自酌自飲,美味清香。
忙還了酒貲,要上山崗。

酒保上前,攔住此商:
此山多出猛獸,時常他把人傷。

豪傑聞言,氣滿胸膛:
咱本是英雄好漢,
何懼他虎豹豺狼。
俺這裏低頭,出了酒坊,
微風兒吹面,酒氣上揚。
自覺得代酒,行走顛狂。

【滾】
俺醉了,醉了,帶了,酒了。
信口胡唱,解解豪傑心慌。

【緊數】
俺唱的:
戰國春秋子胥強,
強霸兒媳楚平王①。
王莽執劍趕劉秀,
袖統八卦呂純陽。

---

① 強霸兒媳楚平王:楚平王派費無忌替太子建迎接秦女孟嬴來和太子結婚,孟嬴甚美,費無忌便勸平王娶了她,寵信有加。

楊林秦瓊鐧封棒，
棒打薄德滅隋唐。
唐王宮門去掛帶①，
待仁義不過名宋江。

姜維會把中原反，
反賊秦檜害死忠良。
梁山泊②一百單八將，
將中純孝世無雙。

雙戟典韋③人難當，
當陽橋前翼德張。
張郃命喪木門道，
倒叫武二上山崗。

【月尾】
一言未罷把景陽崗上，
又只見斑斕猛虎闖下山崗。
拳打足踢在路傍，喜洋洋。
這本是武二郎打死猛虎在景陽崗，美名兒天下揚。

16. 燕青打擂④

---

① 唐王宮門去掛帶：唐王指秦王李世民。唐朝武德九年，皇帝李淵病重，太子建成、齊王元吉偷入慶衍宮，與其父的愛妃張豔雪、尹琴瑟鬼混，被秦王發現。秦王爲告誡兄弟二人，將父皇所賜玉帶掛在宮門上。不料，二奸妃以玉帶爲證誣告秦王闖入宮中强行非禮。李淵信以爲真，決意斬殺秦王，後真相大白。
② 梁山泊，原誤作"梁山坡"。下同。
③ 雙戟典韋，典韋爲東漢末年曹操部將，使用雙戟，臂力過人。
④ 燕青打擂：東京高俅接納李虞候獻計，在泰安岱廟設擂，請擎天柱任元當擂主，引梁山等人出洞。任元身長一丈，貌似金剛，力大千斤，自號擎天柱，在泰安州東嶽廟擺擂臺，三年未遇敵手。梁山眾好漢將計就計，喬裝打扮進城打擂，眾好漢臺上不敵任元，而燕青善於相撲，打死任元。

【月調】
蓋世無雙，
任元①設武場。
連立三載無人敢闖，
怕只怕梁山一羣羊。

【漫數】
水滸山寨，宛子城②勢樣，
眾家羣星，聚義在山崗。

天王晁蓋，及時雨宋江，
智多星吳用，公孫勝相幫。
神行太保戴宗，徐甯能使金鎗，
行者武松，魯智深和尚。

豹子頭林沖，赤髮鬼劉唐，
解珍、解寶，阮家弟兄雙雙。
王矮虎好漢，李逵太也張狂，
大刀關勝，郭盛、呂方。

花兒燕青，楊雄、石秀三郎，
施千、宋萬，母夜叉③二娘。
菜園子張青，一丈青三娘，
孫立開店，顧大嫂相幫。

---

① 任元，《水滸傳》中作"任原"。
② 宛子城：《水滸傳》中有句："宛子城中藏虎豹，蓼兒窪內聚蛟龍"，梁山泊方圓八百餘里，宛子城是其中一座城池。《甘肅曲子戲》第42頁，寫作"凹子城"，不確。
③ 施千，《水滸傳》中作"時遷"。母夜叉，原誤作"木夜杈"。

【緊數】
梁山泊一百單八將,
不分男女傳刀鎗。
忠義堂前書大字,
替天行道名宋江。

朱貴向前答一躬,
哀告大哥聽其詳:
你命爲弟把山下,
普天之下訪豪强。

並無貪官合汙吏,
盡是孝子合忠良。
神州城出了通天教,
姓任名元太張狂。

奉王旨意立下擂,
五百門徒賽虎狼。
假若還三載擂滿了,
帶領官兵出朝堂。

先拿河北焦天虎,
然後再拿賊宋江。
拿住李逵用刀剁,
拿住燕青作兒郎。
拿住施遷①剜雙眼,
一定活捉孫二娘。
不用殺來不用放,

---

① 施遷,即"時遷"。下同。

留在後帳作偏房。
這本是任元誇下口,
我不敢誑言告兄王。

宋江聞言冲冲怒,
手指神州罵一場:
冤家立擂只立擂,
爲何叫罵我梁山崗。

【滾】
喝喊一聲坐寶帳,
會會冤家又何妨?

【背弓】
宋公明打坐中軍帳,
眾家弟兄站立兩廂,
傳將令,誰去神州快進帳。
燕青忙答應,
施遷緊跟上,
還有那,相幫女將孫二娘。

【斷橋】
三人進寶帳,
大哥聽其詳:
神州任元太得張狂,
我三人情願把擂臺闖。

【金錢】
宋公明聞言驚慌,
你三人太得大樣,
那任元不比尋常,

既要去須得改裝纔妥當。

【背尾】
燕青扮就呼郎兒形像,
孫二娘,合施遷提鑼便把那花鼓响。
三人出寶帳,
李逵暗跟上,
不帶咱,神州城裏鬧一場。

【銀扭絲】
三人聞言心驚慌,
只得把李逵也帶上。
你一莫吃酒,
二休放火光,
叮嚀的話兒牢記心上。

李逵聽言自思量,
只得暫應在身傍。
來到城門上,
仔細觀端詳,
守門的官兒查來往。

燕青進城無人阻擋,
倒把李逵盤了個忙。
多虧我道詿,
言說是皮匠,
險些兒關在城外廂。又

【吹腔】
孫二娘,用良方,
尊了聲老爺聽細詳:

因家貧，無度用，
背上個花鼓逃外鄉。
放我們，進城去，
結草啣環恩難忘。
放我們，進城廂。

【釘缸】
老爺聞言心發癢，
要進城先與我唱一唱，
別的曲兒不要你們唱，
先唱個張生越粉牆。

孫二娘便把花鼓响，
施遷提鑼緊幫腔。

【一點油】
八月桂花香，
九月菊花黃，
勾引張生越過粉牆，
好一個崔鶯鶯忙把門關上。

張生跪門前，
哀告小紅娘，
可憐張生遠離家鄉，
你若是不開門，
直跪到東方亮。
花拉拉把門開，把門開，
開開門兒無有人進來。
你不是偷情人，
便是個妖魔怪。

這曲兒太得長,
這曲兒太得長,
看看日色無有時光,
放我們進城去,
回來再與老爺唱。又

【一串鈴】
老爺聽言喜心上,
放你們進城有何妨?
吩咐聲人役把門開放,
莫要阻擋快把門關上,
怕只怕梁山賊大王。

【大拾片】
有任元來稱剛強,
五百門徒賽虎狼,
各執兵刃把擂臺上,
任元虎权响鏘鏘。

上得擂臺四下觀,
鎗刀劍戟擺兩邊,
牌上大寫兩行字,
打擂人兒聽端詳:
打俺一拳銀百兩,
踢俺一足馬是兩雙,
俺臉上若有指花樣,
酒飯一楪還有羊。

【打連廂】
四人來至擂臺下,
各自睜睛用目望。

人說任元是好將，
到今一見暗誇獎。

頭是斗大靈官像，
虎背熊腰賽金剛。
李逵先把擂臺上，
要打任元一命亡。

任元本是英雄將，
李逵上擂遭魔障。
任元力大無人擋，
肘起李逵個個忙。
忽聽臺下一聲响，
立摔李逵下擂場。
史遷忙把李逵望，
頭青面腫帶重傷。

燕青一見着了忙，
今天打擂好驚慌。
十八般武藝俺盡曉，
七十二能數咱强。
各樣花拳我爲首，
更有神拿非尋常。
雖然話是這樣講，
龍争虎鬪緊提防①。

猛然擡起頭親看，
任元猛勇賽虎狼。
腰大數圍天神降，

---

① 提防，原誤作"低防"。

身高丈余賽霸王。
聲似春雷一般樣,
力大無窮蓋世強。

任元擂臺誇海口,
天下英雄數咱強。
三年擂若立滿,
先滅梁山賊宋江。
梁山若還犯我手,
個個撥皮點燈光。

燕青聽言氣滿腔,
蹦上擂臺打一場。
燕青摔開擺足上,
任元用手忙遮擋。
燕青使得龍擺尾,
任元猛虎下山崗。

二人越打精神爽,
臺下仁兄呐采腔。
任元忙用吊勾計,
肘起燕青神鬼忙。
看得人兒把胆喪,
嚇得個個面皮黃。

孫二娘心驚慌,
施遷尿下一褲襠①。
忙了李逵無巧計,
誰知燕青用良方。

―――――――――

① 褲襠,原寫作"褲當"。

鷂子翻身加力上，
掌起任元神鬼忙。
忽聽臺下一聲响，
可憐把任元喪無常。

燕青站立擂臺上，
耀武揚威世無雙。
人説燕青是好將，
話不虛傳梅花郎。

梁山弟兄把擂臺破，
燕青打擂四海揚。

【月尾】
眾門徒一見真可傷，
各執兵刃報冤枉，
梁山弟兄齊改粧，刀對鎗。
一霎時李逵放火，同上山崗。

17. 吳王採蓮①

【月調】
夏景兒天長，

---

① 吳王採蓮，典故源於春秋戰國時期，吳王夫差和西施遊湖泛舟採蓮的傳說故事。吳越争霸，越國戰敗，越國奉獻美女西施給吳王夫差，意圖使其玩物喪志。夫差得到西施後果然縱情於享樂，不思進取，整天和西施遊山玩水。吳王採蓮，就是反映夫差縱情玩樂、不思國事的情景。民間文化則逐漸有了新的含義。漢樂府古辭《江南》中有，"江南可採蓮，蓮葉何田田"的詩句，因爲蓮蓬多子，"蓮"又與"連"同音，故有"連生""多子"的寓意，均寄寓著後代子孫興旺的意願。因此，吳王採蓮的圖畫，常常出現在各種民用的瓷器花紋圖案之中。

炎熱難當。
吳王設宴在長江,
宮娥女站立在兩傍。

【背弓】
粉宮樓前上車輦,
滿朝鑾駕擺得週全。
上打着,珍珠八寶朝王傘,
宮娥分左右,
手執日月扇。
文共武,伴王前去把景玩。

【五更】
吳王下車輦,
內侍站兩邊,
萬花亭前擺設酒宴,
喜殺王纔把百花見。

【金錢】
眾宮娥與朕採蓮,
一個個裝扮一番,
姐妹們齊換衣衫,
香羅帶拎上幾緊去採蓮。

【銀扭絲】
宮娥彩女跳上採蓮船,
長隨官①忙把槕來搬。

---

① 長隨官,隨侍于官吏身邊的僕從。《明史·卷三〇四·宦官傳一·何鼎傳》:"弘治初,爲長隨,上疏請革傳奉官,爲儕輩所忌。"《儒林外史·第三七回》:"打發出去,隨即把他薦在一個知縣衙裏做長隨。"也稱爲"長班"。

金蓮站不穩,
水面上下翻,
一個個手捧一枝蓮。

【釘缸】
宮娥彩女把船下,
移動金蓮到宴前,
萬花亭前雙膝跪,
報名報的並頭蓮。

【背尾】
吳王一見心喜歡,
一個個,賜你金牌掛胸前。
飲的長春酒,
喜的太平年。
吳①王這裏,傳下旨議:
撤去宴席,宮人站對,朕上車輦,
各執龍燈,送你娘娘回宮院。

【月尾】
侍女們紛紛把舟船下,
還有那風流郎子在高閣上唱,
他唱的柳林中漁翁把釣杆兒揚,熱難當。
只盼得日落西山,乘得晚涼。

---

① 吳,原無"吳"字,疑漏,今補。

18. 皇姑①出家

【月調】
五穀豐登,
慶賀太平。
有道的康熙皇爺坐北京,
風調雨順四海寧。

【一串鈴】
朝有許多文共武,
内有奸賊巴都公②。
巴都在朝把權專,
苦害文武兩班官。
因爲屈斬吳駙馬,
立逼的叫我去出家。

【銀扭絲】
皇姑上殿淚盈盈,
辭王表章捧在手中。
跪在金鑾殿,
主公在上聽:

---

① 皇姑,歷史上指建寧公主,是順治的妹妹,康熙的姑母。1644 年,吳三桂引清兵入關。1653 年,因吳三桂屢立大功,多爾袞爲媒,由昭聖皇太后主婚,吳應熊與建寧公主成婚。由於多爾袞對吳三桂存有戒心,因此透過政治婚姻,使吳應熊以額駙的身分留居京師,實爲朝廷人質。1673 年,吳三桂起兵反清的消息傳至北京,吳應熊被捕入獄;明珠建議將吳應熊和其次子吳世霖處死。1674 年四月十三日,"吳應熊及吳世霖處絞,其餘幼子俱免死入官"。

② 巴都公,滿語音譯,也作"八度公""八寶公"。崇德二年(1637),鼇拜等率兵攻克皮島,以首功晉爵三等男,賜號"巴圖魯"(勇士)。這裏"八都"即"巴圖魯"。按:"巴都公"這裏可能指鼇拜。但實際上建議將吳應熊和其次子吳世霖處死的人是明珠。

我今别驾去修行。

康熙皇爷泪盈盈,
尊一声姑母听在心中:
朕当留下你,
留你在朝中,
盖一座茅庵任你修行。

皇姑闻言怒气生,
遵声康熙听在心中:
朝有文共武,
内有巴都公,
害死了驸马罢不成。

【钉缸】
康熙爷当殿传旨议,
遵声姑母听心里:
朕坐江山十万里,
怎忍叫你去为尼。

皇姑闻言怒气生,
骂声昏皇听心里:
你坐江山是谁挣?
多亏云南王奴的公公①。
大清江山是你坐,
却怎么不由天子反由臣?
因为屈死吴驸马,
立逼叫我去出家。

---

① 云南王奴的公公,指吴三桂。

【太平年】
我今離了皇宮院,
好是鳳凰離丹山,
正行走來擡頭看,
對對鴛鴦水面玩。
各樣飛鳥成雙對,
可憐丟我獨自一①,
走向前來用目看,
家家户户把門關。

皇姑來在五臺山,
個個佛前把燈點,
越思越想越傷慘,
哭了聲駙馬在那邊?

【老邊關調】
一更孤兒天,又
皇姑來在五臺山,
削去髮,口把彌陀佛念。又
好一座孤山,又
獨自一人打坐伽藍,
康熙王姑姪們不相見。又

二更鼓兒發,又
心兒裏想起吳駙馬,
好夫妻相逢在那答。又
若要重相見,又
閻君爺提牌把奴傳,

---

① 一,按韻腳押韻,當作"單"。

森羅殿夫妻纔相見。又

三更鼓兒凉,又
眼望着雲南淚汪汪,
哭老王兒媳們不成雙。又
可恨馬三保①,又
南七省江山被賊害了,
恨黑賊有勇無謀巧。又

四更鼓兒咚,又
心兒裏可惱巴都公,
害駙馬一命喪殘生。又
奸賊把權專,又
苦害乂武共兩班,
恨醜賊賽過了王莽篡。又

一夜五更天。又
哭了聲我兒今在那邊?
紅花王母子們不相見。又
娘的那心肝。又
去到南京②把你爺爺搬。
發人馬與你父親報仇冤。又

【月尾】
一夜只哭東方兒亮,
東海閃上太陽光,
盼公公早發兵合將,報冤枉。

---

① 馬三保,指馬寶(1628—1681),也稱三寶,陝西隆德(今寧夏固原市隆德縣)人。吳三桂的心腹大將,有勇無謀。
② 南京,康熙十三年(1674),吳三桂在衡州府稱帝,改衡州府(今衡陽市)爲"應天府"。吳三桂當時的"應天府"並非南京應天府。

這本是皇姑出家五臺山上。

19. 藥王卷①

【月調】
龍體沉重,
身染疾病。
孫真人②離了長安城,
將身一化等先生。

【背弓】
師徒三人離龍庭,
不由叫人喜在心中,
唐天子,駕坐西秦長安城。
娘娘身染病,
請咱把脈平,
展精神,宮中治好娘娘病。

【五更】
封官不願做,

---

① 藥王卷,又名"藥王成聖"。描寫唐太宗貞觀年間,終南山名醫孫思邈,治癒皇后難產之症,生下皇子。太宗封他"藥中為王",二月二日成聖,禮送回山。尉遲恭聽罷不服,認為"人間不能有二王",請旨追趕。尉遲見孫後,假做討藥,並告他難於成聖,約定"孫如成聖,尉遲願輸掉人頭",兩人打賭而別。孫思邈在路上先醫治好了一隻猛虎。後來龍王有病,幻化為白衣秀才,阻住了孫思邈,被孫識破,教他現出原形,將病治好。龍王感激,指點他到風火洞中修煉,並代他掃除山洞,以報其德。孫果得道成聖,攝來尉遲恭魂魄,罰使站班,以踐當時打賭之言。見明人《南極登仙》雜劇。

② 孫真人,即孫思邈(581—682)為唐代著名道士,所以稱為"真人",醫藥學家,被人稱為"藥王"。京兆華原(今陝西銅川耀州區)人。少時因病學醫,後終成一代大師,其博涉經史百家,兼通佛典。他也是一位地位很高的道教人物。在很多道教宮觀裏都有"藥王殿"。相傳孫思邈隱居陝西境內的秦嶺太白山中。文中提到的"金枝雪山",即指太白山。

金銀咱不用,
唐主爺家纔將咱封,
他封俺金枝雪山把功成。

【金錢】
丟不下長安八景,
丟不下唐王恩情,
丟不下眾家國公,
丟不下八百秦川眾百姓。

【銀扭絲】
正行走,大吃一驚,
心驚肉跳所爲何情?
袖內統八卦,
能占吉合凶,
原來是敬德追蟒龍。

吾道子①近前聽分明,
聽師傅把話講在心中。
搬倒交天翅,
翻穿袍大紅,
打坐在陽關,等候尉遲公。

【大拾片】
鄂國公來往前行,
陽關打坐孫先生,
頭上帶的順天翅,
大紅袍來身上更。

---

① 吾道子,不詳,疑爲孫思邈弟子,道家徒兒。

尉遲公要把先生哄,
口稱精藝孫先生,
毛家故來把藥用,
用上藥料等疾病。

【漫數】
孫真人聞言細細窮究,
曲指一算①,早已知情。

叫聲尉公:聽在心中,
道是一十八丸藥料,
帶在了你的腰中。
唐主爺征東,
要你作元戎,
俺保你一十八載,百病不生。

【釘缸】
尉遲公來氣不平,
聞言叫聲孫先生,
神仙有神仙位,
那有凡人把仙成?

孫真人怒氣生,
可惱黑氏禮不通,
你說俺無有神仙位,
敢何②山人賭輸贏?

灞橋以上三擊掌,

---

① 曲指一算,據文意當作"屈指一算"。
② 何,據文意當作"和"。

準備站班立帥在洞中。

【緊數】
師徒三人往前行,
橋上坐着一書生。
口口他把山人叫,
他叫山人把脈平。

手拖手兒坐流平,
却怎麼十指冷如冰!
莫不是神仙妖魔怪,
千年古樹成了精!

平頂額寬天庭滿,
腦後頭髮血染紅。
是是是來明白了,
你本是灞河一盤龍。

【背尾】
耳聽空中,乍雷①之聲,
猛擡頭,是龍君露真形。
坐下是黑虎,
銀針拿手中,
這一針,照往咽喉刺了一下,
不疼不痛,保你疾病永不生。

【月尾】
下罷針來精神爽,
吾問先生那裏行?

---

① 乍雷,據文意當作"炸雷"。

真人聞言笑盈盈,你當聽。
俺這裏奔上金枝雪山,要把功成。

20. 大觀燈

【月調】
天下太平,
五穀豐登。
皇王有道樂昇平,
奉聖旨揚州城裏大放花燈。

【漫數】
五彩牌樓,八寶圍屏,
張燈結綵,四下燈棚。
文武衙門,齊放花燈。
絲絃上朋友,通是高朋,
玩鎗舞劍,少年英雄。

【太平年】
走馬賣害耍得好,
採①索的姐兒武技高,
炮打襄陽真熱鬧,
火燒新野並樊城。

孫大聖來豬悟能,
保定唐僧去取經,
紅娘抱瓶一傍站,
後隨鶯鶯合張生。

---

① 採,據文意當作"踩"。

武松怒殺西門慶,
王婆子、金蓮戰兢兢,
各樣景致觀不盡,
四面八方看分明。

【釘缸】
東方掛的是青燈,
海水潮陽青龍燈,
青龍燈兒仔細看,
二龍戲珠繞半空。

南方掛的是紅燈,
採蓮姐兒花船燈,
花船燈兒仔細看,
吳王採蓮滿江紅。

西方掛的白紗燈,
西牛①望月白虎燈,
白虎燈兒仔細看,
獨立英雄逞威風。

北方掛的黑紗燈,
岐山頂上鳳凰鳴,
鳳凰燈兒仔細看,
百鳥朝鳳鬧烘烘。

中央掛的黃紗燈,
八寶瓶五福中昇,
五福燈兒仔細看,

---

① 西牛,當爲"犀牛"。

空中捧定百壽圖。

四面八方懶得玩,
燈棚以内觀分明。

【打連廂】
這一傍掛的五彩燈,
那一傍掛的紫金燈。
琉璃燈、玻璃燈,
一傍掛的滿堂紅。

金山燈、銀山燈,
各樣羅漢燈千層。
金盞燈、銀盞燈,
美女進膳十全燈。

鐘兒燈、磬兒燈,
老少和尚誦經燈。
福字燈、壽字燈,
百子蓮臺長命燈。

猛然擡起頭觀看,
上有福、禄、壽三星。
劉海撒錢金蟾燈,
狀元祭塔白蛇燈,
麒麟送子天仙燈,
獨佔鰲頭奪魁燈。

老漢打的壽星燈,
孩子們打的火貫燈,
讀書人打的連科燈,

姑娘家打的仙女燈。

雙柱拐兒老婆燈,
扭扭捏捏媳婦燈,
八腳六手螃蠏燈,
冰盤大的鱉兒燈。
獅子走獸鹿角燈,
绣毬燈兒,鬧轟轟。

前邊跑的鯉魚燈,
後邊緊跟蝦蟆燈。
水上漂的船兒燈,
街上跑的走馬燈,
空中懸的星辰燈,
一輪明月是天燈。

各樣燈兒觀不盡,
大街小巷觀分明。

【一串鈴】
聖人廟裏萬卷燈,
佛爺殿前九連燈,
馬王廟裏海馬燈,
土地廟裏琥珀燈。

觀音堂前仔細看,
珠翠纓絡珊瑚燈,
文武衙門燈高掛,
封侯掛印三級燈。

家家鋪面燈熱鬧,

天官賜福金銀燈，
各行燈兒實好看，
層層結結表不清。

【緊數】
又只見，
獨行千里燈一盞，
二仙傳道兩盞燈，
三戰呂布燈三盞，
四馬投唐四盞燈，
五子奪魁燈五盞，
南斗六郎六盞燈，
北斗七星燈七盞，
八仙慶壽八盞燈，
九天仙女燈九盞，
十面埋伏十盞燈。

列位聽來，我與你念，
念一個：泥裏倒栽蔥，
十面埋伏燈，九天仙女燈，
八仙慶壽燈，北斗七星燈，
南斗六郎燈，五子奪魁燈，
四馬投唐燈，三戰呂布燈，
二仙傳道燈，一字長蛇燈。
你看那：
一字長蛇，二仙傳道，
三戰呂布，四馬投唐，
五子奪魁，南斗六郎，
北斗七星，八仙慶壽，
九天仙女，十面埋伏十盞燈。

【月尾】
這本是揚州城裏,大放花燈。

21. 畫廟堂

【月調】①
雅韻兒幽,
樹葉兒黄。
請幾位丹青畫廟堂,
普救寺兒畫在中央。

【漫數】
哼哈二將②,畫在門上,
山門以内,四大天王③。
風調雨順,太平氣象。
上畫佛殿,下畫兩廊。

如來佛相,八寶金裝,

---

① 月調,原誤作"月尾"。據曲牌結構規律修改。
② 哼哈二將,原爲明代小説《封神演義》作者根據佛教守護寺廟的兩位門神,附會而成的兩員神將。形象威武兇猛,一名鄭倫,能鼻哼白氣制敵;一名陳奇,能口哈黄氣擒將。
③ 四大天王:佛教用語。佛教宇宙觀中的欲界六天中第一天四天王天的四王。四大天王住在須彌山腰的一座小山,名爲犍陀羅山,此山有四座山峰,四王各居一峰,護持釋迦佛世界的四大洲。在中國寺院塑像一般爲:東方持國天王,白色身,手持琵琶;南方增長天王,青色身,手持寶劍;西方廣目天王,紅色身,手繞一條龍;北方多聞天王,綠色身,右手持傘,左手持銀鼠,成爲中國式的佛教護法神。《西遊記·第五回》:"與那九曜星、五方將、二十八宿、四大天王、十二元辰、五方五老、普天星相、河漢群神,俱只以弟兄相持,彼此稱呼。"也稱爲"四大金剛"。

金蓮花坐定,孔雀名王①。
左有文殊菩薩,普賢塑在右傍,
青獅白象臥於兩廂。

王昭靈官,八大金剛,
五百羅漢,畫在兩廊。
送子菩薩,坐在樓上,
蛋子張仙,催生娘娘。
韋陀護法,各稱剛強,
鐘鼓二樓,四方清涼。

山門以外,旂杆栽上,
琉璃照壁,五龍捧相。
鐵獅子一對,光溜溜兒光,
修了一座寶塔,五色豪光。

【緊數】
玲瓏塔,塔玲瓏,
玲瓏寶塔十三層。
每層八個尖角兒,
層層角下掛鋼鈴。
一個鋼鈴四兩重,
兩個鋼鈴重半觔②。
東風吹來叮噹响,
西風吹來响叮噹。

---

① 孔雀明王,孔雀明王呈一面四臂之相,手持蓮花、俱緣果、吉祥果、孔雀尾,跨乘金色孔雀王。所持四物中,蓮花表敬愛,俱緣果表調伏,吉祥果表增益,孔雀尾表息災。此明王爲毗盧遮那如來之等流身,具有攝取、折伏二德,故有二種座,白蓮座表示攝取慈悲之本誓,青蓮座表示降伏之意。

② 觔,同"斤"。

玲瓏塔,塔玲瓏,
玲瓏寶塔第一層。
一張桌子四條腿,
一張桌子上面一盞燈,
一個缽魚一個磬,
兩個和尚來誦經。

玲瓏塔,塔玲瓏,
玲瓏寶塔十二層。
十二張桌子四十八條腿,
十二張桌子上面十二盞燈,
十二個缽魚十二個磬,
二十四個和尚來誦經。

玲瓏塔,塔玲瓏,
玲瓏寶塔第四層。
四張桌子一十六條腿,
四張桌子上面四盞燈,
四個缽魚四個磬,
八個和尚來誦經。

玲瓏塔,塔玲瓏,
玲瓏寶塔第八層。
八張桌子三十二條腿,
八張桌子上面八盞燈,
八個缽魚八個磬,
一十六個和尚來誦經。

玲瓏塔,塔玲瓏,
塔下坐了個念彌僧。
若問念僧多大壽,

初起黄河九澄清。

念彌僧收了六個小徒弟，
我與徒弟更法名。
大徒弟取名叫個八八鵒，
二徒弟起名就叫鵒鵒八，
三徒弟名叫青頭冷，
四徒弟叫做冷頭青，
五徒弟法名生生扁，
六徒弟更名扁生生。

忙吩咐八八鵒去打鼓，
鵒鵒八去撞鐘，
青頭冷去吹管，
冷頭青去吹笙，
生生扁去搧火
扁扁生去誦經。

鵒鵒八打不了八八鵒的鼓，
八八鵒撞不了鵒鵒八的鐘，
冷頭青吹不了青頭冷的管，
青頭冷吹不了冷頭青的笙，
扁扁生搧不了生生扁的火，
生生扁誦不了扁扁生的經。①

【月尾】
一般都是三個字。
却怎麽字投音不投？
玲瓏寶塔十三層，仔細聽。

---

① 此段説的是玲瓏塔第十二層，但按順序應置於第八層之後。存疑。

這本是一十八個字，我辨得分明。

22. 玲瓏塔

【月調】
雅韻兒幽，
樹葉兒青。
玲瓏寶塔十三層，
層層角下掛銅鈴。

【緊數】
一個銅鈴四兩重，
二個銅鈴剛半觔，
三個銅鈴十二兩，
四個銅鈴共一觔。
十三層上五十二，
五十二個銅鈴十三觔。
風吹銅鈴叮噹响，
雨打銅鈴响叮咚。

玲瓏塔，塔玲瓏，
玲瓏寶塔第一層。
一張棹子四條腿，
一個和尚來念經，
一個香爐一個磬，
一對蠟燭一盞燈。
三炷信香爐內挿，
一個搧鉢盂一部經，
南無佛、觀世音，
呵彌陀佛念了一聲。

玲瓏塔,塔玲瓏,
玲瓏寶塔第三層。
三張棹子十二條腿,
三個和尚來念經,
三個香爐三個磬,
三對蠟燭三盞燈。
九炷信香爐內插,
三個鉢盂三部經,
南無佛、觀世音,
呵彌陀佛念了三聲。

玲瓏塔,塔玲瓏,
玲瓏寶塔第五層。
五張棹子二十條腿,
五個和尚來念經,
五個香爐五個磬,
五對蠟燭五盞燈。
十五炷信香爐內插,
五個鉢盂五部經,
南無佛、觀世音,
呵彌陀佛念了五聲。

玲瓏塔,塔玲瓏,
玲瓏寶塔第七層。
七張棹子二十八條腿,
七個和尚來念經,
七個香爐七個磬,
七對蠟燭七盞燈。
二十一炷信香爐內插,
七個鉢盂七部經,
南無佛、觀世音,

呵彌陀佛念了七聲。

玲瓏塔，塔玲瓏，
玲瓏寶塔第九層。
九張桌子三十六條腿，
九個和尚來念經，
九個香爐九個磬，
九對蠟燭九盞燈。
二十七炷信香爐內插，
九個鉢盂九部經，
南無佛、觀世音，
呵彌陀佛念了九聲。

玲瓏塔，塔玲瓏，
玲瓏寶塔十一層。
十一張桌子四十四條腿，
十一個和尚來念經，
十一個香爐十一個磬，
十一對蠟燭十一盞燈。
三十三炷信香爐內插，
十一個鉢盂十一部經，
南無佛、觀世音，
呵彌陀佛十一聲。

玲瓏塔，塔玲瓏，
玲瓏寶塔十三層。
十三張桌子五十二條腿，
十三個和尚來念經，
十三個香爐十三個磬，
十三對蠟燭十三盞燈。
三十九炷信香爐內插，

十三個鉢盂十三部經,
南無佛、觀世音,
呵彌陀佛十三聲。

玲瓏塔,塔玲瓏,
玲瓏塔下七個僧。
六個弟子兩傍站,
個個弟子有法名。
大弟子名叫生生扁,
二弟子名叫扁扁生,
三弟子名叫青頭冷,
四弟子名叫冷頭青,
五弟子名叫憎而鎢,
六弟子名叫鎢而憎。

生生扁會吹管,
扁扁生來會吹笙,
青頭冷會敲磬,
冷頭青來會撞鐘,
憎而鎢會念經,
鎢而憎來會點燈。

扁扁生吹不了生生扁的管,
生生扁吹不了扁扁生的笙,
冷頭青敲不了青頭冷的磬,
青頭冷撞不了冷頭青的鐘,
鎢而憎念不了憎而鎢的經,
憎而鎢點不了鎢而憎的燈。

【月尾】
六個弟子各有一能,

這一個替不了那一個人,
都在塔下執事情。
列位聽,這就是玲瓏寶塔一十三層。

23. 畫紗燈

【月調】
雅韻兒幽,
樹葉兒青。
請一位丹青畫紗燈,
你把那有情有趣的古事多畫幾層。

【漫數】
頭一扇畫的走雪山的文公①,
張千、李萬,擔擔兒前行,
走了些山寨,遇見了狼蟲。
那狼蟲虎豹,傷人性命,
湘子在雲端,救去了文公。

第二扇畫上唐三藏取經,
白龍馬引路,後隨着沙生②、巴戒③、悟空,
保定了唐僧。
師徒們正走,刮了一陣怪風,
悟空惱怒,戰敗妖精。

第三扇畫上十里長亭,
鶯鶯薦別來送張生,

---

① 文公,指韓愈,因卒諡文,世稱韓文公。民間所傳有韓湘子九度文公的故事。
② 沙生,當作"沙僧"。
③ 巴戒,當作"八戒"。

斟酒的紅娘,抱瓶的童。

【緊數】
滿滿斟起一盃酒,
雙手兒遞與張相公。
必然此去高得中,
龍虎榜上標姓名。
叮嚀話兒牢牢記,
莫當閑言過耳風。

第四扇燈畫得分明,
咬七兒打圍在山中。
騎的馬,挎的弓,
籠兒裏籠的海頭青①。
小王馬上傳將令,
大小三軍你們聽:
見了兔子把細狗撒,
見了野鷄放黃鶯。
空中天鵝屹立呱啦叫,
籠兒裏放出海頭青,
鎗又打箭又崩。

【月尾】
一霎時景鷄、兔子、梅鹿喪了命。
這本是四扇紗燈,畫得分明。

24. 化緣

---

① 海頭青,即海中青,也叫海青,是青雕中的一種,產生于我國東北邊境一帶地區。遼、金、元時期,我國北方的女真、蒙古等少數民族常用海青作爲狩獵工具來捕捉天鵝。

【月調】
終日念佛,
這纔是收圓結果。
小沙彌身披袈裟下山坡,
拿上木魚兒念聲彌陀。

【漫數】
俺今日下山來,
眾居士們聽着:
不化你香茶供菓,
米麵餑餑,
只化幾文銅錢,
夠神一日香火。

【緊數】
小沙彌正往前邊走,
從南邊來了個女達婆。
她生得眉清目秀真好看,
鬢邊廂茉莉花兒戴得落索。
鍍金耳環照人的眼,
櫻桃小口含的煙鍋。
多羅呢①荷包胸前掛,
魚肚白汗巾手裹拿着。
天藍緞袍子脫落地,
滿幫子花鞋撒拉着。

小沙彌一見魂不在,

---

① 多羅呢,即哆囉呢。一種較厚的寬幅毛織呢料。清朝初期、西歐國家使節來中國時,常向清帝進獻哆羅呢絨。

念一聲南無呵彌陀佛。
遵了聲奶奶方便我，
明裏施捨，暗裏增福多。
保佑你家老爹回家轉，
一年内生一個小阿哥。

【月尾】
二姑娘聞言哏嘴兒笑，
保佑我當家的在葉什葉兒哈什哈兒①，
在烏魯木齊、戈壁灘兒，
殺一個魂飛魄落。
沙彌哥，那時節遵你一聲有靈有應的一座活佛。

25. 青菓出征

【月調】
柑子出征，
掛印在邊庭，
橘子回營調救兵，
梨兒哭了個淚盈盈。

【漫數】
仙桃掛帥，執掌雲龍，
青菓軍師，白葡萄領兵。
佛手香元，駕坐支應，
木瓜山查②，左右先行。
沙菓荔子，去探軍情，

---

① 葉什葉兒哈什哈兒：這裏指新疆的喀什，維吾爾語"喀什噶爾"音譯，其語源由突厥語、古伊斯蘭語、波斯語等融合演變而成，含意有"各色磚房""玉石集中之地""初創"等不同的解釋。

② 山查，疑作"山楂"。

軟棗運糧,瓜子護送。

【緊數】
銀杏菓把信通,
拿住莫放鬆。
杏兒不可往前進,
中了藕梓①計牢籠。

【月尾】
青梅把定潼關口,
落花參②土遁去偷營,
核桃棗兒鬧哄哄。
石榴聽,你看那柿子霜灑九月中,望梅止渴,平菓天冬。

26. 劫法場③

【月調】
威震山崗,
自稱爲大王。
青面虎要救十一郎,
合他妹妹作商量:

十一郎好漢,蓋世無雙,
銅身鐵背,壓賽過金剛。
爲兄當年合他比藝,

---

① 藕梓,即楰梓,其狀似梨。
② 落花參,當爲"落花生"。
③ 劫法場,取材於明傳奇,描寫明代豪士許起英,綽號青面虎,下山遊玩,醉臥青石板上,被官兵拿獲。許妹佩珠得報,率眾前來劫救,許起英砸斷手銬,大敗官兵。恰被佃農莫遇奇(一名十一郎)看見,他不明真象,也幫助官兵和許起英搏鬥,許起英不敵敗走;莫遇奇反因此被官兵誣陷問斬,許起英不計前嫌,下山救莫出險。

帶過他的重傷,
想這樣的好漢,今入了羅網。
明日午時三刻,要把他命傷。
爲兄心想,去劫法場。

二大王有語,遵一聲兄長:
帶多少人馬,用多少兵將?
今日下山,比不得往常。

一不帶人馬,二不用兵將,
吩咐聲好漢,擡過爺的衣箱,
卸去頭盔甲鎖,煙毡帽兒戴上。
花布手巾,勒在頭上,
戰威威①一朵牡丹,斜插在鬢傍。
麻鞋纏子,綢褲兒衰襠,
青紬子搭包,短綢兒衣裳,
兩把短刀,暗藏在身傍。

【緊數】
邁開兩條追風腿,
辭別了妹子下山崗。
不覺行走來得快,
酒樓以上把身藏。

青面虎這裏擡頭看,
東南角下設立法場,
週圍盡都是兵合將,
鎗刀劍戟賽過雪霜。

---

① 戰威威,據文意當作"顫巍巍"。

席棚一内①設下公座,
監斬的官兒坐在中央。
忽然號炮一聲响,
一傍綁出十一郎。

今出牢籠身受綁,
犯了罪的標子插在背上。
青面虎觀罷多一會,
鬍鬚亂乍氣昂昂。

【滾】
觀罷就將酒樓下,
怒氣勃勃往前行。

【月尾】
殺退了官兵,劫去法場,
又來了青面虎的妹子二大王。
聽端詳,這本是青面虎兄妹,救出好漢十一郎。

27. 乞巧②

【月調】
七月七,
牛郎星會織女。
鄉中姐兒約佳期,
今夜晚上把巧乞。

①　一内,據文意當作"以内"。下同。
②　乞巧,相傳陰曆七月七日爲牽牛、織女二星相會之期,舊俗婦女此夕必備陳瓜果、鮮花、胭脂于庭中向天祭拜,以期擁有姣美的面貌;並對月引線穿針,以期雙手靈巧,長於刺繡織布,稱爲"乞巧"。南朝梁宗懍《荊楚歲時記·七月》:"是夕,人家婦女結彩縷,穿七孔針,或以金銀鍮石爲針,陳几筵酒脯瓜果於庭中以乞巧。"也作"祈巧"。

【漫數】
大姐娃開言：二姐娃聽知，
香楪兒安在？對門子院裏。
巧娘娘綁好，多戴些首飾，
若等到今晚，省下忙的。
假若還無人，叫隔壁子扯天婆姨姨。

【緊數】
二姐娃答應：有有有，
樣樣我都辦停當，
先看用錢多合少，
照人照分攤其詳。

金花銀花姊妹兩個，
還有秋香合梅香，
桃鶯、梅鶯掇着兩碗巧，
窮漢家娃娃都搭上。

那頭子來了個外甥女，
他家日子比人強，
他情願出錢二百五，
其餘攤錢三十雙。

先買兩盤子好大桃，
白菓梅李擺在兩傍，
後把西瓜抱上兩個，
捎帶紙馬合錢兩。

每人再措兩碗麪，
各樣貢獻都蒸上，

今晚本是個熱鬧會,
請個小曲念一場。

別人觀看還罷了,
見不得沒紋流的瘋婆娘,
炮响三聲把神敬,
各净手臉忙焚香。,

【背弓】
姐兒跪倒把神敬,
一齊祝告巧娘娘,
保佑奴,心靈性巧早成雙。
心靈性又巧,
奴還要绣鴛鴦,
把那些,大裁小校、縫補衣裳、
薄切細擀①、造酒運漿,樣樣都要學。

【五更】
一不要遭嚴公,
二不要遭嚴婆。
嚴公、嚴婆多受些折磨,
逢女婿脾性要溫和。

一齊把頭磕,
大姐娃進香楪。
搭上巧節水碗裏漂着,
奴還要龍鳳绣鞋剛可腳。

二姐娃笑哈哈,

---

① 擀,曹希彬主編《傳統曲子彙編續集》誤作"杆"。

大姐娃話講錯,
龍鳳二字你都占着,
丟下了我們要甚麼?

銀花兒哼哼哼,
來了個涙瘋老婆,
敞着褲腿裹腳拉着,
爛衫子褲腰苦不合。又

【銀扭絲】
大叉小步來到神前,
先看擺的甚麼供獻?
仙桃並大菓,
擺的甚喧香?
兩碗巧擺的真好看。

我老婆活的五十三,
從來沒見這故端。
前後多改變,
世事不一般,
欠女的人兒把他慣。

我也向前忙把神參,
再一輩世的容貌周全,
心靈性要巧,
模樣賽天仙,
二隻手拙的是二萬。

連二連三忙把頭磕,

磕得肚子怪不受活①。
午間飯太好，
吃了個沒死活，
吃得多了回轉不通。

午間做的大麥麵餑餑，
一頓吃了十七三個，
肚子胖胖脹，
只想把虛作。
窮漢家箱子莫雜貨。

稀屎順腿流下兩腳，
熏得人把鼻子都五合②。
聞着胖胖臭，
幹下這種活，
那一個把羅底子都掙破。又

【太平年】
大姐娃怒氣多，
你娘生你是個下作③，
人家娃乞巧把神敬，
你要臧的是怎麼？

姐兒們來性子焦，
叫聲賤婆你聽着：
肚子不好不該來，
拿來稀屎鬧場合④。

---

① 受活，舒服的意思。陝西方言詞。
② 五合。據文意當作"捂合"。
③ 下作：下賤，低三下四。陝西方言詞。
④ 場合，應酬。多指宴席。陝西方言詞。原誤作"場活"。

【打連廂】
瘋婆娘聽言心生氣,
你媽把你慣成了。
我老婆今年五十多,
叫你吃屎女娃子敢罵我!
越思越想越生氣,
尋你爹媽怕怎麼。
我婆娘向前正要打,
不料褲帶掙斷了,
手提着褲子往前跑,
咱家今晚鬧一合。

【釘缸】
扯天婆一傍怒氣生,
叫罵野物你當聽:
娃娃家乞巧把神敬,
你到此喧嚷因甚情!

你的頭像個猱獅狗兒樣,
滿臉以上賽生薑,
渾身垢痂把你降,
畫匠難做你這模樣,
假若你再把嘴犟,
迎面就是兩個八掌①。

【背尾】
瘋婆娘出門,不敢嘴犟,
脫下了褲子,臭氣實難當,

---

① 八掌,據文意當作"巴掌"。

今晚想高幸①,

只落臉無光。

羞答答,睡在床上、雙眼流淚、怒氣滿腔,無人與我報冤枉。

【月尾】

一齊跪倒把神送,

滿院裏聞着臭烘烘,

今夜晚上好掃興,怒氣生。

若到來年,乞巧的事兒萬萬不行。

28. 走雪②

【月調】

跳出火坑,

後無有追兵,

遵了聲姑娘且慢行,

有老奴③保你奔大同。

【漫數】

曹玉蓮聽言,淚如泉湧。

思想起爹娘,實傷情。

舉家喪命,丟奴要把親成。

多虧曹夫救奴出了網籠。

---

① 高幸,同"高興"。

② 走雪,取材於傳奇,明世宗時,魏忠賢謀位,約文武官過府畫押,天官曹模不服,全家問斬,曹模及夫人自刎,家人曹福(此處作"曹夫")保曹女玉蓮奔山西大同投親,途徑四十里廣華山。曹福凍死,曹玉蓮堅持逃到大同,並找到了公公馬芳總兵,回京洗了冤案。參見《續編·光華山走雪》。

③ 老奴,指曹福。

【緊數】
魏忠賢做事禮不通。
害我舉家因甚情？
可憐二老都喪命，
强霸奴家把親成。

老哥哥用計將賊哄，
主僕雙雙奔大同，
腹中饑餓雙足疼，
打坐荒郊步難行。

曹夫忙把姑娘問，
放命不逃爲何情？

金蓮疼痛還猶可，
腹中饑餓怎樣行！

【銀扭絲】
曹夫聽言戰縮縮，
淚珠兒滾滾胸前潑。
未帶錢合鈔，
皆因老奴錯。
我該拿甚麽買吃喝？

曹玉蓮聽言自己斟酌。
把耳邊金環遞與老哥哥：
去換錢合鈔，
鄉庄買吃喝，
即去速來莫躭擱。

曹夫接環珠淚落，
老天爺殺人太得情薄，
換來一盞膳，
姑娘充饑渴，
追兵到來不得活。又

【琵琶】
用手兒接盞雙淚墜，
止不住點點濕透衣，
自幼兒奴生在閨閣裏，
丫環梅香常問饑。

日出三竿身未起，
水到床邊纔更衣，
幼年間奴把福享盡，
老天爺折磨到這裏。

吃半盞來留半盞，
遞與曹夫去充饑。

【五更】
用手兒接膳碗，
兩眼淚不乾，
老太爺①若聽老奴相勸，
主僕們焉能受磨難？

再休將我父怨，
瞞怨是枉然，
早知三日富貴幾千年，

---

① 老太爺，指曹模。

老哥哥快保奴家找親眷。又

【易字】
進得深山用目瞧，
巧手丹青難畫描，
溝溝渠渠水流道，
坡坡長荒蒿。

東山麋鹿望西跑，
猿猴玩耍古樹梢，
打柴的樵夫高山叫，
澗下斜擔獨木橋。

金蓮小來橋難過，
雙手採住楊柳梢，
戰戰兢兢把橋過，
險些兒將奴閃一跤。

裙邊兒掛在路傍棗，
青絲又掛古樹梢，
适纔間青天紅日照，
一霎時老天又變了。

就地起雲滿山罩，
這一陣大風雪又飄，
叫聲曹夫快快跑，
奴渾身打戰似①水澆。

老曹夫聽說是姑娘寒冷，

---

① 似，原誤作"是"。方言音同而誤。

觀世音活菩薩連叫幾聲，
我有心乘機會逃了性命，
黃花女撂深山天理何容。

猛想起先朝古掌家中用，
有穆成①在計州替主喪生，
有馬義滾釘板②情理甚重，
有繼奴求來了九盞神燈。

老曹夫我要把先賢古論，
捨生死保姑娘去奔大同，
急忙忙寬棉衣淚如泉湧，
叫姑娘你請穿遮遮寒風。

難道說裙釵冷你不害冷③，
老哥哥莫必是鐵打石星。

男子家三尺火頭上罩定，

---

① 穆成，參見《卷五·百戲圖》"一捧雪穆成替主死"條。
② 馬義滾釘板，相傳馬義滾釘板爲主鳴冤的故事。相傳宋時書生米進圖攜老僕馬義赴京應試。中途忽夢其兄米進國血面模糊，顯身呼冤，天亮，心中納悶，急呼老僕馬義出來，與之商量，沒想到馬義亦有此夢，二人甚爲驚奇，遂急速歸家。及抵家，兄果然已死，心疑其兄有冤，然無從偵悉，只得暫居家，在靈堂守候，以便探察。實則其嫂陶氏與鄰居侯花嘴私通，厭惡米進國如眼中釘，故與侯花嘴同謀毒殺。侯、陶二人見米進圖歸來，恐日久敗露，遂定毒計，將侯的醜妻柳氏殺死，穿上陶氏衣服，匿藏其頭，移屍于米家門外。侯花嘴即赴縣衙誣告米進圖因奸不從，謀殺長嫂。縣令不察，遂捕米進圖拷問成罪，下於獄中。馬義得信，急赴縣喊冤，縣令告訴馬義如找得人頭，即釋放主人，否則無救。馬義信之，回家逼死己女，割頭至縣。縣令仍以女頭判斬進圖，馬義奔京師，到文天祥（或做太師聞朗）處上訴，文以銅鍘、釘板試之，馬義冒死以身嘗試，文知確有冤情，擬親往勘察，但距刑期已近。當夜，天久久不明，直到九更天始明。文趕到，察明案情，進圖之冤遂得平反。可參見京劇《九更天》《馬義救主》《滾釘板》。
③ 害冷，怕冷。

何你們女流家大不相同。
我口説不害冷身上寒冷,
大料想我的命難以逃生,
叫老爺合太婆你且等候,
主僕們在陰曹做鬼同行。

曹玉蓮叫數聲全不答應,
不顧羞那顧恥摟抱懷中,
可憐把老哥哥害了性命,
是何人保裙釵去找翁翁①。

【釘缸】
大同領了總爺命,
行圍採獵到山中,
來在四十里黄花嶺,
見一幼女放悲聲。
家鄉地裏細細稟,
眾兵丁送你轉回程。

【太平年】
未曾開言淚不乾,
眾位將爺聽奴言:
提起家來家不遠,
我父人稱曹天官,
朝出奸党魏忠賢,
要謀大業奪江山。

我的父午門把賊怨,
那賊上殿拿本參,

---

① 翁翁,公公,這裏指曹玉蓮的公公總兵馬芳。

萬歲爺家龍耳軟，
險些兒我父喪黃泉。

多虧文武拿本諫，
舉家丟官離朝班，
私意領兵隨後趕，
定官庄上拿家眷。

可憐把二老一命斷，
強霸佔奴家成姻緣，
老院子口巧舌又辯，
纔救奴家活命還。

此去若見我公公面，
把你們好處對他言。

【打連廂】
眾兵丁聽言好傷慘，
遵聲姑娘聽我言：
莫憂慮來心放寬，
我們是大同兵丁官，
小人的坐馬你乘上，
小人的皮襖姑娘請穿。

【月尾】
臨行時節把屍掩，
楊柳大樹用刀挖，
上寫：義奴凍死黃花山，在此間。
專等着事定之日，來將你搬。

29. 清風亭

【月調】
叔父大賢,
恩重如山。
贈月英銀兩並雨傘,
但願得一路行走多平安。

【背弓】
攜上玉帶往前轉,
叔父恩情報答不全,
奴的夫,上京一步身榮顯。
家遭侯氏母,
狡家多不賢,
他把奴,打在礑房受磨難。

【五更】
懷胎十月滿,
礑房產兒男,
薛貴抱出荒郊外邊,
把生死存亡難保全。

【金錢】
李月英自嗟自歎,
曲指算一十二年,
猛想起先朝事端,
先朝古出了多少烈女傳。

【易字】
春來燕子對畫樑,

昭君娘娘別劉王，
心兒裏可惱毛延壽，
賊不該把影圖獻與番王。
黑河灣裏遇燕子，
把此書捎與了漢劉王，
琵琶斜擔鞍橋上，
哭哭啼啼想劉王。
捨身崖前把命喪，
揭過了思夫紙一張。

二月裏梨花靠粉牆，
有一個寶川①女三姑娘。
高造綵樓大街上，
綉巾兒飄打薛貧郎，
父女們蓆棚三擊掌，
一怒兒趕出三姑娘。
寒窰裏受苦十八載，
寶川女後來坐昭陽，
李月英雖不比寶川女，
揭過思夫紙二張。

三月裏菜籽舖地黃，
有一個貧婦趙五娘，
蔡伯喈上京登皇榜，
草堂上餓死了老爹娘。
賢孝五娘描容像，
把二老影圖背京廂，
相府一內把夫認，
揭過思夫紙三張。

---

① 寶川，人名，即"王寶釧"。下同。

四月裏鴨蛙兒臥池塘,
鍾無顏①娘娘去探桑,
手搬桑條無心折,
上見齊王封昭陽。
後來老王失了政,
西宮專權亂朝綱,
鍾娘娘曾把地穴探,
揭過思夫紙四張。

五月裏來麥梢黃,
機房裏受苦王三娘,
謝自約②鎮江傳言命喪,
老謝保③遠路上錯搬屍腔。
張劉二婦良心喪,
翻穿羅裙另嫁郎,
所生一子他不孝,
叮辱三娘實可傷。
因教子曾把機杼斷,
謝一哥④欽點狀元郎,

---

① 鍾無顏,即鍾無豔,又名鍾離春、鍾無鹽,齊宣王之妻,中國古代四大醜女之一,但很有才華。相傳是戰國齊國無鹽邑之女。外貌極醜,四十歲不得出嫁,自請見齊宣王,陳述齊國危難四點,爲齊宣王採納,立爲王后。於是拆漸臺、罷女樂、退諂諛,進直言,選兵馬,實府庫,齊國大安。
② 謝自約,同音誤記,應爲"薛子約"。
③ 謝保,同音誤記,應爲"薛保"。
④ 謝一哥,同音誤記,應作"薛乙哥"或"薛倚哥"。

雙官誥①來把榮享,
揭過思夫紙五張。

六月裏來熱難當,
田玉蓮小姐去投江,
思夫主來想王郎,
王世充一去不還鄉。
懷抱完石撲江喪,
心兒裏可惱二爹娘,
把綉鞋遺在江岸上,
揭過思夫紙六張。

七月裏來秋風涼,
有一個賢婦孫尚香②。
他的母身得憂兒恙,
纔許下花園降夜香,
降香一畢觀星象,
觀見織女會牛郎。
神聖也有思凡意,
他合皇叔③不成雙。
把這賢婦且莫表,
揭過思夫紙七張。

---

① 雙官誥,又名《三娘教子》《機房訓》《忠孝節義》。故事説的是:薛子約之次妻劉氏生子薛乙哥。妻張氏生妒,家庭不合。子約往蘇州探親,途中行醫救了王義。聖上患疾,廣求名醫,子約被薦進京爲皇帝治病。聖上病癒,封子約爲御史,兼理太醫院。當初薛子約離家之後,其妻張、劉二婦偷情求歡,爲三娘王春娥發現,劉氏反誣三娘不良。王義假冒薛子約之名行醫,病死店中,家人薛保誤爲子約,搬屍回家。張、劉二婦遂棄子盜物另嫁。三娘含辛茹苦撫養薛乙哥。乙哥終於成人得中狀元,與其父薛子約同回鄉祭祖,爲三娘求回了"雙官誥",御賜"忠孝節義"牌匾。故事又見《續編·雙官誥》。

② 孫尚香,東漢末年孫權之妹,劉備之妻。《三國志》稱之爲先主孫夫人。

③ 皇叔,指劉備。原誤作"黃叔"。音同而誤。

八月裏來桂花香，
陳廣銳娶妻殷滿堂①。
他夫妻領憑把任上，
遇水賊劉紅起不良，
拷打狀元落水面，
霸佔滿堂配成雙。
後來長安發人馬，
纔與廣銳報冤枉，
滿堂撲江把命喪，
揭過思夫紙八張。

九月裏來菊花黄②，
有個高枕徐月娘，
心兒裏可惱杜智達，
害得他夫妻不成雙。
盗取紅書合寶劍，
把人命賴在了梅仲身傍，
梅仲監中把命喪，
徐月娘三日氣嘔身亡。

---

① 陳廣銳娶妻殷滿堂，殷滿堂就是殷温嬌，雍州鄠縣（今陝西西安鄠邑區）人，是當朝丞相殷開山的女兒。"陳廣銳"一般作"陳光蕊"，他是河南緱氏縣人，他上京科考，金榜得中，披紅遊街，時遇殷温嬌抛繡球招親，遂招親成婚。後攜家眷由水路赴任途中，船主劉紅（有的劇種也作"劉洪"）心生不良，將陳推墮入水害死，並霸佔殷温嬌，冒充上任。殷温嬌因懷有身孕，暫且忍辱負重，後生下一男嬰，據說就是唐僧。再後來殷開山帶兵捉住了劉洪，但殷温嬌因失節撲江自殺。

② "九月裏來菊花黄"：講得是明代高珍與梅仲乃同窗摯友，同榜進士，同地爲官。高僕（杜）智達（續編爲"杜知達"）因慢待梅仲被革。智達僞造情書，誣珍妻徐月娘與梅私通，珍逼月娘自盡。智達盗走梅仲紅書和寶劍，殺死人命，留下寶劍嫁禍梅仲。梅仲下監身亡。最後梅徐陰間還陽。參見《續編·桑涼鎮吃飯》"高枕梅仲拜弟兄"條。晉劇有《雙靈牌》，川劇有《紅書劍》，也可參考。

陰曹地府有報應，
送他叔嫂却還陽，
到後來夫妻重相會，
揭過思夫紙九張。

十月裏來雪加霜，
孟姜女配夫范奚郎①，
他夫妻未有個月整，
秦始皇勞民打邊牆。
十冬臘月身寒冷，
孟姜女千里送衣裳，
有一個老翁對他講，
言說把范郎打邊牆。
孟姜女聽言心酸痛，
一夜哭倒數斗牆。
熱血入骨把夫認，
揭過思夫紙十張。

【剪邊花】
适纔問青天明朗朗，
一霎時烏雲遮太陽，
交奴心驚慌。又

老天爺不住把甘霖降，
奴家女流怎承當？
急緊走又忙。又

把三步當就了兩步闖，
老天爺殺奴實可傷，

① 范奚郎，指范喜良，又名萬喜良。

兩眼淚汪汪。又

正行走來用目望，
見一亭子在路傍，
那裏把身藏，
進內去躲藏。

【背尾】
李月英打坐，亭子一上，
猛想起，小小冤家欲斷腸。
整整十二載，
母子分兩張，
不由人，越思越想好慘傷。

【月尾】
正念中間攛頭望，
見老翁赶着一個小兒郎，
細看好像我親生養，自思量。
我只得等他來細問端詳。

30. 陰功傳①

---

① 陰功傳，取材於明傳奇。馮員外馮尚到了年邁之年無兒男，便納妾欲生子，返回途中投宿客店，小娘子哭哭啼啼，一夜不眠。馮員外猜想其中必有緣故，便追問根由。原來小娘子的父親劉順在湖南爲官，想不到湖南三年不雨，餓殍千里。爲官的老父親心生善念，未經朝廷准許就給百姓發皇糧幾千石。朝廷聞知，將他問罪收監。老母親變賣家產、賣兒賣女贖回了老父親。馮員外聽得傷心，於是決定把她收爲乾女兒，讓她回家照顧二老。此事感動了天功曹，查清了馮員外一生功過奏明玉帝。玉帝大喜，忙降二仙下凡，搖身一變鑽入馮員外老婦人的肚中。一年後二仙臨世，後逢皇王科選，他二人金榜齊名，成爲文武二狀元。又名《馮尚積德》。

【月調】
奴好傷慘，
珠淚兒不乾。
夜宿店館淚漣漣，
哭了聲老爹爹何日團圓。

【漫數】
馮尚向前，
細觀女娘兒美貌容顏，
青絲如墨染，
兩耳墜金環。
柳眉杏眼，
朱唇一點，
真乃是窈窕淑女，
君子樂然。

今日喜事臨身，
你爲何愁眉不展？

【一串鈴】
莫不是嫌我家鄉遠？
騎馬坐轎回河南。
奴非是嫌你家鄉遠，
千里姻緣似線牽。
莫不是不與人作小？
我家安人是大賢。

奴非是不與人作小，
常言道大小都一般。

莫不是嫌我年紀邁，
鈗惧你青春美少年？

奴非是嫌你年高邁，
人活六十正當年。

莫不是嫌我聘金少？
喚出來店主人我再添。

三百兩銀子還嫌少，
誰家養女兒賣幾千？

這不是來那不是，
我老漢難解又難參。

奴有滿懷心腹事，
說與馮爺不耐煩。

女娘兒有甚冤苦事？
一一說與我老漢。

【五更】
未開言淚不乾，
馮爺聽心間：
奴家住揚州所管南吉縣①，
在劉家庄上有家園②。

奴的父名劉順，

---

① 揚州所管南吉縣，《傳統曲子彙編》作"河南白集小縣"。見該書 315 頁。
② 家園，原誤作"家緣"。下同。

爲官在湖南①。
湖南三載遭下荒旱，
餓死了黎民百姓有萬千。

我的父發慈念，
與百姓散糧石。
虧下皇糧約有萬石，
因此上將我父收禁監。

我的母變家産，
賣奴救父還。
奴隨馮爺，我母誰照管？
你看我可憐不可憐？
我的父何日出禁監？

【倒口板】
聽他的言語仔細參，
倒叫我老漢心不安。又
我莫有兒子把命怨，
爲甚麼起出這一端？又

今夜寧可坐一晚，
我要學當年古聖賢。又
我女娘兒拜我爲乾父，又
我送女娘兒回家園。

【太平年】
馮爺講話太過謙，

---

① 奴的父名劉順，爲官在湖南，人名"劉順"，《傳統曲子彙編》作"劉廷賢"；地名"湖南"《傳統曲子彙編》作"河南"。曲子在流傳的過程中，在不同地域經過不同藝人的加工改編，導致語句在一些枝節方面有所不同。

聽奴把話講心間，
三百兩銀子我家用，
現有婚單作證見。

三百兩銀子我不要，
再與你十兩遮羞錢。
口說無憑你不信，
當面退回原婚單。

一見婚單心喜歡，
馮爺果稱一聖賢。
走上前來雙膝跪，
拜過乾父一老年。
乾父今晚行方便，
你的大恩奴報不完。

待等乾父百年後，
披麻戴孝送墳園。

【釘缸】
走上前來忙代起，
叫聲店主人聽我言：
包裹行囊你照管，
我送女娘兒回家園。

向前開開門兩扇，
出了店門端往南，
走大街來過小巷，
不覺來到劉家門前。
金字牌匾門首掛，
門前又栽雙旗杆，

女娘兒上前喚門户，
我老漢店館去安眠。

裙釵擡起頭觀看，
只見乾父回店館，
手拍雙環叮鈴當啷响，
母親開門兒轉回還。

〈白〉一夜五更天，
晝夜不安眠。
女兒賣客官，
老爺在禁監。
正念心腹事，
耳聽扣雙環。

【男寡夫】
向前開開門兩扇，
原來是女兒回家園。
娘把你賣與馮員外，
背夫逃走禮不端。

背夫逃走兒不敢，
馮爺送兒轉回還。
三百兩銀子咱家用，
現有婚單作證見。

三百兩銀子他不要，
又與兒十兩遮羞錢。
兒說此話娘不信，
現有退回原婚單，
母親親眼觀。

【打連廂】
一見婚單心喜歡，
馮爺果是一聖賢，
吩咐聲女兒穩香案，
母女二人到庭前。

母女提衣庭前跪，
祝告空中過往神靈，
保佑保佑多保佑，
保佑馮門生兒男。

【月尾】
再說馮尚去打點，
打點劉公出禁監，
連生二子奪魁元。
列位觀，到後來，天中馮京①，地中馬涼②。
這本是陰功傳萬古流傳。

31. 禿配

---

① 馮京(1021—1094)，字當世，生於宜州，遷居藤州，又徙居鄂州江夏(今湖北武昌)。他是宋初名相富弼的女婿。皇祐元年(1049)己丑科以"三元"及第，爲宋朝最後一位三元及第的狀元。其父名爲馮式，並不是本曲提到的馮尚。馮京，宋真宗天禧五年(1021)生於宜州龍水縣馮家村(今宜州市慶遠鎮狀元灣村)。十五歲的馮京隨父母遷居藤州鐔津(今廣西藤縣)。過了幾年，馮京又隨父母遷居鄂州。《方輿勝覽》云："慶曆間，廷對第一，解省又俱首選，時號三元。……其生長於宜，其遊學隨所而往。祖塋在龍江浪埠北，今有馮村"。1981年在河南密縣出土的《馮京墓誌銘》中有"馮氏舊家河朔，五代之亂，避地走宜藤間"之語，即可佐證馮家的遷徙。

② 天中馮京，地中馬涼：馮京報考狀元時，爲了避免當朝大臣張堯佐徇私舞弊，在考試時把馮京故意寫成馬涼。結果馬涼高中第一名，成爲狀元。宮廷中，"馬涼"中了狀元；百姓中，眾人卻知道中狀元的是"馮京"。所以民間便有了"天下中馮京，天上中馬涼"，的諺語了。

【月調】
禿子命兒薄，
娶了個禿嬌娥。
兩口兒頂嘴①實可學，
真乃是葫蘆對馬杓②。

【漫數】
禿子開言：後悔得難説，
不料想當初，幹下這活。
莫非前世，做了大惡？
故爾今生，這樣遇合。
強打精神，叫一聲老婆，
想從前爲你勞神許多，
專爲今日夫妻們快樂。

那年從你門首經過，
你在門内賣弄秋波，
觀你的容貌，賽過月裏嫦娥。
年紀不過二八，淡素的穿着，
髮如墨染，眉似秋蛾。
引動我那心意，纔將你説，
快請良友，方將媒作。

【銀扭絲】
選擇吉期備酒酌，
請來媒人把你説。

---

① 頂嘴，原寫作"叮嘴"。
② 馬杓，用葫蘆、椰子殼等製作的器皿。

你父話太緊，
你母話兒活，
悠悠蕩蕩竟推脫①。

急得我晝夜睡不着，
心想去廟裏求神佛。
東西辨不清，
南北摸不着，
倒叫我腹中怪難過。

揹②得人百般無其奈何，
祈神保佑結絲羅。
東院把香降，
西廟把頭磕，
哀告王爺並王婆。

這事兒整說五年多，
許親的話兒纔活撥。
財禮一百整，
首飾不待說，
要的那東西分外多。又

【剪邊花】
他要的綢緞共綾羅，
首飾都要赤金活，
一對响金鐲。又

----

① 推脫，原誤作"推妥"。
② 揹，方言詞，卡；按。揹著脖子。

累絲①簪子時樣看,
個個都要做花朵,
耳環且不說。又

江南的宮粉馱幾駝,
胭脂攢上一食盒,
香墨打鬢角。又

假頭髮三觔黑如墨,
根根長短要一色,
參差使不得。又

怪道②要的幣③物多,
今日纔把機關破,
原是個禿腦殼苛!又

挺光的禿頭做作多,
梳頭好像鴉鵲子窩,
簪子胡亂戳。又

到晚來卸下一把握,
好是頭上取了鍋,
金蟬兒脫了殼。又

莫不是應了俗話說:
家有梧桐將鳳落,

---

① 累絲,一種金屬製作技藝,它是將金銀拉成絲,然後將其編成辮股或各種網狀組織,再焊接於器物之上,謂之累絲。
② 怪道,怪不得,方言詞。
③ 幣,原誤作"弊"。

· 1135 ·

秃頭並秃殼苟。又

【背弓】
秃挪挪聞言淚如梭，
尊了聲丈夫奴的哥哥：
你休要，秃言秃語來削薄！
雖然秃的我，
看來也不錯，
並非是，平等人家下賤貨。

【五更】
奴父母命兒薄，
光守奴獨自個，
如同掌上明珠一顆，
起名兒纔叫個秃挪挪。

素日把針指學，
閑來咏詩歌，
終朝每日不出繡閣，
恐怕是外人瞧見把媒説。

父見奴心歡喜，
母見奴不快樂，
行動呀環前後扶着，
怕的是奴家小性兒多。

【金錢】
還講你後悔難説，
豈知奴滑算不着，
可惜奴鮮花一朵，
你何不手壓胸前自揣摸。

【西京】
自從奴那日將門過，
觀見你打扮真不錯，
帽辮長來頭髮多，
三股叉頭繩搭在腳。

仔細看來用手摸，
纔知你貼的油膏藥，
思前想後真可笑，
咱兩口實在巧遇合。

【背尾】
怪不得月老來把夢論，
他言說，一對明星從空落。
華庭來相會，
媒人笑哈哈，
今日纔把奴的凶夢破。

【太平年】
禿子聞聽無言對，
另生個技巧賣白貨，
有禿子來笑哈哈，
叫了聲娘子聽我說：
將我這禿頭用手摸，
裏頭寶貝裝得多，
雖然也是禿子貨，
有多少奇怪你未曾經過。

中藏五行合八卦，
十二個時辰毫不錯，

雖然不是神變化，
賽過悟空顯道學。

【打連廂】
我這禿禿的科，
曾登金殿入朝閣，
天子賜宴命過左，
娘娘見我喜氣多。
皇王當殿親封我，
天下禿子我管着。

我這禿禿的怪，
好是禿子下了界。
八卦爐內曾燒煉，
老君將我無其奈，
七七四九成正果，
不怕刀砍並斧斫。
非是我今日誇大口，
原來是煉就銅頭鐵腦殼。

把這些故事且莫論，
聽我把腦袋對你學。

【釘缸】
爲官人將我禿頭摸，
加官進禄在朝閣，
武將家將我禿頭摸，
封侯掛印得顯爵。

學生將我禿頭摸，
一舉成名連登科，

姑娘將我禿頭摸，
必然逢個好公婆。

老漢將我禿頭摸，
身體安康新快樂，
阿婆將我禿頭摸，
壽活百歲子孫多。

生意人將我禿頭摸，
一本萬利財源多，
工匠人將我禿頭摸，
手藝高强出巧活。

庄稼人將我禿頭摸，
五穀豐登米穀多，
和尚喇嘛領我的教，
願拜我爲師講道學。

【緊數】
正月十五佳節過，
各處玩藝太得多，
百般歌舞算奇貨，
惟有我禿子首一着。

將我選在金殿上，
如同外國進來罕希物。
合朝文物排班站，
都想摸我禿腦壳。

先耍個海底撈明月，

再耍劉全進瓜①到森羅，
獅子又把繡毬滾，
火煉金丹壯山河。

吹一口仙氣禿頭破，
閃出葫蘆奇怪物，
不多一時音樂起，
好是仙女吹笙歌。

玉磬三响葫蘆破，
小和尚出來念彌陀，
萬歲一見龍心喜，
滿朝文武笑哈哈。
金殿以上領過賞，
誰不知天下馳名禿腦壳。

【月尾】
禿挪挪聽言哏嘴兒笑，
真來是個異器寶貝罕稀物，
走上前來用手摸，真不錯。
揣他頭上，比奴家這個葫蘆還光得多。

32. 鬧房

【月調】
光溜溜溜兒光，
可恨我二老爹娘，

---

① 劉全進瓜，説的是李翠蓮將金釵施于化緣僧人，被丈夫劉全疑爲與僧人私通，含冤自縊。劉全愧悔莫及，正巧趕上唐太宗還陽後要信守諾言給閻王送去南瓜，借冥府進瓜探妻。閻君知情後，讓他們夫妻轉還陽世。見吳承恩《西遊記》"唐太宗夢游冥府"一節。

人家養兒帽辮子長,
咱好似葫蘆花兒放豪光。

【漫數】
每日無事,只害心慌,
眼皮兒乾燥,頭上發癢。
兩手胡搔,越搔越癢,
白雪紛紛,撲在臉上。
黃皮瓜瘦,下巴兒尖長,
鴛鴦枕上,怎配嬌娘?
身不滿三尺,臉似生薑,
新人一見,打不動他的心腸。
胡思亂想,羞得我難當。

老嬸開言:我娃你聽心上,
娶親的事兒,媽與你預備停當。
白生布襪子,青緞鞋一雙,
二藍袍子,天青緞褂子套上。
兩疋紅紬,披在肩上,
紅纓大帽,金花插上。
做一個假帽辮子,連在小帽子下傍,
搖搖擺擺,誰不把我娃叫新郎。

【緊數】
有禿子聽言心歡喜,
媽媽的料理果然強。
別的事兒我不表,
假帽辮安在我心上。

一言未罷人喝喊,
娶親的花轎到門上。

千子頭大炮叮咚响，
鑼鼓喇叭鬧彈塲。

扶女的美人真好看，
新人下轎把豌豆揚。
進門先把天地拜，
媒人拜過拜爹娘。

親朋六人齊拜遍，
轉步縮縮進繡房。
一揭蓋頭心高興，
叫聲天爺聽端詳。

過去日子還罷了，
却怎麼今天這樣長。
你把今日讓與我，
我與你四季燒長香。

叫娃今晚過一夜，
有處長來只管長，
正談中間宴席散，
送女人兒轉還鄉。

急忙先往繡閣溜，
看一看新人是何模樣？
見得妹妹坐床上，
要拿老成莫輕狂。

聞言我把妹子叫，
你與哥哥煎茶湯。
哄得妹子他去了，

新人背影面照牆。

兩朵金花頭上戴,
鍍金耳環珍珠鑲。
身穿湖縐紅大襖,
臉上胭粉賽雪霜。

八幅羅裙腰間繫,
露出金蓮三寸長。
把他莫在凡間比,
好似嫦娥下天堂。

好看好看真好看,
心猿意馬只發慌。
妹子提茶猛來到,
暫且放在棟面上。

你快把小東小西收拾好,
咱村莊規成不甚強。
來下一干棗兒狗,
一陣吵得鬧嚷嚷。

膽小的與你拿着去,
揣天的尻子冰巴涼。

【打連廂】
日落西山把燈點,
耍房的朋友來下一干。

前行的劉老九、張八狗、尖嘴牛①、馬面猴。
頁木頭,萬人愁;
空空菜瓜,淚蠟油。
豆杆蕎,爛瓦窯;
瞎瞎柿子,水醬桃。
簪眼鬼,柳木腿;
後頭跟的黃瓜嘴。
渣不爛,煮不熟;
拜帖匣子,巴巴牛②。
山中狗,餓不瘦;
白貪鬼,滿街臭,
本地閻王太歲頭。
月藍鷄,監後囚;
四稜③子頭,棗木毬,
惹不下的光溜溜,
糧食蟲拖的是麥牛④。

齊開腔吆喝一聲把房門進,
叫新人四禮八拜,裝煙點火莫害羞。

四稜子頭光溜溜開言道:
叫他兩口與咱把蒜薹抽。
禿夥計,聽我說,
幸喜今日小登科,
洞房花燭我們來恭賀,
省得今晚鬧場活。

---

① 牛,抄本誤作"馬"。
② 巴巴牛,屎殼郎,陝西方言詞。
③ 稜,當作"棱"。
④ 麥牛,即"麥牛子",麥子裏生出的小黑蟲。

有禿子笑哈哈:
叫列位我的哥,
耍故事怕甚麼,
卸帽子把衣脫,
上炕①我把新人挪。
新人擰在牆三角,
左一揍右一挪,
挪他不動怎奈何?

有禿娃,巧計多,
叫眾位,你聽着:
娃娃家,臉皮薄,
不勝與你把頭磕,
磕罷頭把茶喝,
喝茶一畢齊散夥,
天明道喜的客人多。

頁木頭聽言怒氣多:
古來禿子是怪物,
耍人家莫死活,
偏偏到今他會說。
今夜晚躲不過,
吃一席還一楪,
倘若你不把故事耍,
取刀子老子要把禿頭割。

你一捶我一腳,
三個打兩個拖,
抓住禿子搧架膊,

---

① 上炕,原作"上坑",形近而誤,據文意改。

打的打拖的拖,
亀搥對住眼窩。

把禿子打得慌忙了,
禿頭攢在被兒窩,
扯的扯拉的拉,
喧的喧搗的搗。
禿子在被窩開言道:
眾位哥你説怎麽就怎麽。

馬面猴做解和,
你把禿子都丢拖,
掇碗水泡蒸饃,
叫他與咱把鱉捉,
你今若不把故事耍,
吵得你兩口子一夜睡不着。

有禿子出被窩,
叫新人聽我説:
咱與他快把故端耍,
他們走了咱的安樂。

小二姐自斟酌,
今晚捨臉莫内何,
頭不擡眼擠合,
漫漫只往口内嚼。
左一吞右一捉,
吞他不住怎奈何。

羞得那二姐娃開言道:
這個鱉兒實難捉。

大家耍在高興處，
來了公道張鄉約。
一進門來都讓坐，
先叫新人把頭磕。

鄉約說不用磕，
我看新人歹如何，
人都說禿娃妻命好，
到今一見果不錯。

有禿子笑哈哈：
鄉約伯你請坐，
娃與你裝煙倒茶把頭磕，
你與娃子做解和，
一輩子感你的恩義多。

有鄉約開言道：
叫列位聽我說，
看時候半夜多，
只管耍是怎麼。
都諒情自斟酌，
明事暗做何待說，
各人都有熱鬧事，
不勝你回家溜被窩。

鄉約說罷大家散，
禿娃心中纔快樂。

【銀扭絲】
見得眾人齊散壇，
扭回頭來把門關。

忙把新娘叫,
與我裝袋煙,
叫我先把你模樣看。

今夜晚上結下良緣,
不過一年生個兒男,
像你莫像我,
眉毛正向安,
若像我咱就把鱉活①幹。

拉拉扯扯總不動彈,
問死問活又不言喘。
今夜雲雨降,
同衾共枕眠。
難道說此事你不願?

小二姐偷眼仔細觀,
看一看新郎甚麼容顏。
臉是猴兒相,
妖怪更一般。
遭逢下這個男兒漢。

今夜晚上如坐針氈,
那裏來的魚水之歡?
褲帶奴拎緊,
和衣靠牆眠,
我叫他禿娃作作難。

可恨二老失了點檢,

---

① 鱉活:不好的事情。

害得奴家實實可憐。
天明回食去，
定把二老纏，
咱這個賬兒怎樣算？

【月尾】
禿子上前雙膝跪，
哀告新娘聽心間：
咱二人鴛鴦枕上倒鳳鸞，不應言。
一霎時金雞報曉，東方發藍。

33. 瞎子算卦①

【月調】
算命先生，
走在大街中，
摸摸揣揣往前行，
手拿竹笛兒吹了幾聲。

【背弓】
雙目失明難行動，
仗被着竹杆兒奔走路程，
城裏頭，大街小巷是熟徑，
專等那，愚夫愚婦上網籠。

【背尾】
奉承的話兒，低頭想成，
算吉凶，不過是當面打口風，
全憑着，口巧舌辯將人哄。

---

① 目録爲"算卦"。

【金錢】
起四柱①全靠流星,
再把那官煞②記清,
各鎮物裝在袋中,
難吆喝學下竹笛兒將錢弄。

舌尖上將沫子貼成,
"一點油兒"吹得好聽。
"四大景"又代"小桃紅",
"將軍令"纔把買主的心引動。

【銀扭絲】
佳人無事正照花容,
忽聽門外竹笛响聲,
忙把丫環叫,
快去請先生,
即去速來莫消停。

丫環答應忙離門庭,
叫聲先生莫往前行,
先生,
我的噫兒呀,
我姑娘請你算一算命。又

---

① 四柱,《易經》中的術語,古代漢族星命家以年、月、日、時的干支爲八字排成四柱。四柱即出生人的出生年、月、日、時分別稱之爲年柱、月柱、日柱和時柱。
② 官煞,也稱"官殺",是八字算命裏的術語。其凶吉還要根據日干的需用和忌諱決定。

【打連廂】
丫環前邊忙代①徑,
先生在後緊隨行,
進了大門把二門進,
轉過客庭來到房中。
掇把交椅先生你請坐,
翻一翻白眼咳嗽一聲。

【五更】
算卦不惜情,
惜情卦不靈。
子平②、周易,件件精通。
一字兒算不投,情願白奉送。

佳人笑一聲:
久聞是高明,
賤庚鼠相二十有零,
五月初四日酉時三刻生。

【漫數】
先生聞言,暗喜在心中。
挈指一算,甚是年輕。
言語溫柔,聲似銅鈴,
人才必定,月貌花容。
胡思亂想,立坐不寧,
春心引動,怎生個方兒偷情。

---

① 代,同音誤記,應爲"帶"字。
② 子平,原誤作"子評"。子平是宋朝徐居易的字。相傳徐子平精於星象、命算。後人乃以"子平"稱呼利用星象、或生辰八字替人算命的方法。《西遊記·第四二回》:"先生子平精熟,要與我推看五星。"下同。

先試探他一番,再看行也不行。

尊了聲大嫂,細聽分明:
年紀二十三歲,戊子年降生。
人是火命,最犯土星,
土卸了火體,有禍非輕,
必要禳解,再看你的陰功。

磑砂磠砂,金精銀精,
桃條柳條①,斬箭縛弓。
等身線一條,
小米子二升,
紙人兒剪上七個,
加到那朱砂符中。

【緊數】
專尋星全人睡定,
神楨安在繡房中,
黃錢六分香三股,
再點幾盞長命燈。

貴府人兒都躲避,
怕的是陰人將壇冲,
只用大嫂人一個,
靜靜悄悄好禳星。

大嫂參神我坐斗,

---

① 磑砂磠砂,金精銀精,桃條柳條:朱砂、金精銀精、桃木等都是道教鎮邪之物。磑:磨,使物粉碎。

再教你幾句《三皇經》①，
保佑你消災能免罪，
身上百病永不生。

一年內懷胎生貴子，
若不嫌寄與我先生，
這個勞兒我情願效，
卦禮輕重我不爭。

【太平年】
佳人聽言怒氣生，
罵了聲大胆瞎畜生，
老娘不是那樣貨，
無故殺顛情難容。

吩咐丫環莫放鬆，
手拿棒捶下無情，
把瞎子打慌忙了，
雙膝跪倒地流平。

【一串鈴】
遵了聲乾娘請息怒，
丫環姐姐叫幾聲，
發一點善念饒了我，
全當瘋狗把你吞。

---

① 《三皇經》，也稱《三皇文》《三皇內文》，即爲《天皇文》《地皇文》和《人皇文》的合稱。傳説三國時有位叫帛和的人得之於西城山石壁。以後晉人鄭隱授予了弟子葛洪。因爲相傳此經文在小有之天玉府之中，故也稱《小有三皇文》，又名《小有經》。還有一種記載説是葛洪曾從一位叫鮑靚的那兒受得《三皇文》，稱《大有三皇文》，也叫《大有經》，意即謂此經秘藏在大有宮中。其注重記敘神鬼譜系、求神要決和各種能所謂除卻凶危、求吉保祥的符書的具體作用，使其經文中有大量圖讖鬼神內容而迷信色彩濃重。

丫環聽言哏嘴笑,哏嘴笑,
擰住耳朵掀出門庭。

【釘缸】
把瞎子打得糊塗了,
分不出南北並西東。
夾上棍棍順牆溜,
一跤跌到屎尿坑。

黑驢打滾翻將起,
渾身上下臭烘烘,
打得我皮青面又腫,
額顱上撞下兩個大窟窿。

滿嘴鬍子拔了個凈,
一對瞎窩窩擊了個青,
對天發個明誓願,
那一個龜娃子再進城!

【月尾】
這一回殺顛丟了個底,
自己挨上個肚裏疼,
無顏在人前講子平,回家中。

悶了時,唱幾句昆腔、二黄合道情①。

34. 相面(其一)

【月調】
家住耀州,
無計度春秋,
學下相面天下遊,
婦人夥裏下金鈎。

【漫數】
清晨早起,走出廟堂,
背上包裹,夫串村庄。
進了城門,虎撐兒②摇响。
驚動多少老少婆娘。

見一位媽媽,坐在門上。
用兩句好話,
引誘他上網:
這位媽媽却好,身子安康,

---

① 昆腔、二黄和道情:三種戲曲聲腔。昆腔,昆腔也叫作昆曲、昆山腔。戲曲聲腔之一,是中國古老的戲曲聲腔、劇種。昆曲的表演,也有它獨特的體系、風格,它最大的特點是抒情性强、動作細膩,歌唱與舞蹈的身段結合得巧妙而和諧。二黄,相傳起於安徽,傳至江西宜黄演變而成。一説源自安徽四平腔,傳至湖北發展成二黄腔。以胡琴伴奏,曲調流暢平和,節奏穩定,有婉轉端凝的特色。與西皮腔合稱爲"皮黄",爲平劇、粤劇等戲曲的用樂系統。也作"二簧"。道情,一種以唱爲主的説唱藝術。用漁鼓和簡板伴奏,原爲道士演唱道教故事的曲子,用以宣揚出世思想,警醒頑俗。後來也用一般民間故事做題材。《清平山堂話本·張子房慕道記》:"行至半山,忽見張良漁鼓簡子,口唱道情。"元周密《武林舊事·卷七·乾淳奉親》:"後苑小廝兒三十人,打息氣唱道情。"昆腔,原作"坤腔",音同而誤。

② 虎撐兒:舊時算命的、赤腳醫生手摇一銅或鐵的圈兒名爲"虎撐兒"

孩子們乖爽，媳婦兒賢良。

【緊數】
老嬸擡起頭兒觀看，
相面婆兒到門前。
手搖虎撐唅啷啷响，
包袱斜背左肩膀。

相面婆兒拿禮見，
老嬸一見心喜歡。
叫聲客人你坐下，
交我與你掇喝湯。

背過身兒回家轉，
掇來一碗煎米湯。
歇息歇息把話講，
相面的事兒再商量。

相面婆兒笑嘻嘻，
這位媽媽却賢良。
今將牌官交與你，
我把場子安排停當。

老嬸聽言喜心懷，
有我與你巧安排。
傳與東鄰合西舍，
叫了聲大姐、二姐、絨花、菊花、秋香、
芍藥、牡丹兒、娃娃，你們都相面來。

不論你爲官的、爲宦的，
不論你富貴的、貧賤的，

不論你大的、小的,瞎的、好的,公子、舉子、娃子、女子、禿子、瞎子、蹶子、跛子、癡子、呆子、瓜子①、聾子,我都相哩②。

【銀扭絲】
劉家女來出小房,
忽聽門外人吵嚷,
向前用目觀,
相面到門上。
連生三個子,先把兩個傷,
這一個瘦的不像人模樣,
我今天心想上一當。

【開調】
與你這大嫂子相一面,
把你的容貌觀一番,
相得好了莫喜歡,
相得不好莫熬煎。

聽見了沒有的

你這大嫂眼兒圓,眉兒彎,
天庭飽滿是富漢,
耳又大,額又寬,
你是你媽的欠③旦旦。

聽見了沒有的

你大嫂心兒靈,性兒巧,
能裁能紡又能鉸,

---

① 瓜子,傻子。
② 哩,原作"裡"。句尾語氣詞,一般寫作"哩"。
③ 欠,當為"倩",美好。

論人才，也不錯，
頭是頭，腳是腳。
提起手段也不弱，
大裁小剪頭一個，
描龍绣鳳要數着，
人才賽過活婆婆。

　　聽見了沒有的

你大嫂時辰強，好日干①，
逢下美貌男子漢。
又聰明，又伶便，
又能寫，又能算，
一本萬利發財源，
先看你喜歡不喜歡。

　　聽見了沒有的

至古説男人挣錢的耙耙子，
你大嫂是撕錢的匣匣子②，
綹子③撕成塌塌子，
錢串子壘成掛掛子，
銀子打成娃娃子。

　　聽見了沒有的

你大嫂缺姊妹，欠妯娌，
十畝地裡一枝穀，
沒人種，沒人收，

---

①　日干，算命時稱計算日子的甲、乙、丙、丁等十干爲"日干"。
②　至古説男人挣錢的耙耙子，你大嫂是撕錢的匣匣子，民謠説：男人是把耙耙兒，女人是個匣匣兒。不怕耙耙沒齒兒，只怕匣匣沒底兒。意思是男人賺錢，女人攢錢。"你大嫂是撕錢的匣匣子"，這裏強調説大嫂能幹，女人也是賺錢的好手。撕，攄取。
③　綹子，戒指。陝西方言詞。

你就是金金屎巴牛①。

> 聽見了沒有的

你大嫂肯潦家②,
看人代客沒撥查③。
白日織布夜紡花,
一點工夫莫閑暇。

> 聽見了沒有的

你大嫂心兒直,性兒端,
見不得妖孽鬼攢攢,
妖孽人兒遇見你,
張口駡他實不堪。

> 聽見了沒有的

你大嫂白鐵耳朵豌豆心④,
傍人説假你當真,
你代傍人是好意,
豈知傍人沒良心,
背地裏與你翻舌根。

> 聽見了沒有的

你大嫂吃也讓得人,
喝也讓得人。

---

① 屎巴牛,屎殼郎。這裏借指人能幹。
② 潦家,《傳統曲子彙編》續集改爲"持家",參見該書119頁。存疑。
③ 代客,當爲"待客"。代,待同音字誤。後同。撥查,《傳統曲子彙編》續集改爲"麻達",見該書119頁。"麻達",也做"麻答""麻打",陝西方言詞,有辦事不俐落的意思。在這裏符合文意,但語音與"撥查"似乎太遠。可備一説。
④ 白鐵耳朵豌豆心:白鐵,其材質含碳量較少,故較軟,"白鐵耳朵"就是指耳朵比較軟,容易輕信別人;"豌豆心"就是心裏總像豌豆一樣滾來滾去的,猶豫拿不定主意。

猴性子發了得罪下人，
背地裡說你是歪人。

　　聽見了沒有的

再問你男人屬啥①的？

　　屬虎的

屬虎的、屬虎的，
他是一個有福的，
開當鋪，坐鹽店，
吃肉酒，穿綢緞，
銀子掙下幾十萬。
至古說男人掙的錢，
你這大嫂掄的圓。

　　聽見了沒有的

再問你大嫂屬啥的？

　　屬馬的

屬馬的、屬馬的，
你是一個發家的，
榮華富貴要想的，
發了婆家發娘家，
再發兩岸好鄰家。
屬馬的今年三十三，
命運看來不缺錢，
不缺吃，不欠穿。

---

① 啥，原誤作"吓"。下同。

碼①牌的錢兒不熬煎,
你就賽過活神仙。

　　聽見了沒有的

再問你大孩兒屬啥的?

　　死故了

死故了,不提了。
再問你二娃子屬啥的?

　　亡故了

亡故了,不講了。
再問你三頁頁②屬啥的?

　　屬羊的

屬羊的,屬羊的,
他是爭氣好强的,
男人家羊貌堂堂,
婦人家羊命不强③。
哭啼啼,淚汪汪,
生在九月克爹娘,

---

①　碼,原寫作"榪"。
②　頁頁,疑作"爺爺"。
③　婦人家羊命不强,民間有個説法:"十羊九不全"。就是説:屬羊的人命不好,十個中有九個人家人不全,不是小小的沒有父母,就是中途喪偶,或者是沒兒沒女。由於這個原因,屬羊是人們比較忌諱的,夫妻躲開羊年生育,實在躲不開的,對外也不公開屬羊,或者是加一歲屬馬,或者是減一歲屬猴。又説,九月出生的屬羊人,因肖羊戌月(即陽曆10月8~9日至11月7~8日)生,天煞克爹娘。所以下文説"生在九月克爹娘"。

若不禳治命有傷。

　　聽見了沒有的

叫大嫂你咳嗽,
咳嗽一聲沒有痰,
準備來年把喜添,
生下花童年久遠。
穿霞帔,帶鳳冠,
生下娃子雙鎖關,
狼虎兩家分着看。

　　聽見了沒有的

我這相面實說哩,
不敢瞞心昧己的,
不敢花言巧語的,
我問你整治不整治?

　　聽見了沒有的

【五更】
劉家女賠笑臉,
相婆兒聽我言:
你與我整治可得多少錢?
我男人不曾在家園。

他的性子大,
奴家害怕他。
若知此事,定要打罵,
快與我細細講心下。

調叫大嫂聽我言:
要整治也不難,

也不要你兩串兩,
也不要你三串三,
白布與我三尺五,
銅錢只用一百三。

先問你喜歡不喜歡,
喜歡就說你喜歡。
心中不必加熬煎,
臉上不可變容顏。

倒坐門檻莫多言,
不言不語把頭簪,
捏個麪人五寸三,
七竅都拿剛針①穿。

單等半夜星出全,
放在十字路中間。
大紅梭布得七寸,
硃神砂各二分,
花線還要五十根,
搯個靈角帶身上,
灶爺面前免禍殃。

剪一個紙人三寸多,
回家灶爺板板擱,
黃昏戌時把頭磕,
化成紙灰交放着,
無根水②兒往下喝,

---

① 剛針,當作"鋼針"。
② 無根水,指初雪之水、朝露之水、清風細雨中的沒有落地的水。

準備來年抱一個。

<small>聽見了沒有的</small>

爲人都要抓娃娃,
提起娃娃害怕怕,
謹計較莫喧嘩,
隔①門不敢把水灑,
鋼針不敢撥燈花,
灶火裏休燒油頭髮,
燒了頭髮燒娃娃。

<small>聽見了沒有的</small>

大嫂子壽活七十三,
閻王爺請你鬼門關,
兩個兒子送墳園,
還有三個女花童,
哭哭啼啼送了終,
先看你威風不威風。

<small>聽見了沒有的</small>

【月尾】

相面婆兒笑哈哈,
吉凶禍福信口胡說,
列位押定莫吵鬧,聽我學。
這本是我婦人夥裏,誆騙下的財物。

35. 相面(其二)

【月調】

樹葉兒發,

---

① 隔,原誤作"格"。音同而誤。

桃杏開花一股抓。
春來燕子叫喳喳,
不覺豌豆開了花。

【漫數】
家住耀州,
日每無事度春秋,
學下相面天下去遊。

清明出門,各尋些營生,
冬至還家,大謝神靈。
玄關條子,牢記在心中,
十二相歲屬,要記得分明。
歲破官煞,要說個原通,
祈保禳斬,看風的行舟。
虎撐兒响動,尋愚夫愚婦上鈎。

先討要吃喝,然後再觀他的動靜。
觀看相貌,先打他的口風,
三盤六問,便知他真情。

落下包裹坐在街中,
等一個買主來上我的網籠。

【銀扭絲】
李家女小房繡鴛鴦,
思想起男女痛斷肝腸。
年年把月坐,
無有個小兒郎,
但不曉後來怎麼樣。

奴前世燒了半爐香，
積的人強命不強，
連生三個子，
定把雙半傷，
娘娘婆把奴香煙忘。

耳聽得虎撐响噹噹，
相面婆兒來到我門上。
無人把他請，
心想相一相，
隔壁子叫聲駱駝娘。又

【打連廂】
駱駝他娘正洗腳，
鷄眼疼得我莫死活，
莫内何拿上個青瓷瓦子抱，
看來離不了劈頭錐子挑。

磁瓦子抱，錐子挑，
腳上鷄眼挑沒了，
用剪子先把指甲挍①，
淚蠟油抹上化皮包。

纏腳穿鞋齊備了，
走路只想打踐腳，
眼黑子他娘把我叫，
不知他叫我做甚麼？

【五更】
李家女開笑臉，

---

① 挍：疑爲"鉸"字，剪除。後同。

駱駝娘聽我言：
你把相婆叫到土地爺面前，
我今日叫她相一面。

駱駝娘莫怠慢，
移步到門前，
叫聲相婆細聽我言：
我請你到家把相觀。

【釘缸】
駱駝娘前邊代了徑，
相面婆兒隨後行，
取來草陀相婆坐，
誰要相面早應聲。

〈白〉你與眼黑子他娘相一面。

【開調】
我與你大嫂子相一面，
我與你大嫂子看一看，
相着你、看着你，
你那五官上擺着裏①，
相的好了莫喜歡，
相的不好莫熬煎。

聽見了沒有的

你大嫂子臉兒白、頭髮黑，
交人只有你吃虧，
猴性子發了不讓人。

---

① 裏，語氣詞，一般寫作"哩"。下徑改爲"哩"。

聽見了沒有的

你大嫂子眉兒彎、眼兒圓,
你是你媽的乖旦旦,
富了婆家富娘家,
再富兩岸好鄰家。

再問你大嫂是個屬啥的?

<白>屬羊的。

<調>二十九歲上的羊。

何日何時降生的?
<白>九月九日子時生的。

<調>九月九是重陽,
可恨你心強命不強,
子時逢的天壽星,
你大嫂老來不受窮。

再問你那一年上戴花來?
<白>十六上做媳婦來。

<調>單歲上喜戴花,
保你享一生榮華,
雙歲上到婆家,
大陷冲犯了天狗煞。

聽見了沒有的

天狗煞、天狗煞,

兒女宮裏難抓拔,
生得多、養得快,
個個都是狗的菜。
小的未生把大的害,
個個都討眼淚債。

再問你男人是個屬啥的?

〈白〉屬馬的。

〈調〉三十歲上的個馬。

何日何時降生的?

〈白〉七月初三巳時生兒哩。

〈調〉七月初三巳時生,
你男人身坐天福星,
一世榮華保安寧,
男人有福各自福,
女人有福帶滿屋。
你男人犯的驛馬星①,
自己家中坐不寧,
開市坐鋪做營生。
下四川走蘇州,
又戴月又披星,
過了四十自在翁。

聽見了沒有的

---

① 驛馬星,迷信命運的人所認爲的主奔波勞碌之星。《官場現形記》第三三回:"想是我命裏註定的,今年流年犯了'驛馬星',所以要叫我出這一趟遠門。"

男人命賽金剛,
女人命實可傷,
你兩口人强命不强,
兒女宫裡受悽惶。

再問你愿禳①不願禳？

聽見了沒有的

〈白〉不禳,我沒錢。

〈調〉你苦哩②,你做哩,
萬貫家財誰受哩？
你有吃,你有喝,
老了誰與你放跟前掇？

〈白〉禳呀,可要多少錢哩？

〈調〉我與你斬③,我與你禳,
保你李拴兒福命長。
長香錢,三百六,
我敬周公桃花家,
我與你祝告北斗家,
古廟裏還與你過陰家。

聽見了沒有的

---

① 禳,原作"釀",同音字誤。禳又称禳灾、禳解,指祭祀祈神以消解災禍。書内徑改。
② 哩,原作"裏"。下同。
③ 斬,當作"祈"。意爲向神靈祈福。"祈禳"連用指祈禱上天降福,消除災禍。《漢書·卷八一·孔光傳》："俗之祈禳小數,終無益於應天塞異,銷禍興福。"《三國演義》第一〇三回："天象雖則如此,丞相何不用祈禳之法挽回之？""祈禳"發展成道教的一種法術,成爲算卦時的常用術語。

青紅紗各一方，
清油還要勒四兩，
再代你小米三升糧。
七家麪，九家綫，
還要十二個青銅錢，
三苗新針不須言，
東桃西柳一處纏。

等到夜晚星星全，
送到十字路中間，
紙人挍上三雙半，
灶爺板板供三天。

無根水用一碗，
紙人化在水內邊，
倒坐門檻下喉咽，
保你來年生兒男。

聽見了沒有的

有明記合暗□①，
把娃記保在我面前，
年年換個靈角兒，
把娃保過十二年，
送到南學把書觀。

戴頂子、穿藍衫，
栽旗杆、貼報單，
火炮放個萬萬千，

---

① □，原字難以辨識。民間有"明記暗瘊，吃穿不愁"之說。可供參考。

看你大嫂喜歡不喜歡?

聽見了沒有的

相完了,看壽年,
把大嫂容貌觀一番,
大嫂子眉兒雙杈杈,
高壽能活八十八。
來年若到你門前,
把我請到你家園,
打鷄蛋、擀長麪,
臨行與我裝盤纏。

聽見了沒有的

【月尾】
相婆兒將錢裝在褡褳,
背上包裹沒代慢①,
且奔古廟把身安,喜心間。
我今天,這個事兒能弄他串串銅錢。

36. 金鷄嶺②

【月調】
武王征東,

---

① 代慢,當作"怠慢"。音同字誤。
② 金鷄嶺,商紂時,周武王拜姜尚爲相,起兵伐紂。首陽山伯夷、叔齊阻兵未成,三山關總兵孔宣奉旨阻擊周兵。兩軍在金鷄嶺對峙,周兵首戰得勝,後先鋒黃天化戰死。孔宣連擒周將,周兵屢戰失利。武王意欲退兵,正巧陸壓、燃燈等趕到助戰,亦敗。正當孔宣耀武揚威之時,西方准提道人特意趕來,將孔宣收伏,救出眾將,武王、姜尚才得以繼續東征。老腔也有此劇。

燃燈道人①下九重。
大戰孔宣②金雞嶺，
西方教主到周營。

【漫數】
三子哪吒征東先行，
風火二輪大戰在空中。
畫杆神戟傷人性命，
二郎楊戩天下有名，
嚎天仙犬無影無蹤。

金雞嶺前，周紂交兵，
太公會陣，孔宣爭能。
收去神鞭，要拿太公，
眾家門人，救回大營。
廣成子③下山，服丹得生。

---

① 燃燈道人，是小說《封神演義》中之角色，爲闡教之友，修業于靈鷲山圓覺洞，坐騎爲梅花鹿。道人手下有一位弟子大鵬（即羽翼仙），宮中有一盞琉璃燈（化人時名爲馬善。小說中指世間只有三盞寶燈，一盞在玄都洞八景宮，一盞在玉虛宮，另外就是靈鷲山的這一盞），兩者都曾化人形，與姜尚爲敵，後來皆被燃燈收伏。燃燈的仙階高於一眾昆侖仙人，當掌教道人不在時，燃燈便擁有領導地位。日後燃燈加入西方教，成爲燃燈佛。托塔天王李靖是其弟子，他用於打敗哪吒的"按三十三天玲瓏黃金塔"即爲燃燈道人所贈。

② 孔宣，《封神演義》裏的人物，原型爲"目細冠紅孔雀"（天地間第一隻孔雀），殷商金雞嶺總兵。兵阻姜子牙大軍于金雞嶺。他的獨家絕技是五色神光，分青、黃、赤、黑、白五色，五色神光無物不刷，打跑了道行、法力都在闡教十二金仙之上的燃燈道人。孔宣戰勝過哪吒和楊戩，把姜子牙統帥的西周大軍打得毫無還手之力，逼得姜子牙被迫掛出免戰牌。最後被准提道人降伏。

③ 廣成子，在小說《封神演義》中是"十二金仙"之一，是元始天尊的弟子，玉虛宮中擊金鐘的仙人，深受元始天尊寵愛，修行於九仙山桃源洞。

【緊數】
太公回營多憂悶，
失去神鞭鎖眉頭。
千思萬想無法奈，
猛想起尊師①細叮嚀。

東進五關心要小，
提防各陣困周營。
各洞神仙反殺戒，
又有野仙法術能。

武王天子洪福重，
自有高人定太平。

【滾】
今遇孔宣好驚怕，
幾乎命喪他手中。
收去金吒吴鈎劍，
收去木吒混天綾，
收去哪吒乾坤圈，
雷震子展翅在空中。

收去楊戩嗥天犬，
龍鬚虎搬山打土平。
收去洪錦②十門遁，
龍吉公主③劍飛空。

---

① 尊師，姜子牙的師父是昆侖山玉虛宮闡教教主元始天尊。
② 洪錦，小説《封神演義》人物，截教修道弟子，精通旗門遁甲之內旗五行道術。
③ 龍吉公主，《封神演義》裏的人物，乃瑤池金母的女兒，掌管水的女仙，只因有念思凡，被貶在鳳凰山青鸞斗闕，因羅宣火焚西岐城，爲此下山助武王伐紂。

【滚】
眾家門人齊逃命，
五道神光困周營。
燃燈道人來會陣，
孔宣一見氣不平。

孔宣忙將神光動，
萬道紅光照天庭。
燃燈忙祭起二十四顆定海珠，
輕輕落在神光中。

燃燈忙將門人喚，
金翅雕展翅在空中。
金翅雕生長蓬萊島，
修煉千年苦用功。

吾教門下成正果，
金蓮座上樂長生。
混沌初開降孔雀，
修煉千年苦用功。
西方教主成正果，
八百池中享太平。

【滚】
二人爭鬥驚天地，
燃燈慧眼觀分明。
西方准提道人①來會陣，

---

① 准提道人，《封神演義》中的准提道人是西方教的二教主，收服孔宣、共破誅仙陣、萬仙陣。

七寶妙樹拿在手中。

孔宣忙將神光動,
教主頂上金蓮生。
朵朵金蓮化金手,
拿住孔宣難逃生。

【月尾】
孔宣忙將原身現,
化就孔雀排雀屏,
教主乘在他的身中,往西行。
一霎時,你聽那玉帝臺前,敕封他孔雀明王享太平。

37. 絕龍嶺①

【月調】
太師發兵,
要往西征。
子牙斬將把神封,
封神榜上定太平。

---

① 絕龍嶺,取材于《封神演義》,殷紂王時,太師聞仲領兵攻打西岐。西岐爲姜尚掛帥。首戰,姜尚敗陣負傷。遂搬來楊戩、金吒、木吒等將及白眉道人和十二大仙助戰,致使聞仲慘敗。聞仲無奈,即回朝歌搬兵。不料又遇楊戩喬裝樵夫爲其指路,引聞仲直奔絕龍嶺,將其用九龍火柱燒死,靈魂被引上封神臺。

【漫數】
朝歌太師①，天下有名，
紂王天子當殿餞行，
文武百官十里長亭。

黄旗招展，殺氣騰騰，
四十五萬人馬，直往西行。

兵至黄花山前，
收來了辛環②、鄧忠③，
收伏二將，征西先行。

交鋒對壘，鞭打太公，
眾家門人救回大營。
廣成子下山，服丹得生。

【緊數】
夢兒裏正合聞仲戰，
耳內裏忽聽有人聲。
漫漫睜睛用目望，

---

① 太師，指聞仲，又稱聞太師，是中國古典神魔小說《封神演義》中的人物，托孤大臣，坐下墨麒麟，手使雌雄鞭。他的一生南征北戰，百戰不殆，卻在西征西岐時戰死絕龍嶺，亡於雲中子所煉通天神火柱，其麾下眾截教門人亦盡數喪於闡教姜子牙等人之手，也從此敲響了商紂滅亡的喪鐘。在封神榜上被封爲九天應元雷聲普化天尊，督率雷部二十四正神。
② 辛環，雷部二十四位正神之一。生有一雙翅膀，可以飛天作戰，在與西岐作戰中，先被哮天犬把腿咬住，後被雷震子棍打頂門而死。
③ 鄧忠，《封神演義》中殷商聞太師西征西岐時於黄花山收得的鄧辛張陶四將之首，面如藍靛，髮似朱砂，巨口獠牙，聲如霹靂，使一柄開山斧，勇猛異常。後征西岐兵敗，被哪吒殺死。姜子牙歸國封神，封鄧忠等爲雷部天君正神。

眾家門人站周營。

子牙得生如夢醒,
猛想起神鞭嘆連聲。
吾在昆侖曾學道,
元始天尊玉虛宮。

昆侖山修煉四十載,
晝夜修行苦用功。
尊師曾言我終年事,
興周滅紂定太平。

臨行賜我封神榜,
背榜下山把功成。
打神鞭來隨身帶,
如有阻擋祭空中。

昨日臨陣悮記了,
太師得意逞威風。

説罷此話陞寶帳,
眾家門人聽令行:
今日大戰心要小,
提防太師武藝能。
碧遊宮中曾學道,
通天教下修煉成。
五遁六術他盡曉,
八卦九宮陣熟精。
跨下墨麒麟渡江海,
三山五嶽即時行。

說罷上了四不像①,
眾家門人隨後行。

太師冲冲怒氣生,
後隨辛環合鄧忠。
太師立長三隻眼,
好似天神下九重。
座下麒麟甚猛勇,
雌雄二鞭兩條龍。

子牙祭起打神鞭,
打得太師吐鮮紅。
金吒祭起吳鈎劍,
木吒又祭混天綾。

哪吒祭起乾坤圈,
雷震子展翅在空中。
楊戩祭起嚎天犬,
龍鬚虎搬山打土平。

洪錦祭起十門遁,
龍吉公主劍飛空。
打得太師逃了命,
海島山上求救兵。

搬來十王擺惡陣,
十絕大陣困周營。
內有黑沙傷人命,

---

① 四不像,姜子牙的坐騎模樣非常特殊,像鹿又不是鹿,像馬又不是馬,人們稱之爲"四不像"。像,原誤作"相",

外有法術難逃生。
燃燈道人來會陣，
可憐十王喪殘生。

太師又往峨眉山，
搬來黑虎趙公明①。
手執剛鞭縛龍索，
拿住黃龍吊樓棚。
金蛟剪忙祭起，
剪斷燃燈梅花鹿。

蕭升、曹寶來會陣，
落寶金錢②拿手中。
落寶金錢忙祭起，
萬道神光照天庭。

趙公明忙祭起二十四顆定海珠，
輕輕落在金錢中。
公明一見冲冲怒，
鞭墜曹寶合蕭升。
可憐二道童喪了命，
封神臺上去討封。

---

① 趙公明,本名朗,字公明,又稱趙玄壇,"玄壇"是指道教的齋壇,也有護法之意。相傳爲武財神。在《封神演義》中,姜子牙並沒有封趙公明爲財神,只封趙公明爲"金龍如意正一龍虎玄壇真君",簡稱"玄壇真君",統帥"招寶天尊蕭升""納珍天尊曹寶""招財使者陳九公""利市仙官姚少司"四位神仙,專司迎祥納福、商賈買賣。後來,民間認爲趙公明手下所掌管四名與財富有關的小神,其分別是招寶、納珍、招財和利市,因而成爲財神。

② 落寶金錢,可收去空中法寶的一種武器。

陸壓仙①送來七箭書，
可憐黑虎②喪性命。

申公豹洞内知此事，
三仙島中把信通。
三霄③與兄把仇報，
混元金斗任意行。

擺下了九曲黄河陣，
十二大仙難逃生。
長叫尊師來會陣，
手鳴五雷顯神通。

袍袖化就東洋海，
收去金剪兩條龍。
風火蒲團忙祭起，
量天寶尺影無蹤。

二次祭起風火扇，
混元金斗壓在山中。
南極仙祭起閉目珠，
可憐三霄喪性命。

————————

① 陸壓仙，也稱陸壓散人，爲《封神演義》中角色，使劍，爲"火内之珍，離地之精，三昧之靈"，有法寶斬仙飛刀及法術釘頭七箭書。以七箭書使趙公明喪命，爲闡教除去一個大患。

② 黑虎，是趙公明的坐騎，這裏也借指乘坐騎的趙公明。

③ 三霄，是爲雲霄、瓊霄、碧霄的合稱，爲感應隨世仙姑正神（又稱感應隨世三仙姑）。中國神話傳説中的三位女神。傳説她們在碣石山上的碧霞宫裏修行。練就了三件寶貝，一件是金蛟剪，一件是混元金斗，一件是縛龍索。爲給趙公明報仇，布下九曲黄河大陣，憑藉教主級别寶物混元金斗先捉二郎真君，後十二仙盡被所擒。後來此陣爲原始天尊等人所破，三霄亦被殺死。

【滾】
太師兵敗無其奈,
回上朝歌搬救兵。
太師兵敗無其奈,
回上朝歌搬救兵。

催動麒麟往前進,
黃沙打得眼難睜。
赤精子①手執陰陽鏡,
聞仲②兵敗那裏行。
吾當奉了二教命,
陰陽鏡下不容情。

太師聞言魂不在,
忙喚鄧忠往前行。
催動麒麟逃了命,
飛沙走石目難睜。

廣成子手執翻天印,
聞仲兵敗那裏行。
吾在此地多等候,
翻天印下難逃生。

太師聞言嚇破胆,
急忙逃避在山中。
猛然擡起頭觀看,

---

① 赤精子,即神仙家所稱的仙人甯封子,元始天尊門下,爲道教"十二金仙"之一,古代傳說中的神仙。
② 聞仲,原誤作"文仲"。音同而誤,下同。

子牙武王一處行。

催動麒麟往前走，
只見山高路不平。
上有三字絕龍嶺，
太師一見胆顫驚。

雷震子空中來得快，
打死麒麟合鄧忠。
哭聲麒麟難得見，
吾當合你同路行。
耳內裏忽聽雷聲動，
鬼哭神嚎多不寧。

雲中子①煉就九龍柱，
一柱上有九條龍。
煉就了九龍神火柱，
大料聞仲難得生。
清福神②柏鑒③代領徑，
封神臺上去討封。

【月尾】
引得太師入了陣，
火龍交加亂飛騰。
燒得太師迷了性，喪殘生。

---

① 雲中子，終南山玉柱洞練氣士，元始天尊的門人。收徒雷震子，闡教門人裏最悲天憫人的福德之仙，未遭遇九曲黃河陣削去三花、滅掉五氣的劫數。絕龍嶺打埋伏用通天神火柱燒死聞太師。

② 清福神，原誤作"清風神"。音近而誤。

③ 柏鑒，《封神演義》中的角色，主管接引魂魄入封神臺，被姜子牙封爲三界首領八部三百六十五清福正神。

一霎時火化飛灰。
你聽那,封神臺前勅封他,二十四部雷公祖師首一名。

38. 賣雜貨

【月調】
心事兒煩悶懨懨,
佳人房中懶粧殘。
耳聽得門外呼郎鼓兒聲喧,
強打精神忙去打扮。

梳挽烏雲,
戴上一對耳環。
忙把舊衣脫下,
穿上一件新衫,
八幅子羅裙繫在腰間。

【一串鈴】
邁步金蓮往前進,
步行兒來到大門前,
心兒裏恐怕人瞧見,
雙手兒忙把門扇掀。

漏下個縫縫往外看,
街上的行人鬧喧喧,
東來西往人不斷,
個個爲的名利牽。

騎驢的來拉牛的,
見個人兒把擔擔,
推車的來坐轎的,

又見個人兒把馬牽。

佳人觀罷多一會,
不見呼郎在那邊,
耳內裏留神仔細聽、仔細聽,
聽他賣的何物件。

【釘缸】
呼郎擔的雜貨擔,
我賣的零碎並綢緞,
綠藍帶子紮花線,
綠紅頭繩菜玉簪。

鳳眼竹子煙袋杆,
漢中成村小包子煙,
骨突鈕子絲線瓣,
金鈴虎頭配八仙。

通草花兒顏色豔,
大紅金色綠二藍,
焦糖蔴糖核桃粘①,
火紙火石並火鐮。

黑糖白糖我都有,
瓜子茄子黑白礬,
蔴皮紙雜都來換,
還要套子②爛氊片。

———————

① 核桃粘,原誤作"核桃玷",用核桃和糖做成的一種食品。
② 套子,指棉花套子,用了很久的被褥裏的舊棉花。

·1185·

【打連廂】
佳人聽罷站立門外，
忙把呼郎喚近前，
別的貨物我不要，
單要押鬢白玉簪。

呼郎答應，有有有，
雙手揭開箱子翻，
手兒不住把貨取，
眼兒不住觀嬋娟。

【緊數】
頭上青絲如墨染，
一對金環墜耳邊。
臉似浮粉桃花綻，
目似秋波水一般。

櫻桃小口牙白玉，
小小鼻子賽玄丹。
身穿柘榴紅大襖，
八幅子羅裙露金蓮。

金蓮小來站不穩，
雙手忙把門栓搬。
鍍金鐲子叮鈴噹啷响，
滿手戒指盡是發藍。

風流俊俏真好看，
好是天仙降臨凡。
呼郎觀罷魂不在，

心猿意馬難牢拴。

清晨①早起未飲酒，
卻怎麼眼跳腿發酸。
拿起金色當玉色，
提起大紅當二藍②。
茄花色梭布一傍摺，
不見押鬢白玉簪。

【月尾】
佳人觀罷呡嘴兒笑，
見呼郎把箱子挖③了個亂。
你莫有可意貨兒，
賣不了我的錢，聽心間。
我這裏扭回頭來忙把門關。

---

① "清晨"，原底本誤作"清神"。徑改。

② 二藍，青紫色，用紅花和靛藍染成的顏色；帶紅的藍色。《兒女英雄傳》第四回："（十三妹）腳下穿一雙二藍尖頭繡碎花的弓鞋。"《老殘遊記續集遺稿》第二回："只見門簾開處，進來了兩個人，一色打扮：穿著二藍摹本緞羊皮袍子，元色摹木皮坎肩。"

③ 挖，掏取，原誤作"哇"。

羽衣新譜·跋贊

1. 跋（雲章甫）

竊維高山流水，古傳鍾子之琴①；白雪陽春，世譜郢人之曲②。降至曉風殘月，藉發清歌；荔子黃梅，奏成雅調。自來名流喜事，獨抱逸襟。或抒意於絃③歌，或寄情於笑傲。縱橫詩酒、跌蕩鶯花，類皆古調獨彈，俗塵不染。未有不動後人之羨慕，而歎韻事之流傳者也。

頻陽王君慧泉，肆力編緝，隱身科吏，與余相遇於青門④之客次⑤。器宇軒昂，胸襟高廣。既相知之恨晚，乃一見如舊交。杯酒談心，朝夕過訪，欣欣如也。既出其公餘手録《羽衣新譜》四册，都一百數十齣。將一付之剞劂⑥，供同仁之把玩。俾余校讐其事，因得卒讀一通。謹按譜摭掇必精、採搜盡善。顯

---

① 鍾子之琴，指鍾子期的琴聲。鍾子期，春秋楚人，生卒年不詳。與伯牙為至交，伯牙鼓琴，志在高山流水，子期聽而知之。子期死，伯牙謂世已無知音，乃毀琴絕弦，終身不復鼓琴。"鍾子期"簡稱為"鍾期"或"鍾子"。

② 郢人，指善歌者；歌手。宋沈括《夢溪筆談·樂律一》："世稱善歌者，皆曰'郢人'。郢州至今有白雪樓，此乃因宋玉《問》曰：'客有歌於郢者，其始曰《下里巴人》，次為《陽阿》《薤露》，又為《陽春白雪》，引商刻羽，雜以流徵。'遂謂郢人善歌，殊不考其義。"

③ 絃，原字右邊玄缺末筆，避康熙（1661年—1722年在位）皇帝名玄燁"玄"字諱。下凡偏旁帶"玄"字者皆如此。

④ 青門：漢代長安城東南的霸城門，因城門為青色，故俗稱為"青門"。後藉以泛指京城的城門。《文選》阮籍《詠懷詩十七首》之九："昔聞東陵瓜，近在青門外。"宋歐陽修《玉樓春·春山斂黛低歌扇》詞："青門柳色隨人遠，望欲斷時腸已斷。"

⑤ 客次，在外遊旅所居住的地方。唐何元上《所居寺院涼夜書情呈上吕和叔溫郎中》："幸以薄才當客次，無因弱羽逐鸞翔。"

⑥ 剞劂，雕版、刊印。唐韓愈《送文暢師北遊》詩："先生閱窮巷，未得窺剞劂。"清馬從善《兒女英雄序》："亟付剞劂，以存先生著作。"

垂世教，多發孤臣孝子之吟；雅賦閒情，悉本香草美人①之例。莫不聲情激楚，辭旨纏綿。是《古詩源》②，是"新樂府③"，是《蓮葉曲》，是《竹枝詞》。按之則銅板大江，東隨逝水；奏之則玉笛夜月，高散春風。《落梅》④《折柳》⑤，未足比其清音；《羽衣》《霓裳》，直應形之妙舞。亦風亦雅，亦古亦今。豈得曰揩大之生涯，而實兼高人之雅致者也。

方今音樂亦列學科，歌詞收之報本，條陳時事者，且意在改良戲曲，提倡演說；皆欲藉此絲絃，振彼聾瞶。雖嬉笑悲歌之殊致，莫非文章；縱詭詼戲謔之不同，都含理趣。覽斯譜者，如聆"炊扊扅"之歌⑥，如詠"蓼莪⑦之什"，如奏

---

① 香草美人，語本漢王逸《離騷序》："離騷之文，依詩取興，引類譬諭，故善鳥香草，以配忠貞；惡禽臭物，以比讒佞；靈修美人，以媲於君。"比喻賢臣、君主。唐陸龜蒙《采藥·序》："藥，白芷也。香草美人，得以比之君子，定情屬思，聊爲賦云。"也作"美人香草"。

② 《古詩源》，是清人沈德潛選編的上溯先秦下迄隋代的古詩選集，全書共十四卷，錄詩七百餘首，因其內容豐富，篇幅適當，箋釋簡明，遂爲近代以來流行的古詩讀本。編者宗旨在於探尋詩歌之源，故取名《古詩源》。他認爲"詩至有唐爲極盛，然詩之盛非詩之源也"，而"古詩又唐人之發源也"。見《古詩源·自序》。

③ 新樂府，即"新題樂府"，相對于古樂府而言，指的是一種用新題寫時事的樂府詩。使詩歌起到"補察時政""泄導人情"的作用。

④ 落梅，詞牌名，指《落梅風》，爲無名氏所作。因歌詠梅花，故以"落梅風"爲名。

⑤ 折柳，樂曲名，指曲子《折楊柳》，屬橫吹曲。傳說漢朝張騫從西域傳入德摩訶兜勒曲，李延年因之作新聲二十八解而成，爲軍樂。魏晉時古辭亡佚。南朝梁、陳以後多用爲傷春懷別，思念遠人之辭。曲調憂傷悲涼。也稱爲"折楊柳"。

⑥ 扊扅之歌，一種琴曲。百里奚妻作，共三首，其一爲："百里奚，五羊皮，憶別離，烹伏雌，炊扊扅，今富貴，忘我爲。"後人因稱爲"扊扅歌"。詳見《樂府解題》引漢應劭《風俗通》。

⑦ 蓼莪之什，《詩經·小雅·谷風之什》的篇名。共六章。根據《詩序》："蓼莪，刺幽王也。"首章二句爲："蓼蓼者莪，匪莪伊蒿。"蓼，長大茁壯的樣子。莪，莪蒿，一種生於水田的草。

"清平之調",如讀"絶妙之詞"①。操成連海上之琴②,遊魚出聽;吹子晉③緱山之曲,仙鶴偕來。其有不激發忠義,砥礪節廉者耶?況乎勢際艱危,時丁杌陧④,邊笳四起,鼙鼓齊鳴。氾笛風琴,既蠻音之雜作;媧簧垂竹,慨古樂之希聞。尤願鼓吹休明⑤,敷揚盛世,傳歷代之製作,睹漢官之威儀。將見一曲熏風⑥,共處乎舜日堯天之下;庶幾五洲陋俗,悉屏諸歐風美雨之中。俟其禕而⑦,豈不懿歟?

①　絶妙之詞,即指絶妙好辭。詞語出南朝宋劉義慶《世説新語・捷悟》:"魏武嘗過曹娥碑下,楊修從。碑背上見題作'黄絹幼婦,外孫齏臼'八字,……修曰:'黄絹,色絲也,於字爲絶;幼婦,少女也,於字爲妙;外孫,女子也,於字爲好;齏臼,受辛也,於字爲辭,所謂絶妙好辭也。'"形容極爲佳妙的文辭。唐蘇頲《刑部尚書韋抗神道碑》:"悲悽固托,撫疾何成,愧不得絶妙好辭。"

②　操成連海上之琴:指的是伯牙創作《水仙操》的故事。傳説曾學琴于著名琴師成連先生,三年不成。後隨成連至東海蓬萊山,聞海水澎湃、林鳥悲鳴之聲,心有所感,乃援琴而歌。從此琴藝大進,終成天下妙手。琴曲《水仙操》《高山流水》,相傳均爲他所作。見漢蔡邕《琴操・水仙操》。

③　子晉,太子晉,姓姬,名晉,字子喬,一稱王子喬,是周靈王的太子,神話傳説中的仙人。漢劉向《列仙傳・卷上・王子喬》:"王子喬者,周靈王太子晉也。好吹笙作鳳凰鳴,游伊洛之間,道士浮丘公接以上嵩高山。三十餘年後,求之於山上,見柏良,曰:'告我家,七月七日,待我於緱氏山巔。'至時,果乘白鶴駐山頭。望之不得到,舉手謝時人,數日而去。"也稱爲"王喬""王子喬"。

④　杌陧,原作"杌揑"。也可作"杌隉"。指局勢動盪不安。《尚書・周書・秦誓》:"邦之杌隉,曰由一人;邦之榮懷,亦尚一人之慶。"清顧炎武《王官谷》詩:"唐至昭宗時,干戈滿天闕。賢人雖發憤,無計匡杌隉。"

⑤　休明,清明美好。《文選・謝靈運・永初三年七月十六日之郡初發都詩》:"生幸休明世,親蒙英達顧。"南朝梁劉勰《文心雕龍・檄移》:"凡檄之大體,或述此休明,或敘彼苛虐。"

⑥　熏風,和暖的東南風。《吕氏春秋・有始覽・有始》:"何謂八風?……,東南曰熏風。"

⑦　俟其禕而:多麼美好啊。禕,美也。《張衡・東京賦》:"漢帝之德,俟其禕而。"

宣統己酉年①嘉平月②古蓮勺③雲章甫謹跋于青門警校④。

2. 跋（馬錫綬）

吾邑對山康先生⑤有云："詞曲之流，自宋元以來，益變益異，遂有南詞北曲之分。南詞主激越，其變也爲流麗；北曲主慷慨，其變也爲樸實。惟樸實，故聲有矩度而難借；惟流麗，故唱得婉轉而易調。此二者，詞曲之定分也。"⑥降及後世，沿襲之久，調以傳訛，而其詞又多出於樂工市人⑦之手，音節漸乖，假借斯謬。

僕友頻陽王仲愚癖嗜聲歌，深探其奧，於蕭曹作吏之暇，尤博採⑧古今，宏羅雜調，擇韻句之流麗，訪篇章之樸實，總彙一函，分爲五卷，蓋取"霓裳度曲"之意，名曰《羽衣新譜》，信勝舉也。夫天下惟風雅之士，爲可通音律；抑惟俊逸之才，爲能殷採輯。仲愚其浸淫于古，而得詞曲之新趣矣。始集於光緒乙未⑨，終帙於宣統己酉。十五年來，集腋成裘，無間寒暑；殫精竭力，親繕成編。仲愚，其風雅中人也。是編也，厭故喜新者不能集，而推陳出新者能集之。謂

---

① 宣統己酉年，指1909年。己，原誤作"已"。

② 嘉平，稱陰曆臘月。清王念孫《廣雅疏證·卷九上·釋天》："臘，索也。夏曰清祀，殷曰嘉平，周曰大蜡，秦曰臘。"《史記·卷六·秦始皇本紀》："三十一年十二月，更名臘曰'嘉平'。"

③ 蓮勺：地名，在今陝西渭南東北，蓮勺縣爲漢時所設。

④ 警校：光緒三十二年（1906）八月，在西安糧道巷設置陝西省巡警學堂，開辦三年共訓練巡警600餘人。青門警校即指巡警學堂。

⑤ 對山康先生，指明代文學家康海（1475—1540），字德涵，號對山、沜東漁父，陝西武功縣人。正德五年（1510）八月，寓居揚州，置女樂，自操琵琶創家樂班子，人稱"康家班社"，"主盟藝苑，垂四十年"，爲秦腔之霸主。康海以此得名。參見嘉慶《重修揚州府志·山川·江都縣》。

⑥ 詞曲之流……，主要意思是：南北曲淵源不同，音樂也不同。原文出自康海《沜東樂府·序》。

⑦ 市人，市民。漢劉向《新序·卷一·雜事》："魯有沈猶氏者，旦飲羊飽之，以欺市人。"《文選·陸機·五等論》："雖復時有鳩合同志以謀王室，然上非奧主，下皆市人。"

⑧ 採，原誤作"彩"，音同而誤。

⑨ 光緒乙未，指1895年。

之"新譜"不亦宜乎！僕賦性迂陋，未譜音律。偶於三槐舊地①，得是編而奉讀之，亦覺心暢神怡。行見淥水②清平③，鏗鏘合度；陽春白雪，高妙絕倫。而欲探詞曲爲調之本，知者之士，其將欣然樂和歟！

有邰馬錫綬榮卿氏謹跋于槐陰軒

3. 跋（張濟瀛）

絃歌之聲，孔子聞而歎之。是以鶯花月露，雅懷多屬雅人；酒賦琴歌，韻事端推韻客。此尤達士曠懷，抑亦雅人深致也。

頻陽王小屏君，乃吾邑收科之偉人，以曠達爲懷，以清高自守，惟雅好曲歌。嘗于公退之餘，偕二三曲友，吟歌以娛④寂寞。予竊聽之，不覺愁思頓解，雅趣橫生。竊歎逸情適性之舉，莫此詞曲若也。王君數十年來，不憚煩勞，集成《羽衣新譜》一書。因與予有舊雨之好，囑作記。索而閱之，其儒雅如史氏書公孫弘、董仲舒列前之風，其風采如馬融絳帳⑤，生徒弗觀女樂後之雅。既經諸君子拔贊在左，盍敢又附作者之右。不過聊書數行，爲諸君之一噱耳。遍閱此書，見其選言之富，造句之精，合孝悌忠信；喜怒哀樂，以及至情至理之事，無美不備其中。令閱者樂閱，讀者樂讀，聞者樂聞，歌者樂歌。使當時盡知音律，人人胥曉大義。故南北洋江淮各省新學家，演歌爲劇者，其亦本此意也夫。

小屏編此書，心思如髮，器宇似華。不獨陶情適性，有用自娛寂寞可憑，

---

① 三槐舊地：指武功縣西北部的武功鎮。武功鎮自古都有九街十八巷説法，直到今天還保留著。其中武功九街之一就還有上南街也叫三槐街。此跋作于"槐陰軒"，也與"三槐"之槐有關。

② 淥水，樂曲名。屬琴曲歌辭。《文選·馬融·長笛賦》："上擬法於韶箾、南籥，中取度於白雪、淥水，下採制於延露、巴人。"唐李頎《琴歌》："銅鑪華燭燭增輝，初彈淥水後楚妃。"

③ 清平，指《清平調》。唐樂府大曲的曲名，爲俗樂曲調。曲詞以李白所填者最著名。相傳李白供翰林時，玄宗月夜賞木芍，命進新詞助興。李白醉書七絕體三章，每章二十八字，平仄不拘。後宋人因之改編爲詞牌。明劉兌《金童玉女嬌紅記》："《霓裳曲》，慣聽得花奴羯鼓，《清平調》，又提起唐人樂府。"

④ 娛，原誤作"俣"，形近而誤。後同。

⑤ 馬融絳帳，指馬融絳帳授生之事。馬融學問淵博，常坐在高堂上，設置紅紗帳，傳授生徒。見《後漢書·卷六〇上·馬融傳》。後用以指師長立講座，傳道授業。

而於轉移風俗、挽回人心,亦大有裨益也。是爲記。

古有邰漳洲張濟瀛謹識

4. 贊(王敬之)①

小屏王君,有邰收科經承②也。曾與予次子樹藩友善。因往來予家,見其瀟灑自如,温厚可愛,人中麒麟,真近世之端人也。其生平性耽詞曲,酷嗜絲絃。每于閒談之頃,持出其少時所集《羽衣新譜》一帙四本,囑予爲贊。予本不懂③曲調,雅愛竊聽。偶值臨場作戲,杯酒讌集,得聽小屏一念,不覺歡欣鼓舞,忘食忘年。故不揣固陋,聊作俚語,喜爲之贊。贊曰:

小屏念曲真個好,

聲音了亮④句調巧。

多少《雜調》都會念,

《月調》《背弓》品不倒。

且於情趣會傳出,

能使聽者俱了了⑤。

吁嗟乎!

上世賡歌⑥今難聞,

《陽春白雪》天下少。

惟有念曲尚宜人,

雅俗共賞男婦曉。

我贊念曲人莫笑,

直與《霓裳羽衣》相裏表。

予方贊畢,不敢自是。即以此贊,質諸小屏,未識有當否耶?

古邰城王敬之子一氏謹贊

---

① 贊,原無,據文中"囑予爲贊",可知此文體當爲贊。
② 經承,職官名。清代各部院衙門的官吏統稱爲"經承"。
③ 懂,原誤作"董",音同而誤。
④ 了亮,同"嘹亮"。
⑤ 了了,明白、清楚。如:"不甚了了"。唐李白《秋浦歌》:"桃波一步地,了了語聲聞。"
⑥ 賡歌,指酬唱和詩。

5. 跋（無名氏）①

頻陽王君小屏者，余之同志友也。惟性嗜詞曲，常於案牘之餘，召集二三曲友，講求音韻，編製曲歌。積數十年之聰明，旁搜遠紹，截取摘録；不知幾經審慎，編成《羽衣新譜》一冊。其中風花雪月之景，喜怒哀樂之情，以及才子佳人，幽情畢現；英雄壯士，故事猶傳。所謂無美不備，無微不彰者，堪爲此冊贊之。誠雅人之深致，抑韻士之遺休②也。讀之可以引人入勝，閲之足以暢人襟懷。俾愚者能化爲智，癡者可變爲靈。固執者或不終於拘滯，閉塞者或有時而開通。古人借樂歌以活心志、陶性情，良有以也。每當絃誦之際，爲之按節循聲，聆其音之高下，玩其韻之鏗鏘。不覺俗耳鍼砭，習氣感化。最易變動人心之處，較之參朮芪苓③，診治爲尤速也。顧或謂曲歌一事，不過逢場作戲，何足重輕。此必非知音之侶，同志之儔，無可怪耳。而豈知文明世界，演歌爲劇，亦足維新！況此古調獨彈，雅俗共賞，一切褒貶之義，雖村婦鄉童，無不樂聞，聞之無不進化。後之有心斯世者，所望風移俗易，安可薄詞曲而爲嬉戲之事哉？

己酉仲冬④，出版是冊。因余略曉音節，命考訂之，乃不藏固陋，聊評數語，不過贊助同志之雅意云爾。

6. 跋（馬振藩）

三代之時，里巷詩歌，太史⑤採之以觀民風，而世運之陞降關焉。兩漢以降，風雅變而詞曲興，以迄於今。雖有古調、時調⑥之別，而其意存勸懲一也。

吾友王君仲愚，神遊風雅，癖好絲竹。每當月夕花晨，寄閒情于絃管，而

---

① 此跋未署名，以"無名氏"記之。
② 遺休，比喻前人留下的盛德美名。
③ 參朮芪苓，中藥名。人參、白朮、黃芪和茯苓的合稱
④ 仲冬，冬季的第二個月，即陰曆十一月。《禮記·月令》："仲冬行夏令，則其國乃旱。"《文選·范曄·宦者傳論》："月令仲冬，閹尹審門閭。"
⑤ 太史，職官名。編載史事兼掌天文曆法。秦漢稱爲"太史令"。魏晉以後，修史之職轉歸著作郎，太史則專掌曆法。隋改爲太史監，唐改爲太史局，宋則有太史局、司天監、天文院等名稱。元改名太史院。明清改爲欽天監，修史之職則歸於翰林院，故俗稱翰林爲"太史"。
⑥ 時調，當時流行的民歌、曲調。如："天津時調""北平時調""時調小曲兒"。

尤不憚勞。竭數年之心力，搜羅古調，摭拾新詞，集而爲譜，共得二百餘首。將欲出版是譜，問敍於余。余喜其意趣，援筆匆匆，言其崖略，以爲人心風俗之一助云。

　　時宣統元載殘臘①友人馬振藩謹跋
　　山右②古南解③香亭氏經理

7. 跋（李春官）

　　世界文明各國，風氣最爲開通，民俗日益進化。究其所以然者，除政治教育而外，尚賴報紙、演說諸要素，以補助文明之發達。然而天資不齊，智愚各別，有非報紙、演說所能普及者，非籌一特別補救之方法，不足以收普通文明之效果。再四④思維，惟有改良戲曲，尤爲當時所爲急務者也。

　　日間與頻陽王仲愚君，聚首談心。言念及此，君持出囊時公退之餘所集《羽衣新譜》一書，辱以顧余。見其詞旨顯豁，音韻鏗鏘；村婦鄉童，胥所易曉；樵夫牧豎，亦所樂聞。況所演盡是古今忠節義諸人事。編制目錄，鱗次魚貫。舉上下數千年之人，各寫其聲音笑貌，面繪其精神作用。最足以豁人心目，能使觀者異代而如遇其人，異地而如身其事；將貞烈怨慕之至情，不待矯揉而自能沁人心脾者，宜其書之絃歌傳播於靡已也。

　　己酉冬月⑤，仲愚主人，俾工新鐫，取其所好，以公同好。余謂是書雖出遊戲，然其言淺而旨正，調雅而味長，亦可爲轉移風俗之一大關鍵耳。是爲記。

　　屬吾弟李春官謹跋

---

　　①　殘臘，殘冬將盡，農曆年底。

　　②　山右，山西省舊時別稱。中國古代，坐北朝南。"坐於"太行山，則太行山右側爲山西省。故也將山西稱爲山右。

　　③　南解，古地名。位於山西西南隅。中國歷史上有"解縣"，位於今山西省西南部。"解"這一地名始於先秦，《戰國策》赧王二十一年載"秦敗魏師于解"。漢置解縣，治所在今運城市臨猗縣臨晉鎮東南，屬河東郡。魏、晉因之。北魏太和十一年（487）置南解縣，治所在今運城市永濟縣東。

　　④　再四，屢次，一次又一次。《紅樓夢·第六〇回》："也曾央托中保謀人，再四求告。"《文明小史·第四九回》："雖說開了一座大客棧，有此資本，每日房錢伙食，要墊出去的，只得向住店客人再四商量，每人先借幾塊錢，將來在房飯錢上扣算。"也作"再三""再三再四"。

　　⑤　冬月，農曆十一月。

羽衣新谱续编·序敍

1. 序（福堂氏）

　　頻陽王慧泉君，余契友也。酷嗜音律，與余同癖。竭半生心血，曾選小曲四集，續編一冊。有美皆登，無調不古，名曰《羽衣新譜》。余讀數回，如玉磬聲徹，金鈴個個圓，不覺拍案大驚曰：豈小曲哉！夫詩以理性然，然不過寫情寫景，亦風亦雅，筆下生花，詩中有畫，讀者如食綏山桃①，縱不能信亦能豪。是故播之樂府，傳爲謳歌，見之悅目，聞之張耳。聖人之詩可以興，良有以也。或曰梨園演戲，假借古詩衣冠，模仿古人面目，生寫古人性情。時演忠孝，能使人哀；時演忠奸，能使人怒；時演俠義，能使人敢生死。慷慨激昂，□②足以鼓動人之血性，振起人之精神，當敎詩爲更易。然吾嫌其文俗不雅，音直不曲。且演忠孝使人哀，則傷情；演權奸使人怒，則傷氣；演俠義使人輕生敢死，則傷勇。使之太過，猶不及也。

　　□③是則可以與詩詞同千古者，其惟吾友慧泉先生所選《羽衣新譜》之小曲別調乎！夫何以名之曰小曲？其用意曲，其用筆曲，其用調曲。其中聲音節奏，曲曲折折，一曲而無不曲。不卑不亢，剛柔合宜；不野不文，雅俗共賞。有東都才子之思，無西方神佛之怪；有南國佳人之想，無北鄙殺伐之聲。如遊名山，回環十八盤；如觀大水，破空三尺浪。夫然後播之樂府可；傳爲謳歌亦可。可以變情暴之氣質；可以化野蠻之性情；可以使中國進化，燦然爲文明新

---

　　① 綏山桃，古代傳說的仙桃。漢劉向《列仙傳·葛由》："葛由者，羌人也。周成王時，好刻木羊賣之。一旦騎羊而入西蜀，蜀中王侯貴人追之上綏山，綏山在峨嵋山西南，高無極也。隨之者不復還，皆得仙道。故里諺曰：'得綏山一桃，雖不得仙，亦足以豪。'"清袁枚《隨園詩話補遺》卷一："讀者如食綏山桃，雖不得仙，亦足以豪矣。"

　　② □，此處缺一字。據文意此處疑作"而"。

　　③ □，此處缺一字。據文意此處疑作"由"。

世界。可以與詩三百篇①終古永垂不朽云。

詩

　　　　佳人未必害想思,才子相逢竟若癡。
　　　　讀者無教詞害意,詩三百篇半淫詩。
　　　　曲中曲折費徘徊,能使心花忽怒開。
　　　　每到風平剛浪息,又從空際現樓臺。
　　　　陽春白雪久消沉,流水高山自寫心。
　　　　識得曲折真意味,不開笑口是癡人。

興平陽錫純福堂氏謹跋

2. 敍（郭文濤）

詞曲者,歌謠之遺。古聖王用以觀民風,察國政者也。降及後世,人心不古,市井資以行樂,優伶藉以謀生,流品雜而真意湮。文人學士,即有顧而樂之者,不目爲風流之雅劇,即視爲遊戲之勝場。以誰復博採羣詞,聚貝而爲萋菲；增收遺調,續貂不憚煩勞也哉！

王君小屛,頻陽之偉人也。公退之餘,嘗輯《羽衣新譜》一書。一時同志之士爭先賞識,迭爲弁文②已成其美,斯亦無容讚頌矣。乃者編成未幾,而小屛又出《續編》以示余。展玩披吟,第覺古調冷冷多。前編未備之美,新聲娓娓,皆《初集》欲購之奇。倘以是譜續③筦絃用之鄉國,將見陶其性而淑其情。邰封④之軍民,無人不資其鼓舞,風以移而俗以易；漆濱⑤之左右,閭邑盡化爲絃歌。斯其爲道小而其致用宏也,余於是深有冀焉,是爲敍。

---

① 三百篇,代指我國的第一部總集《詩經》。《詩經》經孔子刪定後存三百零五篇,舉其成數稱爲"三百篇"。《文選·司馬遷·報任少卿書》："詩三百篇,大底聖賢發憤之所爲作也。"

② 弁文,指書前的作的《序》。

③ 續,原誤作"緒"。音同而誤。

④ 邰封,邰國領地。后稷所封。故址約在今陝西省武功縣西南。

⑤ 漆濱,漆水之濱。漆水,古稱杜水、武亭水、中亭水,黃河支流渭河的支流。流經武功等縣。"漆濱"代指武功縣附近的區域。

姻愚弟①小汾郭文濤謹淺

3. 序（馬浚德）

愚本布衣，株守庸材，並無鉛刀②之用，雅愛絲桐之樂。常欲棄斧，高山流水今何在；有懷作賦，蕩風繞月竟無蹤。今喜音聽秦卿，結三聲之妙；會歌聯燕士，揮半榻之清風。

有仲愚者，頻陽佳士，有邰羈身，温和君子，高雅逸才。雖勞形於案牘，究賞心於風騷。常于公退之餘，有善即採，有美即收，拈珠陸續。先集《羽衣新譜》一帙四本，因其尚未完璧，復續一編。囑余作序。細閱之，見其寫幽雅於詩調，演歌詠之新聲，修短合度，風雅宜人。不知者以爲只取乎遊嬉，其知者以爲有關於陶淑。愚也文慚半豹，學恥全牛。訥訥不吐，難生筆底之花；靄靄傾談，聊罄瓴宣之奏。一幅甫就，四韻觕③成：

    風流且向筦絃尋，今樂如古古如今。
    節按《漁陽④》情不厭，聲聆沂水意方深⑤。
    仙人遠度中天韻，玉女新添皓月吟。
    絲竹攸關非小可，創懲感發在吾心。

有邰契愚弟連三氏馬浚德赧

---

 ① 姻愚弟，爲姻親中同輩相互間的謙稱或姻親中長輩對晚輩的謙稱。如對兒子之親家、女婿之伯叔、伯叔之内侄均可自稱姻愚弟。

 ② 鉛刀，以鉛製成的刀。因爲它不銳利，所以用來比喻才力微薄。《文選·賈誼·吊屈原文》："莫邪爲鈍兮，鉛刀爲銛。"《文選·王粲·從軍詩五首之四》："雖無鉛刀用，庶幾奮薄身。"

 ③ 觕，同"粗"。

 ④ 漁陽，鼓曲。南朝宋劉義慶《世説新語·言語》："禰衡被魏武帝謫爲鼓吏，正月半試鼓。衡揚枹爲漁陽摻撾，淵淵有金石聲，四坐爲之改容。"

 ⑤ 聲聆沂水意方深，典出《論語》。《論語》中有《子路、曾皙、冉有、公西華侍坐》一章，記敘了曾皙的理想生活。孔子曾讓弟子言志，子路、冉有、公西華等各有抱負，曾皙説："暮春者，春服既成，冠者五、六人，童子六、七人，浴乎沂，風乎舞雩，詠而歸。"

羽衣新譜·續編

頻陽王敬一小屏氏編

月背雜調

1. 歎世情
連三氏①

【月調】
地闊天空,
誤盡英雄。
春去秋來秋復冬,
是何人能識破古今情？

【背弓】
人生奔忙爲利名,
巧去强圖任相爭,
漫道説,得時比人多受用。
家財積萬貫,
爵位到三公,
須知曉,到頭纔是黄粱夢。

---

① 連三氏,作者署名。

【五更】
位高推臥龍①,
將相掌握中,
鞠躬盡瘁報答知己情,
實想説吞吴滅魏把劉興。

富豪推王愷,
相鬥有石崇②,
以蠟代薪四十彩棚③,
稱金玉誰不稱他富家翁!

學廣稱子建④,
文章冠羣英,
才高八斗七步把詩成,
博古今諸子百家無不通。

楚霸王甚猛勇,
滅秦據關中,

---

① 臥龍,指諸葛亮,也比喻隱居而未顯達的曠世奇才。《三國志·卷三五·蜀書·諸葛亮傳》:"諸葛孔明者,臥龍也。將軍豈願見之乎?"《晉書·卷四九·嵇康傳》:"嵇康,臥龍也,不可起。"

② 富豪推王愷,相鬥有石崇:晉武帝統一全國後,志滿意得,完全沉湎在荒淫生活裏。在他帶頭提倡下,朝廷裏的大臣把擺闊氣當作體面的事。王愷和石崇就是西晉時期兩個有名的大富豪。王愷是晉武帝的舅父、後將軍,石崇是散騎常侍。他們相互攀比財富奢侈程度,令人瞠目。

③ 以蠟代薪四十彩棚:以蠟代薪指王愷和石崇比富時,爲表示自己豪富奢侈,命人用飴糖和乾飯洗擦鑊子,石崇就以蠟燭當柴燒回應。

④ 子建:曹植(192—232),字子建,三國時魏武帝第三子,文帝之弟。十歲能屬文,甚得武帝寵愛。文帝立,忌其才而不重用,封陳王。植才思儁捷,詞藻富麗,尤長於詩。六朝詩人多受其影響,謝靈運嘗言:"天下才共一石,子建獨得八斗。"卒諡思,世稱爲"陳思王"。著有《曹子建集》十卷。

後遇韓信烏江命喪生,
把這些富貴才力終何用。

落花隨流水,
盡是一場空,
援古證今看破世情,
纔算得世人皆醉我都醒,
纔算得眾人皆濁我獨清①。

【金錢】
目所睹②漁舟釣艇,
耳所聞伐木丁丁。
口所念養性《黃庭》③,
忙了時鞭牛犁斷寒煙影。

【銀扭絲】
眼底光陰疾似梭,
四時佳興莫空過。
怕秦《長楊賦》④,

---

① 才算得世人皆醉我都醒,才算得眾人皆濁我獨清:語出戰國時期屈原《楚辭·漁父》。原句爲:"舉世皆濁我獨清,眾人皆醉我獨醒"。這裏表達了看破世情後散淡的道家哲學思想與人生態度。
② 睹,原誤作"賭"。形近音同而誤。
③ 黃庭,道教典籍《黃庭經》的簡稱。宋張君房《雲笈七籤》有《黃庭内景經》《黃庭外景經》《黃庭遁甲緣身經》三種,此外其他道書所載尚有《黃庭養神經》《黃庭中景經》等數種,爲道家言養生之書。簡稱爲"黃庭"。唐李白《送賀賓客歸越》詩:"山陰道士如相見,應寫黃庭換白鵝。"
④ 《長楊賦》,西漢揚雄寫的賦。此賦以寫田獵爲構架,實諷漢成帝的荒淫奢麗。此處代指秦朝的荒淫無度。

樂詠"太平歌"①,
琵琶一曲愁難破。

春日天氣正融合,
桃杏花開柳線拖,
千紅與萬紫,
錦綉滿山河,
傍花隨柳把前川過。

夏景天長如小年,
閒來不履又不衫。
綠樹陰濃處,
高枕石頭眠,
熏風瀟灑涼不斷。

秋水長天一色流,
風飄丹桂露枝柔。
暢飲黃花酒,
高登玩月樓。
萬里光明白如畫。

冬冷天寒萬事休,
朔風凜凜雪壓廬,
綠蟻新醅酒,
紅泥小火爐,
醉醺醺無憂無慮無榮辱。

---

① 太平歌,即太平歌詞。一種流行於北方的說唱,約形成于清代初葉,有民間傳說故事、勸世文和文字遊戲三種,以民間傳說爲多。清張燾《津門雜記·卷下·唱落子》:"北方之唱蓮花落者,謂之落子。即如南方之花鼓戲也。……前經當道出示禁止,稍知斂跡,乃邇來復有作者,改名爲太平歌詞云。"

【背尾】

不在水湄,

便在山巔,

做一個,樵子漁翁樂安然。

五湖歸范蠡①,

三徑隱陶潛,

不學那,被放屈子②吟澤畔。

【月尾】

清風明月長作伴,

愛的是綠水和青山,

琴棋書畫任我玩,樂清閒。

竊笑那辛辛苦苦、經經營營皆是枉然。

2. 伯牙奉琴③

雲章氏

【月調】

江水悠悠,

爲國把聘修。

孤鳳山前且住州,

萬里長空一色秋。

---

① 范蠡(前536—前448),人名。字少伯,春秋楚人。與文種同事越王勾踐二十餘年,苦身戮力,卒以滅吳,尊爲上將軍。蠡以大名之下,難以久居,且勾踐爲人,可與共患難,難與同安樂,遂浮海適齊,變姓名爲鴟夷子皮。至陶,操計然之術以治產,因成巨富,自號陶朱公。

② 屈子,對屈原的尊稱。

③ 伯牙奉琴,參見《卷二·伯牙摔琴》條。《伯牙奉琴》講的是伯牙遇到知音子期,而《伯牙摔琴》發生在《伯牙奉琴》之後,由於子期去世,伯牙嗟歎再無知音可賞琴聲,故而摔琴謝知音。

【漫數】
下官俞瑞,
奉命聘楚,
孤鳳山前,
且住扁舟。
山青水秀,
雨過雲收,
清風拂面,
皓月當頭。
滿江白露,
兩岸橫秋,
不免攜來瑤琴,
撫一曲以消憂。

【銀扭絲】
自幼兒學藝蓬萊山,
初習一操名"水仙"①。
古調難自愛,
今人多不彈,
敢説是一曲令人豔。

理絃按軫任意彈,
半入江風半入雲間。
响遏山谷應,
聲隨波浪翻,
恨只恨知音朋友難。

---

① 水仙:傳説伯牙學琴三年不成,他的老師成連把他帶到東海蓬萊山去聽海水澎湃、群鳥悲鳴之音,於是他有感而作《水仙操》。詳見漢蔡邕《琴操·水仙操》。

【背弓】
一生風月且隨緣,
窮通有命,富貴在天。
想昔日,也曾荊楚把名顯,
辭卻雛州尉,
豈敢恥微官,
爲只爲,二老堂前常問安。

【五更】
日落滄江晚,
倦飛鳥知還。
清風徐來,月出東山,
我只得捆上柴擔回家轉。

用力擔柴擔,
路經孤鳳山,
雲水蒼茫漁燈一點,
是何人孤舟江上弄絲絃?

側耳仔細聽,
柴擔放江邊,
清音雅韻彈的悠閒,
真令人終夜聽不厭,
恨只恨聞其聲而人不見。

【釘缸】
一曲未終琴絃斷,
倒教伯牙疑心間,
莫非是綠林藏山澗,
必有人聽琴在江邊。

吩咐人役去搜檢,
鍾子期岸上忙答言:
只因打柴歸來晚,
石崖以上且息肩①,
聞君雅操真罕見,
少住聽琴在此間。

【採花浪】
伯牙聽言賠笑臉,
樵夫講話失檢點,
直曰是深山窮谷見識淺,
聽琴二字竟敢承擔。
常言道:
門內有君子,
門外君子又至焉②。
深山既無聽琴者,
窮谷中那有你來把琴彈?
可笑山谷無知漢,
莫非是你也通絲絃?
既如此請到船艙內,
咱二人講道把琴談。
鍾子期急把竿鞋換,
我將那柴擔、斗笠、板斧、蓑衣,

---

① 息肩,卸載負擔而獲得休息。《左傳·襄公二年》:"鄭成公疾,子駟請息肩于晉。"晉杜預注:"欲辟楚役,以負擔喻。"《文選·張衡·東京賦》:"百姓弗能忍,是用息肩于大漢而欣戴高祖。"

② 門内有君子,門外君子又至焉:意思是説自己是君子,交的朋友也是君子。詳見明朝馮夢龍《警世通言·卷一·俞伯牙摔琴謝知音》:伯牙大笑道:"山中打柴之人,也敢稱'聽琴'二字!此言未知真僞,我也不計較了。左右的,叫他去罷。"那人不去,在崖上高聲説道:"大人出言謬矣!豈不聞'十室之邑,必有忠信。''門內有君子,門外君子至。'大人若欺負山野中沒有聽琴之人,這夜靜更深,荒崖下也不該有撫琴之客了。"

放在江邊。
進得船艙施一禮,
他問我一聲應一言。

【金錢】
見樵夫太得大膽,
我不免問他一番,
是何人初作絲絃,
你與我從頭至尾說根源。

【攢板五更】
琴本伏羲造①,
截銅作絲絃,
下方象地,上圓法天。
內裝着八寸龍池,
四寸鳳沼,

---

① 琴本伏羲造……,意思詳見馮夢龍《警世通言·卷一·俞伯牙摔琴謝知音》:樵夫道:"既如此,小子方敢僭談。此琴乃伏羲氏所琢,見五星之精,飛墜梧桐,鳳凰來儀。鳳乃百鳥之王,非竹實不食,非梧桐不棲,非醴泉不飲。伏羲以知梧桐乃樹中之良材,奪造化之精氣,堪爲雅樂,令人伐之。其樹高三丈三尺,按三十三天之數,截爲三段,分天、地、人三才。取上一段叩之,其聲太清,以其過輕而廢之;取下一段叩之,其聲太濁,以其過重而廢之;取中一段叩之,其聲清濁相濟,輕重相兼。送長流水中,浸七十二日,按七十二候之數。取起陰乾,選良時吉日,用高手匠人劉子奇製成樂器。此乃瑤池之樂,故名瑤琴。長三尺六寸一分,按周天三百六十一度;前闊八寸,按八節;後闊四寸,按四時;厚二寸,按兩儀。有金童頭,玉女腰,仙人背,龍池,鳳沼,玉軫,金徽。那徽有十二,按十二月;又有一中徽,按閏月。先是五條弦在上,外按五行:金、木、水、火、土;內按五音:宮、商、角、徵、羽。堯舜時操五弦琴,歌'南風'詩,天下大治。後因周文王被囚於羑里,吊子伯邑考,添弦一根,清幽哀怨,謂之文弦。後武王伐紂,前歌後舞,添弦一根,激烈發揚,謂之武弦。先是宮、商、角、徵、羽五弦,後加二弦,稱爲文武七弦琴。此琴有六忌,七不彈,八絕。何爲六忌?一忌大寒,二忌大暑,三忌大風,四忌大雨,五忌迅雷,六忌大雪。何爲七不彈?聞喪者不彈,奏樂不彈,事冗不彈,不净身不彈,衣冠不整不彈,不焚香不彈,不遇知音者不彈。"

五音六律。
外應兩儀、四象、五行、六合、八風，
七十二候在中間。
宮商角徵羽，
文武共七絃。
論起琴來，
有越、有宮徵、有首、有尾，
有腹、有背、有腰、有肩，
還有那八絕、六忌、七不彈。
俞伯牙喜眉頭，
此人果不凡，
既是知音，何妨再鼓彈，
忙焚香按軫又揮絃。
興寄波瀾外，
意在松石間，
移宮換羽聲音忽變，
問知音知我志在何處邊。
洋洋彈"流水"，
巍巍志在"高山"，
"水仙"一曲出在蓬萊山，
復彈的"孔子哭顏淵"。

【緊數】
俞伯牙聽言喜滿面，
此人果然非尋閒，
只說知音天下罕，
誰知路遇孤鳳山。

叫聲琴童排酒宴，
忙扶知音坐上邊，
适纔言語多傲慢，

千萬莫要在心間。

真個是知己客來情不厭，
咱二人作一個徹夜之談。
是這等英雄埋沒真可歎，
因何故在此把柴擔，
高姓大名講一遍，
不嫌棄你我結爲金蘭。

【西京】
鍾子期聽言展笑容，
尊聲仁兄在上聽，
姓鍾名徽字子期，
集賢村內有門庭。
昔日楚國把君奉，
只爲椿萱卸簪纓，
只因家貧無度用，
日每打柴此山中。
有時夕陽臨水釣，
也有時春雨向田耕。
閒來只把瑤琴奉，
南窗高臥傲公卿，
自種自食樂清淨，
再父母堂前把孝行。

【背尾】
話到投機，月照窗櫺，
猛聽得，寒山寺裏曉鐘鳴，
送爾難爲別，
唧杯惜未傾。
願只願，今日聘楚、來歲回程，

同去晉國把君奉。

【月尾】
弟兄聚首真可幸，
約定來歲此地相逢，
子期回上集賢去，永無蹤。
這正是一晚交情，千古留名。

3. 古城聚義①

【月調】
思想桃園，
珠淚潸潸。
弟兄徐州曾失散，
但不知何一日卻團圓。

【背弓】
想昔結盟思匪淺，
心同日月義同天，
聞人説，二弟歸順曹阿瞞②，
官封壽亭侯，
美女常問安，
這件事，是假是真難分辨。

【五更】
漢劉備心自參，

---

① 《古城聚義》，可參考卷五《出五關》及以下三出《單刀會》《挑袍（其一）》《挑袍（其二）》。故事主角都是關羽。

② 曹阿瞞，即曹操(155—220)。字孟德，小字阿瞞，東漢沛國譙（今安徽省亳縣）人。有雄才，多權詐，能文學。起兵擊黃巾，討董卓，漸次剪削諸雄，自爲丞相，拜大將軍，爵魏公，旋進爵魏王，加九錫。後卒於洛陽，子丕篡漢。追謚武帝，廟號太祖。

我二弟也是大賢，
身在曹營心未必不在漢，
難道說忍把桃園恩割斷。

【金錢】
使令人擺起香案，
忙跪倒祝告蒼天，
保佑我二弟回轉，
那時節方才能把愁眉展。

【漫數】
出得許昌，
匹馬單刀，
保定皇嫂，
一身耽勞。
催動赤兔，
雲捲風潮，
來在古城，
用目細睄。
我觀見城上，
皁貂旗飄飄，
赤兔馬踡蹄站立吊橋，
城頭軍聽言，
你速快去報，
你就說二爺與皇娘還朝。

【銀扭絲】
尊一聲劉皇爺聽根苗，
一將賽虎豹，
匹馬又單刀。

五路①鬍鬚面如棗，
頭戴金盔火焰飄，
鎖子金甲外套綠袍，
身跨赤兔馬，
手提偃月刀，
車輦內二婦人他口稱皇嫂。

漢劉備聞言喜眉梢，
必定是二弟轉回朝，
保定二皇嫂，
一身苦耽勞，
弟兄們相逢在今朝。

忙把三弟一聲叫，
你二哥今日轉回朝，
大放三聲炮，
軍民定悄悄，
咱二人迎接他到吊橋。

張翼德聞言心生躁，
一霎時氣壞浪中蛟，
五關甚險要，
插翅也難逃，
他一人馬能保皇嫂？

曹相待他十分好，
他必然把桃園一旦拋，
今日他來到，
真假難分曉，

---

① 五路，當爲"五縷"。

出城要和他見低高。

【打連廂】
催動馬往前跑，
要和他見低高。
張翼德聞言道：
叫聲二哥聽分曉，
曹相待你怎樣好，
誰叫你忘盟負義歸順曹。

【哭海】
俺只道三弟出關他來迎接我，
不料他身披甲鎖和我要動干戈。
有心迎戰不躲，日後怎見大哥？

無奈了俺將一身苦勞對他學：
三弟暫且熄火，
聽兄對你細學，
曹相真心待我，
兄是內反外合。
斬顏良，
刺文醜，
兄俺就把書見過。

三弟古城穩坐，
一人執掌山河，
爲兄見信如火，
辭曹三次不脫。
無奈封金掛印，
連夜逃出網羅，
保皇嫂，

單人獨馬我把五關過。

【打連廂】
二哥講話也有錯,
五關將廣兵又多,
頭關孔秀鎗難躲,
二關韓福孟坦好韜略,
三關卞喜武藝好,
就是那四關王植,
五關劉延①也不弱。
你說你無降曹意,
就是龍,就是虎,就是鳥,
插翅你也飛走不脫!

【哭海】
三弟勒馬立站,
聽兄對你細談:
刀劈頭關孔秀,
二關韓福孟坦,
三關卞喜不善,
命喪鎮國寺前,
四關又斬王植,
五關遇見劉延,
將軍甚是仁義,
他要送俺出關,
爲兄催馬如箭,
來至黃河岸前,
秦琪威風八面,

---

① 五關劉延:在過第五關之前,關羽曾向東郡太守劉延求一渡船過黃河,然劉延怕其主夏侯惇怪罪,並未幫助關羽。後殺渡口守將秦琪,渡過黃河。

提刀擋阻馬前，
黃河口刀劈秦琪兒的血未乾。

【打連廂】
耳內忽聞聽兵吶喊，
號炮不住响連天，
我這裏勒馬把關上，
我看是何人到此間？
上得城樓用目觀，
閃上一將好威嚴，
細看好像蔡陽面。
再叫二哥聽心間，
你説你無有降曹意，
老蔡陽趕你為那般？

【哭海】
兄把秦琪除斬，
秦琪是他外男，
他今領兵來到，
要與秦琪報冤。
叫三弟念起桃園，
你與為兄開了關。

【打連廂】
張翼德心自參，
這事叫人疑心間，
念桃園祝你三通鼓，
斬了蔡陽再進關。

【哭海】
兄把韜略使遍，

自費力盡汗乾,
此去誠恐有險,
我命難以保全。
如不信,
二家皇嫂他也在當面。

【打連廂】
二皇嫂皆是你教遍,
問他和你更一般,
任你説得天花轉,
斬了蔡陽再進關。

【哭海】
好話説了千萬,
三弟不聽一言,
皇嫂駕坐車輦,
三弟不念桃園。
關某這裏有語,
二嫂將心放寬,
弟把蔡陽去斬,
叔嫂再好進關。
扭回頭,
蔡陽老兒他就到陣前。

【打連廂】
老蔡陽怒冲冠,
叫聲關某聽心間,
黃河口不該把秦琪斬,
我今來與你冤報冤。

【哭海】
老兒來的不善,

須要巧用機關。
兒是小軍假扮,
蔡陽未到陣前,
不由回頭觀看,
蔡陽還在後邊。
一回頭,
將蔡陽刀劈古城海壕岸。

【打連廂】
見得二哥把蔡陽斬,
忍不住珠淚撒胸前,
轉面我把軍人換,
快迎你二爺來進關。

【緊數】
數一見大哥喜滿面,
各自把哀情訴一番,
我弟兄徐州曾失散,
誰料今日卻團圓。

張翼德提衣忙跪倒,
尊聲二兄聽弟言,
還是小弟才識淺,
觸犯爲兄罪萬千。
今日若不寬恕我,
如不然就跪死在你面前。

劉玄德一旁好言勸,
二弟息怒聽兄言,
三弟今日得罪你,
念起結義要包涵。

二家皇嫂齊跪倒,
二叔叔暫且受屈冤,
三弟本是個粗魯漢,
不念我姐妹念桃園。

【背尾】
見得皇嫂跪面前,
我只得,忍氣吞聲把愁眉展。
去怒容換笑臉。
忙將二嫂攙。
爲只爲,桃園恩情重山。

【月尾】
吩咐令人擺酒宴,
與你二爹解心煩,
各各三軍齊把盞,喜心間。
這纔是古城聚義,弟兄團圓。

4. 天官退兵①

---

①　天官退兵：明世宗朱厚熜嘉靖年間,太子太師嚴嵩專權作惡,被楊繼盛劾十大罪五奸。嚴嵩惱羞成怒,斬殺楊繼盛,其子楊洪帶家小反出京城,據雞鳴山。番王知明朝腐敗軟弱,故意進來鐵弓一張,倘若明朝無人拉得開此弓,就舉兵進犯。明世宗無奈,差天官徐贊去雞鳴山搬他親家楊洪。楊洪基於民族大義,雖自己年邁了,卻差兒子楊龍和楊虎進京。楊龍爲徐贊的門婿,臨行時,楊洪又給老臣徐定國專函相托,確保楊龍無失。楊龍少年英勇,武藝超群,開弓射箭,鎮住了番邦。朱厚熜當殿封官賜酒,嚴嵩從中作梗,擊碎御杯溫涼盞,殺了楊龍。雞鳴山聞訊,興師問罪,兵臨城下,朱厚熜無奈,又逼徐贊退兵。楊虎和嫂徐金定及妹妹楊賽花,態度強硬。徐贊無奈,只能求女兒説服楊虎和楊賽花,且答應了女兒提出的兩個條件,最後才得以兵退。此劇又名"楊龍開弓""徐贊退兵"。

【月調】
可惱奸讒，
與理不端。
你不該擊碎溫涼盞，
可憐把賢婿喪刀尖。

【背弓】
徐贊馬上自參想，
因北國進來了鐵弓一張，
滿朝中，文武百官不敢當。
嚴嵩賊拿本上，
搬賢婿到京鄉，
他用力，扯開鐵弓定番邦。

【五更】
賢婿開弓絃，
論功勞在朝班，
他父臨行囑咐再三，
他言說不做高官即回還。

萬歲爺思義寬，
當殿賜玉盞，
嚴嵩將盞擊碎殿前，
可憐把賢婿喪黃泉。

他姑嫂曾造反，
命我退兵權，
將我舉家收在禁監，
不退兵舉家大小受磨難。

來至在楊營前，
駐馬下雕鞍，
吩咐軍人速往內傳，
你就說來了徐天官。

【緊數】
忽聽軍人一聲稟，
天官來到我營中。
自知他的多不是，
來到我營說分明。
忍氣吞聲拿禮見，
徐伯父到此爲那般？

【五更】
只因爲你報兄仇，
領兵困皇都，
滿朝文武並無你敵手，
命我來勸你把兵收。

楊虎兩淚汪，
徐伯父聽心上：
我兄開弓平定番邦，
論功勞也該在朝堂。

可恨昏皇上，
殺我兄實可傷，
非怪我今誣領兵將，
爲只爲手足情難忘。

【緊數】
擊碎溫涼盞本該斬，

一律定罪把家抄,
不是伯父上殿保,
你舉家大小焉得活?

楊虎聽言怒冲冠,
徐伯父講話理不端,
我兄不肯把君見,
你是他的保駕官。
保他進了森羅殿,
你做的事兒自不參,
來到我營說長短,
想要收兵難上難。

【滾】
我不辭天官抽身轉,
後帳裏要對嫂嫂言。

【長城】
我一見將軍歸營寨,
羞的老夫頭難擡,
哭了聲金定①兒今何在,
你何不前帳望父來?

賽花②後帳側耳聽,
天官來到我營中,
自知他的多不是,
又到這裏來退兵。
背地裏我把兄長怨,

---

① 金定:人名,即徐金定,上文提到徐天官的女兒,楊龍的妻子。
② 賽花:人名,即楊賽花,楊龍和楊虎的妹妹。

妹妹有言聽心間，
臨行爲妹把你勸，
你言説保你有天官。
到今你命遭兇險，
天官操手作保官，
爲妹若見天官面，
定要把他雙眼挖。

【五更】
原來是徐伯父，
施禮且問安，
保的我兄命歸九泉，
問的他低頭無一言。

照你這樣人，
怎樣做天官？
還有臉面來到此間！
想退兵，除非是天地翻。

【長城】
徐贊聽言心痛酸，
賽花講話如刀挖，
早知他們是這樣，
怎敢楊營退兵權。

【西京】
自從將軍歸塵埃，
紅顏女賴上梳粧檯，
哭了聲奴的夫君今何在？
丟奴家好不孤鴻雁來。
背地裏我把爹爹怪，

你不該楊營搬他來,
閃壞兒的鴛鴦帶,
又閃壞兒的鸞鳳鞋①。
孩兒領兵爲元帥,
又不該楊營退兵來,
無奈了走上前深深拜,
問爹爹到楊營爲着何來?

【長城】
金定兒不必哭嚎啕,
父有言語聽根苗,
非是父將兒夫命害了,
嚴嵩賊設定下計籠牢。
前帳裏遇見你二叔叔②到,
他講句話兒不肯饒,
又遇見賽花小姐到,
他說的爲父臉發燒。

兒呀,你念起父來到,
把這口惡氣往下消。
兒的母現在獄牢坐,
搭救兒母出獄牢。

【五更】
糊塗的老爹爹,
講話全然不思怪,
孩兒領兵爲報夫仇來,
仇未報,你兒豈肯丟搭開?

---

① 鞋,原誤作"偕"。音同而誤。
② 二叔叔:指楊虎,指徐金定的小叔子。

兒呀！你憐念父，
你的母受磨災。

要兒念父，
誰可該念我來！
講此話全然不怕父見怪，
那怕咱父女倆斷往來。

【採花浪】
徐贊聽言氣滿腔，
蠢才講話真可傷，
母女之情全不念，
領兵逼父該不該？

【攢板五更】
你休說兒不該，
這還是誰不該，
北國韃子反過地界，
進鐵弓無人開。
你爲元帥，
缺少將才，
你不該楊營搬他來，
搬的兒夫朝金闕，開鐵弓，退兵災。
功勞實出文武外，
就該對官顯英才，
聽讒言把他害，
你爲何保君去不保來？
老爹爹，這還是誰不該？

【採花浪】
擊碎溫涼盞本該斬，

一律定罪把家抄，
不是爲父上殿保，
你舉家大小焉得活？

【五更】
說是你保的妙，
保的兒夫命歸陰曹。
恨嚴嵩，賊奸巧，
未曾接盞把杯拋。

一個人你保不了，
還想保我舉家性命牢？
來來來，多謝保官恩義高！

【採花浪】
自古寡居大如天，
你不該私意領兵權，
母女之情全不念，
你數說爲父多不賢。

【五更】
你休說大是天，
你休說兒不賢，
恨起嚴嵩咬碎牙關，
領大兵一馬平川，
要與兒夫冤報冤。

害的兒正青年，
一夜頭枕五更寒。
破寶鏡，斷絲絃，
你看兒可憐不可憐！

老爹爹，你心上怎安然？

【採花浪】
高才女爲父曾誇海，
曹毛女救父出獄來，
這都是昔日賢孝女，
你違卻父命該不該？

【五更】
你休要比古人，
休要論先賢，
比古人，論先賢，
有輩烈女講當面。

昔孟姜，女中賢，
聘竹籤，兩毛班，
她也曾送寒衣，
千里路上把夫覷，
哭到長城驚動天。
非是她不顧羞和恥，
爲只爲夫情重如山，
老爹爹你何不必心自參！

【緊數】
小奴才你講的雖有禮，
以臣伐君世間稀，
武王領兵曾伐紂，
難道說聖人做事也有非？

武王伐紂無道，
你的主亦非有道的君。

何嘗吾主無道理，
斬壞兒夫爲怎的？

你丈夫擊碎溫涼盞，
那嚴嵩在朝把君欺。
是他欺君君不曉，
你的主亦非是木石。
兒呀，你念起父來到。

你來怎不見你的女婿？

父勸兒把兵收了好。

打開京城要奪旌旗。

兒的母現在牢獄內，
孩兒不管閒是非。

小奴才你是誰家女？
兒出門本是楊家妻。

【長城】
小奴才一言問住我，
開口結舌該說甚麼？
早知曉他們這個樣，
怎敢楊營把兵卻？

【哭道情】
我一見爹爹出營寨，
倒叫金定淚下來，
我有心馬踏金陵地，

我父一家性命畢。
我有心收兵回原郡，
何一日爲夫報仇冤？
左難右難難住我，
我也不知該怎麼。

【五更】
金定自參想，
老爹爹再作商量，
孩兒爲你收了兵和將，
既如此父感我兒恩難忘。

雖然話是這樣講，
還要作商量。
扭回頭來叫了一聲兵將，
快請你二爺和姑娘。

軍人一聲稟，
轉步到前營，
賽花上前急忙應承，
問嫂嫂喚我兄妹因甚情？

只因我報夫仇，
領兵困皇都，
我父舉家現在獄中，
殺進城，我父舉家難逃生。

金定兩淚汪，
二叔叔和姑娘，
請你們到來做個主張，
此事兒可該怎麼樣？

嫂嫂爲元帥，
傳令誰不尊？
只要殺壞奸黨嚴嵩，
我兄妹何必領兵困京城？

金定忙跪倒，
謝你們恩義高。

嫂嫂請起再作分曉。

非怪我不把夫仇報。

老爹爹快近前，
此事好作難。
孩兒爲你收了兵權，
奏聖上可依兒事三件。

百件皆能允，
何況事三件，
十件八件奏上金鑾。

【小拾片】
我的兒先請你首一件。
把奴夫金旌玉葬，
還要把他亡人官封侯王。
第二件把楊家反罪恕放，
聽旨調不聽選，不進京鄉。
假如還有一件不把旨降，
殺一個紛紛碎禍亂朝綱。

【緊數】
徐天官聽一言將心纔放，

回朝去三件事奏與君王，
叫軍人與老夫帶過戰馬，
回朝去，獄牢内先救舉家。

【月尾】
見得爹爹上了馬，
二叔叔姑娘淚把把。
姑娘叔叔且把淚拭，聽心下。
等旨到殺奸賊，大報冤枉轉回故家。

5. 醉寫嚇蠻①
雲章氏

【月調】
唐王登殿，
文武站兩班。
無人將蠻書認得全，
忙宣學士李青蓮②。

【背弓】
一道聖旨往下傳，
忙送學士上金鑾，
長安城，個個酒樓俱找遍，
都不知，翰林學士去那邊。

---

① 醉寫嚇蠻：唐玄宗時，傳説李白曾起草答渤海國的可毒書，後世稱爲"嚇蠻書"。元王伯成《貶夜郎》第一折："那裏是樽前誤草嚇蠻書，便是我醉中納了風魔狀。"《警世通言·李謫仙醉草嚇蠻書》："李白左手將鬚一拂，右手舉起中山兔穎，向五花箋上，手不停揮，須臾，草就嚇蠻書。"

② 李青蓮：指唐朝著名詩人李白，字太白，號青蓮居士。

【五更】
忙壞了長隨官，
我至在酒樓間，
只見學士醉倒席前，
這摸樣怎好上金鑾？

【金錢】
忙向前用手扶攙，
學士公細聽我言，
萬歲爺有旨來送，
王宣你去將蠻書認一番。

【漫數】
李太白聞言喜笑連天，
滿朝中公卿、文武百官，
一個一個尸位，一個一個素餐。
難道說他們認他不全？
長隨官快來扶我上金鑾，
昏昏沉沉，東倒西偏，
九龍口內，啟奏龍顏，
要為臣寫詔倒也不難。
臣要高力士脫靴，
楊國忠掌扇，
要娘娘磨墨，
宮娥女奉硯，
和交椅一把，設在殿前。
再賜臣御酒三杯，
潤一潤臣的筆尖。

【緊數】
唐王聞言龍心歡，

李愛卿平身聽朕言，
所奏之本件件兒准，
那一家不遵聖旨傳。

楊國忠一旁去掌扇，
高力士搔靴跪面前，
宮娥女捧就龍池硯，
貴妃娘娘把墨研。
御侍臣設皇封宴，
一連三杯要飲乾。
殿角裏設一把金交椅，
渤海國使臣上金鑾。

打開你國書李老爺看，
仔細從頭觀一番。
這不過幾句狂妄語，
不過幾句反叛言，
你欺我前朝無識認，
難瞞過學士李青蓮。

【銀扭絲】
李白觀罷喜笑眉頭，
尊一聲我主龍心放寬，
私通連環表①，
何須往下觀，
待爲臣醉稟寫嚇蠻。

揮毫落紙如雲煙，
龍蛇雀鳥篆在上邊，

---

① 連環表，指屢次發來戰書挑戰。

曉諭番邦主，
以及眾將官，
這就是聖旨往下傳。

各自小心鎮守邊關，
切莫妄想起兵端。
年年來進貢，
歲歲來朝參，
要不然發兵非等閒。

【背尾】
使臣聞言，
心中膽寒，
狼主爺，枉自修書把天朝犯，
又誰知，天朝以內有高賢。

【月尾】
渤海國使臣把殿下，
唐王纔把龍心放寬，
把學士官兒往上遷，莫遲延。
這正是天生才子，醉寫嚇蠻。

6. 醉罵祿山
雲章氏

【月調】
酒醉心神，
迷亂心神。
雙足飄飄如駕雲，
踉蹌蹌來至金馬門。

【漫數】
深宮院與娘娘，情深意好，
揚鞭走馬，遊玩逍遙。
金馬門外用目細瞧，
只見學士帶醉上朝。

【背弓】
李太白酒醉如狂顛，
身體飄搖似乘船，
矇矓眼觀來了一將官：
身跨烏騅馬，
頭戴紫金冠，
原來是，安禄山娃娃到此間。

【五更】
李太白怒冲冠，
罵了聲安禄山，
憑你的甚麼出入朝班？
不過是你有些好容顏。

你生長胡地面，
投獻到中原，
萬歲爺一見龍心喜歡，
楊娘娘封你爲御兒男。

遊戲三宮院，
又賜你洗兒錢，
宮娥差女都來觀看，
這就是你爲官的舊根源。

御修金馬門，
翰林來往還，
爾爲武夫，出身微賤，
行此門蔑視我學士官。

【釘缸】
酒鬼講話理不通，
無故欺俺因甚情？
俺也曾爲主把國保，
俺也曾征戰立大功。
唐王見俺功勞重，
節度使官職將俺封，
又拜娘娘爲乾母，
行走六院和三宮。
今日欺俺何太甚，
莫恃你酒醉把凶行！

【緊數】
李太白聞言怒氣生，
罵了聲安禄山小兒童，
飲酒是俺功勞掙，
並非是素餐在朝中。

曾不記胡兒來進貢，
龍蛇草篆表一封，
萬歲爺當殿傳旨意，
文武臣上殿觀分明。

無有一人能識認，
賀年兄薦俺上龍庭，
天子殿前常走馬，

御箸調羹將酒醒。

娘娘磨墨把硯臺捧，
國舅打扇來收風。
高力士隔靴曾搔癢，
醉寫嚇蠻顯才能。

咱非是飲酒貪杯輩，
咱非是喪德失儀枉在朝中。

【月尾】
咱本是金粟如來仙佛體，
你本是蒙垢含羞污濁身，
無異當年龍陽君，臭難聞。
這正是陰陽反復、顛倒乾坤。

7. 蝴蝶杯定緣①

福堂氏

【月調】
血濺衣裳，
老爺爺一命亡。
無有棺木殮屍腔，
女孩兒何人作主張②？

---

① 蝴蝶杯定緣：明朝嘉靖時，江夏知縣田雲山之子田玉川偶遊龜山，恰逢總兵蘆林之子蘆世寬打死漁夫胡彥。玉川不平，將蘆世寬打死，遭蘆府追緝，被胡彥之女胡鳳蓮相救，並在舟中訂婚約而別。胡鳳蓮以玉川所贈蝴蝶杯至江夏縣二堂認親，爲父鳴冤。蘆林征蠻受困，被化名爲雷全州的田玉川所救，並招爲婿，洞房中玉川吐露真情，胡、蘆二女均配玉川。

② 老爺爺一命亡……女孩兒何人作主張：女孩兒，指胡鳳蓮，老爺爺指胡父，是一名漁翁。

【背弓】
叫聲恩人上船艙，
奴情願送君過長江，
怕的是，蘆府追兵到岸上。
賊人不講理，
搜尋到船艙，
那時節，拿住恩人豈肯放？

【五更】
小姐對我講，
提衣上船艙，
觀見漁公血染衣裳，
胡小姐①一旁淚兩行。

大禍從天降，
我父喪黃粱，
背過身兒哭聲親娘，
女孩兒有話對誰講？

小姐淚如雨，
點點濕羅衣，
不顧生死，
報仇只爲你，
至如今説甚麼周公禮？

蘆賊把命斷，
爲奴報仇冤，
奴正青春君正青年，

---

① 胡小姐，指胡鳳蓮。

咱二人船上定姻緣，
此事我情願。

□①山以上，
打死漁翁有位英雄，
抱打不平。
打死公子，
一命喪生。
領了大令，
點起雄兵，
來到江邊捉拿正兇。

【打連廂】
江岸上用目睜，
漁家女子淚盈盈，
見漁舟飄飄江心鼓，
船艙内定然有英雄。

恨大帥理不通，
中營賜我五百兵，
要拿住兇手把罪定，
一句不提②老漁翁。
將人馬囤江邊，
如狼如虎更一般，
我有心駕舟去追趕，
睜眼頭上有青天。

【金錢】
天定下冤孽對頭，

---

① □,此處漫漶不清,據情節這裏當爲"龜"。
② 提,原誤作"題"。音同而誤。

任女子順水推舟，
江岸上暫把兵收，
自古道，且甘休時且甘休。

【銀扭絲】
觀見賊反離了江邊，
叫聲恩人將□放，
□①願，
我心匪石不可轉。

觀見小姐天姿國色，
絕代佳人實難再得。
未成鸞鳳配，
先贈蝴蝶杯。
風馬牛倒做了鴛鴦對，
織女星何日把牛郎會？

感君贈杯好恩情，
蝴蝶兒真是可憐蟲。
前路須保重，
莫吐真姓名。
百年的大事一言定，
到後指杯爲媒證。

說甚蝴蝶可憐蟲，
卿應憐我我憐卿。
撥開生死路，
跳出是非坑。
我心內明如菱花兒鏡，

---

① □，缺若干字。

大丈夫凡事由天命。

【長城】
父仇不報共戴天,
蘆賊結下山海冤,
捨性命告賊奴情願,
難道天下無清官?
長江滾滾向東流,
終日曬網在漁舟,
欲寫狀詞無門路,
黃花幼女怎出頭?
蘆賊和郎結冤讐,
郎逃豈能白甘休?
捨性命情願把郎救,
兩下人命一筆勾。

【西京】
實服了胡小姐,有計算;
實服了胡小姐,恩重如山。
我的父現坐着江夏知縣,
你何不奔着那裏前去喊冤?

一告他在龜山縱放鷹犬,
直咬的遊人哭聲振天。
二告他在漁舟將魚挑揀,
買去了娃娃魚不與民錢。
三告他眾家奴橫行江岸,
打死了你的父命喪黃泉。
內宅若見我娘金面,
你將那蝴蝶杯交他細觀,
你說他的兒外邊逃難,

這件事不了結不便回還。

老岳丈死屍腔棺木盛殮,
你央仗眾漁人計埋龜山。
勸小姐也不可過爲傷慚,
還要你自愛惜將心放寬。
假若還有一日蒼天睜眼,
夫妻們度鵲橋洞房團圓,
説不盡知心話漁舟攏岸,
滴幾點英雄淚翻身下船。

【背尾】
手扯着郎衣淚滿腮,
問郎君,你在何處把名埋?
莫好管閒事,
莫更惹禍災。
莫叫奴,雨雨風風、朝朝暮暮、時時刻刻、凄凄惶惶,常把郎君掛心懷。

【緊數】
小姐又説知心話,
我豈肯別處戀鶯花。
楚館秦樓俱是假,
送客愁聽彈琵琶。

大丈夫生在三光下,
天下到處是吾家。
相勸小姐莫牽掛,
看看紅日已西斜。

【月尾】
郎君割愛登陽關,

兩眼定在郎身邊，
一霎時雲鎖巫山看不見，割心肝。
但願得郎君得意、衣錦回還。

8. 金琬釵借水①

【月調】
名落孫山，
留滯在長安。
三月寒食清明天，
踏青郊外去遊觀。

【漫數】
爲客長安，
思鄉夢裏還，
又逢寒食，
家家兒禁煙②。
東風如剪，
柳添金綫，
陽春富貴，
榆青墜錢。

---

① 金琬釵借水：崔府豔娘、麗娘姐妹各執金琬釵一支。豔娘春遊岳廟，偶遇秀才蘆充，傾心遺釵，奈蘆未察；和尚拾釵，夜入閨房，事敗害死豔娘。豔娘亡魂幸得狐仙相助，冒妹之名與蘆成婚，懷孕未及分娩，忽奉召而去。麗娘之釵于其兄崔護赴考時，誤夾衣中送往長安。崔護落第，郊遊偶遇桃小春，兩相傾愛，借水留連，以妹之釵相贈定情。參見《卷四·桃小春賠情》。

② 家家兒禁煙：約在清明前一、二日，晉文公時爲求介之推出仕而焚林，之推抱木而死，全國哀悼，於是乃定是日禁火寒食。見《藝文類聚·卷四·歲時中·寒食》引晉陸翽《鄴中記》。寒食節不動煙火，吃冷的食物是節日的習俗。《後漢書·卷六一·周舉傳》："太原一郡，舊俗以介之推焚骸，有龍忌之禁。至其亡月，咸言神靈不樂舉火，由是士民每冬中輒一月寒食，莫敢煙爨。"

見桃花杏兒一齊爭妍,
見鶯兒燕兒對語林間,
見幾個農人荷鋤耕田,
見幾個少婦手拿紙錢。
好花花世界,
錦地繡天。
剛走過轉彎①,
綠水青山。
放開了眼界,
忽逢着桃園,
見幾株桃樹,
露出了茅庵。

【背弓】
一見佳人站門前,
宜嗔宜喜桃花面,
天定下,五百年前風流冤。
玉樣婷婷美,
夭桃朵朵鮮,
真個是,人面桃花更一般。

【五更】
是織女降凡間,
是嫦娥離廣寒,
是許飛瓊②離了瑤池院,
是青雲駕鶴下九天。

---

① 彎,原誤作"灣"。據文意改。
② 許飛瓊,見《卷四·梅香傳信》"許飛瓊"條。

是弄玉①住渭陽，

是蘇小②居錢塘，

是楊貴妃醉倒了沉香，

是西施③笑倚東窗白玉牀。

是文君④聽琴聲，

是昭君⑤出漢宮，

是張君瑞西廂遇鴛鴦，

是劉阮⑥天台仙子喜相逢。

【金錢】

念小生身在客邊，

爲功名來到長安，

因酒醉誤入桃園，

望小姐大大發回慈悲。

---

① 弄玉：人名，相傳爲春秋秦穆公女，又稱秦娥、秦女、秦王女等，嫁善吹簫之蕭史，日就蕭史學簫作鳳鳴，穆公爲作鳳臺以居之。後夫妻乘鳳飛天仙去。事見漢劉向《列仙傳》。北周庾信《蕩子賦》："羅敷總髮，弄玉初笄。"唐李白《鳳臺曲》："曲在身不返，空餘弄玉名。"清鈕琇《觚賸·延平女子》："（延平女子題壁詩）序云……二八結褵，新婦獲參軍之配，何異莫愁南國，得嫁阿侯；庶幾弄玉秦樓，相逢蕭史。"

② 蘇小：即蘇小小，相傳是六朝南齊時（479—502）錢塘歌妓。家住錢塘（今浙江杭州）。貌絕青樓，才技超群，當時莫不稱麗。常坐油壁香車，年十九咯血而死，終葬於西泠之塢。後人于墓上覆建慕才亭，爲來弔唁的人遮蔽風雨。

③ 西施，春秋越國美女。生卒年不詳。越國苧蘿（今浙江諸暨縣南）人。本爲浣紗女，適越王勾踐爲吳所敗，欲獻美女以亂其政，乃令范蠡獻西施，吳王大悅，果迷惑忘政，後爲越所滅。見漢趙曄《吳越春秋·句踐陰謀外傳》。也稱爲"西子""先施"。

④ 文君：即卓文君，見《卷三·玉美人》"卓文君"條。

⑤ 昭君：即王昭君，見《卷三·小十杯酒》"昭君娘娘"條。

⑥ 劉阮，見《卷四·梅香傳信》"劉阮"條。

【銀扭絲】
小生舊有相如渴疾①，
急同涸轍望救鯉魚。
煙火喉嚨起，
風塵道路悲。
走上前深深施一禮。

那裏來的這個狂生？
不渴裝渴借水爲名。
兩眼含秋水，
一笑露春風，
轉過身忙將門掩定。

美人一笑足值千金，
素手纖纖掩開柴門。
一杯泉中水，
三生石上姻，
問一聲小姐肯不肯？

開言叫聲這個狂生，
周公制禮，
孔聖傳經，
男女親授受於禮大不通，
休將你風流來賣弄。

說甚男女授受不親，
念起小生是個客人。

————————————

① 相如渴病，即相如渴疾。《史記·司馬相如列傳》："相如口吃而善著書。常有消渴疾。與卓氏婚，饒於財。其進仕宦，未嘗肯與公卿國家之事，稱病閒居，不慕官爵。"

有錢難買水，
沽酒更無村，
離家人行路誰憐憫！

狂生説的怪覺可憐，
柔腸婉轉翻了幾翻。
眉目風塵瘦，
道路衣裳單，
我不把他憐念誰憐念！

【剪邊花】
讀書人須要防未然，
君子不處嫌疑間。
李下不整冠①，
聽奴教訓言。

桃花開得朵朵鮮。
欲要止渴難上難。
梅在南嶺邊，
見花休再貪。

相勸書生把心回，
門兒下遞出水一杯。
奴家破了格，
飲罷君請歸。

---

① 李下不整冠：經過瓜田時，不彎身穿鞋；走過李樹下面，不舉手整理帽子。語出漢無名氏《君子行》："君子防未然，不處嫌疑間。瓜田不納履，李下不整冠。"後比喻避免招惹嫌疑。明陸采《明珠記·第一七出》："深感將軍好意，爭奈瓜田不納履，李下不整冠，相公男子，妾身女人，雖則結爲義父，難免外人議論。"

【打連廂】
崔右卿笑微微，
用手接了水一杯，
葡萄酒無有這滋味，
玉露瓊漿難再得。
三魂兒被他勾，
十指尖尖玉筍抽，
一杯水怎將車薪救，
從今後想思怎甘休！
櫻桃口說風流，
知心話兒記心頭，
幸小姐與我指明路，
心猿意馬總難收。
我善病君善憂，
一雙心意兩相投，
假意兒撒手向前走，
忍不住臨去又回頭。

嘩啦啦把門開，
書生言語記心懷，
是這樣多情真可愛，
觀見他欲去又徘徊。

見小姐開柴門，
右卿急忙轉過身，
恕過了小生才不敏，
忘卻了道謝太無心。

叫書生你有錯，
這個時候該不渴，

須曉得聖門顏回不二過①,
你心裏當真想甚麼?

【背尾】
念小生一時忘道謝,
望小姐,恕過小生這一節。
看花人再到,
來年春三月,
一杯水,不忘小姐恩情切。

【緊數】
生不用封萬户侯,
願隨美女上粧樓。
柔鄉若許人終老,
事大如天亦甘休。
從今後想思兩地愁,
一時不見如三秋。

書中有女顏如玉,
一語誤人到白頭。
費長房縮地縮不透,
女媧氏補天補不周②。

---

① 參見《卷二·樂在其中》"彭祖、顏回壽命不同"條和《卷二·哭顏回》"顏回"條。
② 費長房縮地縮不透,女媧氏補天補不周:費長房,汝南(今河南上蔡西南)人。曾爲市掾。傳説從壺公入山學仙,未成辭歸。能醫重病,鞭笞百鬼,驅使社公。一日之間,人見其在千里之外者數處,因稱其有縮地術。後因失其符,爲衆鬼所殺。事見《後漢書·方術列傳八十二·費長房傳》。晉代葛洪的《神仙傳》:"費長房學術於壺公,公頭號所欲,曰:'欲觀盡世界。'公與之縮地鞭,欲至其處,縮之即在目前。"女媧氏,古代神話,上古女媧氏曾煉五色石以補天。語出明陳繼儒《小窗幽記·卷二·集情》:"費長房縮不盡相思地,女媧氏補不完離恨天"。意思是:費長房的縮地術,無法將相思距離縮盡;女媧的五色石,也無法將離人破碎的情天補全。

東方朔慣是偷桃手①，
崔右卿學作盜花流。
如不閨中爲朋友，
好憑針兒引線頭。
乾兄乾妹朝朝有，
詩文唱和樂勾留。
喜鵲填平橋上路，
卻怪織女末來由。
七月七夕剛一度，
何不用繩牽繫牛？

【月尾】
似曾不慣在人前，
帶笑含羞真可憐，
爲孰含羞開笑臉，問嬋娟。
怕的是重到天台，雲鎖巫山。

9. 救龍鳳②

【月調】
令人來傳，
犯婦到武關。
眼看把太子入龍潭，
公案上忙了陸九安。

---

① 東方朔慣是偷桃手，見《卷二·大慶壽》"東方朔曾把仙桃獻"條。
② 救龍鳳：敘晉成王崩，懷王篡位，囚皇后，搜殺太子。臣王尤（由）妻與兒媳巧扮民婦，保太子出城，投子王勉（免）所轄地避禍。事爲奸臣皇甫石所察，捕太子等人解往京師。陸九安在僕人林兒的幫助下說服夫人張玉鳳以自己兒子"以羊易牛"，犧牲自己兒女保全了太子。秦腔此劇名爲《蛟龍駒》，又名《飛龍鳳》《忠烈圖》。

【背弓】
懷王奸賊把位篡，
摔死了嬰兒有萬千，
老王爺，托孤崔王保江山。
二人定巧計，
暗將龍鳳傳。
可憐把崔子殞命、王由收監、王家婆媳懷抱龍鳳逃外邊。

【五更】
皇天不睜眼，
楚中遇奸讒，
賊將龍鳳解奔京垣，
起長解路過到武關。

陸奇心膽寒，
好似滾油煎。
思前想後無有主見。
用何計可將龍鳳掩？

【金錢】
有林兒旁邊偷看，
就知他心中事端，
假意兒忙問一言，
尊老爺因爲何事鎖眉尖？

【漫數】
陸九安聞言，
林兒你聽：
只因王家婆媳，
懷抱龍鳳，

欲投他子王兔。
奔上楚中，
不料誤入賊的網籠。
賊將龍鳳解奔京中，
路過武關。
明天就要啟程，
我不搭救，
爲之不忠。
思前想後，
無有計生。
林兒可有妙用，
快快上呈，
若救下龍鳳，
你也算得一功。

【大拾片】
林兒聞言道：
尊聲老爺聽分明，
昔日齊王坐堂上①，
牽牛者堂下行，
王見之曰：牛何用？
對曰：將牛去釁鐘。
王曰：若無罪而就死地，
捨之，吾不忍其就死地。
對曰：然則廢釁鐘。
王曰：以羊易之，鐘亦成。

---

① "昔日齊王坐堂上"以下幾句，典出自《孟子·梁惠王》。原文爲："王坐於堂上，有牽牛而過堂下者。王見之，曰：'牛何之？'對曰：'將以釁鐘。'王曰：'捨之！吾不忍其觳觫，若無罪而就死地。'對曰：'然則廢釁鐘與？'曰：'何可廢也？以羊易之。'"後用"以羊易牛"比喻暗中玩弄手法，以假代真。《醒世恒言·錢秀才錯占鳳凰儔》："東床已招佳選，何知以羊易牛；西鄰縱有責言，終難指鹿爲馬。"

老爺若把龍鳳救,
何不傾心爲之做古行。

【銀扭絲】
陸九安聞言吃一驚,
林兒果算甚聰明,
他將我提醒,
我卻心內明,
我今要學古人行。

怪道說我兒晝夜啼哭不絕聲,
況是同年同月同日同時生。
必是天造定,
替主喪殘生。
父捨兒要忠義名。

爲人豈肯捨親生!
怕的是夫人不依從,
他若不允情,
今晚怎樣行?
這件只怕不中用。

老爺不必膽戰心驚,
事到臨場我應承。
丫環前去稟,
奶奶得知情,
你就說老爺把他請。

【一點油】
佳人出繡房,
舉目觀端詳,

一見老爺打坐二堂，
見林兒擠眉弄眼站一旁。
又不知為何情，
教奴不分明。
懷抱嬰兒坐在二堂中問：
老爺，喚妻到來因甚情？又

【釘缸】
陸九安來鎖眉尖，
我和夫敘閒言：
自從犯婦到武關，
一雙冤家安不安？
張玉鳳來便開言：
雙雙冤家卻安然，
問老爺為的那一件？
你與為妻說一番。

【琵琶】
陸九安來淚不乾，
夫人耐煩聽心間，
你把犯婦當那個？
他本是王由婆媳到此間。
懷抱龍鳳去逃難，
賊將龍鳳解京垣，
此去見了懷王面，
定摔他一命喪黃泉。
咱受國恩也非淺，
龍鳳有難我怎安？
欲將我兒作替換，
以羊易牛定江山。

【十字斷】
聽一言就把我三魂唬散,
叫老爹你心意太得短見,
難道說父子恩情全不念?又
親骨肉我豈肯用刀割斷?
爲旁人害死我親生兒男!
你若想這件事,
實實難上難。

【落江院】
吾夫人不捨親生,
倒叫我怎樣搭救?
叫林兒上前好言奉。又
有林兒急忙告禀,
勸奶奶且將氣平,
捨公子姑娘落忠名。又

【繡海荷】
林兒不必巧言辯,
奶奶心内不耐煩,
捨我兒千難萬也難。又

【打連廂】
非是我巧言辯,
捨公子理當然,
國有難臣不安,
說起老王恩如山。
漫說崔子、秋連、王由、王免,
老王娘娘將他盼,
即就是后土、皇天、百神、諸仙,

一個一個都掛牽。

【繡海荷】
每日裏養兒女，
提心吊膽，又怕寒。
我豈肯捨他喪黃泉。又

【打連廂】
今日捨他喪黃泉，
爲救後朝龍一盤，
倘若不把龍鳳換，
怎定晉世這江山？
漫説崔子、秋連、王由、王免，
老王娘娘將恩感，
超度我家公子姑娘亡魂上九天。

【繡海荷】
救不救與我母子有何干？
爲旁人害死我親生兒男，
這件叫我心怎安？又

【打連廂】
捨親生把龍鳳換，
你和龍母更一般，
把你奉在養老院，
每日三餐來問安，
恩父恩母叫着喚，
御天子他是你親生兒男。

【繡海荷】
人生世養兒女防備百年，

怕只怕我陸門斷了香煙,
今救他誰將我憐念?又

【打連廂】
我家老爺是英年,
説起奶奶是少年行善,
皇天自開眼,
豈肯叫陸門斷香煙?
天上麒麟必來送,
送來了尚書、宰相、閣老、天官、會元、狀元,
一個一個都是貴男。

【繡海荷】
文不缺來武不欠,
享國禄來,應受國難,
與我兒他有何干?又

【打連廂】
事情已到這其間,
總有文武是枉然。
惟有奶奶行方便,
搭救龍鳳定江山,
這纔是重把社稷建。
到後來,
舟車所至,
人力所通。
天之所覆,
地之所載,
日月所照,
霜露所墜,
四夷八蠻,

凡有血氣，
莫不尊奶奶德能配天。

【繡海荷】
任你說天花地轉，
割不斷母子情也是枉然，
再不必讀你那文言。又

【打連廂】
好話說了多半晚，
奶奶不從好作難。
耳聽金雞連聲喘，
陸奇心內如油煎。
林兒忙把老爺喚，
主僕雙雙跪面前。
勸奶奶開恩多憐念，
你看這功足配天，恩重如山。
和我老爺忠心一片，
爲的晉世錦江山。

【紗窗外】
不住淚滿面，
心中似刀挖，
冤家難割捨，
老爺甚可憐。
無奈了母子情分用刀斷，
疼爛娘心肝，
晝夜哭連天，
今日卻纔安。
生來壽命短，
造下這刑冤，

越思越想越傷慘，
冤家實可憐。
你父行短見，
摔兒喪黃泉，
兒呀，你將爲娘再望一眼，
娘死也心甘。
母子今分散，
此去不團圓，
强把黑心昧，
捨了女和男。
無奈了雙雙冤家交當面，
仰面哭皇天。

【剪邊花】
夫人果稱女中賢，
爲國能捨親生男，
亙古實罕然。又

接來冤家好傷慘，
淚珠兒滾滾拭不乾，
誰知你把龍鳳換？又

兒呀，你休把爲父怨，
父也出於無奈間，
爲保晉江山。又

林兒一旁鈞動眼，
王婆媳來到二堂前，
此事交當面。又
婆媳忙把大人喚，
快打發我們登陽關，

去把千歲見。又

叫聲婆媳勿高言，
這是我親生女和男，
龍鳳我保全。又

婆媳聽言去熬煎，
陸大人果算蓋國賢，
赤忠萬古難。又

【緊數】
陸奇換了龍鳳，
夫人莫悲聽我言，
一龍一鳳仔細看，
勝如吾兒作莽間。

抓養全當親生看，
從今後且把心放寬，
內宅丫環往前站，
扶你家奶奶轉回還。

【背尾】
擊鼓陞堂請解官，
大堂口，交與你犯婦女和男，
一一交當面，
大人仔細看，
起長解，解奔京都把千歲見。

【月尾】
陸奇偷龍把鳳換，
多虧林兒巧機關，

夫人捨了女和男,是大賢。

到後來幼主登龍、殺盡奸黨、復興晉室、萬古名傳。

10. 雙官誥①

【月調】

一歲身榮,

枯樹葉復生。

多謝老爺請誥命②,

這也是苦裡得甘聖之應。

【漫數】

薛子約③聞言,

夫人你聽:

廊簷下站立兩個賤輩。

你何不向前,

細觀明白,

有下官在此,

怕他怎的?

【背弓】

尊聲請得位,

爲妻出簷觀明白,

見廊下,站張劉二賤輩。

面黃真似鬼,

---

① 雙官誥,見卷五《清風亭》"雙官誥"條。

② 誥命,受過封號的婦女。這裏指因三娘教子有功,品行高尚,薛子約和薛乙哥爲之請回爲三娘求回了"雙官誥",御賜"忠孝節義"牌匾。《儒林外史·第二〇回》:"我而今是要做官的,你就是誥命夫人。"《紅樓夢·第七一回》:"左邊下手一席,陪客是錦鄉侯誥命與臨昌伯誥命;右邊下手一席,方是賈母主位。"

③ 薛子約,原寫作"謝自約",音近而誤。

衣衫實難圍,
請老爺,問他回家爲甚得?

【五更】
薛子約笑微微,
夫人聽心裡,
待我向前問他幾句,
見賤人氣的雙目黑。
丈夫現在世,
改嫁另從人,
事到如今悔也不悔,
失卻了三從和四德。

【釘缸】
一枝杏花紅十里,
狀元歸來馬如飛,
來至府門住了轎,
觀見薛寶①一旁立。

【五更】
接見少東人,
傳稟我娘親,
就説乙哥②狀元榮身,
今日裡轉回薛家門。

【釘缸】
聽説乙哥身榮貴,
薛寶傳出請進門。

---

① 薛寶,原誤作"謝保"。音近而誤。下同。
② 乙哥:原誤作"一哥",即薛乙哥。音近而誤。下同。

見得母親雙膝跪,
兒先拜過養育恩。
攔住我兒且莫跪,
那邊廂還有你父親,
從前娘說無父,
到今教兒難明白。
鎮江死的是王文,
兒父今日榮耀回。

二次上前雙膝跪,
爹娘福壽與天齊。
薛子約來笑嘻嘻。
爲父把話説心裡,
站立廊下前去認,
那一個是兒的生身母親？

【銀扭絲】
身施一禮往後退,
站立廊下觀明白,
面黃真是鬼,
衣衫不堪提,
聲聲叫的我名諱。

進得前來雙膝跪,
尊聲爹娘聽兒回,
二者都在位。
叫兒去認誰,
何不與兒説明白？

【琵琶】
小冤家跪倒把娘問,

開口結舌王夫人，
冤家莫跪且站起，
隨娘來廊下認生身。
那是你大娘張鳳尾，
這是邊廂生兒娘劉氏千金，
只因薛門無有後，
纔取爲娘三夫人。

二賤人在家不安分，
朝吵暮鬧亂家神，
兒的父在家難立站，
身背藥包出遠門。
直走行到鎭江地，
搭了個夥計叫王文，
他二人曾把生意做，
開了個藥鋪度光陰。

王老爺館驛得疾病，
差人請去兒父親，
也是兒父得時運，
藥吃緣法病離身。
王老爺陝西去上任，
臨行帶去兒父親，
一去三載無音信，
娘命薛寶去找尋。

【長城】
藥鋪死的叫王文，
老哥哥不知錯搬人，
把靈位搬在草堂上，
二賤人一見起另心。

你大娘嫁了張二穩，
兒的娘又嫁了姓高人，
要帶冤家娘不肯，
客廳上鬧了回亂紛紛。
多虧薛寶來解救，
吵吵鬧鬧送出門。

送兒南學把書看，
眾學生與兒背舌根。
回到機房把娘問，
説我不是你生身，
母親慪氣不過打一頓，
爲娘後悔到如今。
若不是機房將兒訓，
兒今焉能跳龍門？
我有心把話都説盡，
冤家後來怎活人？

鬧子我兒莫哭，向後退，
客房上耍笑二賤人，
頭上的鳳冠穩幾穩，
輕輕兒拂去了足上塵。
吩咐閒人往後退，
你就説來了三夫人，
走上前來身施禮，
我這裏是假他當真。

有兩句話把你問，
聽我講來你沒在心。
想從前繡房送藥引，
你説春娥起外心，

自古道路遙知馬壯,
事久方見人的心。
常言道:
雪裡埋孩子,
雪消總要顯本身。
你又說一夫二妾三奴婢,
作奴的倒做了大夫人,
你看我頭戴甚來,身穿甚?
渾身錦繡起波雲。
客廳上走個風擺柳,
二位官夫誰不尊!
自覺得口乾舌又燥,
薛寶打茶我要潤唇。

一句話兒出了口,
忙了府下多少人!
回頭我把老爺問,
為妻有言聽在心。
本不該把他二人認,
千萬念起小官人。

【打連廂】
張風尾無一言,
劉氏千金忙上前,
開言我把老爺喚,
我有言語你聽心間。
想從前在外邊,
你在外邊胡遊玩,
到今你回我要回,
想起莫有嚇不然。
三妹子摔脆太得豔,

我和你天爸爸分娃娃不得零幹。

【緊數】
薛子約來自思想,
把兩個賤人暫收藏。
聞言我把薛寶叫,
老爺有言聽心上。

命你大街請石匠,
與三娘修個貞節坊。
叫他二人看牌匾,
每日你處領口糧。

【五更】
張劉你進前,
老薛寶有話言,
叫你看牌十字街前,
你吃用盡在我老漢。

【月尾】
薛子約來喜洋洋,
吾兒得中狀元郎,
十字街心立牌坊,世流芳。
纔留下雙官誥萬古名揚。

11. 五娘描容①

【月調】
天旱三載,

---

① 五娘描容,可參見《卷五·清風亭》。

蔡伯喈未回來。
可憐二老齊餓壞,
難殺了五娘女裙才。

【背弓】
獨坐小房自思量,
天旱三載連遭年荒,
可憐把二老餓死草堂上。
日乏蠅頭進,
夜無鼠盜糧,
奴只得,剪賣青絲大街上。

【五更】
捧髮沿街過,
張伯問其詳,
賜我白銀整整十兩,
纔殯葬奴的那二爹娘。

【金錢】
守墳塋倦夢黃粱,
我夢見土地城隍,
神聖們對我細講,
他命我回家描眉找蔡郎。

【西京】
未提筆我先把容貌誤記,
倒叫我低下頭無有主意。
奴公公顏凋悴,枯瘦身體,
年紀邁鬢髮白,兩鬢如玉。
弱怯怯扶藜杖,不能得起,
日每問望草堂,兩淚悲啼。

將公公真容像抽畫齊備，
誤了婆婆容暫且停畢。
我婆婆多疾病，咳嗽短氣，
渾身上瘦如柴，兩腿無力。
每日裡耐貧寒，少柴無米，
我一家三口人，受餓忍饑。
將二老真容像抽畫齊備，
掛草堂與二老燒化紙錢。
哭一聲二公婆莫要遠去，
回頭來望一眼五娘兒妻。
背二老抱琵琶找夫京地。
到鄰居拜謁了張伯夫妻。

【銀扭絲】
張廣才開門用目望，
原來是鄰家趙五娘。
五娘身背是何物？
琵琶擔肩上，
把你情由對我講。

趙五娘未聞言兩淚汪汪，
尊一聲張伯父細聽心上。
扮就道姑樣，
上京找蔡郎，
家園事還要你照望。

臨行時辭別你二老尊堂，
找不見蔡郎夫不能還鄉。
說起前後事，
伯父聽端詳，
作幾句《琵琶歌》細對你講。

【琵琶】
堯舜禪位夏禹王,
商湯周文武成康,
陳留郡有個讀書子,
自幼在學看文章。
他的父人稱蔡重建,
他的母吃齋好賢良,
只因他讀書身有恙,
娶妻配子趙五娘。
大比年間王開選,
一家人送他赴科場,
一去三載無音信,
天不幸本郡遭年荒。
年邁之人齊餓死,
年少之人逃外鄉,
白面書生齊討膳,
紅粉佳人自嫁郎。
我一家三口無度用,
幸喜得縣主放倉糧,
二老公婆年紀邁,
五娘女領糧到公堂。
縣主念奴是少婦,
賜予官糧轉回鄉,
背糧行走中途路,
遇見賊人搶官糧。
五娘低頭自參想,
回家怎見二爹娘?
幸喜張伯到的早,
分糧一半轉回鄉。
二老草堂齊用膳,

五娘女廚下口吃糠,
二老一見悲涼痛,
雙雙哭死在草堂。
适纔救的阿翁醒,
婆婆一命見閻王,
阿翁他對五娘講,
他叫我逃命另嫁郎。
五娘女一死不應允,
阿翁哭死在草堂,
手中無錢買棺板,
剪賣青絲大街上。

一見張伯思義廣,
賜我銀兩轉回鄉,
買來蘆席當棺板,
方纔殯葬二爹娘。
那一日羅裙曾豹土①,
鮮血染的地皮黃,
一在墳塋曾打盹,
一夢夢見臥城隍。
他命我回家描容像,
懷抱琵琶找蔡郎,
到京見了蔡郎面,
雙手交與二爹娘。
他一家三口曾相會,
五娘女落髮又何妨!
這本是我的冤枉苦,
你看我可傷不可傷?

---

① 豹土:指沾上灰塵,方言詞。

【背尾】
張廣才聞聽甚悲傷,
賢孝婦,身背二老奔京鄉。
若見你丈夫,
教他早還鄉,
千萬間,養育恩不可忘。

【月尾】
開言來再把五娘叫,
十兩白銀帶身旁,
千山萬水找夫郎,好慘傷。
但不知今日去後,何日還鄉?

12. 小姑大賢①

【月調】
老嬸好心煩,
吃氣坐庭前。
娶下媳婦多不賢,
今天無事打罵一番。
〈白〉老嬸張氏出嫁王門,
生下一男一花②,
男子登雲,
在學讀書;
女兒桂姐,

---

① 小姑大賢:《小姑賢》是在北方各劇種流行的傳統劇目,出處不詳,又名《王登雲休妻》。張氏之子王登雲娶妻周氏,夫妻恩愛。張氏偏愛女兒桂姐,時常藉故虐待兒媳,並逼兒子休妻。桂姐爲此感到不平,巧妙保護嫂嫂,並以自身爲例勸説母親。張氏改過,婆媳和睦。

② 花,指女孩。

心伶性巧。
只因娶下周家媳婦,
這個賤人不稱老孀之意,
前日十王廟降香,
一半人說周家媳婦不是,
一半人說老孀不賢,
嚇那老孀不賢。
家家觀世音,
到處彌勒佛。
今天閒下無事,
將這個賤人喚進前來,
飽飽打得一頓,
方去我老婆心頭之恨。
周家媳婦走來,來了。

【銀扭絲】
我忽聽婆婆一聲,
喚唬的我膽顫心又寒,
緊緊走幾步,
施禮問娘安。
喚媳婦到來有何言?

<白>母親萬福,
前一福,後一福,
老鴉鈞的你爸脊樑骨。

來麼來麼,
這個賤人天天與我老婆賜禮。

母親尚氣,
和誰來?

我就和你來。

和媳婦便怎麼樣?

賤人你聽:

【銀扭絲】
提起賤人怒滿胸,
聽我與你說分明,
吃嘴把門竄,
懶怠務針工,
攀①我女,實實害心疼。

【五更】
婆婆且息怒,
那有這情由?

我家姑娘伶俐又聰明。
你媳婦怎敢犯他性?

〈白〉來麼來麼,這個賤人!
將我桂姐攀成那個樣子。
這個賤人□②説莫攀。
賤人還不與我跪了?

跪了就跪了。

---

① 攀:攀比,方言。
② □:此字不清,不可辨識。疑爲"還"字。

【釘缸】
老嬸當年把家管，
那一夜不熬三更天，
一夜要紡半斤線，
麥仁鍋趕明要燒煎。
越思越講怒氣生，
一條家法①拿手中，
今天將你打死了，
我看何人敢做情？

〈白〉咳喲，婆婆倒是個蒸饃，可是飥飥！
咳喲，母親倒是個公雞，可是母雞！
咳喲，娘呀，倒是個老虎，可是狼呀！

將那個賤人打了個美，
咬了賤人一嘴，
拔了賤人幾枝頭髮，
哪哪哪，
你看賤人嘴裂的，就像蛤蟆。

【長城】
周家女來淚漣漣，
叫了聲姑娘聽我言，
早早快離繡閣地，
搭救嫂嫂活命還。

---

① 家法，俗稱責罰家人的刑具。《醒世恒言·卷一九·白玉娘忍苦成夫》："左右！快取家法來，吊起賤婢打一百皮鞭。"《孽海花·第二六回》："彩雲道：'這個請陸大人放心，我再吵鬧，好在陸大人會請太太拿家法來責打的。'"

【五更】
桂姐出繡房，
用目觀端詳，
見得嫂嫂實在可傷，
我只得上前問老娘。

<白>母親萬福。

噯吊，噯吊，
媽的那桂姐娃，
不在繡閣描龍繡鳳來，
在庭前說是爲何？

我那嫂嫂身犯何罪，罰跪庭前？

<白>你問那個賤人，
桂姐我娃你聽。

【銀扭絲】
提起賤人怒滿胸，
桂姐我娃聽心中，
吃嘴把門竄，
懶怠務針工，
攀我兒，娘實害心疼。

【五更】
母親且息怒，
聽兒說從頭，
廚房打雜你兒情願，
我嫂嫂怎敢將兒攀？

〈白〉來麼,來麼,
將我娃攀成那個樣子,
我娃決説莫攀!

母親看在孩兒臉上,
可將嫂嫂恕過。

三張紙糊了個驢頭——
好大的個臉蛋子①!
將那個賤人跪不到庭前活肯死,
教他與我跪着。

母親不恕我那嫂嫂,
孩兒我也跪了。

你看把娃當真慣成了,
算説着他也就跪了。

這個賤人整整跪了一天,
我老婆心裡好似鷄翎子掃了一般。
我那桂姐軟膝蓋跪在硬地上,
我那心裡好似棒錘。
我心疼還罷了,
頂的怪不受用。
你當嚇,説不了,
將這個人情,
與我娃留下,
賤人你起去。

---

① 三張紙糊了個驢頭——好大的個臉蛋子:歇後語,諷刺人面子大不知害臊。

母親開了恩了，
嫂嫂請起。

母親恩寬，
倒是個恩窄，
等我兒回來再作道理。

【五更】
母親莫要吵，
我哥哥回來了，
我哥哥回來。
吵吵鬧鬧，
噯喲鬧吵吵，
恐怕旁人笑。

【緊數】
忙離書館回家轉，
行步來在我門前，
低頭我把柴門進，
闔家人吵鬧在庭前。

見老娘吃氣上邊，
妹妹加愁站一邊，
我的妻一旁淚滿面，
叫人難解又難參。

走上前來身施禮，
問老娘吵鬧爲那般？
你與孩兒講一遍，
兒與娘消氣解心寬。

〈白〉母親萬福。

登雲我兒回來了,
我兒回來了。

母親尚氣和誰來?

就和你妻來。
我妻怎麼樣了?

登雲我娃你聽:

【銀扭絲】
提起賤人氣滿胸,
登雲我兒聽心中:
吃嘴把門竄,
懶怠務針工,
攀你妹,娘實害心疼。

娶到咱家三年有零,
娃娃苗苗無有蹤影。
花了多少錢,
要下個癡囊蟲,
要下賤人終何用?

聽娘言來休了罷,
娘與我娃尋個丈人家,
有了咱這樣,
何愁女嬌娃?
容貌兒更要賽過他。

母親息怒,聽兒稟,
聽兒把話對娘明:
我妻銀錢買,
母親一□天,
打他罵他兒情願,
叫兒休妻兒不願。

【釘缸】
聽一言,氣的我帕拉拉兒顫。
一足踏破□頂磚,
他們講的一樣話,
他三人扭的一股線。
哭聲老伴等等我,
咱二人同見五閻羅①,
□桂姐子你包拉,娘死家,
風風拐拐吊死家,
棉花②包子上碰死家,
燒酒鍾鍾淹死家,
捏一撮白糖鬧死③家。

噯,娘呀!

---

① 五閻羅:閻王的信仰從印度傳入中國後,與中國本土宗教道教的信仰系統相互影響,演變出具有漢化色彩的閻王觀念:十殿閻羅。十殿閻王指冥界掌管地獄的十個閻王,其中掌管第五殿的就是閻羅王。就是本曲提到的"五閻羅"。在民間傳說中,宋代大青天包拯死後,因其廉潔公正、立朝剛毅,不附權貴,鐵面無私,且英明決斷,敢於替百姓申不平。被閻王封爲冥界第一殿之主。後來由於包公經常放那些冤死且陽壽未盡的靈魂返回陽間,造成陰陽混亂,閻王降罪將包公從第一殿貶謫至第五殿。因爲包公在民間影響甚大,所以百姓也將閻羅王視爲冥界主持正義、懲罰罪惡的象徵。
② 棉花,原誤作"綿化"。音近而誤,據文意改。
③ 鬧死,藥死,方言讀音。

【長城】
有登雲來淚不乾,
雙手兒扯定娘衣衫,
兒尊母命休了妻,
與老娘消氣解心寬。

〈白〉我娃休妻,娘就不死了。

母親休我妻,都有甚麼弊端?
提起你妻弊端多的很,

那一天的那一天,
你妗子看媽來了,
拿了十個糖,
桂姐吃了兩個,
我娃吃了一個,
數來數去只有七個。
那一娘遊門①了去了,
賤人在家咯着吃鍋盔②。
底下一個小的,上頭一個大家。
娘問"鍋盔還下兒子不成"?
把那都與我寫上。

【落紅院】
王登雲實在作難,
我休妻無有弊短,

---

① 遊門,串門。
② 鍋盔,又叫鍋魁、鍋盔饃、乾饃,是陝西省關中地區城鄉居民喜食的漢族傳統風味麵食小吃。鍋盔源于外婆給外孫賀彌月贈送禮品,後發展成爲風味方便食品。鍋盔整體呈圓形,直徑尺許,厚1寸,重5斤。

不休妻母命實難犯。

【西京】
一張竹紙鋪楑面,
王登雲提筆淚漣漣。
一休你周家女子不端不正,
二休你周家女子敗壞門牆,
三休你周家女子不生不養,
四休你周家女子無有綱常,
五休你周家女子拋灑米麵,
六休你周家女不孝爹娘,
七休八休九不要,
十實休你為不良。
一張休書寫成了,
雙手兒遞與我的娘。

【長城】
哥哥做事太執一,
咱娘是你曉得的,
你今無故休了妻,
誰家有女還嫁你?

賢妹講話通大禮,
不遵母命是忤逆,
一張休書交與你,
你留你嫂嫂在家裡。

【釘缸】
有桂姐笑微微,
一張休書到手裡,
我將休書扯個紛紛碎,

看老娘把我便怎的。

我莫生你他養你，
誰叫你人前搬①是非，
東鄰西舍都來看，
兒女逼我喪黃泉，
假如將我死故了，
你們都與我報仇冤。

【五更】
桂姐淚漣漣，
母親聽我言：
你兒今春十六七歲，
不久的也要人家裡，
我婆婆若照你和母親一樣的，
一張休書送到咱家裡，
看老娘把臉放那裡！

【剪邊花】
桂姐我娃甚聰明，
一句話纔把娘提醒，
我娃落賢名。又

周家媳婦且站起，
當娘纔知把你屈，
莫要記心裡。又

打你罵你娘出醜，
全當個瘋狗把你吞，

---

① 搬，原誤作"辦"。音近而誤，據文意改。

我娃莫要記仇。又

【五更】
婆婆話講這裡,
父母比天地,
噪打怒罵終有關心意,
親婆婆那有個不是的。

【剪邊花】
周家媳婦甚聰明,
説出話兒人愛聽,
我娃落孝名。

【月尾】
桂姐我娃甚聰明,
一句話纔將我提醒,
周家媳婦留家中,仔細聽。
這本是小姑大賢,萬古留名。

13. 鞭打蘆花①

【月調】
冬景兒天,
鵝毛滿空懸。

---

① 鞭打蘆花:鞭打蘆花是一個古老的漢族民間故事,屬於二十四孝之一,主要講述在春秋末期,孔子的弟子閔子騫的故事。孔子的弟子閔子騫,常受後母虐待,卻懷"忠恕"之心,矢口不講。一次,子騫及二弟隨父坐牛車出門探親,行至蕭國一山村旁,風雪突起,車上的二弟喜眉笑眼,子騫則凍得瑟瑟發抖。其父見狀,怒用鞭打,刹時間子騫的襖爛而蘆花飛,騫父發現幼子棉衣則裏著絲絨,始明真相。其父立即趕車返家,憤怒休妻。子騫跪求父親饒恕後母:"母在一子寒,母去三子單。"後母感動認錯,一家人復又和好。後來,孔子知道了,誇讚道:"孝哉閔子騫!"

閔子騫①孝子實可憐，
數九寒天受磨難。

【漫數】
哭子聲黃天，鵝毛片片，
朔風陣陣，紫燕兒歸南。
我身傍寒冷，凍殺子騫，
打坐路口，停車不前。
閔思恭一見，怒髮冲冠。
膽大的奴才，細聽父言：
孔夫子在陳，絕糧數天②，
公冶長③望父，去到潼關。
你兄弟御車，同行作伴，
難道你冷，你兄弟身傍不寒？

【緊數】
你弟兄御車同作伴，
難道說你冷他不寒？
講着講着心生氣，
陣陣惡火滾胸前。
手指皮鞭望下打，
打死你奴才喪黃泉。

---

① 閔子騫（前536—前487），人名。名損，字子騫，春秋魯人。孔子弟子，以孝友聞，和顏淵以德行並稱。

② 孔夫子在陳，絕糧數天：孔子離開陳國到楚國，陳國親吳派害怕孔子輔佐楚昭王楚國更強大，便派兵脅迫孔子改道，不讓孔子去楚國。孔子在蔡國的幽谷被他們追上圍困長達七日，絕糧幾乎致死，幸而楚國邊防軍趕到才得以解脫。在饑餓中，孔子依舊彈琴、唱歌，談笑自若，堅持給弟子們講學。孔子逆在境中保持樂觀豁達的心態感染了弟子。

③ 公冶長（前519—前470），人名。字子長，春秋時齊人。孔子弟子。孔子稱其賢，妻以女，傳說能通鳥語。

【銀扭絲】
閔子騫跪倒兩淚不乾,
尊了聲老爹爹細聽兒言:
縱然叫兒死,
兒也無奈間,
到不如不去回家轉。

小奴才你還敢巧言折辯①?
管教你小奴才命喪黃泉。
執鞭往下打,
蘆花飛滿天。
父纔知兒遭繼母難。

閔思恭一見心中痛酸,
再叫子騫細聽父言:
去請你外祖,
來到咱家園,
回家再和冷妖婦再折辯。

【背弓】
閔思恭怒坐庭前,
喚來了李氏細問根源:
我的兒,只望賤人你照管,
長子裝蘆花,
次子裝張棉,
這都是,這賤人做下這事端。

---

① 折辯,分辯、解釋。《西遊記·第十回》:"你出來!你出來!我與你到閻君處折辯折辯。"《初刻拍案驚奇·卷二三》:"我聲張起來,去告訴了父親,當官告你,看你如何折辯。"也作"辯折"。

【五更】
李氏便聞言,
夫主聽心間:
妻把蘆花當就稀罕,
誰知蘆花不遮寒。

賤人你休胡言,
竟敢巧言辯,
既然蘆花他是稀罕,
你何不與次子裝身邊?

二老到門前,
閔思恭忙接見,
煩勞你二老走這一番,
我要休你女兒離家園。

【金錢】
有二老聞聽一言,
尊賢婿細聽心間,
有甚話講在當前,
我女兒還要賢婿多耐煩。

【落江院】
尊岳父口稱泰山①,
聽小婿細說心間,
提此事黑血往上翻,
結髮妻留下根源,

---

① 泰山,岳父的別稱。語出宋無名氏《釋常談·卷上·泰山》:"玄宗見鎰官位騰跳,怪而問之,鎰無詞以對,優人黃幡綽奏曰:'此乃泰山之力也。'因此以丈人爲泰山。"

娶你女實望他管，
把一樣兒女兩樣看。

【釘缸】
次子以張棉把衣裝，
長子以蘆花代木棉，
看起來存心多不善，
意是狼虎更一般。
他今做下這件事，
定要休他離門邊。

二老聞言紅了臉，
賢婿且把心放寬。
他今日做出這樣事，
任你指教我無言，
再怎看我老漢面，
他豈能再做出這事端？
好話說了千千萬，
佯着臉兒不應言，
越思越想氣難咽，
我要把女兒教訓一番。
你的娘自幼把你慣，
你不遵娘教反欺天。
今日做下這樣事，
老死莫上我的門。

【西京】
李家女聞言好傷慘，
羞答答跪倒夫主面前：
妻把蘆花當稀罕，
誰料想蘆花不遮寒。

從今後知過再不敢，
夫主開恩海量寬，
假若還留妻在家站，
全當個鷄犬把門看。
好話兒説了千千萬，
夫主全然不應言，
不如我懸樑尋短見，
早早兒一命喪黃泉。
走上前先把二老拜，
再拜過夫主恩義寬，
上前再把夫主喚，
爲妻還有不盡言。
奴的子全是你的子，
奴的男也是你的男，
縱然娶得賢慧女，
寃家全憑你照管。
回頭再把子騫喚，
爲娘有言聽心間，
今日之事莫結怨，
你小弟還要你照管，
手足之義兒若念，
娘死在九泉也心甘。

【五更】
閔子騫跪庭前，
老爹爹聽兒言：
些須小事何必記心間，
霎時間立逼我母尋短見。

二老將舌反，
爲兒豈心安？

旁人公論事起何端，
你的兒反落下不孝言。

母在一子寒，
母去三子單，
一時錯誤後悔遲難，
那時節難壞了我弟兄三。

閔思恭聽其言，
不由人心喜歡，
子騫果算聖門英賢，
講出話中輻着孝經傳。

李氏你進前，
有話對你言：
從今向後將心改換，
今容你全在二老臉上看。

【背尾】
李氏聞言，
滿面羞慚，
只說是，奴家一命喪黃泉。
含淚出門去，
漫步下庭前，
這件事，自己問心也難安。

【月尾】
轉面來我把子騫喚，
爲父有言聽心間：
與你外祖外婆擺酒宴，慶團圓。
這纔是鞭打蘆花，萬古流傳。

14. 盜仙靈芝①

【月調】
官人②轉回程,
藥酒攜手中。
唬的青兒膽戰驚,
早稟娘娘得知情。

【漫數】
許仙低頭轉回家中,
行走中途心兒裡評情,
老禪師與我吐露真情。
他言說我妻白氏是一個妖精,
五百年蟒蟲,
能以脫化人形。
我全然間不信大笑了幾聲,
不覺得一時來到我家門庭。

【緊數】
許仙低頭進門庭,
怎不見娘子把我迎,
將身打坐客庭上,
休息休息進房中。

---

① 盜仙靈芝:"盜仙靈芝"是漢族民間愛情故事《白蛇傳》中的情節。修煉千年的白蛇精所化,名白素貞,心地善良,追求美滿愛情。在杭州西湖與許仙相遇,傾心愛慕,結爲夫妻。端午節誤飲藥酒現白蛇原形,將許仙驚嚇而死,她盜仙草將他救活。

② 官人,這裏指奴僕稱自己的主人的稱呼。《水滸傳·第七回》:"只見女使錦兒叫道:'官人,尋得我苦!卻在這裏!'"

【奪子】
小青兒稟罷來路情,
唬的我膽顫心又驚,
他言說官人捧回藥酒,
不由人魂飛半空中。
怪道來昨晚做一夢,
少主吉來多主凶,
我夢見鵲橋風擺斷,
又夢鴛鴦各西東。
我夢見鋼劍把心刺,
又夢見身被猛虎吞,
猛醒來自覺得身體沉重,
昏沉沉倒在地流平。

我這裏忙把青兒叫,
娘娘有言聽心中,
前庭上去對官人稟,
你就說娘娘冒寒風。
還要你巧言把他哄,
莫叫法海解其情,
假意兒臥在牙床上,
紅綾被下睡朦朧。

【琵琶】
小青兒領了娘娘命,
急急忙忙到客庭,
見得官人深施禮,
問官人幾時轉回程?

許仙這裏開言道:

叫聲小青兒你當聽,
端陽捧回了雄黃藥酒,
請出你娘娘吃上幾盅。

我娘娘昨晚得疾病,
不能下床把你迎,
整整三餐未進膳,
茶水不能下喉中。

【緊數】
許仙低頭心自參,
莫非是妖蛇解破機關,
放心不下內宅看,
要把真假觀一番。

【背弓】
許仙急忙進房中,
我要把此事觀分明,
叫娘子,且紮掙處且紮掙。
捧來雄黃酒,
你我吃幾盅,
全不念,夫唱婦隨恩情重。

【五更】
白氏淚盈盈,
尊聲官人聽:
爲妻昨夜感冒些寒風,
誠恐飲酒越沉重。

許仙展笑容,
賢妻你當聽:

你我夫妻恩情甚重,
你不飲我心上怎安寧?

【金錢】
奴不飲再三奉敬,
心兒裡自己評情,
無奈了強飲幾盅,
自覺得心神恍惚坐不定。

【進蘭房】
有許仙慶賀端陽,
小青兒細聽心上,
安排停當,
你把雄黃藥酒斟棹上。
見娘子面紅耳熱進小房,
蒙頭兒歇,
好不疼熱,
揭開羅帳將我唬一跌。

【銀扭絲】
小青兒一見大吃一驚,
娘娘做事太得朦朧,
不該飲藥酒,
酒後顯真形。
唬死人了,許官人誰擔承?

【五更】
白氏顯形像,
許仙魂飄蕩,
青兒床邊喚了聲娘娘,
快掩像,唬死了許仙郎。

忽聽青兒喚，
膽顫心又寒，
見得官人倒臥在窗前，
抱懷內不由叫人淚漣漣。

青兒守許郎，
我前去求仙方，
要盜靈芝救夫還陽，
從今後再不敢過端陽，
過端陽再不敢飲雄黃。

【銀扭絲】
白雲仙忙把仙衣更，
青鋒寶劍拿手中。
腰繫百褶裙，
心兒裡膽戰驚，
要放心，除非是轉回程。

【剪邊花】
駕上祥雲莫怠慢，
一心要到長壽山，
搭救奴夫還。

進得深山用目看，
林中百鳥鬧聲喧，
奴心不耐煩。

深山有景懶得玩，
不知官人安不安？
叫奴把心擔。

撥開雲頭望下看，
白鶴童子站路邊，
掬手把佛念。

頭挽雙笄帶道冠，
身穿一領青道衫。
寶劍拿手邊。

只因奴常把病染，
特來盜草長壽山，
仙兄發慈念。

【打連廂】
有白鶴怒冲冠，
罵聲妖蛇理不端，
靈芝本是鎮山寶，
豈肯與你救情男？

白雲仙便開言：,
白鶴童子聽心間，
既然不給我靈芝草，
叫罵奴家如欺天。

白雲仙忙把仙丹顯，
打的白鶴顯真原。

有白鶴身帶傷，
駕上祥雲奔山崗。
走得洞門雙膝跪，
尊聲師傅聽心上：

山下來了蛇孽障,
要盜靈芝求仙方。
弟子不與他靈芝草,
青鋒劍把我的左背傷,
傷壞弟子還罷了,
要和師傅擺戰場。

【五更】
南極星怒沖冠,
站立洞門前,
雄黃大陣擺列山川,
收孽障,要與我弟子寃報寃。

白雲仙淚漣漣,
尊了聲南極仙,
賜予我靈芝,回家救夫還,
從今後再不敢犯仙山。

【釘缸】
南極星屈指暗盤算,
這孽障後來產狀元,
忙把白鶴一聲喚,
你把靈芝送下山。

【背尾】
白雲仙得仙草,忙離仙山,
雄黃陣,險些兒一命喪黃泉。
滿懷心腹事,
盡在不語間,
回家去,搭救奴夫活命還。

【月尾】
娘娘盜草不見轉，
叫青兒把心擔。
我扶官人病床前。
擡頭觀，又見東北角上祥雲靄靄，娘娘回還。

15. 鄭丹哭祠①

【月調】
三月清明天，
鄭丹祭祖先。
吩咐忠禄莫遲延，
打掃祠堂庭院前。

【背弓】
忠禄聽言莫怠慢，
奔上祠堂打掃一番，

---

① 鄭丹哭祠，參見《卷三·勸才郎》"鄭元和相交李亞仙"條和《卷四·刺目勸學》。《鄭丹哭祠》取材于唐代白行簡的傳奇小説《李娃傳》，又稱《汧國夫人傳》，裹講一書生和李娃的故事，描寫的是滎陽公子到長安應試，與名妓李娃一見傾心，後來資財耗盡，被老鴇設計逐出。輾轉入凶肆（協辦喪事的殯儀鋪），靠唱挽歌自給。在天門街的挽歌比賽中，他以聲情並茂的動人表演爲其所在的東肆打敗了西肆，卻被他進京的父親認出。其父以他玷辱門庭，"去其衣服，以馬鞭鞭之數百"與他斷絕父子關係，棄之而去。經凶肆同輩搭救，書生保住了性命，卻淪爲乞丐。在一個大雪之夜，他行乞到安邑東門，被李娃認出。經李娃調護，書生恢復了健康，並且科舉連中，登第爲官，與李娃結爲夫婦。李娃被封爲汧國夫人，書生也與其父和好如初。《李娃傳》作於貞元十一年（795），可能根據唐代民間説唱故事"一枝花話"改編而成，收入《太平廣記·雜傳記一》484卷。在元朝石君寶《李亞仙花酒曲江池》雜劇中鄭元和爲洛陽府尹鄭公弼的兒子，因與妓女李亞仙相戀，以致散盡錢財，荒廢學業，淪爲乞丐。歷盡一番滄桑後，終在李亞仙的鼓勵下，專心向學，得以應試高中，返家團圓。在京劇的演唱中，鄭元和是常州刺史鄭儋之子。眉户戲中鄭元和父名作"鄭丹"。

我忙把菓品祭禮擺楟面。
擡頭用目看，
只見鄭大官，
不由悲悲切切肝腸斷。

【五更】
哭聲少東人①，
怨聲李亞仙，
舉目偷情你把才子盼，
害得我一家好慘然。

自那兒見你面，
扯你到公館，
我只說父子恩情難斷，
那料想老爺把臉翻，
一怒兒打死曲江邊。

老奴買棺板，
老爺不情願，
老奴無奈背你到沙灘，
可憐把宦門公子被犬餐。

【金錢】
有老身兩淚不乾，
進祠堂焚化紙錢，
擡起頭用目觀看，
那邊廂見兒牌位心疼爛。

【西京】
哭了聲元和娘難見，

---

① 少東人，這裏指鄭元和。

淚珠兒滾滾濕衣衫，
自那年送你長安去，
實想說成名耀祖先。

兒呀你的見識淺，
貪戀煙花不回還，
你父大街曾瞧見，
一怒兒打死曲江邊。

魂靈兒不散回家轉，
飄飄蕩蕩在長安，
娘燒與你紙來化與你錢，
陰曹地府作盤纏①。
該打點處且打點，
不該打點樂安然，
兒呀，你魂靈兒聽娘語，
陰曹府比不得陽世間。

【哭海】
有鄭丹進得祠堂，
珠淚滾滾下來把紅袍染，
夫人哭的淒慘，
忠祿他把淚沾。
口口叫聲元和，
不住恨地怨天！
悔不該將兒打死曲江邊。

無有蘆席棺板，
難免狼食犬餐，

---

① 盤纏：原記作"盤川"，方音相似致誤。

可憐你白骨炫天無人掩。
夫人將我埋怨,
問的我閉口無言,
倒叫我追悔,
追悔也是枉然,
細思想悔前容易悔後難。

【琵琶】
哭了聲元和,娘難見,
母子分離好慘然,
連哭了數十聲叫他不喘,
哭盡了目中淚口燥舌乾。

猛攛頭,見老爺氣炸肝膽,
昧黑心,我將你埋怨幾番。
竇燕山教五子,個個名顯;
昔孟母,她爲兒擇鄰三遷;
父教子,也不過半惡半善;
家法拷,須留個性命周全。

枉讀了聖賢書千篇萬卷,
豈不知孟子云"無後爲先"。
把曾晳和曾子你且不看,
偏要學那顏路痛哭顏淵,
眼看你兩鬢白髮如銀線,
到後來是何人送你墳垣?

非怪妻子下毒心將你埋怨,
誰的是誰的非自己想參,
直問得我老爺不言不喘,
不由我攛起頭口呼皇天,

你作下這件事令人慘然!

【長城】
夫人他將我埋怨,
問的我結舌無一言,
可憐我今將六旬滿,
堂前無有個拜孝男。
恨聲亞仙氣破膽,
足踏地來手拍天,
你本是野花草風流下賤,
攀我兒金玉體黌門生員。

【打連廂】
小奴才,見他面,
花費銀兩整三千,
五花馬為她,刀尖把命斷,
小來興書童娃賣了銀錢。

無銀錢把臉變,
貪新婚忘舊男,
定巧計喪良心將他赶,
將我兒落在了乞討之間。

和乞兒同作伴,
古廟中把身安,
白晝間大街市上把道情念,
三叉板蓮花落打的歡。

老院子見了一面,
扯冤家到公館,

老夫人①一見氣破膽,
一怒兒打死在曲江邊。
此時候我好悔,
埋怨我是枉然。

忠禄打轎莫怠慢,
夫妻二人轉回還。

【銀扭絲】
報子②來到府門前,
尊聲老伯聽我言:
小人來喜報,
你家中狀元,
煩勞老伯往内傳。

忠禄聞言淚不乾,
低下頭兒心自參,
無人去應試,
因甚③中狀元?
糊裡糊塗往内傳。

進得二堂跪庭前,
尊聲老爺聽我言:
來人把喜報,
我家中狀元,
先請老爺拆書看。

---

① 老夫人:應爲"老夫","人"字衍。
② 報子:舊時科舉中試後,送報條的人。《儒林外史·第三回》:"鄰居道:'你中了舉了,叫你家去打發報子哩!'"也稱爲"報録人""報喜人"。
③ 因甚,現同名眉户戲改作"因何人"。

鄭丹聞言暗喜心間，
拆看書柬觀報單，
上寫鄭元和，
今科中狀元。
這奴才還在陽世間，
天賜我鄭門根不斷。

轉面來把忠禄喚，
二堂裡去對夫人言。
先把來人賞，
與他賜酒錢，
又只見來興到庭前，
將此事從頭至尾問根源。

【剪邊花】
來興進庭打一躬，
太爺太婆在上聽，
聽聽娃說分明。又

公子雖死曲江岸，
劉化兒背他到院前，
救得活命還。又

亞仙姑娘是大賢，
刺目勸學把書觀①，
纔得中狀元，
今日榮耀還！

---

① 亞仙姑娘是大賢，刺目勸學把書觀：參見《卷三·勸才郎》"鄭元和相交李亞仙"條。參見《卷四·刺目勸學》。

【背尾】
元和亞仙,同回家園,
見爹爹,不由叫人心膽寒!
我只得把娘見,
母親聽兒言,
她本是:你兒之妻,李氏亞仙,
伴兒讀書,冬九寒天。
撥燈打茶,磨墨捧硯,
刺目勸學,心血心肝。
聖上聞知龍心喜歡,
賜他一品夫人回家園。

【月尾】
鄭丹聞言喜滿面,
這纔是月虧又重圓,
忠禄府内擺酒宴,喜心間。
喜的是夫榮妻貴,一家團圓。

16. 雪梅拜墳[①]

---

① 雪梅拜墳,參見《卷四·梅香傳信》。"秦雪梅拜墳"或"秦雪梅吊孝"的故事因劇種版本也有所差異,但基本的主題思想相同,人物的性格相似。它的主題思想是反對封建禮教及門第觀念,歌頌男女青年真誠的感情。眉户戲講得是商琳因父遭貶,故寄居岳父府中習讀。未婚妻秦雪梅書房探望,互訴愛慕之心,不料被秦父發現,逐走商琳。回到家中,相思成疾,情急之下,管家商旺定下李代桃疆之計,丫環艾(愛)玉捨身救主,仍無法挽救商琳,一對有情人終陰陽相隔;秦雪梅聞噩耗商門吊孝,爲表其忠貞之心,與艾(愛)玉靈堂結拜姐妹,替亡夫支撐起破碎的門庭,爲商家她捨棄了與生俱來的榮華富貴,爲商家她斷然拒絕了表兄新科榜眼陶榮的求婚,每日機房織布,教子成人。數年後,秦雪梅血表控父呈奏君王,商家平反昭雪,其子商汝蟾宫折桂,並爲二位母親請來了雙官誥,歷盡磨難秦雪梅終於教子成就,其貞烈之名也傳揚天下。

【月調】
鳥語花香，
春日漸漸長。
秦雪梅心中暗慘傷，
聲聲不住怨商郎。

【漫數】
清明節家家俱把墳上，
吩咐愛玉且聽心上：
多打些紙錢，
再借些酒漿，
你我去到墳塋，
祭奠商郎。

【十里墩】
頭上烏雲攏幾攏，
足下白鞋蹬幾蹬，
粧臺懶對菱花鏡，
漫步金蓮出門庭。

【剪邊花】
清明時節雨紛紛，
雪梅小姐上新墳，
愛玉隨後跟。

又身穿一領白大襖，
三尺白綾遮烏雲，
手拿白汗巾。

又路過三里桃花店，

又過五里杏花村,
不見郎的墳。又

一年又過一年春,
逐景傷懷淚滿襟,
終日悶沉沉。

【西京】
正月寒梅一枝紅,
家家十五玩花燈。
春色惱人眠不得,
睡覺東窗日已紅①。

二月春泥百草生,
佳人才子去踏青。
年年不帶看花眼,
不是愁中即病中②。

三月桃花隔岸紅,
小愛玉扶奴過橋東。
沾衣欲濕杏花雨,
吹面不寒楊柳風③。

四月清和雨乍晴,

---

① "睡覺東窗日已紅",出自宋朝程顥的《秋日偶成》:閑來無事不從容,睡覺東窗日已紅。萬物靜觀皆自得,四時佳興與人同。道通天地有形外,思入風雲變態中。富貴不淫貧賤樂,男兒到此是豪雄。
② "年年不帶看花眼,不是愁中即病中",出自宋朝楊萬里的《曉登萬花川谷看海棠》:准擬今春樂事濃,依然枉卻一東風。年年不帶看花眼,不是愁中即病中。
③ "沾衣欲濕杏花雨,吹面不寒楊柳風",出自宋朝志南的《絕句》:古木陰中繫短篷,杖藜扶我過橋東。沾衣欲濕杏花雨,吹面不寒楊柳風。

聞向簷前聽鳥聲。
寒窗驚起讀書子,
惹向春閨也動情。

五月榴花照眼明,
熟梅天氣豐陰晴。
心心上愁思結萬種,
又聽得黃鸝四五聲。

畢竟西湖六月中,
風光不與四時同。
接天蓮葉無窮碧,
映日荷花別樣紅①。

七月秋光冷畫屏,
輕羅小扇撲流螢。
天街夜色涼如許,
臥看牽牛織女星②。

八月中秋月正明,
丹桂花開香滿庭。
流螢數點樓臺靜,
孤雁一聲天地空③。

九月重陽雨淋冷,

---

① "畢竟西湖六月中"以下四句出自南宋詩人楊萬里的七言絕句《曉出淨慈寺送林子方》。
② "七月秋光冷畫屏"以下四句詩歌出自唐杜牧《秋夕》,見《卷四·西廂請願》。
③ 流螢數點樓臺靜,孤雁一聲天地空:二句詩歌出自清代宋湘《五更》頷聯:夜半歸來月正中,滿身香帶桂花風;流螢數點樓臺靜,孤雁一聲天地空。沽酒喚醒茅店夢,狂歌驚起石潭龍;倚欄試看青鋒劍,萬丈寒光透九重。

霜林葉落滿園紅。
家家曾把寒衣整,
砧聲敲碎別離情。

十月小寒交冬令,
一輪明月照簾籠。
尋常一樣窗前影,
纔有梅花便不同①。

十一月冬至一陽生,
兩儀初盼未分明。
鴛鴦瓦冷霜花重②,
寒意孤坐凍生瓶。

臘月裏來寒氣盛,
紅綾被下冷清清。
一年風景無心玩,
愁思盡在不語中。

【採花浪】
愁人正念心腹事,
轉彎抹角到墳塋,
一見墓圫淚如泉湧,
叫一聲商郎夫,
他纔不應聲。

----

① 尋常一樣窗前影,纔有梅花便不同:改自南宋詩人杜耒《寒夜》後兩句:寒夜客來茶當酒,竹爐湯沸火初紅;尋常一樣窗前月,纔有梅花便不同。
② "鴛鴦瓦冷霜花重",這是出自白居易《長恨歌》裏的一句詩。原文有"鴛鴦瓦冷霜華重,翡翠衾寒誰與共"的詩句。句中"花"通"華","霜華"就是"霜花"。

【落江院】
只説是長緣天定，
偕百年自始至終，
誰料你撇卻奴家歸大夢！又
郎去亦不能再生，
奴傷我一世成空，
只丟奴孤影單形終何用！又
焚香煙飄散長空，
奠酒漿求郎於幽冥，
化紙錢請郎君地府去用。又

【長城】
天台有路人難走，
地獄無門喚不應。
若要夫妻重相會，
除非是南柯一夢中。

奴爲你花容懶得整，
奴爲你無心務女工，
奴爲你流盡枕邊淚，
奴爲你多病減了容。
奴愛你才貌真出衆，
奴愛你文章冠羣英，
奴愛你四書五經都讀過，
奴愛你諸子百家無不通。

【緊數】
只説是學到三冬今足用，
皇榜上一定早題名。
詎料你得下冤孽病，

正青春一命早喪生。

丟下二老無人侍奉,
丟下你妻誰照應?
叫下商郎將奴等,
黃泉路上再相逢。

秦雪梅哭的肝腸痛,又
只見紅日墜,皓月東升。

【月尾】
寒山寺裏曉鐘鳴,
又聽得烏鴉叫幾聲,
愛玉前邊領路徑,計歸程。
這纔是多情人兒,又遇多情。

17. 釘缸①

【月調】
雅韻兒幽,
樹葉兒黃。
北京城有臺大戲,
倒有名堂,
聽我與列位說端詳。

【漫數】
班名兒得勝,

---

① 釘缸:又名《王大娘釘缸》,取材於明傳奇《缽中蓮》之一折。百草山中旱魃化身王家莊王大娘,取死人噎食罐煉成黃磁缸,用以抵禦雷劫。後爲巨靈神撞裂,王覓人補缸。觀音乃遣土地幻作補鍋匠人,假作修鍋,故意打碎其缸。旱魃怒欲加害,觀音請天兵天將斬除旱魃。本齣曲已經帶有非常濃厚的民間氣息,傳奇色彩已經難尋蹤跡。

他有四十八口戲箱,
十四王爺的箱主,
領班長是個督堂。

打鼓板的姓李,
扯胡琴的老王,
拍鐃鈸的董平,
管前場的玉郎。

大鼻子黑净,蓋世無雙,
魏三①兒的小旦,眉眼過場。
張二魁②的生角,嗓子伶亮,
余三盛③的紅臉,武靶子剛强。
班内人多,我不能表其詳,

城隍廟有戲,我們也去逛逛。
道光王爺還願④,文武臣降香。

---

① 魏三:即魏長生(1744—1802),字婉卿,四川金堂縣人。因排行第三,故人稱魏三,清乾隆時著名秦腔旦角演員。據傳,秦腔旦角化妝"貼片"即由他始創。

② 張二魁,即張二奎(1814—1864年):原名士元,字子英。北京人(一說安徽或浙江人)。他生於書香門第,因酷愛京劇並親自粉墨登場,連演《取成都》《捉放曹》《打金枝》三劇,後來成爲其代表作。他體貌軒昂,儀表英偉,面美如冠玉,更兼有一副天賦奇高的好嗓,高亢入雲。所創立的"奎派",又稱"京派",主要還是因爲他在唱、念中運用了北京字音。他的唱功,淳樸有力,渾厚平穩,不愛用花腔,與余三勝的唱法不同。

③ 余三盛,即余三勝(1802—1866),原名開龍,字起雲,湖北省羅田縣九資河鎮人。幼學漢戲,工老生,後改唱京劇。清嘉慶末年赴天津加入"群雅軒"票房。道光初年入北京,隸"春臺班",至道光中期,蜚聲梨園,是國粹"京劇"創始人之一。

④ 道光王爺還願,戲名。

先打一個加官①,再唱兩句開場②。
蘇秦拜相③,郭子儀解甲對王④,
四郎探母⑤,教子的三娘⑥。

點一齣捎戲⑦,名叫《釘缸》,
箍漏匠忙把擔子挑,
擔上個擔擔兒遊四方。
走了五里又五里,
遠遠望見一村庄,
擔子擔在十字口,
卸下草帽扇扇涼。
扁擔卸下順牆放,
吆喝一聲來釘缸。

---

① 打加官,舊時演戲有跳加官,如果場中有體面人物在,爲了討好,嘴裏喊出那人的稱號,加點吉祥話,便是給那人打加官。如:那演員首先給張老爺打加官,祝他"步步高陞。"

② 開場,正戲開演前,由武場面先打三通鼓,旨在催促演員進行化妝、準備登場和招攬觀眾。

③ 蘇秦拜相,戲名,説的是戰國時期合縱家蘇秦爲了仕途,散盡了家裏財産,到處遊説求官,面對家庭和親友的冷落,在經過跌宕起伏的經歷後,頭懸樑,錐刺股,發奮苦讀,終拜六國丞相,使秦不敢東出函谷關,達十五年之久。

④ 郭子儀解甲對王:郭子儀(697—781),唐朝名將,華州(今陝西華縣)人。曾平安史之亂,並聯回紇,征吐蕃。官至太尉、中書令,時稱爲"郭令公"。因封汾陽郡王,世稱爲"郭汾陽"。戲名爲《卸甲》説的是唐代郭子儀立了諸多戰功,返國之後受封爲汾陽王,並由唐朝的皇帝親自爲他卸下盔甲。

⑤ 四郎探母,戲曲劇目。宋代故事戲。敘楊四郎(延輝)兵敗被擒後,改姓名,與鐵鏡公主成婚。遼邦蕭天佐擺天門陣,四郎之母佘太君親征。公主察覺四郎思母殷切,計盜令箭,助其出關,私回宋營,母子兄弟相會。四郎復返遼邦,爲蕭后得知,欲斬,公主代爲求免。也稱爲"北天門""四盤山"。

⑥ 教子的三娘,指劇目"《三娘教子》"。請參見《雙官誥》。

⑦ 捎戲,末尾捎帶演出的戲曲。指除正戲外,還有一部分是藝人們即興創作的通俗上口、詼諧幽默、生活氣息極濃的民間小戲。這一類戲一般是在正戲之後加演的劇目,俗稱"捎戲"。

一聲吆喝聲高了，
繡房驚起王大娘。

【銀扭絲】
王大娘來離繡房，
耳聽門外鬧嚷嚷，
開開門兩扇，
舉目觀端詳。
原來是箍漏釘家匠。

王大娘來便開腔：
聞言叫聲箍漏匠，
兩箱黃磁罐，
一個醃菜缸。
你先與我把價錢講。

箍漏兒聽言喜洋洋，
這個大嫂與我開張，
大缸二百四，
小缸八十雙，
實言實地對你講。

【天平年】
買一個大缸值多少，
這麼樣小缸八十雙。
不與你多不與你少，
我與你兩文錢去吃麻糖。

箍漏兒聽言氣滿腔，
擔上擔兒走他娘。

清早間遇上落水鬼，
准定一天不得開張。

王大娘扯住傢伙箱，
聞言叫聲箍漏匠。
行步來在當院裡，
我掏我的傢伙，你掇你的缸。

【剪邊花】
這是一個黃磁罐，
這是一個碧花開醃菜缸，
黃磁罐上釘八子，
醃菜缸上茉莉兒香。

釘馬環這些生活要你做，
王大娘繡房另去巧梳粧。

【大拾片】
箍漏兒正把生活做，
猛然間想起我的家鄉。
我頭輩爺爺開書鋪，
我二輩爺爺做鹽商，
三輩爺爺他把響馬放，
我老子挖窟窿又帶鑽牆。
所生我弟兄人三個，
個個有個輕巧方。
我大哥在街上縌煙袋，
我二哥場夥裡把水煙裝，
只有我的年紀幼，
學了個釘盤子、釘碗帶釘缸。

【霸王鞭】
弟兄三人莫要表，
還有三個小姑娘，
大姑娘名叫十樣景，
二姐名叫銀海棠，
只有三姐人才①好，
起名就叫滿院香。

大姐配個光禿禿，
二姐又要禿光光，
只有三姐女婿好，
卸下帽子像和尚。
三個禿子到一處，
客所上照得一片黃，
人說客所出妖怪，
禿子頭上冒火光。

箍漏正念家鄉事，
繡閣裡出來王大娘。

【打棗竿】
頭上的青絲如墨染，
那麼黑的。重
鬢角裡斜插白玉簪，
那麼明的。重
柳葉眉彎龍戲水，
那麼彎的。重

---

① 人才，人的品貌、才學。漢王充《論衡·累害》："人才高下，不能鈞同。"元無名氏《漁樵記·第一折》："有妻是劉家女，人見他生得有幾分人才，都喚他做玉天仙。"

杏子眼睛雙眼皮,
那麼圓的。重
臉上搽的桃花粉,
那麼白的。
櫻桃小口一點脣,
那麼紅的。重

身穿石榴紅大襖,
那麼好的。重
八幅羅裙緊繫腰,
那麼花的。重
小小金蓮剛二寸,
那麼小的。
走路好似風擺柳,
那麼快的。重

箍漏兒看得眼花了,
那麼愛的。重
錘錘子下去是個爛的。重

【打連廂】
王大娘氣滿腔,
聞言罵聲箍漏匠:
放的生活你不做,
偷着偷着看老娘。
你把老娘缸打破,
我看你箍漏兒怎下場?

箍漏匠喜洋洋,
聞言叫聲王大娘,
縱然娃把缸打破,

買一個新缸與你賠上。

王大娘自思量,
箍漏兒說話倒在行,
新缸莫有舊缸好,
舊缸總比新缸光。

箍漏匠心驚惶,
聞言叫聲王大娘:
假若還今日饒了我,
情願把你拜乾娘。

王大娘氣滿腔,
聞言叫聲箍漏匠,
乾兒乾女有多少,
那麼還缺少你叫乾娘?
好話說了多半晌,
全當閒言過耳旁。

忽聽一計轉心上,
一腳踏倒災婆娘。

【月尾】
箍漏擔擔跑去了,
當院裡睡倒王大娘,
捎戲從此落了場,鬧嚷嚷。
這就是北京城得勝班兒,至今傳揚。

18. 剋財①

---

① 剋財:也稱《剋財鬼變驢》,說的是一個吝嗇鬼生前極度吝嗇死後變驢的故事。

【月調】
雅韻兒幽，
樹葉兒尖。
一個老漢七十三，
頓頓吃飯把門關。

【漫數】
日每一天全靠打算，
黑明晝夜，
單謀人的庄用。
有了八百，
還想一斤，
貪心不足，
把肋子當就算盤。
得下個老疾，
性命難以保全，
喚來了妻子囑託一番。

【背弓】
未曾開言淚滿面，
叫娃子近前細聽我言：
你看我，兩鬢髮白似銀線，
得下個剋財病，
性命難保全，
到今日，我有幾句叮嚀言。

【五更】
七歲上亡了父，
母死剛十三，

家簡貧窮，我與人熬長工①，
好容易掙下這家產。

【金錢】
爲家產把心操爛，
爲家產晝夜不安，
爲家產背挑肩擔，
爲家產一年四季受熬煎。

【銀扭絲】
未聞言來淚不乾，
娃子近前聽我言：
一莫把錢耍，
二莫抽洋煙，
三莫要去遊煙花院。

閒下無事，少上街玩，
少到酒房與茶館。
見了親朋面，
假裝莫看見，
免得與他開茶錢。

遲睡早起，早起遲眠，
勤儉有功莫貪玩。
凡事要點檢，
且莫錯花錢，
一文錢勒倒英雄漢。

正講話來心血犯，

---

① 熬長工，原誤作"鏖長工"。音同而誤。

一口冷痰壓胸前，
忙把妻子喚，
進前聽我言，
看看我一命喪黃泉。

【琵琶】
老婆子聞言好傷慘，
叫老漢你把心放寬，
那裡得下冤孽病，
你與爲妻敢實言。

老婆子要□聽我歎，
聽我把苦處對你言：
自那日蒼蠅叼去一顆米，
我老漢趕了幾架山，
那山上有個土地廟，
土地廟裡抽了個籤。

別的籤兒不與我，
偏偏與我個罰油籤。
上寫罰油二斤半，
氣的我老漢叫蒼天。
一斤菜油七十三，
二斤半百八兩個半錢，
無故罰我爲那件？
甯捨老命不捨錢。

慪氣不過回家轉，
一連睡了七八天，
從今後要把錢看淡。
清明大會三月三，

我一心前去把會玩,
我帶了五個銅錢做盤纏。

兩臺大戲真好看,
忍饑挨餓看一天,
我吃了四個錢的漿水麵①,
碗莫剩滿,湯莫有比干。②

那答兒看戲着了一口氣,
自覺得舊病又復原。
這是我剋財得下的病,
你看我可憐不可憐?

【剪邊花】
老婆兒聞言心痛酸,
叫娃子進城扯紬緞,
與你把老衣穿。又

【天平年】
誰敢與我扯紬緞,
我死後不把老衣穿,
埋在土内無人見,
隨身的衣服就好觀。

【剪邊花】
既然不要逢③衣衫,
買一個黑漆好棺板,

---

① 漿水麵,是陝甘地區傳統特色小吃。相傳該名是由漢高祖劉邦與丞相蕭何在漢中所起,其味酸、辣、清香,別具一格,漿水菜的菜以芥菜(花辣菜)爲佳。

② 剩滿,當爲"盛滿"。比干,疑爲"潷乾",空净。音同字誤。

③ 逢,當爲"縫",音同字誤。

外面兒也好看。又

【天平年】
誰敢與我買棺板,
好棺板多值幾串錢,
拿一葉爛席把我捲,
好席子你母子多鋪幾年。

【剪邊花】
既然不要買棺板,
親戚朋友來祭奠,
與他們把孝散。又

【天平年】
誰與他們把孝散,
做幾個碟子幾個碗把客待一番。又

【天平年】
做甚麽碟子甚麽碗,
與他們做個米兒麵,
米兒麵來莫調鹽,
調上鹽連湯都喝乾。

【剪邊花】
既然不把席楝辦,
請一個風鑒①把地看,
埋在老墳垣。又

---

① 風鑒:相人之術,也指以談相論命爲職業的人。《初刻拍案驚奇·卷二一》:"京師顯貴公卿,無一個不與他求風鑒的。"《醒世恒言·施潤澤灘闕遇友》:"那裴度未遇時,一貧如洗,功名蹭蹬。就一風鑒,以決行藏。"

【天平年】
誰教你與我請風鑒，
我死後埋在大路邊，
留下墳地好租佃，
每年多收租課錢。
親戚朋友來祭奠，
每人要二百香火錢，
一個錢的紙燒三遍，
要發財再等三周年。

正講話來心血犯，
一口痰壓胸前，
剋財鬼适纔把命斷，
二鬼拿來鐵鎖拴。

【釘缸】
二鬼這裏開言道：
剋財老漢聽我言，
閻王爺差我來叫你，
與我二人編盤纏。

剋財鬼低頭暗思想：
要騙二鬼有何難？
走的慌忙來的快，
我腰裡莫帶一個錢。
把你銅錢借兩串，
咱三人路上做盤纏，
假若借與我還罷了，
要不然告你的苟詐，喊你的冤。

氣的二鬼把足絆,
這老漢陽間騙陰間,
你的盤纏我二人管,
千萬莫要去喊冤。
正行走擡頭看,
來到森羅寶殿前,
二鬼上前一聲稟,
在陽間帶來了剋財老漢。

【打連廂】
五閻君坐大堂,
剋財老漢聽端詳,
陽世三間怎麼樣?
敢實道來莫道謊。

【五更】
剋財鬼心膽寒,
閻君爺聽我言,
大稱小斗常把人打算,
我放帳盡是些大利錢。

【打連廂】
五閻君怒沖冠,
剋財老漢理不端,
大稱小斗把人打算,
吾當把你上油煎。

【五更】
剋財鬼淚漣漣,
閻君爺把我憐念,
一鍋清油能值錢幾串?

可惜了來炸我老漢。

莫用油來炸我，
把油折成錢，
差人送奔我的家園，
好呌我老婆子把燈點。

或是上刀山，
或是上磨研，
或是清燉，或是把我乾爛①，
油熏髒不值半文錢。

【打連廂】
五閻君心腸軟，
老漢死的甚可憐，
牛頭馬面②一聲喚，
放他變人到陽間。

【緊數】
剋財鬼望上跪一步，
閻君爺爺聽我言：
既然放我還陽轉，
三件大事你承擔。
頭一件我先不吃飯，
第二件不穿人衣衫，
第三件做活不睡覺，
一輩子掙的净銀錢。

---

① 乾爛，應爲"乾爁"。爁，烤炙。音同字誤。
② 牛頭馬面，神話傳說地獄中的鬼卒。《喻世明言·卷三二·游酆都胡母迪吟詩》："階下侍立百餘人，有牛頭馬面，長喙朱髮，猙獰可畏。"

閻君爺聽言哈哈笑：
剋財老漢理不端，
你不吃來你不穿，
你的性命誰保全？

忽然一計從心轉，
剋財鬼兒聽我言：
頭一件事你說不吃飯，
我叫你吃草吃料吃麥萱。
第二件不穿人衣衫，
驢皮子披在你身邊。
第三件做活不睡覺，
磨道裡任你撒撒歡。
縱然把你掙死了，
你的肉拿來賣碗碗。
割下驢皮割線串，
尻子上股子釘火鐮。
牛頭馬面一聲喚，
放他變驢到陽間。

【背尾】
剋財鬼聞言，把心悔爛，
可惜我，萬貫家財不能占。
家業妻子受，
誰知把驢變，
細思想，刻薄成家是枉然。

【月尾】
奉勸世人莫要貪，
義內求財理當然，
爲人莫把便宜占，聽勸。

這就是刻薄成家變驢根源。

19. 金琬釵題詩①

【月調】
再到長安,
又是清明兒天。
踏青重訪女嬋娟。
不曉他可曾站門前。

【漫數】
見幾株綠柳,又低垂落線,
見幾隻黃鶯,又對語林間。
見一株紅杏,比去年更妍,
見一羣彩蝶,花心上流連。
見幾個餉婦,手提筐籃,
見幾家幼女,拜掃墓前。

許多的好景無心賞玩,
思念着佳人要續續前緣。

【背弓】
遠遠望見桃花村,
一心心再會桃佳人,
喜的我,眉飛色舞精神振。
未錯走桃源路,
呀,誰掩開梨花門,
不由人,如醉如夢、如呆如癡,

---

① 金琬釵題詩:寫崔護再訪桃小春,不遇,留詩《題都城南莊》,桃小春回,見詩歌害相思病的故事。參見《續編·金琬釵借水》。

思想去年感不禁。

【五更①】
去年桃花兒好，
今年桃花兒開，
桃花兒開的撲過院牆來，
卻怎麽花在人不在？
既然間人不在，
問桃花問誰開？
無言含笑，笑着何來？
花笑我悵望柴門外。

我去年到此間，
卿爲誰站門前？
我和卿卿，只有一面緣，
何如我當初不相見。
卿贈我一杯水，
我感卿十分情，
惟卿憐我，我來尋卿□□麼，
是色又是空。

【金錢】
呼喚兮有美一人，
好以似雁渺魚沉，
恨殺了巫山白雲，
我要題一首情詩贈知音。

【緊數】
去年今日此門中，

---

① 五更，原誤作"五京"。方言音同而誤。下同徑改。

人面桃花相映紅。
人面不知何處去，
桃花依舊笑春風。

題詩以畢留名姓，
下寫汴梁崔右卿。

【銀扭絲】
我將珠玉留在粉牆，
怕卿歸來到了門上。
青眼觀詩句，
赤心輕柔腸，
知卿心我心都一樣。

觀見四面雲山蒼茫，
彼美人兮，心在何方？
室爾人偏遠，
山高水又長，
莫內何且離了柴門上。

桃小春拜掃跪倒墓前，
哭一聲母親駕鶴歸天。
紙飛白蝴蝶，
淚灑紅杜鵑，
恨東風不管人腸斷。

勸女兒再休兩淚漣漣，
隨父來即早轉回家園。
牧童橫牛背，
紅日墜西山，
聽一言忙隨父回轉。

【點點花】
今年花似去年好,
去年人到今年老,
老爹爹髮白了。

一年又過一年春,
桃之夭夭葉蓁蓁,
女孩兒長成人。
桃小春正把心事念,
猛擡頭來到柴門前。

桃花映日鮮,
清明天氣困殺人,
待爲父上前開柴門。
去一去衣上塵,
老爹爹先請進。

【琵琶】
輕移蓮步上臺階,
粉牆上那裡字跡來?
見墨水未乾鴻爪在,
惹動了花心費疑猜。

如翔鳳翥飛天外,
筆花萬朵一時開,
細膩熨帖令人愛,
從錦心繡口吐出來。

觀罷了情詩魂不在,
小長安那有這天才?

柔腸寸斷難忍耐，
手抓柴門走進來。

從今後定將想思害，
千回萬轉丟不開，
昏沉倒在草堂外，
剛拋去卻又上心來。

【長城】
哭一聲母親將兒害，
教兒讀書爲何來？
七言絕句分明在，
皆因識字惹禍災。

見女兒舉動好奇怪，
倒叫老漢解不開，
因甚事得病這樣快，
必有些不稱你心懷。

拜掃歸來身不快，
奴足疼痛實難挨，
因此上倒臥草堂外，
老爹爹你把心放開。

自古道天倫恩似海，
有甚麼心病分講開，
父面前說話休嫌怪，
請良醫與兒調製來。

猶憶去年桃花開，
有個相公借水來，

一杯水遞出柴門來，
他欲去不去幾徘徊。
清明祭掃兒不在，
又向桃源問津來，
他將詩題在柴門外，
真不愧七斗八步才。①

【背尾】
他題詩一畢留名姓，
上寫著：河南汴梁崔右卿。
意中人宛在，
眼前路不通，
因此上，兒纔得下這個病。

【月尾】
叫聲女兒須保重，
只要題詩留姓名，
爲父即刻奔東京，找右卿。
父一定與兒找來這個書生。

20. 贈釵②

【月調】
獨臥牙床，
百回轉柔腸。
茶也不思飯不想，
想思病兒入膏肓。

---

① 七斗八步才：字句顛倒，應爲"七步八斗才"。曹植七步成詩，俗語"才高八斗"，均贊才思敏捷富贍。

② 贈釵：寫桃小春害相思病好像已經去世，崔護崔右卿來日又至，喚醒桃小春贈釵定情的故事。

【背弓】
終日昏昏醉夢中,
忽然間來了那書生,
睡醒時、纔是一個南柯夢。
疾病兒加沉重,
心神不安寧,
縱有那、岐黃妙手、良藥苦口,
難治兒的冤孽症。

【五更】
噯喲喲,早死得母親娘,
你這一死魂遊天堂,
女孩兒有話誰商量?
噯喲喲,糊塗的老爹爹,
噯喲喲,糊塗的老爹爹,
老爹爹,一旁百般勸解,
怎知兒心內如刀切。
噯喲喲,薄命的桃小春,
紅顏薄命,自古至今,
哭殺了多少俏佳人。
噯喲喲,害人的崔右卿,
噯喲喲,害人的崔右卿,
既然題詩留下姓名,
爲甚麼一去無蹤影?

【金錢】
再休提後果前因,
再休誇才子佳人,
再休說暮雨朝雲,
再休羨君正少年奴青春。

【洛家院】
說甚麼傾國傾城，
倒做了多愁多病，
恨殺他有意吹簫來引鳳。
他那裡懸念室家，
誰憐他空對桃花？
題一首七言絕句如風雅。

【銀扭絲】
麻竿兒搭橋太難行，
竹籃兒吊水一場空，
天命有一定，
人力挽不成。
老爹爹三餐誰事奉？

可憐兩鬢白髮蒼蒼，
有誰早晚來問安康？
弟兄無平等，
姊妹少娘行，
老爹爹百年誰送葬？

勸女兒再休過爲慈悲傷，
父請名醫細加參詳，
病中有怪病，
方外有奇方，
須將你身體善保養。

一口怨氣塞喉嚨，
四肢困倦冷於冰，
坐也坐不穩，

睡也睡不寧，
這首詩送了奴的命。

【長城】
一見女兒把命斷，
丟下白髮一高年，
老天爺降下龍泉劍，
斬斷我骨肉不團圓。

她拜掃回來到門前，
一見詩句淚漣漣，
背地裡我把崔生怨，
咱兩家結下山海冤。

【點點花】
昨晚一夜不合眼，
恨不得夢裡夢嬋娟，
雞鳴五更天，
清早起來懶用膳。
穿一套新鮮好衣衫，
抽身出旅店，
重尋舊路過轉灣，
又到佳人柴門前。

卻喜門未開，
站立門外親耳聽，
卻怎麼門內慟哭聲，
教人吃一驚。

【琵琶】
莫比是哭他父停柩堂上，

又莫比哭他母祭酒焚香,
又莫比哭丫環染病身喪,
如不然因甚事哭斷肝腸?

卻怎麼哭聲高,這樣橫亮①?
仔細聽不像個二八嬌娘。
放大膽闖進了草堂以上,
見小姐合着眼倒臥牙床。

【長城】
一見小姐喪了命,
崔右卿不覺失了聲,
我本是憐香惜玉真情重,
你死我也活不成。

懷抱屍首悲聲慟,
聲聲兒不住喚卿卿,
一杯清水消渴病,
湧泉難報這恩情。

我爲你三餐飯少用,
我爲你一夜睡不寧,
我爲你無心觀風景,
我爲你懶得求功名。

我今再來好無幸,
一番流水一番空,
一首情詩送你命,
活活哭殺崔右卿。

---

① 橫亮:方言讀音,當爲"洪亮"。

聽言罷來吃一驚，
原是題詩的那狂生，
是你送了吾女命，
聖門弟子越禮行。

【硬西京】
老伯不必怨小生，
你我一樣害心疼，
既然小姐喪了命，
卻怎兩頰尚緋紅。

我看眉目還活動，
口對口兒叫幾聲，
叫小姐快醒黃粱夢，
崔右卿來到你家中。

【軟西京】
魂靈兒走出柴門外，
忽然遇見崔秀才，
卻怎麼見我不揪睬①？
站立在門外空徘徊。
他不揪（睬）奴奴不怪，
衣裳新鮮時樣裁，
瀟灑風流真可愛，
手拖手同進草堂來。

微睜眼我將臉兒賣，

---

①　揪睬，理睬。亦作"揪采"。元關漢卿《蝴蝶夢》第四折："石和哎貪慌處將孩兒落了鞋，你便叫殺他怎得他揪睬。"《清平山堂話本·風月相思》："情默默，有誰揪采？"

果然是劉阮到天台，
老爹爹哭得肝腸壞，
兒苦在心頭口難開。
作女兒怎將名節敗，
自由結婚該不該？
巫山上幸有懷王在，
是何人引他上陽臺？

【太平年】
見得女兒緩上氣，
我老漢拍手笑嘻嘻，
得意事兒朝朝有，
照這樣喜事世間稀。

他那裡忘卻周公禮，
冒冒然來到我家裡，
瘋魔人兒朝朝有，
照這樣枉妄世間稀。

不曉他寫的甚麼字，
吾女兒一見哭啼啼，
多情人兒朝朝有，
照這樣情重世間稀。

說甚麼良緣隔千里，
月下老人暗主持，
婚姻事兒朝朝有，
照這樣郎才女貌世間稀。

我老漢心中主意定，
開言來叫聲小崔生，

是你送了吾女命，
是你又救他得生。

自古道姻緣由天定，
我老漢情願作媒公，
有甚麽物件爲憑證？
且免得花月水流空。

【背尾】
崔右卿暗裏謝蒼天，
急慌忙，取出一枝金琬釵。
恭身施一禮，
當面訂百年，
老岳丈，千萬莫作等閒看。

【月尾】
用手接釵喜洋洋，
付與了女兒好收藏，
還要將病體善將養，保吉祥。
等賢婿名登金榜，好拜華堂。

21. 周文送女①

【月調】
氣喘吁吁，
心急步行遲，

---

① 周文送女：商人余清福（余寬）娶妻周蘭英，婚後數月，即赴西涼販馬，蘭英望穿秋水，倚門等待。一日，偶被陳某窺見芳顏，雖千方百計，但難以近周，遂賄通蘇媒婆。媒婆乘閒聊吃酒，將蘭英灌醉，竊去貼身之珍珠汗衫與陳。陳在客店與余相遇，以汗衫顯示自己與蘭英之情，余歸即休蘭英。蘭英與父周文百般勸余，余毫不爲之所動。父女無奈，悲痛而歸。

門婿槕案留小書,
教小老心内加憂疑。

【背弓】
周蘭英低頭自己思,
余郎夫留下一封書,
淚珠兒,一滴一點秋夜雨。
郎來留不住,
郎走不推辭,
老爹爹,速快將兒送回家去,先看余郎依也不依?

還要爹爹將計就計,
莫要和他一般見識,
免得孩兒晝夜悲啼。
坐不安穩,睡不寧棲,
茶也不想,飯也不思,
如醉如夢,如呆如癡,
提心在口,無主意。

【五更】
行來大街上,
生意鬧嚷嚷,
一街兩行,
來來往往。
見幾個少年甚輕狂,
不曉他道的甚短長?

【點點花】
有一件新聞甚稀奇,
余清福休了結髮妻,

問列位,知不知惹得人笑嘻嘻?

【五更】
周文聽一言,
心似滾油煎,
捕風捉影,浪語風談,
全不怕頭上有青天,
難道說小老無臉面?

【點點花】
老周文他把事做差,
休過的女兒送回家,
知要他不要他,
惹得人笑哈哈。

【五更】
笑人的真厭棄,
厭棄人說是非,
議論閨門,
枉口將人欺。
全不怕拔舌有地獄,
羞的父女把頭低。

勸女兒休煩惱,
老爹爹莫計較,
任他胡說任他亂笑。
父女們離了大街道,
天殺的惡人終有報。

周文擡頭觀,
來到柴門前,

叫聲爹爹,且站一邊。
待孩兒上前叩雙環,
叫余郎快開門兩扇。

【點點花】
余清福在家好悶煩,
忽聽有人叩雙環,
忙推開門兩扇,
見年尊站門前。

椟案上留書斷葛瓜,
又將女送我家,
年尊你有差,
閉門我不納。

相勸門婿且從容,
有甚麼話兒請到家中,
怕門外有人聽,
大禮上也不通。

叫年尊休要太枝蔓,
有話門前當面言,
我心中不耐煩,
請年尊即便還。

門婿雅有容人量,
念小老兩鬢白如霜,
與小老賜些光,
請一同進二堂。

【銀扭絲】
余寬聽言轉身回家,

周文進門摸摸拭拭。
蘭英隨後走,
兩眼淚把把,
呆呆呆不敢多說話。

周文施禮笑哈哈,
年尊休要太囉嗦。
低頭往後站,
有話不敢說,
揀一把椅兒自己坐。

門婿西寧販馬回來,
未曾接風小老不該。
瑣瑣些小事,
何勞掛心懷,
門婿的福量寬如海。

門婿那日槕案留書,
小老回家一字不知。
今日來送女,
領教不爲低,
望門婿與我說詳細。

【漫數】
既然年尊佯裝不知,
且聽小生講明來歷:
你家女兒,攀高接貴,
水性楊花,惹是招非。

小生無奈,立寫休書,
免得你女,病害想思。

事到如今,説知道知,
刀切水洗,快把門離。

【洛家院】
聽一言滿臉通紅,
少年人太得絶情,
全不念結髮恩愛重。
聽一言肝斷裂斷,
半空中降下龍泉,
老爹爹速快上前好言勸。
養女兒三尺門裡,
管紮角①不管笈箕②。

勸門婿何不將心比自己,
我女兒年幼無知,
還要你家法整飭,
打死他小老不敢説一句。

【金錢】
你休要巧語花言,
任你女羅裙翻穿,
若要是破鏡重圓,
若非是兩輪日月一時現。

【太平年】
好話説了千千萬,

---

① 紮角:古代未成年的人把頭髮紮成髻,叫紮角。
② 笈箕:當爲"及笄"。同音字誤。笄,古人盤髮髻所用的簪。如:"玉笄"。《史記·卷四十三·趙世家》:"其姊聞之,泣而呼天,摩笄自殺。"古代女子年滿十五歲而束髮加笄,表示成年。後世遂稱女子適婚年齡爲"及笄"。明湯顯祖《牡丹亭·第一〇出》:"年已及笄,不得早成佳配。"

門婿一旁怒冲冠，
上前施禮好言勸，
小老還有不盡言。

我女兒把你家法犯，
打他罵他理當然，
相勸門婿回心轉，
落個福大量又寬。

【打連廂】
再休要太煩索，
你女他把事做錯，
忍不住抖起心頭火，
管教你無有地立腳。

少年人執一①，
開言動語把我欺，
老周文不辭回家去，
周蘭英手扯父的衣。

老爹爹莫要忙，
孩兒有話再商量，
休和他一般來較量，
全不怕旁人話短長。

扭回頭叫余郎，
牛氣冲天坐一旁，
你何不也把我父擋，
難道說你心似虎狼？

---

① 執一：固執一端，不知權變。《孟子·盡心上》："執中無權，猶執一也。"

雙手兒扯父衣,
余郎惡言把你欺,
你爲你女兒說不起,
還要你苦苦把情乞。

【長城】
周文聽言痛怨哀,
叫聲女兒站起來,
見門婿他把臉兒賣,
羞的小老頭懶擡。

叫女兒隨父雙膝跪,
門婿睜眼觀明白,
我父女與你同賠罪,
是鐵石也該把心回。

【釘缸】
他父女跪倒好言勸,
白髮蒼蒼甚可憐,
叫聲年尊請立站,
有甚麼話兒坐下言。

見余郎平了心頭火,
周蘭英掬手念彌陀,
老爺爺機會莫錯過,
他不開恩你跪着。

老周文來笑臉開,
我女兒也有機變才,
叫聲門婿休見怪,

你不開恩我不起來。

小賤一旁又弄嘴，
陣陣惡氣往上摧，
既然年尊愛下跪，
任憑你父跪到黑。

余郎夫又把臉兒變，
老周文氣的翻白眼，
少年人性情真難犯，
半空霹靂更一般。

我這裏起來少遲慢，
他那裡怒氣又沖天，
只要你開了恩一點，
小老回家心也寬。

【一串鈴】
叫聲女兒也立站，
門婿進前聽心間，
你夫妻施禮見一面，
再免得家庭起猜嫌。

你父女跪前又跪後，
若大年紀不知羞，
照住面門唾一口，
管教你冷氣攻心頭。

少年人兒太無禮，

難道説小老兒面皮①？
老周文怒從心頭起，
再叫女兒聽心裡：
放大膽上前問幾句，怕怎的！
爲父即刻要回去。

【軟西京】
老爹爹沒上氣，你且坐下，
兒哀告余郎夫，父好回家。
周蘭英見余郎，森森害怕。
哭哀告余郎夫，細聽根芽：
自從你奔西寧，前去買馬，
你言説八個月，就要回家，
夫去後，妻並無傷風敗化，
如不然問四鄰再問小媽。

咱家中房屋高，門樓甚大，
那有個閒雜人，敢進咱家？
每日裡在深閨，珠簾懸掛，
每日裡在繡樓，描鳳繡花。

妻盼你，直盼的楊柳滿枝，
妻盼你，直盼的桃杏開花，
妻盼你，直盼的紅繡鞋占過貴卦，
妻盼你，鴛鴦枕常將淚拭。

勸余郎，且休聽外人閒話，
凡事兒總須要自問自家。
問余郎，你可不將妻打罵，

---

① 面皮：指臉皮很厚，不要臉的意思。

打着親罵着愛,纔是結髮。

余郎夫,難道你心似鐵打,
余郎夫,難道你不念奴家?
勸余郎,開天恩,海量放大,
免得鄰居們將咱笑話。

如不然,妻便要懸樑而掛,
落一個屈死鬼,命染黃沙。
勸余郎,你千萬將妻收下,
收留妻,將我父早早還家。

我面前,再休說貞烈假話,
誰教你,八個月將事做差,
一封書把賤人休離家下。
我看你,狗賤人再嫁誰家?

【硬西京】
只管說只管講只管生氣,
卻教我周蘭英可該怎的?
欲待說隨爹爹竟然走去,
快刀兒割不斷連心骨肉。

老爹爹莫呆坐,
且出門去淚汪汪。

把余郎摟抱懷裡,
問余郎,為妻我實難捨你,
難道說,你竟忍捨得為妻!
從不記,咱夫妻同床共眠?
從不記,咱夫妻雲雨交心?

從不記,咱夫妻月下盟誓?

你言説,你坐官奴是夫人,
一夜的好夫妻,百夜情重;
百夜的好夫妻,恩似海深。
咱夫妻也非是先奸後娶,
紮角兒配成婚,直到如今。
不説你男兒漢,心腸太狠,
還怪我婦人家起了另心?

勸余郎,念結髮莫忘根本,
收留妻,教我父放心出門。

【採花浪】
再休説夫妻們那些情重,
小賤人把余寬何曾在心?
你有了珍珠衫,夫妻相認;
若無有珍珠衫,早早離門。

聽一言不由人愁眉放展,
卻原來爲我家珍珠汗衫,
急慌忙衣襟下取出繡鍵,
打開了龍鳳箱用目細觀。

周蘭英把衣箱上下翻遍,
卻怎麽尋不見珍珠汗衫,
一霎時,急的奴手忙足亂,
老爹爹他還在南柯夢間。

猛想起八月中,飲酒迷性,
蘇媒婆暗地裡勾引春風,

引的奴一陣陣春心亂動,
把一個珍珠衫贈與多情。

細思想還要我把夫瞞哄,
淚汪汪,叫余郎細聽心中:
夫去後,咱家中被了賊盜,
盜去了珍珠衫,無影無蹤。

【琵琶】
聽一言不由人肝膽氣壞,
手扯住狗淫婦,便不放開。
你娘家未曾賠,爲夫未買,
我問你這玉鐲那裡得來?

一打你,贈珠衫感恩志謝,
二打你,敗門風露出情節,
小丫環開尾門,月月夜夜,
恨不得,吃你肉喝你熱血。

余郎夫,打的我實難避躲,
周蘭英,你今日只死難活。
放大聲,我忙把爹爹喊叫,
你門婿,打的兒滿臉發燒。

老周文見門婿氣色不好,
我女兒如淚人痛哭嚎啕。
你執意不收留,還則有可,
因甚事又打他,這樣可惡!

聽一言,不由人冲冲大怒,
罵一聲,老周文土馬木牛。

你父女在我家跪前跪後,
看起來真禽獸,老不害羞!

【長城】
老周文氣的團團戰,
少年人説話欺了天,
叫女兒隨父回家轉,
難道説天下無英男?

周蘭英隨父忙回轉,
老周文回頭用手揀,
還要你上前苦哀勸,
爲父再到門外邊。

周蘭英心驚膽又戰,
哀告余郎聽心間:
你再把爲妻觀一眼,
妻奔我娘屋去不還。

爲妻向我娘屋去,
你爲何手扯奴的衣,
莫比你回心能轉意,
收留爲妻在家裡!

周蘭英假意出門看,
余清福忙把柴門關,
放大聲我把爹爹喊,
他把兒關在門外邊。

【背尾】
父女們站立柴門外,

用盡了平生氣力打不開,
此事兒好奇怪,
不曉得爲何來。
叫女兒,莫要喚他、莫要勸他、
莫要念他、莫要盼他,
與他爲婚,不辱玷他,
任他胡説,全當慣他。

他縱回心,休見面他;
他來迎你,你留戀他;
他再娶妻,休豔羨他;
他不娶妻,休讚歎他。

口兒怨他、心兒厭他、久兒淡他,
大睜兩眼且試看他,
塵世以上,有千萬他。

兒呀,兒呀,全當把他喪塵埃。

【緊數】
老爺伴常回家轉,
周蘭英放聲哭門前,
你怎忍開了門兩扇,
全不念夫妻結髮緣?

你不看僧面看佛面,
你不念爲妻念高年,
淚汪汪叫郎郎不轉,
莫内何忍心隨父還。

【月尾】
他父女雙雙離柴門,

大丈夫作事要狠心，
我一心入山去隱遁。
勸世人，再莫貪愛妻妾當就親人。

22. 桑涼鎮吃飯①

【月調】②
哭聲爹娘，
一命喪黃粱。
鎗刀林裡往外闖，
虎口裡逃出兩隻羊。

【漫數】
尊聲姑娘速快前行，
只怕後邊有了追兵，
老奴保你逃出火坑，
恨不得插翅飛奔大同。
見李老爺搬來雄兵，
殺魏忠賢好把冤伸。

【太平年】
小鹿兒不住心頭撞，
怕的是後邊追兵趕上，
黄花女踏破了千層網，
白頭翁到做了黃粱夢。

---

① 桑涼鎮吃飯：寫魏忠賢專權謀位，藉母壽誕，約會文武百官過府畫押。天官曹模不服，魏冷本參奏，遂將曹模問斬。幸得陳仲搭救，將曹削職歸里，夜宿官莊，魏有差人殺其家眷，曹模自刎，夫人投井而死。家人曹福保曹女玉蓮逃出，奔大同投親。又冷又餓，在桑涼鎮吃飯得知路途遙遠，還要經過三十里光華山的故事。

② 月調：原文缺，今補。

籠中鳥兒得生放，
五百年天造下這一場，
曹玉蓮打坐在陽關上，
老曹夫把氣揚幾揚。

背地裡怨聲朱天啟①，
全不念我父白了鬚，
叫姑娘再休怨皇帝，
恨只恨賊人把君欺。

滿朝中盡是賊羽翼，
惟有我父他不依，
萬歲不念君臣義，
推出午門斬首級。

又多虧恩官陳知己，
救我父不死消官職，
既消職不該離京地，
到晚來不該官庄宿。

【大拾片】
自古說人到事中迷，
老哥哥你何不當面提？
太老爺爲大僕，
爲小老奴的言語全不招。

可憐把我娘身撲井，

---

① 朱天啟：即明熹宗朱由校（1605—1627），在位時間爲1620年—1627年，因年號天啟，故有朱天啟的稱呼。朱由校登位爲帝，當時僅16歲，未曾被立爲太子，甚至未接受正規教育，政事皆賴宦官輔佐，後來造就了太監魏忠賢等人的干政，與閹黨、東林黨之黨爭。

鋼劍下來父喪生。
可憐把太爺太婆命作鬼,
丟下了姑娘來出閨。

主僕們好像個乞兒樣,
可惜了多少好衣裳。
主僕們險些兒刀臨項,
你還言甚麼好衣裳。
主僕們好像個喪家犬,
該奔何處把身安?
奔山西大同找親眷,
主僕們那裡把兵搬。

【緊數】
腳兒小來性兒急,
何年某月到山西?

有老奴保你大同去,
姑娘何必性兒急?

關津渡口人盤你,
你該何言應他的?

尊聲姑娘休遠慮,
老奴心中有主意。
天色晚來日墜西,
尋個招商旅店立。

奸賊後邊把兵起,
逃命不及還敢立?
敢這說曹夫隨奴快快跑,

走一步來跌一跤。

魏忠賢來賊奸狡，
前世裡有仇到今朝。
今生不能把冤報，
死後等賊到陰曹，
眼前若見賊人面，
定將賊刮亂刀。

曹玉蓮倒坐陽關道，
問姑娘不行所爲何？

【五更】
眼前花不住轉，
腹內饑實難言，
老哥哥速快與奴進膳，
等用膳一畢登陽關。

半夜逃出門，
一時未留心，
世情閱盡，
薄似秋雲，
空手兒怎樣我去求人。

曹玉蓮聽一言，
在耳邊卸金環，
遞與老哥，作速去換錢，
好買些熟食我主僕餐。

鄉庄裡無美膳，
老曹夫好作難，

千金貴體且值得隨緣，
尊一聲姑娘請用膳。

【琵琶】
曹玉蓮接膳淚如雨，
忍不住傷心淚濕衣，
魏忠賢作事傷天理，
可憐我二老命歸西。

奴本是相府姑娘千金體，
豈和他百姓一樣的？
是這樣粗膳難下箸，
思想當年好慘淒。

自幼兒生長深閨裡，
小丫環梅香常問饑，
紅日三竿人未起，
水到了床邊纔更衣。

悶了畫樑聽燕語，
閒對清燈務針黹，
山珍海味都齊備，
玉壺香茶甘如蜜。

自幼兒奴把福享盡，
老天爺殺奴到這裏，
到這裏奴也說不起，
奴只得隨便且充饑。

勉強着將膳用幾日，
老哥哥一旁哭啼啼，

一樣都是娘生體,
難道說奴餓他不饑?

說甚麼男來論甚麼女,
講甚麼僕人把主欺,
用半盞來留半盞,
老哥哥請來充充饑。

【銀扭絲】
老哥哥請來少用些許。

一盞粗膳,那有多餘!
姑娘儘管用,
老奴我不饑,
這時候怎將當年比!

老哥哥須要問清地名,
那一條路徑去奔大同。

遵了姑娘命,
上前問一聲,
桑涼鎮新集兒把行人坑①。

遠徑快捷方式不一般,
四十余里光華山,
山中多虎豹,
路上少人煙。
聽一言嚇破人的膽。

---

① 坑:原文後有"讀去聲"的說明,蓋"坑"字在此讀去聲。

玉蓮聞言心中膽寒，
四十餘里無有人煙，
狼蟲當要路，
虎豹踞深山。
哭一聲公父兒難見。

雖然曹夫皓首蒼顏，
奴是深閨二八嬋娟，
行路好作伴，
同床怎安眠？
用幾句好話穩當面。

【軟西京】
非是奴私心太慮遠，
自古君子防未然，
去了愁容換笑臉，
曹夫老哥你進前。

你不看僧面看佛面，
你不念今日念當年；
不念奴千山萬水找親眷，
念起奴弓鞋襪小實可憐；
不念奴黃花幼女無人管，
念起了我父爲天官；
不念奴忍饑受餓遭磨難，
念起二老爹娘喪黃泉。

你保上姑娘找親眷，
你保上姑娘出龍潭，
此去見我公父面，
把你好處對他言。

清早間端水先净臉，
到晚來鋪床又掃毡，
大同府修一座養老院，
奴一日三餐來問安。

【長城】
假若還老哥把氣咽，
奴穿白帶孝送墳垣，
七七齋齋燒張紙，
哀哀痛痛哭幾番。

從今日再休主僕喚，
和你個侄女更一般，
用幾句好話穩當面，
背過身哭一聲二椿萱。

【硬西京】
官宦家女兒甚聰明，
說幾句話兒人愛聽，
有一輩古人對你奉，
姑娘耐煩聽心中。

高枕梅仲拜弟兄①，
他弟兄同學讀五經，
兄離懶把茶膳用，
弟離兄時刻慘心中。

正德爺家開科選，
他弟兄進京求功名，
幸喜得皇榜得高中，
兄爲糧道弟爲廳。

杜知達奴才害人命，
將人命賴于梅相公，
長家捨子叫海静，
禁監裡救出梅書生。

古來長家真有用，
捨姓名搭救主人公，
老太爺待我恩情重，
我願保姑娘奔大同。

【十里墩】
老哥哥他把古人表，

---

① 高枕梅仲拜弟兄："高枕"，人名，一般作"高珍"。明代高珍與梅仲乃同窗好友，其師各贈紅書與寶劍。兩人同榜進士，同至西陽爲官。高僕杜知達（《卷五·清風亭》名作智達）因慢待梅仲被革。杜僞造情書，誣珍妻月娘與梅私通。珍逼月娘自盡。月娘男裝出逃，遇千歲張鵬霄，被收爲"義子"。杜盜走梅仲紅書、寶劍，冒其家人海世榮之名，在昌隆鋪殺死人命，留下寶劍而逃。高因劍將梅仲下監。海世榮以子海聰（這裏名爲海静）代梅坐牢。梅仲改名梅聰，進京應試與月娘同榜高中。高珍盤糧遇杜賣紅書，究之，方知真情，便囚杜，祭梅仲、月娘。高奉調進京，梅仲攔道，兩人相認，同訪狀元月娘，夫妻團圓。可參見河南越調《紅書劍》。又名《二進士》《抱靈牌》《雙靈牌》。參見《卷五·清風亭》"九月裏來菊花黃"條。

倒叫玉蓮喜眉梢,
半折兒綉鞋太瘦小,
一步低來一步高,
哭啼啼倒坐陽關道,
我雙足疼痛步難敲。①

【採花浪】
我見得姑娘倒塵埃,
懷抱金蓮淚滿腮,
官宦家女兒乍出門,
出外話兒分説開。

頭上金釵忙拔下,
輕輕兒挑破花繡鞋,
紮腳帶兒鬆放開,
你一步一步往前捱。

老哥哥你把臉兒賣,
忙把金蓮摟抱懷,
我的娘爲你心操壞,
到今日不纏鬆放開。

頭上金釵拿在手,
輕輕刺破花繡鞋,
紮腳帶兒鬆放開,
曹夫哥吊我來。

叫姑娘你把臉兒賣,
待老奴用手吊你來,

---

① 步難敲,據文意當爲"蹺",足擡起。同音字誤寫,後徑改。

這都是奸賊把人害，
主僕們身遭這禍災。

【月尾】
黄花幼女弱怯怯，
前裡遭下路途劫。
忍不住一點一滴杜鵑血，悲切切。
但不知，此事何日纔能了結。

23. 光華山走雪①

【月調】②
搜尋惡蠱，
只在此山中。
騎的大馬領的兵，
一輪紅日照當空。

【背弓】
總爺賜我一枝令，
帶領兵丁四十名，
每日行圍採獵到山中。
老漢乘的馬，
小子架的鷹，
只見那，寶劍、寶刀密密層層，
鈴聲、炮聲烈烈轟轟，好威風。

【五更】
見虎豹放開翎，

---

① 光華山走雪：光華山，指山西大同廣華山。寫僕人曹福和小姐曹玉蓮途徑四十里廣華山，天降大雪，曹福凍死，玉蓮被圍獵將士搭救的故事，參見《卷五·走雪》。
② 【月調】，原文缺，今補。

見狼蟲開彈弓,
見個梅鹿四蹄快如風,
花哪哪①跑進樹林中。

見狡兔訛細狗,
見野雞放神鷹,
見個猿猴身子比人輕,
花哪哪跑上高山頂。

猛擡頭一隻狼,
娃娃的莫發忙,
照準按穩開了一鎗,
打不着,又把我老漢誆。

猛擡頭一隻豹,
娃的莫胡鬧,
照準按穩開了一炮,
打不招②,又惹得大家笑。

【金錢】
空拋下一個圍場,
踏破了四面圍網,
打不着怎樣領賞,
人笑我光華山放閒鎗。

【琵琶】
奴進得深山用目瞧,
巧手兒丹青難畫描,

---

① 花哪哪:當爲擬聲詞"嘩拉拉"。下同。
② 打不招:當爲"打不著",同音字誤。

此時候追兵追不到,
主僕鬥山中且逍遥。

梅鹿兒不住穿山跑,
猿猴兒玩耍古樹梢,
裙邊兒掛住路邊棗,
青絲兒斜掛楊柳梢。

彎彎曲曲流水道,
坡坡澗澗長黃篙,
高高低低石徑小,
曲曲折折路幾條。

層層節節松柏罩,
蒼蒼翠翠永不凋,
唧唧喳喳林中鳥,
飄飄蕩蕩煙霧潮。

雨雨風風枯樹老,
無有個山人來採樵,
冷冷淡淡山神廟,
無有個善人把香燒。

山山嶺嶺藏虎豹,
白晝間未必離窠巢,
汪汪洋洋河一道,
兩岸上斜擔獨木橋。

【銀扭絲】
聞言叫聲曹夫哥哥,
你看橋下流水括括,

噯喲,我的我,
這可該怎麼?
我看來看去不敢過。

野渡深山,寂寂寞寞,
一根獨木,冷冷落落,
噯喲,曹玉姐,
實在莫內何,
我想來想去不穩妥。

瞥眼觀見楊柳梢,
鋪過橋來不低不高,
玉筍纏得定,
金蓮穩得多,
我願姑娘無差錯。

凌波襪怎麼凌波濤?
楊柳枝扶定楊柳腰,
眼觀千層浪,
足踏獨木橋,
我戰戰兢兢地慢慢兒過。

噯喲,我的楊柳樹梢,
剛送奴家過了小橋,
垂楊如刀絞,
隔岸用手招,
老哥哥怎樣能得過?

聽說姑娘斷了柳條,
急得曹夫心似火燒,
獨木搖閃閃,

兩腿戰婆娑，
我掙掙扎紮慢慢兒過。

【軟西京】
我見得老哥哥把橋過，
曹玉蓮纔覺展眉梢，
此去對我公父表，
發來了餉銀要修橋。

行下馬來走下橋，
不枉我玉蓮過這遭，
剛纔間滿山紅日照，
忽然一時天變了。

陰雲只在頭上照，
狂風不住耳邊嚎，
怨一聲老天不公道，
偏偏兒有雲降今朝。

千樹萬樹梨花朵，
睜眼難辨路低高，
怨一聲母親害了我，
小金蓮怎樣往前蹺？

曹玉蓮將身倒雪窖，
我渾身打戰似水澆。

【硬西京】
我見得姑娘倒雪窖，
老太爺殺人不用刀，
細思想被他連累，

我倒不如逃命各管各。

老曹夫逃命只管我，
險些兒我把事做錯，
老太爺太婆待我好，
他待我曹夫如同胞。

我不學周青①與王豹②，
我要將義僕學先朝，
穆成③捨身把主報，
馬義告狀冤讐消④。

吳承恩曾把公子掉⑤，
爲救他主人項吃刀，
老曹夫何事不知曉，
怎忍將幼女撇荒郊？

主僕們性命難兼保，
還要學角哀左伯桃，
千思萬想不好了，
爲姑娘深山把衣脫。

① 周青，相傳漢代寡婦周青害死婆婆。按：其實周青是被冤枉的。出自《列女傳》：漢時，東海孝婦養姑甚謹。姑曰："婦養我勤苦。我已老，何惜餘年，久累年少。"遂自縊死。其女告官云："婦殺我母。"官收繫之，拷掠毒治。孝婦不堪苦楚，自誣服之。時于公爲獄吏，曰："此婦養姑十餘年，以孝聞徹，必不殺也。"太守不聽。于公爭不得理，抱其獄詞，哭於府而去。

② 王豹：王豹離間司馬礄和司馬礤兄弟，爲臣不忠不順不義。按：其實王豹也可能是冤枉的。見《晉書·王豹傳》

③ 穆成，原誤作"木成"。見《卷五·百戲圖》"一捧雪穆成替主死"條。

④ 馬義告狀冤讐消，參見《卷五·走雪》"馬義滾釘板"條。

⑤ 掉，原誤作"吊"。音同而誤。參考《卷五·百戲圖》"混元鏡把娃沒"條。

【長城】
曹玉蓮穿衣悲哀痛，
叫聲曹夫心太忠，
難道説奴冷你不冷，
老哥是個鐵石星？

盤古初分到如今，
天爲陽來地爲陰，
男子頭上三把火，
怎比姑娘女嬌娥？

只説不冷身上冷，
又大雪來又狂風，
老天爺真要我的命，
尊聲姑娘快快行。

餓得我眼前花亂轉
凍得我"珂珂"戰牙關，
東西南北看不見，
太爺太婆在面前。

老太爺見我招招手，
老太婆見我淚雙流，
老曹夫將身倒路口，
三魂渺渺赴九幽。

【反道情】
我一見曹夫哥哥，倒臥雪山，
丟下奴薄命紅顔，
誰憐奴孤孤單單？

天呀,天呀!
你何不睜眼望下看!

急慌忙跪倒一邊,
不顧羞摟抱胸前,
我將你連叫數聲,
你爲何不應一言。

天呀,天呀!
卻怎麼竟然不福善!
可憐你雪地冰川,
爲奴家脫了衣衫,
解裙帶將屍遮掩,
獨坐在曠野深山。
天呀,天呀!
黃家幼女誰憐念?

【釘缸令】
東山直望西山跑,
西山更比東山高,
尋不見狼蟲和虎豹,
空中片片降鵝毛。

頭上帶的暖兒帽,
身上穿的毛皮襖,
四山裡盡是陰雲罩,
只見那山裡、嶺裡、溝裡、凹裡、河裡、壩裡,
這裏、那裡都給①下白了。

---

① 給,原誤作"格"。方言音近而誤。

【點點花】
可憐曹夫死深山,
可憐屍首被虎餐,
難殺了曹玉蓮。

正在山中觀雪景,
忽聽有人慟哭聲,
上前問分明。
見一位老伯喪殘生,
旁邊坐個女花童,
與我們訴哀情。

未曾聞言淚滿面,
尊聲將爺且耐煩,
聽奴訴含冤。
朝有奸賊魏忠賢,
他和我父結仇冤,
當殿拿本參。
萬歲爺家龍耳軟,
推出午門吃刀尖,
又多虧陳恩官。
我父罷職削了官,
不該出京離燕山,
賊領兵殺家眷。
可憐把我父身首斷,
我娘撲井喪黃泉。
主僕們逃外邊,
實想大同找親眷,
奴公公那裡把兵搬,
與舉家冤報冤。

誰料風雪降滿天，
老曹夫凍死光華山，
女裙才誰可憐？
我父本是曹天官，
我名兒叫個曹玉蓮，
望將爹行方便。

【打連廂】
聽說是曹姑娘，
兵丁跪倒問安康，
我的暖帽你戴上，
我的皮襖你穿上。
不相逢卻相逢，
天保姑娘到大同，
我的乾糧姑娘用，
我的坐馬姑娘乘。

【背尾】
叫一聲兵丁聽我言：
速快把曹夫屍首用土掩，
來年春日暖，
差人把屍搬。
那時節，身穿重孝、頭戴麻冠，
哭哭啼啼、哀哀憐憐、轟轟烈烈，送墳垣。

【月尾】
掘土坑忙將屍首掩，
古樹以上留紀念，
忠義僕凍死光華山，好可憐。
到來年花開春暖，再好把屍搬。

參考文獻

一、古籍類

1. [清]王小屏.《羽衣新譜》[M].西安省城內竹笆市公益書局宣統己酉年冬月鎸(1909年)。
2. [清]王小屏.《羽衣新譜》[M].西北軍政委員會文化部戲曲改進處創作研究會油印本,1950年。

二、著作類

1. 曹銳、馬振寰.《秦安小曲集成》[M].蘭州:敦煌文藝出版社,2003。
2. 曹希彬.《傳統曲子彙編續集》[M].中國民族民間音樂集成户縣編輯委員會,陝西省內部圖書,1999年。
3. 長安書店編輯部.《民間眉户清唱集》(第八輯)[M].長安書店,1957年11月。
4. 陳建生.《巴里坤小曲子》[M].烏魯木齊:新疆大學出版社,2009。
5. 戴黎剛.《地方戲曲音韻研究》[M].北京:商務印書館2006年。
6. 敦煌市文化館編.《敦煌曲子戲》[M].蘭州:甘肅人民美術出版社2010年。
7. 房惠清.《秦安小曲》[M].蘭州:甘肅人民出版社,2005年。
8. 高陵縣文化館.《高陵曲子彙編》[M].2009年。
9. 哈密市民間文學集成編輯委員會.《哈密·新疆曲子集》[M].烏魯木齊:新疆人民出版社,1993年。
10. 何佩林.《梨園聲韻學》[M].天津:天津古籍出版社,2004。
11. 繼明等.《新編眉户清唱集》(第一輯)[M].長安書店,1955年12月。
12. 姜德華,曹希彬.《傳統曲子彙編》[M].咸陽地區羣衆藝術館,1984年。

13. 鞠秀等記譜.《陝北榆林小曲》[M].上海:音樂出版社,1957年。

14. 李修生主編.《古本戲曲劇碼提要》[M].北京:文化藝術出版社,1997年。

15. 李玉壽.《民勤小曲戲》[M].蘭州:甘肅文化出版社,2015。

16. 劉山三、劉漢良.《隴中小曲》[M].蘭州:敦煌文藝出版社,2007。

17. 魯俠等.《民間眉户清唱集》(第七輯)[M].長安書店,1956年9月。

18. 陸暉.《絲綢之路戲曲研究》[M].烏魯木齊:新疆人民出版社,2009。

19. 青海省民族歌舞劇團編,旭明等集體搜集整理.《青海眉户》[M].西寧:青海人民出版社1957年。

20. 山西省戲劇研究所編.《山西地方戲曲彙編》第十六集《晉南眉户專輯》,太原:北嶽文藝出版社,1993年。

21. 陝西省高陵縣文化館編.《民間曲子清唱》第一集[M].1983。

22. 陝西省劇目工作室.《陝西傳統劇目彙編劇目簡介》[M].陝西省文化局編印1980年。

23. 陝西省文化局編印.《陝西傳統劇目彙編:眉户》(第一集、第二集)[M].1959年。

24. 陝西省戲曲研究院院志編纂委員會,楊興主編.《陝西省戲曲研究院院志》[M].西安:三秦出版社1998年。

25. 陝西戲劇(曲)志編委會.《陝西戲劇史料叢刊》第1卷,1983。

26. 陝西藝術研究所編.楊志烈等撰寫.《秦腔劇目初考》[M].西安:陝西人民出版社1984年。

27. 陝西省地方志編纂委員會.《陝西省志·文化藝術志》[M].西安:陝西人民出版社2010年。

28. 史玉中.《陝西迷胡》[M].西安:西安出版社,2011年。

29. 宋學璟.《晉南眉户劇發展史》[M].1985年。

30. 宋學璟等.《新編眉户清唱集》(第三輯)[M].長安書店,1956年8月。

31. 孫立新.《西安方言研究》[M].西安:西安出版社,2007年。

32. 通渭縣文化館.《通渭小曲》[M].北京:中國戲劇出版社,2013。

33. 通渭縣文聯戲劇曲藝家協會.《通渭小曲研究》[M].2013年。

34. 王軍虎編纂.《西安方言詞典》[M].李榮主編《現代漢語方言大詞

典》分卷,南京:江蘇教育出版社,1996 年。

35. 王正強編著.《秦腔大辭典》[M].上海:上海辭書出版社,2014 年。

36. 王正強著.《甘肅曲子戲》[M].蘭州:敦煌文藝出版社,2009 年。

37. 蕭寒編著.《秧歌音樂研究之一:眉户的音樂》[M].北京:商務印書館,1951 年。

38. 新疆兵團第六師五家渠市文化局編.《新疆眉户》[M].五家渠:新疆生產建設兵團出版社,2015 年。

39. 熊貞、熊西平、曹文莉.《陝西方言詞典》[M].西安:陝西人民出版社,2011 年。

40. 姚德利編著.《晉南眉户音樂》[M].北京:中國社會出版社,2010 年。

41. 姚伶、米晞、任應凱編.《眉户音樂》[M].西安:陝西人民出版社,1981 年。

42. 榆陽文庫編纂委員會.《榆陽文庫:榆林小曲卷》[M].上海:上海古籍出版社,2015。

43. 曾剛.《迷胡清曲劇選》[M].上海:音樂出版社,1960 年。

44. 中國曲藝音樂集成編輯委員會編.《中國曲藝音樂集成[M].北京:中國 ISBN 中心,1995 年。

45. 中國社會科學院語言研究所詞典編輯室編.《現代漢語詞典》(第 5 版)[M].北京:商務印書館,2005 年。

46. 中國藝術研究院音樂研究所中國音樂詞典編輯部.《中國音樂詞典》[M].北京:人民音樂出版社,2002 年。

47. 宗福邦、陳世鐃、蕭海波.《故訓匯纂》[M].北京:商務印書館,2003 年。

48.《中國戲曲志·甘肅卷》[M].北京:中國 ISBN 中心 2000 年。
49.《中國戲曲志·青海卷》[M].北京:中國 ISBN 中心 2000 年。
50.《中國戲曲志·山西卷》[M].北京:中國 ISBN 中心 2000 年。
51.《中國戲曲志·陝西卷》[M].北京:中國 ISBN 中心 2000 年。
52.《中國戲曲志·新疆卷》[M].北京:中國 ISBN 中心 2000 年。
53.《中國曲藝志·陝西卷》[M].北京:中國 ISBN 中心 2009 年。

三、論文和報刊類

1. 曹麗君. 通渭小曲調查研究[D].西北師範大學,2008.

2. 曾剛. 迷胡音樂淺説[J]. 交響. 西安音樂學院學報,2001,(01):33-36.

3. 曾剛. 迷胡音樂縱橫談[J]. 當代戲劇,2001,(03):33-36.

4. 陳龍. 簡談通渭小曲音樂藝術[J]. 藝術評鑒,2017,(04):22-23.

5. 陳小冬. 華亭曲子戲的調查與研究[D]. 西北民族大學,2013.

6. 崔金明. 眉户集錦《羽衣新譜》考述[J]. 西華大學學報(哲學社會科學版),2014,33(06):28-31.

7. 崔金明. 清孤本眉户集錦《羽衣新譜》的版本、內容及文獻價值[J]. 古籍整理研究學刊,2014,(03):34-39.

8. 崔金明. 眉户《百戲圖》與《曲調名》考論[J]. 中華戲曲,第55輯,2018年3月.

9. 崔向民、王雲. 迷胡戲[J]. 陝西戲劇,1980,(04):40-41.

10. 丁科民. 弘揚優秀文化,振興民族戲曲[N]. 陝西日報,2015-07-28(006).

11. 郭楠楠. 隴上藝苑奇葩——淺析通渭小曲[J]. 音樂天地,2010,(11):45-47.

12. 郭永鋭. 眉户戲源流與發展略論[J]. 中華戲曲,2007,(01):225-236.

13. 郭永鋭. 山陝眉户戲研究綜述[J]. 山西師大學報(社會科學版),2006年第6期。

14. 韓育民. 錫伯族戲曲藝術考[J]. 新疆藝術學院學報,2007,(04):10-14.

15. 侯瑞霄. 晉南眉户的起源與發展[J]. 黃河之聲,2015,(02):120.

16. 侯唯動. 柯仲平領導邊區民眾劇團,新文學史料,1983年第1期。

17. 胡建強. 秦安小曲初探[J]. 和田師範專科學校學報,2008,(01):224-225.

18. 黃慶誠. 漫話天水小曲[N]. 天水日報,2005-03-10(003).

19. 惠文輝. 天水市非物質文化遺產:張家川付川小曲[N]. 民主協商報,2010-06-04(003).

20. 蔣明雲. 蘭州鼓子的起源及其文獻研究[J]. 科學經濟社會,2013,31(04):179-184.

21. 李蓉. 隴上希聲獨具韻律——通渭小曲研究[D]. 華南理工大學,2015.

22. 李淑琴. 詼諧幽默的民勤小曲[N]. 甘肅日報,2014-03-26(015).

23. 李真. 試述中國傳統戲曲眉户的地域特色[J]. 商丘職業技術學院學報,2015,14(06):105-107.

24. 李志鵬. 承認"秦劇"並重構其體系的思考[J]. 寶雞文理學院學報(社會科學版),2012,32(01):72-79.

25. 梁琦,柴鶯. 關於非物質音樂文化遺產——蘭州鼓子的研究述評[J]. 大眾文藝,2010,(08):177.

26. 林茵,趙如. 新疆曲子戲考[J]. 中國戲劇,2013,(05):76-78.

27. 林穎,梁晶. 豫西眉户的唱腔結構特點與伴奏藝術特色[J]. 渭南師範學院學報,2013,28(11):118-119+132.

28. 臨猗眉聲劇團音樂研究組:使眉户劇音樂更好的反映時代精神——談《一顆紅心》的音樂創作經過,人民音樂,1965年第2期。

29. 劉文峰. 山西戲曲劇種劇團現狀調查日記(一)[J]. 中國戲劇,2006,(02):8-11.

30. 劉文峰. 山西戲曲劇種劇團現狀調查日記[J]. 中國戲劇,2006,(03):7-11.

31. 劉衍青. 試論寧夏坐唱的形成與發展[J]. 寧夏師範學院學報,2013,34(05):75-78+97.

32. 欒玉博. 眉户曲子手抄本的文本研究[J]. 戲劇之家,2015,(17):21+23.

33. 羅東. 新疆曲子:一曲傳唱三百載[N]. 中國文化報,2007-06-06(004).

34. 馬安平. 由迷胡戲曲名稱訛變引發的思考[J]. 戲劇文學,2015,(02):74-79.

35. 馬桂花. 青海平絃及其藝術風格初探[J]. 青海民族學院學報,2001,(03):98-100.

36. 秦亞瓊. 新疆曲子的流變與發展[D]. 新疆大學,2010.

37. 曲潤海. 戲曲現代戲五議[J]. 東方藝術,2010,(S1):4-6.

38. 任方冰. 新疆曲子戲腔系構成探析[J]. 戲曲藝術,2017,38(01):126

-131.

39. 任方冰. 移民背景下的新疆曲子戲研究[D]. 新疆師範大學,2006.

40. 沈德成. 青海坐唱曲藝平絃的起源與發展[J]. 青海社會科學,2007,(05):82-84.

41. 蘇建軍. 隴中小曲唱詞的藝術特點[J]. 甘肅高師學報,2010,15(06):62-65.

42. 孫桂芝. 從新疆曲子劇藝術形態的民間性看其發展前景[J]. 新疆社科論壇,2013,(04):82-84.

43. 孫建民. 靈寶市地方戲曲初探——淺論蒲劇唱腔藝術[J]. 大眾文藝,2014,(23):179-180.

44. 萬鋼新. 青海平絃戲曲音樂(唱腔)的發展歷程及發展思路[J]. 中國土族,2011,(02):71-73.

45. 王得耀. 蘭州鼓子[N]. 蘭州日報,2005-07-20(007).

46. 王衡. 秦東地方戲主要劇種考察[J]. 華北水利水電學院學報(社科版),2013,29(04):139-141+158.

47. 王槐蔚. 迷戲(hu)辨析[J]. 當代戲劇,1988,(06):48-49.

48. 王三淮. 新疆曲子戲[A]. 中國演員:2013年第3期.

49. 王渭清. 漫話西府曲子的傳承和保護[N]. 寶雞日報,2010-03-05(M03).

50. 王渭清. 西府曲子的藝術特徵及傳承保護芻議[J]. 當代戲劇,2011,(01):38-39.

51. 王文韜,劉萍. 青海越絃音樂述略[J]. 音樂探索(四川音樂學院學報),1999,(01):36-38.

52. 王瑩劉進鎖. 音樂人類學視野下的西府曲子之歷史演變[J]. 新西部(下旬·理論版),2011年08期

53. 王志直. 秦腔劇目源流譚[J]. 戲曲研究,2001,(01):224-232.

54. 王忠傑. 渭南非物質文化遺產吸引世界目光[N]. 陝西日報,2007-03-24(001).

55. 吳敏霞、袁憲、黨斌. 陝西古籍存藏的問題與對策研究[J]. 文博,2008(03):38-44.

56. 謝豔春,屈塈潔. 論陝西地方戲曲的生存與發展[J]. 當代戲劇,

2011,(04):30-32.

57. 楊玲. 敦煌曲子戲的傳承與保護[J]. 藝海,2011,(07):189.

58. 楊玲. 淺析敦煌曲子戲的發展與現狀[J]. 大眾文藝,2011,(15):189.

59. 楊維國. 隴東民間小戲的奇葩——"笑談"[A]. 文化研究論壇[C].,2011:3.

60. 袁宗年. 民勤小曲現狀研究[J]. 藝術科技,2013,26(05):134.

61. 原作哲. 陝西說唱藝術的萌生與發展軌跡[J]. 交響(西安音樂學院學報),1996,(04):4-6.

62. 張丹. 淺析"眉户"唱腔結構的混合形式[J]. 音樂天地,2006,(10):36-38.

63. 張銘. 論清代新疆地方會館的戲曲與民間社火活動[J]. 文學界(理論版),2011,(05):227-228.

64. 張維賢. 曲子戲:敦煌文化的一支餘脈[N]. 甘肅日報,2007-03-26(006).

65. 張維賢. 絢麗多彩的敦煌曲子戲[N]. 甘肅日報,2012-02-15(015).

66. 趙文明. 敦煌曲子戲各方保護力量調查研究[J]. 邊疆經濟與文化,2012,(02):79-80.

67. 鄭麗芳. 眉户(迷糊)的藝術特徵及在新疆芳草湖農場的傳承研究[D]. 新疆師範大學,2011.

68. 周建國. "新疆曲子"三題[J]. 新疆藝術學院學報,2017,15(01):37-42.

69. 朱泳淇. 敦煌曲子戲的傳承與發展[J]. 戲劇之家,2015,(15):54.

70. 張書巖. 規範漢字表對異體字的確定[J]. 語言文字應用,2005,(1)25-38.